U0544645

清代达斡尔族档案辑录

黑龙江将军衙门达斡尔族满文档案选编

乾隆朝

6

中国第一历史档案馆
内蒙古自治区少数民族古籍征集研究室
呼伦贝尔市民族事务委员会
莫力达瓦达斡尔族自治旗人民政府
编

辽宁民族出版社

目录

四六七　墨尔根副都统衙门为黑龙江各处满洲达斡尔佐领骁骑校等缺拣选拟补人员事咨黑龙江将军衙门文

乾隆十二年九月初六日 ……1

四六八　布特哈索伦达斡尔总管厄尔济苏为造送布特哈八旗索伦达斡尔等比丁册事呈黑龙江将军衙门文

乾隆十二年九月十八日 ……14

四六九　布特哈索伦达斡尔总管纳木球等为选派副总管率兵严查索伦达斡尔等捕貂数目事呈黑龙江将军衙门文

乾隆十二年九月十九日 ……16

四七〇　布特哈索伦达斡尔总管厄尔济苏为布特哈正黄旗达斡尔佐领下驻京护军孙察曾因年幼未入源流册事呈黑龙江将军衙门文

乾隆十二年九月二十一日 ……19

四七一　黑龙江将军衙门为齐齐哈尔镶白旗达斡尔世管佐领塔里乌勒出缺拣选拟定正陪人员引见事咨兵部文

乾隆十二年十月初二日 ……22

四七二　兵部为造送黑龙江镶蓝旗达斡尔肯济锡佐领源流家谱册事咨黑龙江将军等文

乾隆十二年十月初十日 ……34

四七三　兵部为解送随进木兰围索伦达斡尔官兵旗佐职名单事咨黑龙江

将军等文（附名单一件）
乾隆十二年十一月初六日 ……37
四七四　黑龙江将军衙门为领取新授管理索伦达斡尔事务满洲副总管哲库倖禄事咨盛京户部文
乾隆十二年十一月十一日 ……42
四七五　理藩院为布特哈达斡尔公中佐领及骁骑校等缺拣员补放事咨黑龙江将军文
乾隆十二年十一月十四日 ……46
四七六　兵部为催解黑龙江镶蓝旗达斡尔肯济锡佐领源流家谱册事咨黑龙江将军等文
乾隆十二年十二月初二日 ……49
四七七　黑龙江将军衙门为咨复镶蓝旗达斡尔肯济锡佐领源流家谱册未及时查解情由事咨兵部文
乾隆十二年十二月初四日 ……51
四七八　黑龙江将军衙门为咨复墨尔根正黄旗达斡尔丹巴公中佐领源流家谱册未及时查解情由事咨镶黄满洲旗文
乾隆十二年十二月初七日 ……54
四七九　镶白满洲旗为齐齐哈尔镶白旗达斡尔世管佐领塔里乌勒出缺照新定例拣选承袭人员引见事咨黑龙江将军衙门文
乾隆十三年正月十四日 ……59
四八〇　黑龙江将军衙门为查解墨尔根正黄旗达斡尔丹巴公中佐领源流家谱册事咨正黄满洲旗文
乾隆十三年正月二十六日 ……72
四八一　黑龙江将军衙门为解送镶蓝旗达斡尔佐领肯济锡佐领承袭源流册事咨兵部文
乾隆十三年正月二十六日 ……82
四八二　正黄满洲旗为布特哈正黄旗达斡尔索齐纳佐领下驻京护军孙察

因请假回籍未入源流册事咨黑龙江将军衙门文
乾隆十三年二月初六日……86

四八三 兵部为陈明黑龙江各处满洲达斡尔等协领兼管佐领情弊事咨黑龙江将军文
乾隆十三年二月十一日……95

四八四 黑龙江将军衙门为咨复墨尔根达斡尔丹巴公中佐领源流册已解送事咨镶黄旗满洲都统衙门文
乾隆十三年二月十一日……112

四八五 黑龙江将军衙门为查解布特哈索伦达斡尔等丁数及贡貂清册事咨理藩院文（附清册一件）
乾隆十三年三月初一日……118

四八六 黑龙江将军衙门为查报黑龙江各处满洲达斡尔等协领兼管佐领等情事咨兵部文
乾隆十三年三月十六日……129

四八七 黑龙江将军傅森等题请裁减解送索伦达斡尔鄂伦春等贡貂人员以省糜费本
乾隆十三年三月十六日……149

四八八 黑龙江将军衙门为墨尔根镶白旗达斡尔世管佐领安泰病故其所遗缺拣选拟定正陪人员引见事咨兵部文
乾隆十三年三月十八日……160

四八九 兵部为达斡尔前锋布尔呼德依等暂行记名明年随进木兰围事咨黑龙江将军等文
乾隆十三年三月二十五日……167

四九〇 兵部为催解达斡尔肯济锡佐领源流册事咨黑龙江将军等文
乾隆十三年三月二十五日……170

四九一　黑龙江将军衙门为前已陈清未能及时解送达斡尔肯济锡佐领源流册缘由事咨兵部文
乾隆十三年三月二十六日 …………172
四九二　黑龙江将军衙门为解送赴京引见得赏布特哈索伦达斡尔等官兵职名及所赏银物清册事咨理藩院文
乾隆十三年五月二十七日 …………175
四九三　布特哈索伦达斡尔总管纳木球等为解送布特哈八旗索伦达斡尔等丁数册事呈黑龙江将军衙门文
乾隆十三年五月 …………179
四九四　黑龙江将军衙门为黑龙江城七品荫监生雷金宝照齐齐哈尔达斡尔荫监生枚塞等例领俸事咨黑龙江副都统衙门文
乾隆十三年六月初三日 …………181
四九五　布特哈索伦达斡尔总管纳木球等为布特哈达斡尔总管厄尔济苏年老休致出缺择员署理事呈黑龙江将军衙门文
乾隆十三年六月十一日 …………186
四九六　黑龙江将军衙门为布特哈达斡尔总管厄尔济苏休致出缺由副总管鄂布希护理事札布特哈索伦达斡尔总管纳木球等文
乾隆十三年六月十八日 …………188
四九七　黑龙江将军衙门为令速报按例补放布特哈索伦达斡尔等族长人员职衔事札布特哈索伦达斡尔总管纳木球等文
乾隆十三年六月十八日 …………189
四九八　黑龙江将军衙门为解送布特哈正黄旗达斡尔索齐纳佐领源流册事咨理藩院文
乾隆十三年六月二十四日 …………195
四九九　镶白满洲旗为墨尔根达斡尔世管佐领安泰出缺奉旨令呼勒呼纳承袭事咨黑龙江将军衙门文
乾隆十三年七月初四日 …………198

五〇〇　镶白满洲旗为齐齐哈尔达斡尔世管佐领塔里乌勒因故革职出缺奉旨令新保承袭事咨黑龙江将军衙门文
乾隆十三年七月初四日 ……208

五〇一　黑龙江将军衙门为议准正白旗达斡尔索锡纳世管佐领承袭事宜事札布特哈索伦达斡尔总管纳木球等文（附来文一件）
乾隆十三年七月初八日 ……224

五〇二　黑龙江副都统衙门为镶蓝旗达斡尔肯济锡佐领源流册更正后复行造送事咨黑龙江将军衙门文
乾隆十三年七月十三日 ……237

五〇三　黑龙江将军衙门为镶蓝旗达斡尔肯济锡佐领源流册更正后解送事札布特哈索伦达斡尔总管纳木球等文
乾隆十三年七月十九日 ……252

五〇四　兵部为令查报黑龙江各处满洲达斡尔等协领可兼佐领情形事咨黑龙江将军文
乾隆十三年七月二十三日 ……266

五〇五　黑龙江副都统衙门为补解镶蓝旗达斡尔肯济锡世管佐领源流册事咨黑龙江将军衙门文
乾隆十三年闰七月初一日 ……314

五〇六　黑龙江将军衙门为令查报黑龙江城满洲达斡尔等协领可兼佐领情形事咨黑龙江副都统文
乾隆十三年闰七月初五日 ……318

五〇七　黑龙江将军衙门为黑龙江各处满洲达斡尔佐领骁骑校等出缺拣员送来事咨黑龙江副都统文（附官缺单一件）
乾隆十三年闰七月初八日 ……359

五〇八　黑龙江将军衙门为镶蓝旗达斡尔世管佐领肯济锡因罪革职出缺拣选应补人员事札布特哈总管纳木球等文
乾隆十三年闰七月初八日 ……363

五〇九　黑龙江将军衙门为布特哈索伦达斡尔哈都礼等佐领下人口繁衍分编牛录事咨理藩院文
乾隆十三年闰七月二十日 ……364
五一〇　黑龙江将军衙门为催解镶蓝旗达斡尔肯济锡世管佐领源流册事札布特哈索伦达斡尔总管纳木球等文
乾隆十三年闰七月二十二日 ……371
五一一　墨尔根副都统衙门为黑龙江各处满洲达斡尔佐领骁骑校等出缺拣员报送事咨黑龙江将军衙门文
乾隆十三年八月初一日 ……373
五一二　镶黄满洲旗为酌定布特哈达斡尔贵泰等公中佐领照例承袭事宜事咨黑龙江将军衙门文
乾隆十三年八月初三日 ……384
五一三　正白满洲旗为酌定齐齐哈尔达斡尔布拉尔等公中佐领照例承袭事宜事咨黑龙江将军衙门文（附单一件）
乾隆十三年八月初三日 ……409
五一四　镶红满洲旗为酌定墨尔根正黄旗达斡尔丹巴等公中佐领照例承袭事宜事咨黑龙江将军衙门文
乾隆十三年八月初三日 ……436
五一五　黑龙江将军衙门为墨尔根正黄旗达斡尔公中佐领丹巴病故其所遗缺拣员引见补放事咨墨尔根副都统文
乾隆十三年八月初四日 ……462
五一六　墨尔根副都统衙门为黑龙江正蓝旗达斡尔公中佐领巴里克萨病故其所遗缺拣员引见补放事咨黑龙江将军衙门文
乾隆十三年八月初十日 ……464
五一七　墨尔根副都统衙门为墨尔根正黄旗达斡尔公中佐领丹巴病故其所遗缺拣员引见补放事咨黑龙江将军衙门文
乾隆十三年八月十五日 ……467

五一八　黑龙江将军衙门为齐齐哈尔正红旗达斡尔佐领图什墨勒病故其所遗缺拣员引见补放事咨兵部文
乾隆十三年八月二十日 ……470

五一九　黑龙江将军衙门为墨尔根镶红旗达斡尔佐领都达尔病故其所遗缺拣员引见补放事咨兵部文
乾隆十三年八月二十日 ……472

五二〇　黑龙江将军衙门为黑龙江正蓝旗达斡尔佐领巴里克萨病故其所遗缺拣员引见补放事咨兵部文
乾隆十三年八月二十日 ……474

五二一　黑龙江将军衙门为齐齐哈尔正白旗达斡尔佐领布拉尔因罪革职出缺拣员引见补放事咨兵部文
乾隆十三年八月二十日 ……478

五二二　黑龙江将军衙门为黑龙江镶蓝旗达斡尔世管佐领肯济锡因故革职出缺拟定正陪人员引见事咨兵部文
乾隆十三年八月二十日 ……482

五二三　黑龙江将军衙门为墨尔根正黄旗达斡尔佐领丹巴病故其所遗缺拣员引见补放事咨兵部文
乾隆十三年八月二十日 ……494

五二四　黑龙江将军衙门为呼伦贝尔笔帖式达斡尔奎苏等期满可否留下候补骁骑校缺事咨管带呼伦贝尔索伦巴尔虎官兵副都统衔总管文
乾隆十三年八月二十九日 ……499

五二五　黑龙江将军衙门为墨尔根正黄旗达斡尔丹巴等公中佐领出缺择选人员承袭事咨黑龙江副都统文（附抄折名单二件）
乾隆十三年九月初一日 ……507

五二六　户部为照例造送黑龙江所属索伦达斡尔等比丁册事咨黑龙江将军文（附来文一件）
乾隆十三年九月初九日 ……559

五二七　兵部为呼伦贝尔副总管丹布出缺自京城索伦达斡尔等侍卫内拣员引见补放事咨黑龙江将军等文
乾隆十三年十月十一日 ……565
五二八　黑龙江将军傅森题遵旨选派索伦达斡尔等官兵从速启程赴京出征金川本
乾隆十三年十一月初一日 ……572
五二九　户部为遵旨令选派黑龙江索伦达斡尔官兵赶赴金川事咨黑龙江将军文（附抄谕一件）
乾隆十三年十一月初三日 ……580
五三〇　布特哈索伦达斡尔总管纳木球为率领索伦达斡尔官兵出征选定署理总管关防人员事呈黑龙江将军文
乾隆十三年十一月初四日 ……583
五三一　黑龙江将军衙门为索伦达斡尔无印票私买人口该管骁骑校西布图勒德依降级留任事咨盛京户部文
乾隆十三年十一月十五日 ……585
五三二　布特哈索伦达斡尔总管纳木球为解送出征金川布特哈索伦达斡尔官兵花名册事呈黑龙江将军衙门文
乾隆十三年十一月十六日 ……592
五三三　黑龙江将军衙门为报销出征金川索伦达斡尔官兵所领赏银钱粮等项事咨户部文
乾隆十三年十一月二十日 ……594
五三四　黑龙江将军衙门为造送黑龙江正白旗达斡尔达彦世管佐领源流册事咨正白满洲旗文
乾隆十三年十一月二十八日 ……606
五三五　镶蓝满洲旗为黑龙江镶蓝旗达斡尔世管佐领肯济锡缘事革职出缺奉旨准令罗武尔哈承袭事咨黑龙江将军衙门文
乾隆十三年十一月二十八日 ……609

五三六　黑龙江将军衙门为黑龙江镶蓝旗达斡尔世管佐领肯济锡缘事革职出缺奉旨准令罗武尔哈承袭事咨黑龙江副都统文

乾隆十三年十二月初三日 ······614

五三七　黑龙江将军衙门为墨尔根正黄旗达斡尔佐领丹巴出缺奉旨准令其子萨济图补授事咨墨尔根副都统文

乾隆十三年十二月初八日 ······616

五三八　兵部为晓谕加恩赏赐自金川凯旋索伦达斡尔等官兵事咨黑龙江将军等文

乾隆十三年十二月初十日 ······618

五三九　墨尔根副都统衙门为请转奏叩谢加恩赏赐自金川凯旋索伦达斡尔等官兵事咨黑龙江将军衙门文

乾隆十三年十二月十七日 ······621

五四〇　黑龙江将军衙门为请给出征金川布特哈索伦达斡尔等官兵军器银两事咨兵部文

乾隆十三年十二月十七日 ······625

五四一　黑龙江副都统衙门为造送黑龙江正白旗达斡尔达彦世管佐领源流册事咨黑龙江将军衙门文

乾隆十三年十二月十九日 ······635

五四二　黑龙江将军衙门为黑龙江各处满洲达斡尔佐领骁骑校等出缺拣员报送事咨黑龙江副都统文（附名单一件）

乾隆十四年正月二十一日 ······639

五四三　黑龙江将军衙门为黑龙江正蓝旗达斡尔公中佐领巴里克萨出缺选送伊子登蕴事咨黑龙江副都统文

乾隆十四年正月二十一日 ······643

五四四　黑龙江将军衙门为令选送满洲索伦达斡尔等领催前锋记名事咨黑龙江副都统文

乾隆十四年正月二十一日 ······644

五四五　墨尔根副都统衙门为报齐齐哈尔正蓝旗达斡尔喀勒扎佐领下驻墨尔根人员并造册画押事咨黑龙江将军衙门文
乾隆十四年正月二十四日 ……………………………………………………………………646
五四六　墨尔根副都统衙门为造送墨尔根镶白旗达斡尔呼勒呼纳佐领源流册事咨黑龙江将军衙门文
乾隆十四年正月二十四日 ……………………………………………………………………649
五四七　署布特哈索伦达斡尔总管七十五等为叩谢加恩赏赐出征金川索伦达斡尔等官兵事呈黑龙江将军衙门文
乾隆十四年正月二十四日 ……………………………………………………………………653
五四八　黑龙江将军衙门为布特哈达斡尔总管鄂布希出征金川由副总管翁嘉护理印务事咨理藩院文
乾隆十四年正月二十四日 ……………………………………………………………………657
五四九　黑龙江将军衙门为布特哈达斡尔总管鄂布希出征金川由副总管翁嘉护理印务事札署布特哈索伦达斡尔总管七十五等文
乾隆十四年正月二十四日 ……………………………………………………………………658
五五〇　黑龙江副都统衙门为报齐齐哈尔正蓝旗达斡尔喀勒扎佐领下驻黑龙江人员并造册画押事咨黑龙江将军衙门文
乾隆十四年正月二十六日 ……………………………………………………………………659
五五一　暂护呼兰城守尉法勒哈为报齐齐哈尔正蓝旗达斡尔喀勒扎佐领下驻呼兰城人员并造册画押事呈黑龙江将军衙门文
乾隆十四年正月二十六日 ……………………………………………………………………663
五五二　黑龙江将军衙门为解送墨尔根镶白旗达斡尔呼勒呼纳世管佐领源流册事咨兵部文（附名单一件）
乾隆十四年正月二十七日 ……………………………………………………………………666
五五三　署布特哈索伦达斡尔总管七十五等为造送出征金川无饷布特哈索伦达斡尔官兵花名册事呈黑龙江将军衙门文
乾隆十四年正月二十七日 ……………………………………………………………………671

五五四　黑龙江将军衙门为黑龙江所属各城满洲达斡尔等公中佐领出缺由该城协领兼管者赴京引见事咨黑龙江副都统文
乾隆十四年二月初一日 ……676
五五五　黑龙江将军衙门为造报办给出征金川索伦达斡尔等官兵军器清册事咨兵部文（附清册一件）
乾隆十四年二月初三日 ……683
五五六　墨尔根副都统衙门为黑龙江各处满洲达斡尔佐领骁骑校等出缺拣员报送事咨黑龙江将军衙门文
乾隆十四年二月十一日 ……691
五五七　护理呼兰城守尉哲灵额为报送镶白旗达斡尔萨珠喇佐领下领催穆尔图呼尔等记名事呈黑龙江将军衙门文
乾隆十四年二月十三日 ……702
五五八　黑龙江将军衙门为造送齐齐哈尔正蓝旗达斡尔喀勒扎等佐领源流册事咨兵部文
乾隆十四年二月二十日 ……709
五五九　黑龙江副都统衙门为黑龙江各处满洲达斡尔佐领骁骑校等出缺拣员报送事咨黑龙江将军衙门文
乾隆十四年二月二十二日 ……717

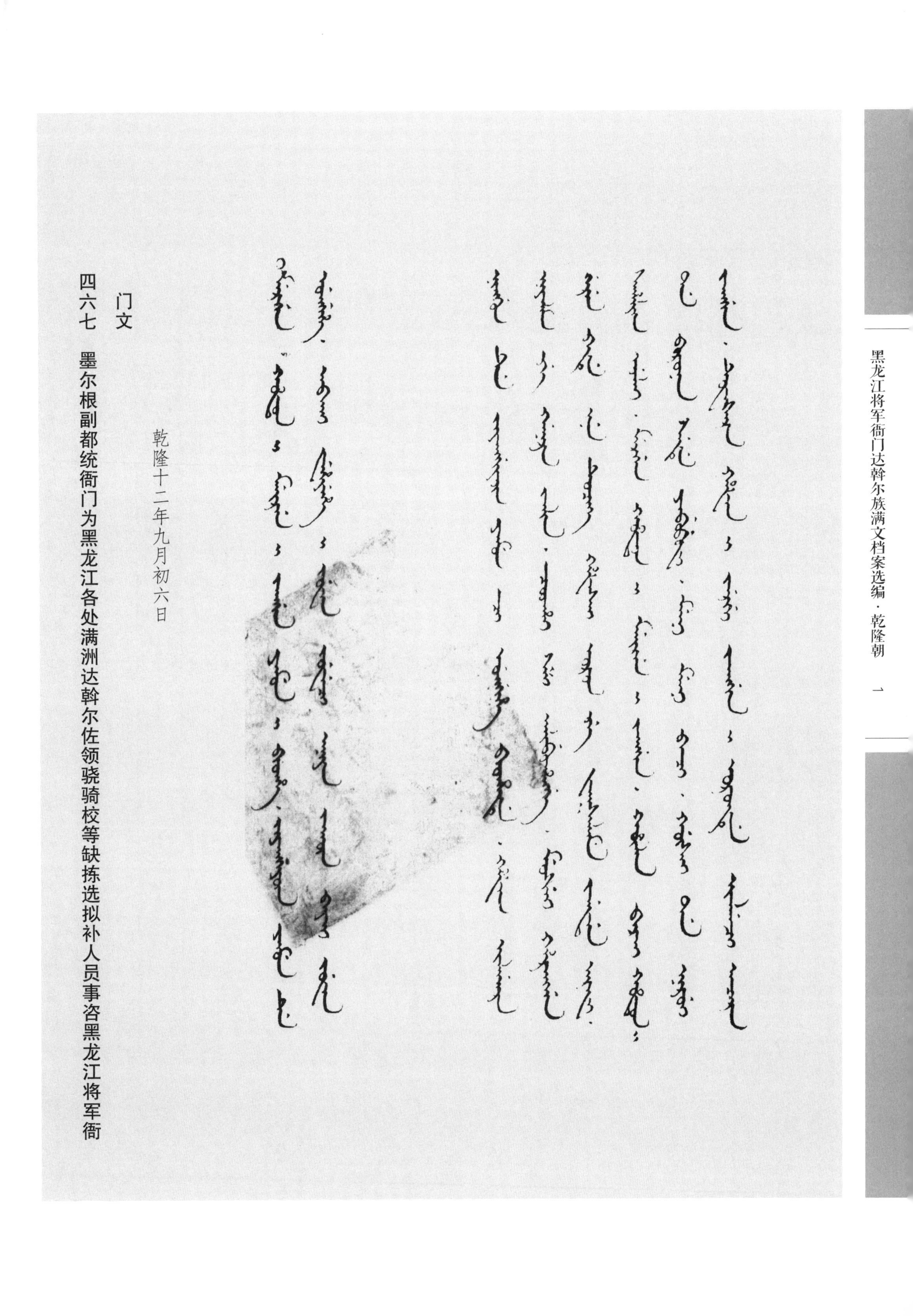

四六七 墨尔根副都统衙门为黑龙江各处满洲达斡尔佐领骁骑校等缺拣选拟补人员事咨黑龙江将军衙门文

乾隆十二年九月初六日

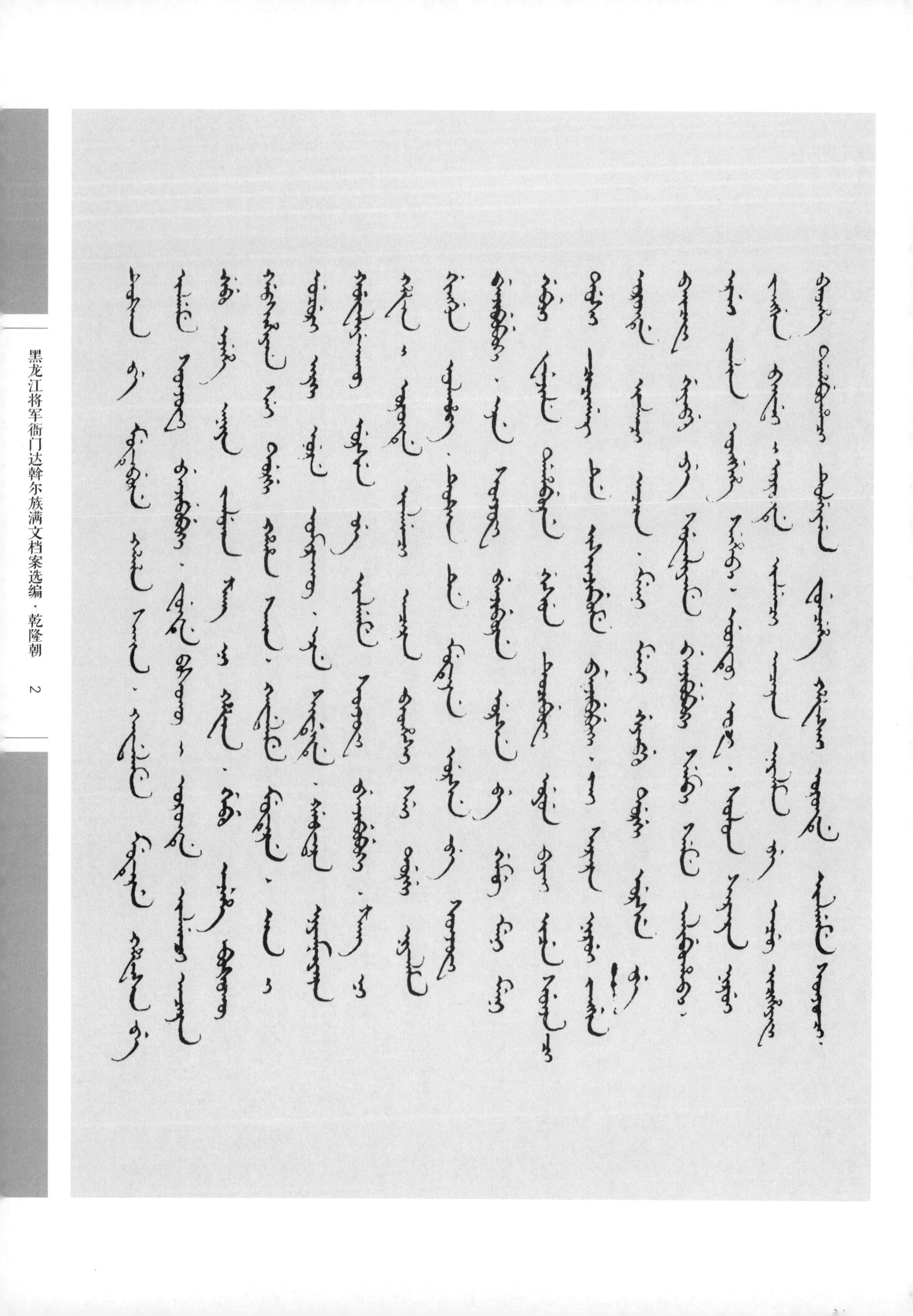

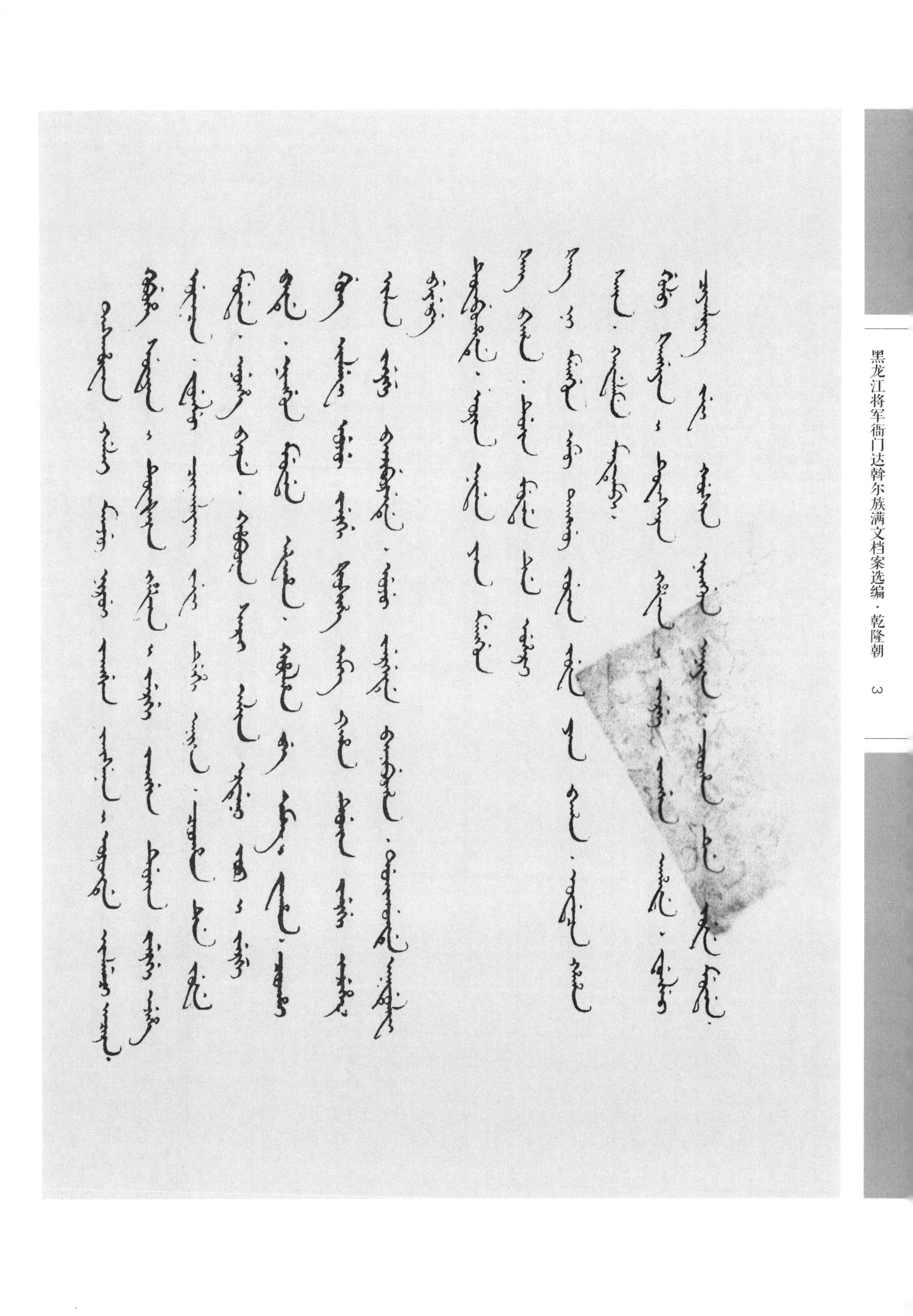

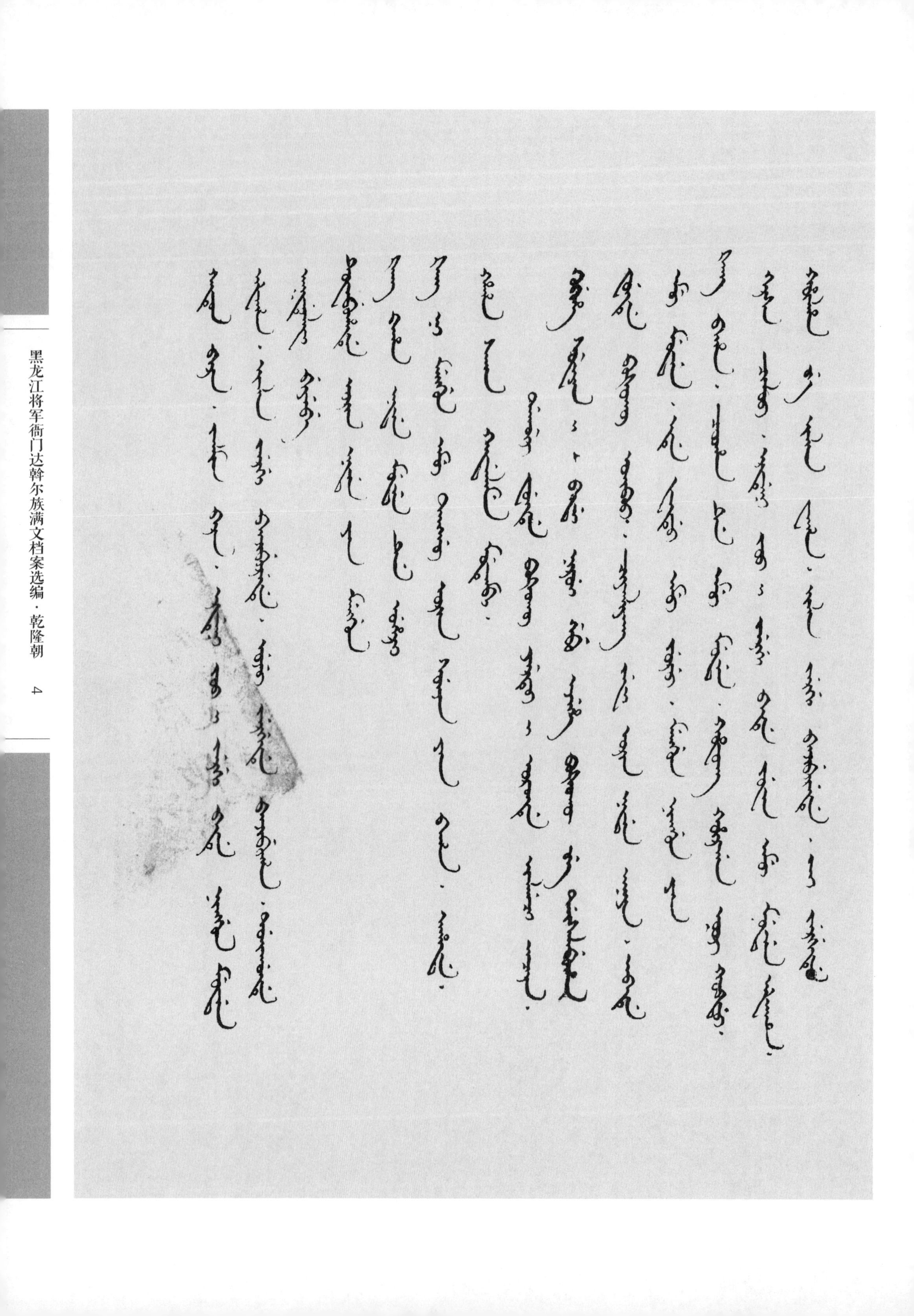

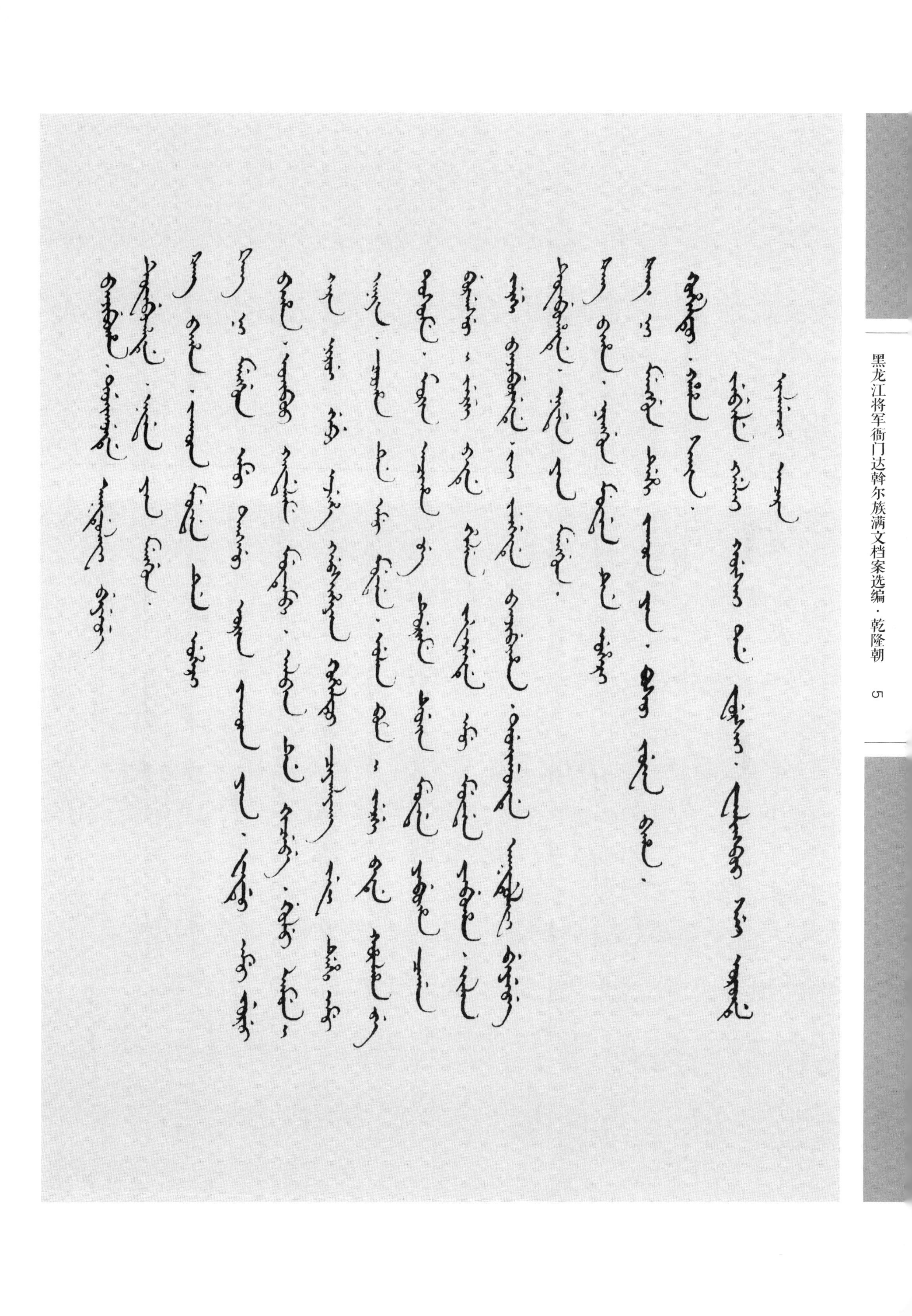

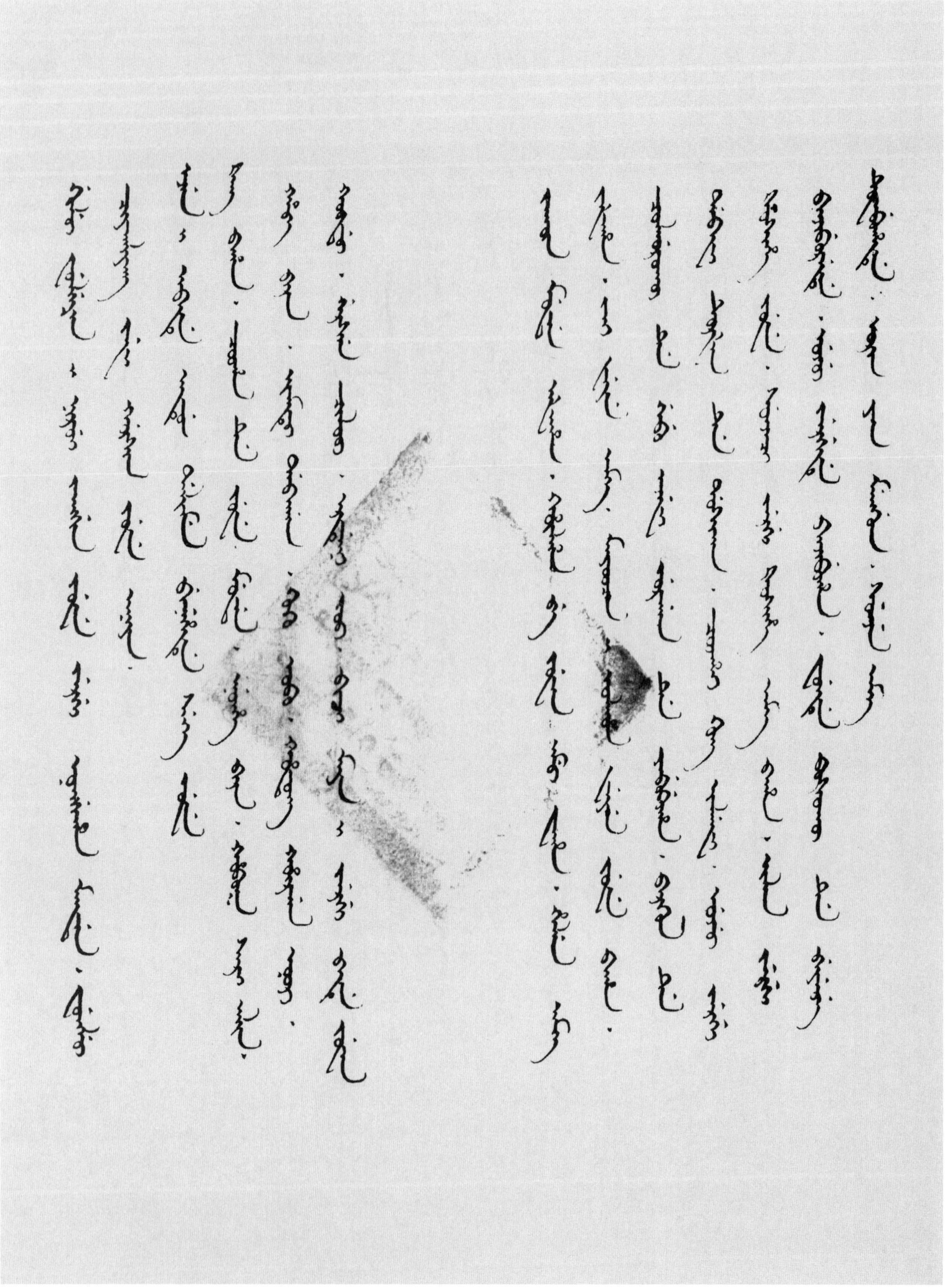

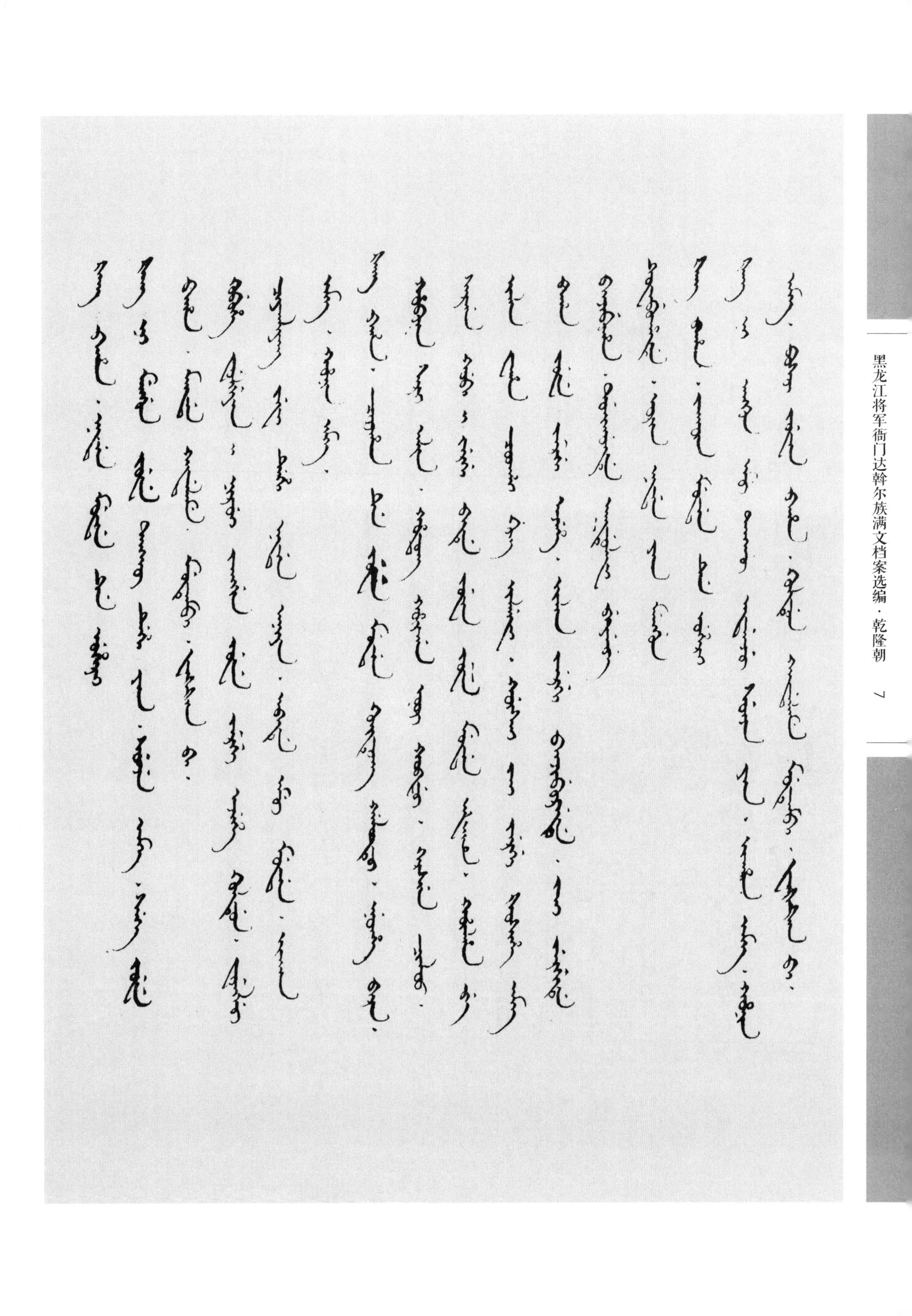

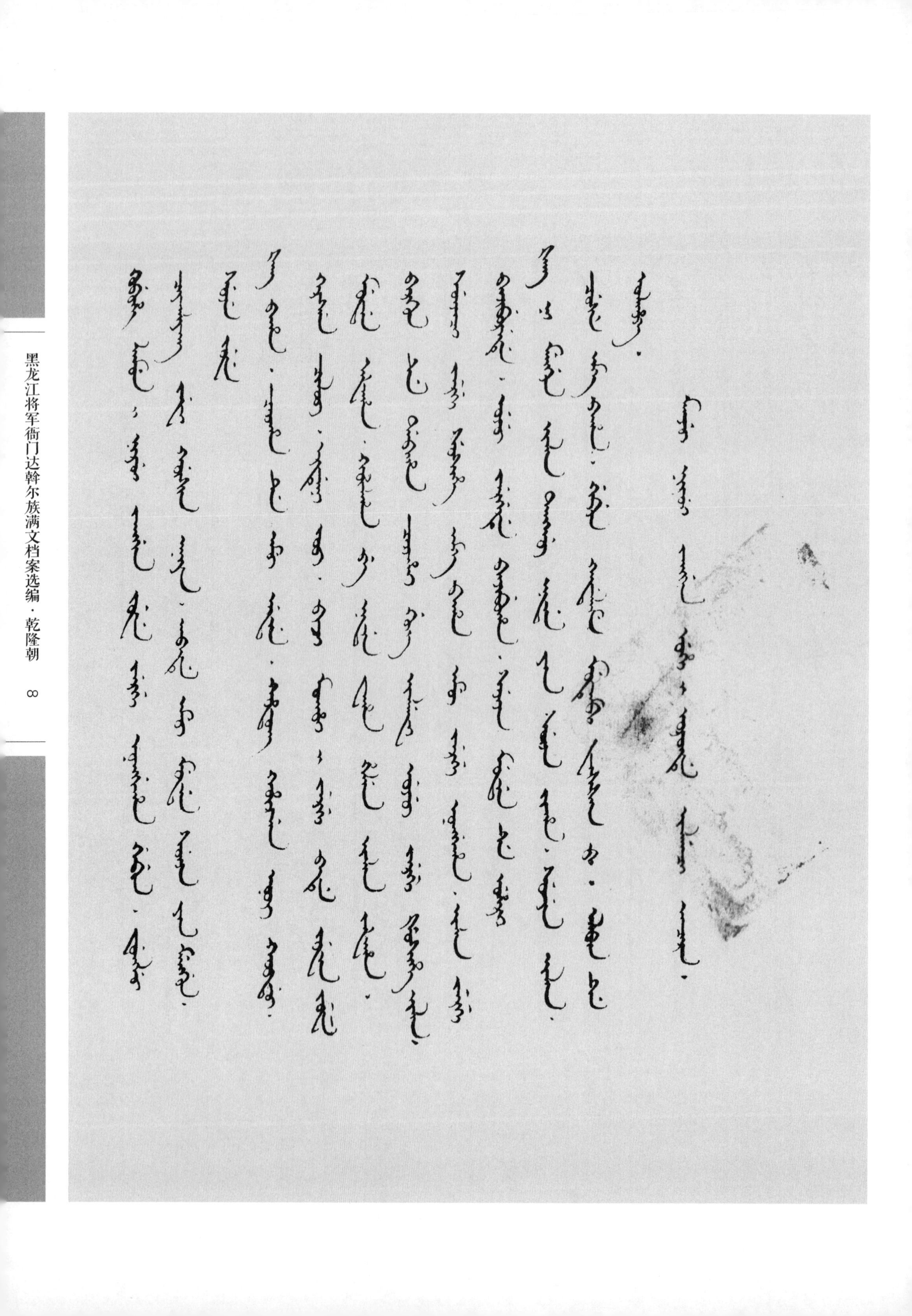

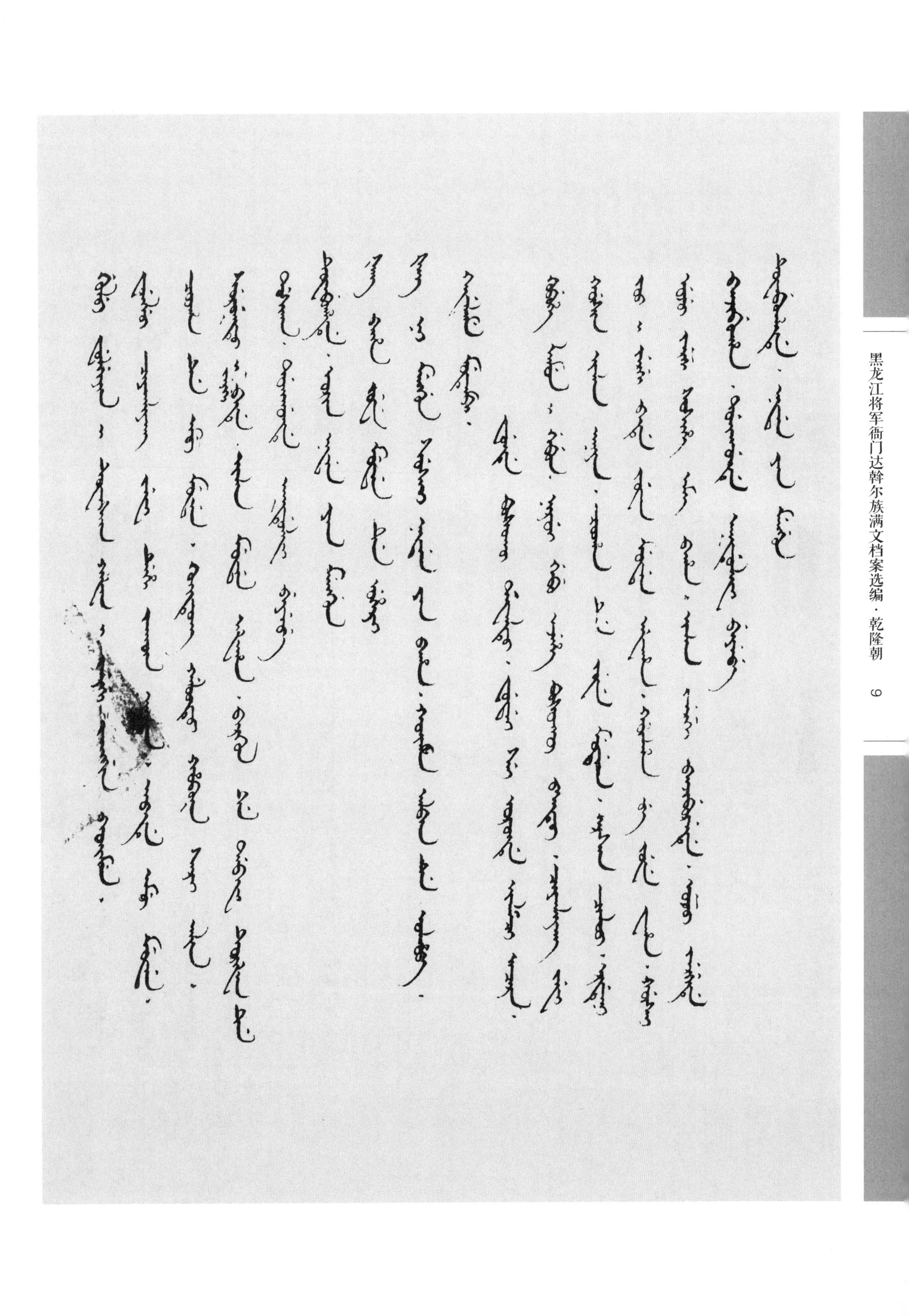

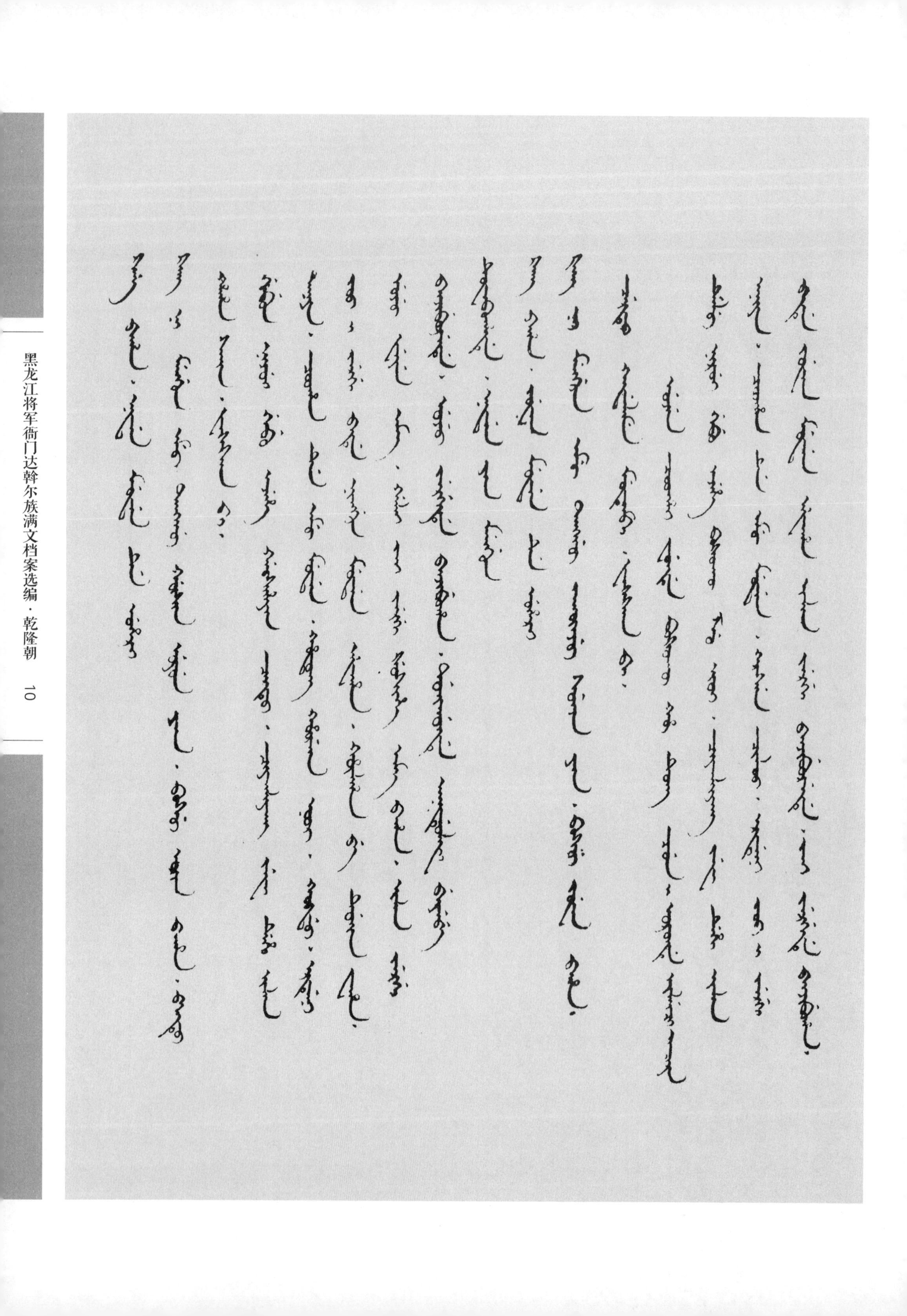

[illegible]

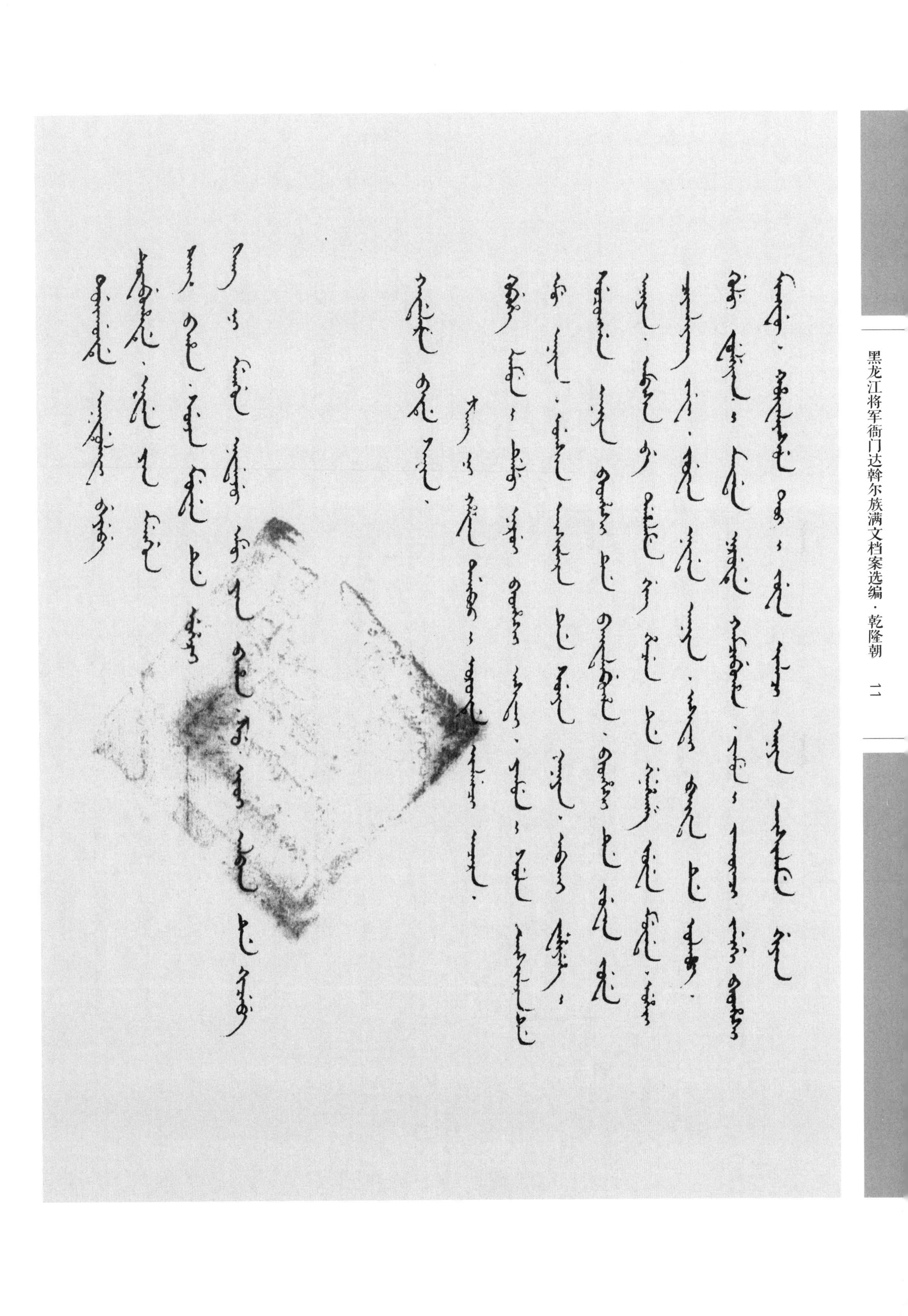

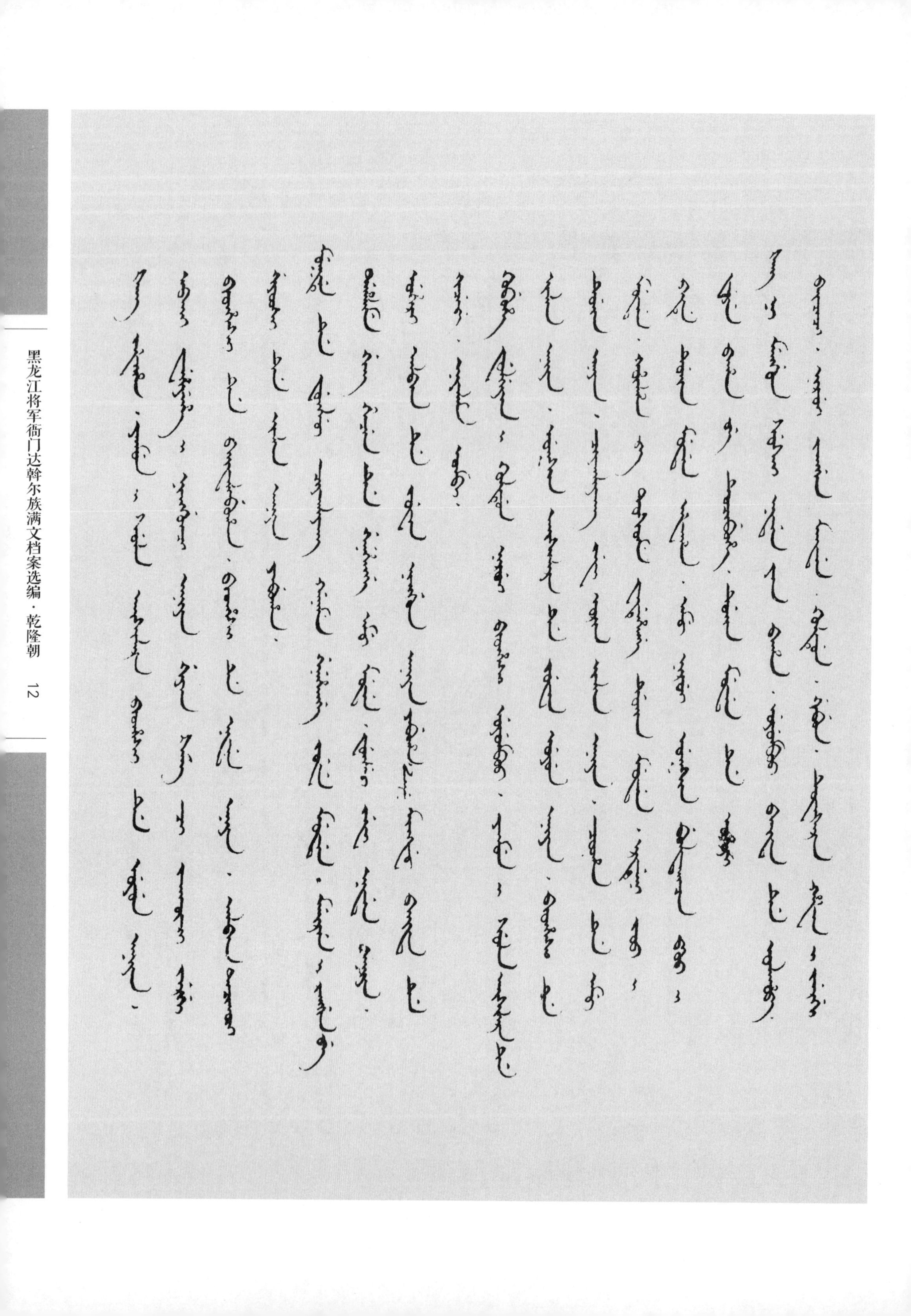

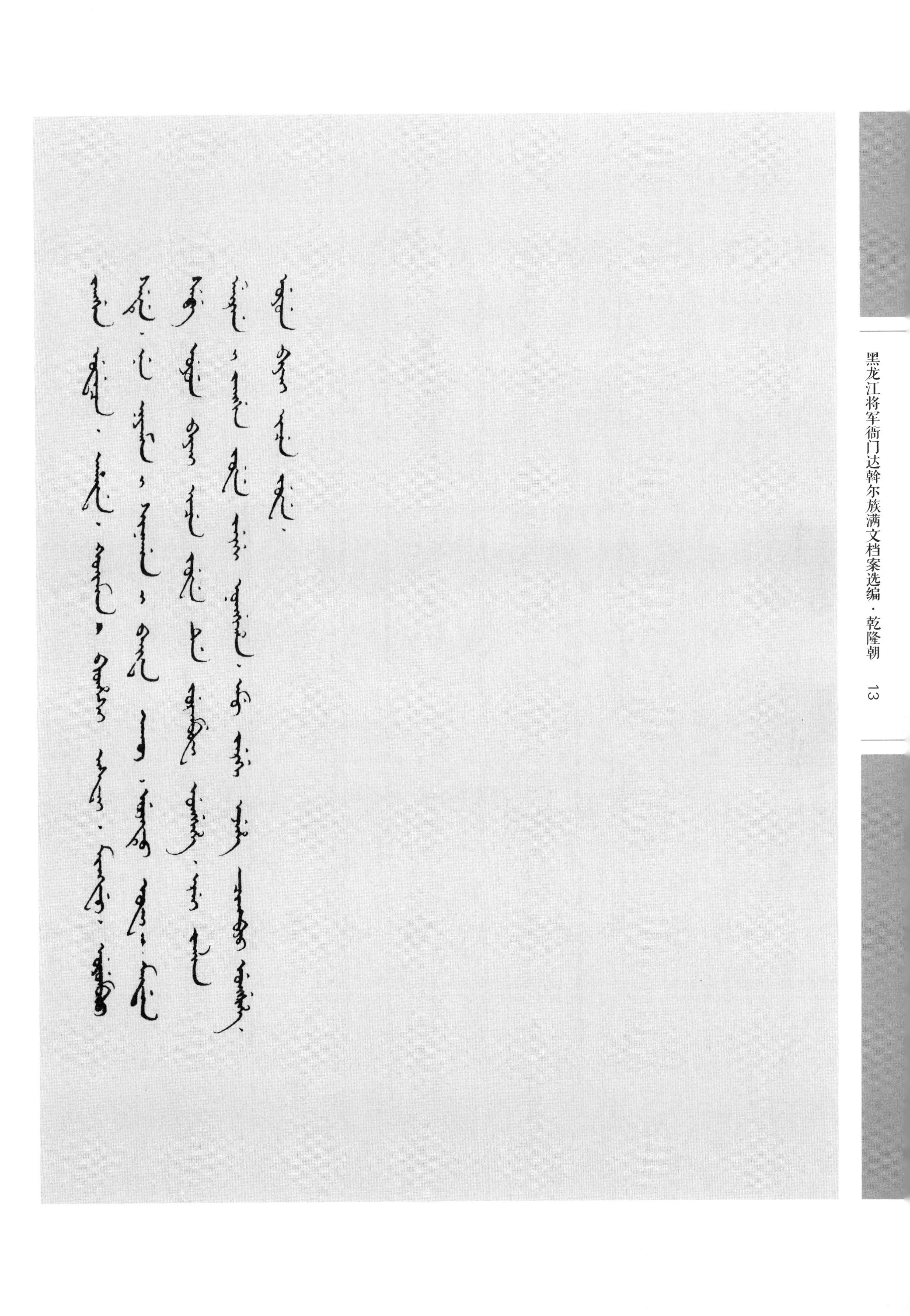

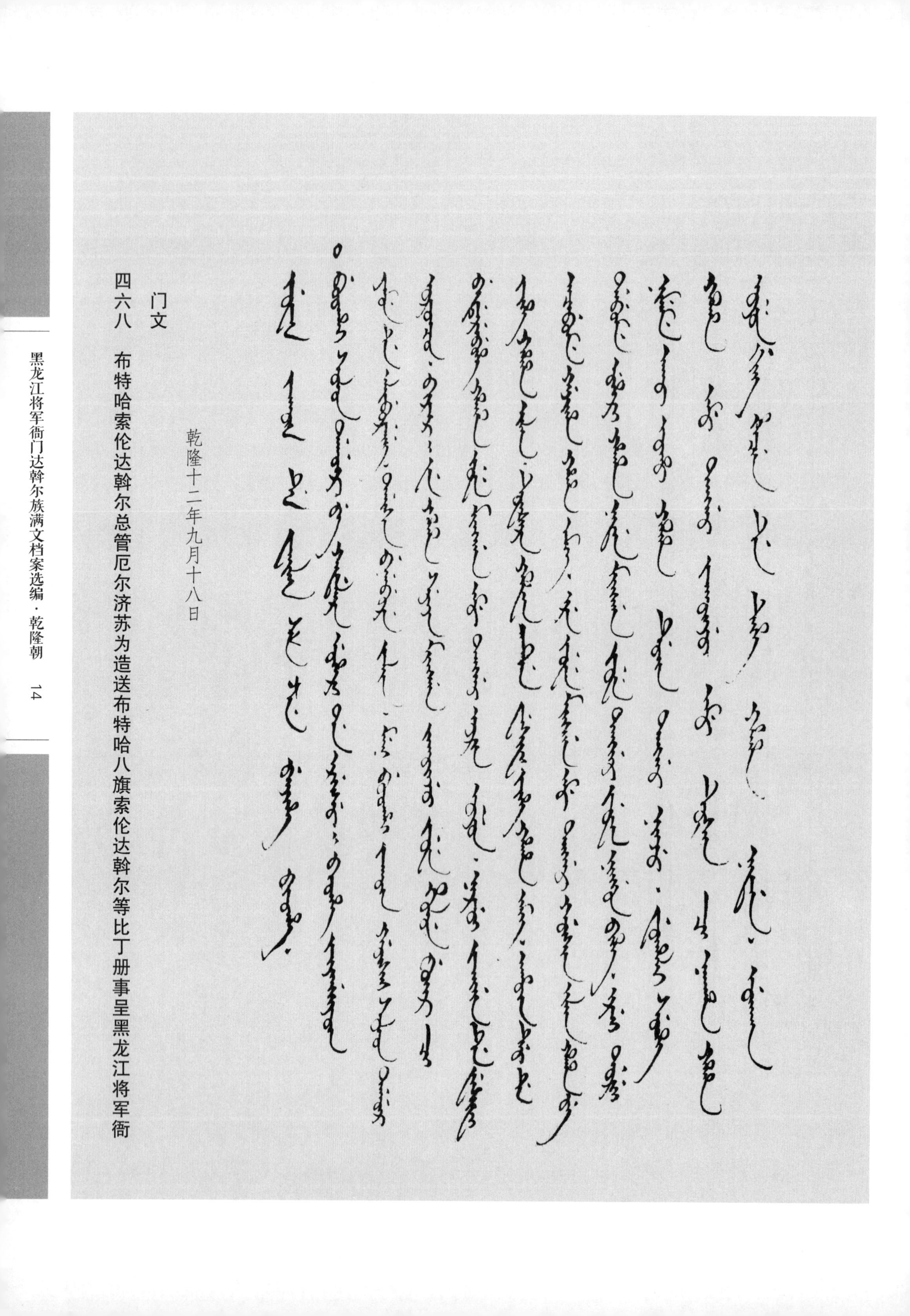

四六八 布特哈索伦达斡尔总管厄尔济苏为造送布特哈八旗索伦达斡尔等比丁册事呈黑龙江将军衙门文

乾隆十二年九月十八日

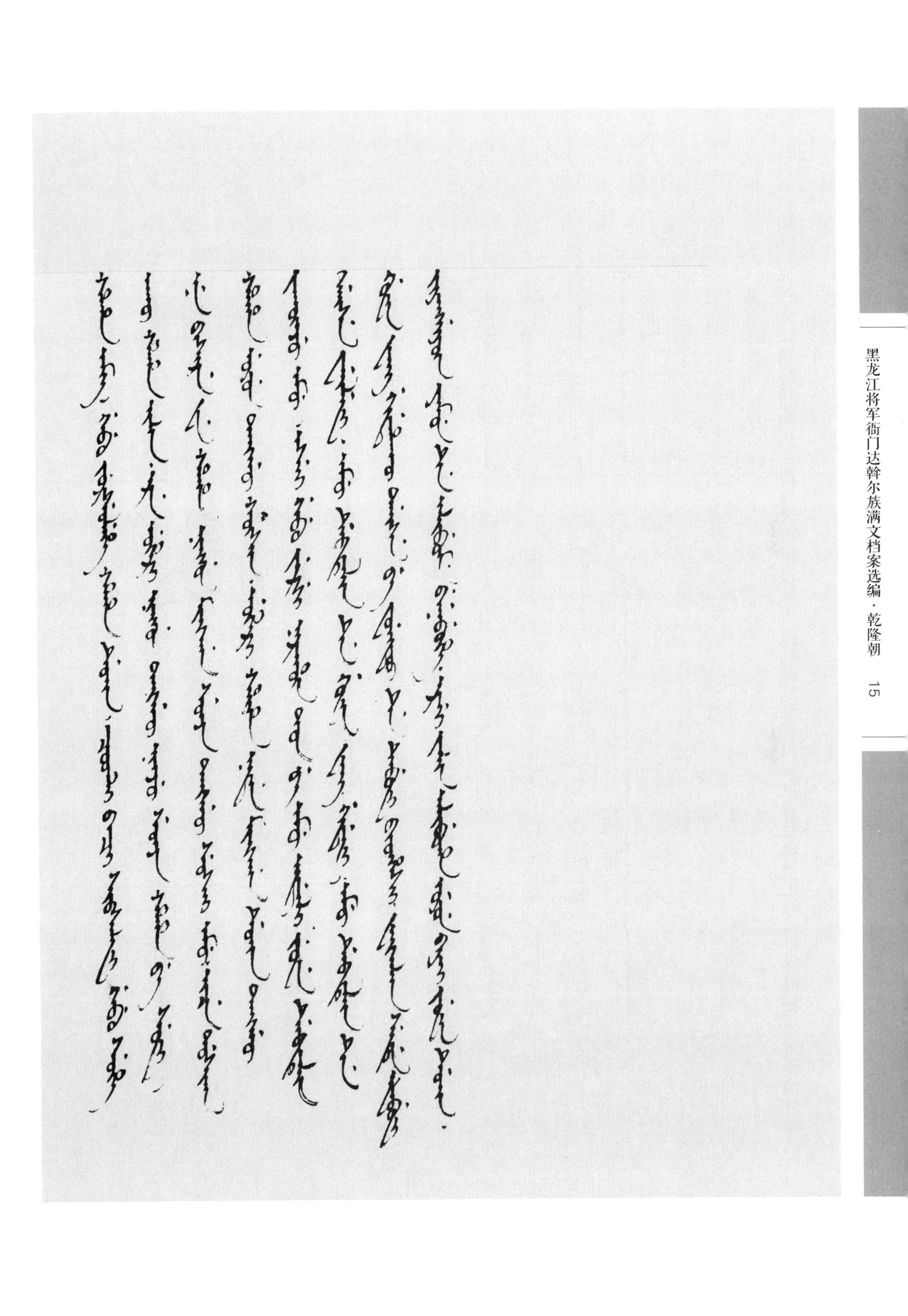

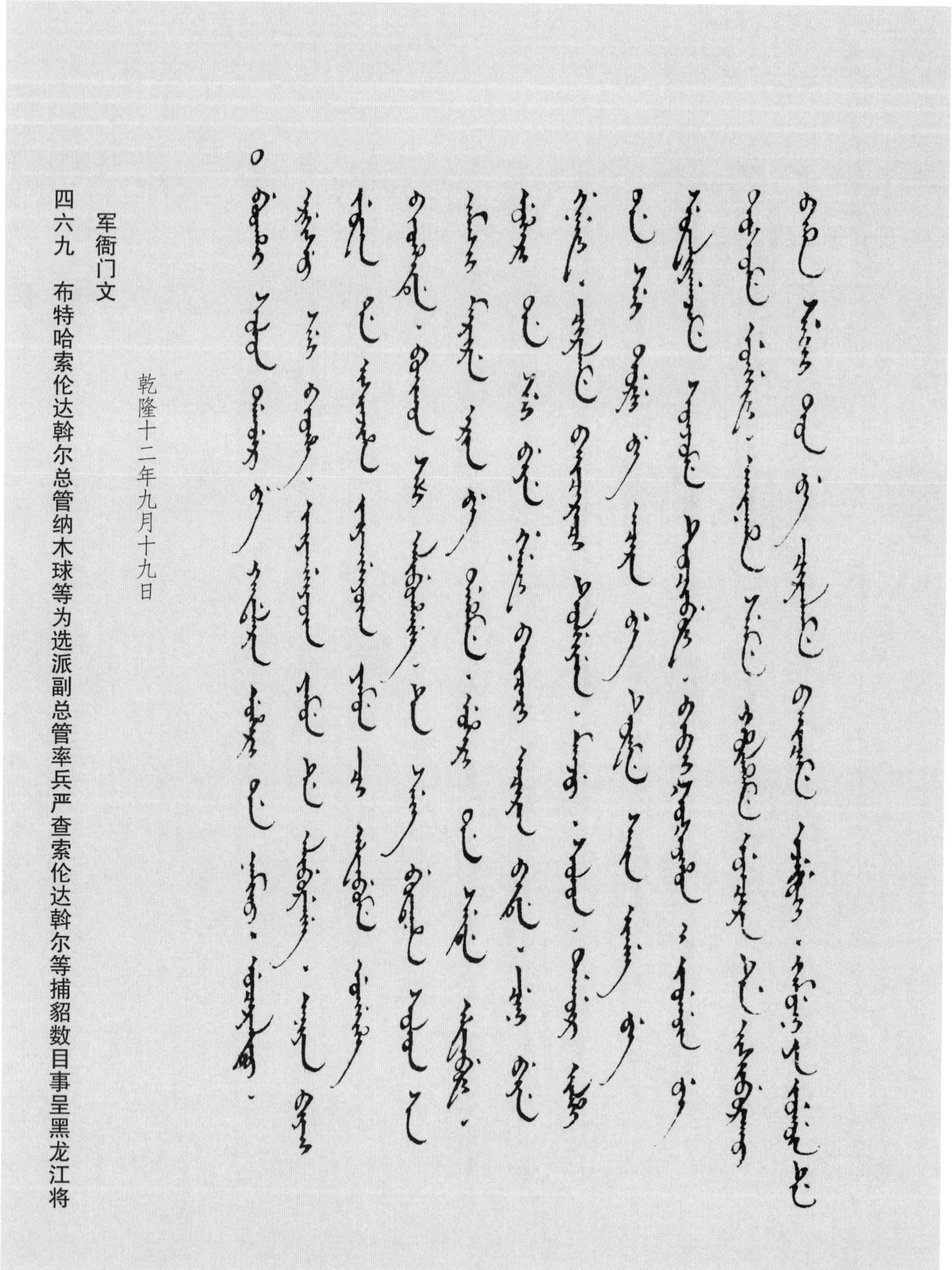

四六九　布特哈索伦达斡尔总管纳木球等为选派副总管率兵严查索伦达斡尔等捕貂数目事呈黑龙江将军衙门文

乾隆十二年九月十九日

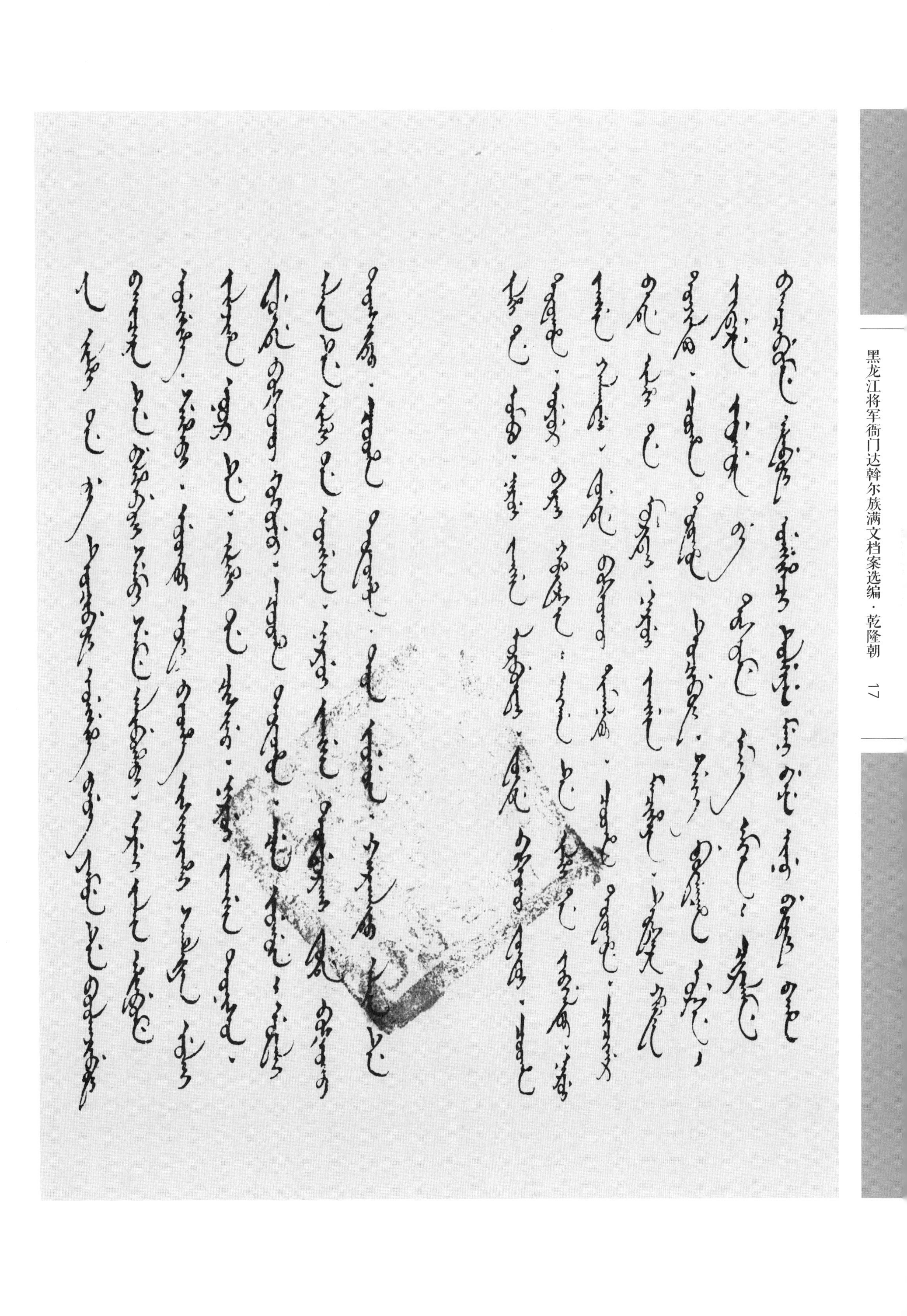

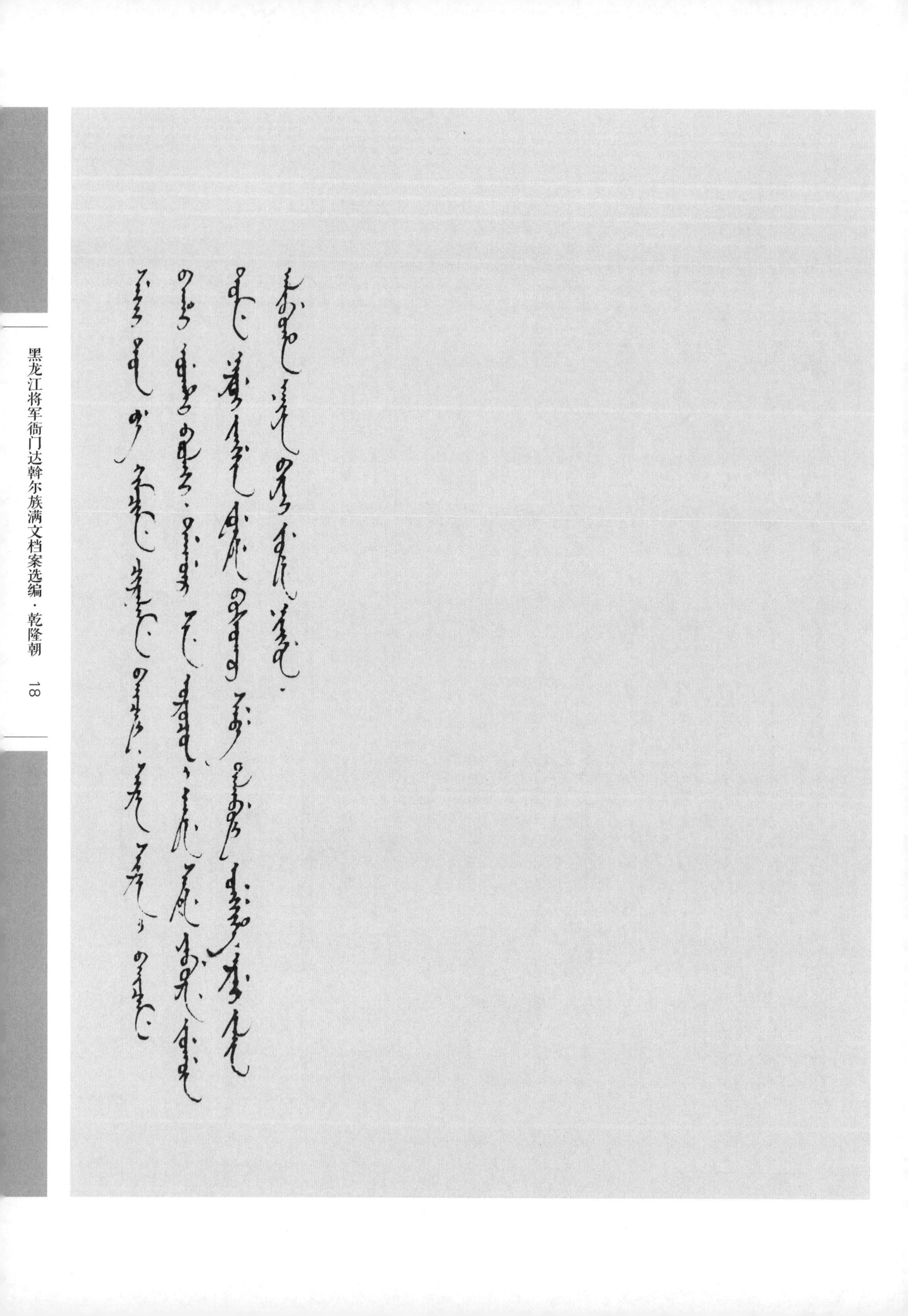

[illegible]

[illegible]

[illegible]

[illegible]

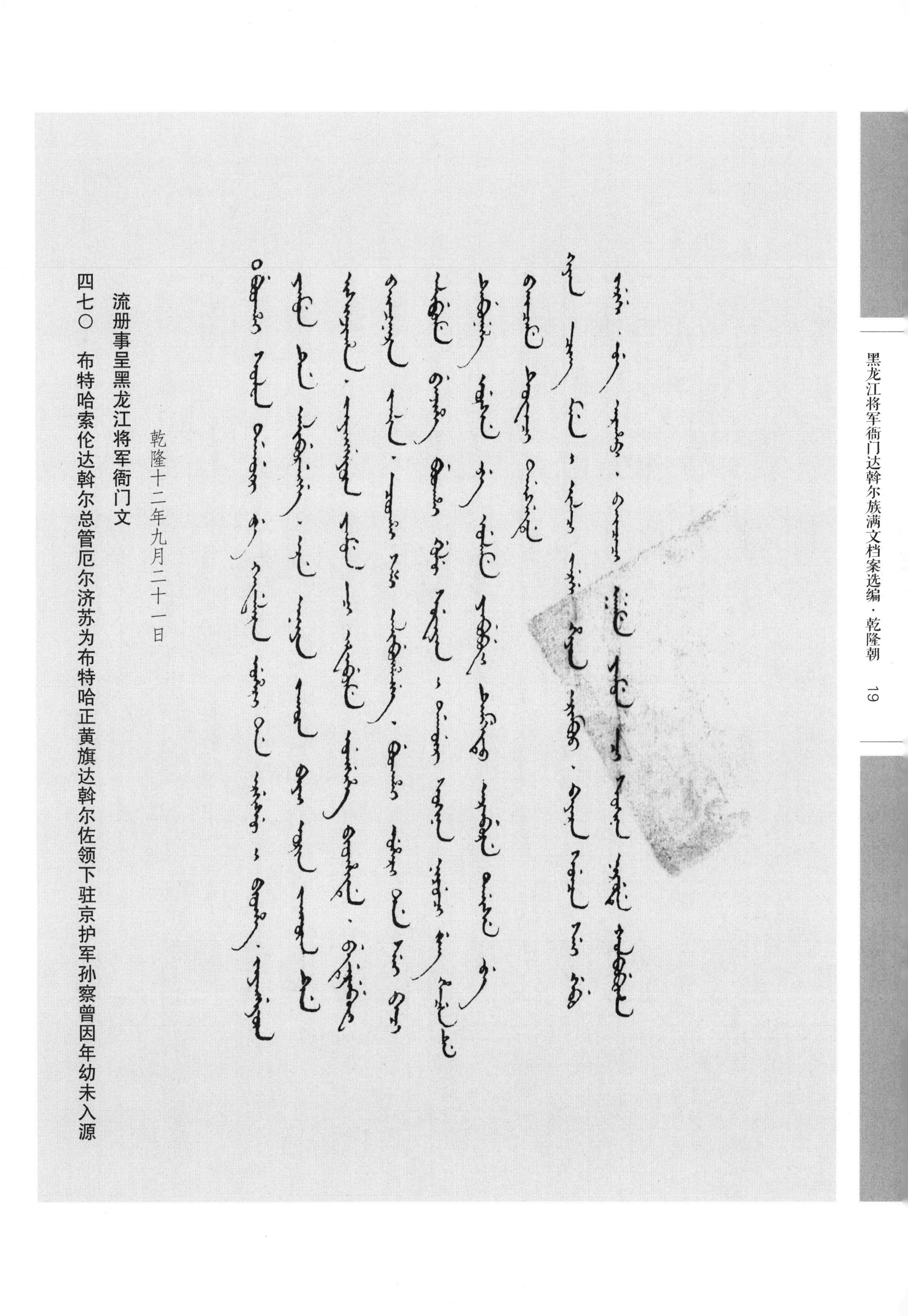

乾隆十二年九月二十一日

四七〇 布特哈索伦达斡尔总管厄尔济苏为布特哈正黄旗达斡尔佐领下驻京护军孙察曾因年幼未入源流册事呈黑龙江将军衙门文

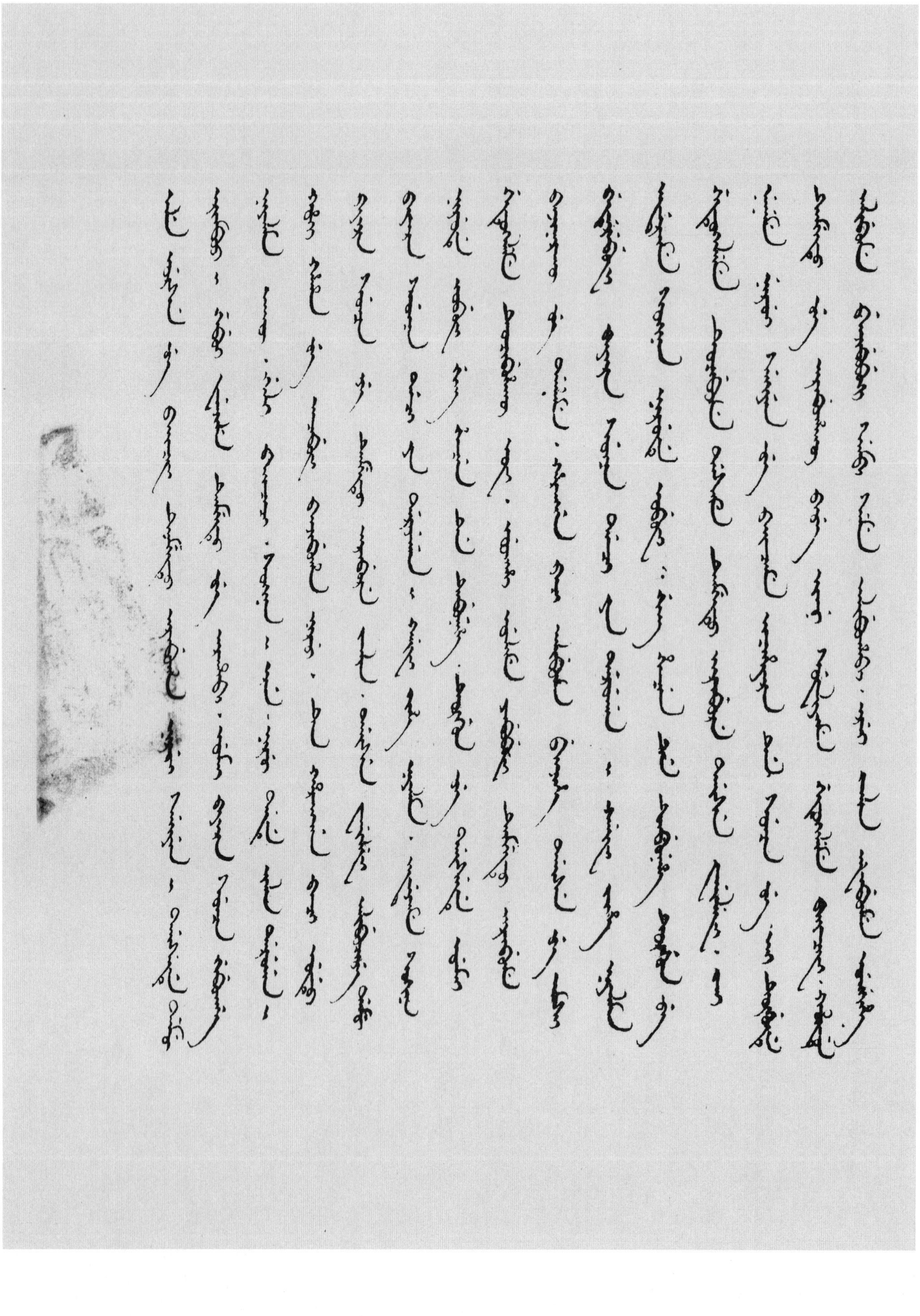

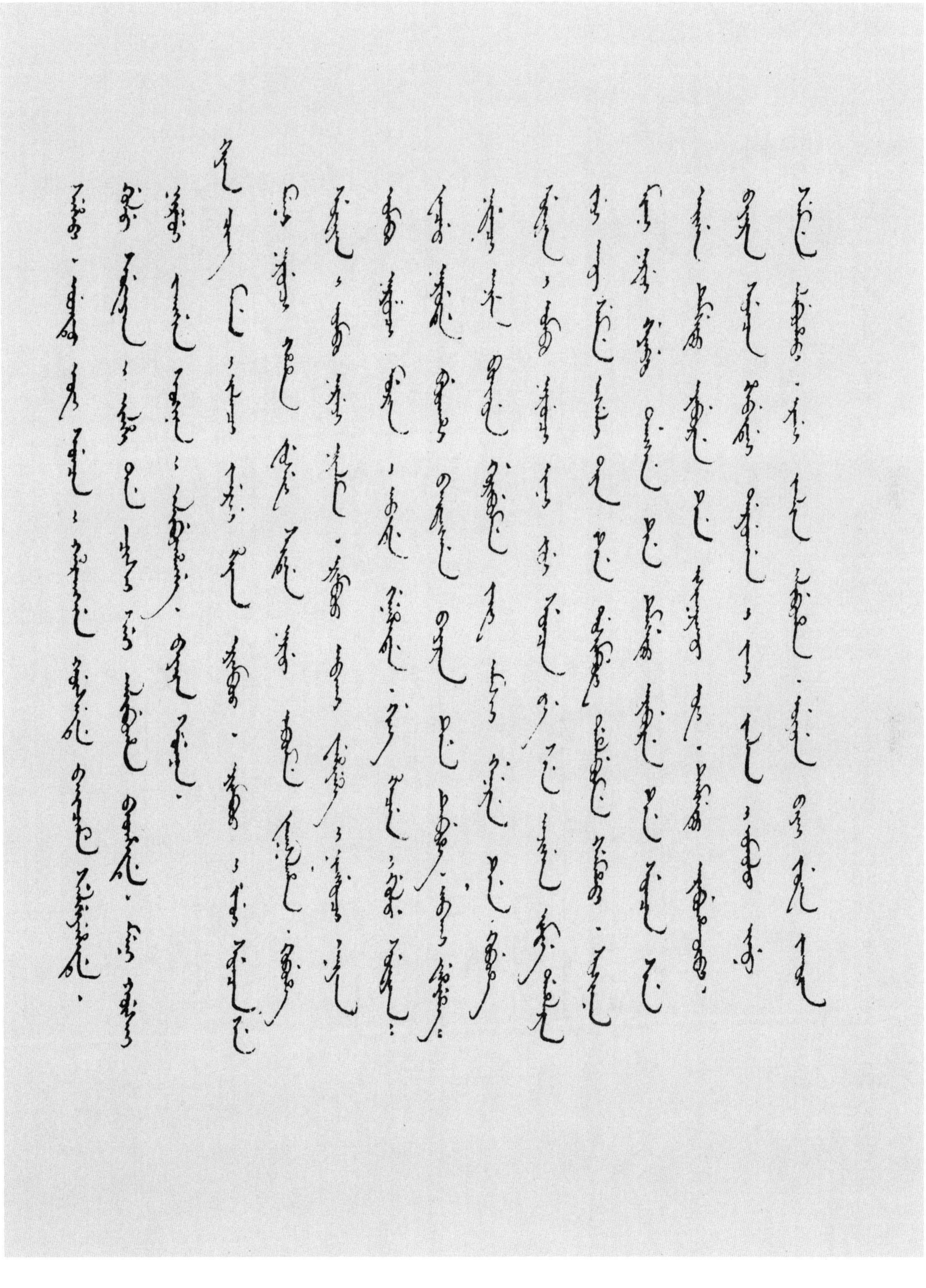

四七一 黑龙江将军衙门为齐齐哈尔镶白旗达斡尔世管佐领塔里乌勒出缺拣选拟定正陪人员引见事咨兵部文

乾隆十二年十月初二日

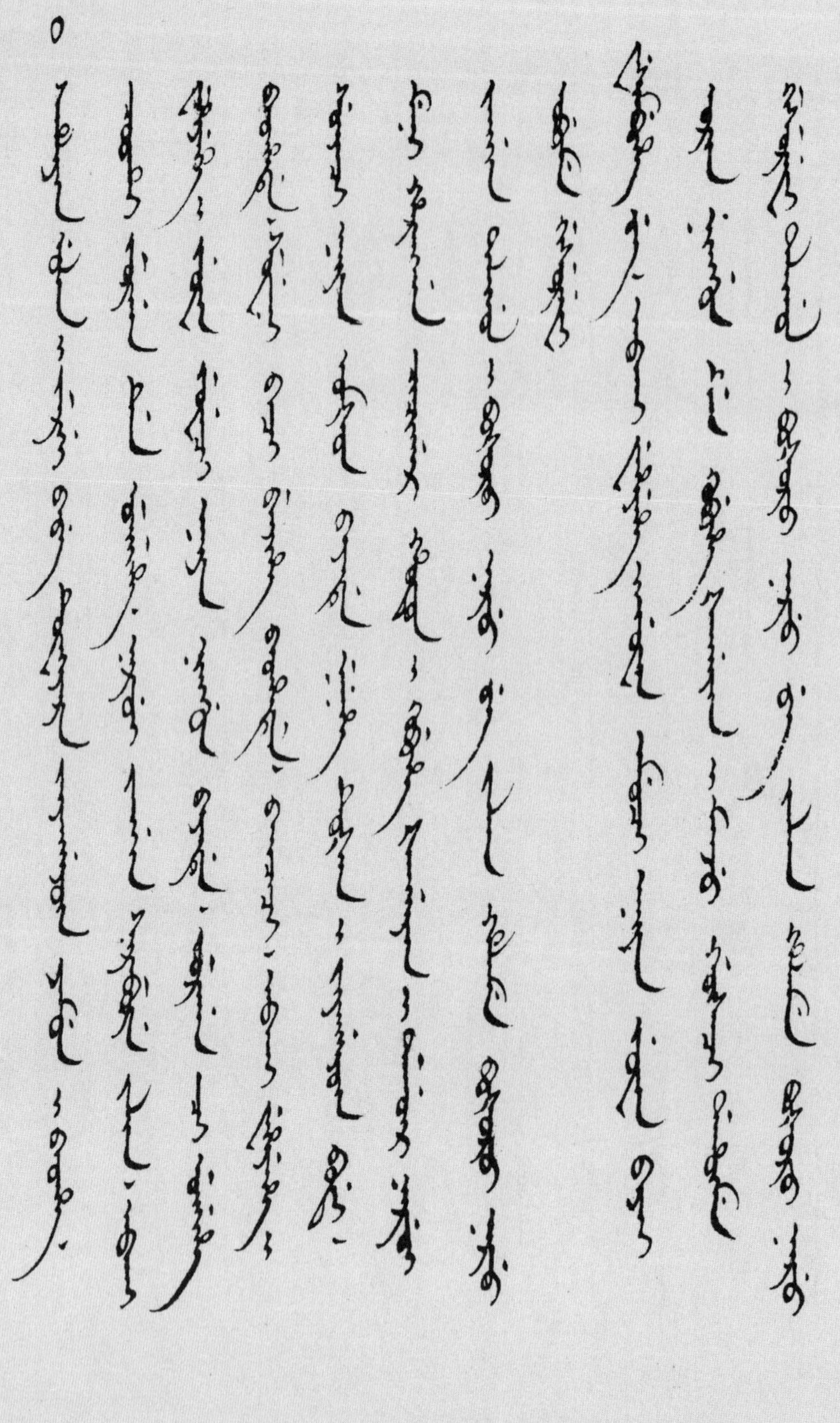

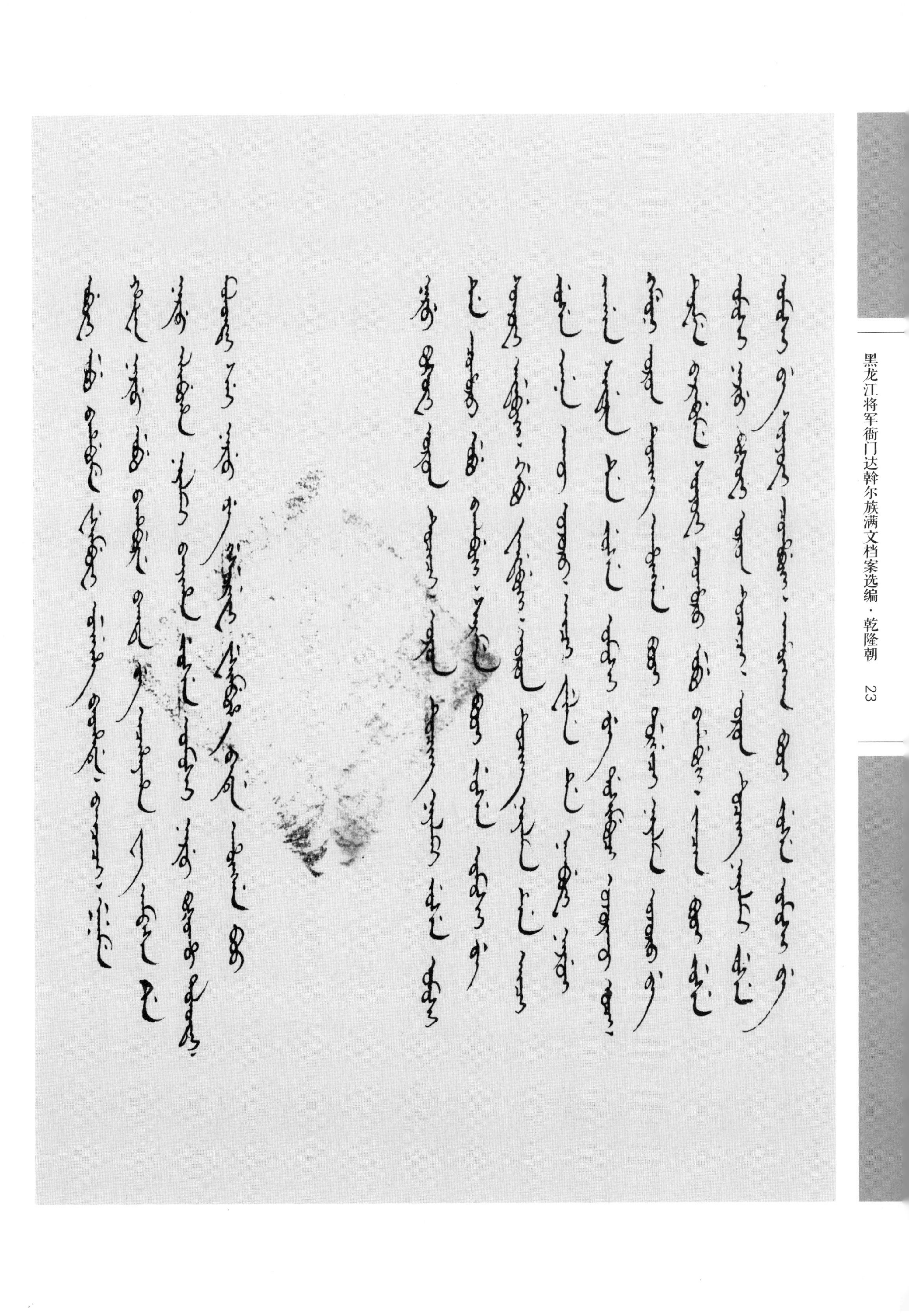

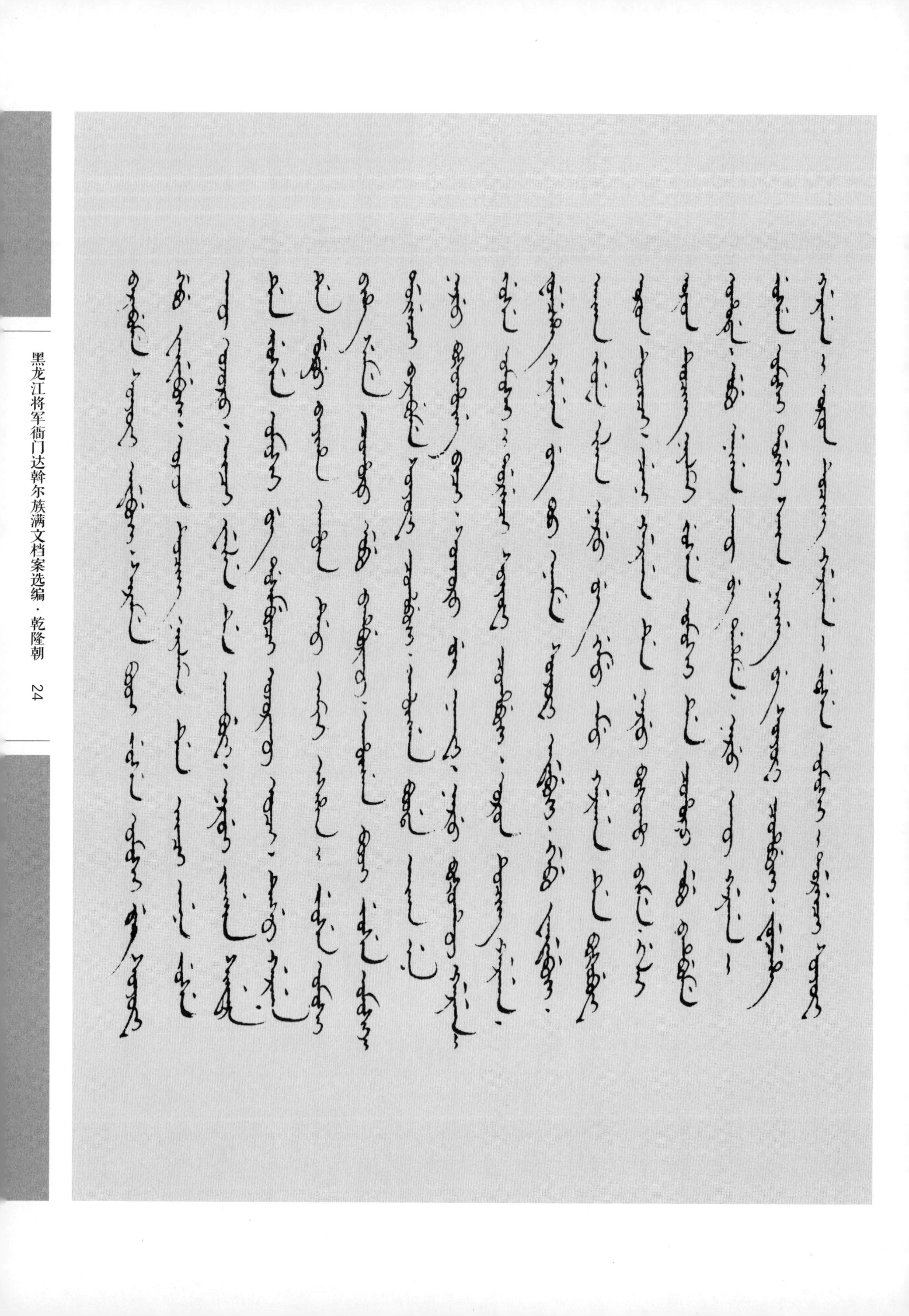

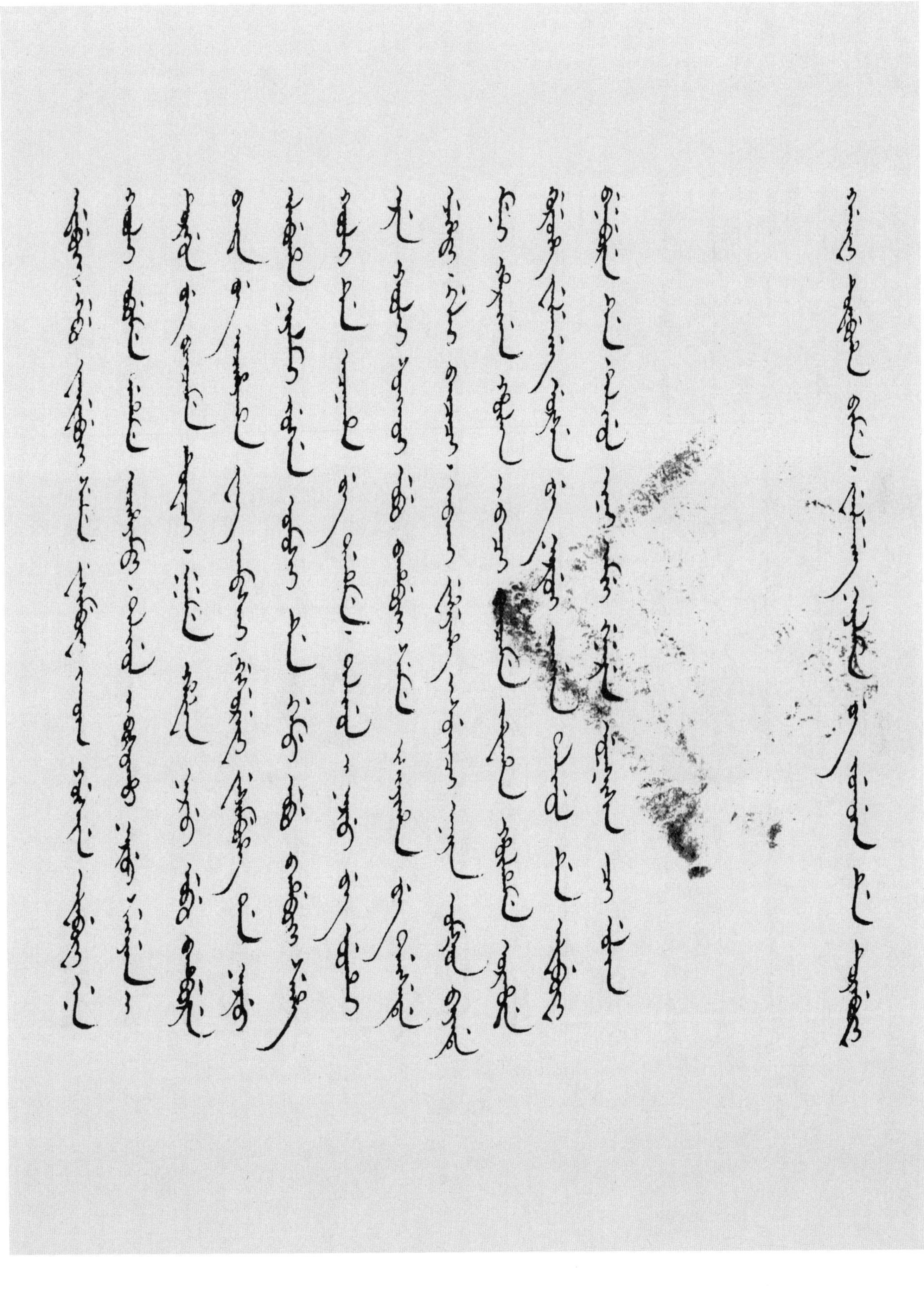

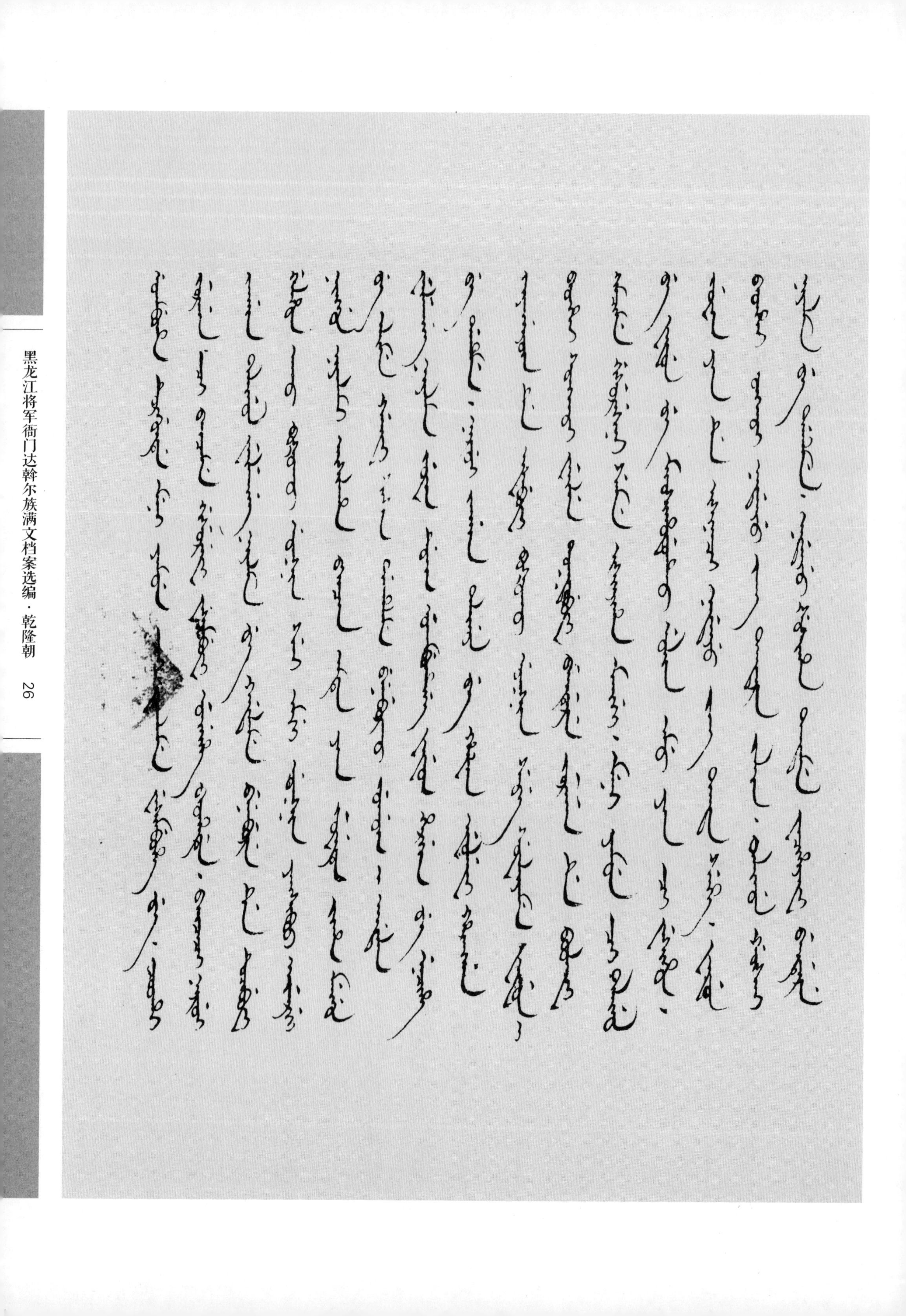

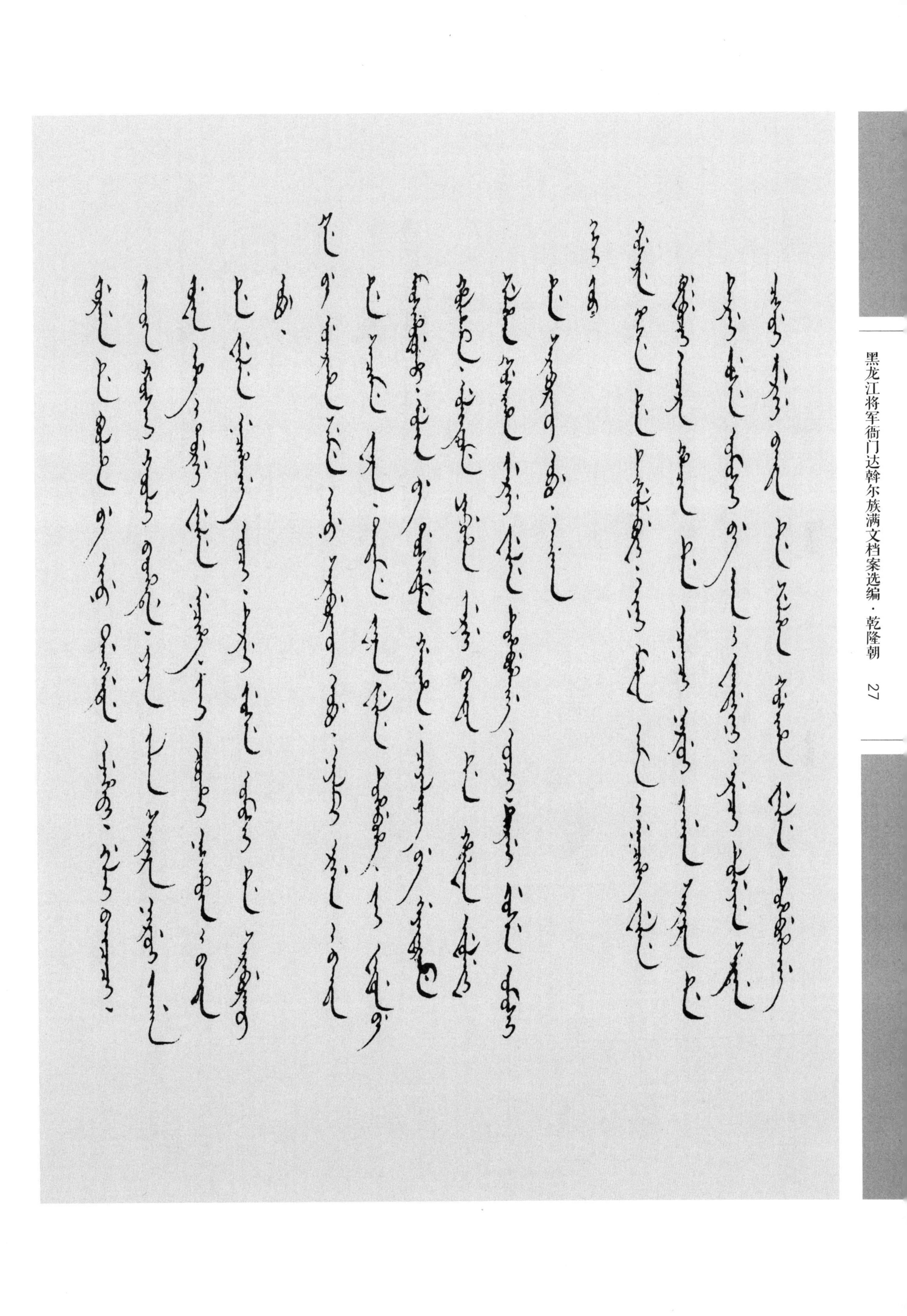

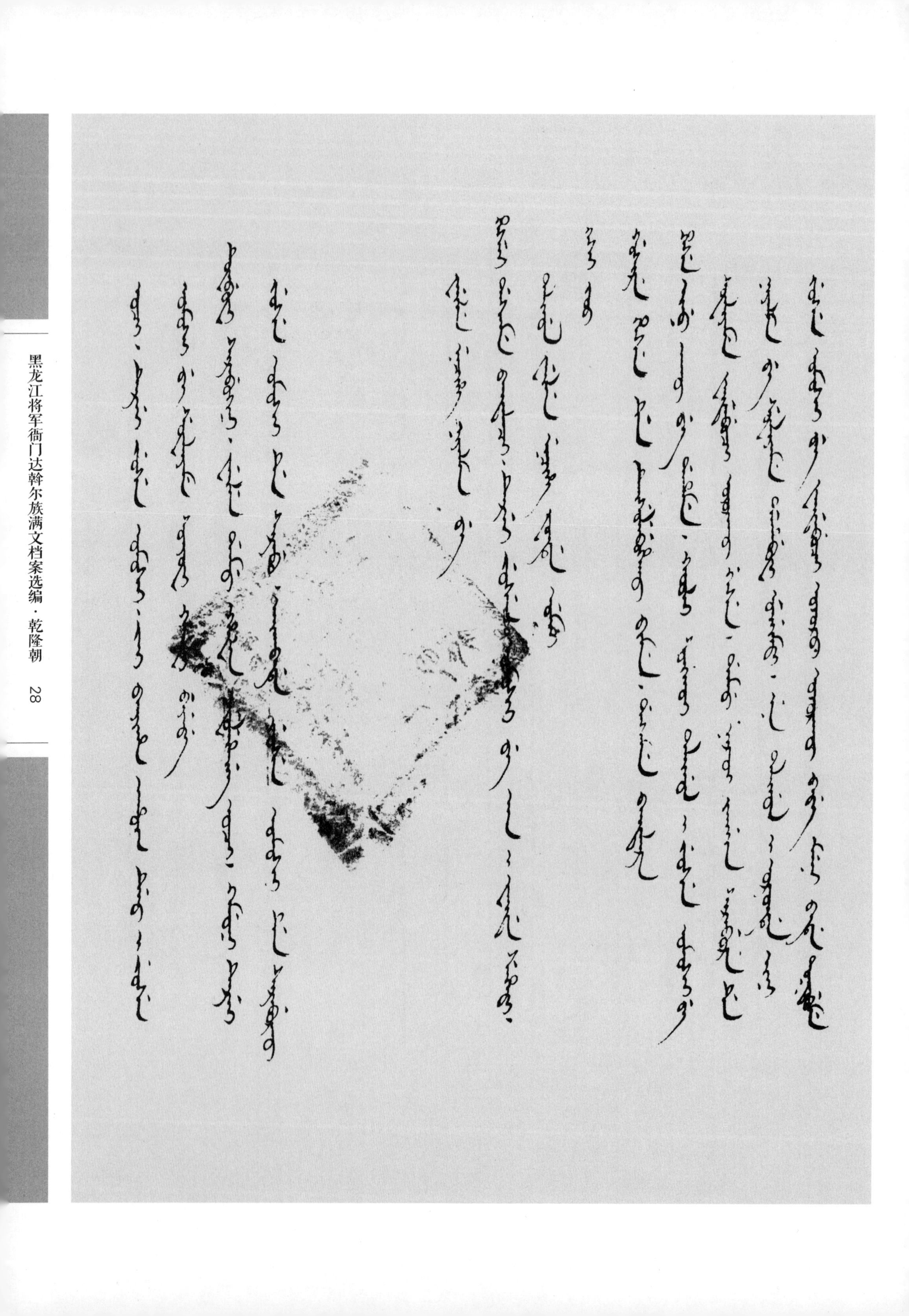

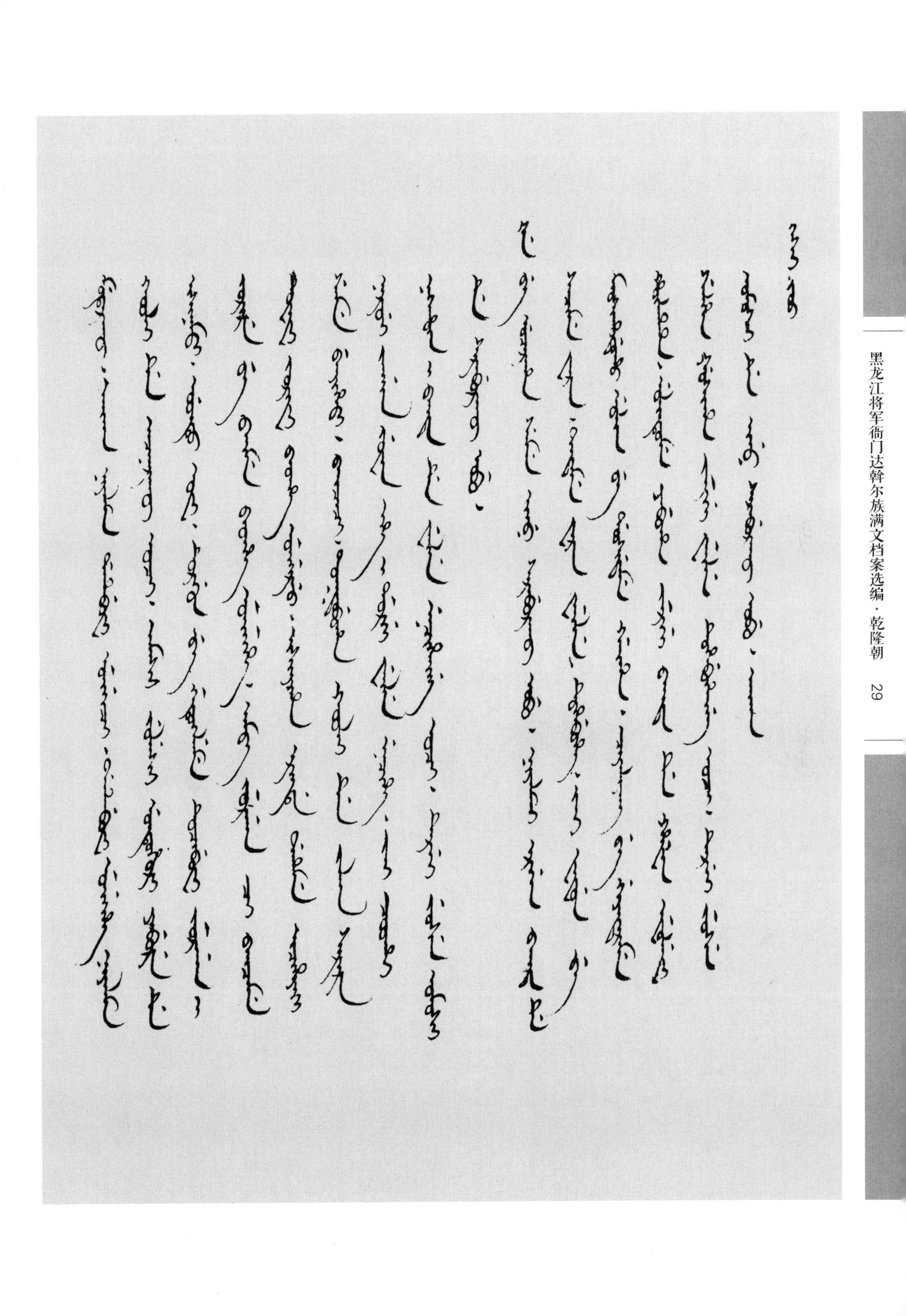

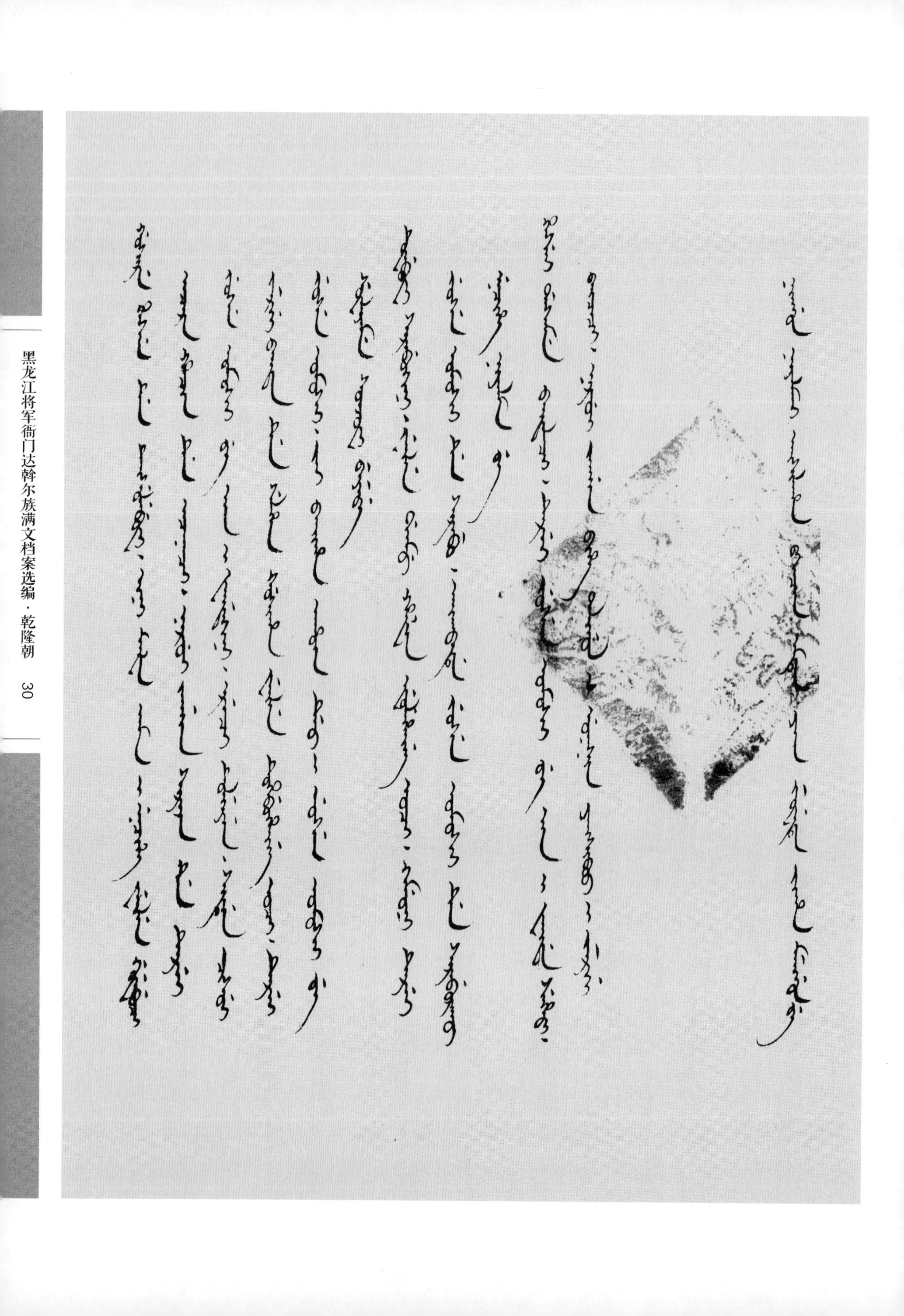

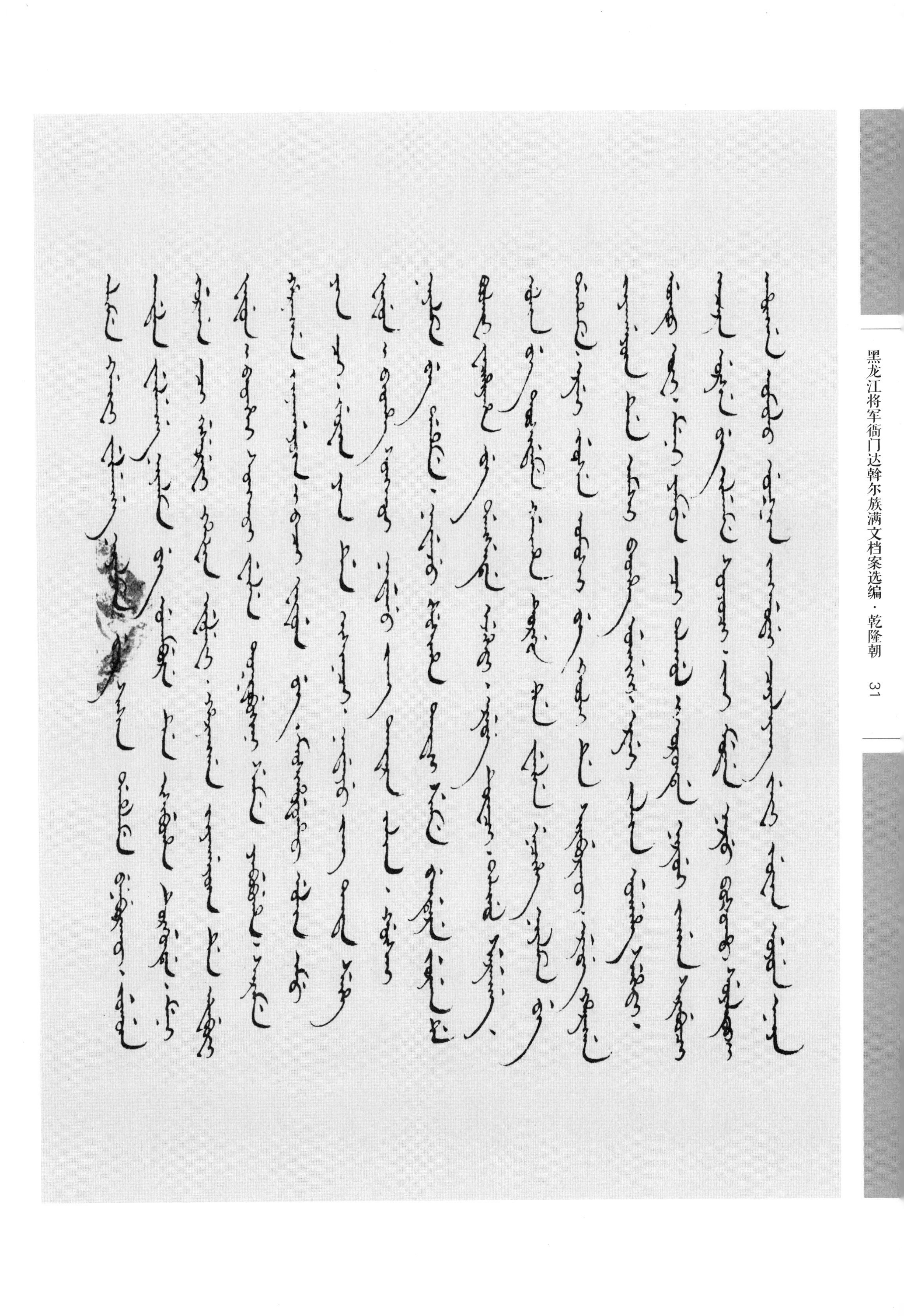

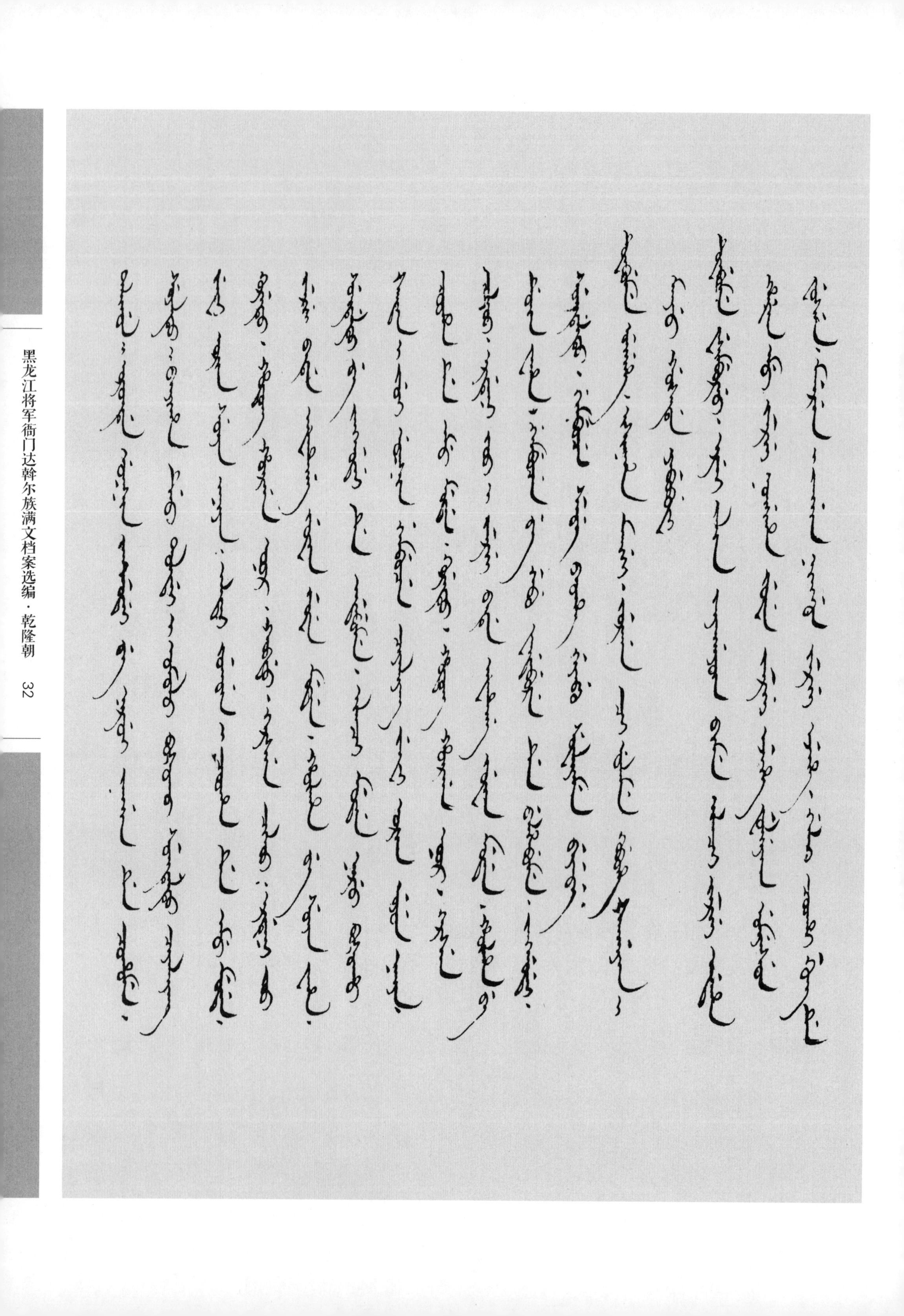

四七二 兵部为造送黑龙江镶蓝旗达斡尔肯济锡佐领源流家谱册事咨黑龙江将军等文

乾隆十二年十月初十日

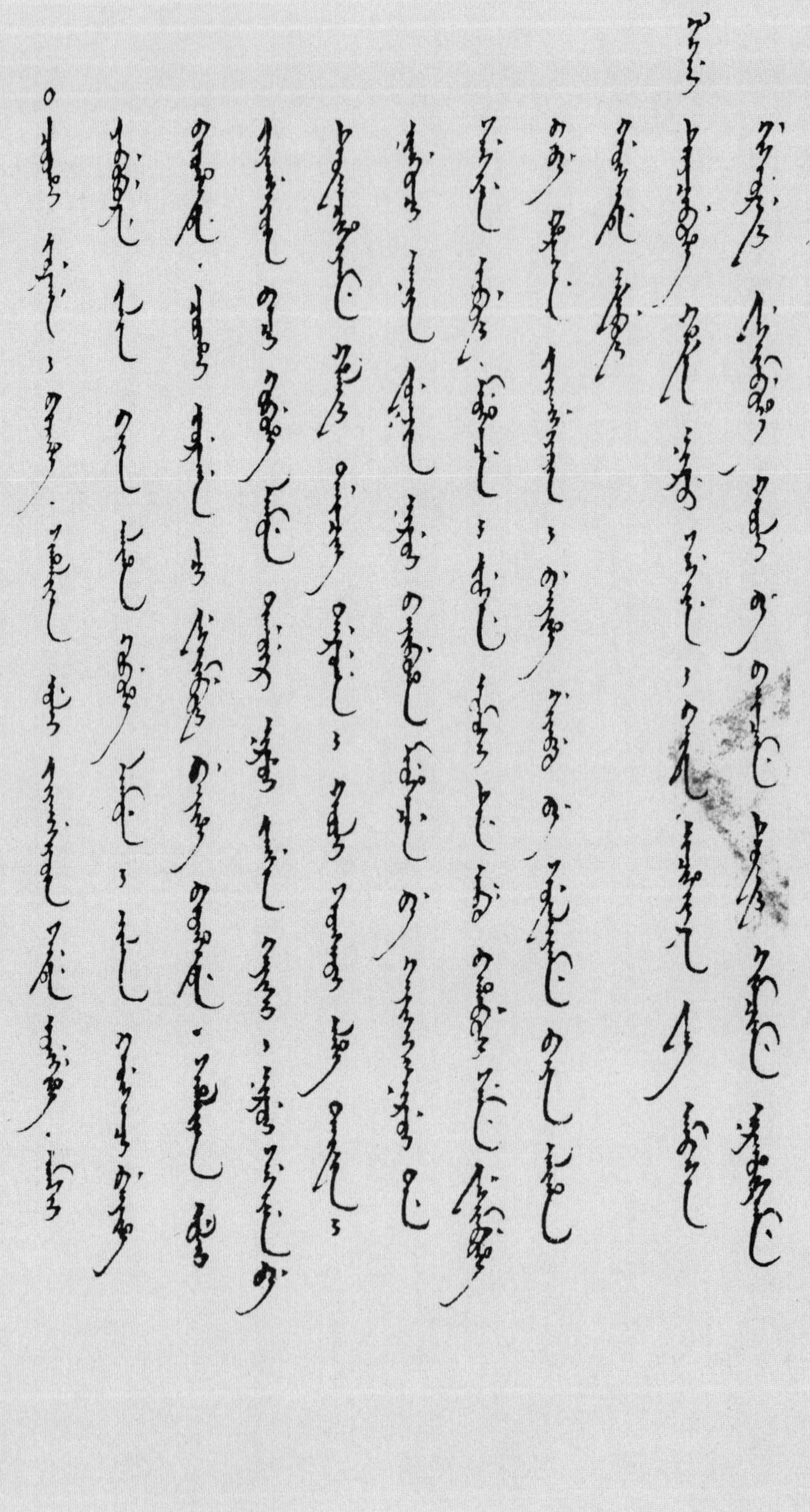

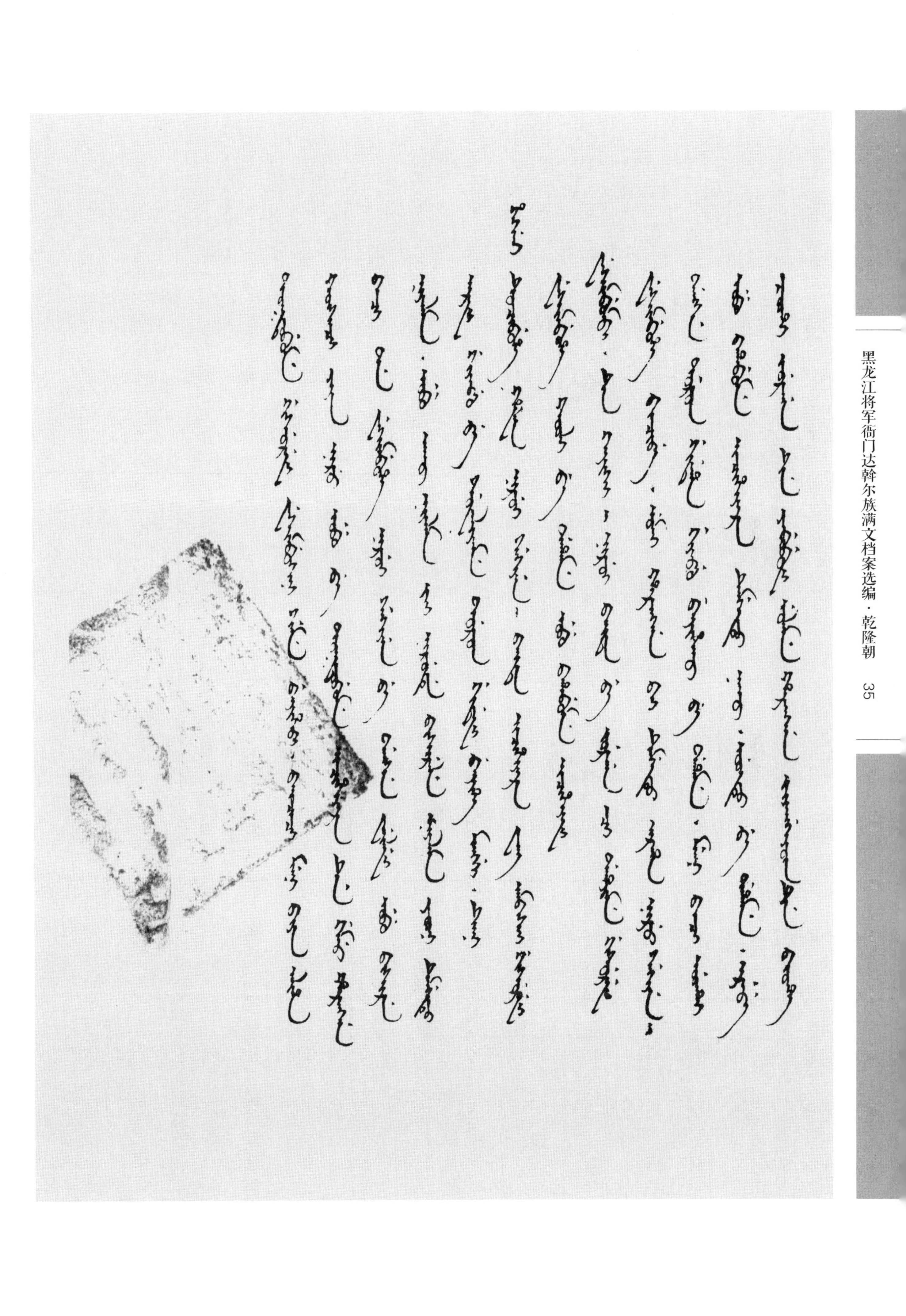

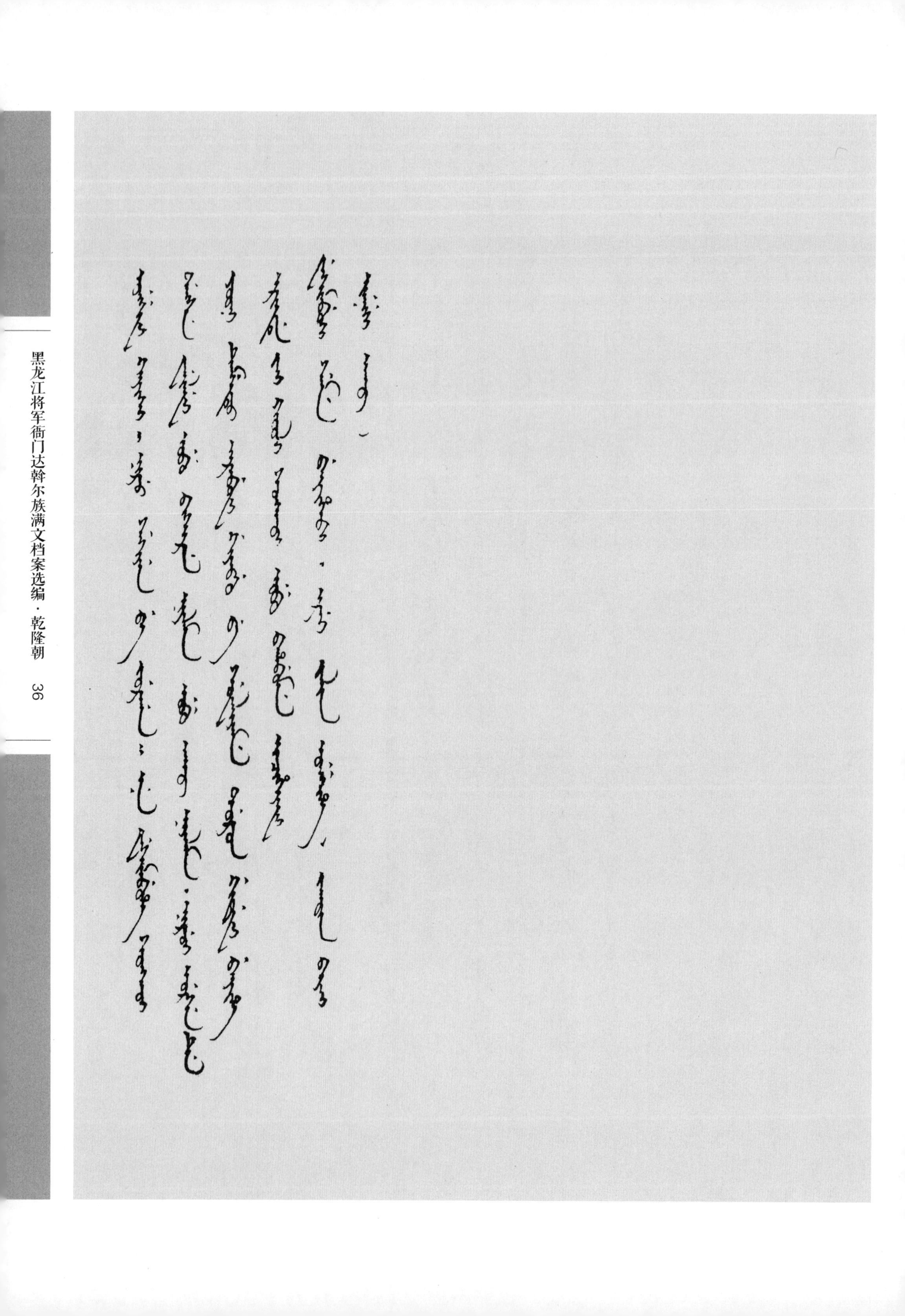

四七三 兵部为解送随进木兰围索伦达斡尔官兵旗佐职名单事咨黑龙江将军等文（附名单一件）

乾隆十二年十一月初六日

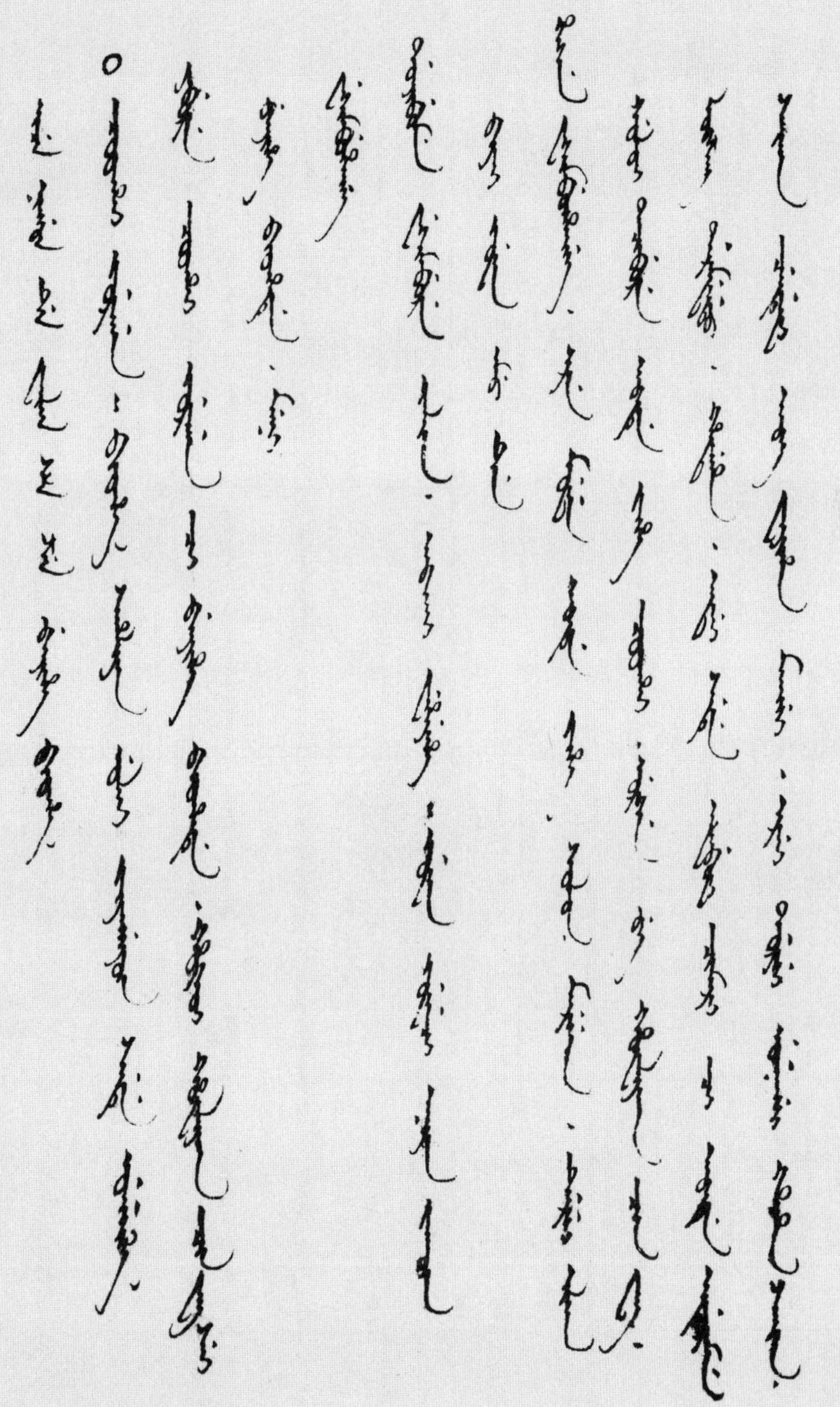

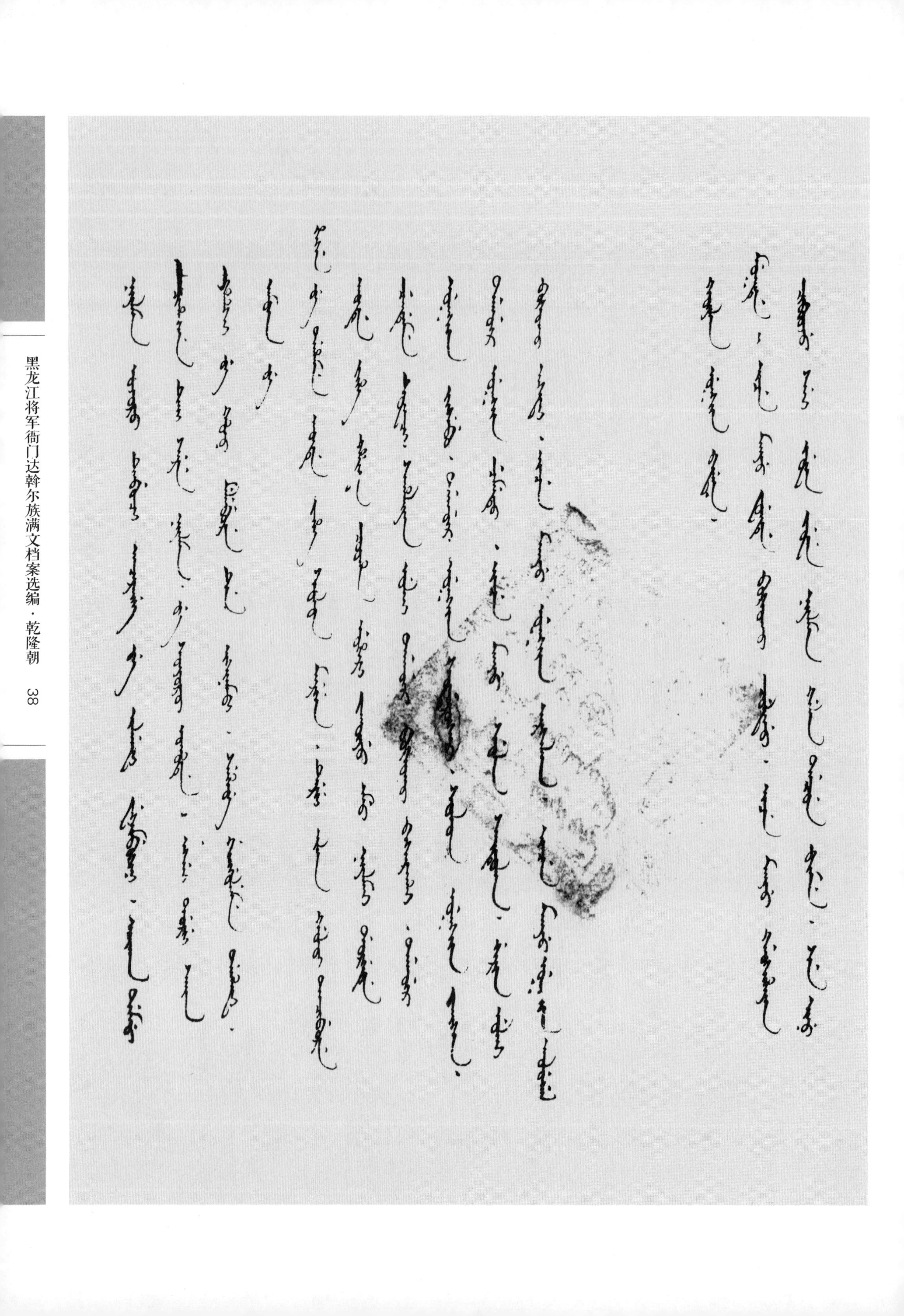

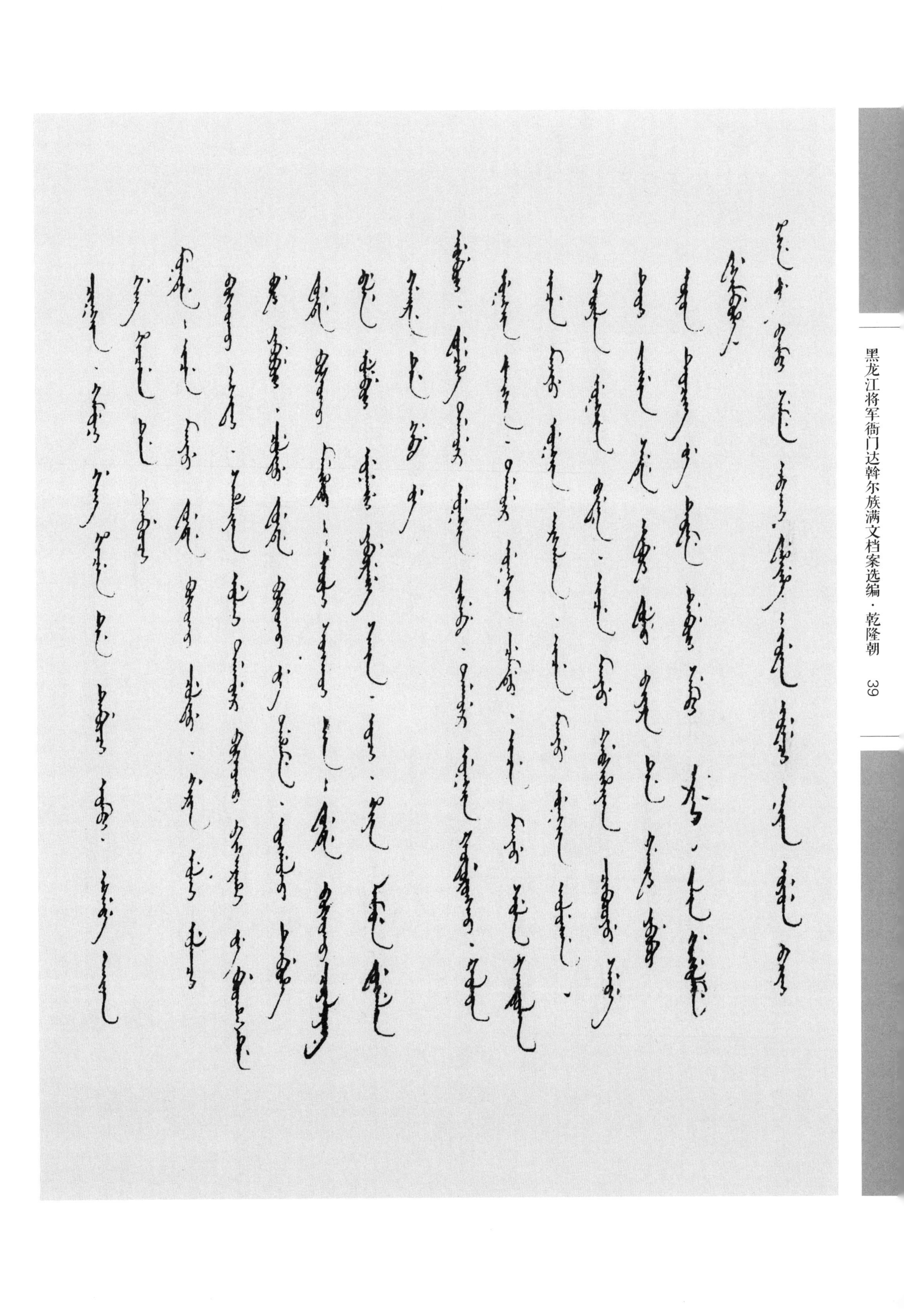

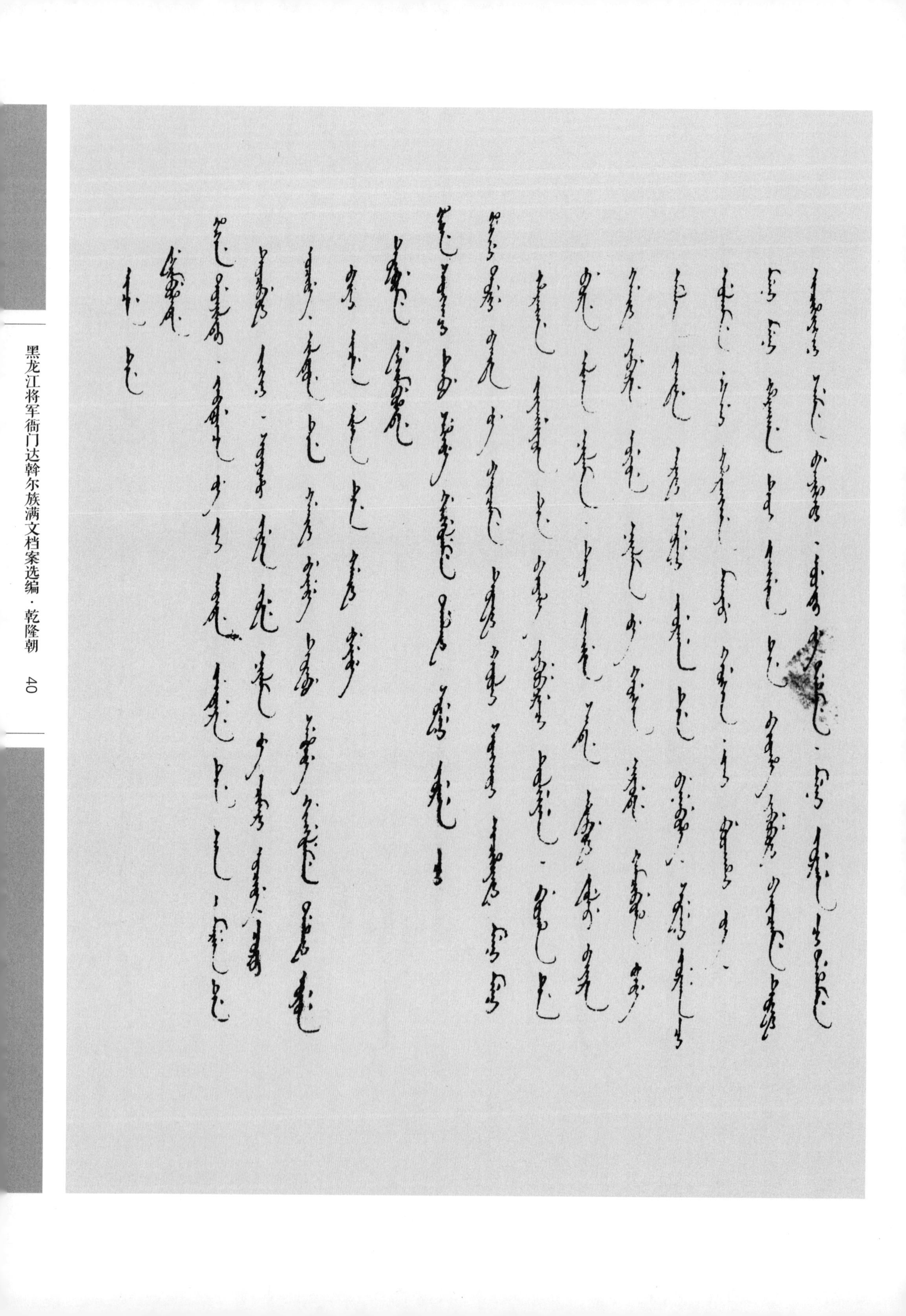

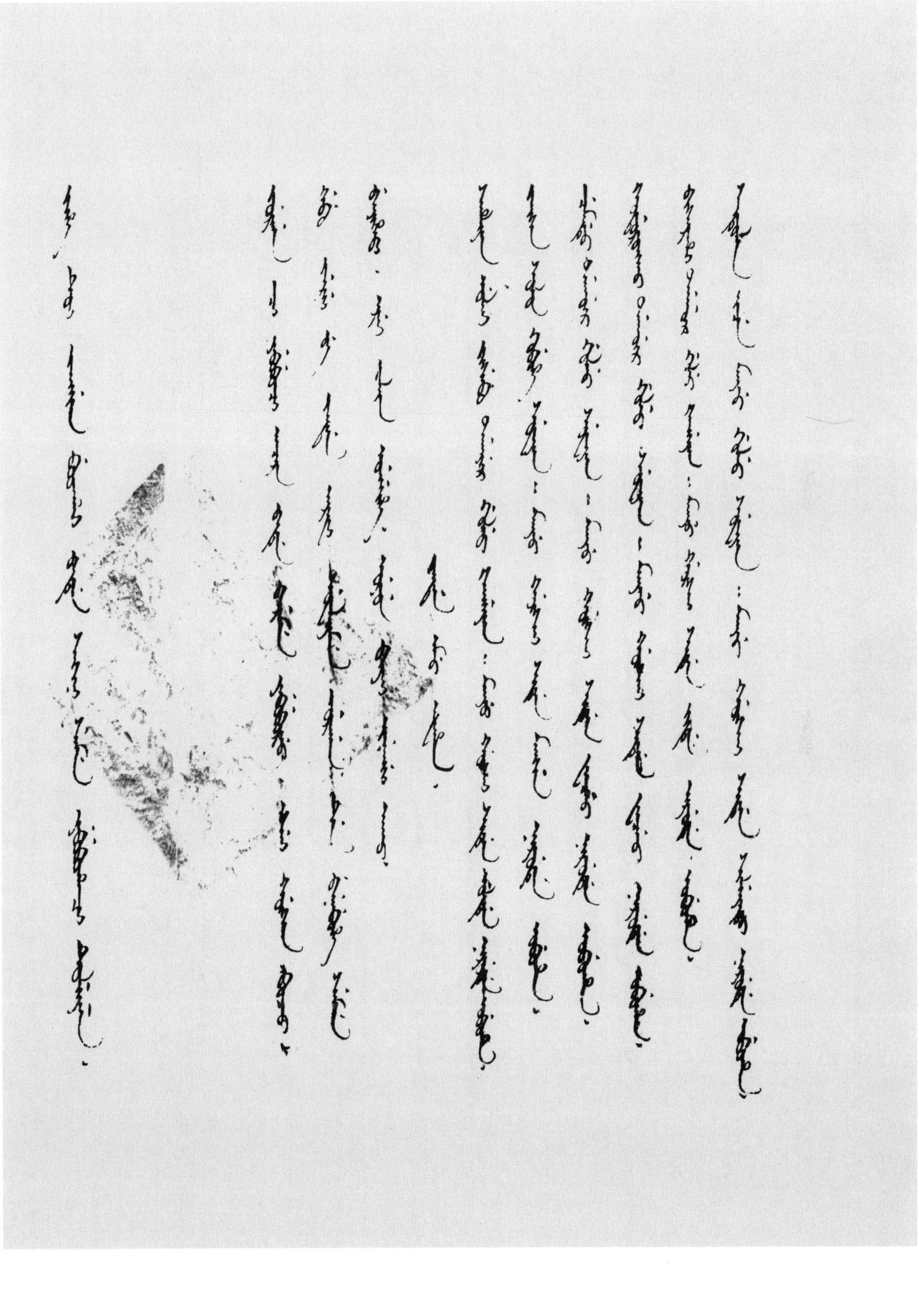

四七四 黑龙江将军衙门为领取新授管理索伦达斡尔事务满洲副总管哲库俸禄事咨盛京户部文

乾隆十二年十一月十一日

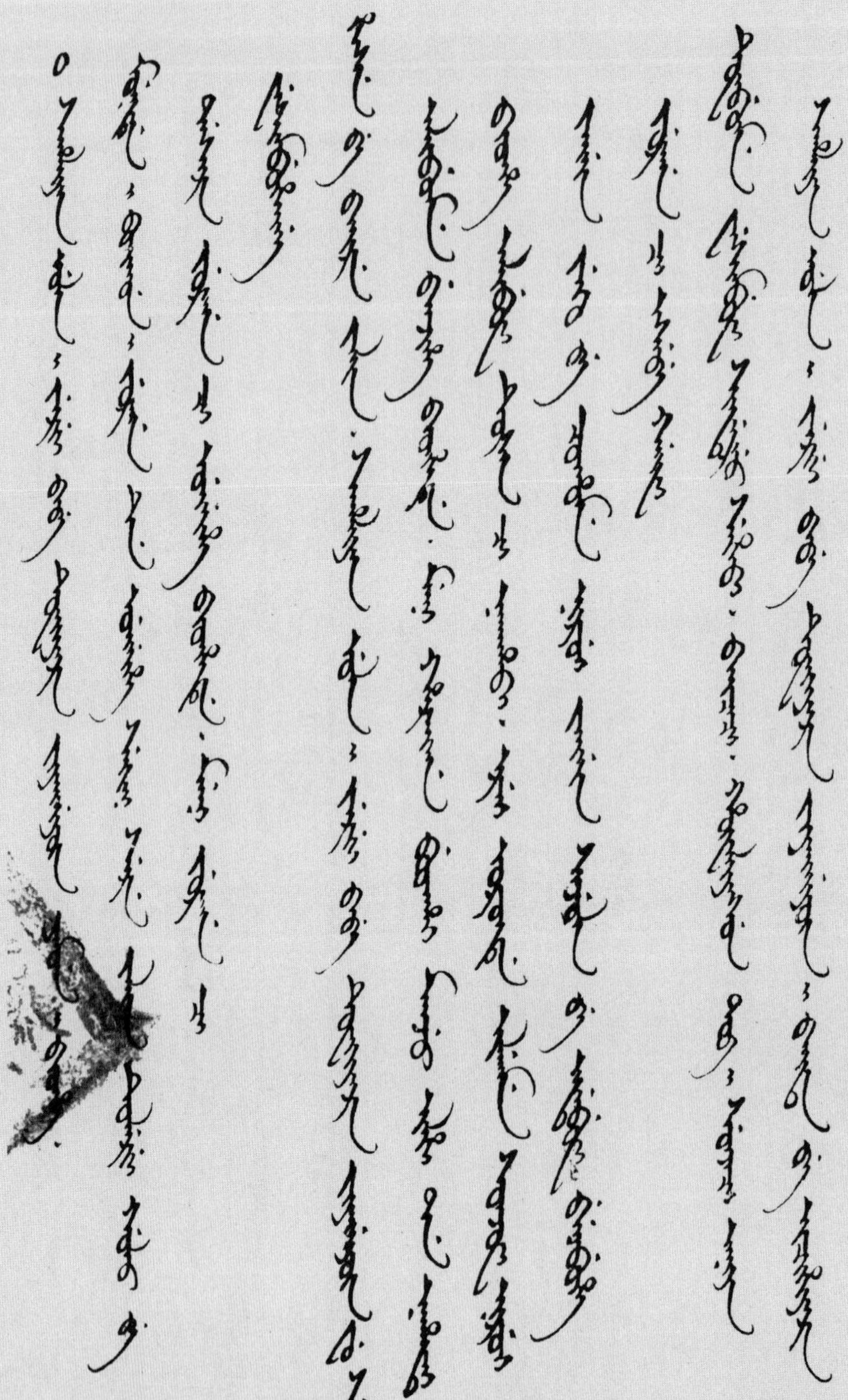

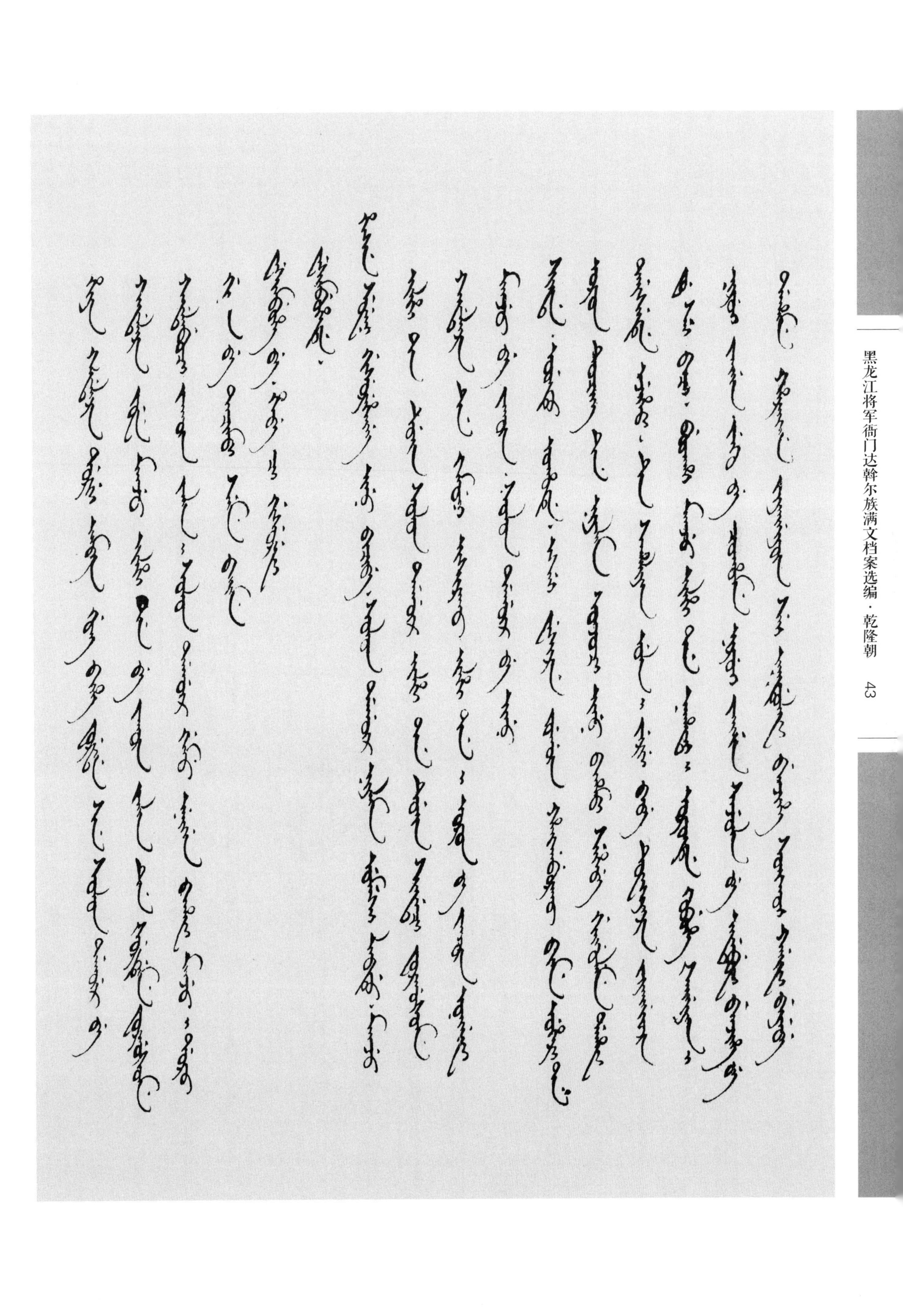

[illegible]

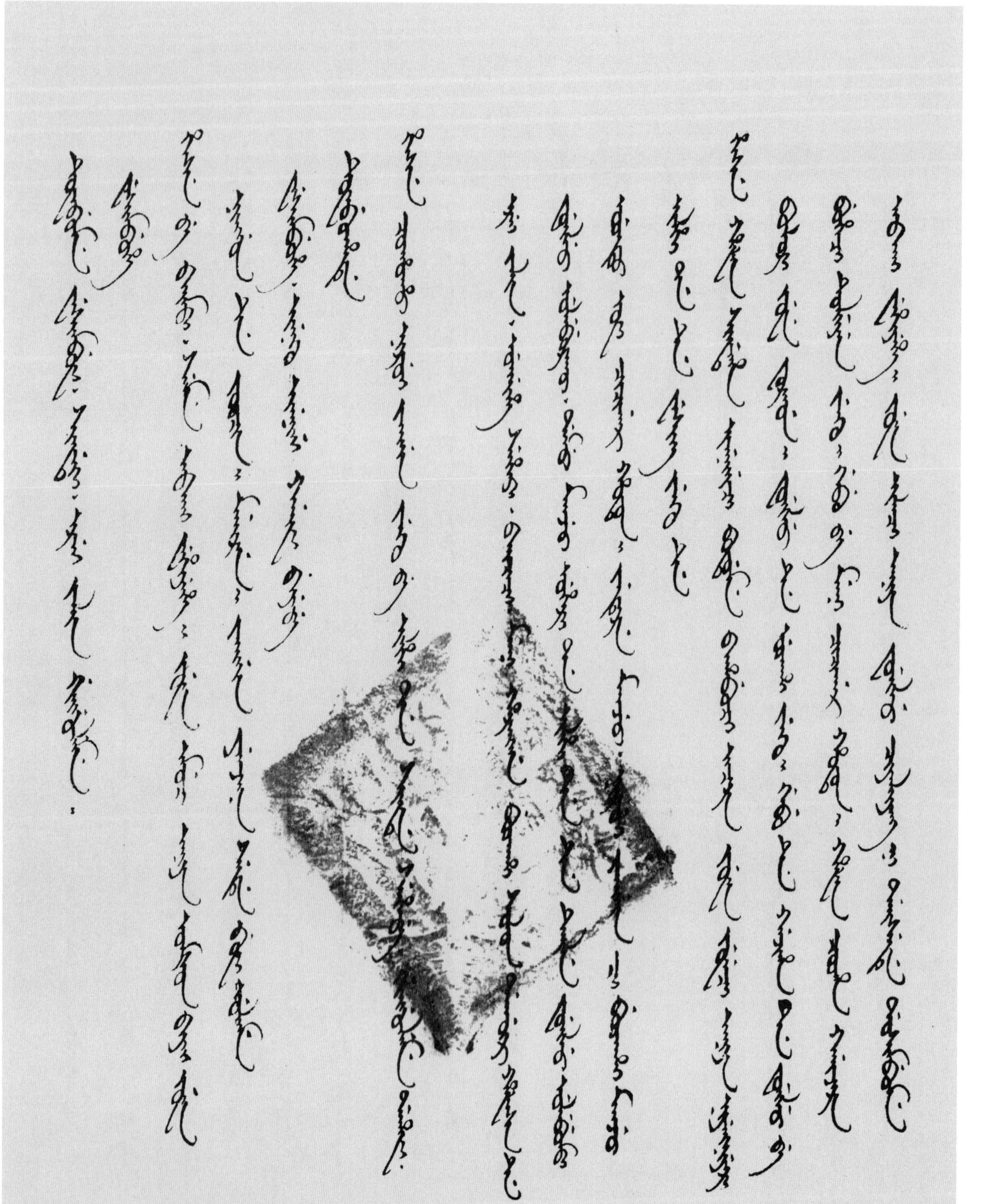

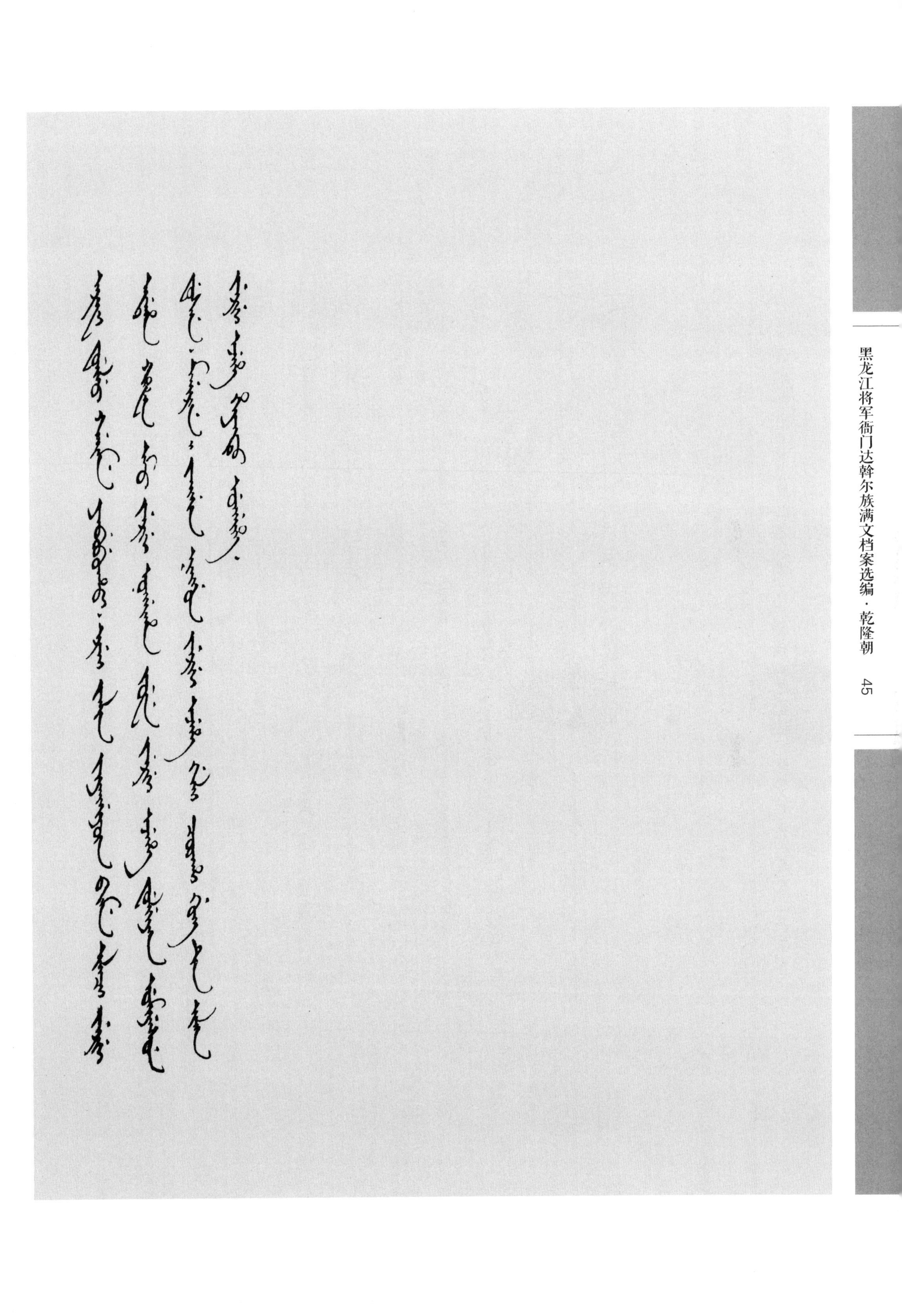

四七五 理藩院为布特哈达斡尔公中佐领及骁骑校等缺拣员补放事咨黑龙江将军文

乾隆十二年十一月十四日

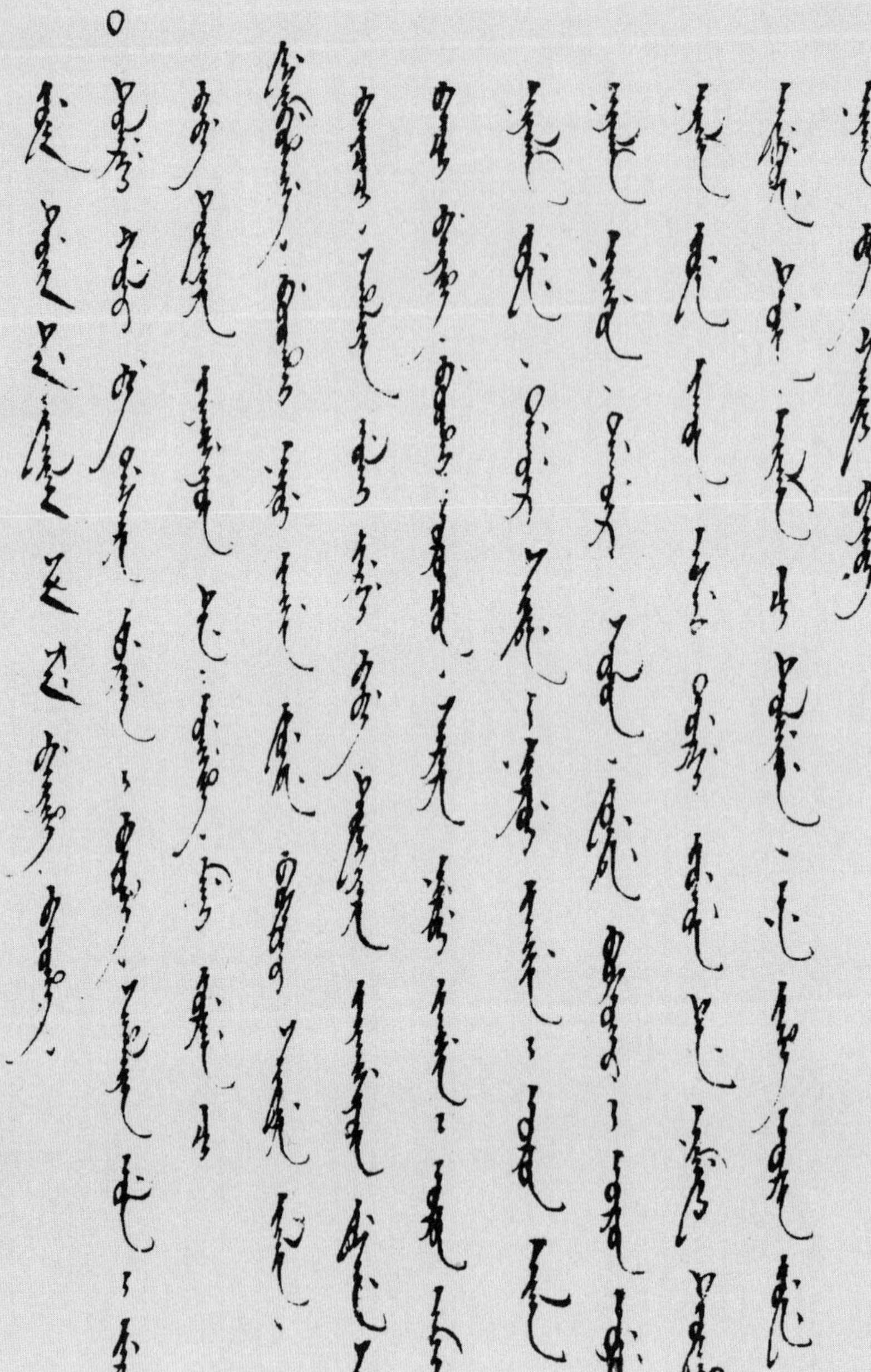

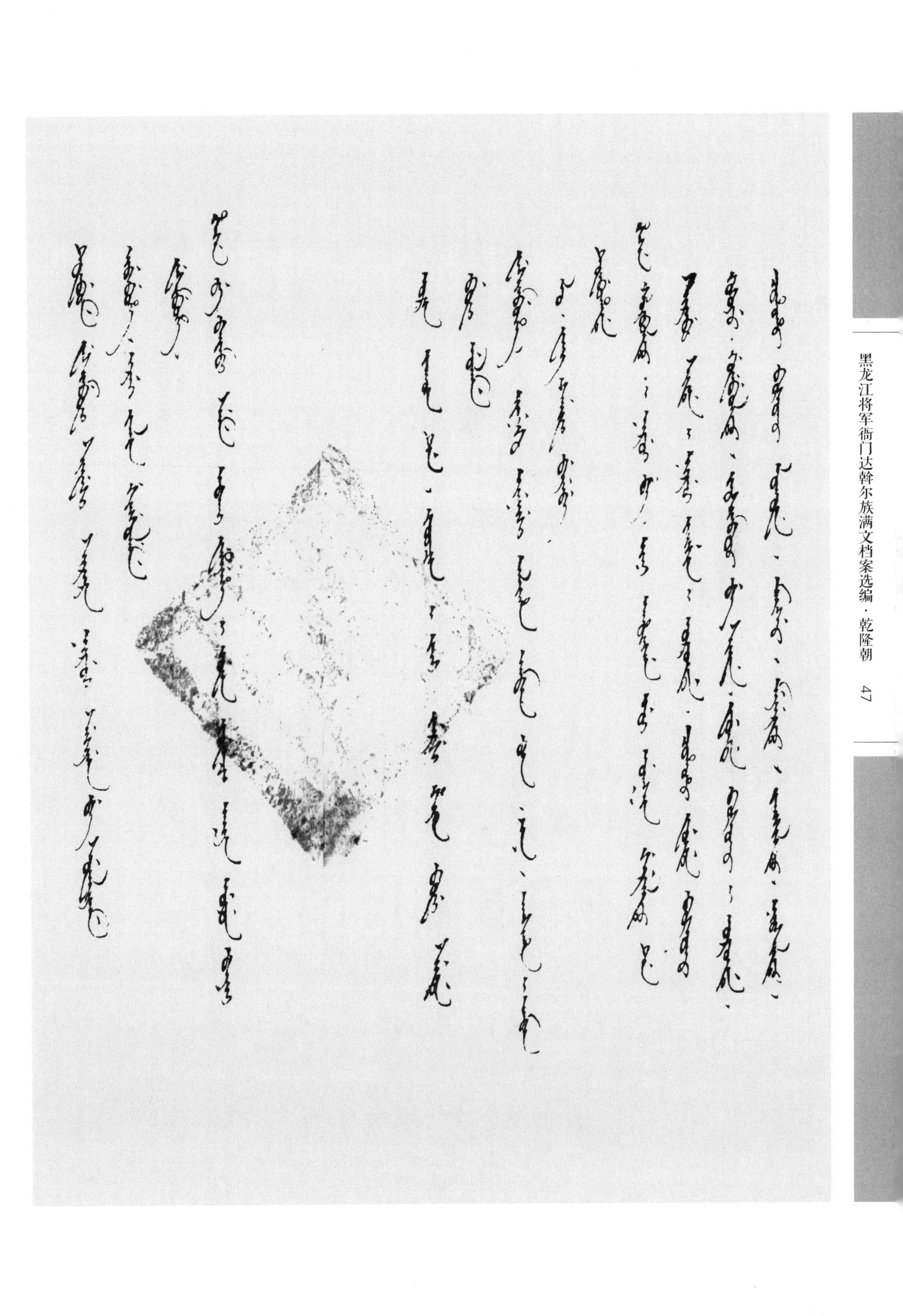

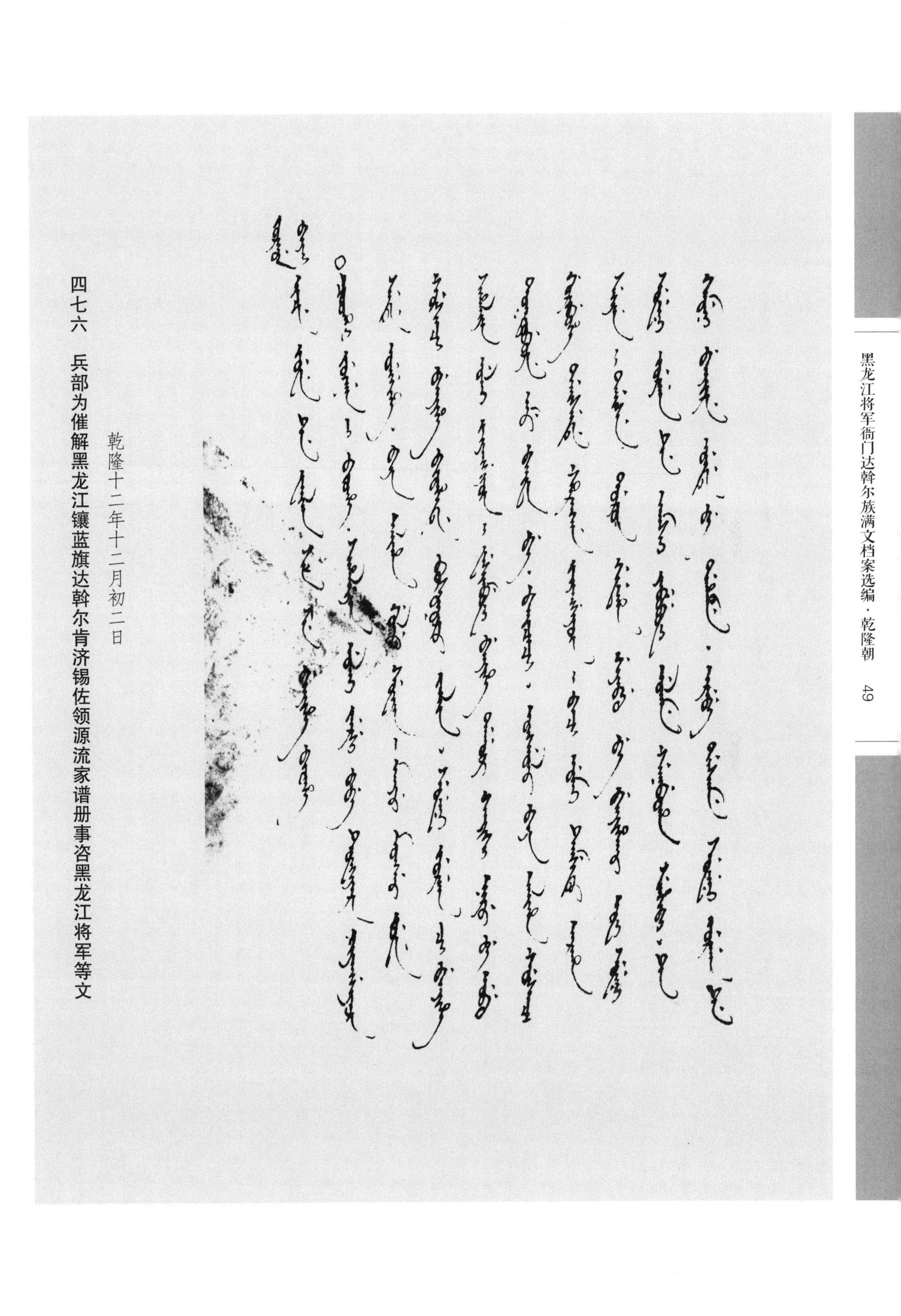

四七六 兵部为催解黑龙江镶蓝旗达斡尔肯济锡佐领源流家谱册事咨黑龙江将军等文

乾隆十二年十二月初二日

[illegible]

[illegible]

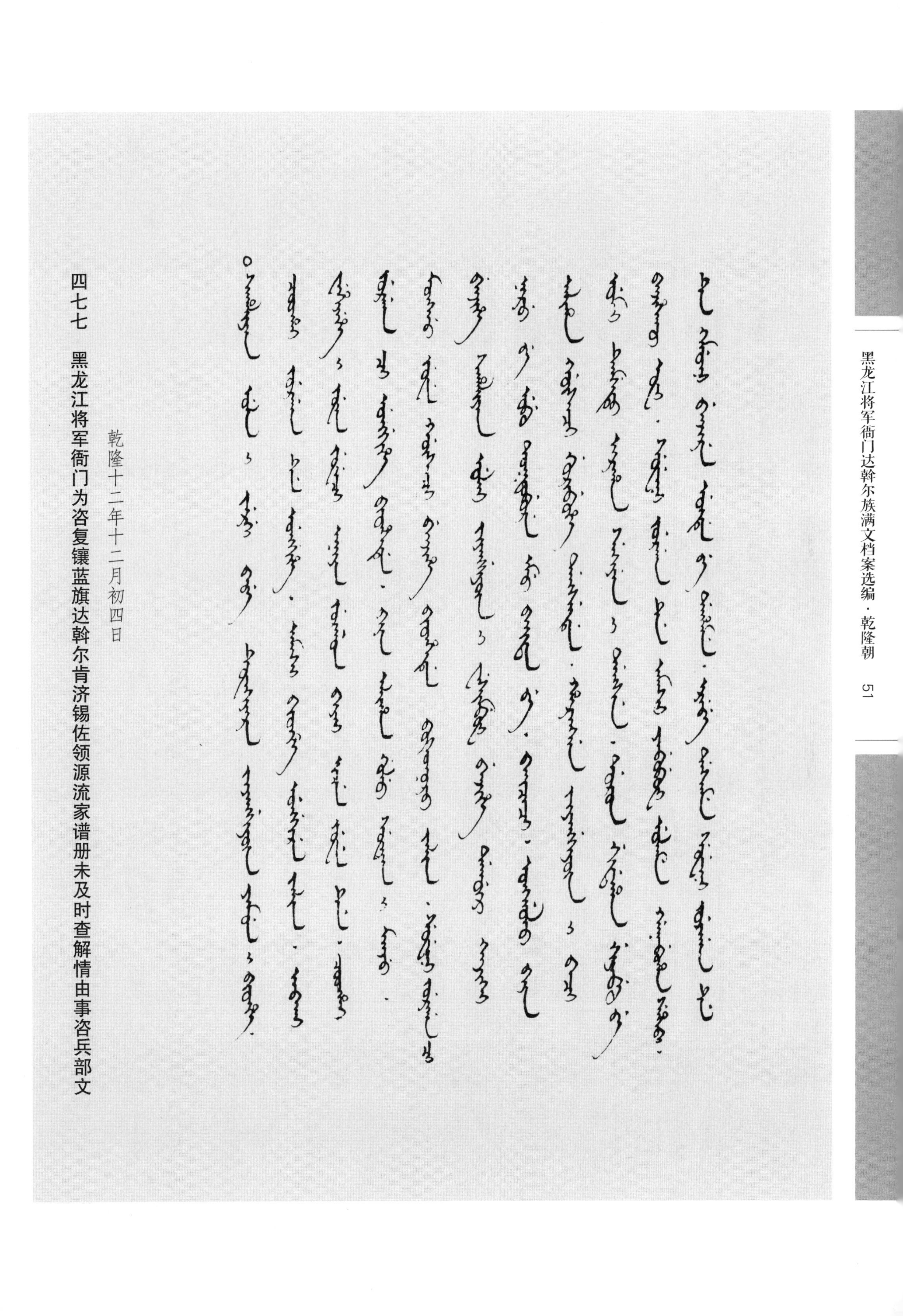

四七七　黑龙江将军衙门为咨复镶蓝旗达斡尔肯济锡佐领源流家谱册未及时查解情由事咨兵部文

乾隆十二年十二月初四日

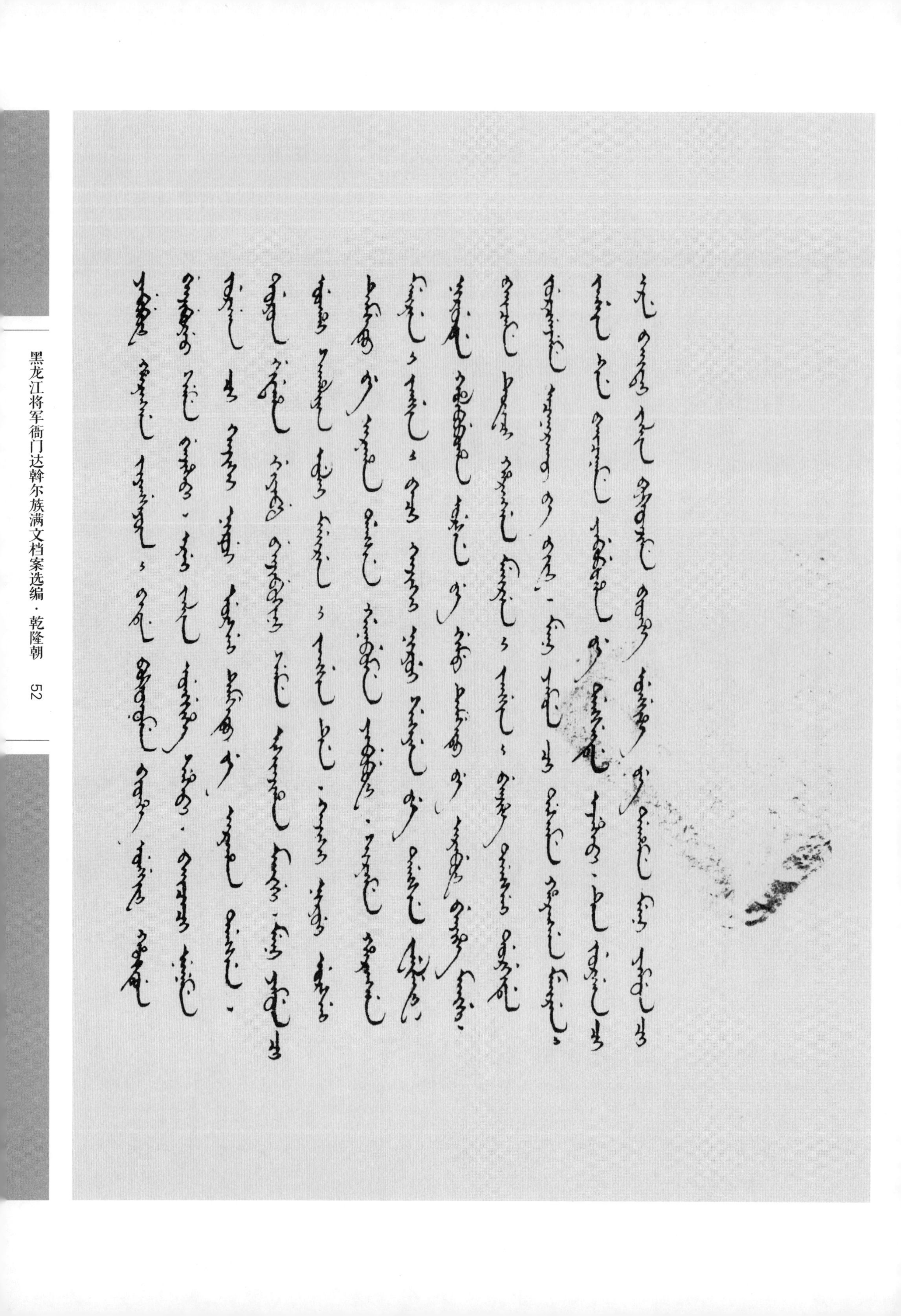

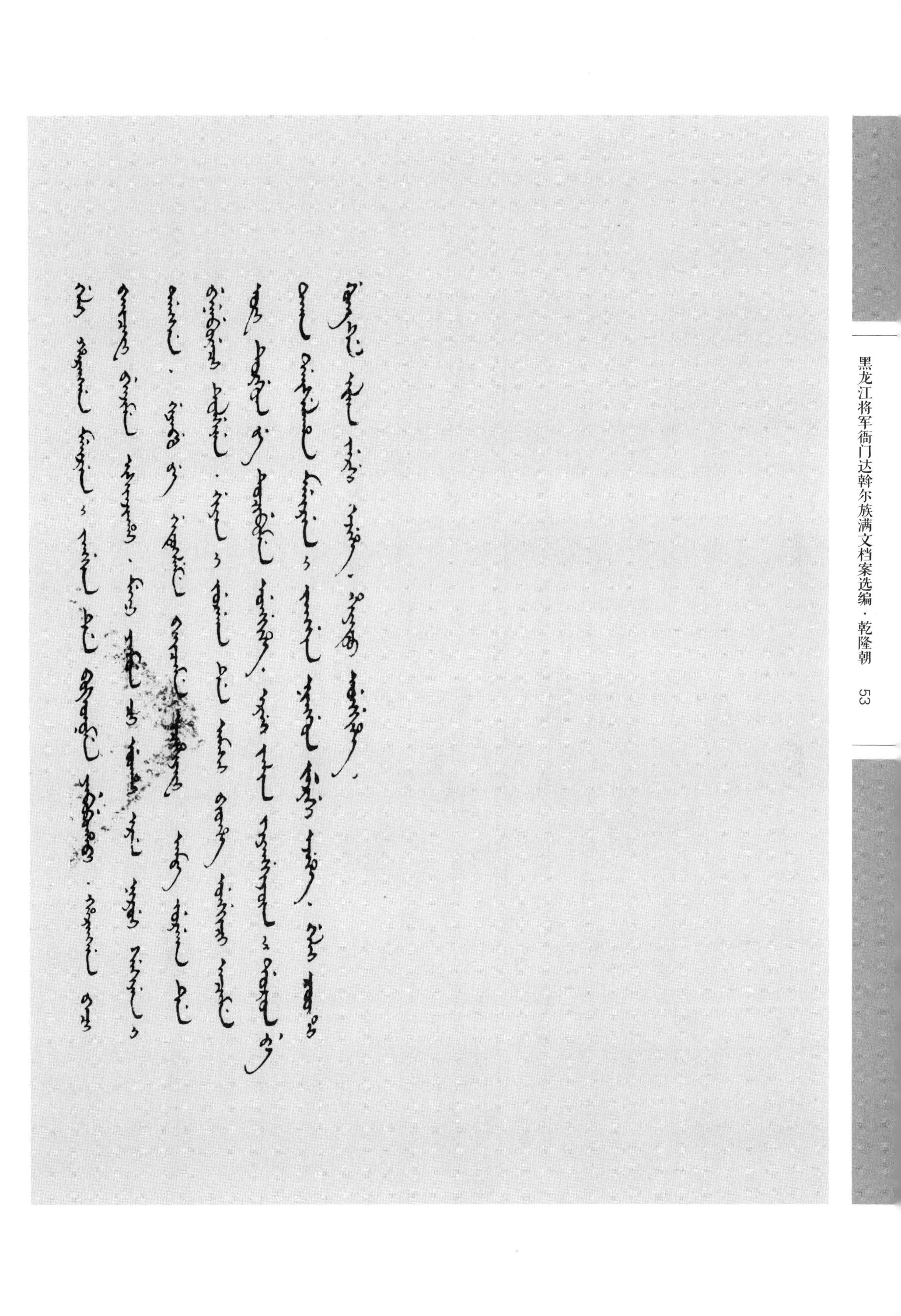

[illegible]

四七八　黑龙江将军衙门为咨复墨尔根正黄旗达斡尔丹巴公中佐领源流家谱册未及时查解情由事咨镶黄满洲旗文

乾隆十二年十二月初七日

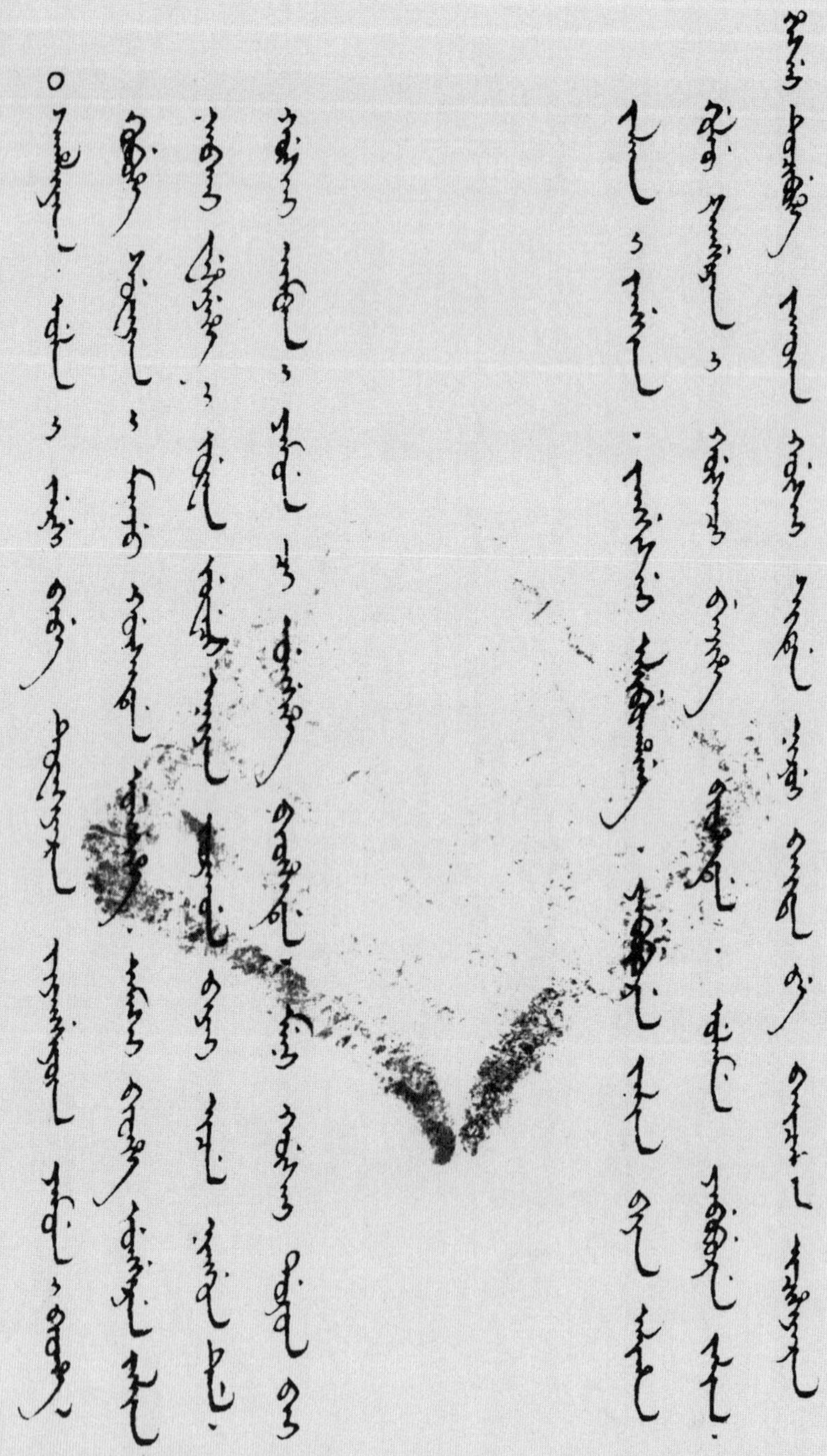

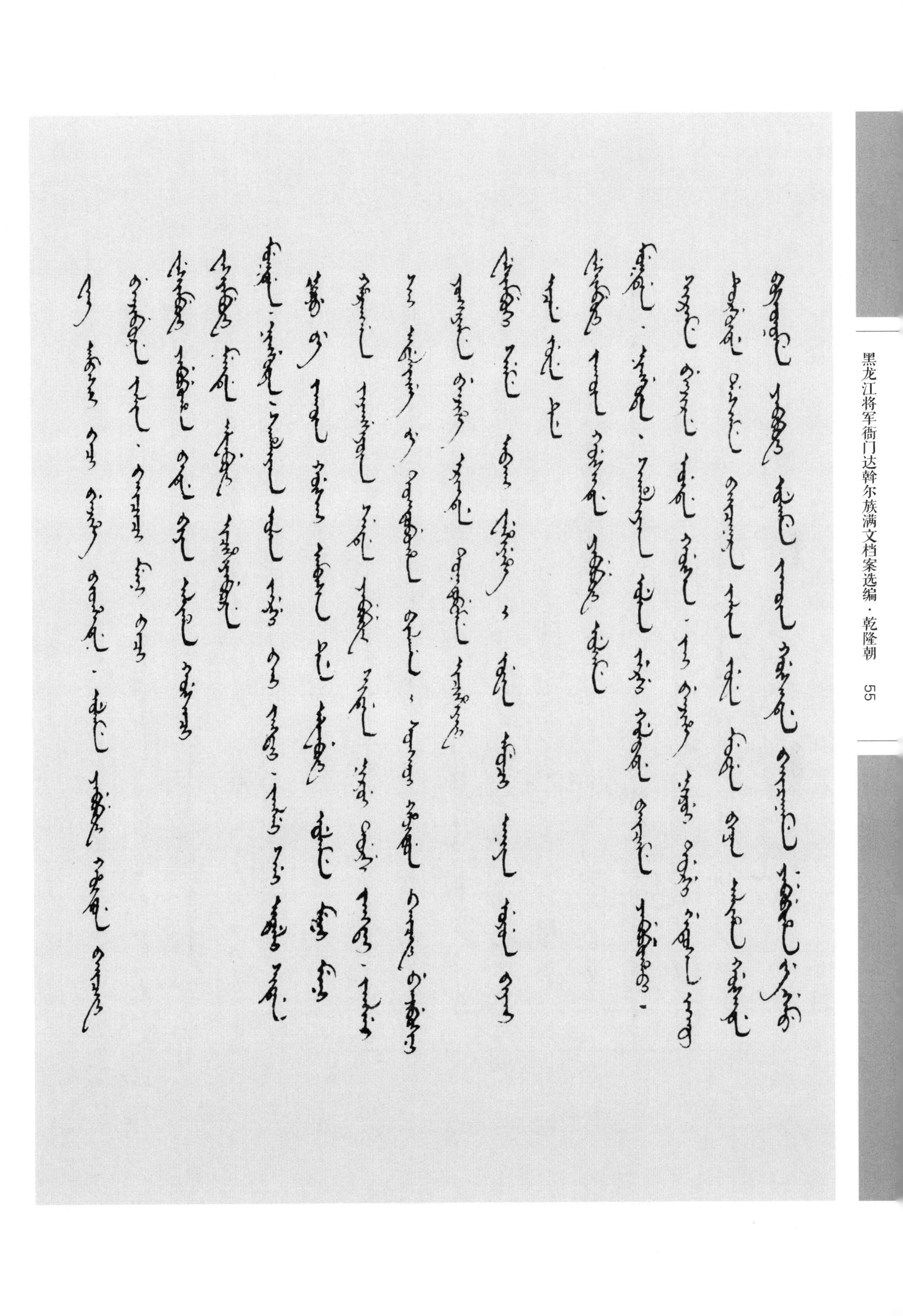

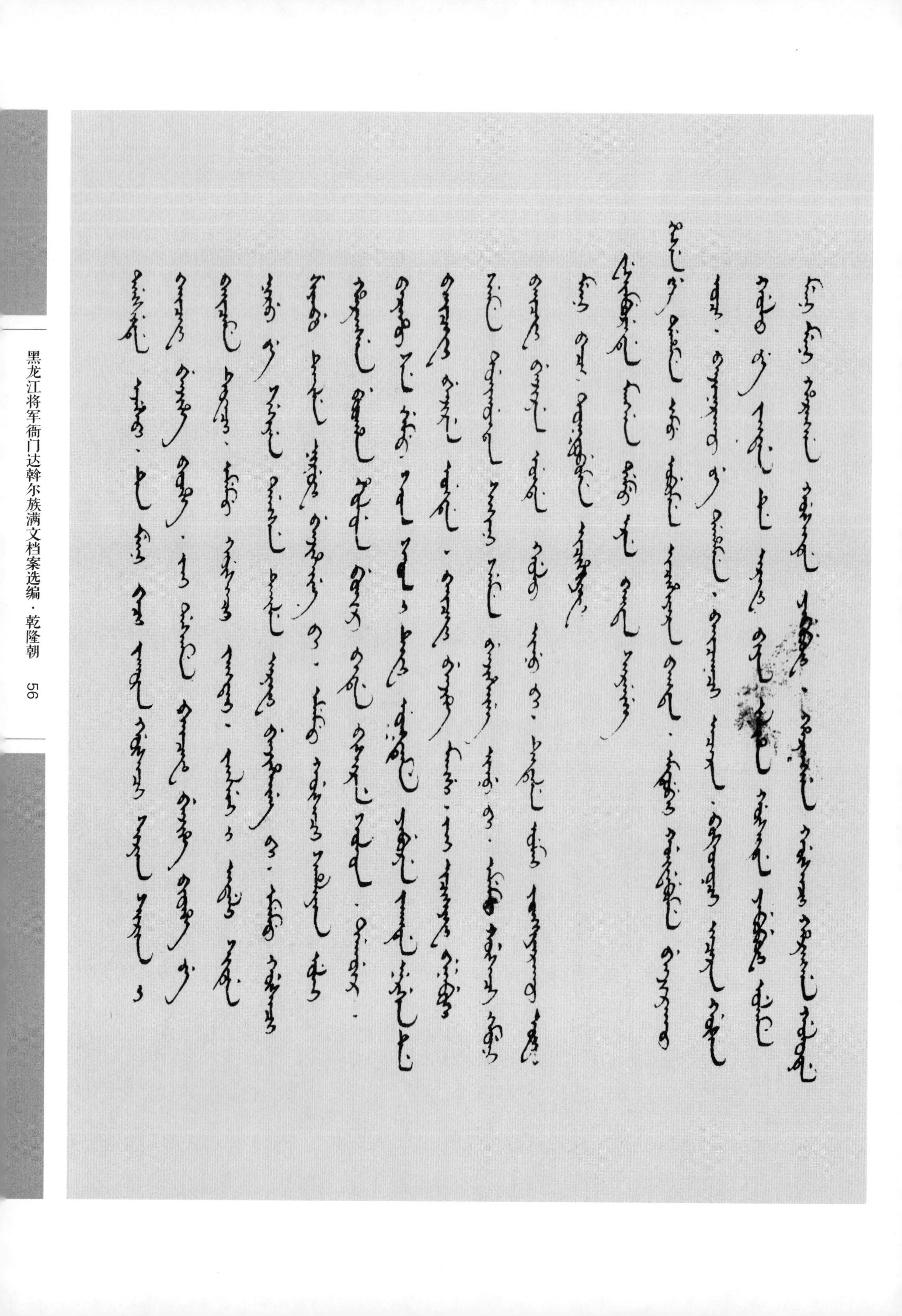

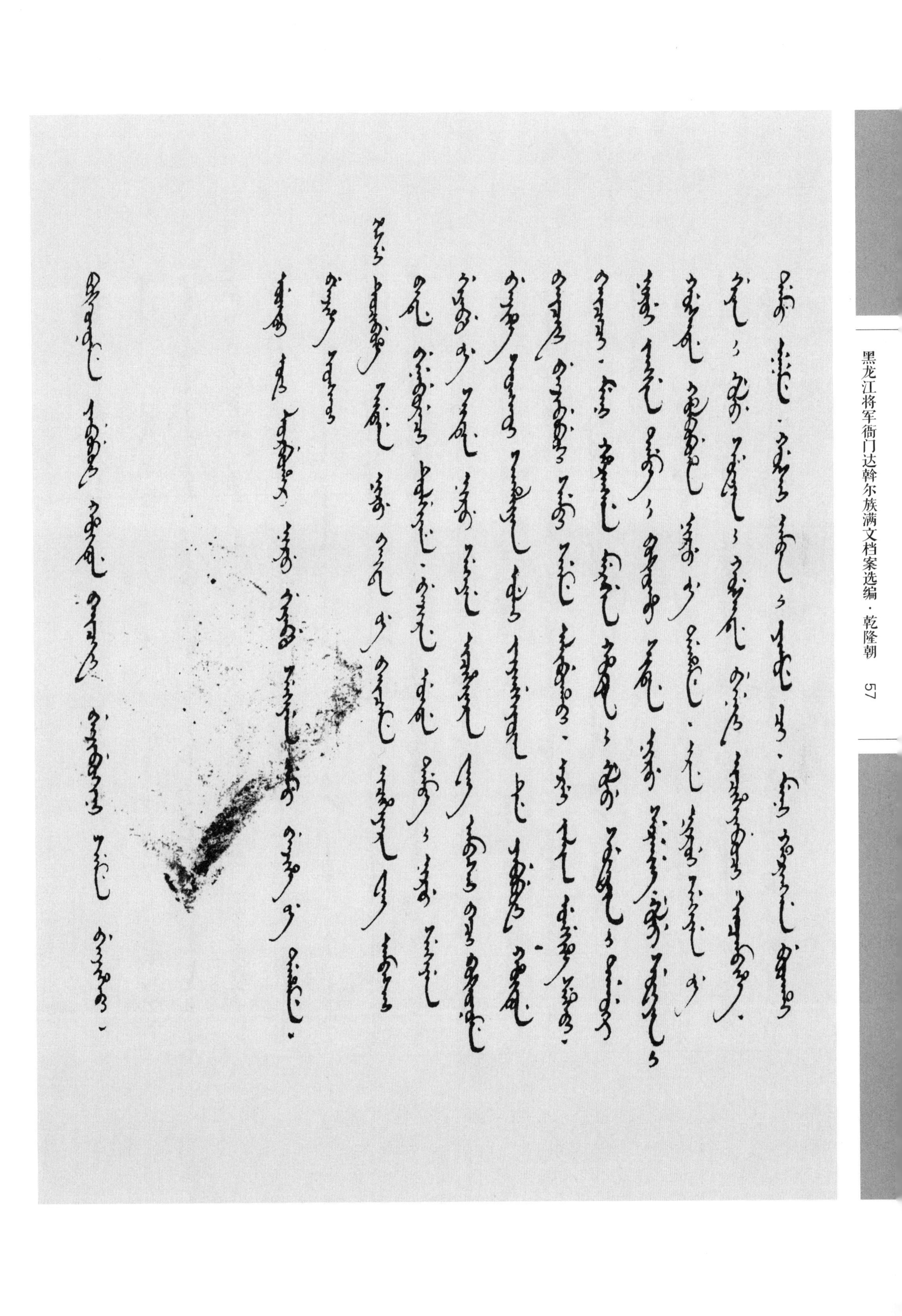

[illegible]

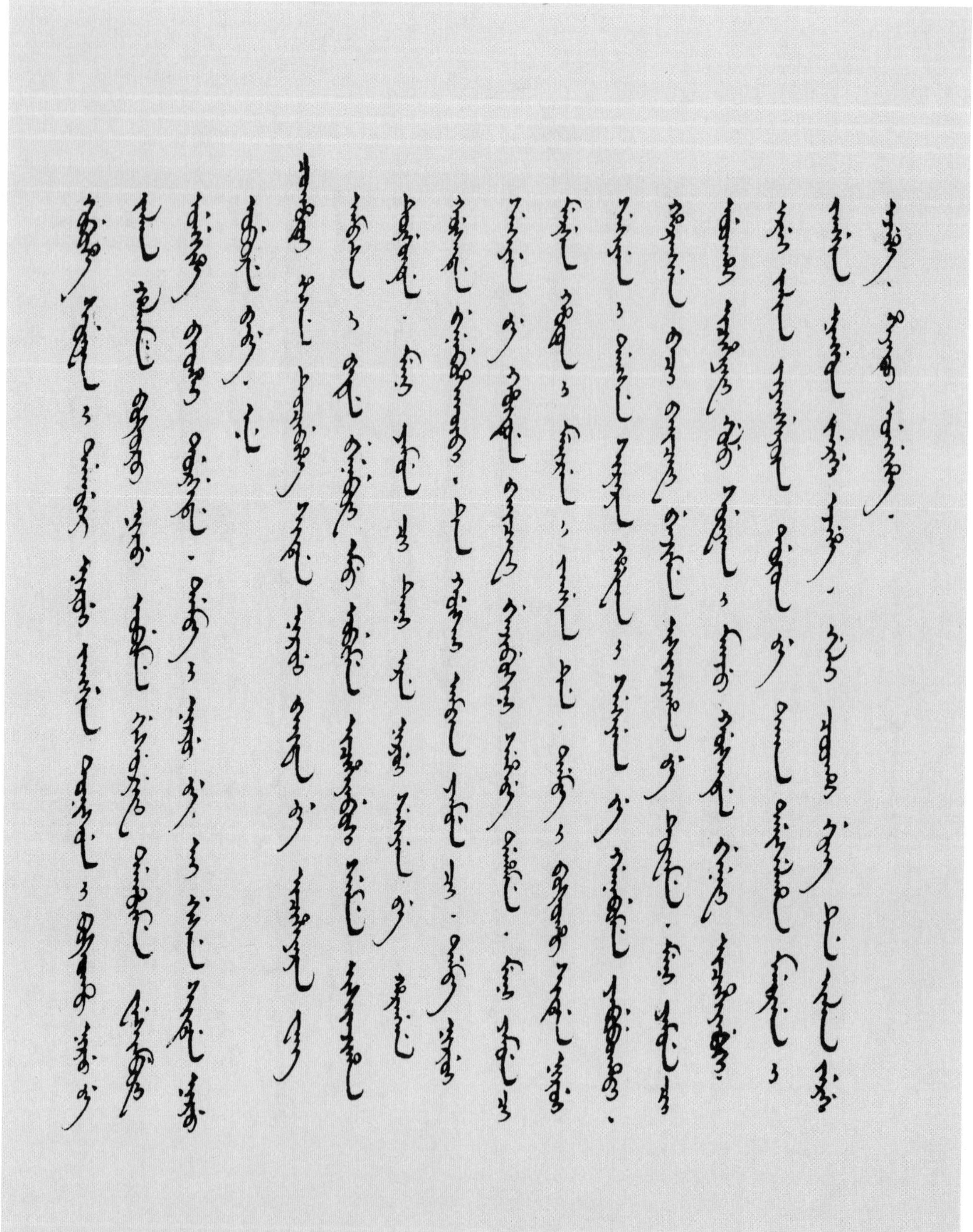

四七九 镶白满洲旗为齐齐哈尔镶白旗达斡尔世管佐领塔里乌勒出缺照新定例拣选承袭人员引见事咨

黑龙江将军衙门文

乾隆十三年正月十四日

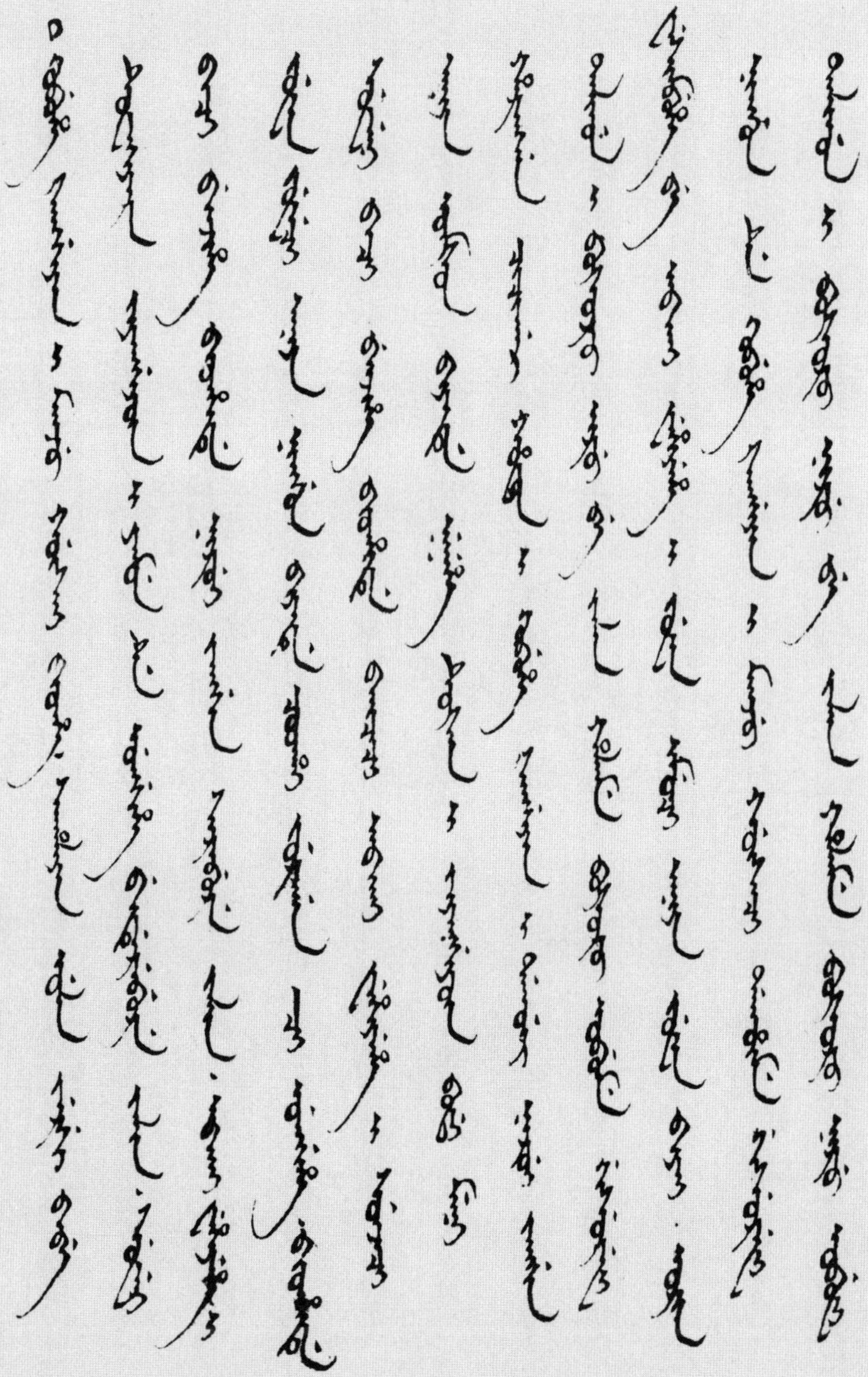

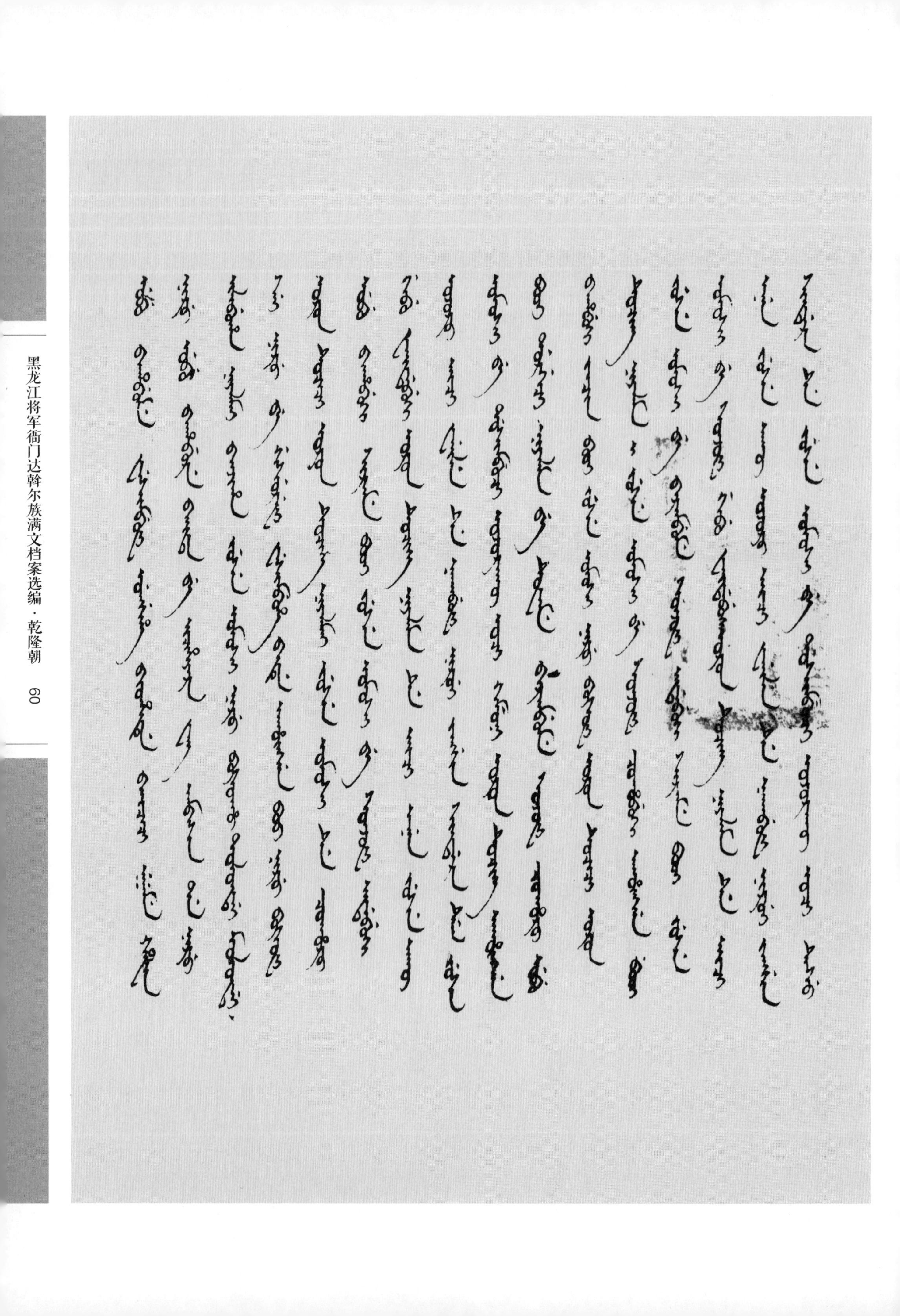

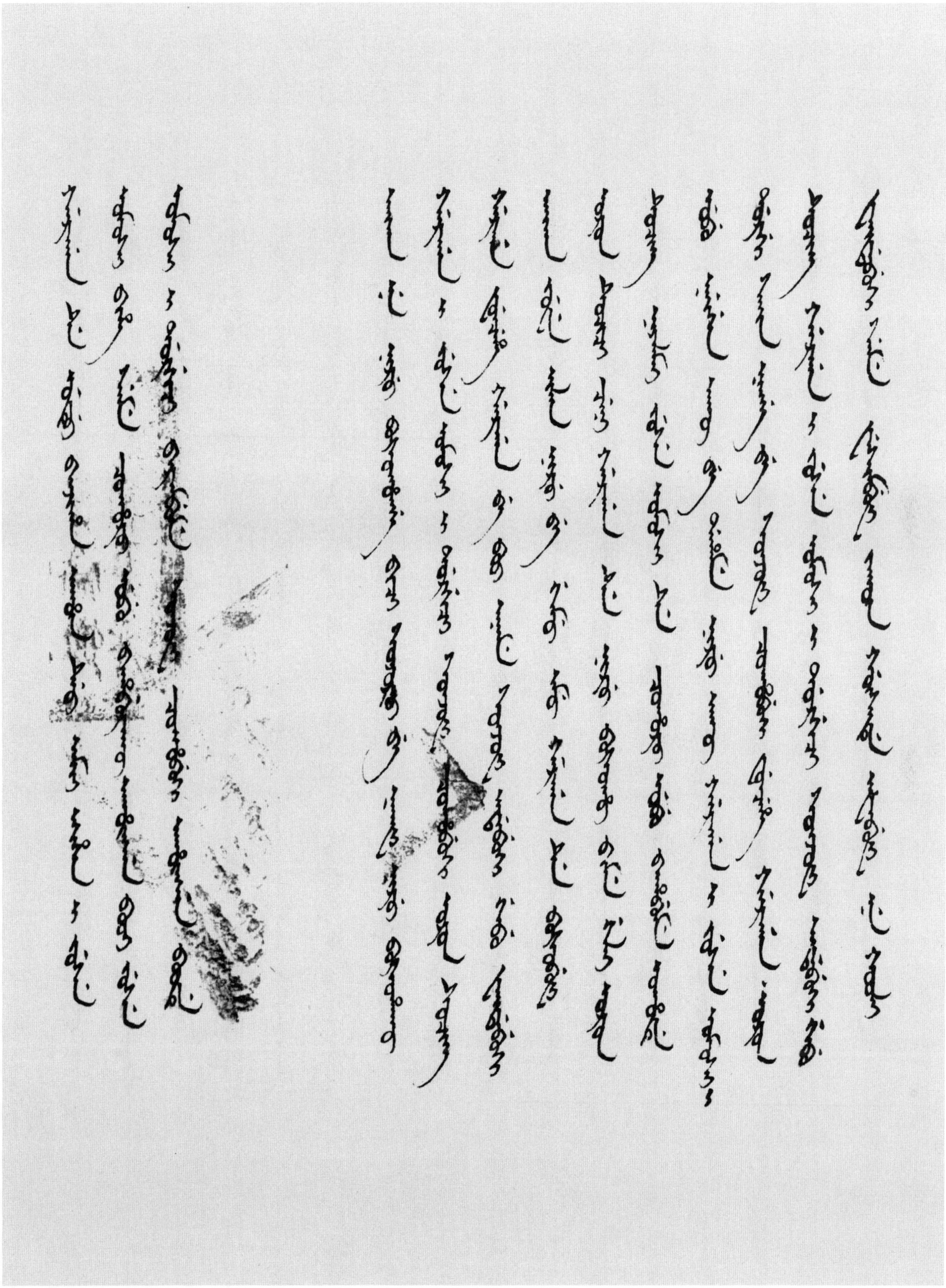

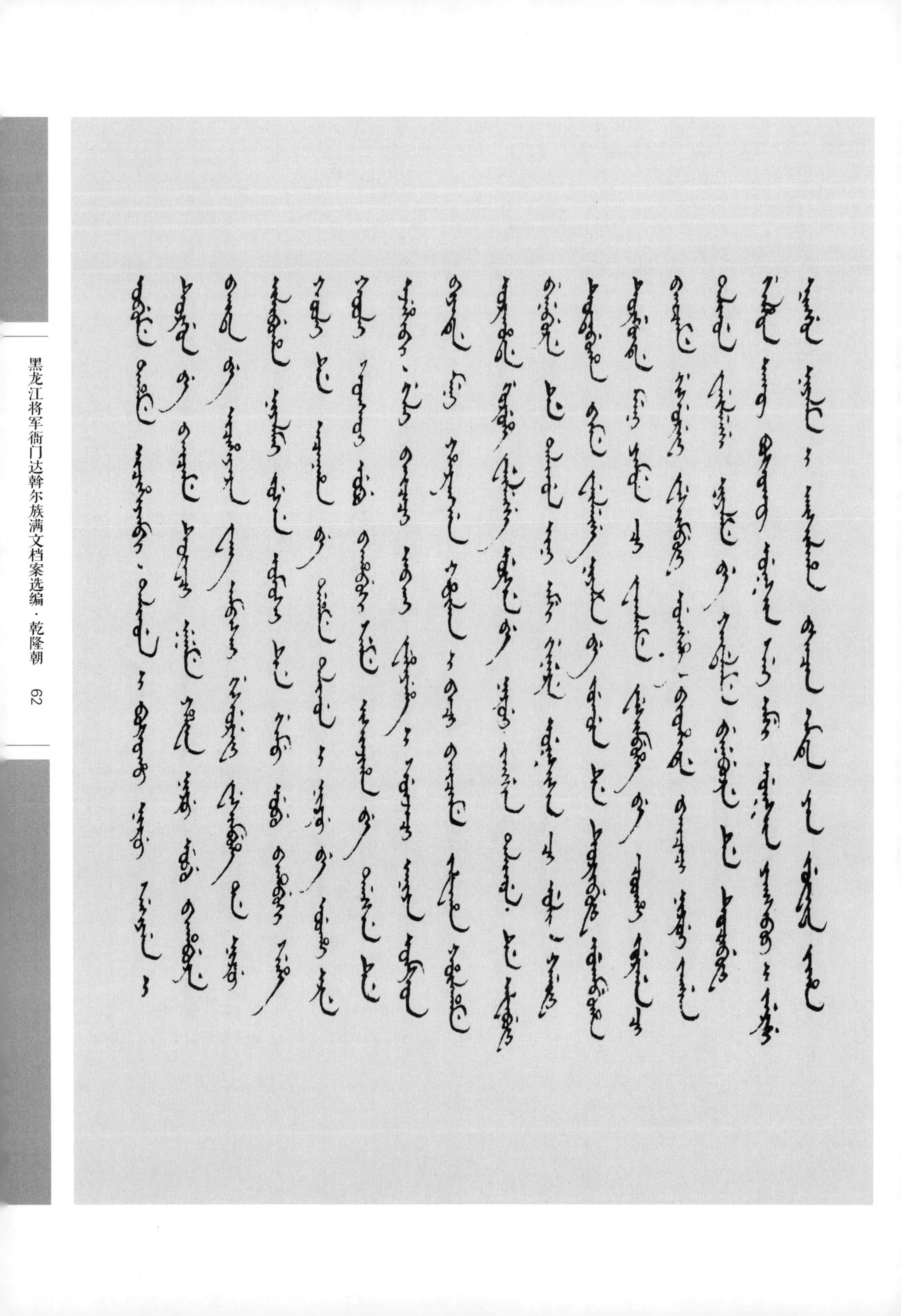

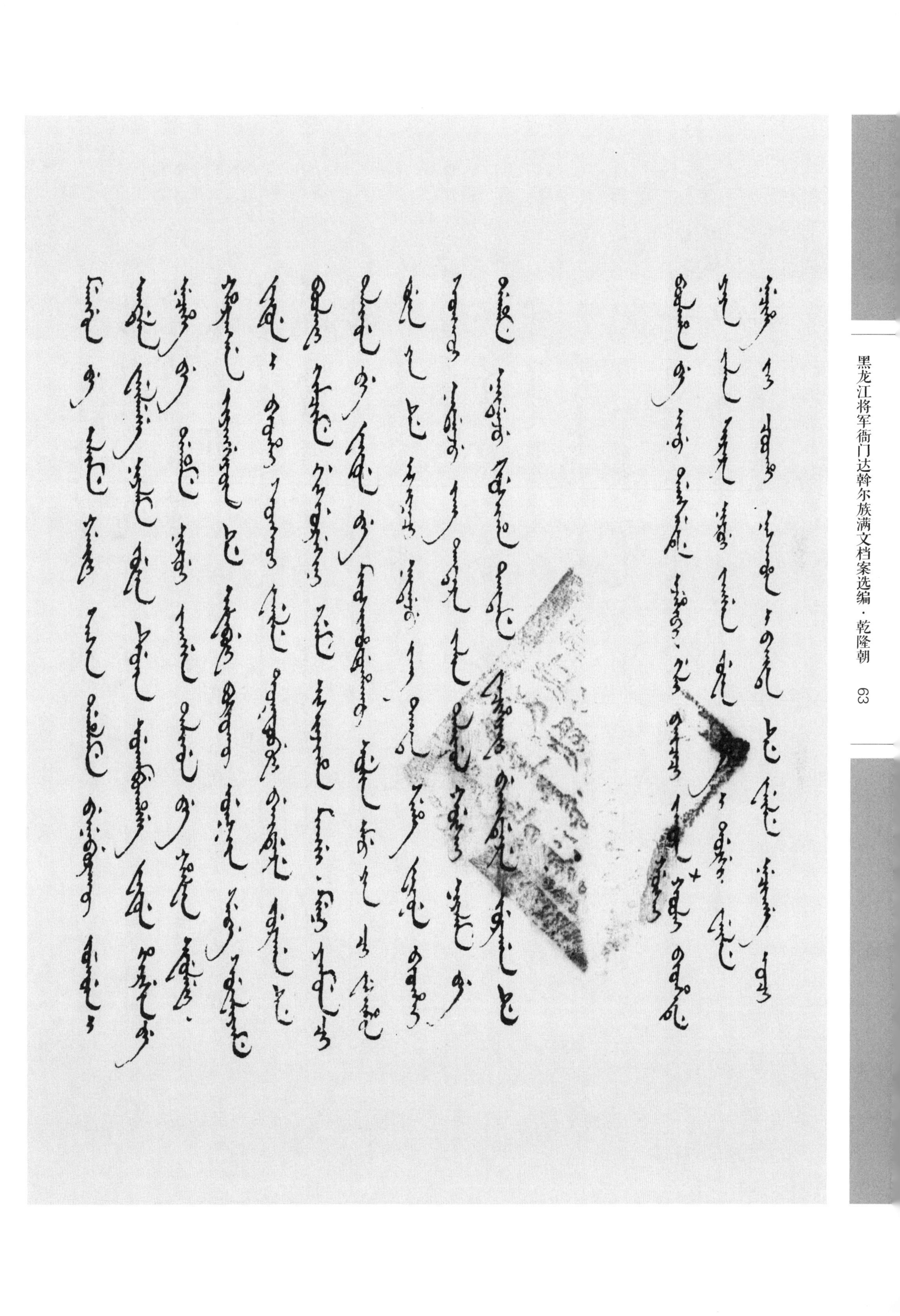

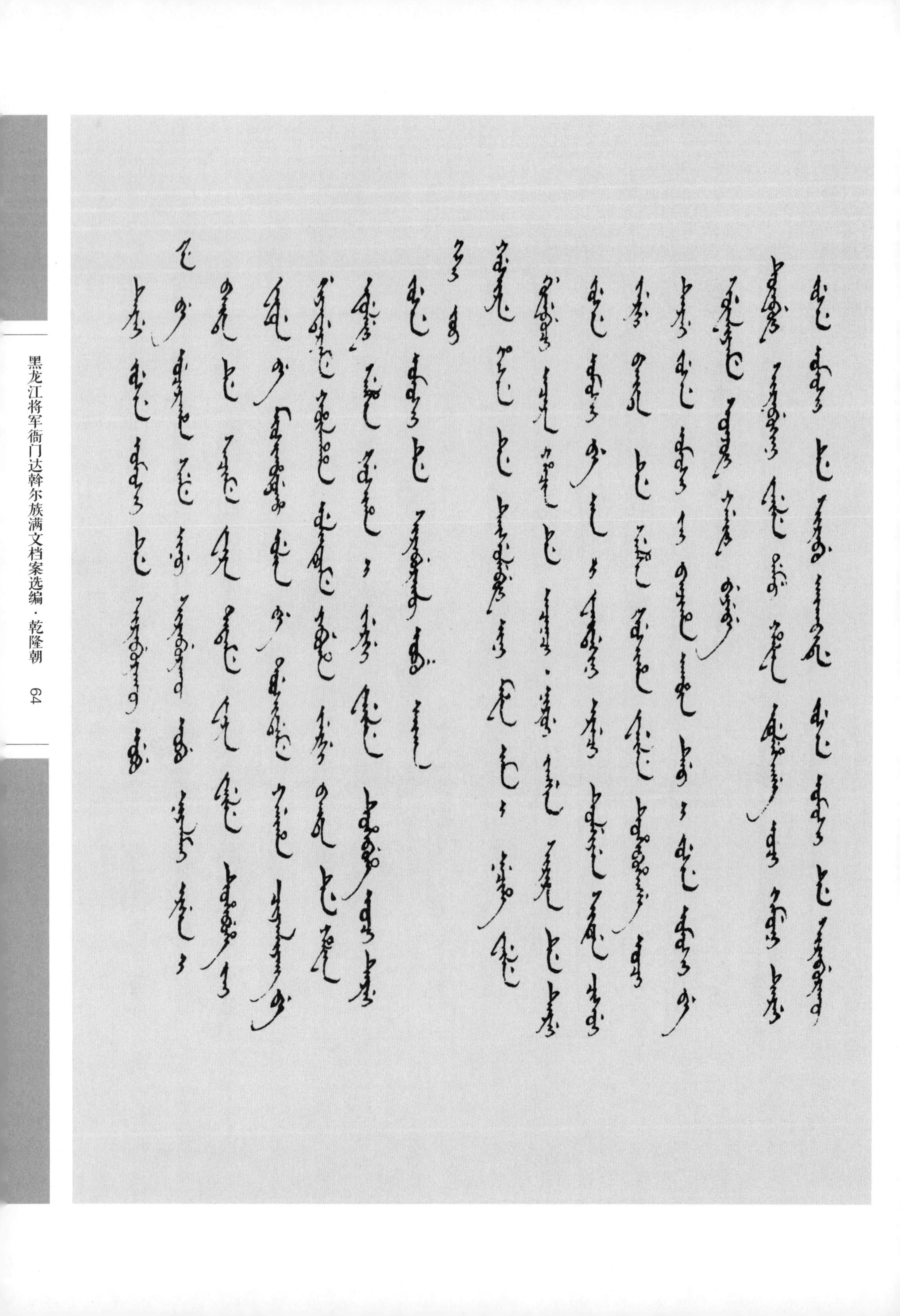

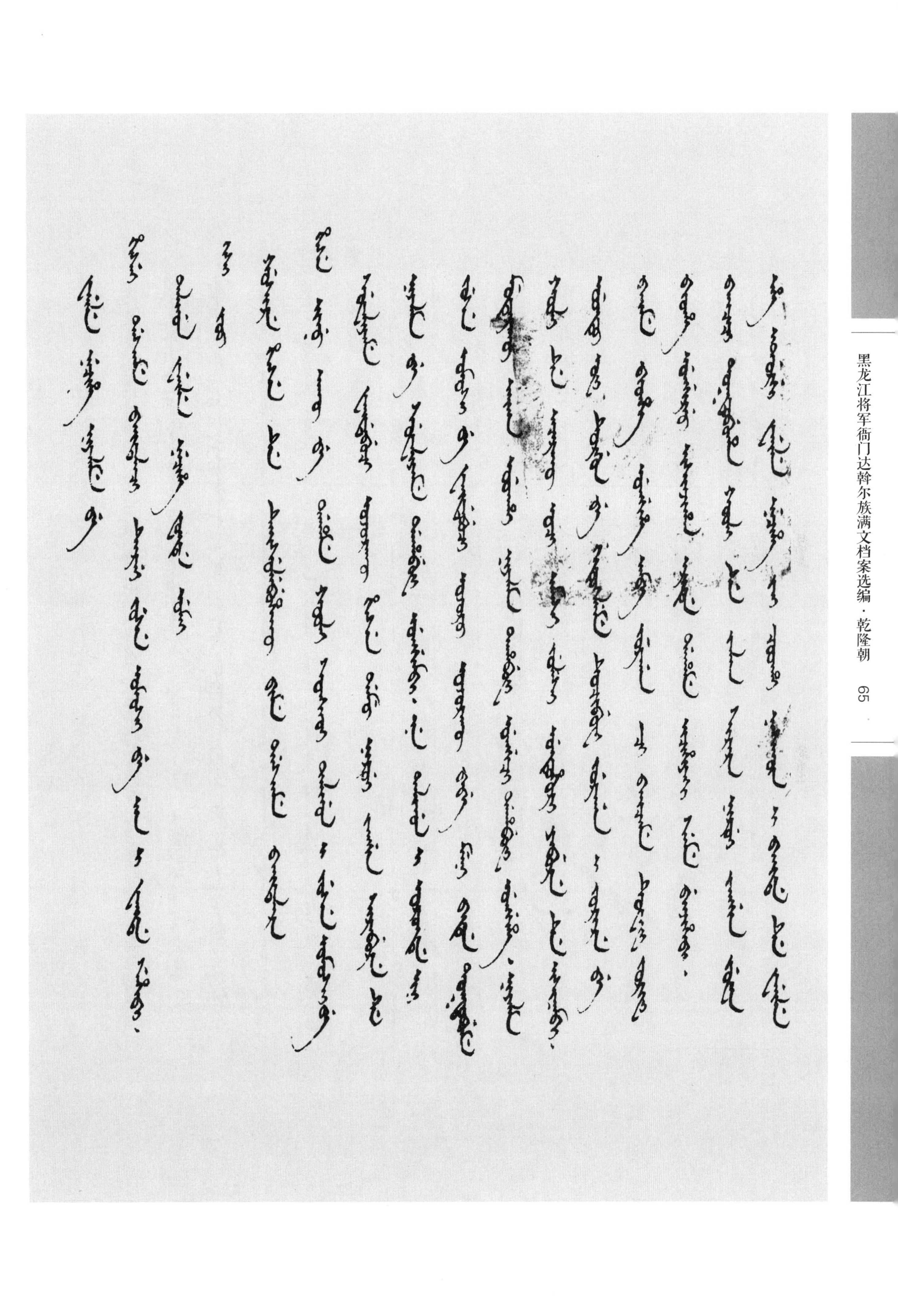

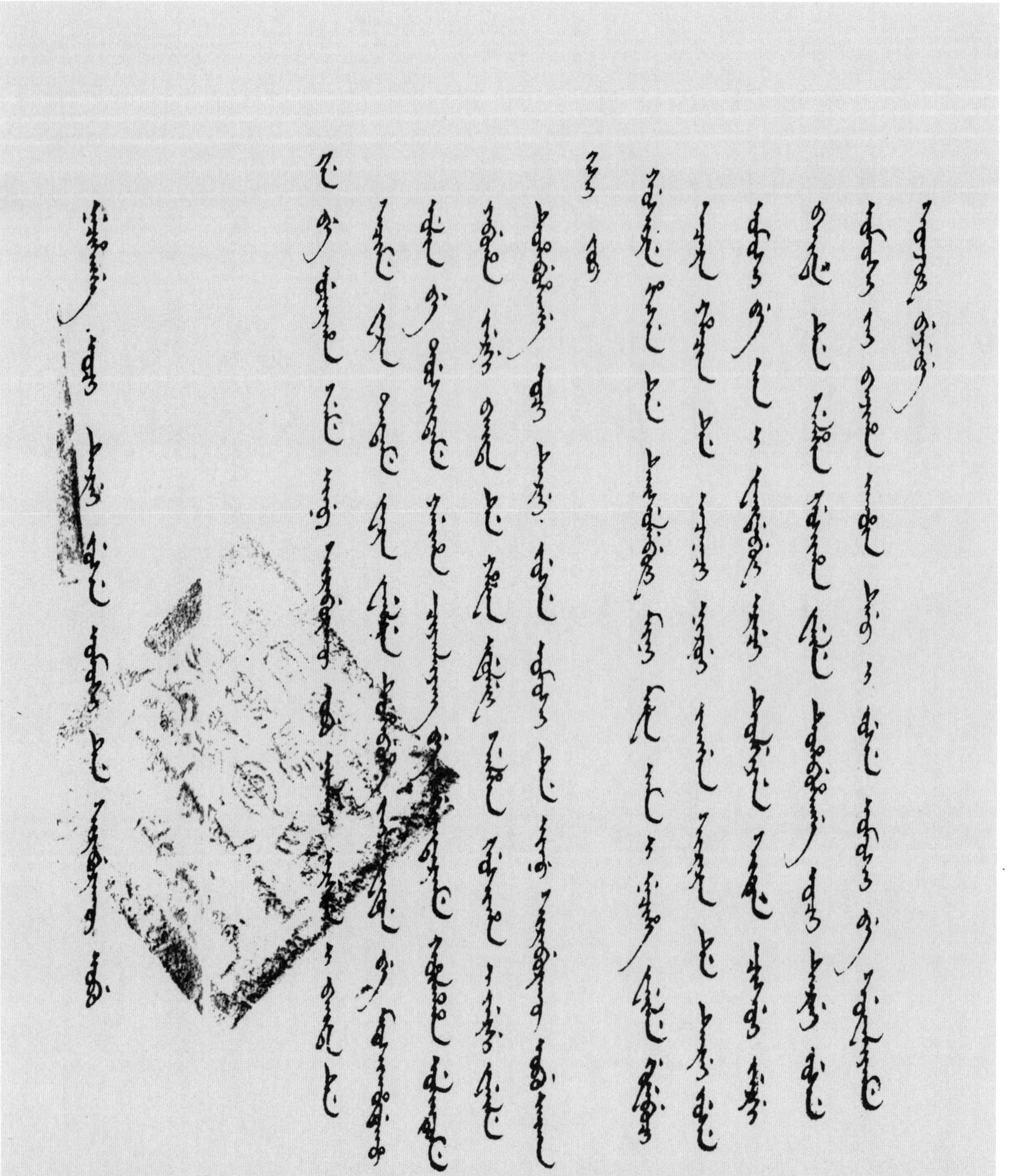

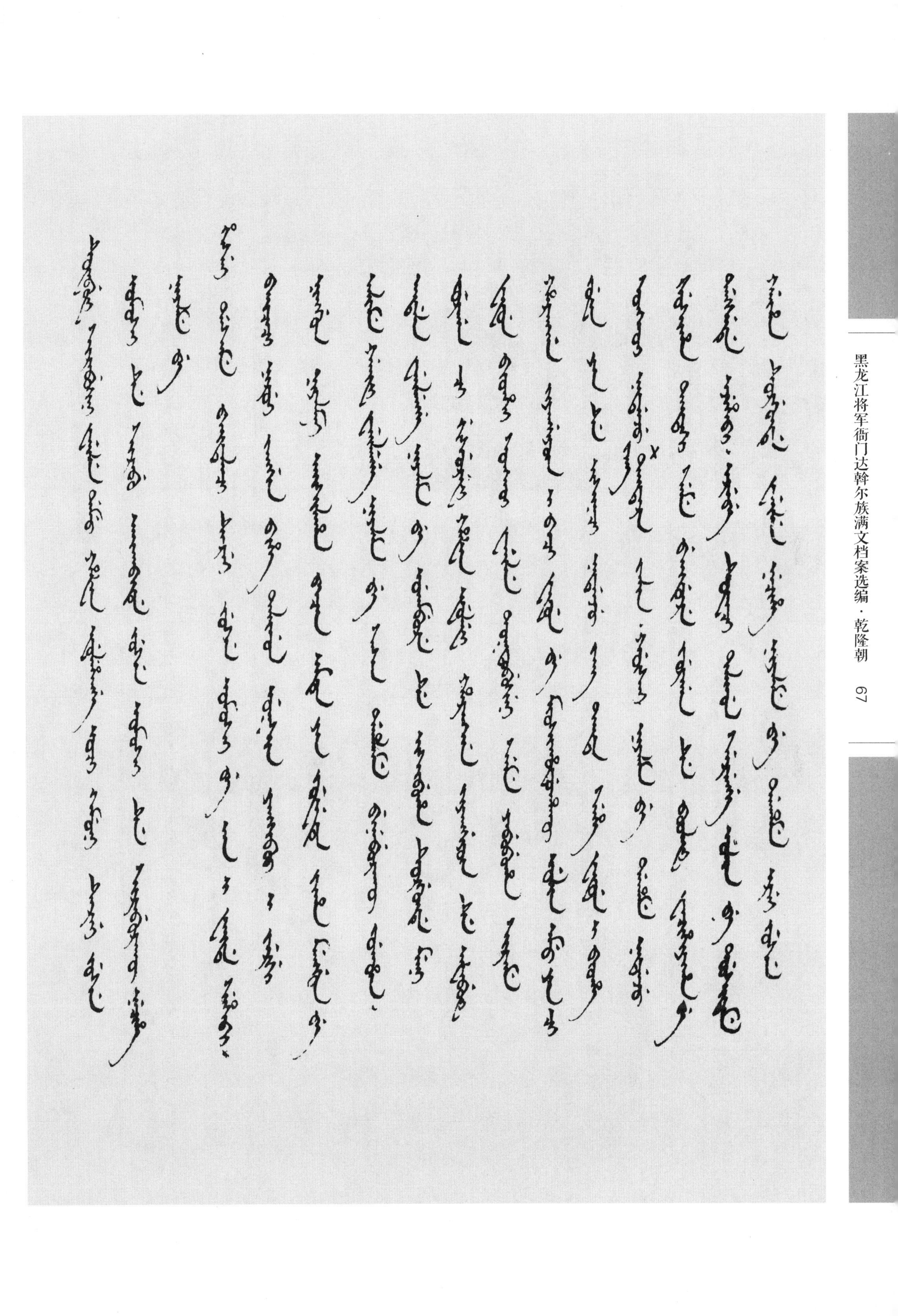

[illegible]

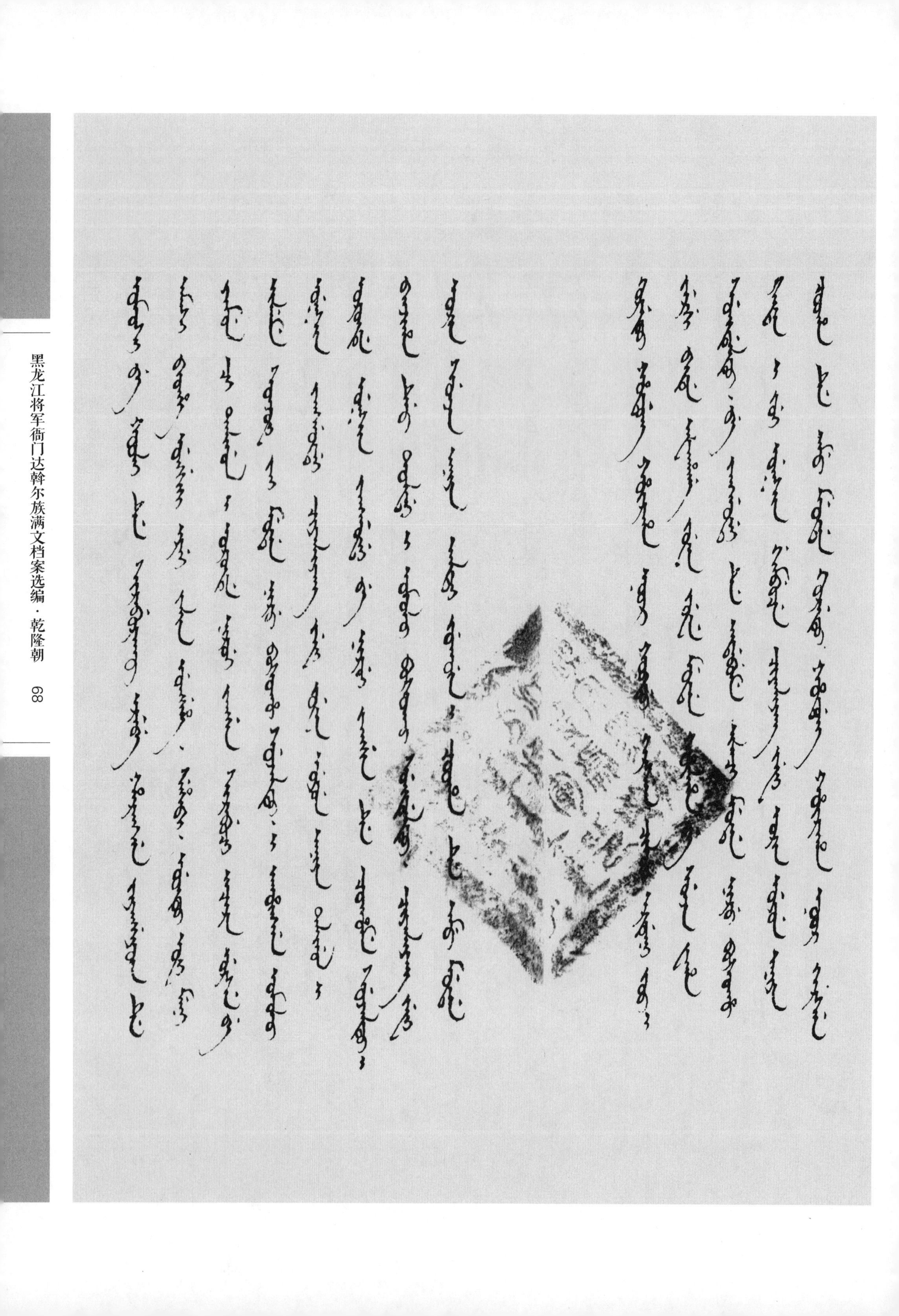

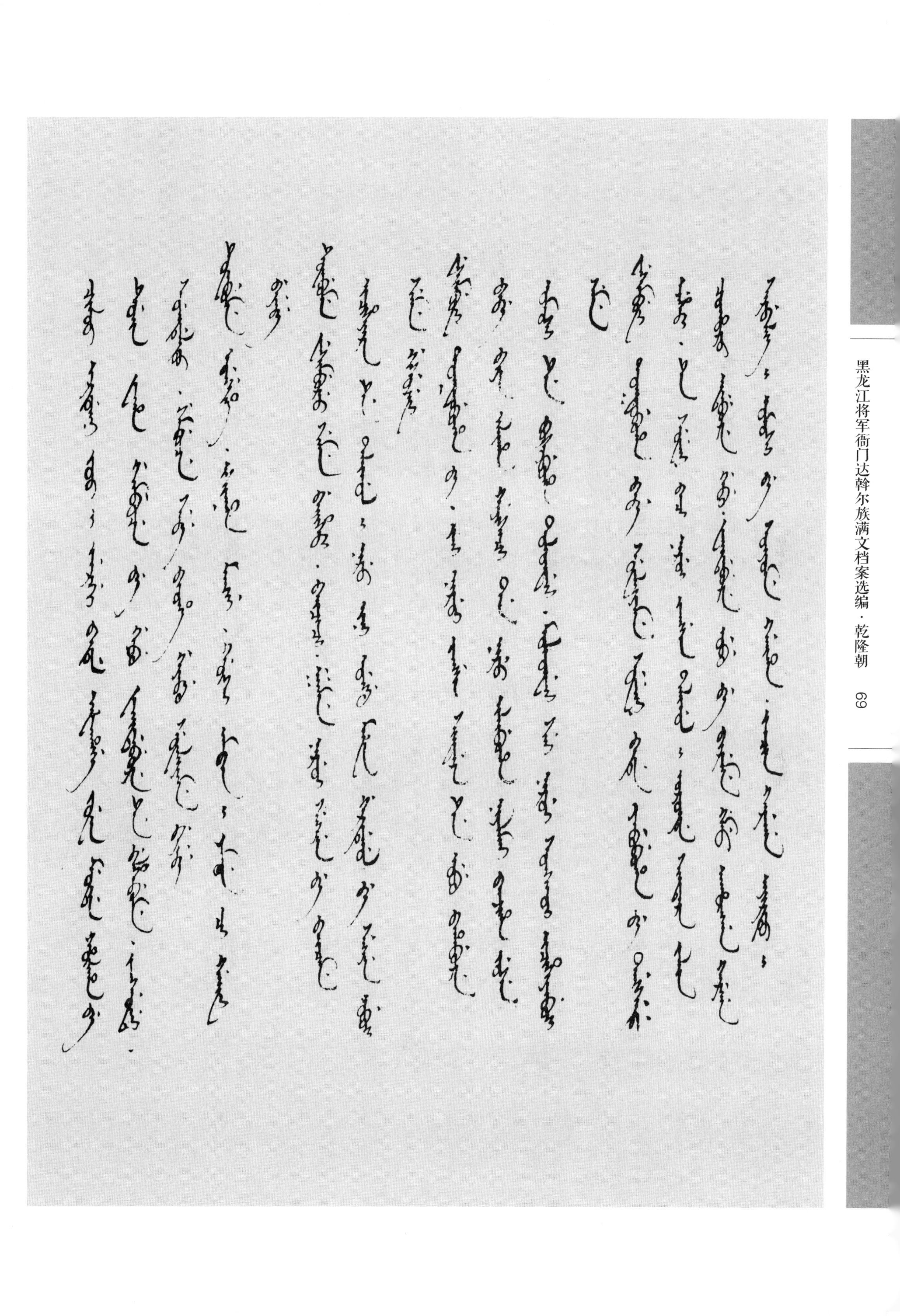

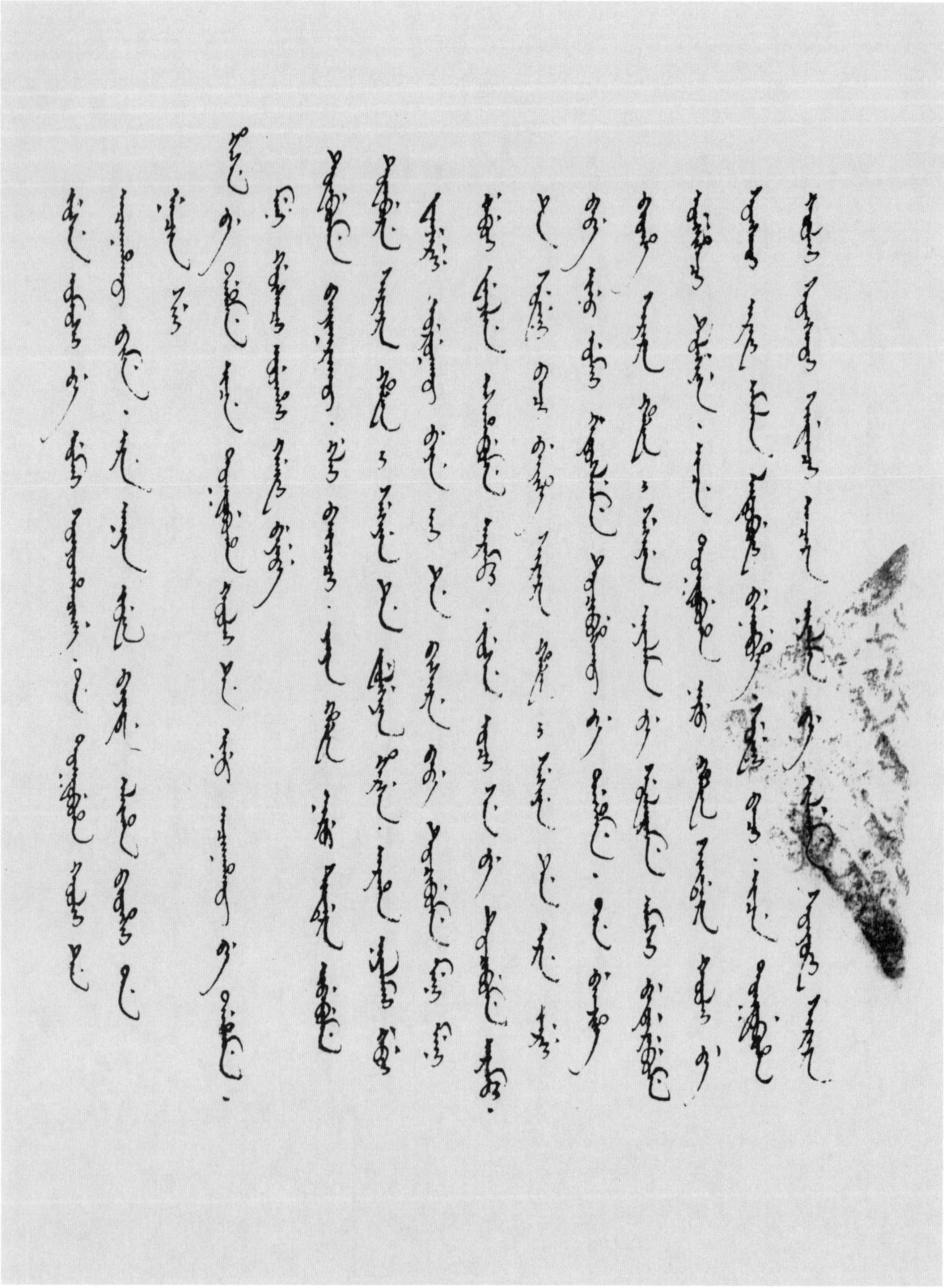

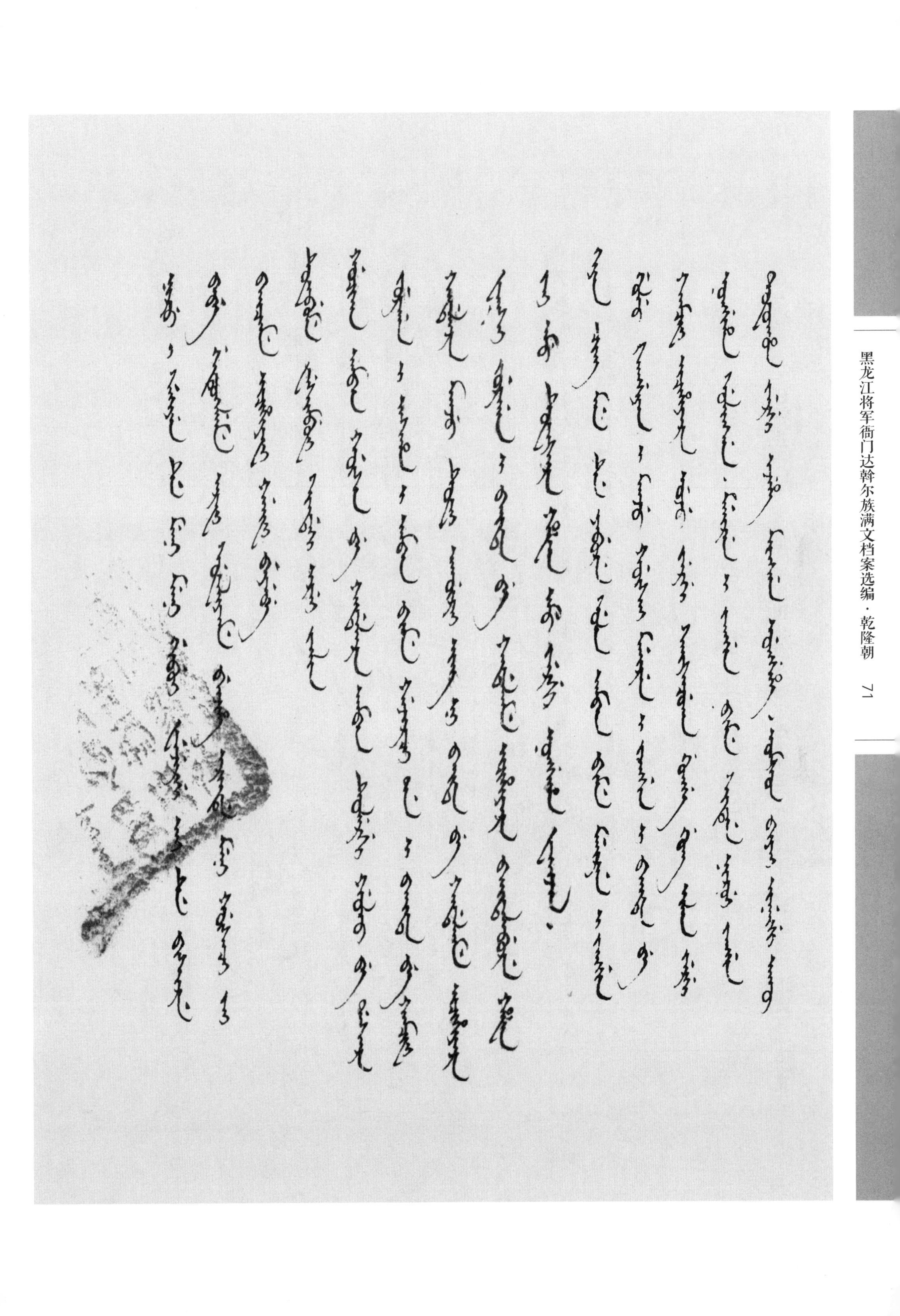

[illegible]

四八〇 黑龙江将军衙门为查解墨尔根正黄旗达斡尔丹巴公中佐领源流家谱册事咨正黄满洲旗文

乾隆十三年正月二十六日

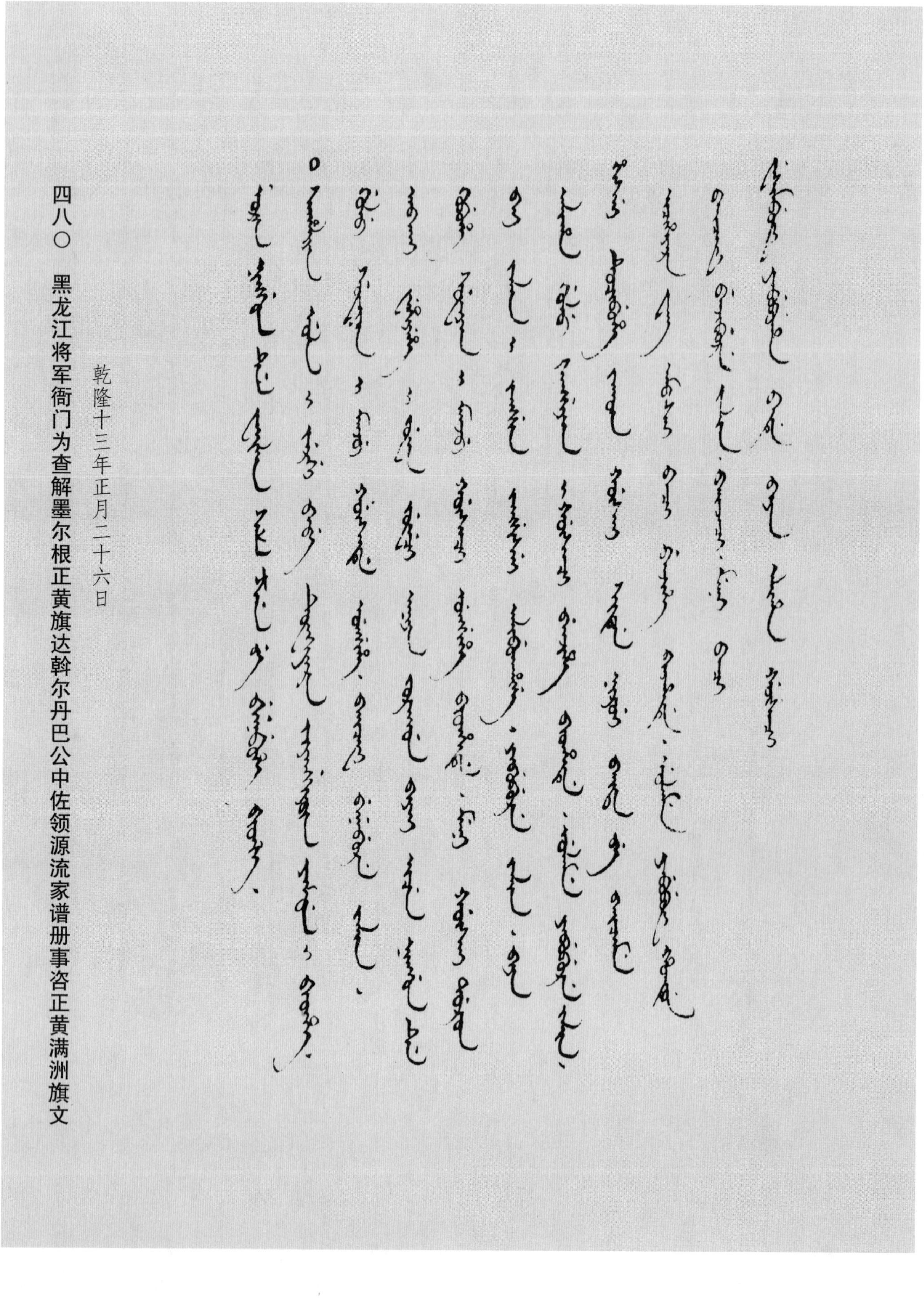

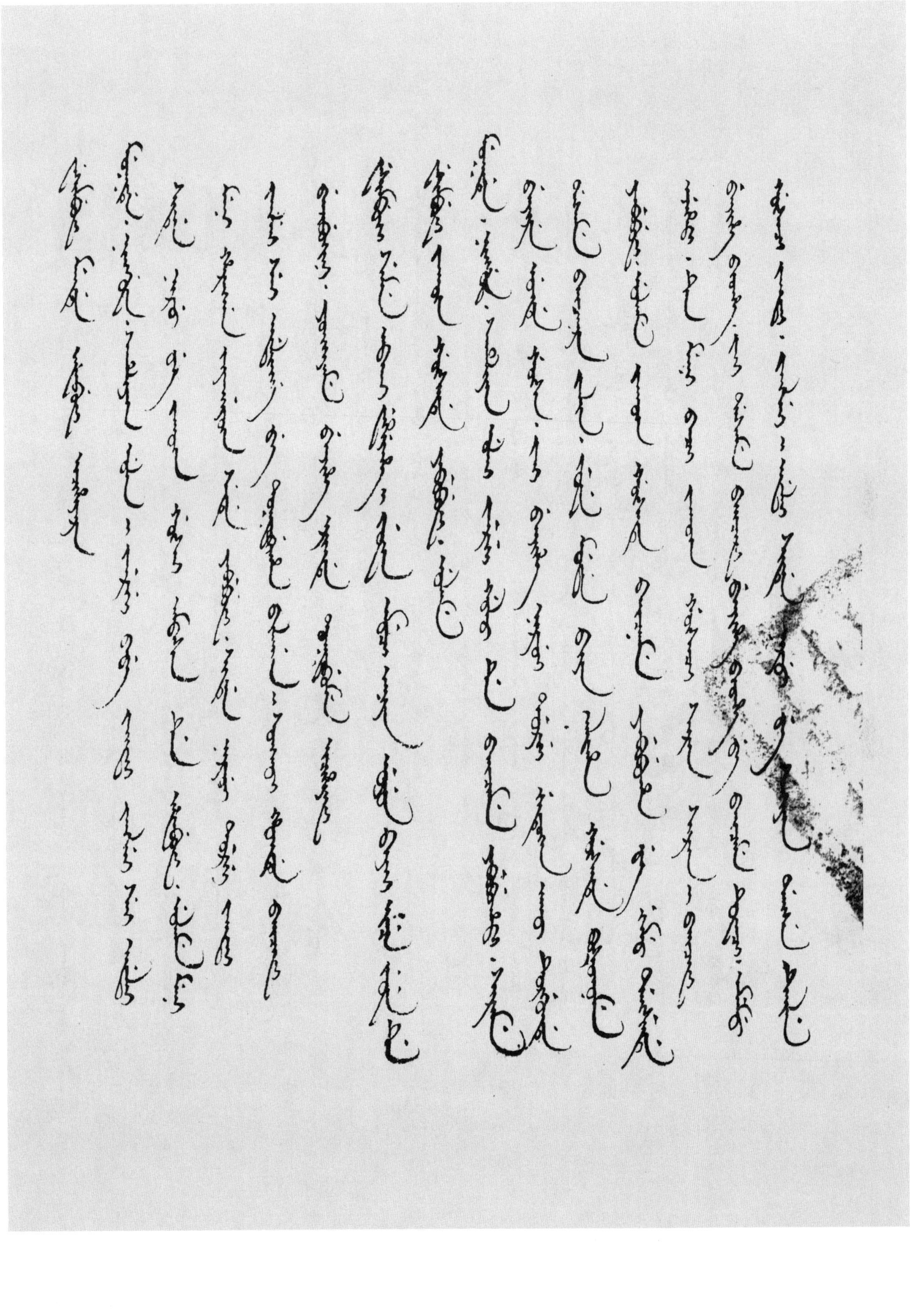

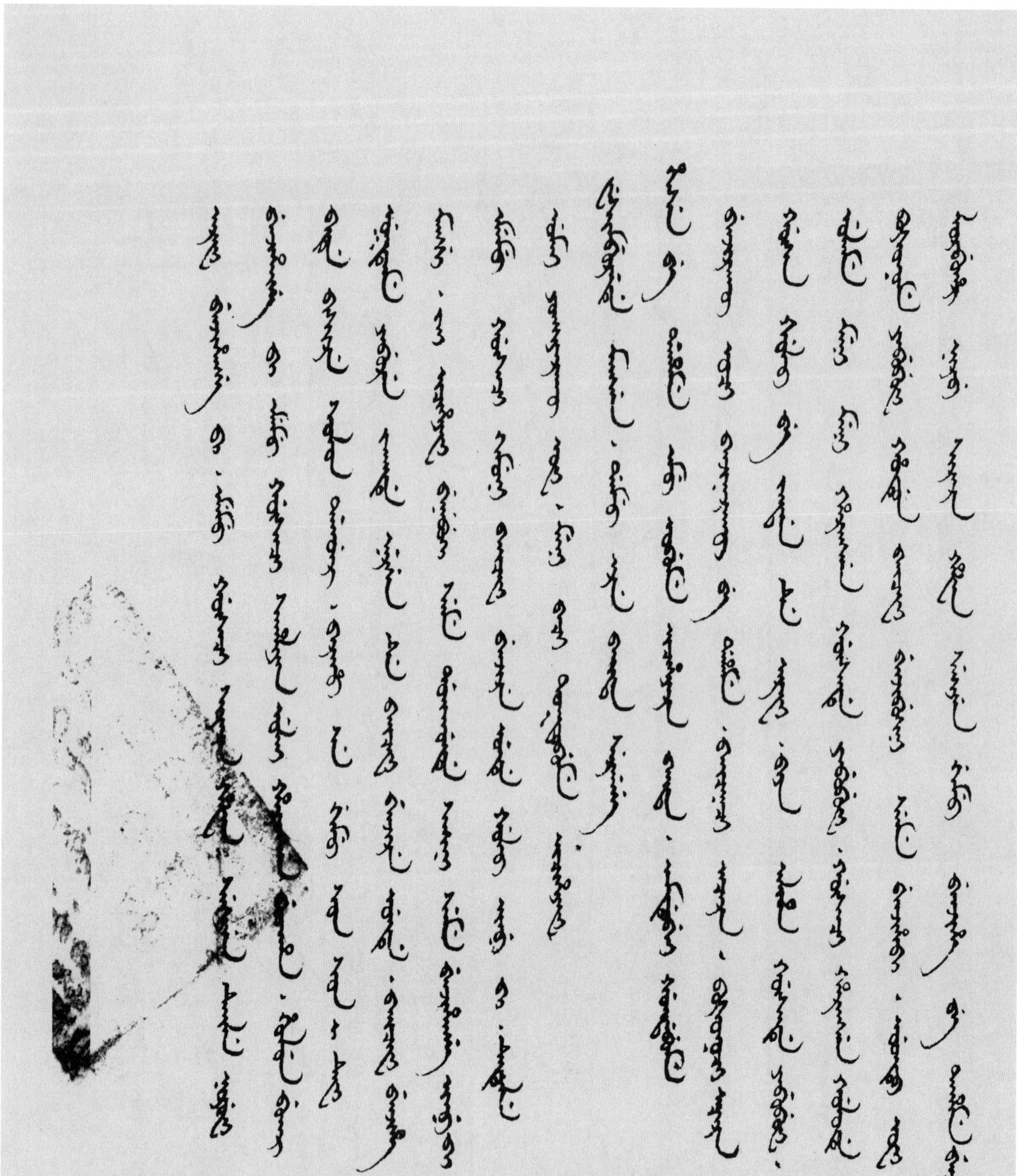

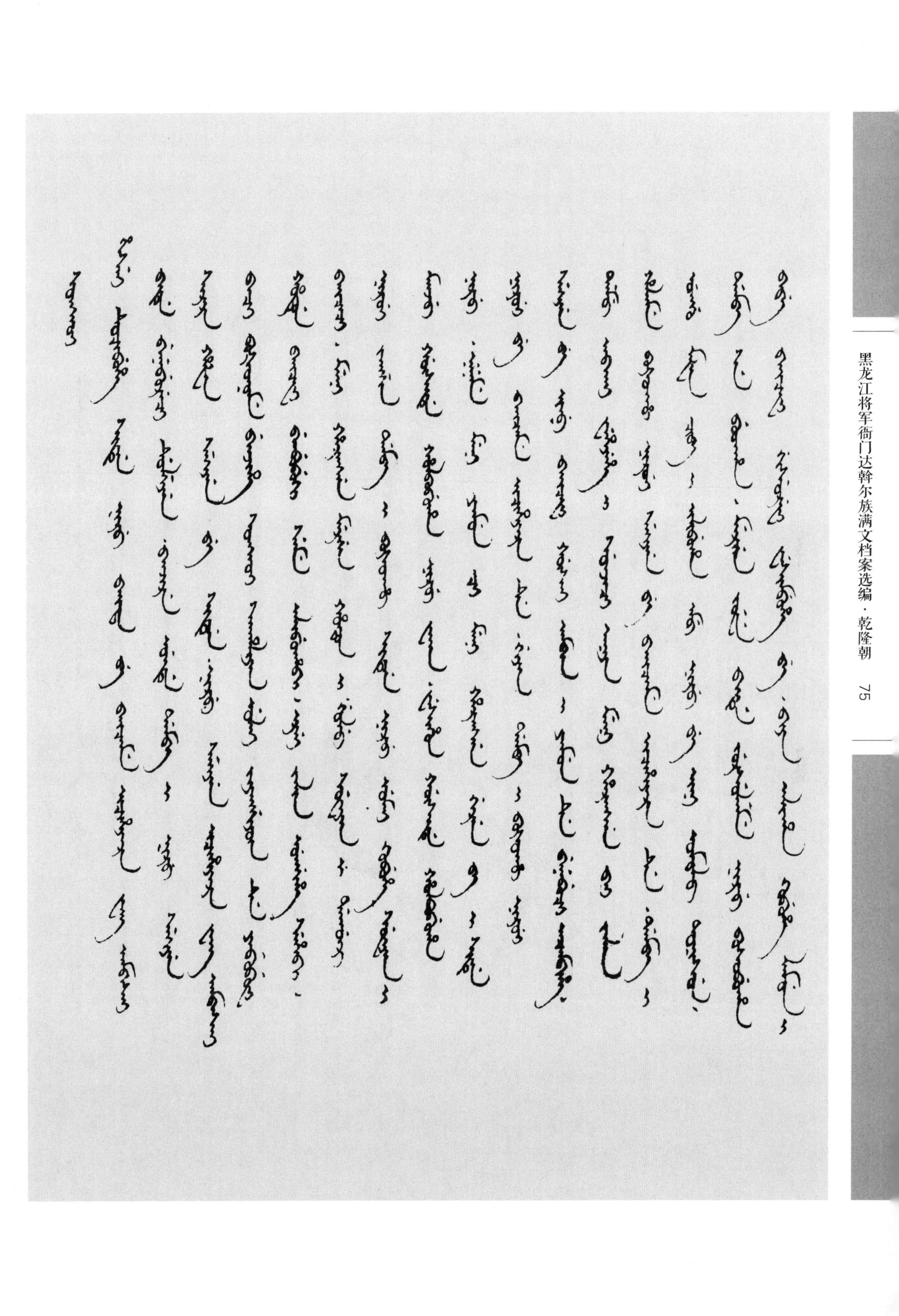

[illegible]

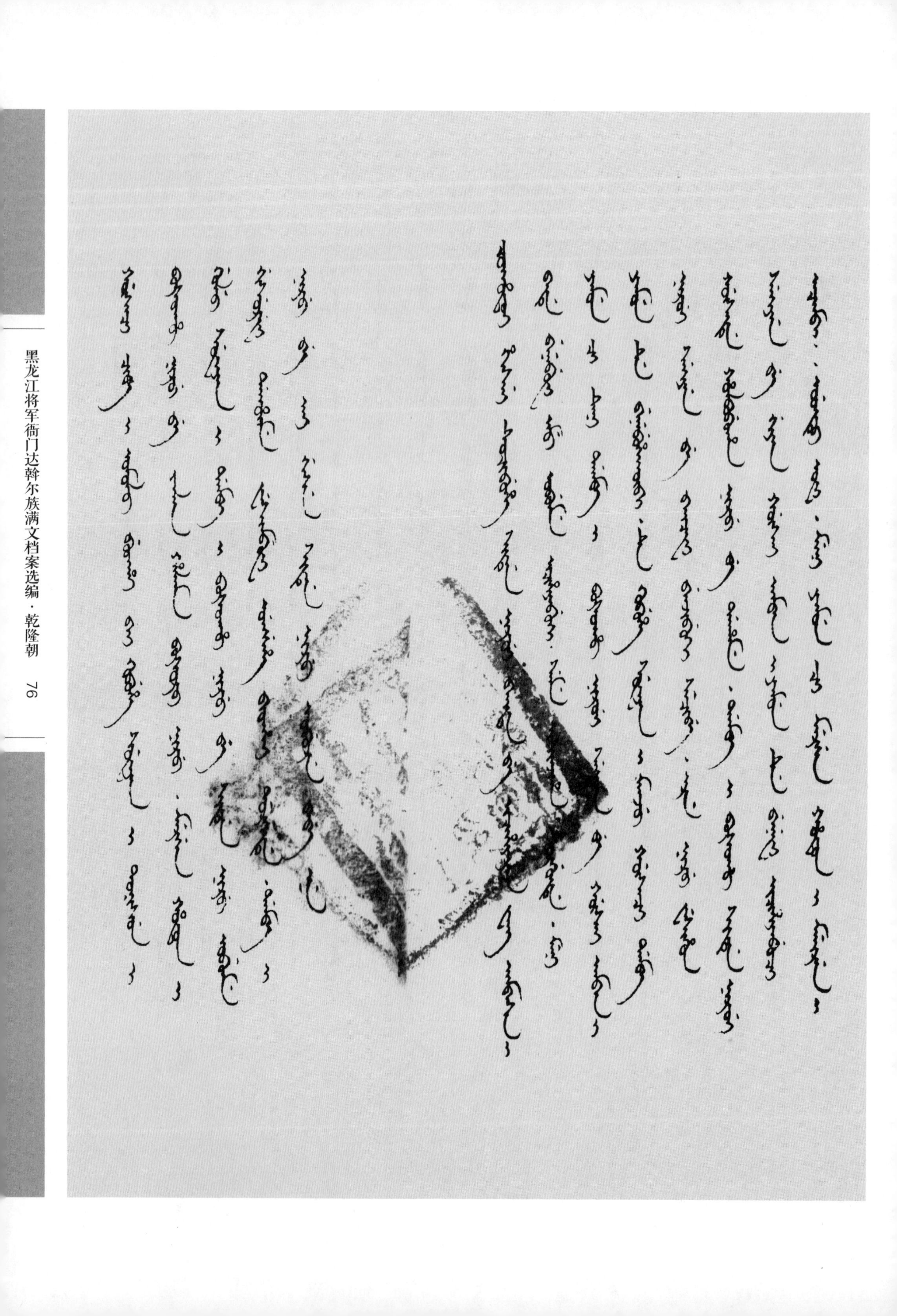

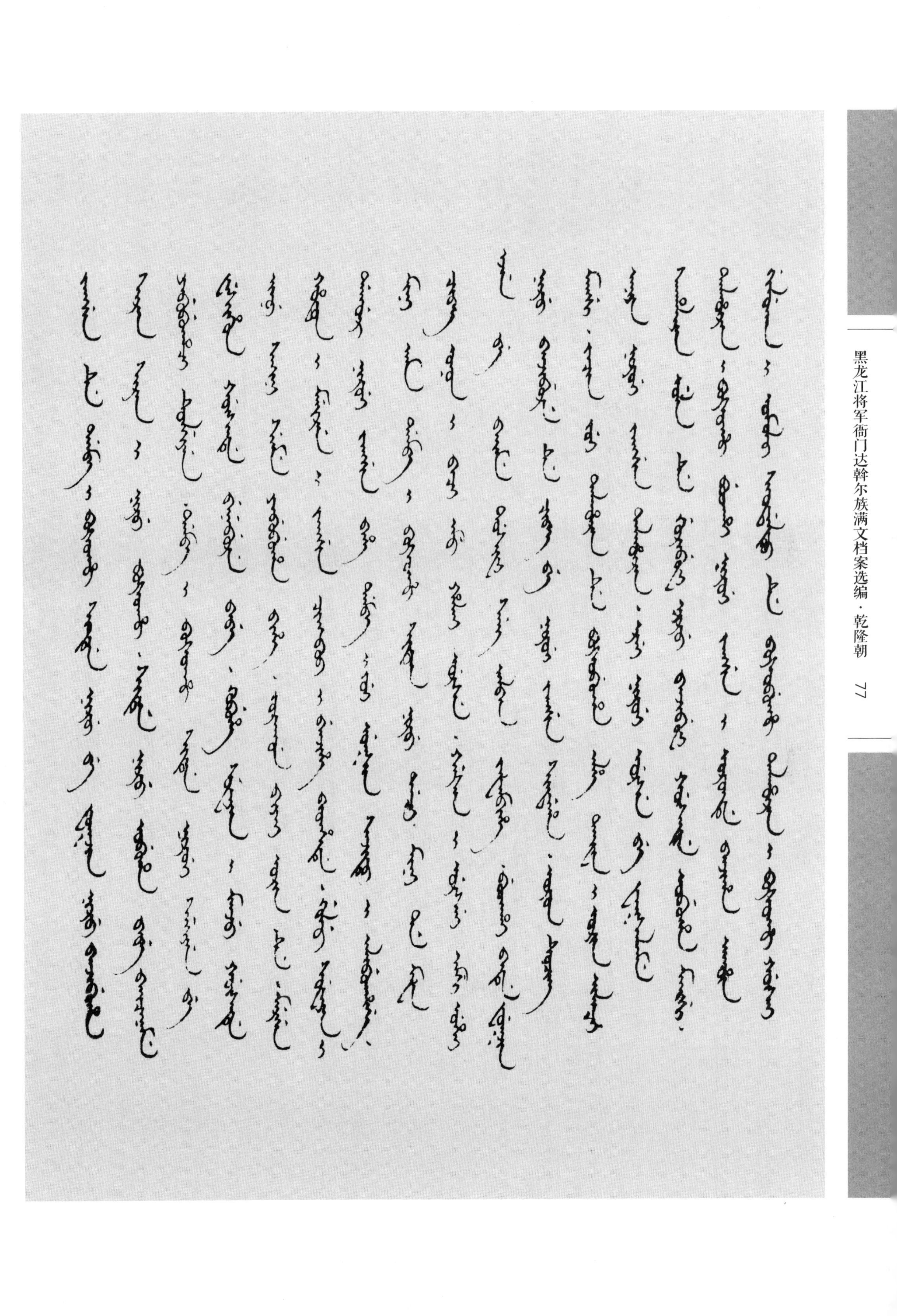

[illegible]

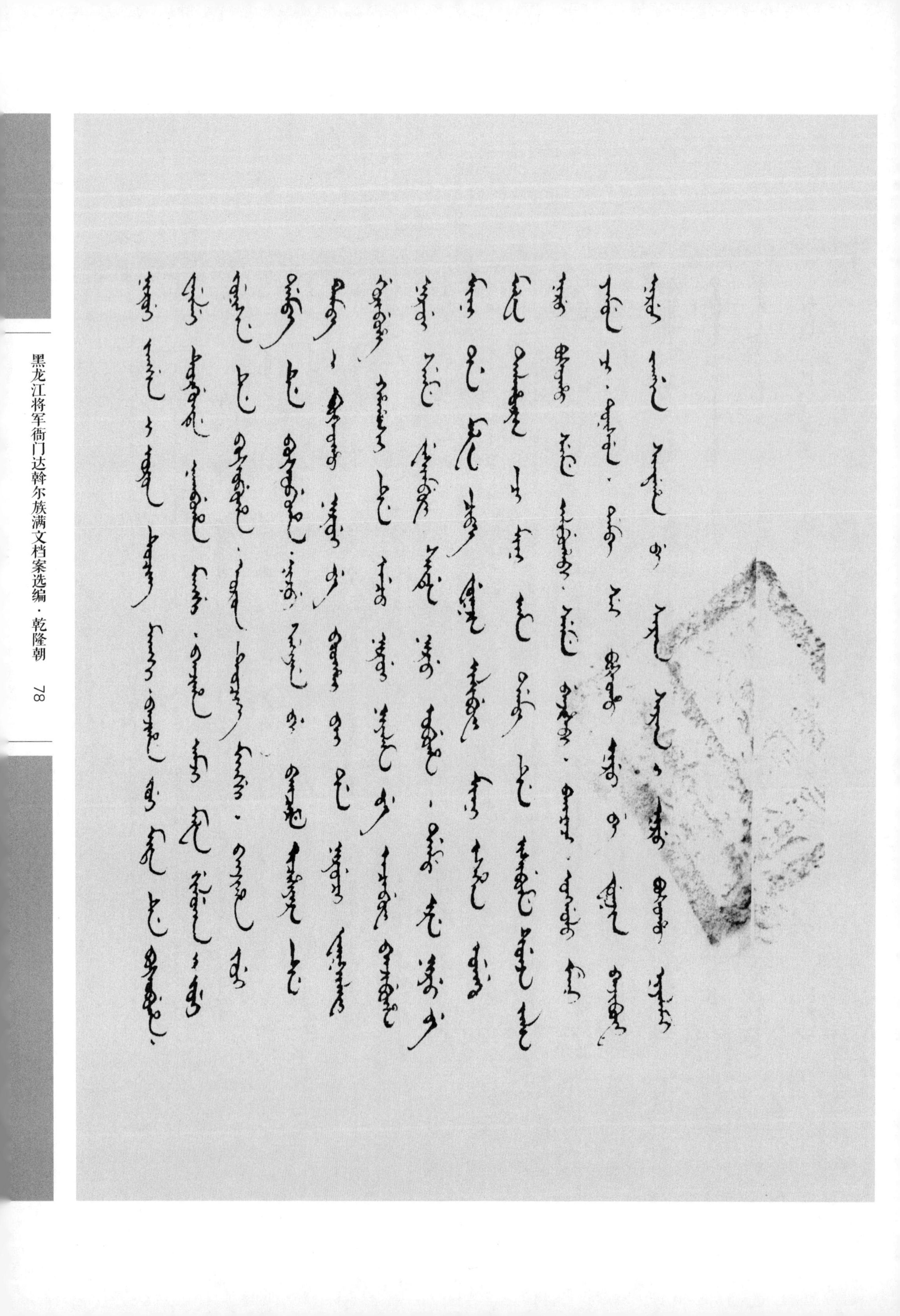

[illegible]

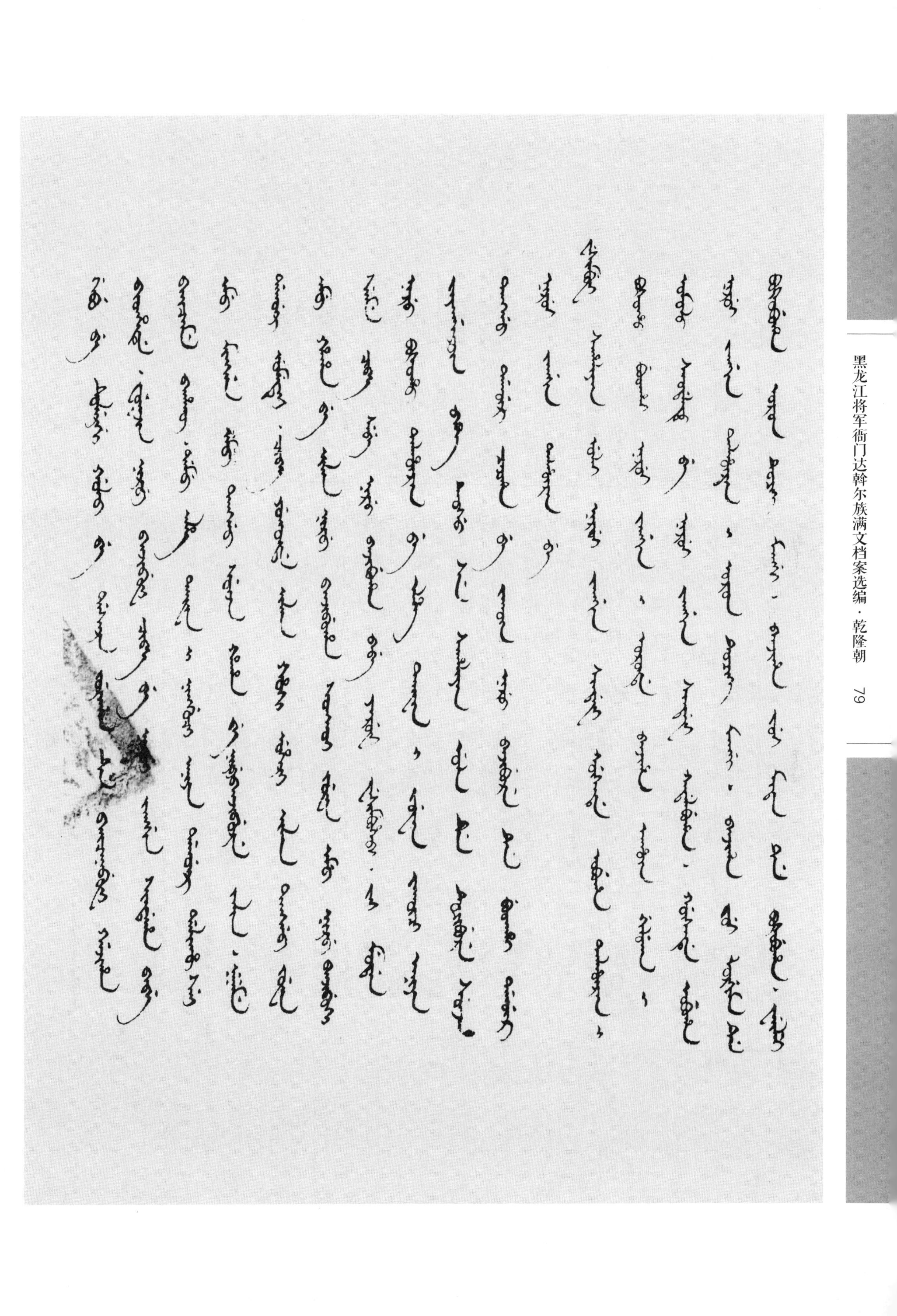

[illegible]

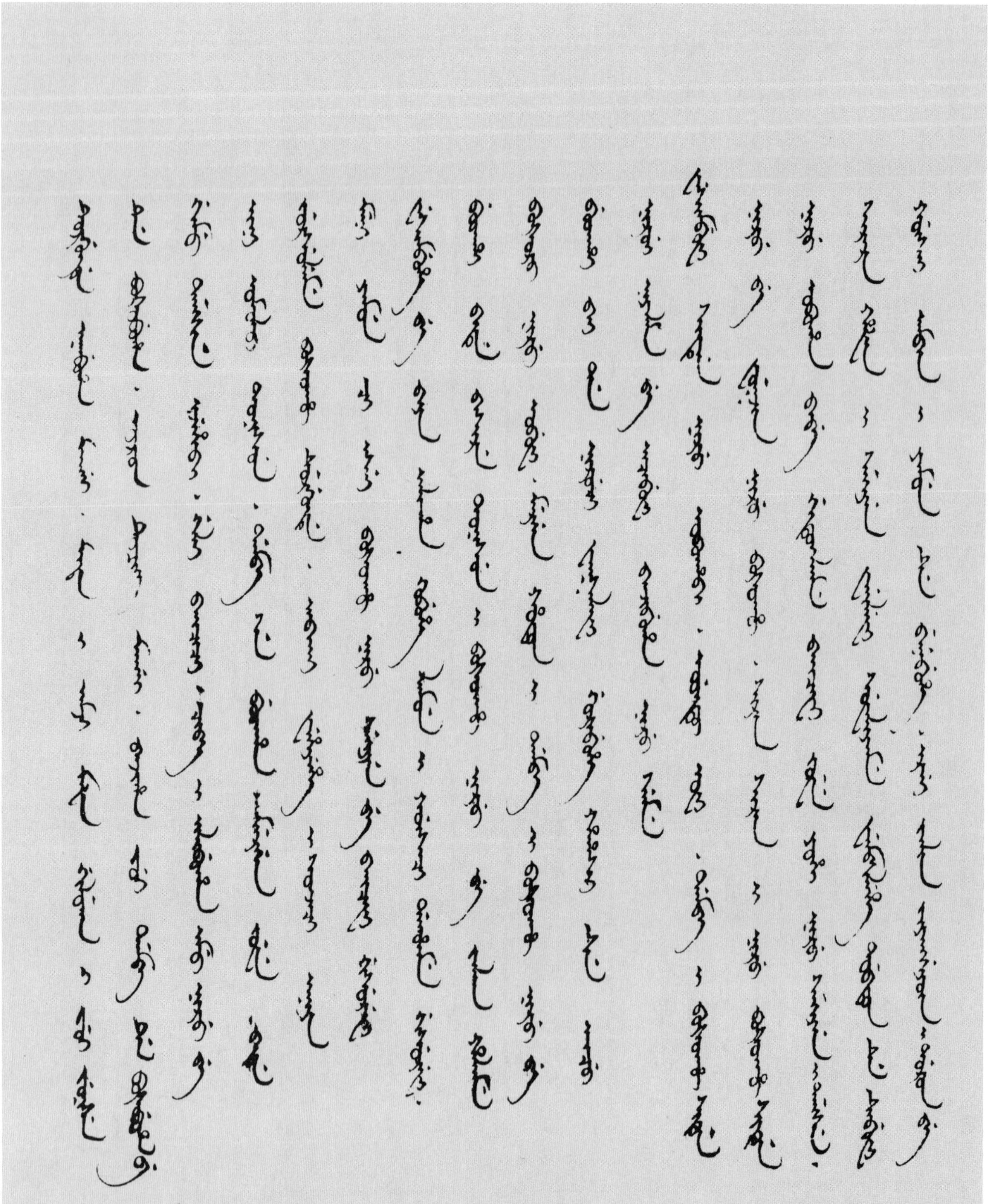

[illegible]

[illegible]

四八一 黑龙江将军衙门为解送镶蓝旗达斡尔佐领肯济锡佐领承袭源流册事咨兵部文

乾隆十三年正月二十六日

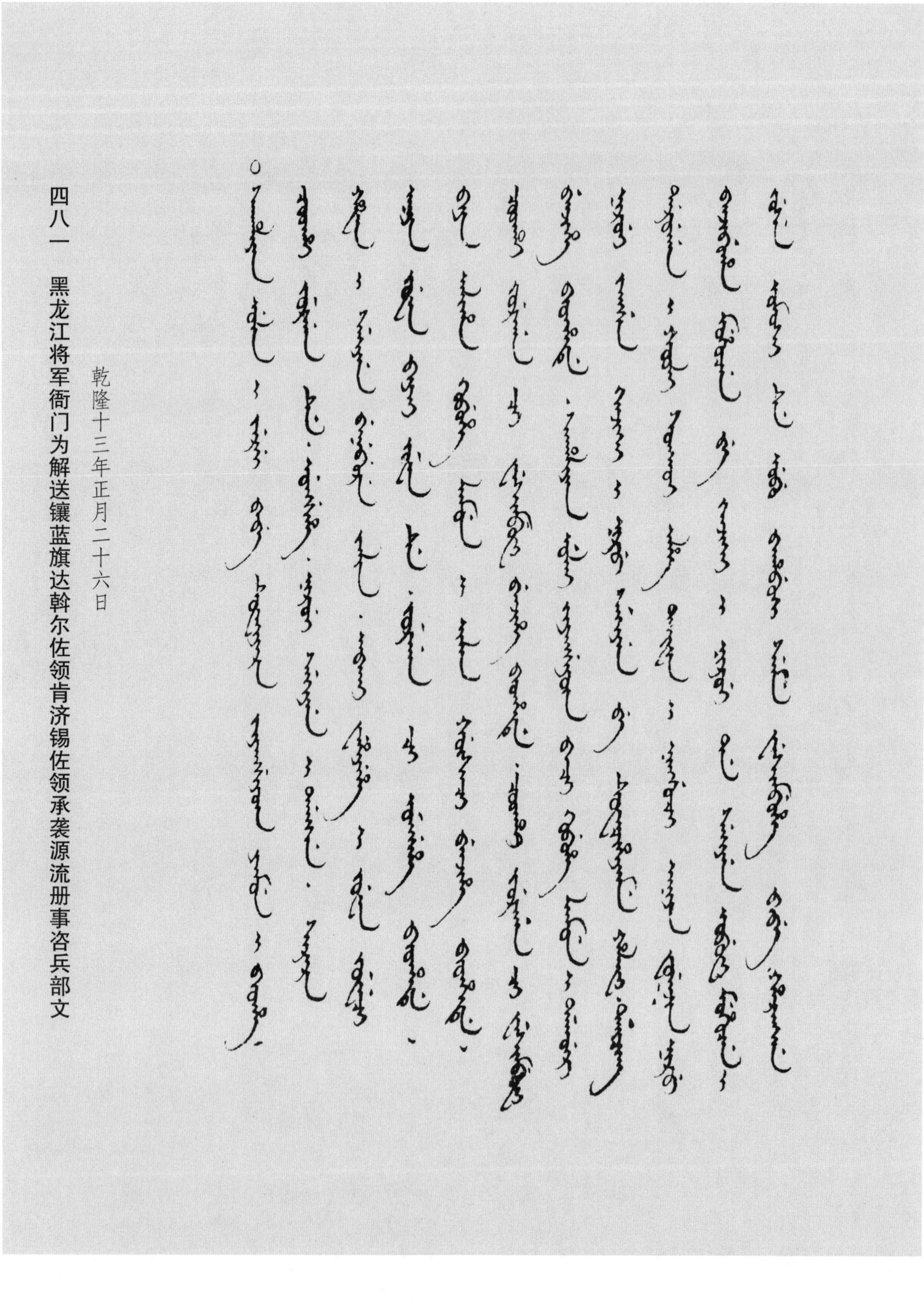

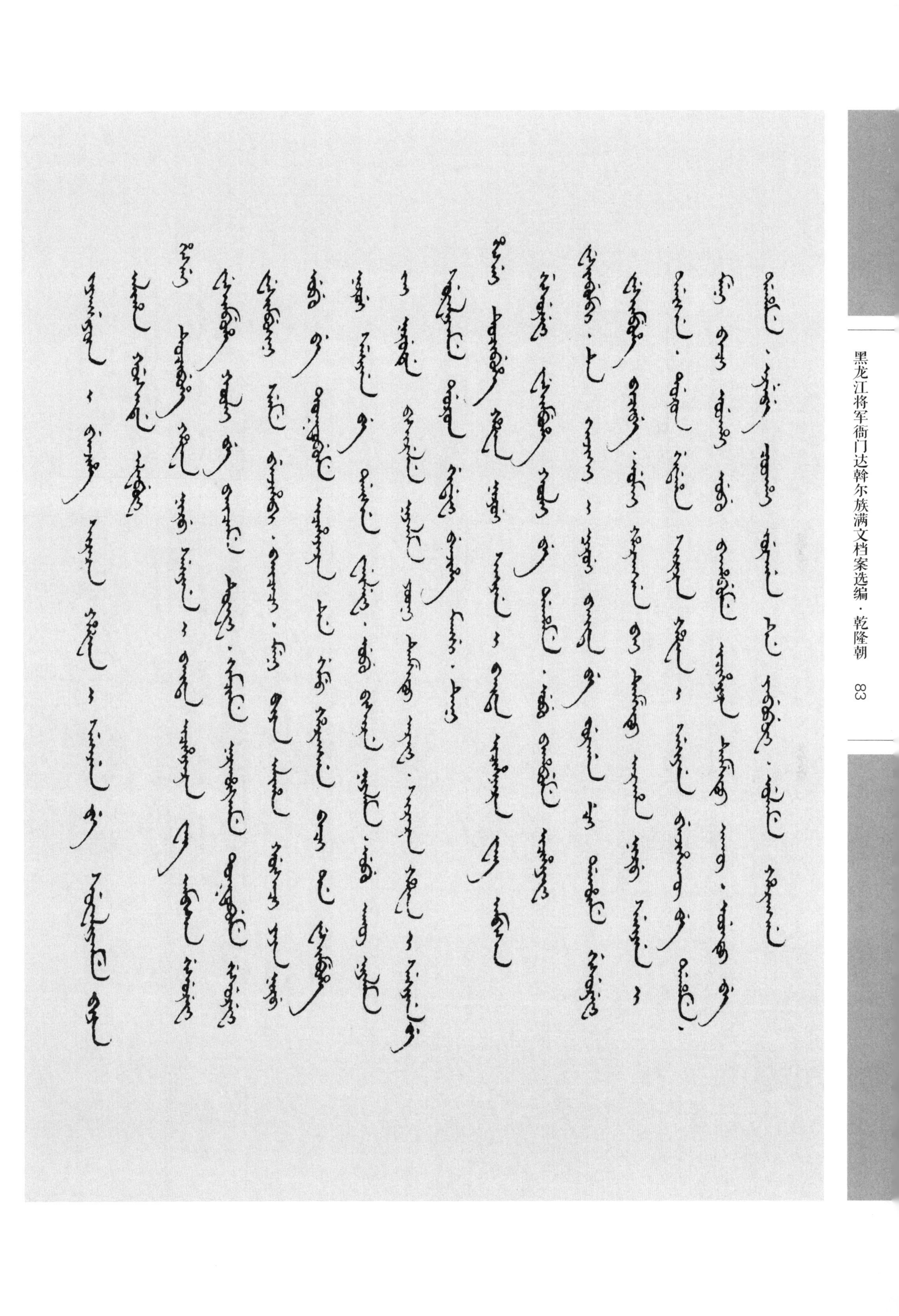

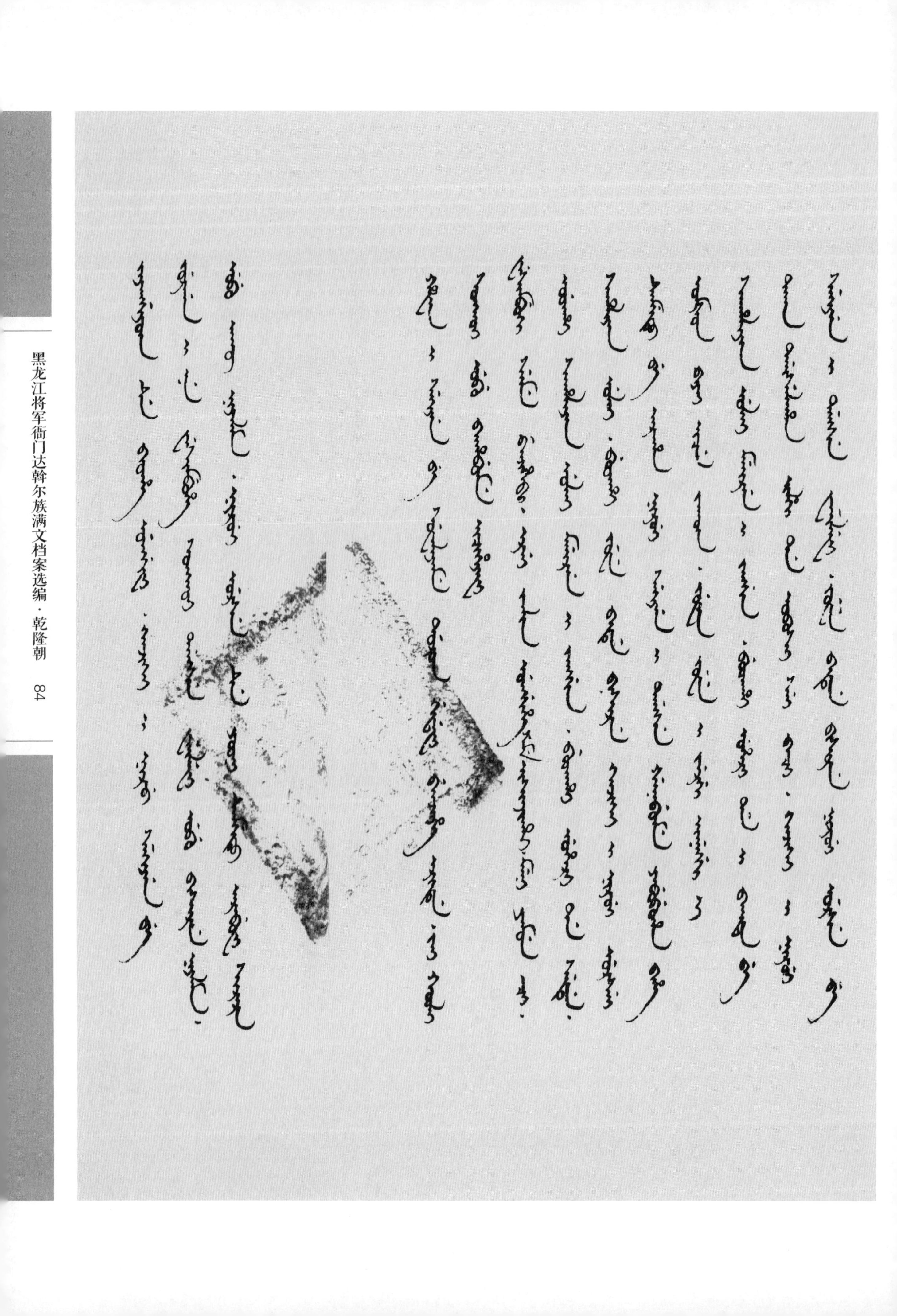

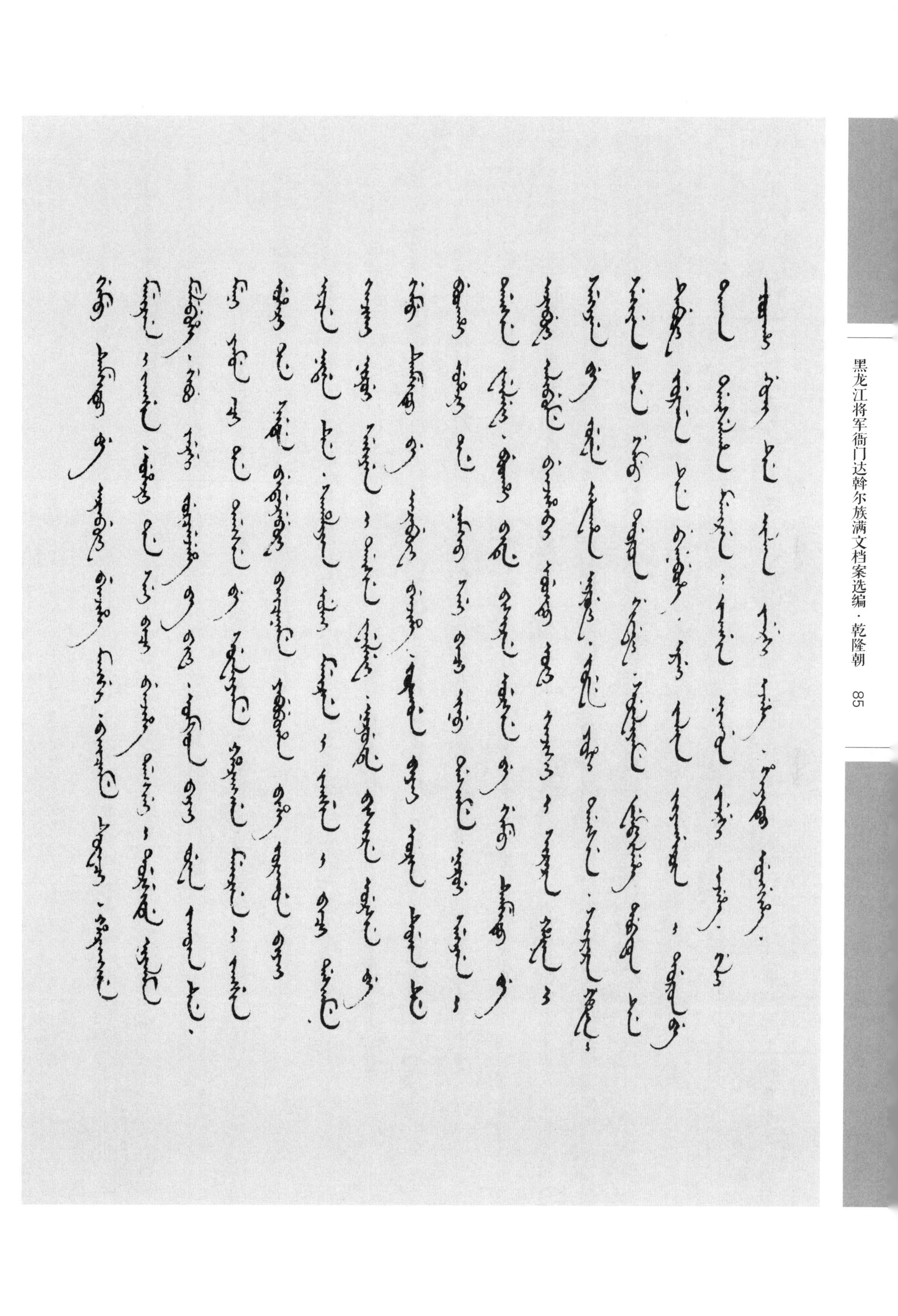

四八二 正黄满洲旗为布特哈正黄旗达斡尔索齐纳佐领下驻京护军孙察因请假回籍未入源流册事咨黑龙江将军衙门文

乾隆十三年二月初六日

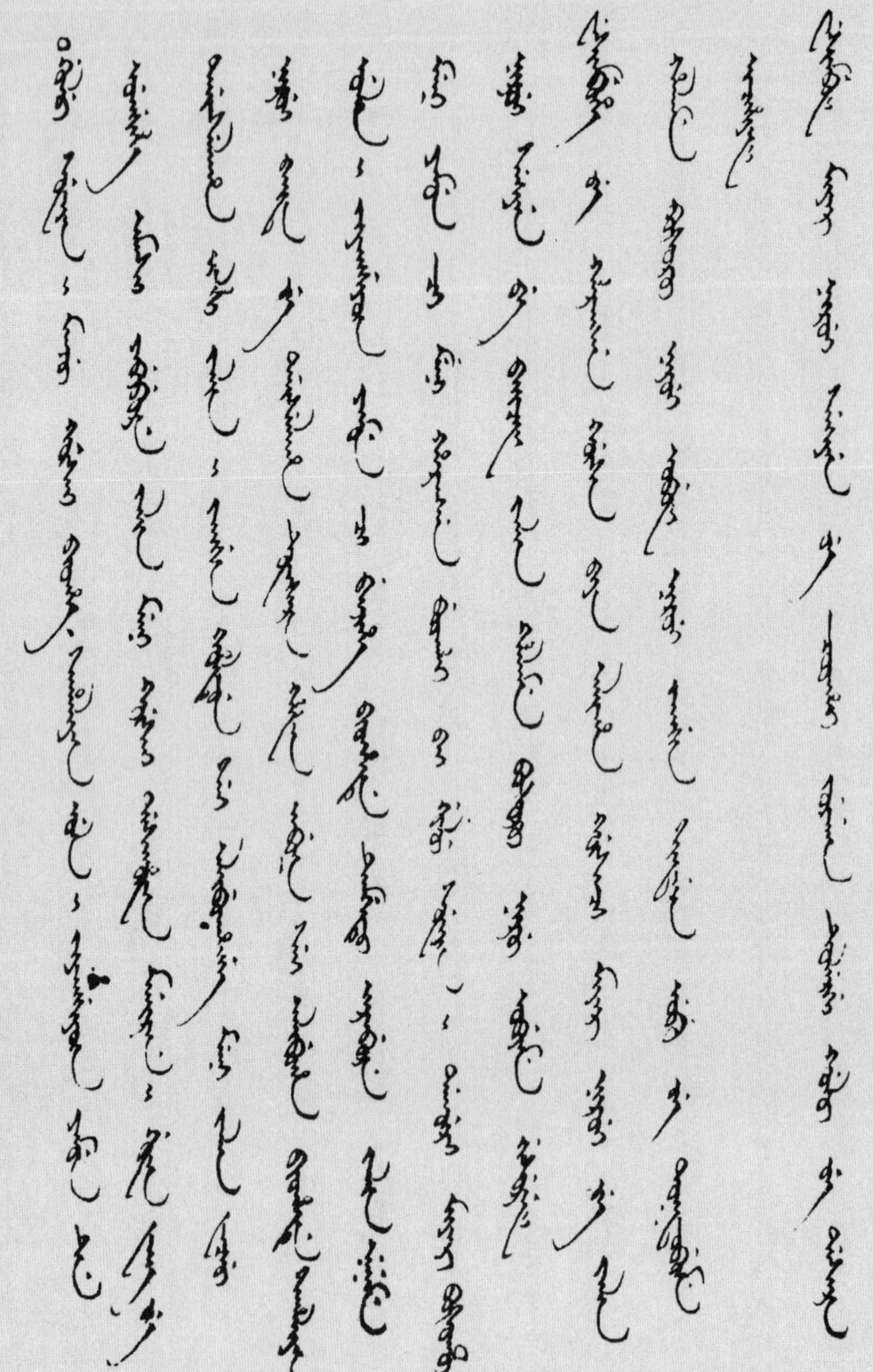

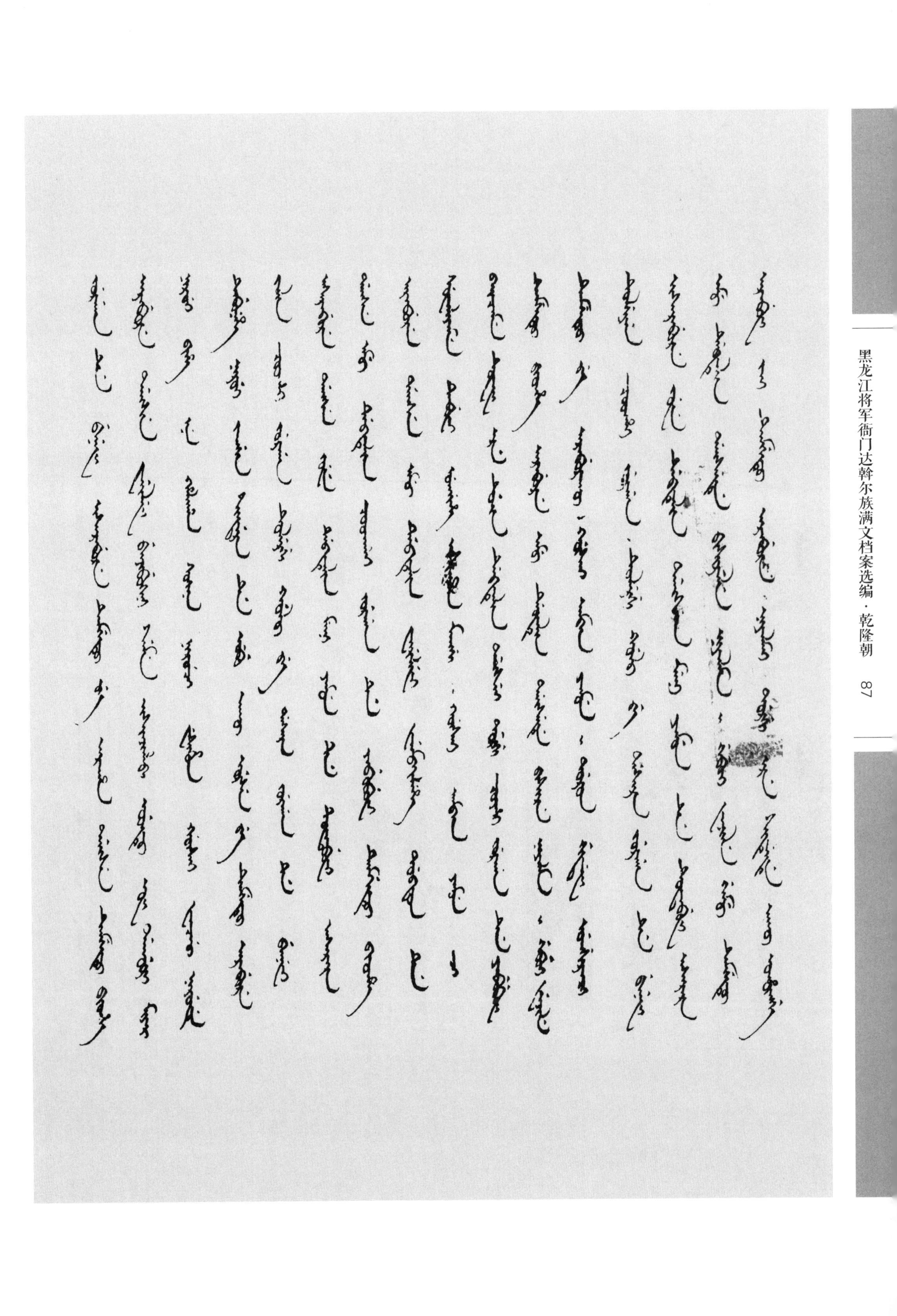

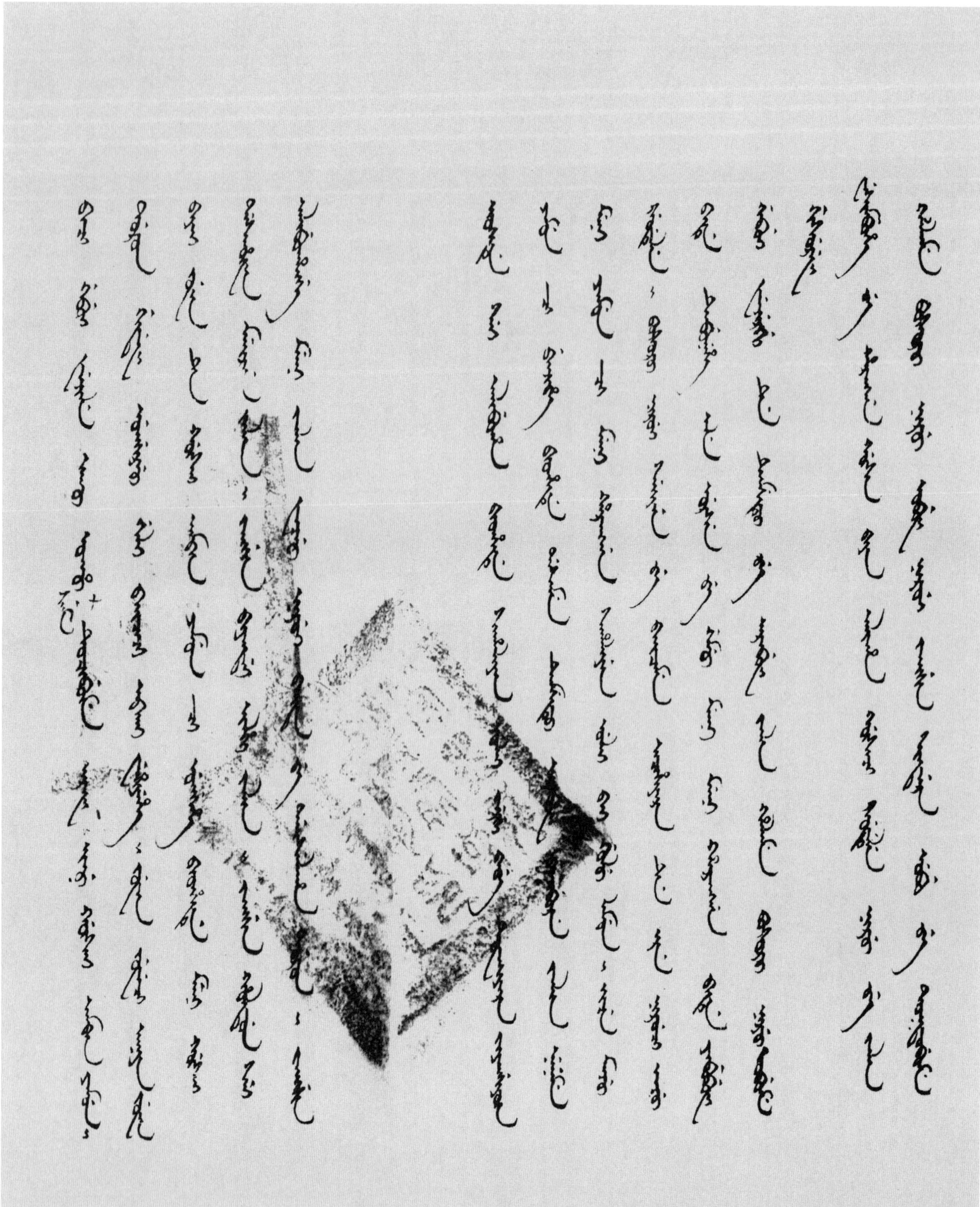

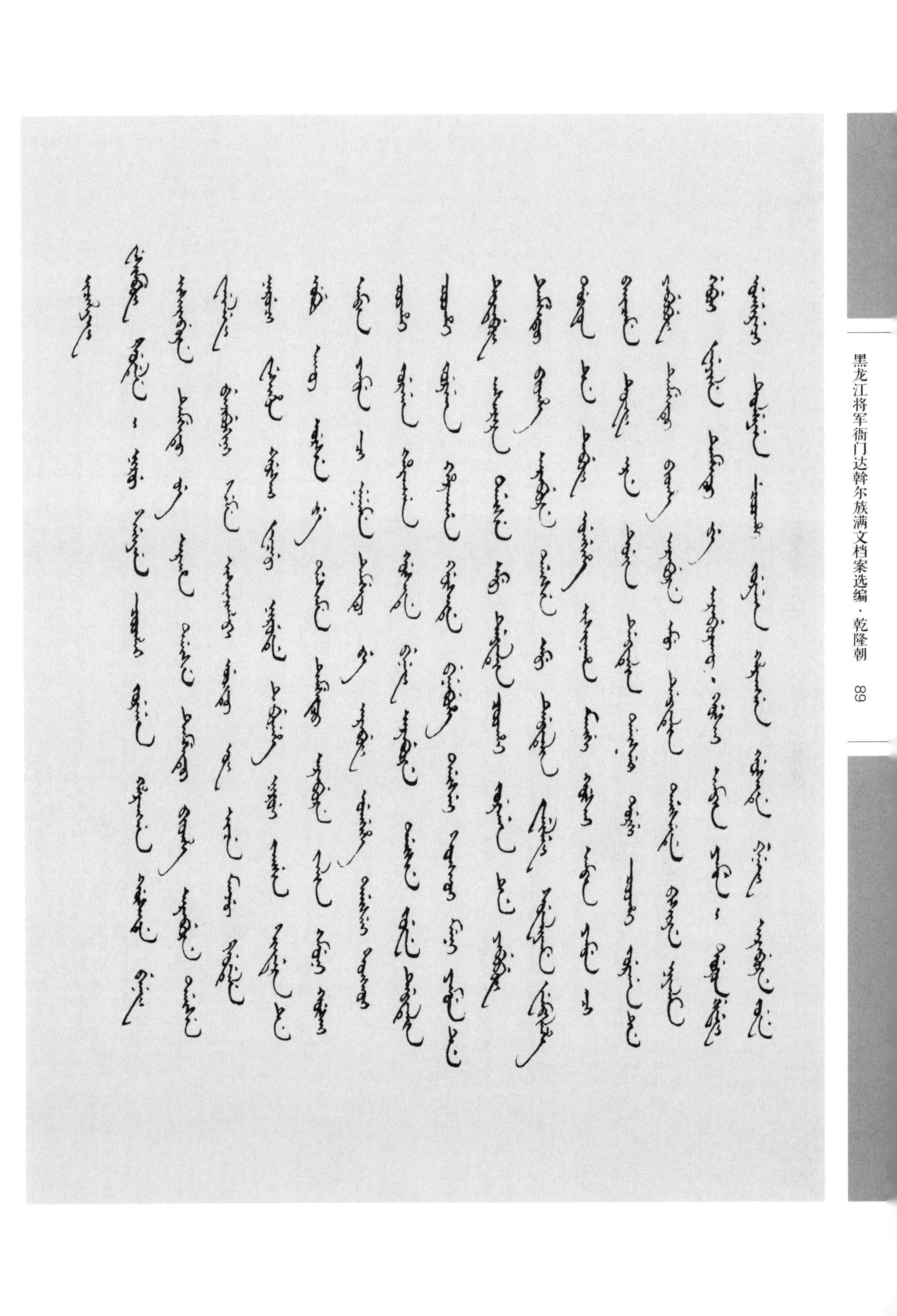

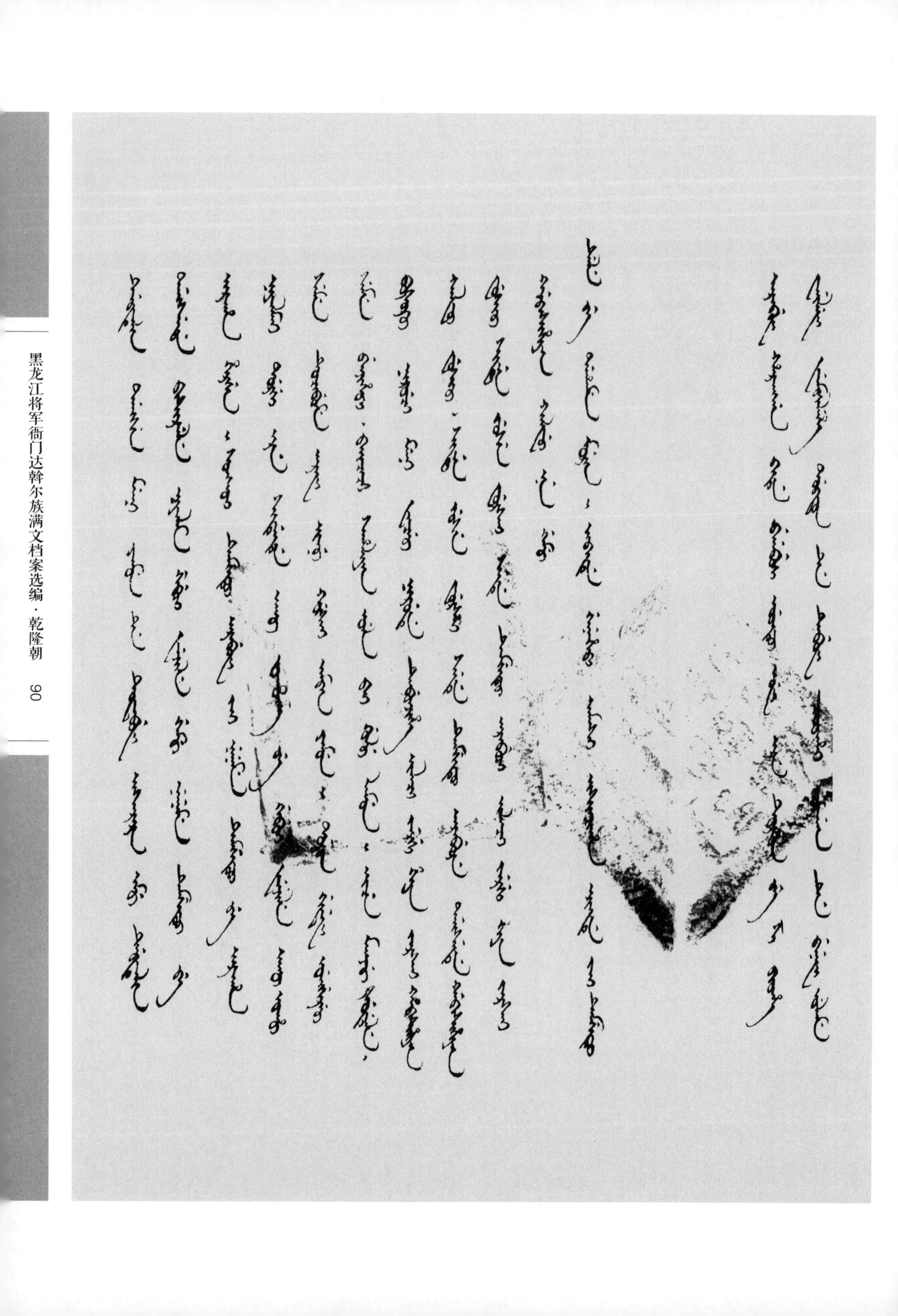

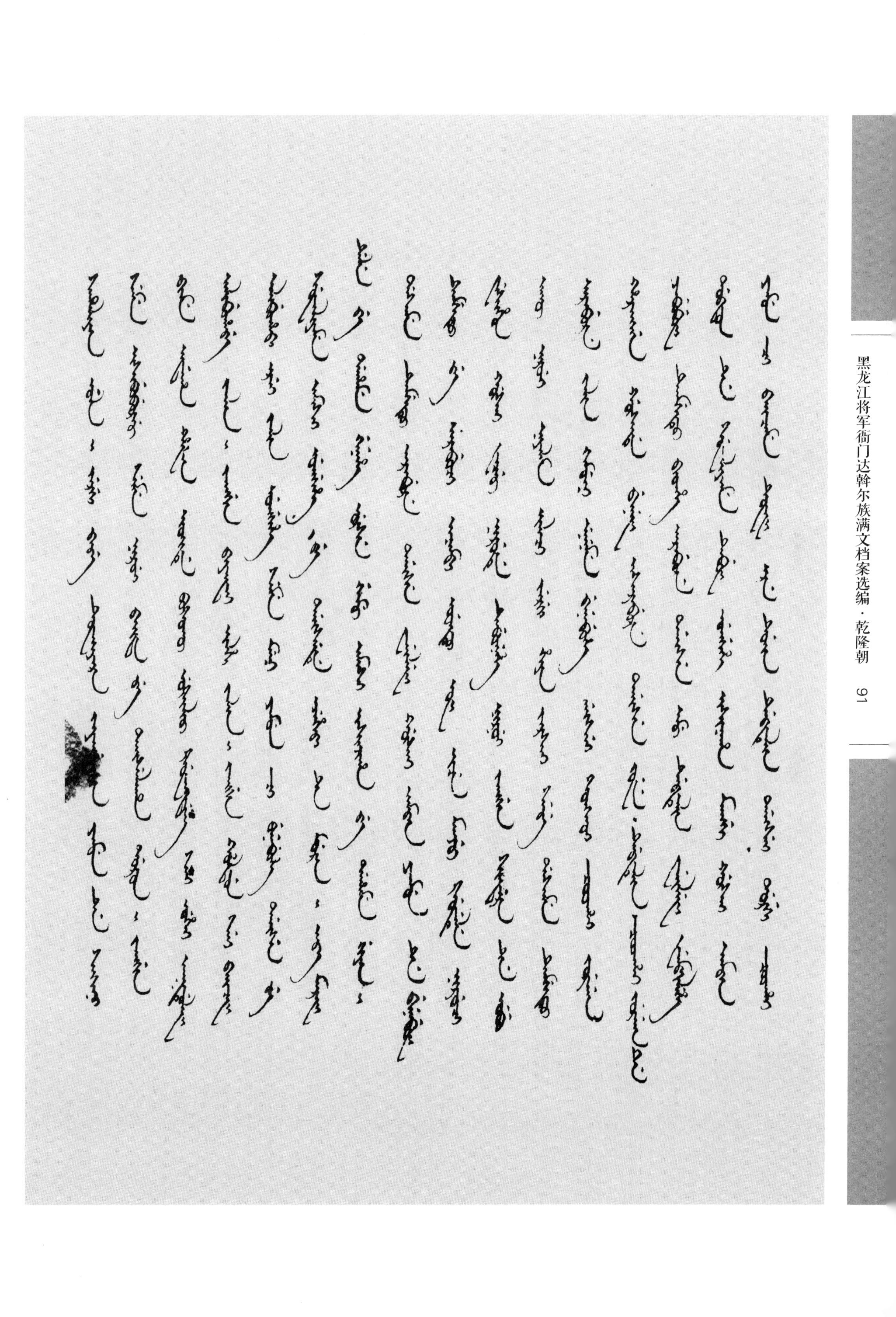

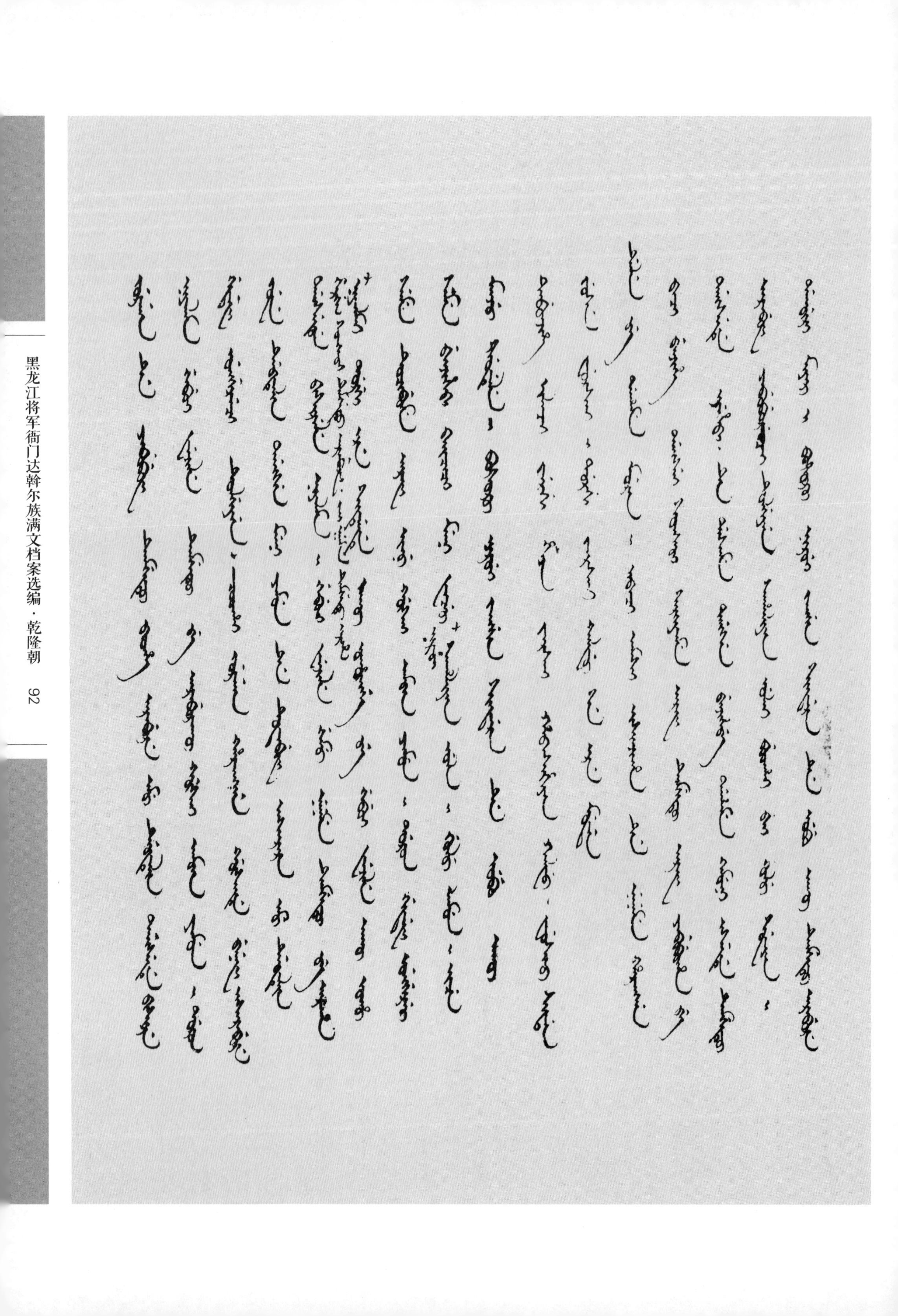

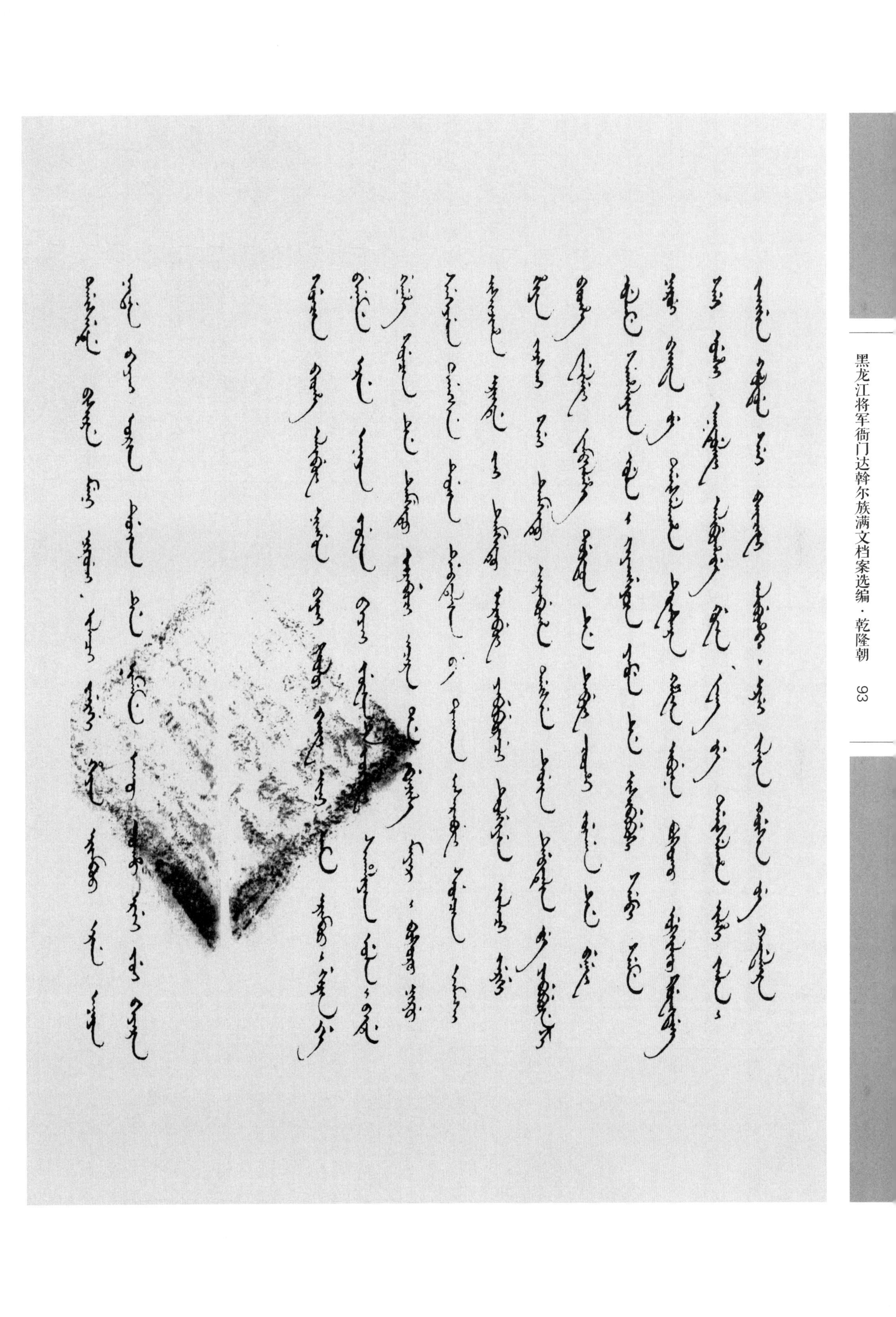

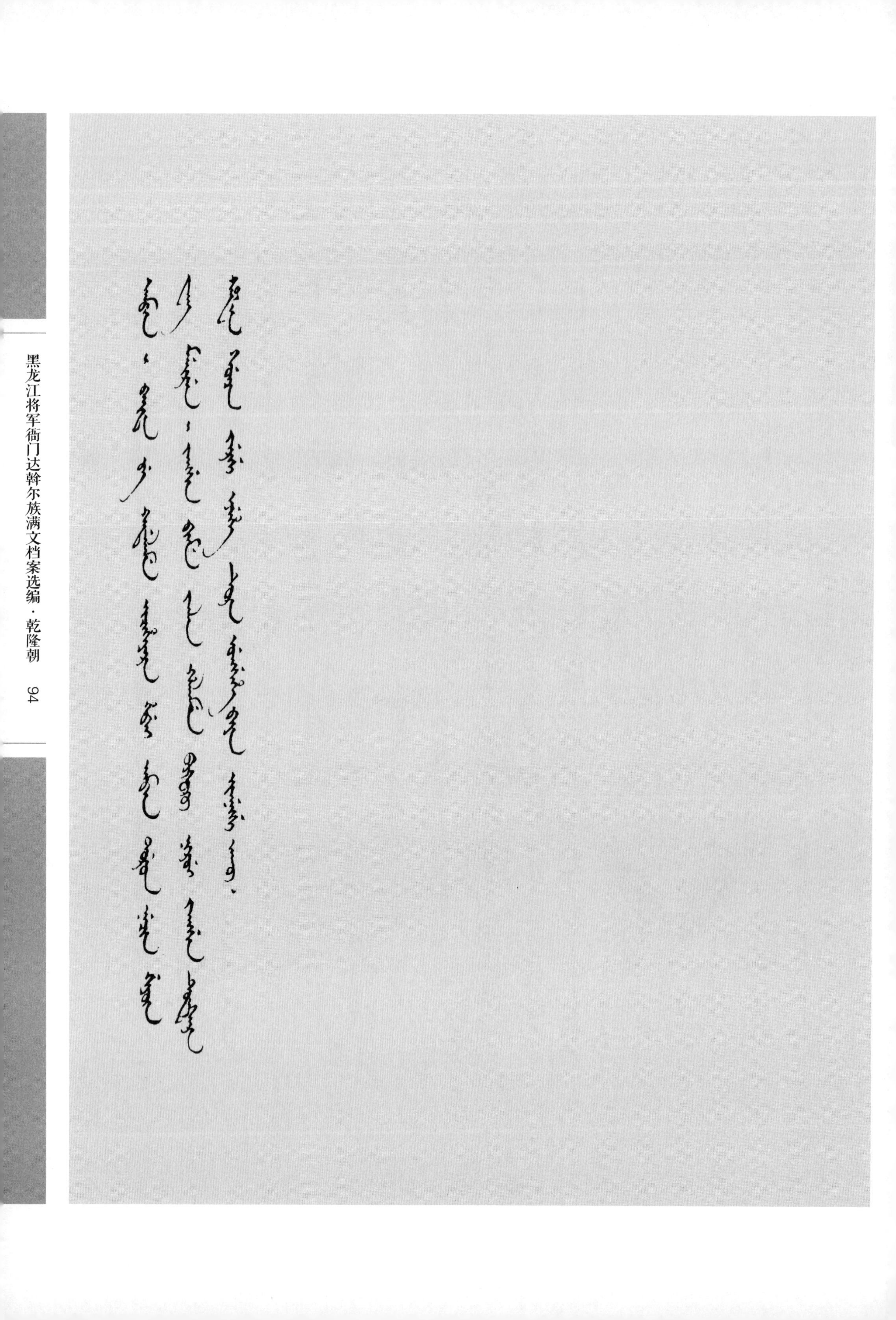

四八三 兵部为陈明黑龙江各处满洲达斡尔等协领兼管佐领情弊事咨黑龙江将军文

乾隆十三年二月十一日

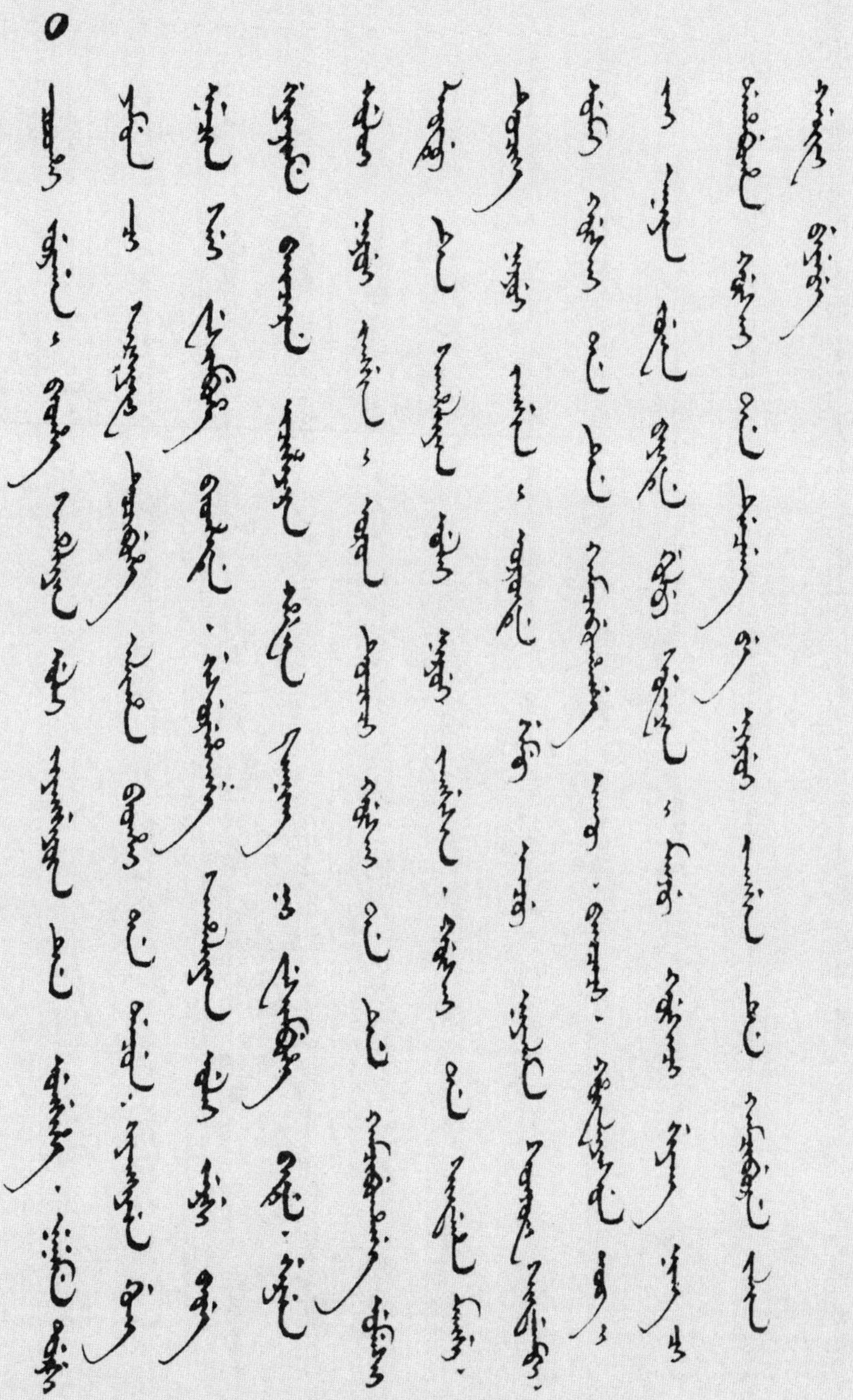

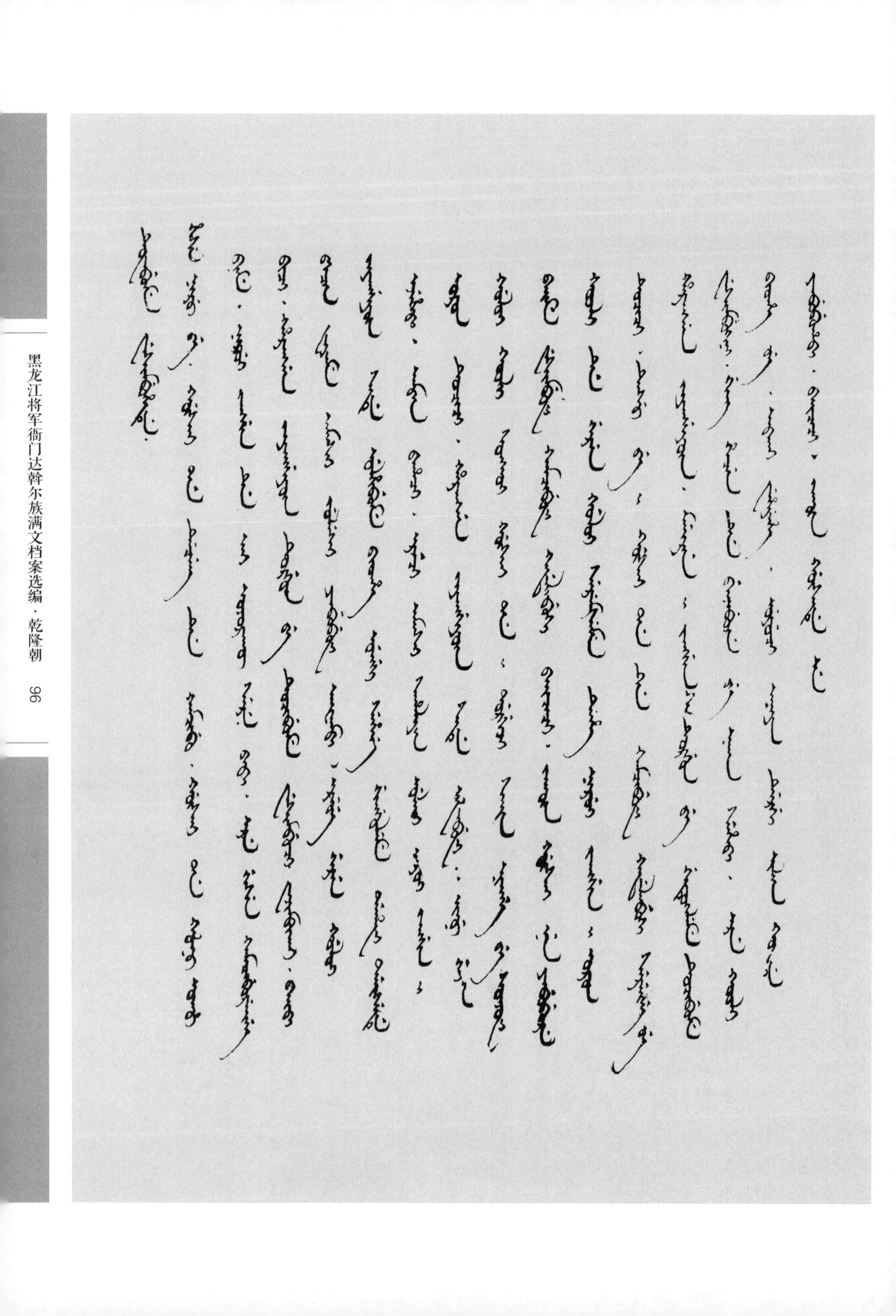

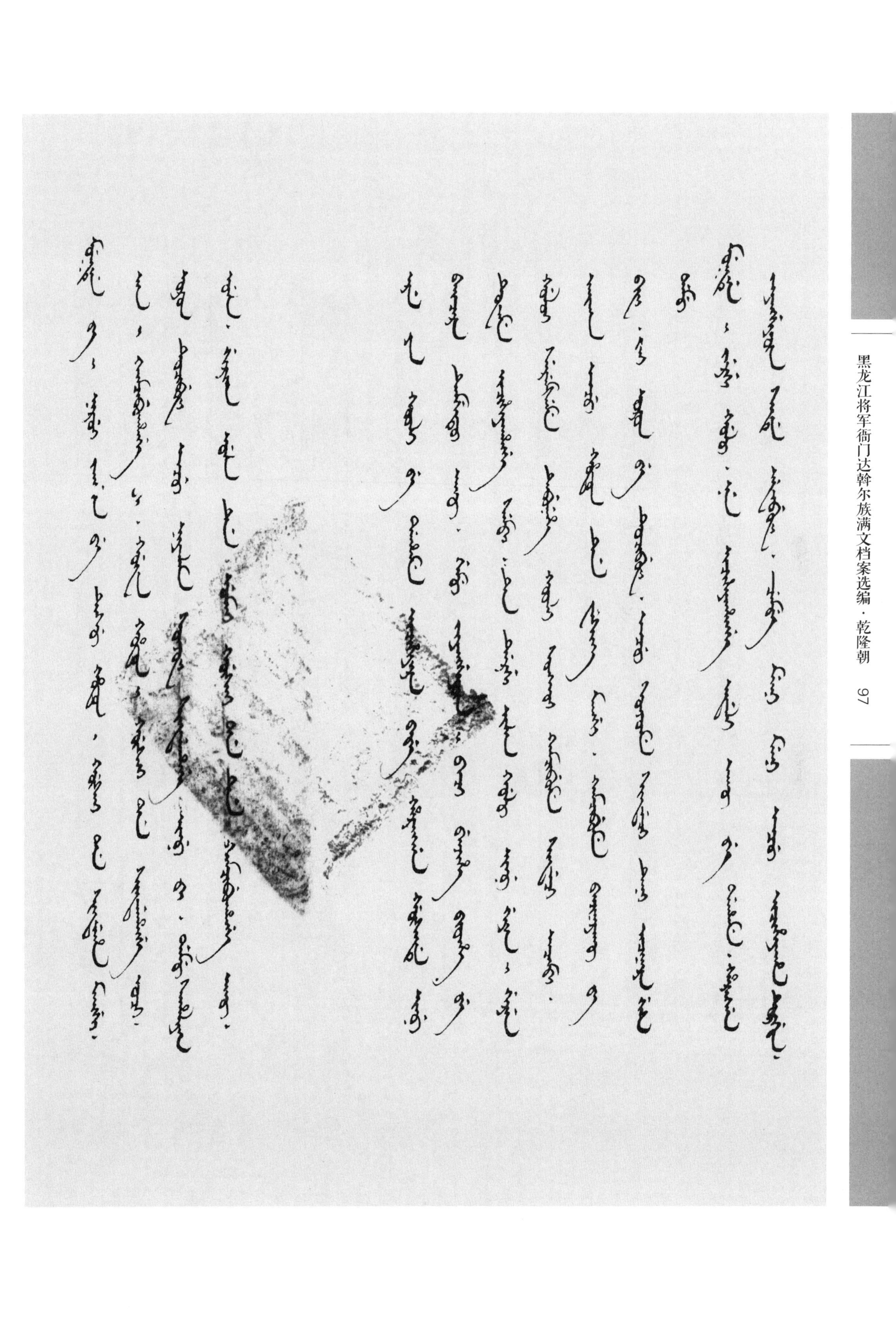

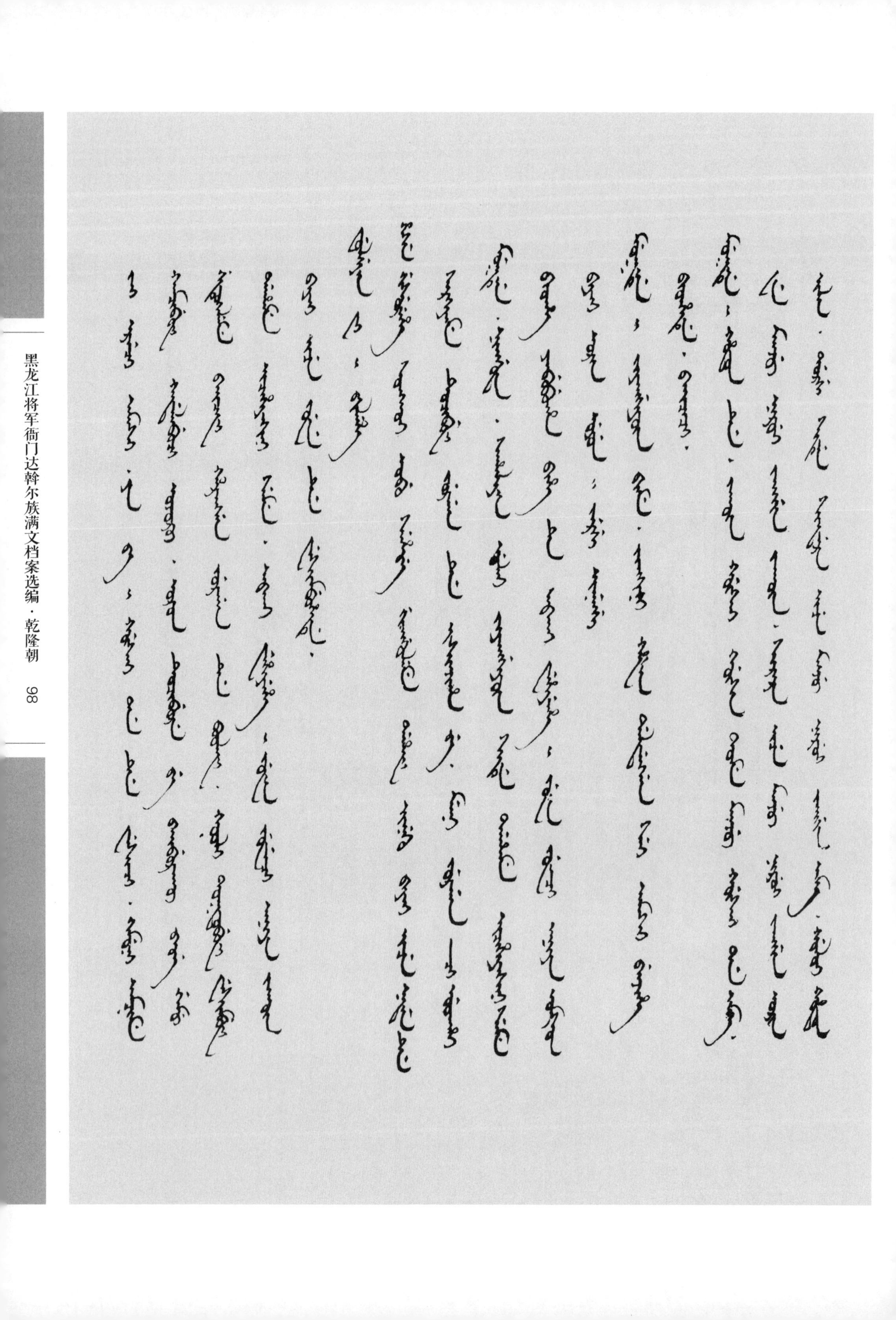

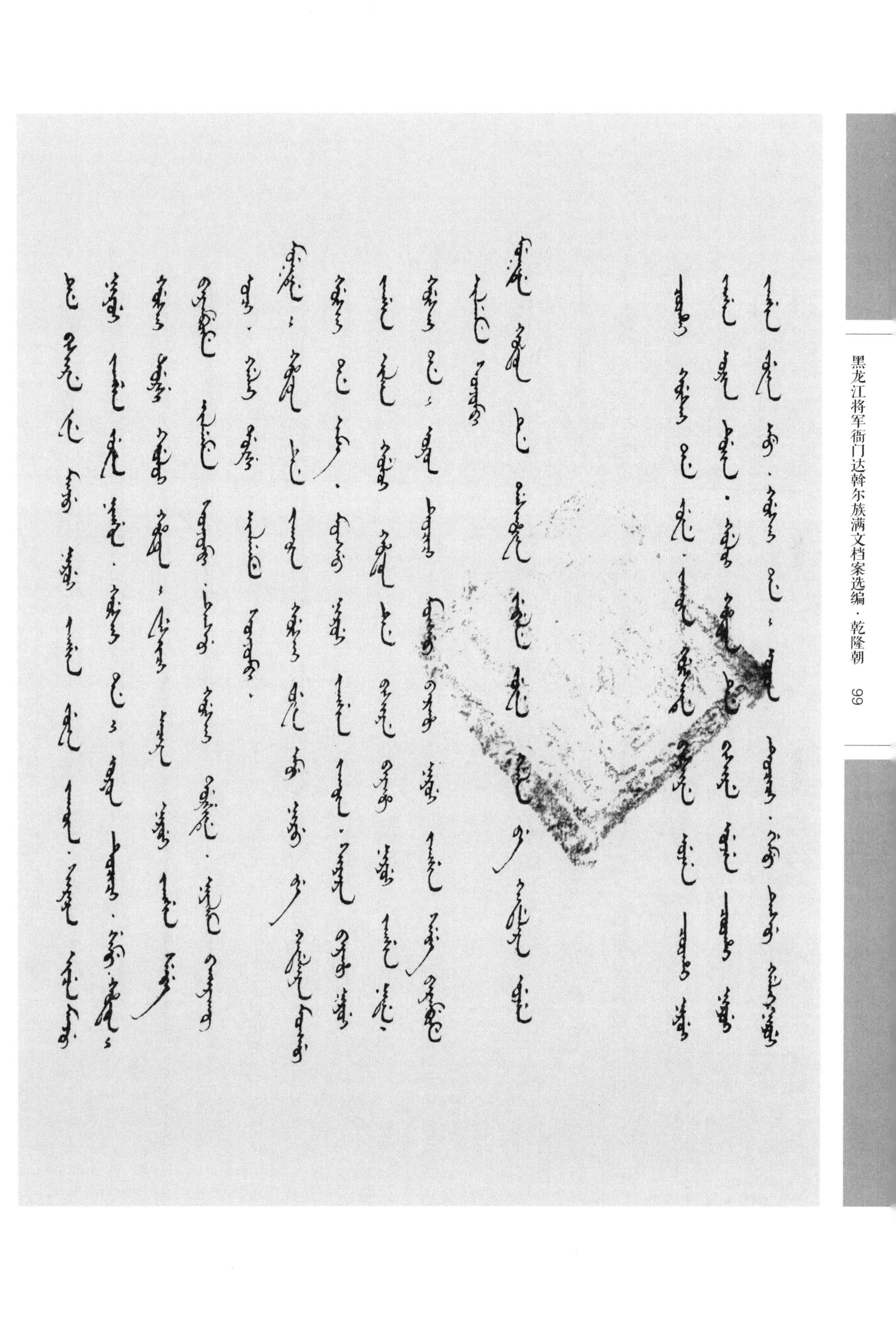

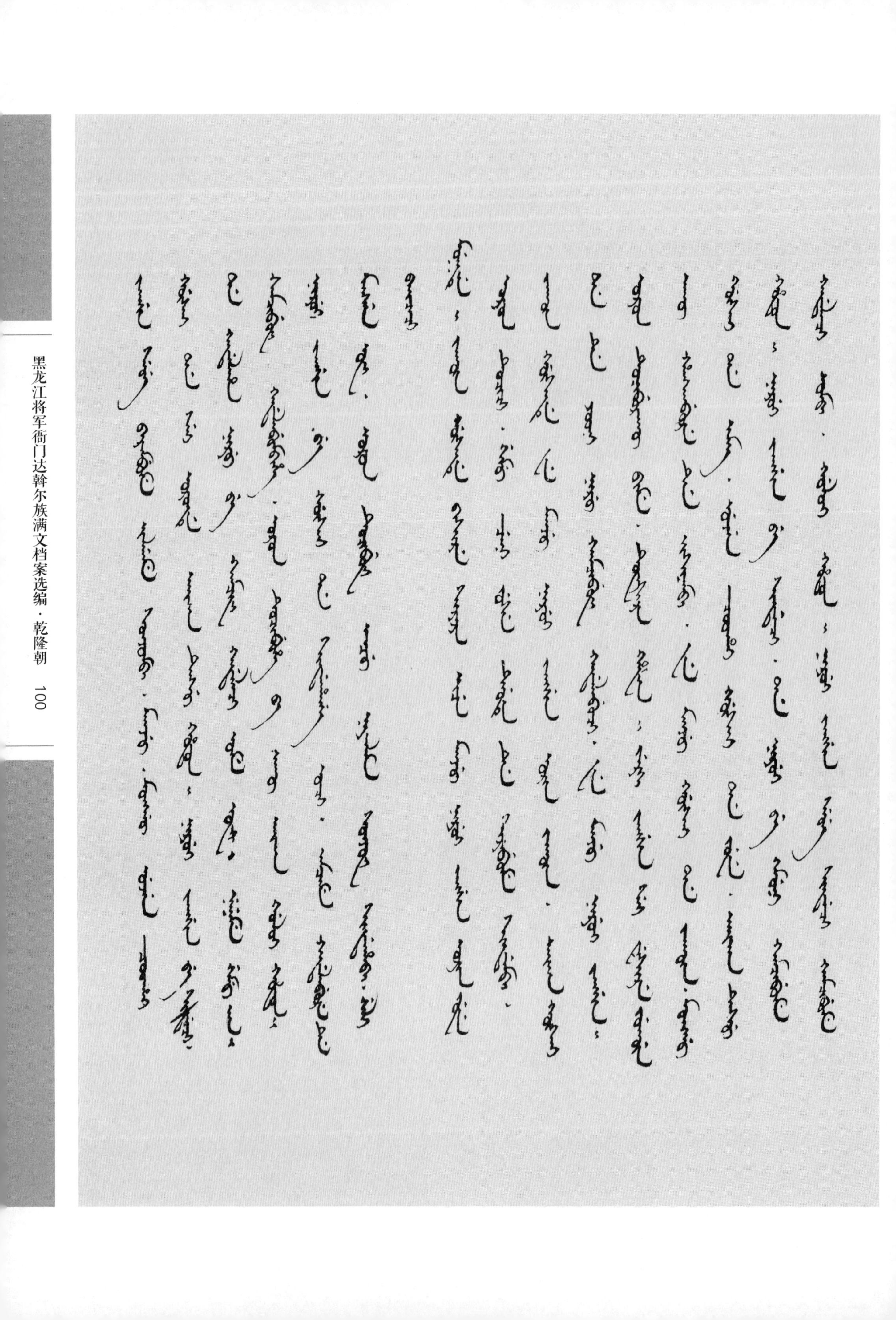

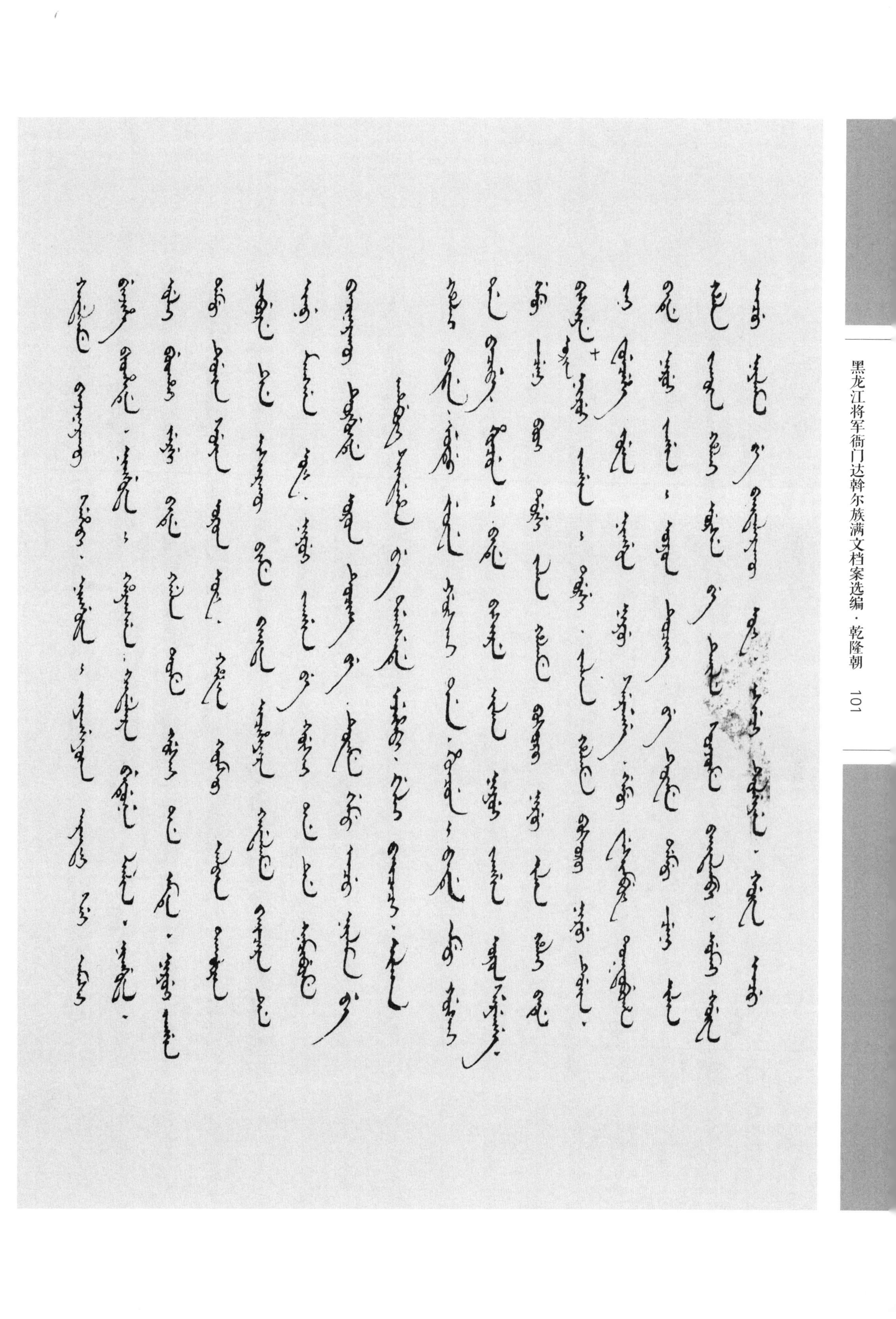

[illegible]

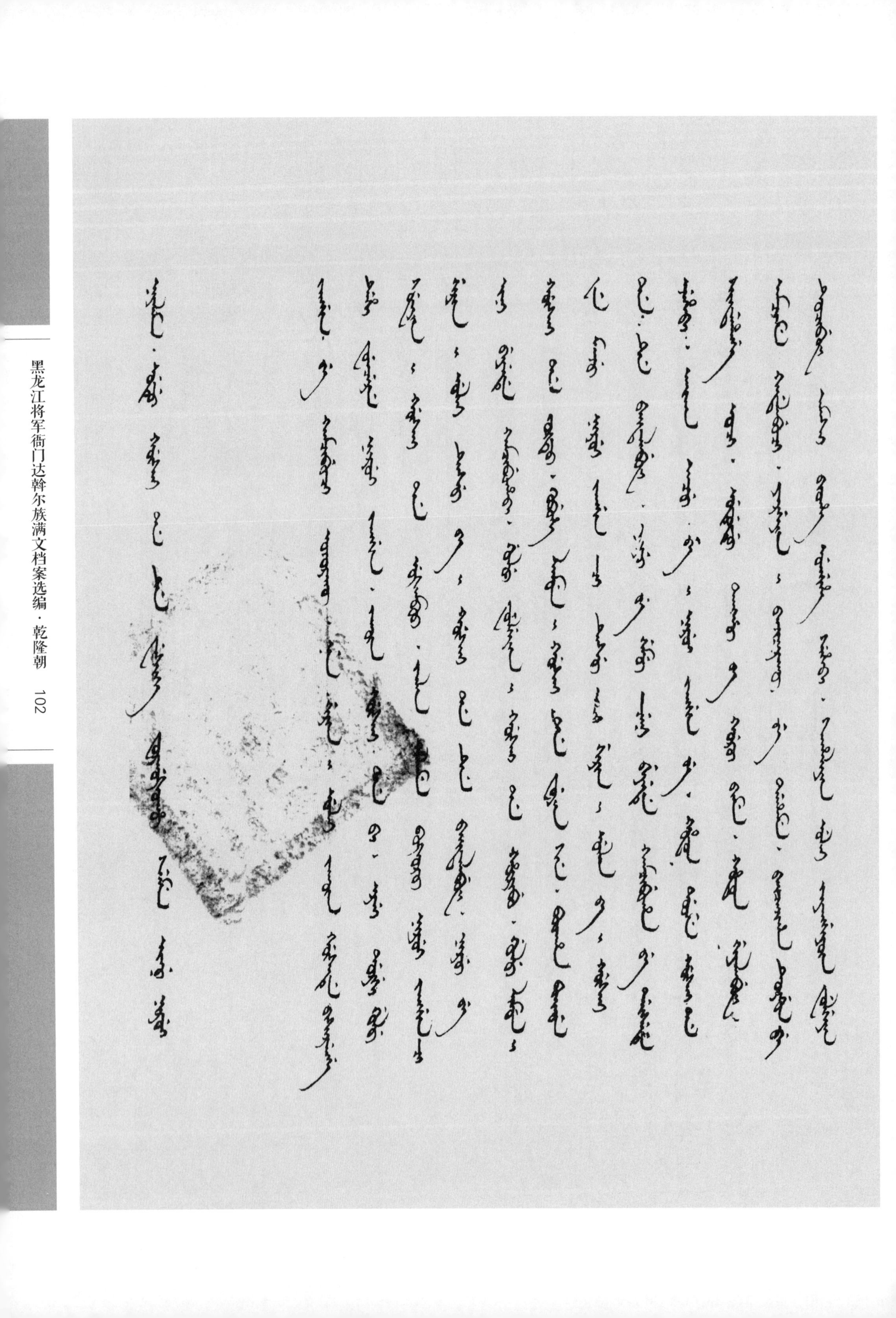

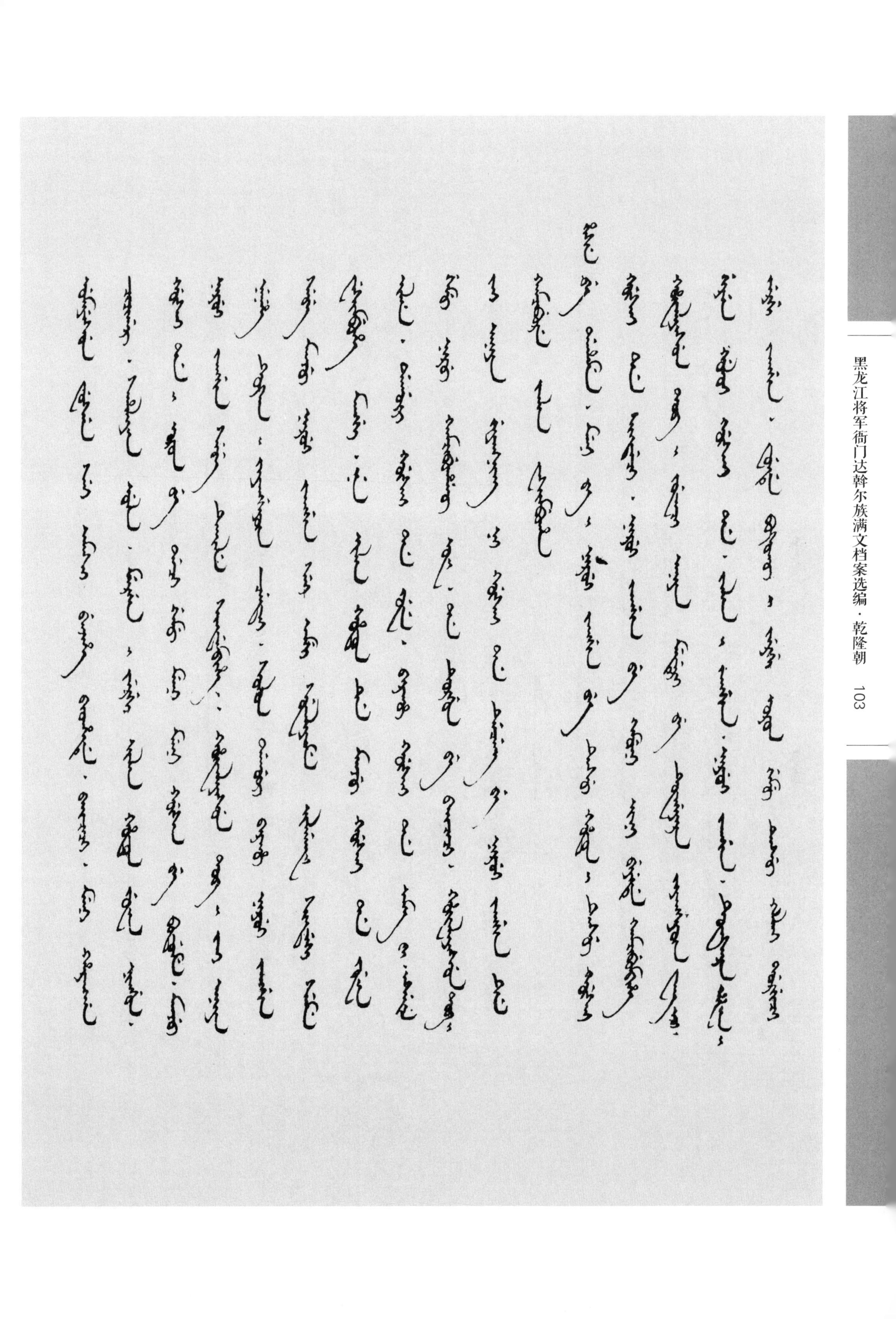

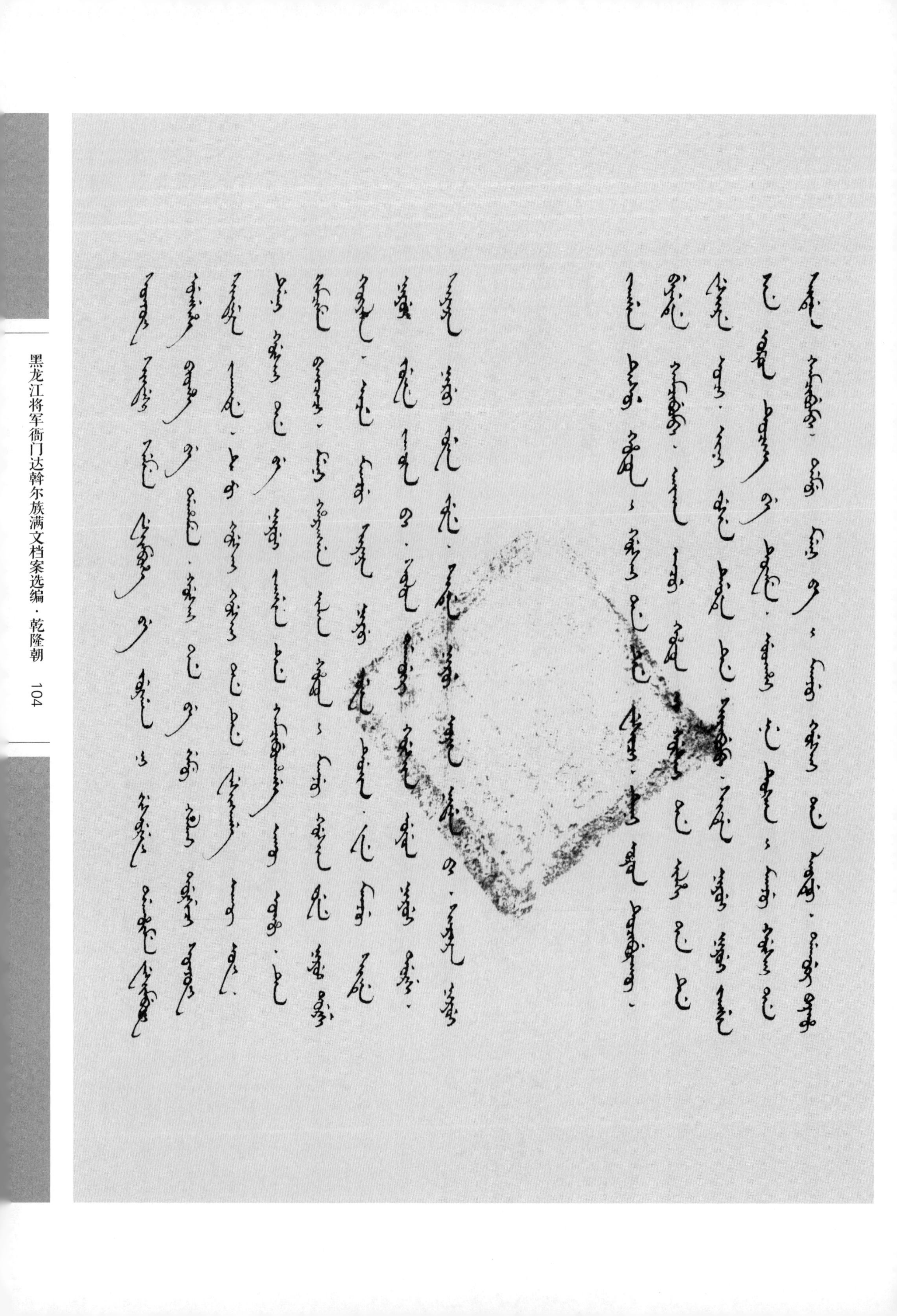

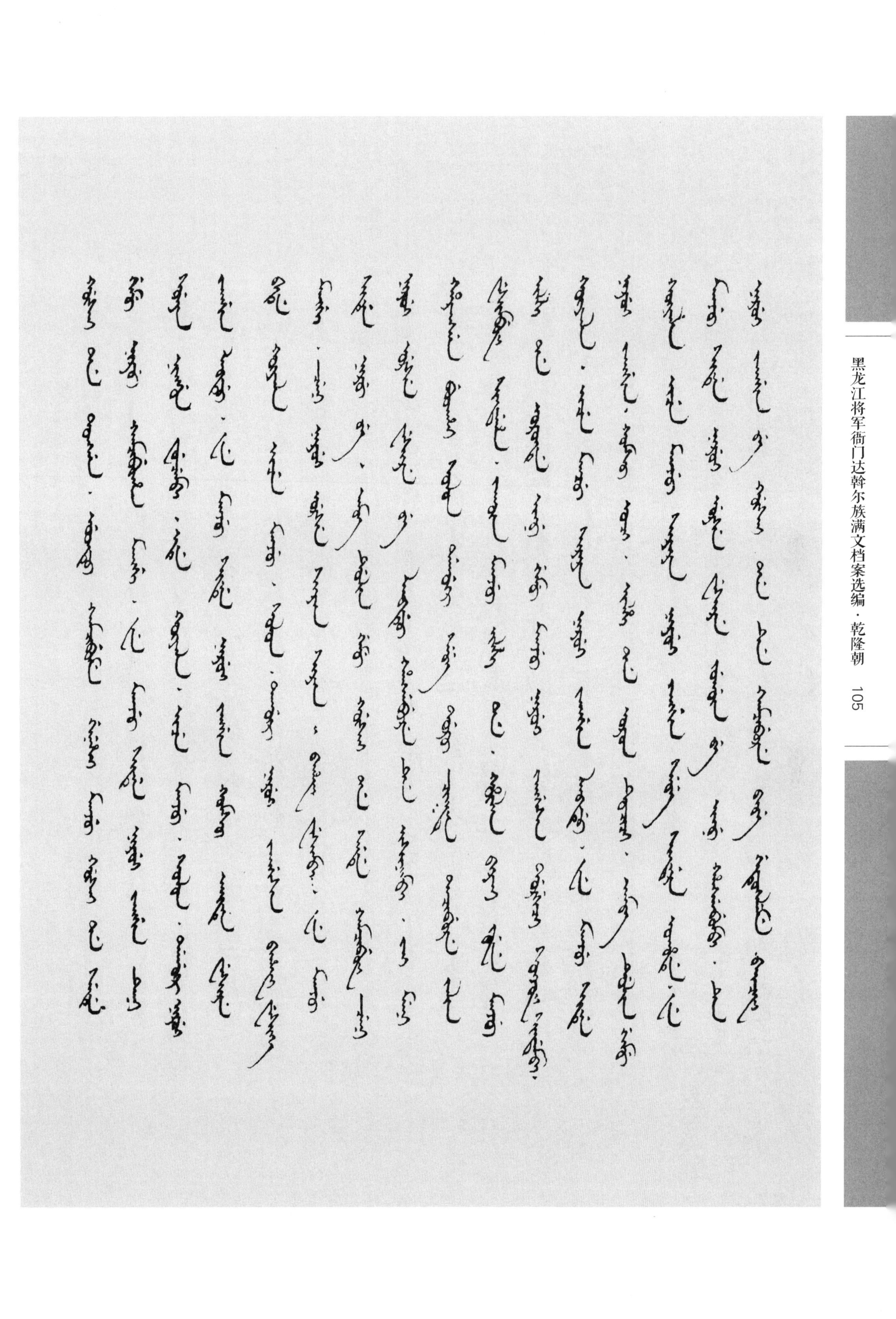

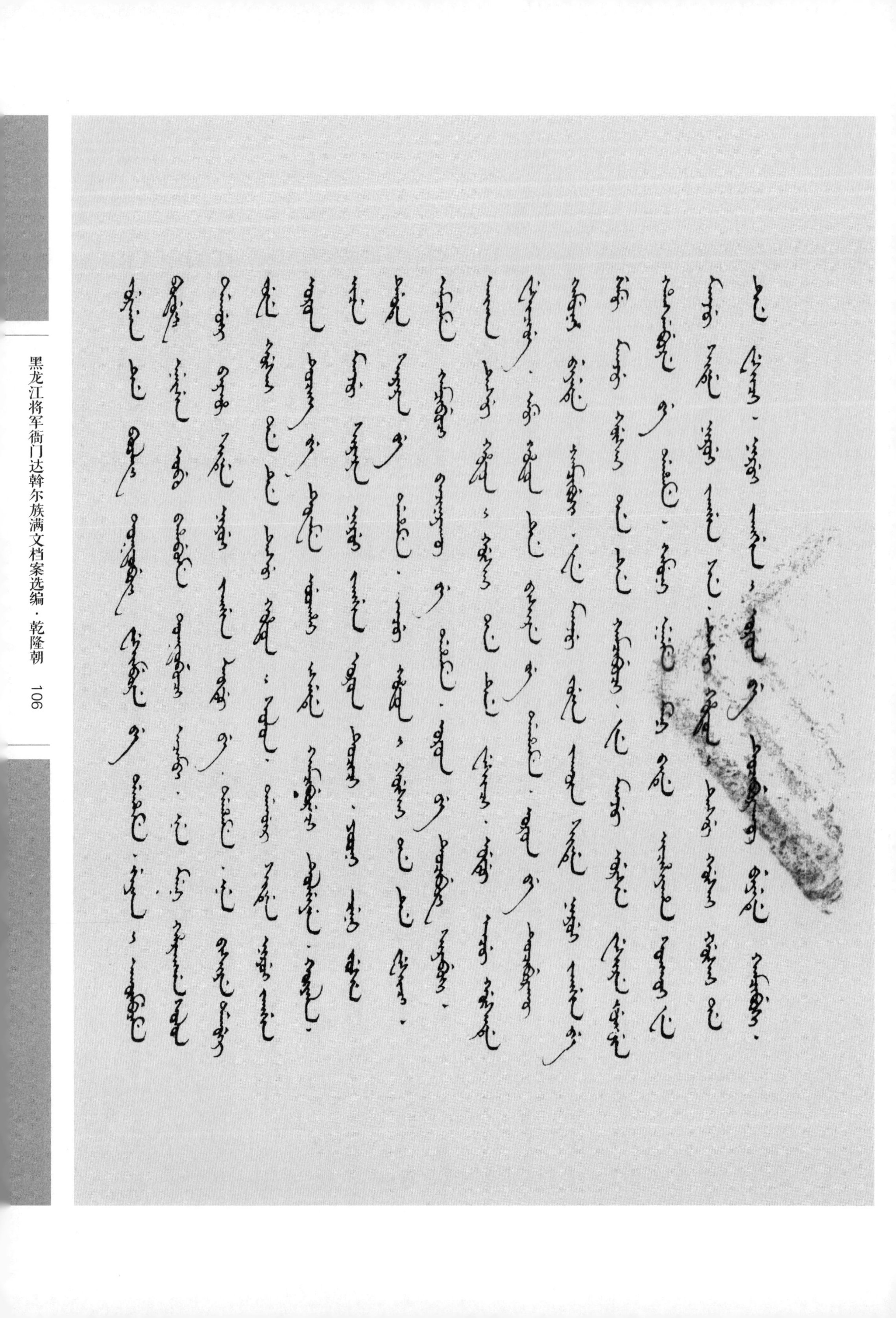

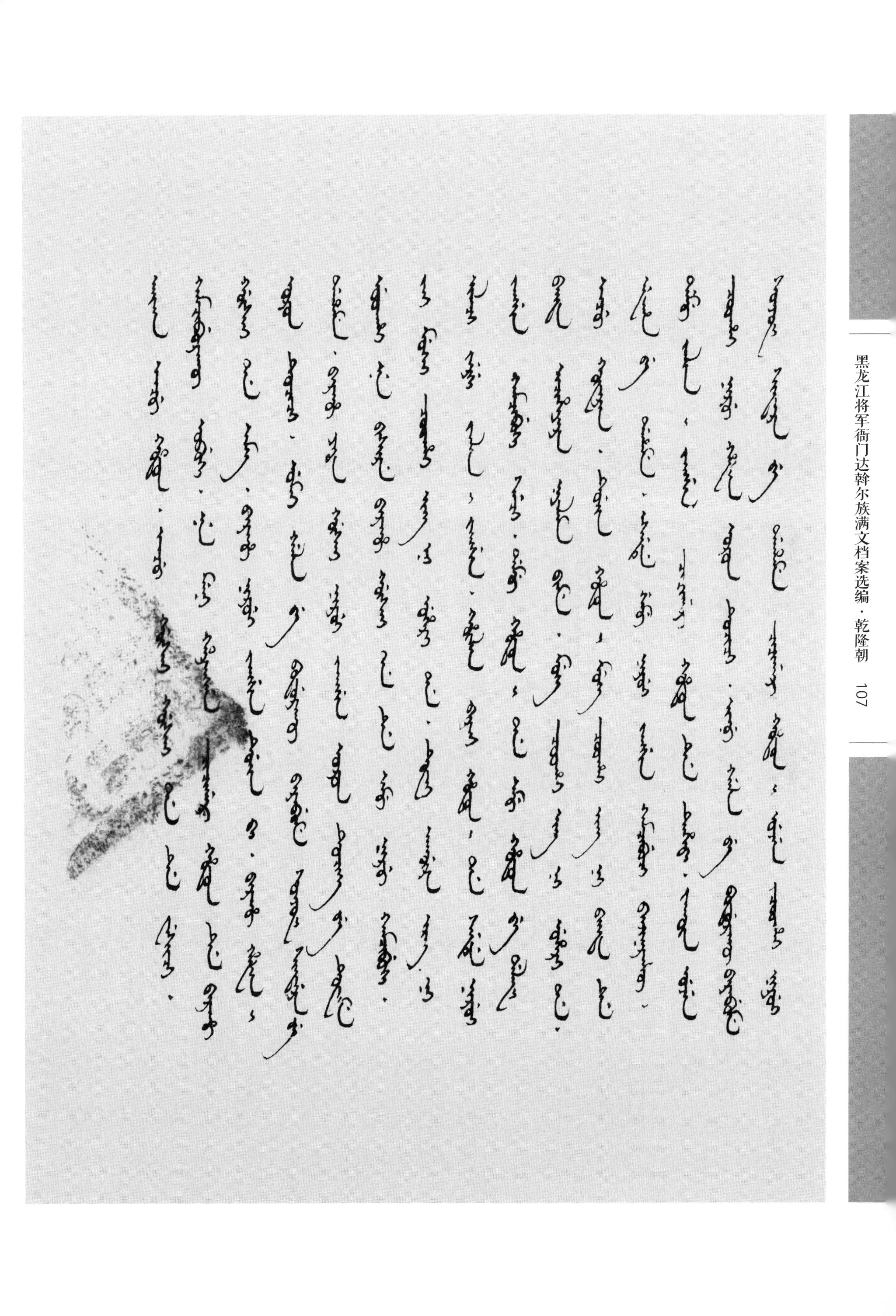

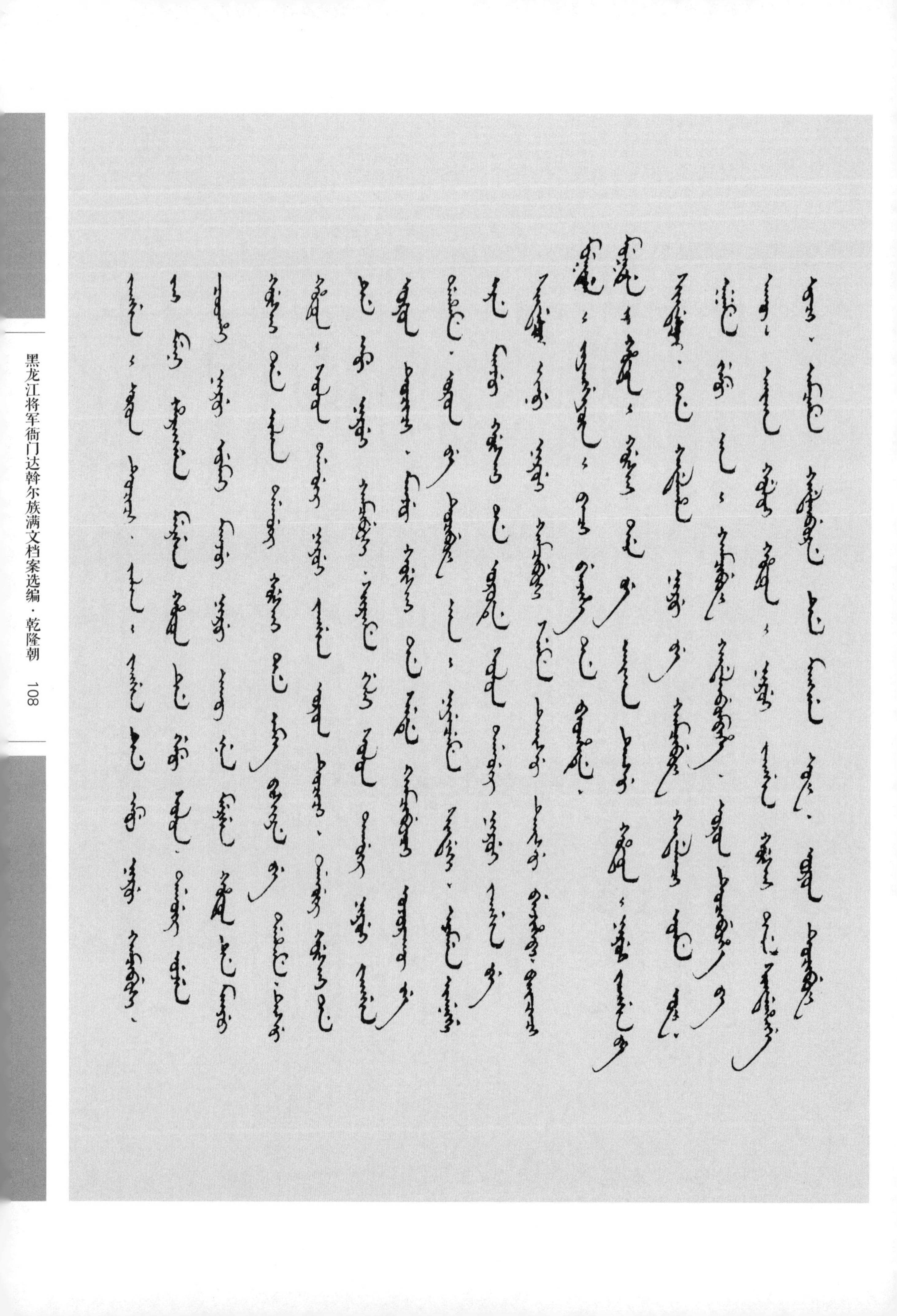

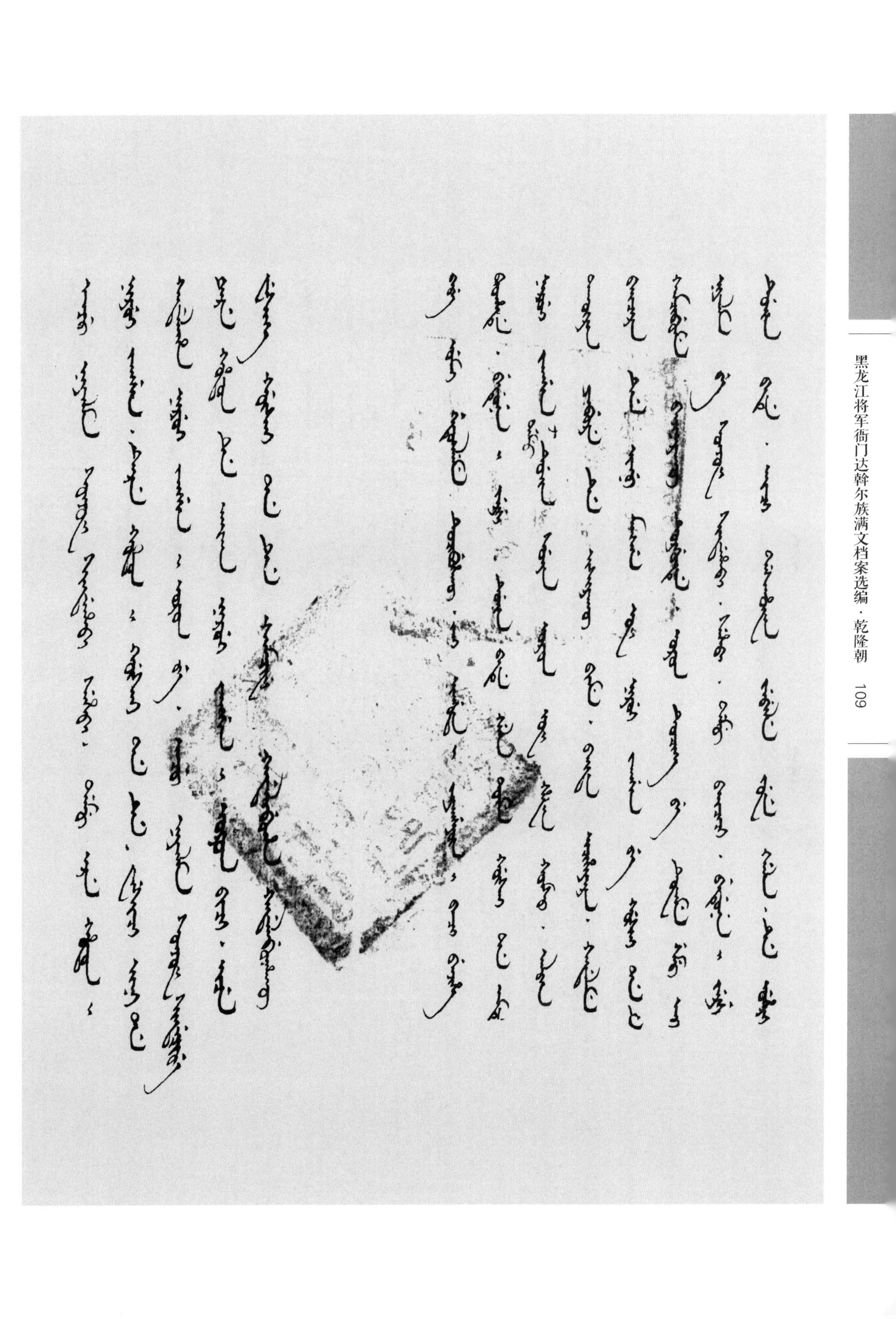

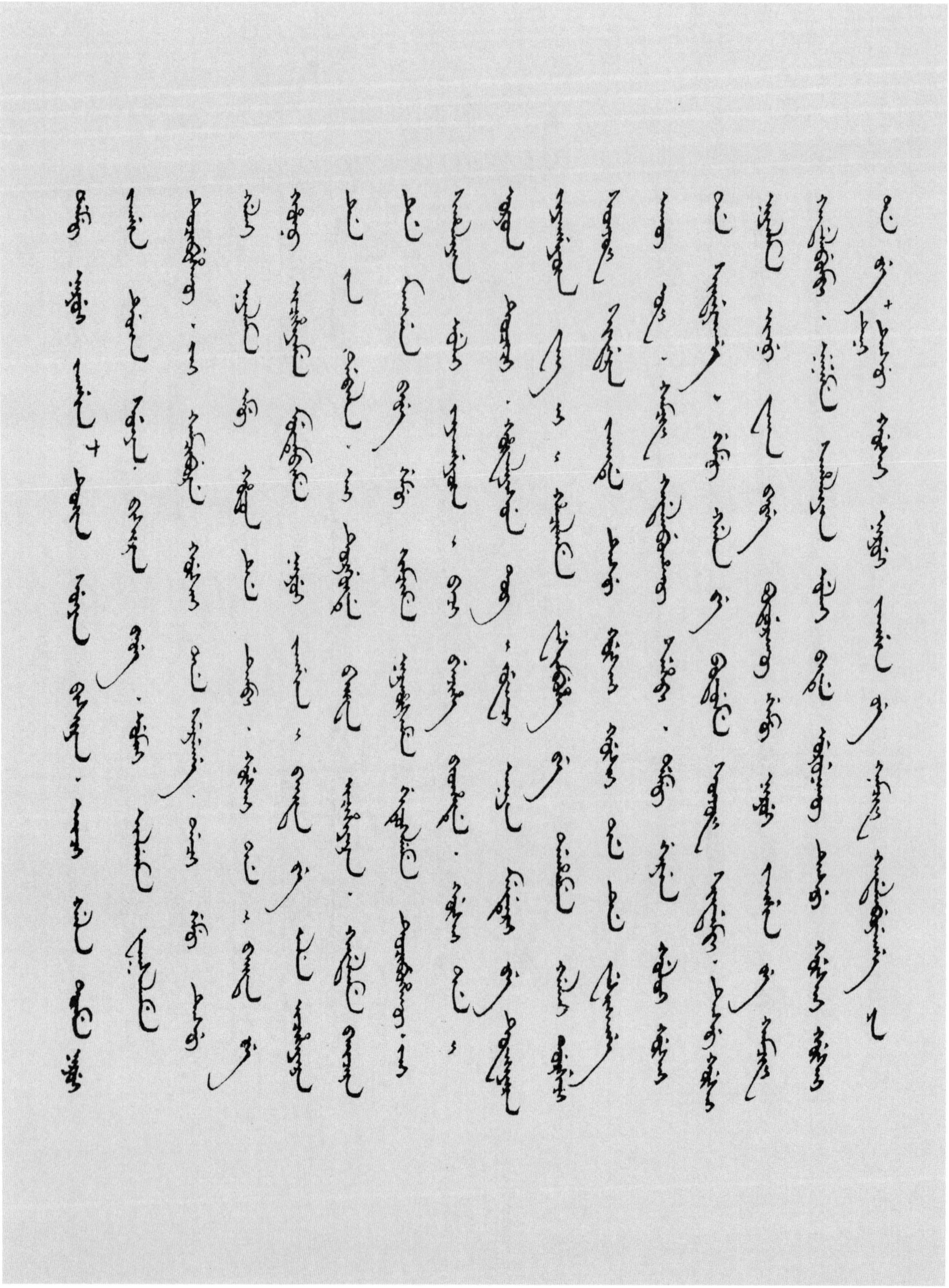

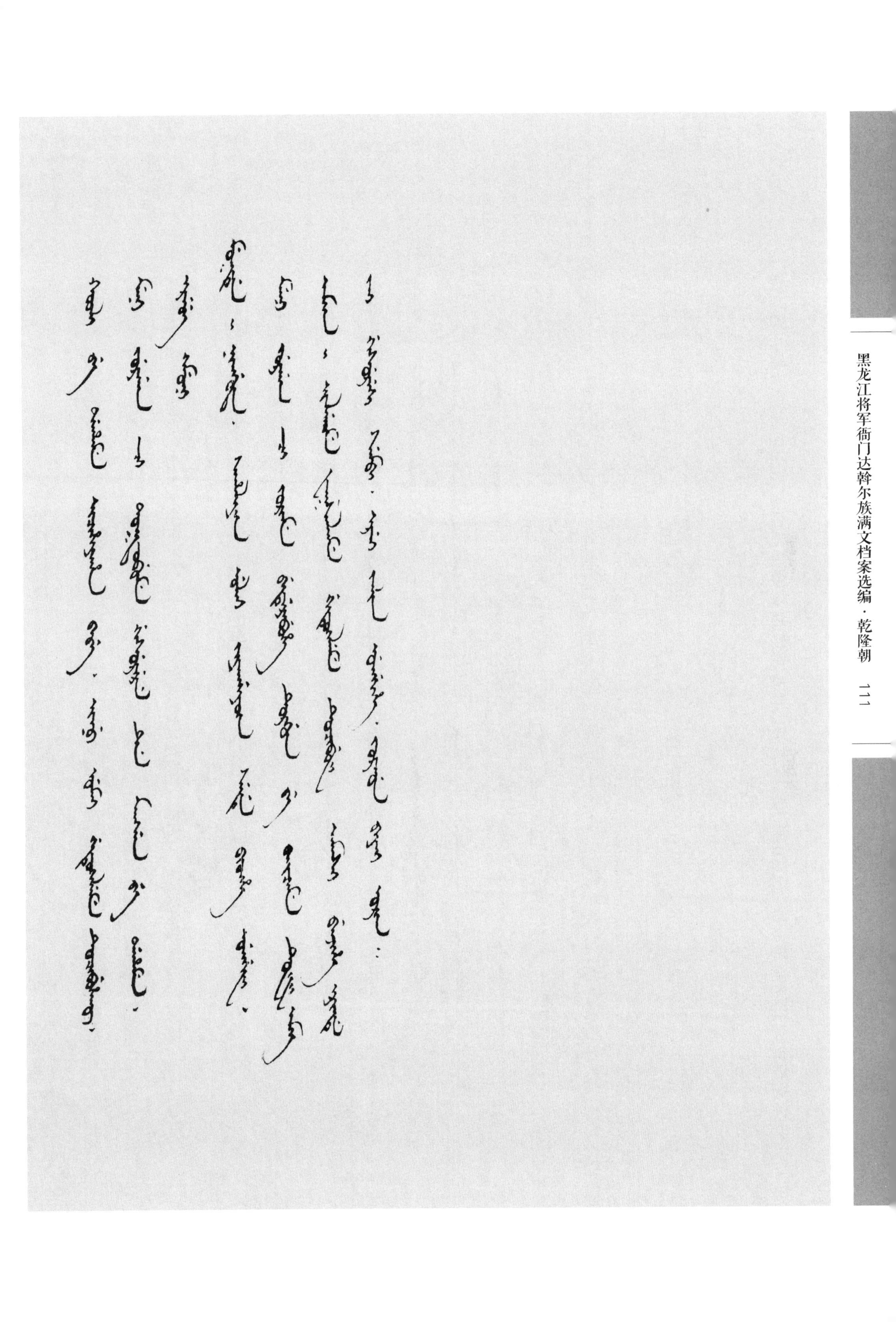

[illegible]

四八四 黑龙江将军衙门为咨复墨尔根达斡尔丹巴公中佐领源流册已解送事咨镶黄旗满洲都统衙门文

乾隆十三年二月十一日

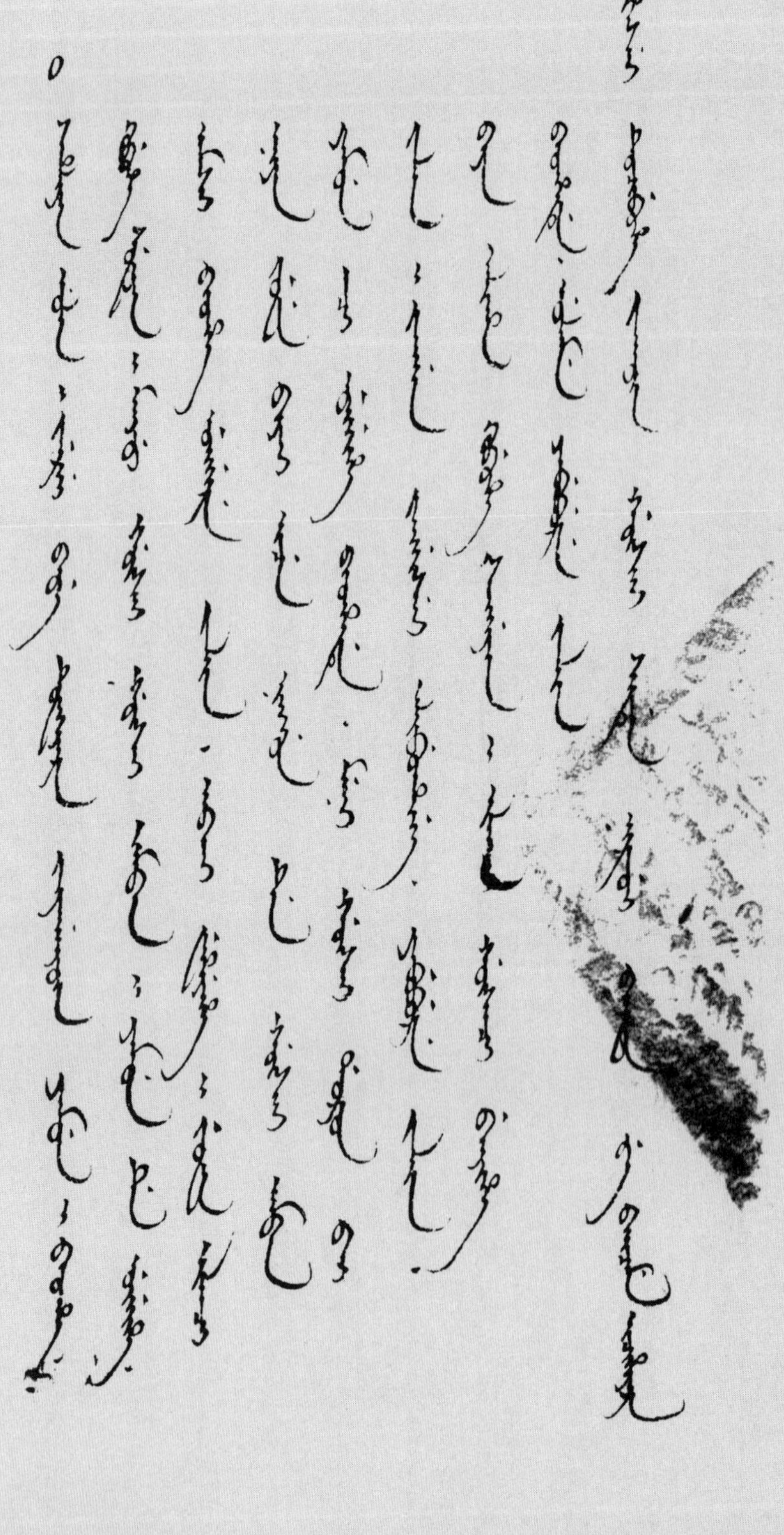

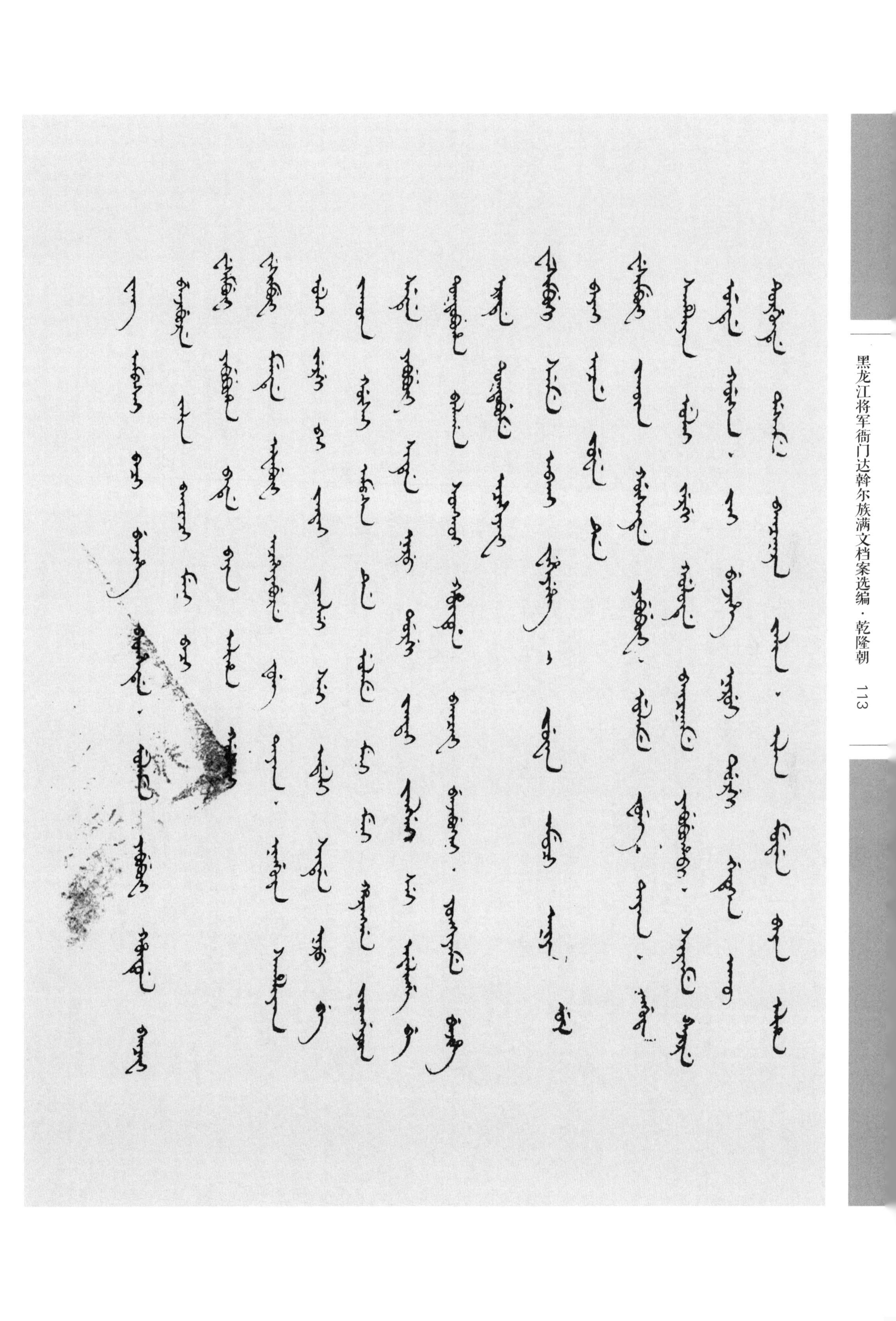

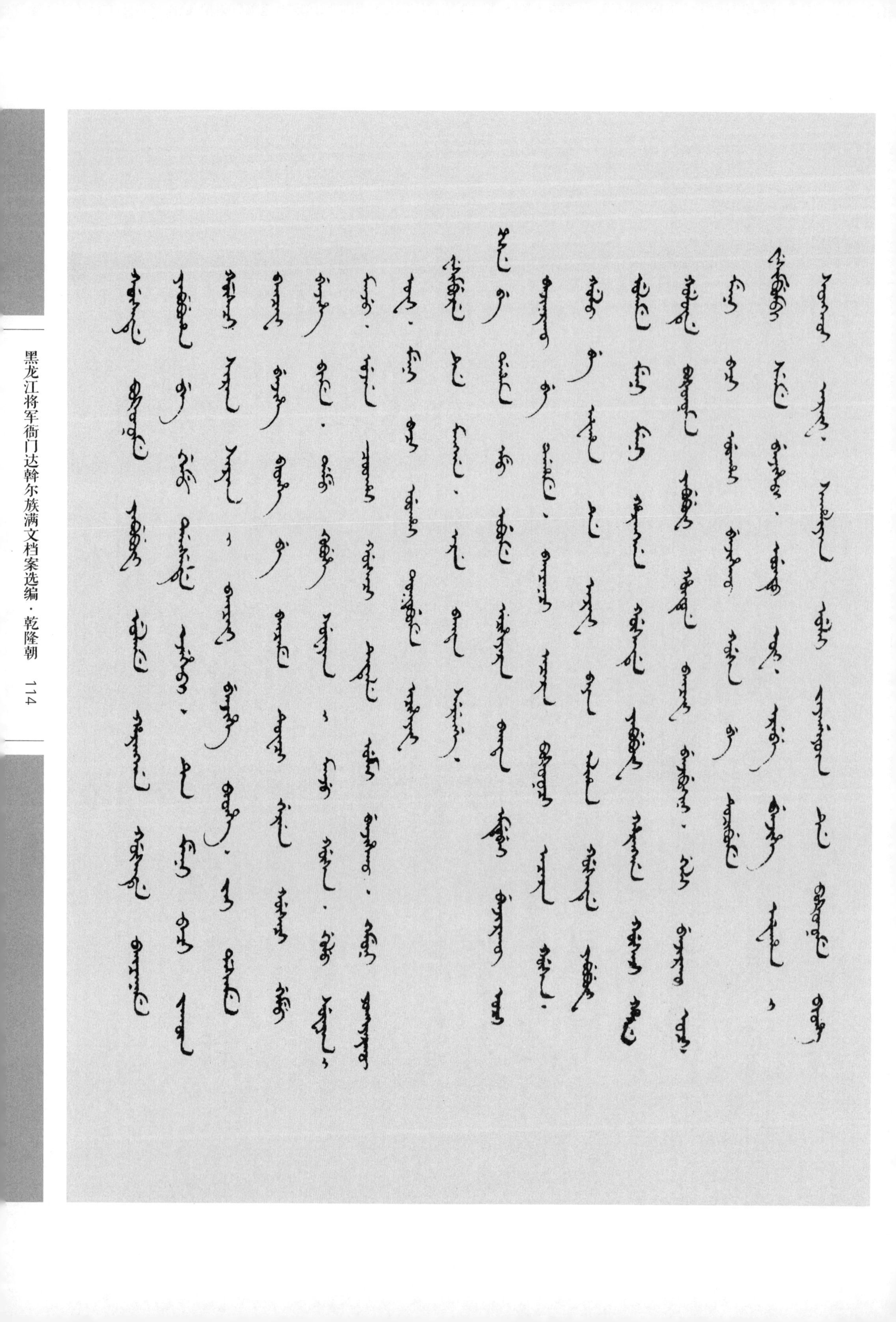

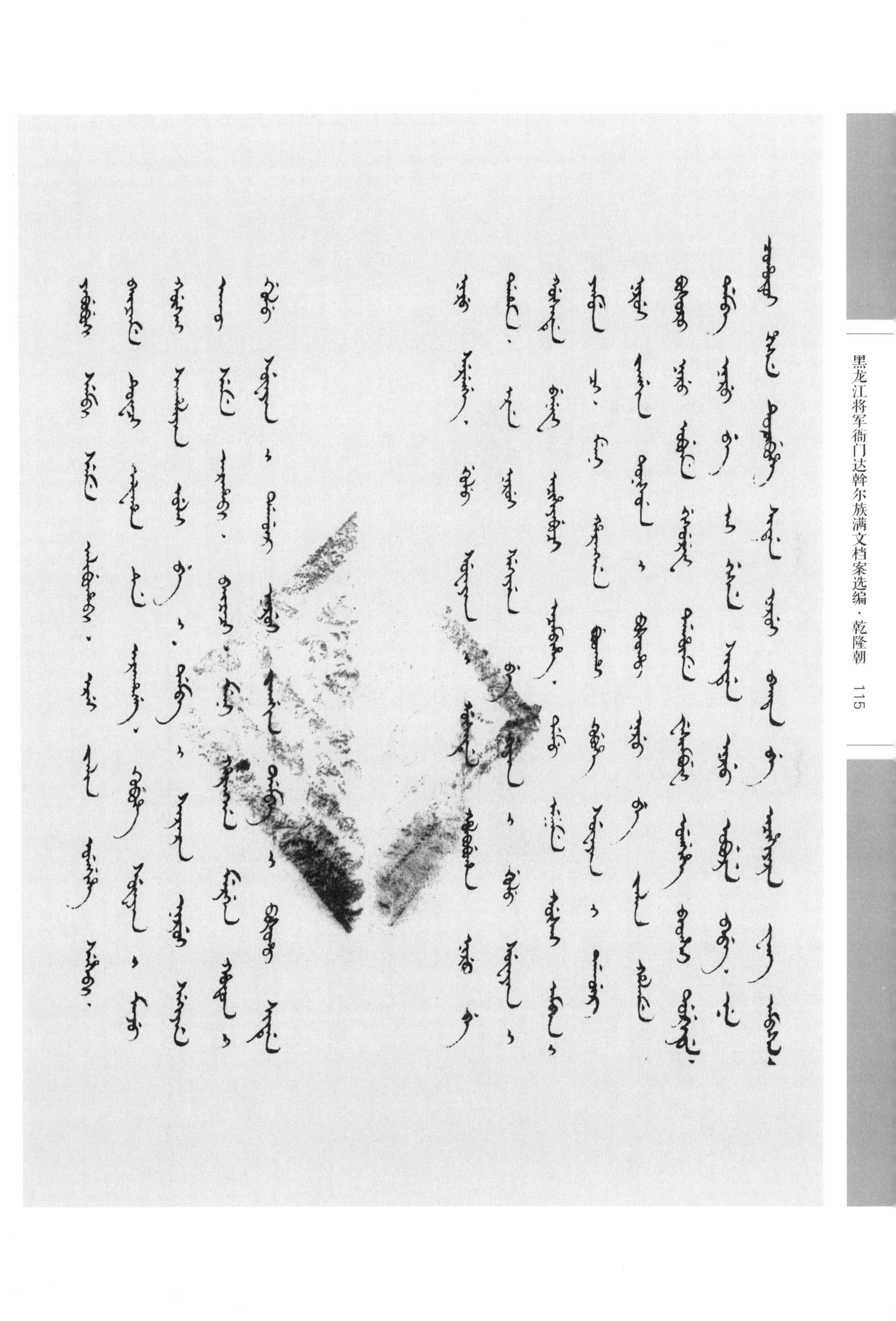

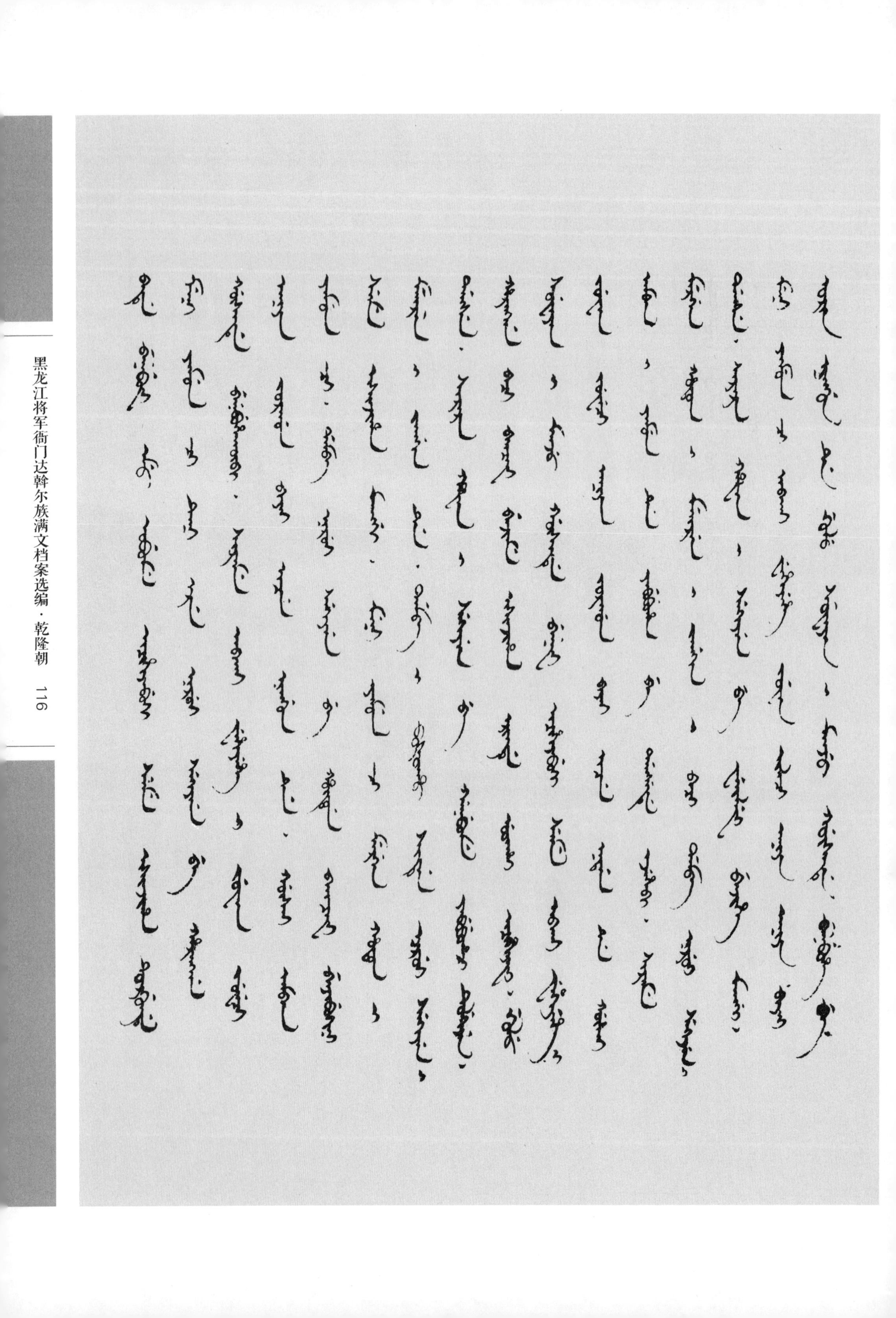

四八五　黑龙江将军衙门为查解布特哈索伦达斡尔等丁数及贡貂清册事咨理藩院文（附清册一件）

乾隆十三年三月初一日

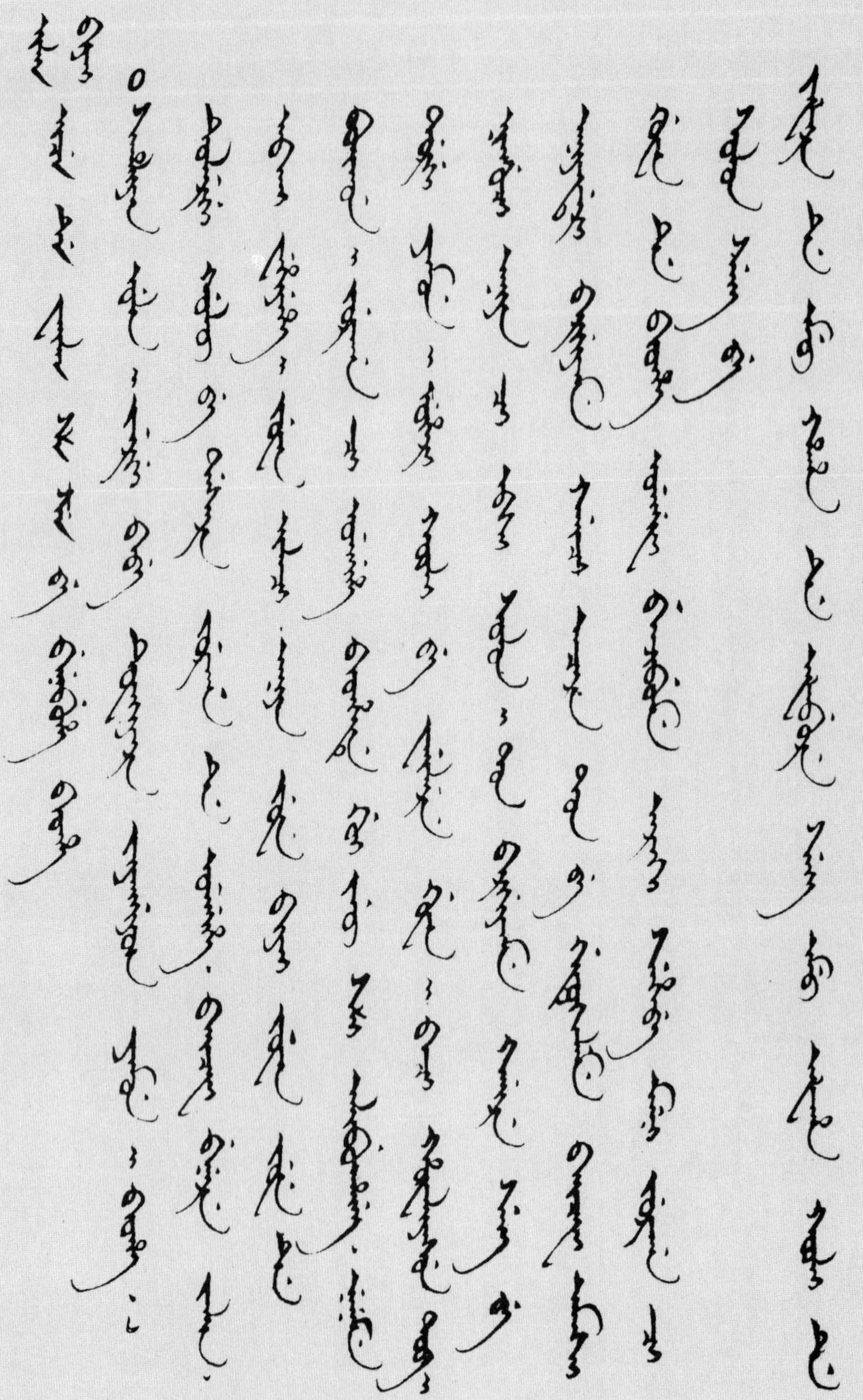

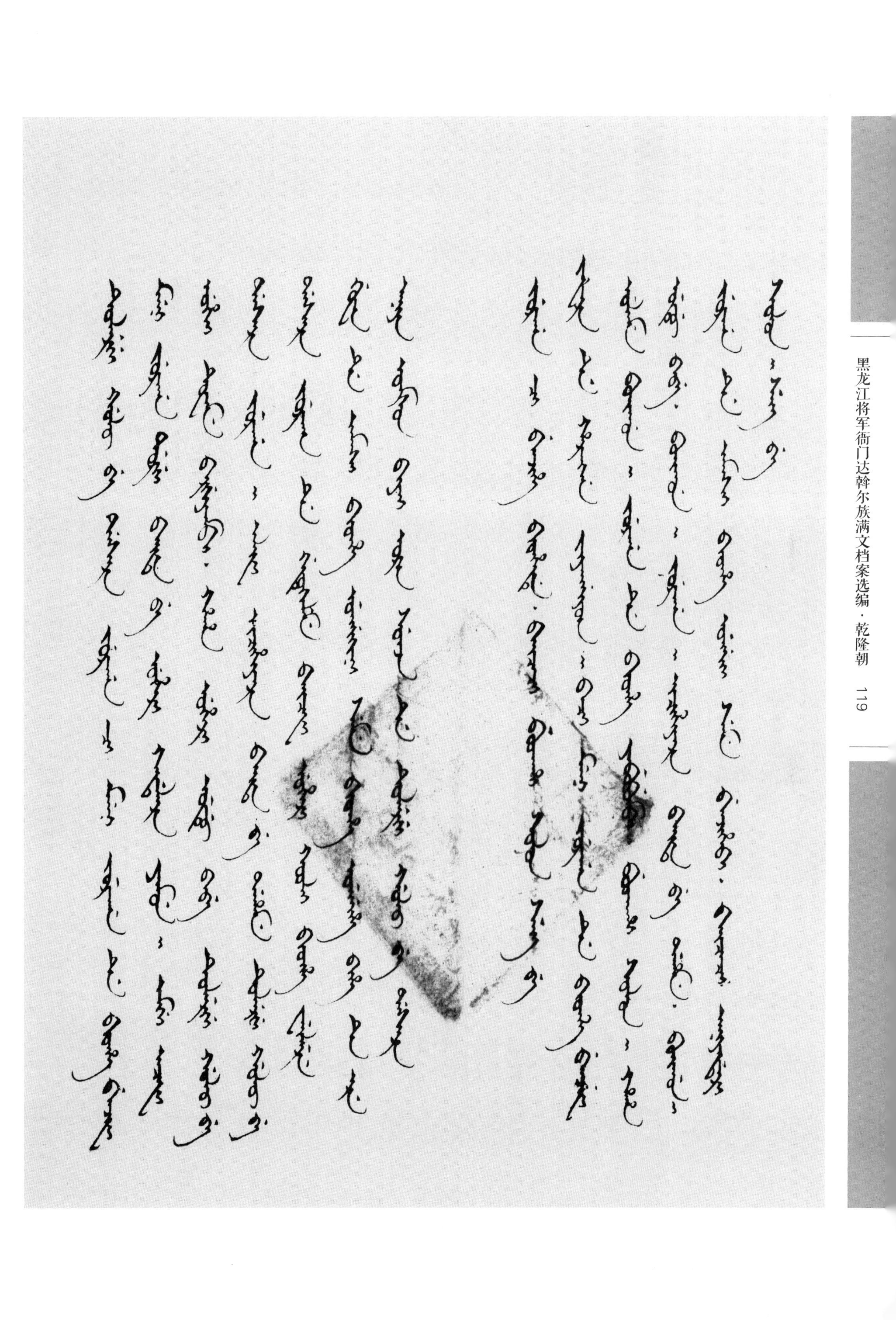

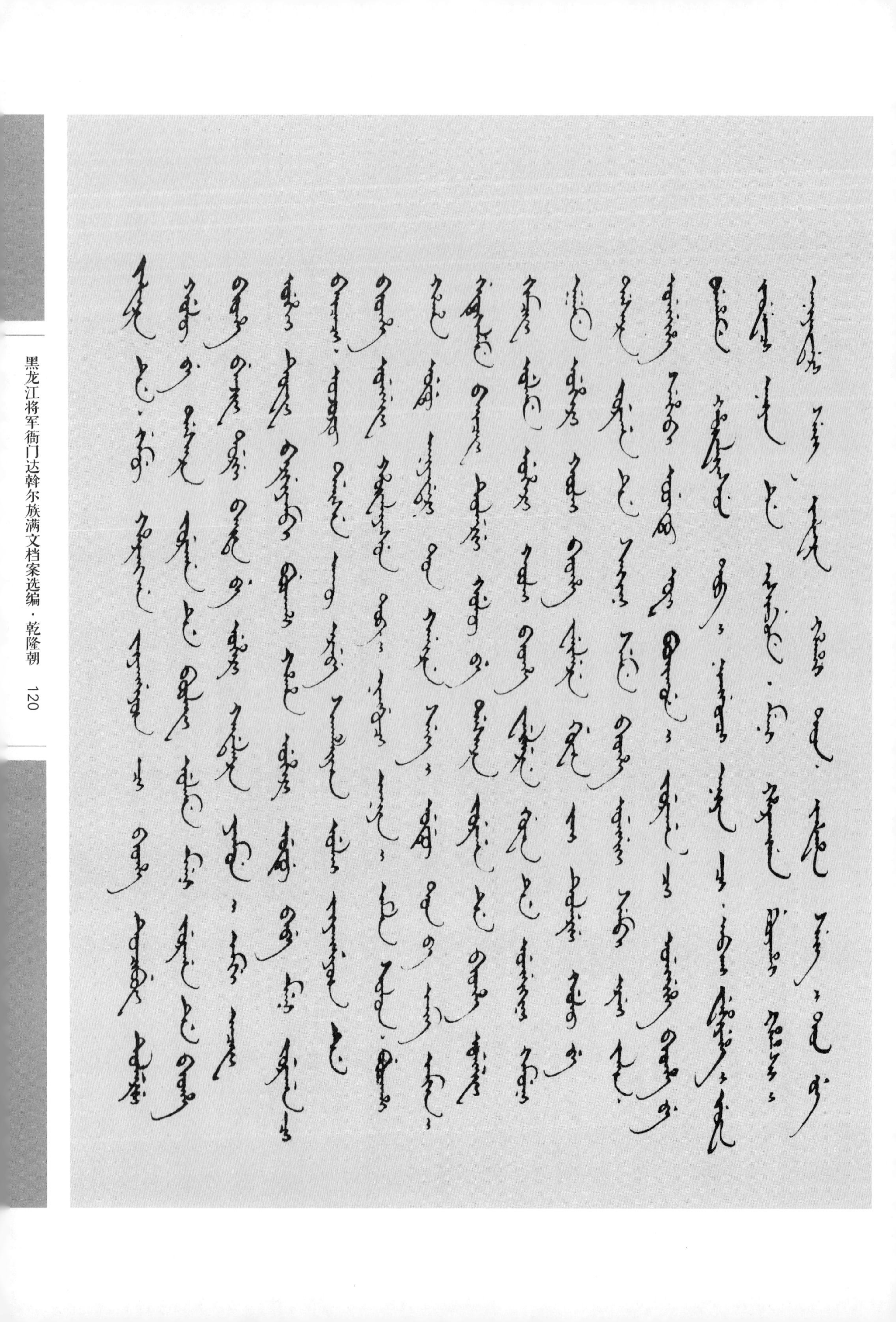

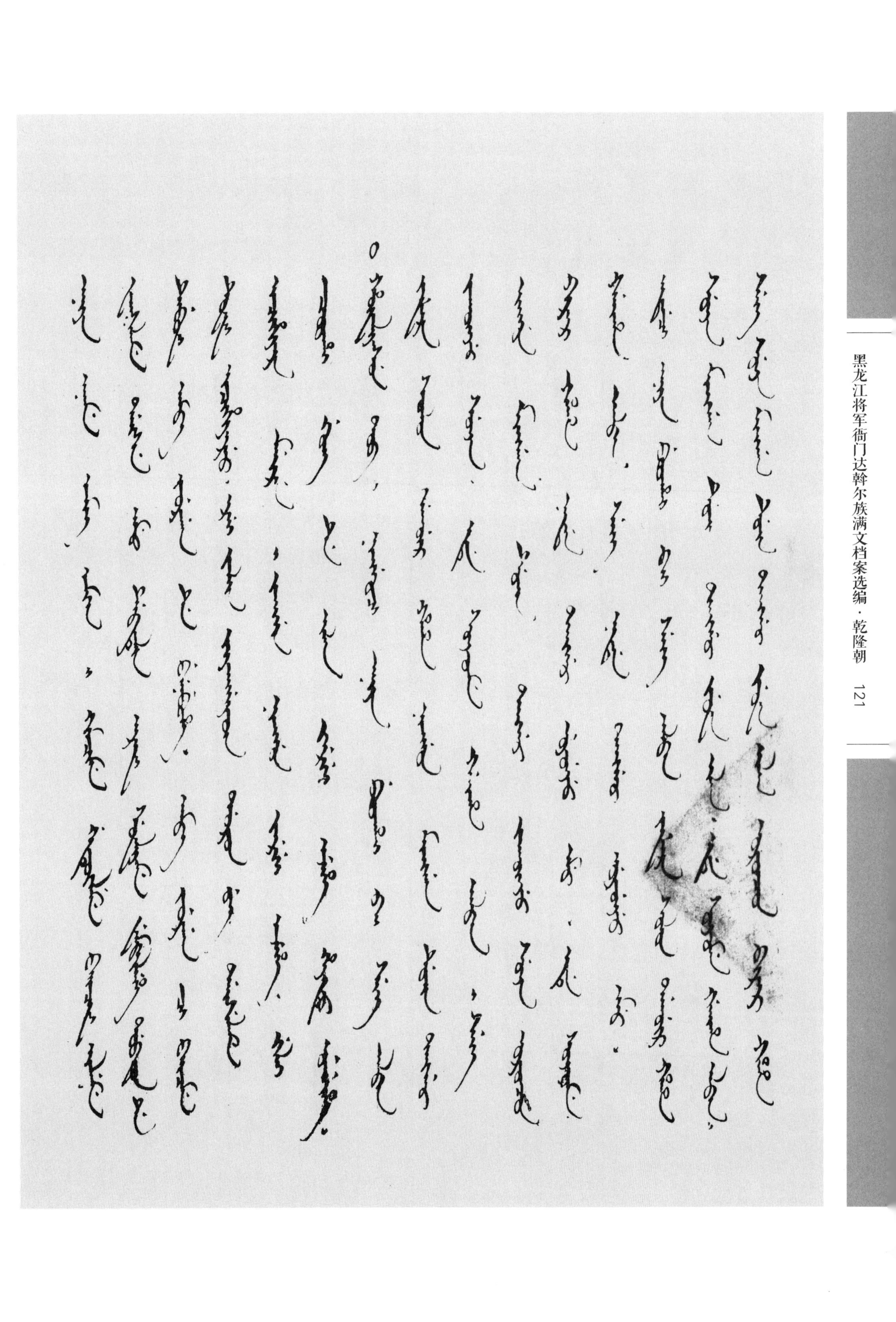

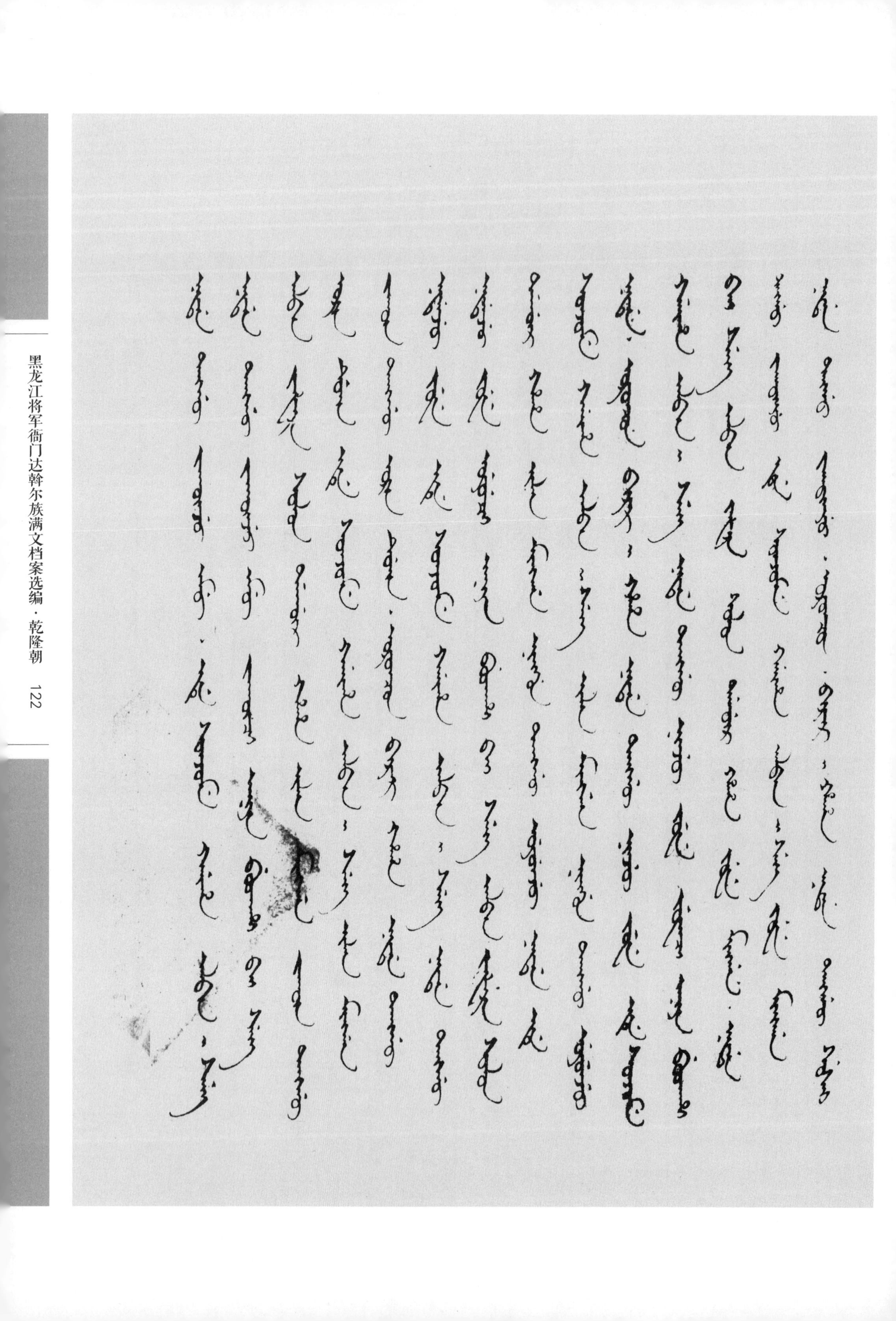

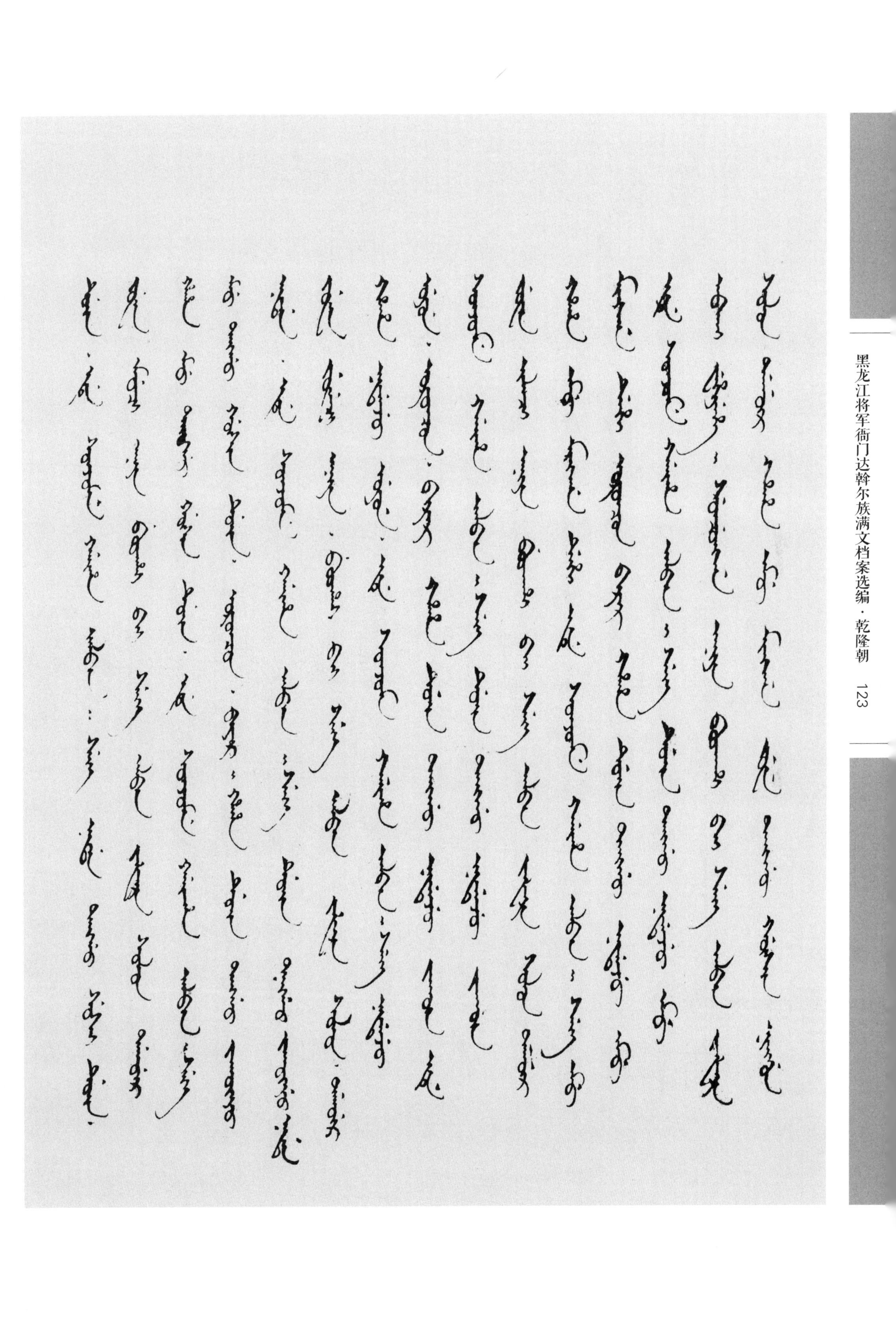

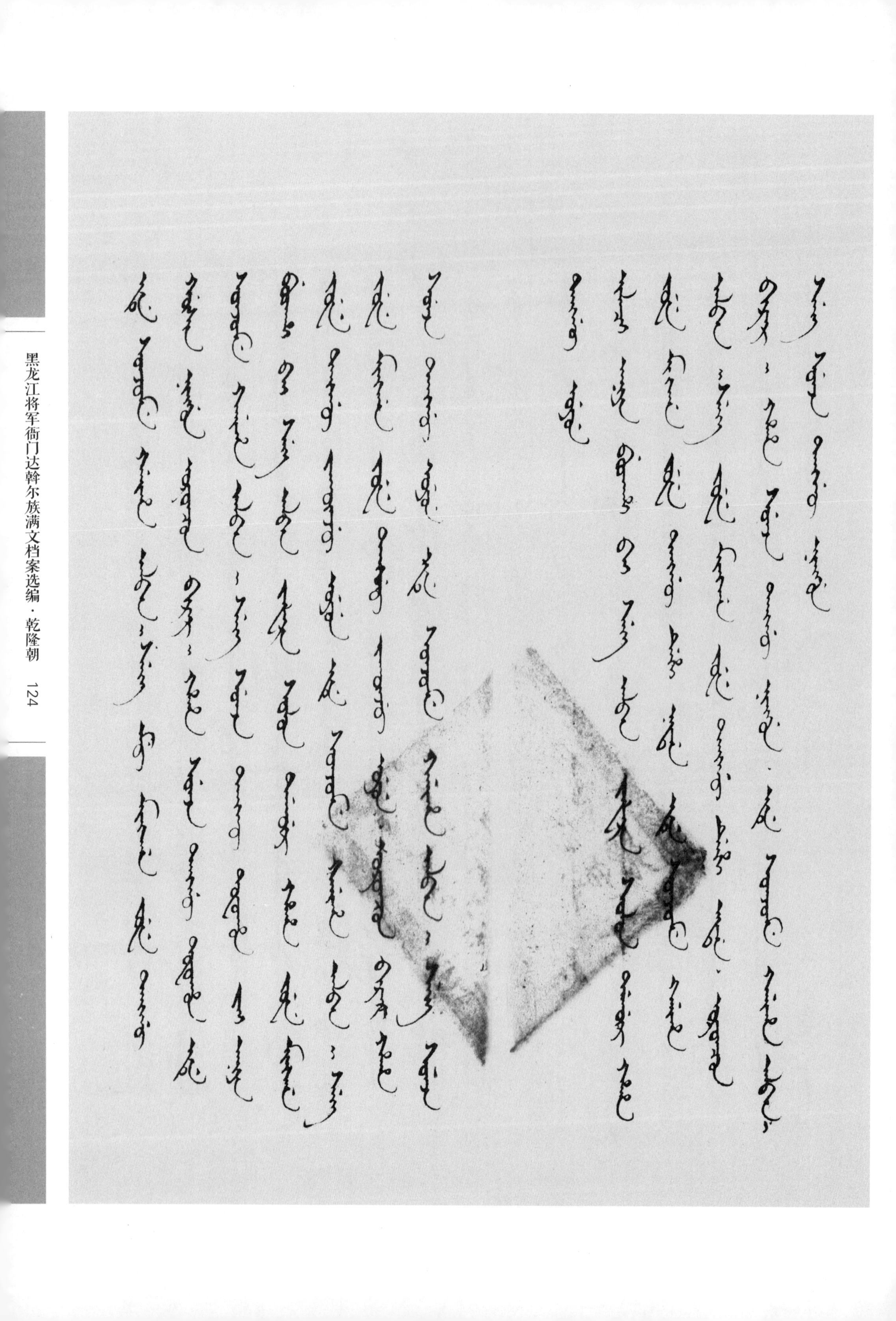

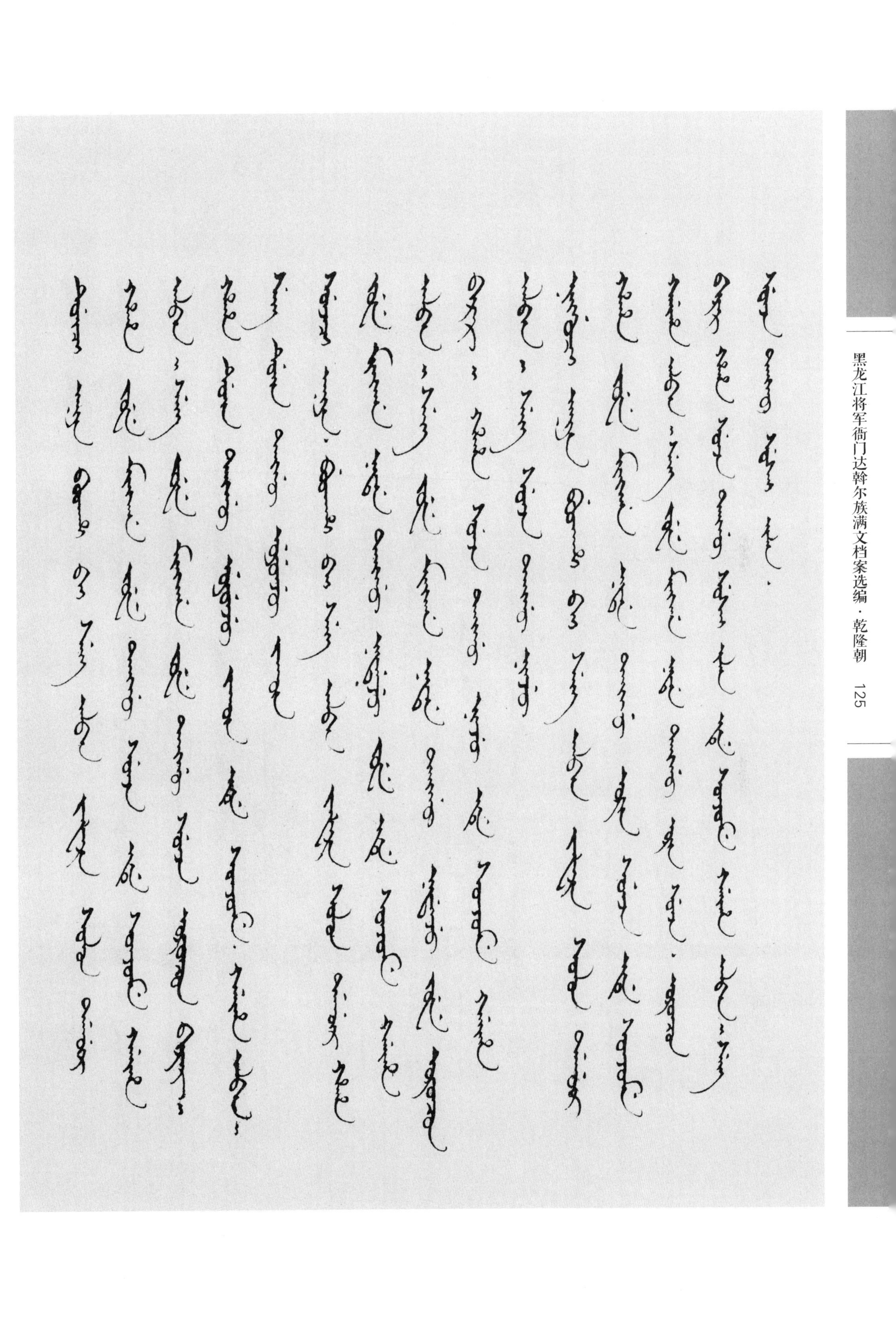

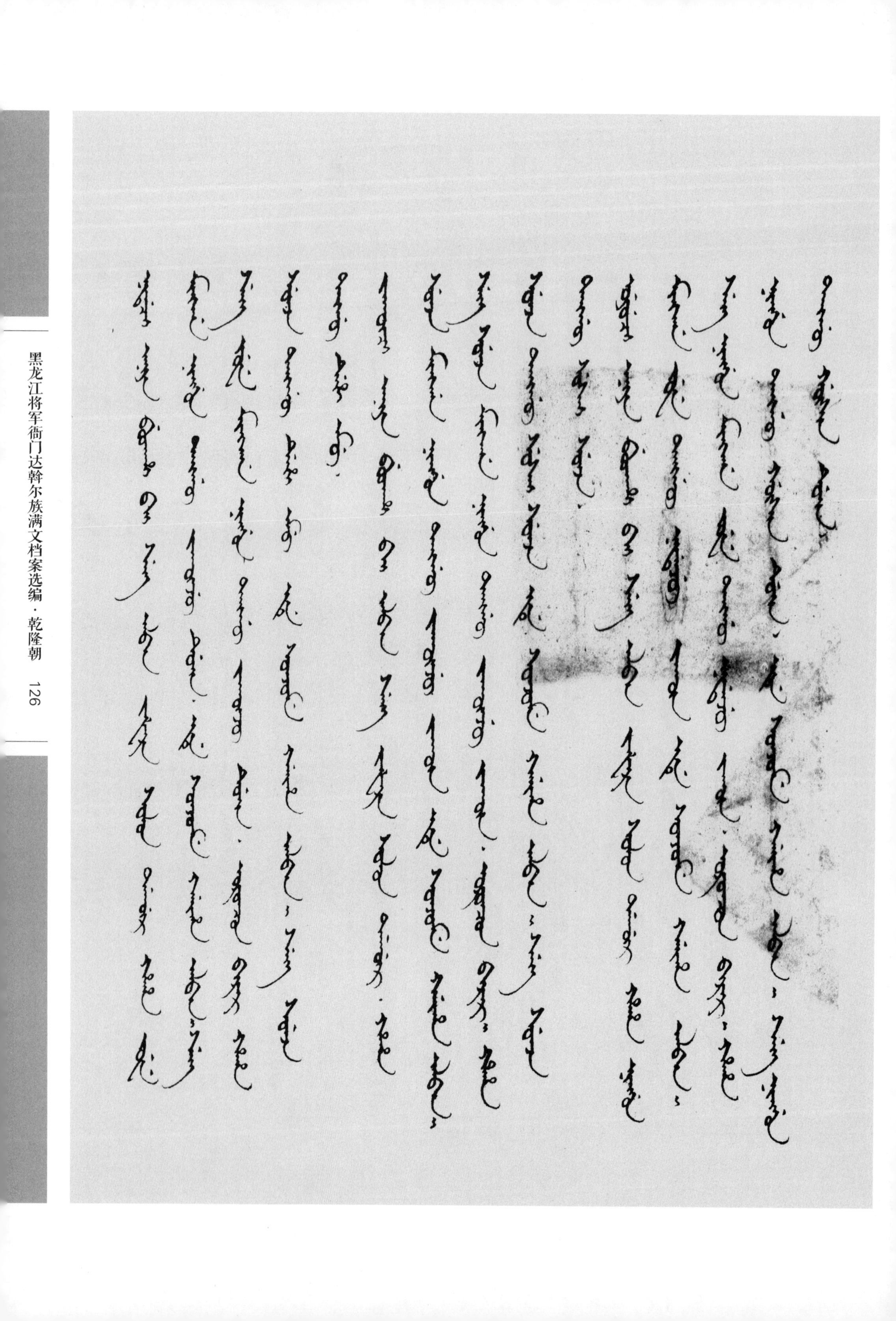

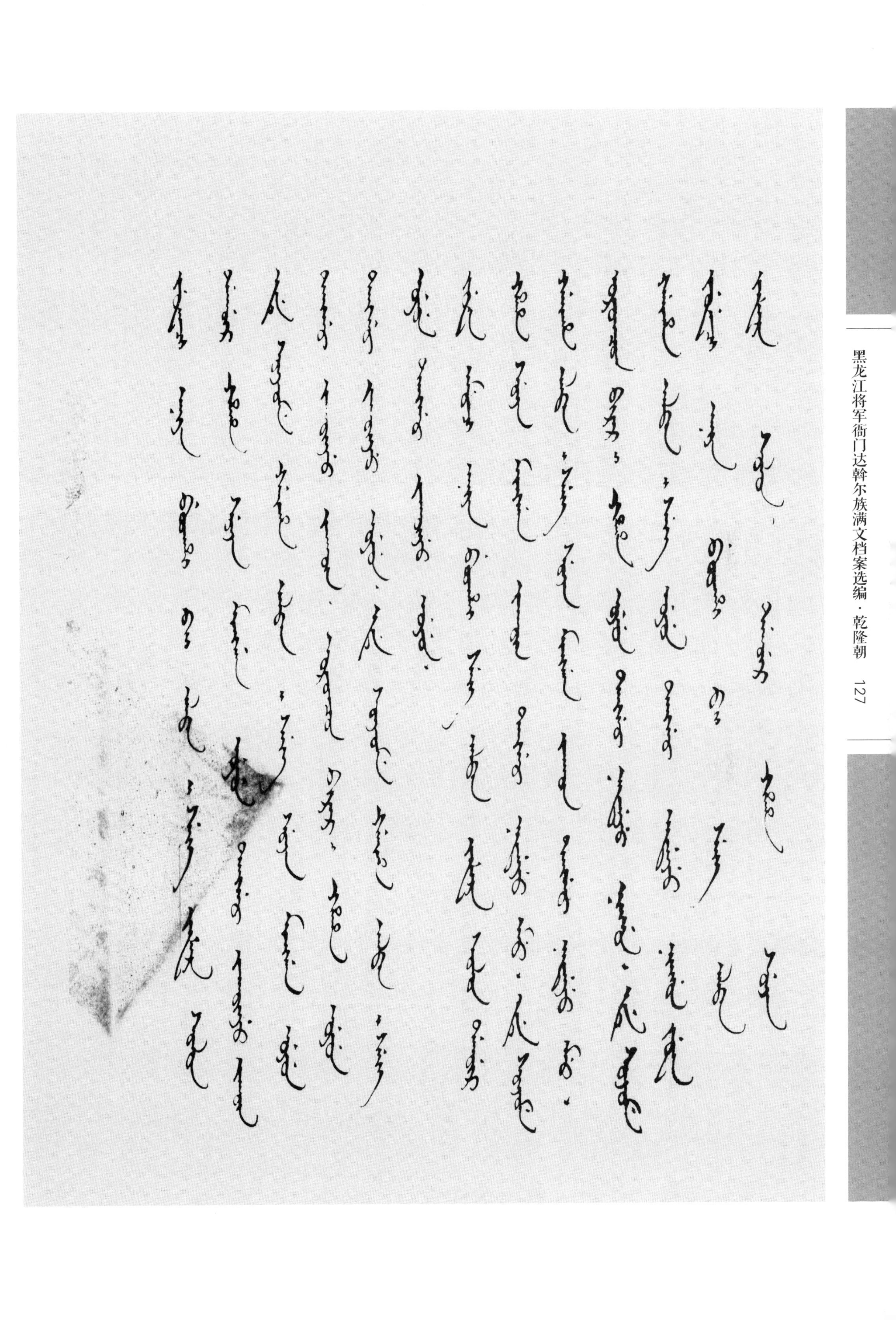

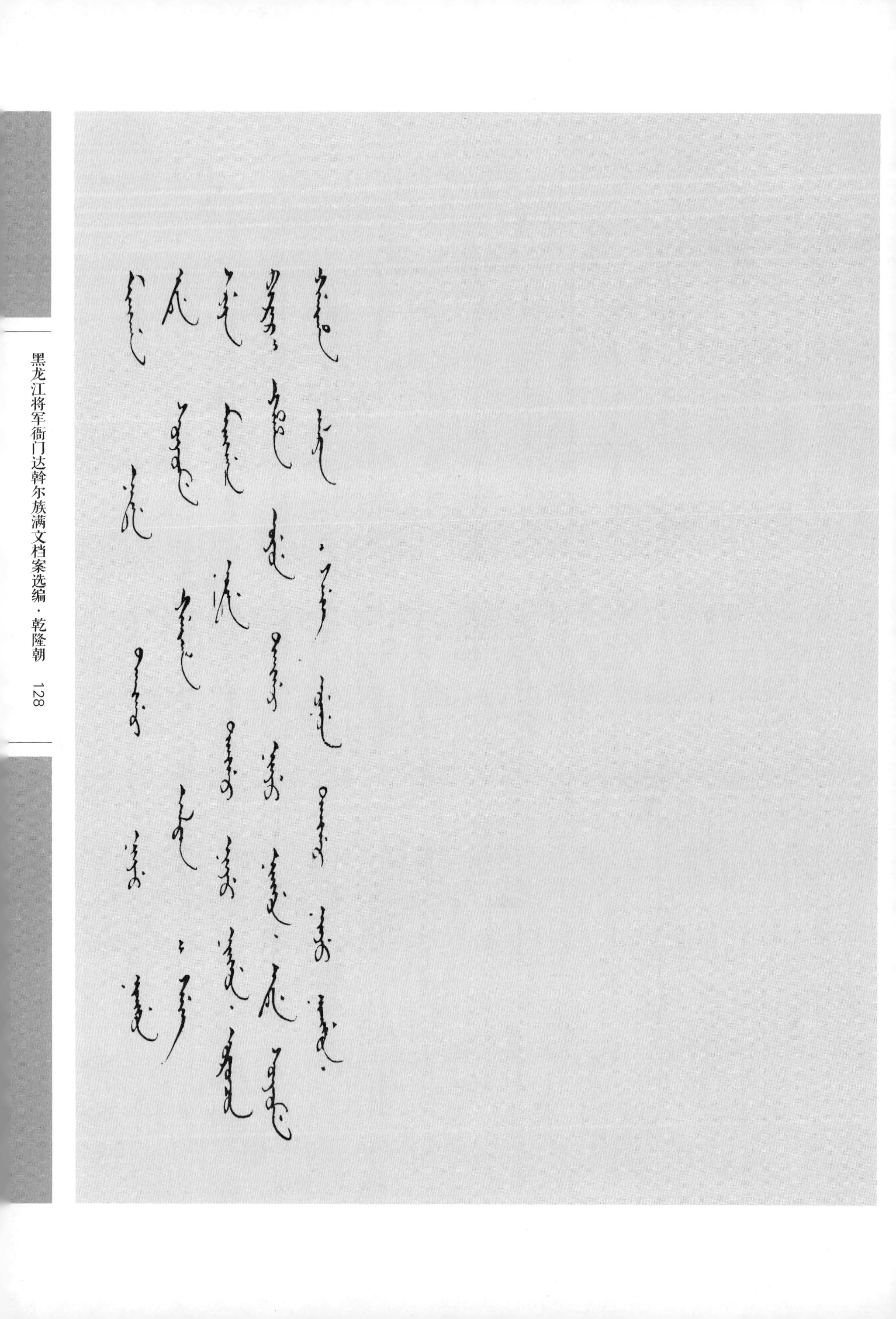

乾隆十三年三月十六日

四八六　黑龙江将军衙门为查报黑龙江各处满洲达斡尔等协领兼管佐领等情事咨兵部文

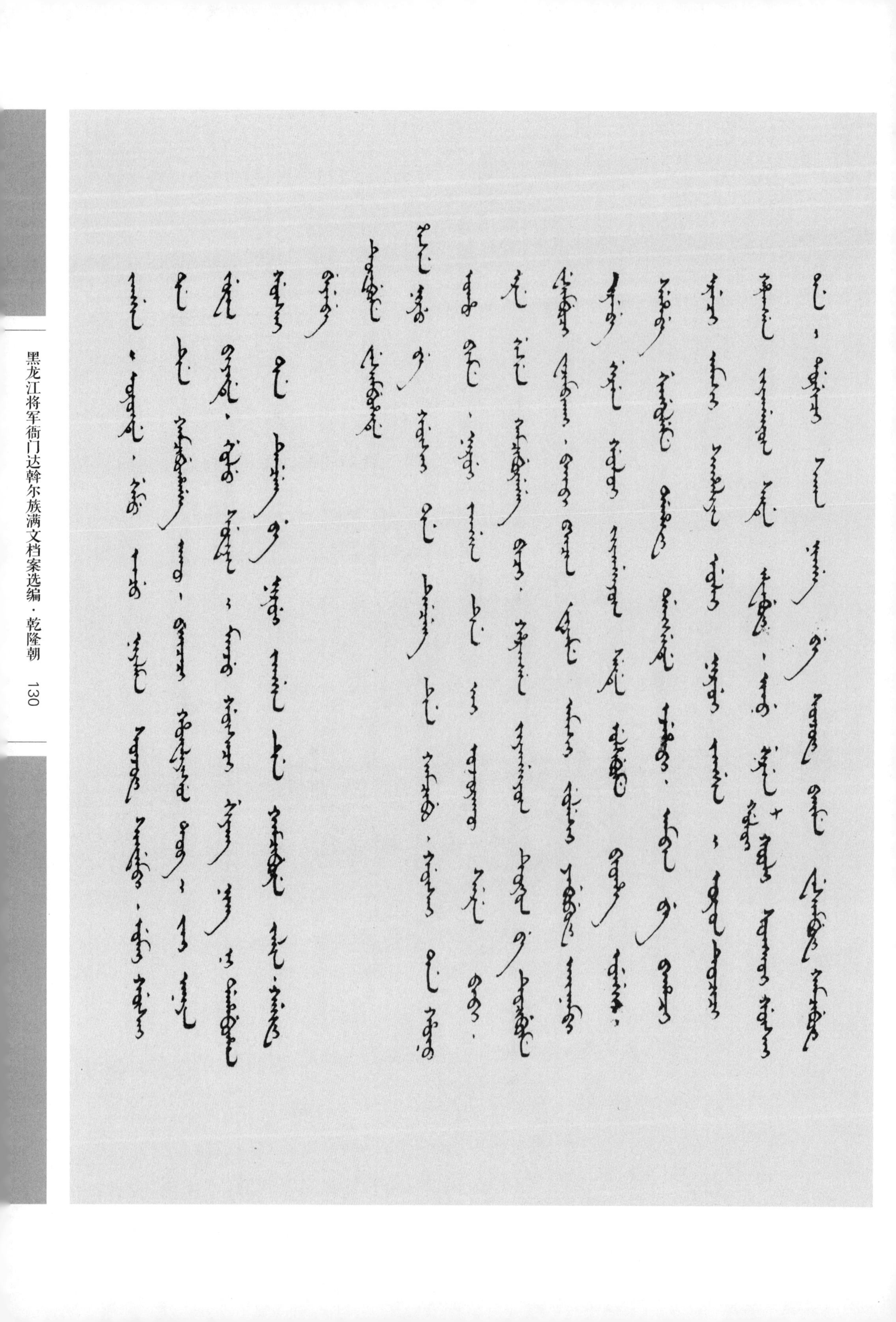

[illegible]

[illegible]

[illegible]

[illegible]

[illegible]

[illegible]

[illegible]

[illegible]

[illegible]

[illegible]

[illegible]

[illegible]

[illegible]

[illegible]

[illegible]

[illegible]

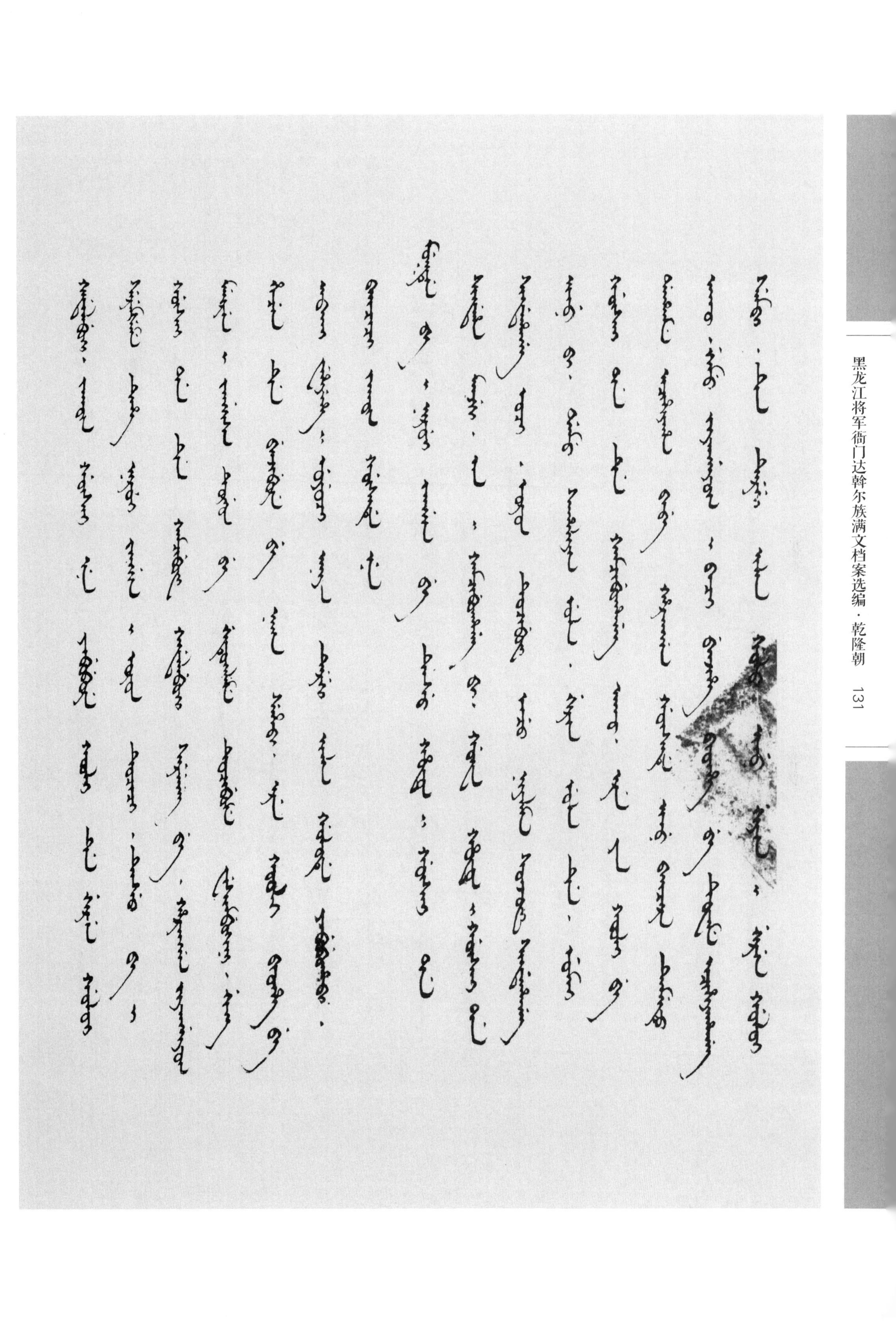

[illegible]

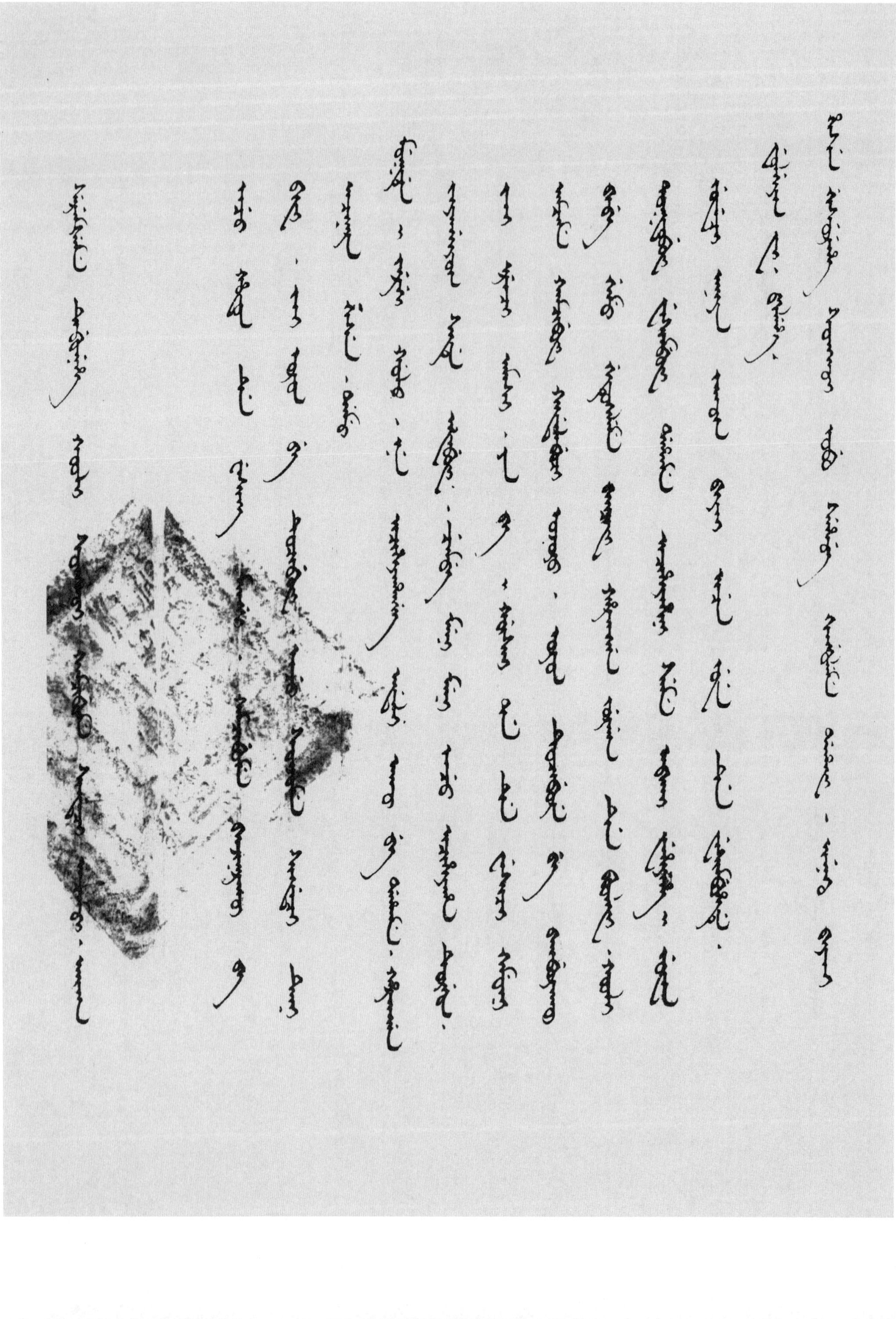

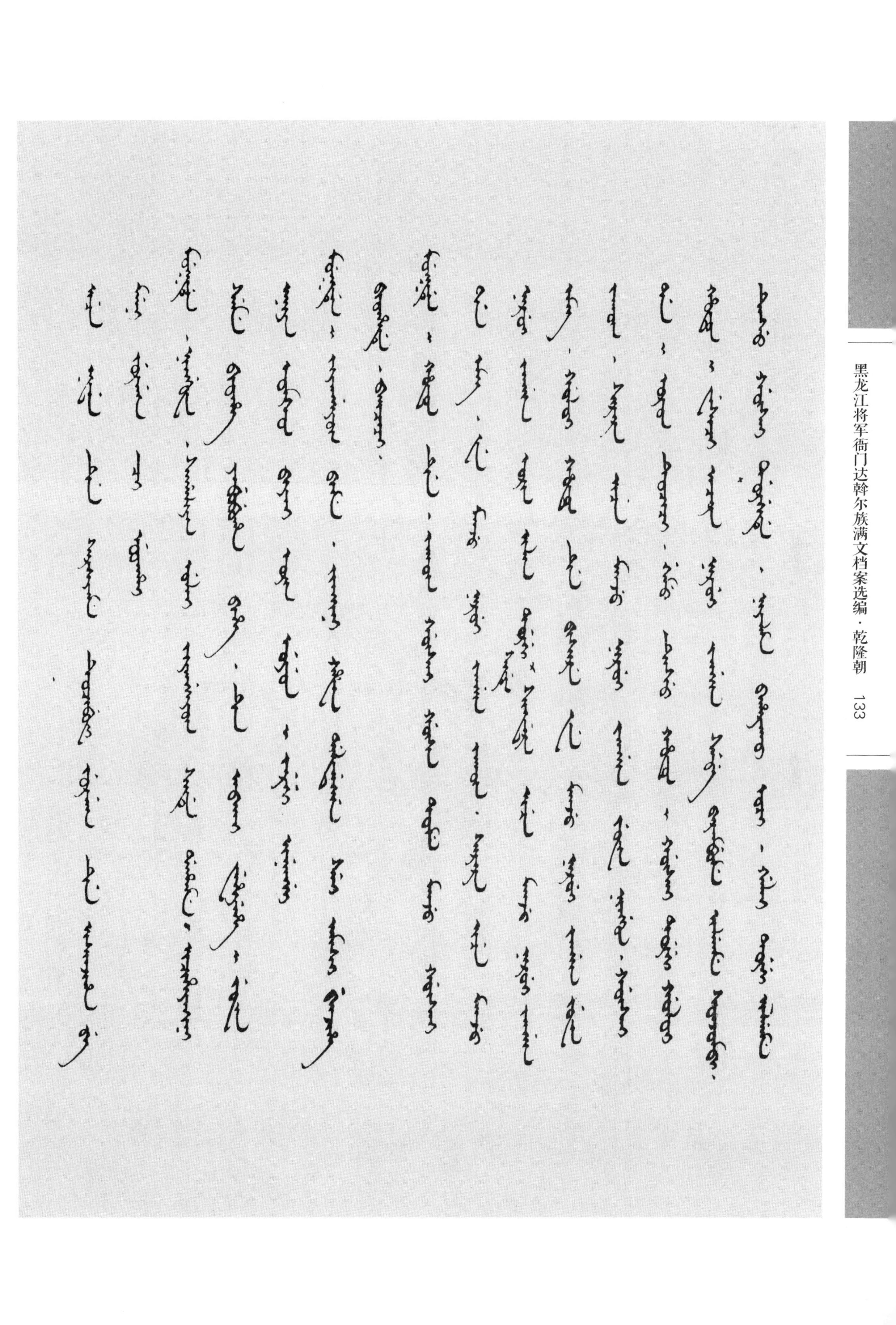

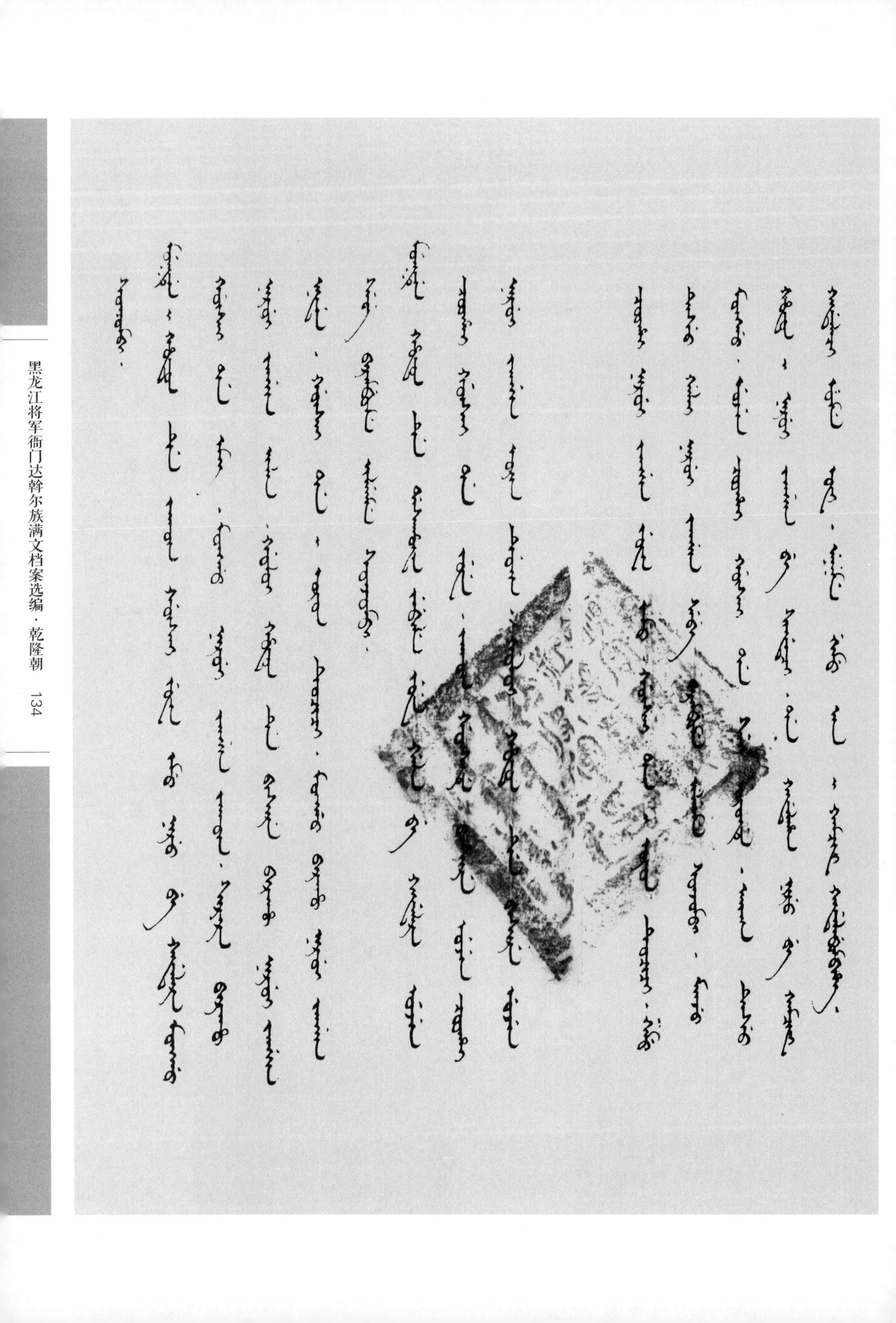

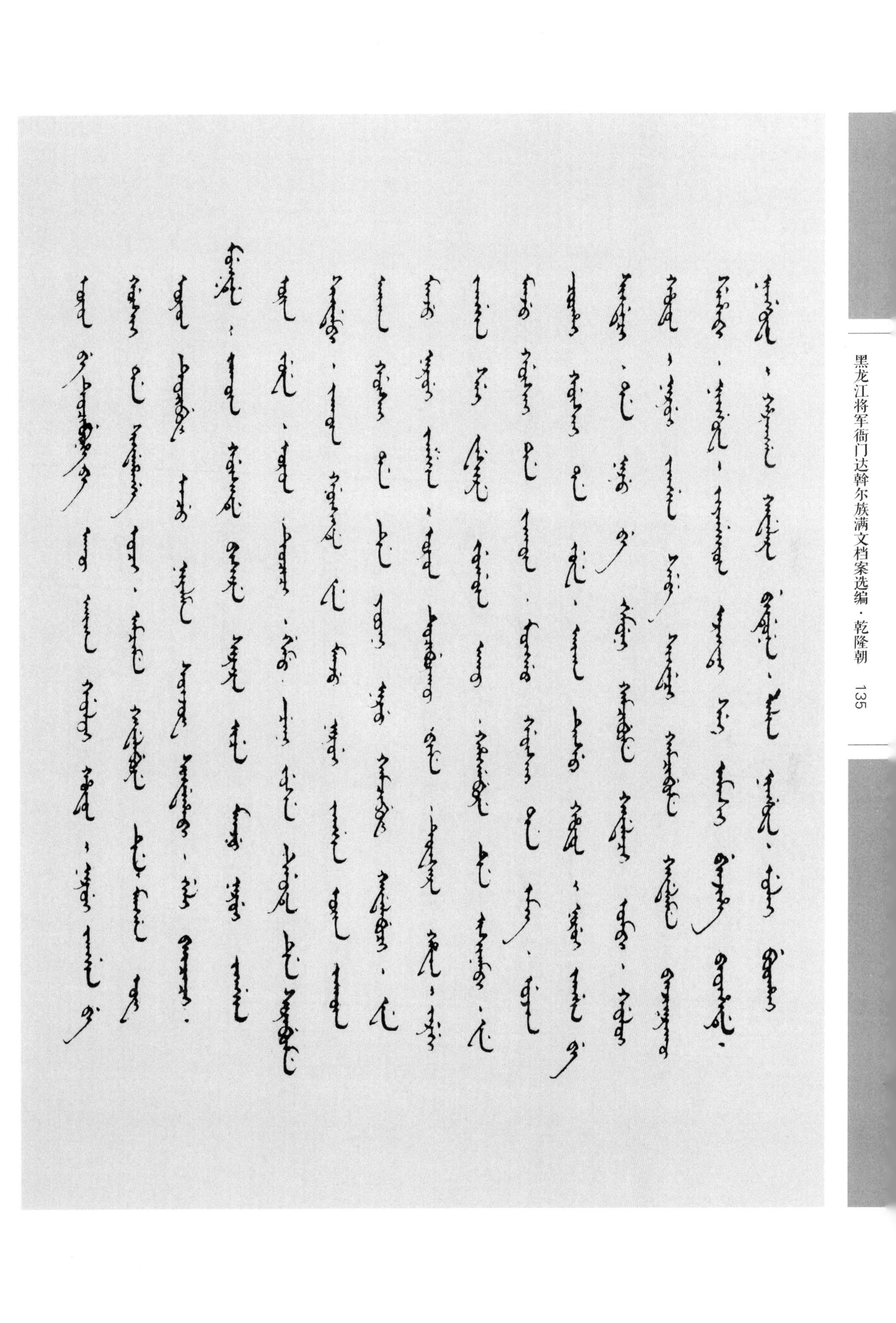

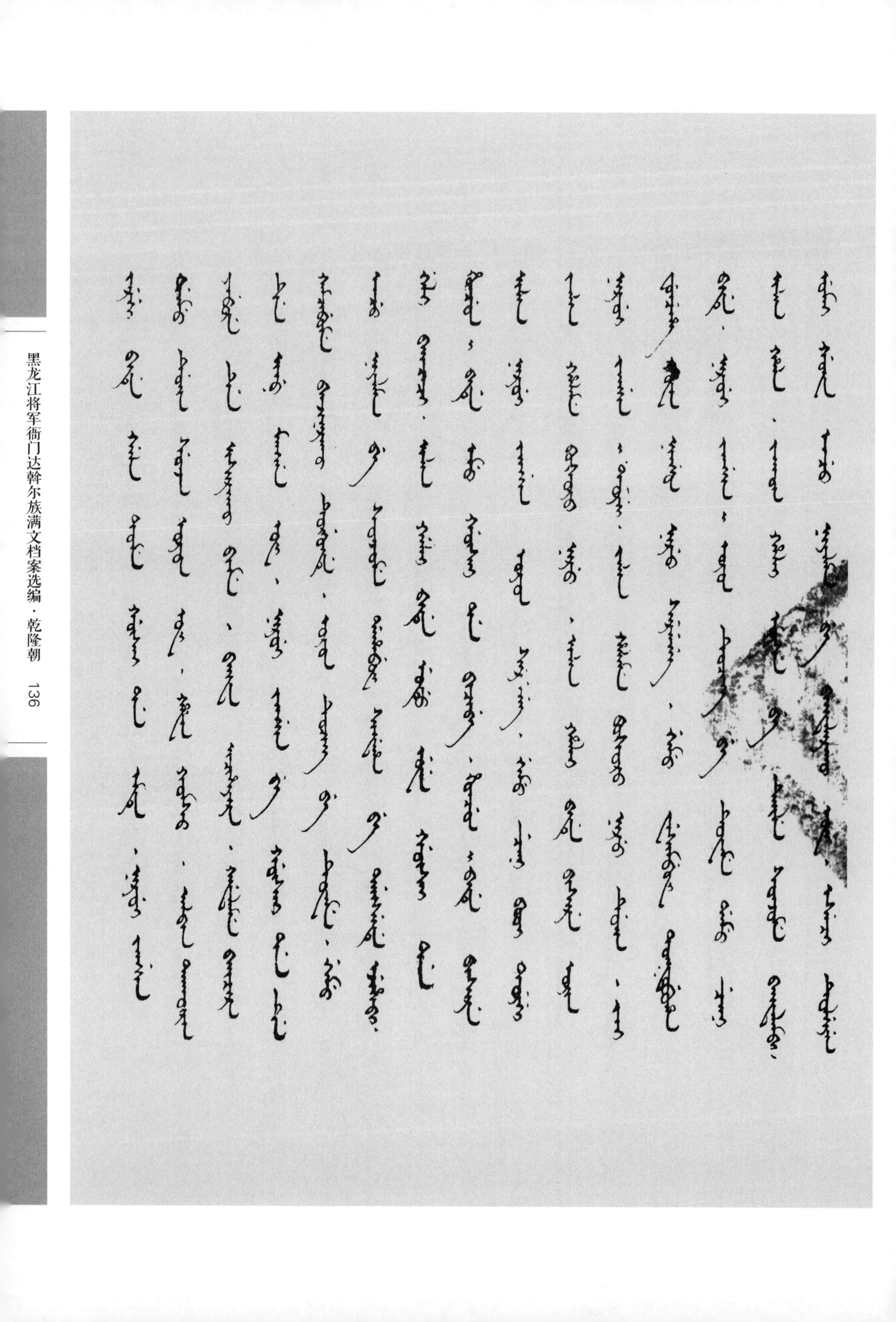

[illegible]

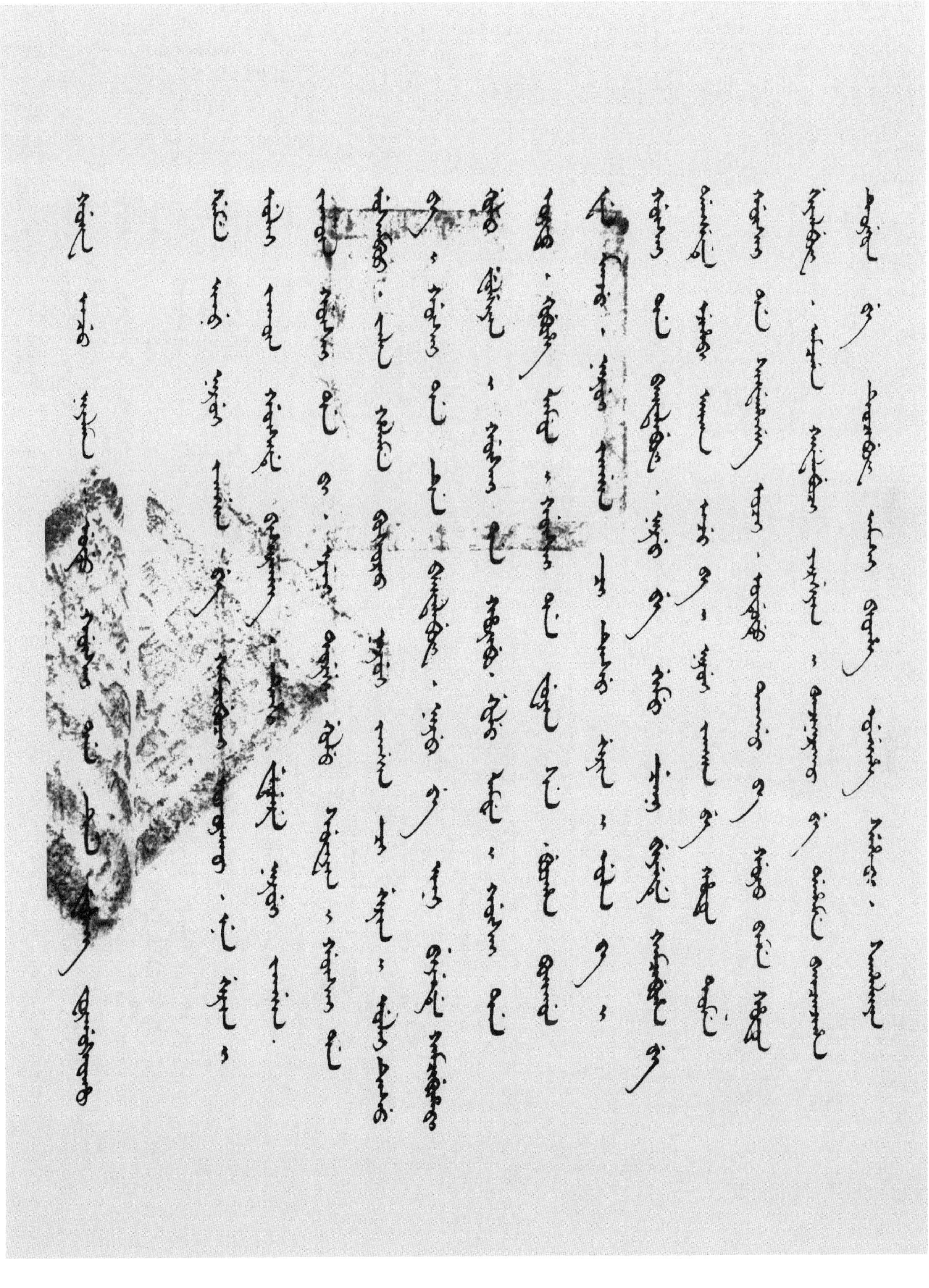

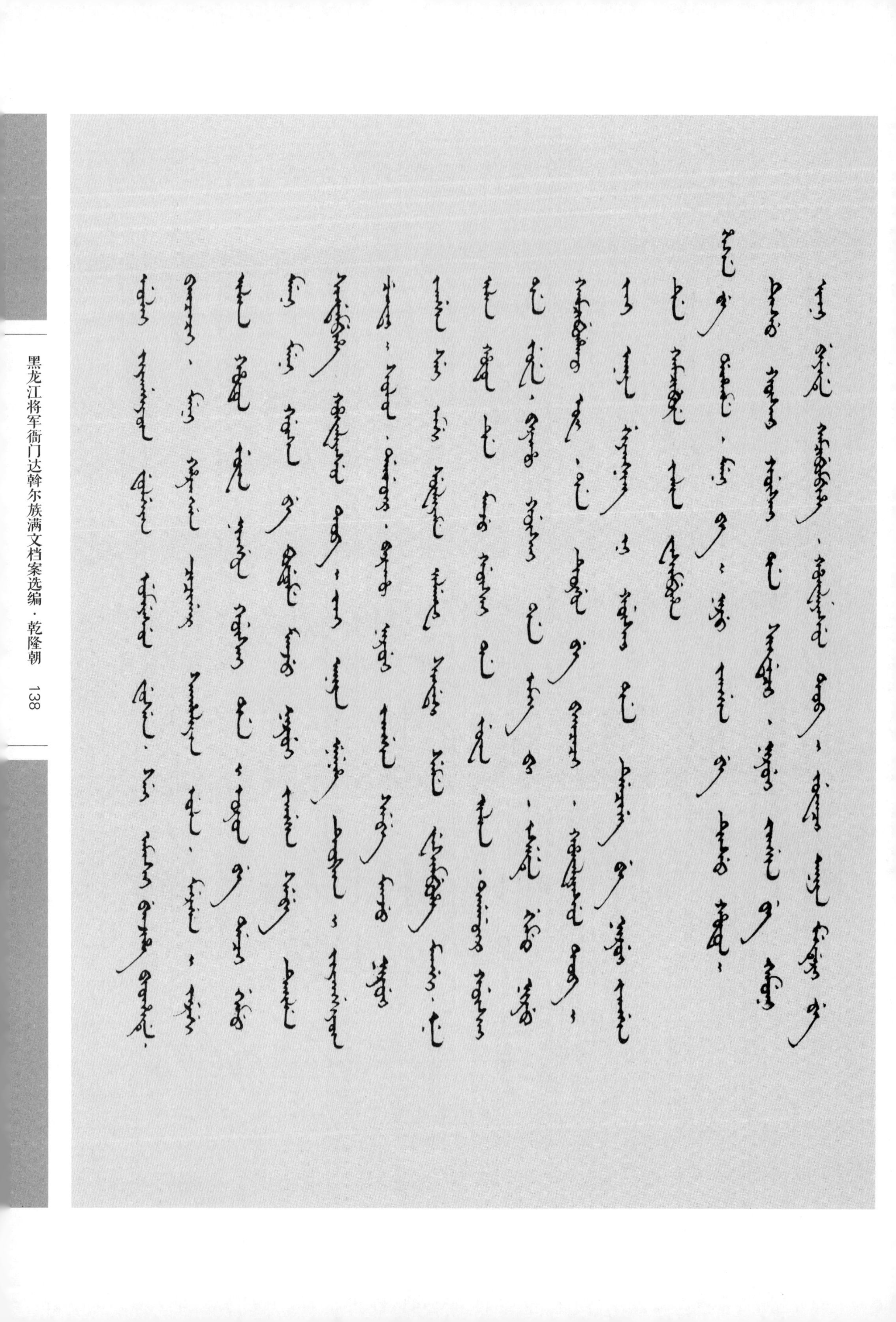

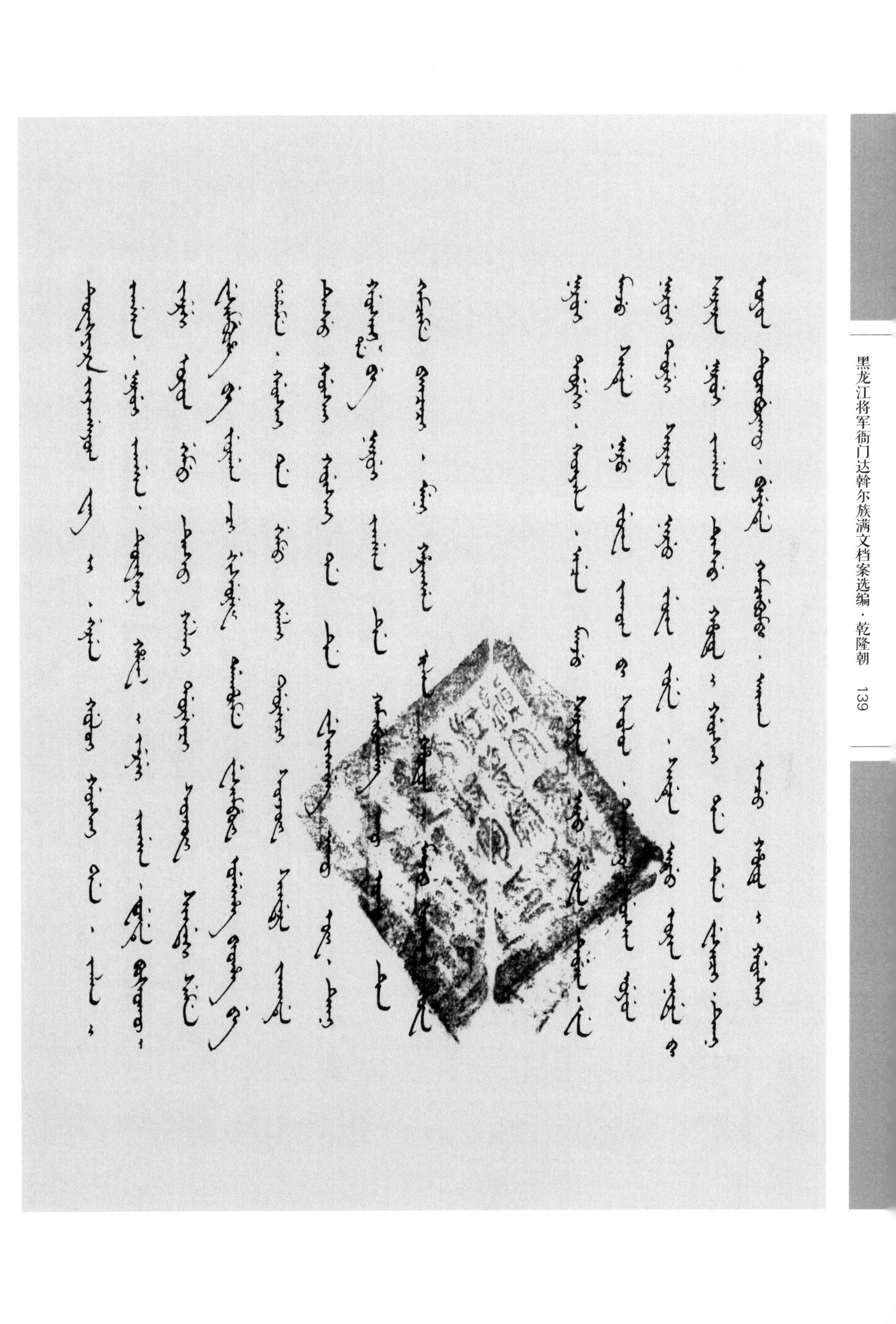

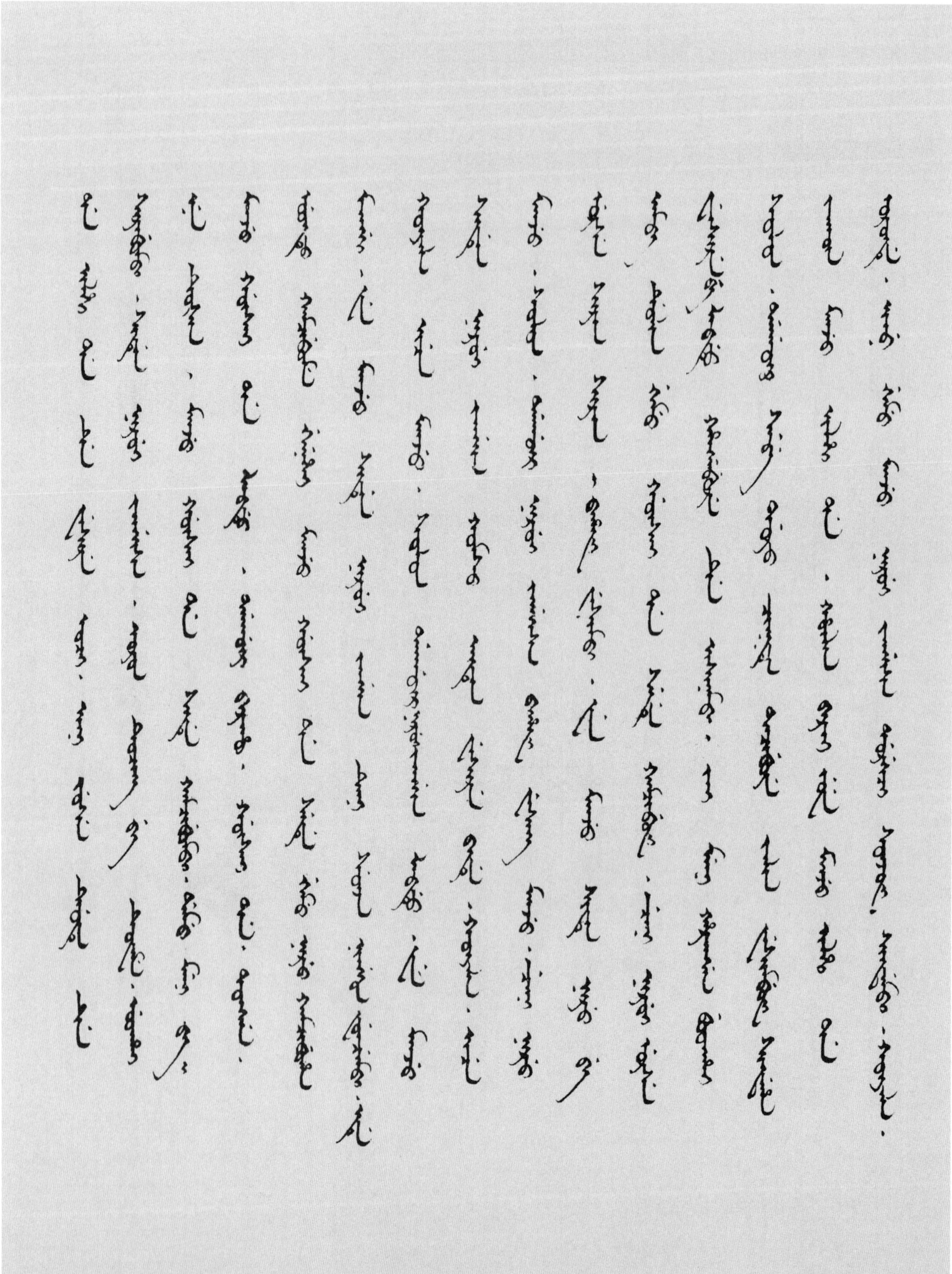

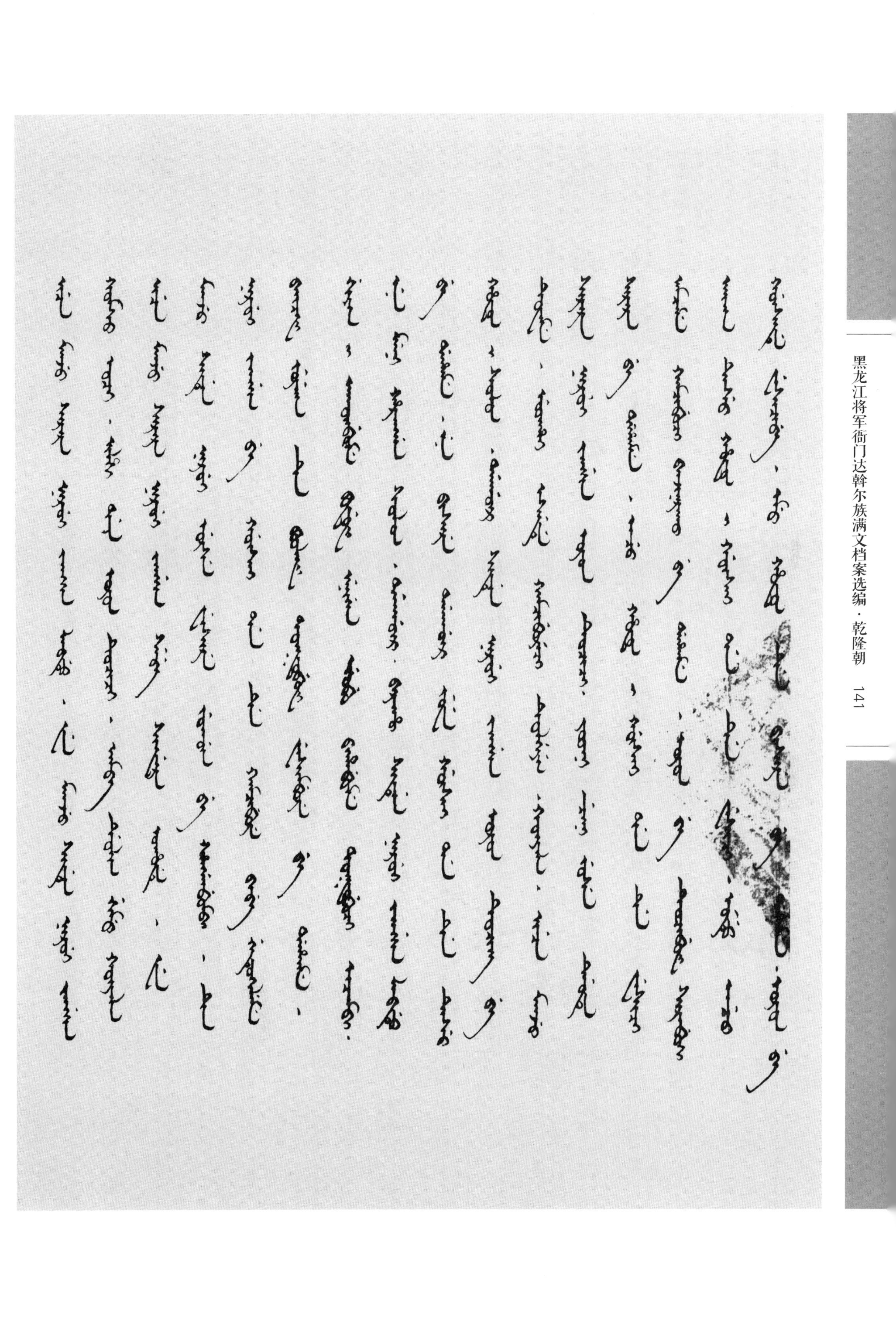

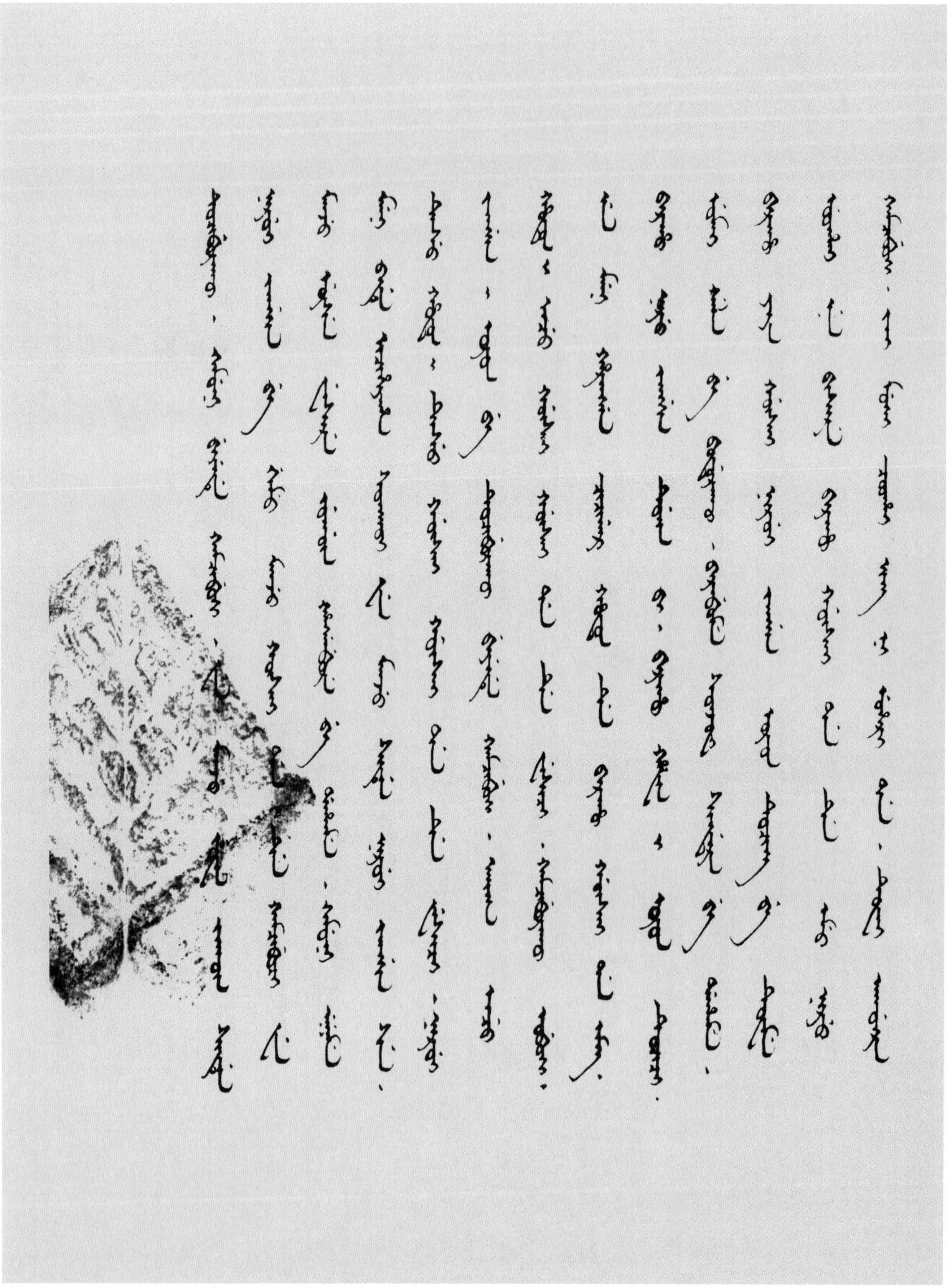

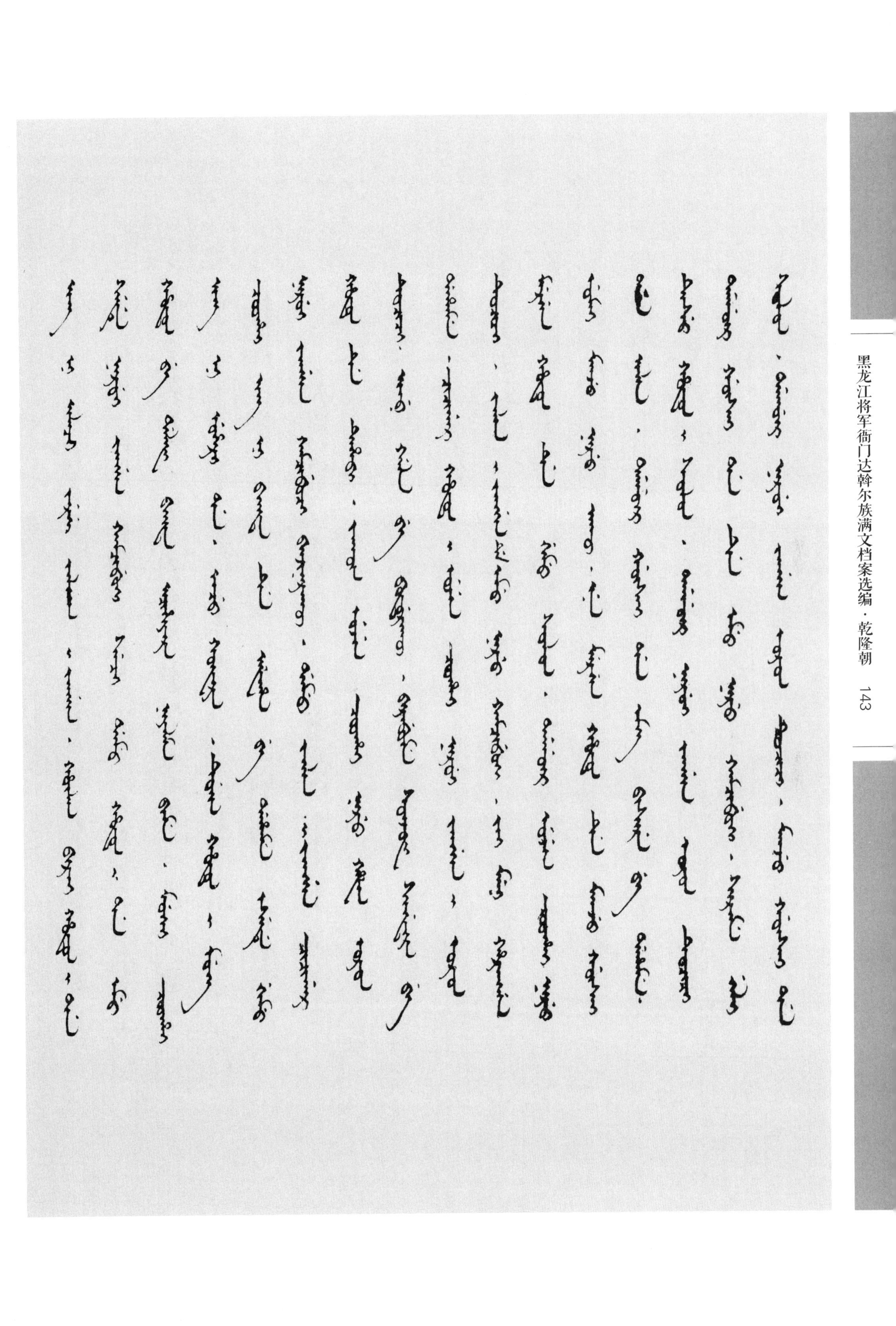

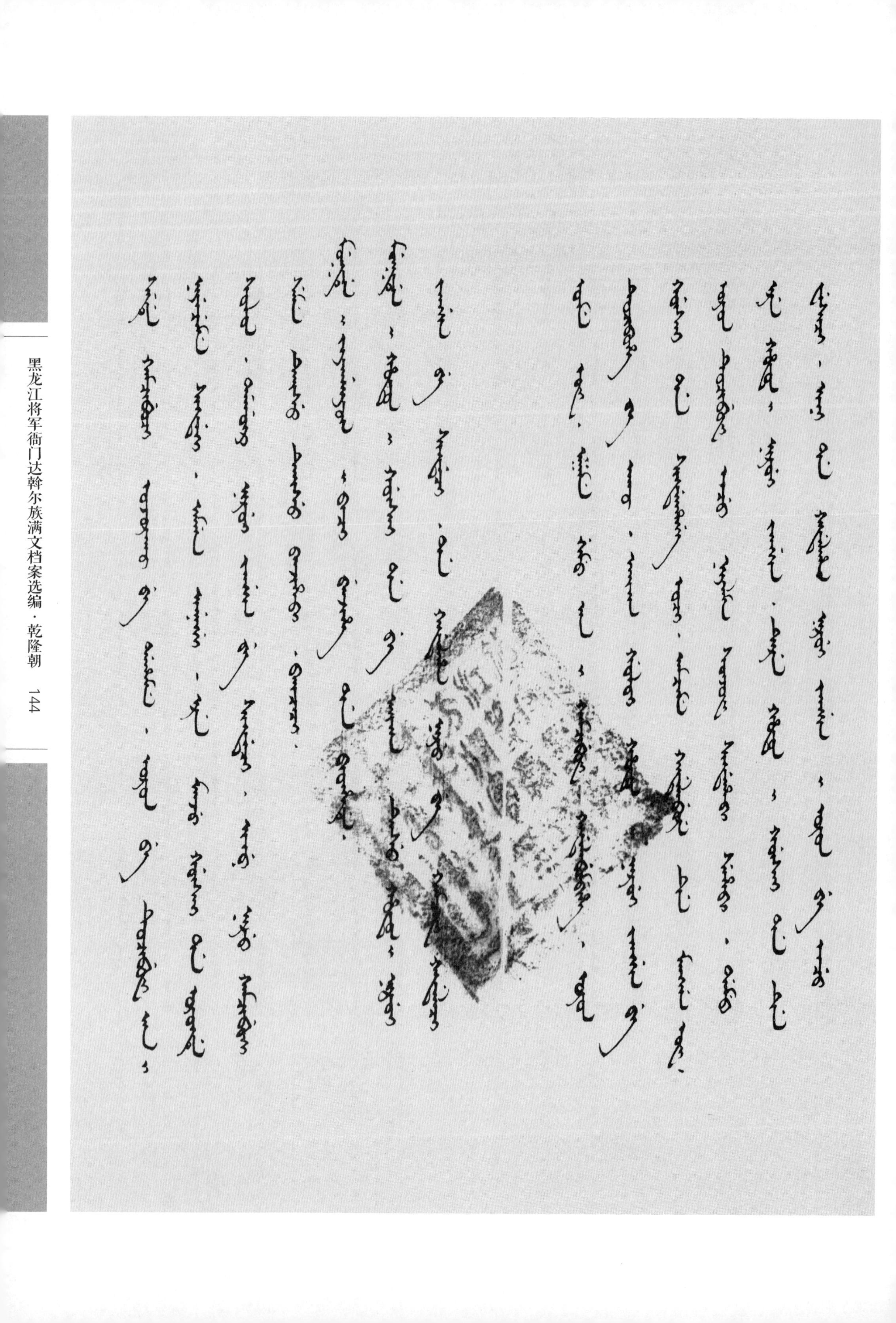

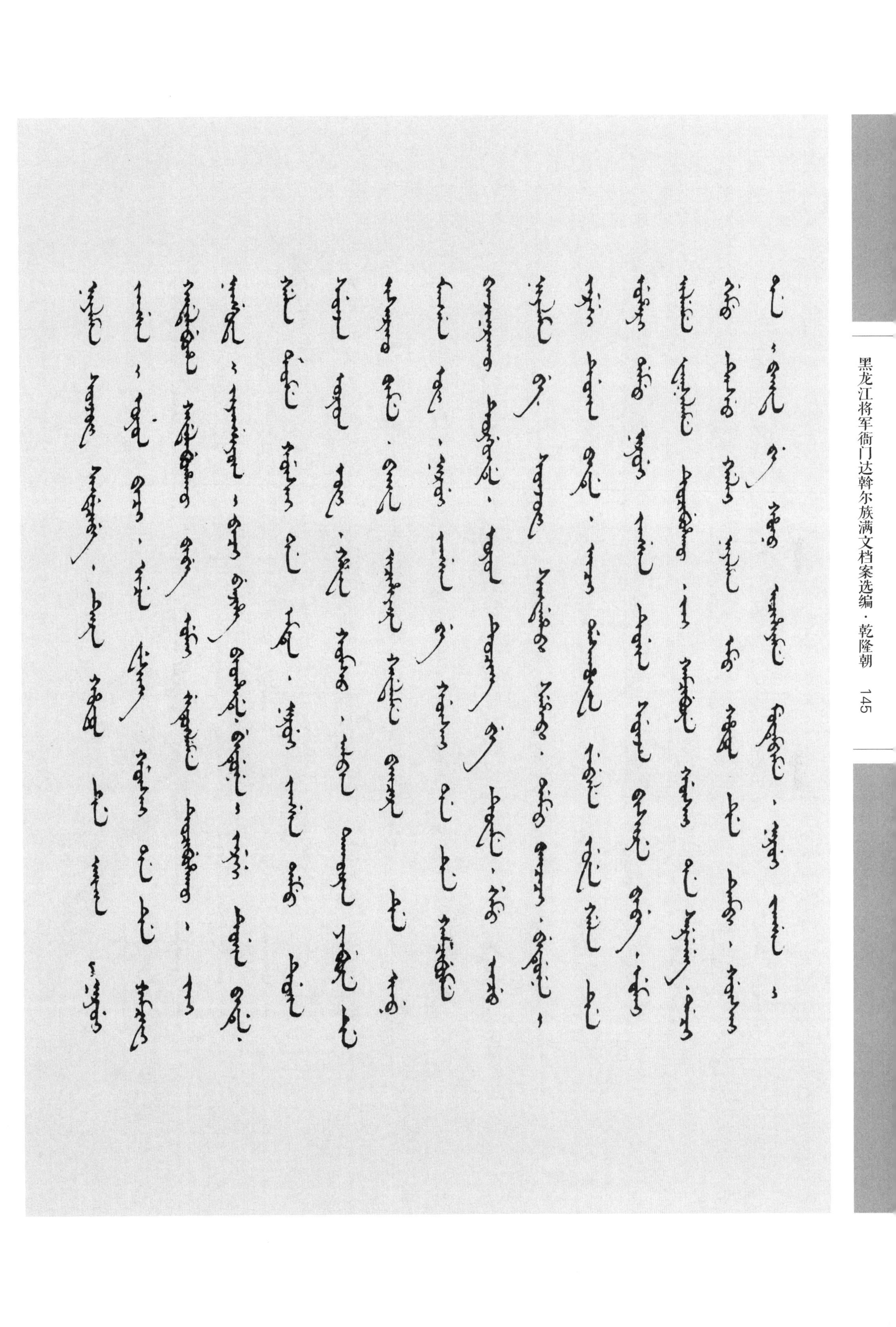

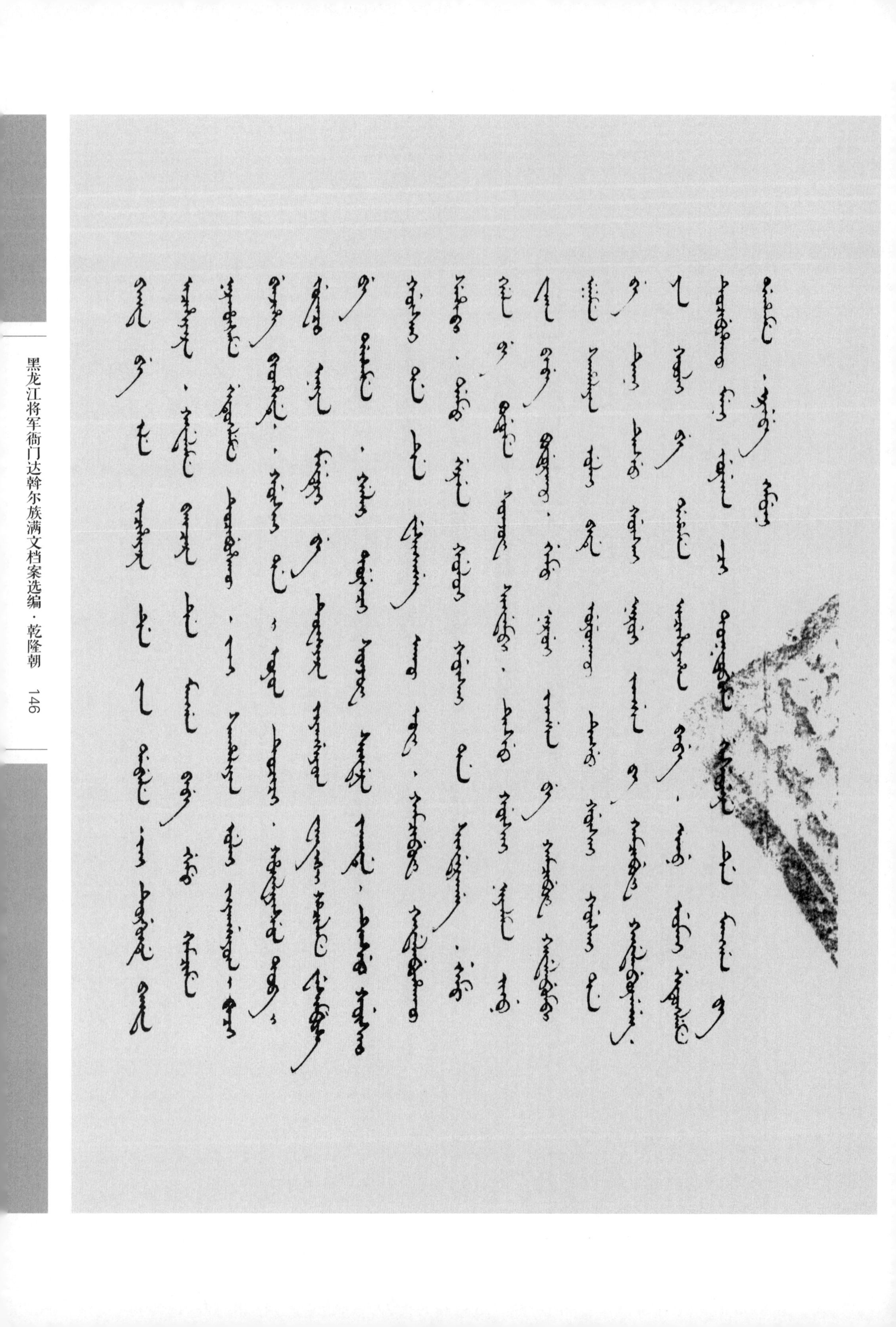

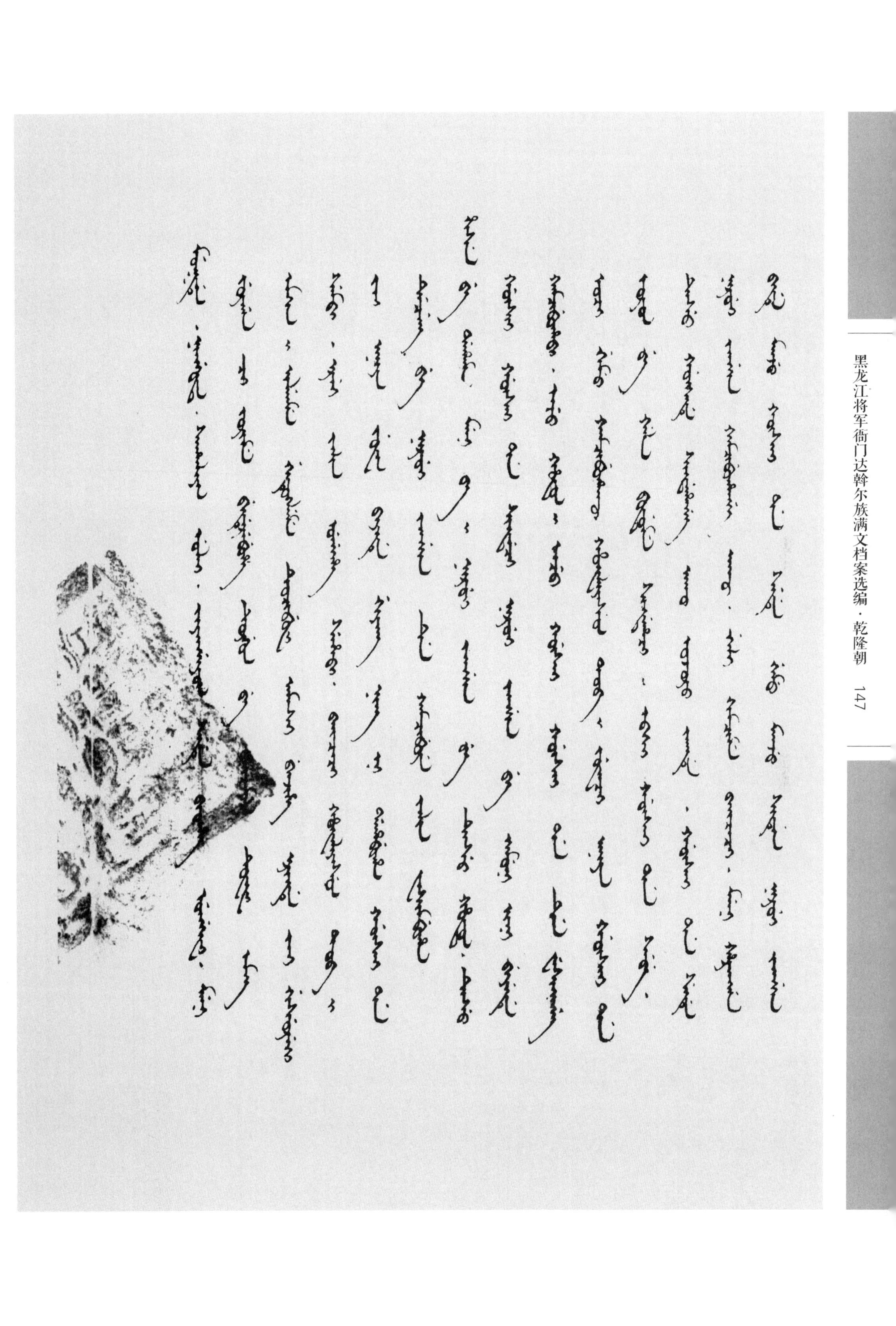

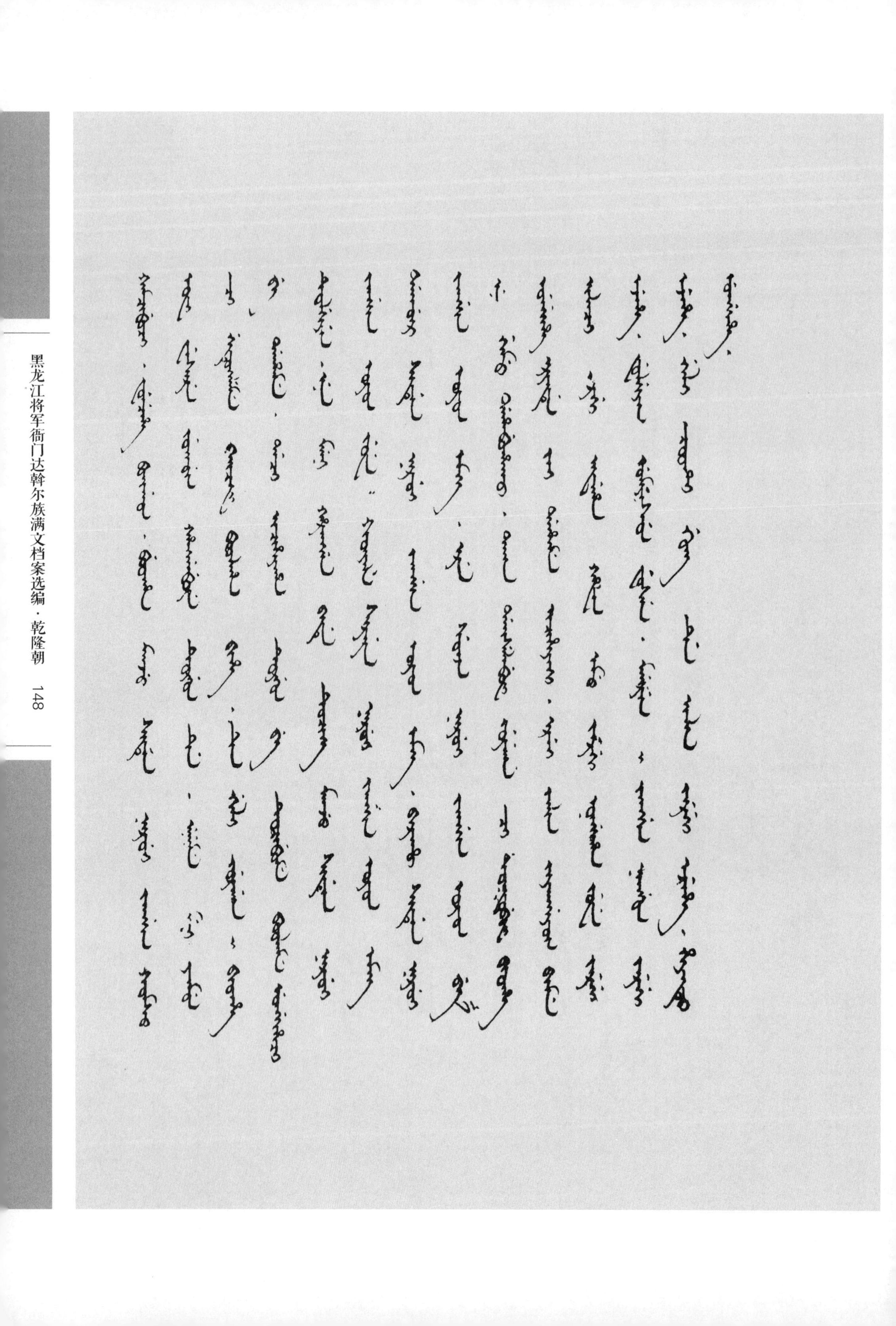

四八七 黑龙江将军傅森等题请裁减解送索伦达斡尔鄂伦春等贡貂人员以省縻费本

乾隆十三年三月十六日

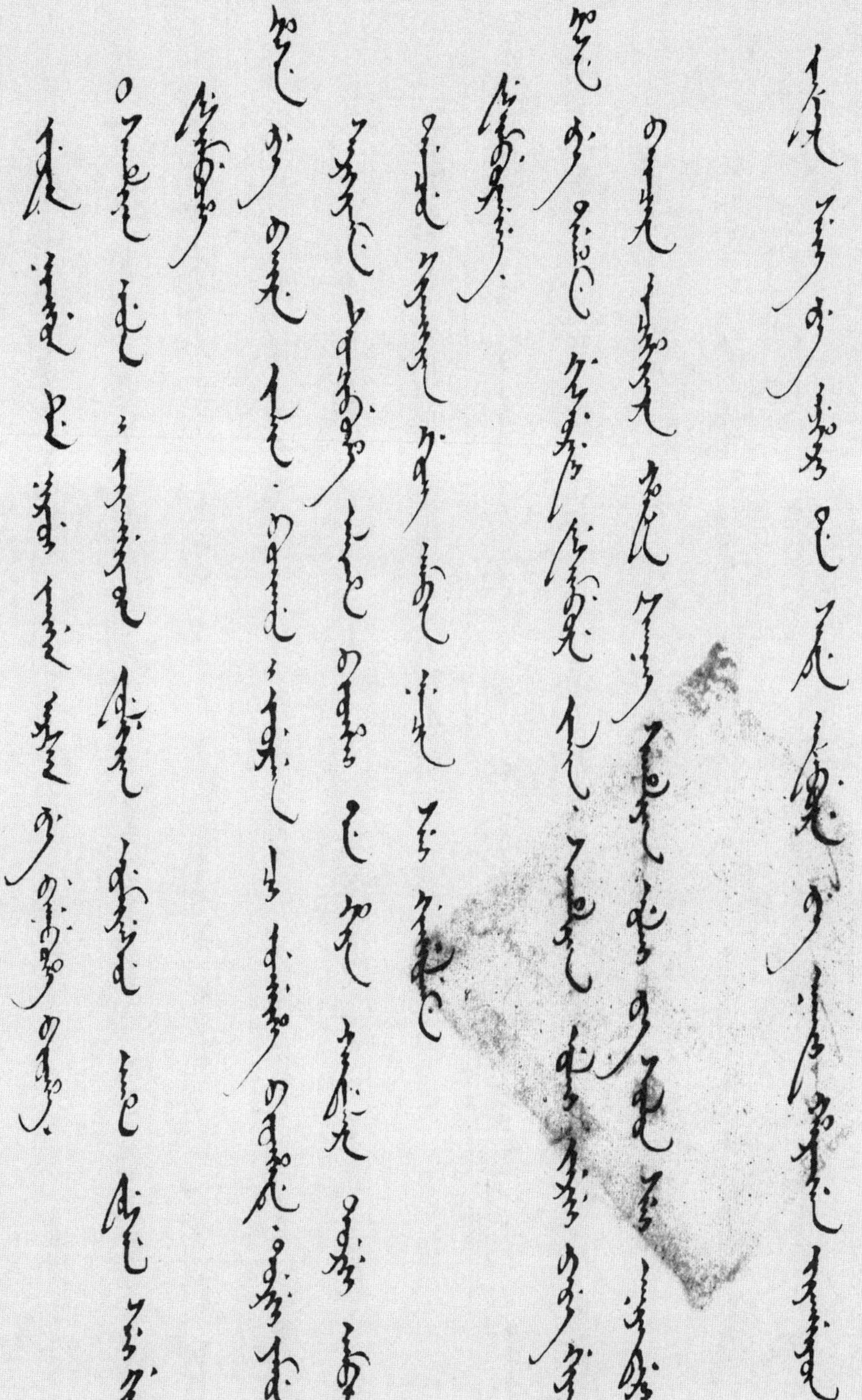

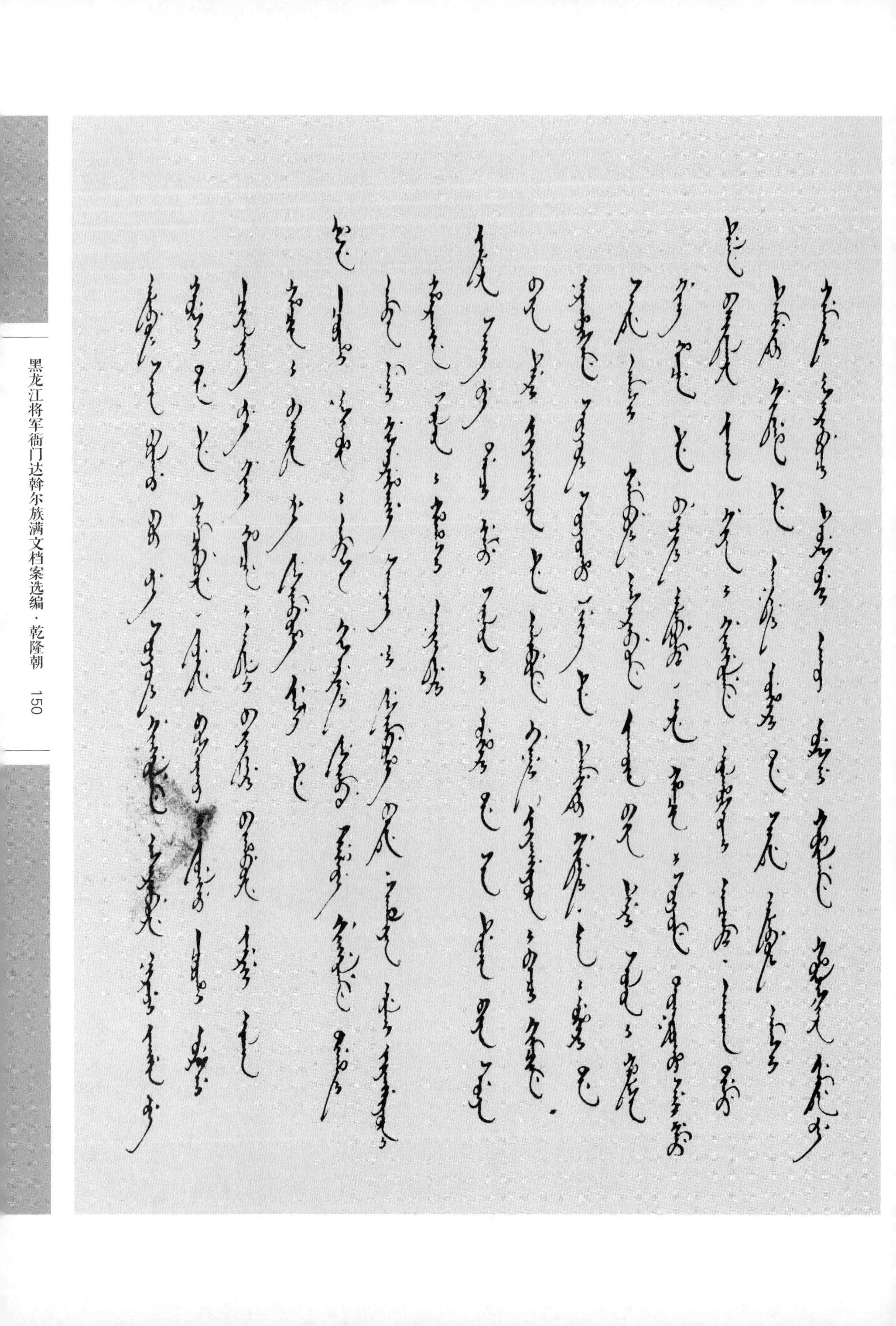

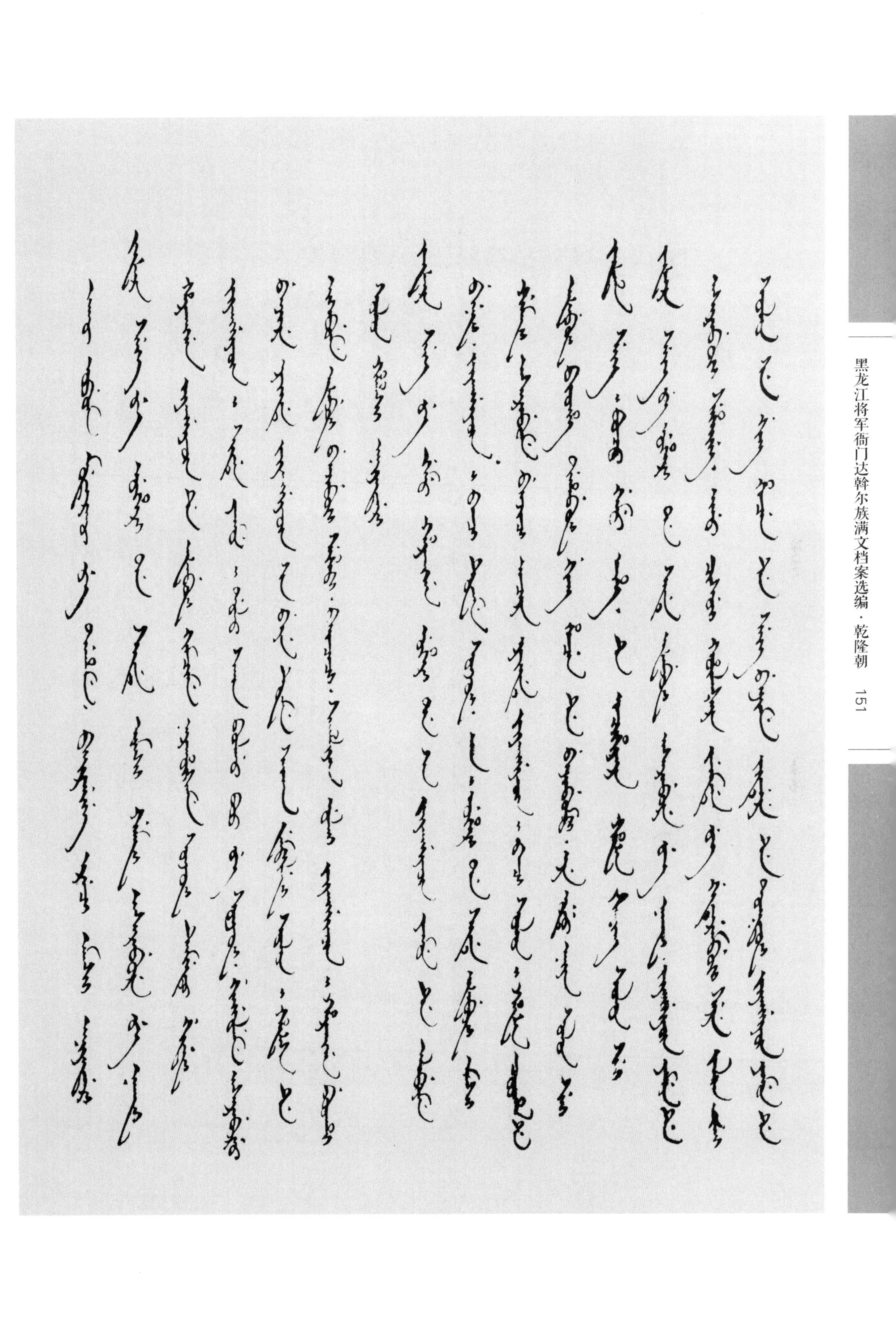

[illegible]

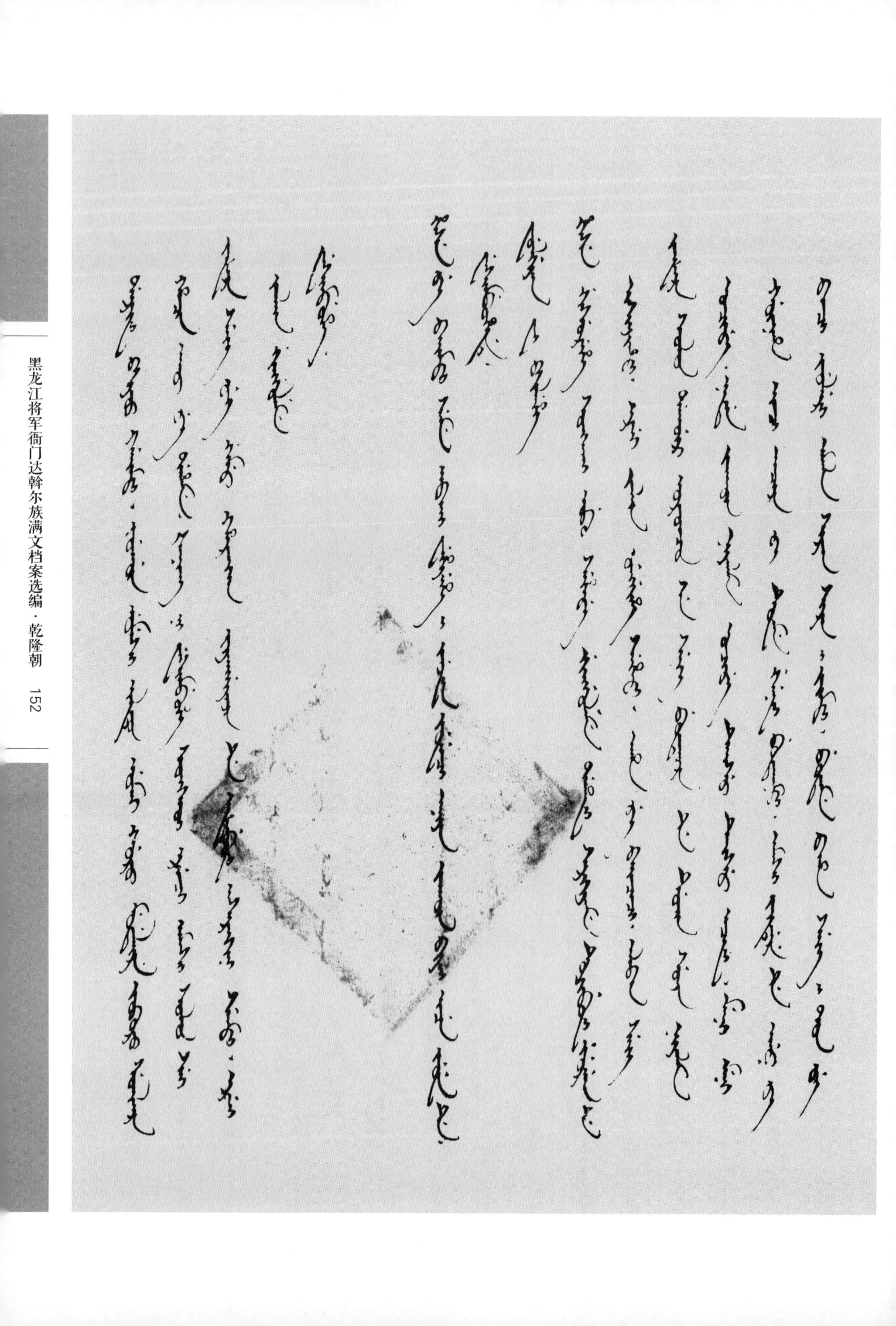

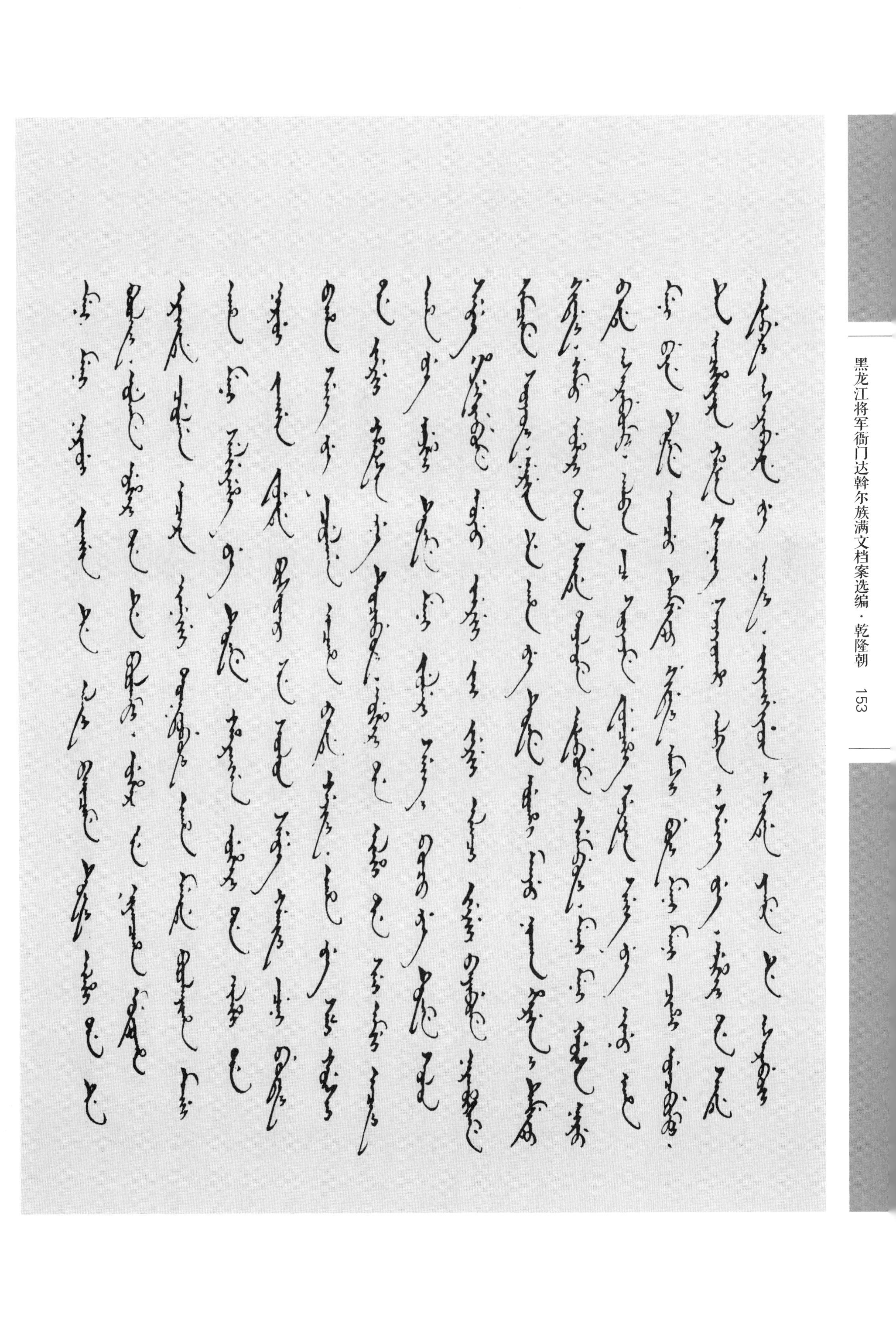

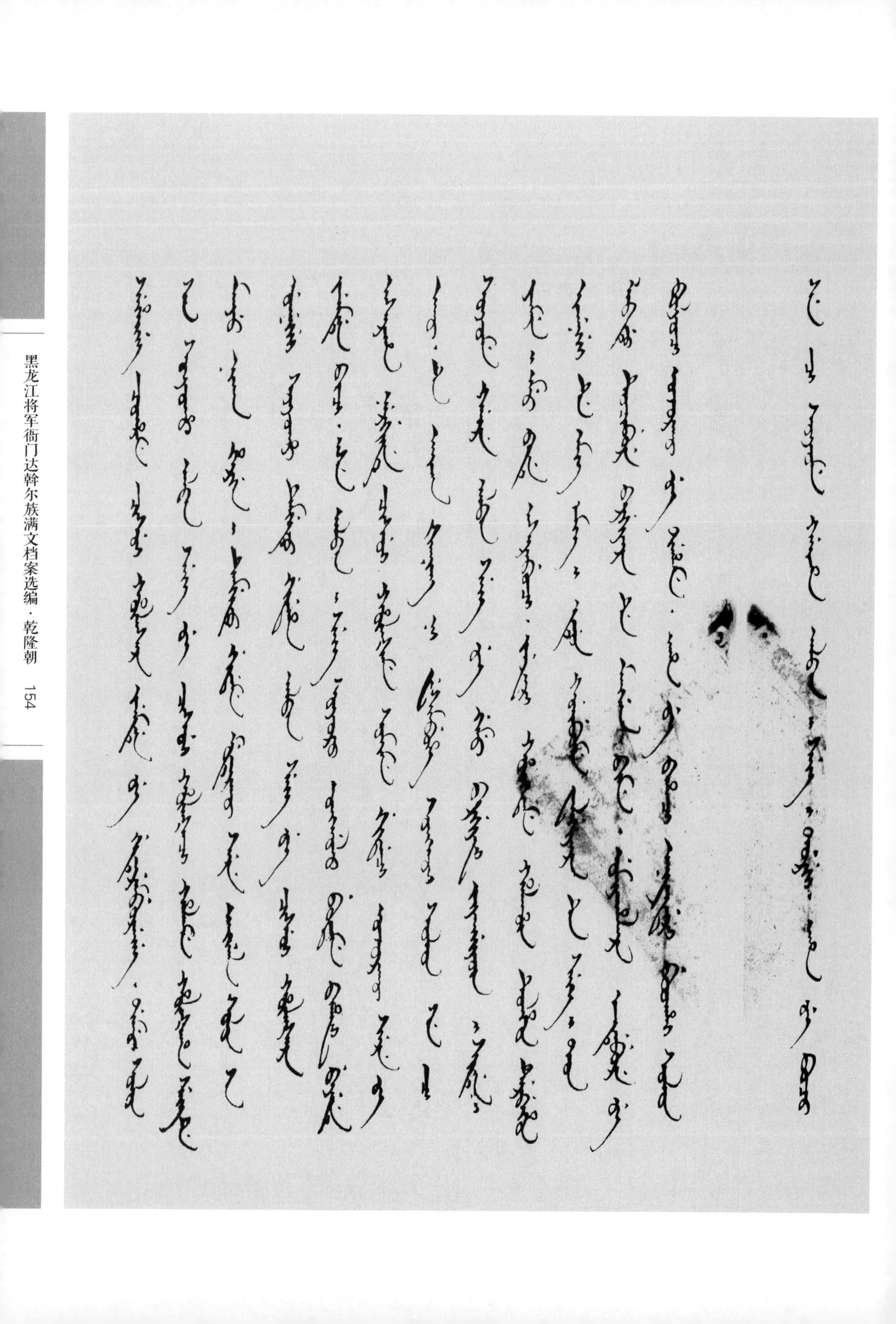

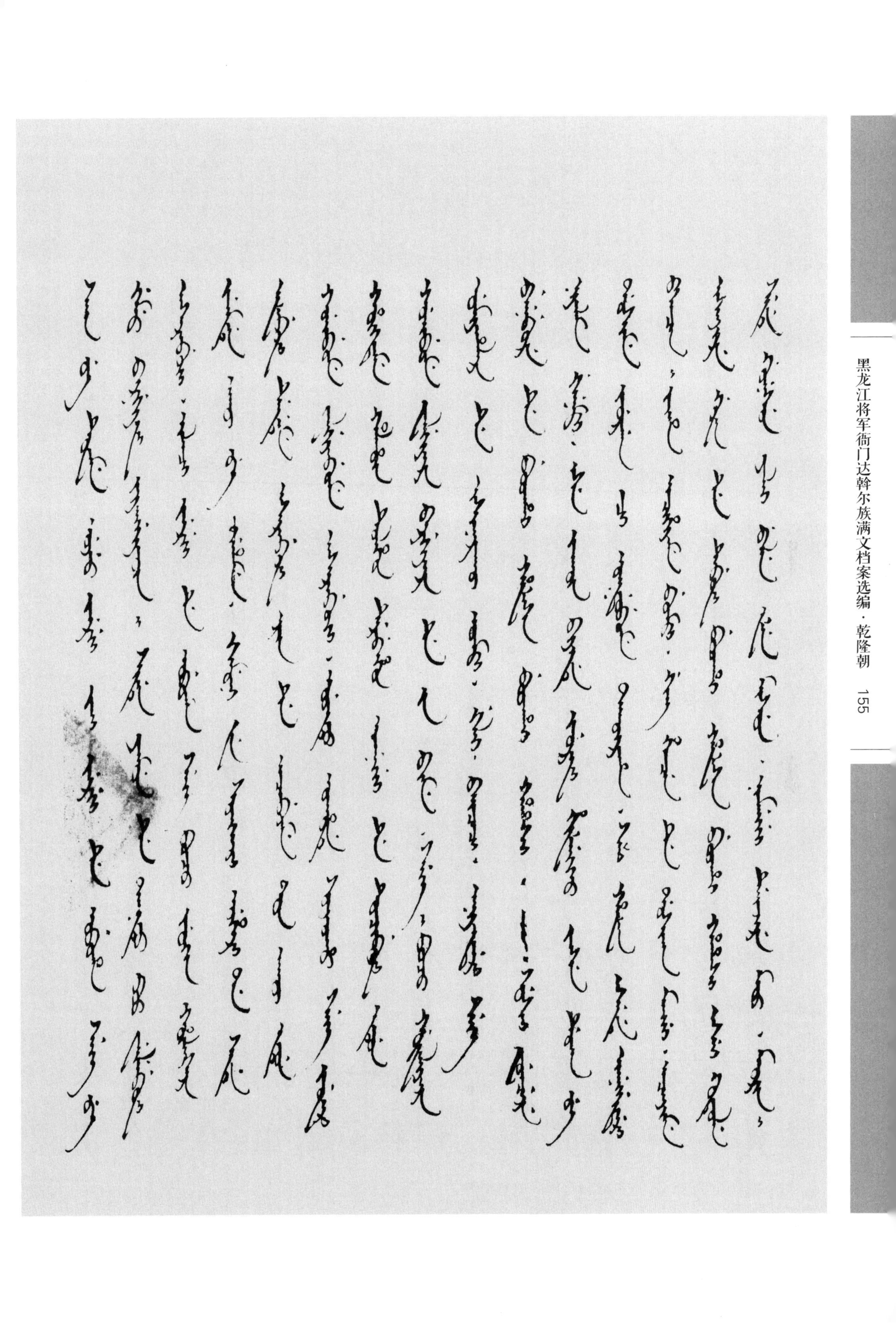

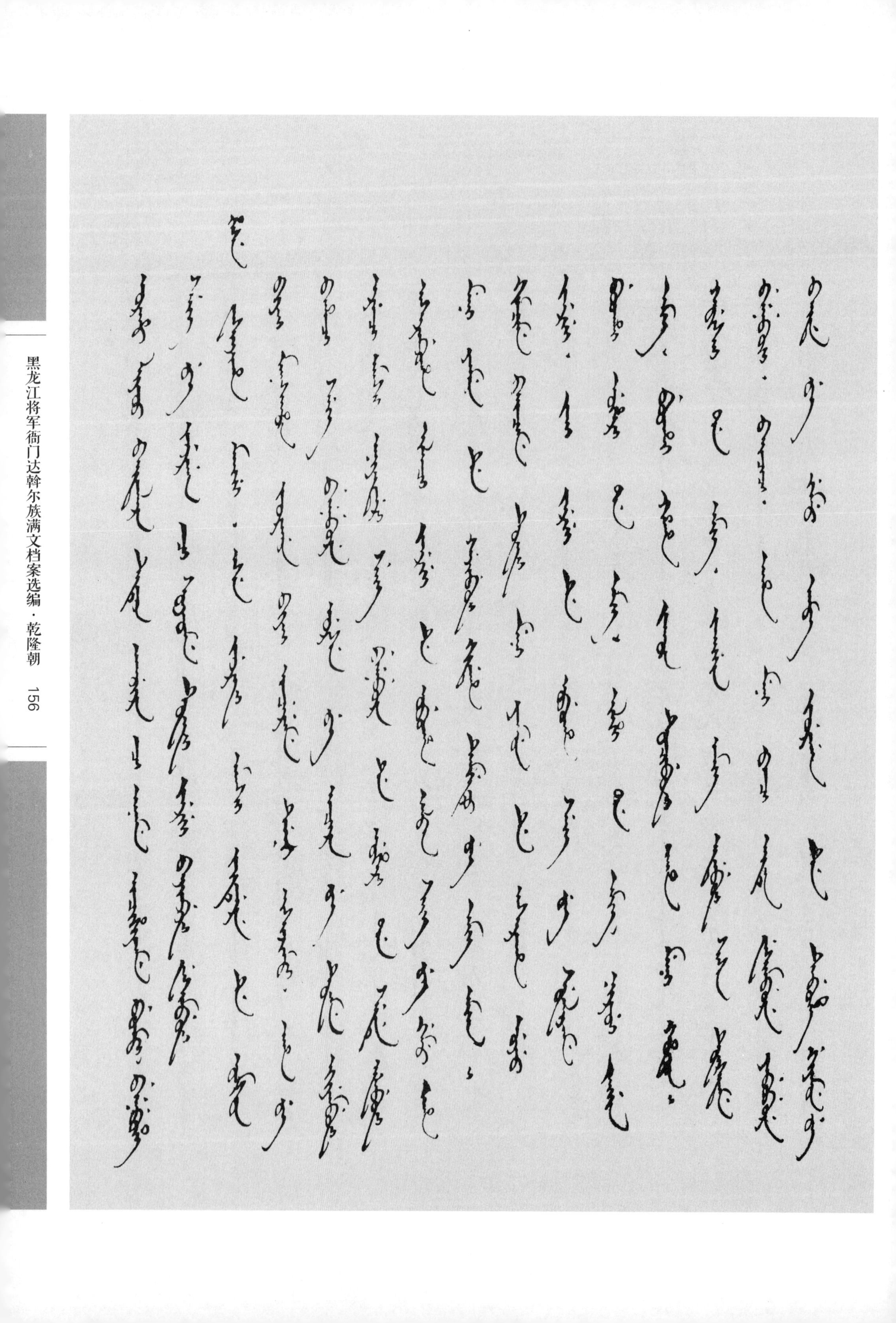

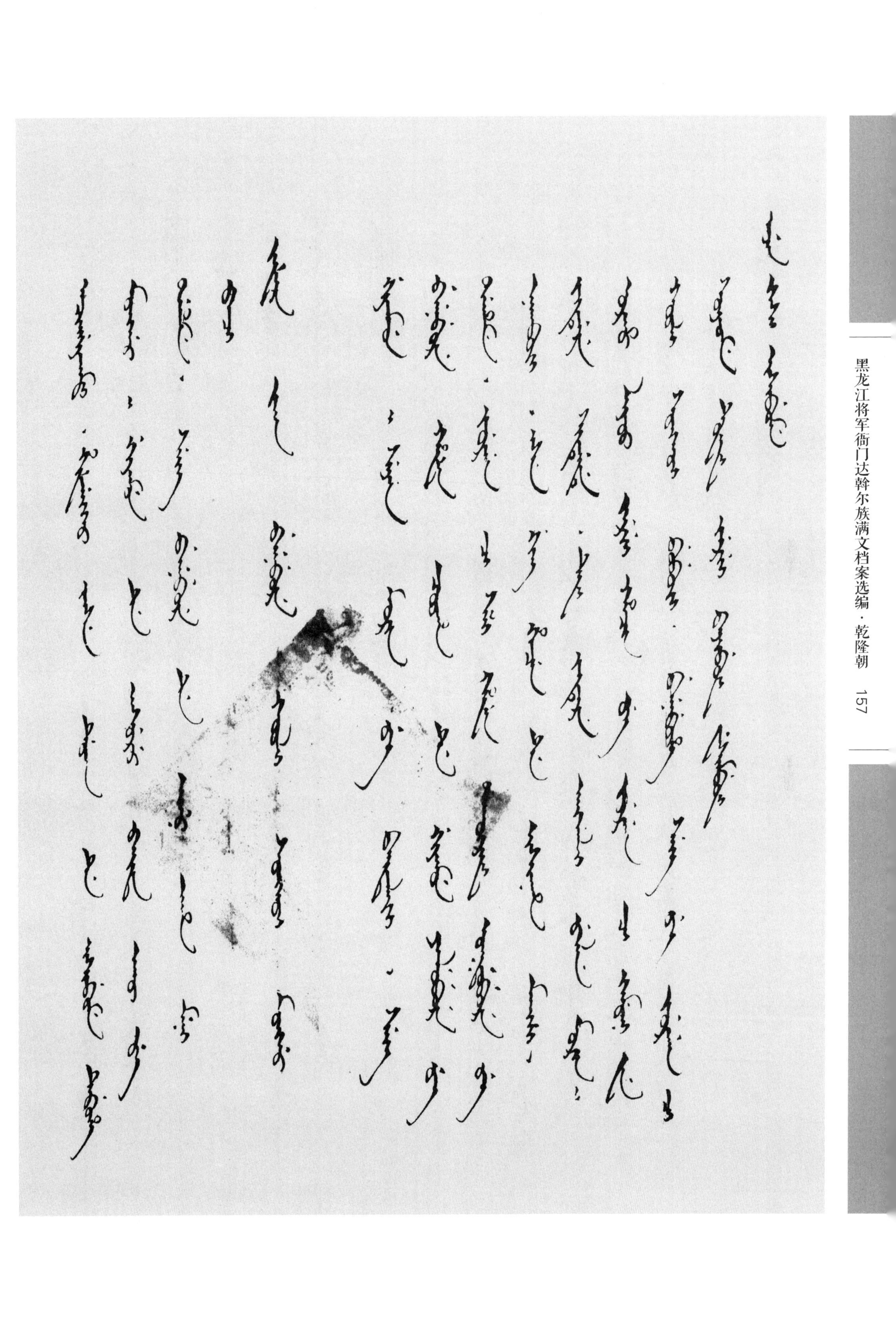

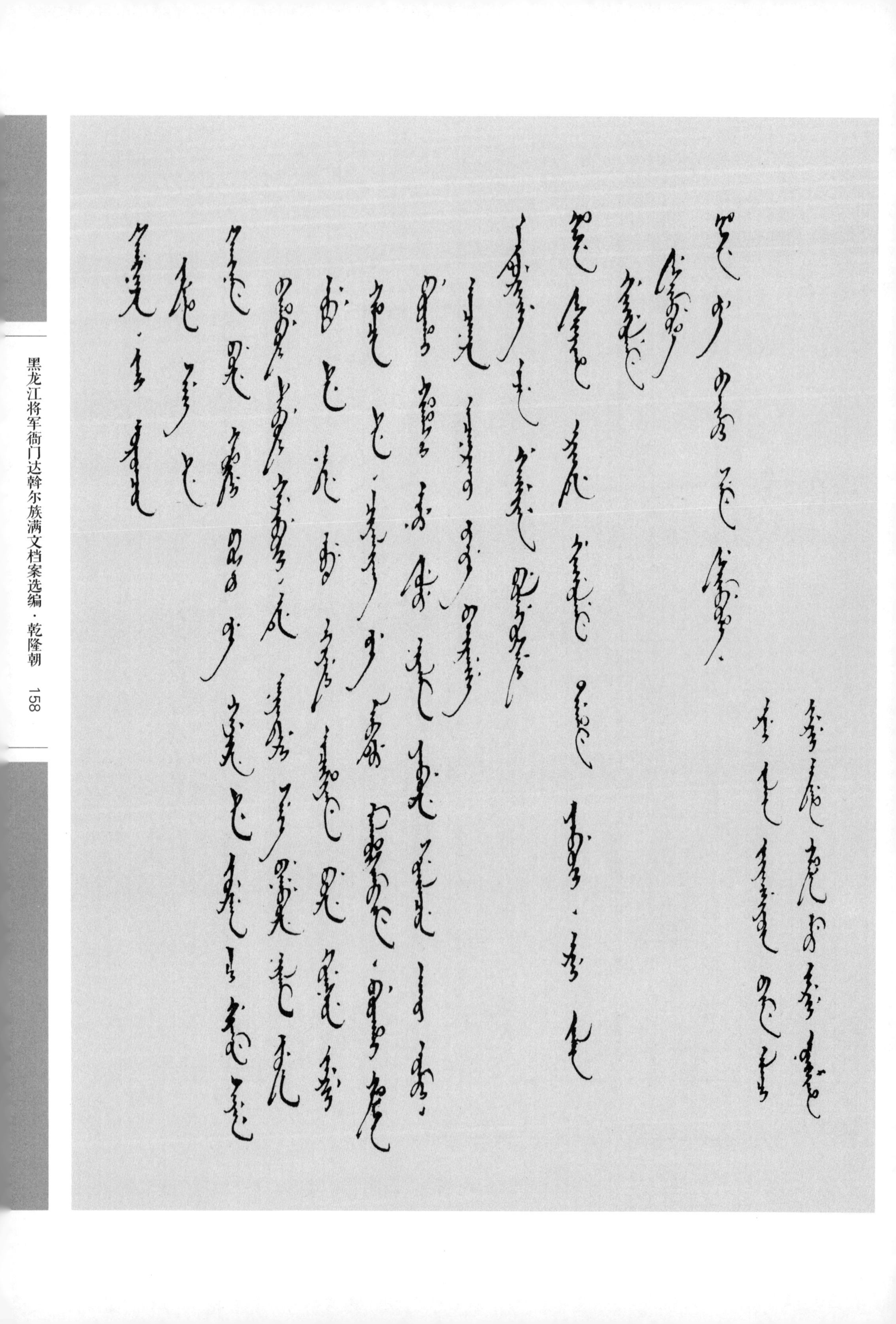

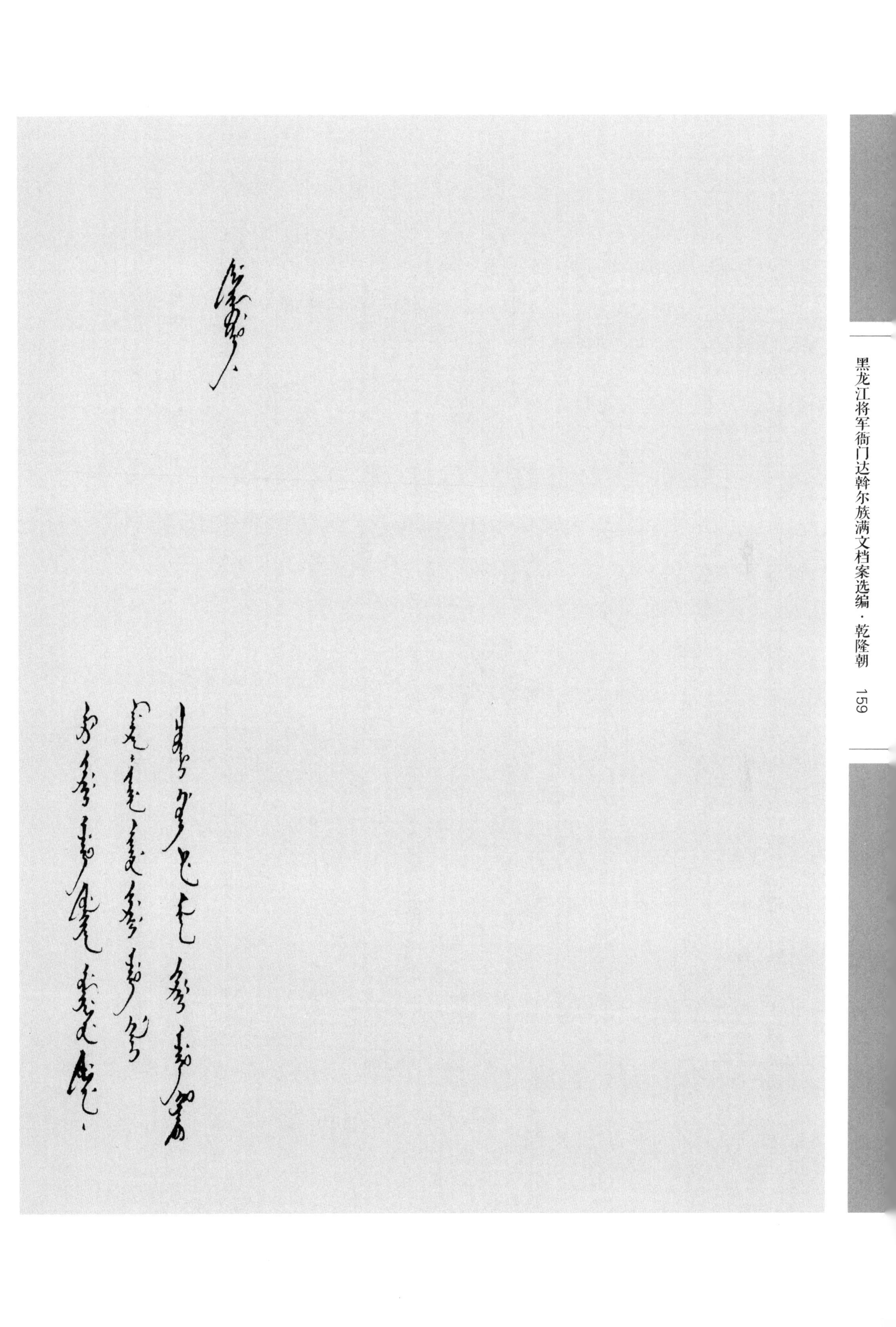

[illegible]

[illegible]

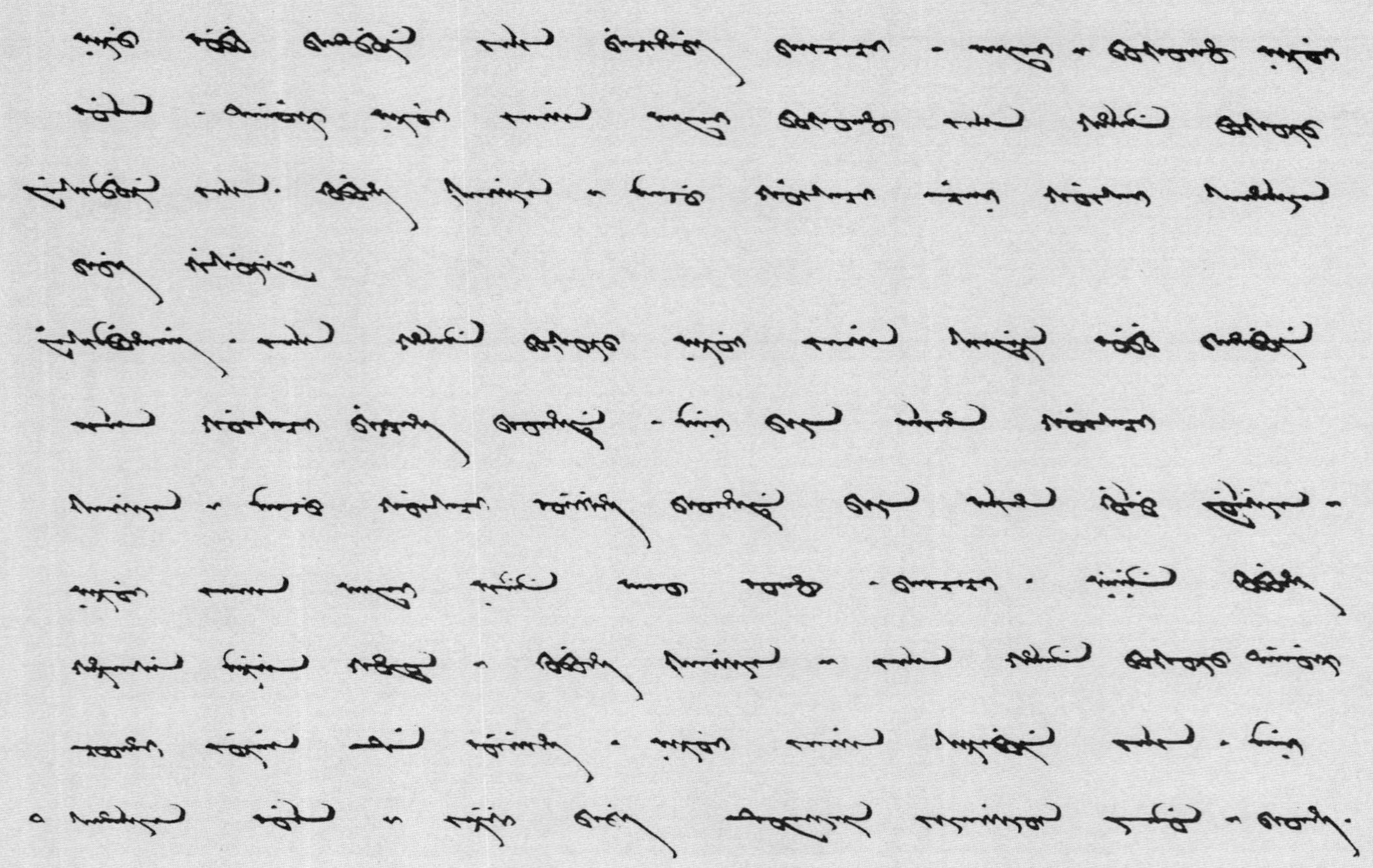

乾隆十三年三月十八日

咨兵部文

四八八 黑龙江将军衙门为墨尔根镶白旗达斡尔世管佐领安泰病故其所遗缺拣选拟定正陪人员引见事

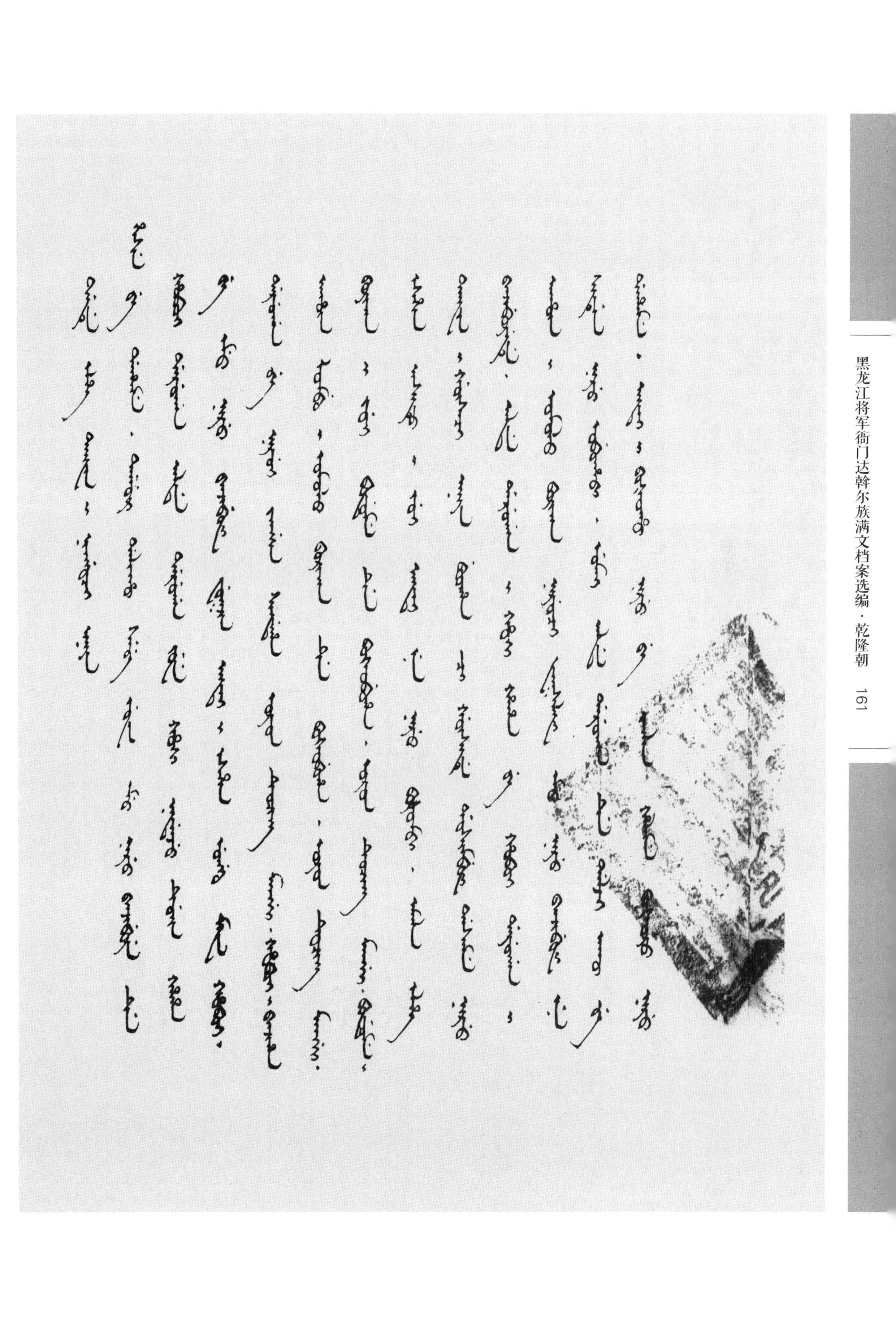

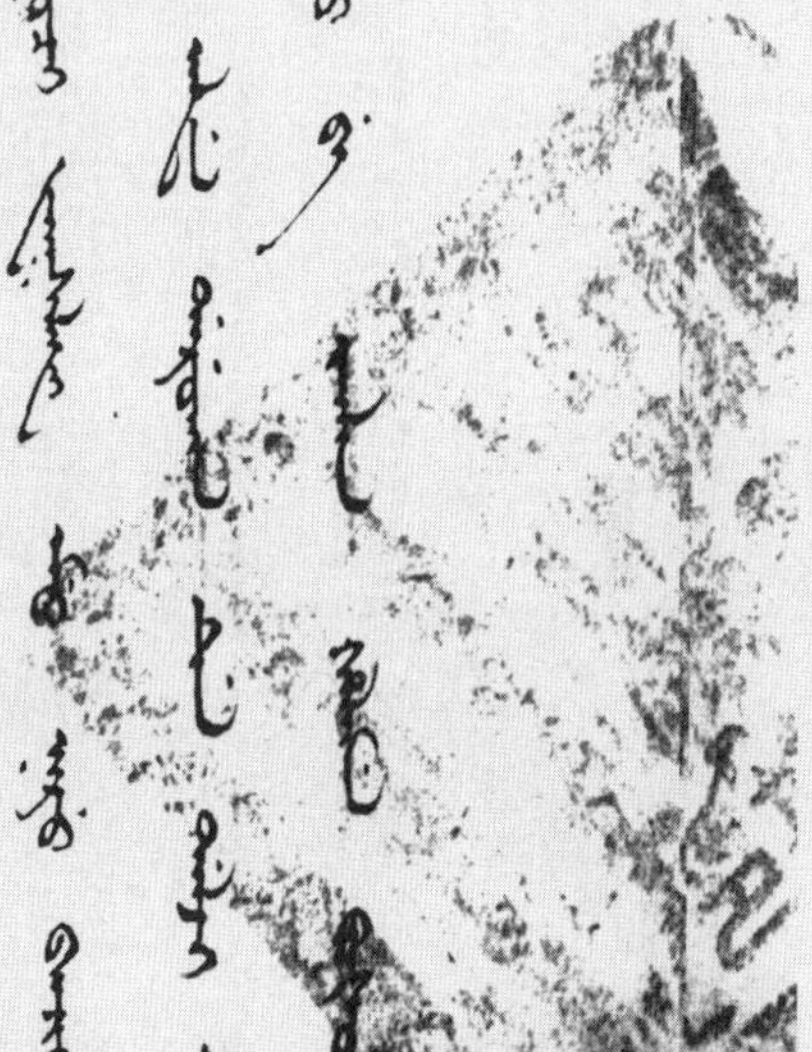

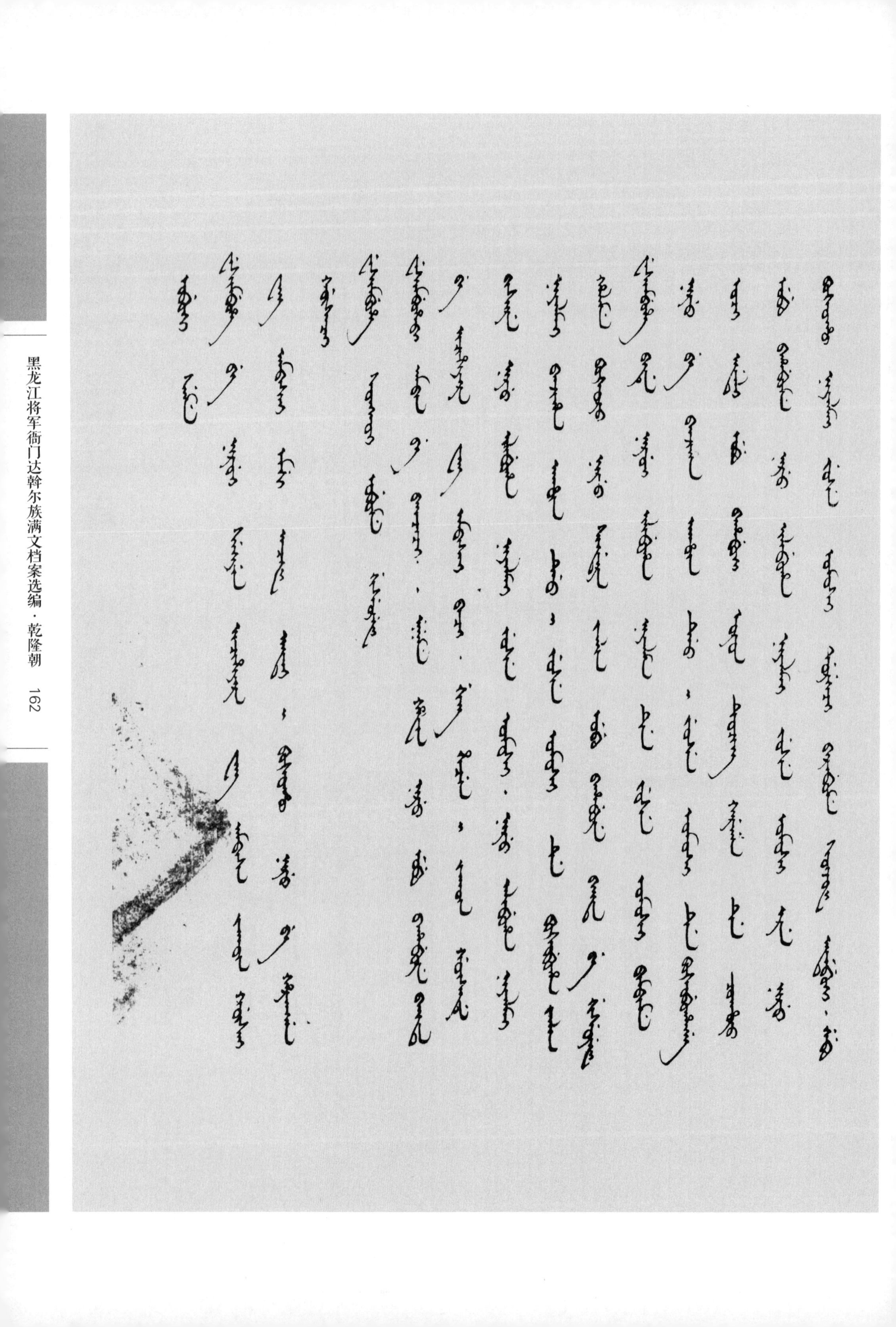

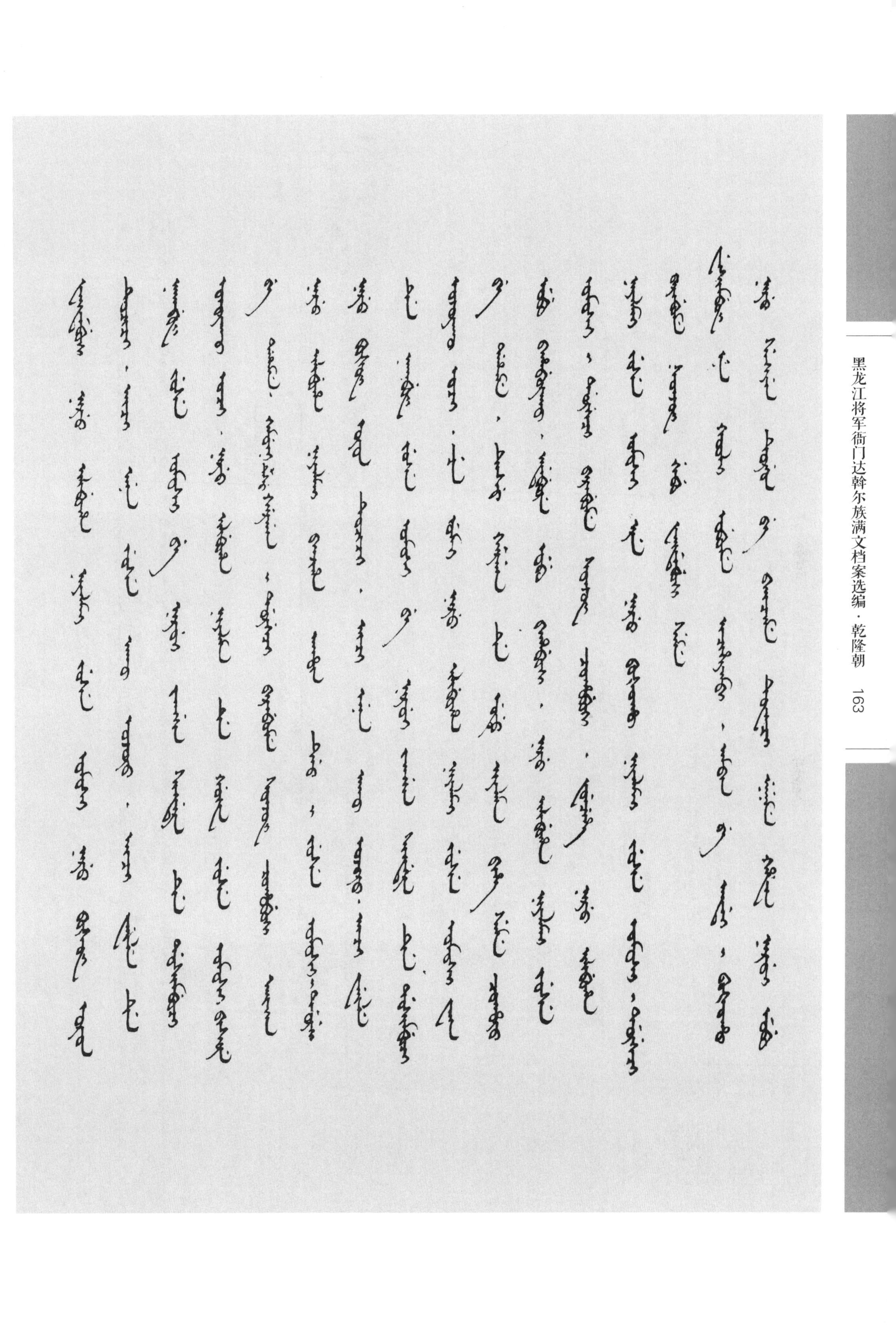

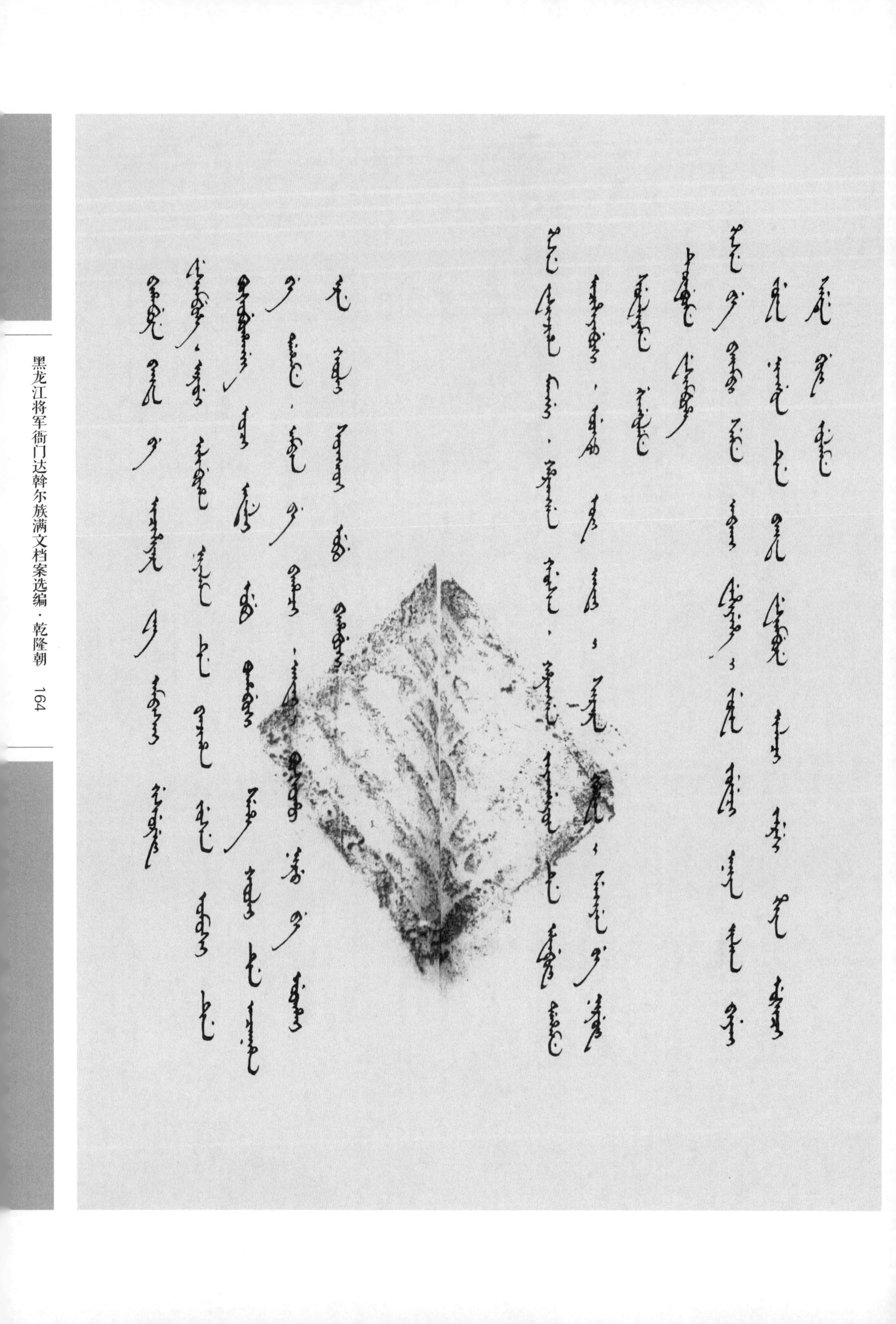

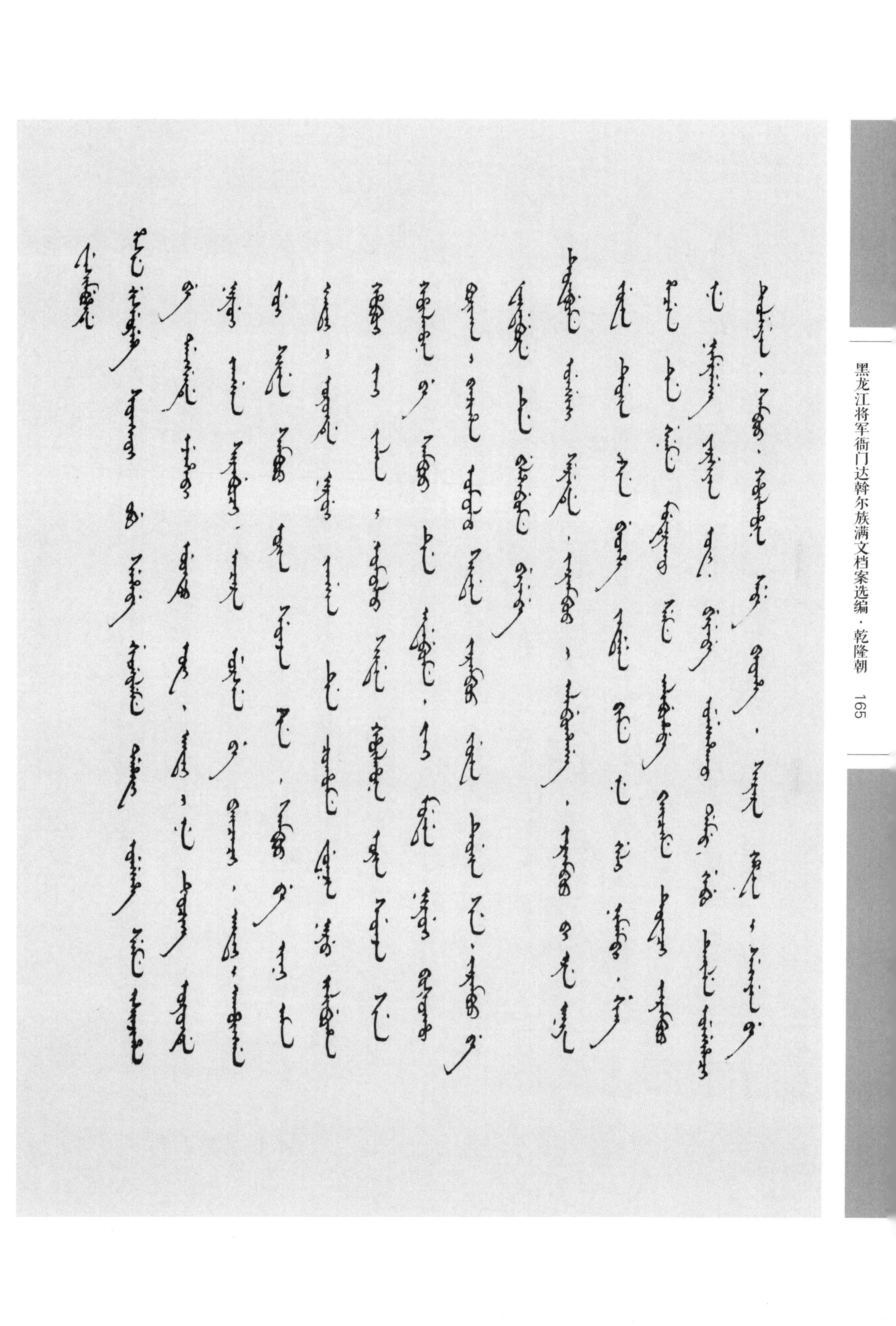

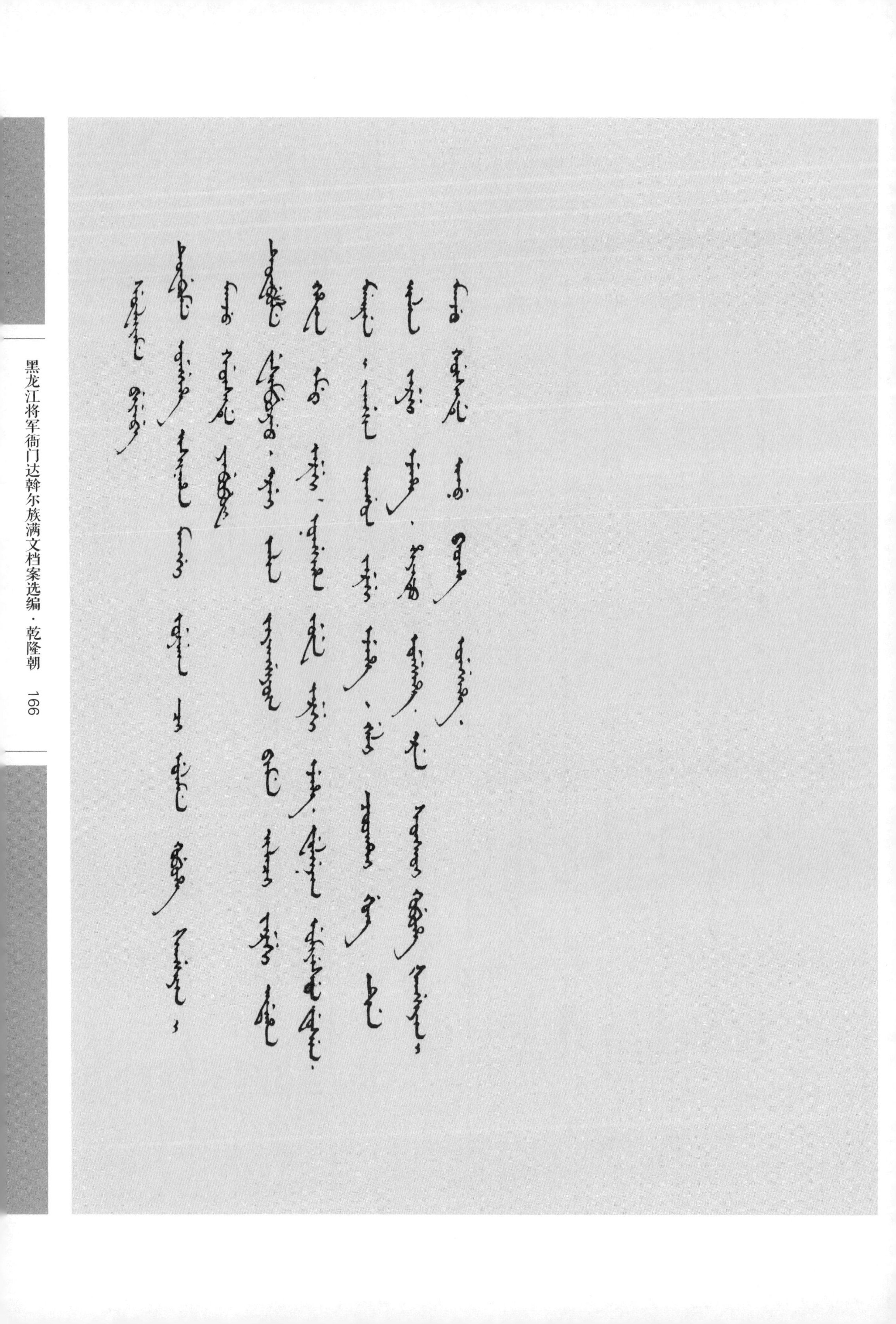

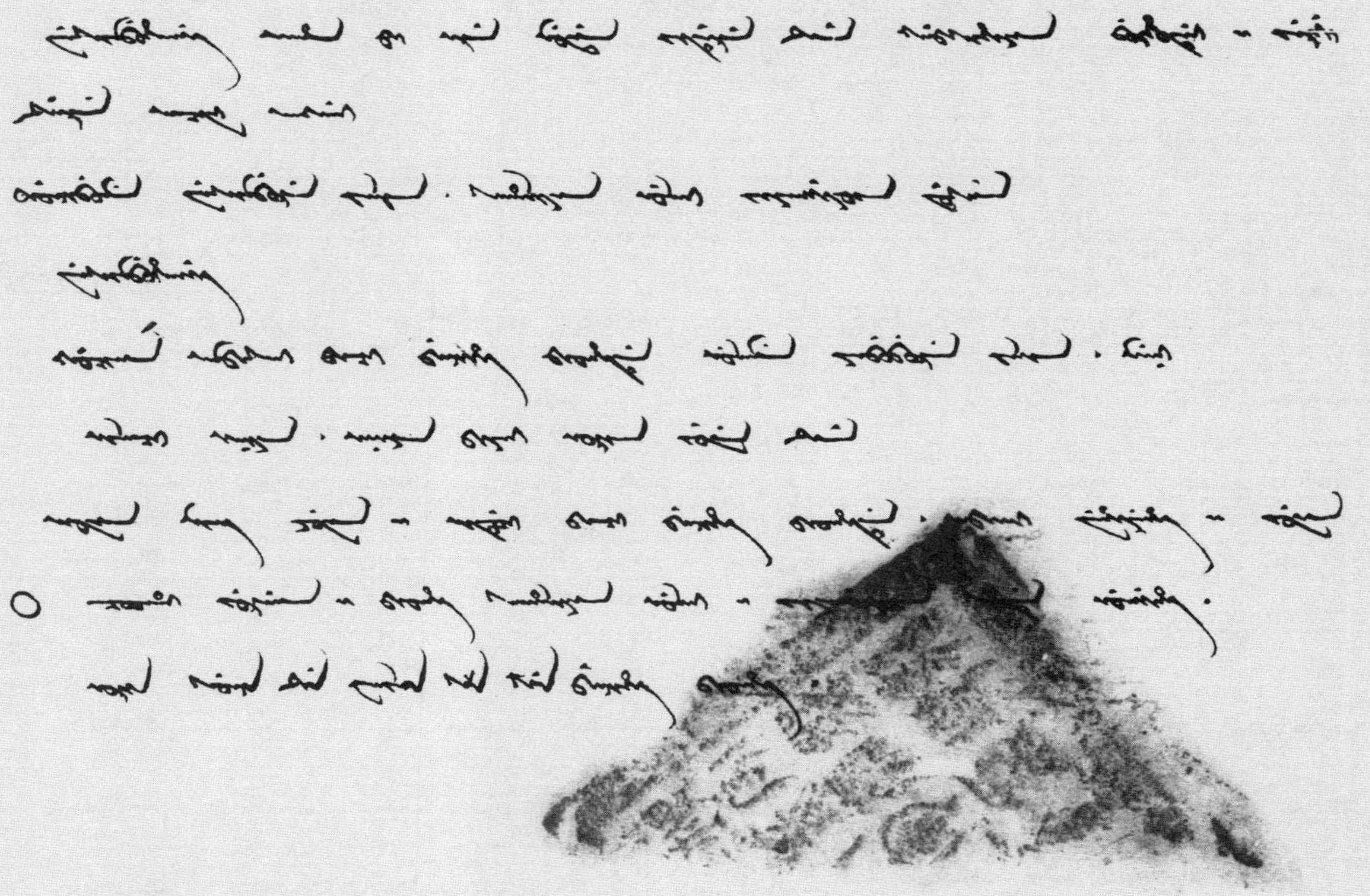

乾隆十三年三月二十五日

四八九　兵部为达斡尔前锋布尔呼德依等暂行记名明年随进木兰围事咨黑龙江将军等文

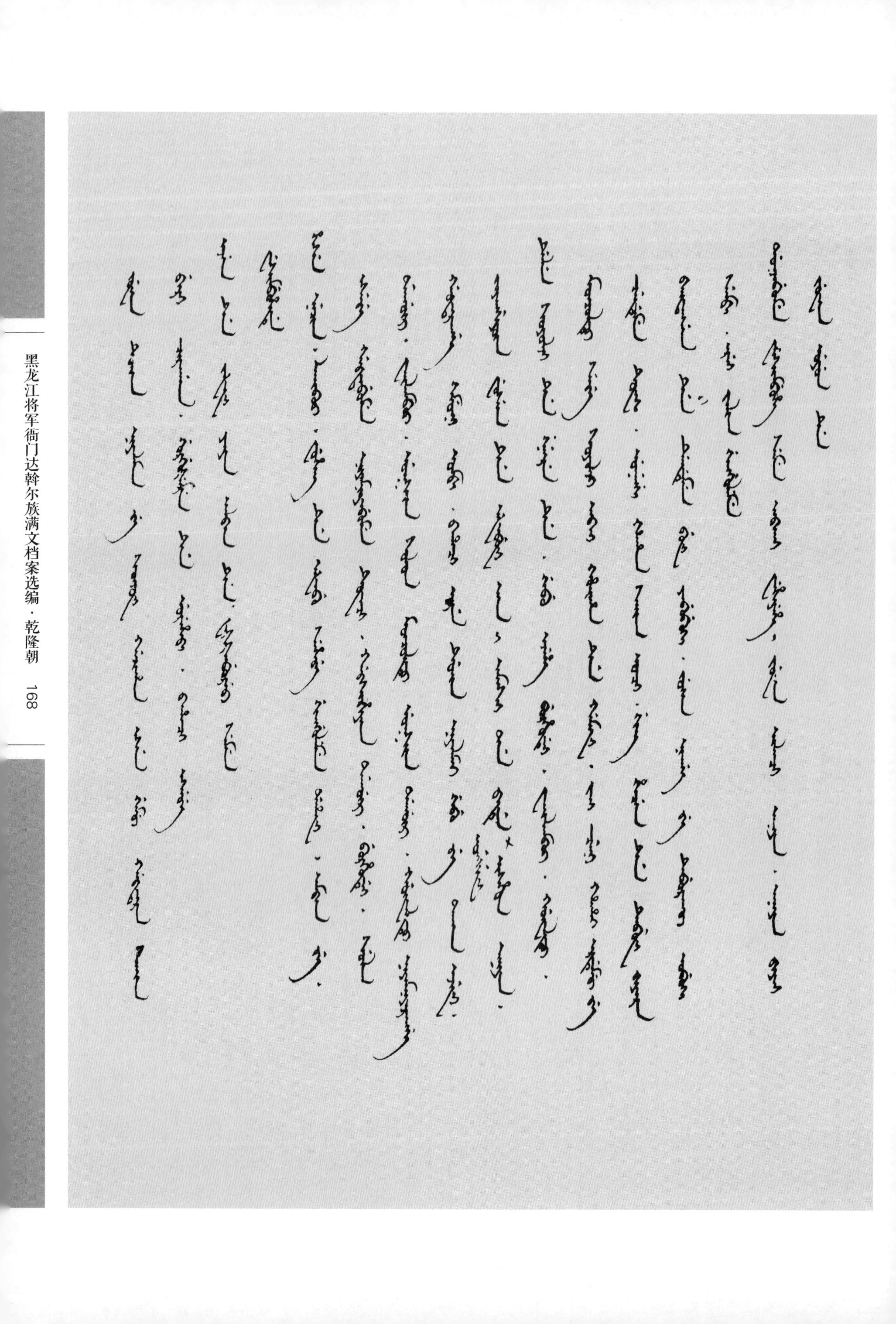

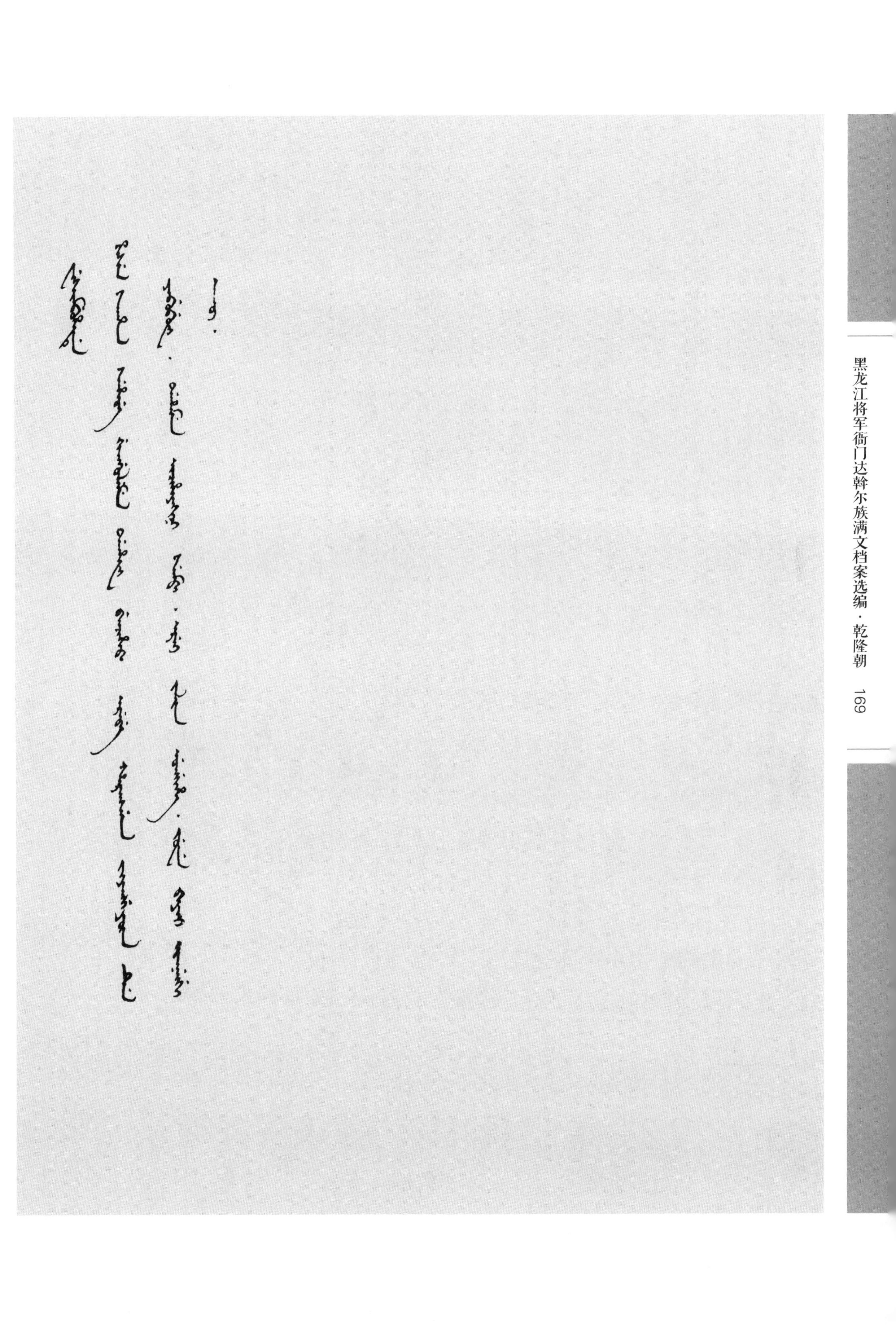

[illegible]

[illegible]

[illegible]

[illegible]

四九〇 兵部为催解达斡尔肯济锡佐领源流册事咨黑龙江将军等文

乾隆十三年三月二十五日

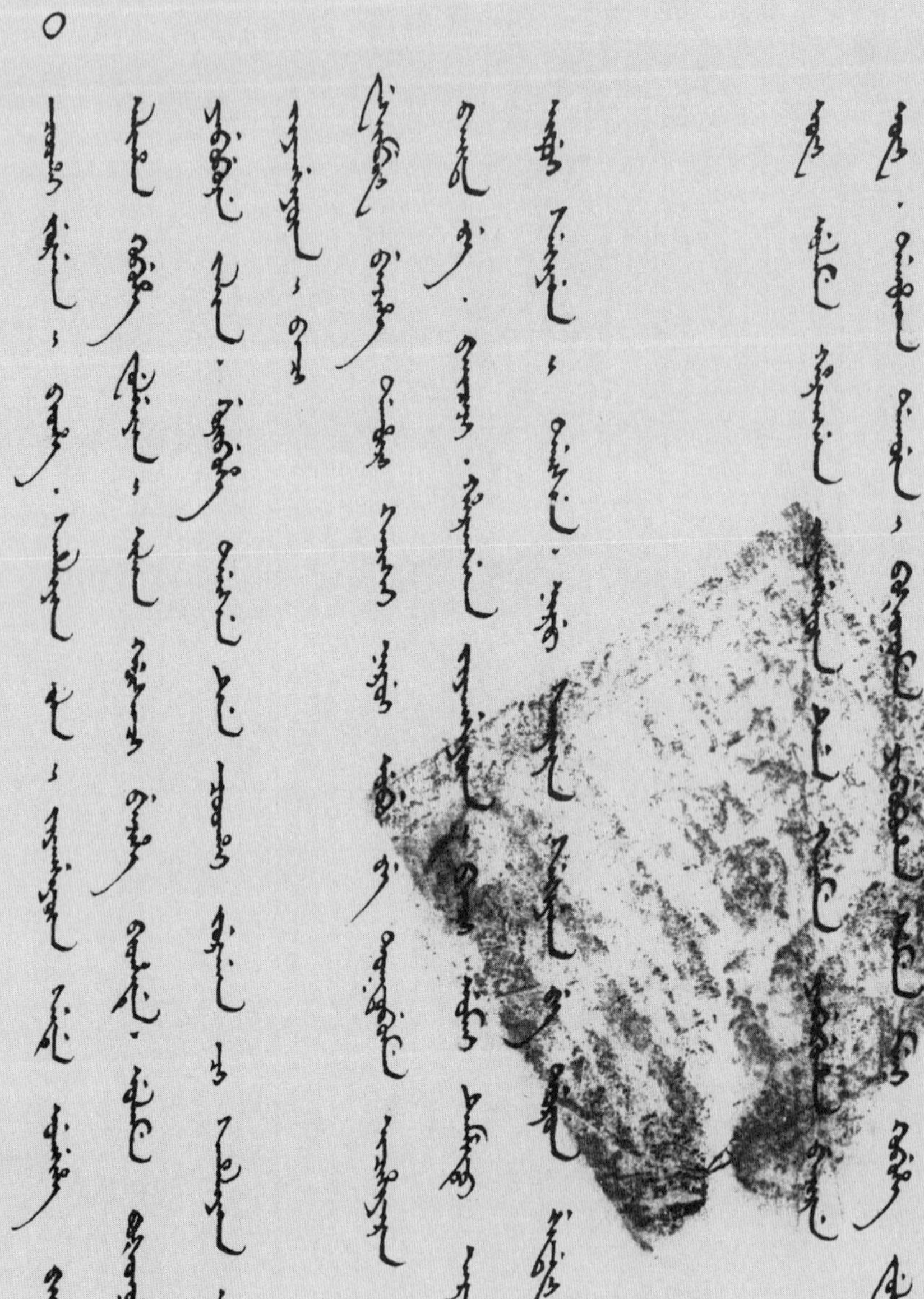

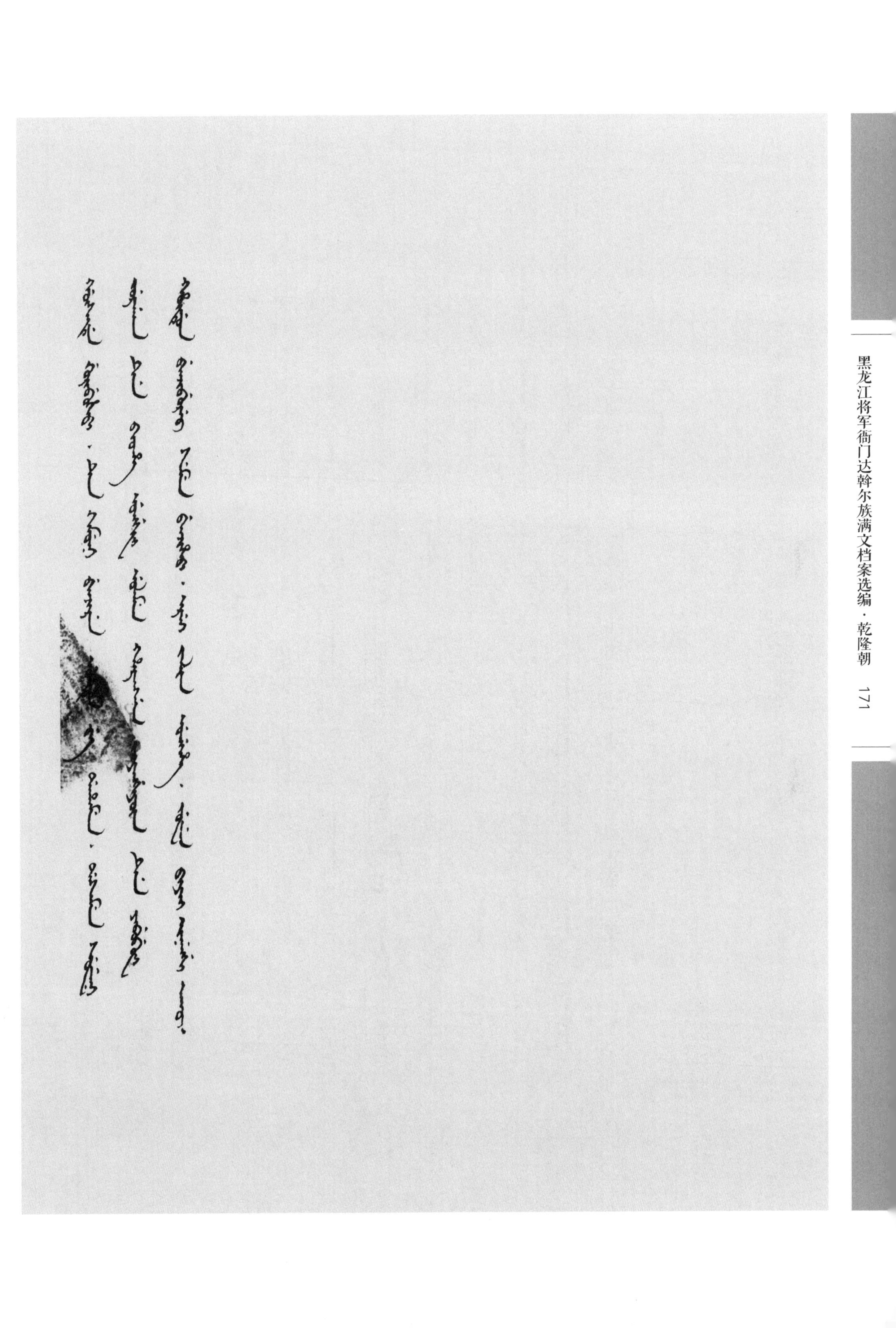

[illegible]

四九一　黑龙江将军衙门为前已陈清未能及时解送达斡尔肯济锡佐领源流册缘由事咨兵部文

乾隆十三年三月二十六日

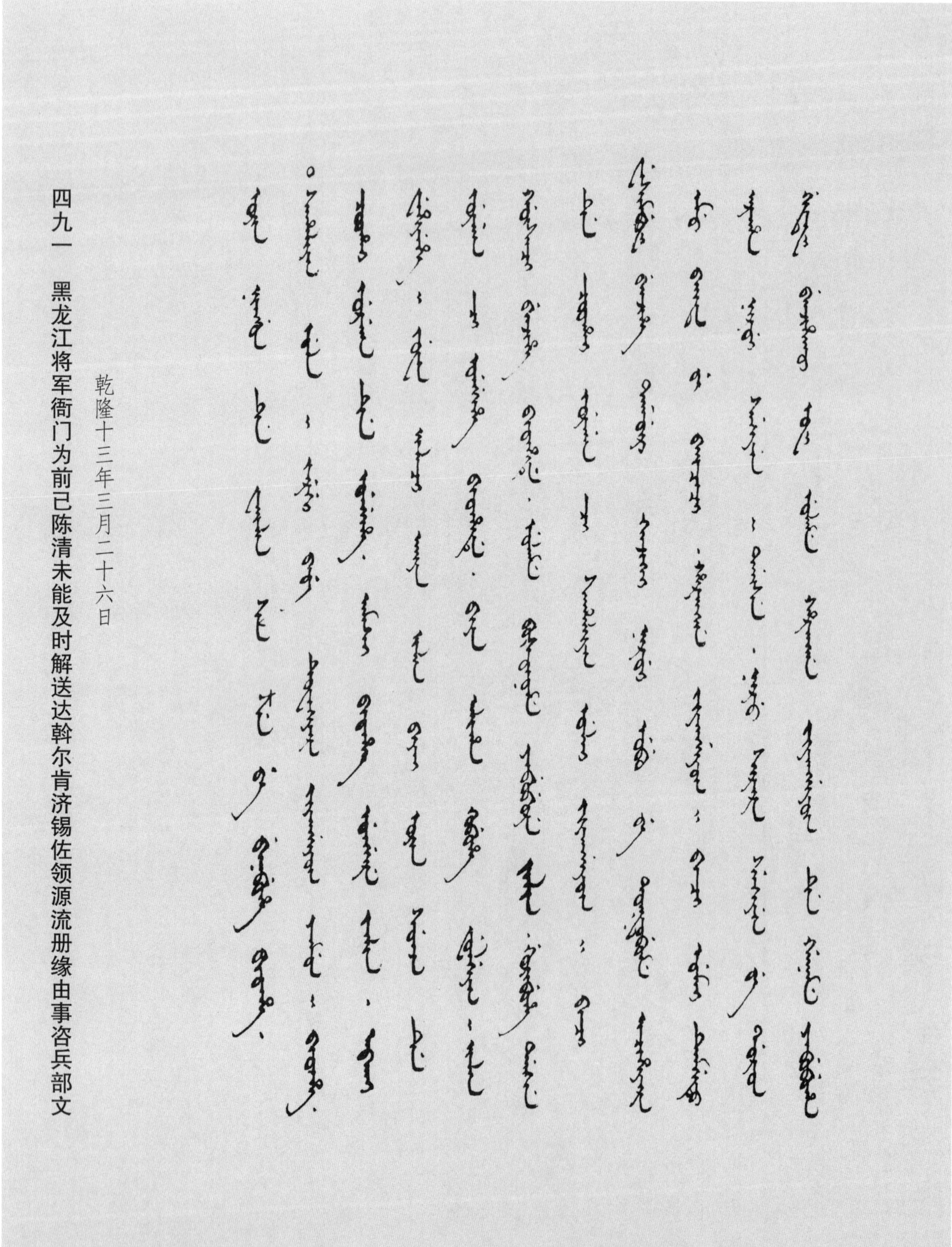

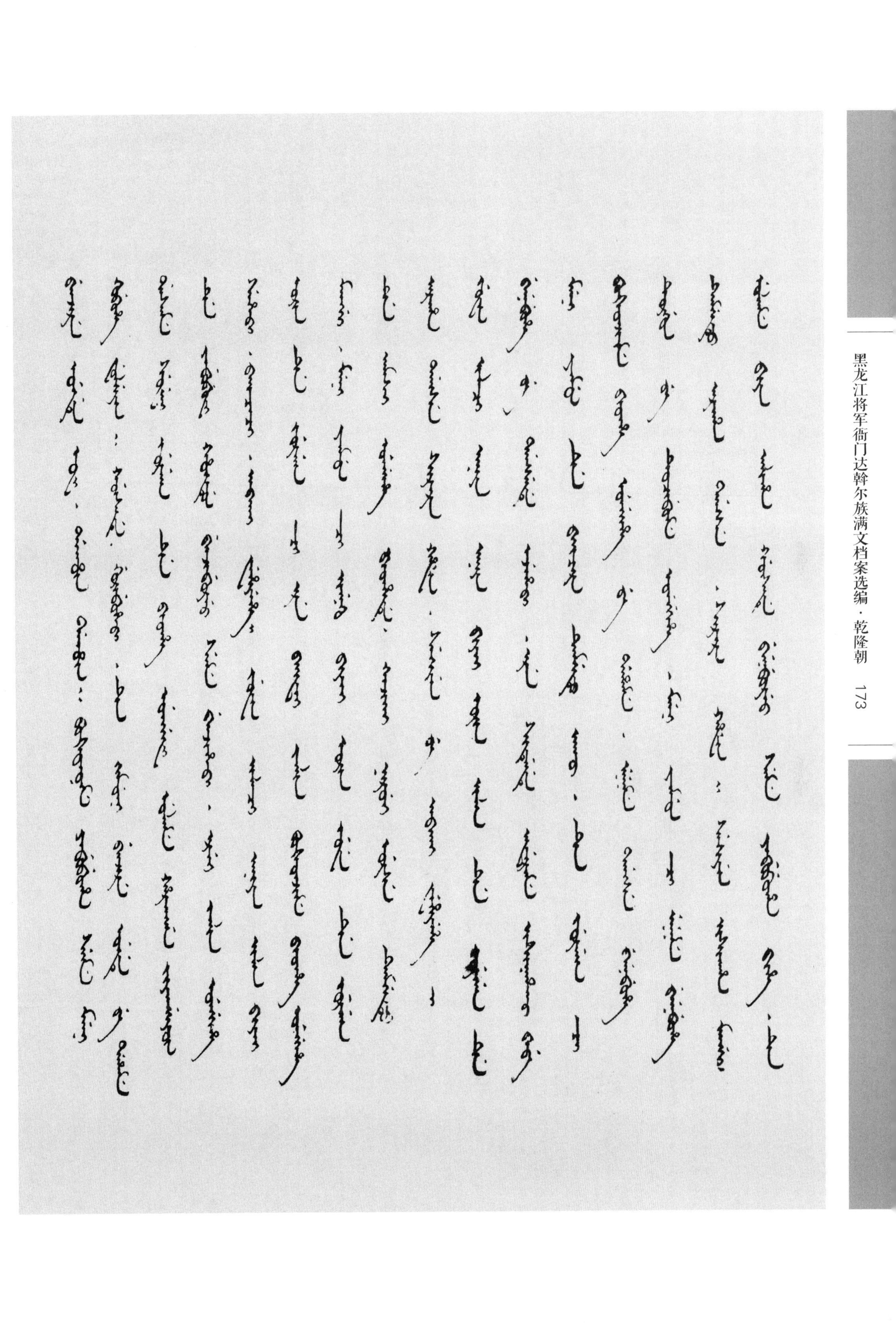

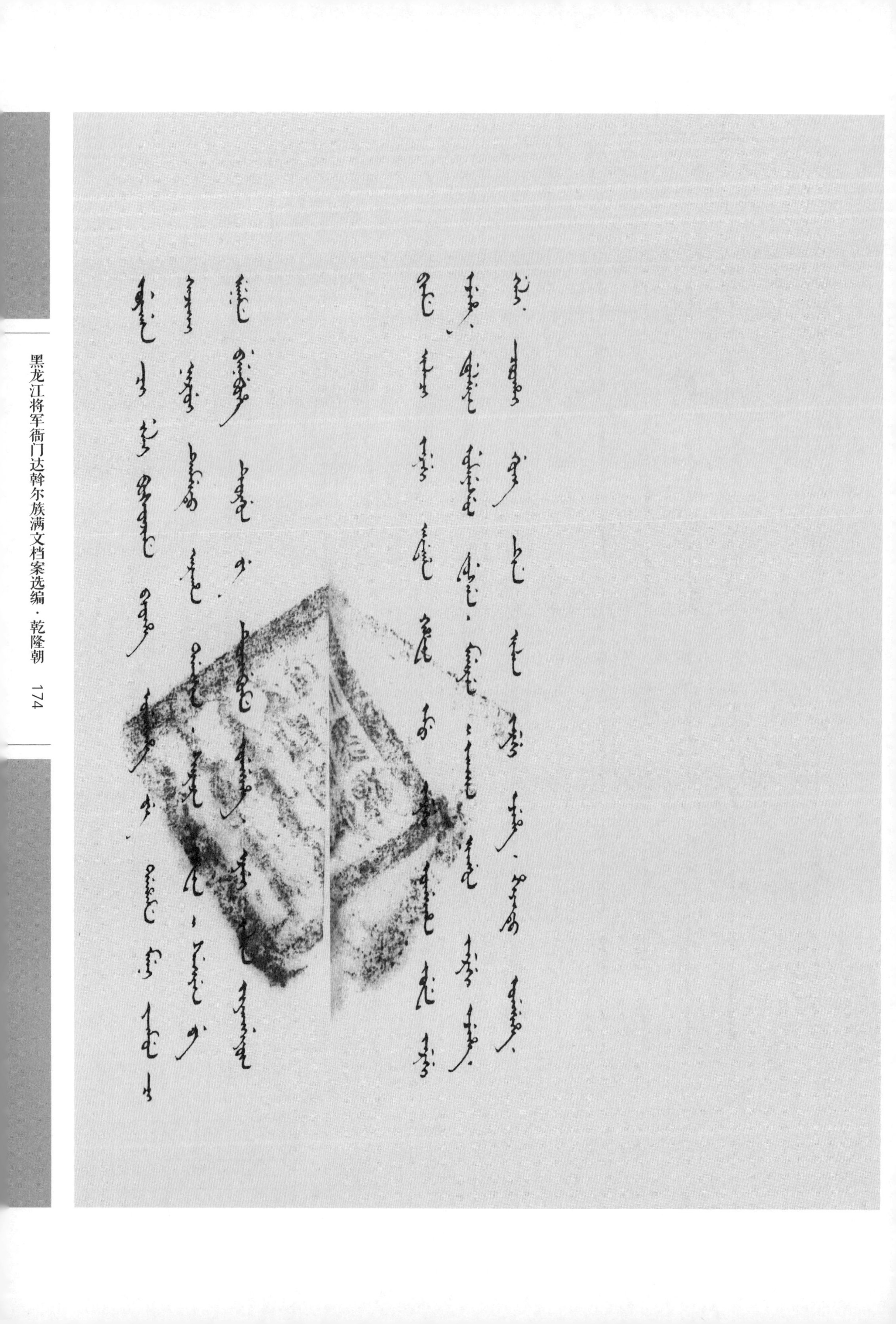

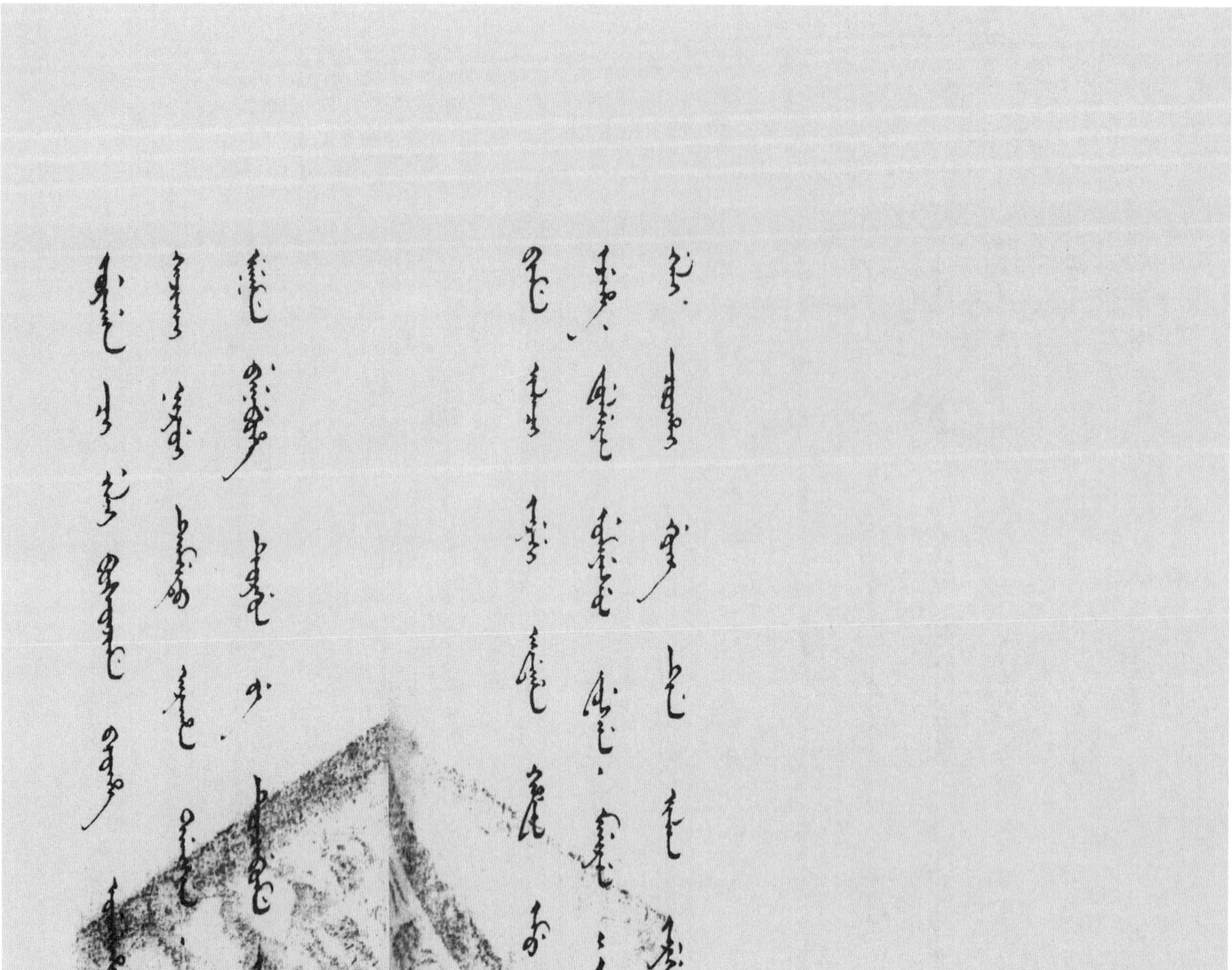

四九二　黑龙江将军衙门为解送赴京引见得赏布特哈索伦达斡尔等官兵职名及所赏银物清册事咨理藩院文

乾隆十三年五月二十七日

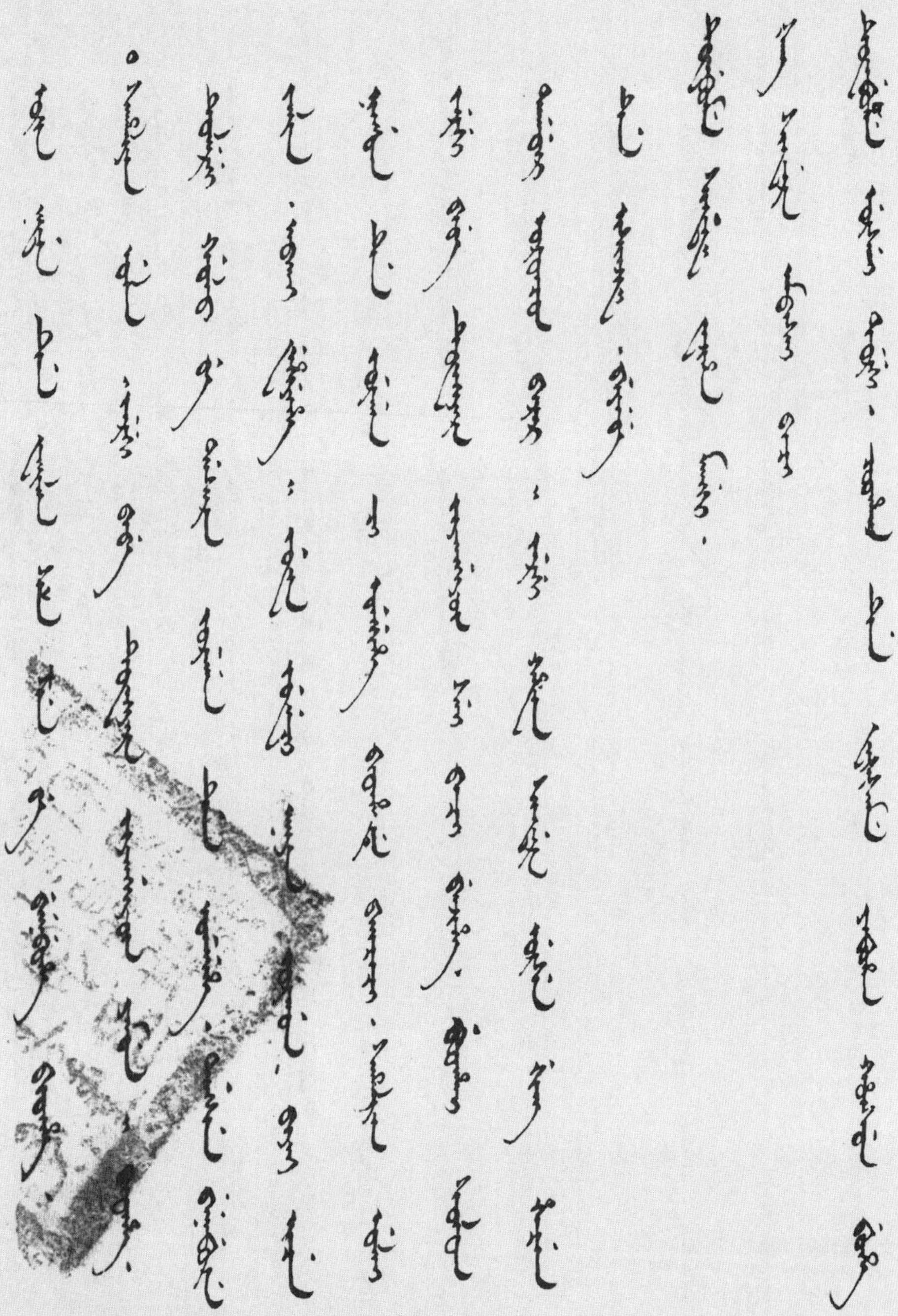

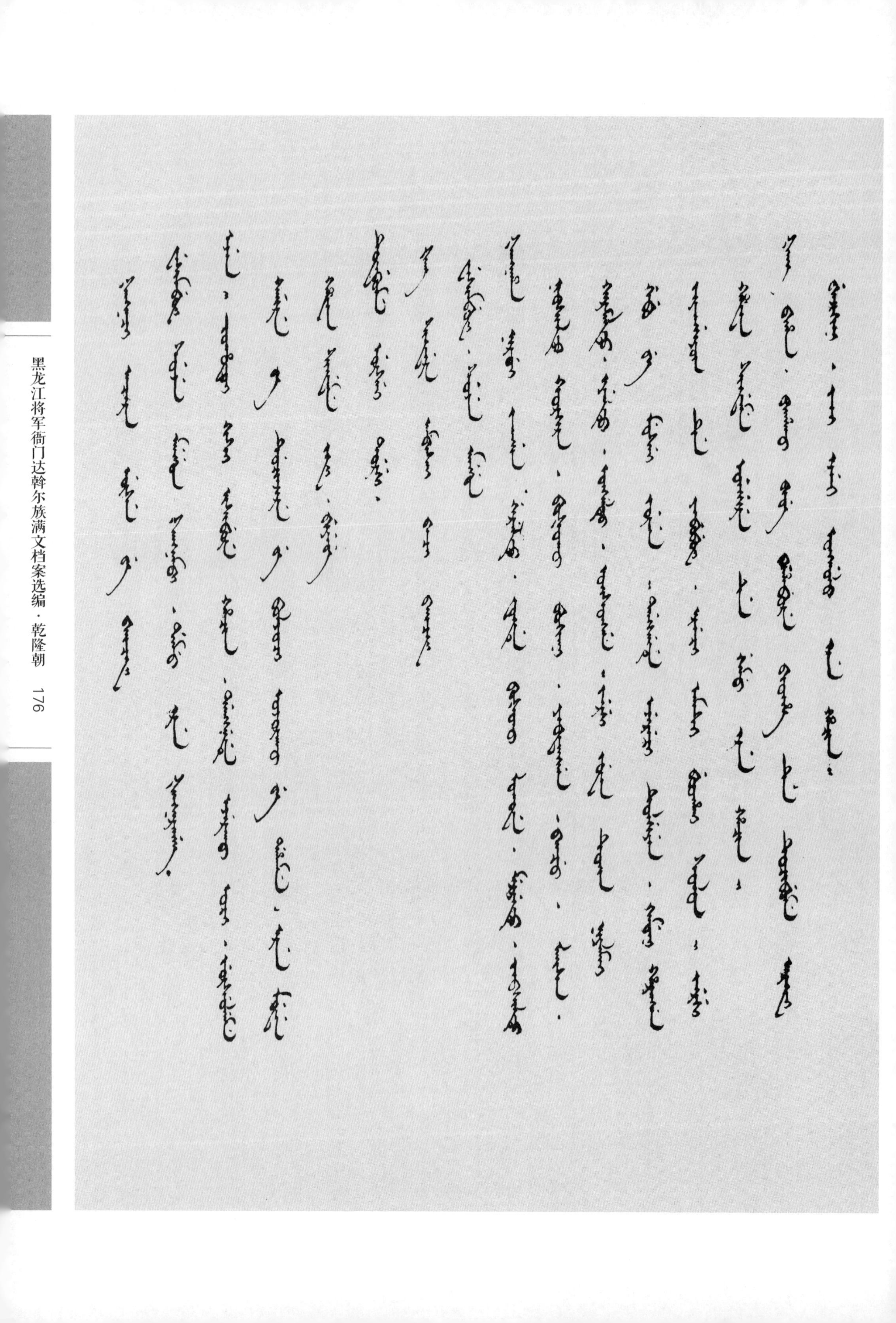

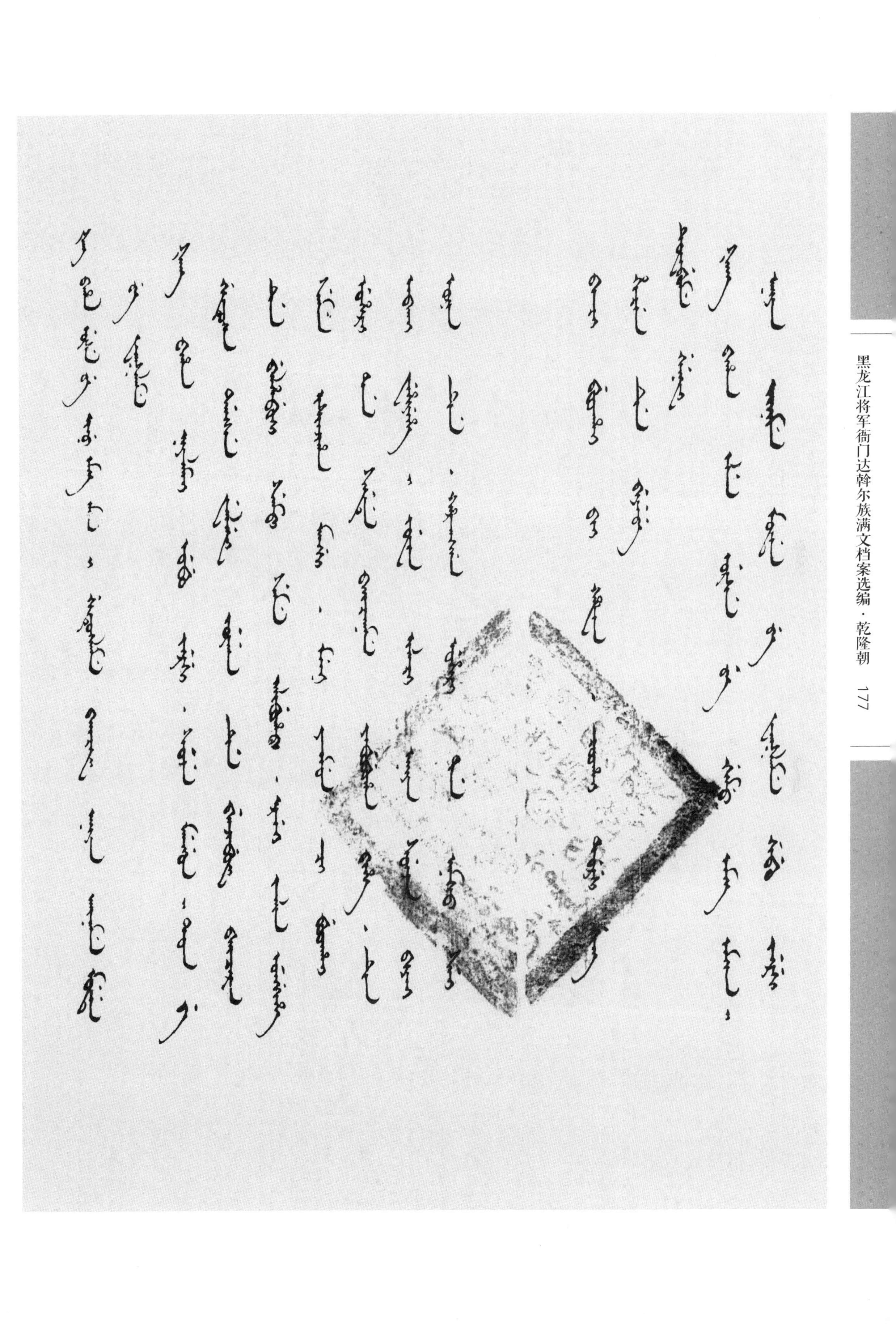

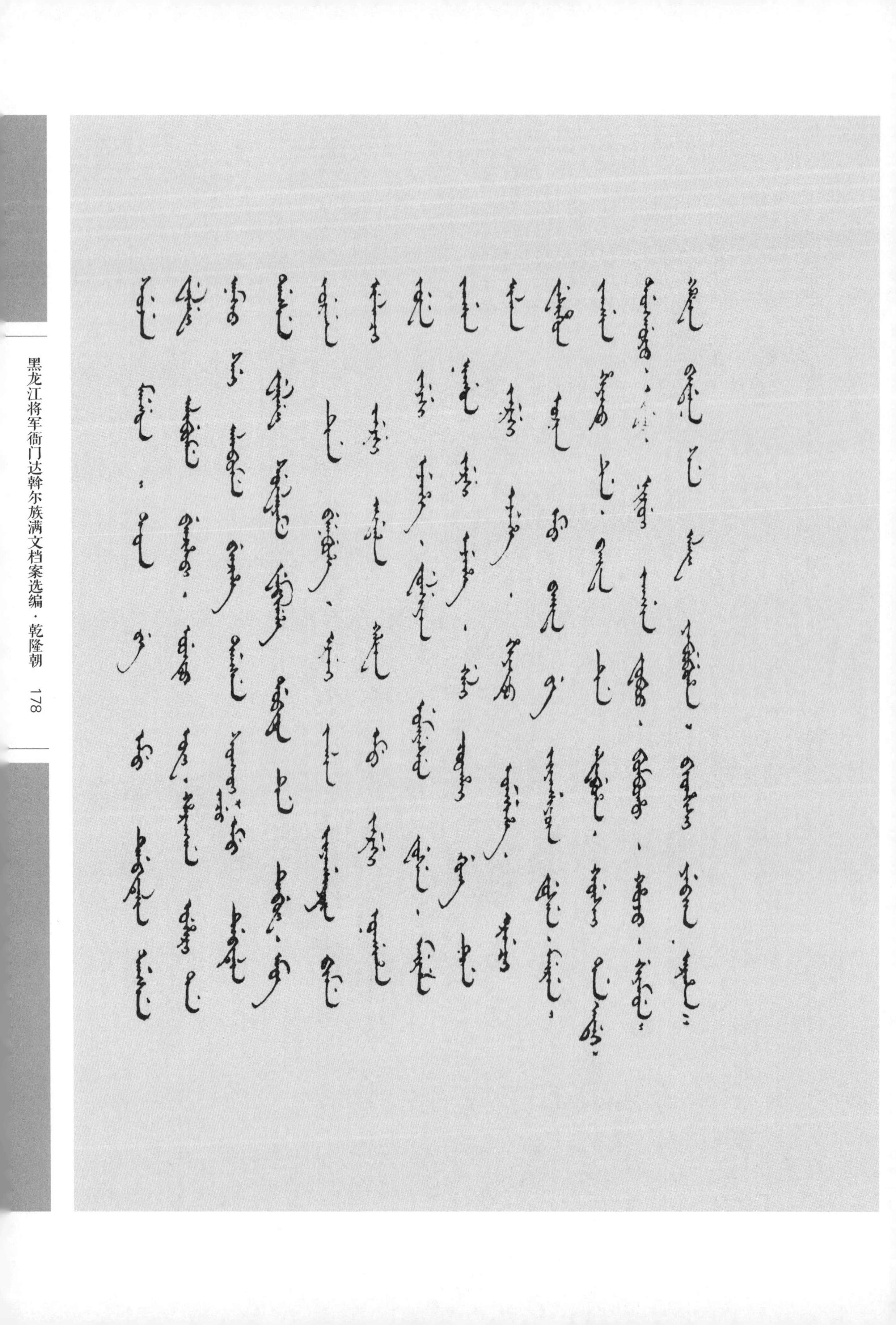

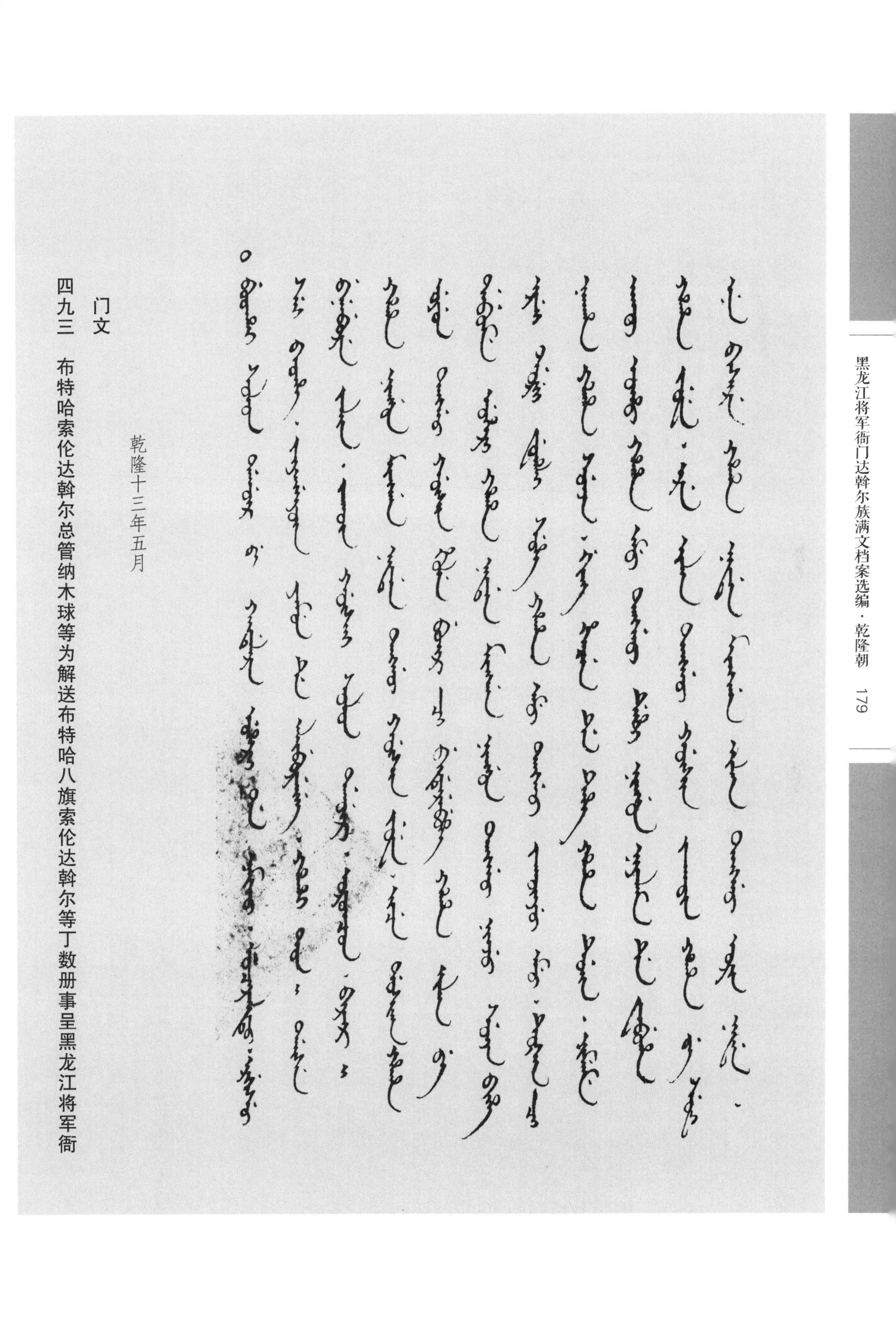

四九三 布特哈索伦达斡尔总管纳木球等为解送布特哈八旗索伦达斡尔等丁数册事呈黑龙江将军衙门文

乾隆十三年五月

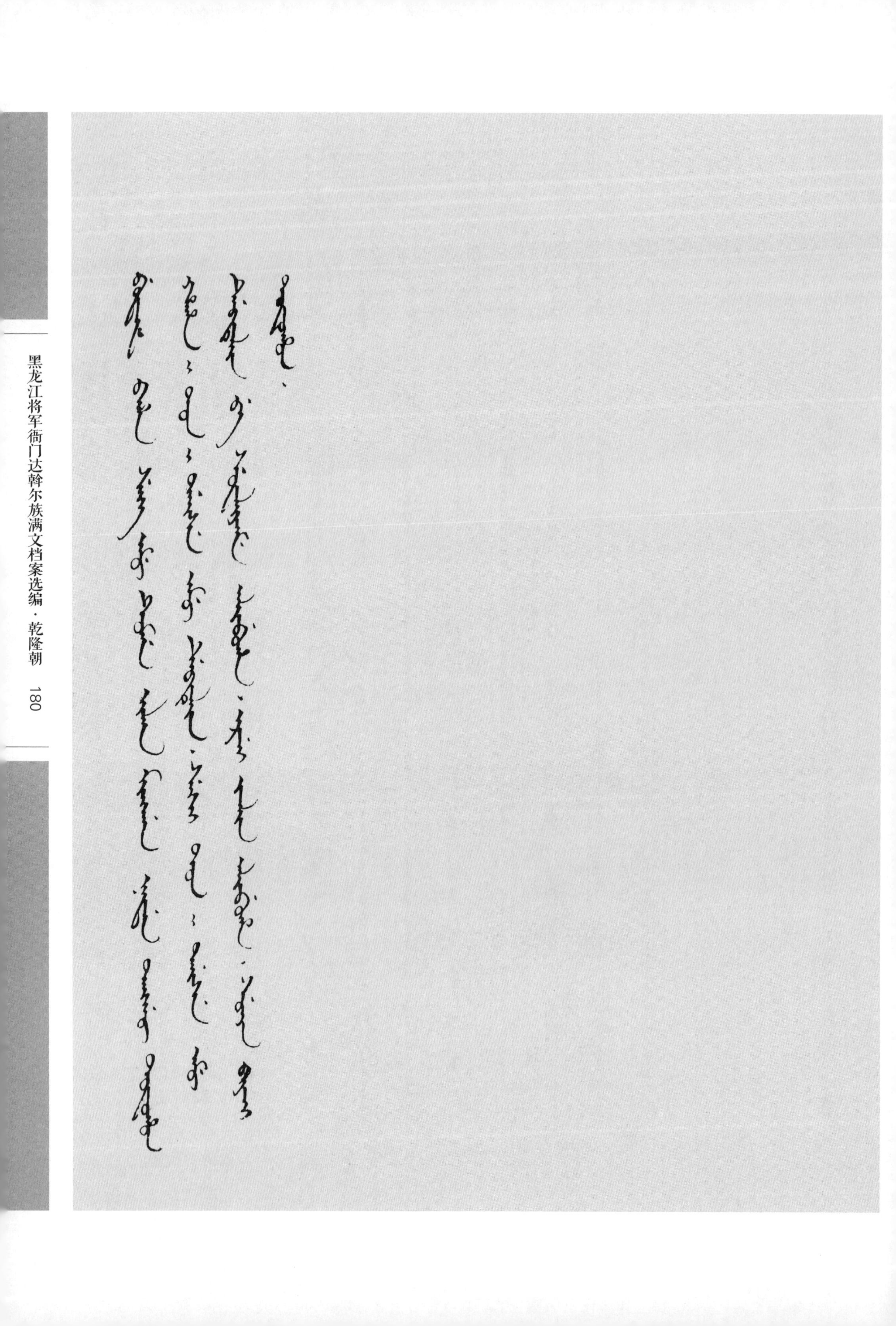

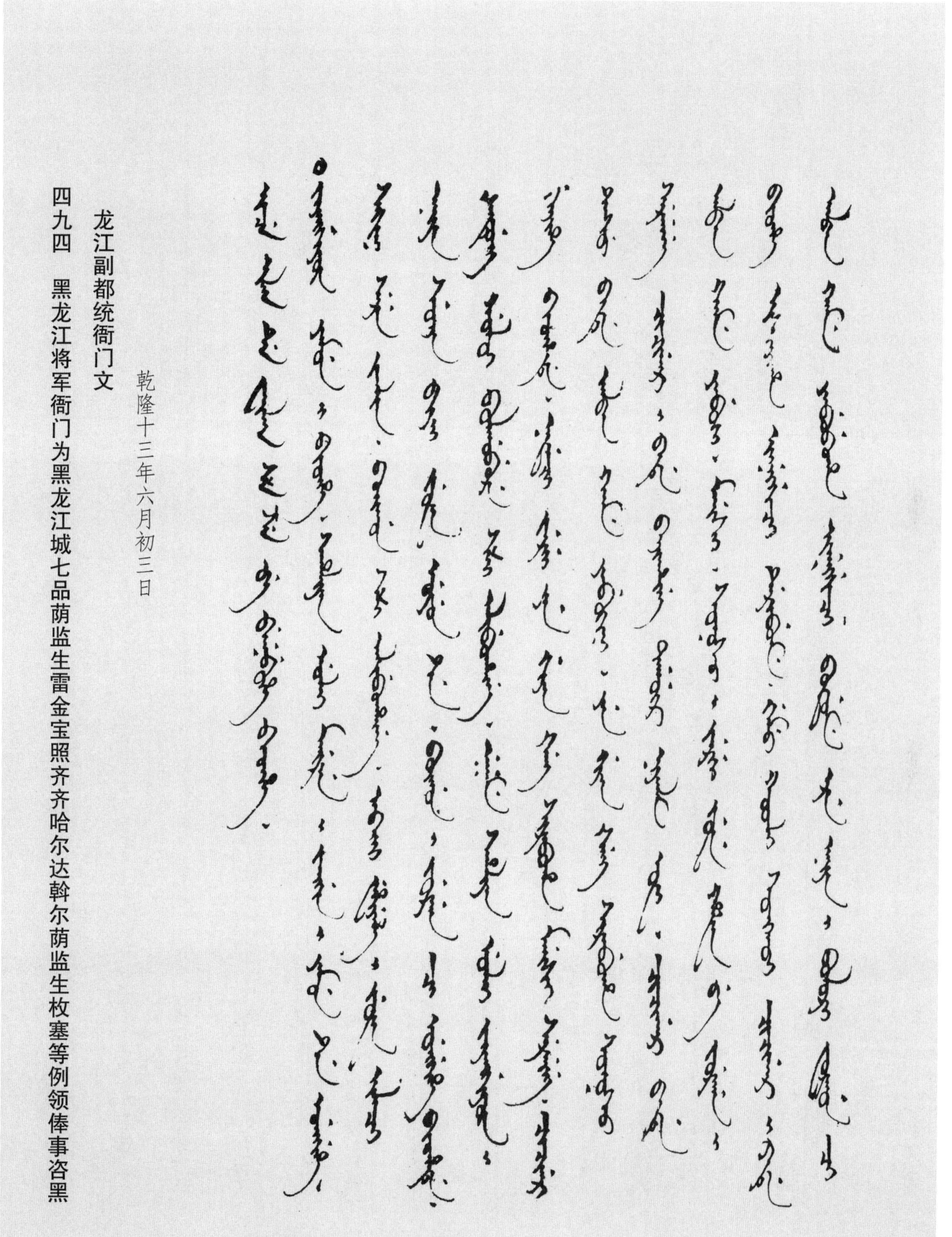

四九四 黑龙江将军衙门为黑龙江城七品荫监生雷金宝照齐齐哈尔达斡尔荫监生枚塞等例领俸事咨黑龙江副都统衙门文

乾隆十三年六月初三日

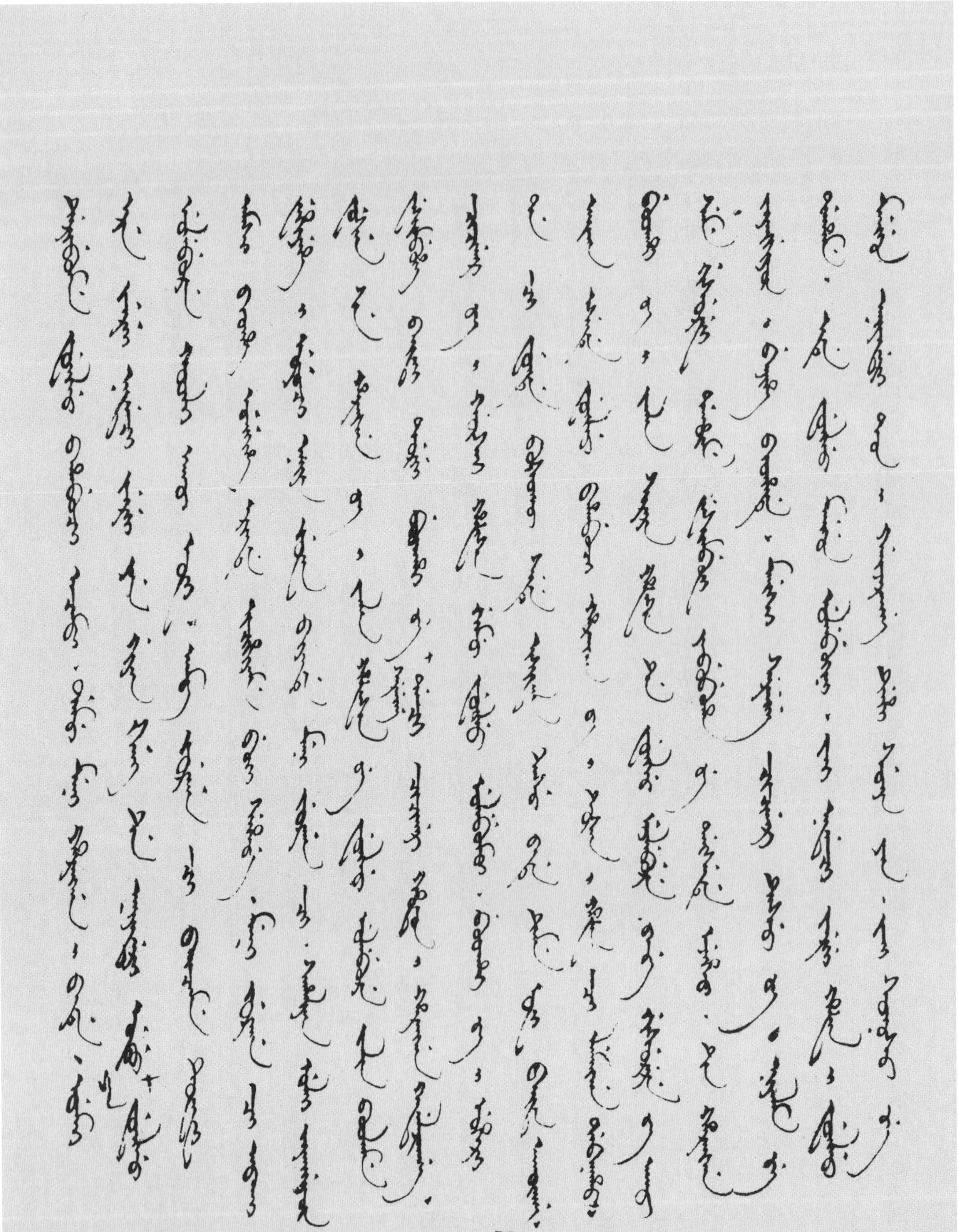

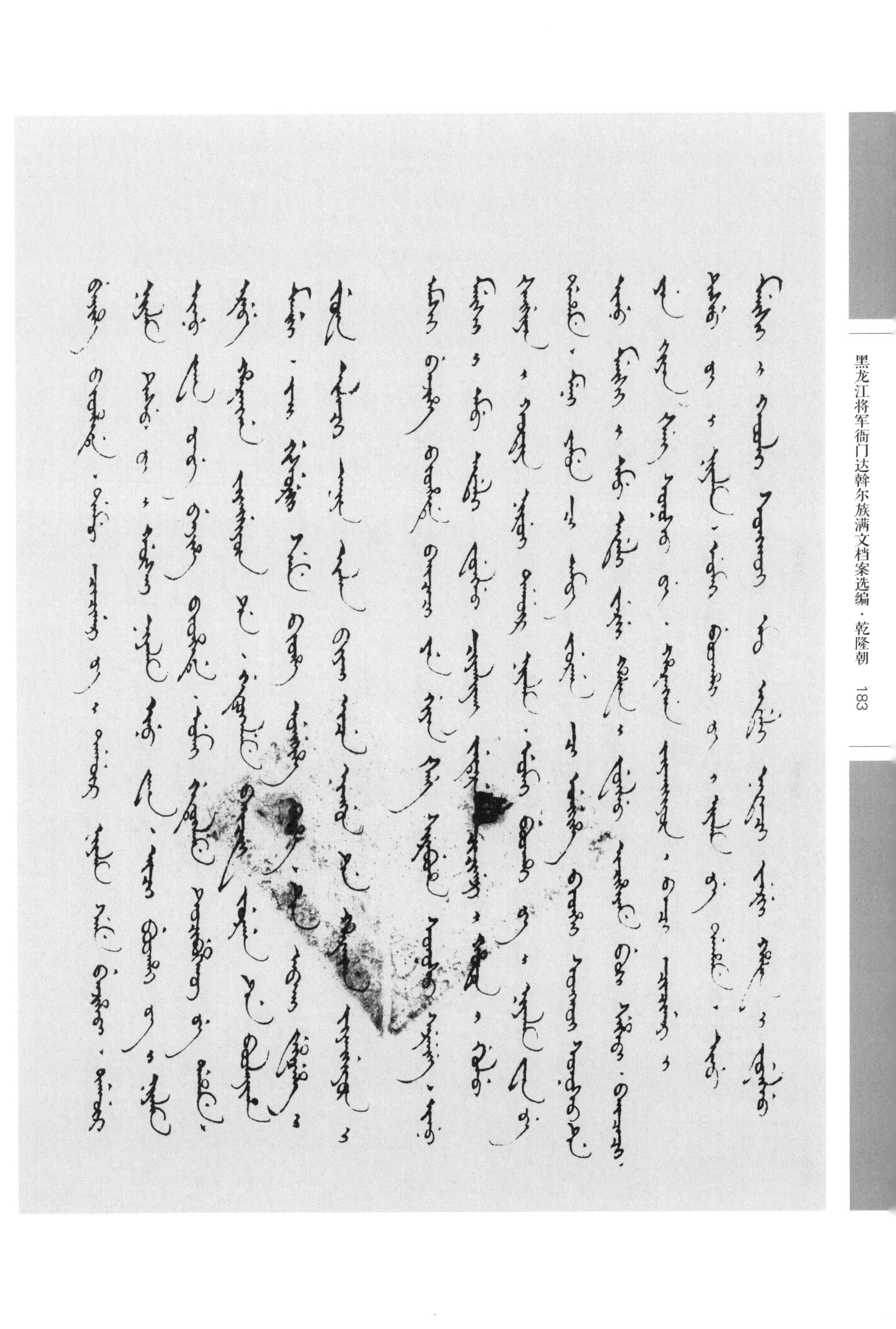

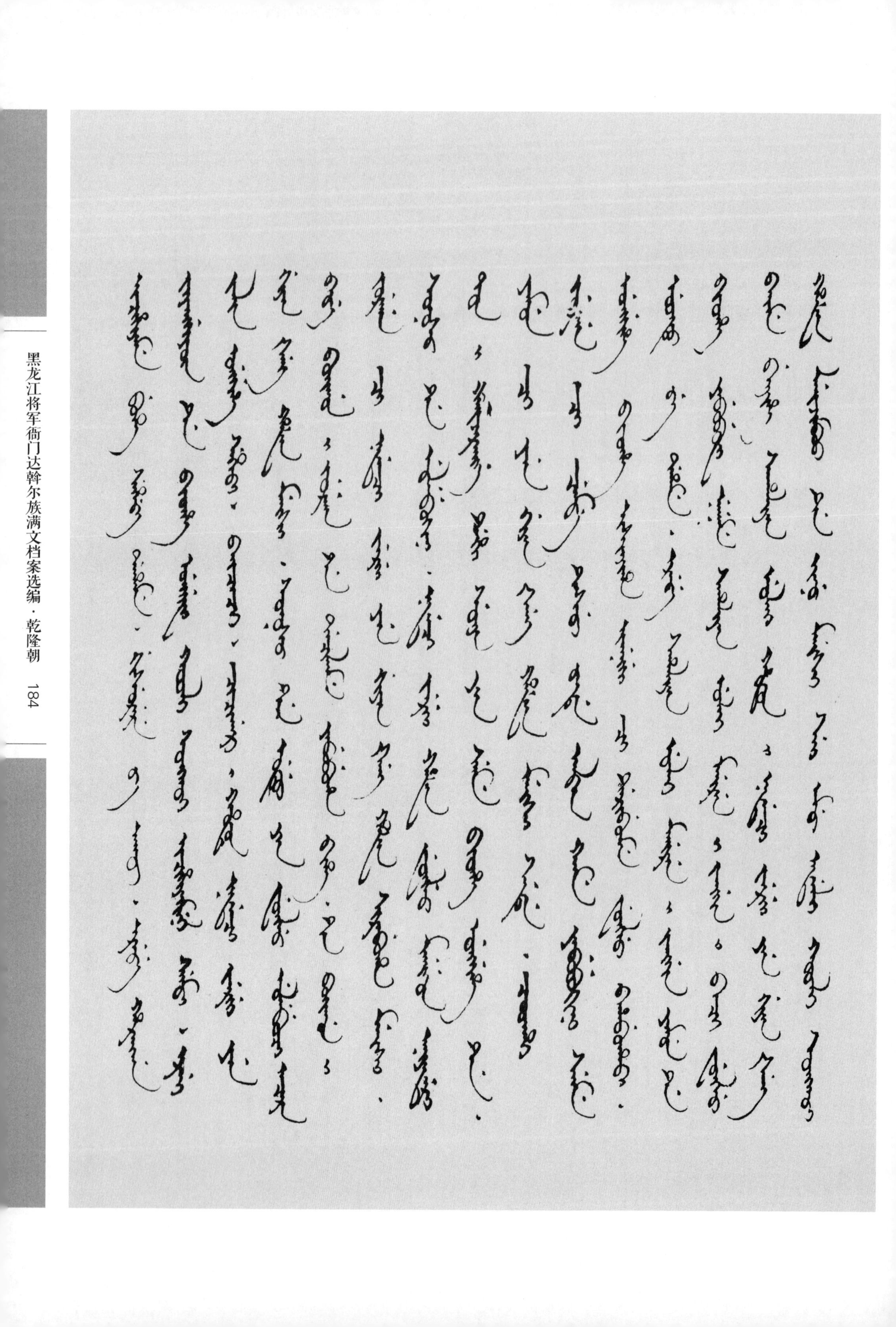

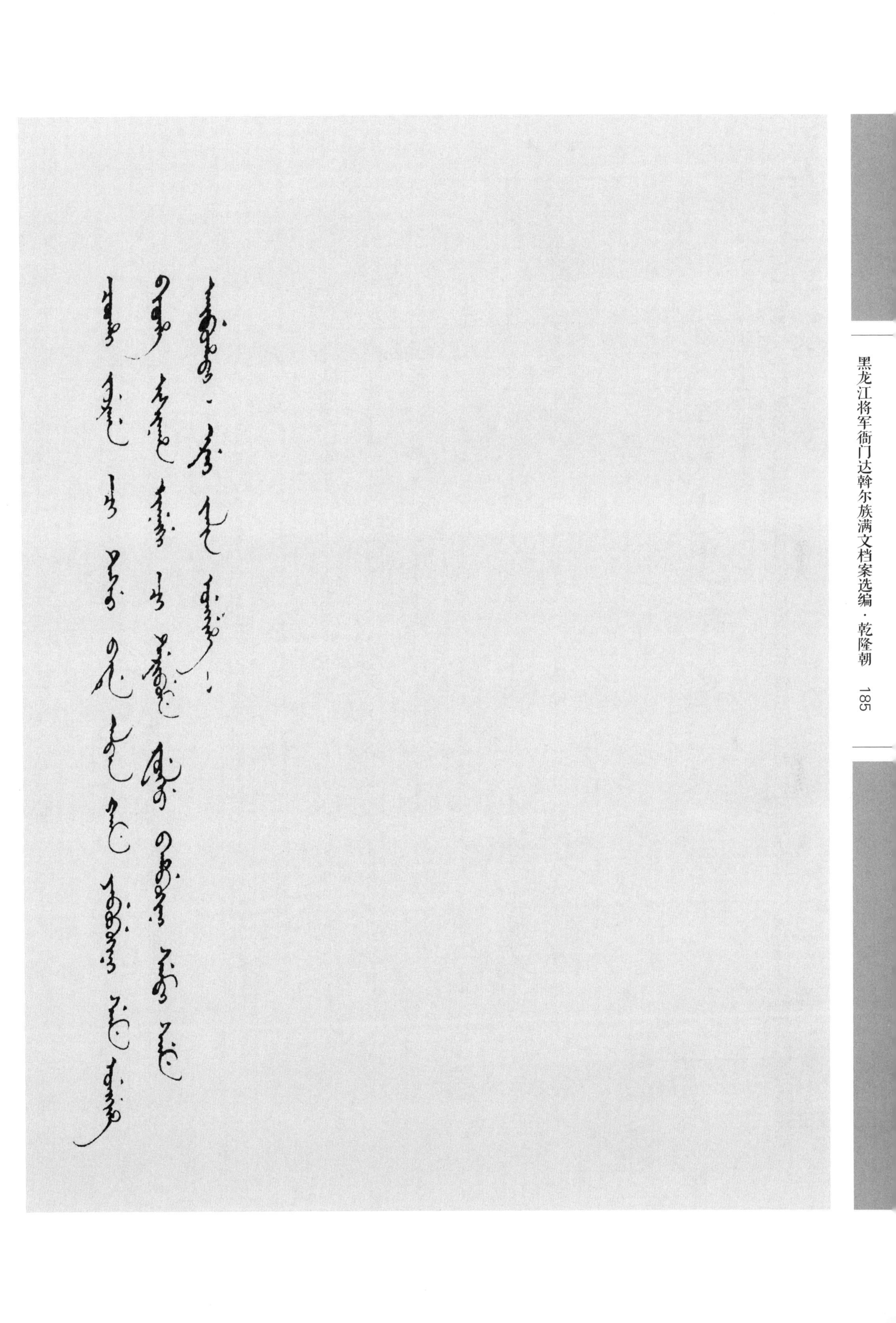

[illegible]

[illegible]

[illegible]

四九五　布特哈索伦达斡尔总管纳木球等为布特哈达斡尔总管厄尔济苏年老休致出缺择员署理事呈黑龙江将军衙门文

乾隆十三年六月十一日

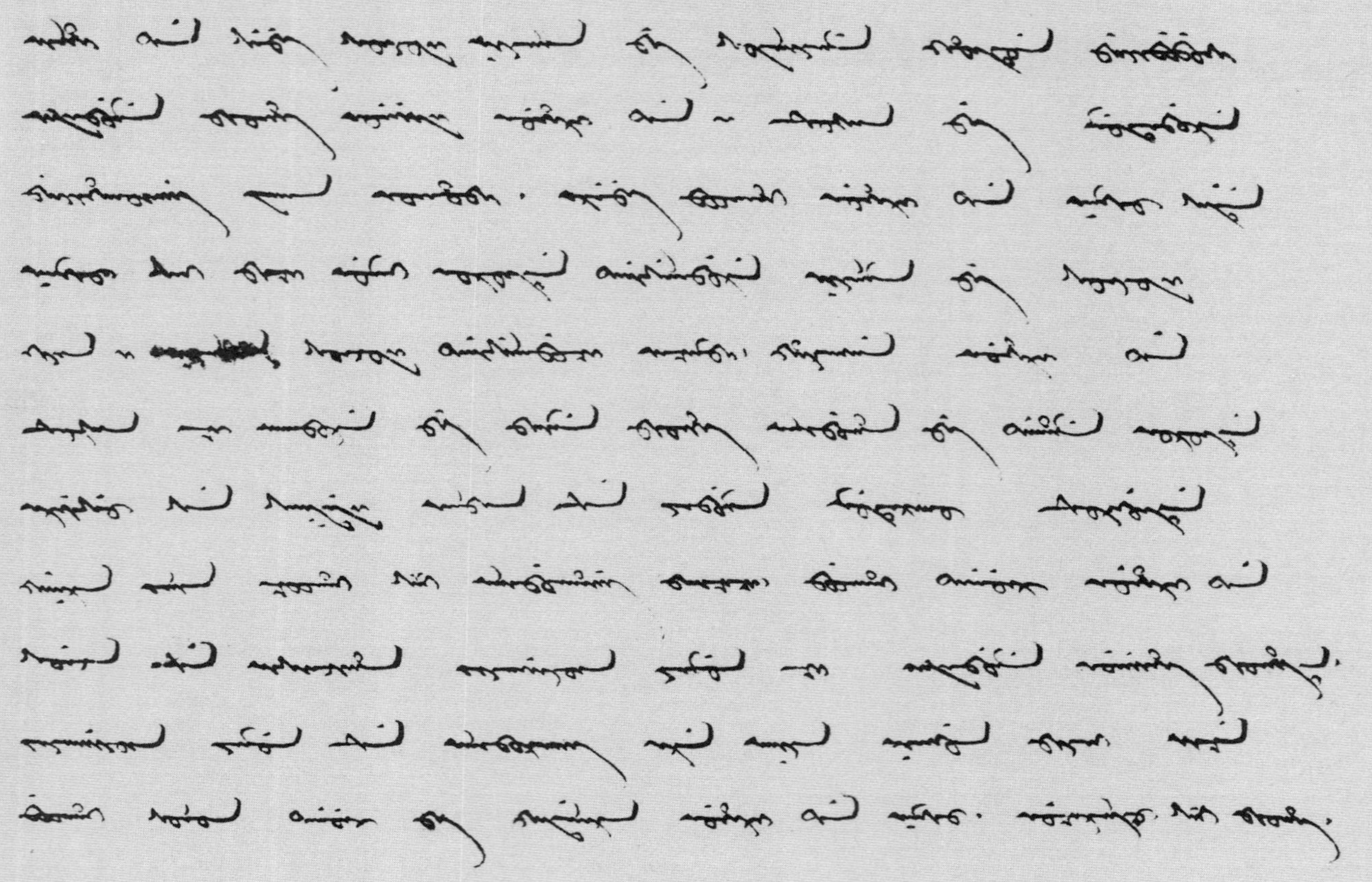

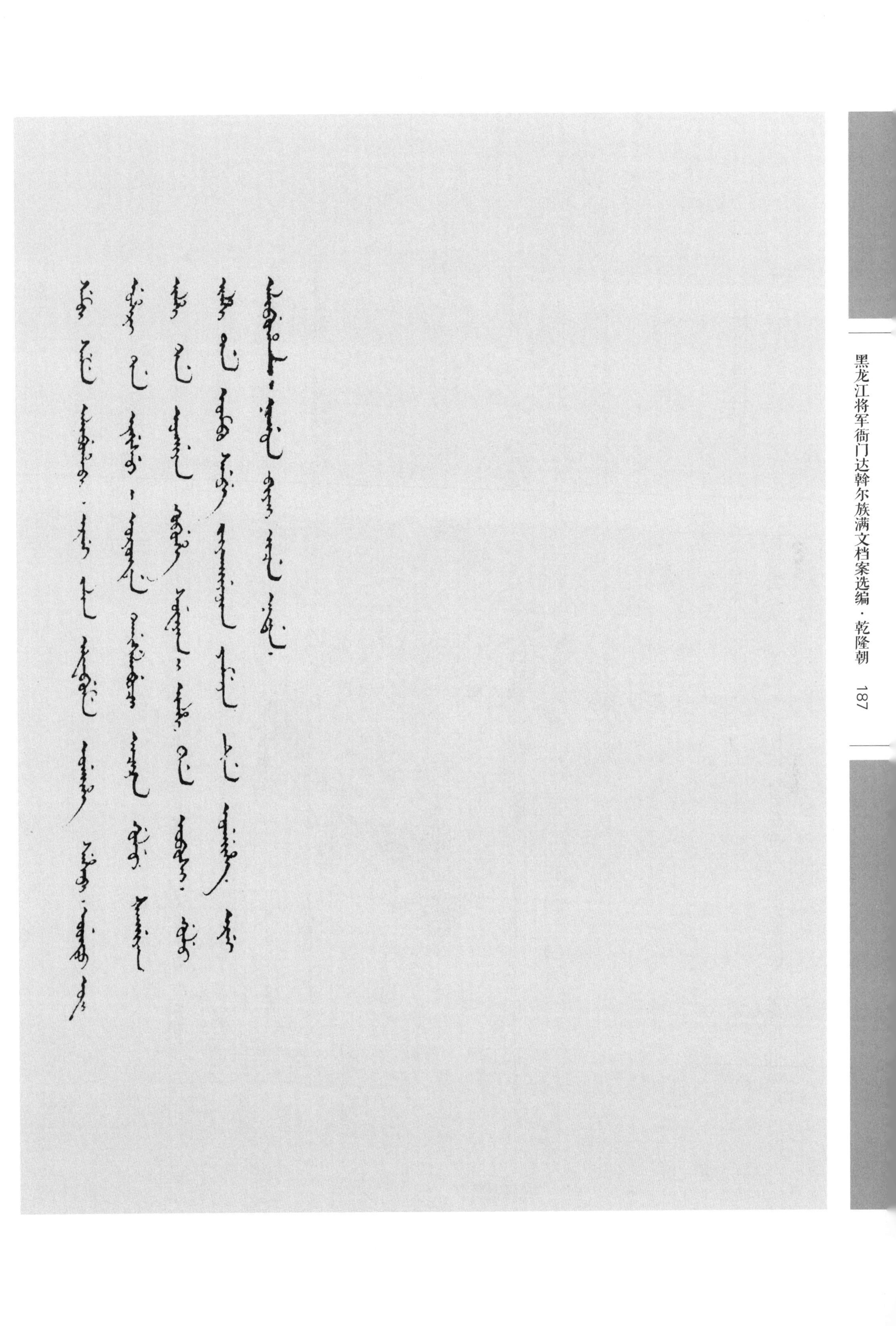

[illegible]

四九六　黑龙江将军衙门为布特哈达斡尔总管厄尔济苏休致出缺由副总管鄂布希护理事札布特哈索伦达斡尔总管纳木球等文

乾隆十三年六月十八日

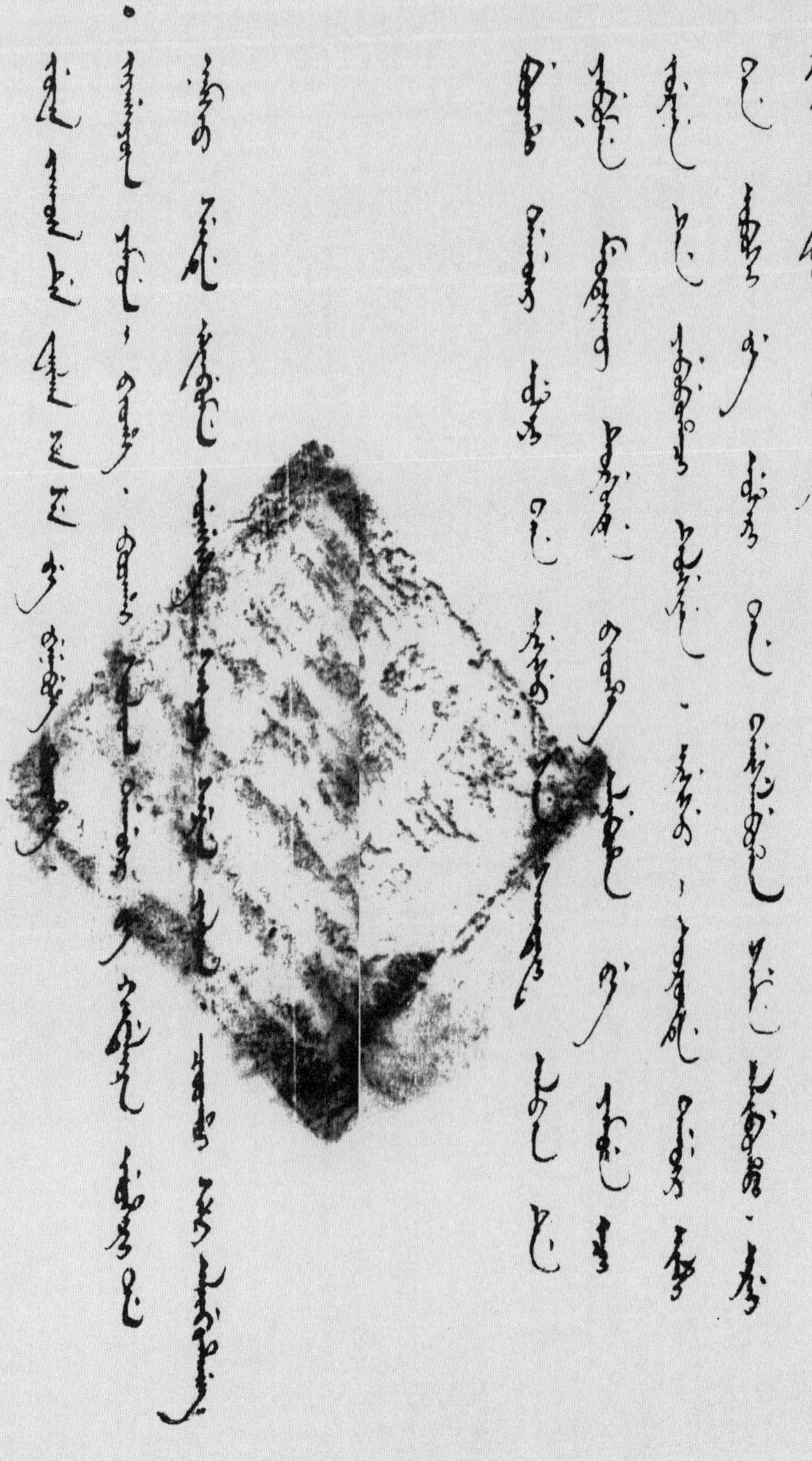

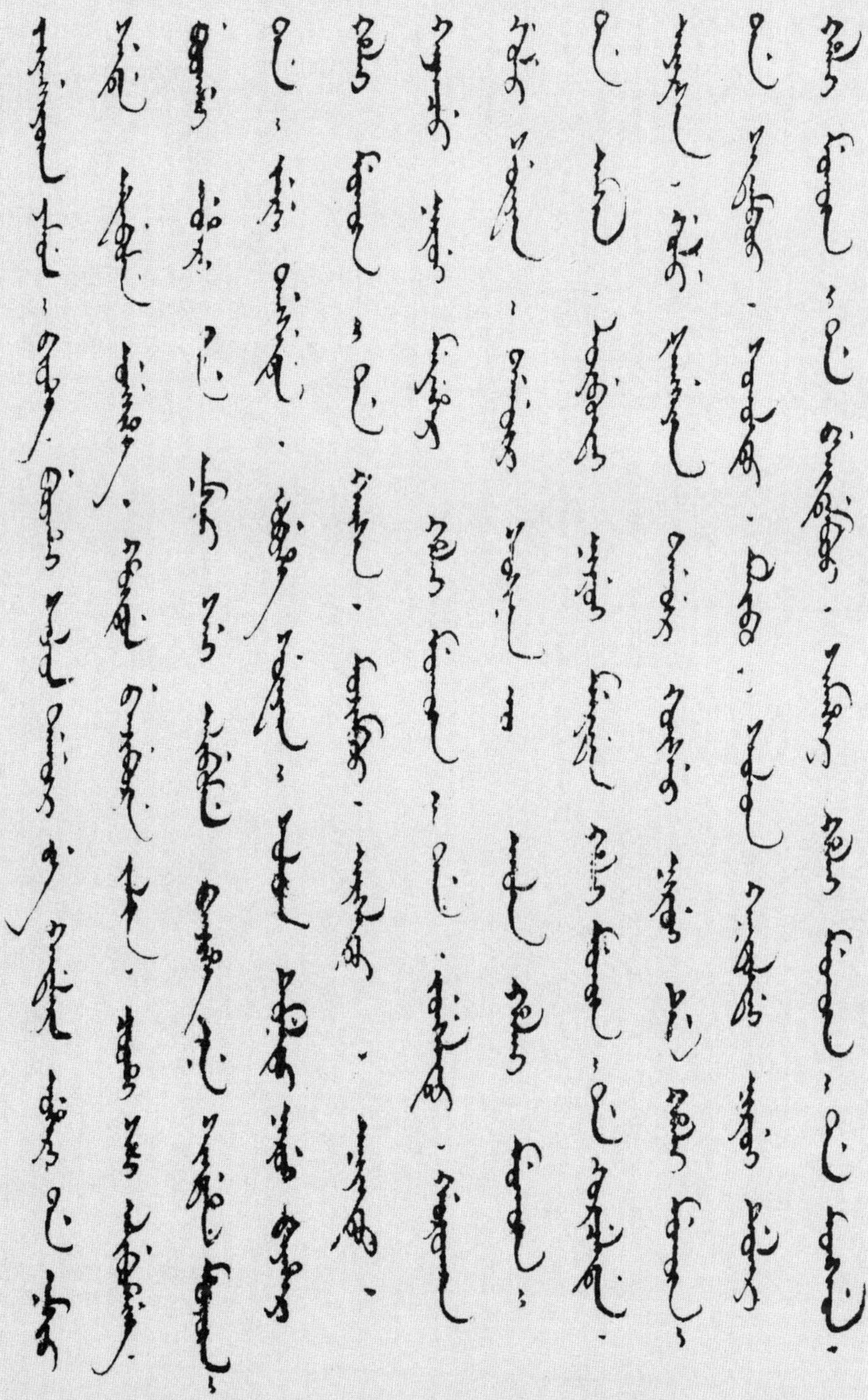

乾隆十三年六月十八日

四九七　黑龙江将军衙门为令速报按例补放布特哈索伦达斡尔等族长人员职衔事札布特哈索伦达斡尔总管纳木球等文

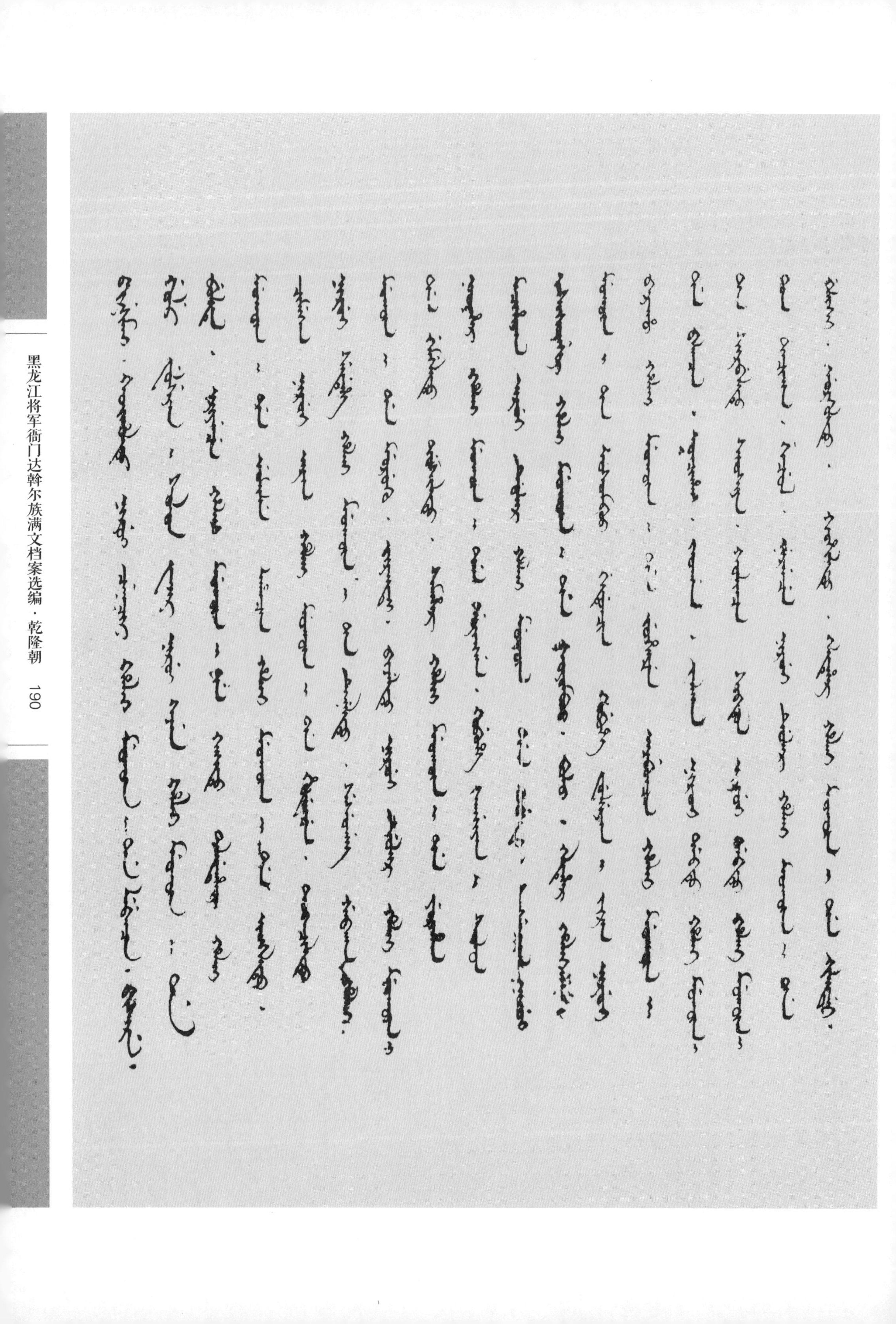

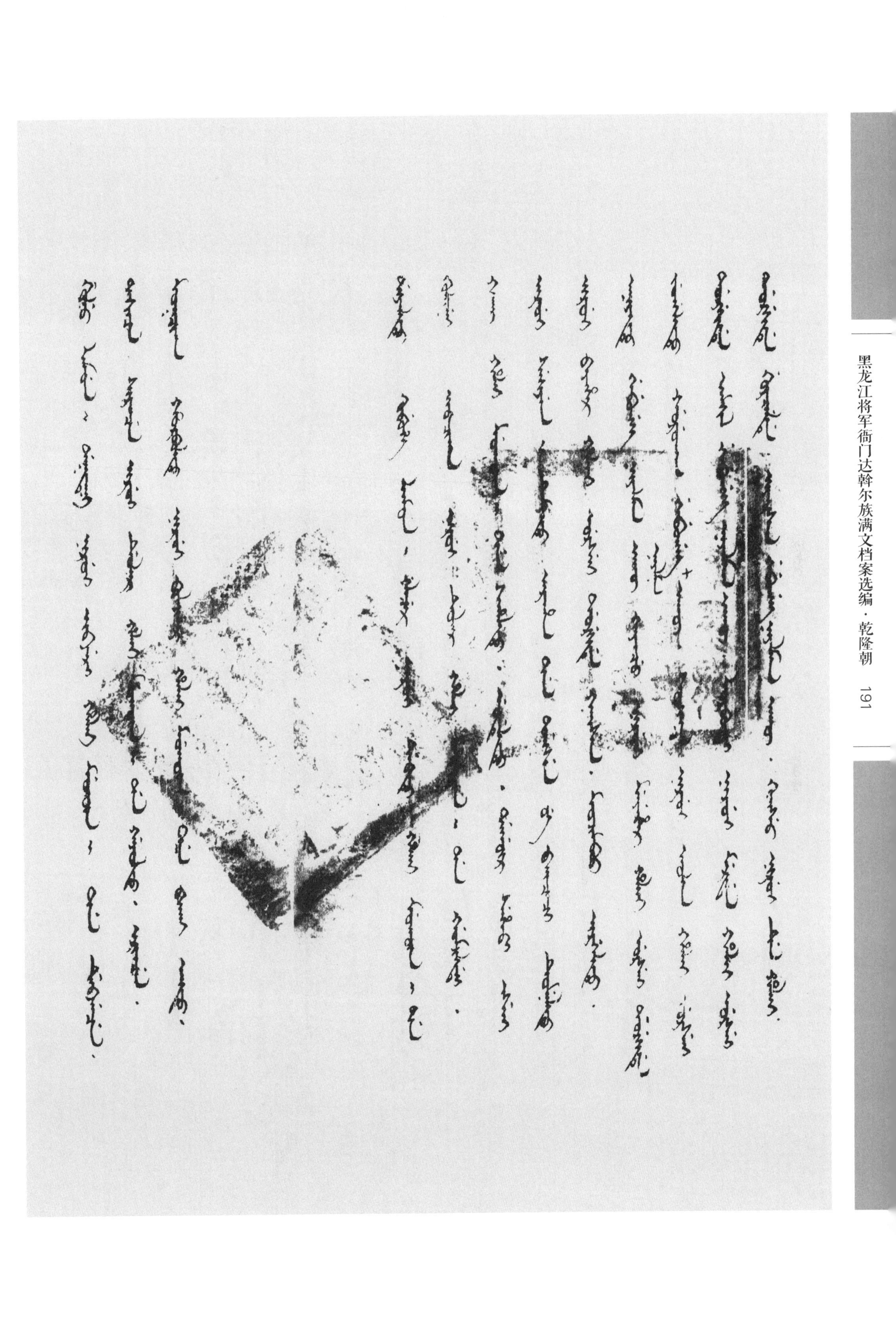

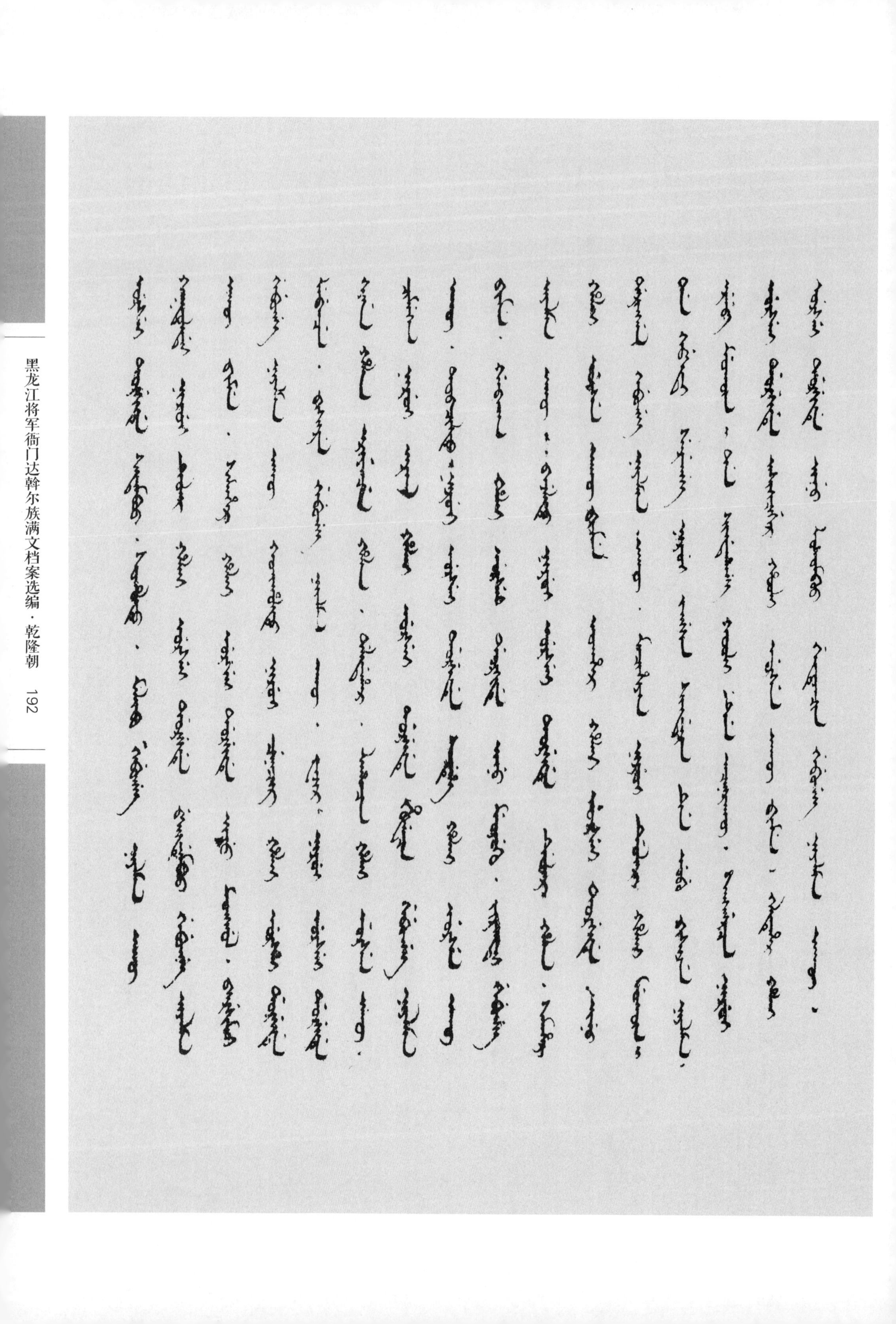

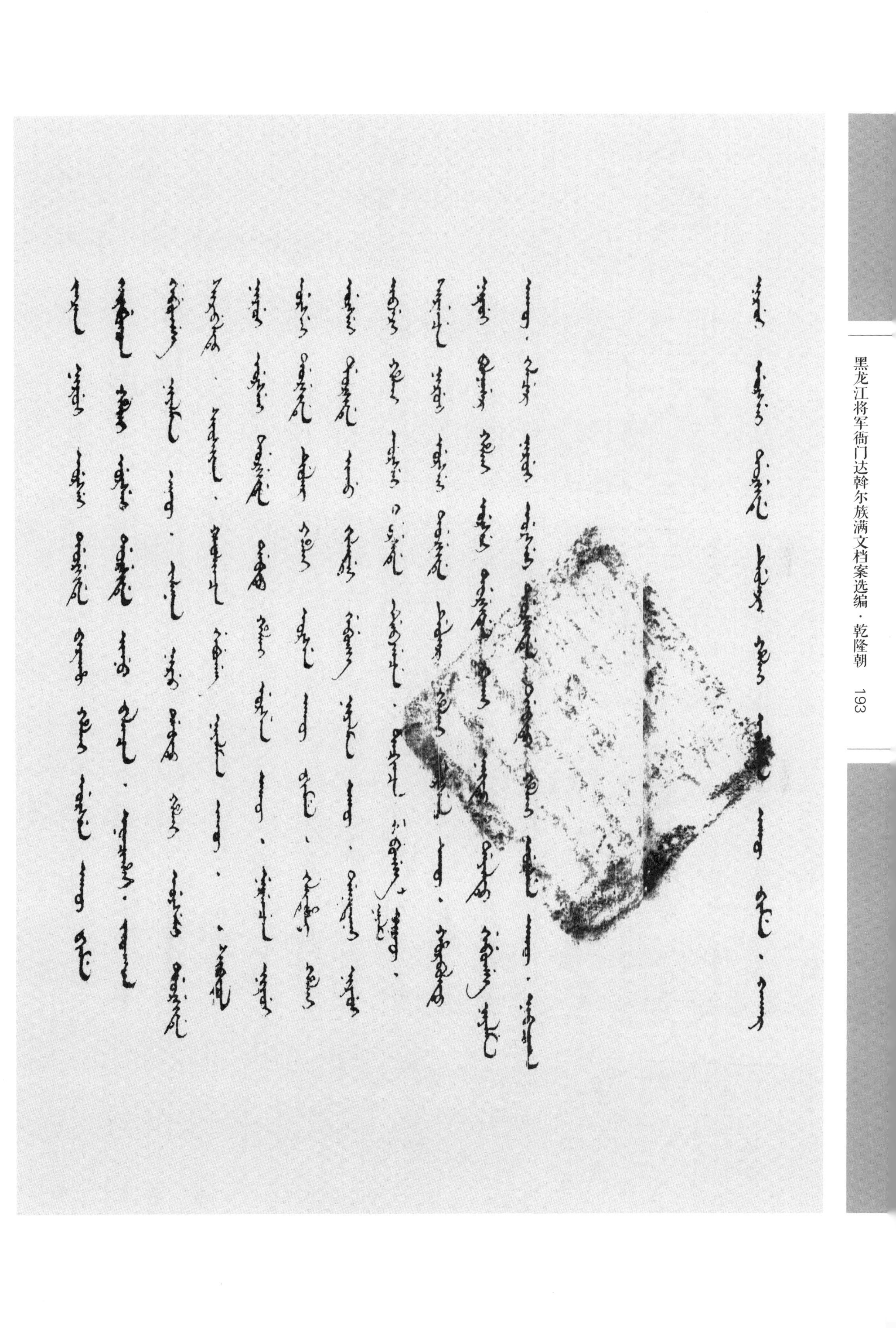

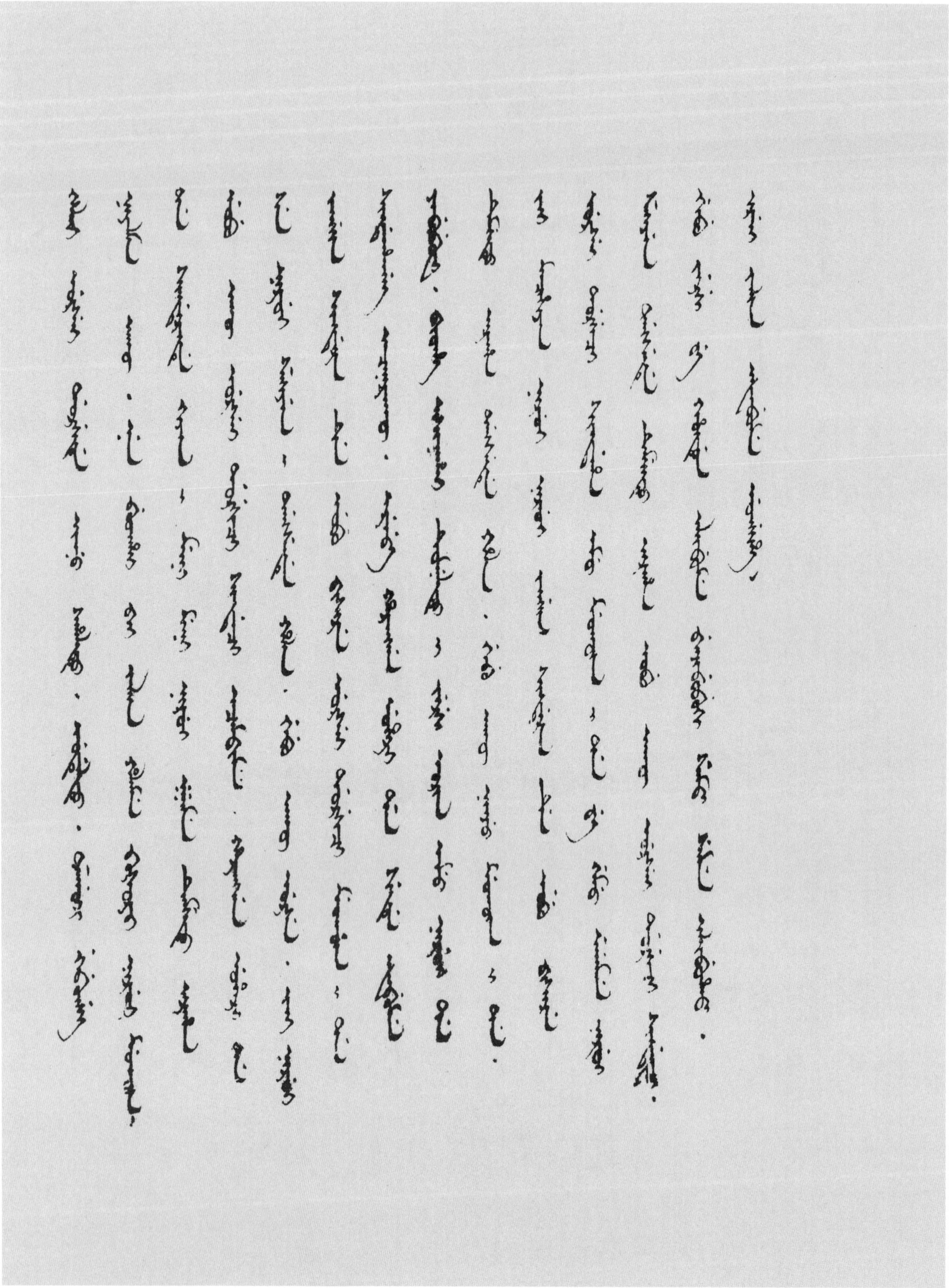

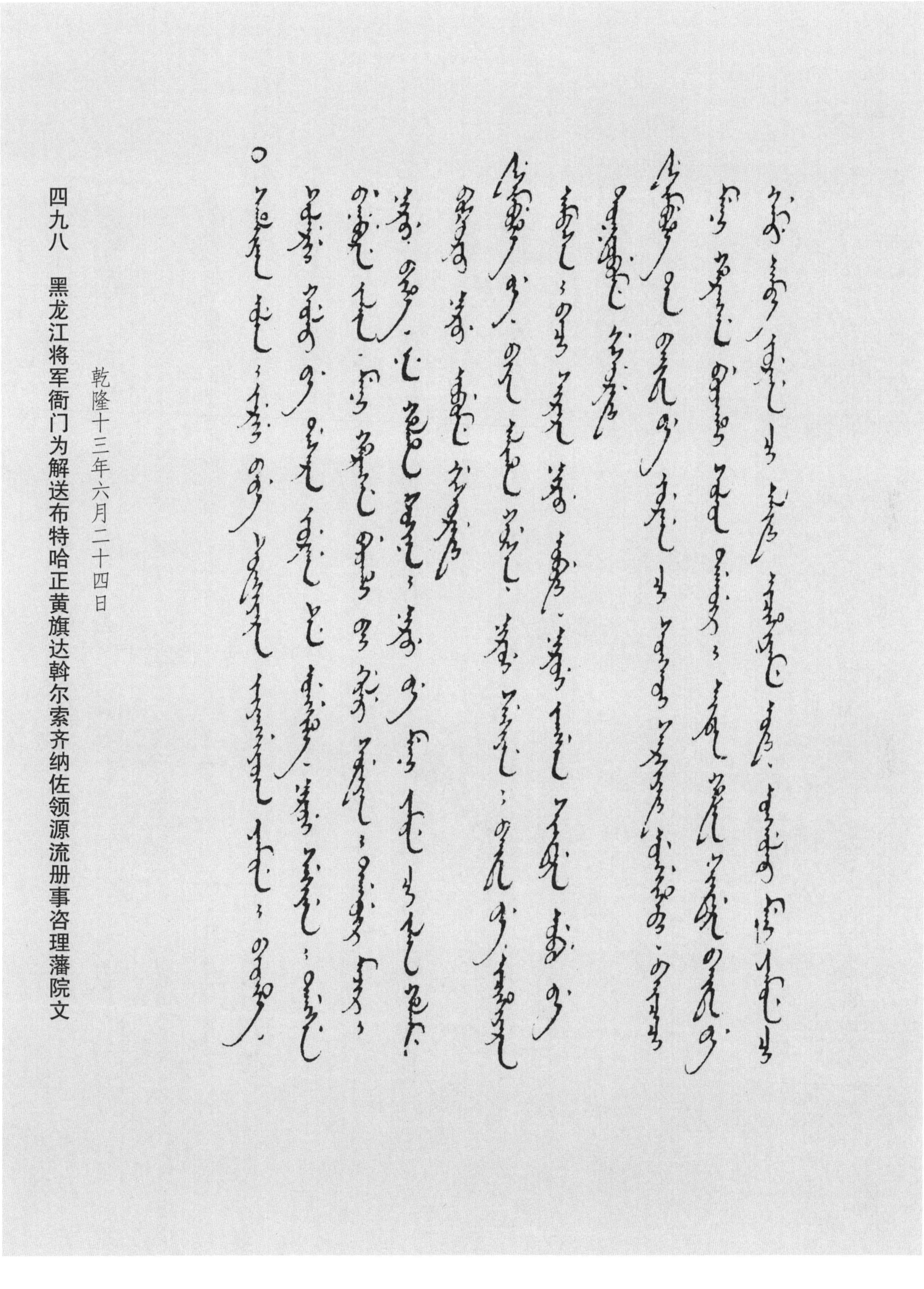

四九八 黑龙江将军衙门为解送布特哈正黄旗达斡尔索齐纳佐领源流册事咨理藩院文

乾隆十三年六月二十四日

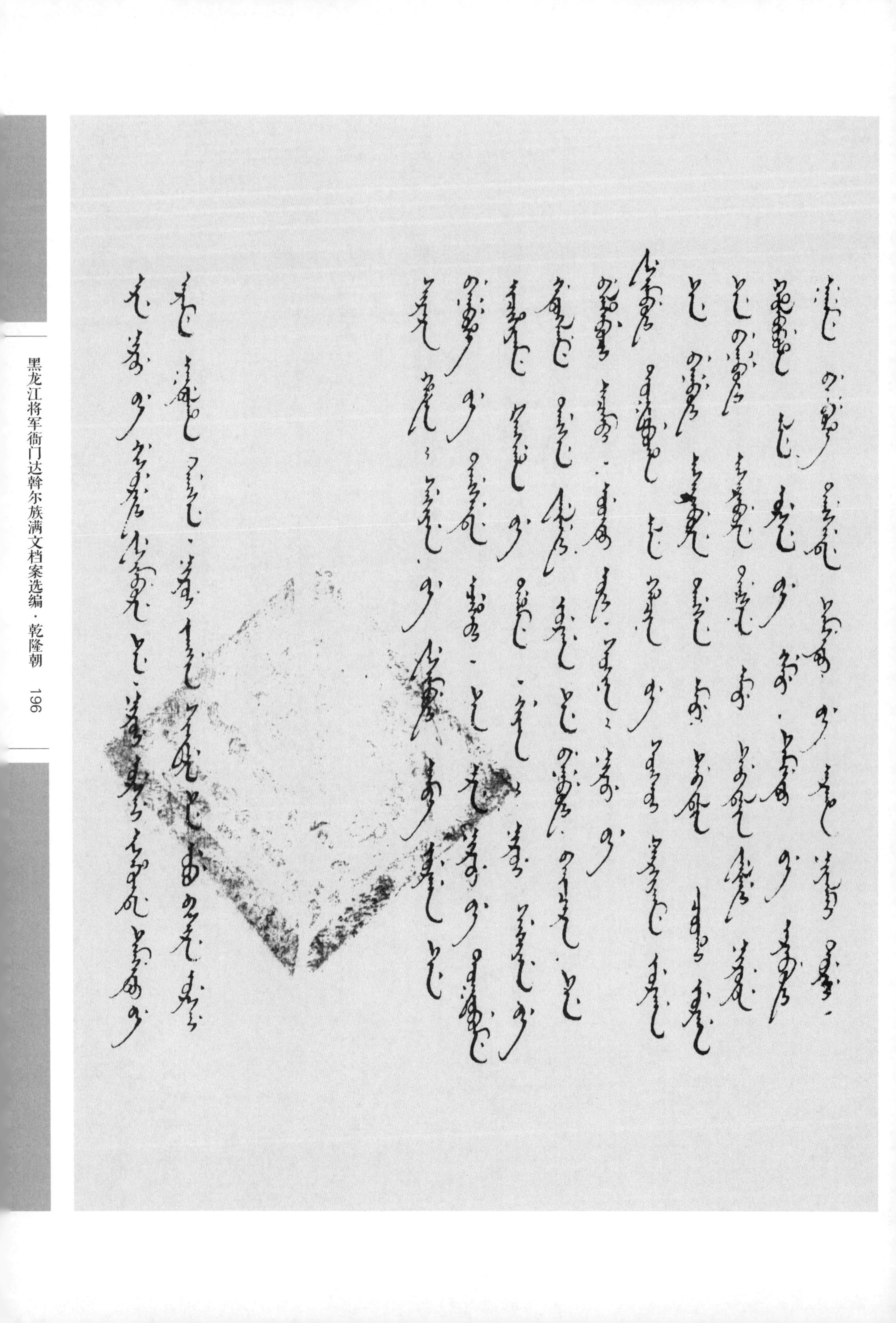

[illegible]

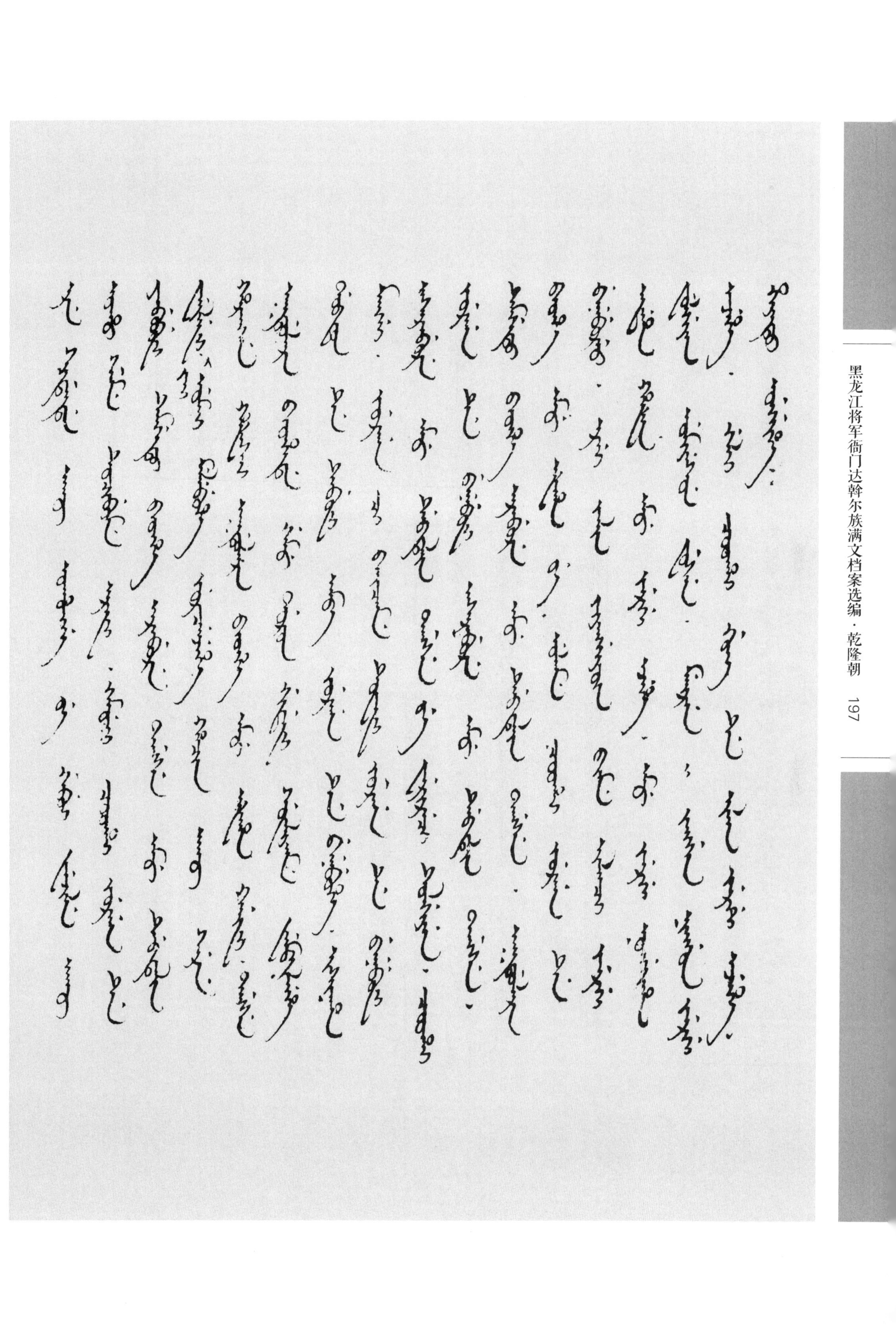

四九九 镶白满洲旗为墨尔根达斡尔世管佐领安泰出缺奉旨令呼勒呼纳承袭事咨黑龙江将军衙门文

乾隆十三年七月初四日

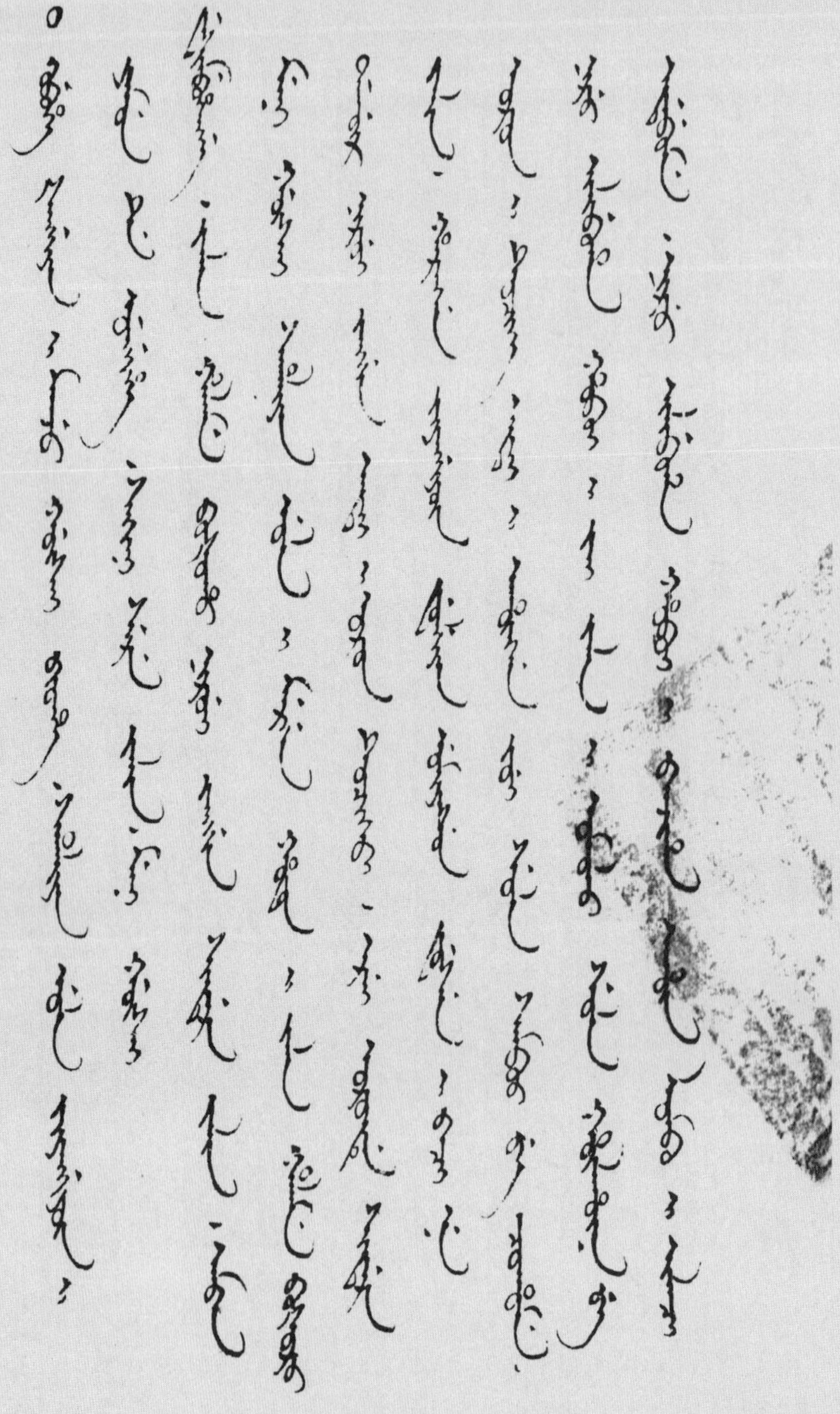

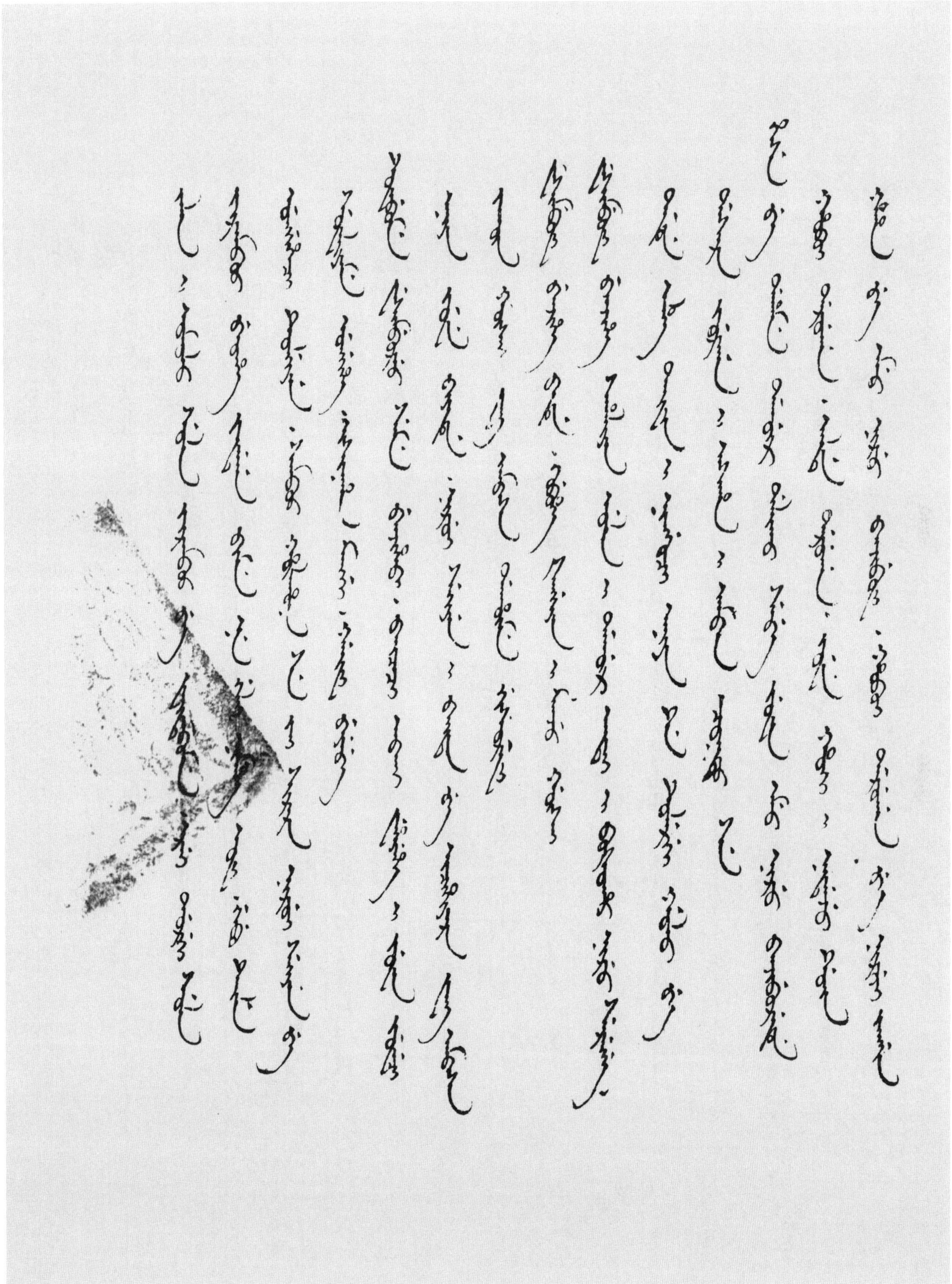

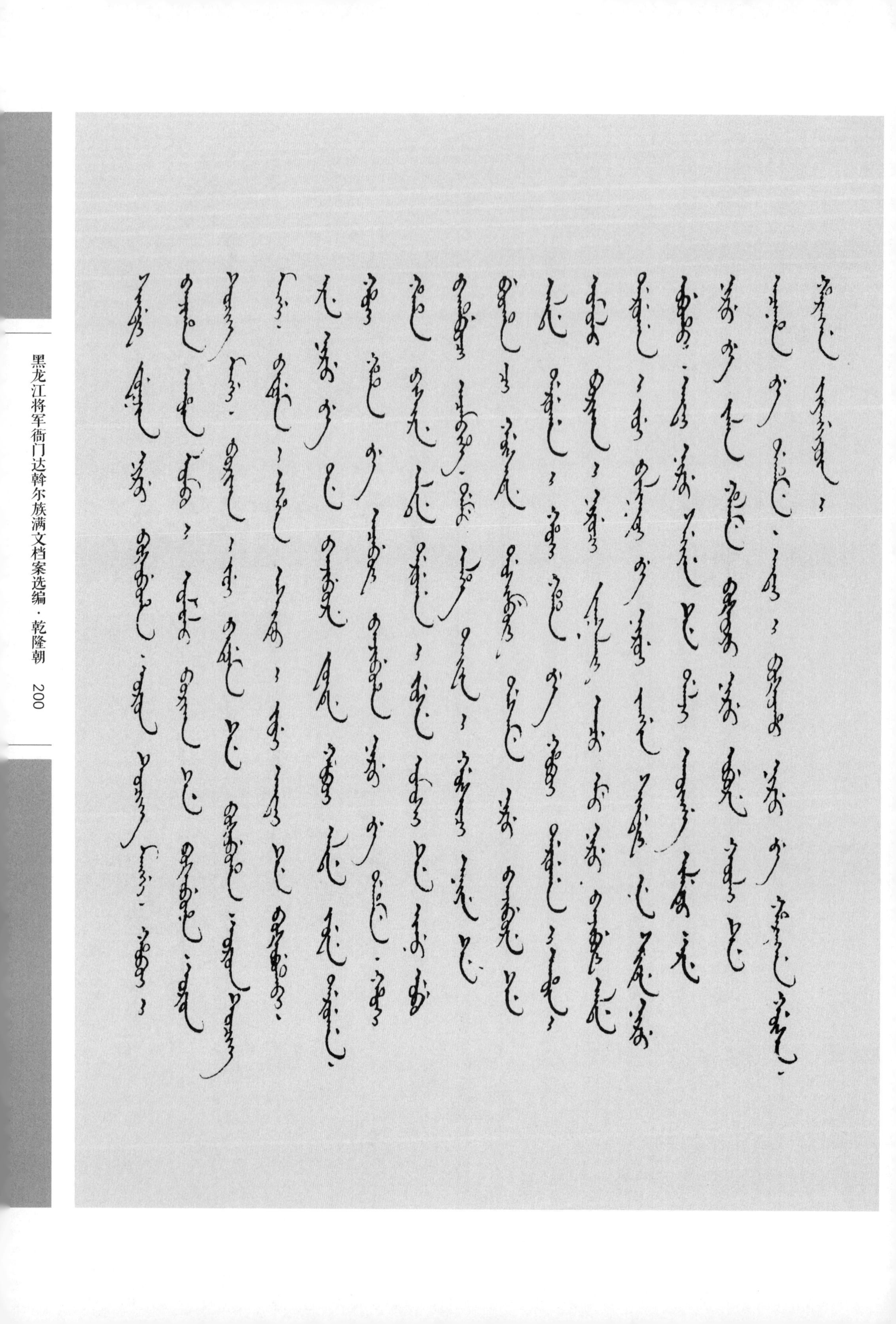

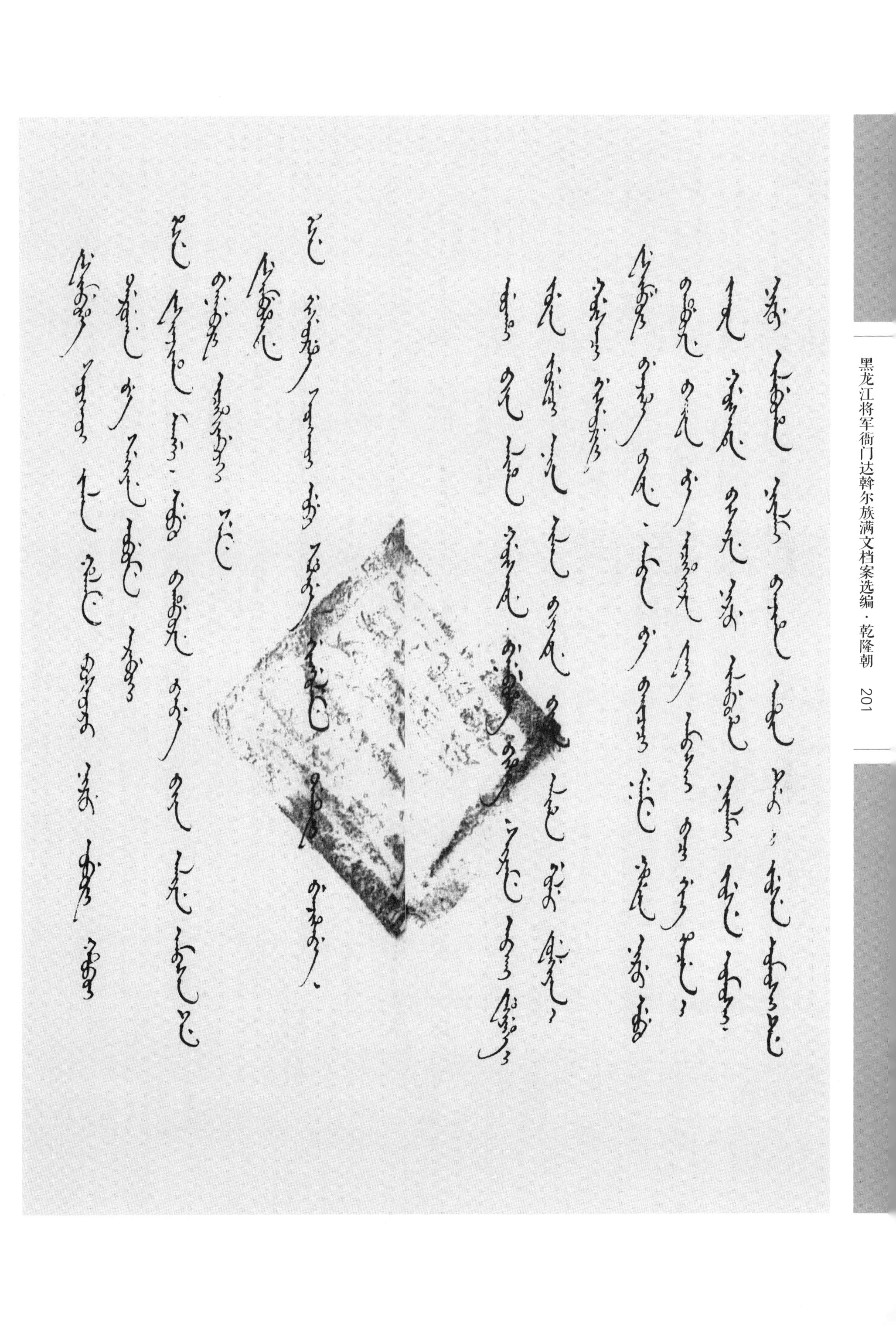

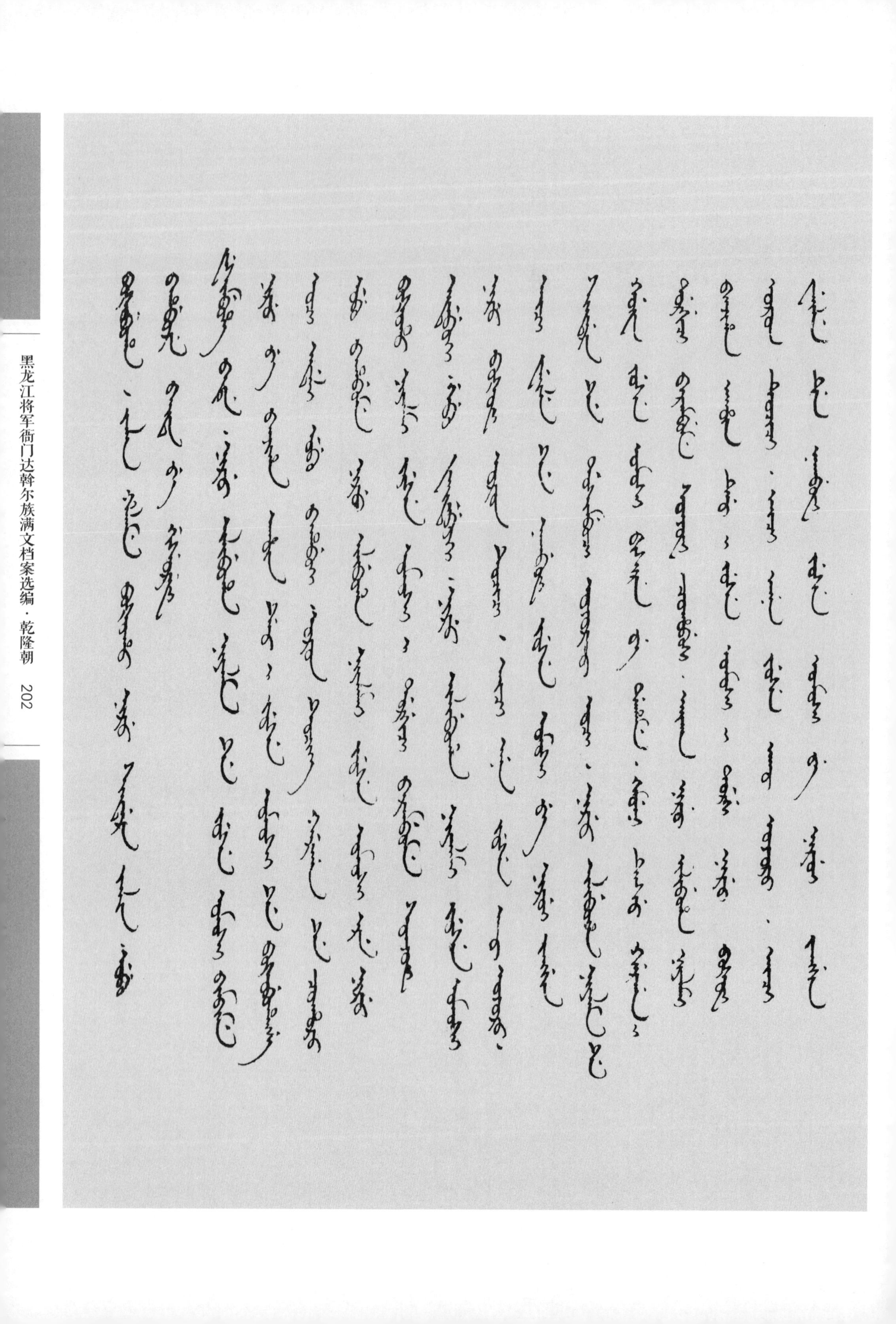

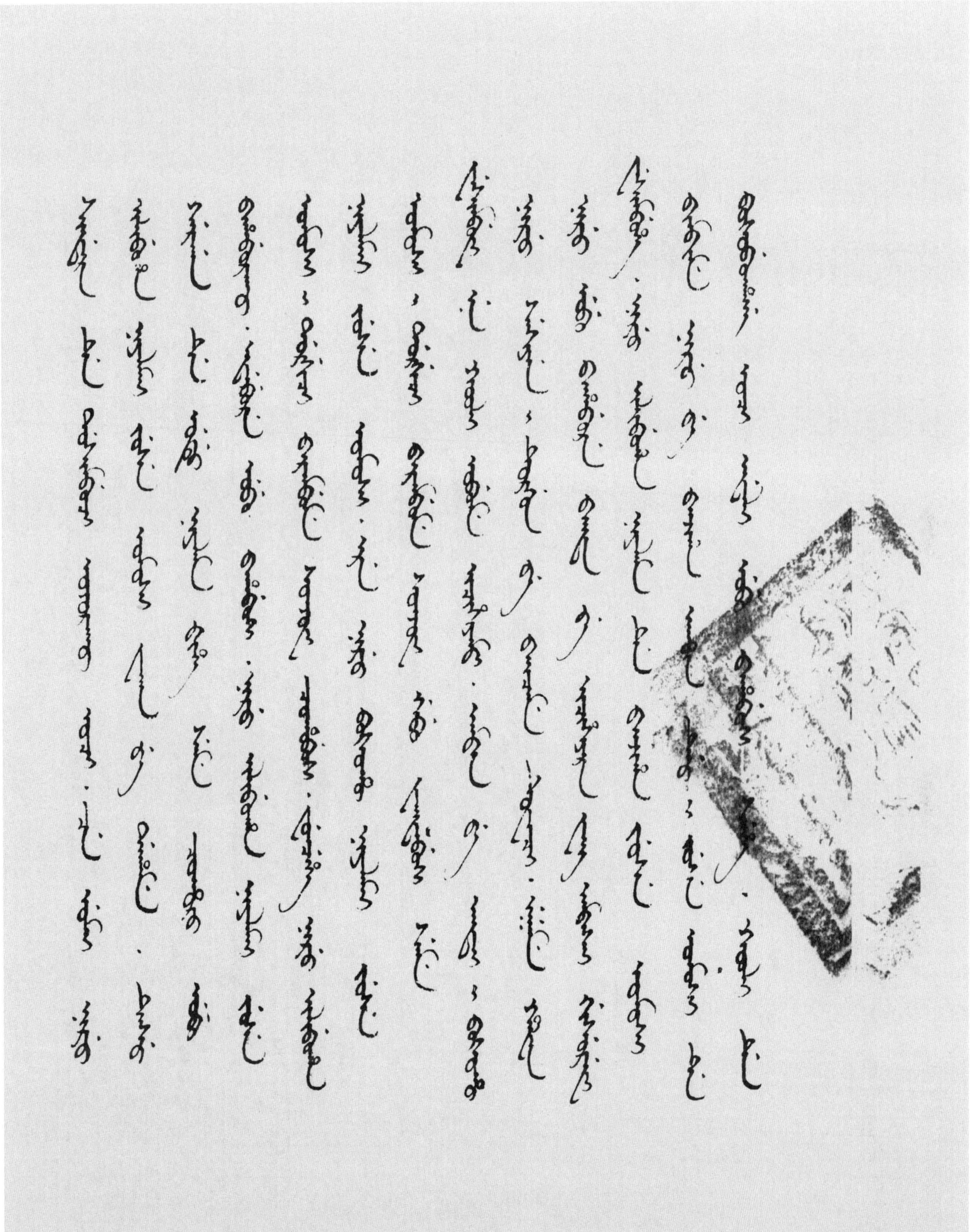

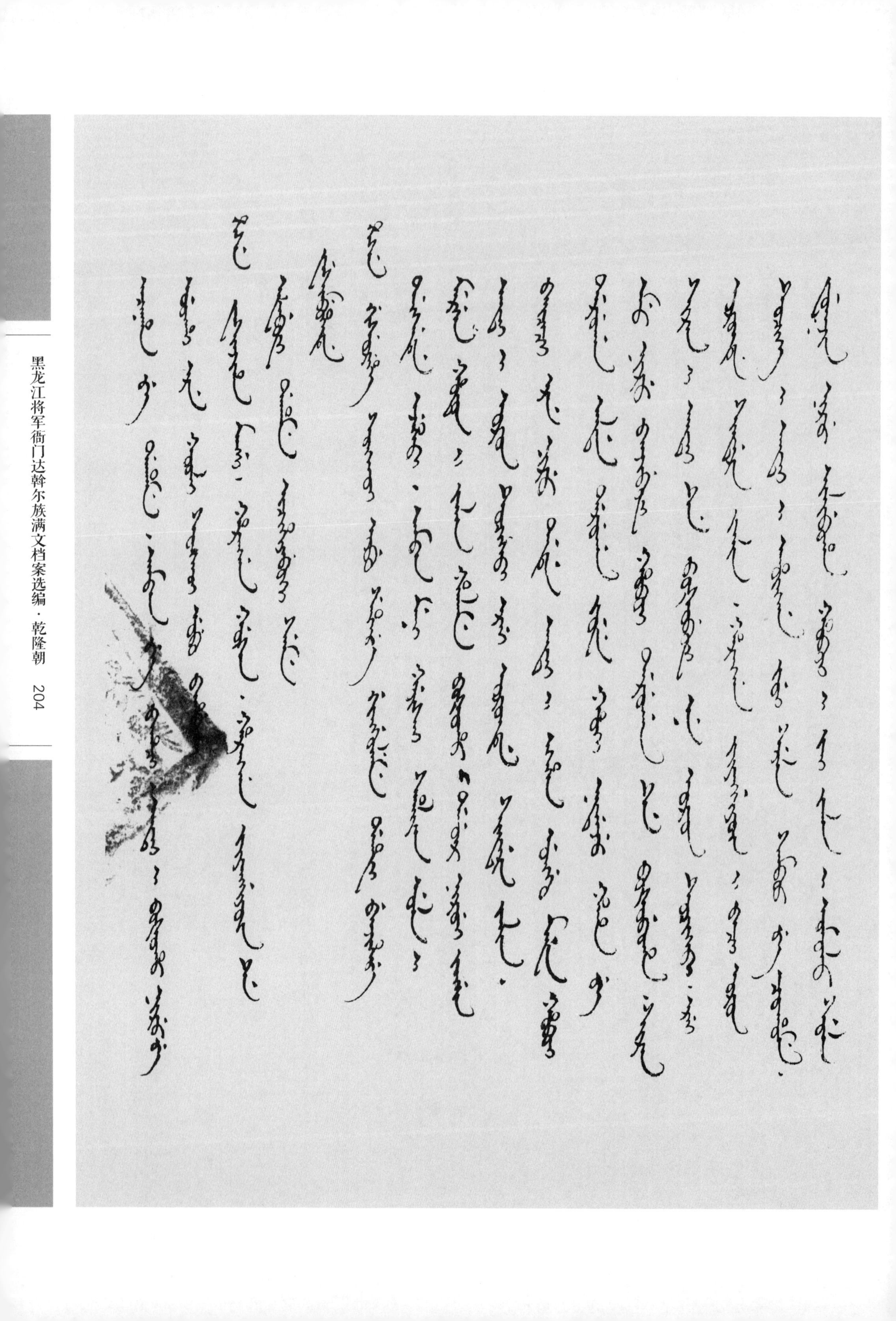

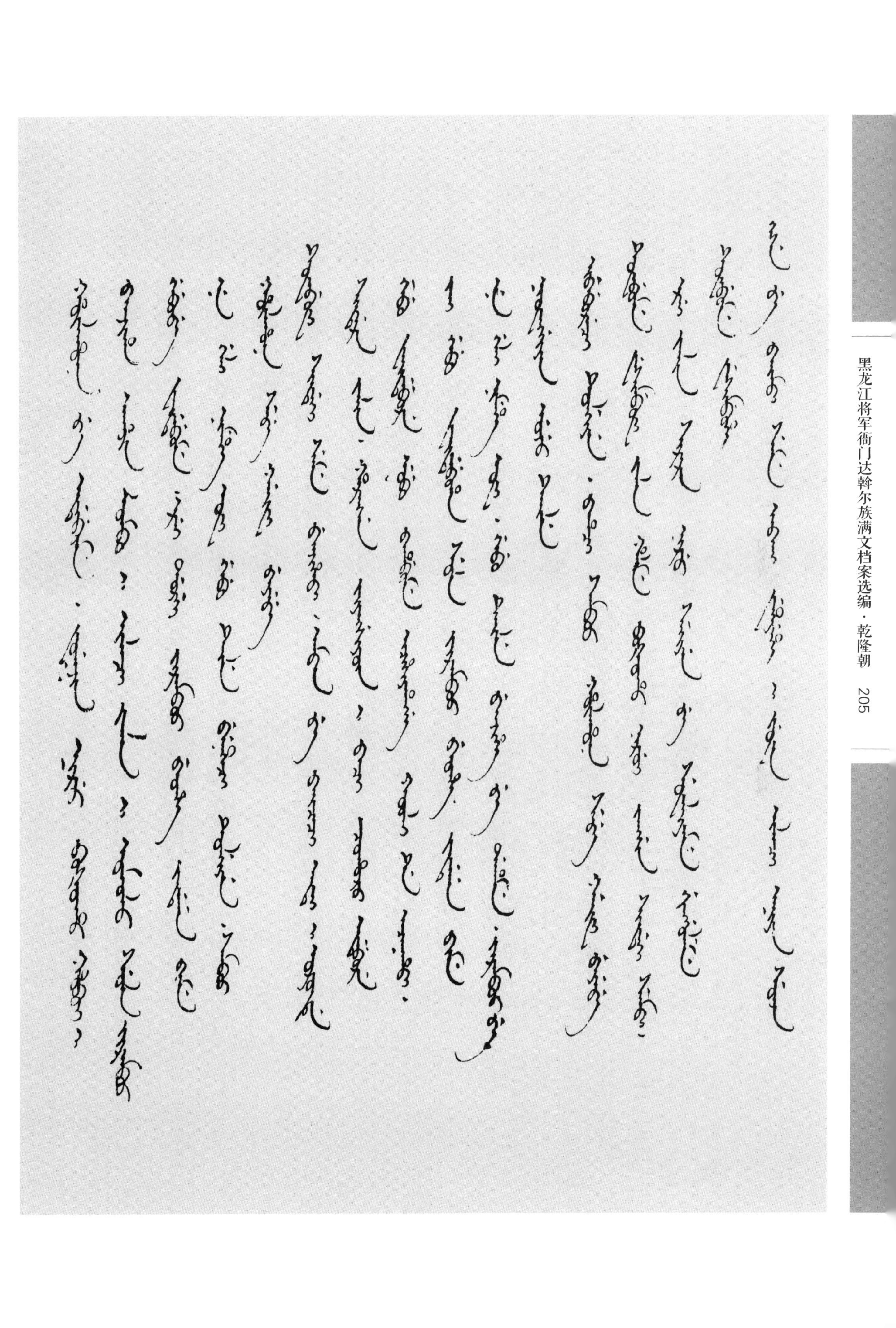

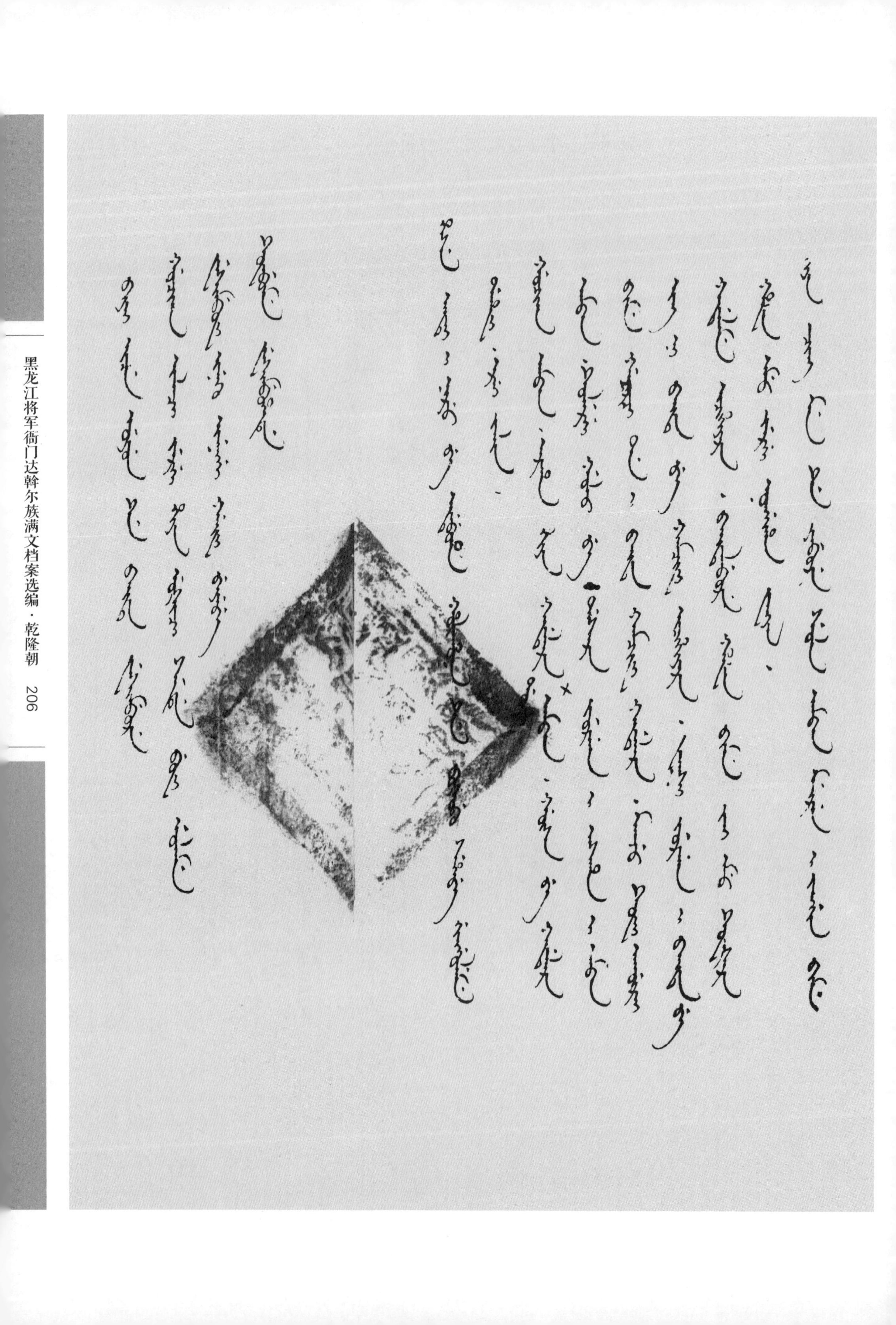

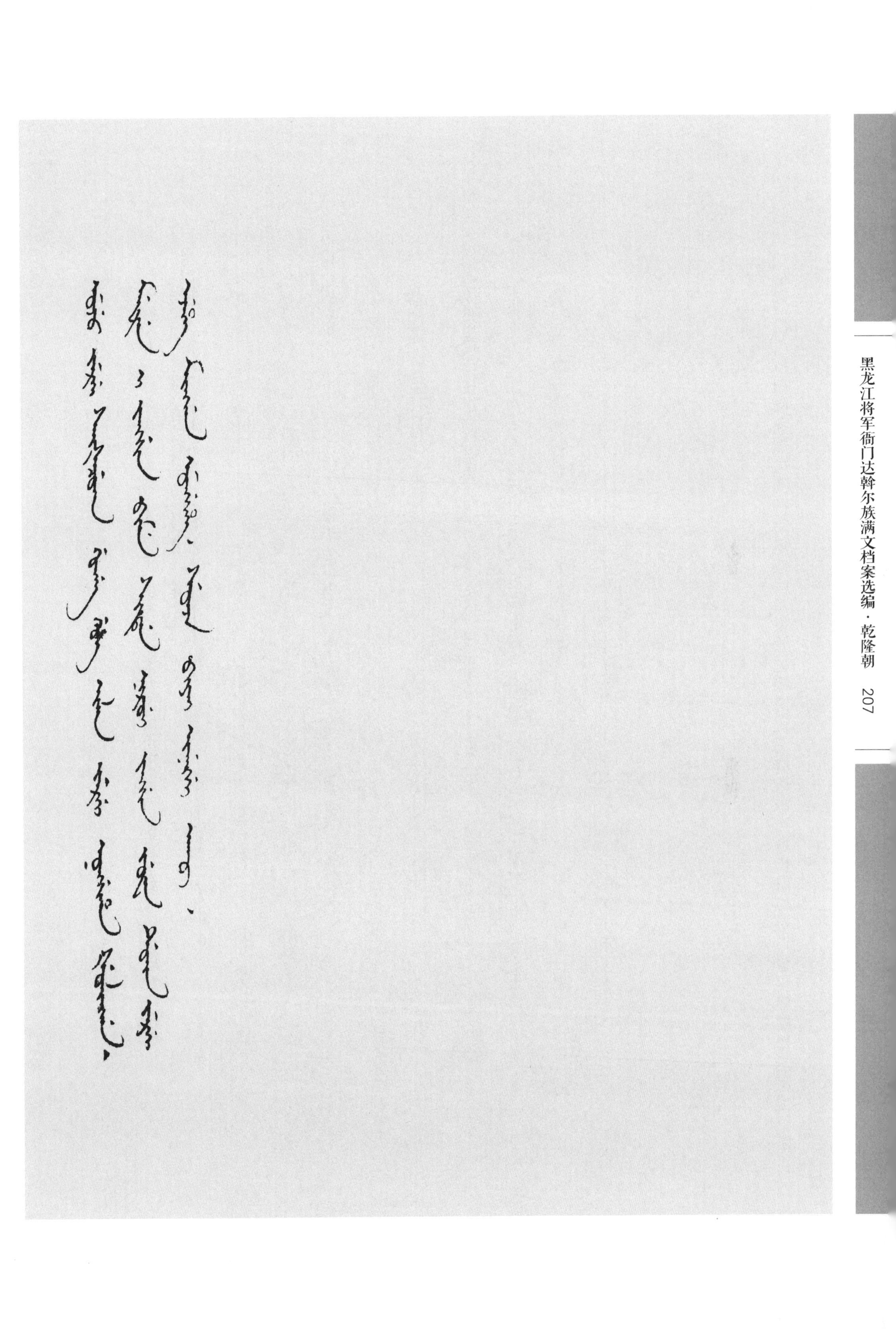

[illegible]

[illegible]

[illegible]

五〇〇 镶白满洲旗为齐齐哈尔达斡尔世管佐领塔里乌勒因故革职出缺奉旨令新保承袭事咨黑龙江将军衙门文

乾隆十三年七月初四日

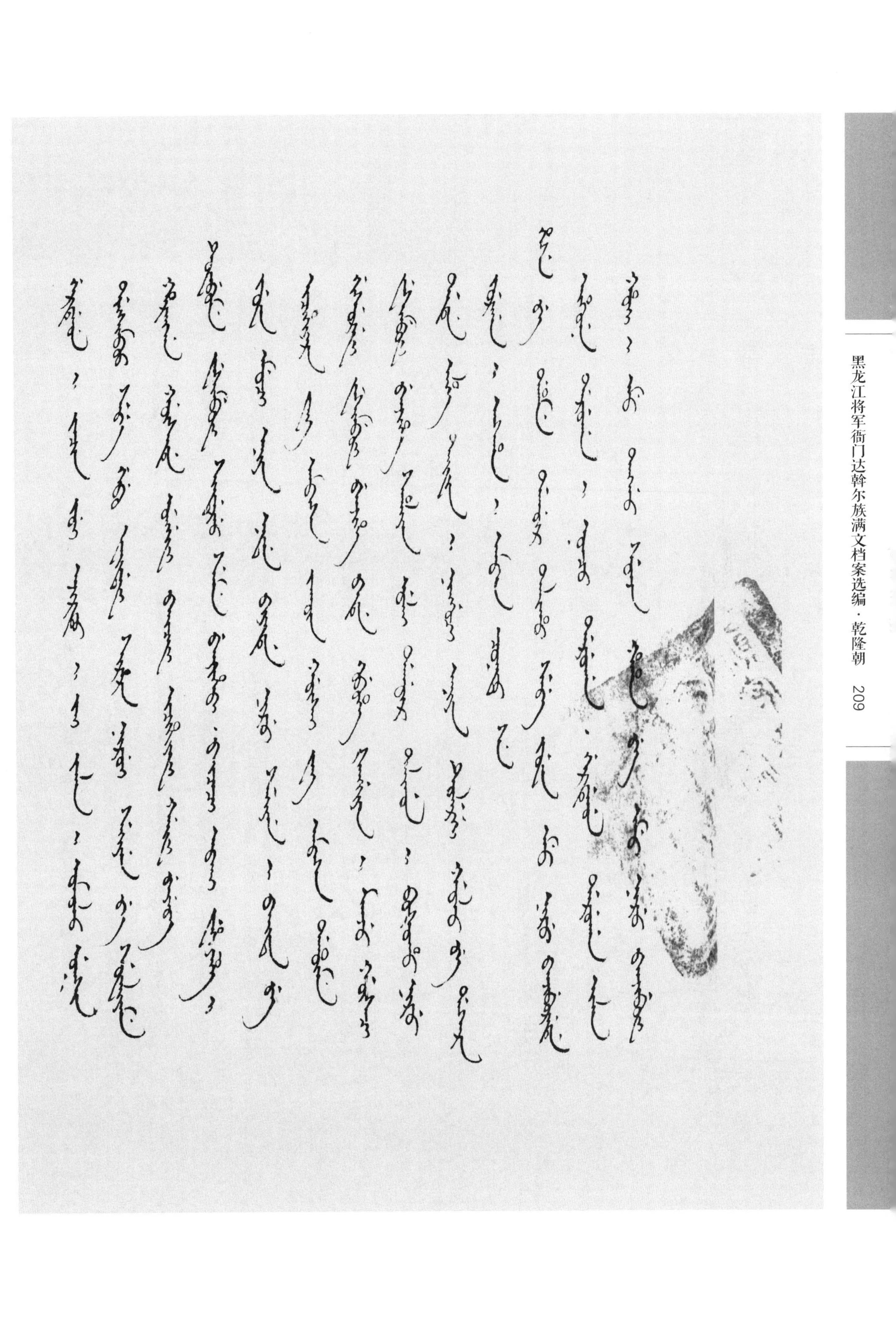

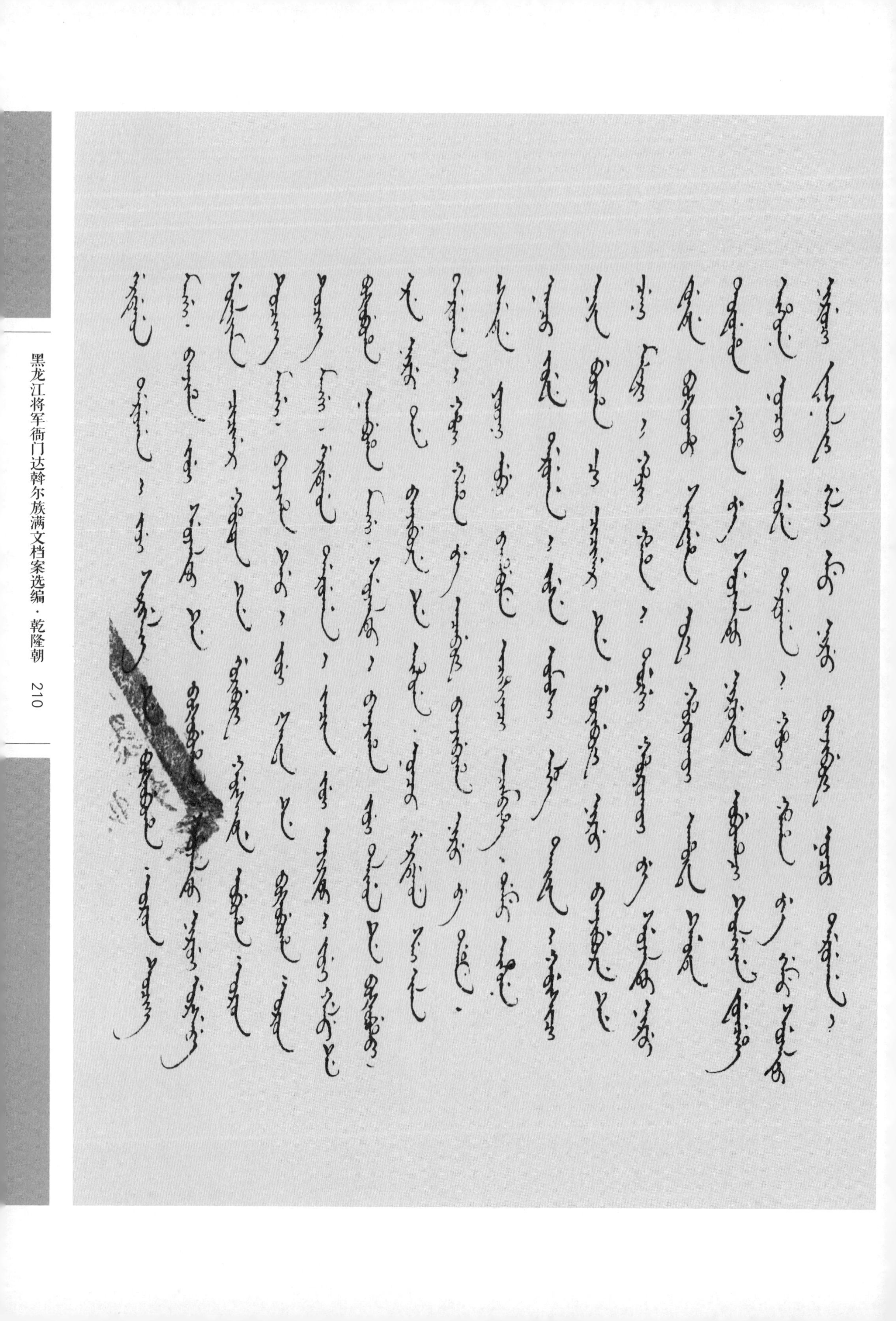

[illegible]

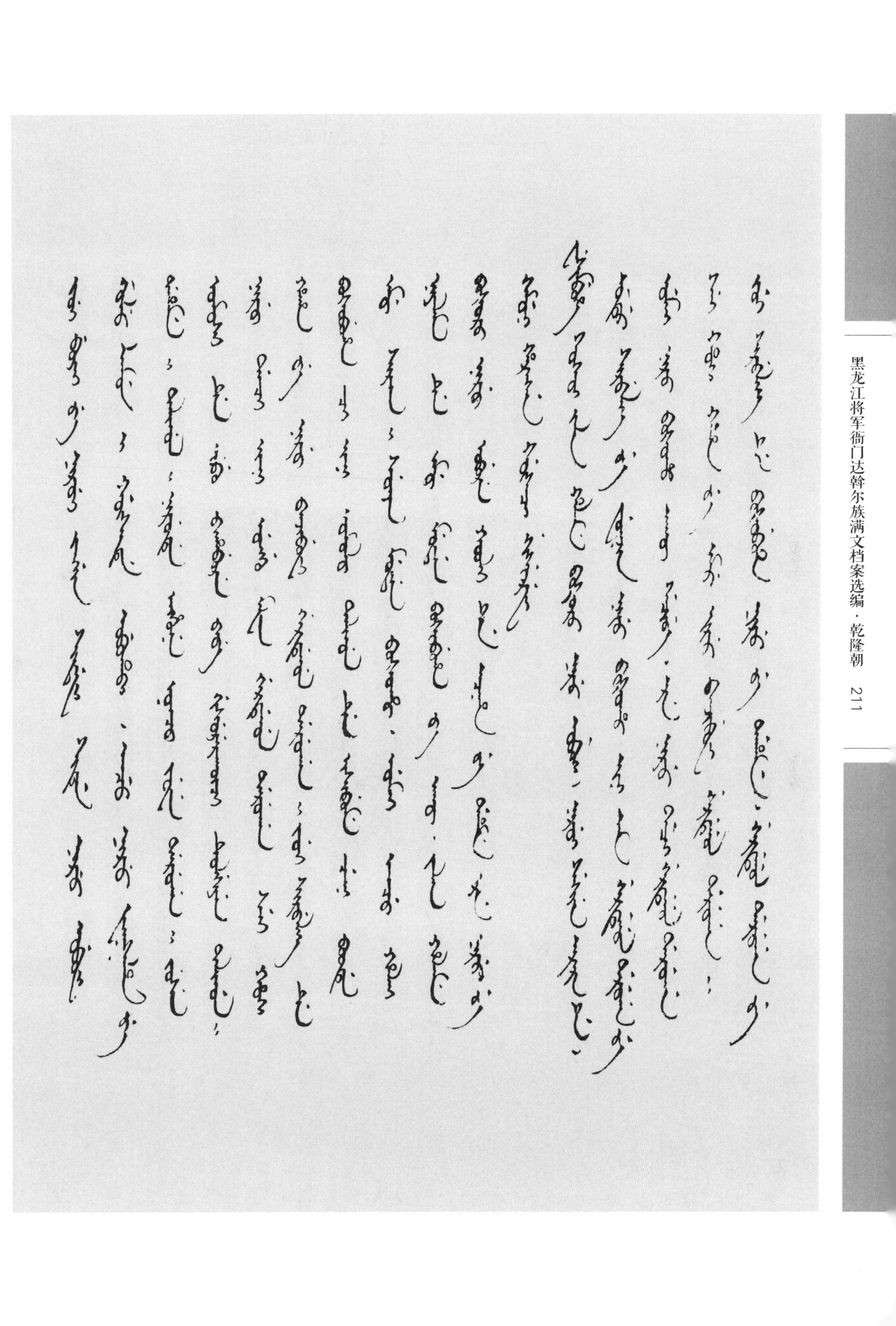

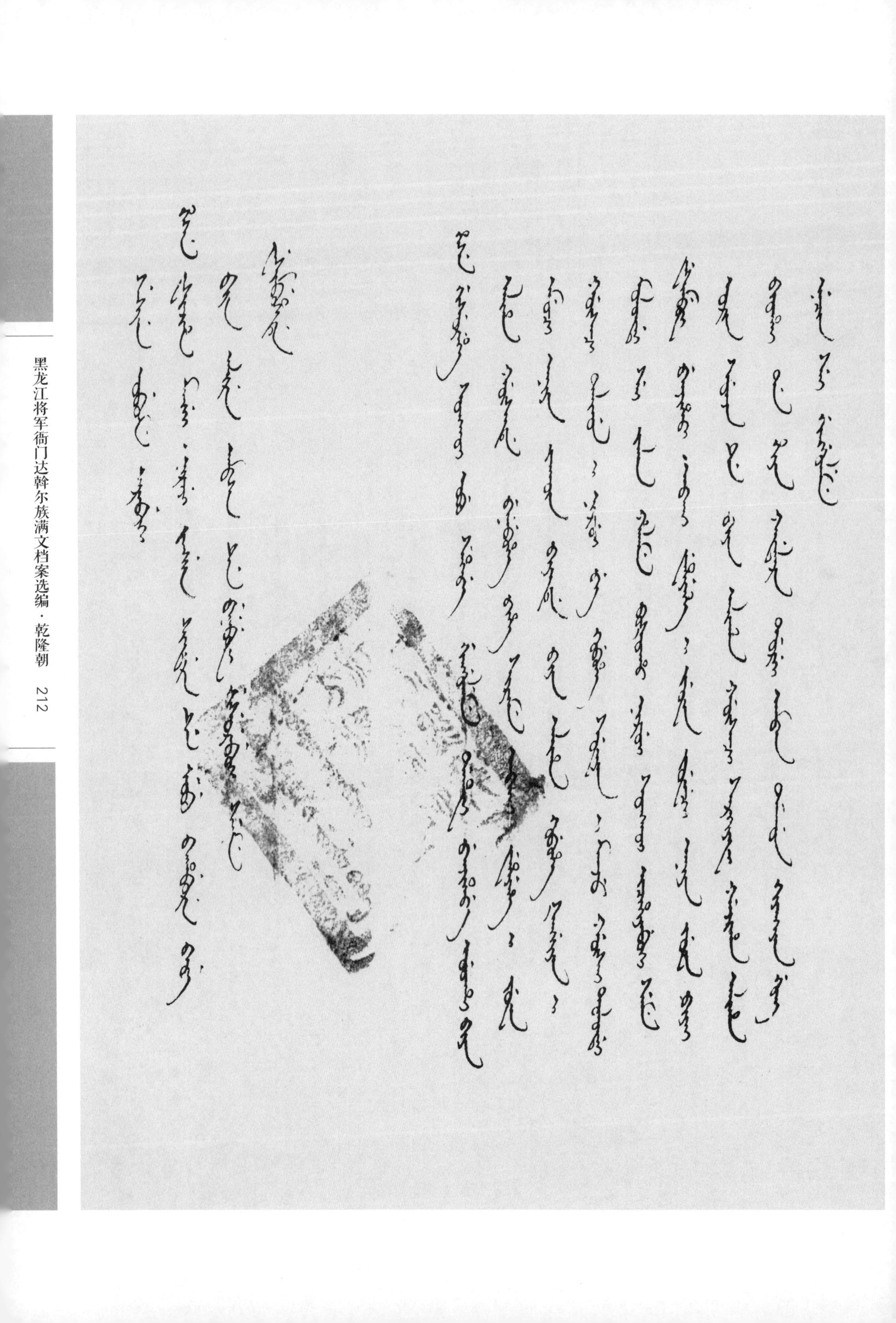

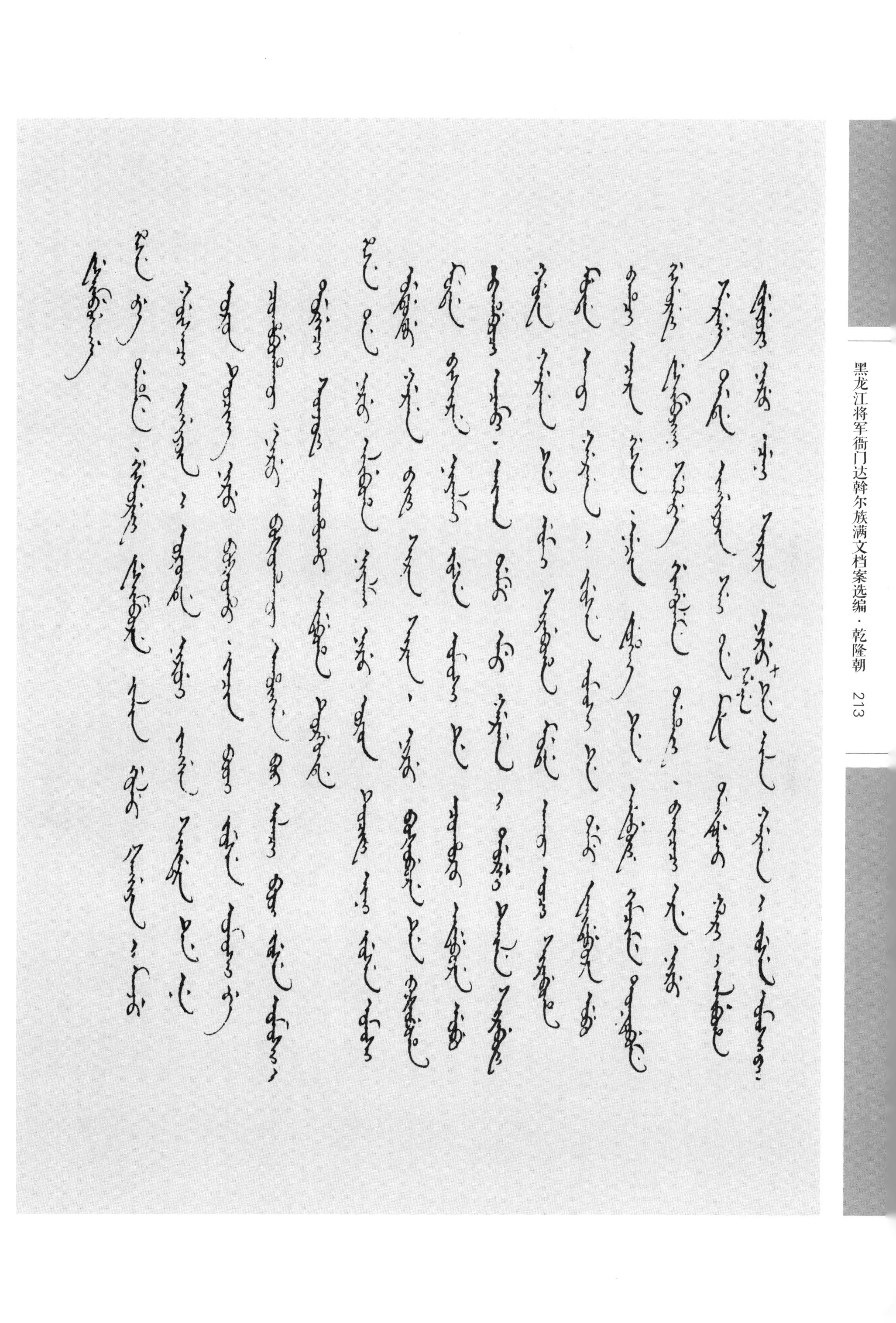

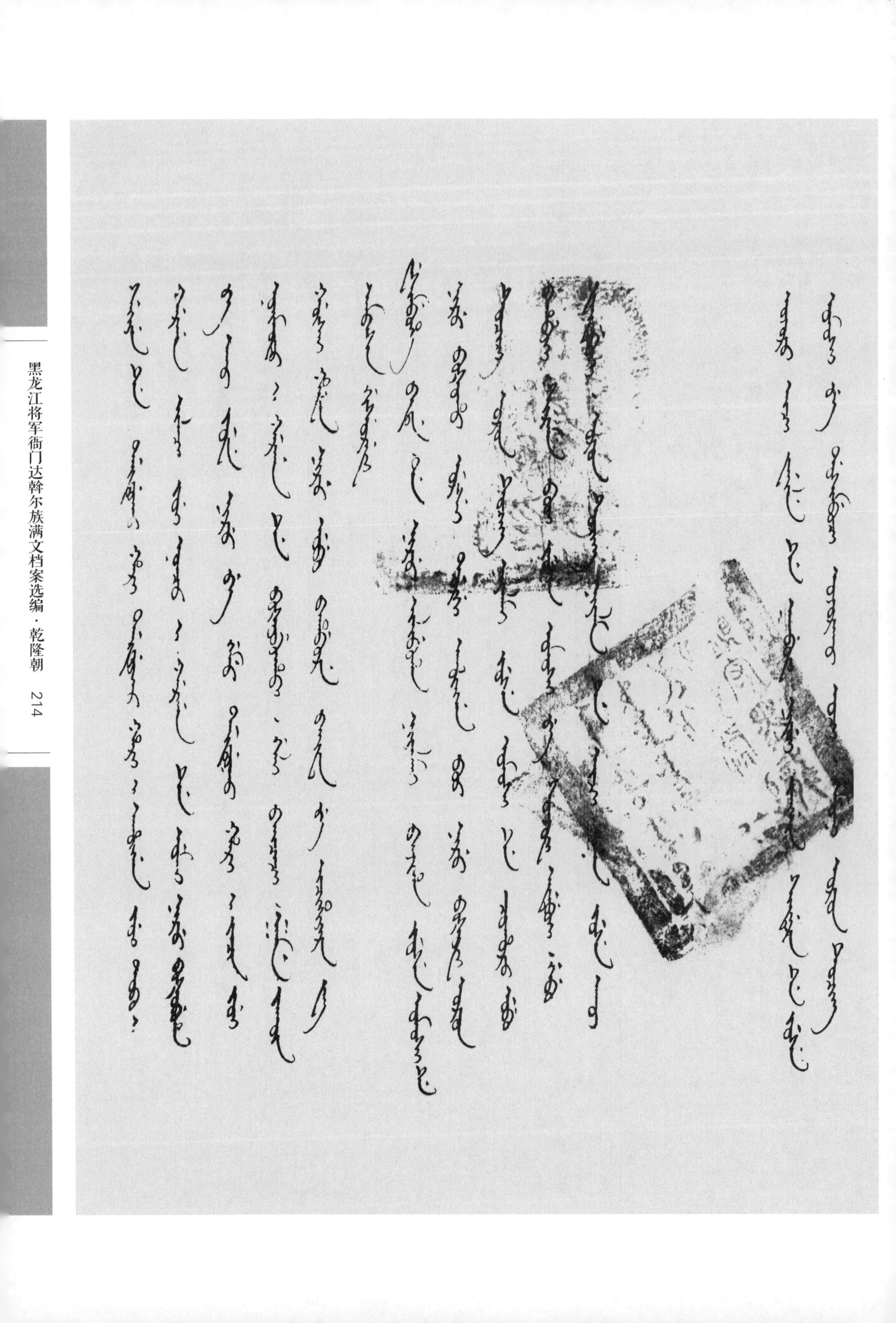

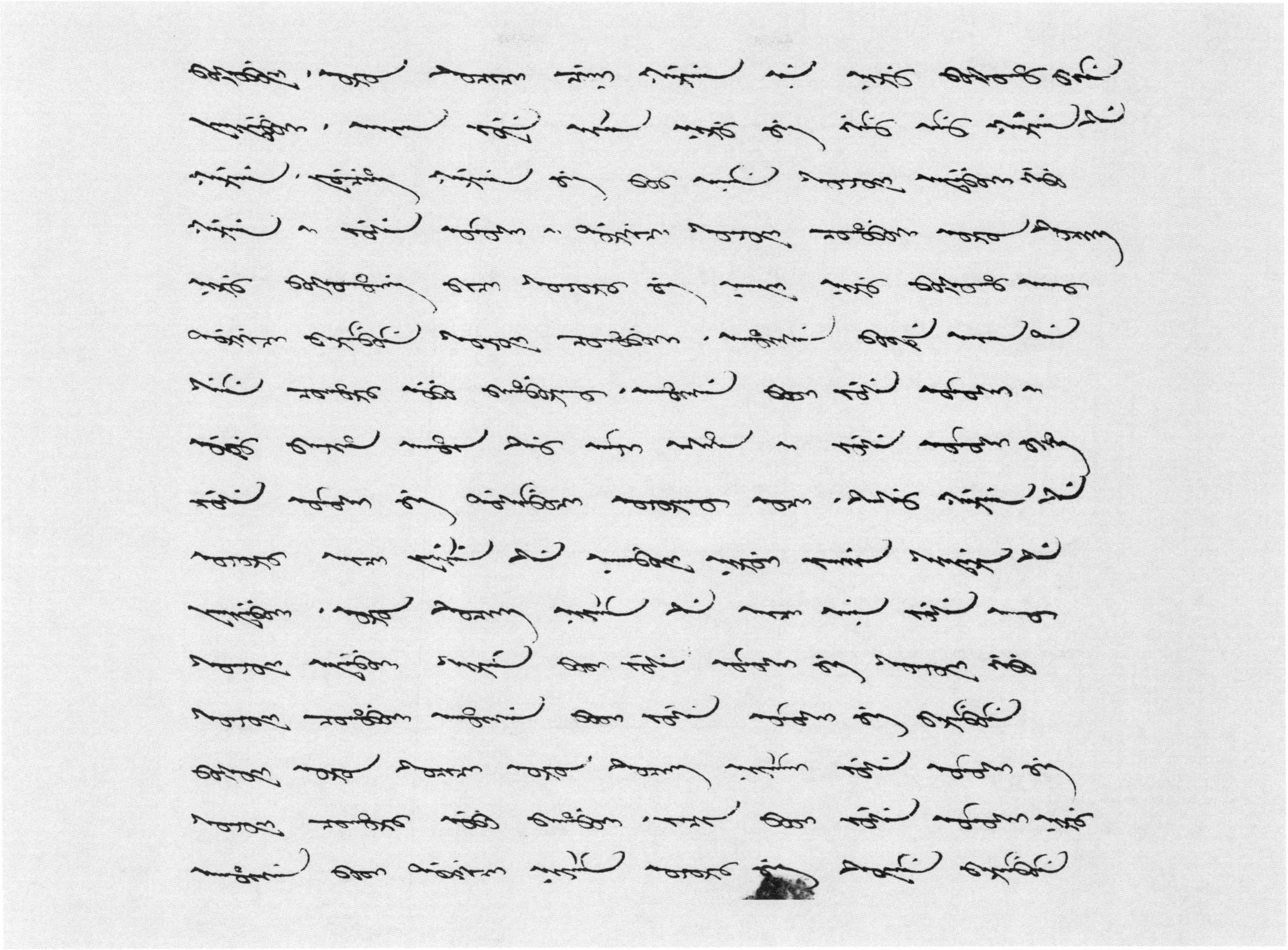

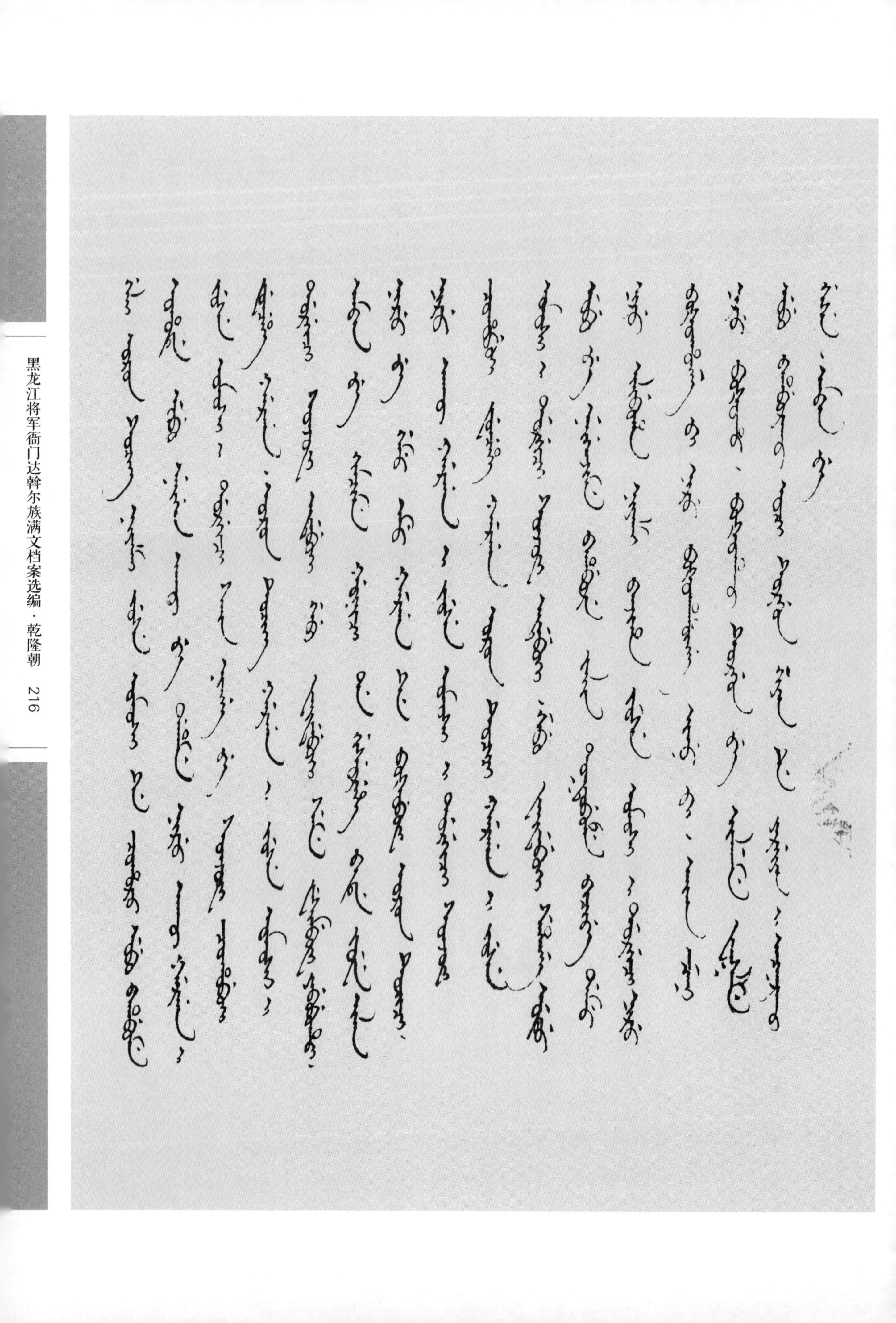

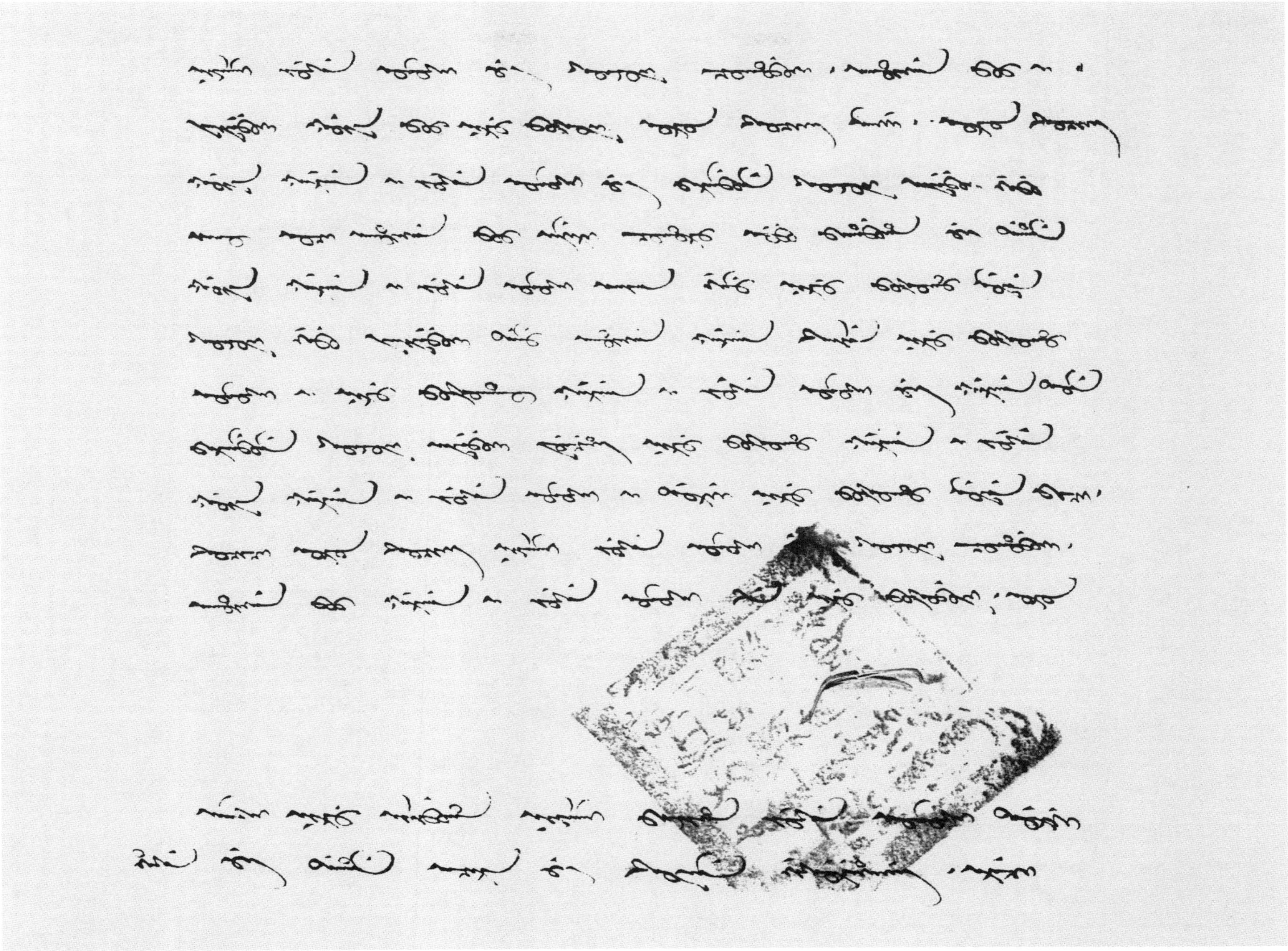

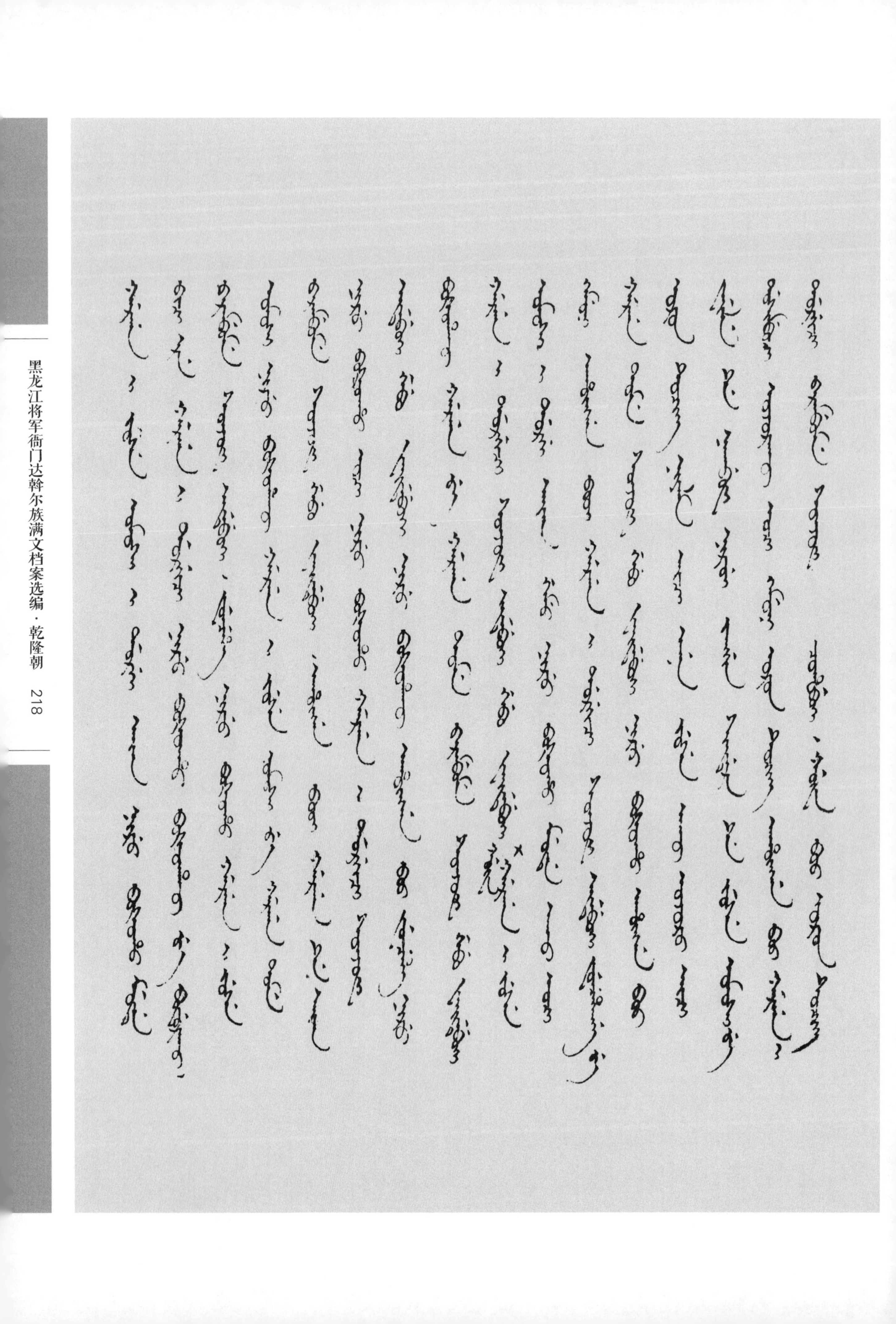

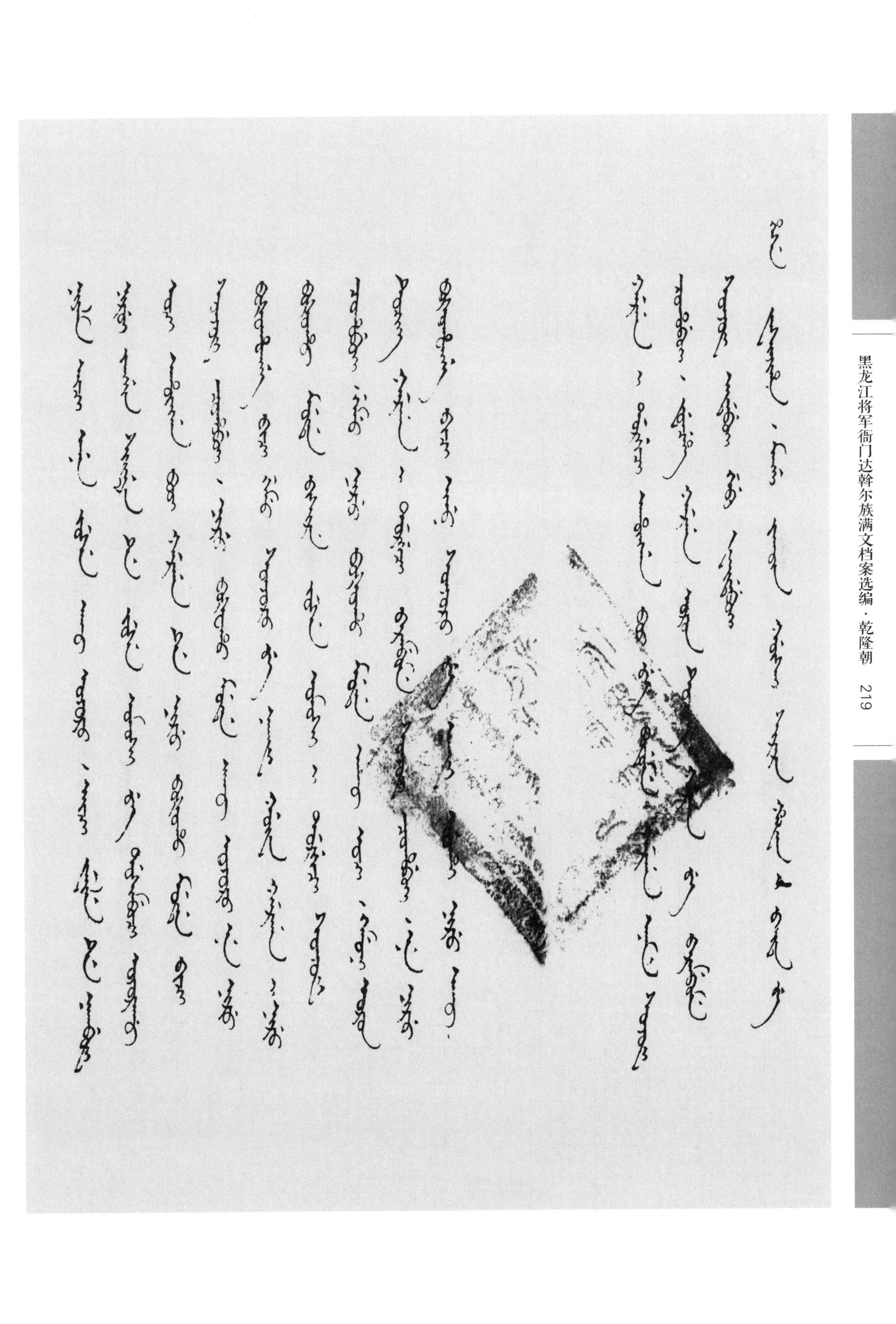

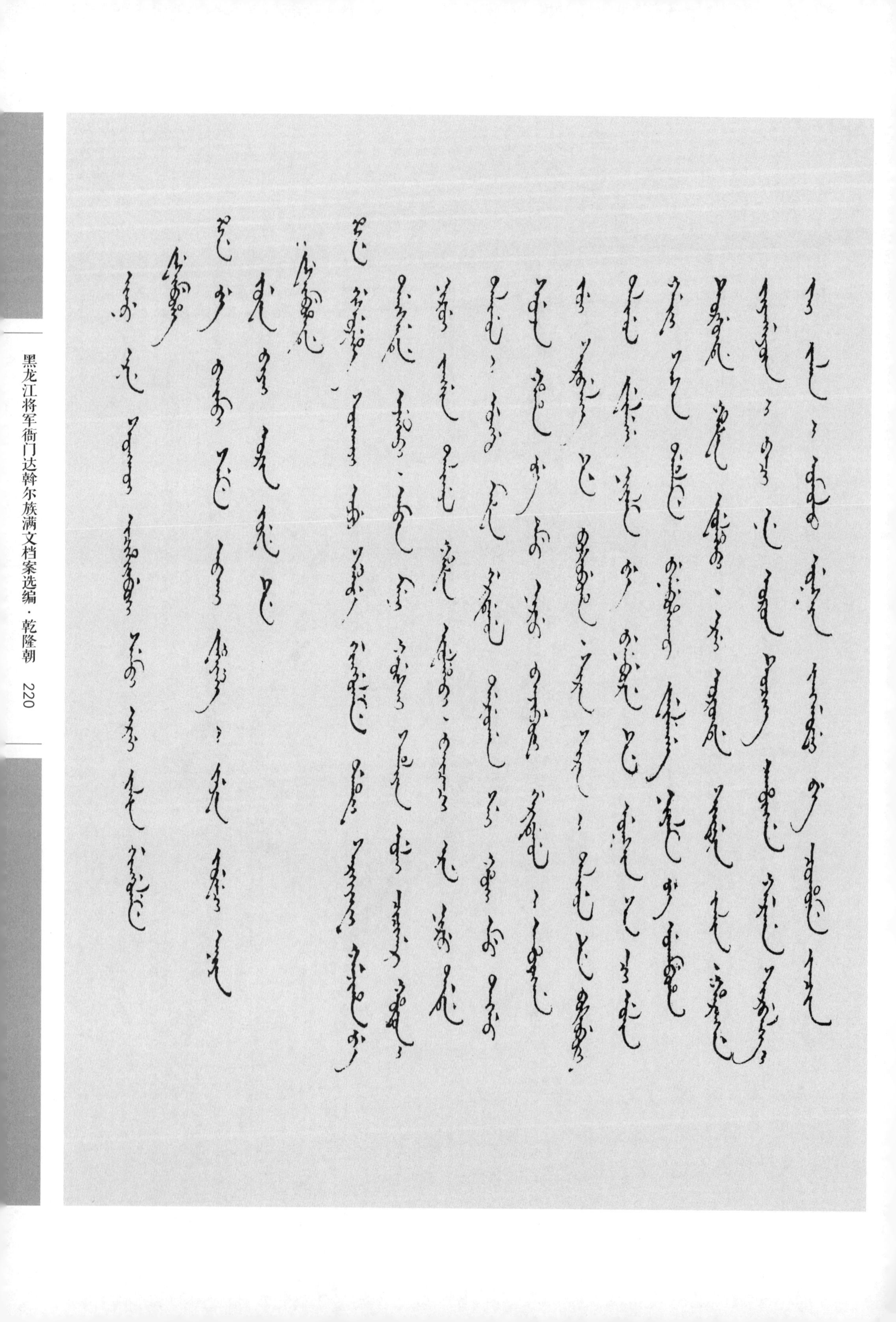

[illegible]

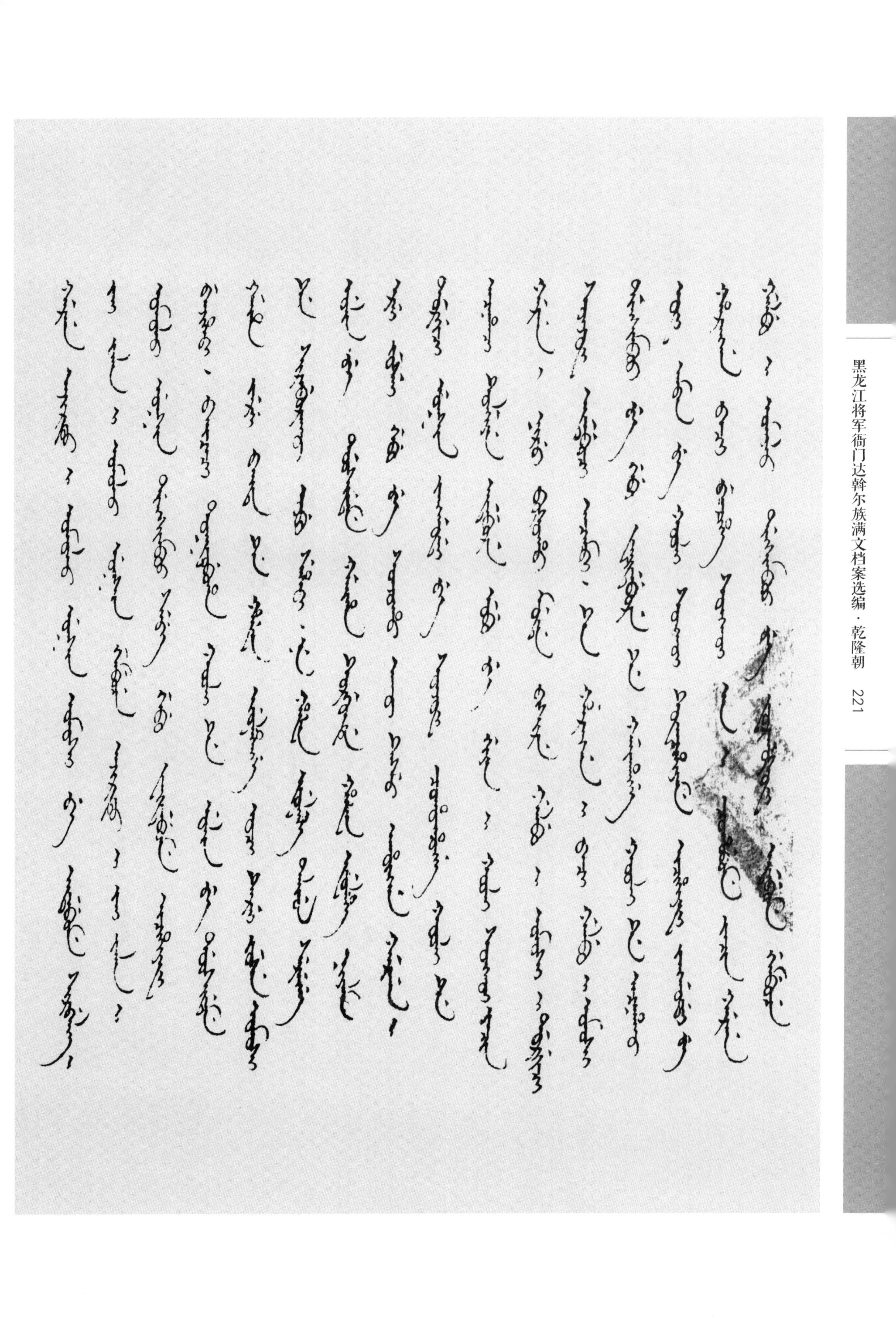

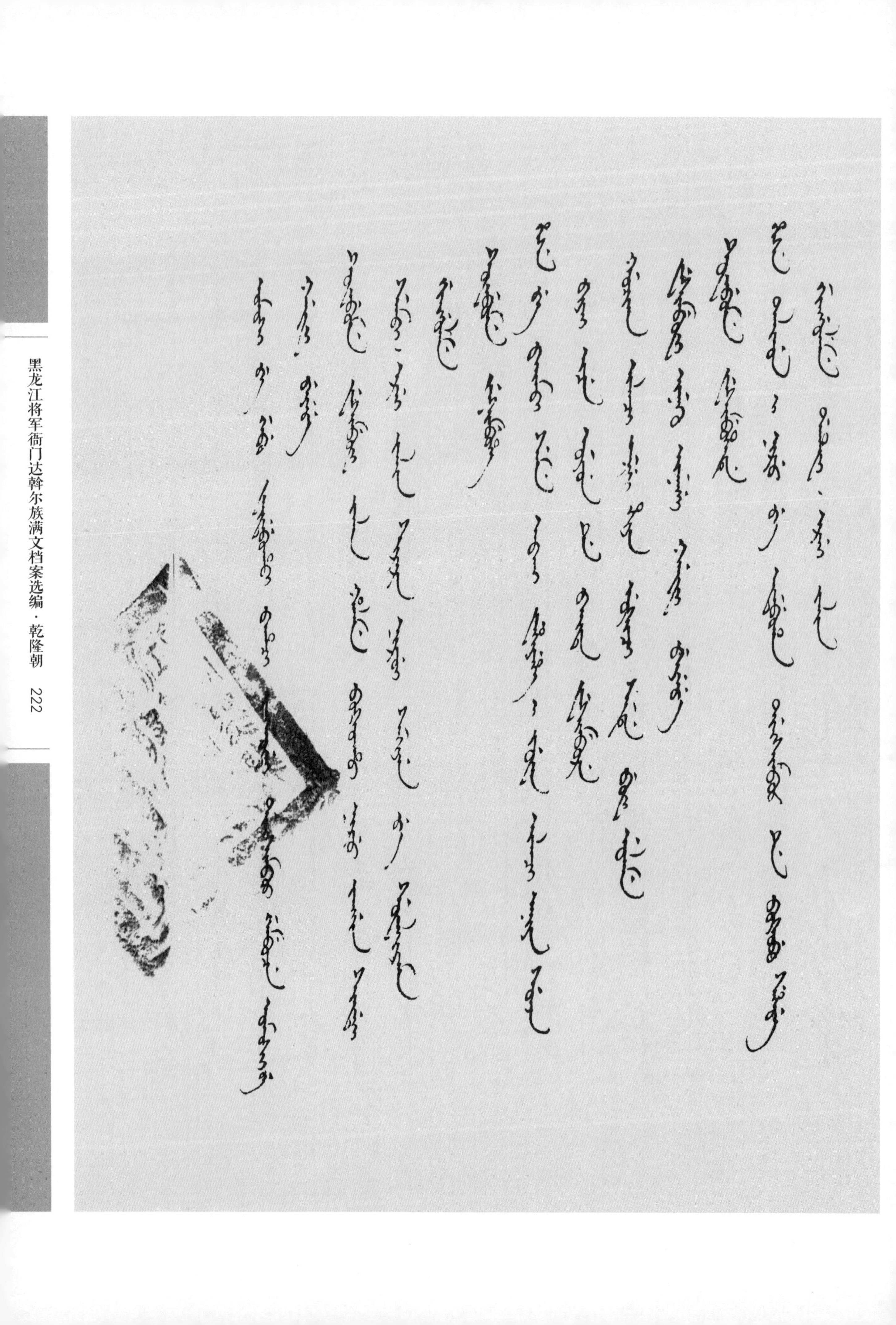

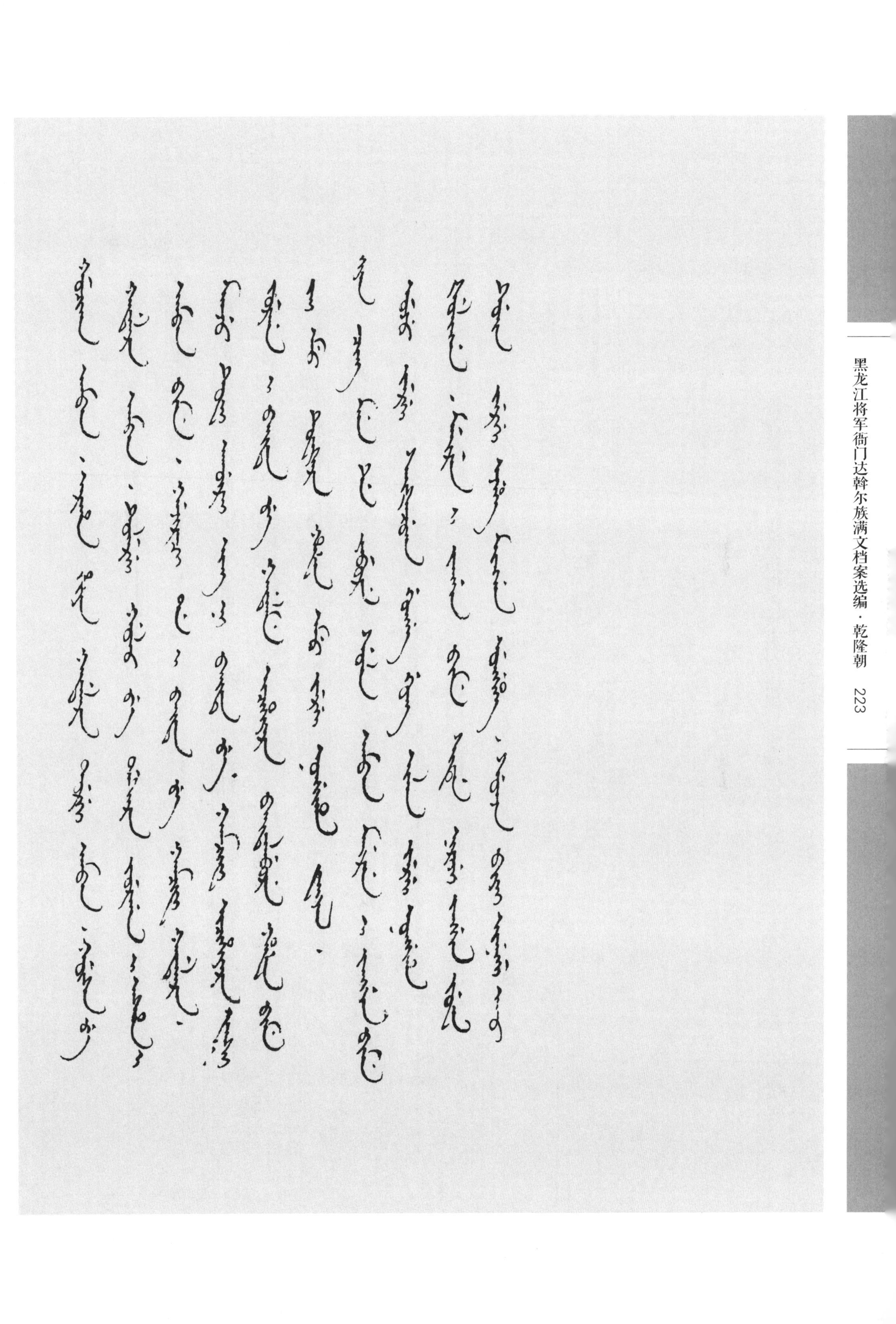

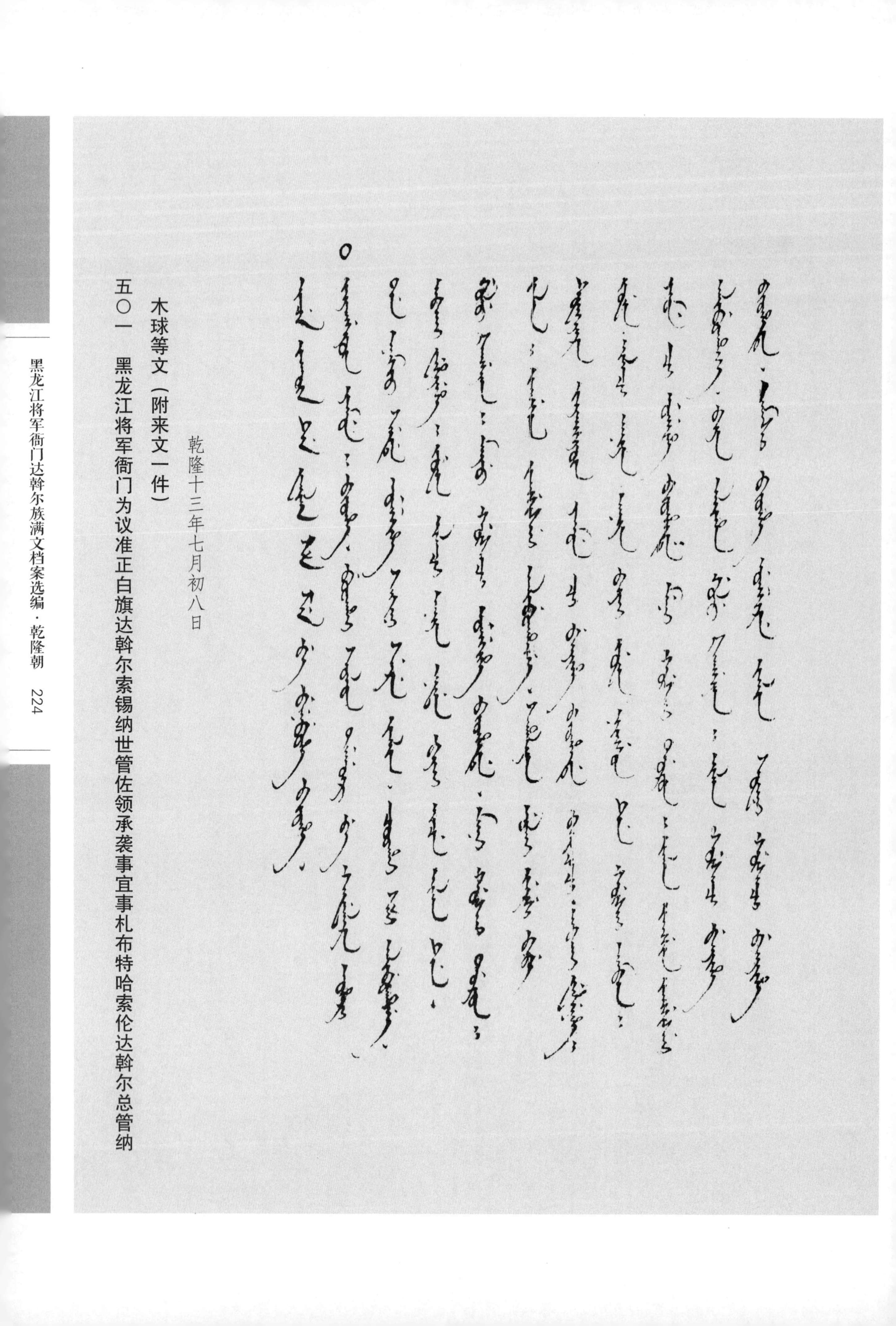

五〇一　黑龙江将军衙门为议准正白旗达斡尔索锡纳世管佐领承袭事宜事札布特哈索伦达斡尔总管纳木球等文（附来文一件）

乾隆十三年七月初八日

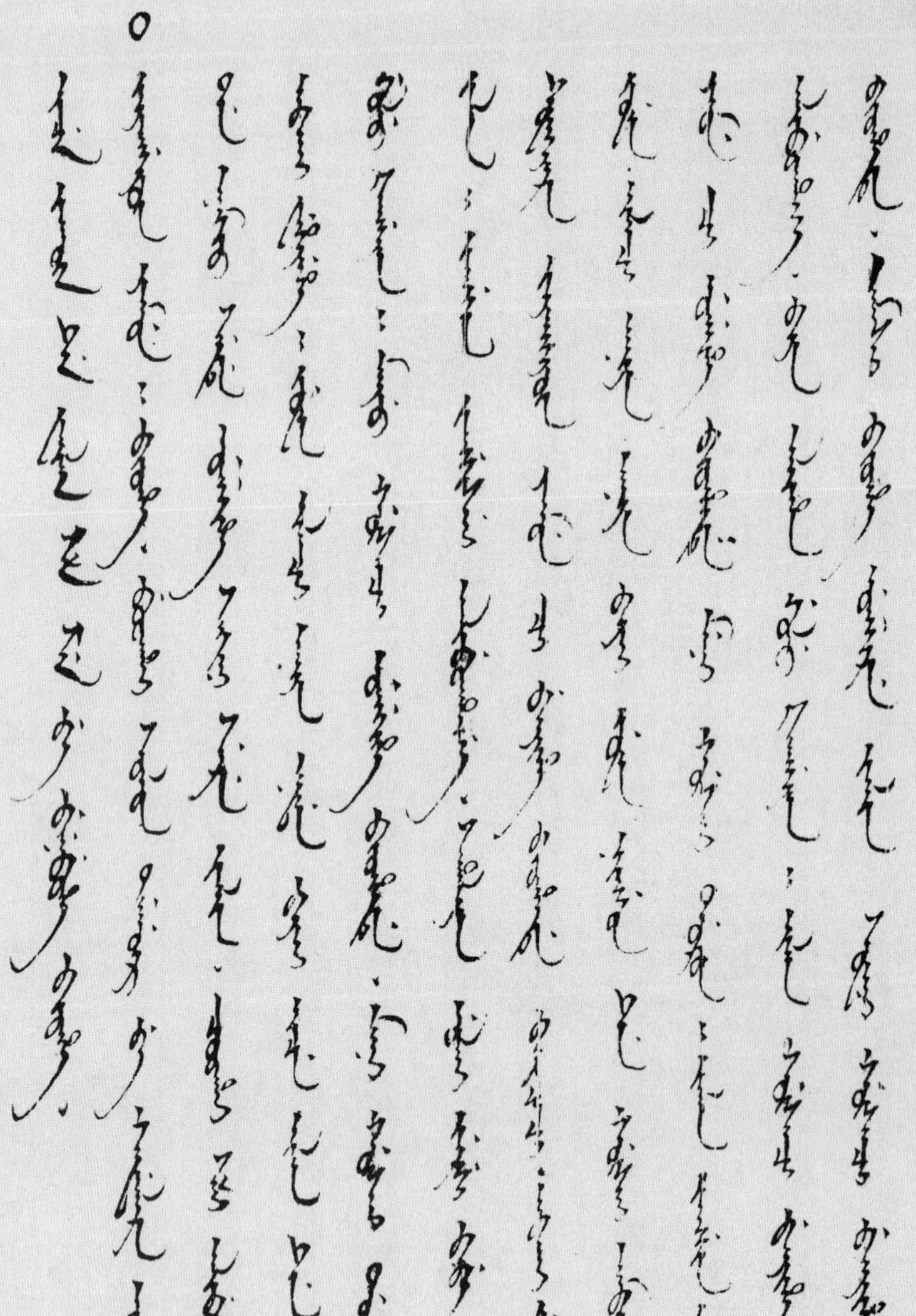

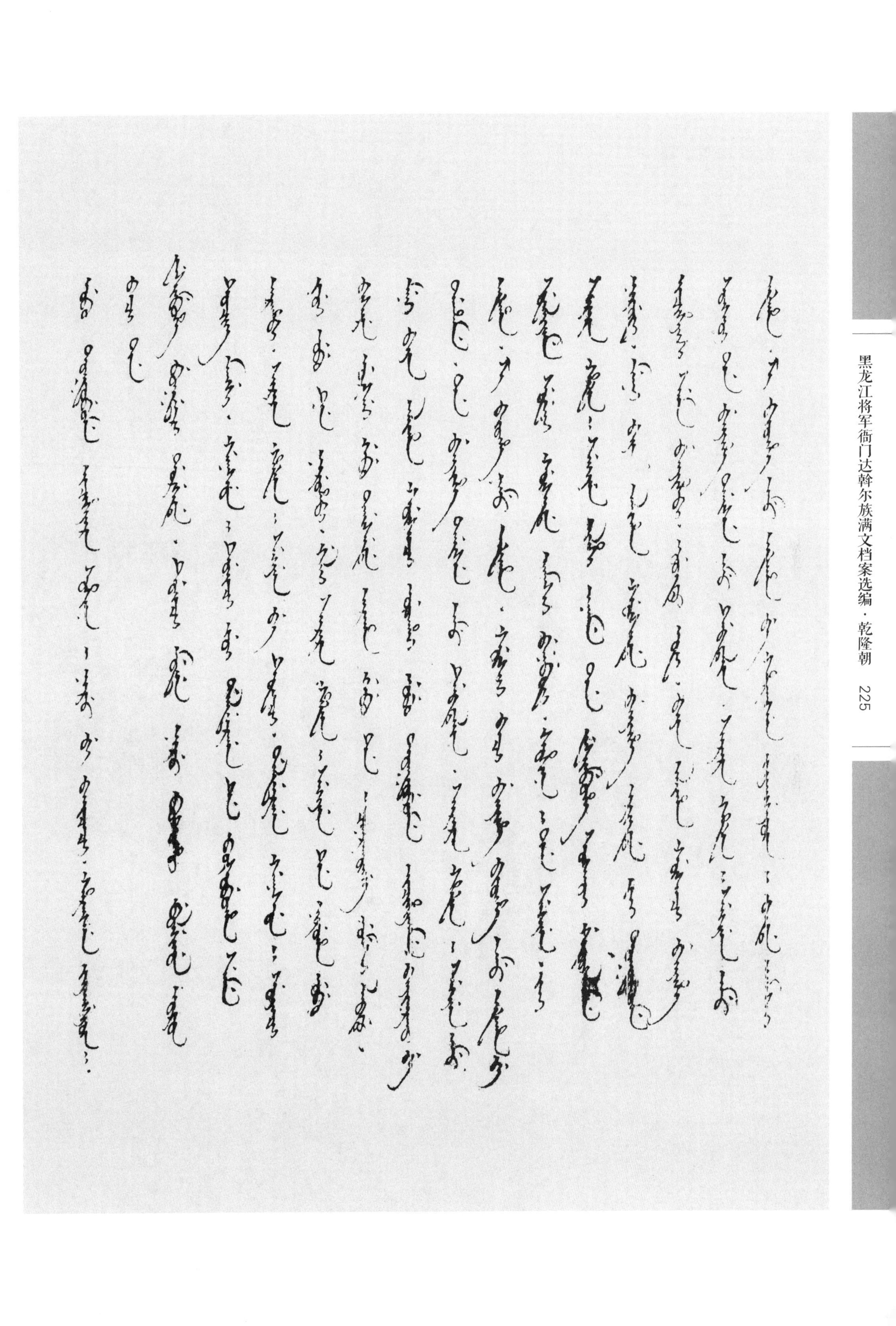

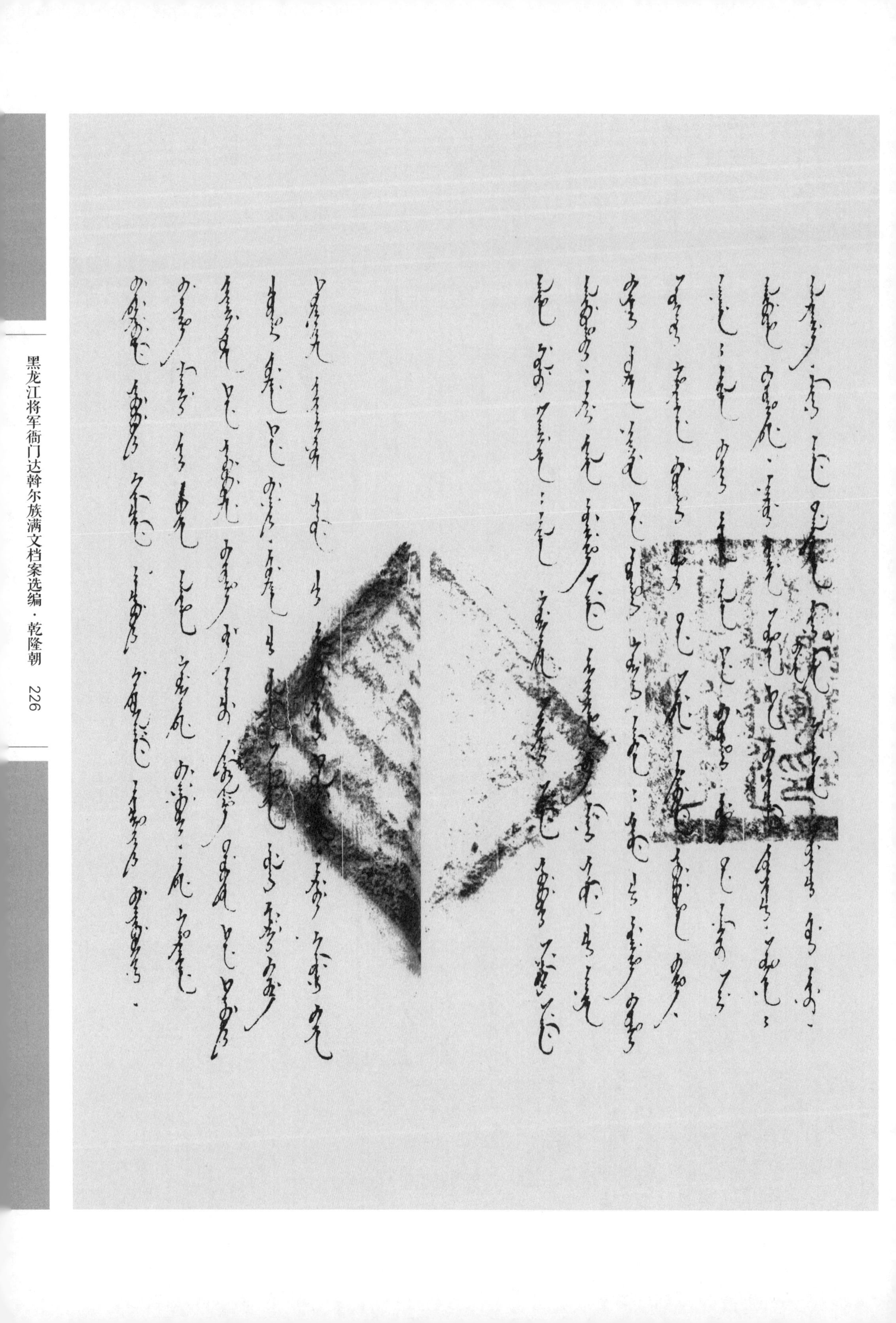

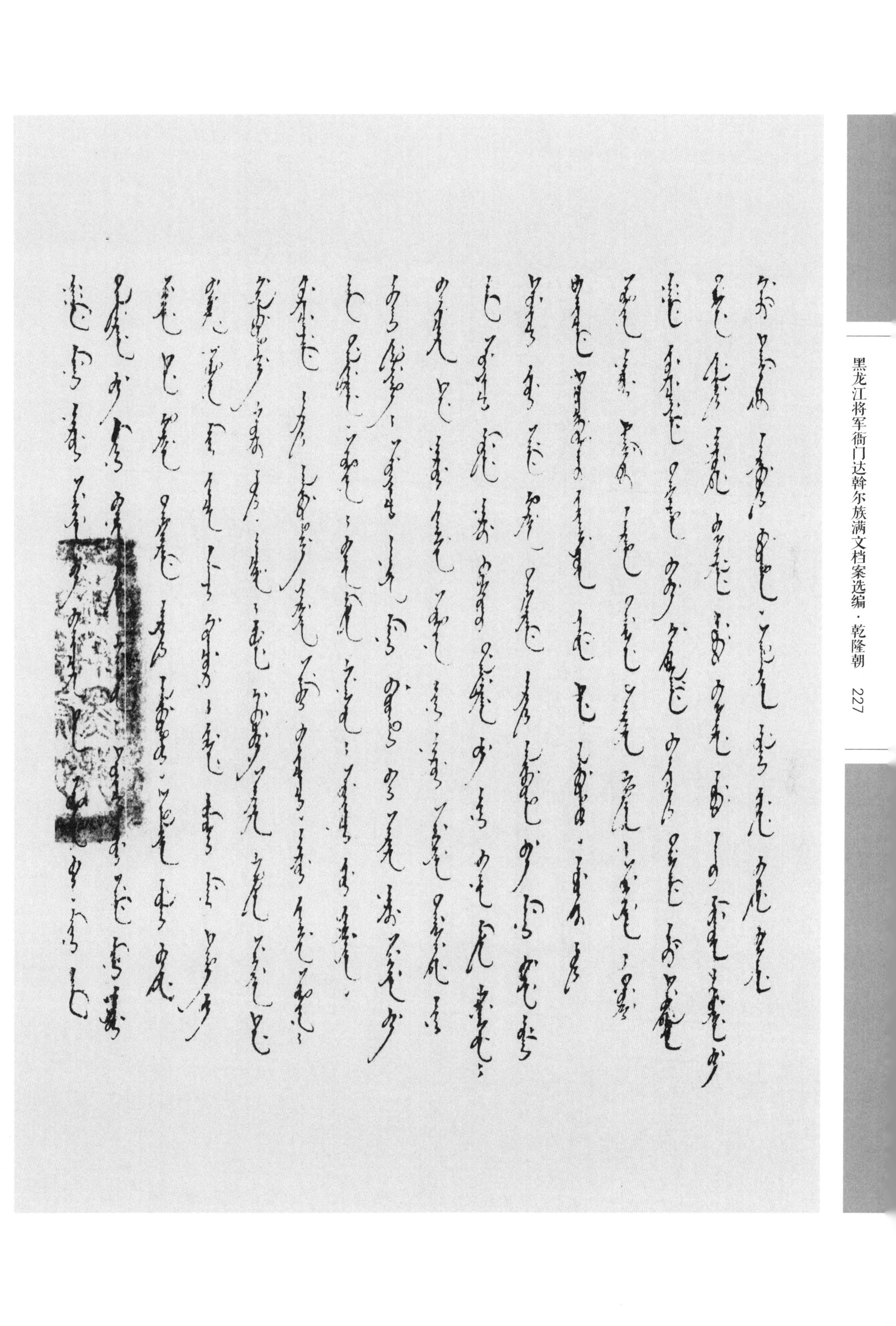

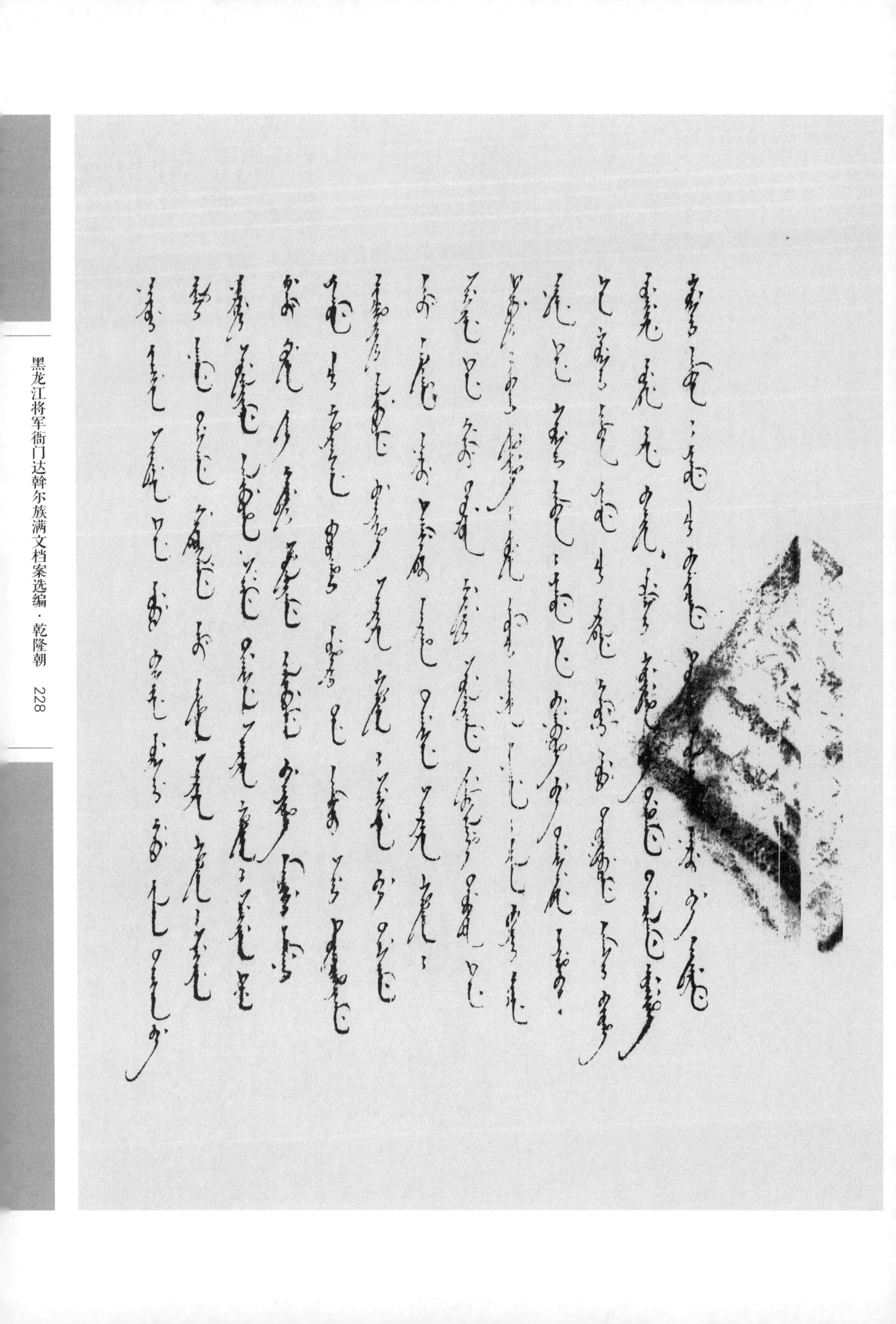

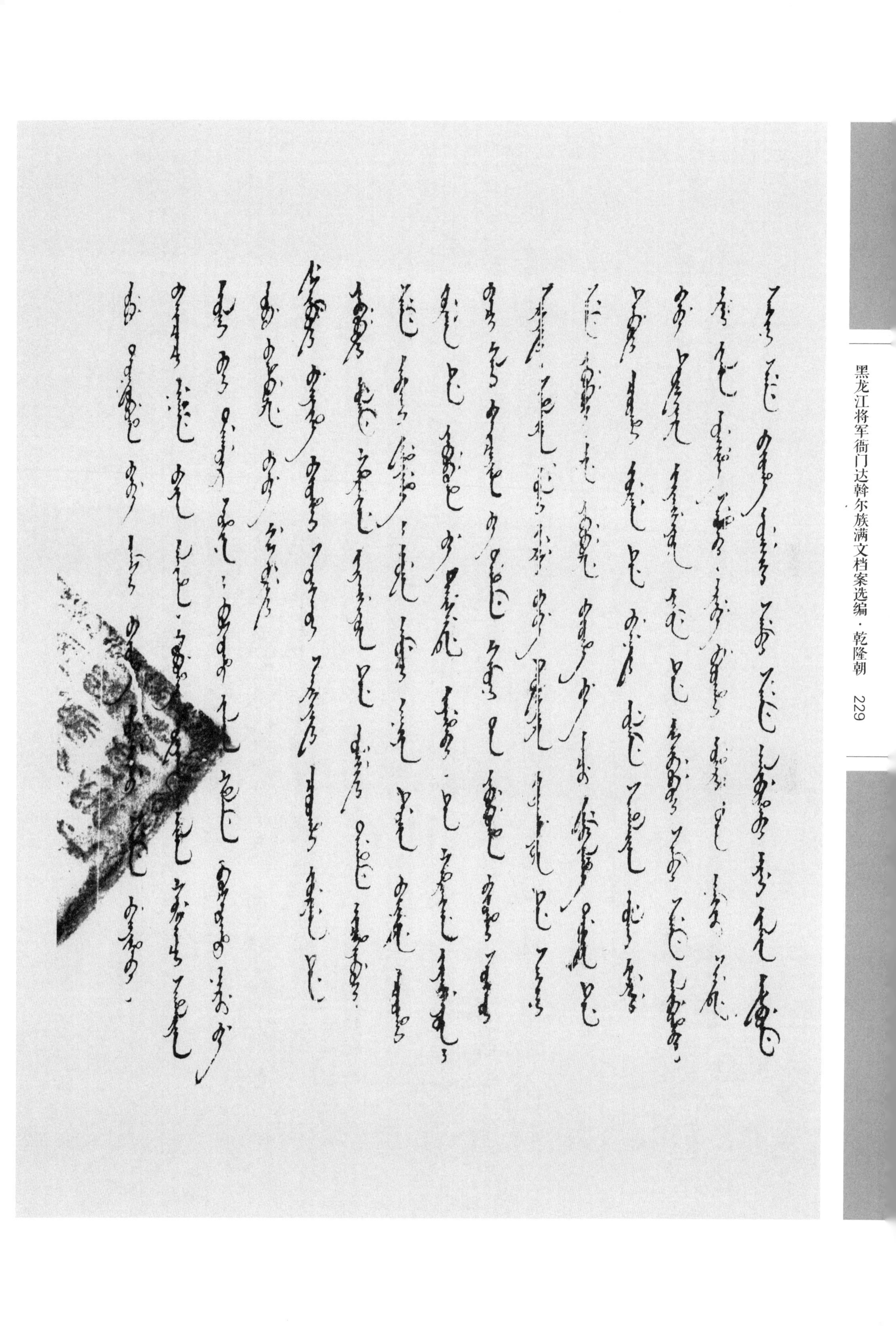

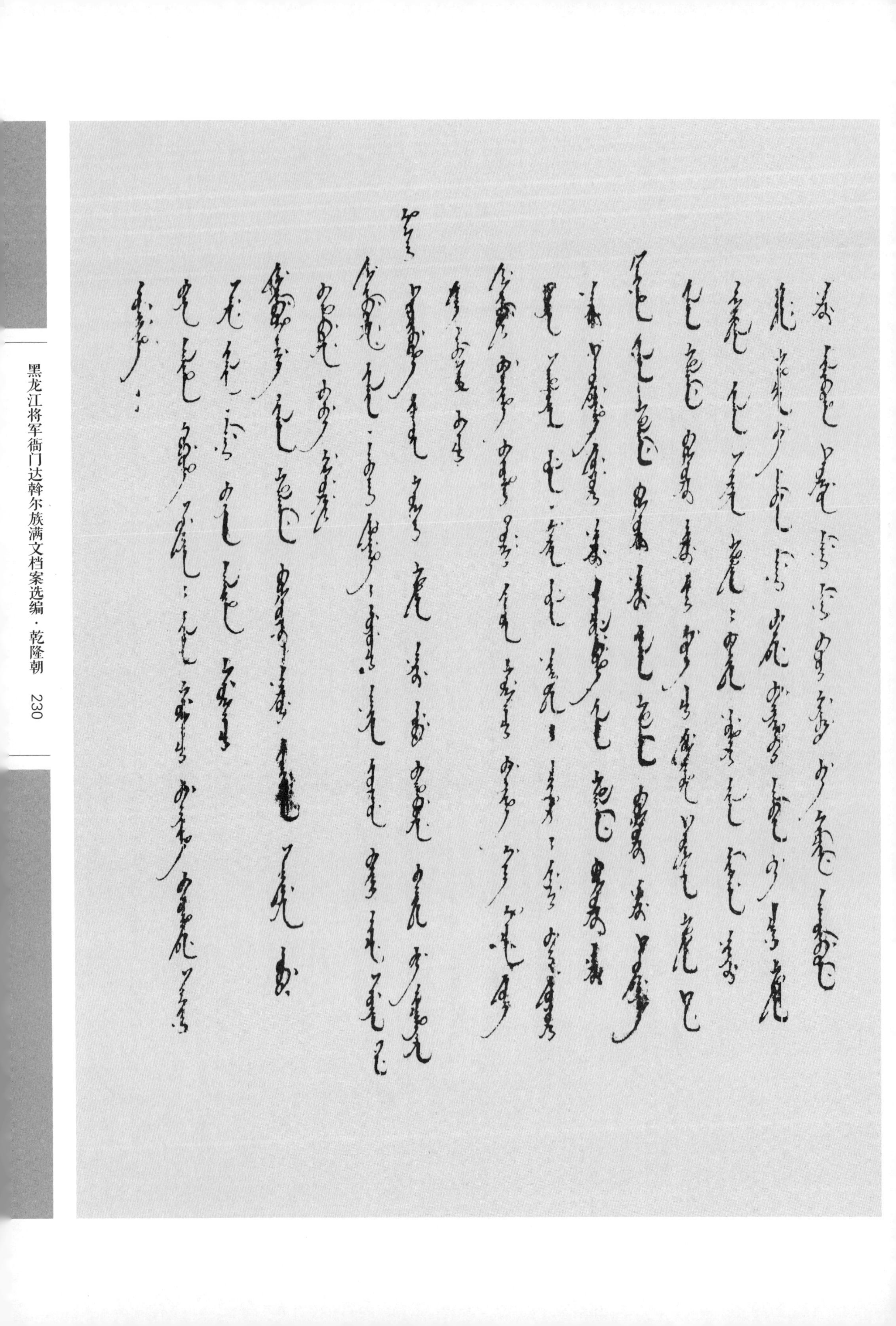

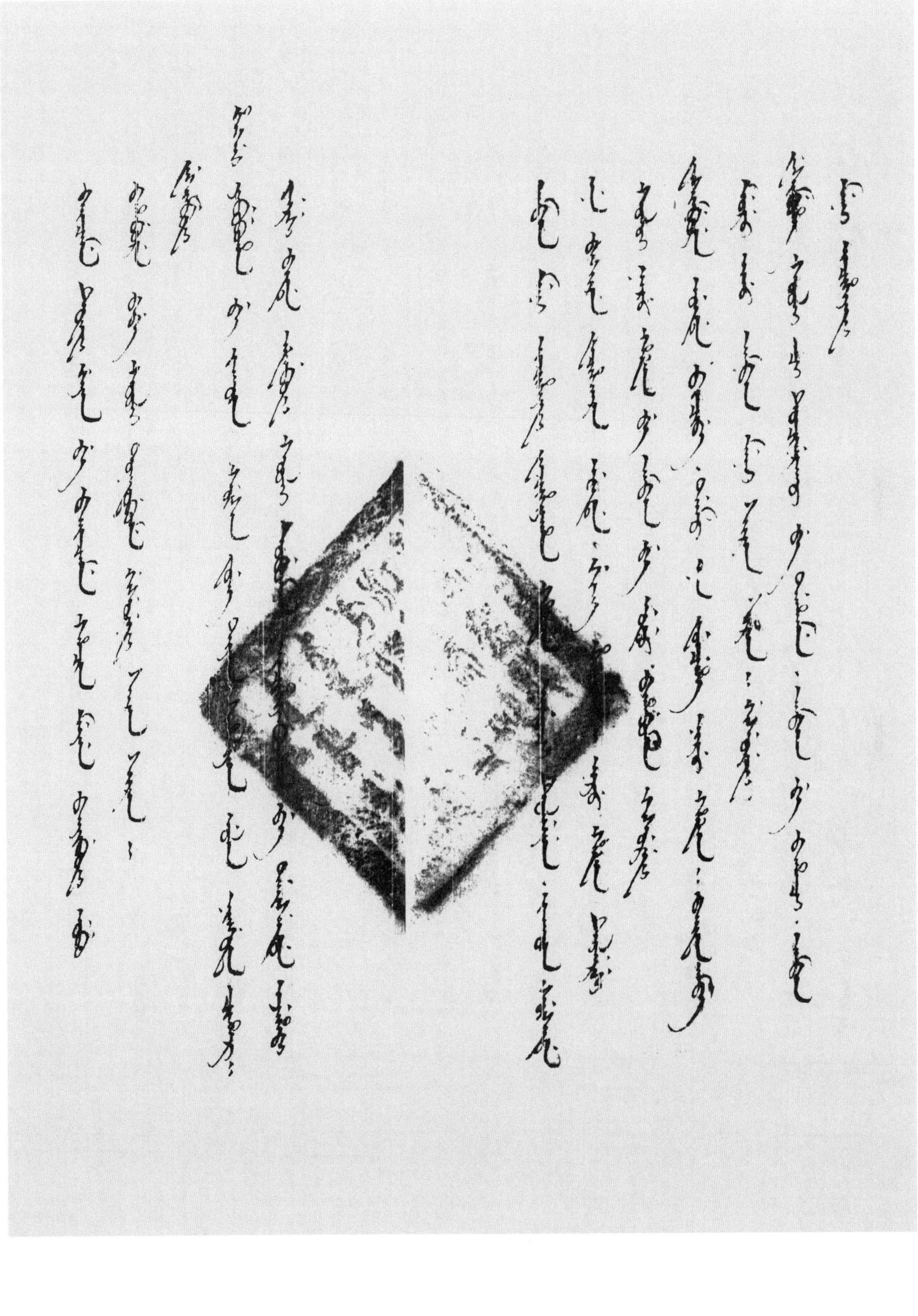

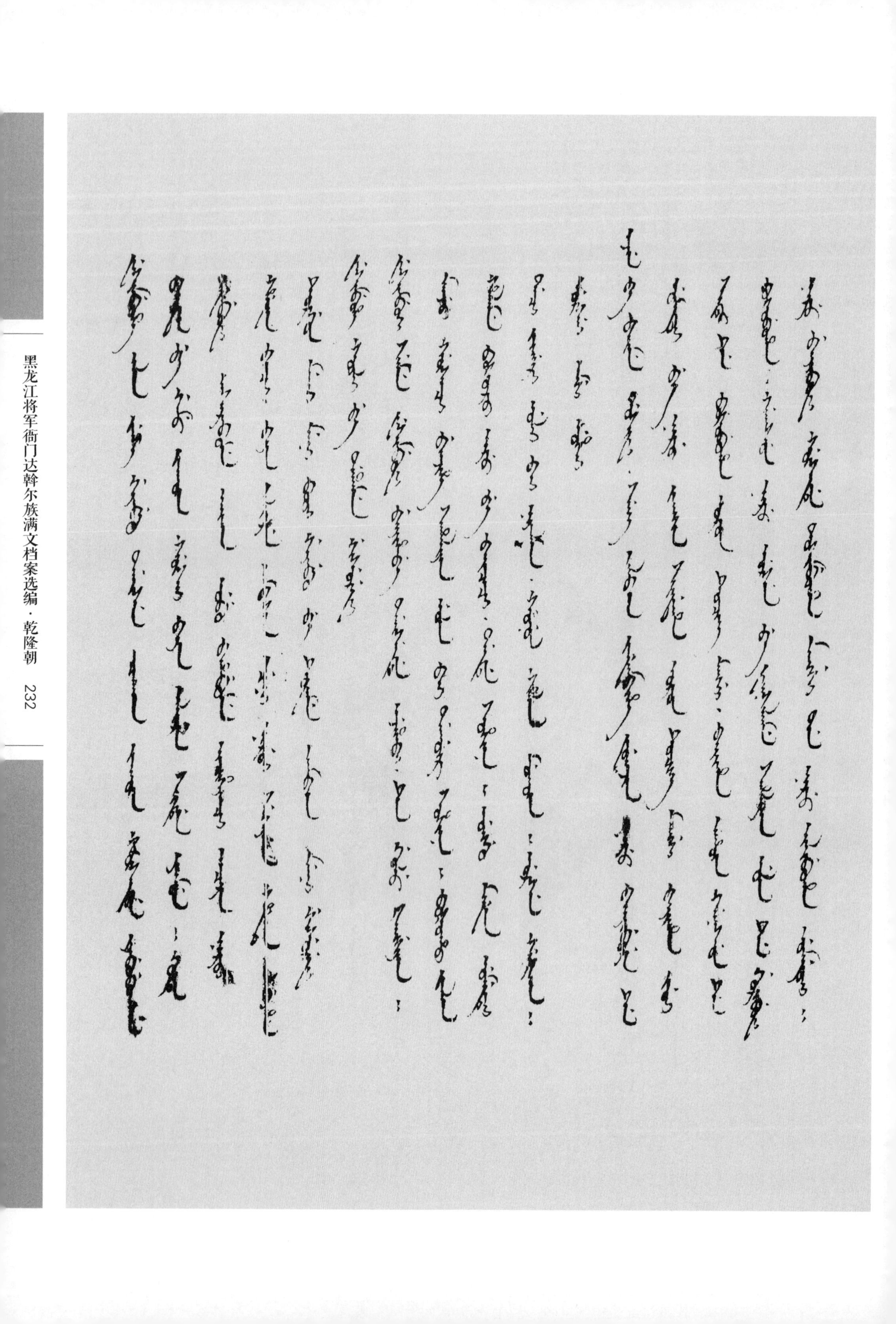

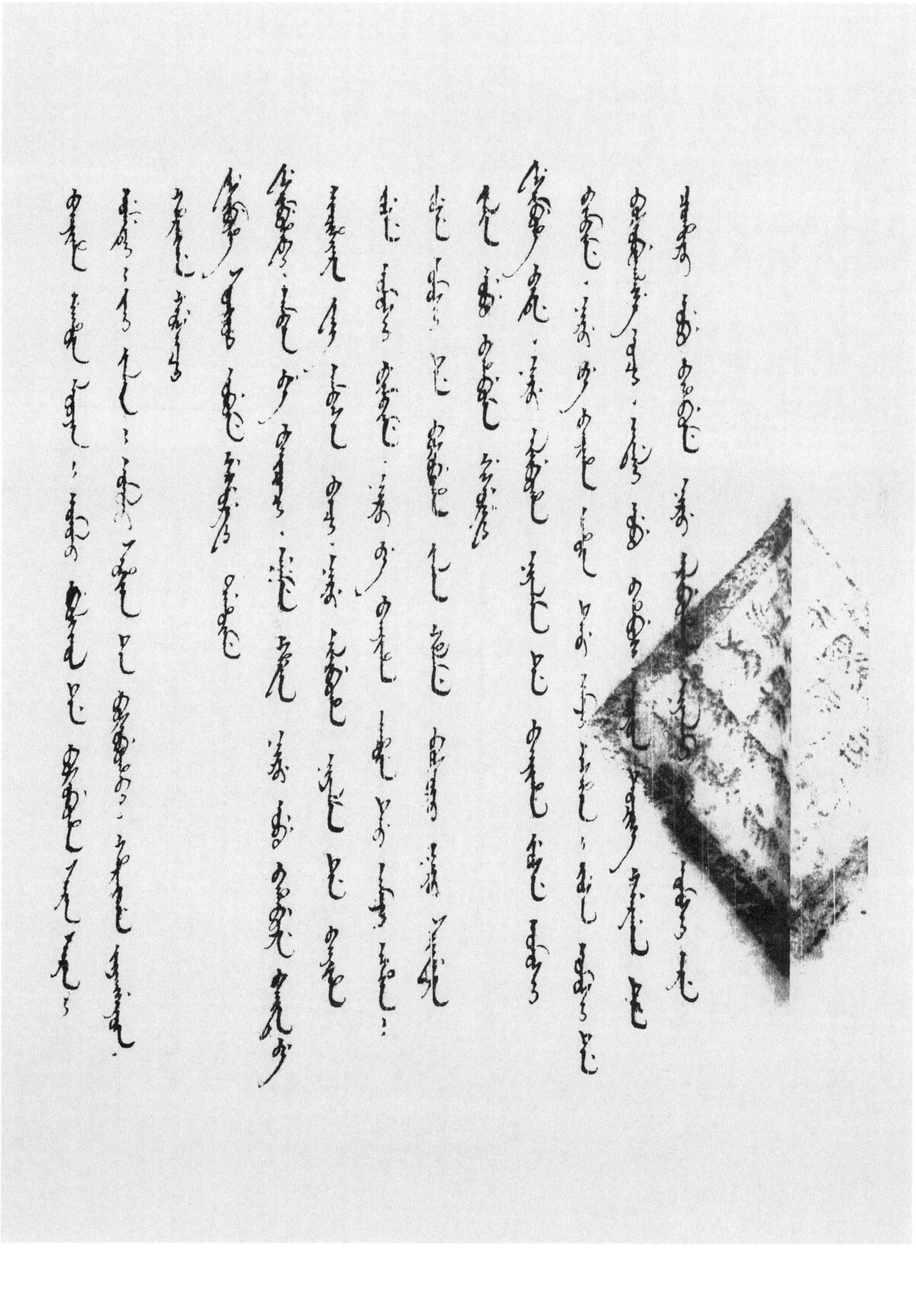

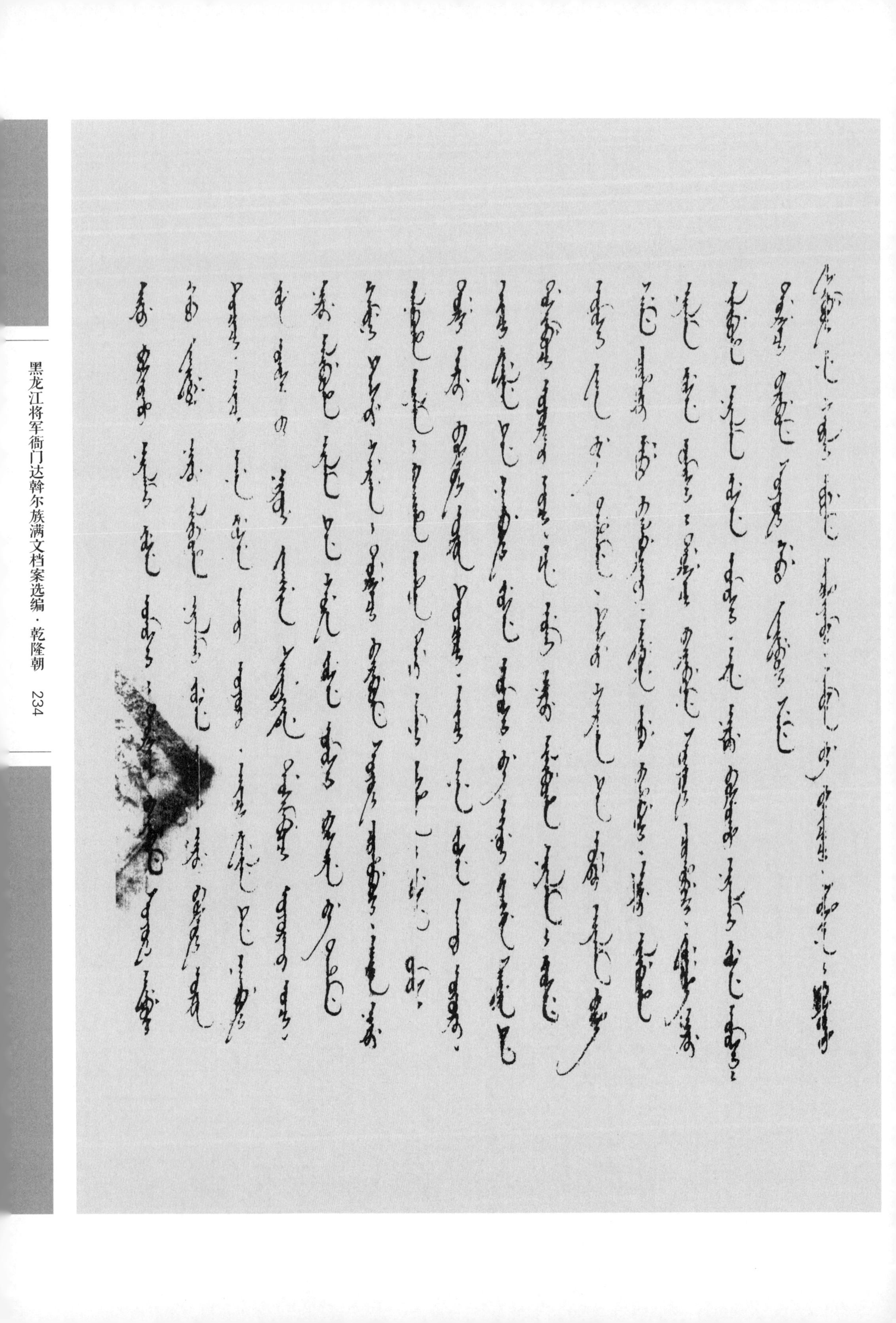

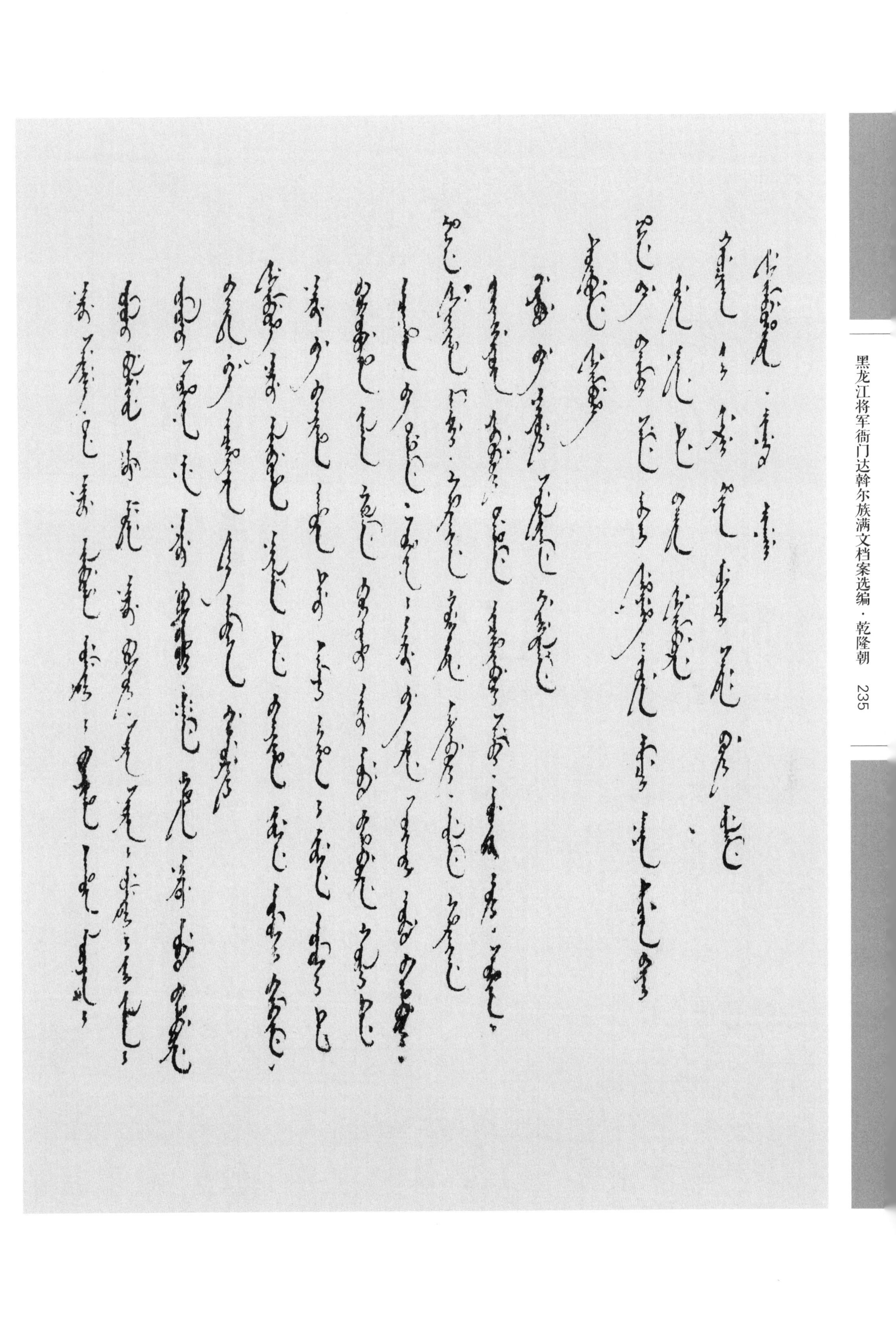

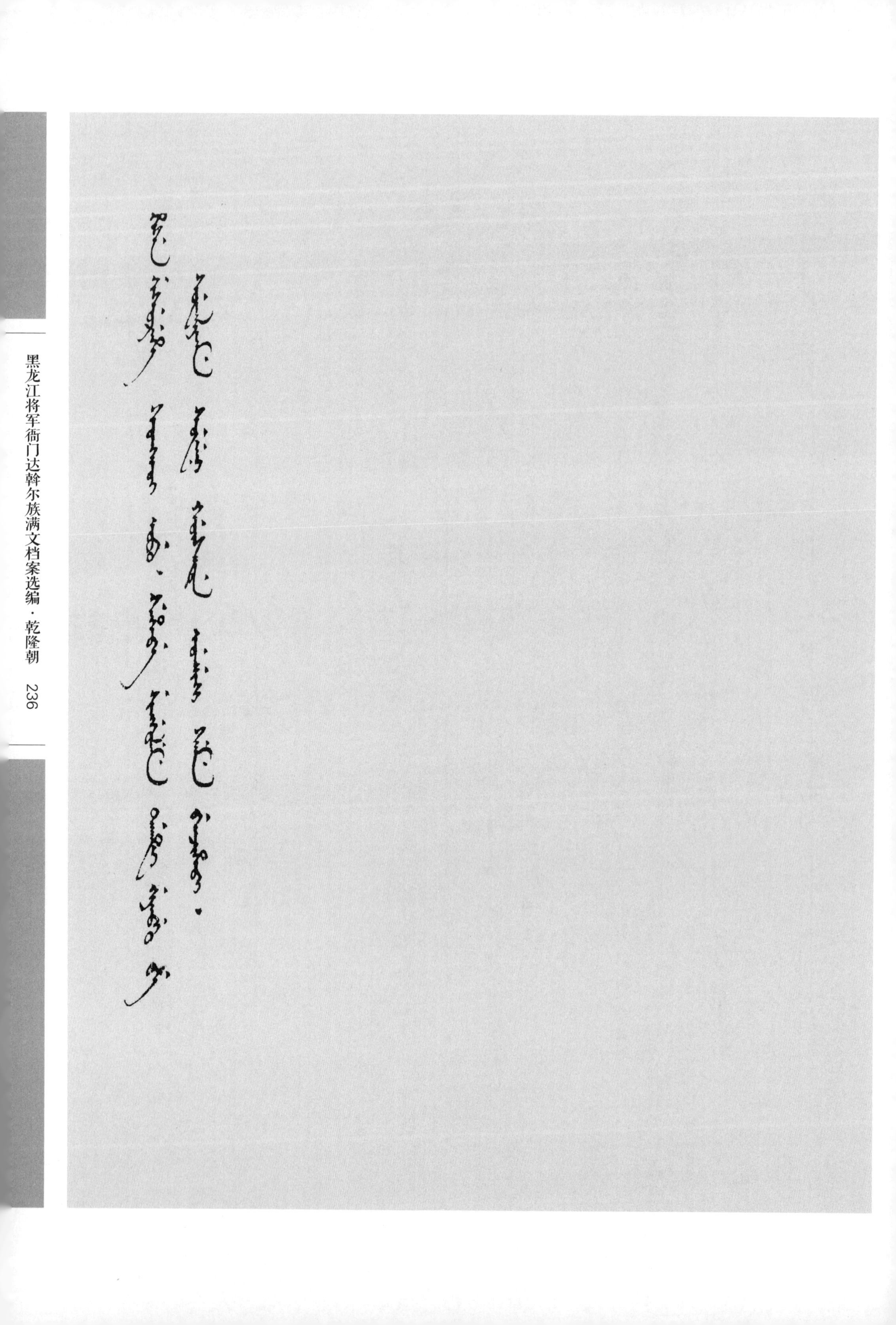

[illegible]

[illegible]

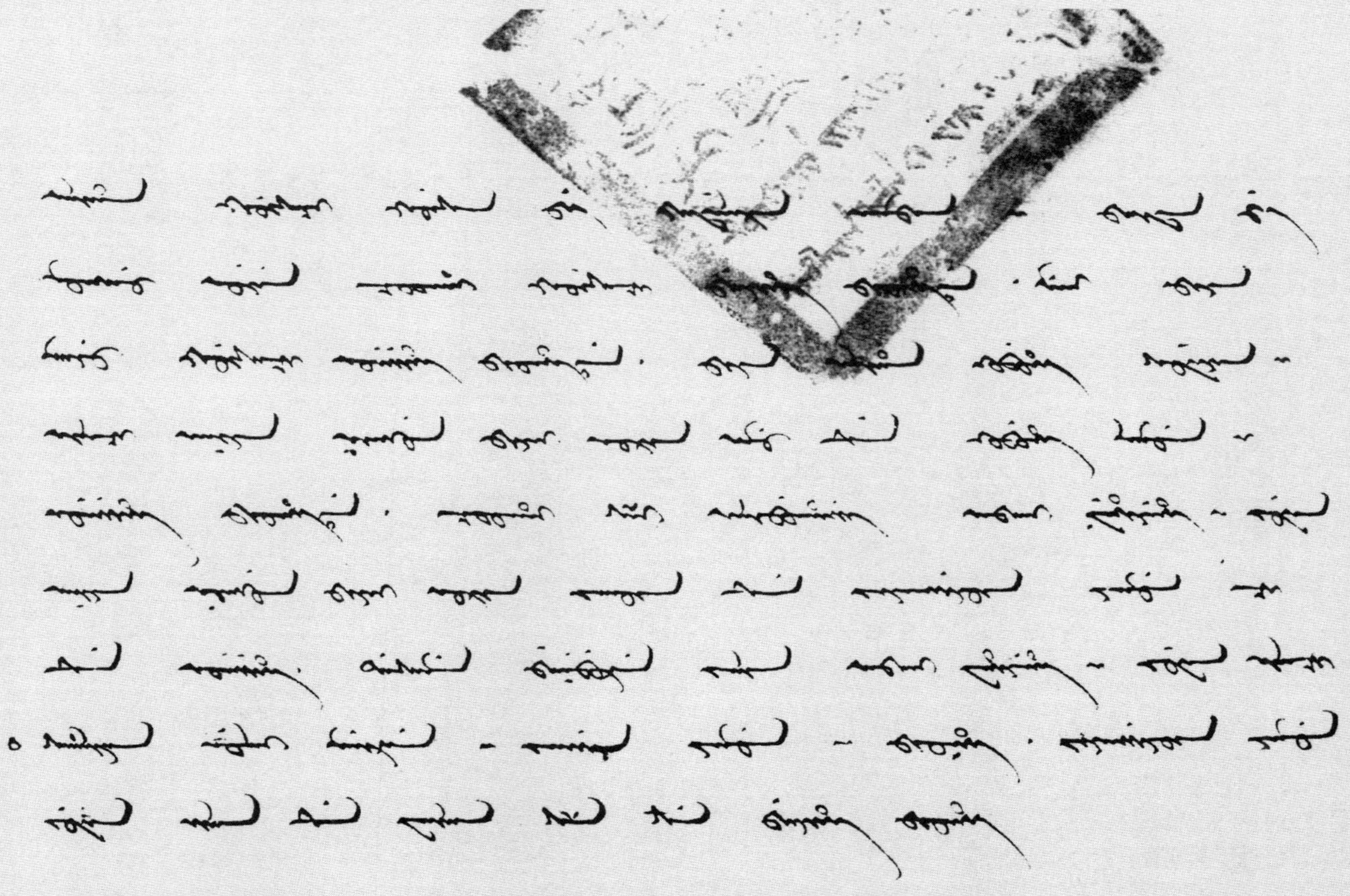

乾隆十三年七月十三日

五〇二 黑龙江副都统衙门为镶蓝旗达斡尔肯济锡佐领源流册更正后复行造送事咨黑龙江将军衙门文

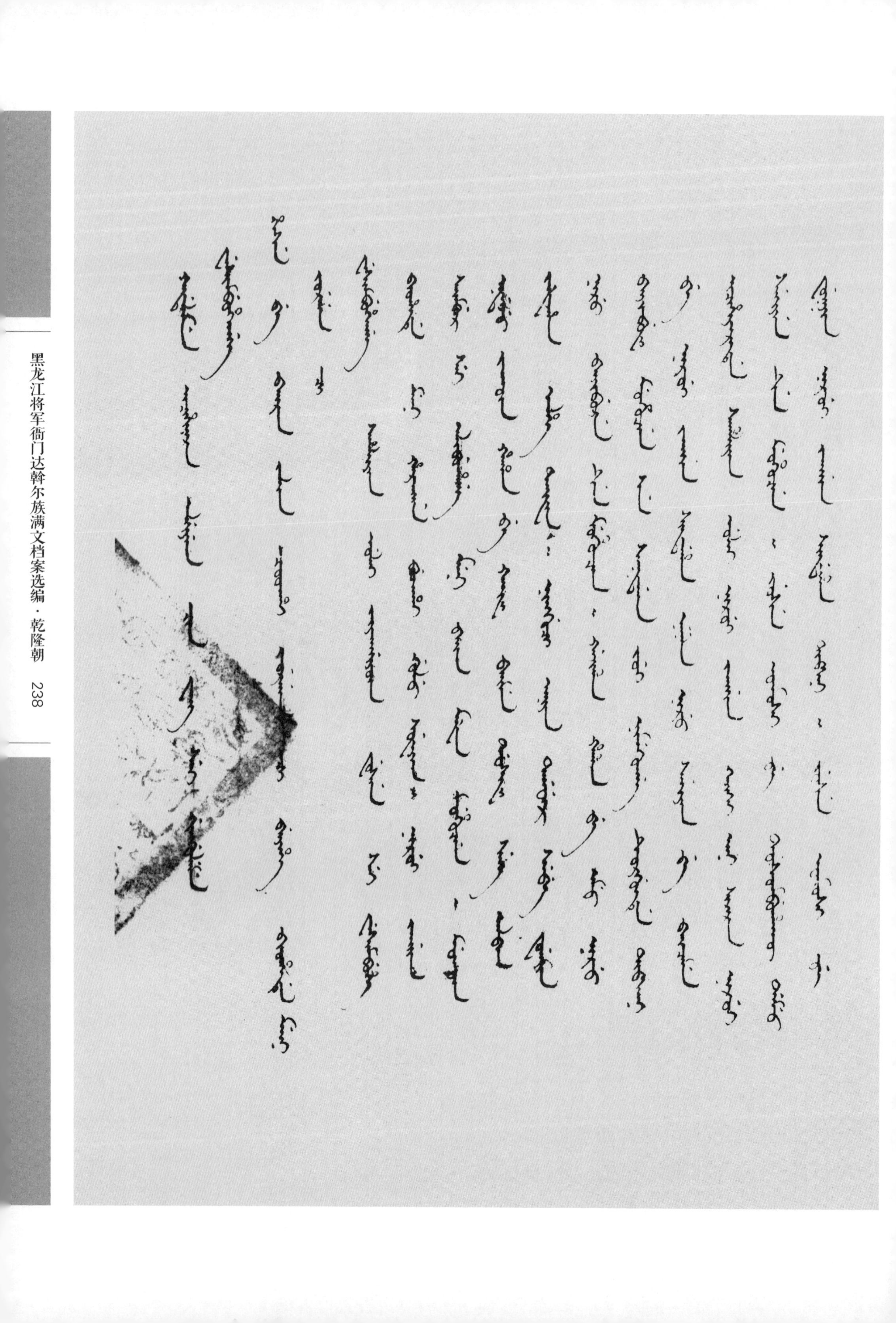

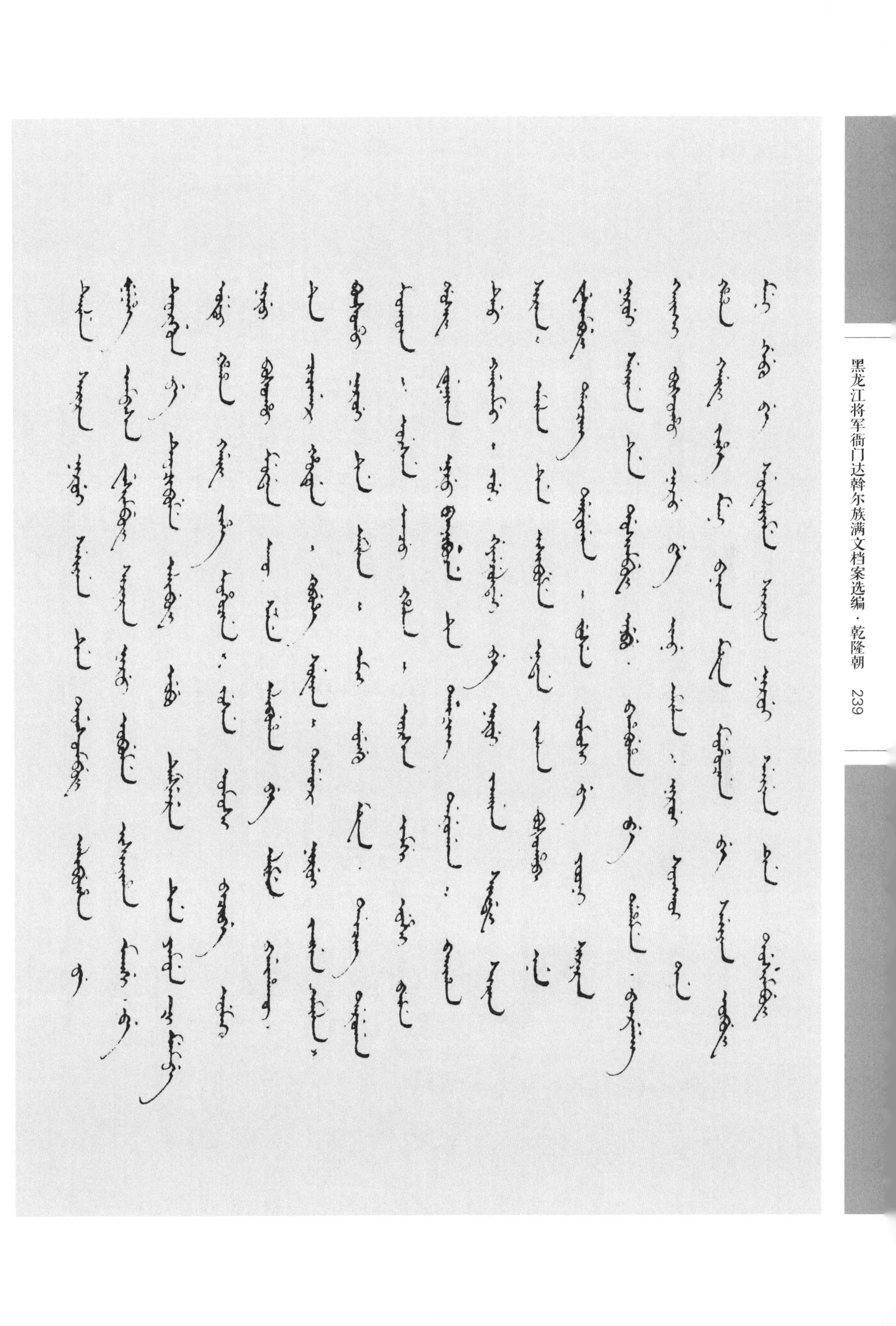

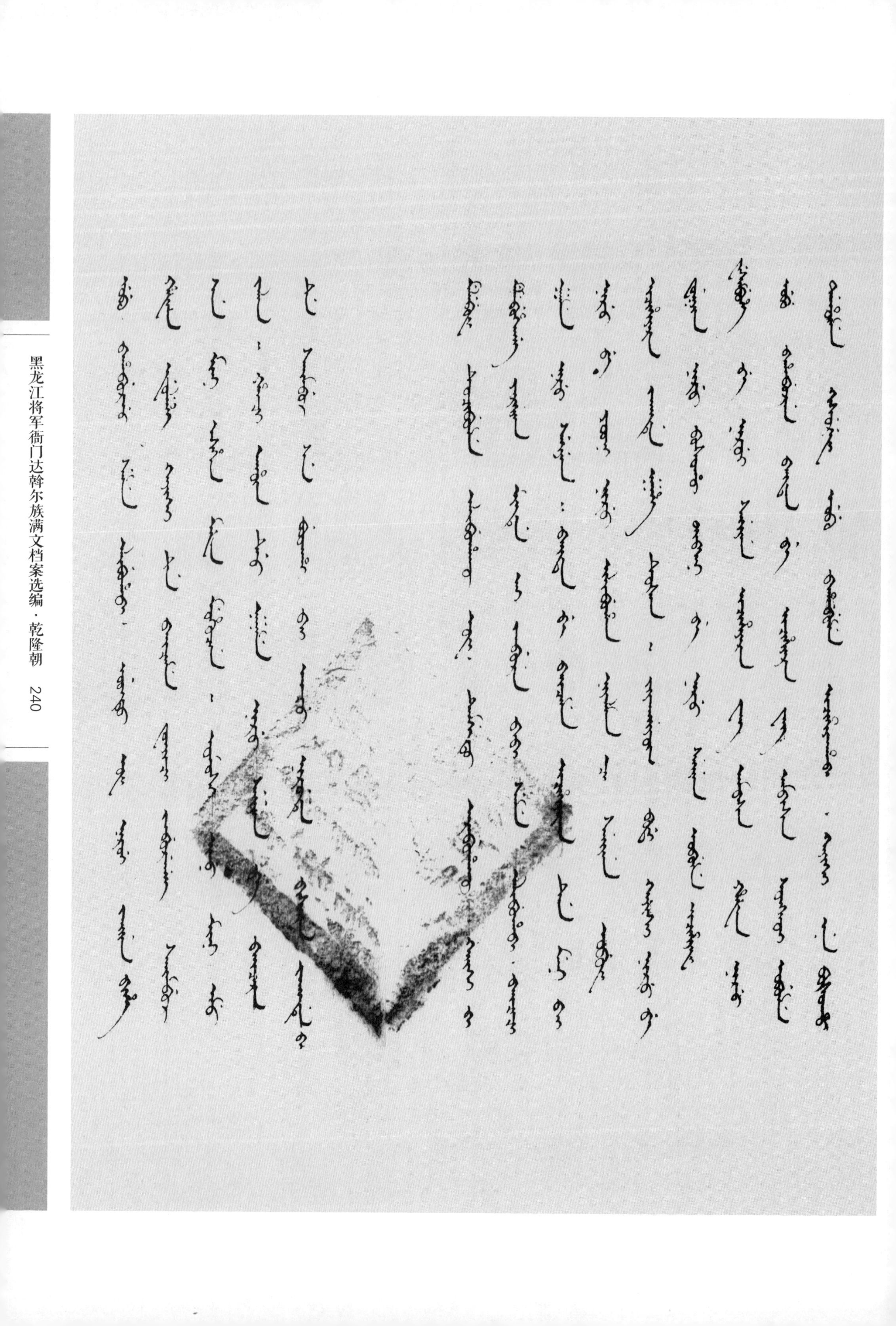

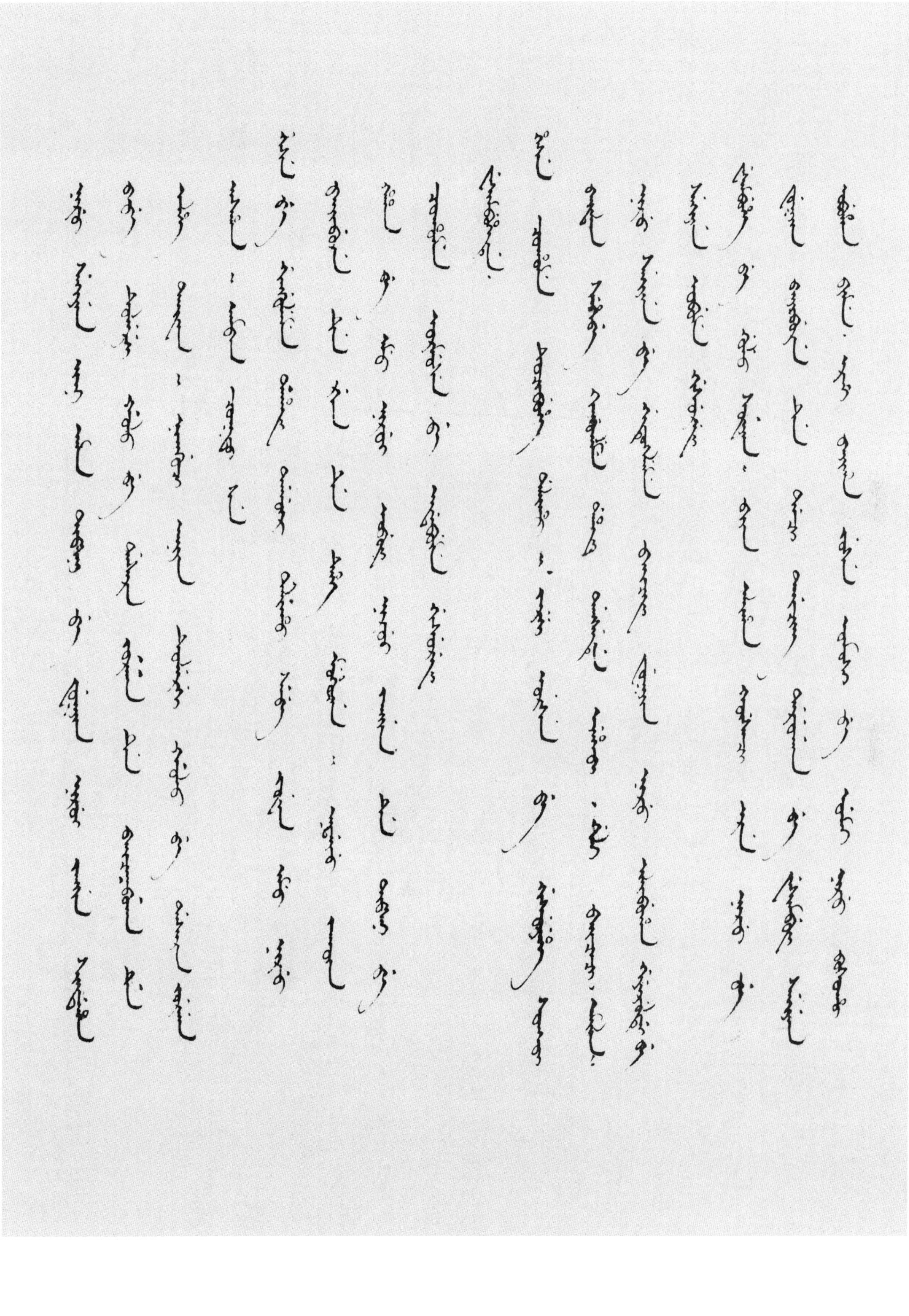

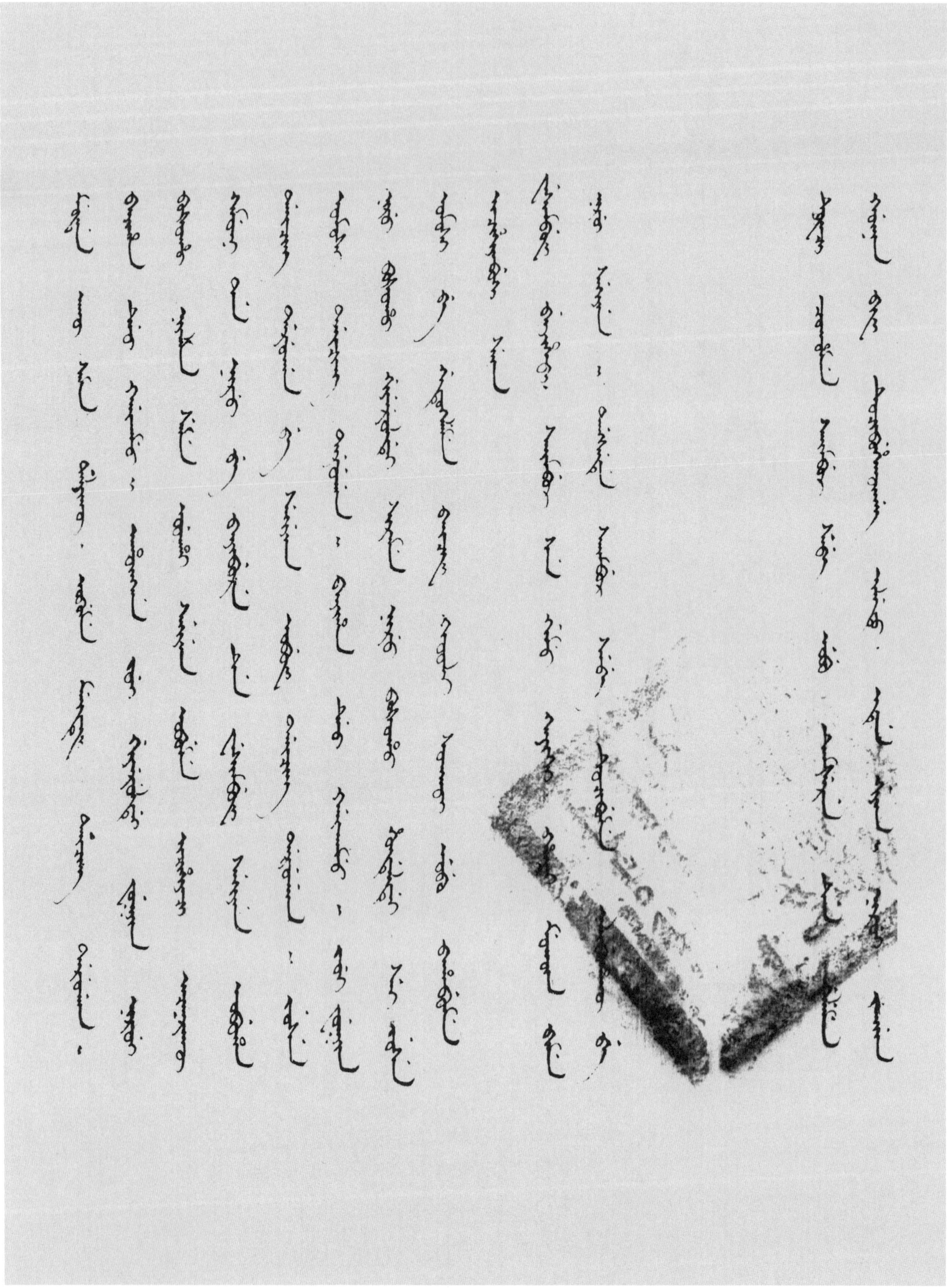

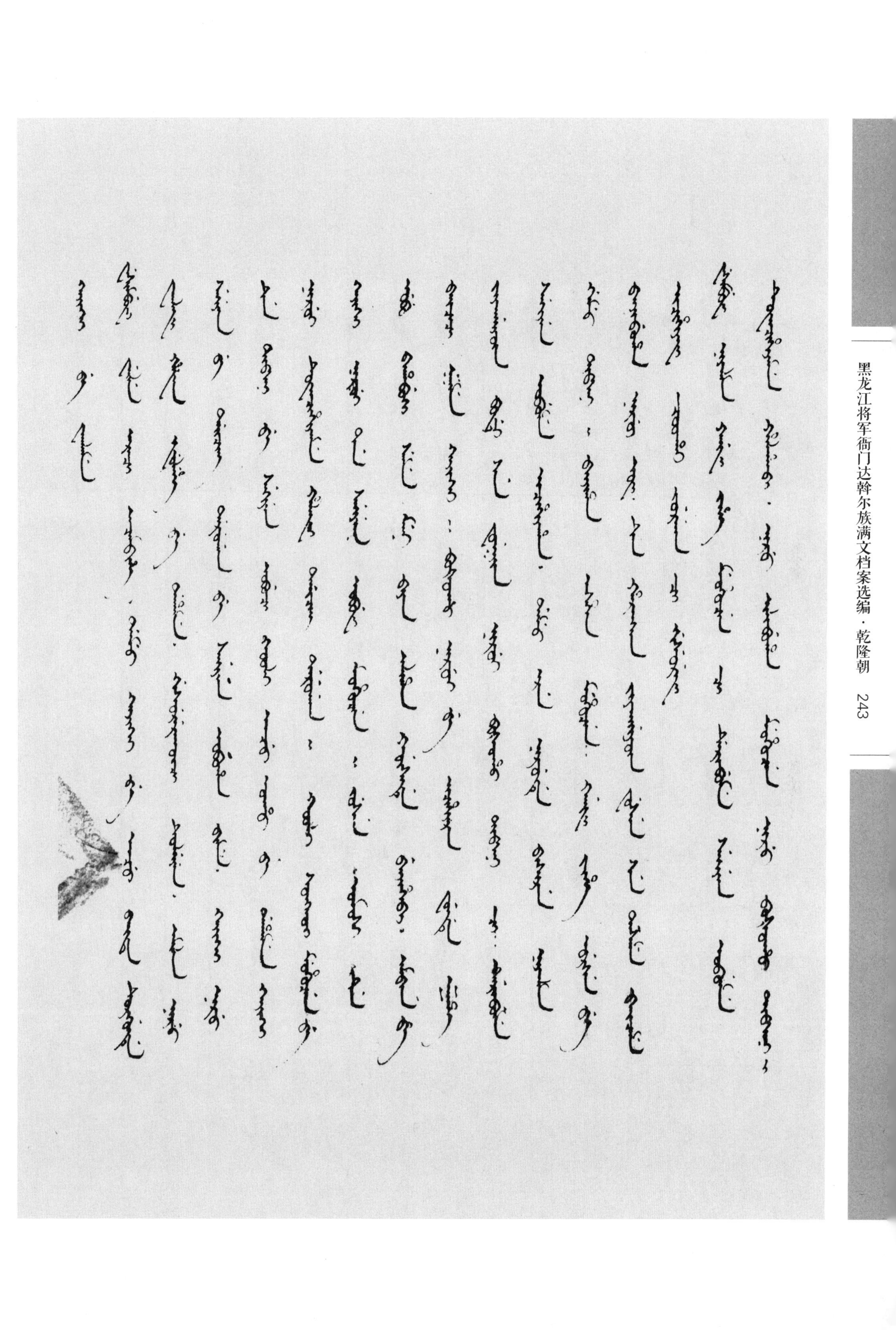

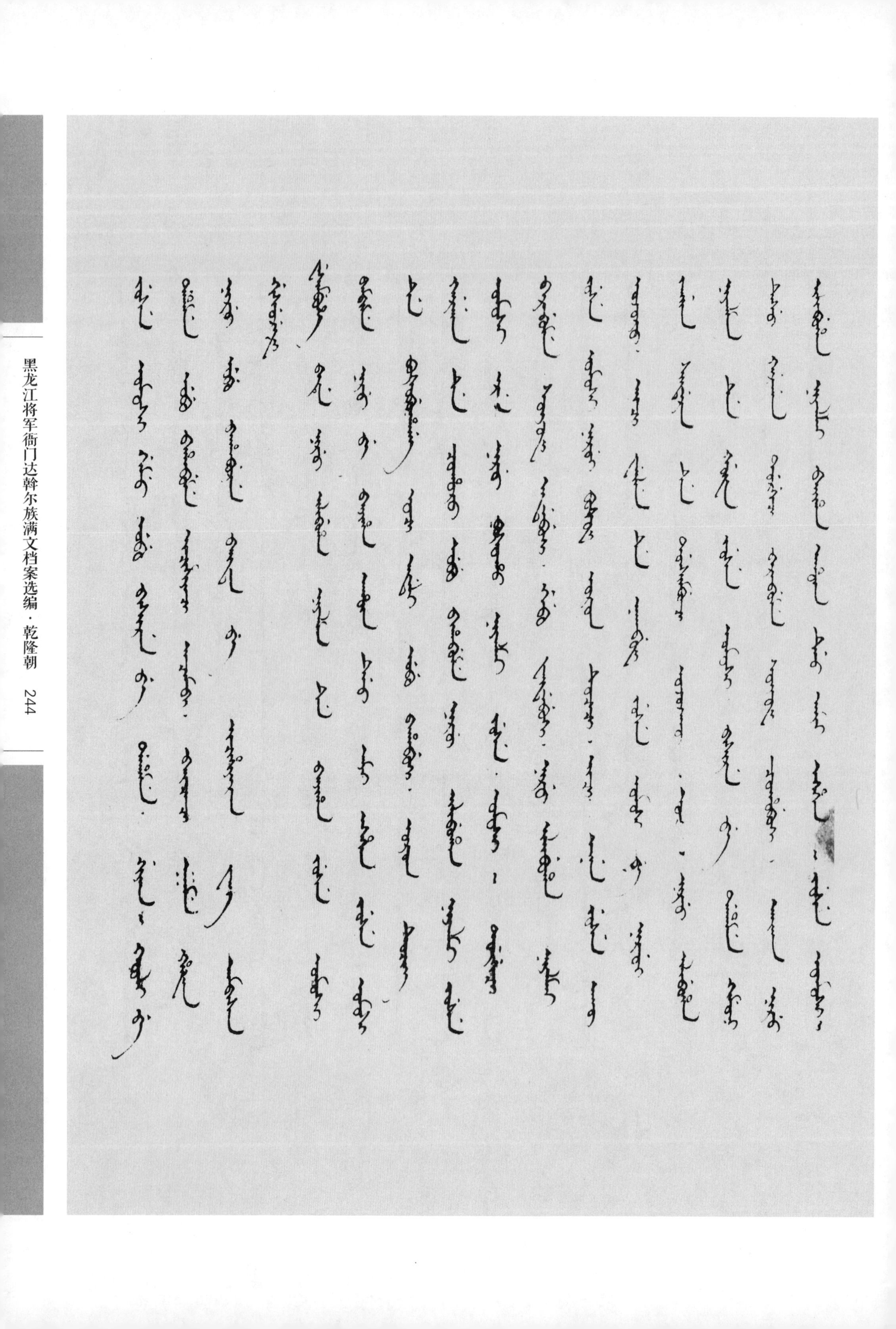

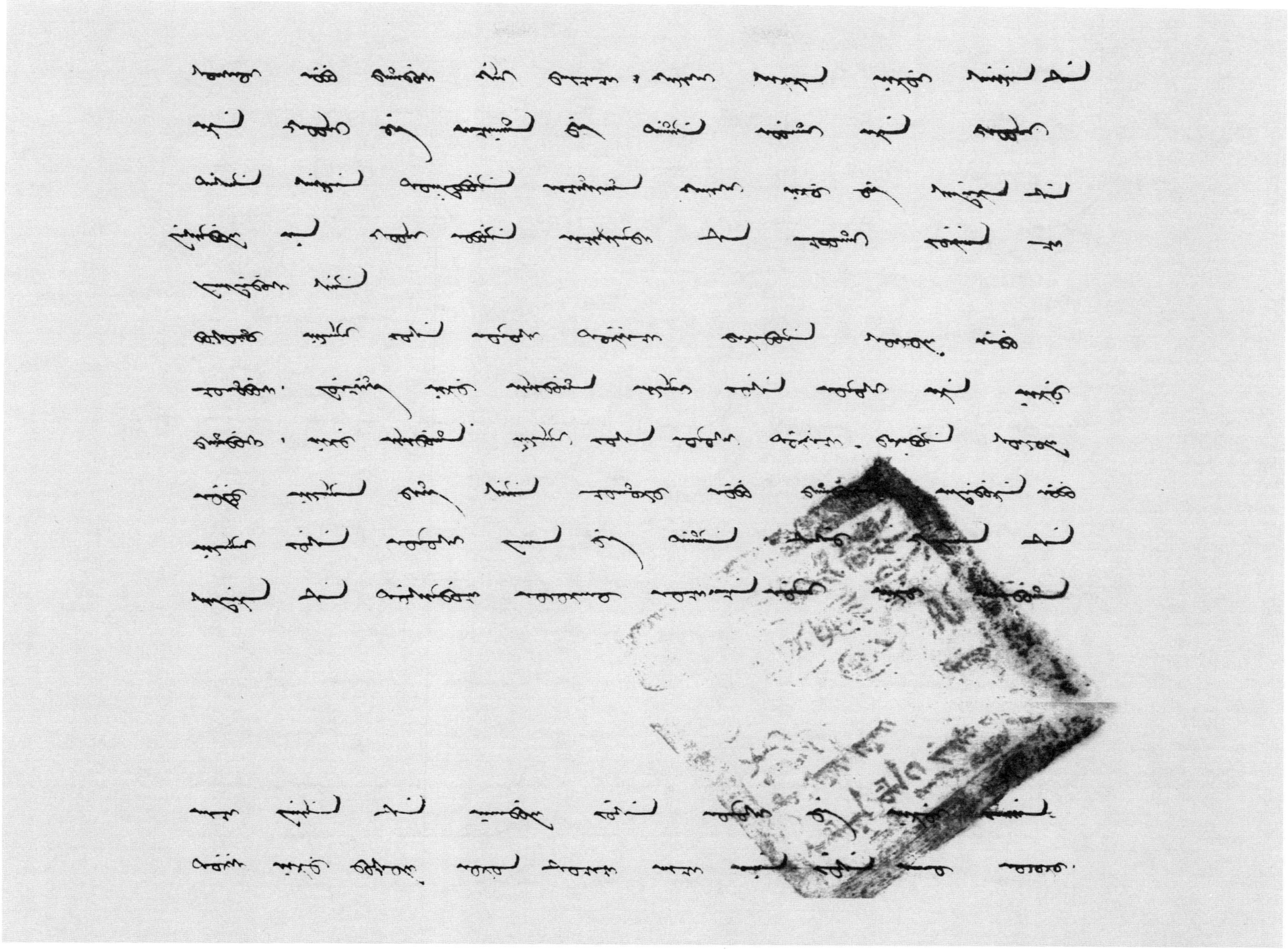

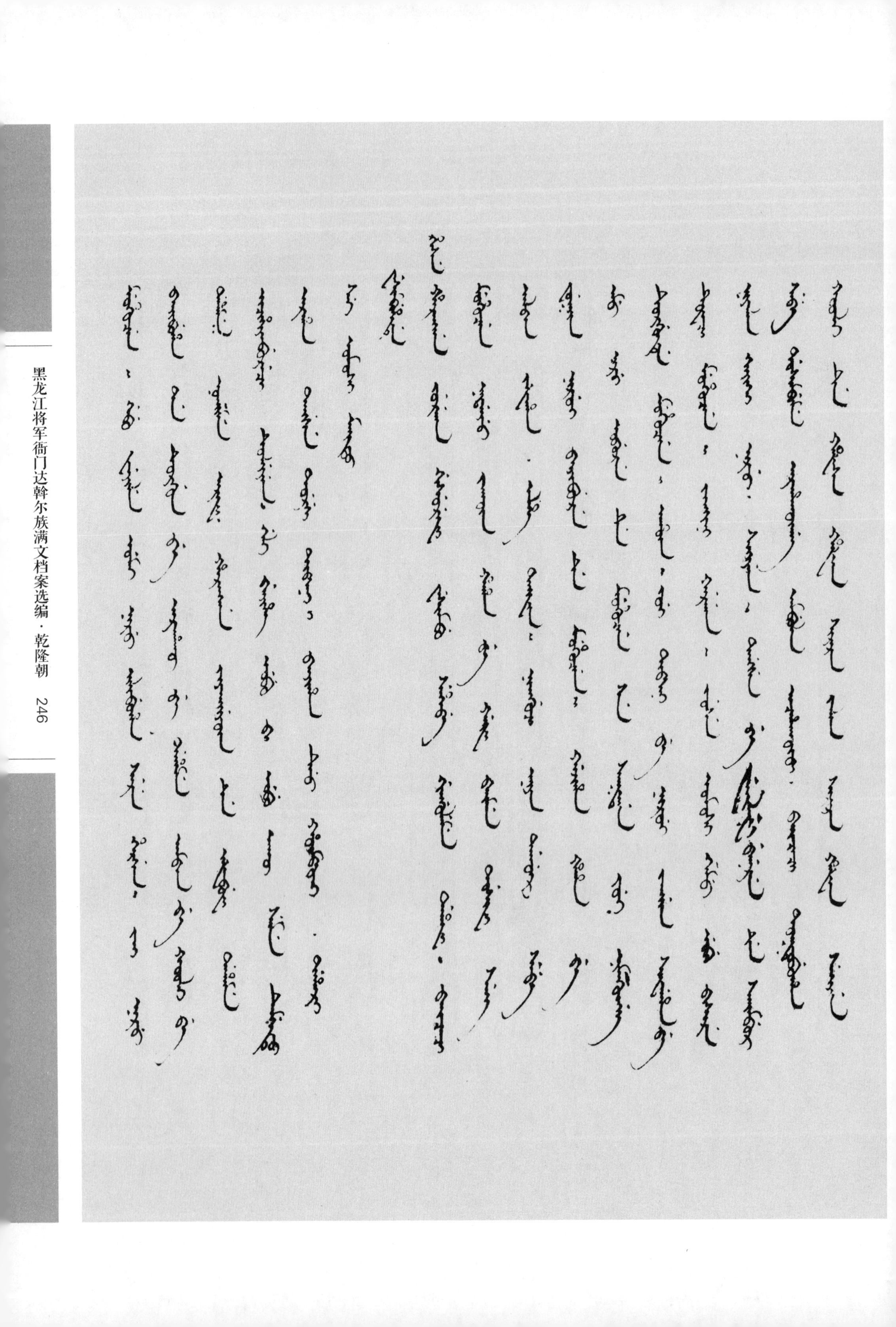

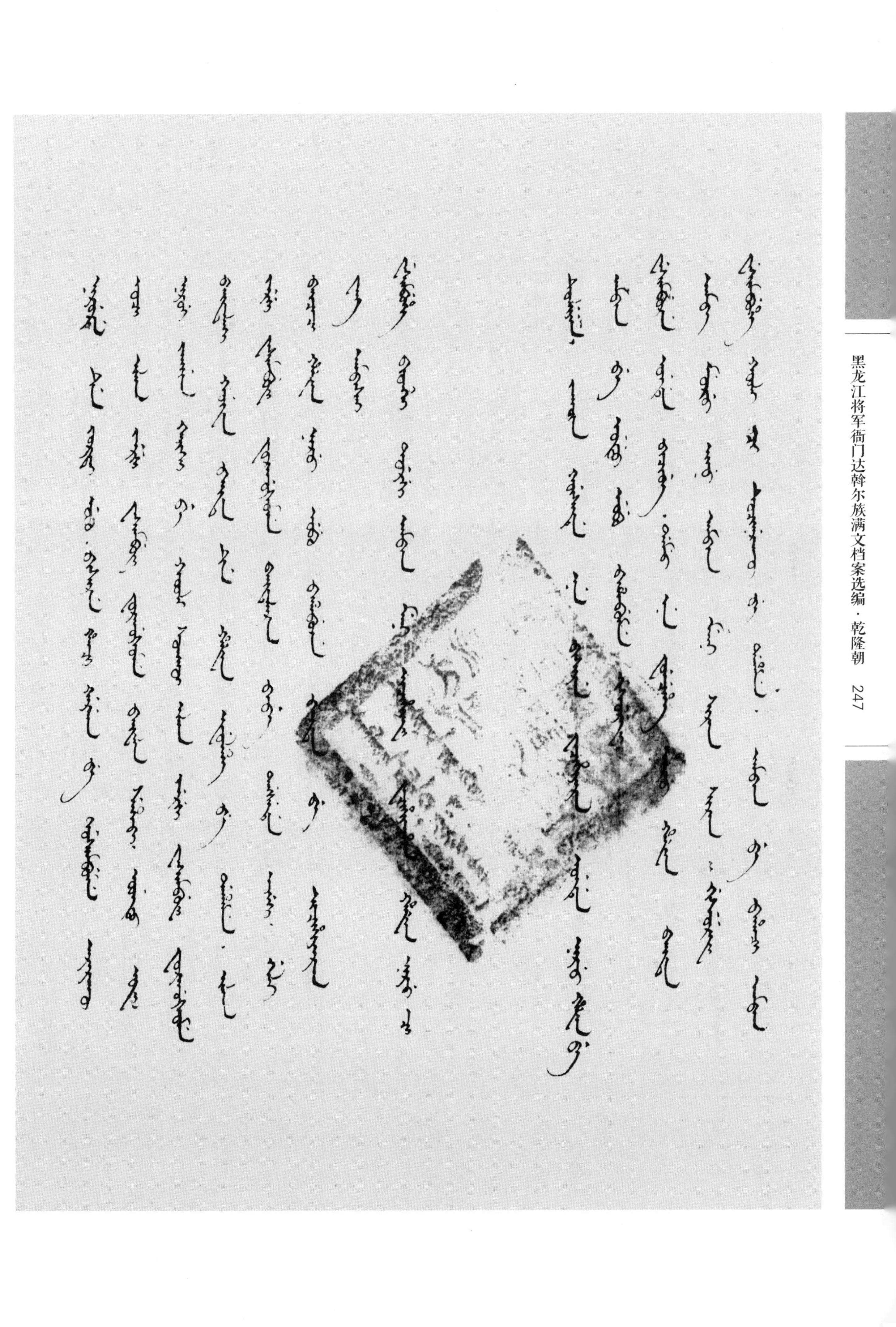

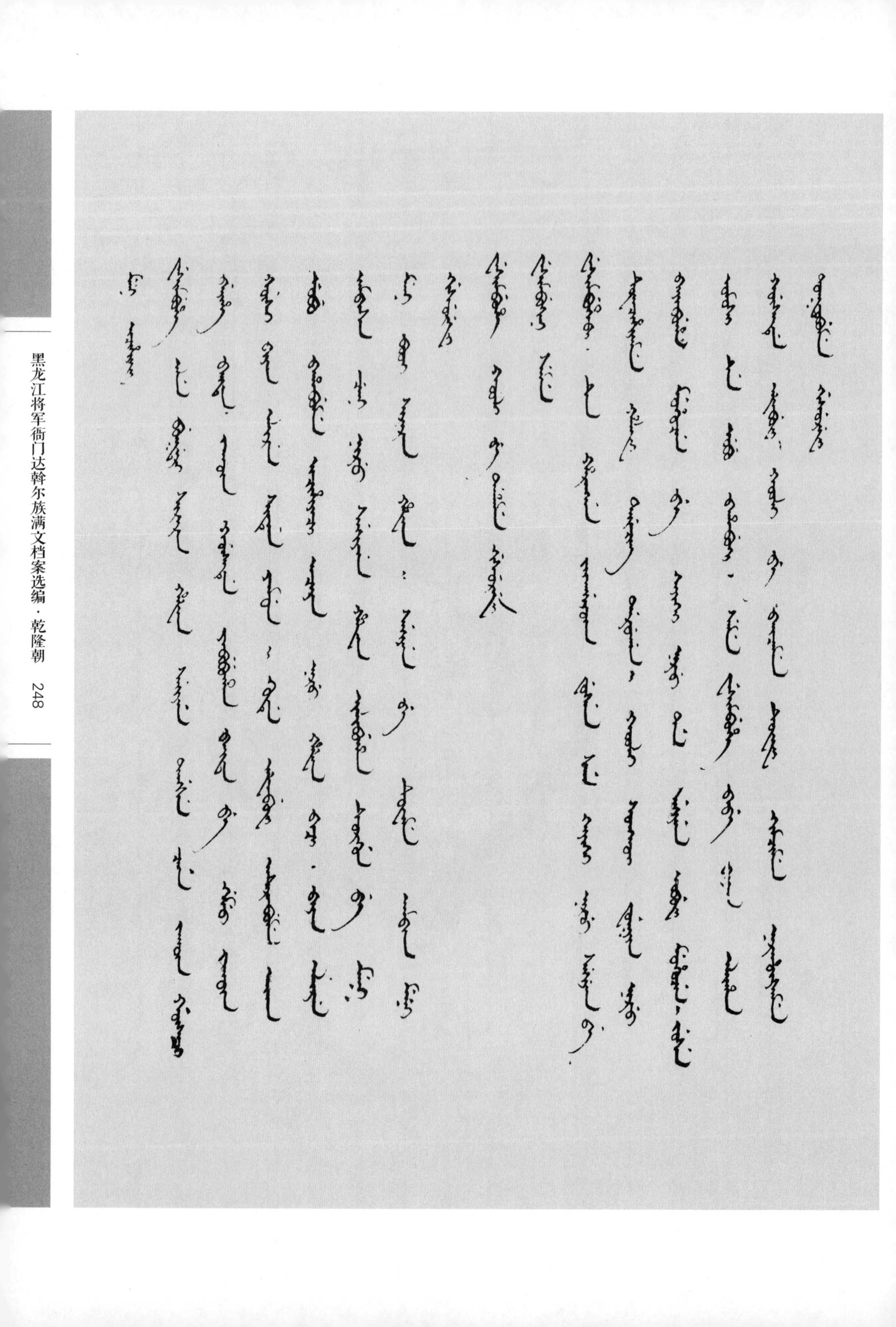

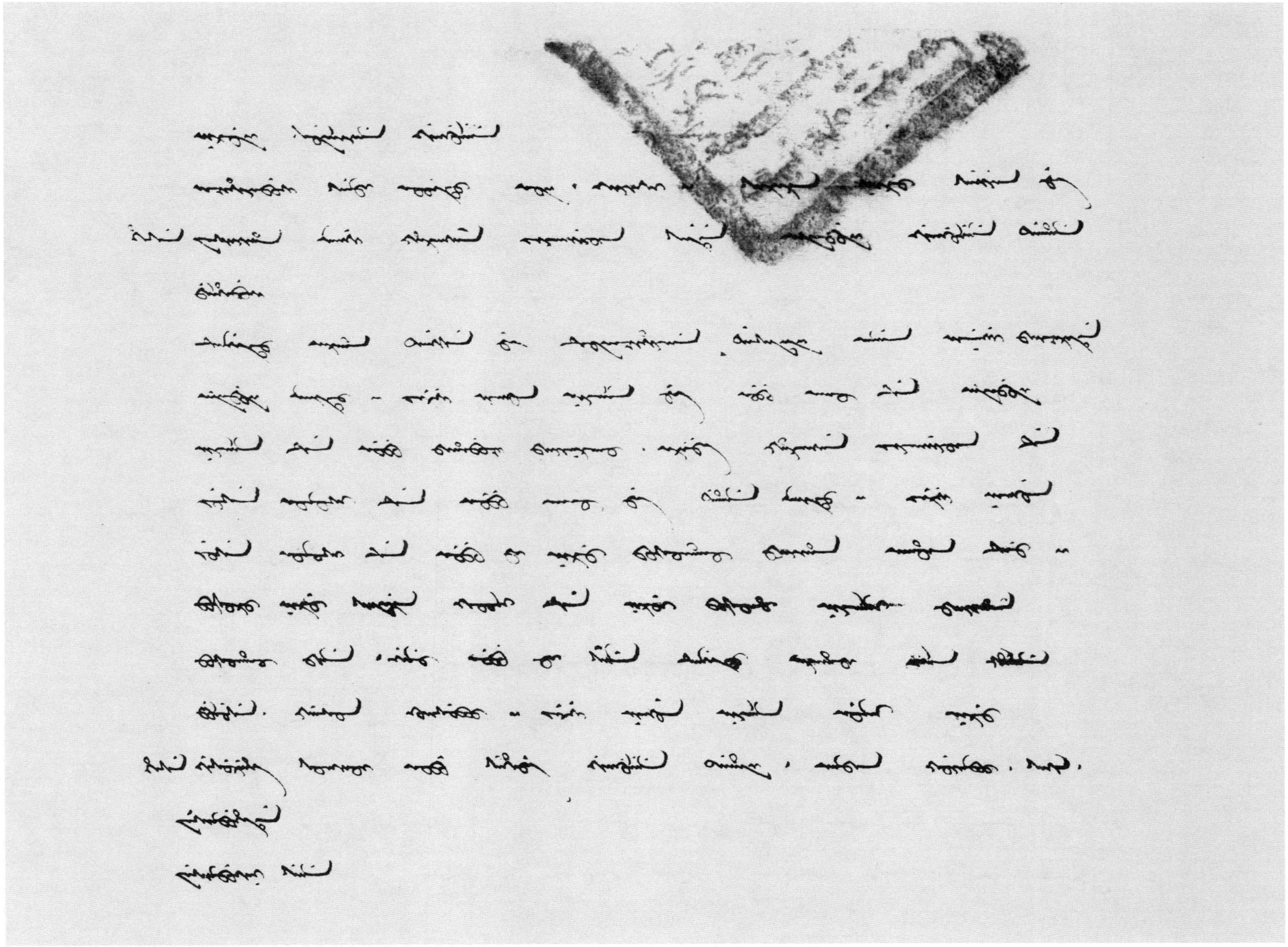

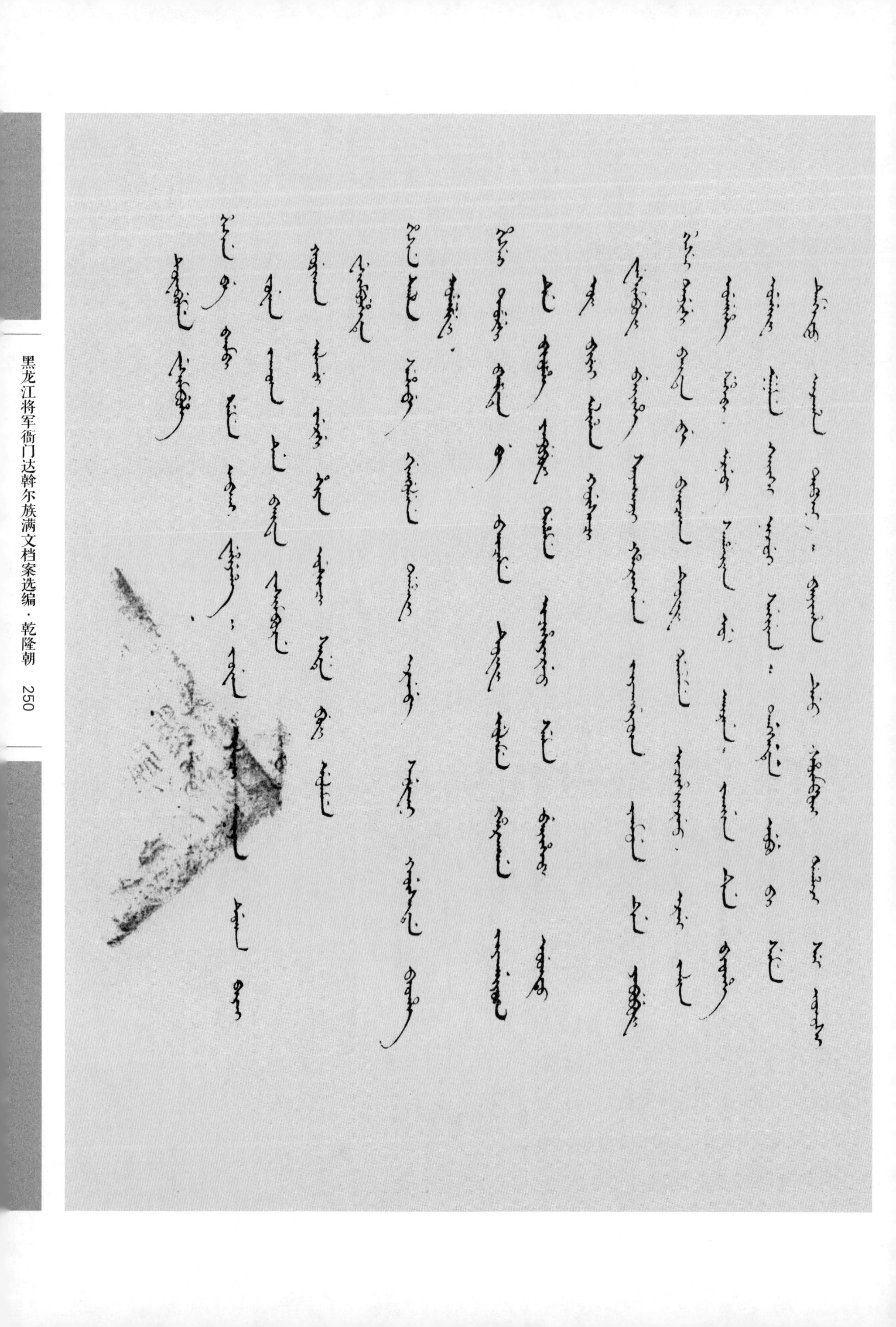

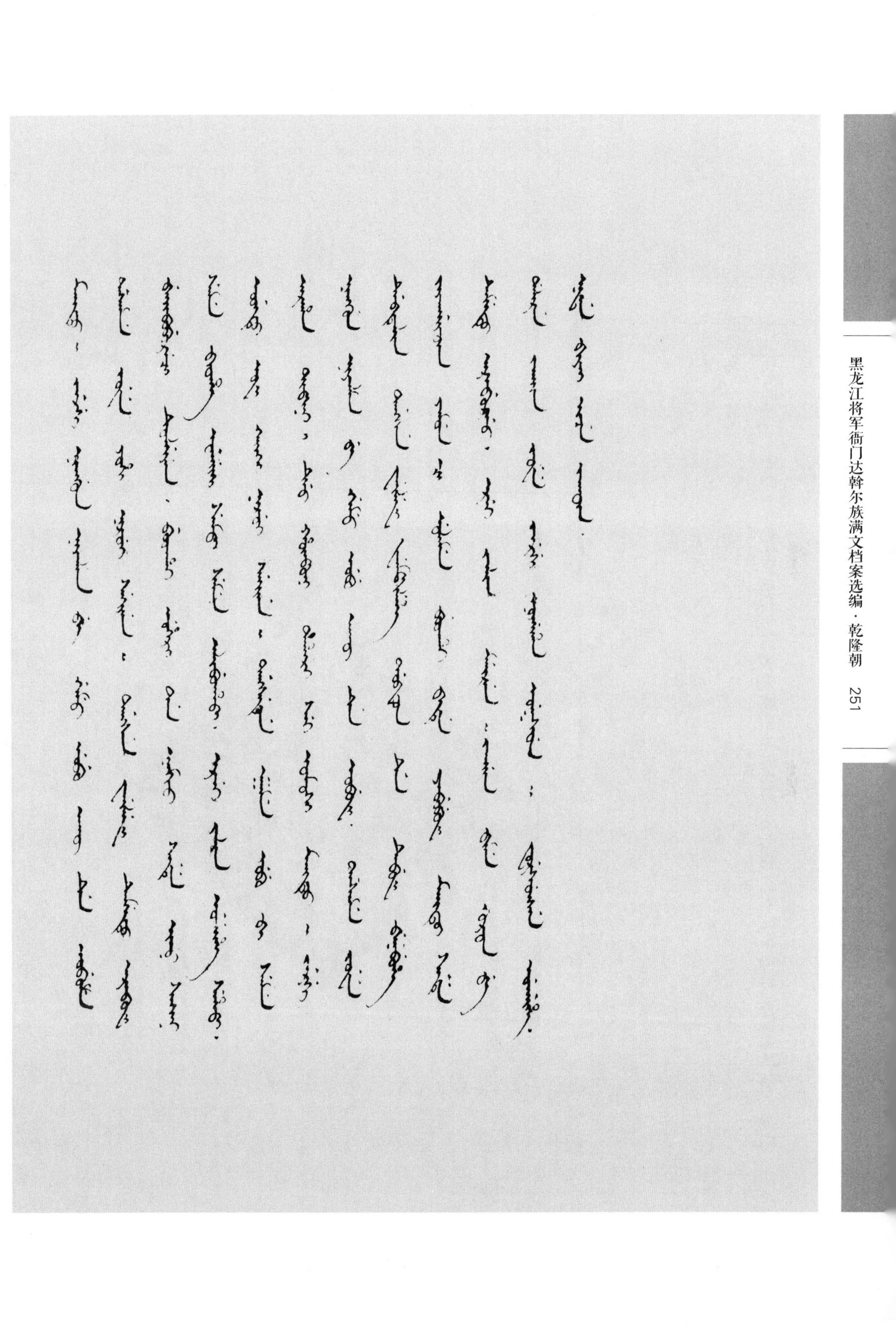

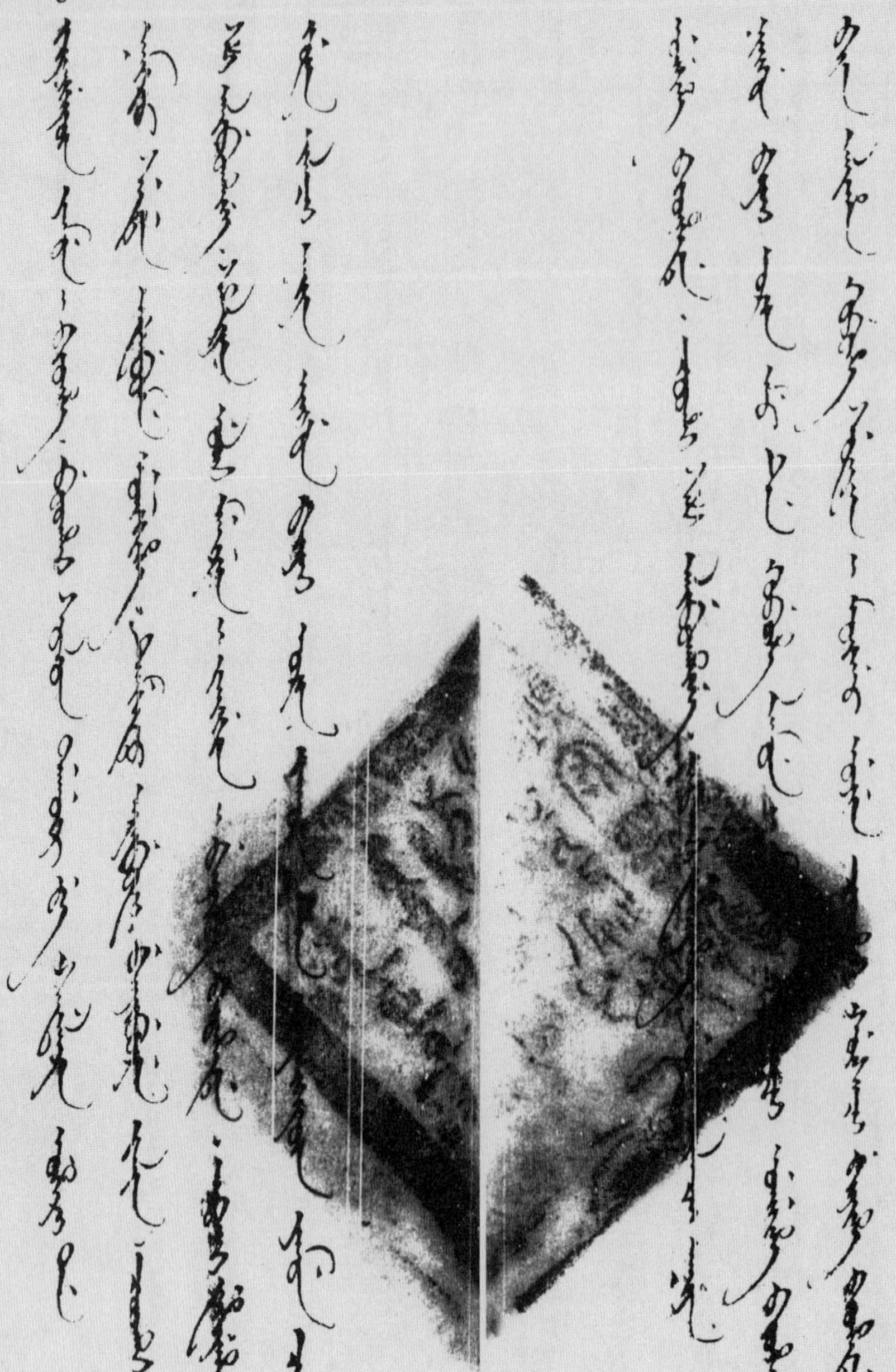

五〇三 黑龙江将军衙门为镶蓝旗达斡尔肯济锡佐领源流册更正后解送事札布特哈索伦达斡尔总管纳木球等文

乾隆十三年七月十九日

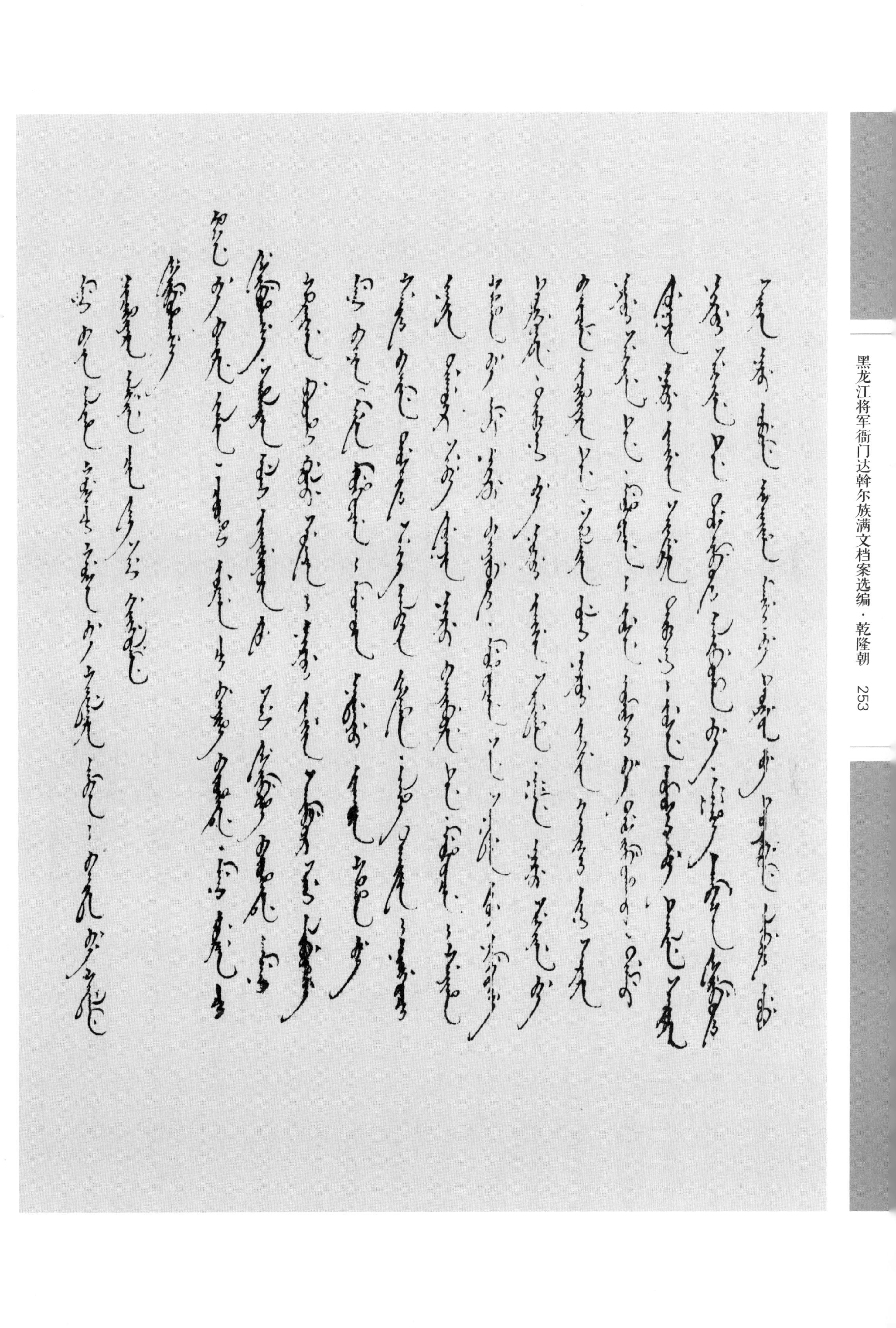

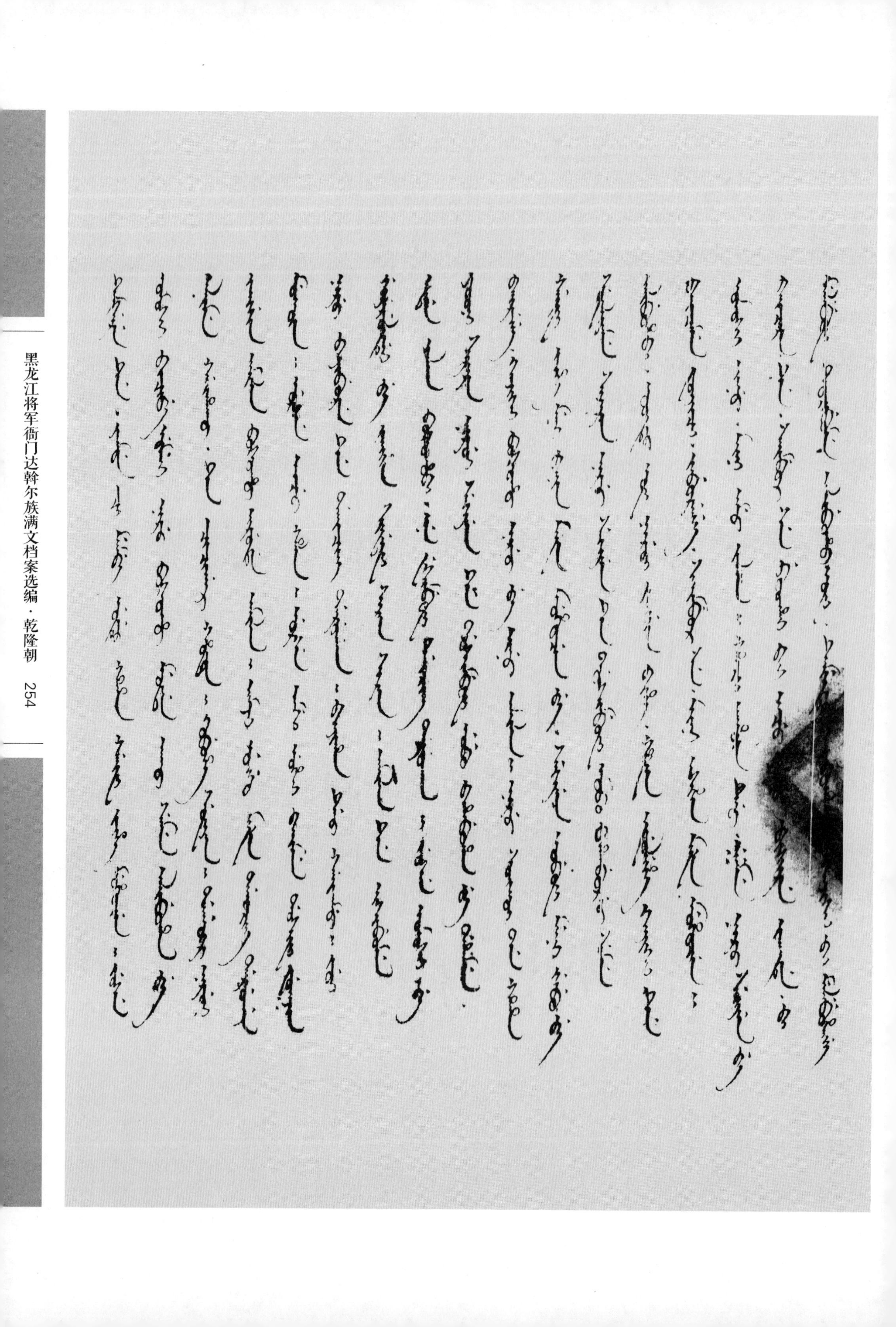

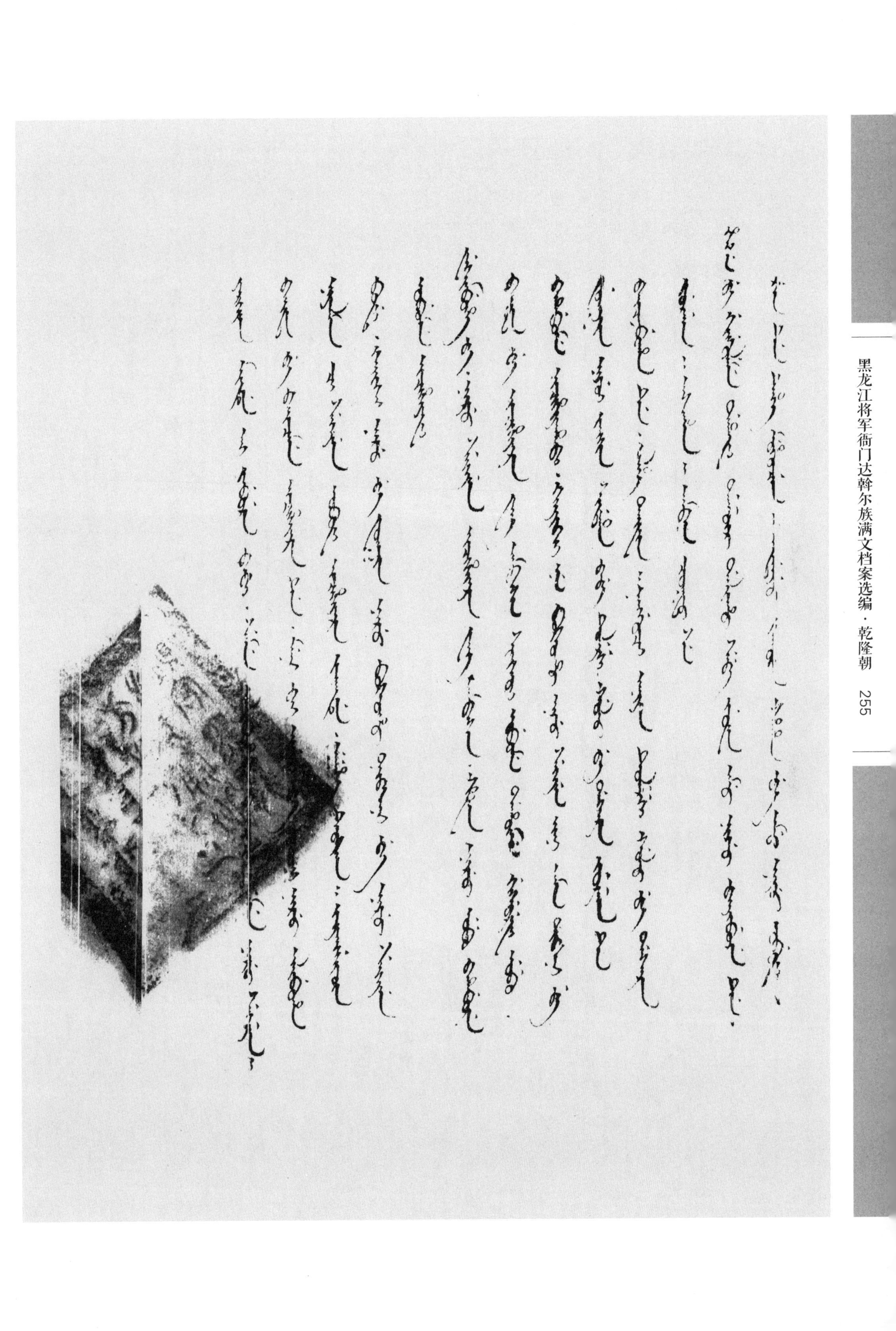

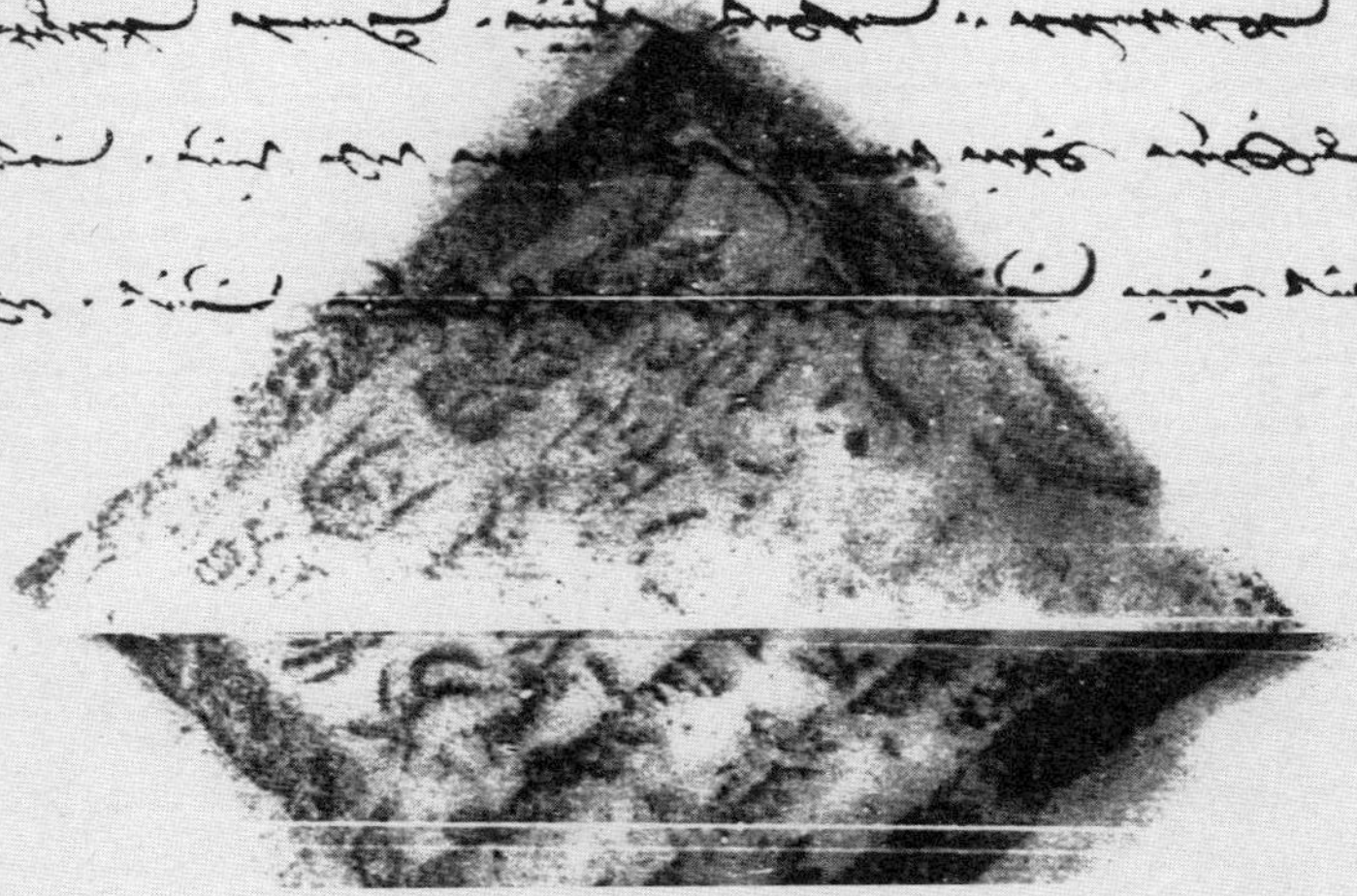

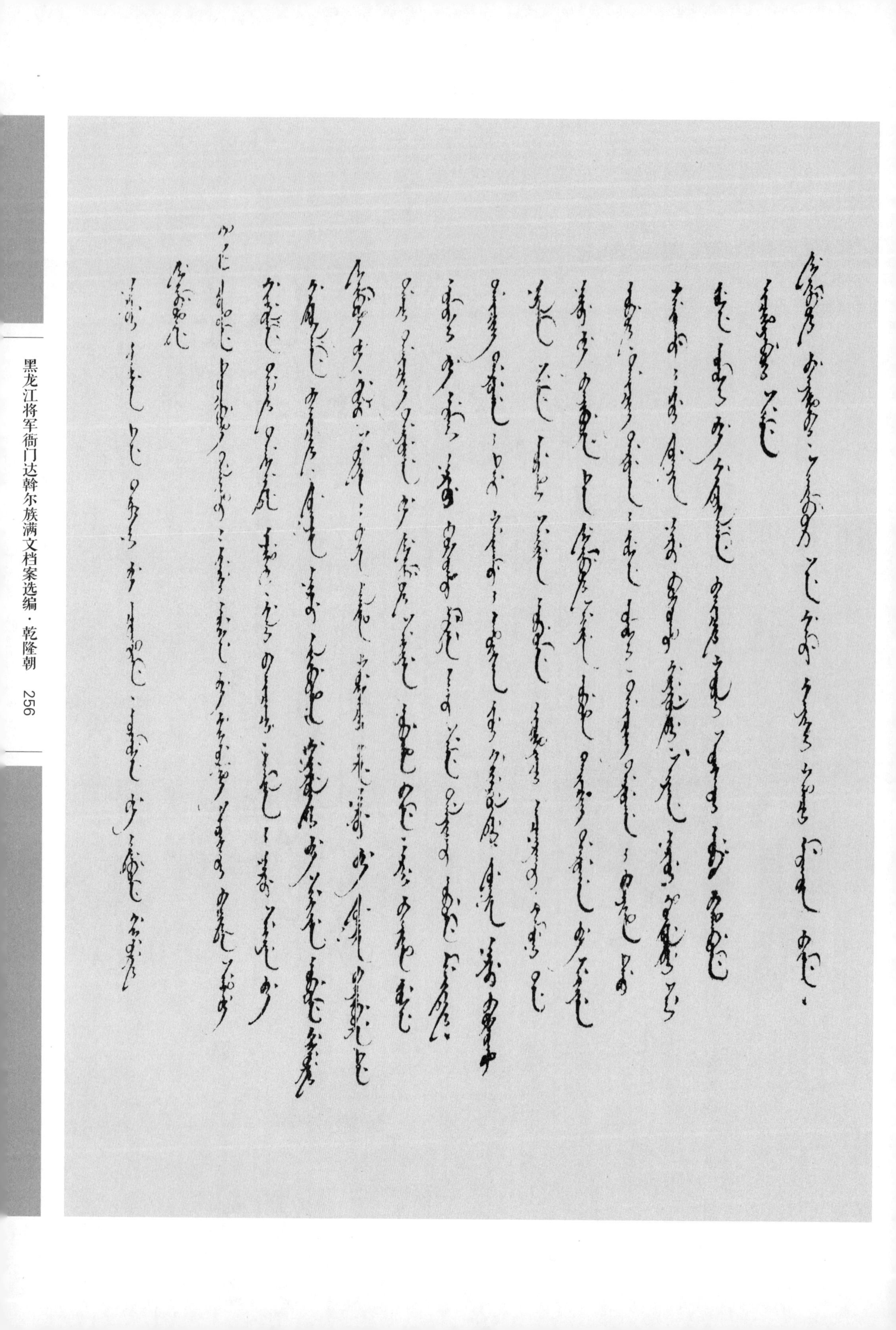

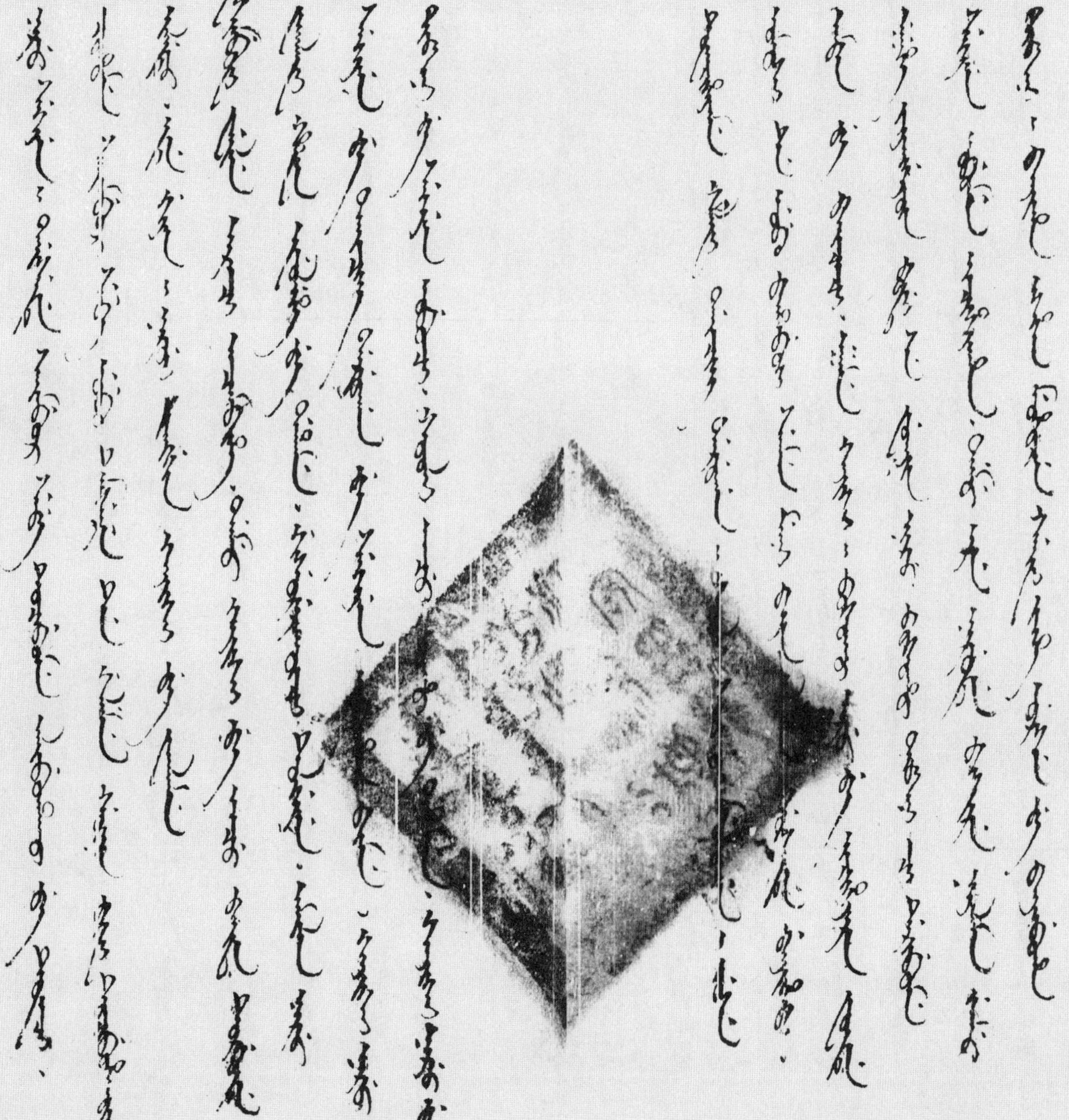

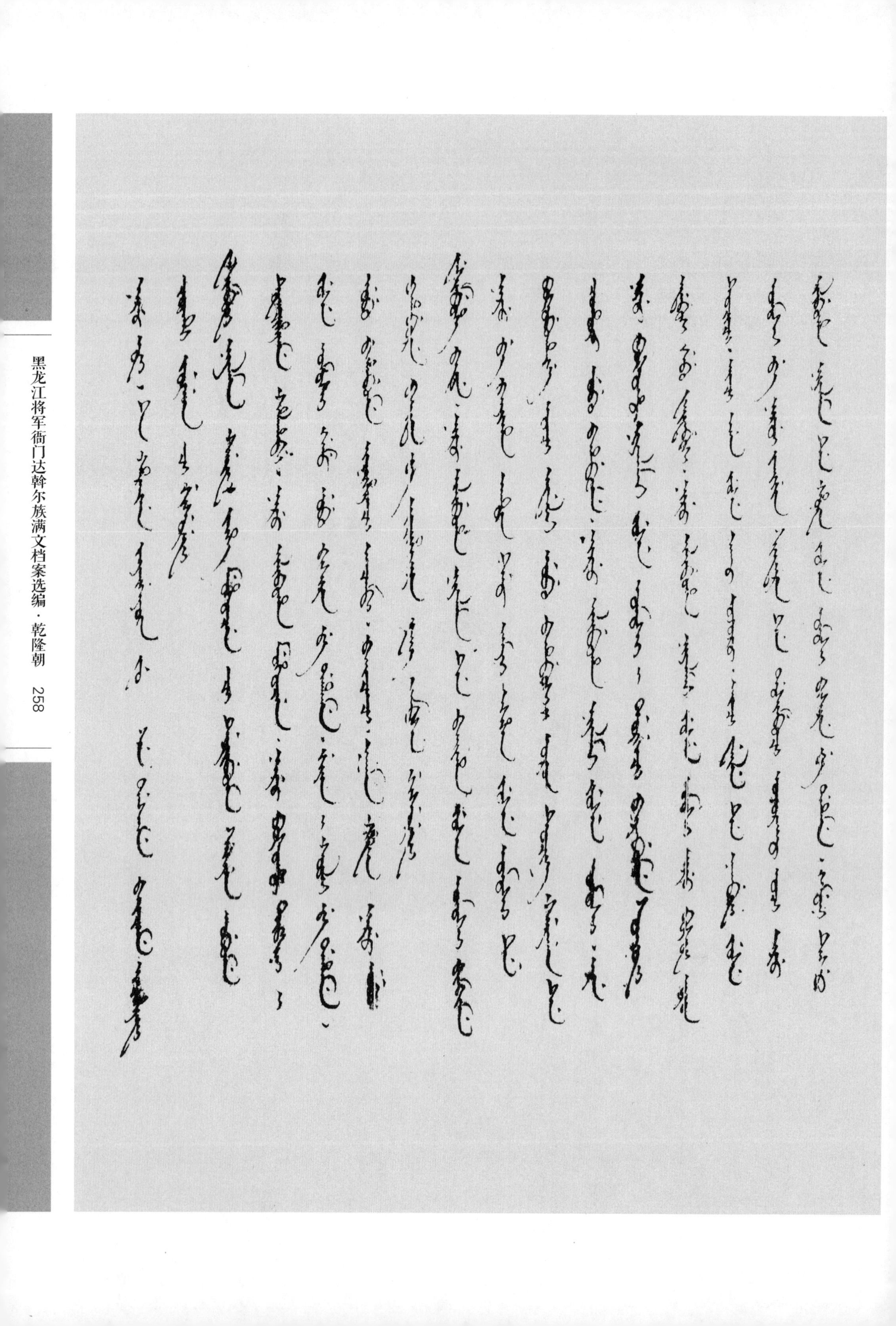

[illegible]

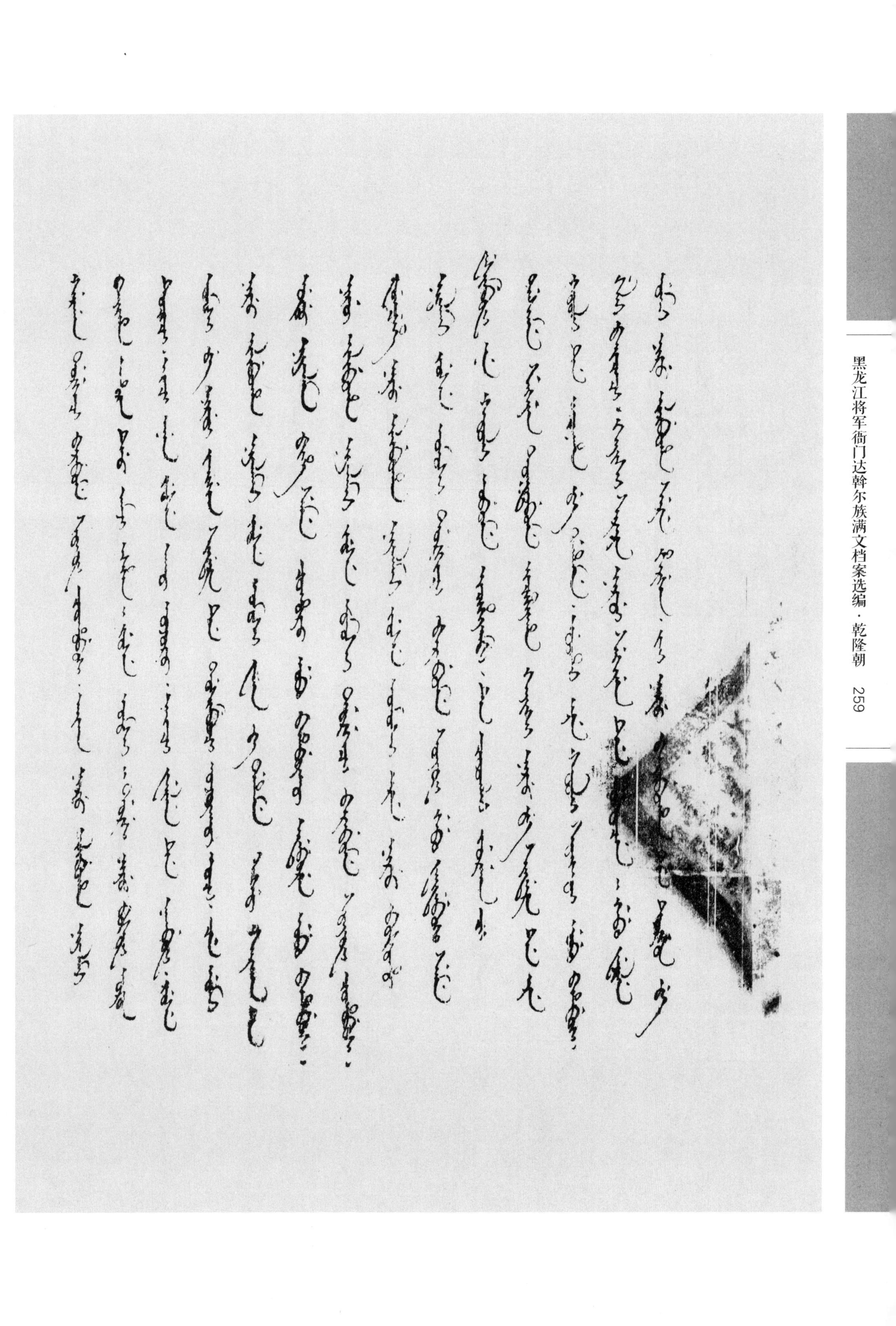

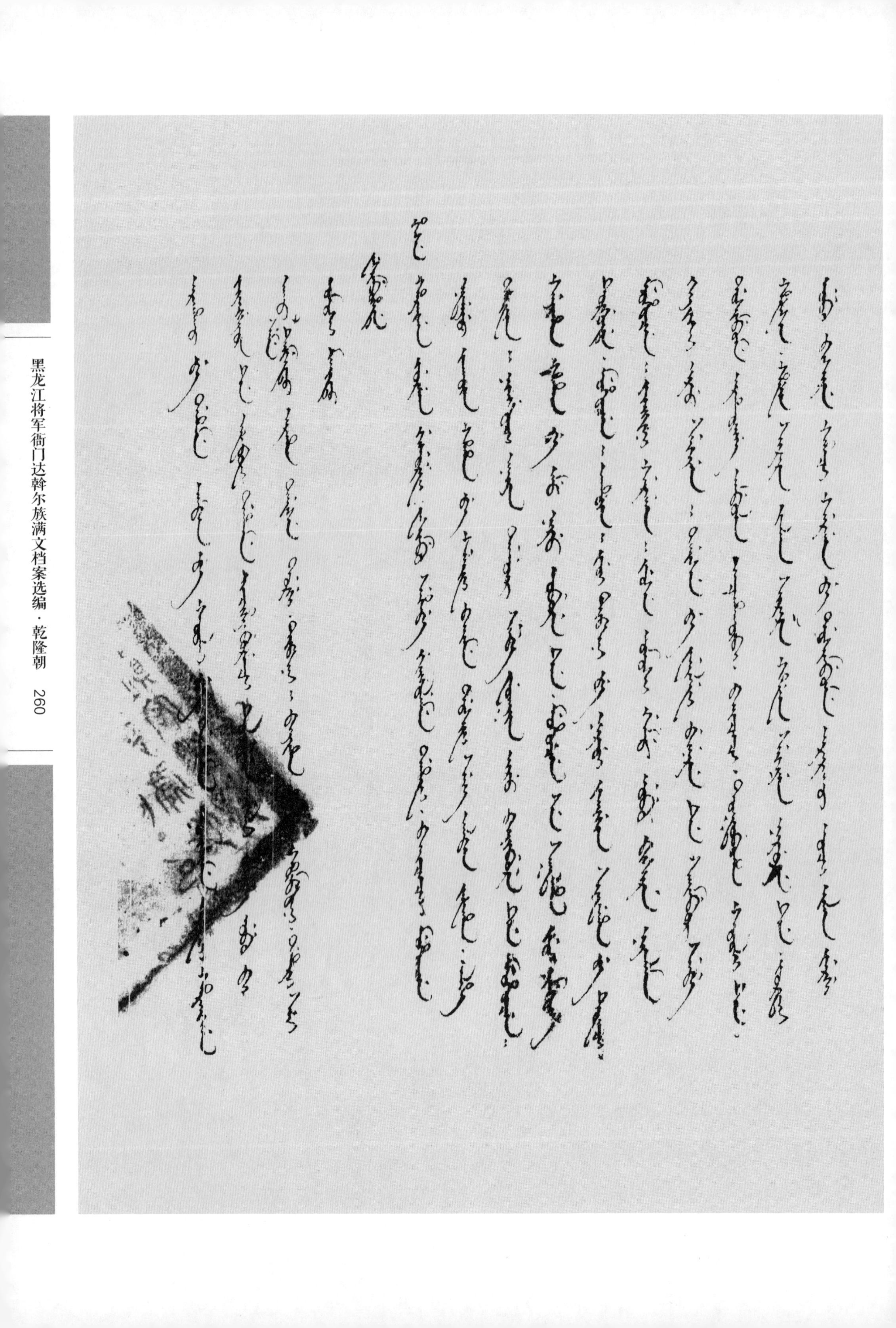

[illegible]

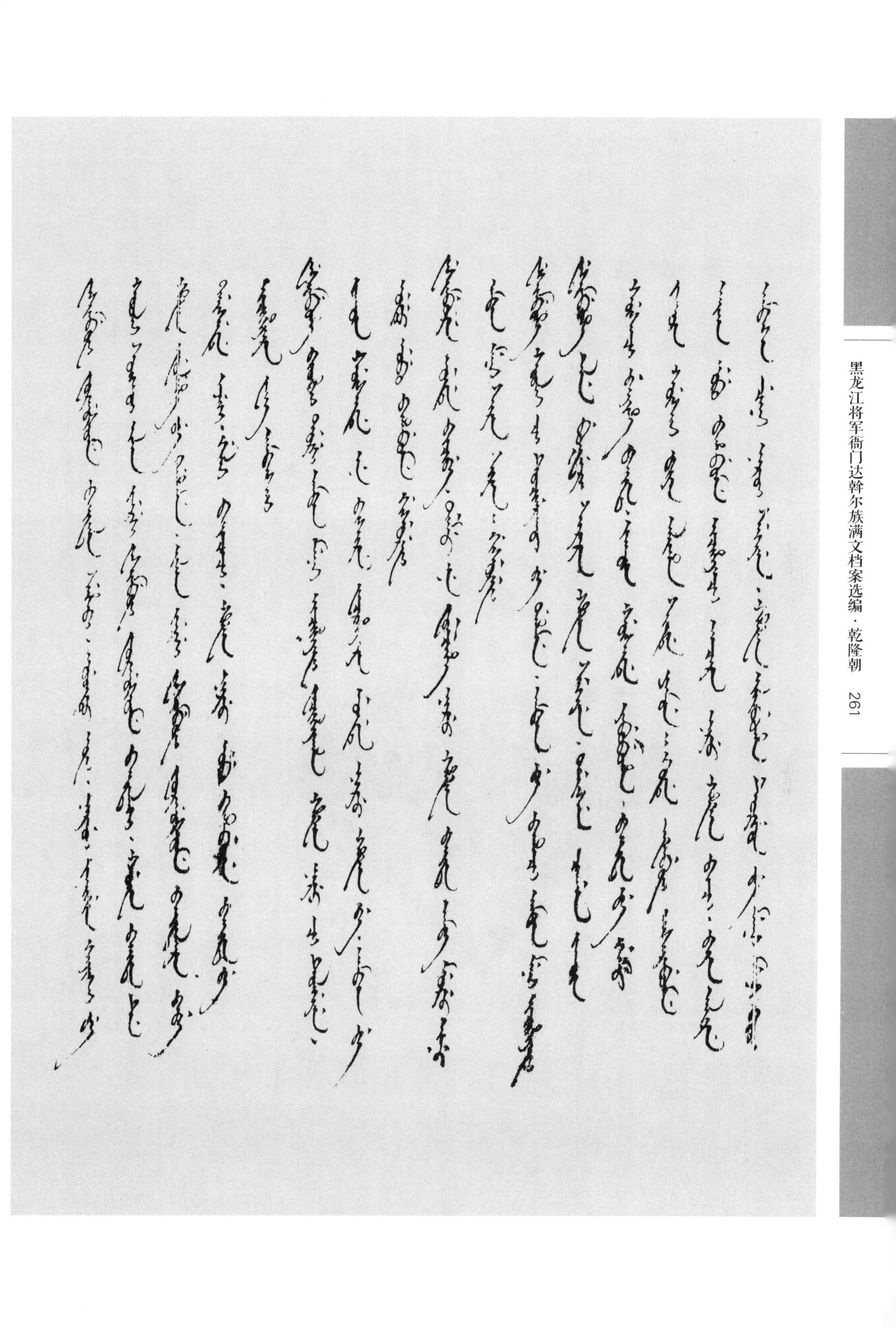

[illegible]

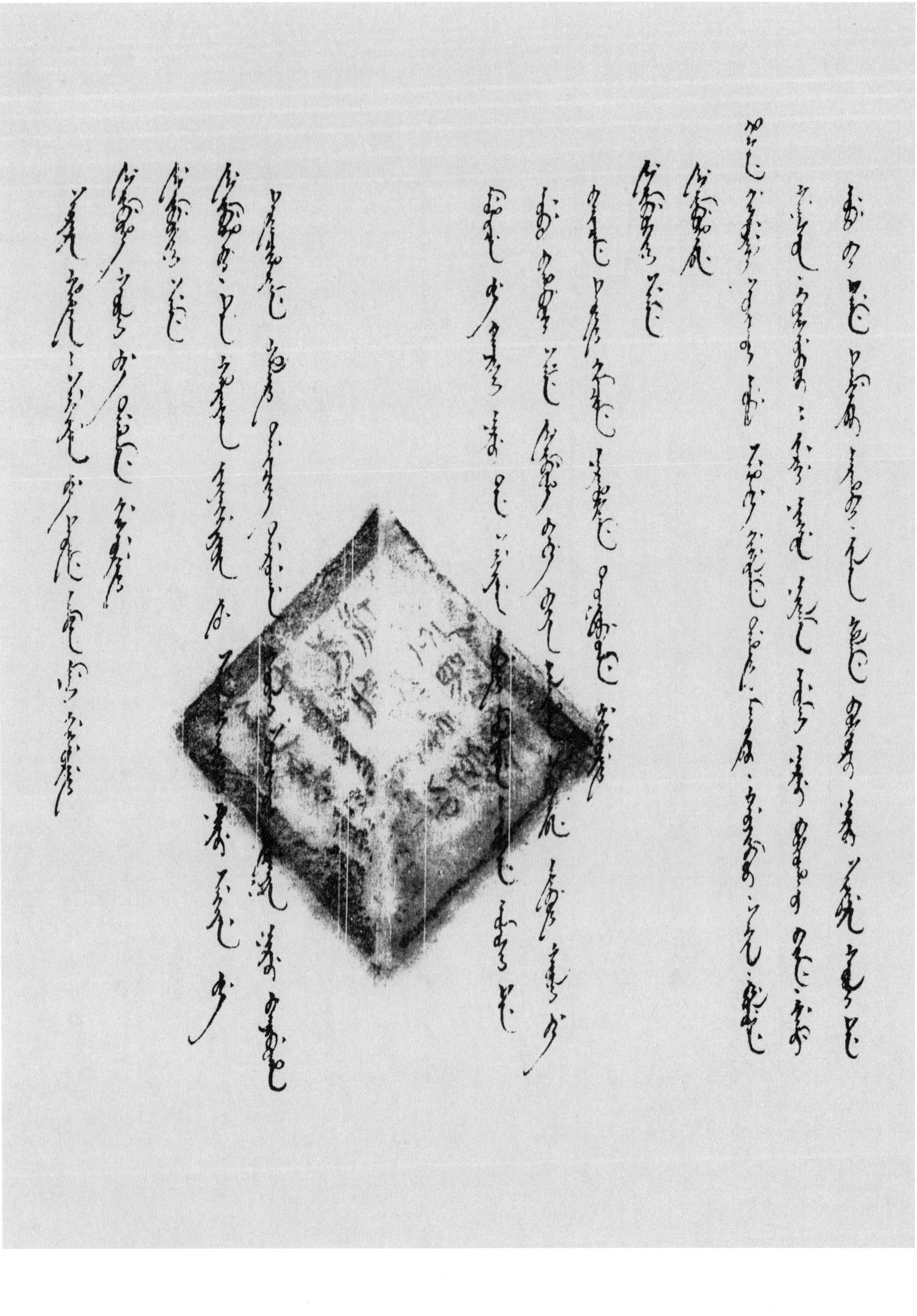

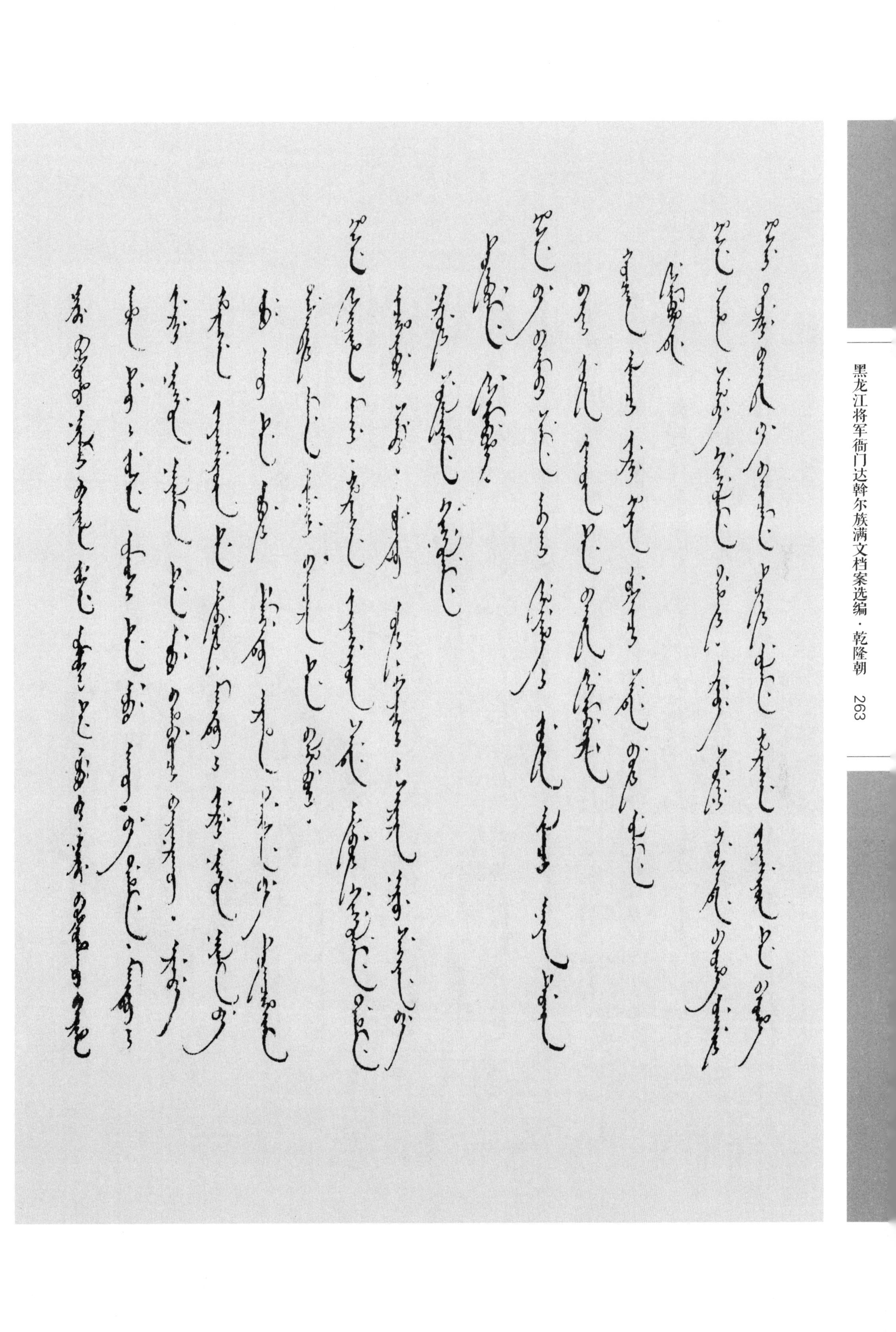

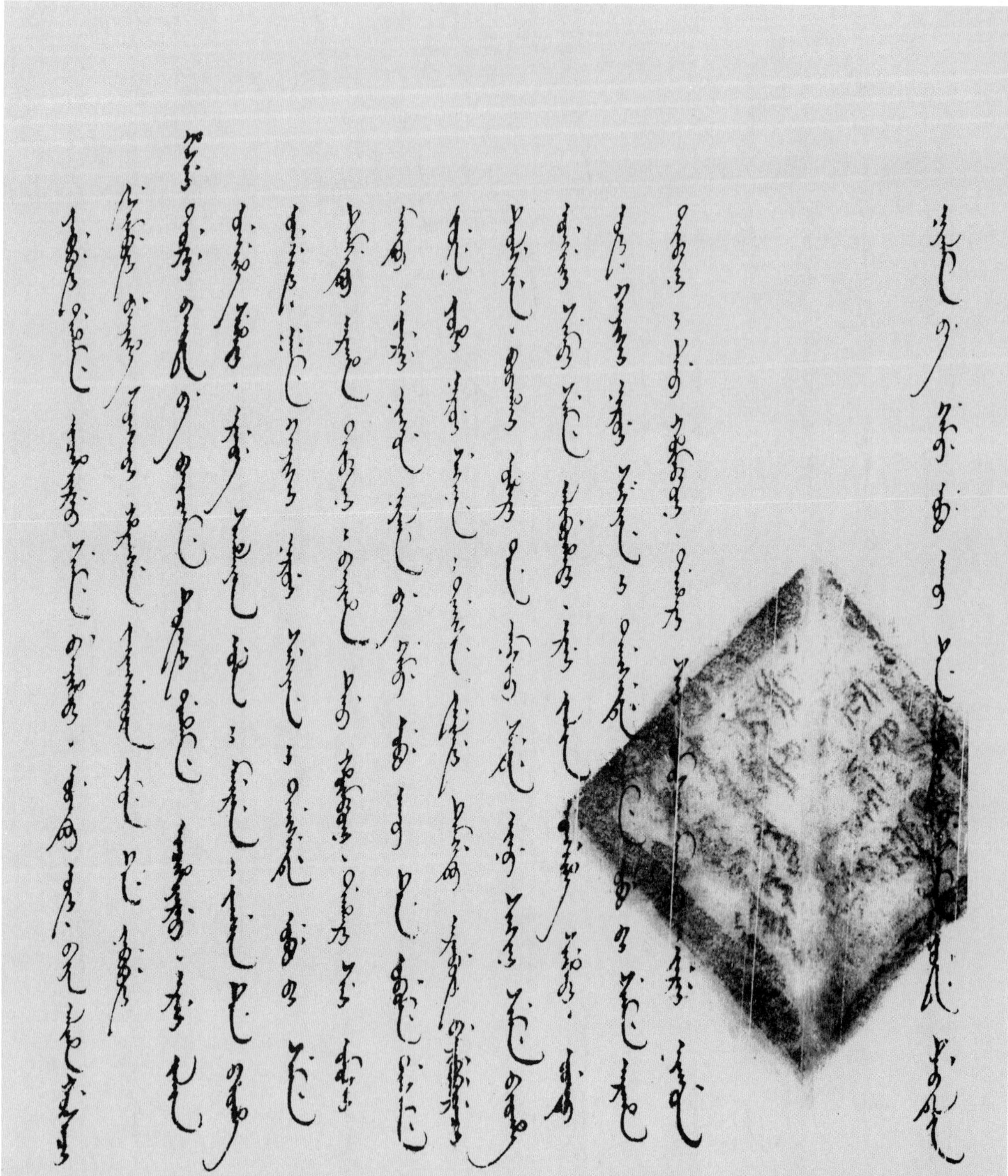

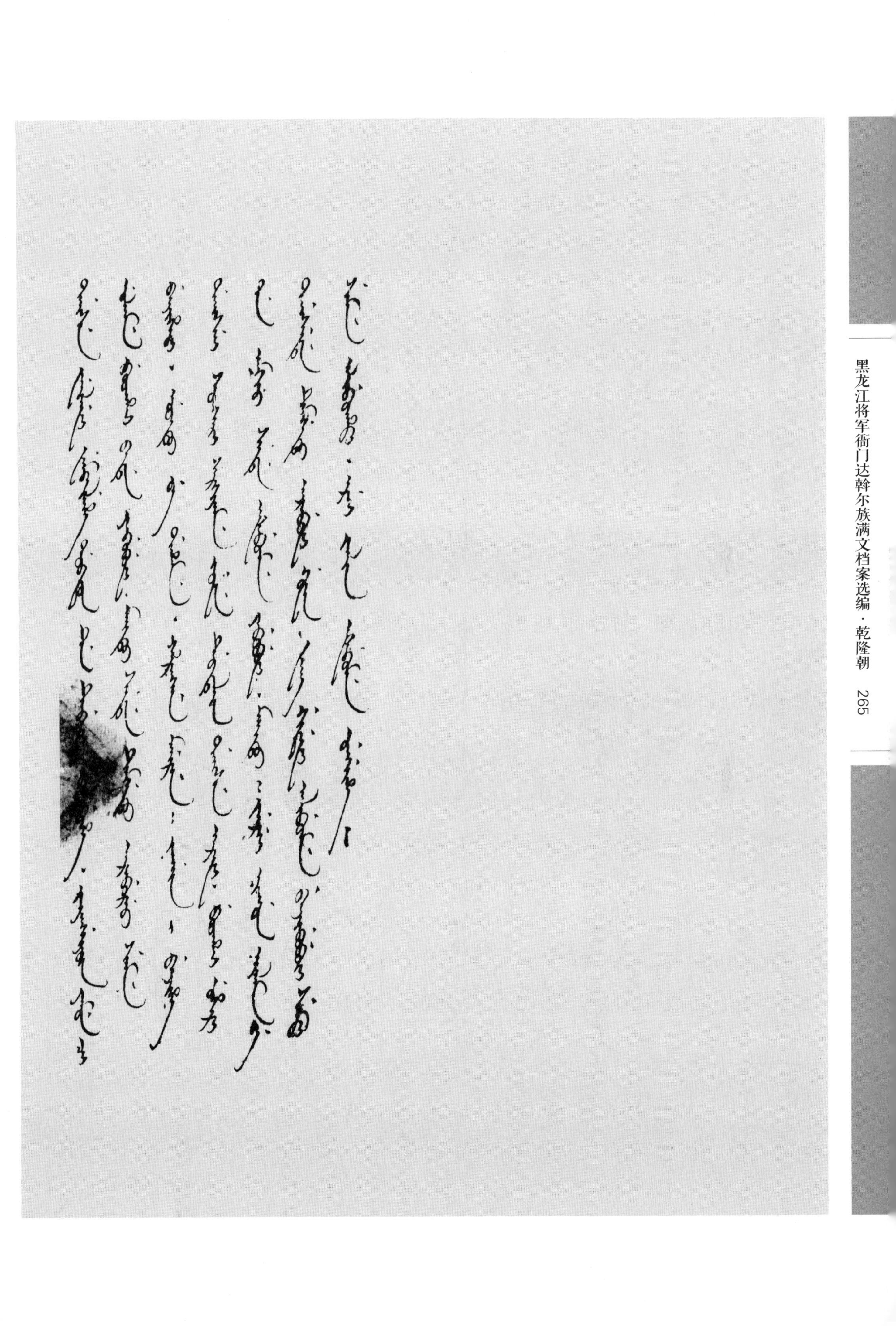

五〇四　兵部为令查报黑龙江各处满洲达斡尔等协领可兼佐领情形事咨黑龙江将军文

乾隆十三年七月二十三日

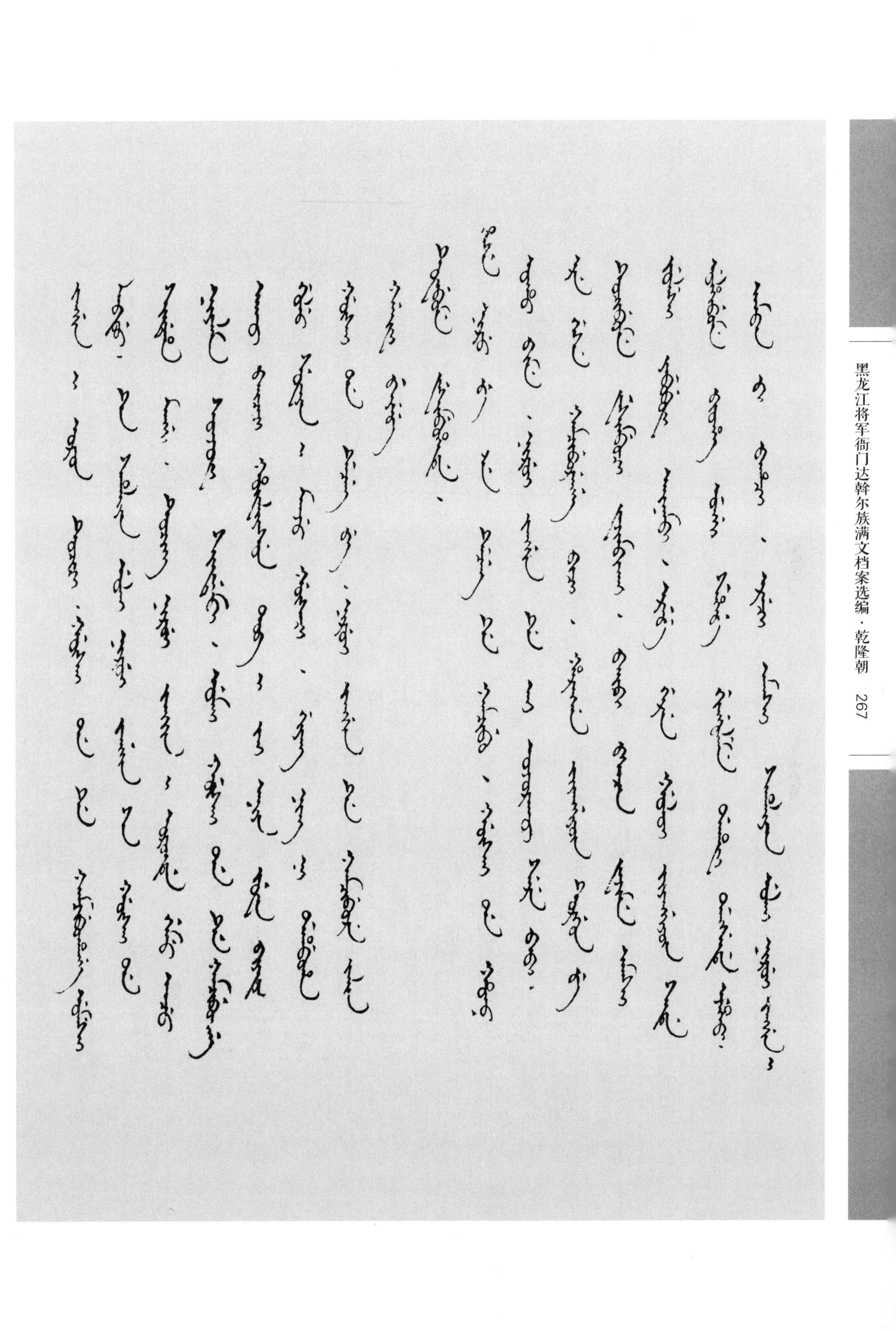

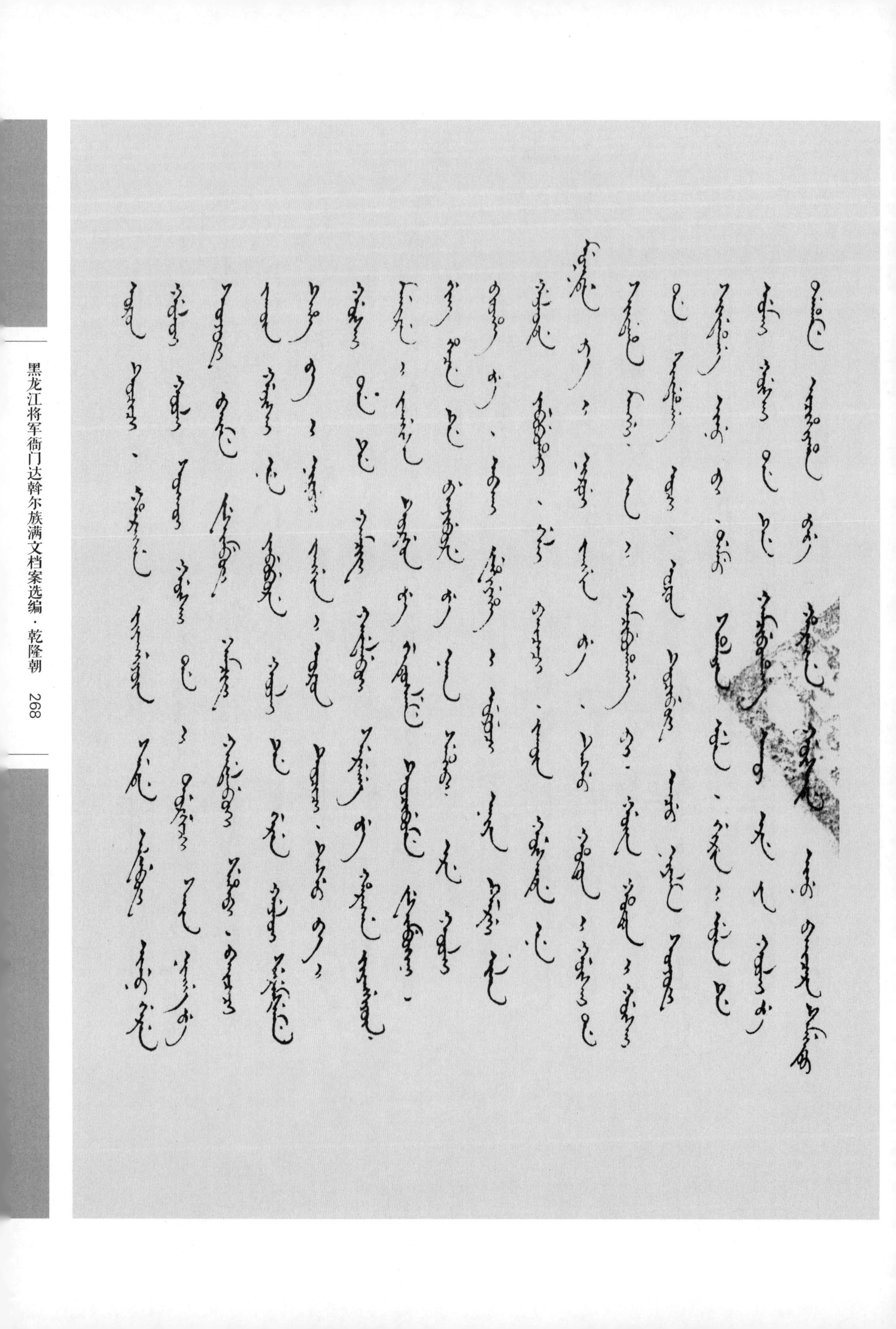

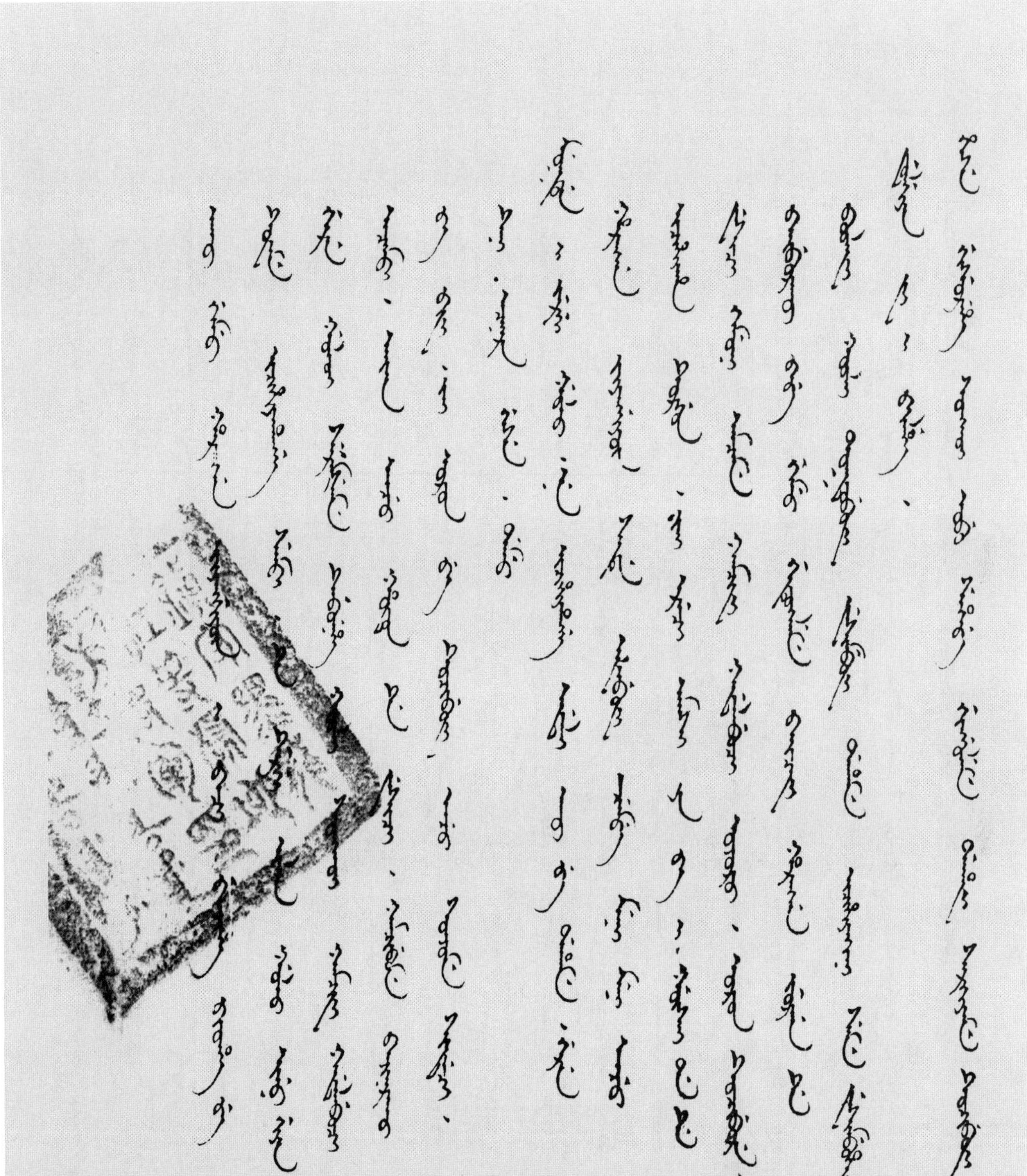

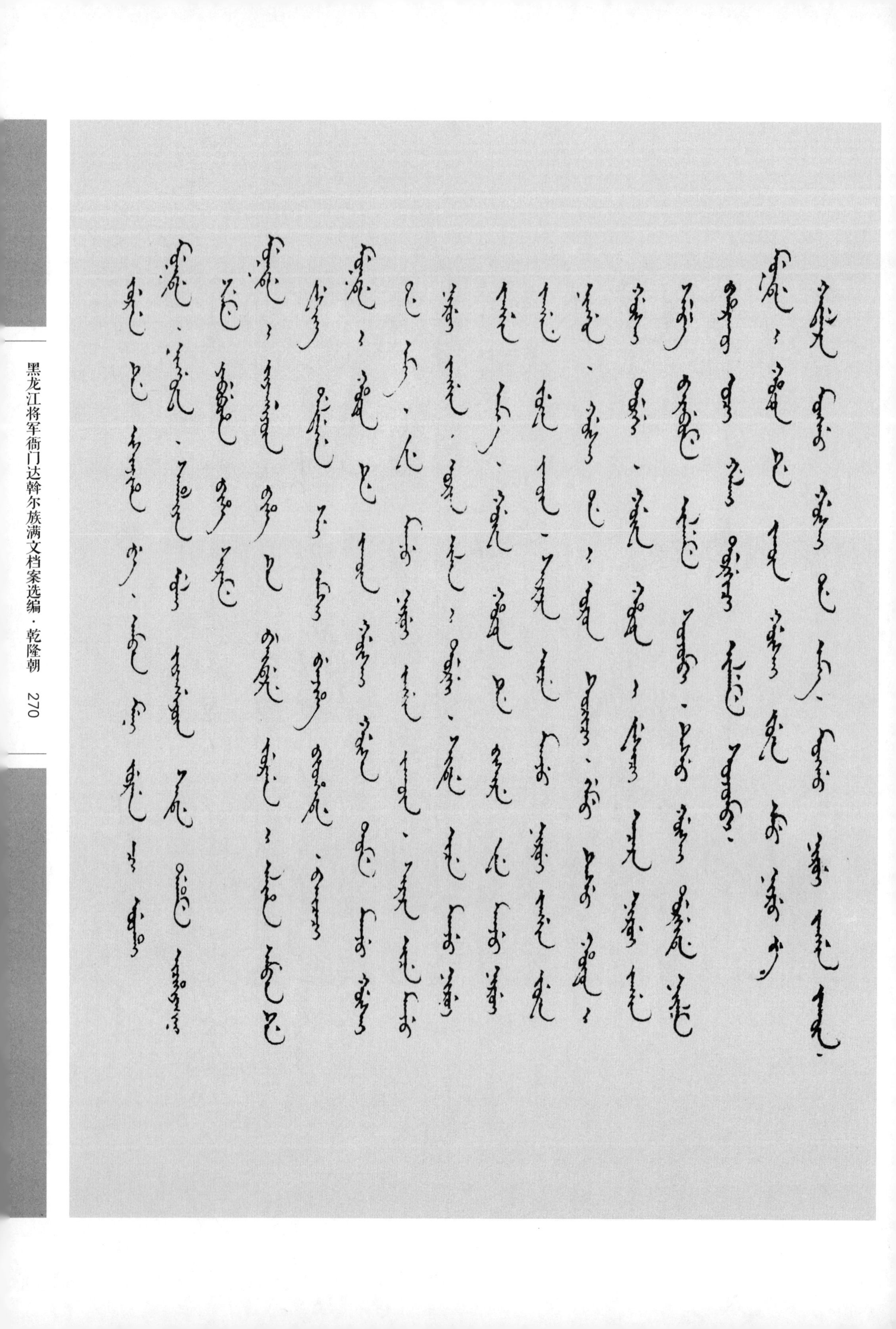

[illegible]

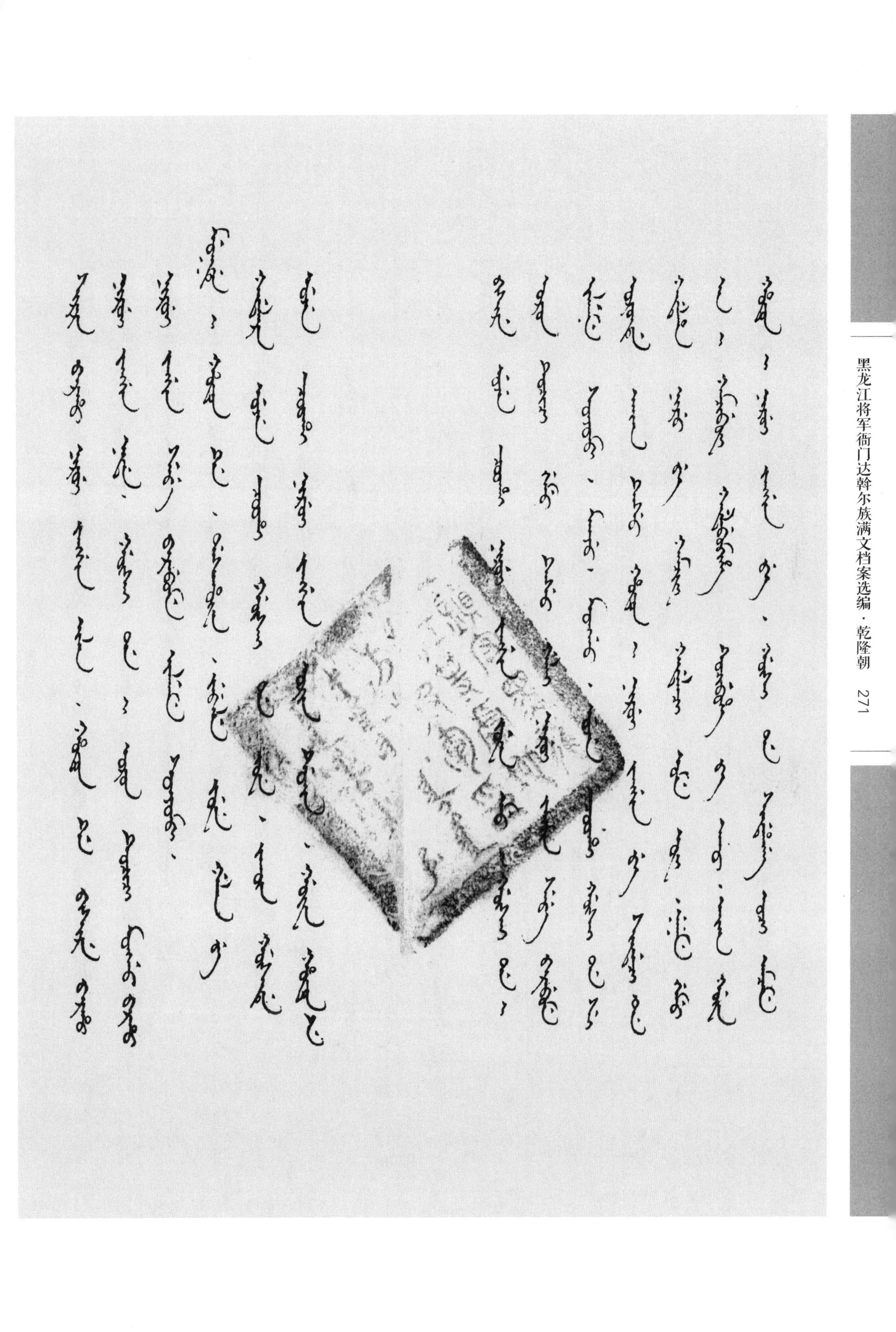

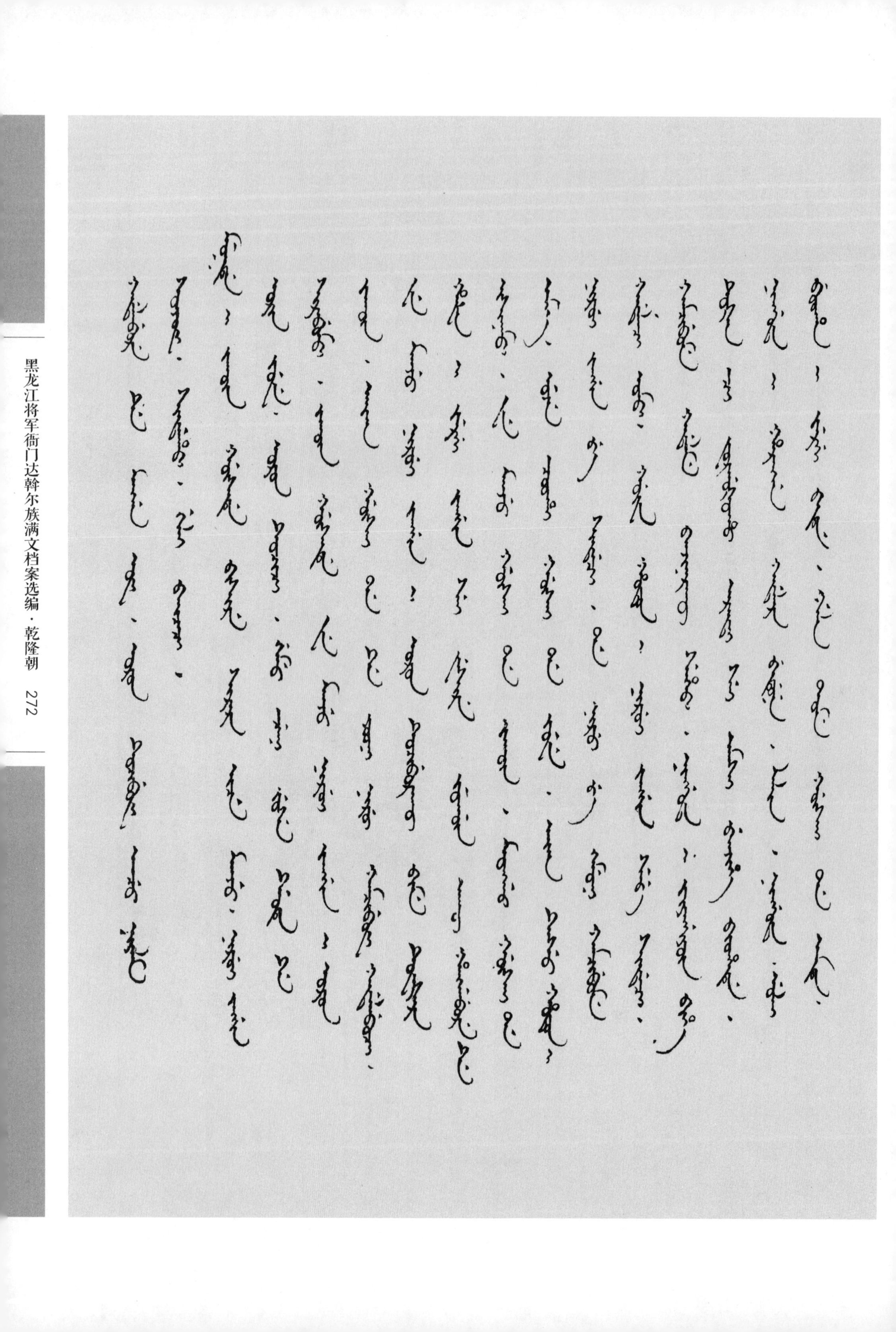

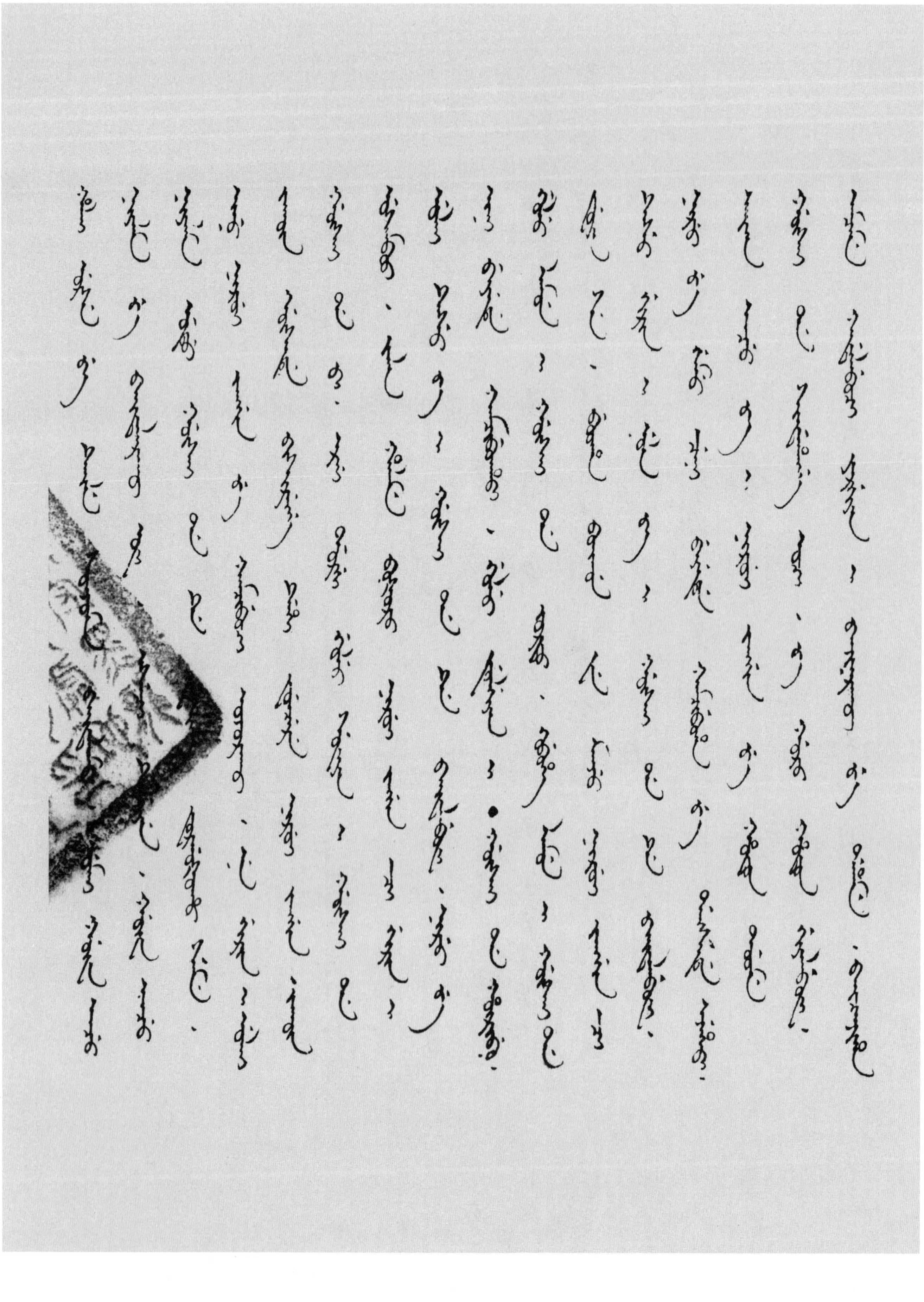

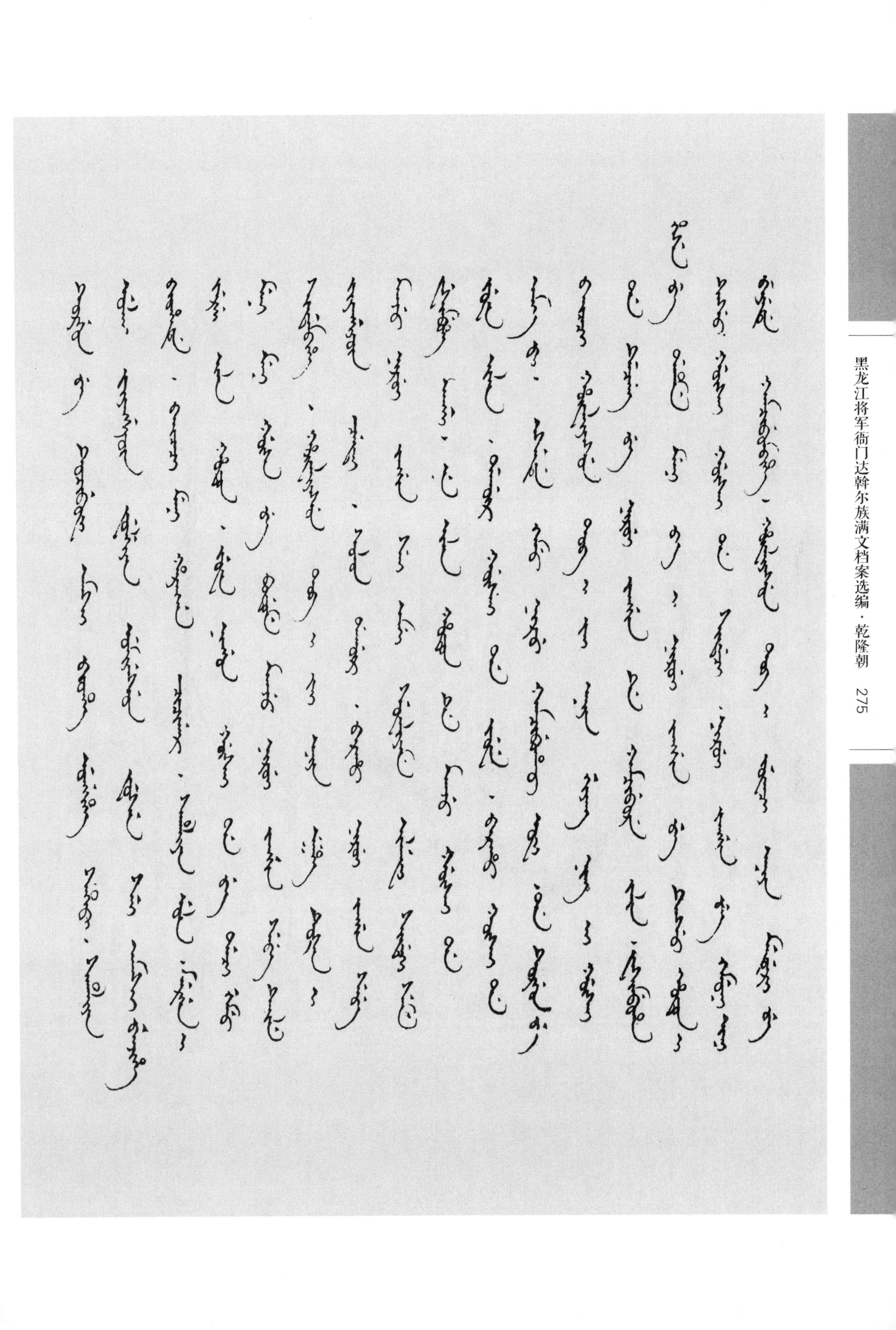

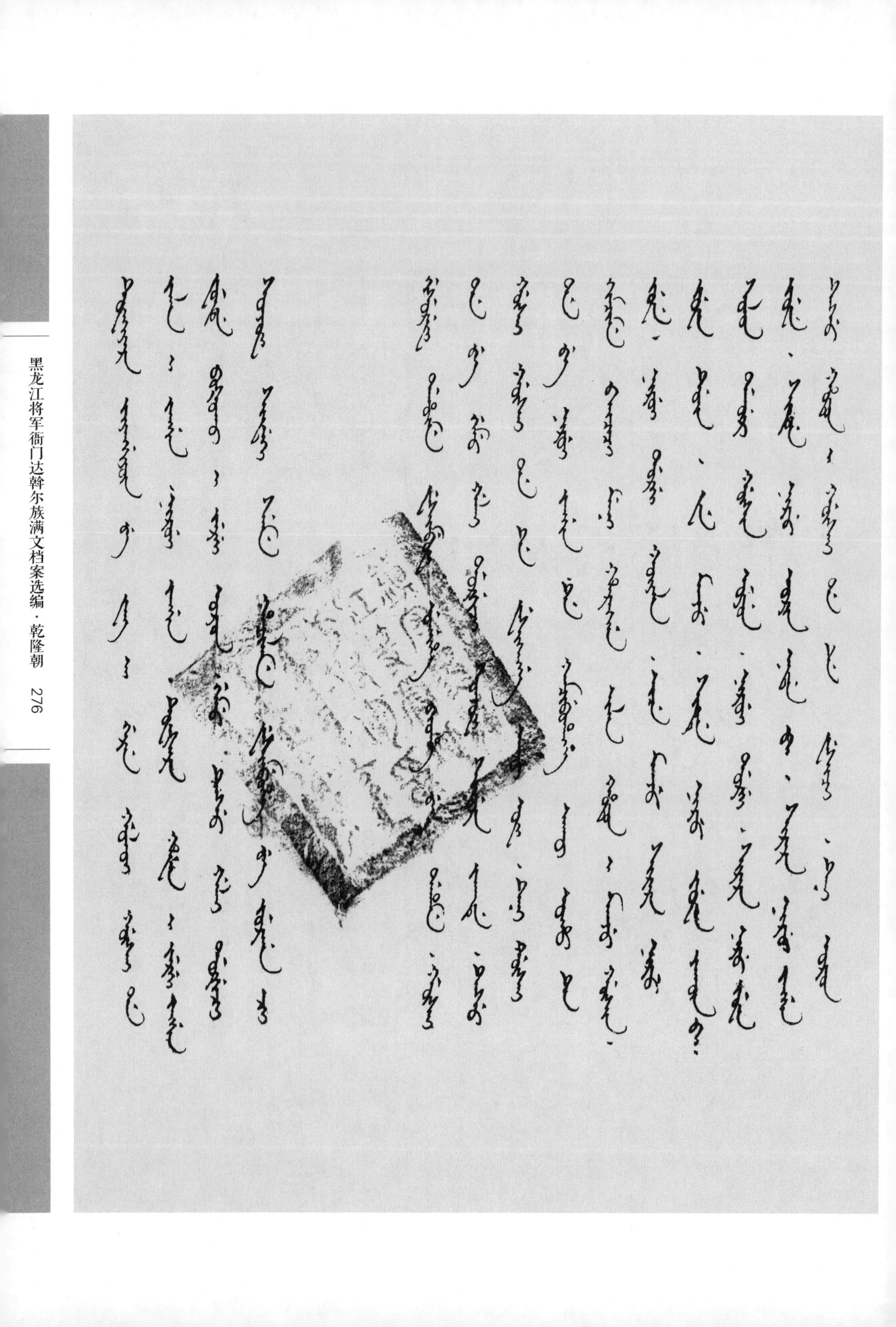

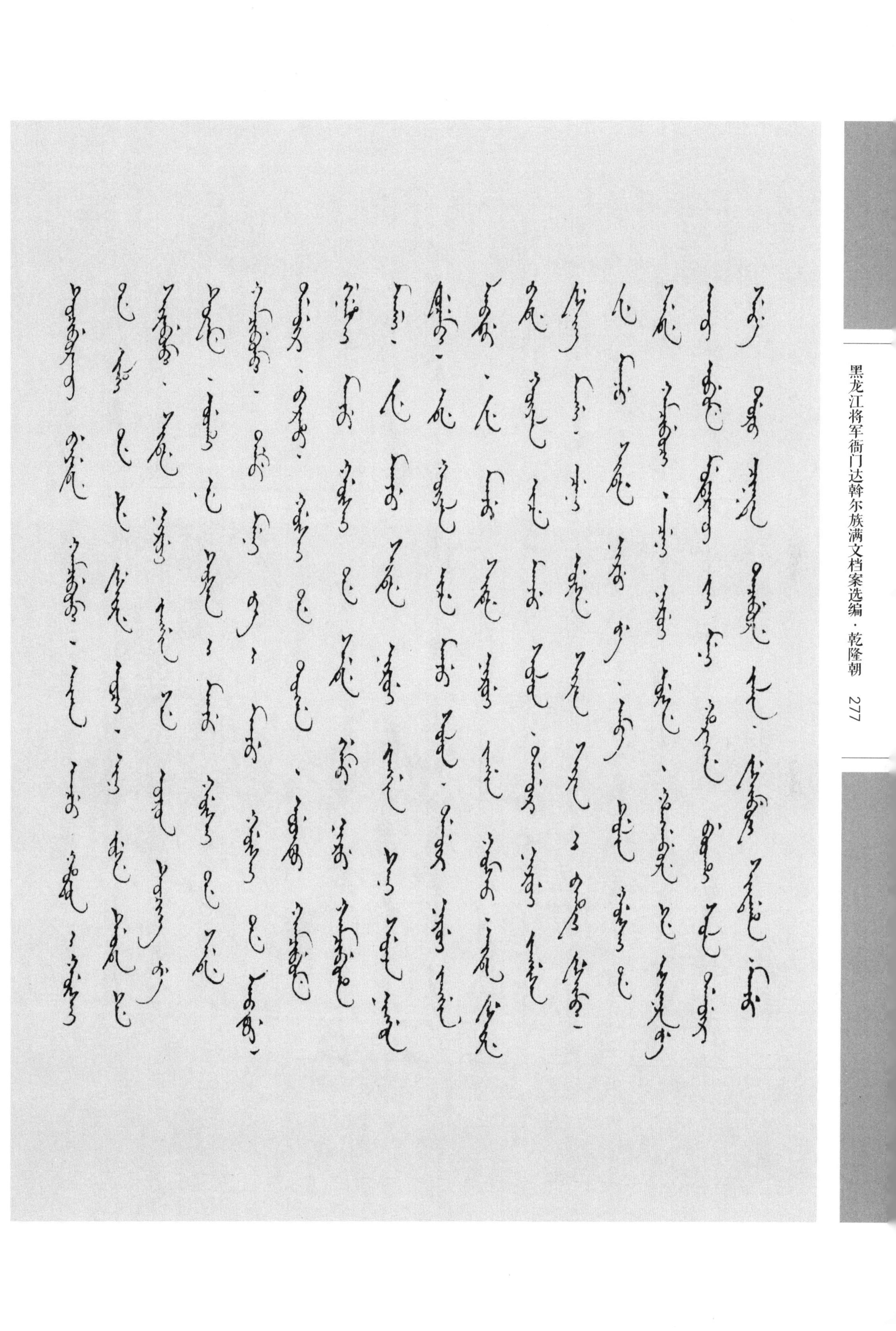

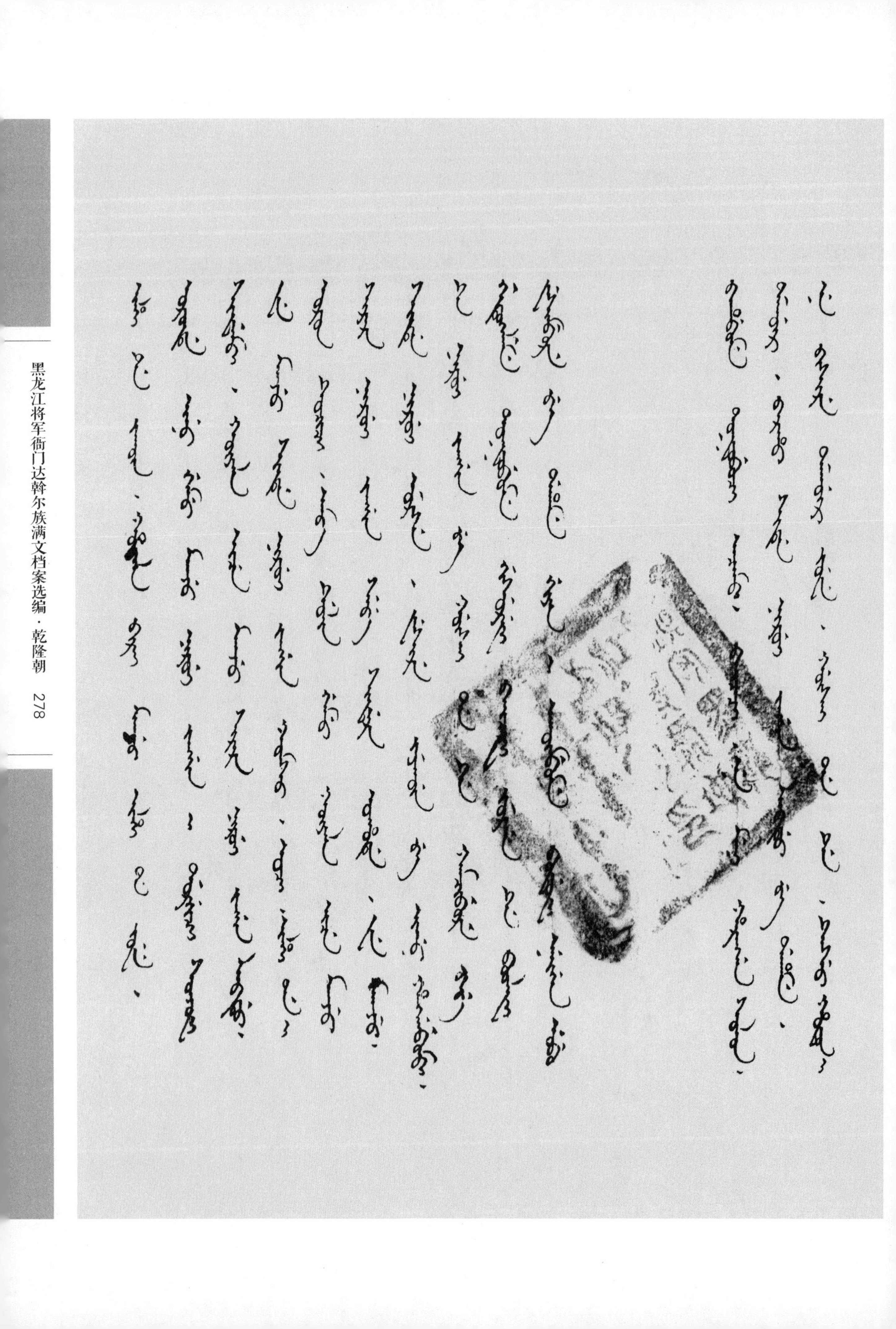

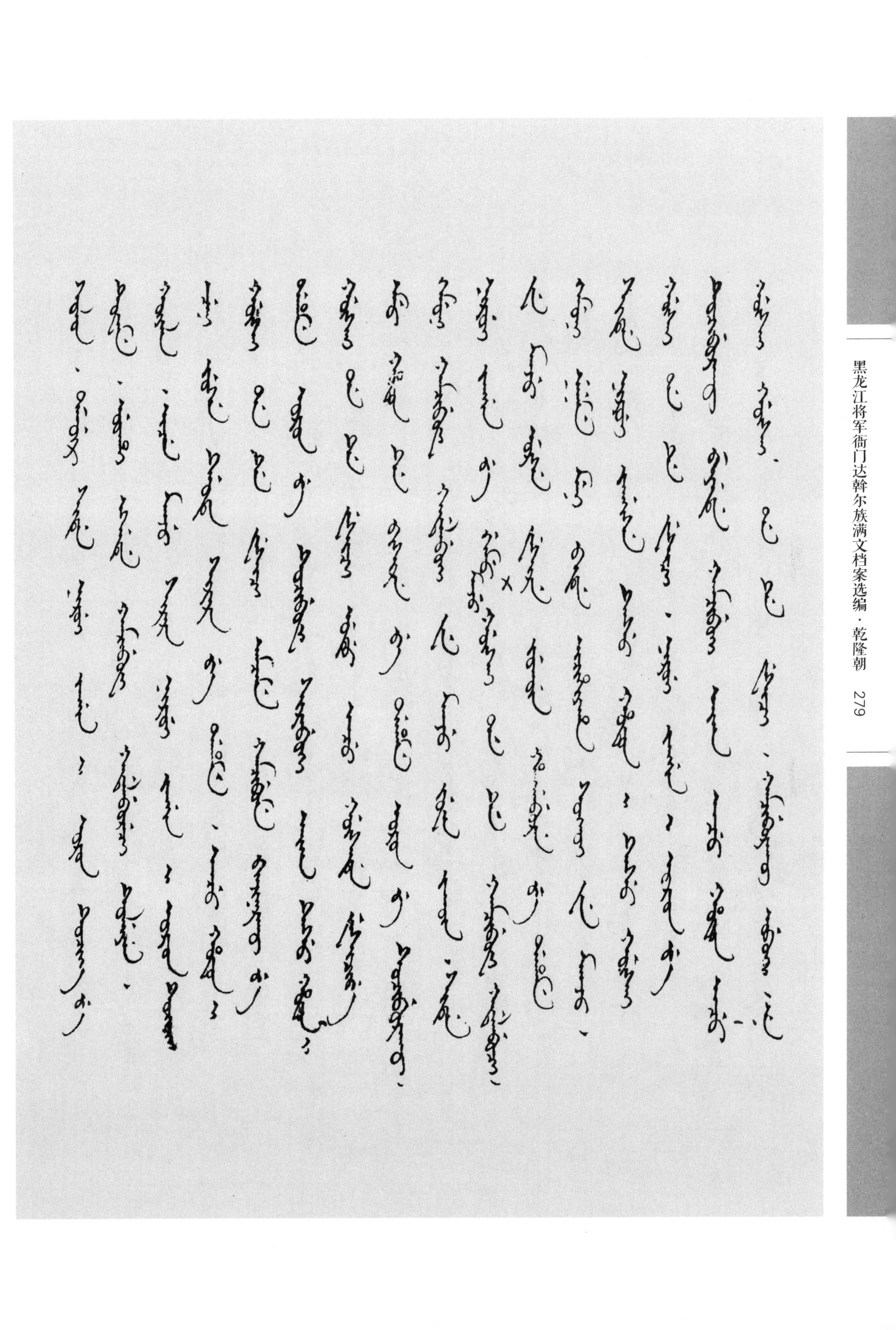

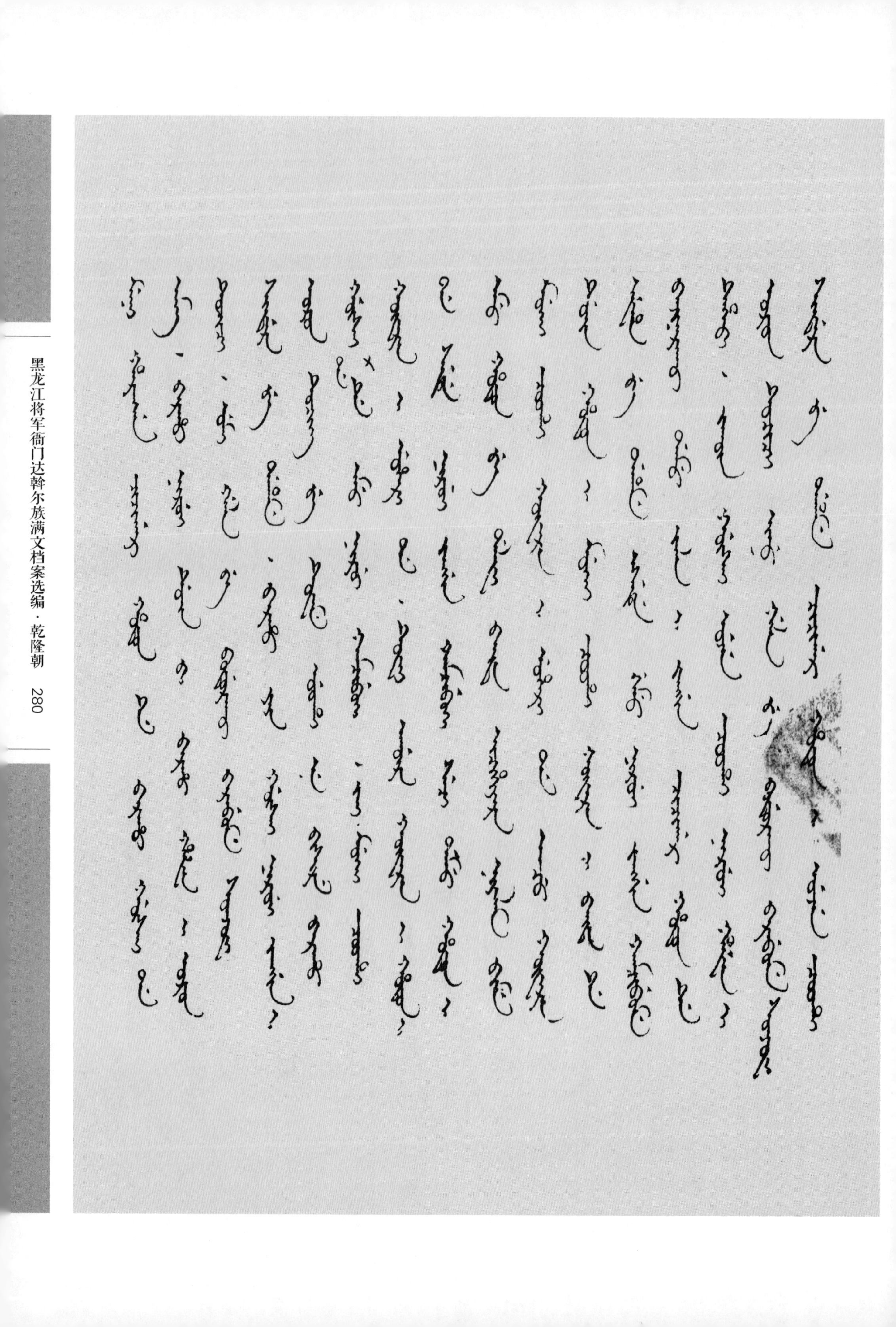

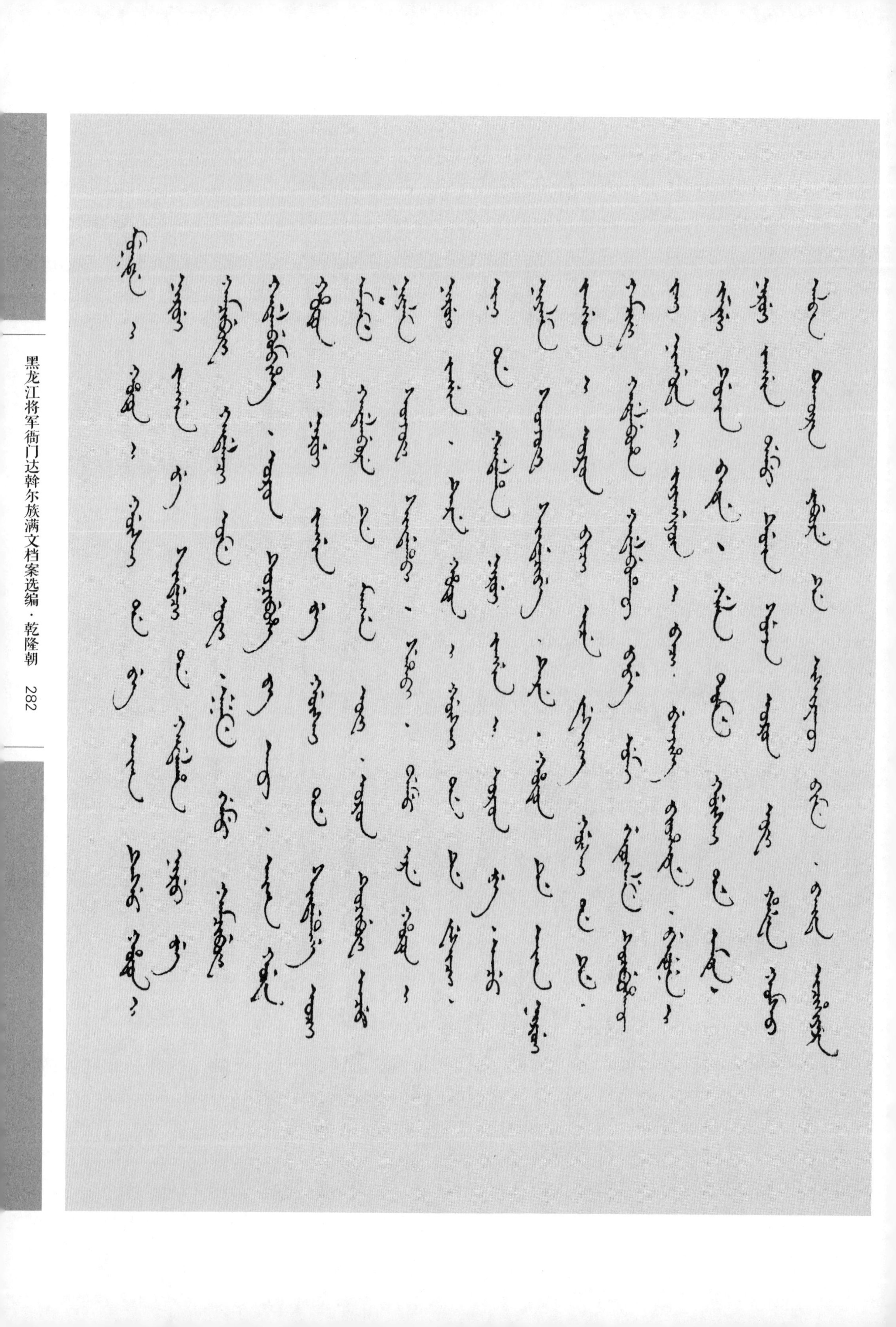

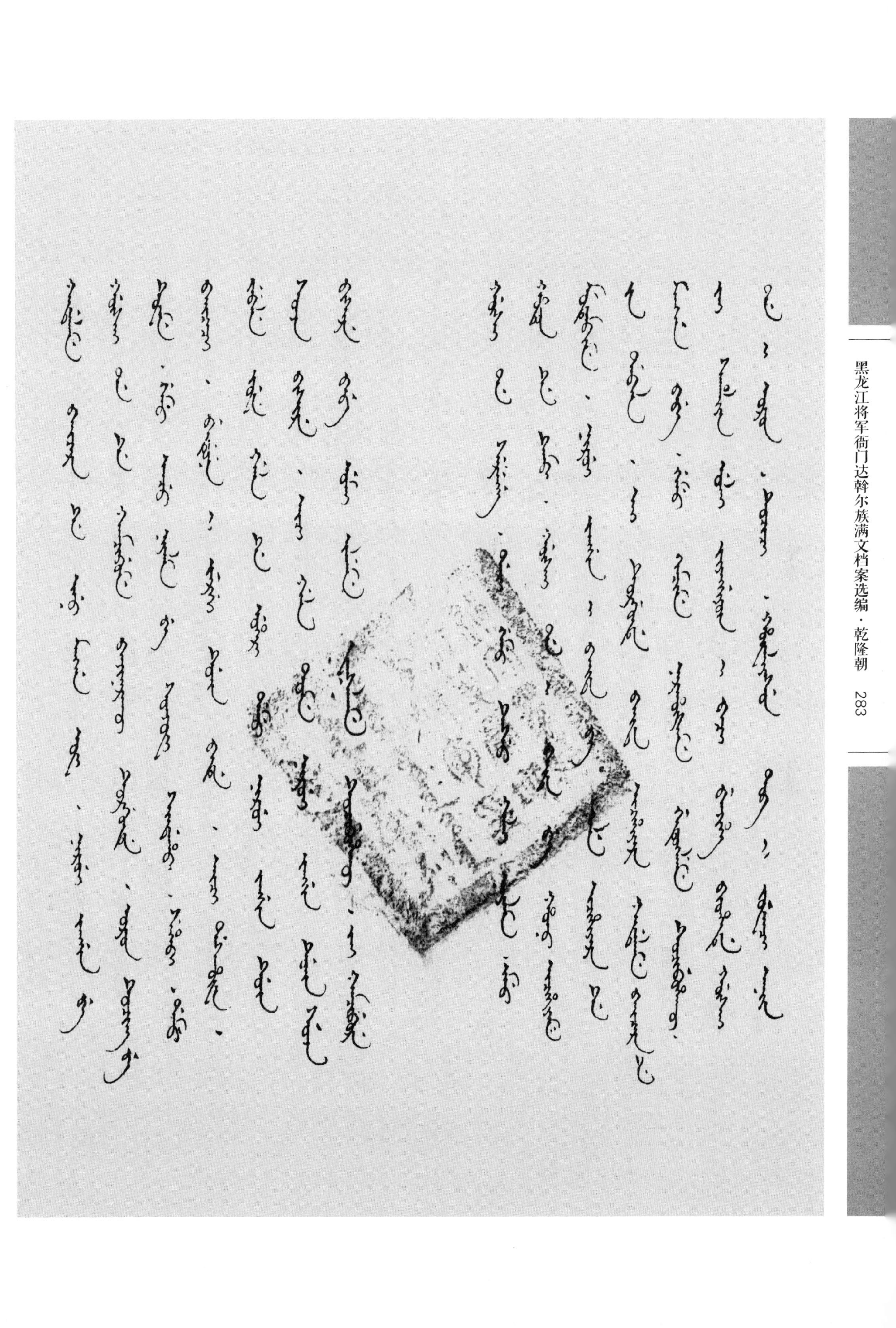

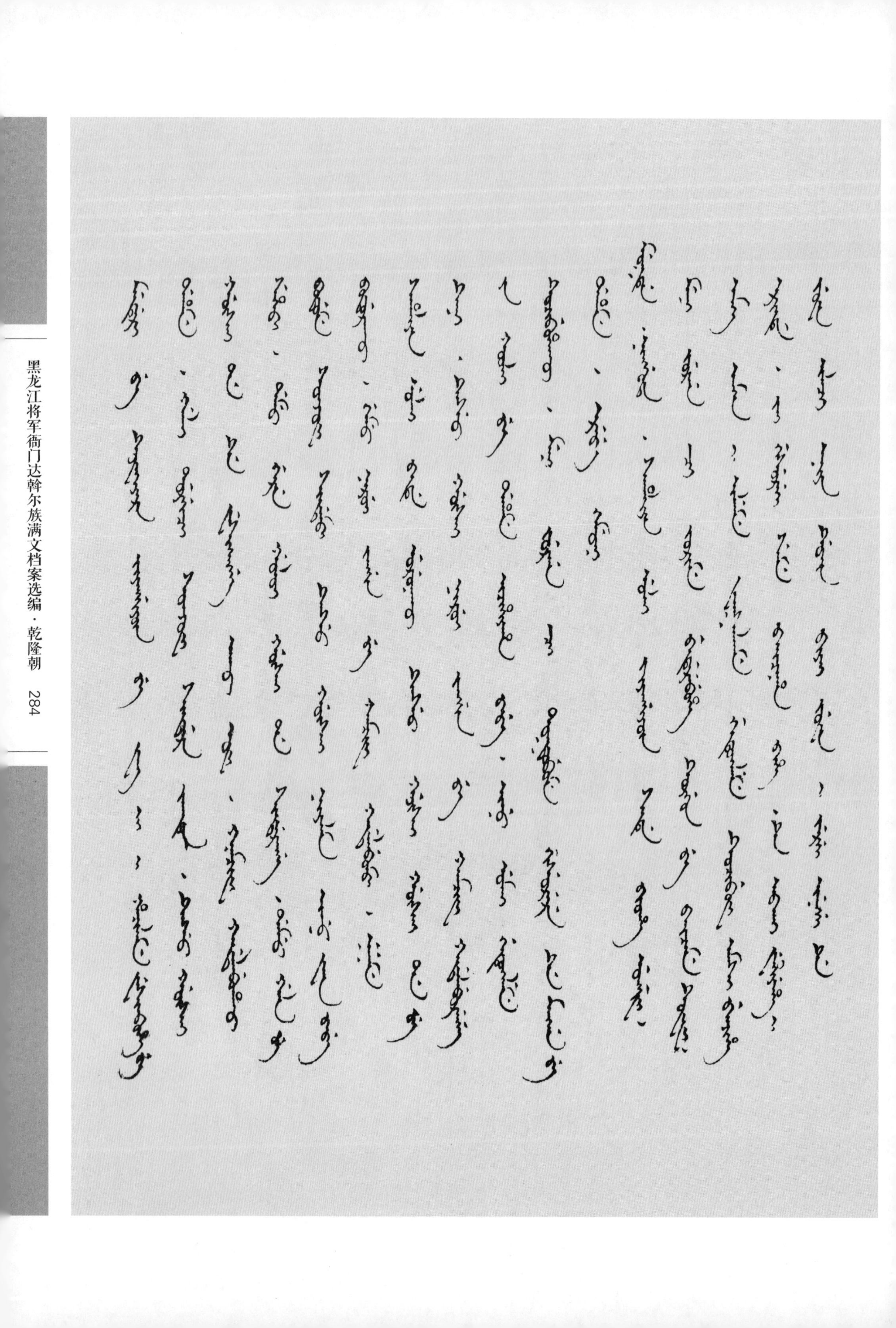

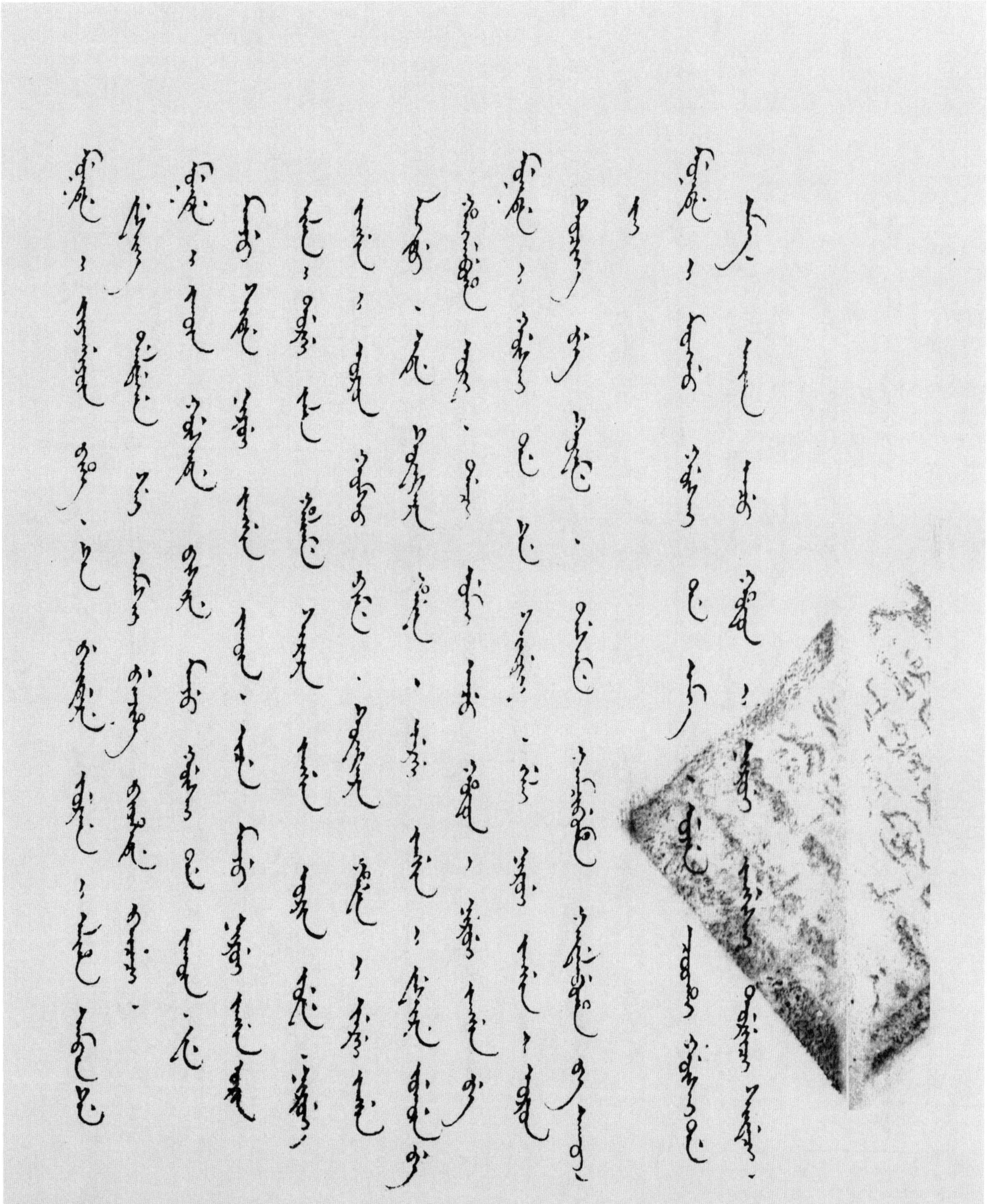

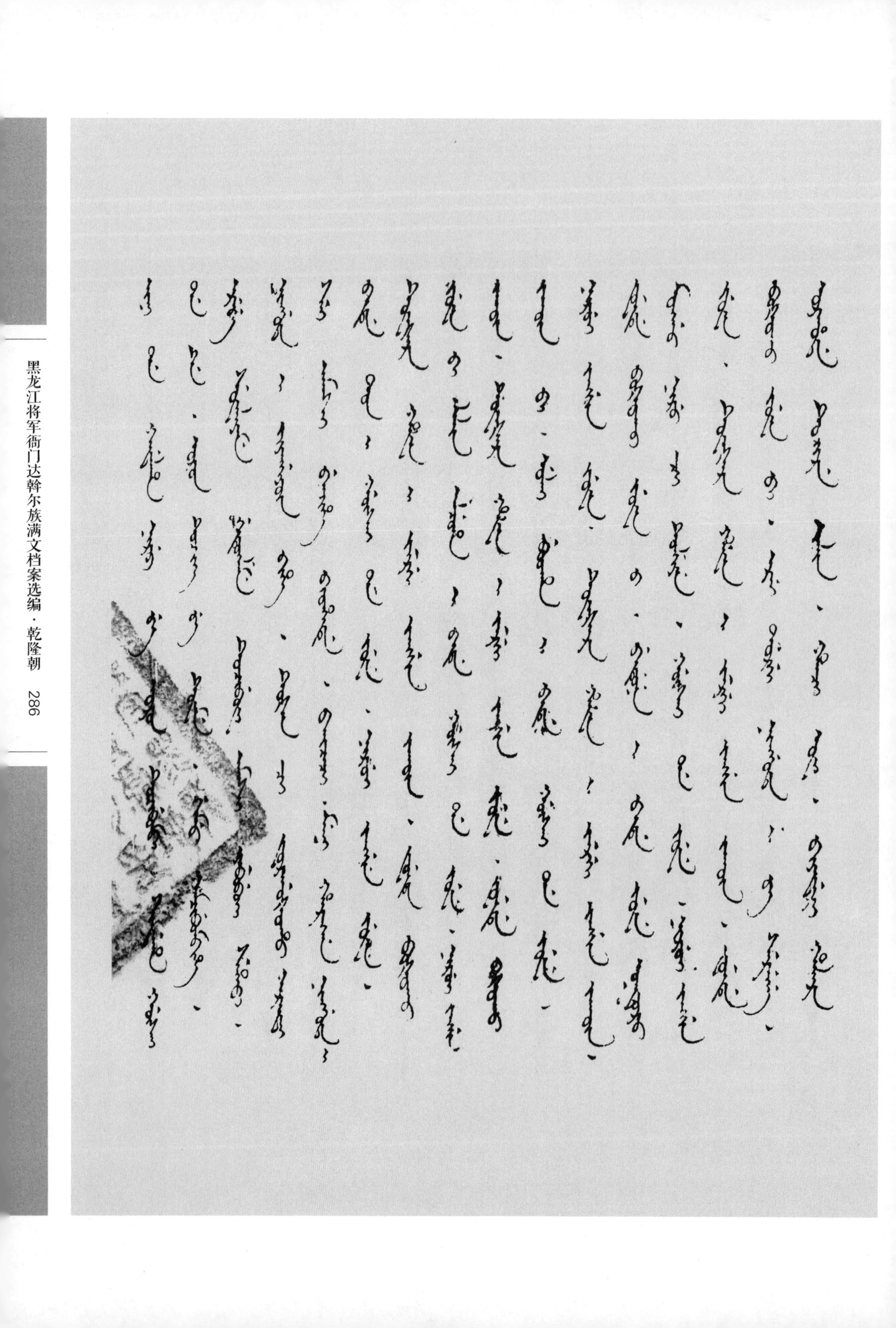

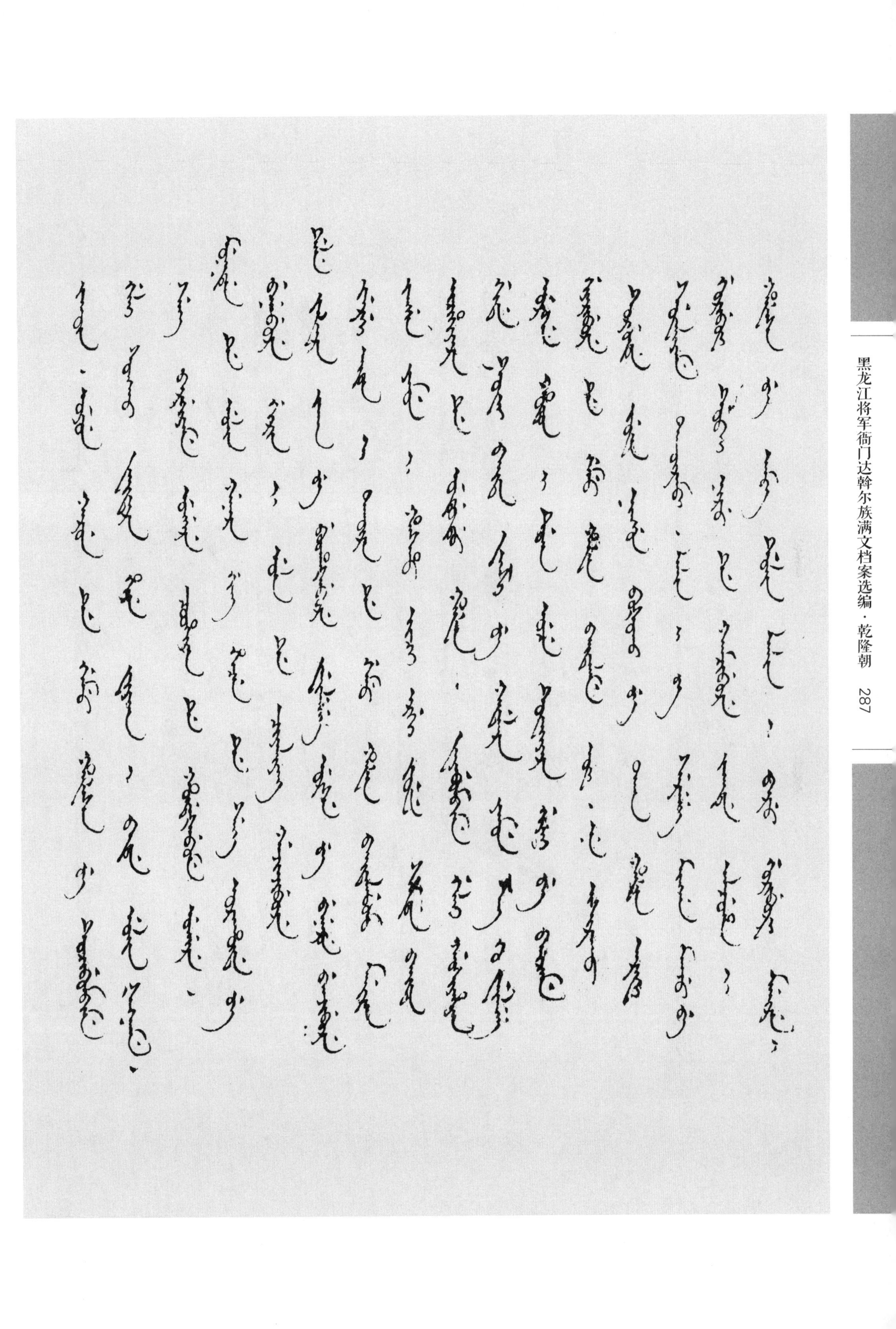

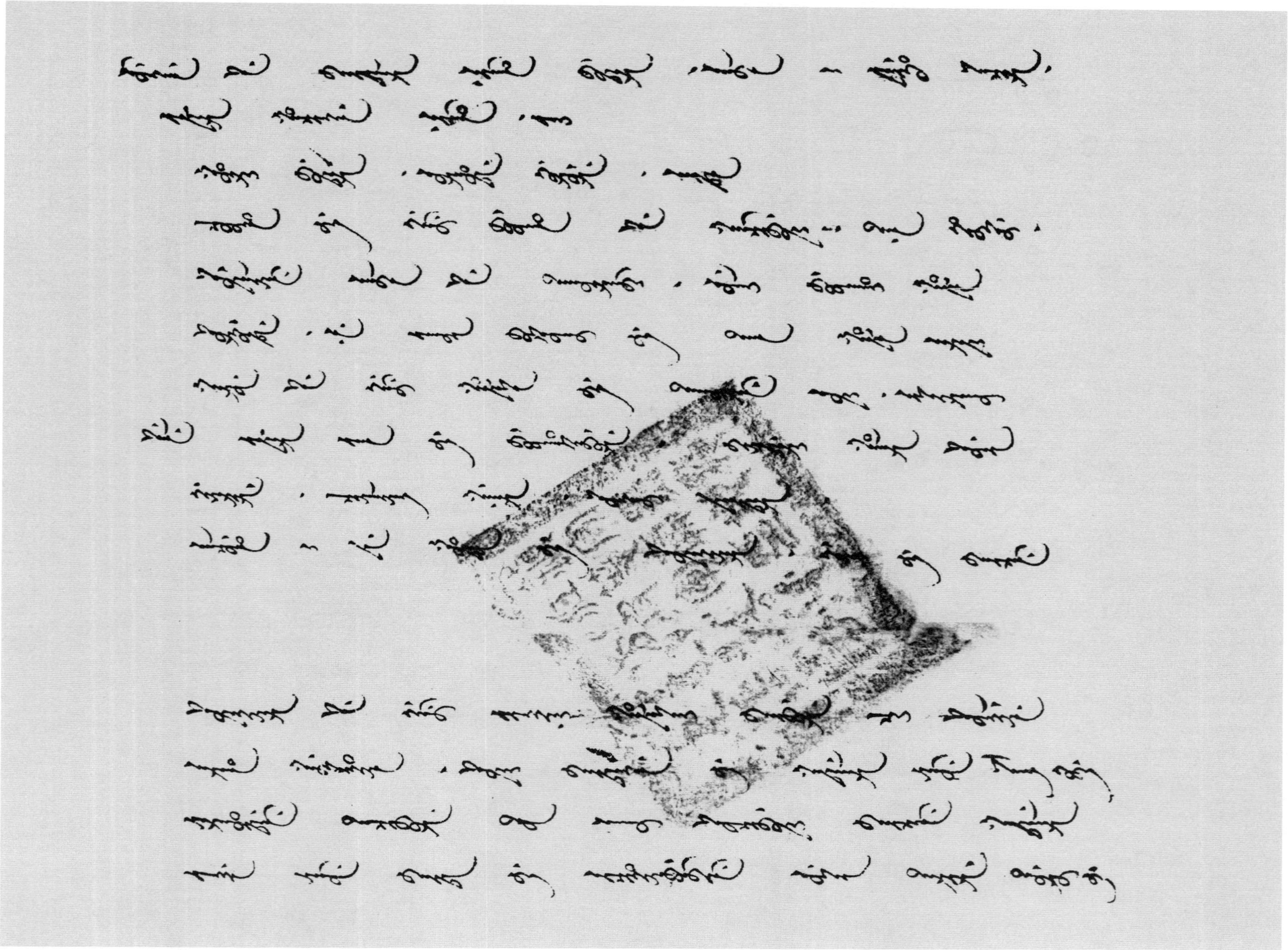

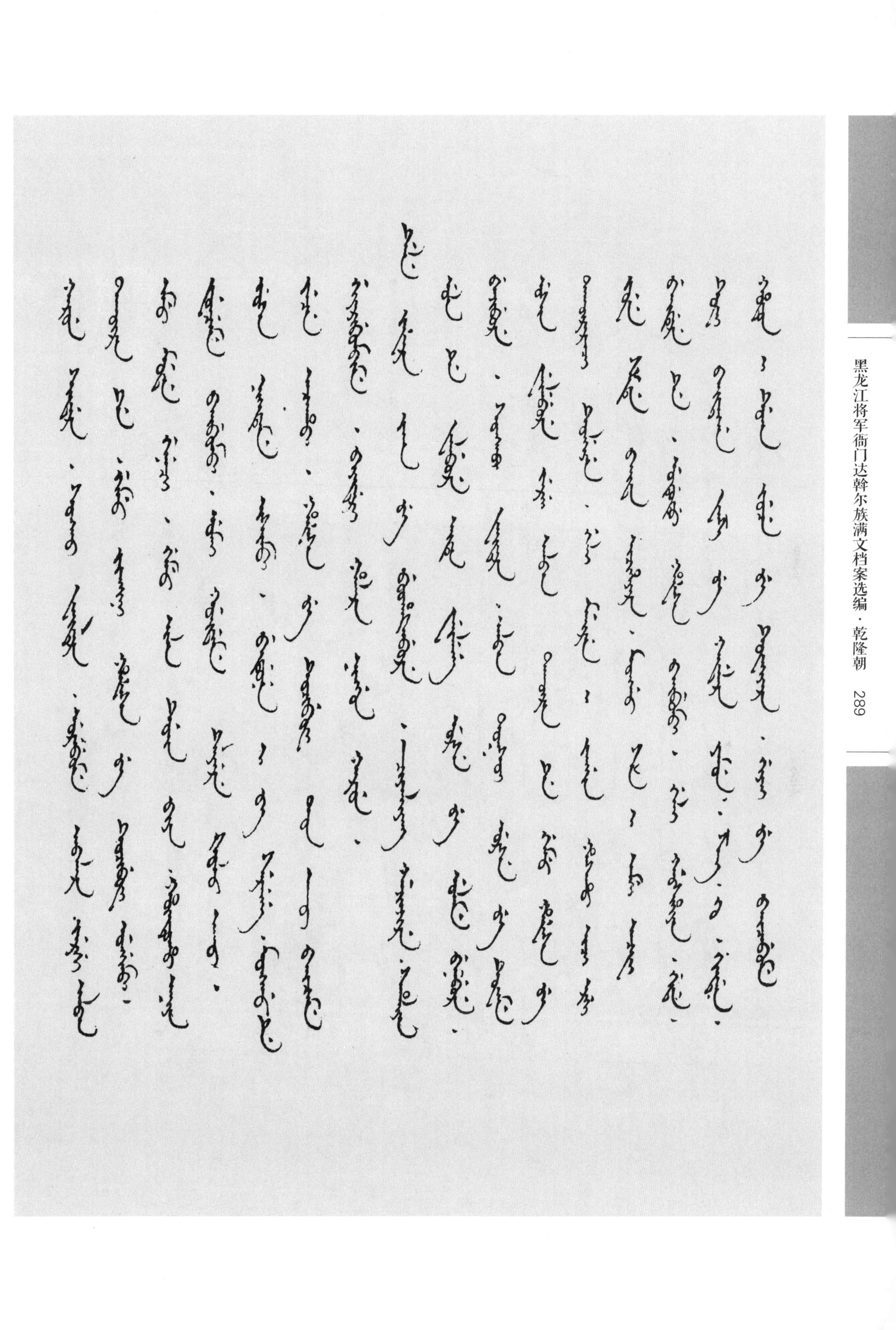

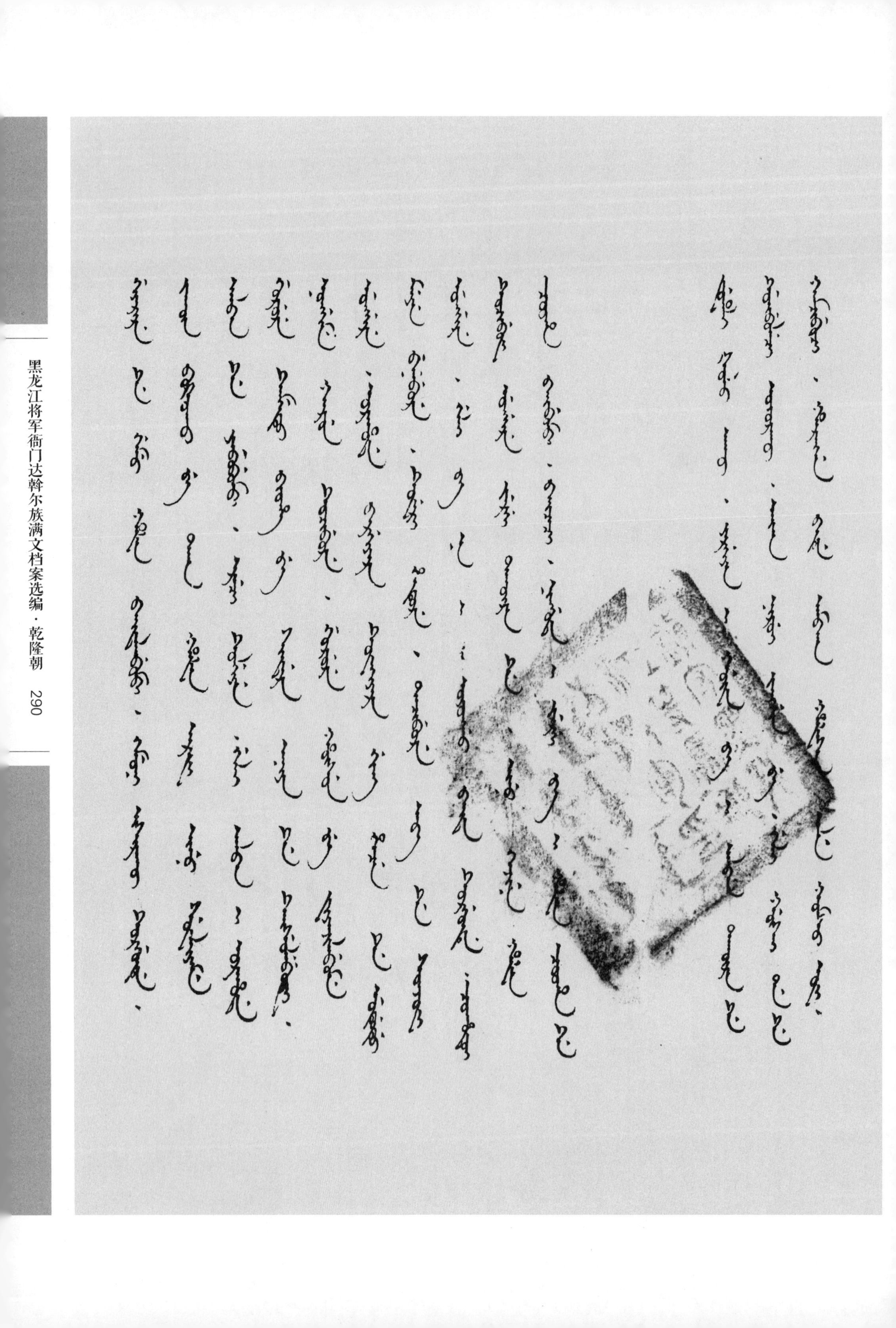

[illegible]

[illegible]

[illegible]

[illegible]

[illegible]

[illegible]

[illegible]

[illegible]

[illegible]

[illegible]

[illegible]

[illegible]

[illegible]

[illegible]

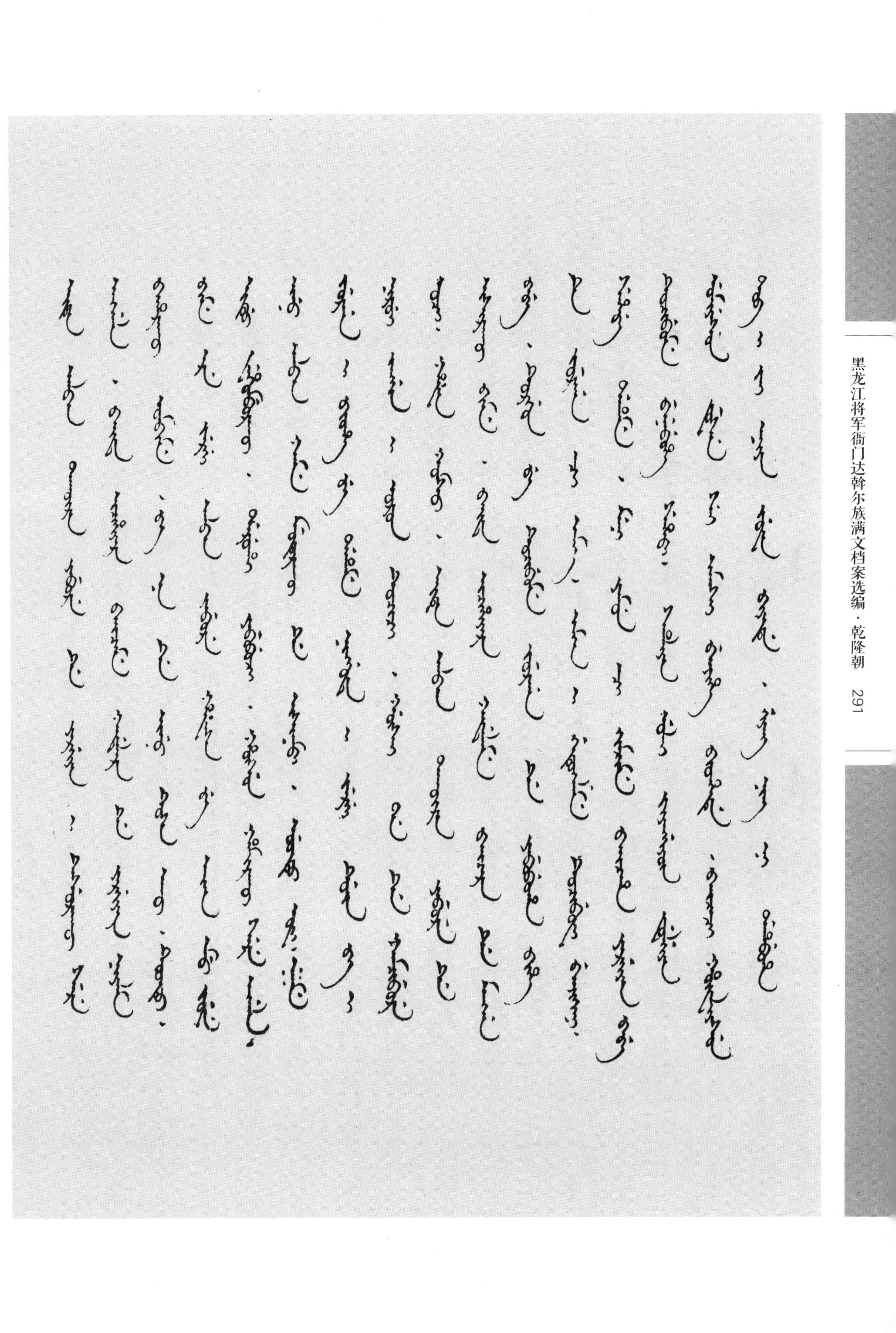

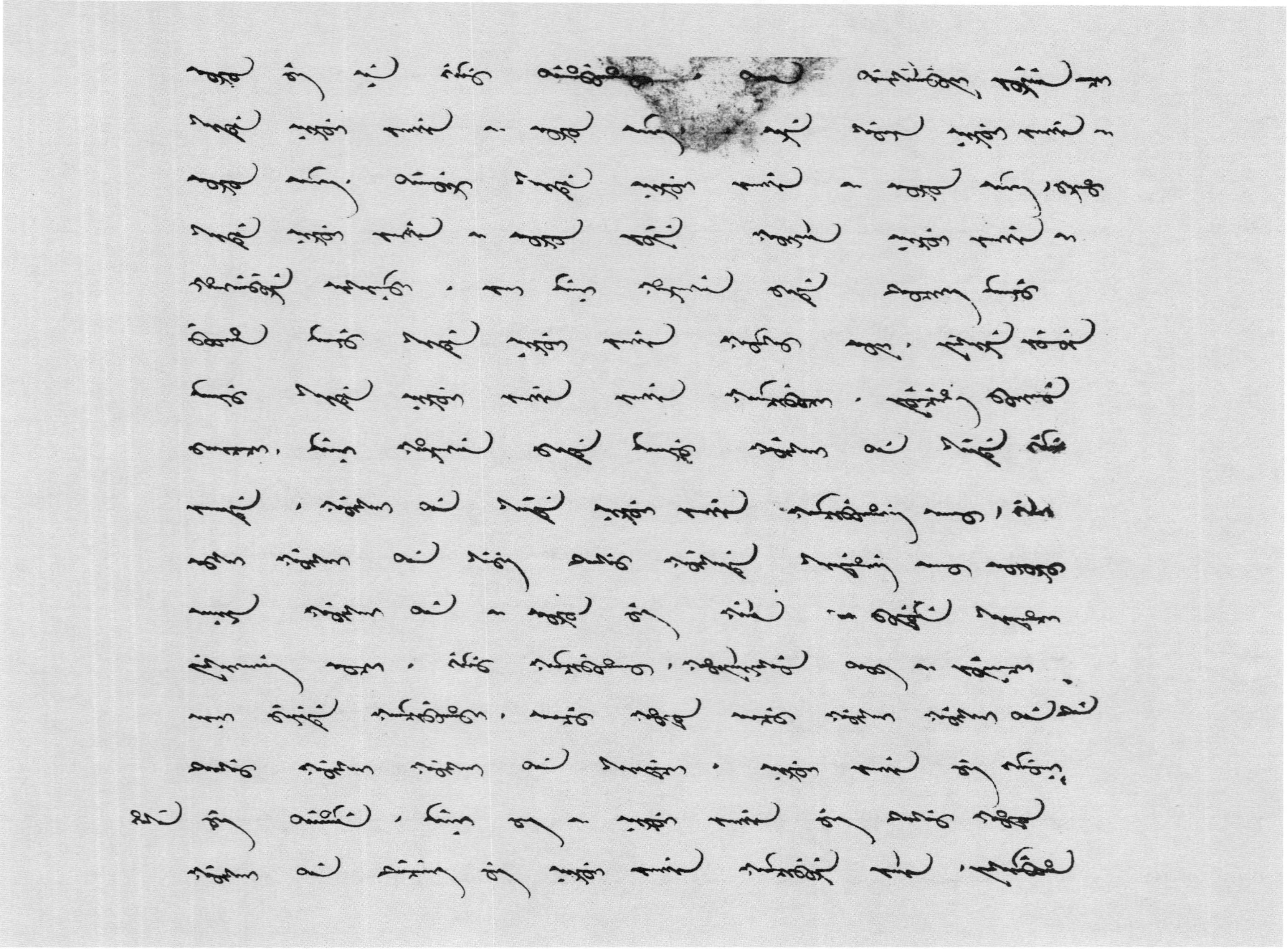

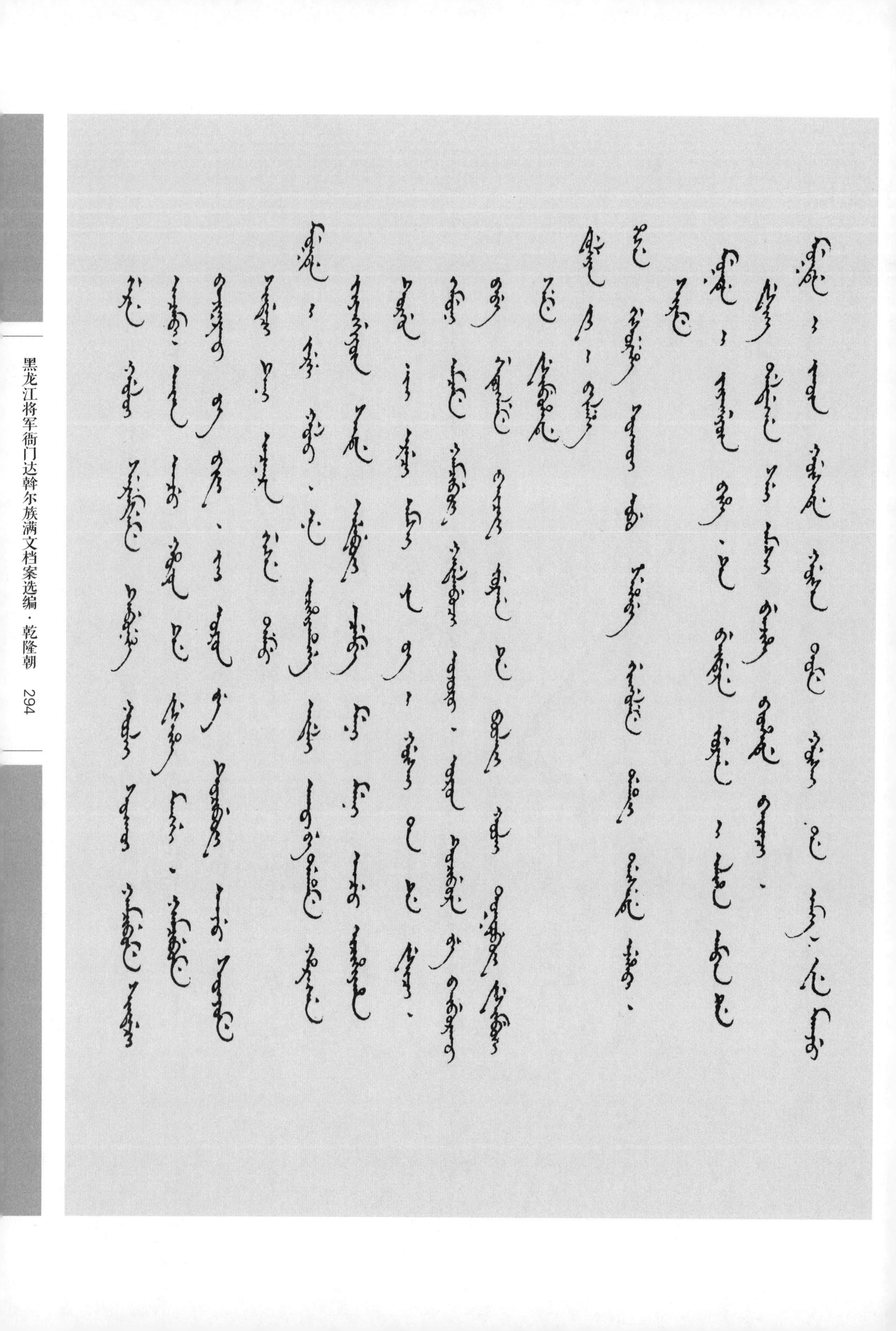

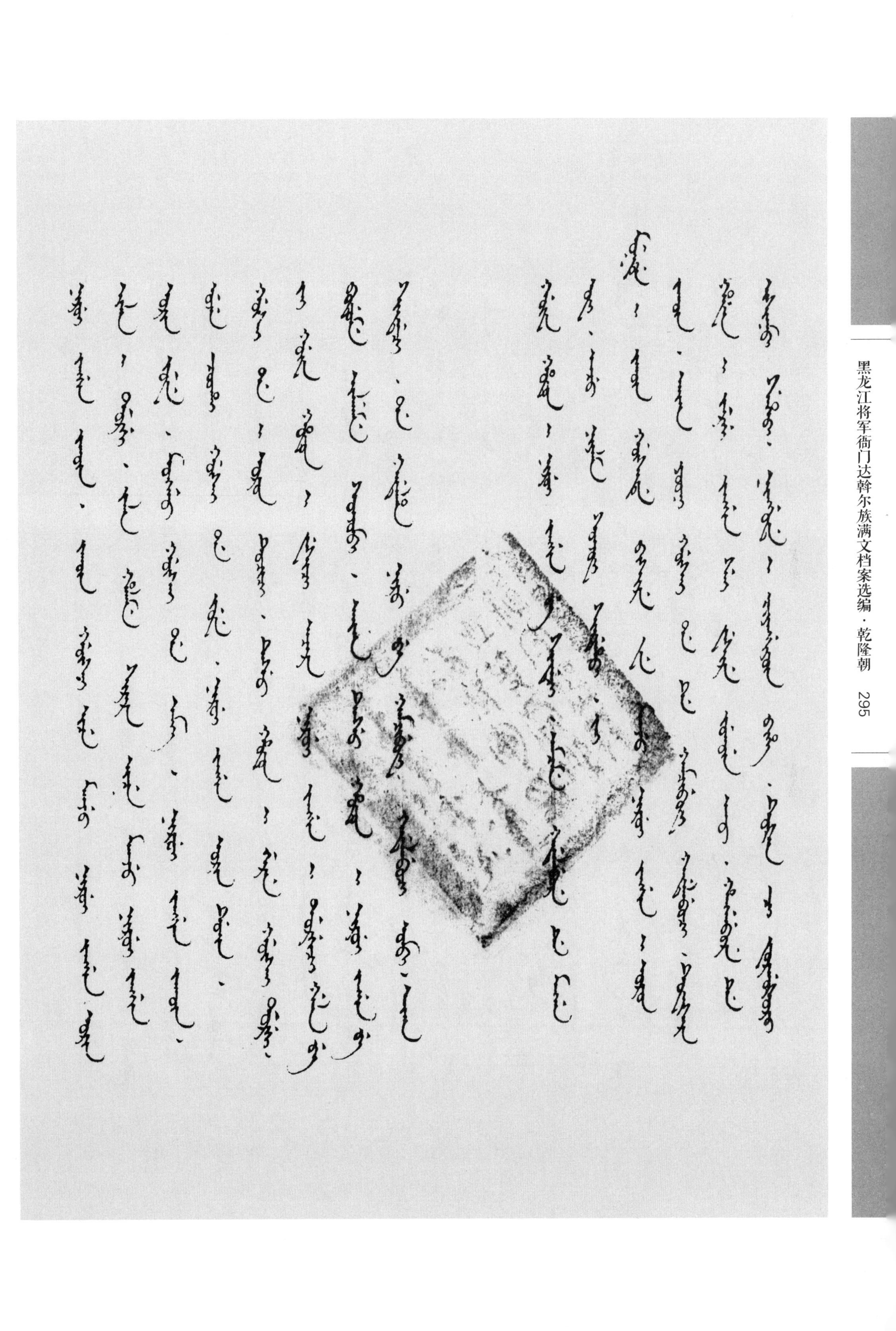

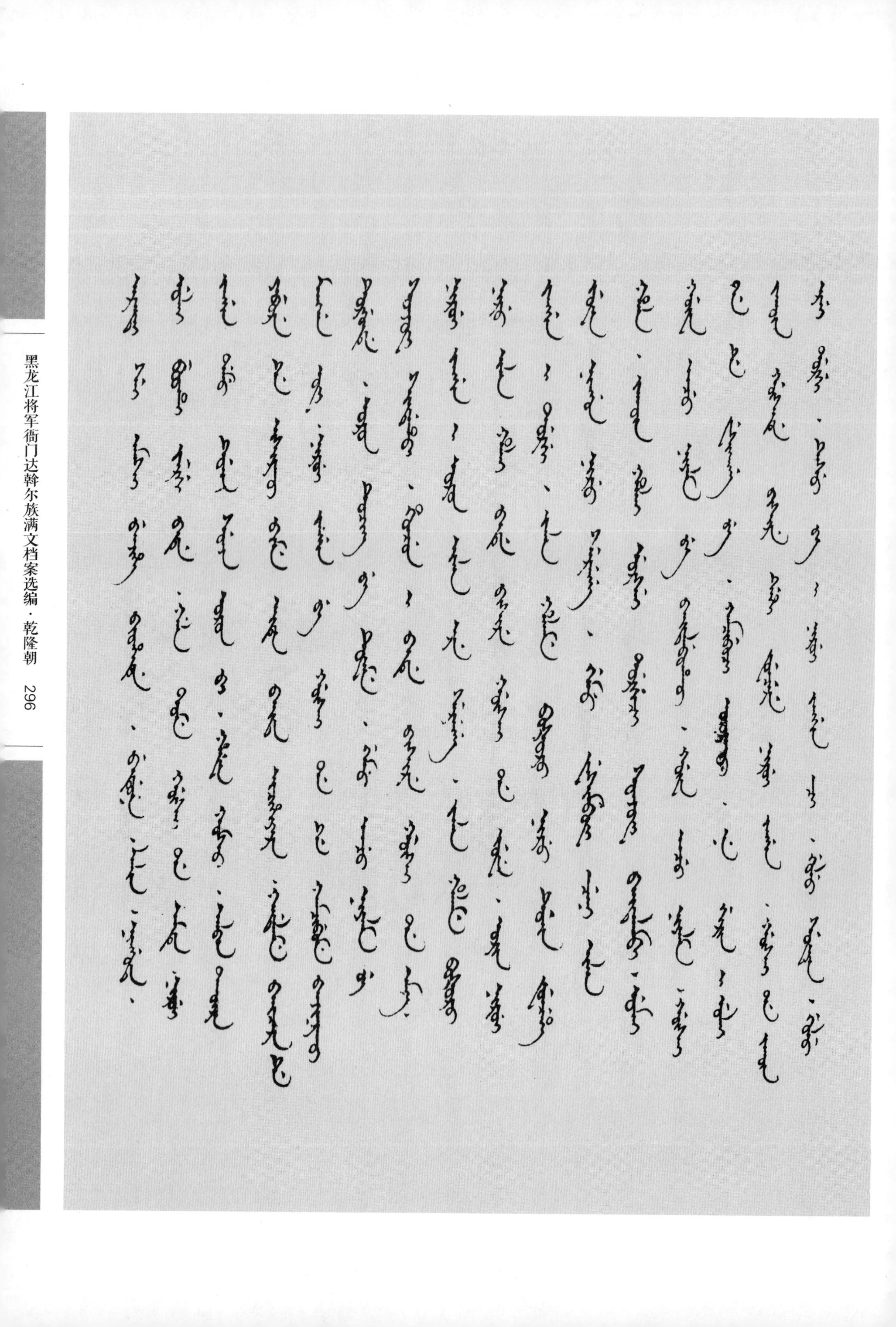

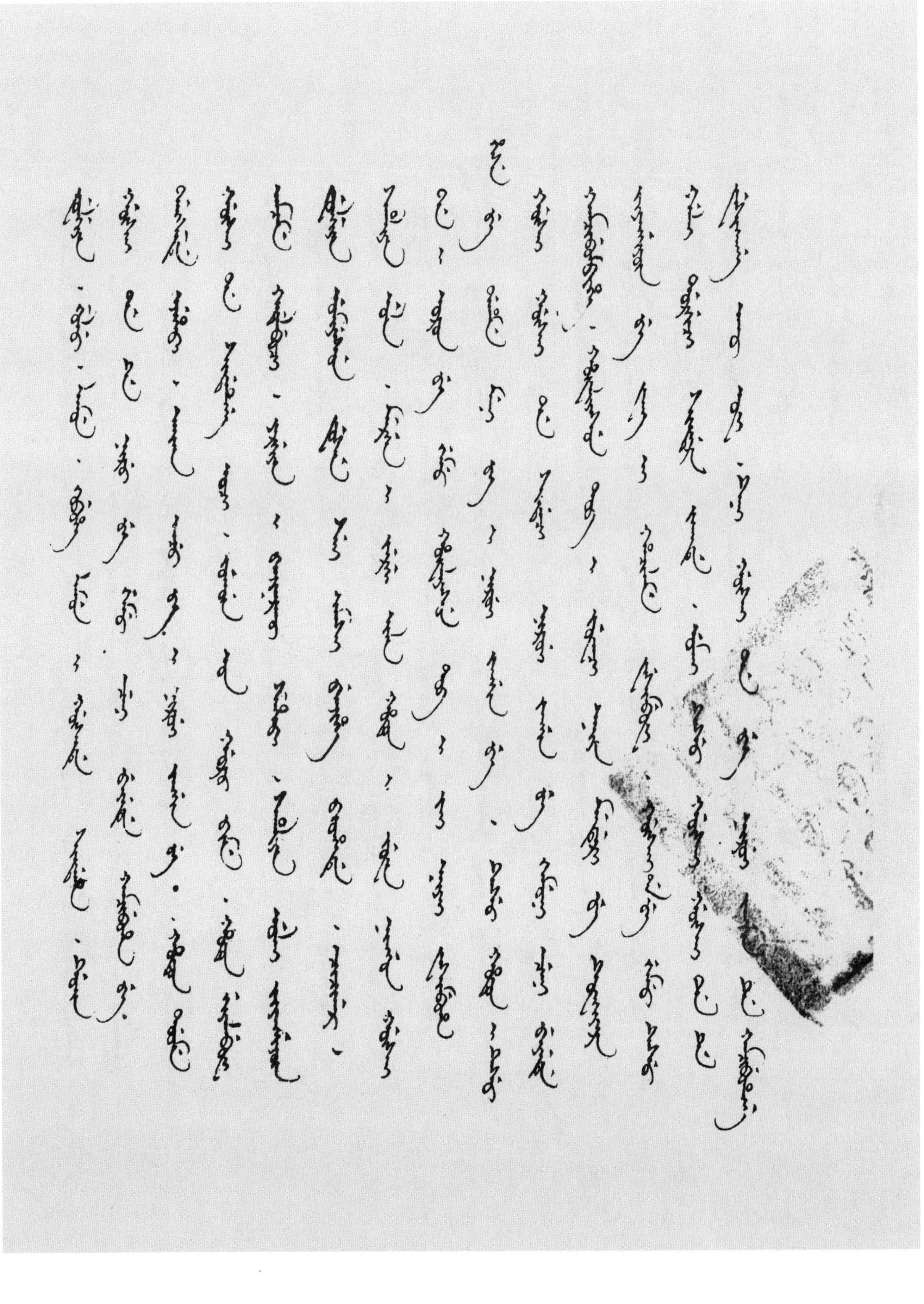

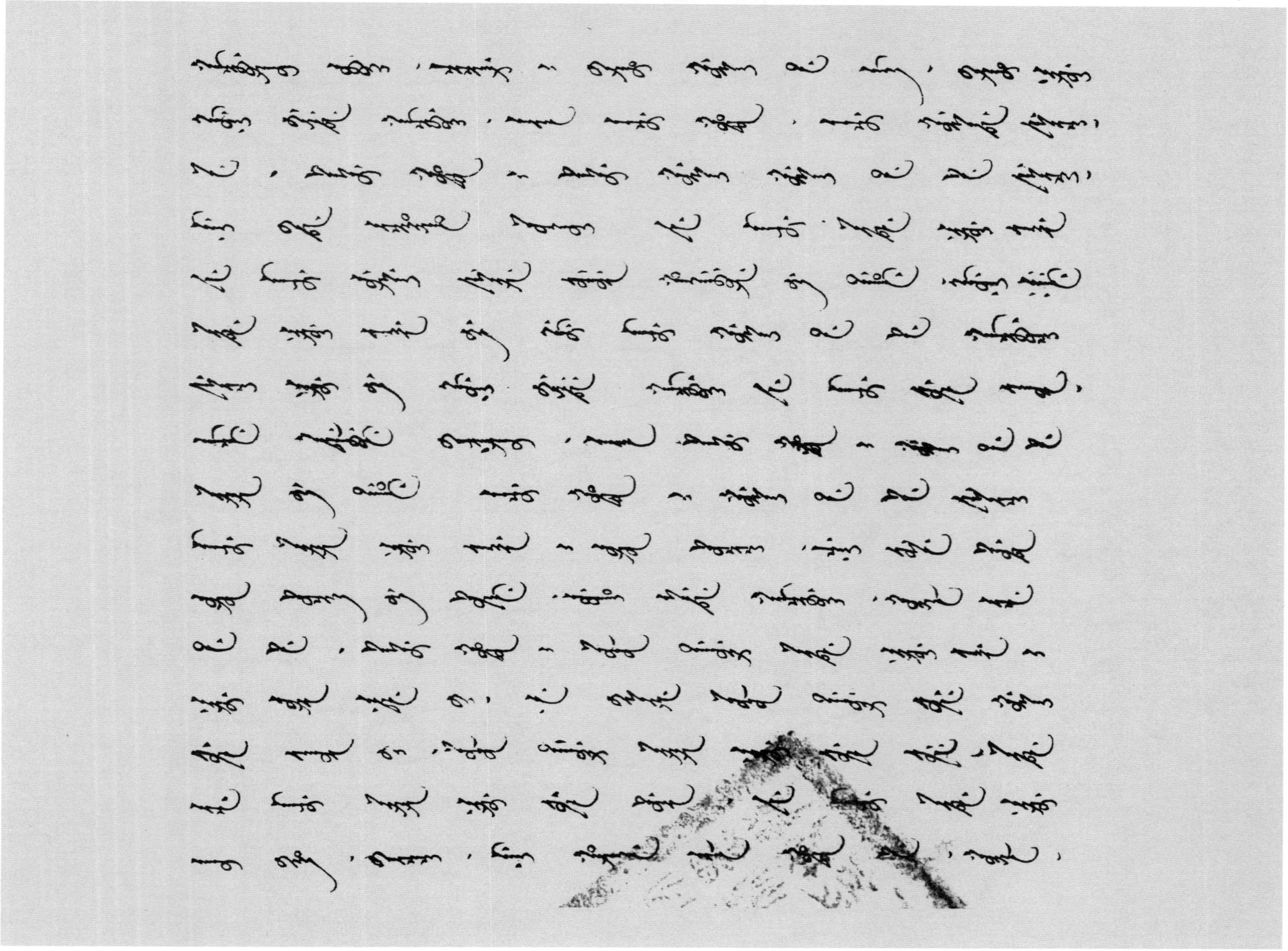

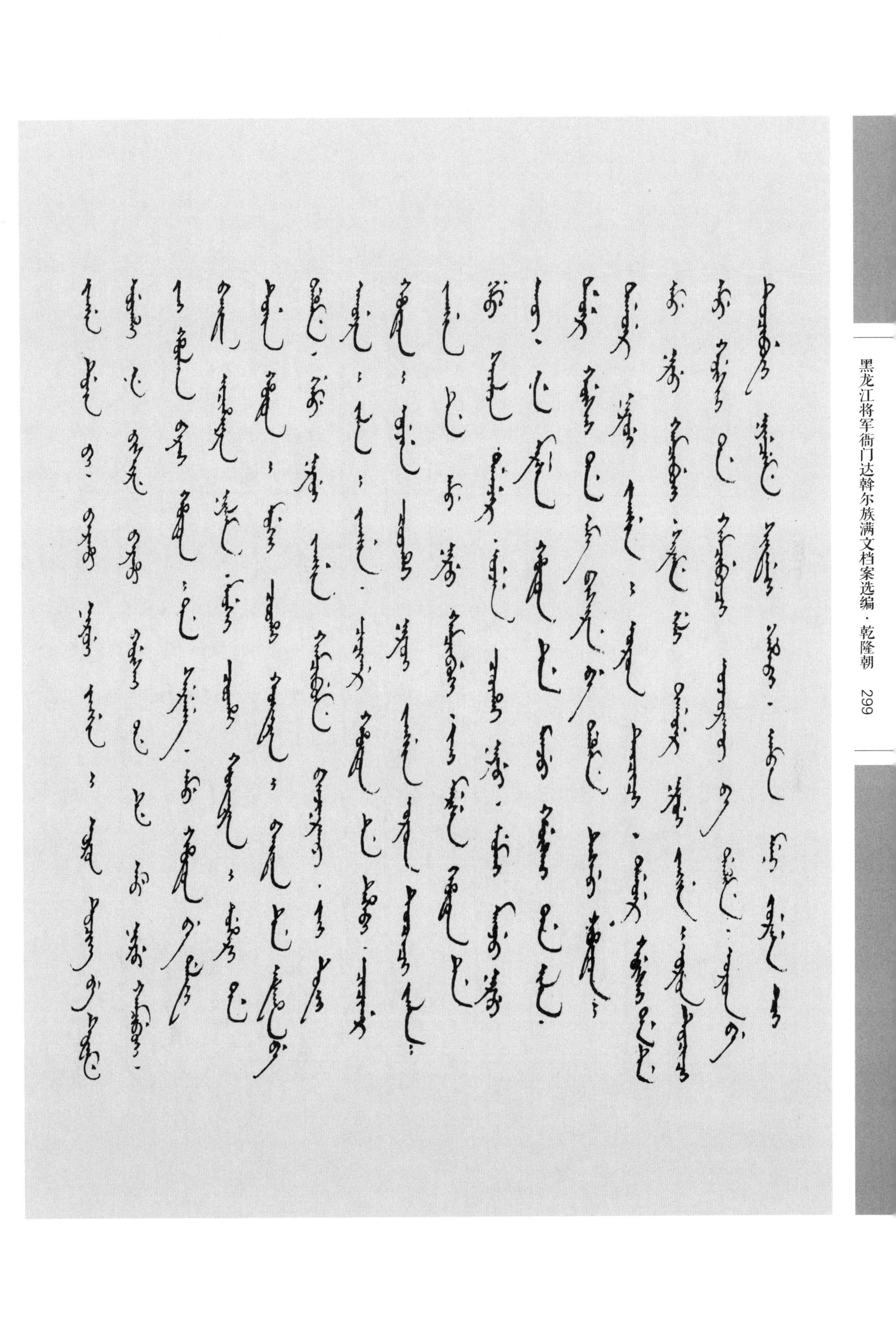

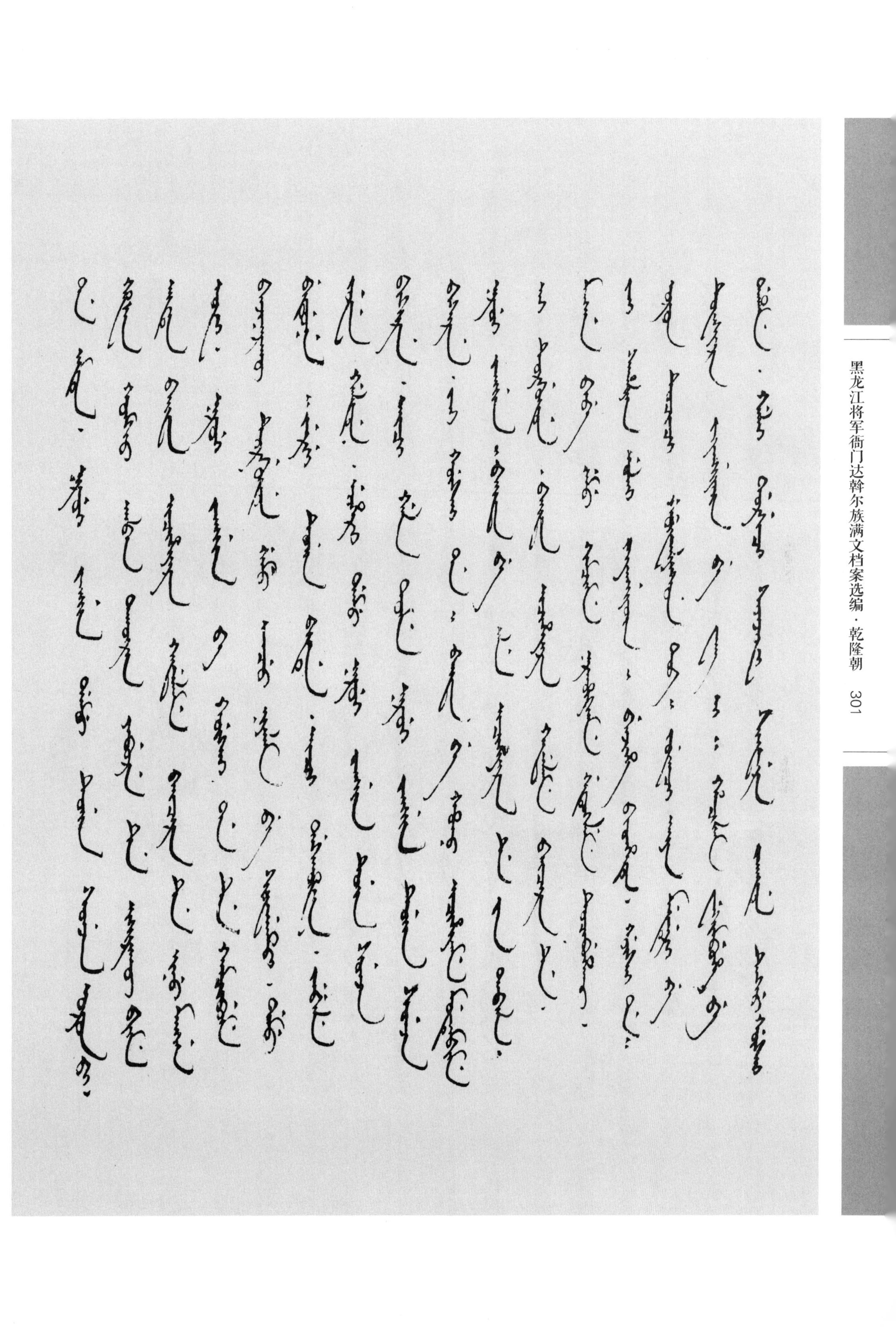

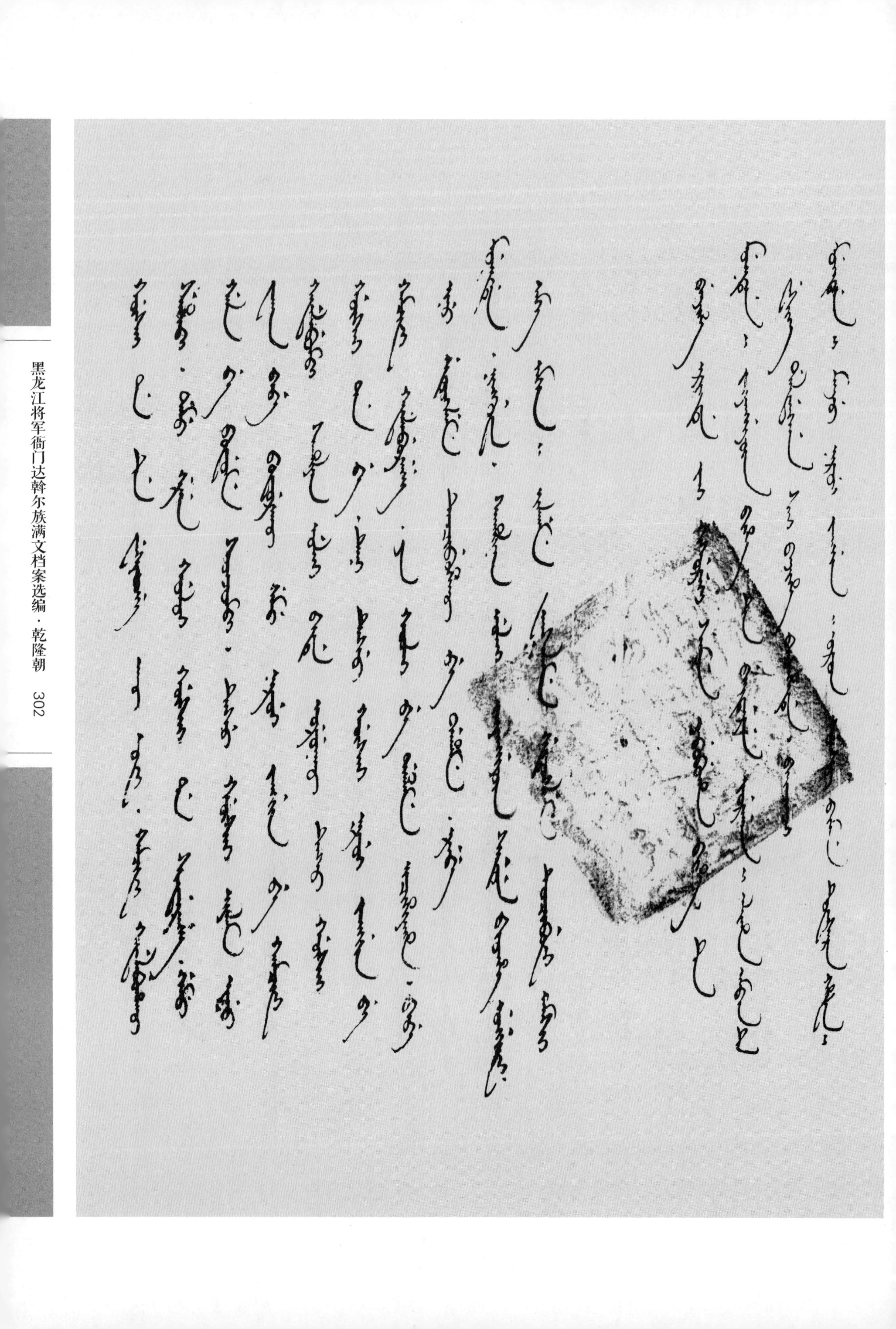

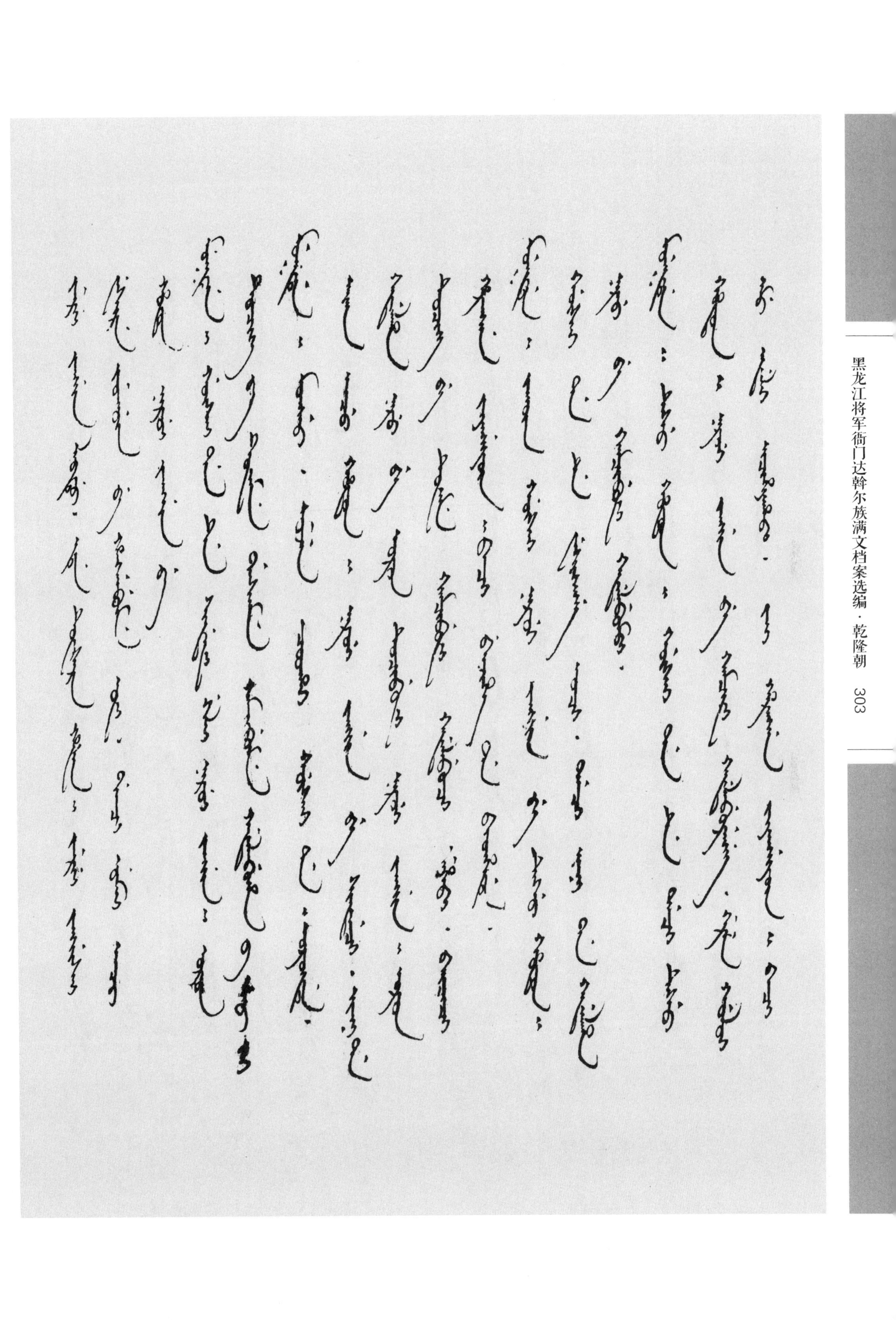

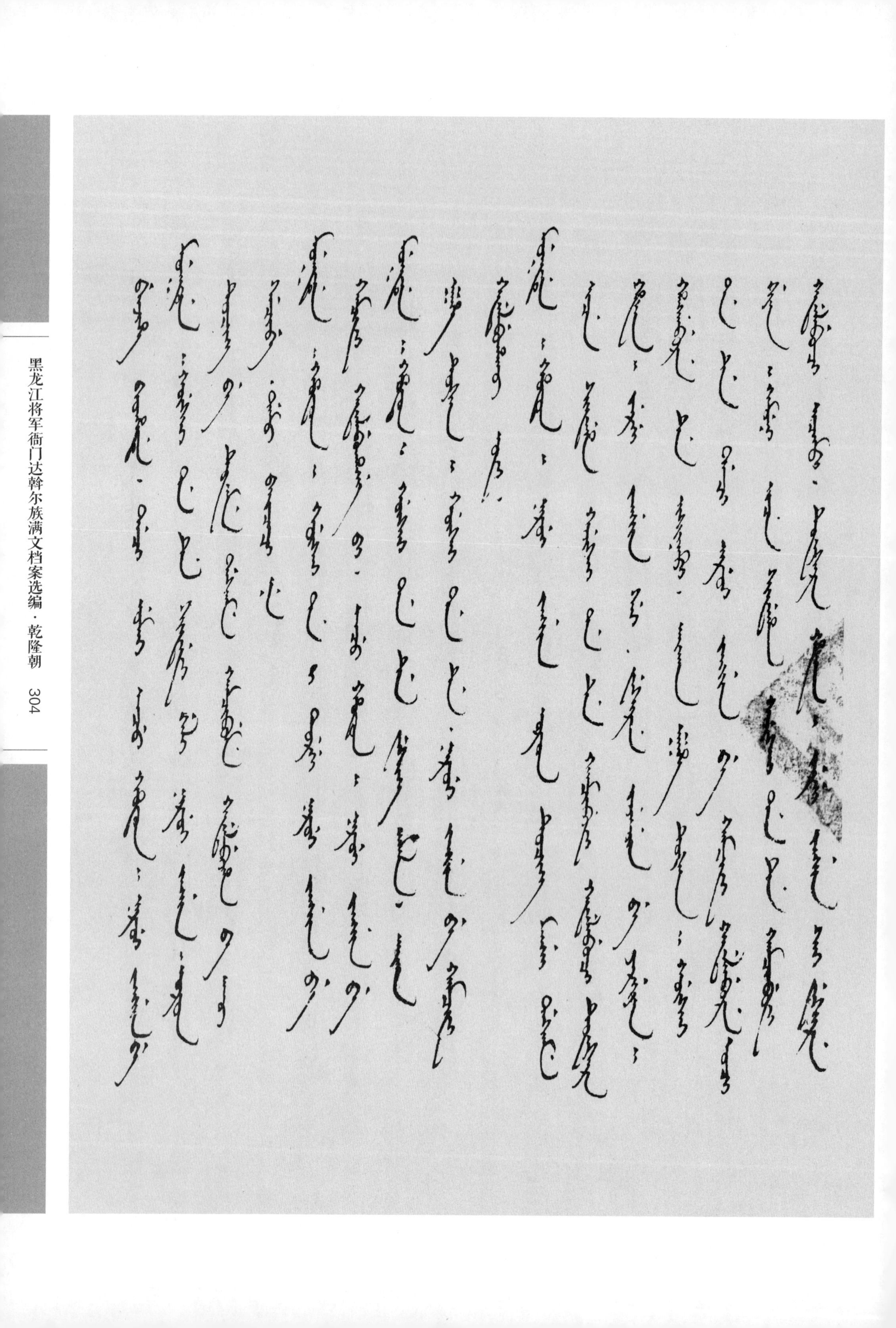

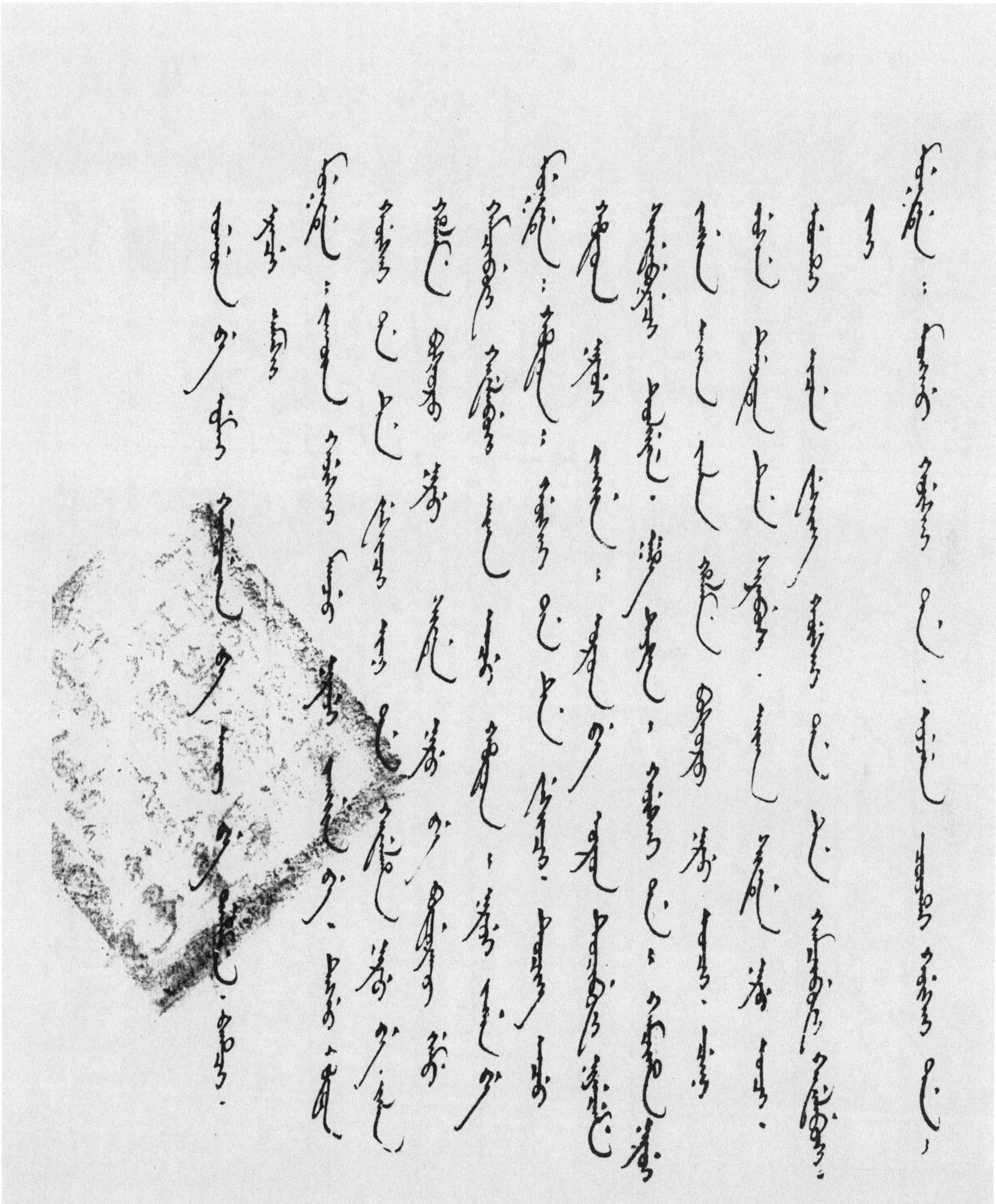

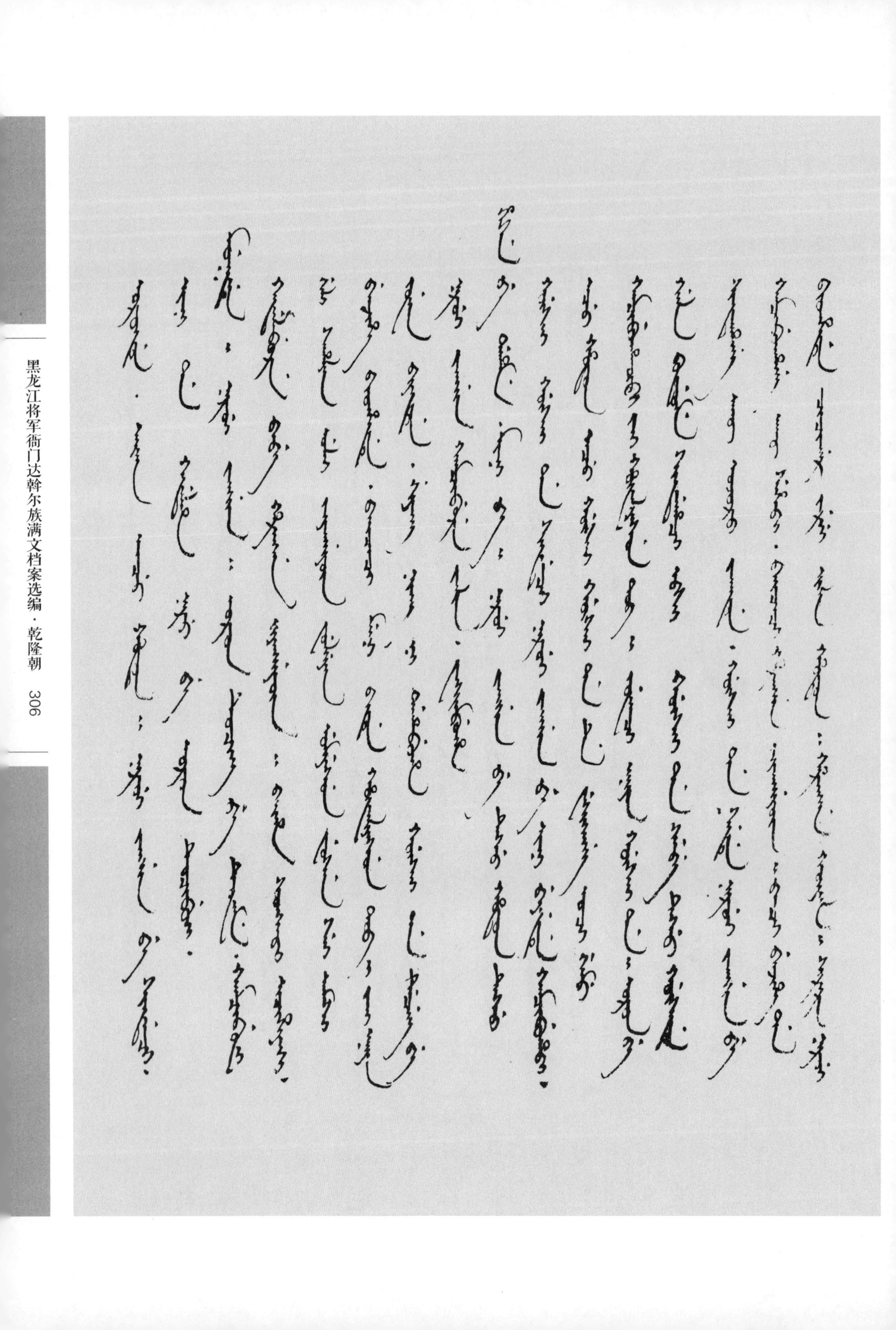

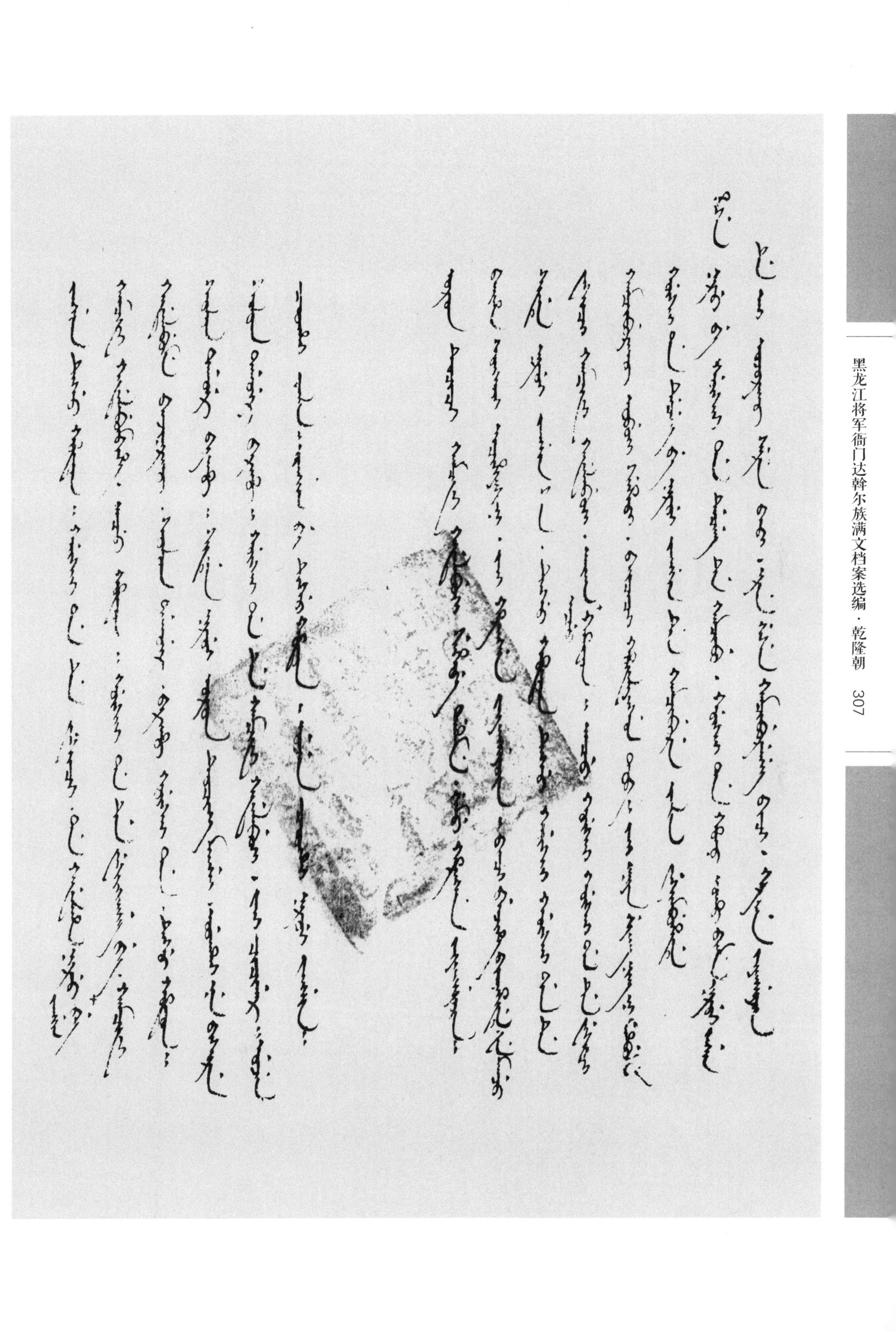

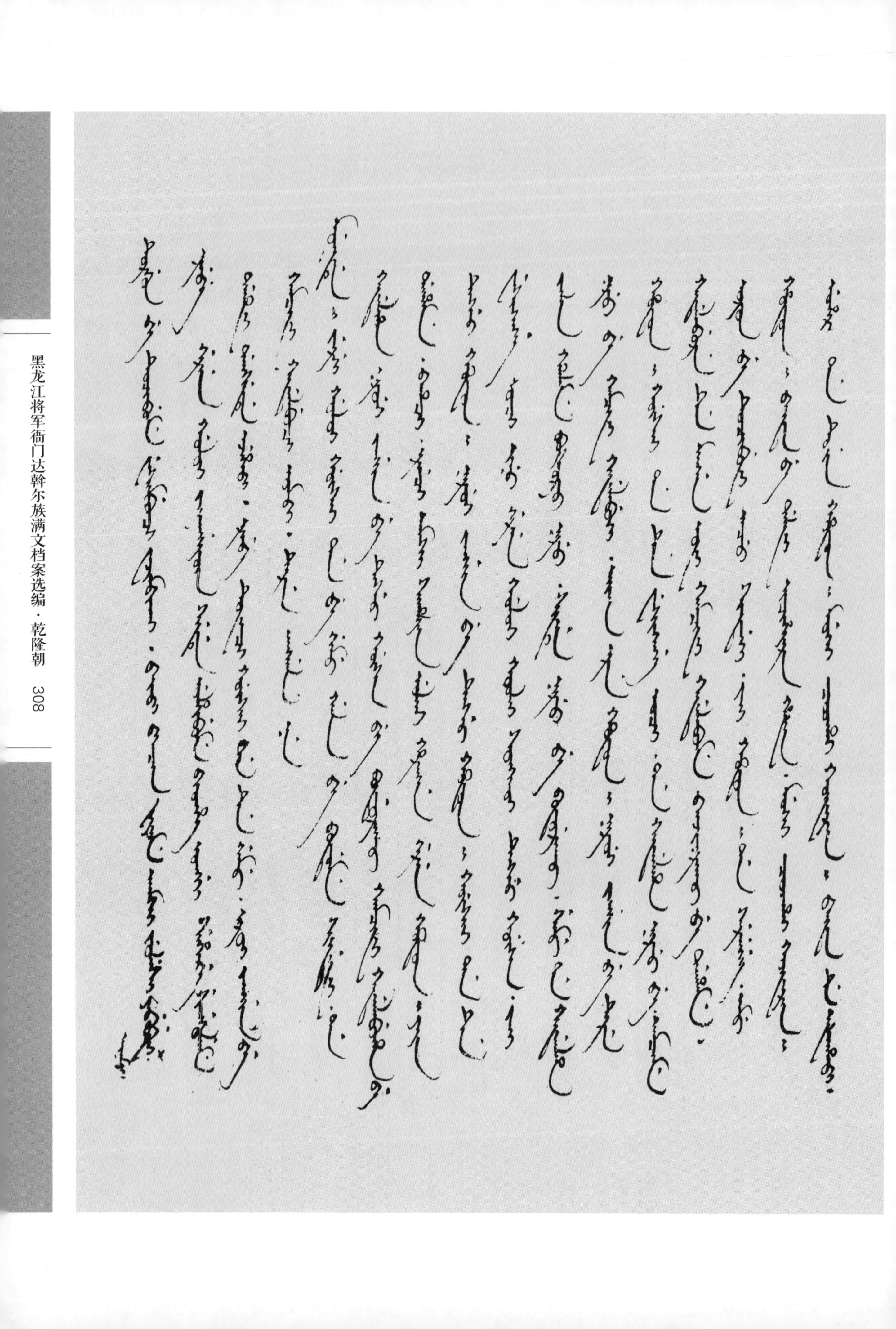

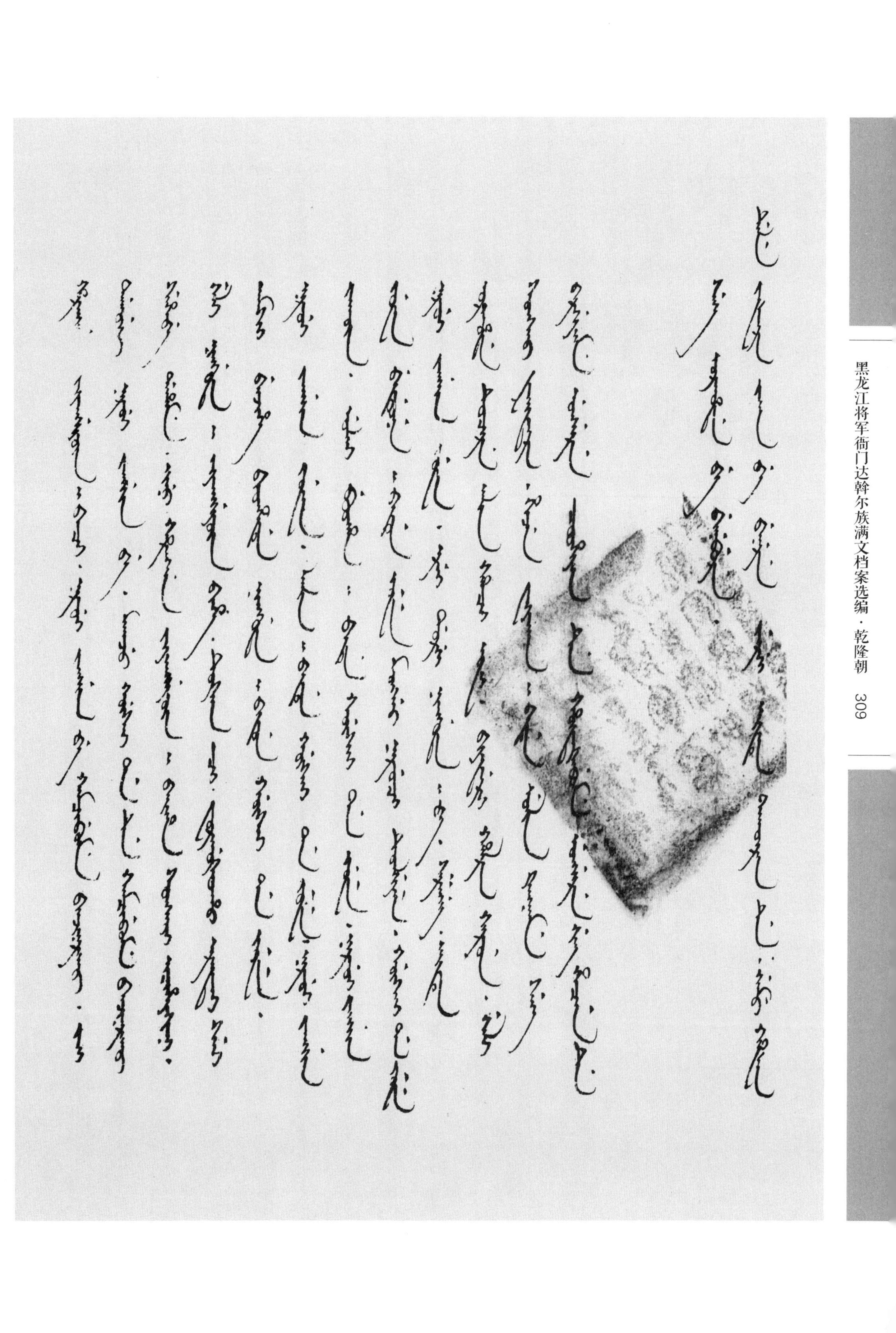

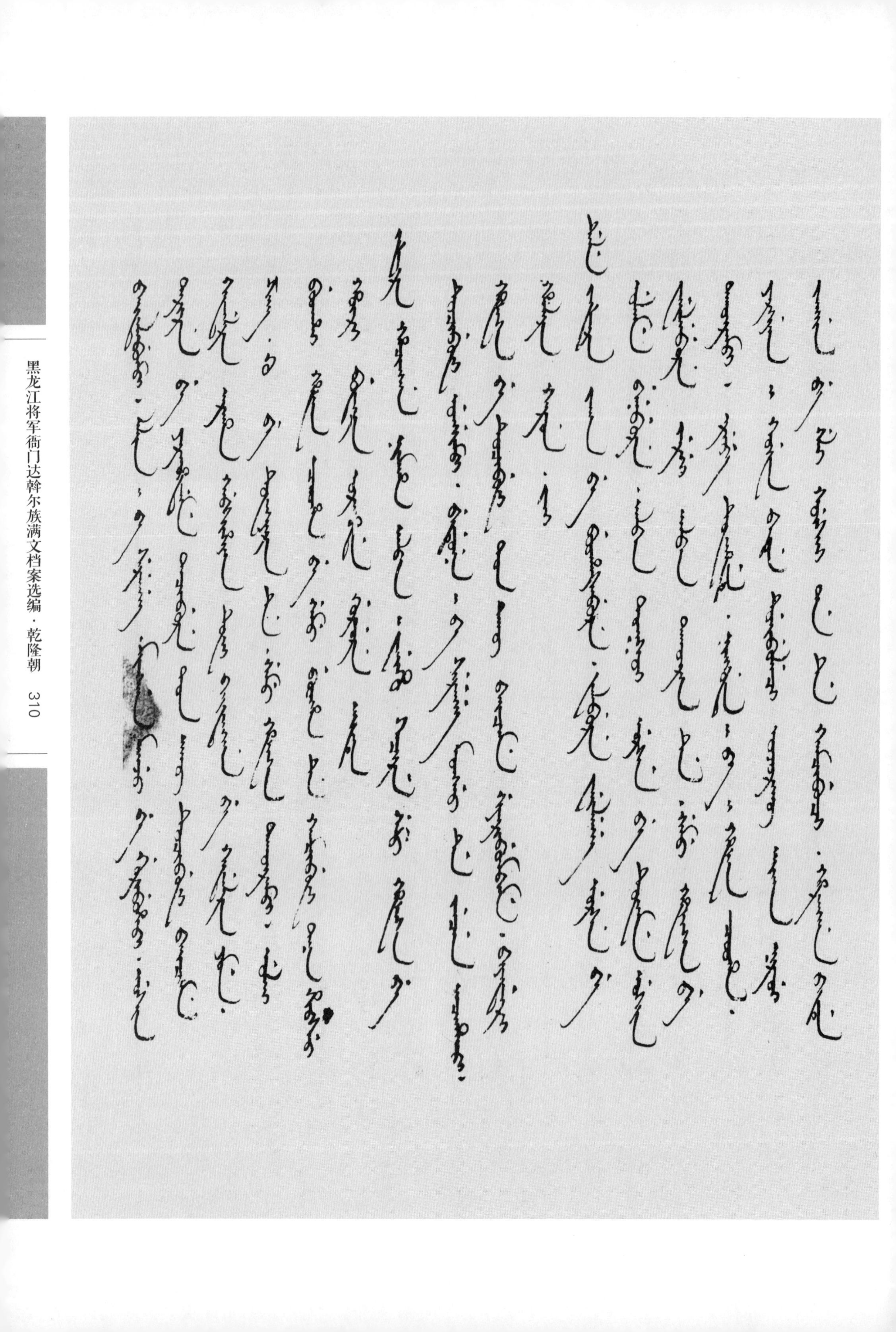

[illegible]

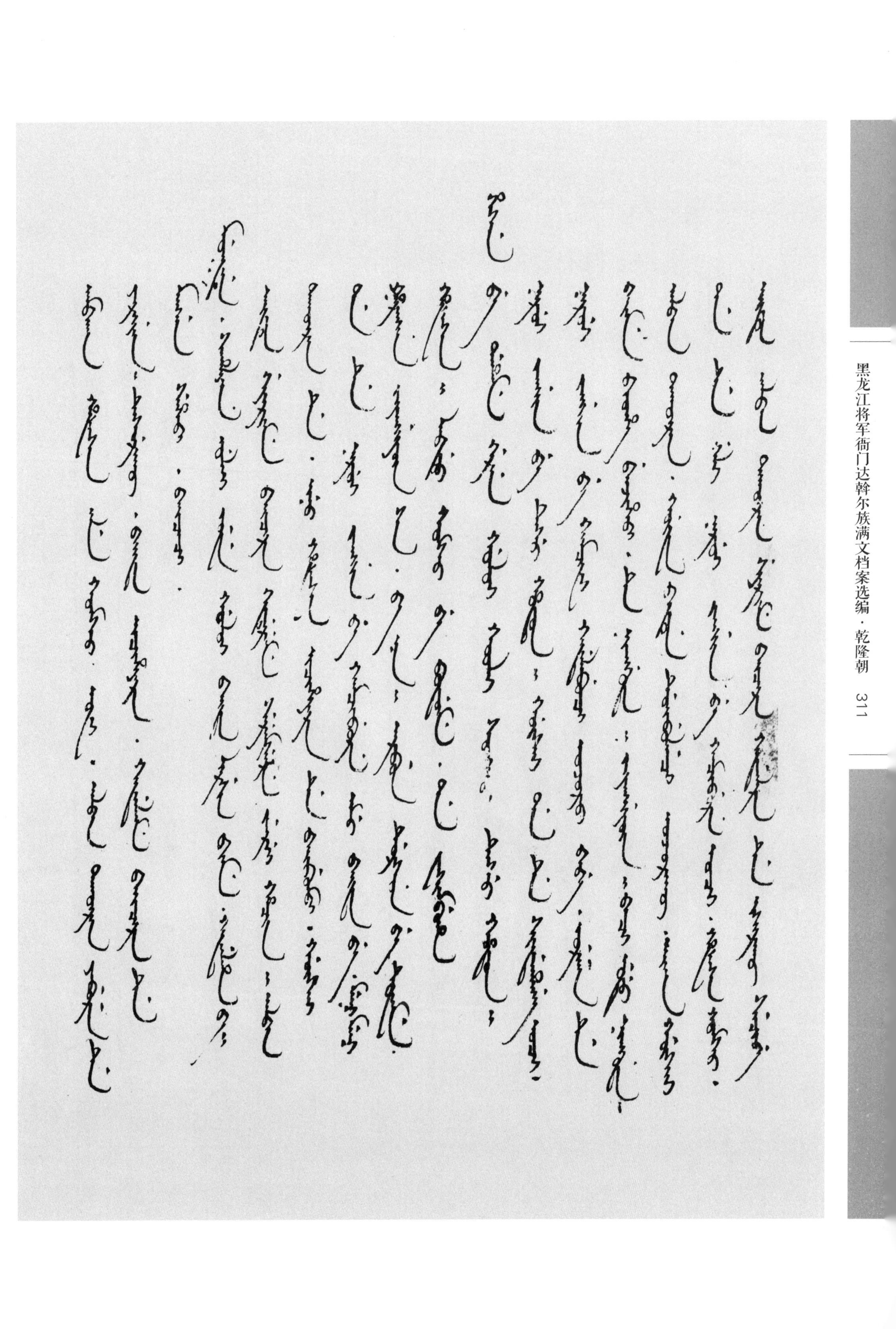

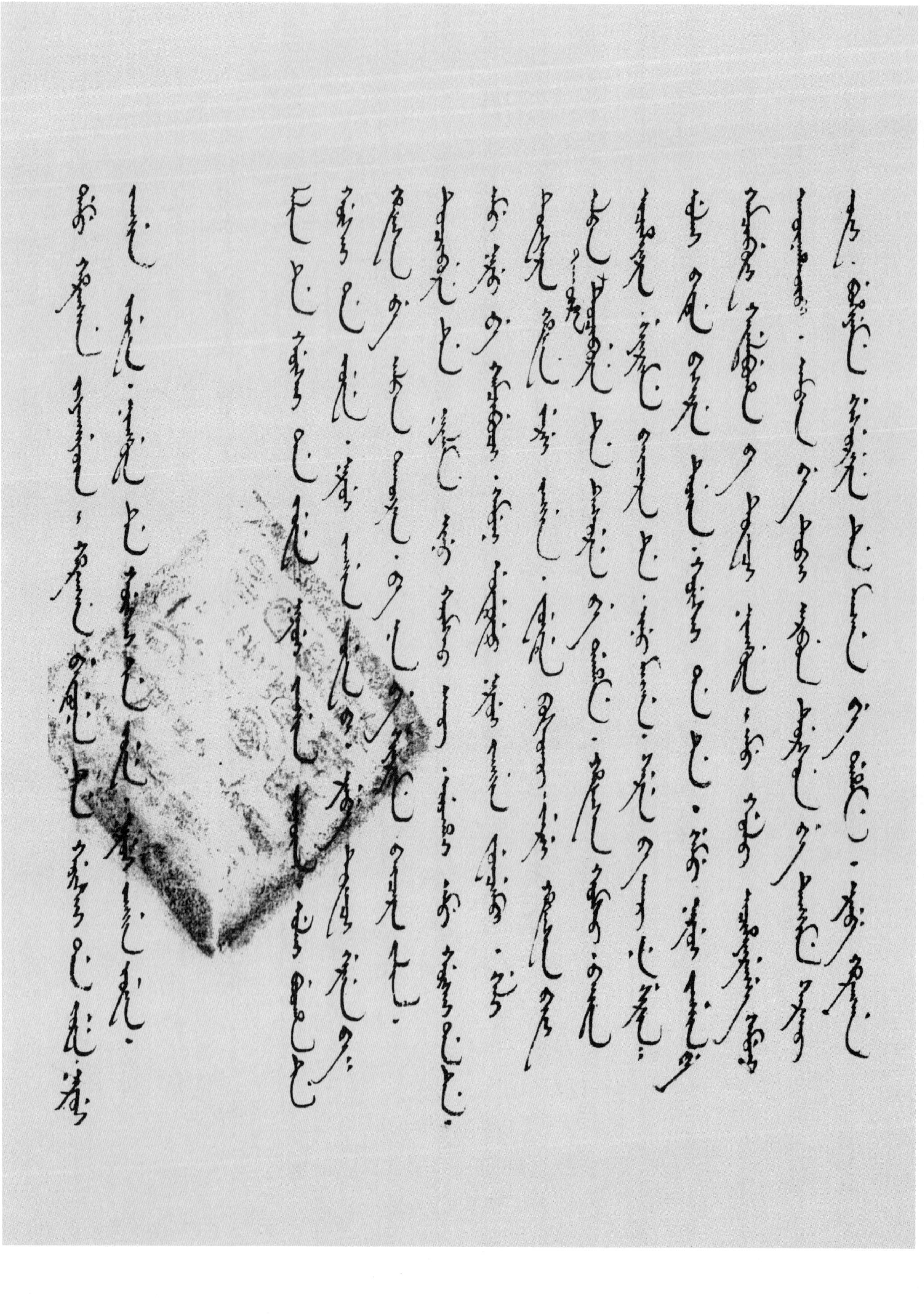

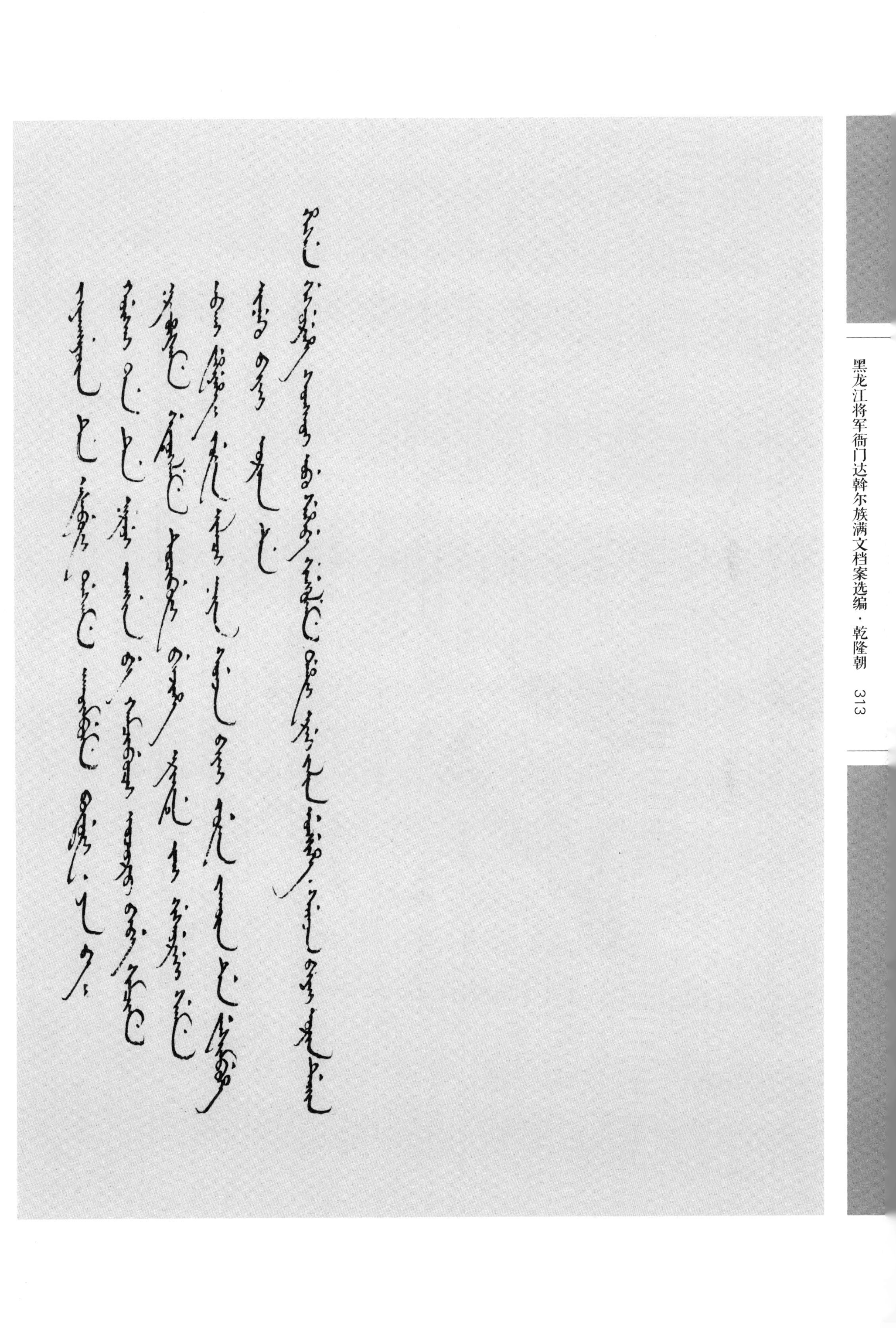

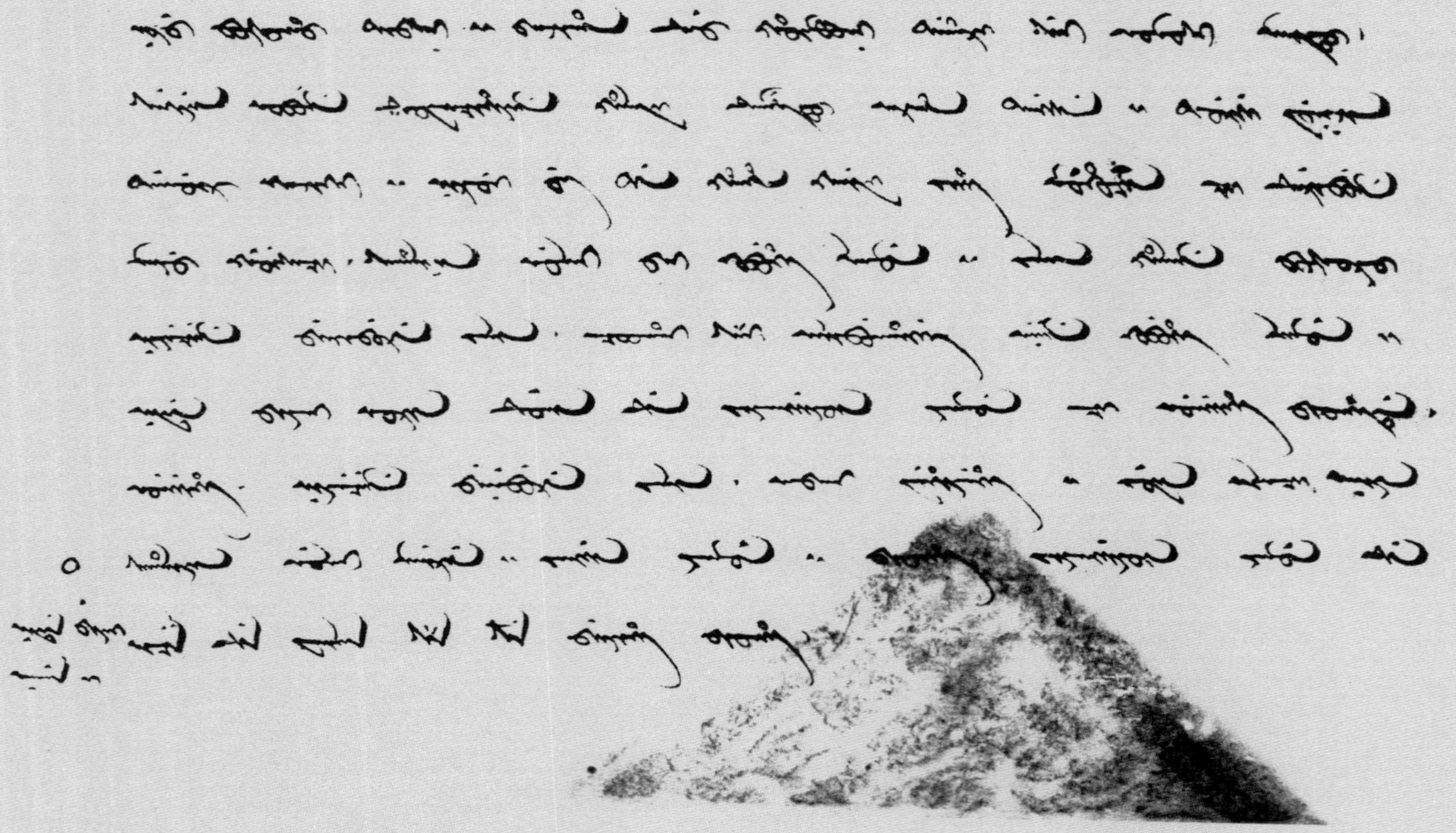

乾隆十三年闰七月初一日

五〇五　黑龙江副都统衙门为补解镶蓝旗达斡尔肯济锡世管佐领源流册事咨黑龙江将军衙门文

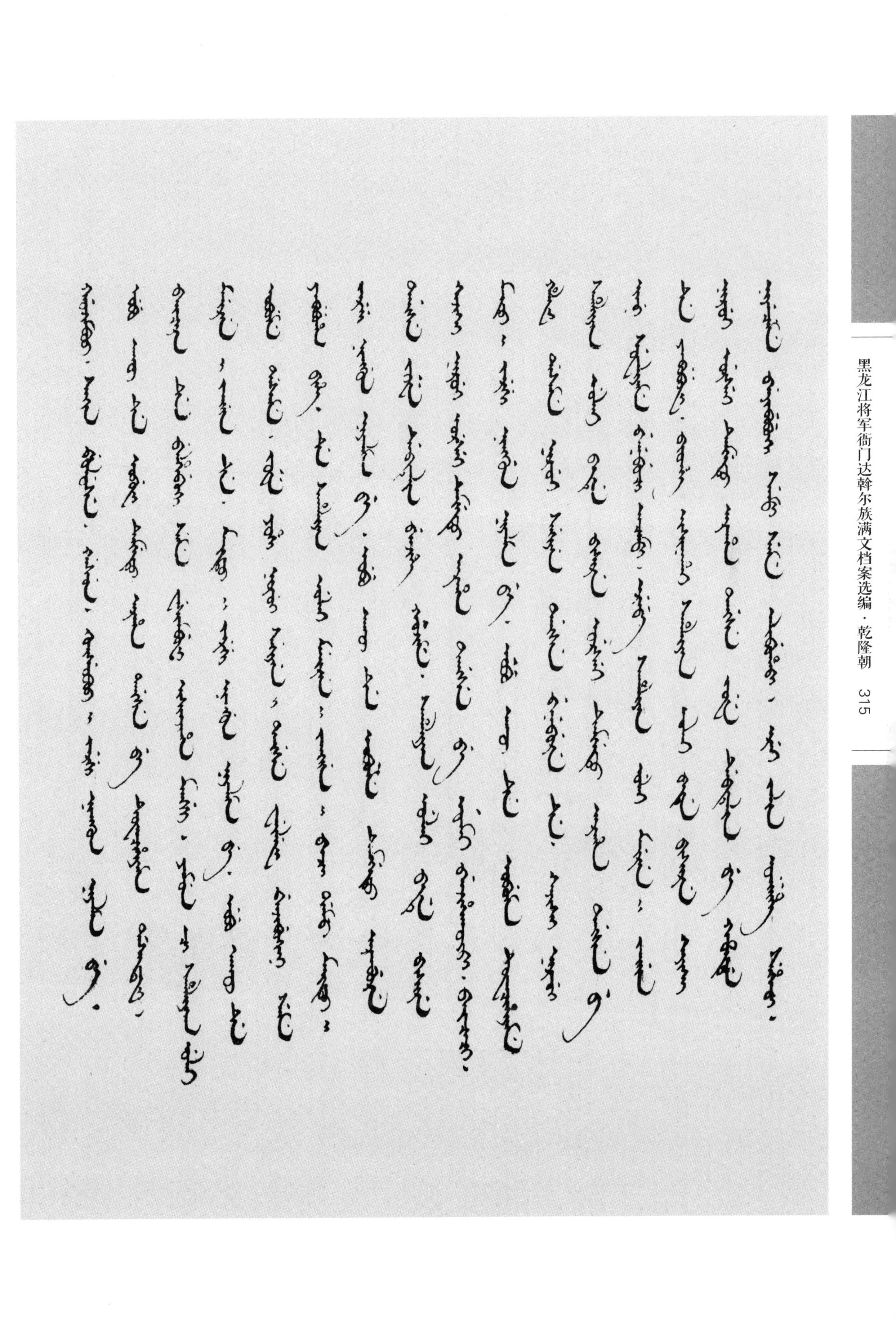

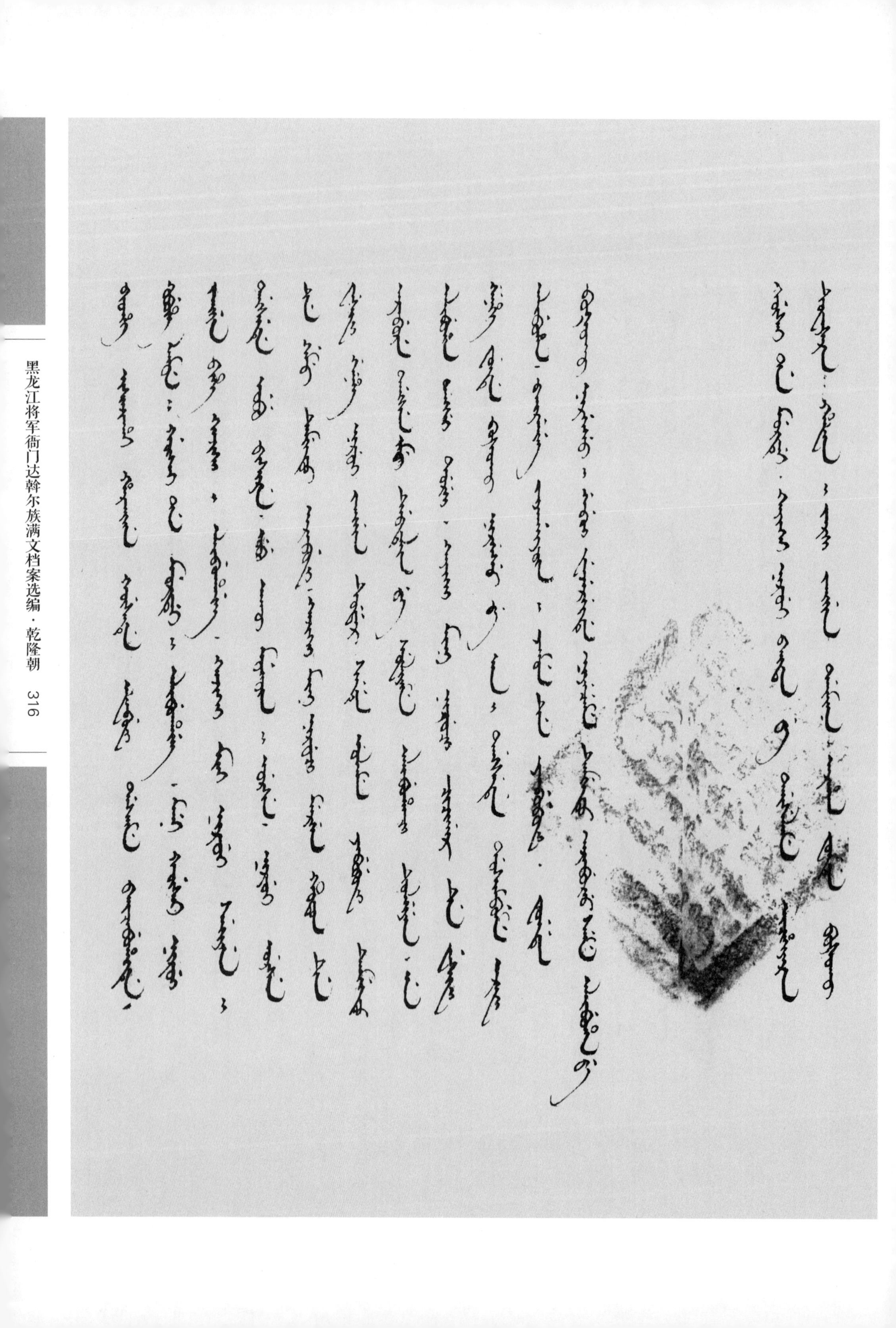

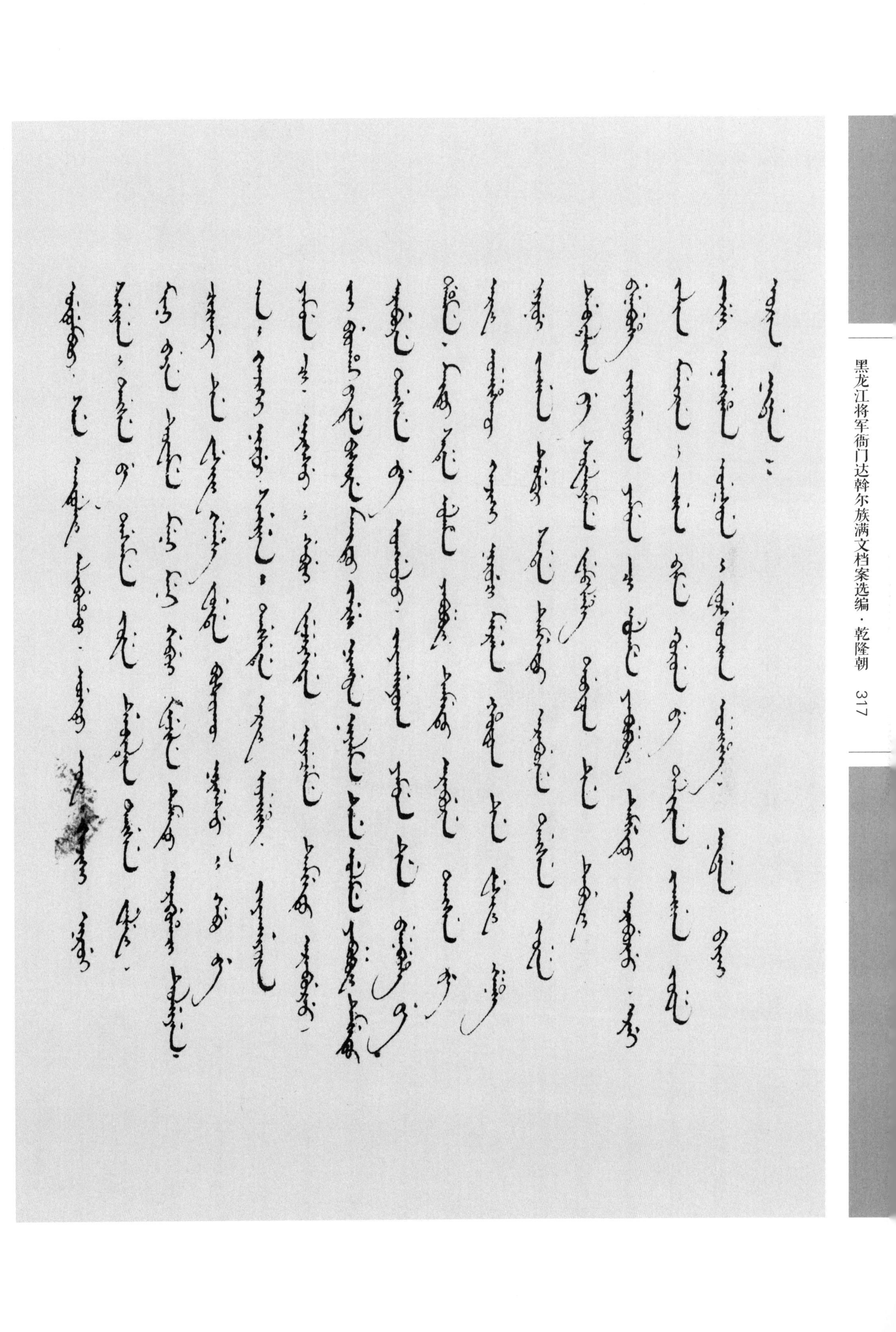

五〇六 黑龙江将军衙门为令查报黑龙江城满洲达斡尔等协领可兼佐领情形事咨黑龙江副都统文

乾隆十三年闰七月初五日

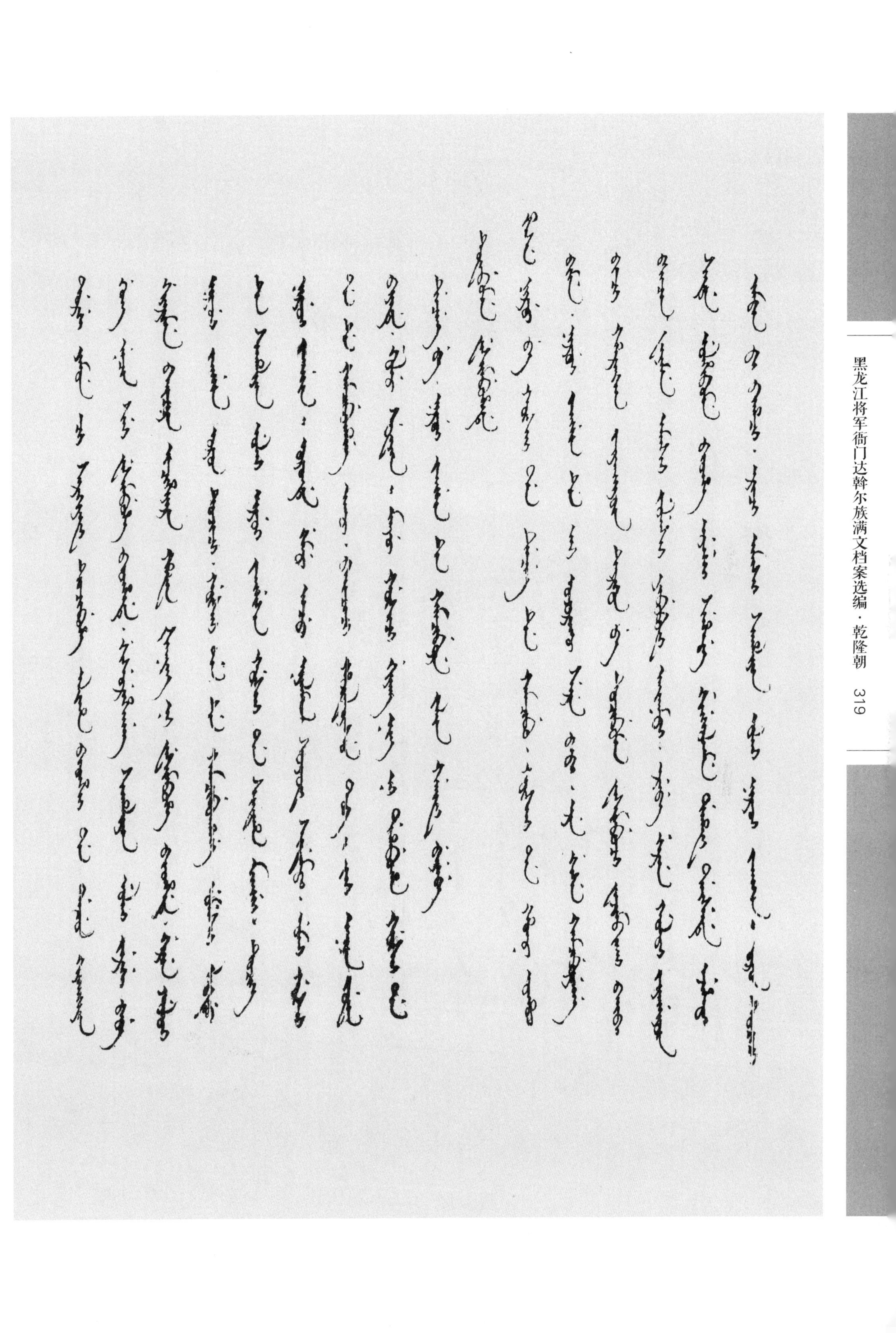

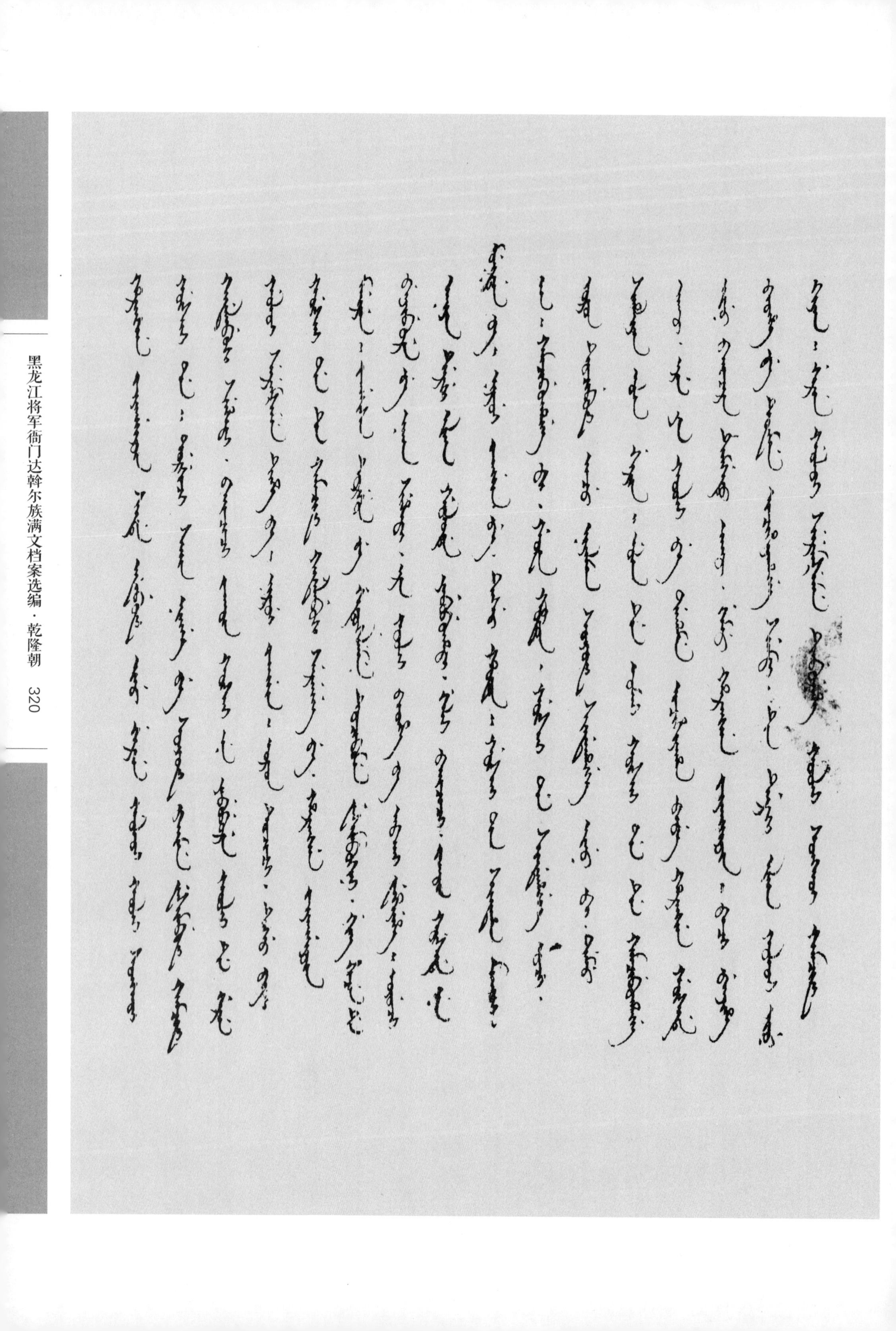

[illegible]

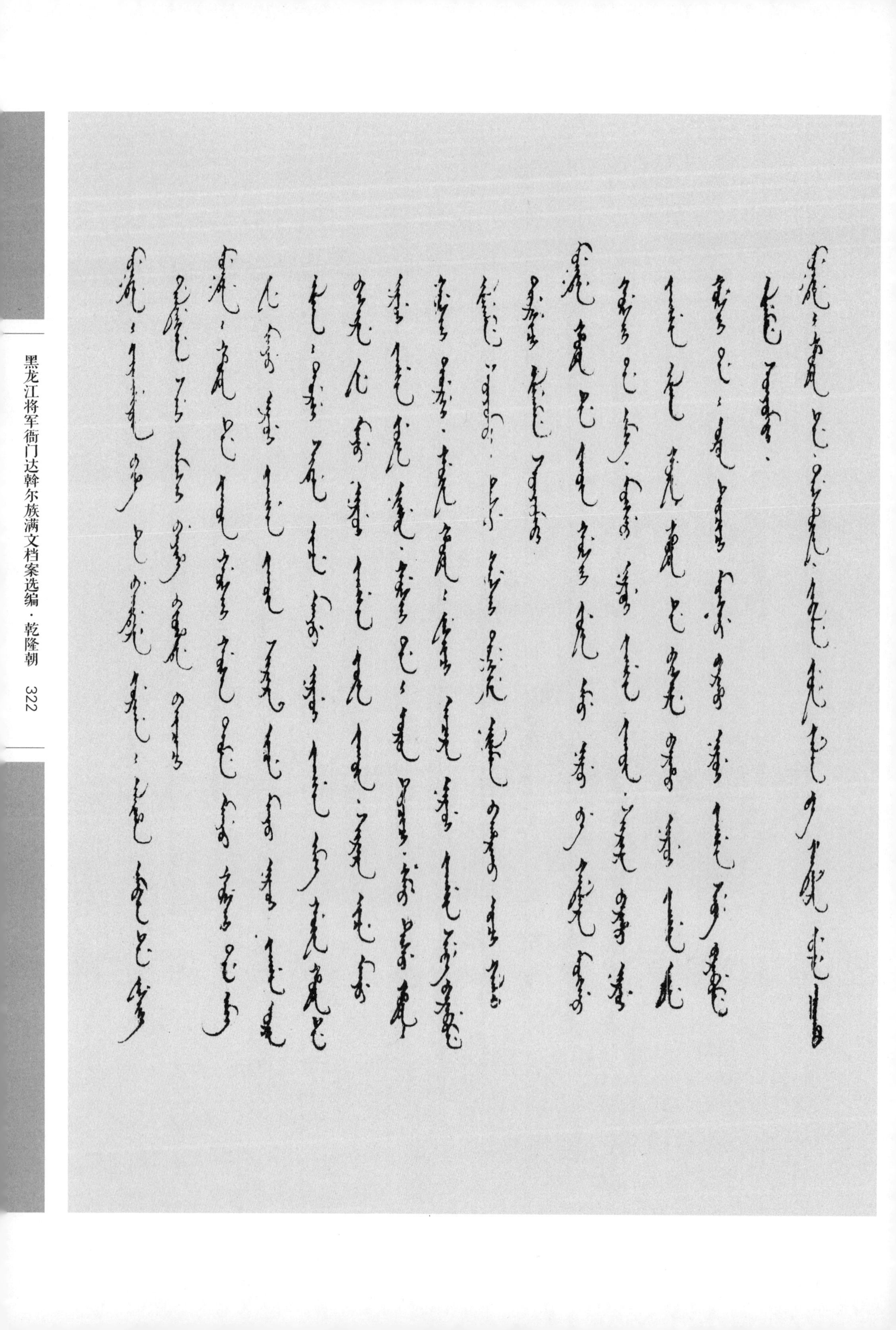

[illegible]

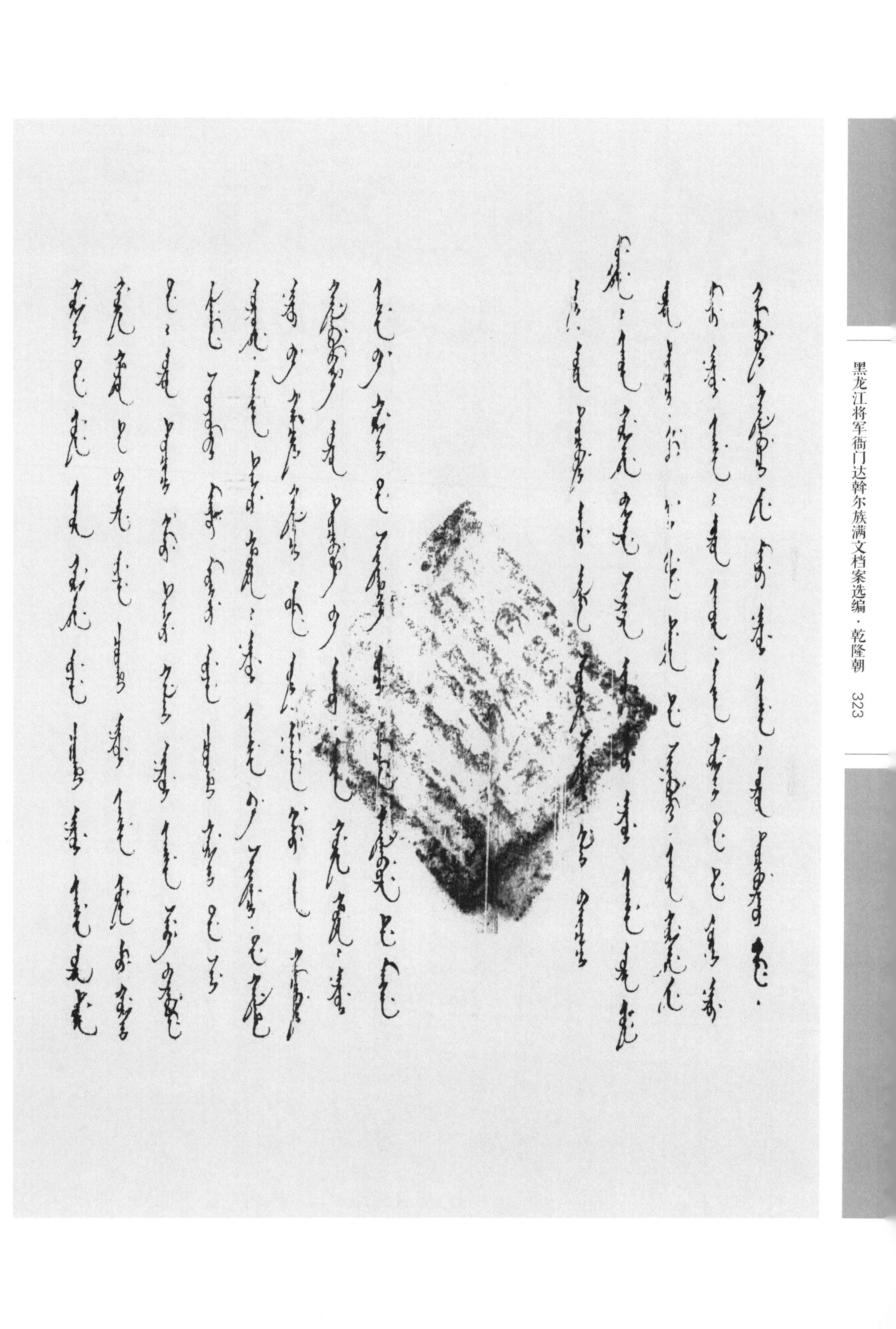

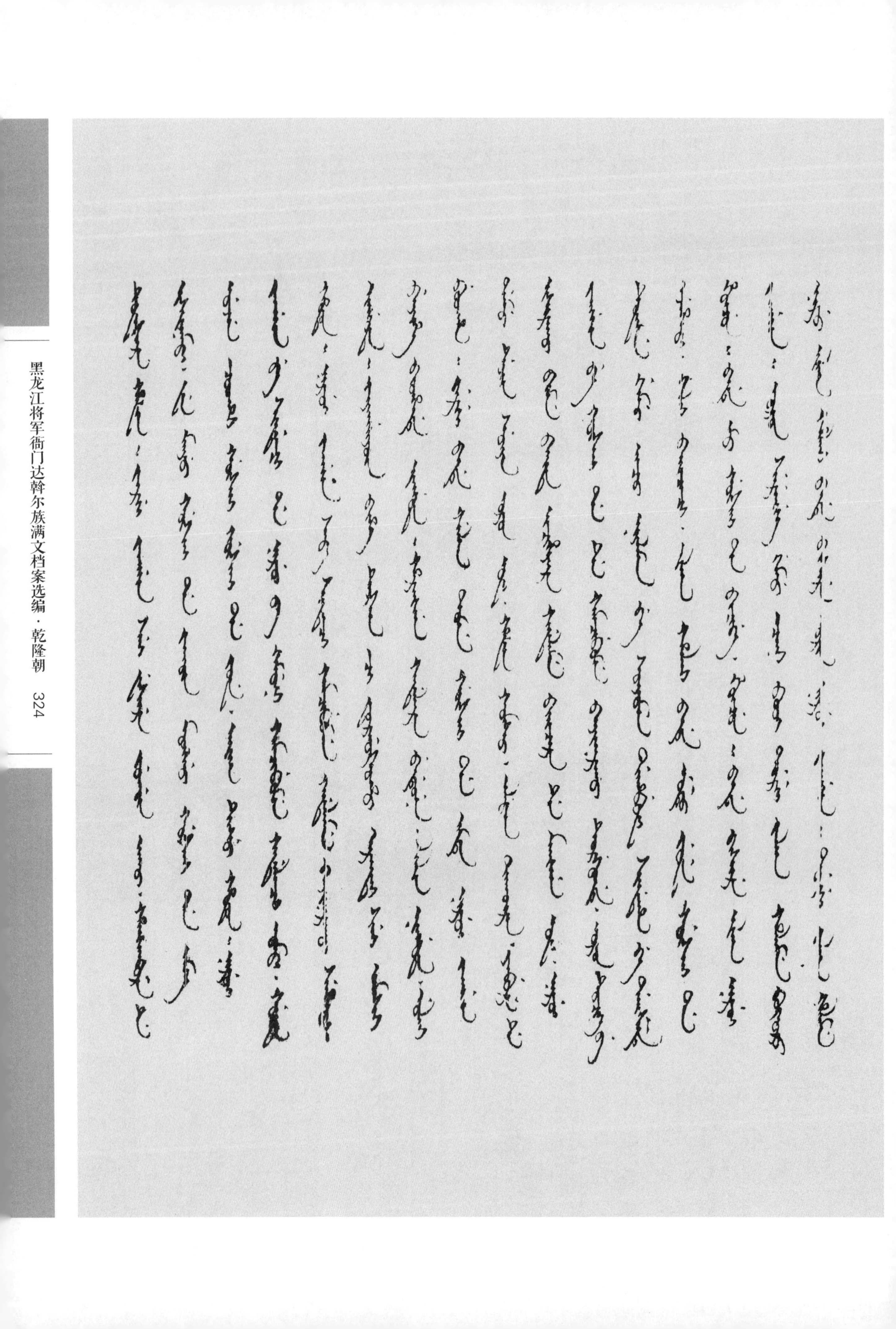

[illegible]

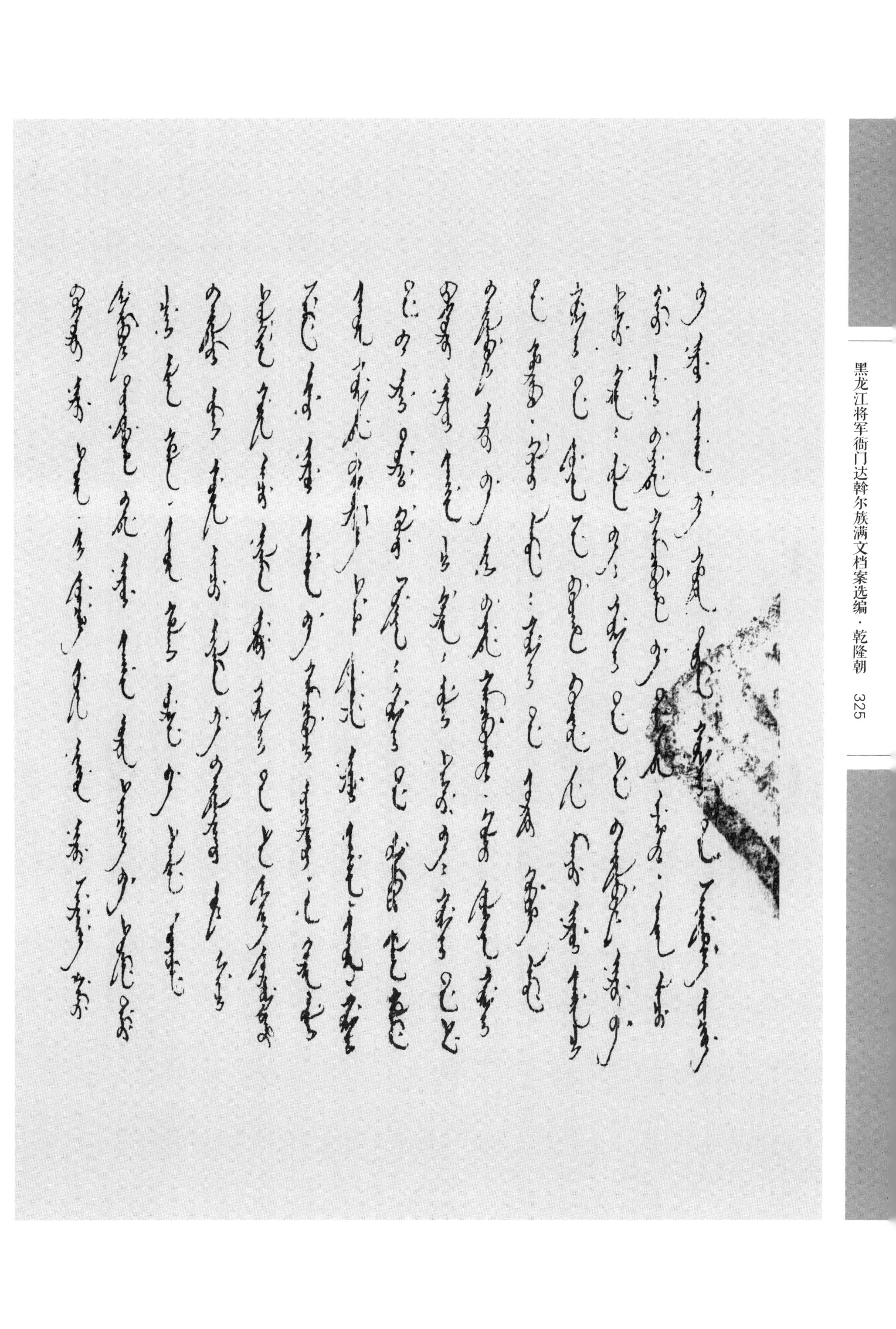

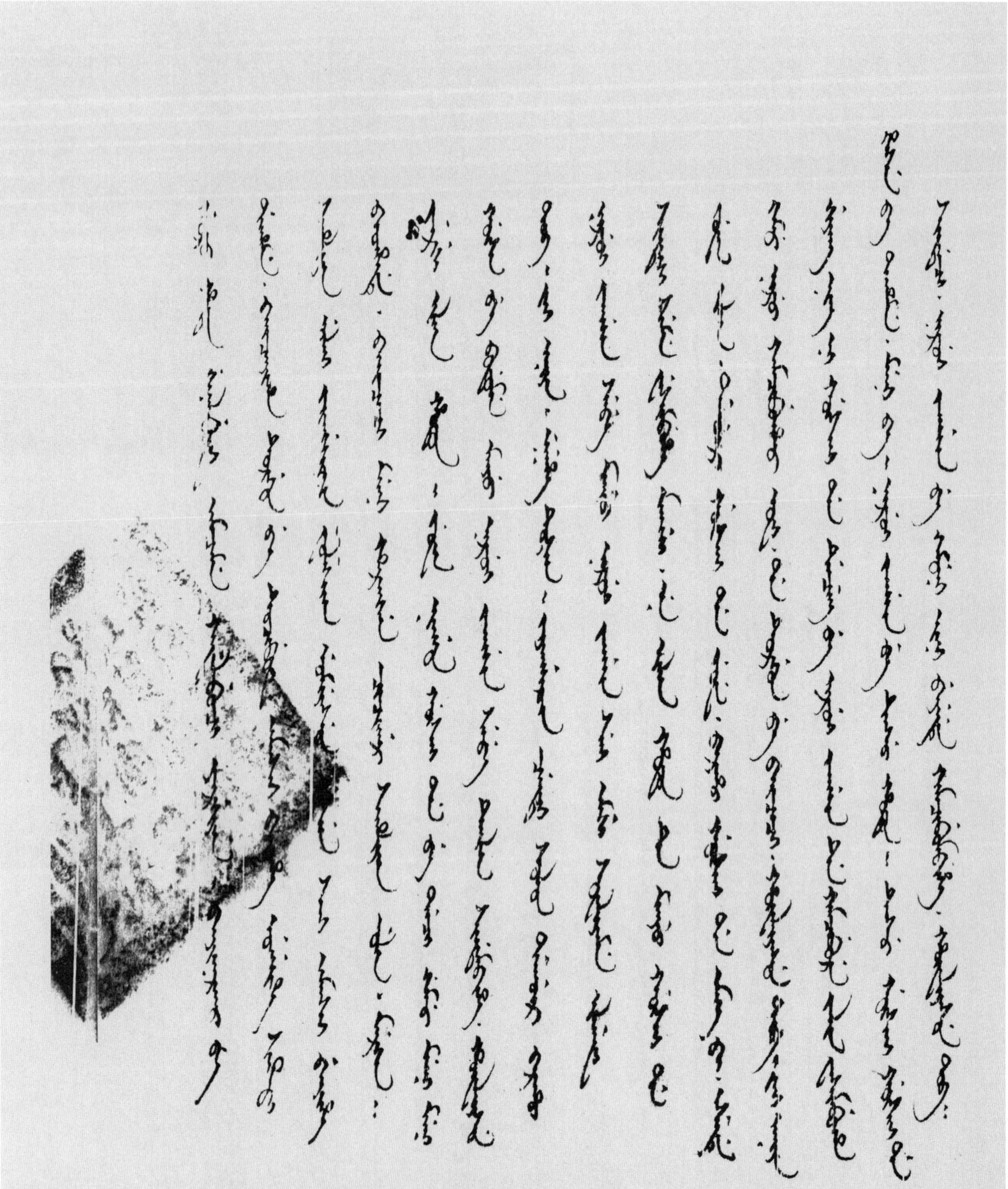

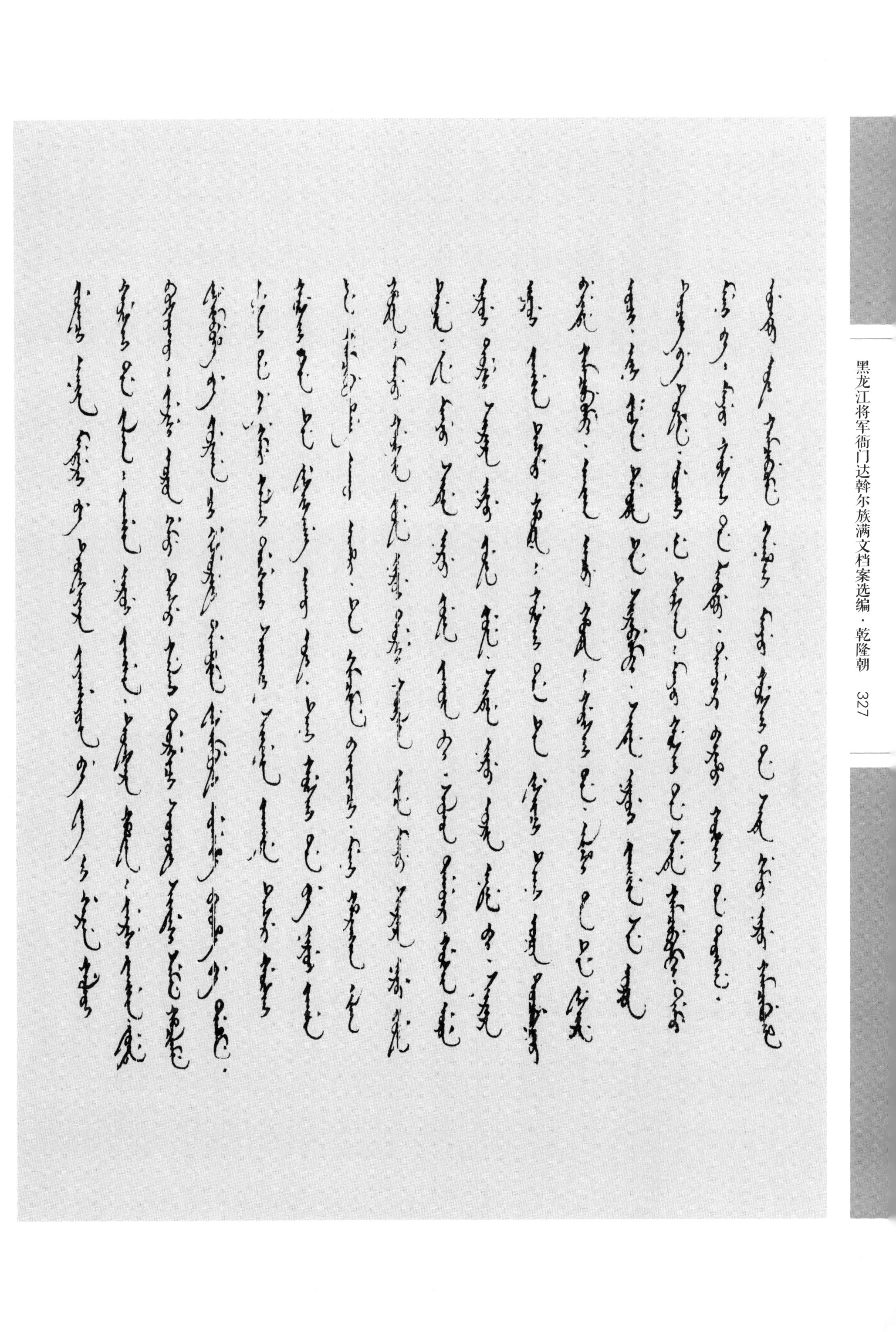

[illegible]

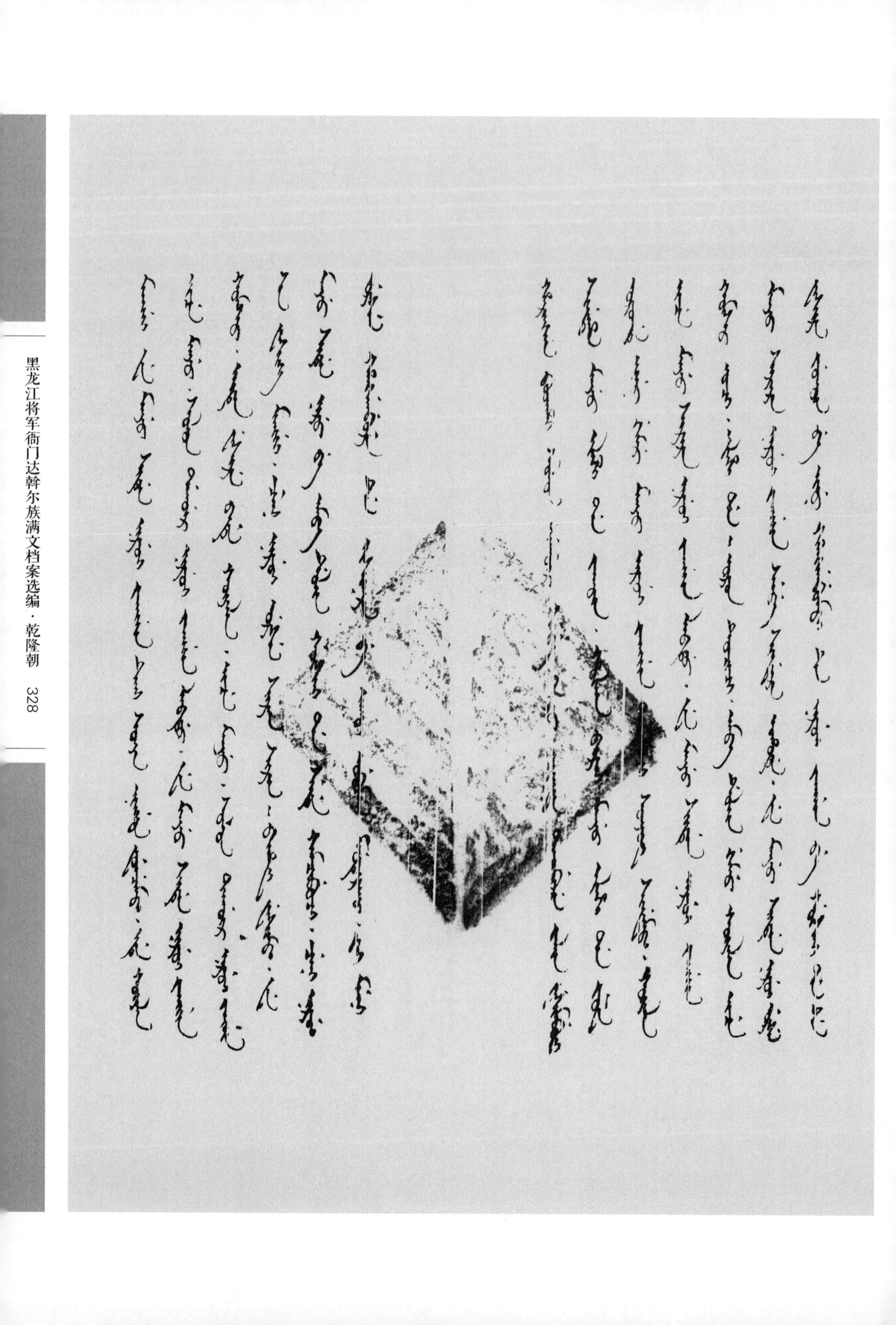

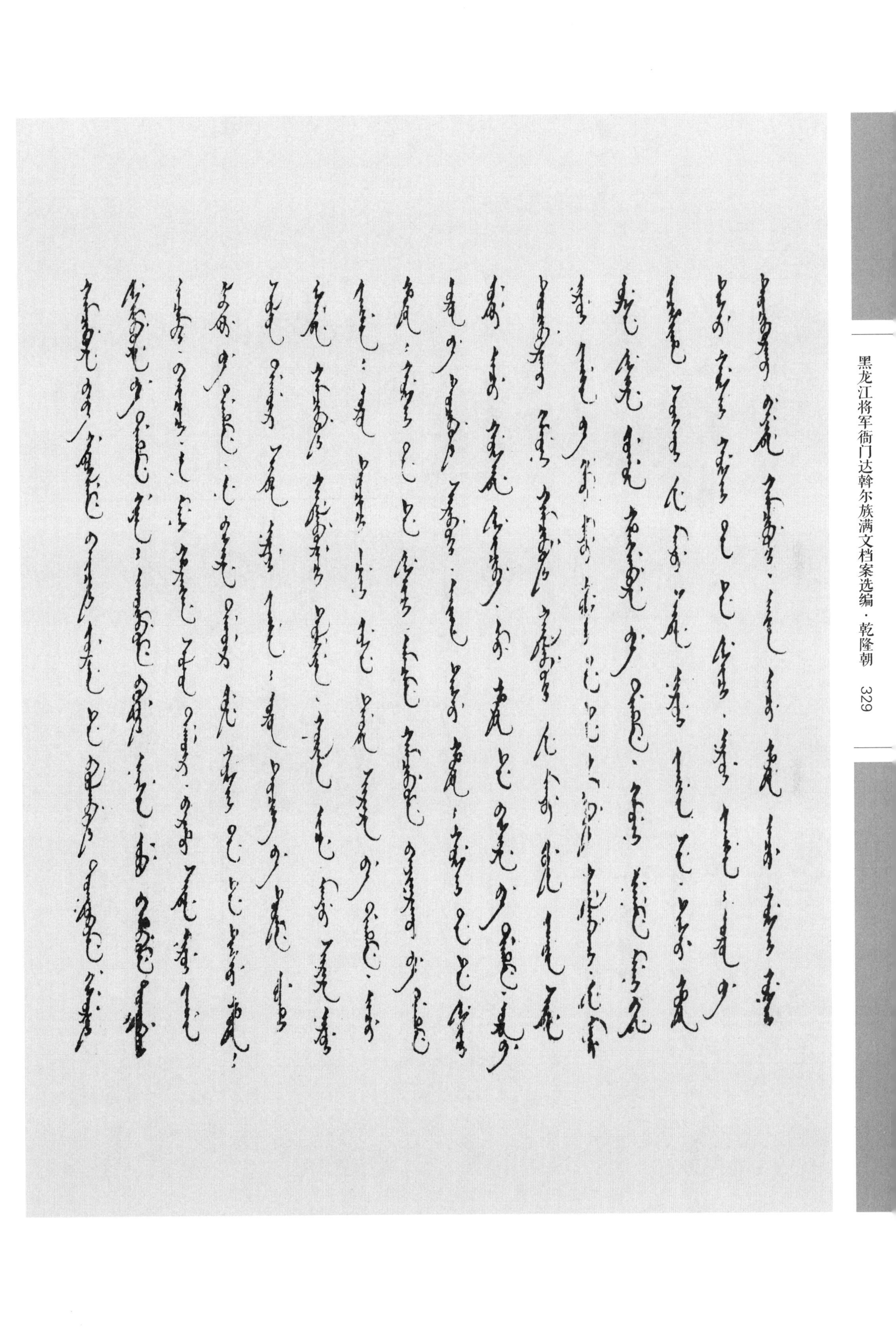

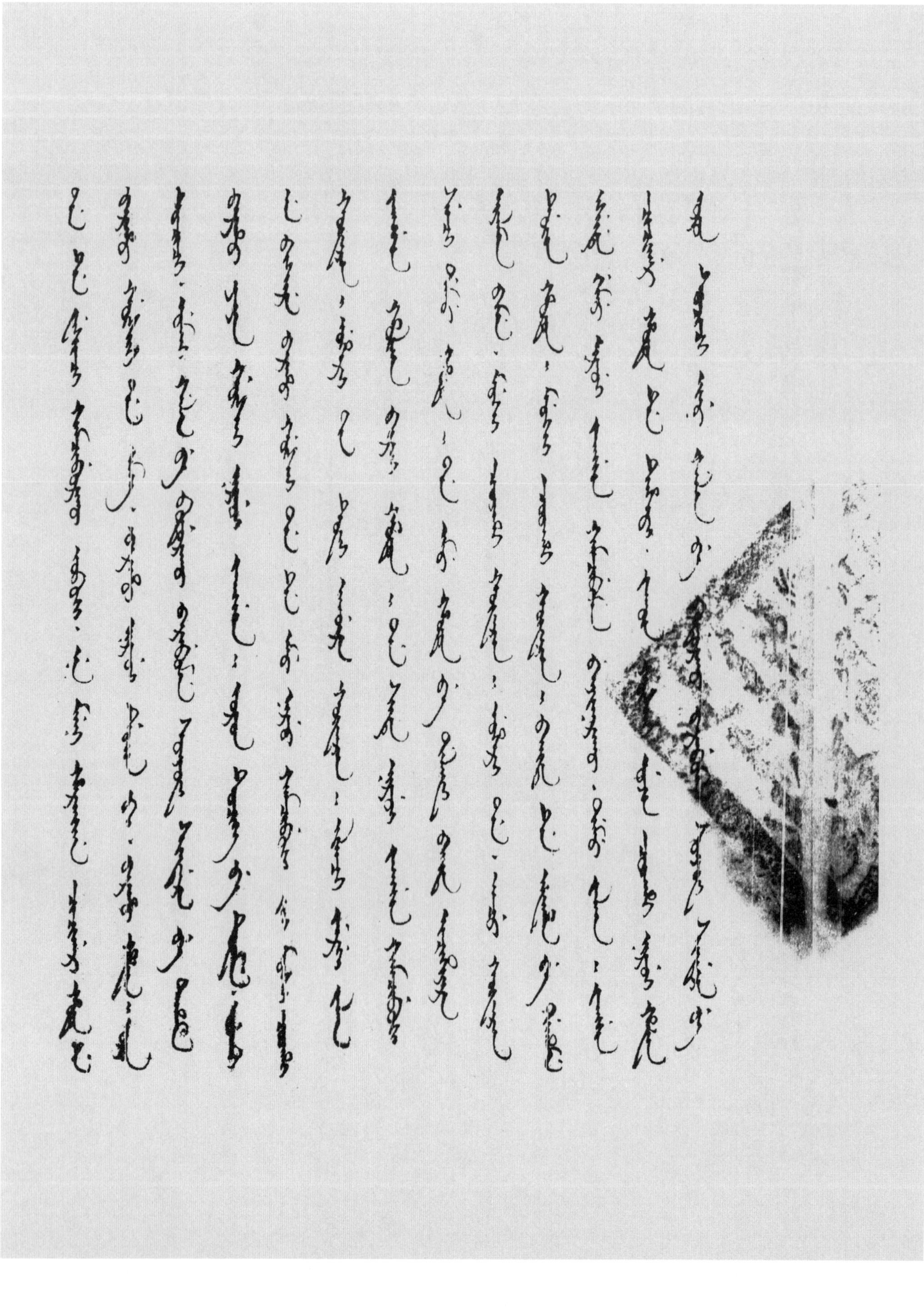

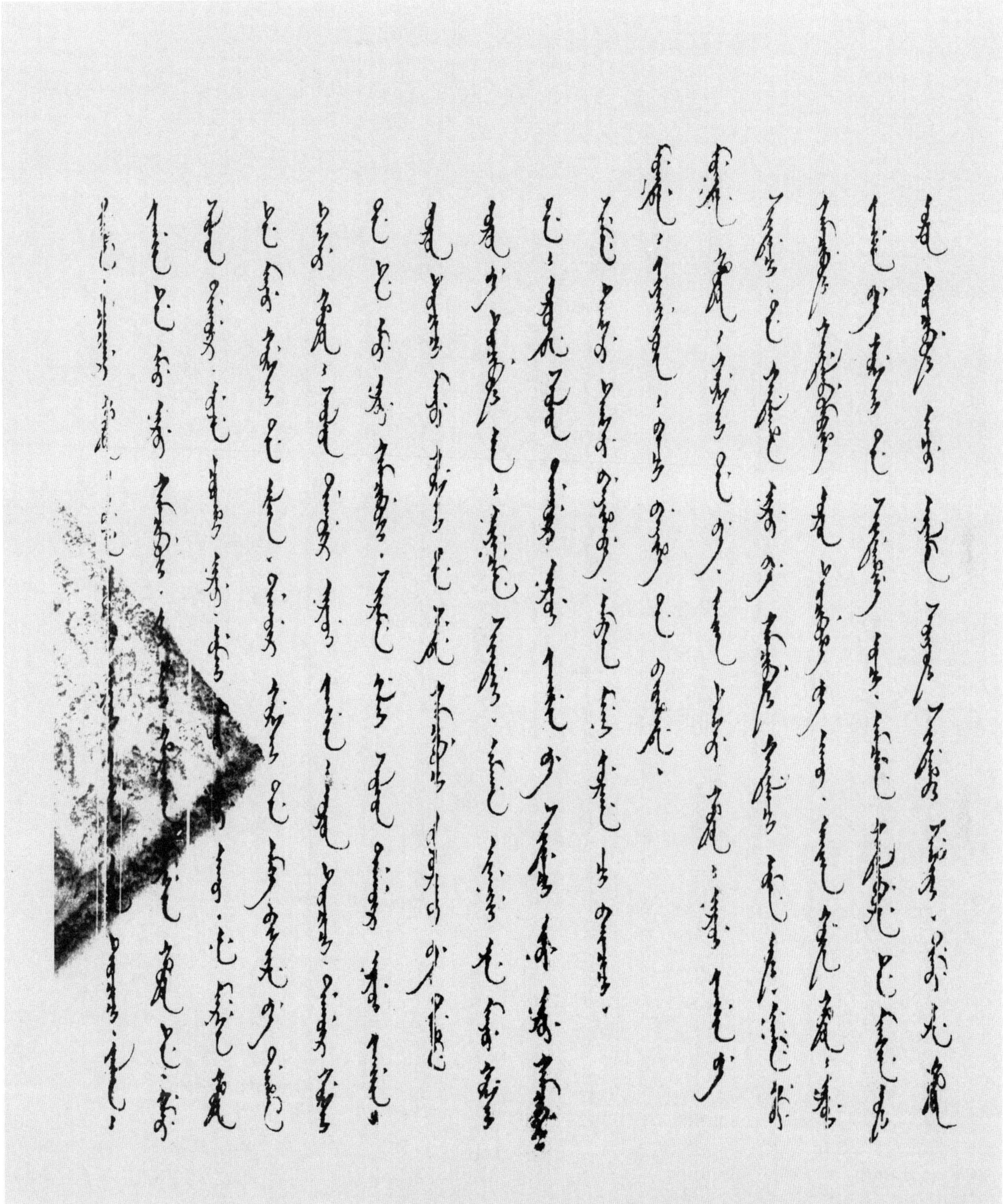

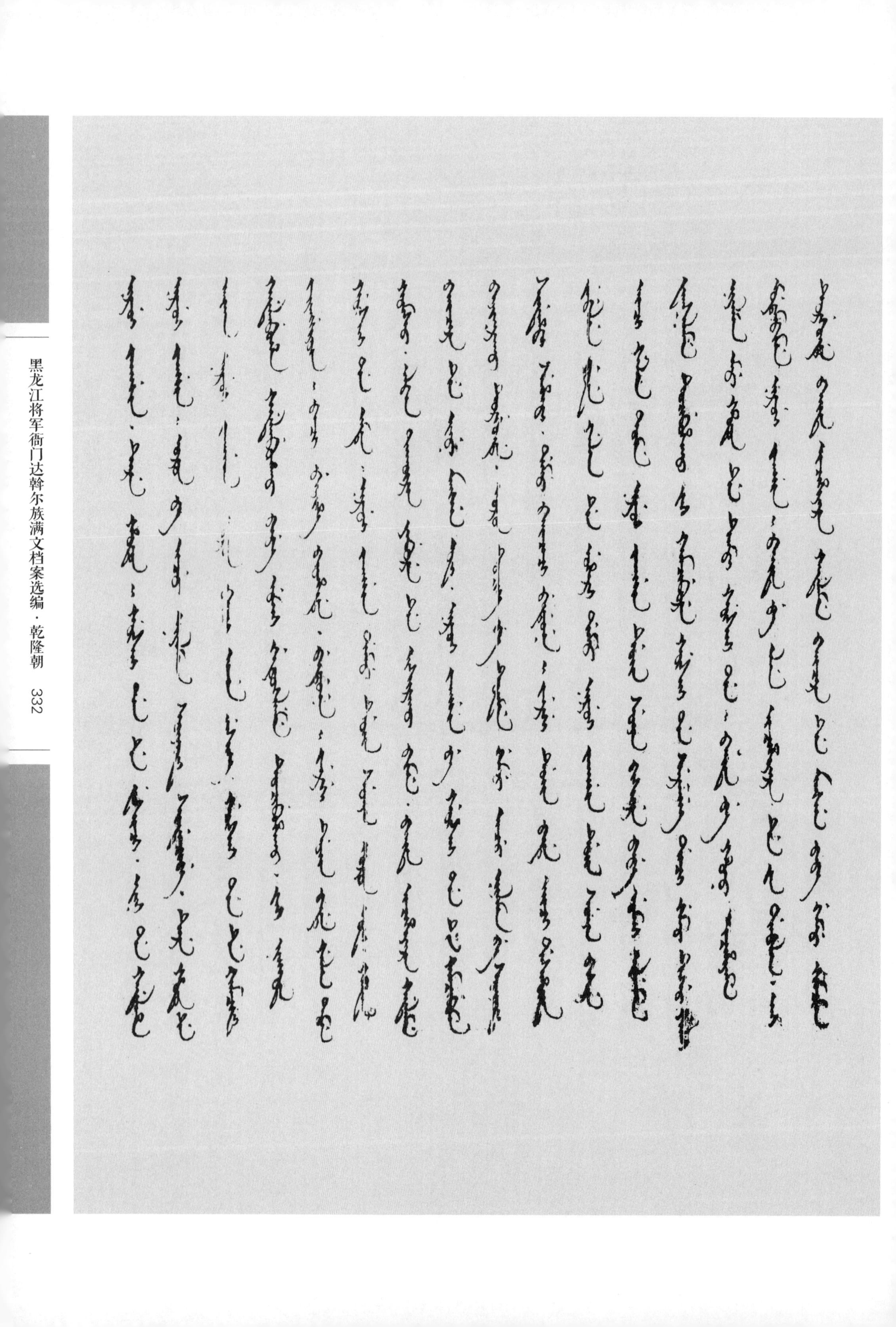

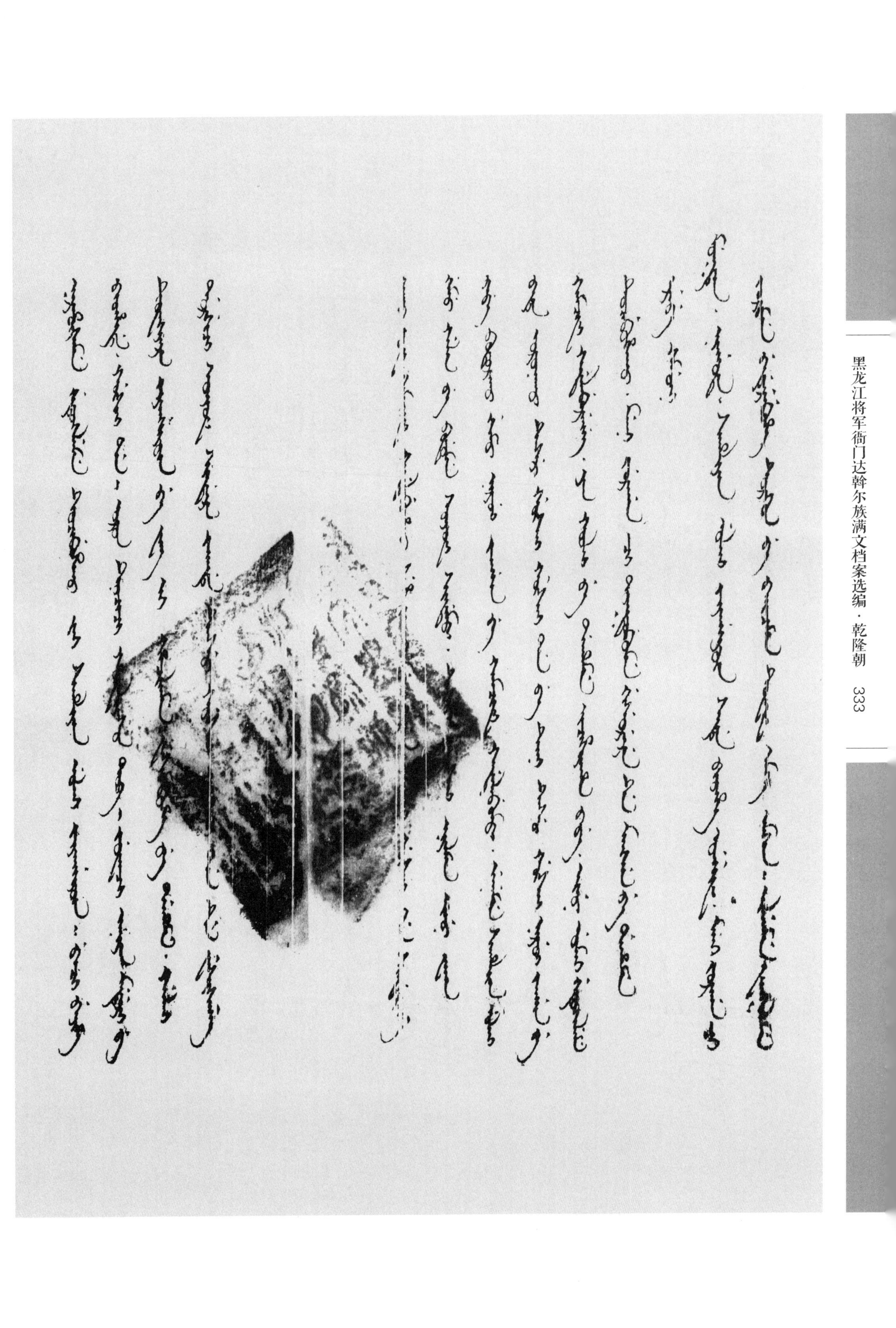

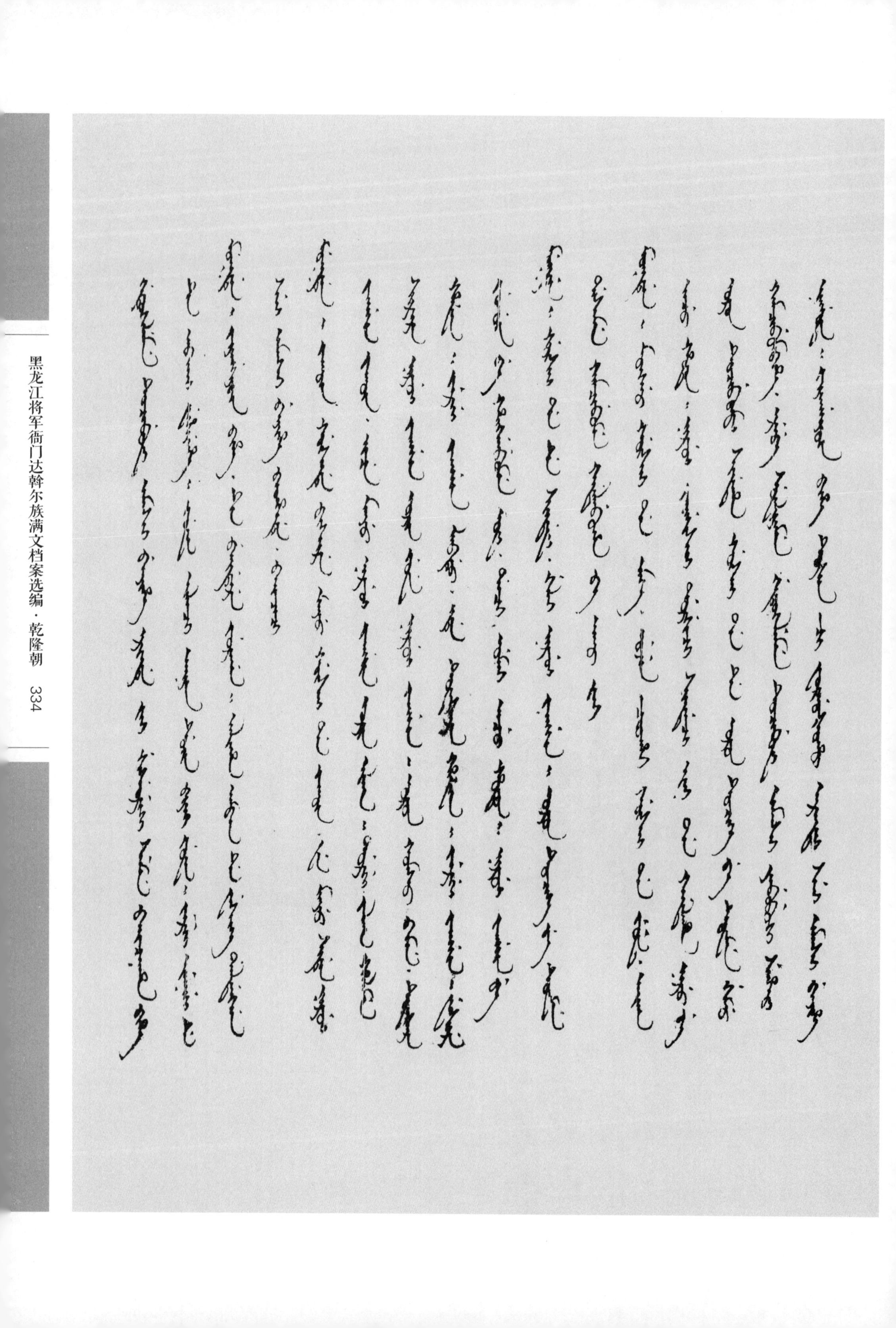

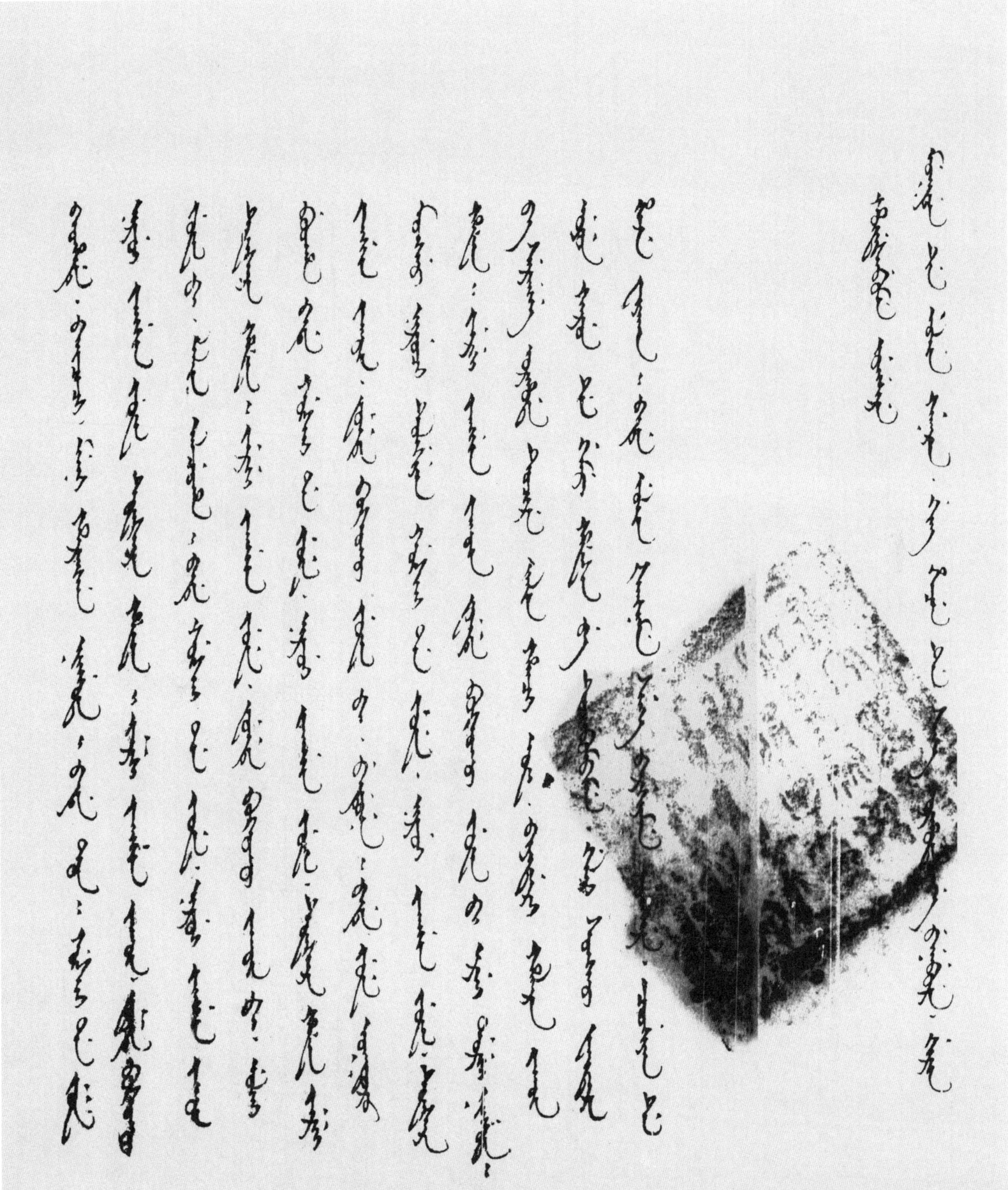

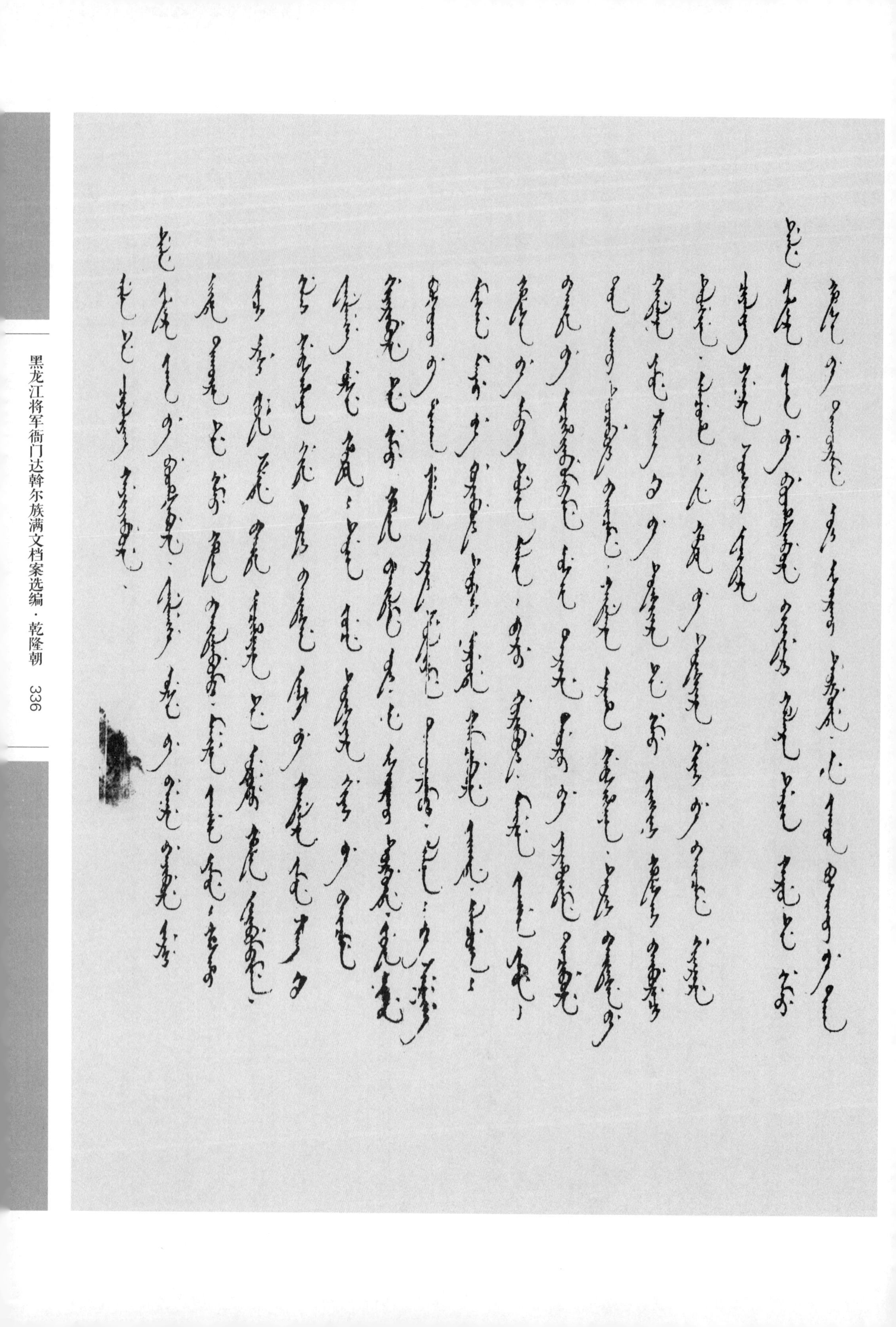

[illegible]

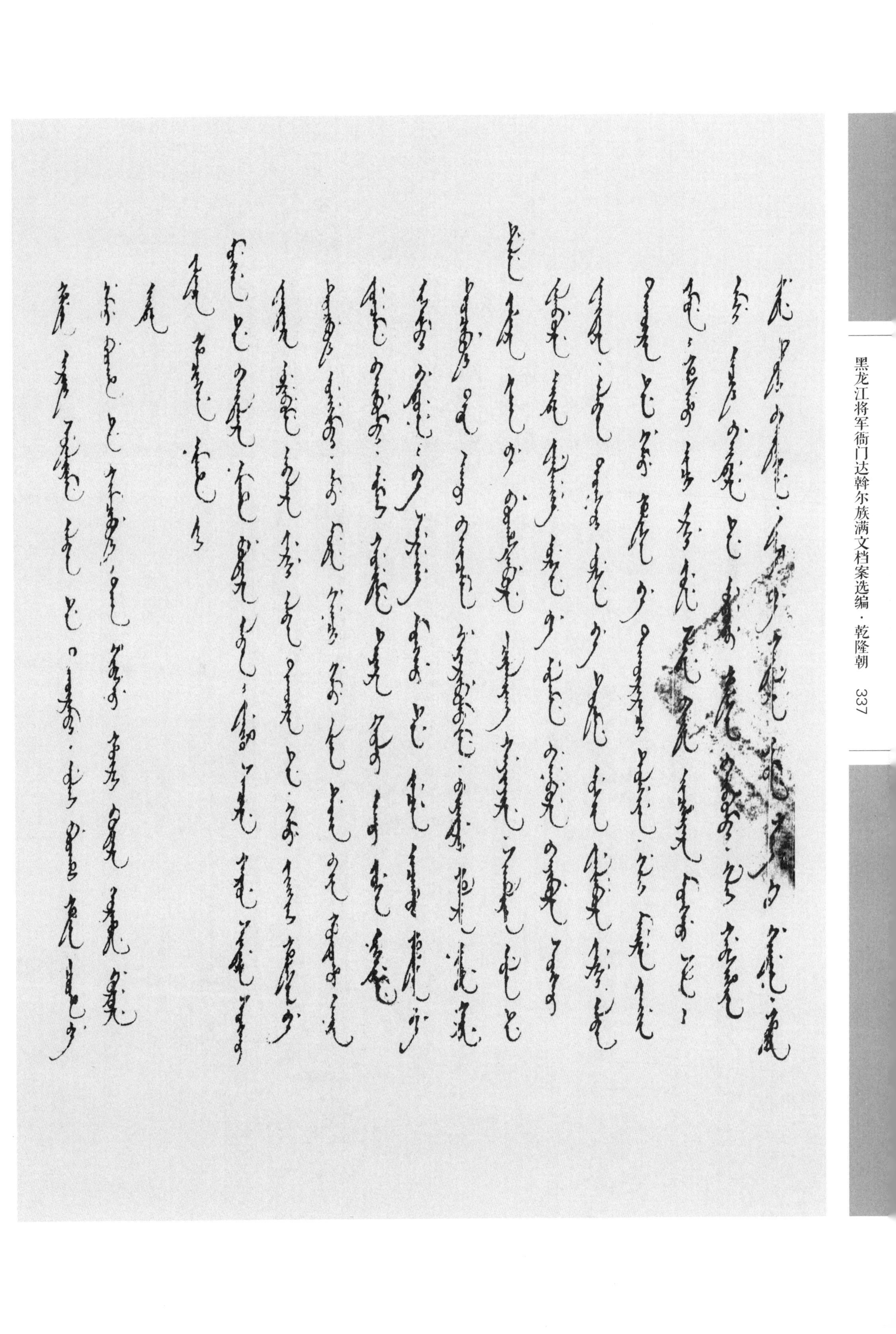

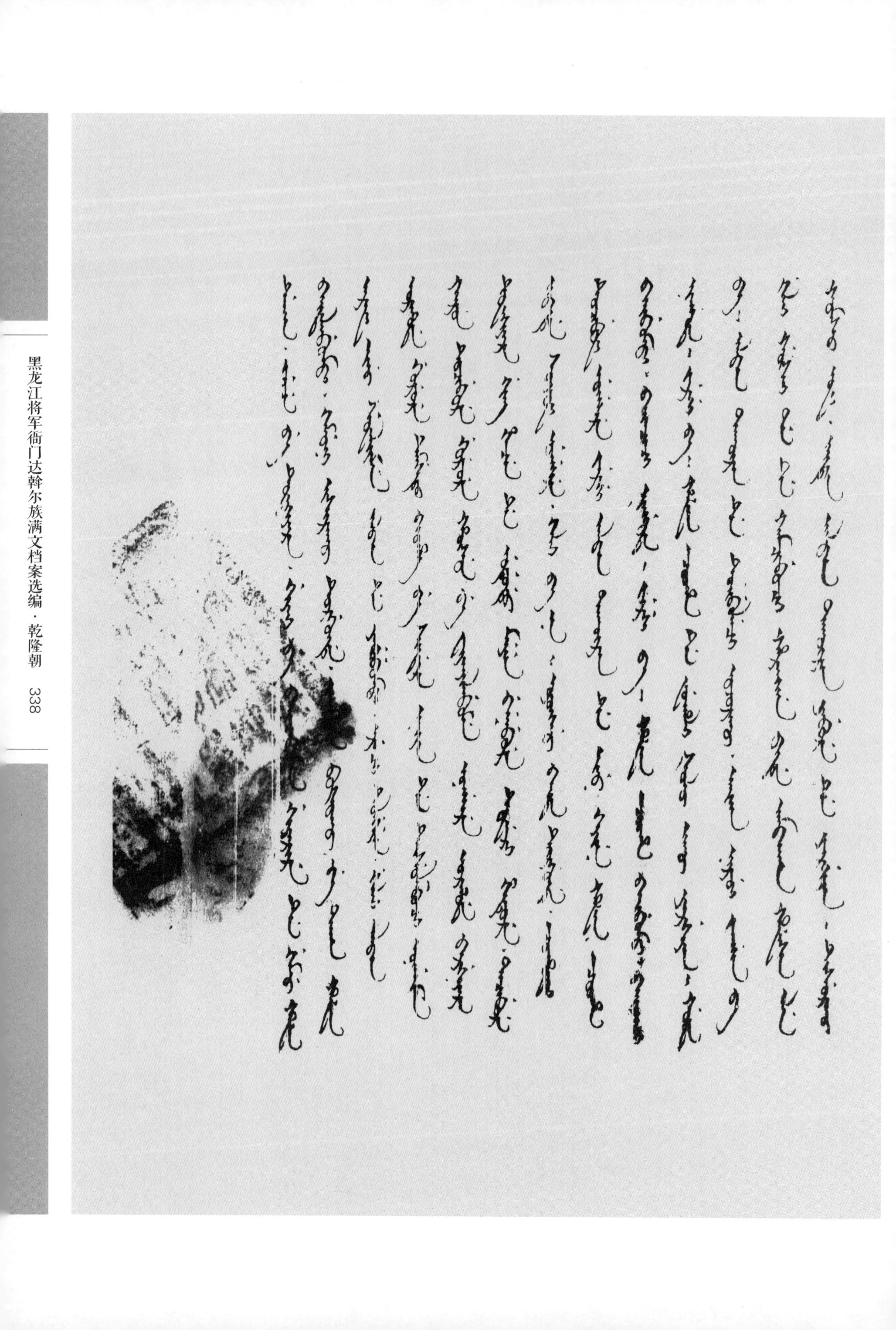

[illegible]

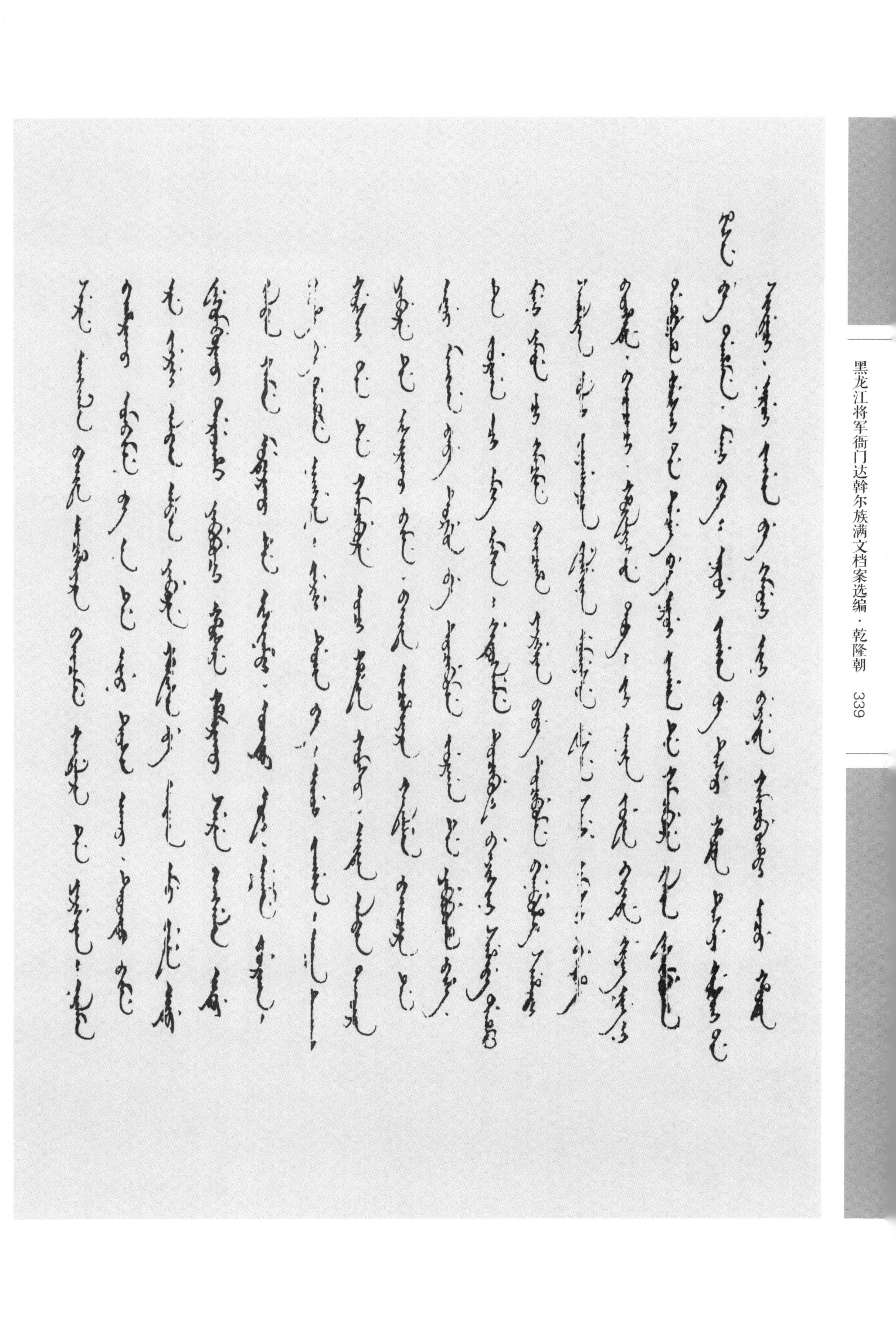

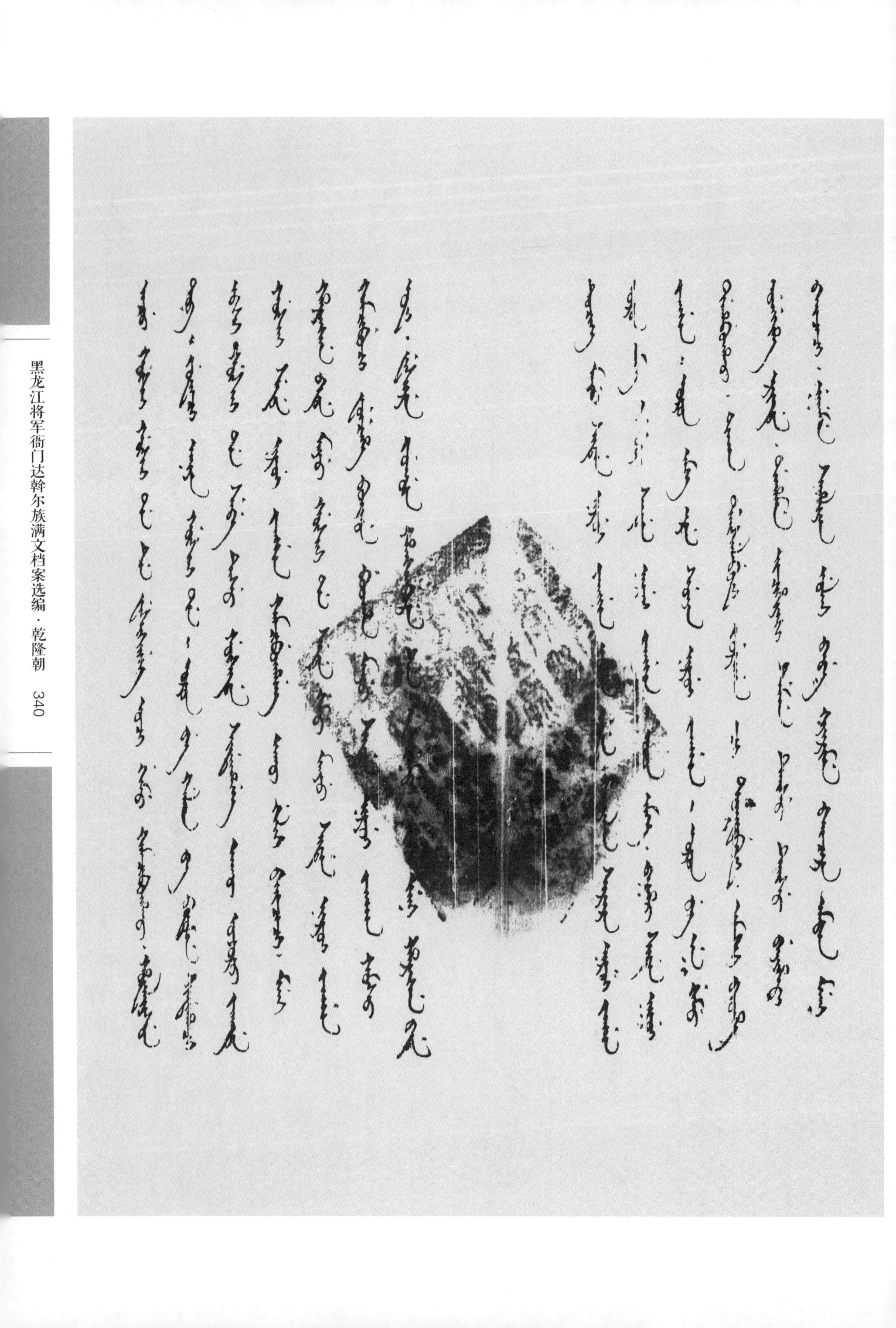

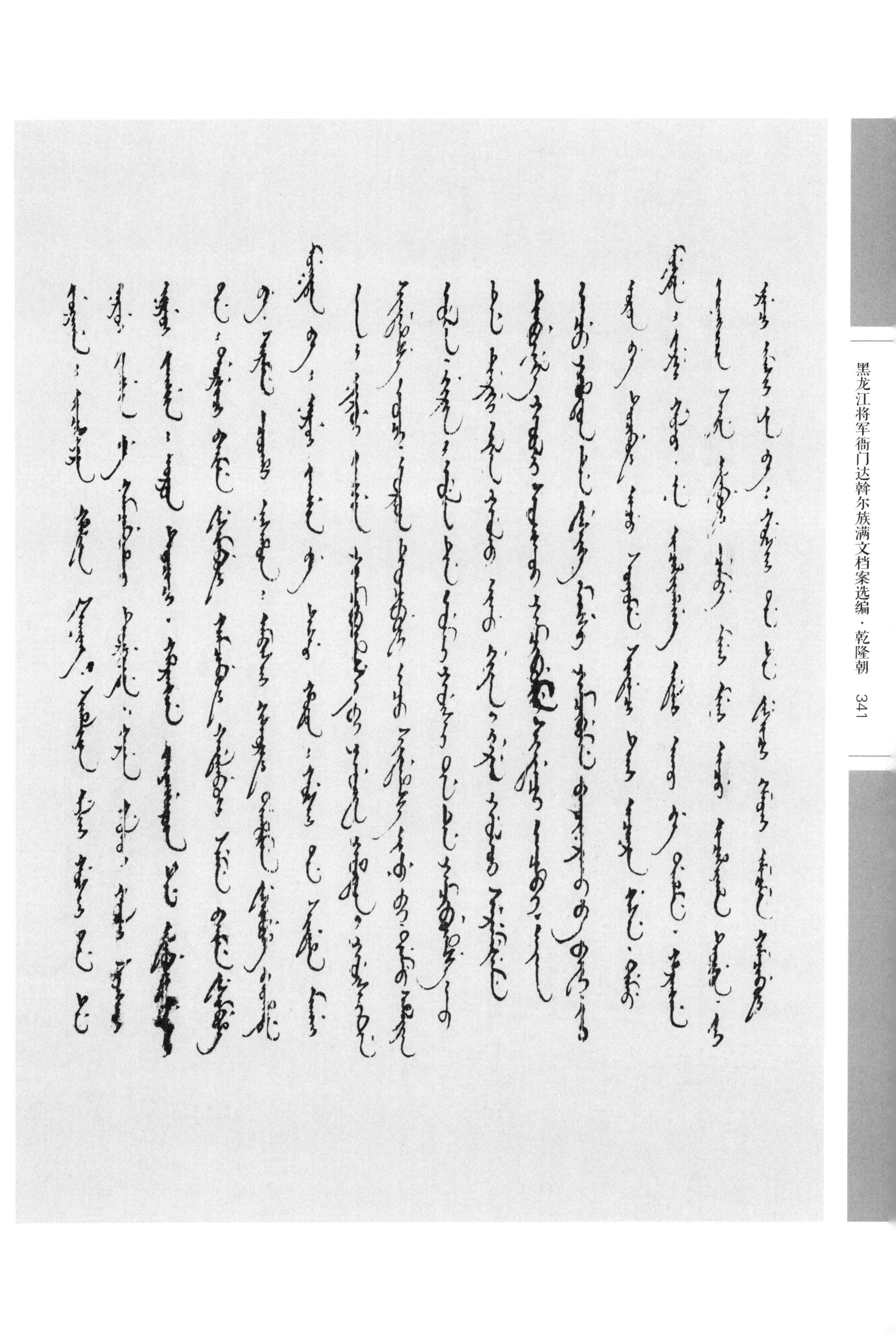

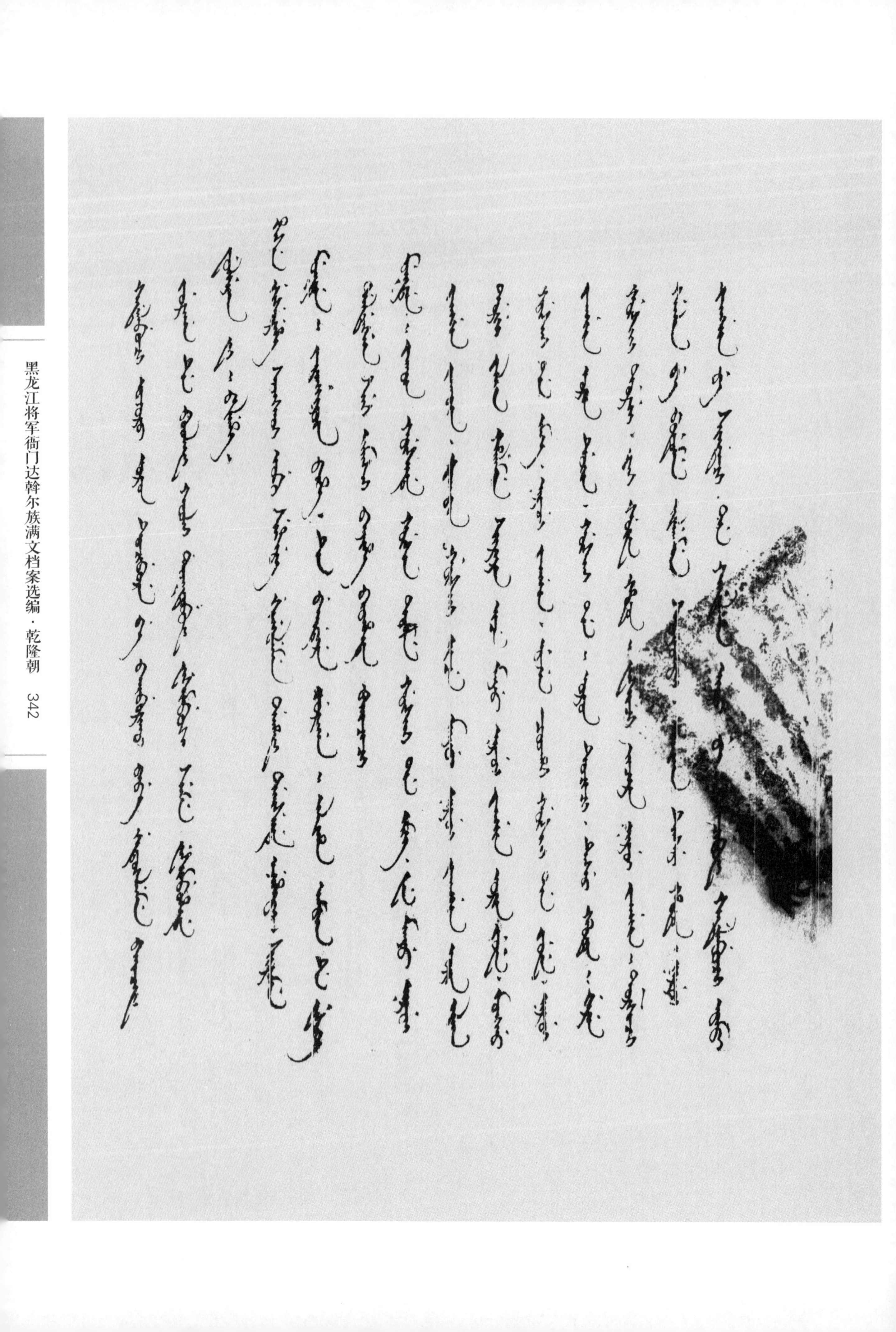

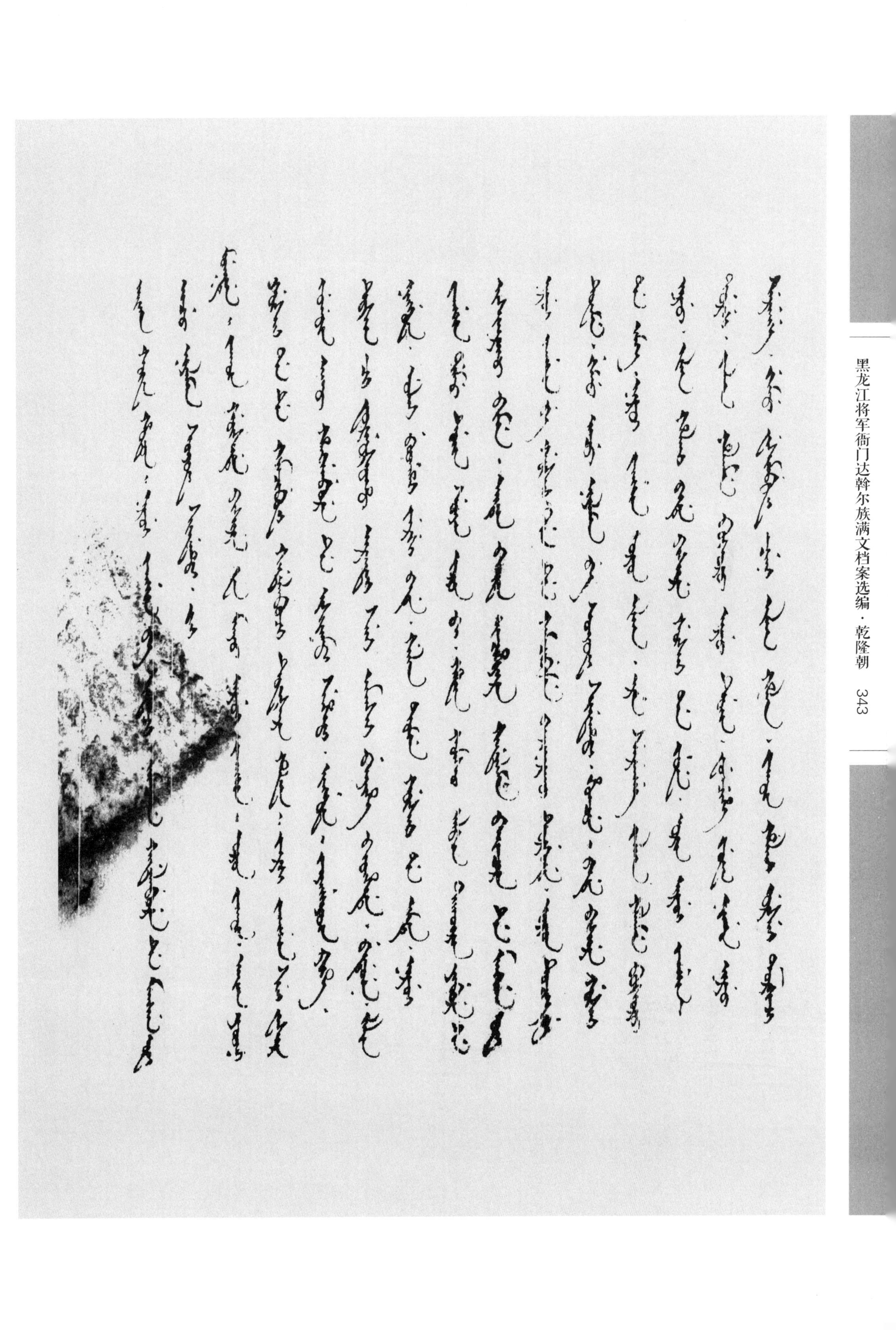

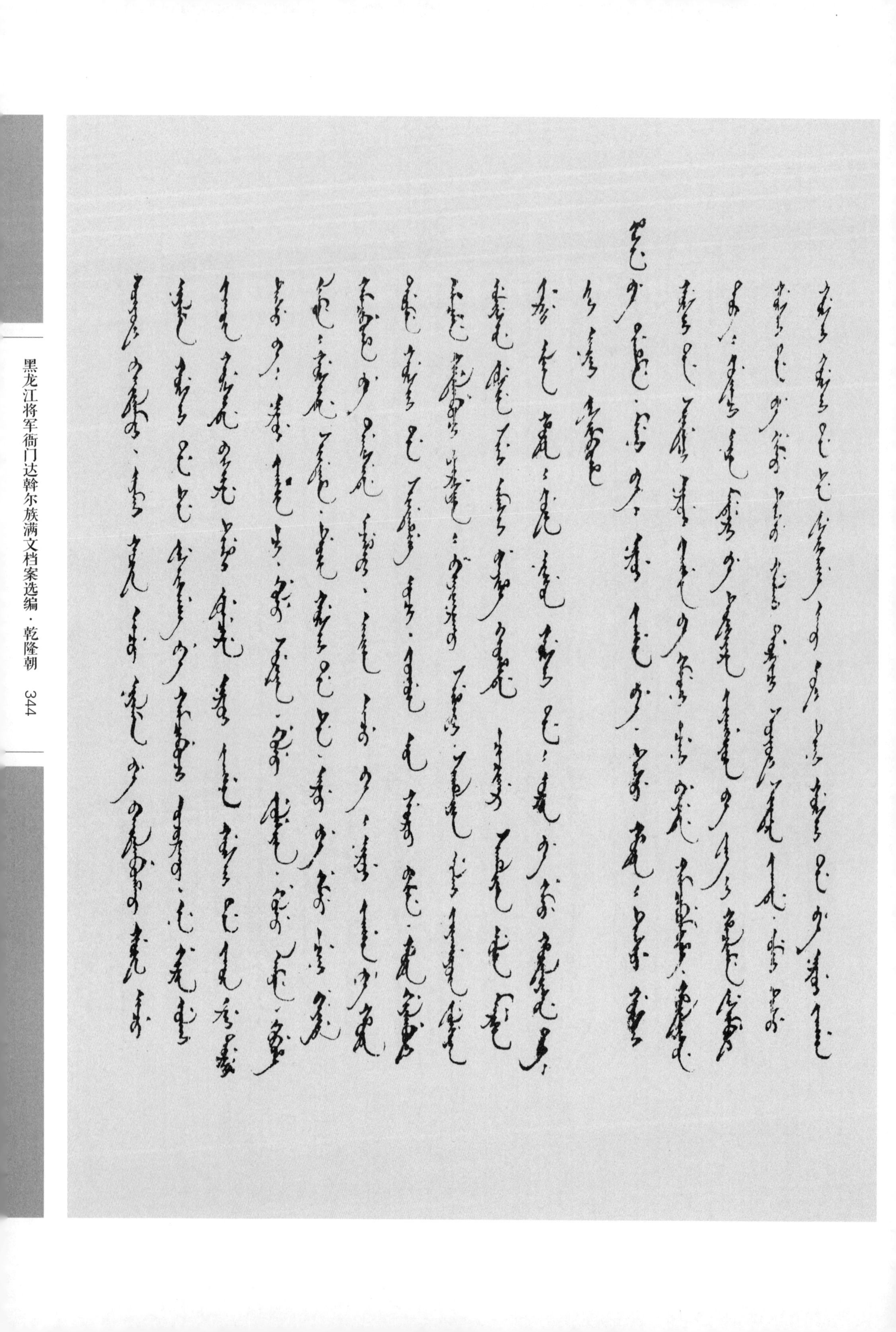

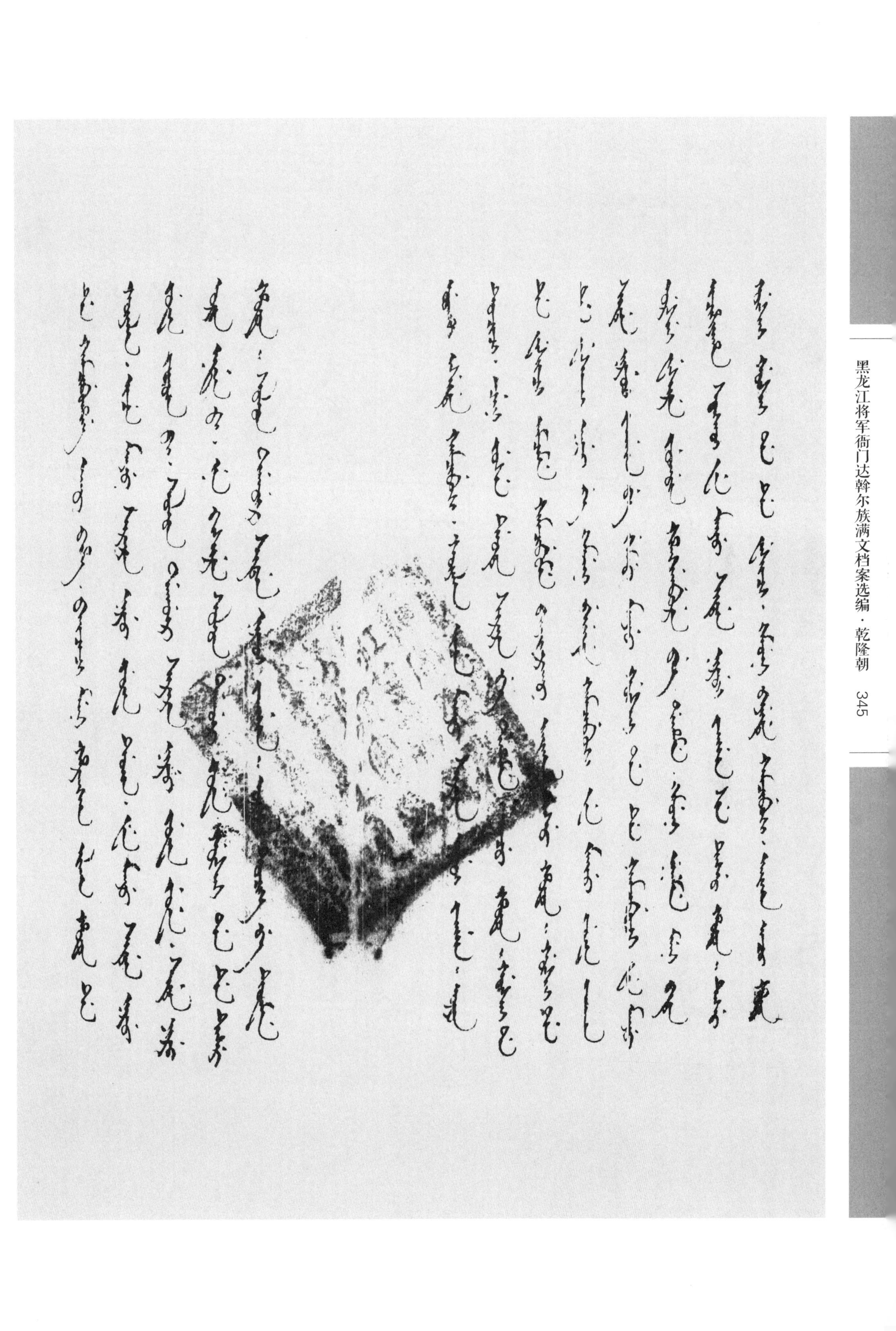

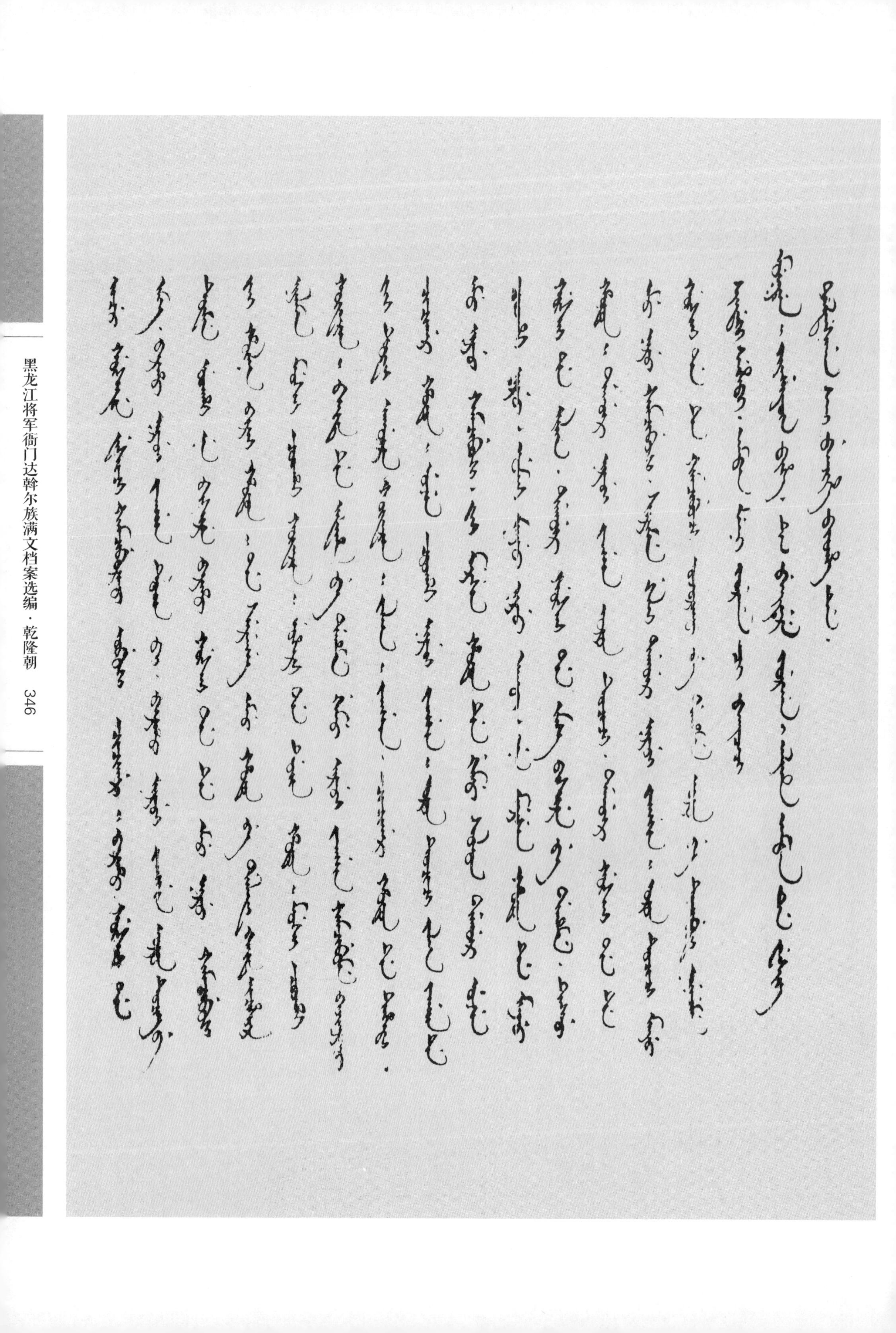

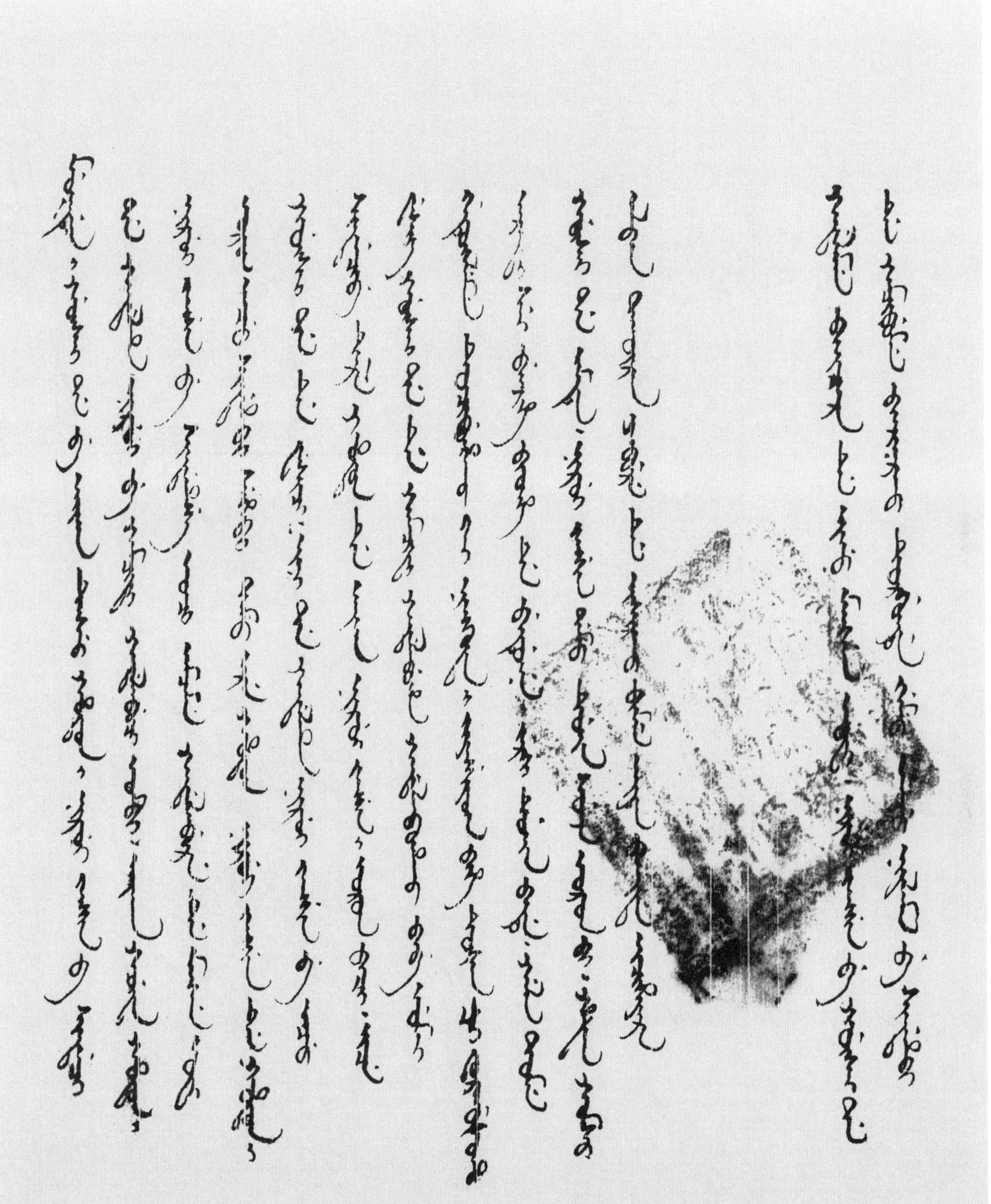

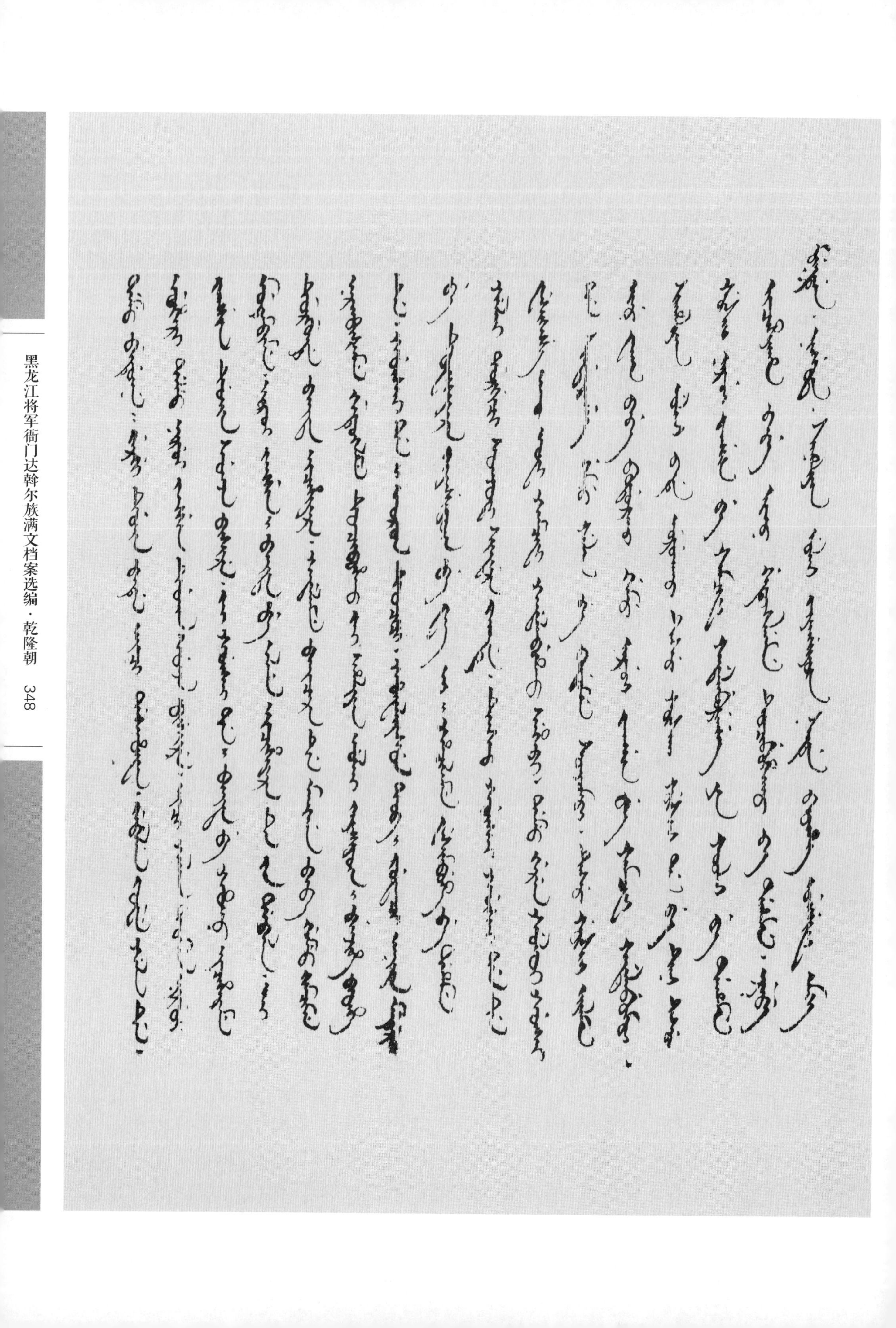

[illegible]

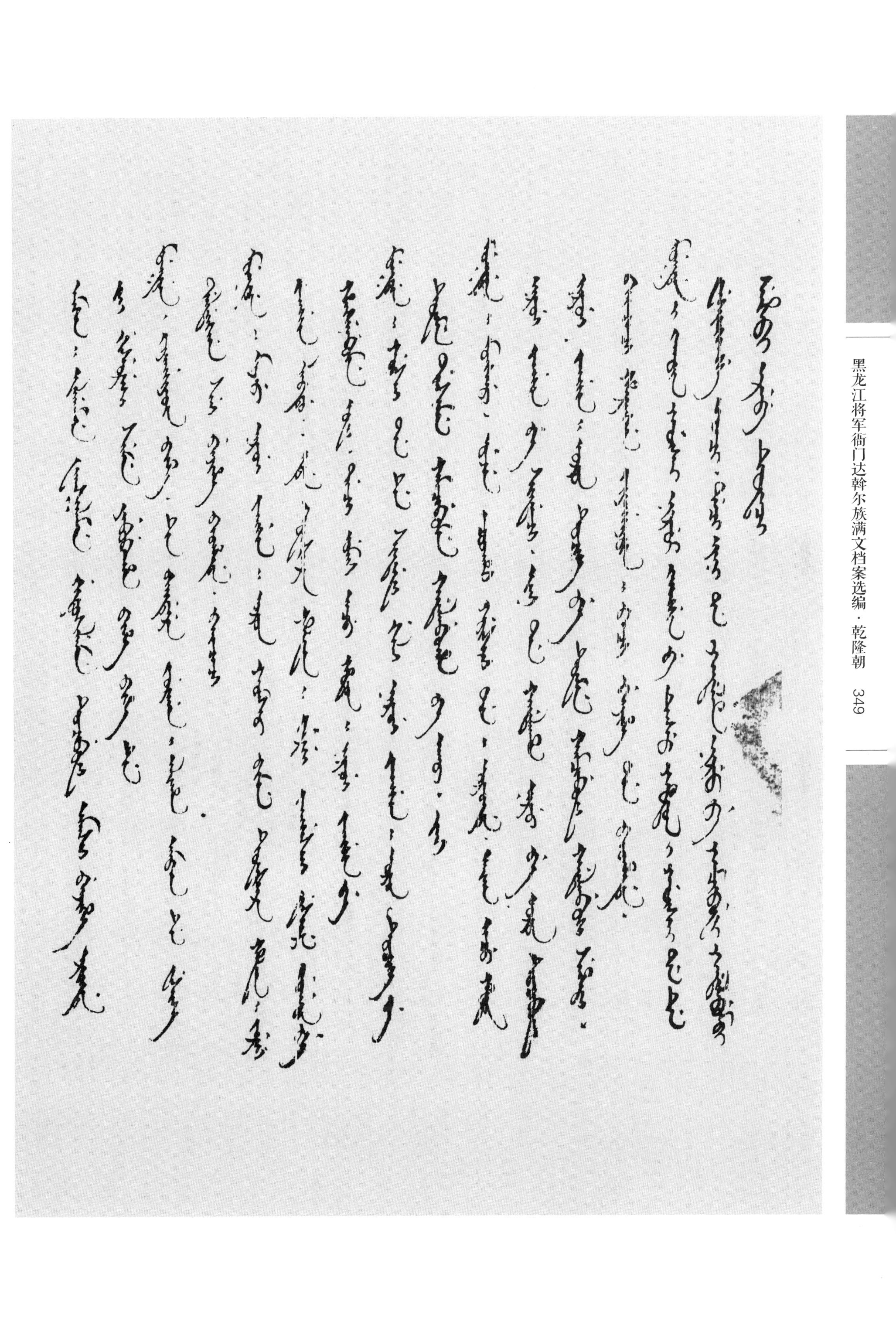

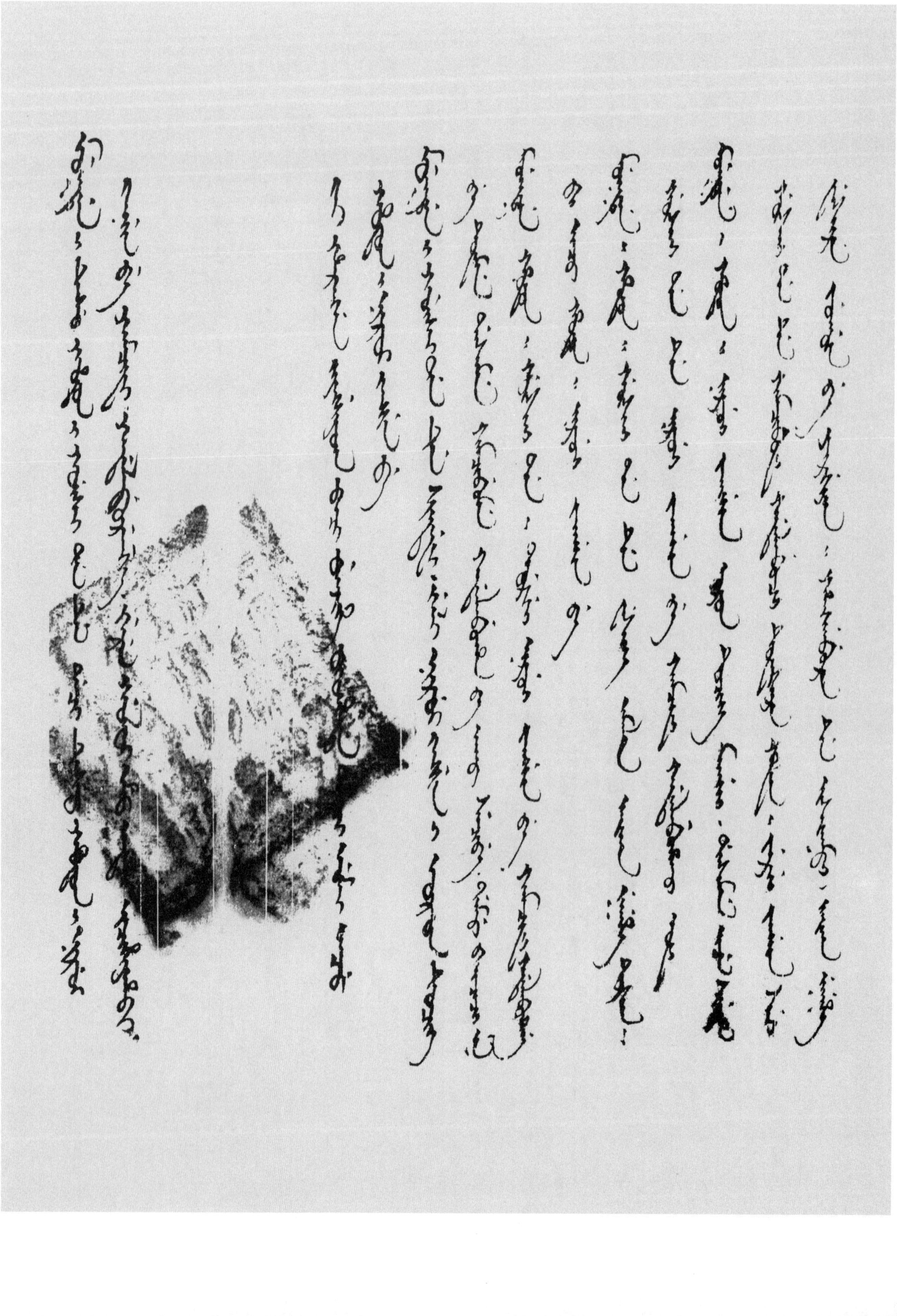

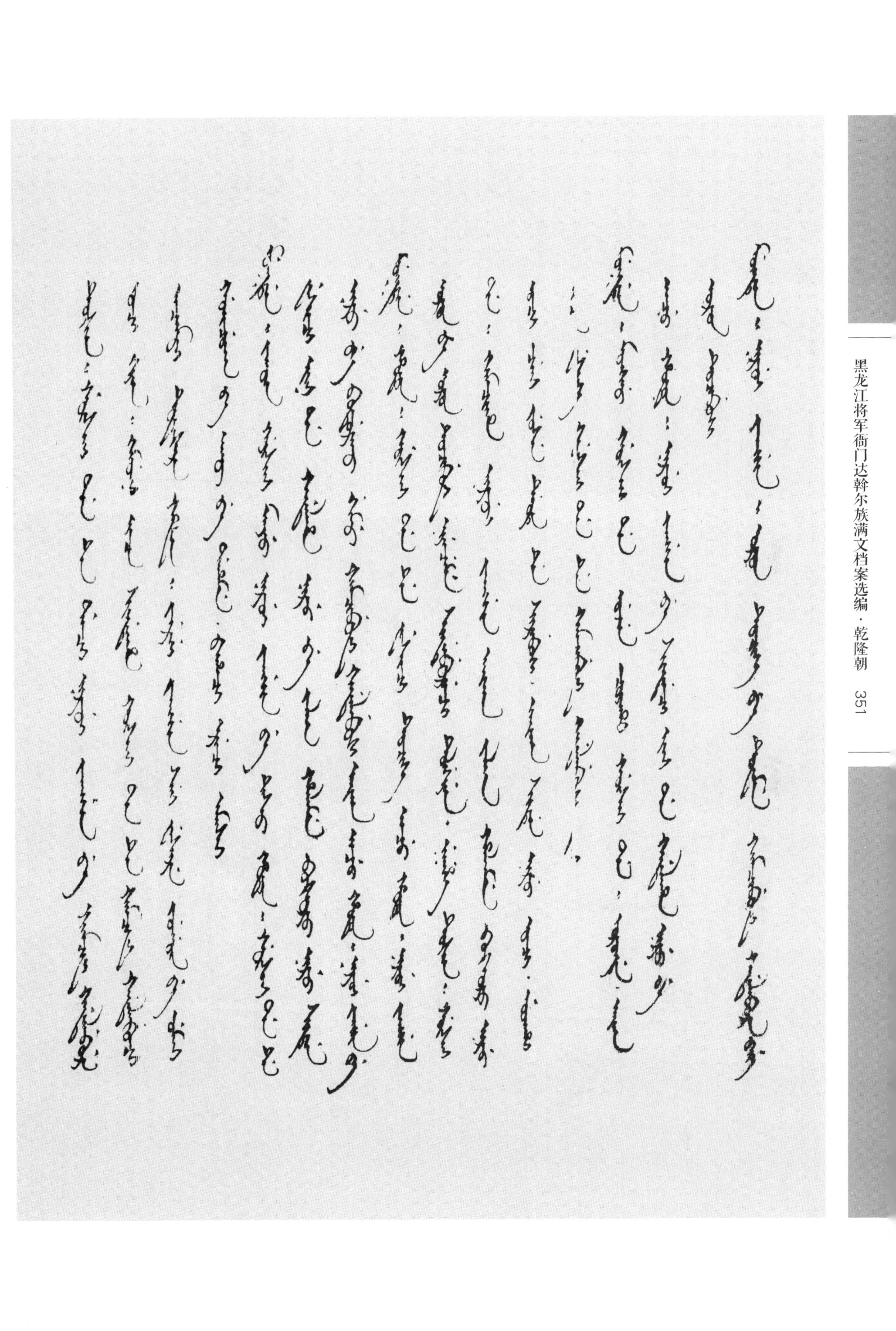

[illegible]

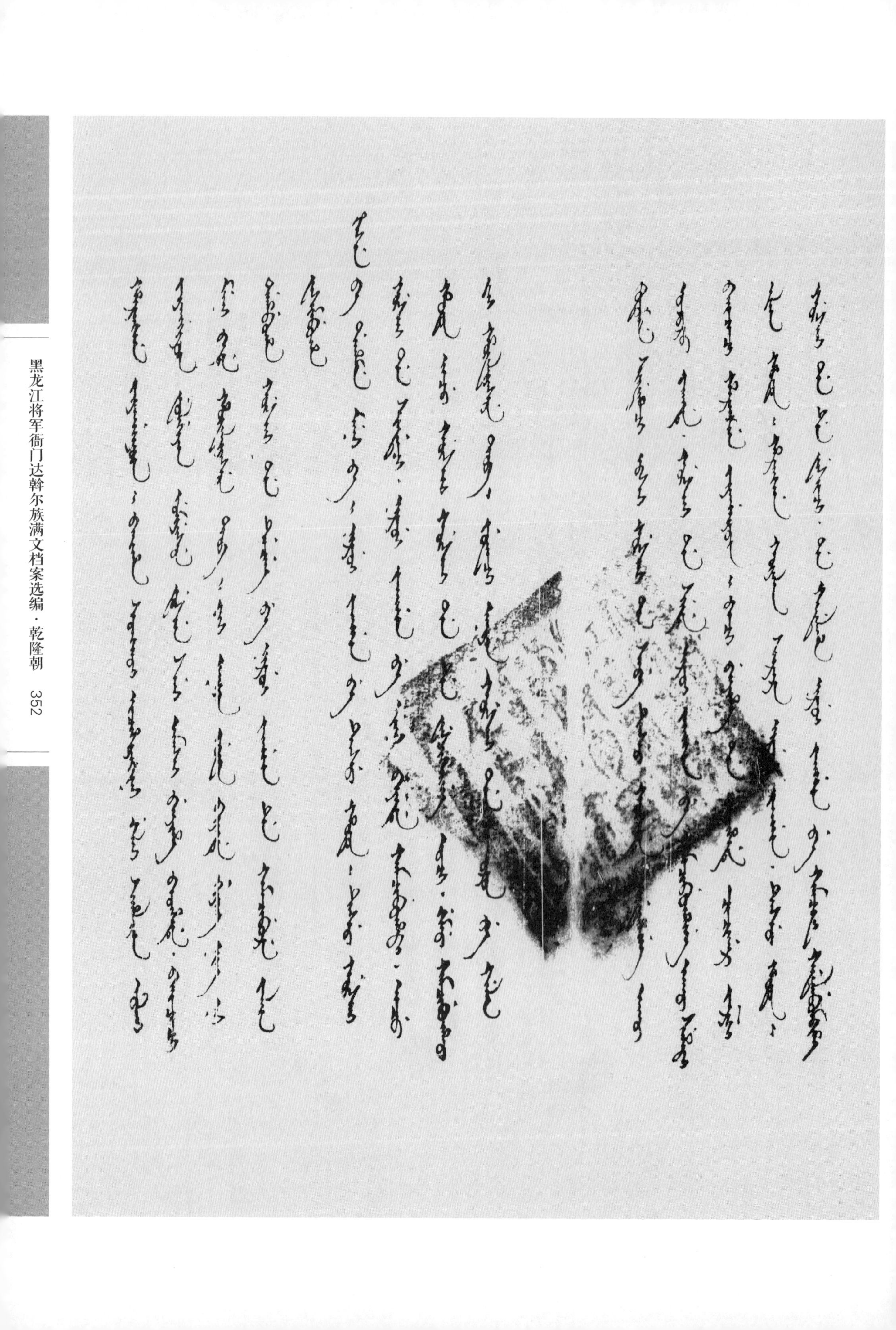

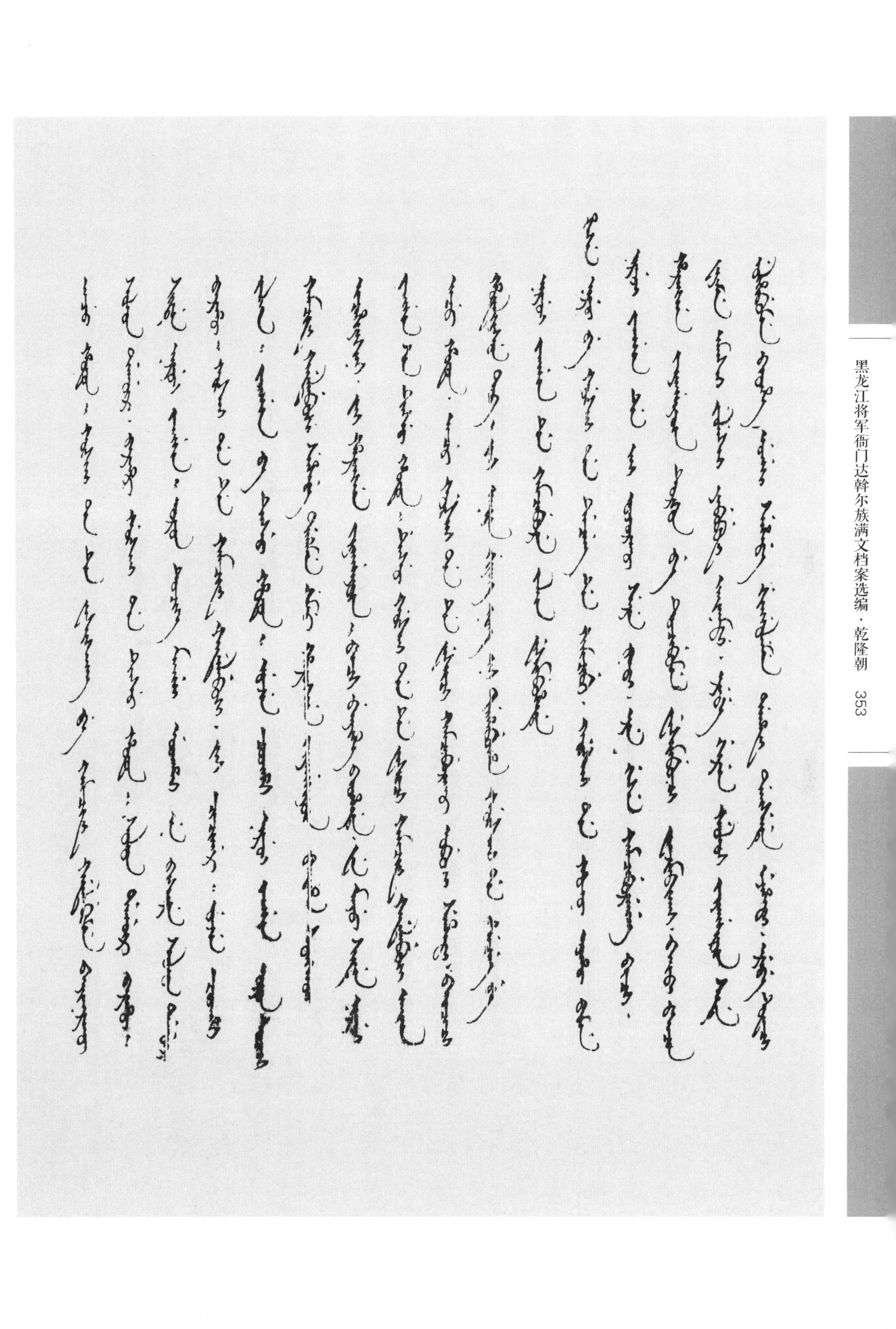

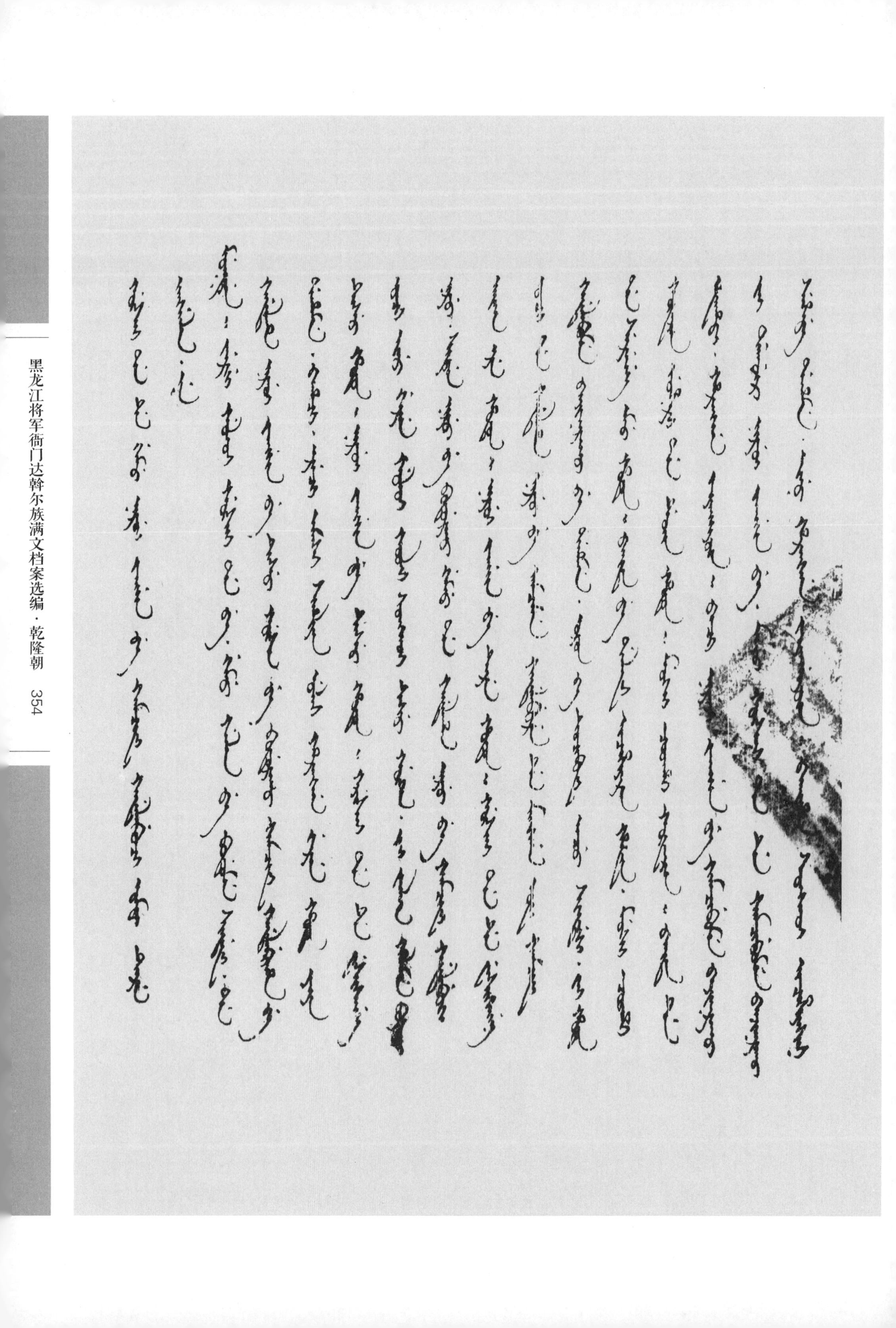

[illegible]

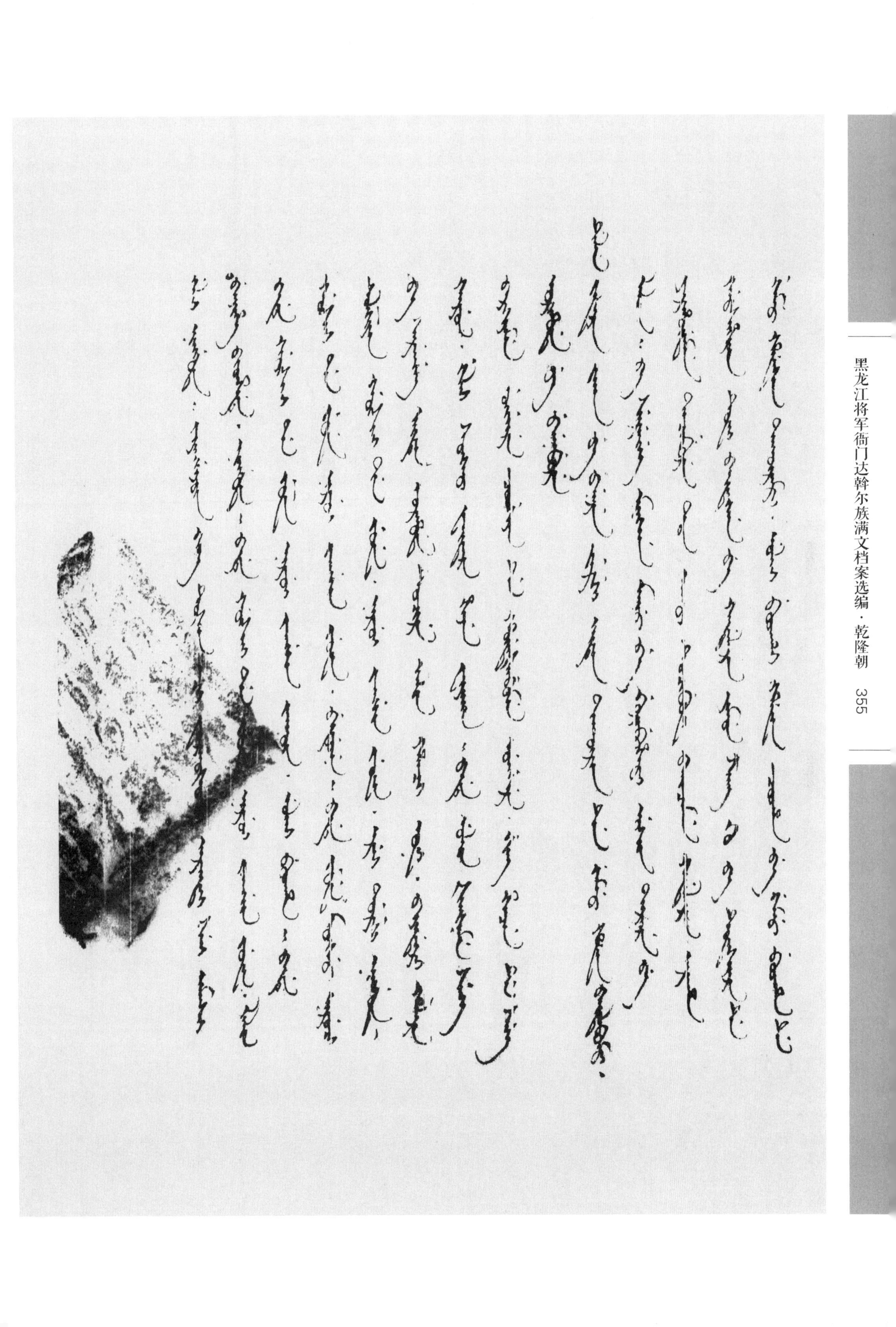

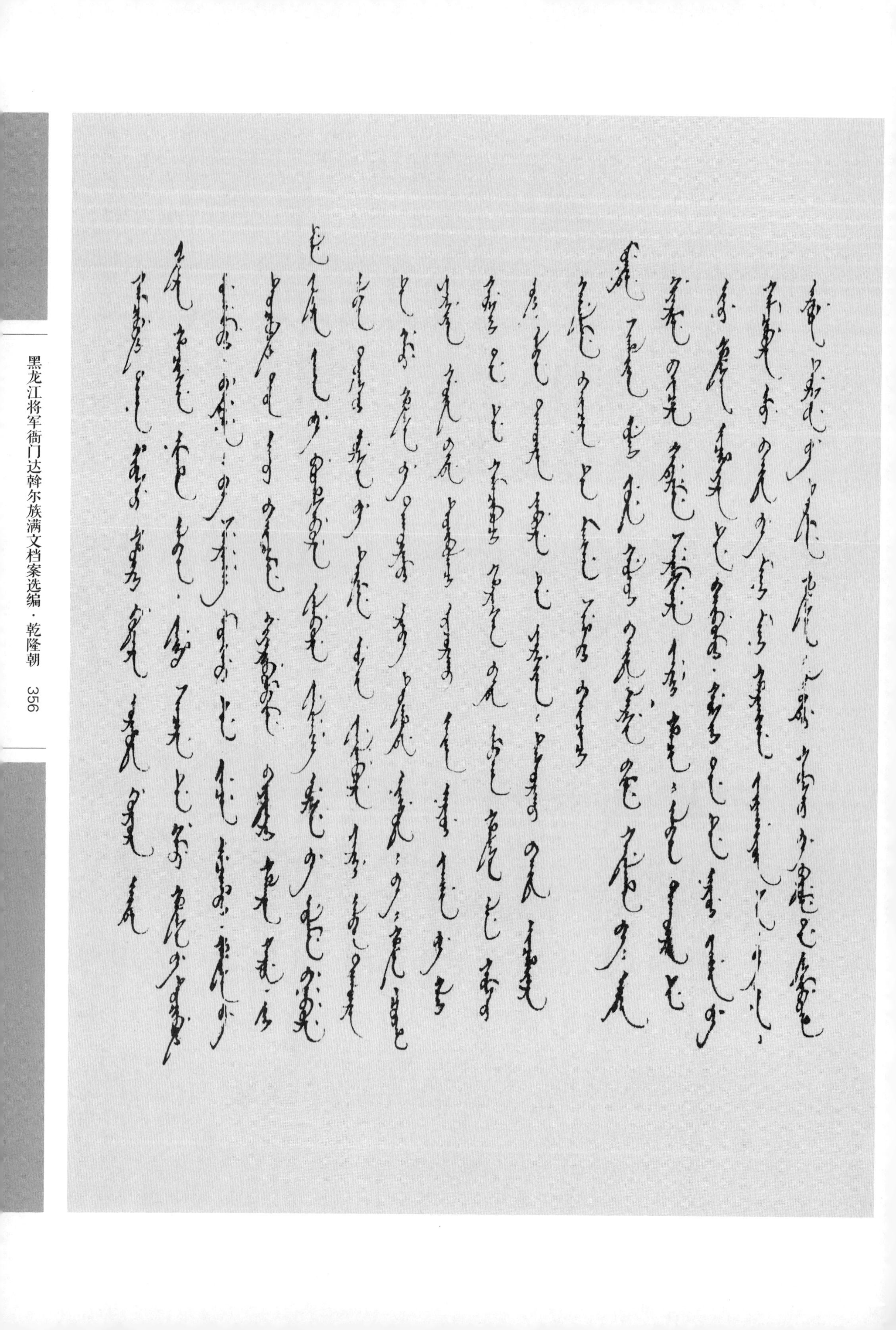

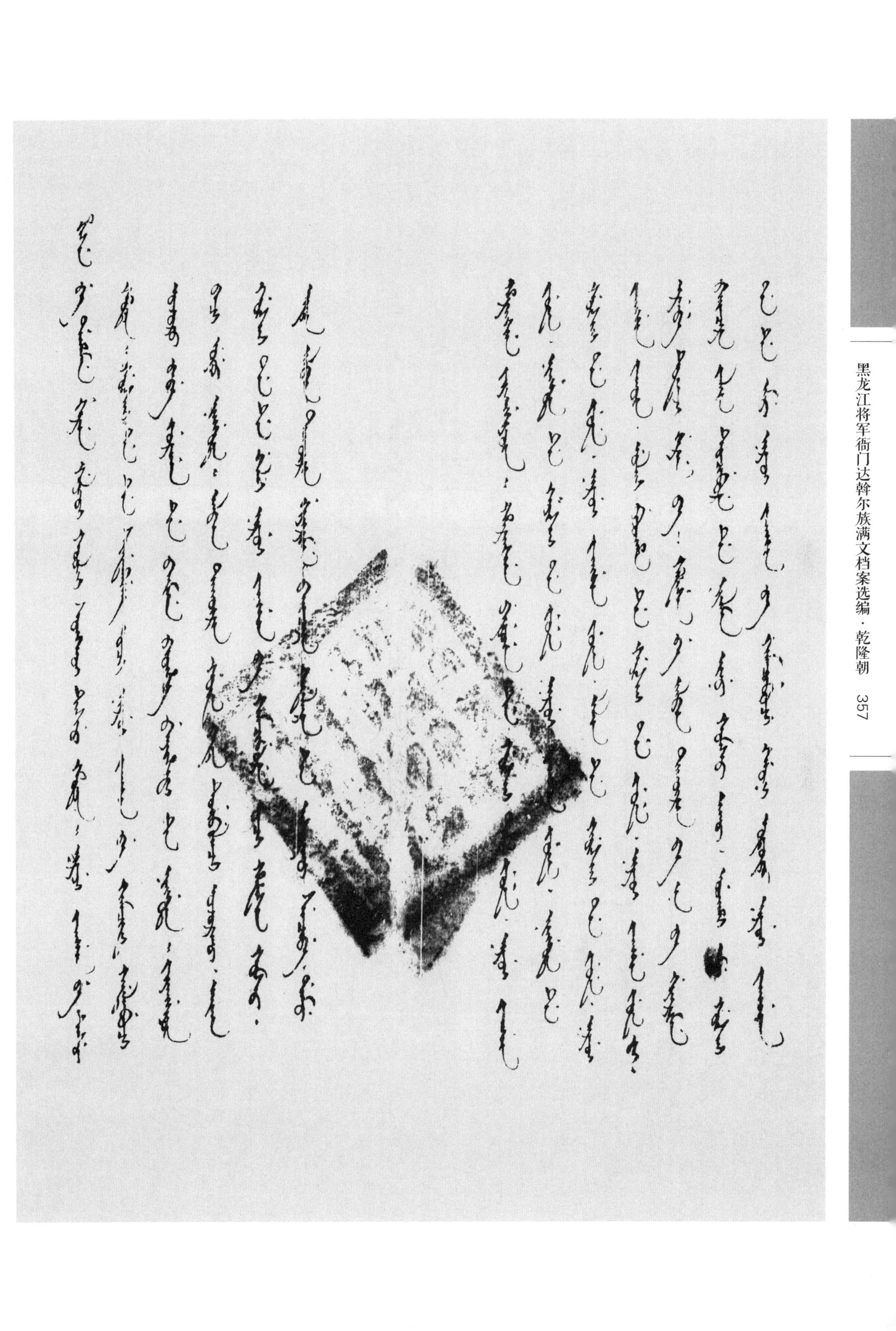

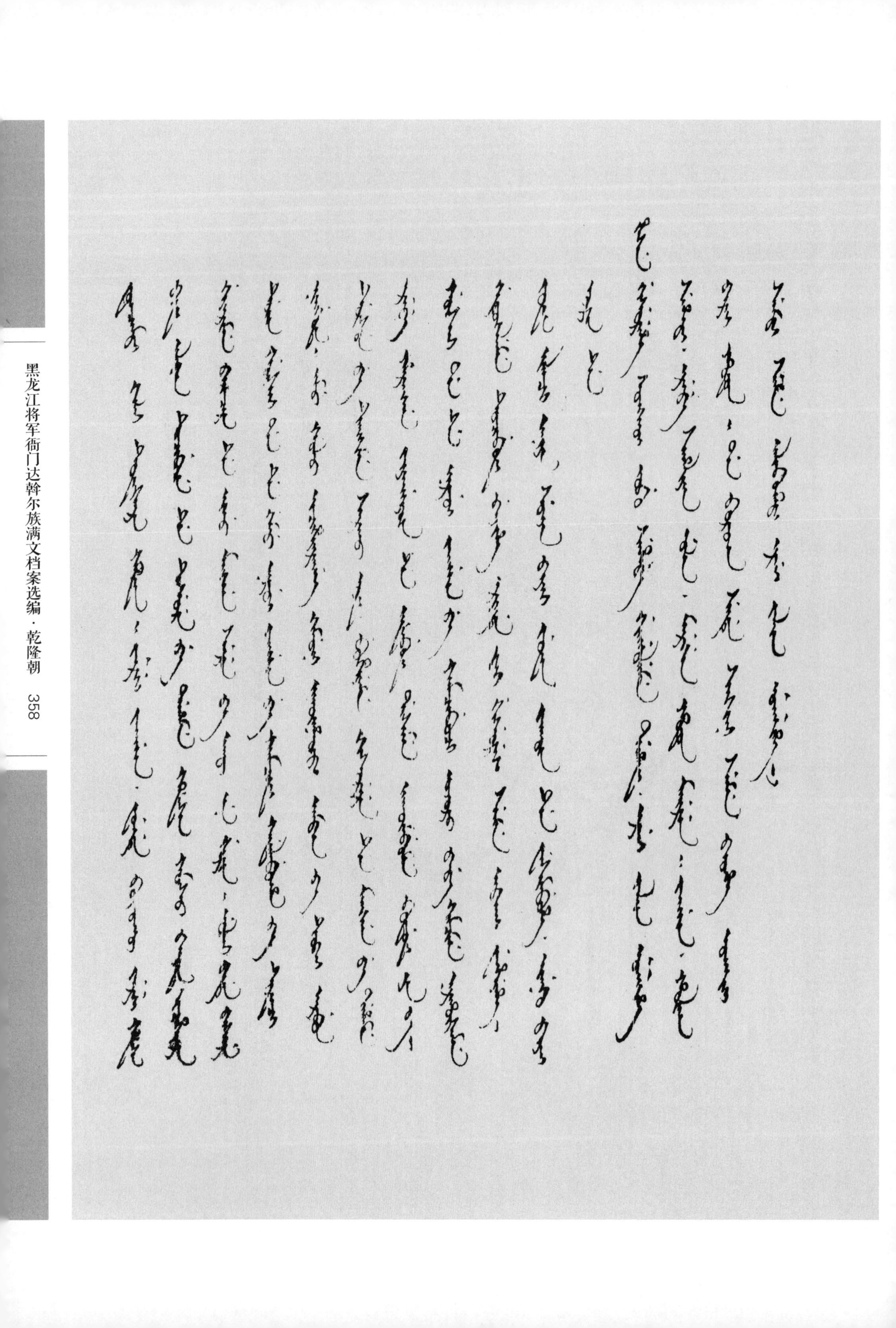

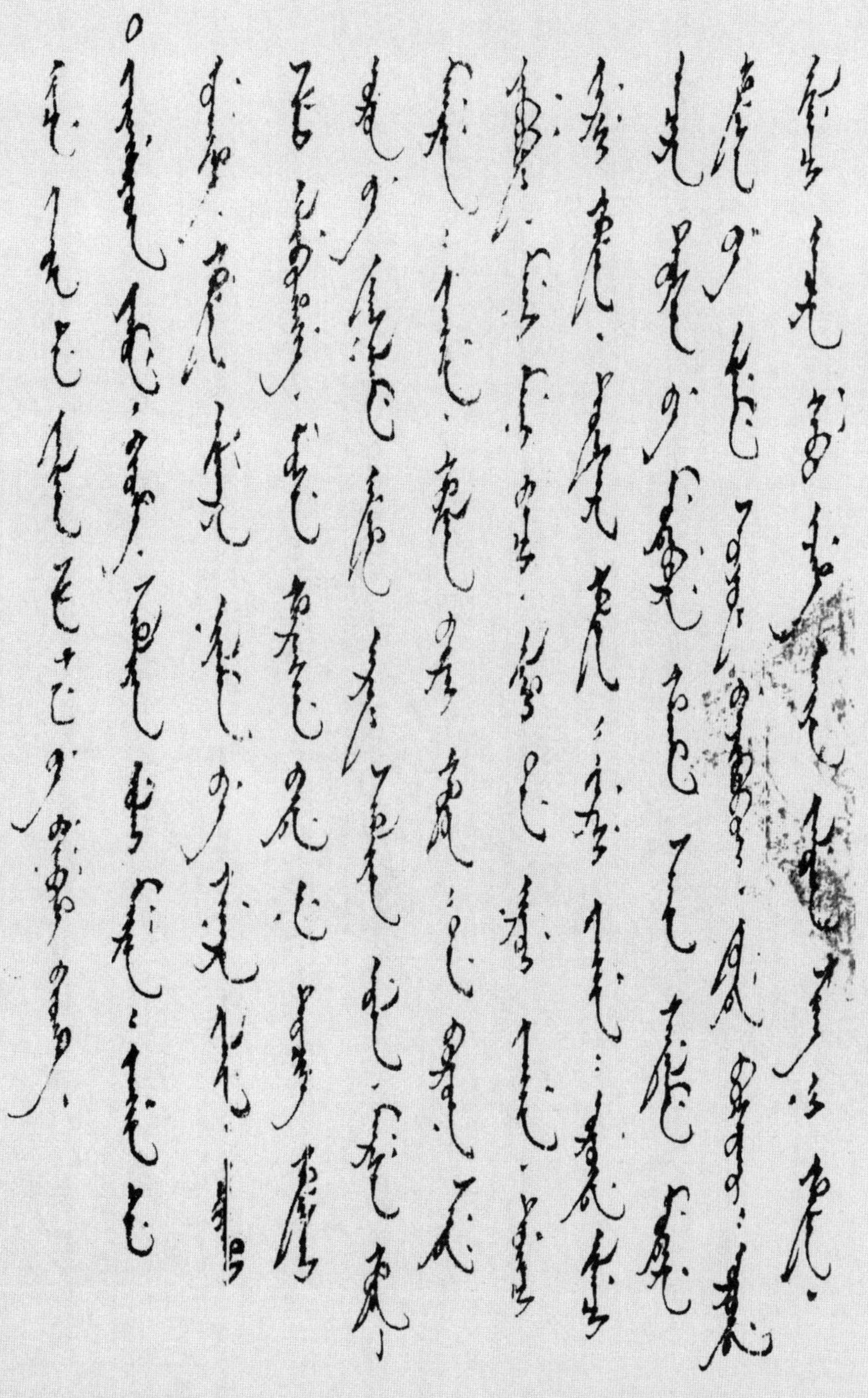

乾隆十三年闰七月初八日

（附官缺单一件）

五〇七 黑龙江将军衙门为黑龙江各处满洲达斡尔佐领骁骑校等出缺拣员送来事咨黑龙江副都统文

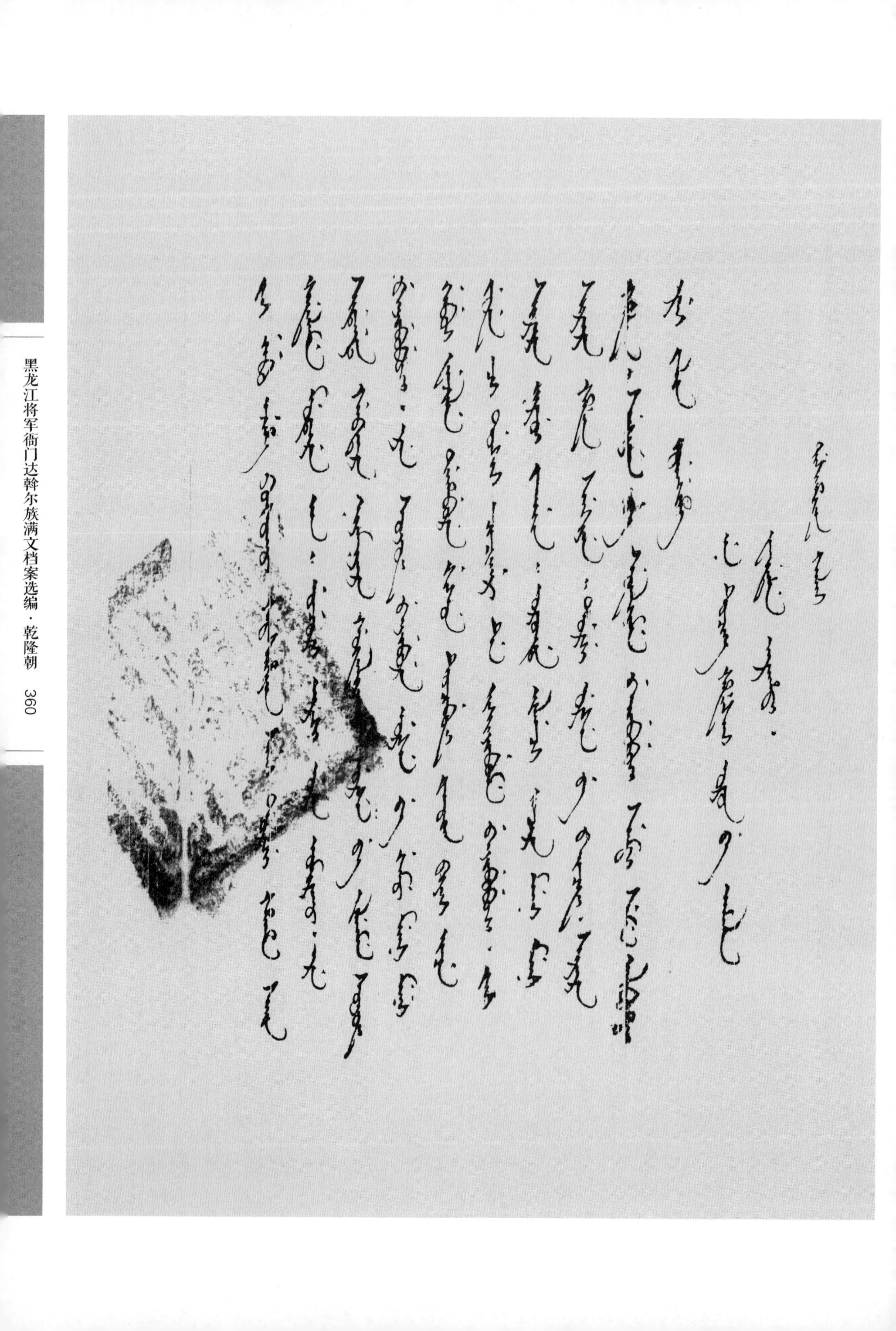

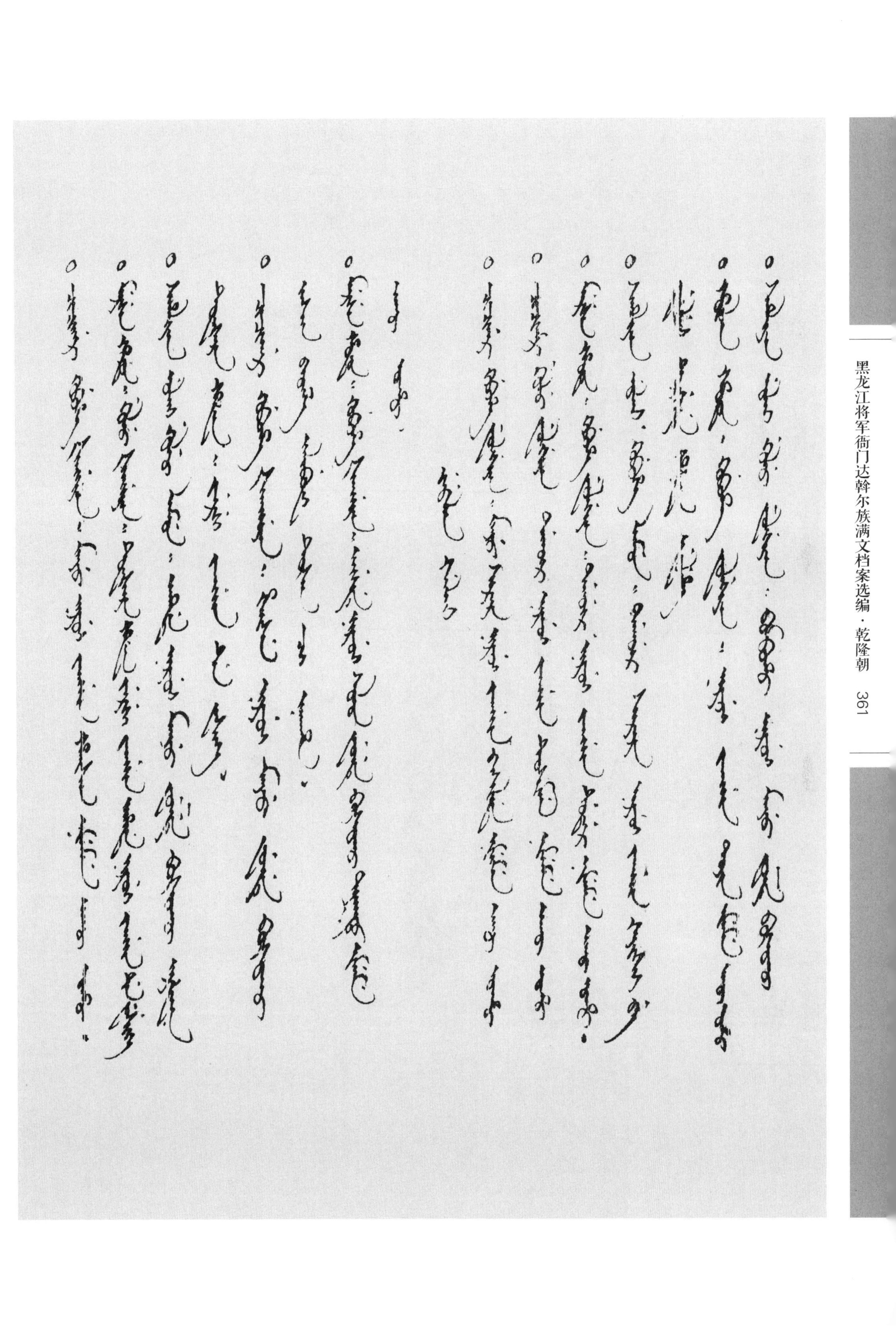

[illegible]

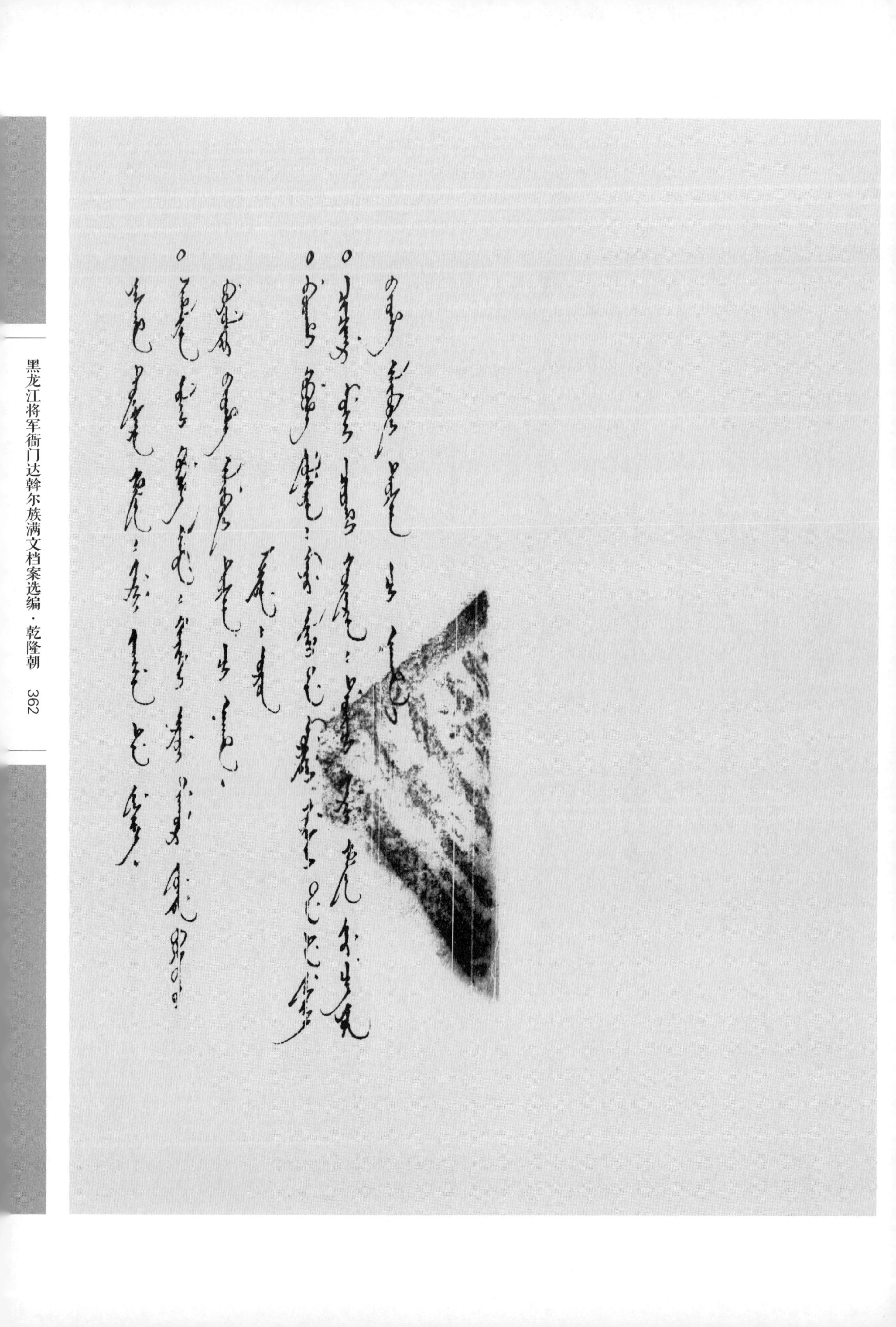

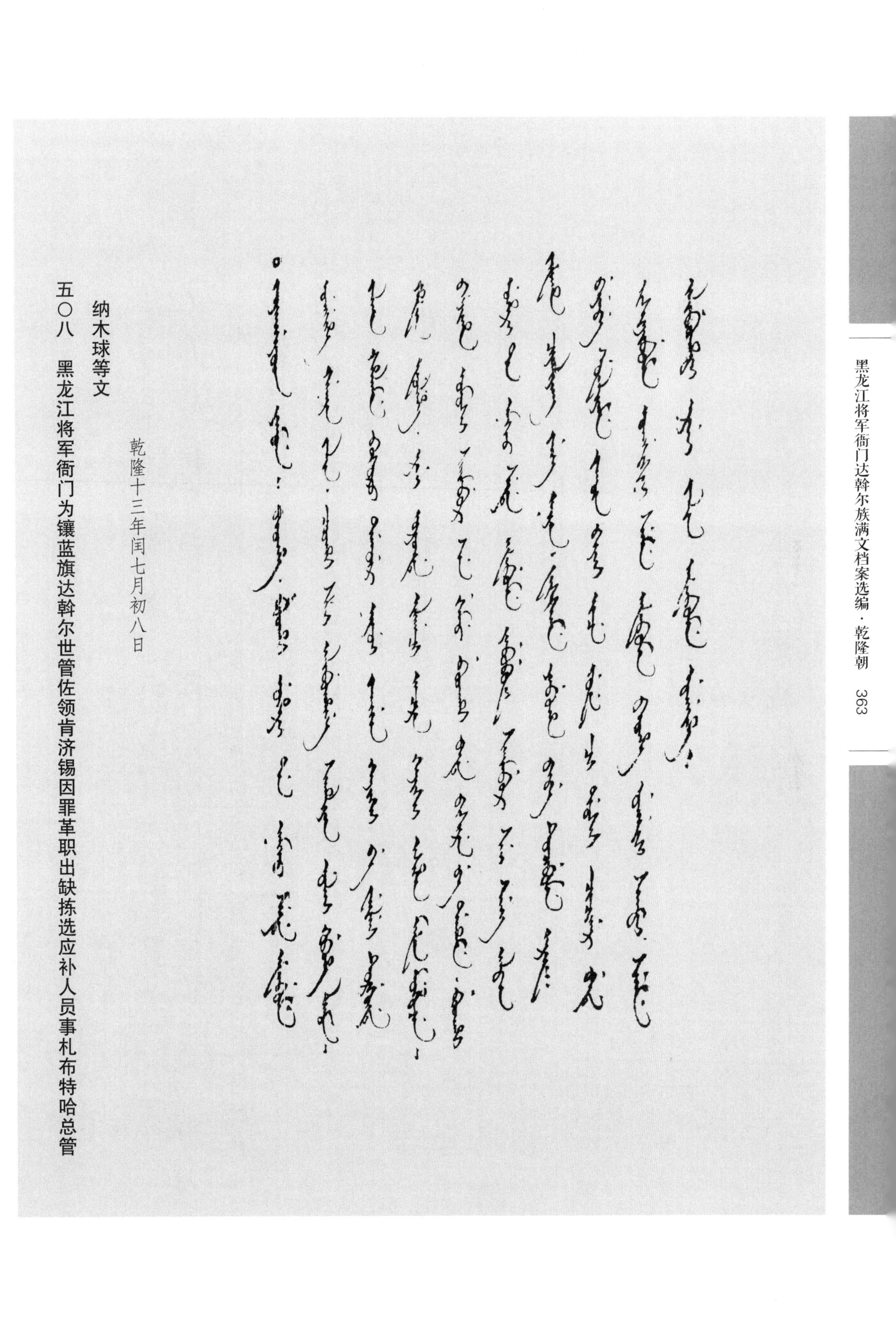

五〇八　黑龙江将军衙门为镶蓝旗达斡尔世管佐领肯济锡因罪革职出缺拣选应补人员事札布特哈总管纳木球等文

乾隆十三年闰七月初八日

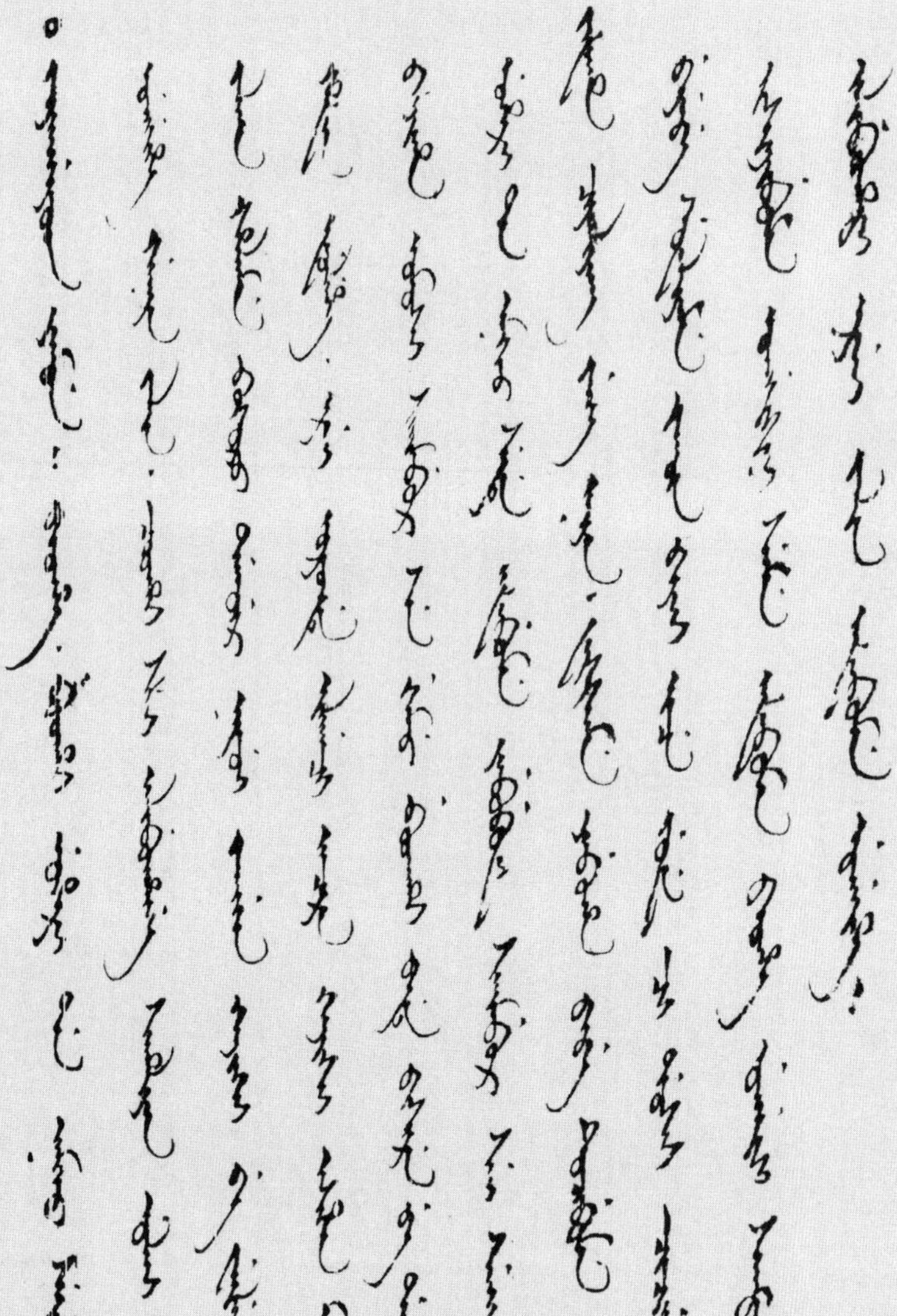

五〇九 黑龙江将军衙门为布特哈索伦达斡尔哈都礼等佐领下人口繁衍分编牛录事咨理藩院文

乾隆十三年闰七月二十日

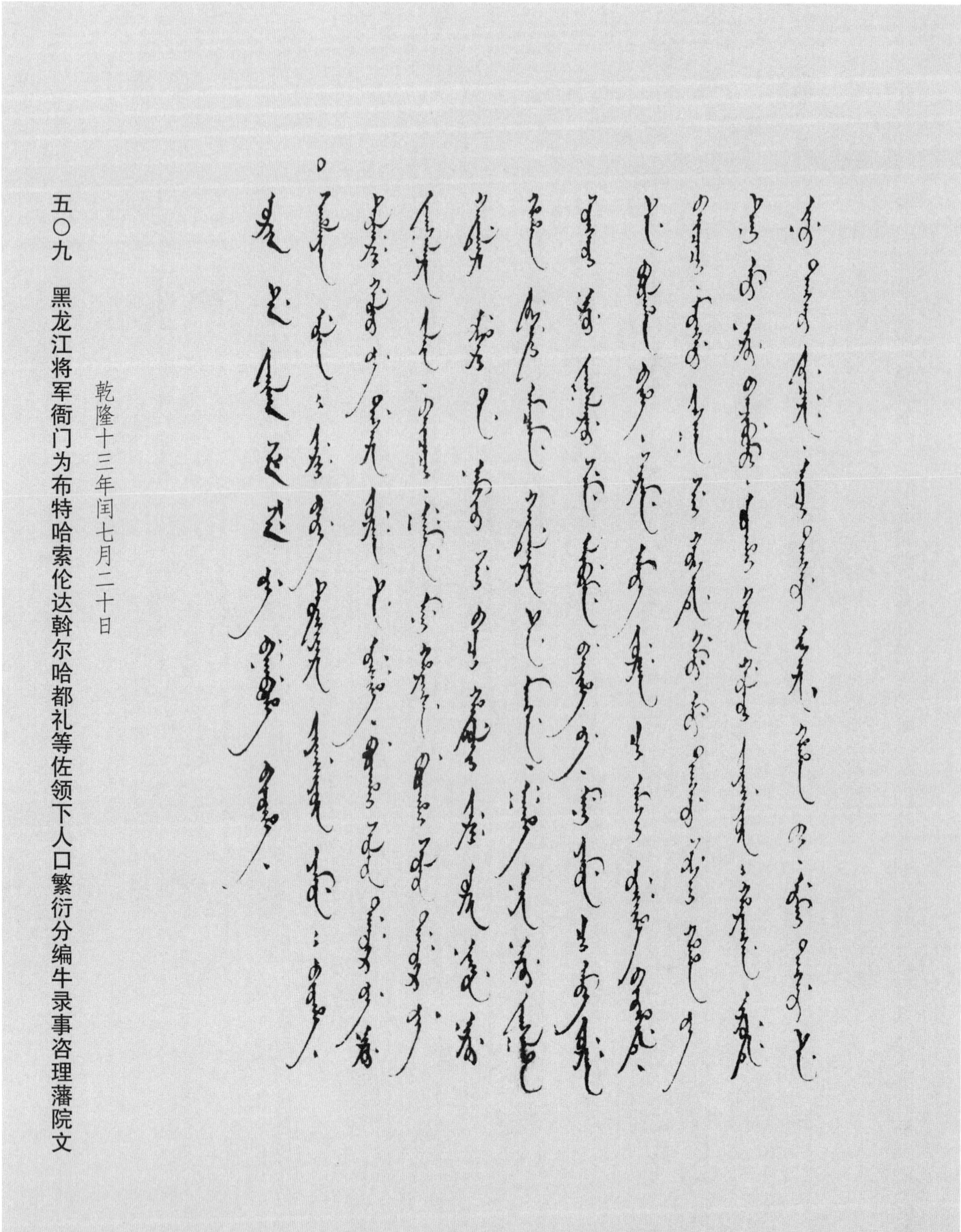

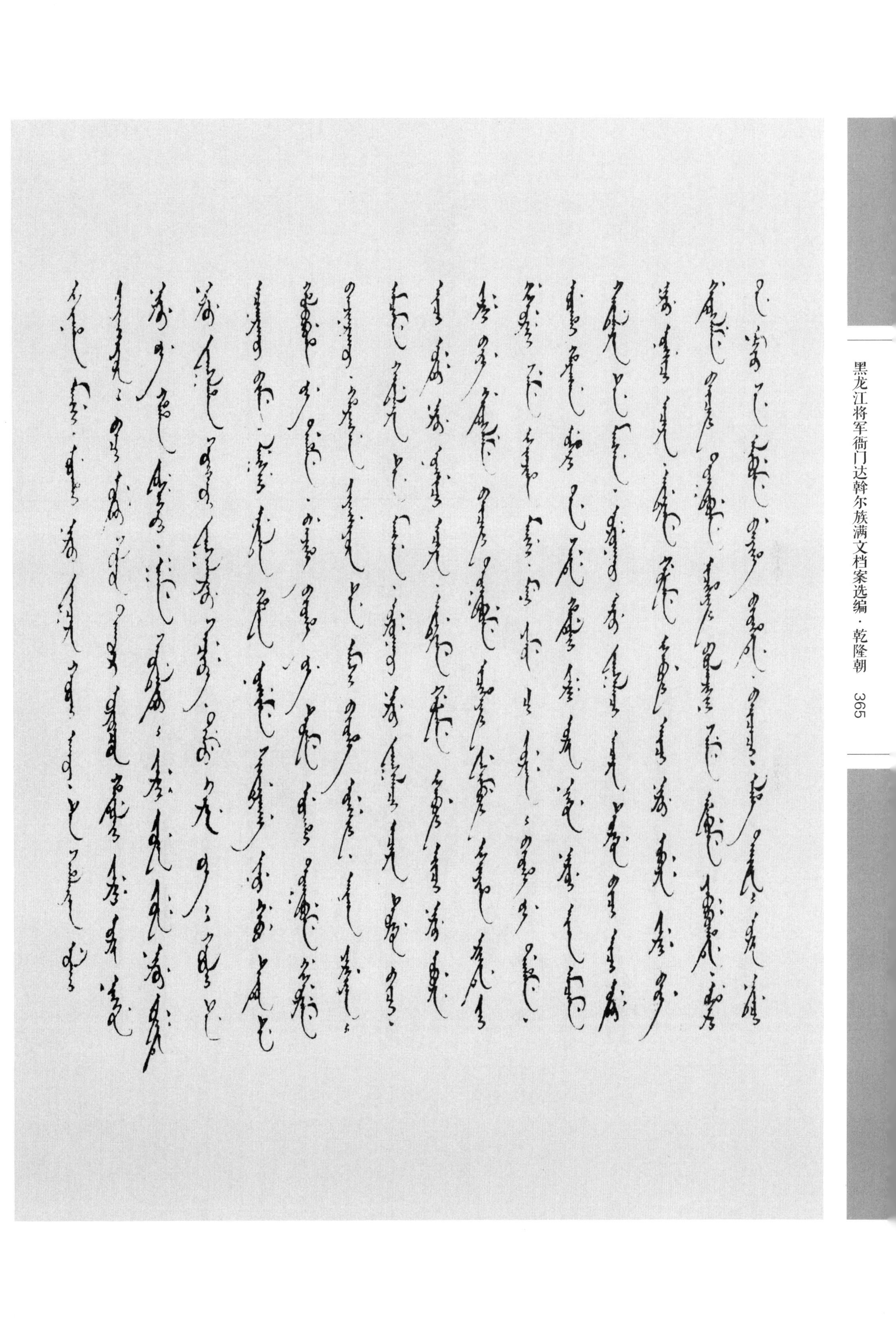

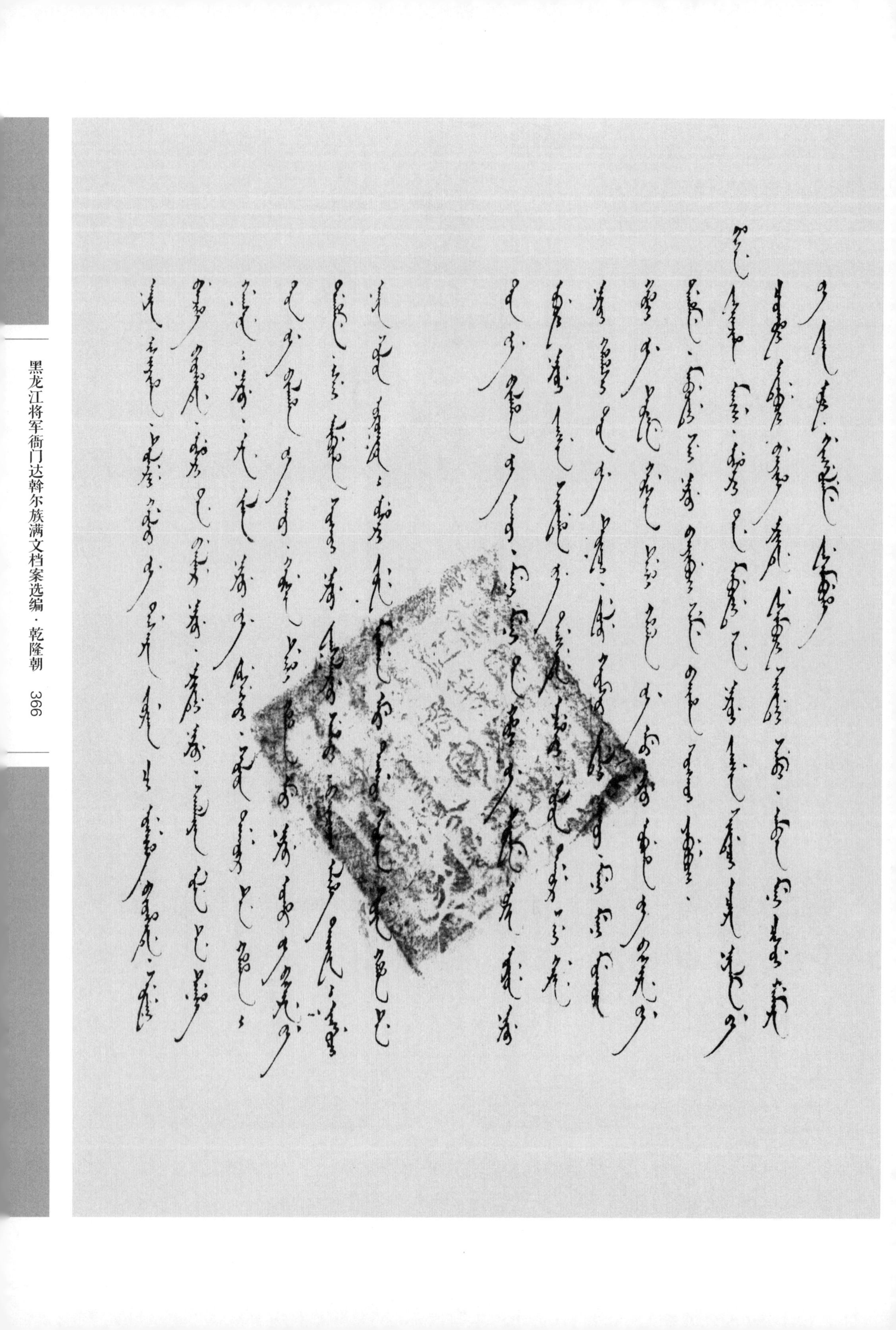

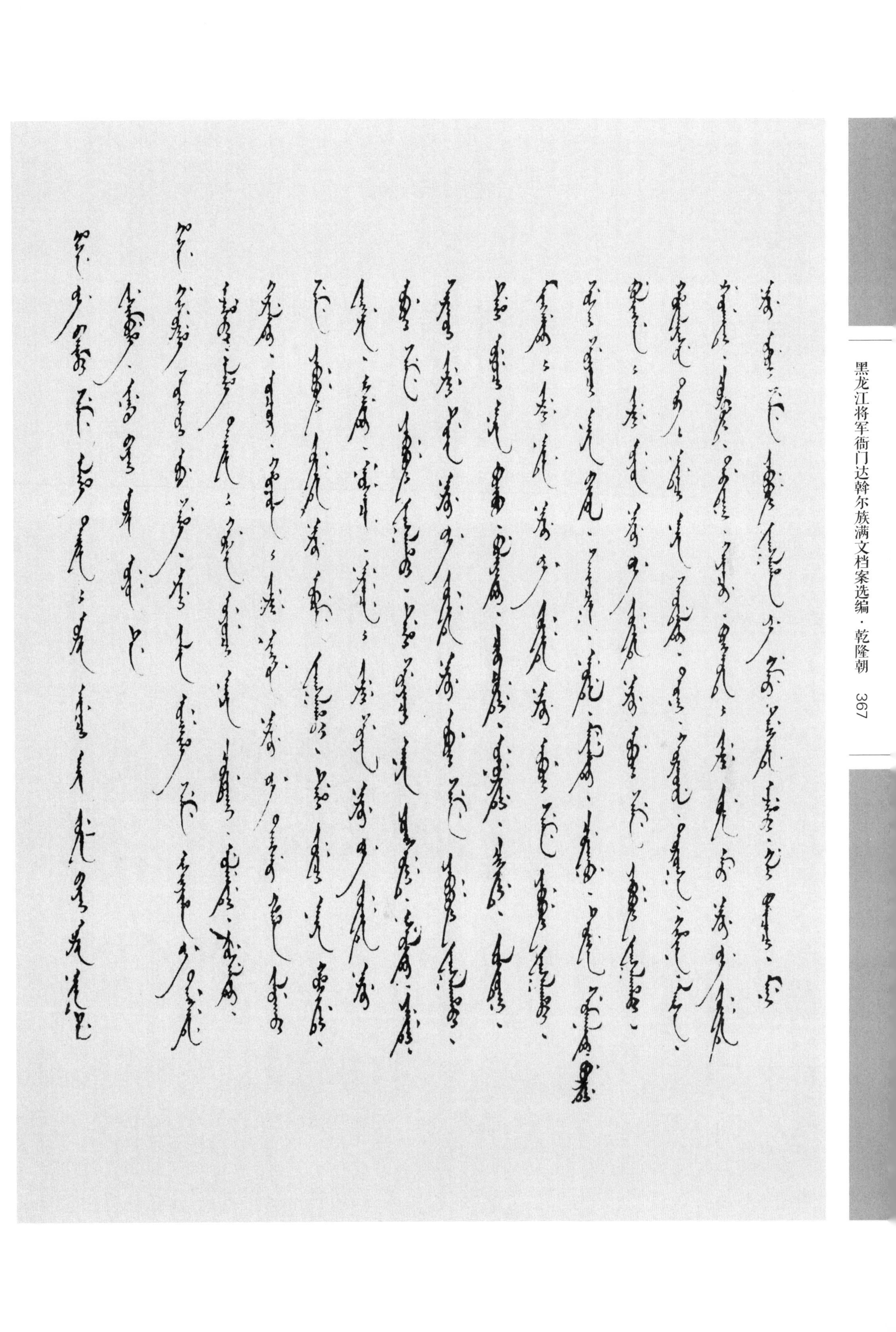

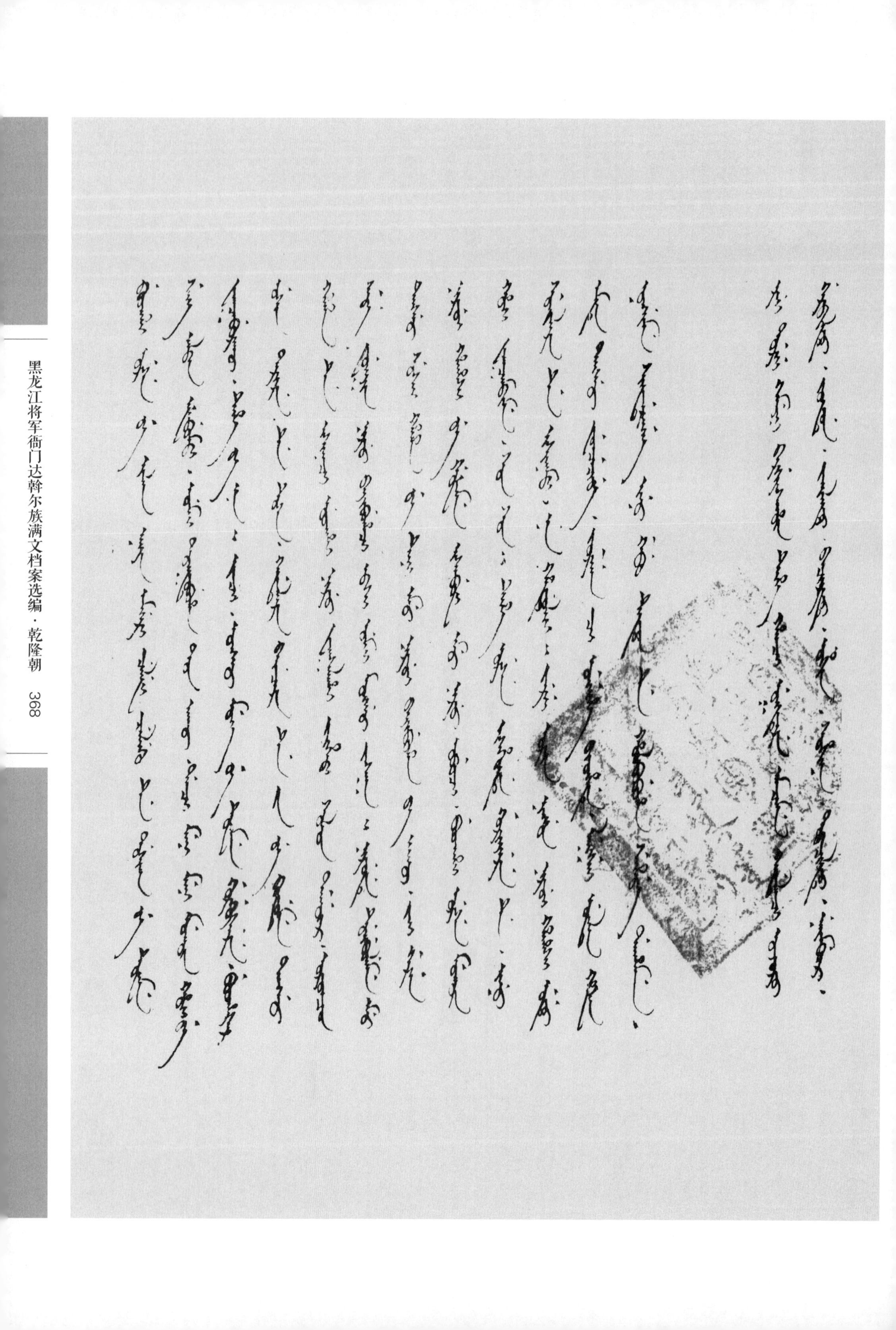

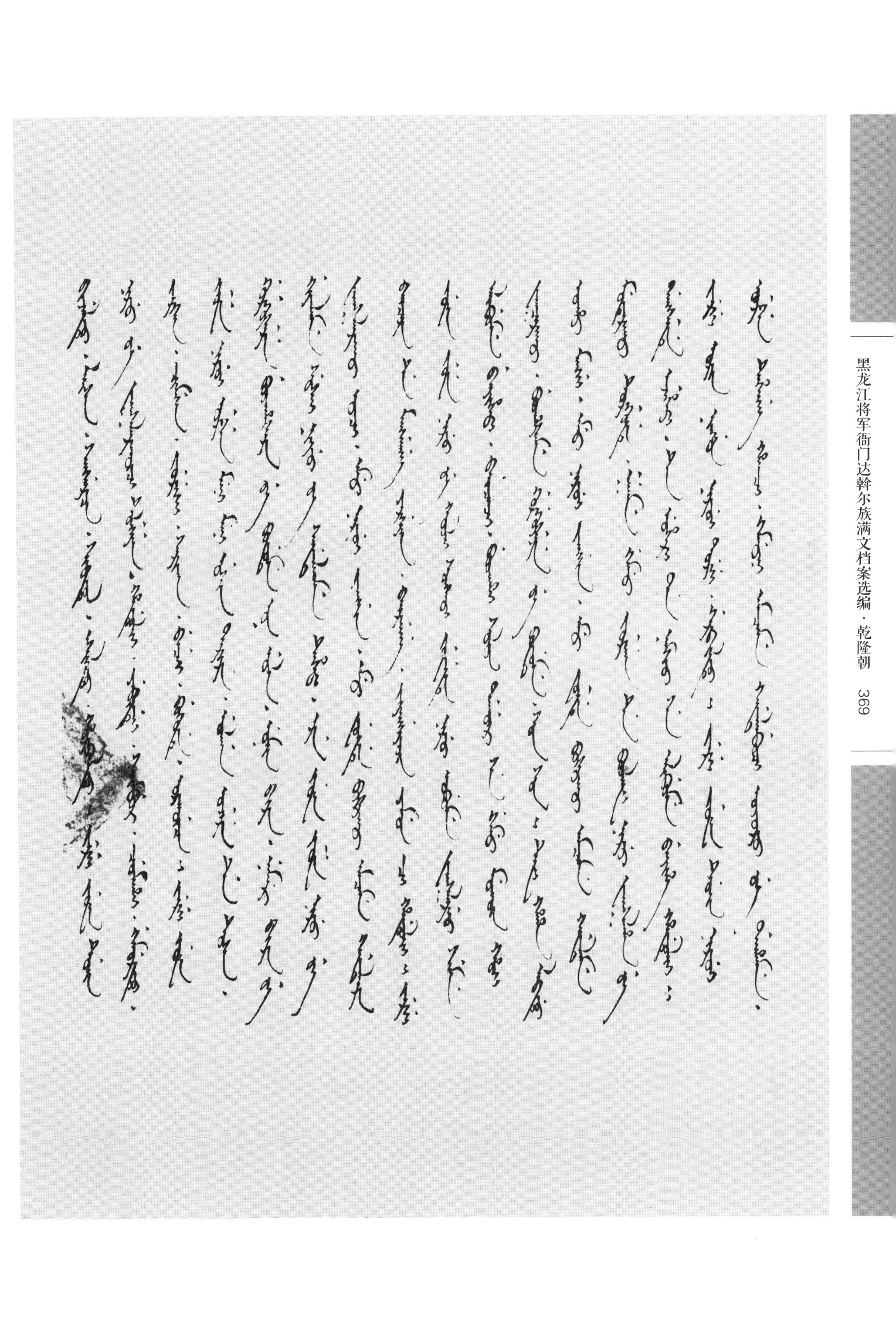

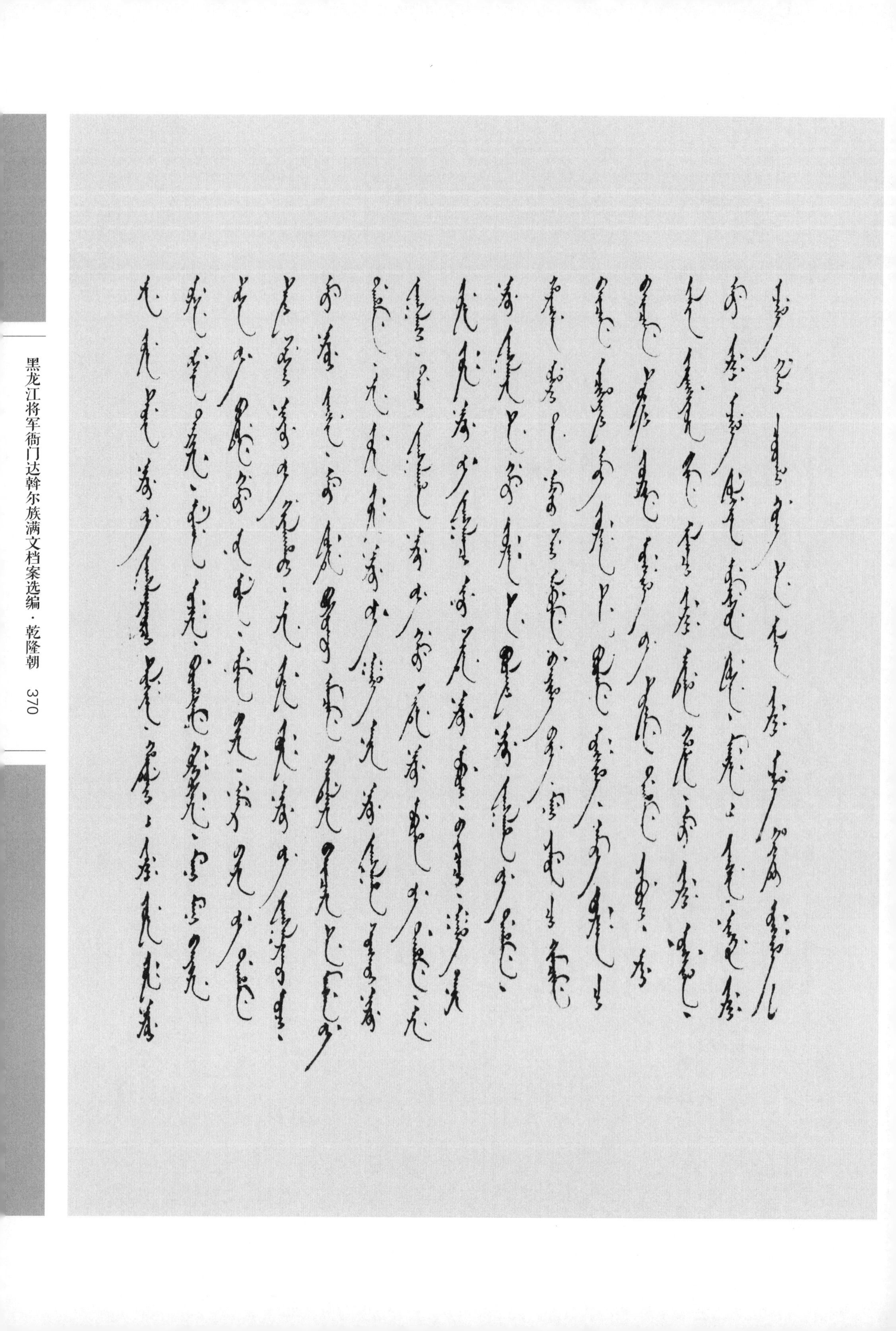

五一〇　黑龙江将军衙门为催解镶蓝旗达斡尔肯济锡世管佐领源流册事札布特哈索伦达斡尔总管纳木球等文

乾隆十三年闰七月二十二日

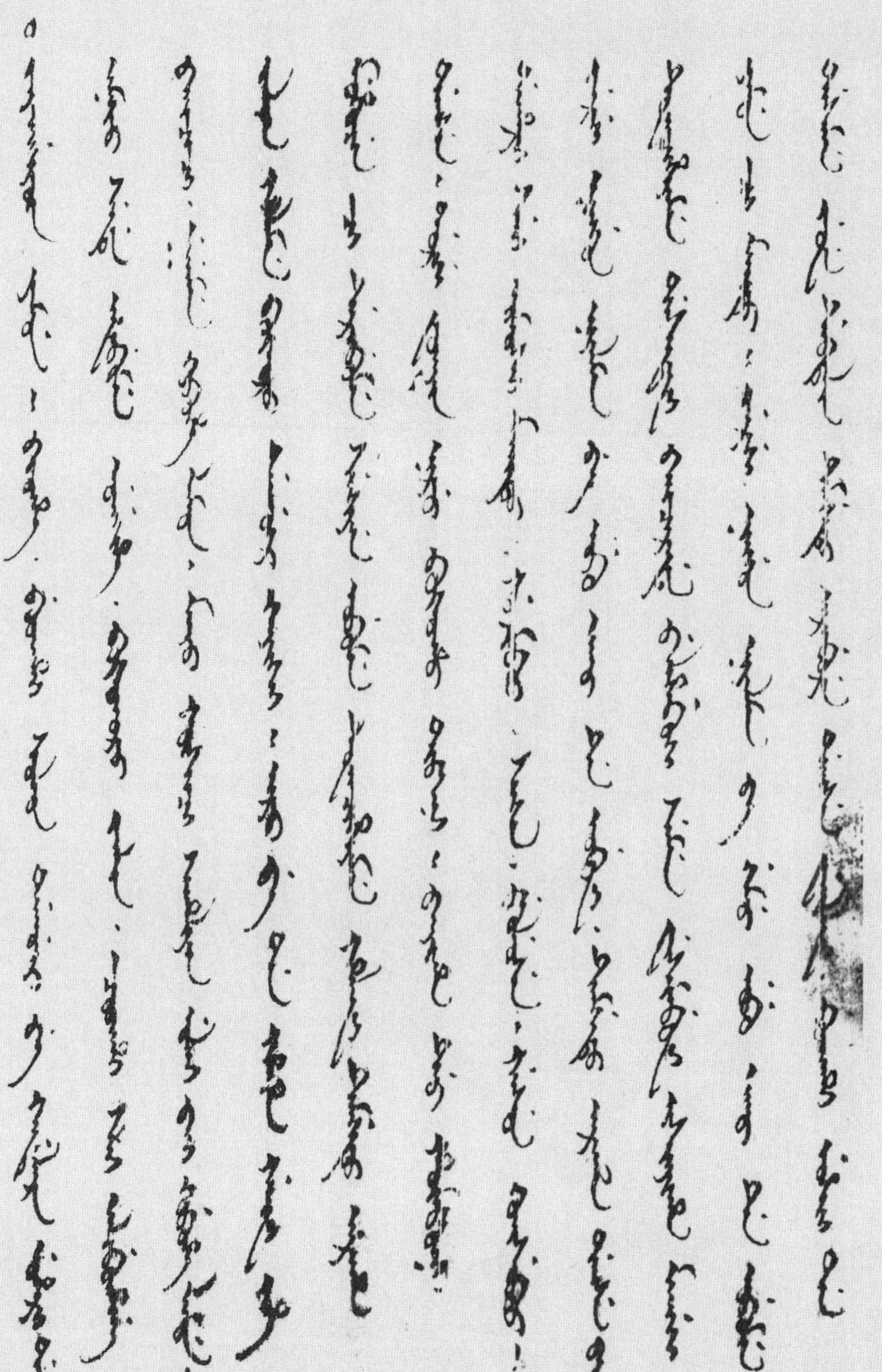

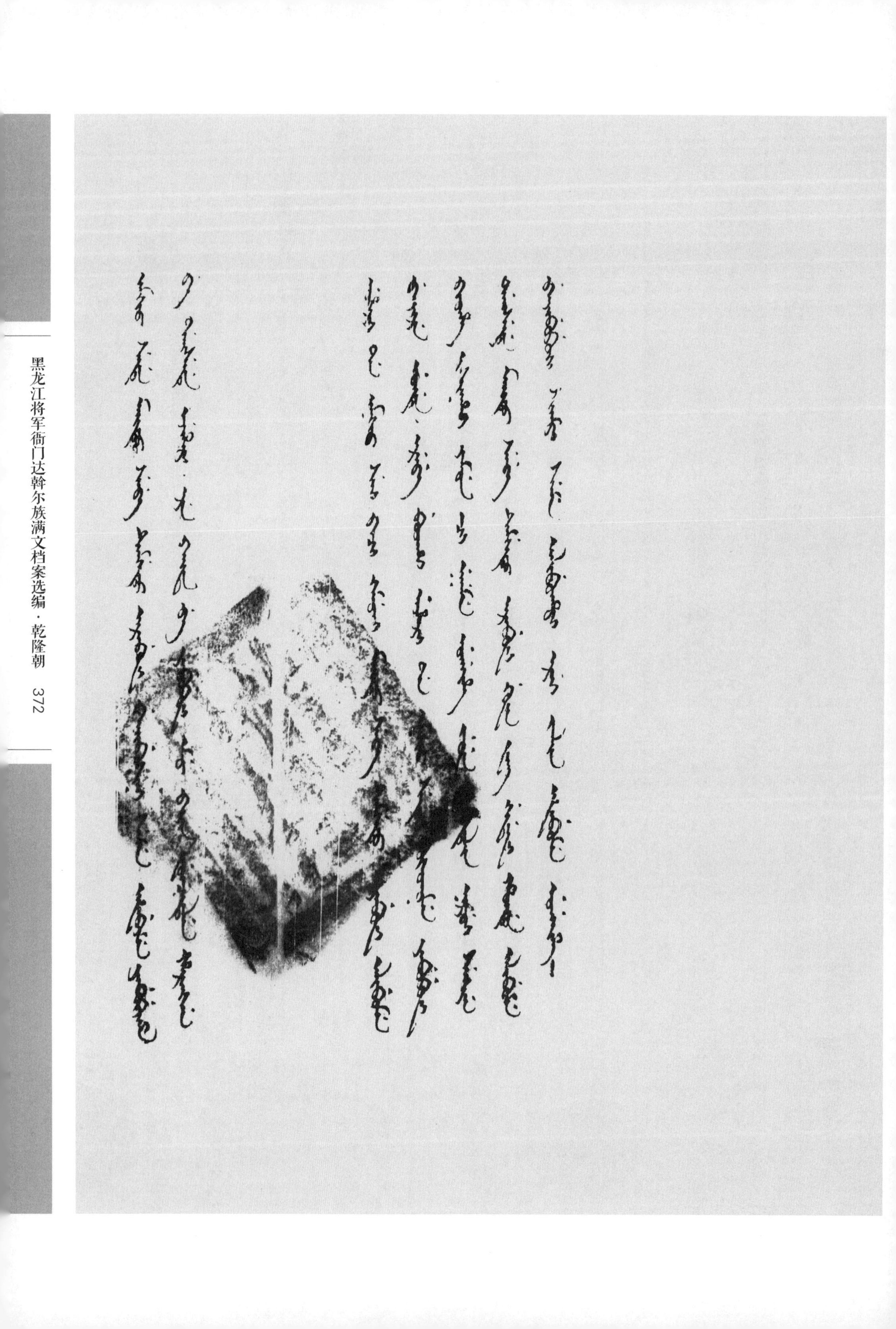

五一一 墨尔根副都统衙门为黑龙江各处满洲达斡尔佐领骁骑校等出缺拣员报送事咨黑龙江将军衙门文

乾隆十三年八月初一日

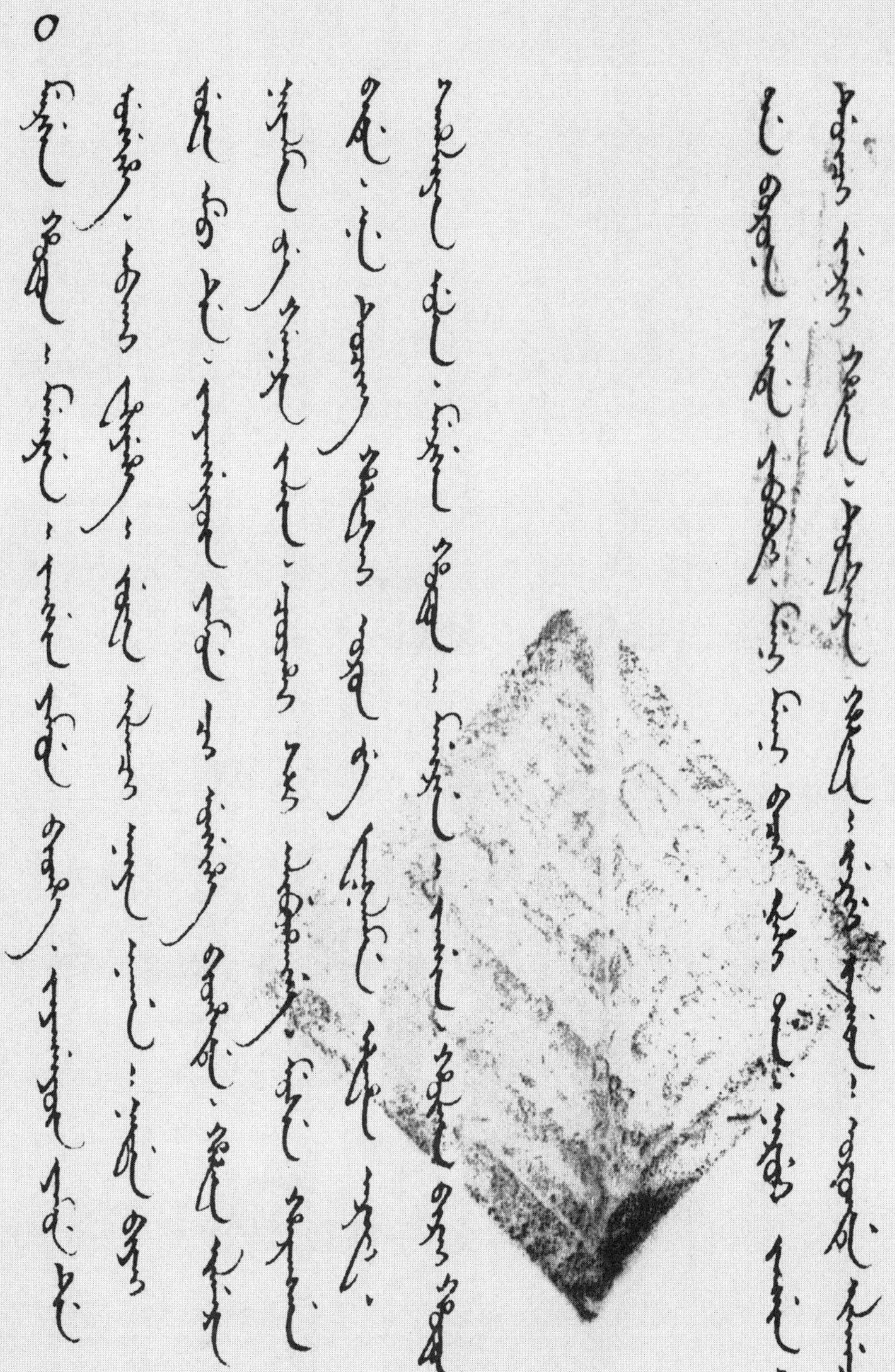

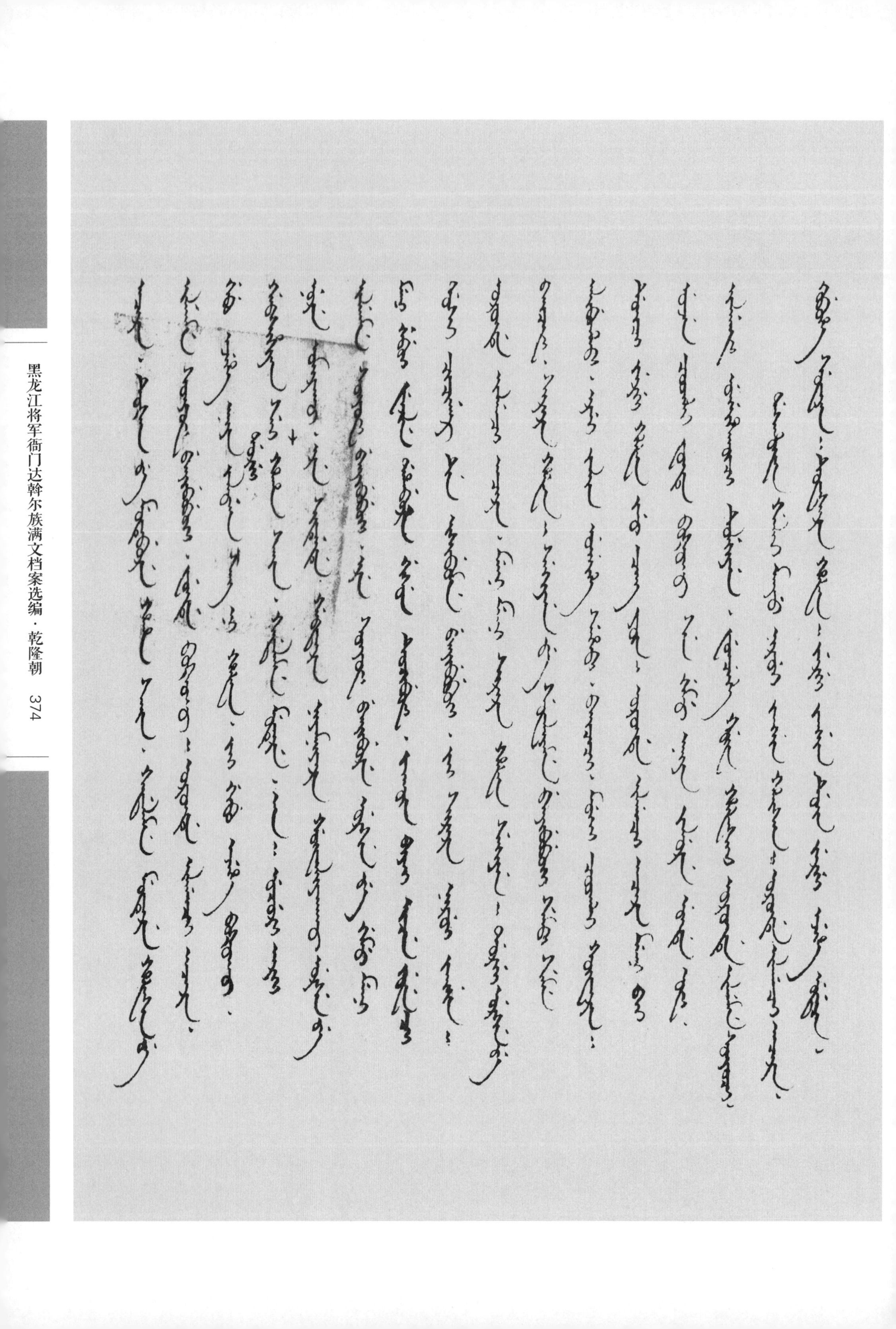

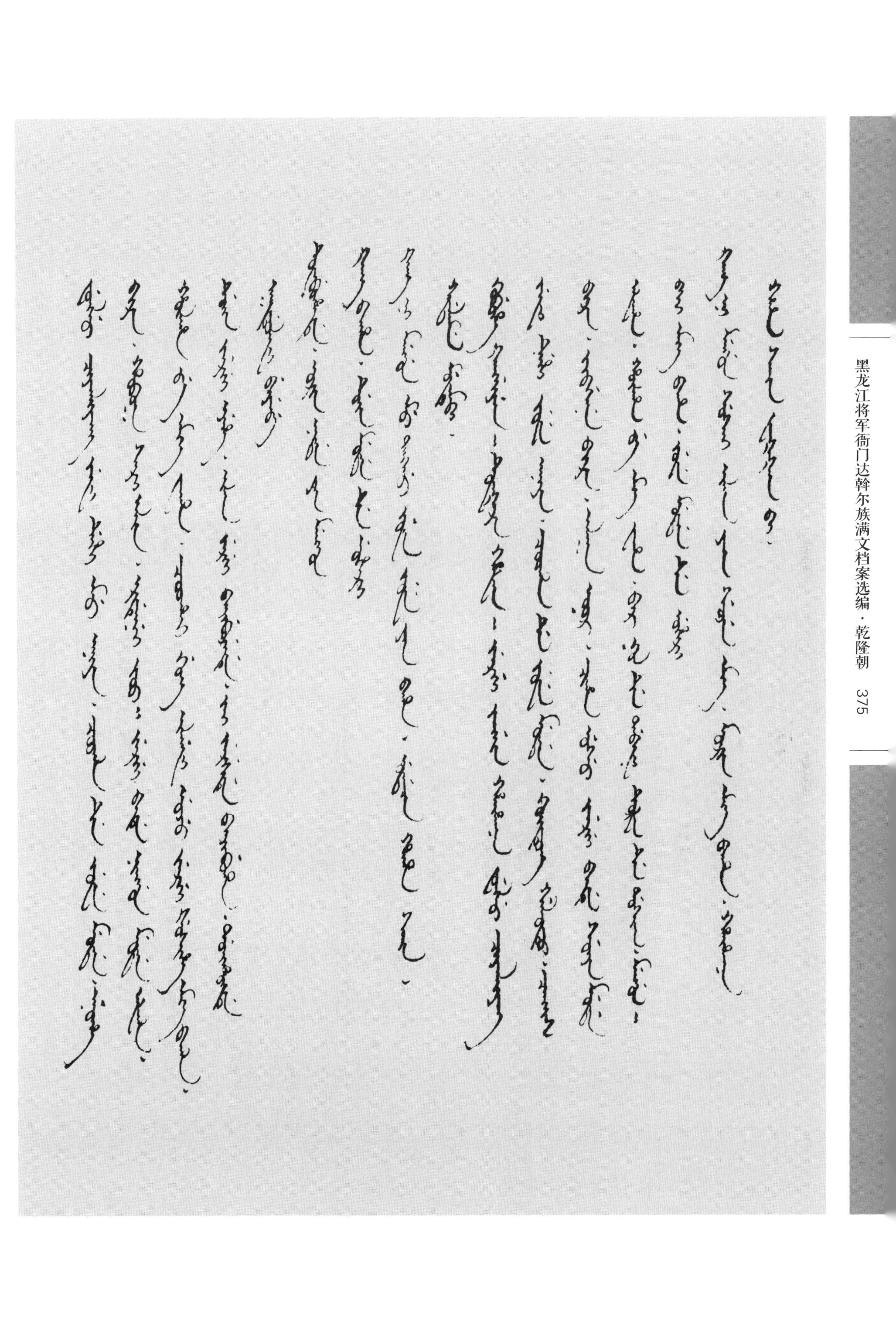

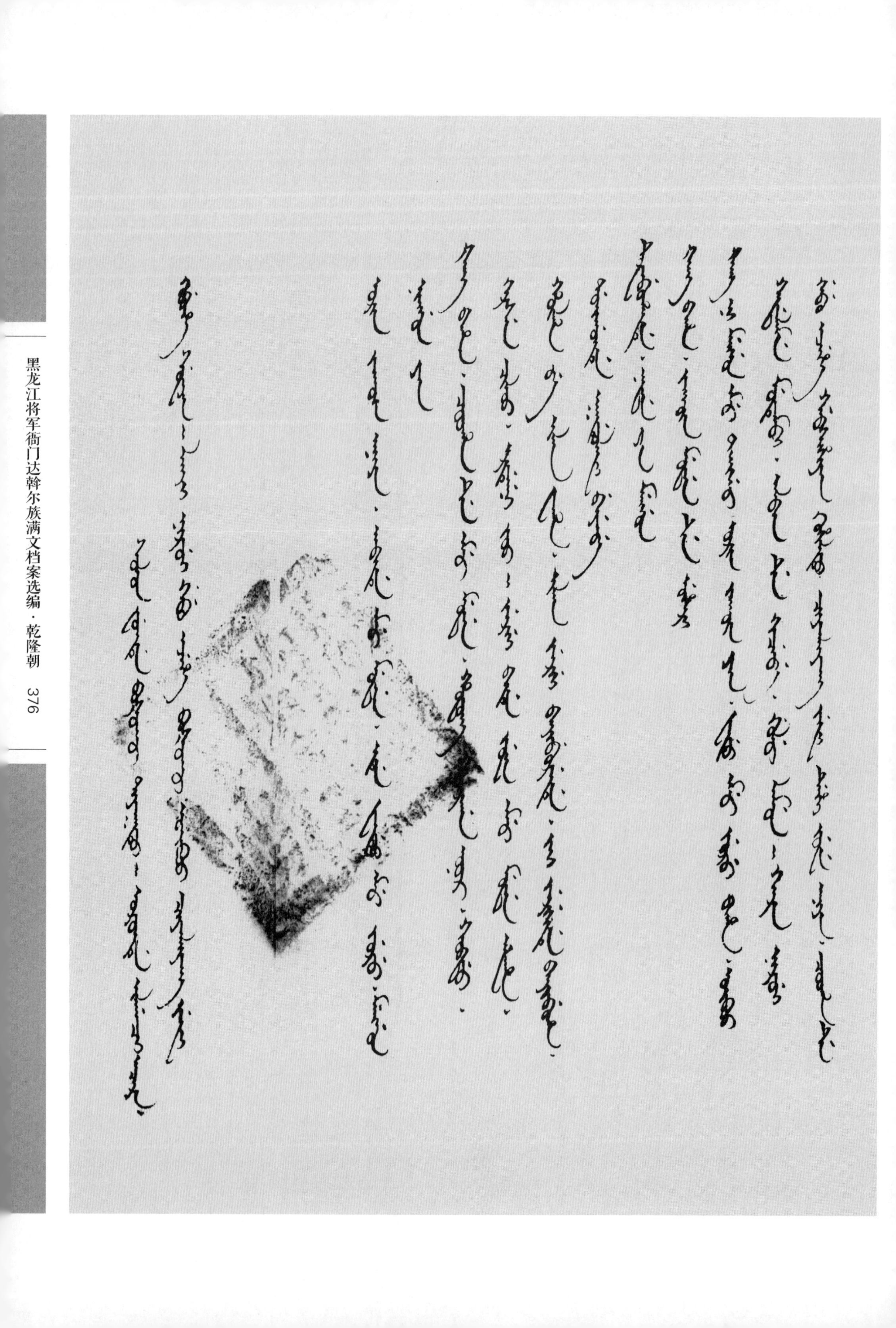

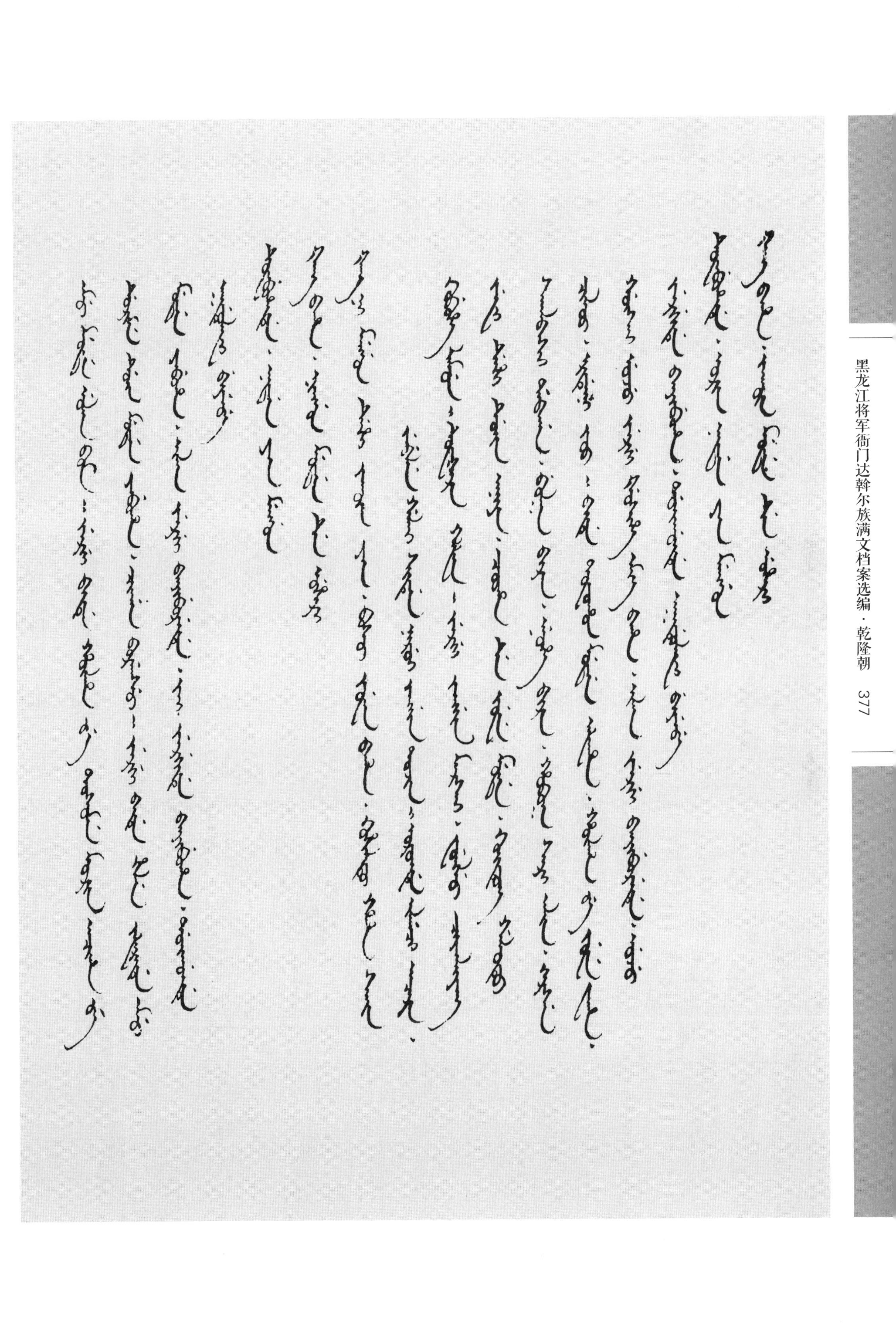

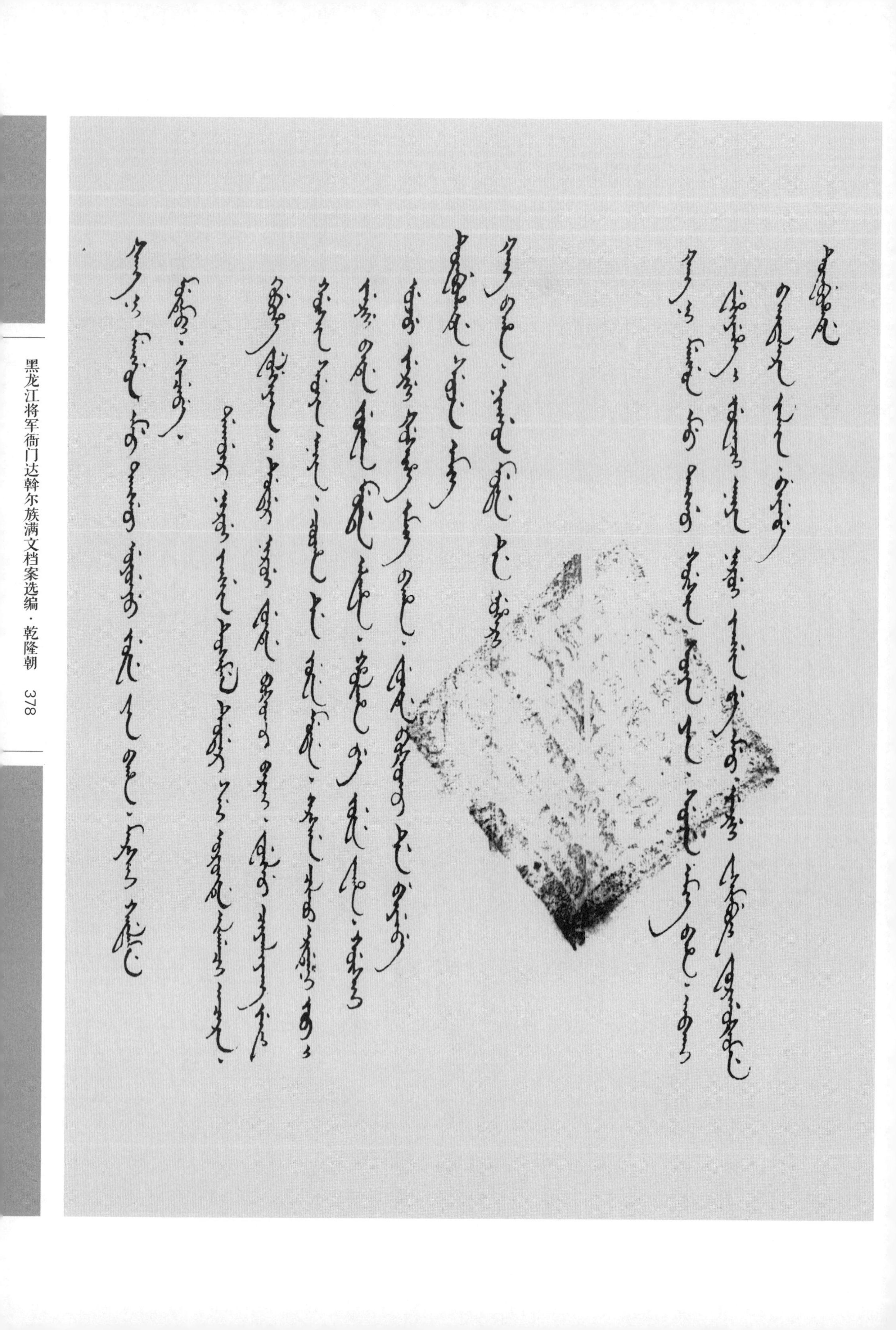

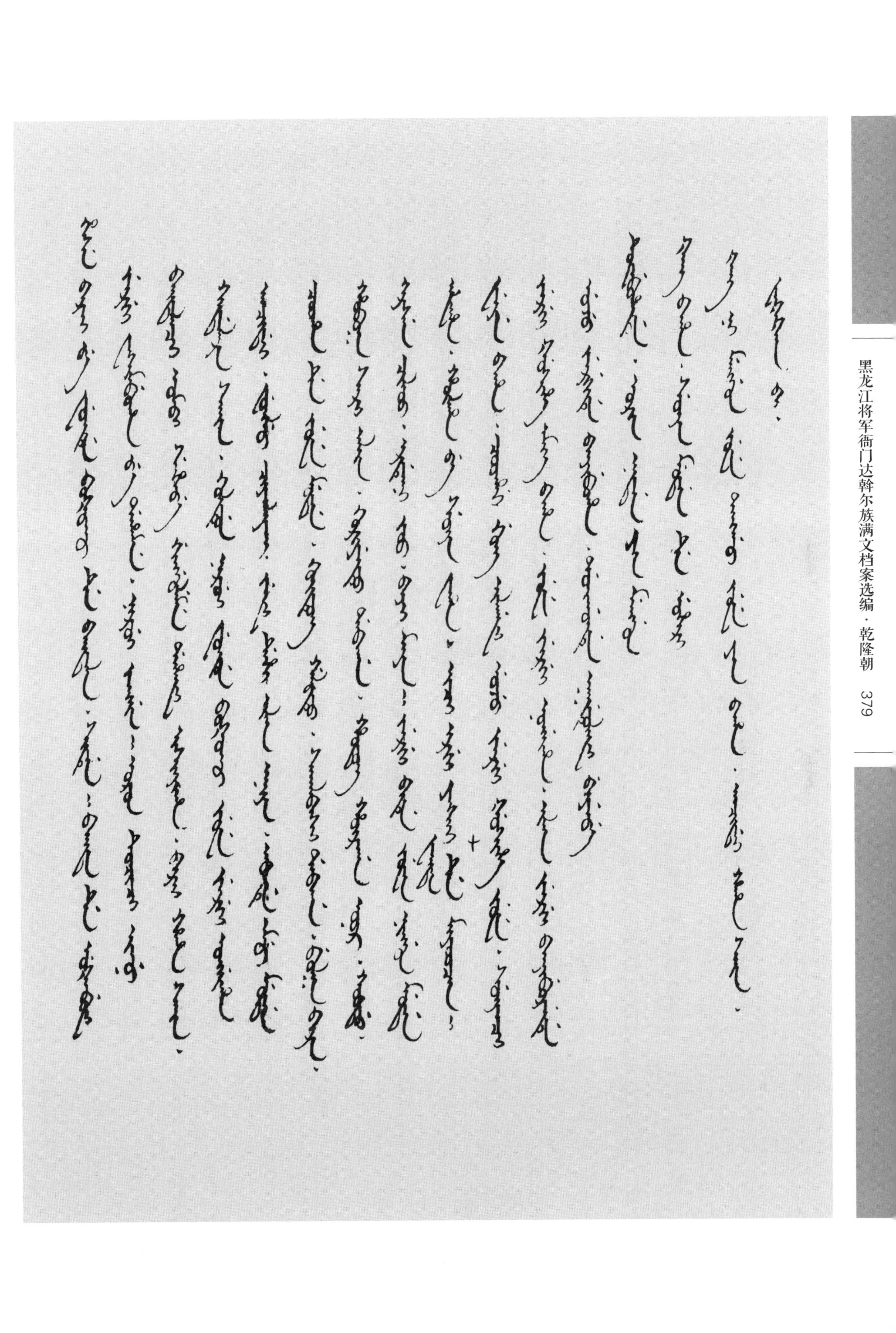

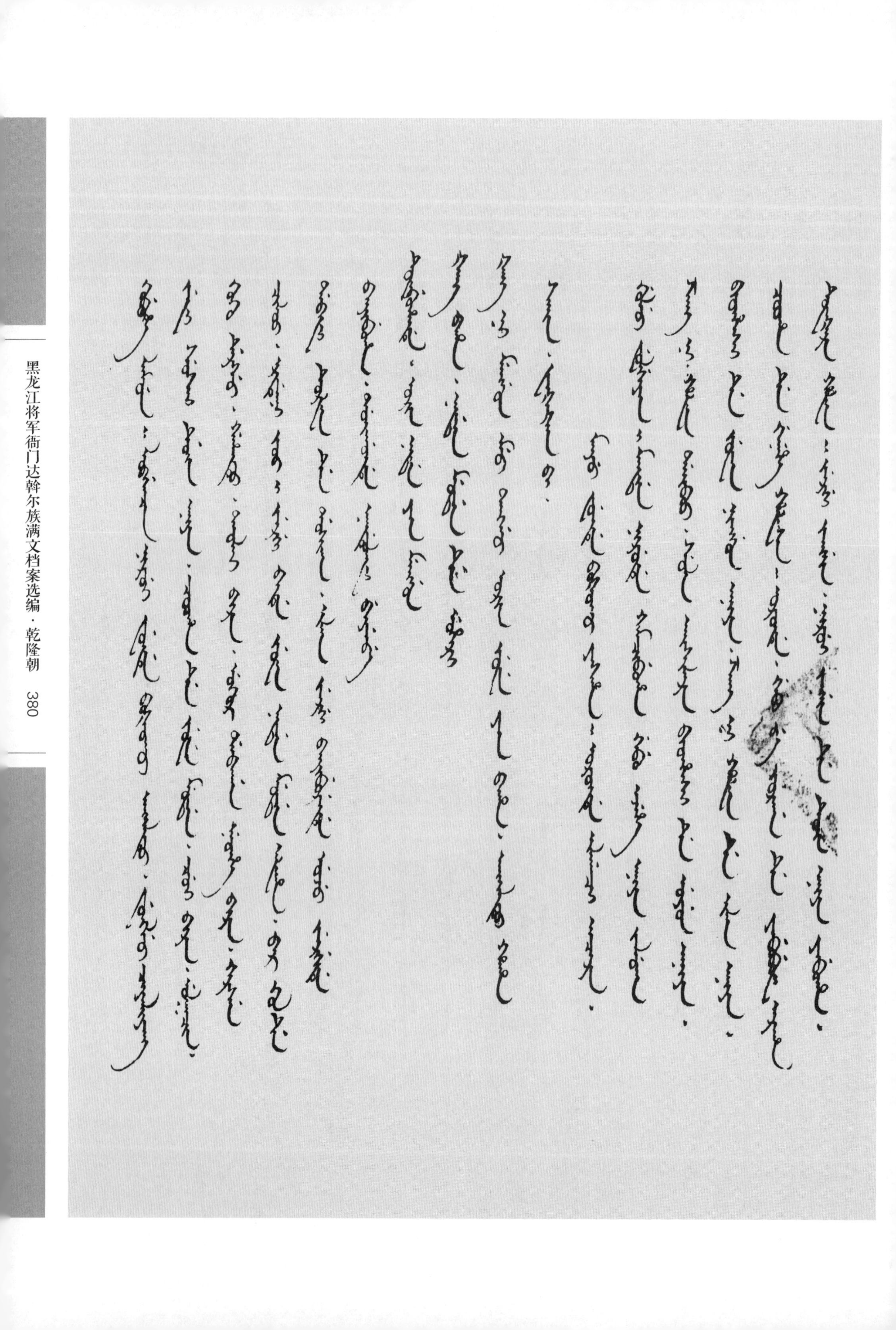

[illegible]

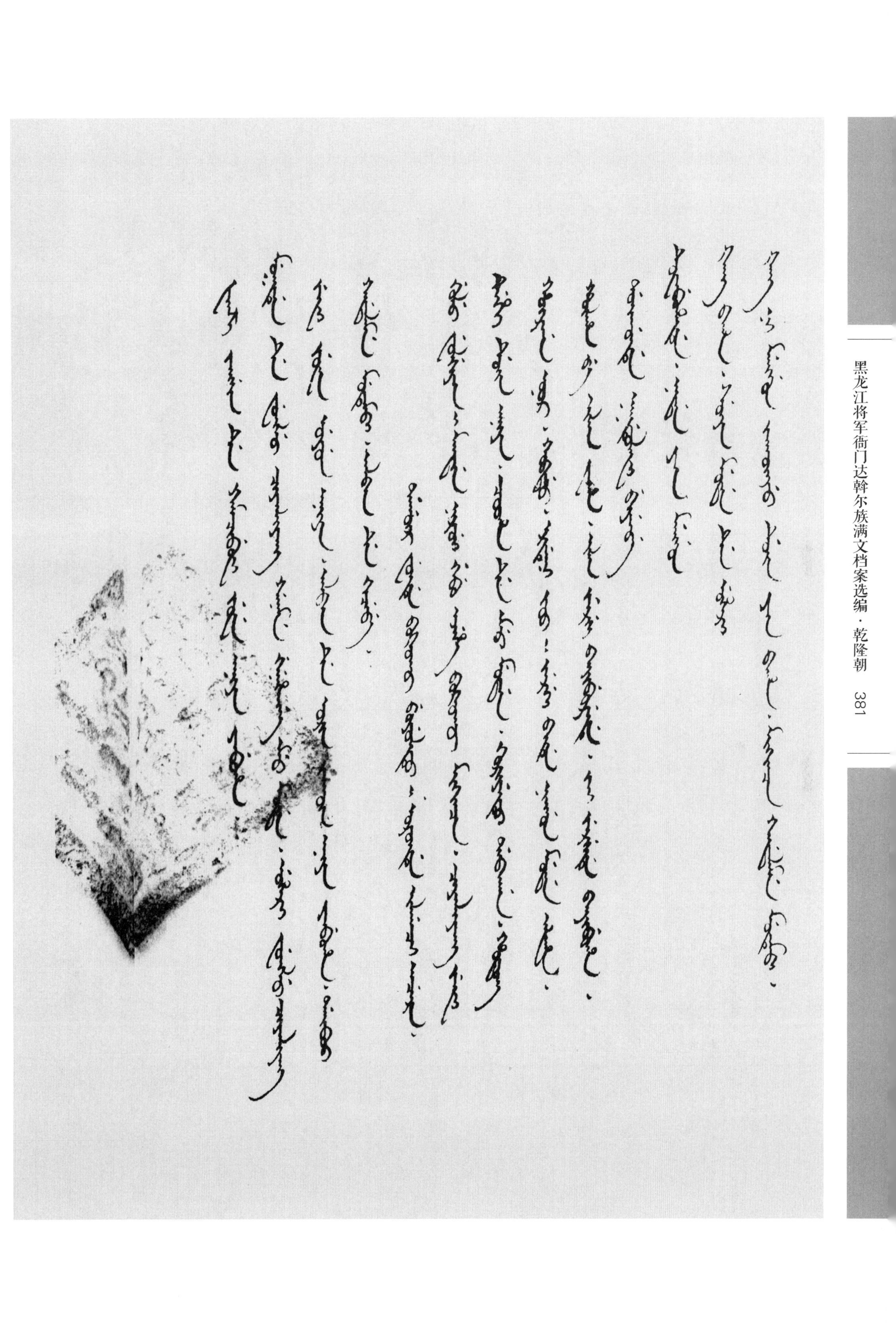

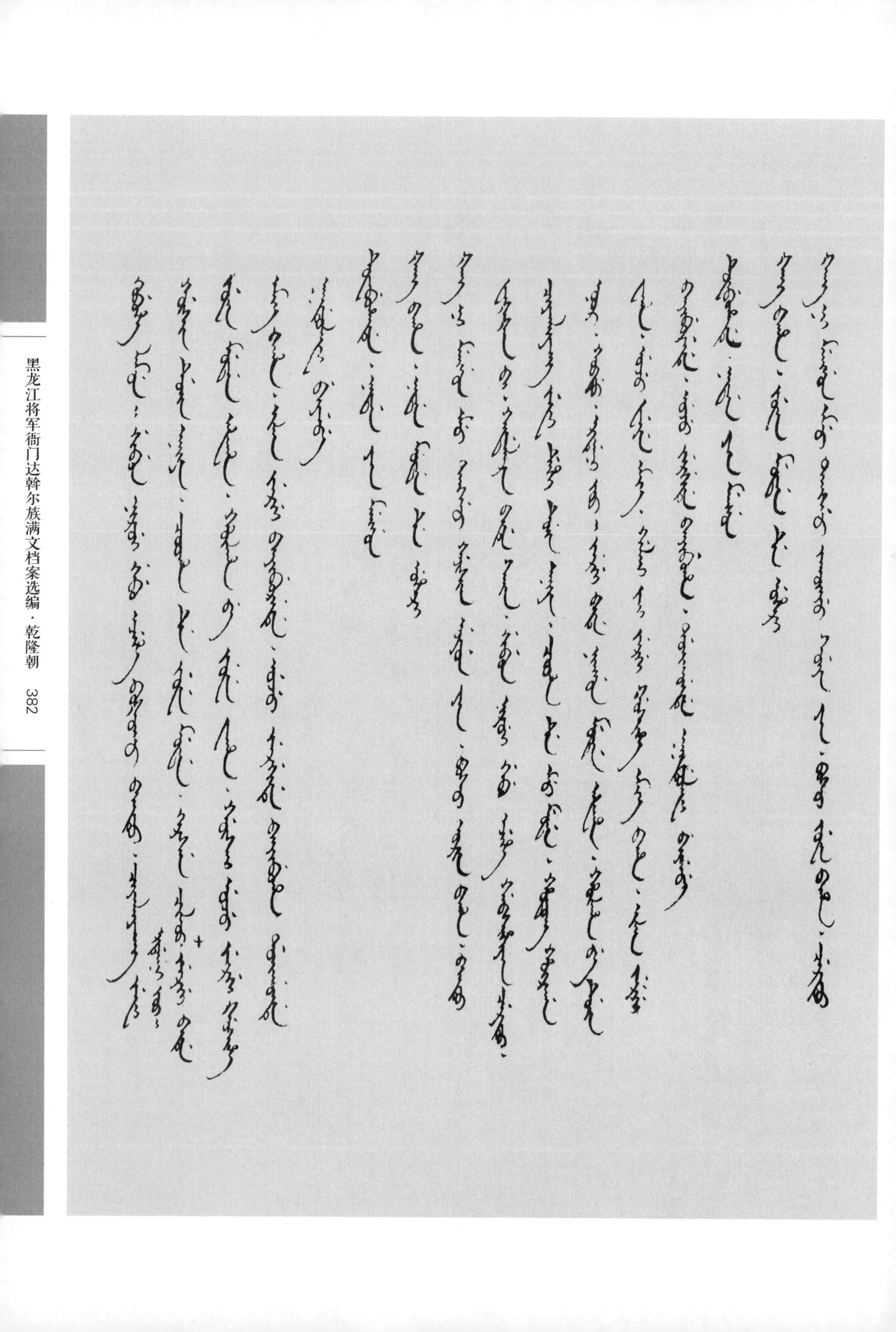

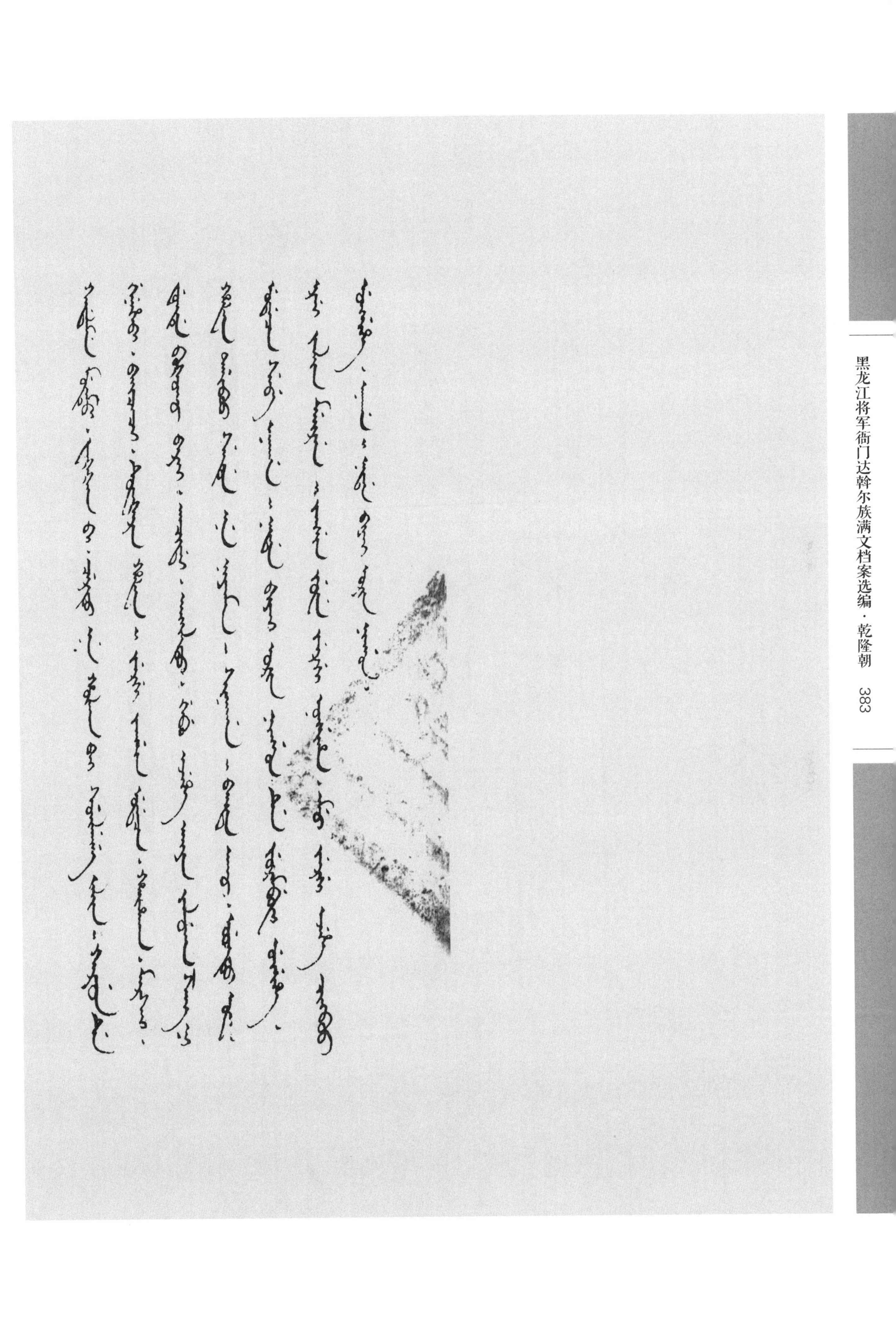

五一二　镶黄满洲旗为酌定布特哈达斡尔贵泰等公中佐领照例承袭事宜事咨黑龙江将军衙门文

乾隆十三年八月初三日

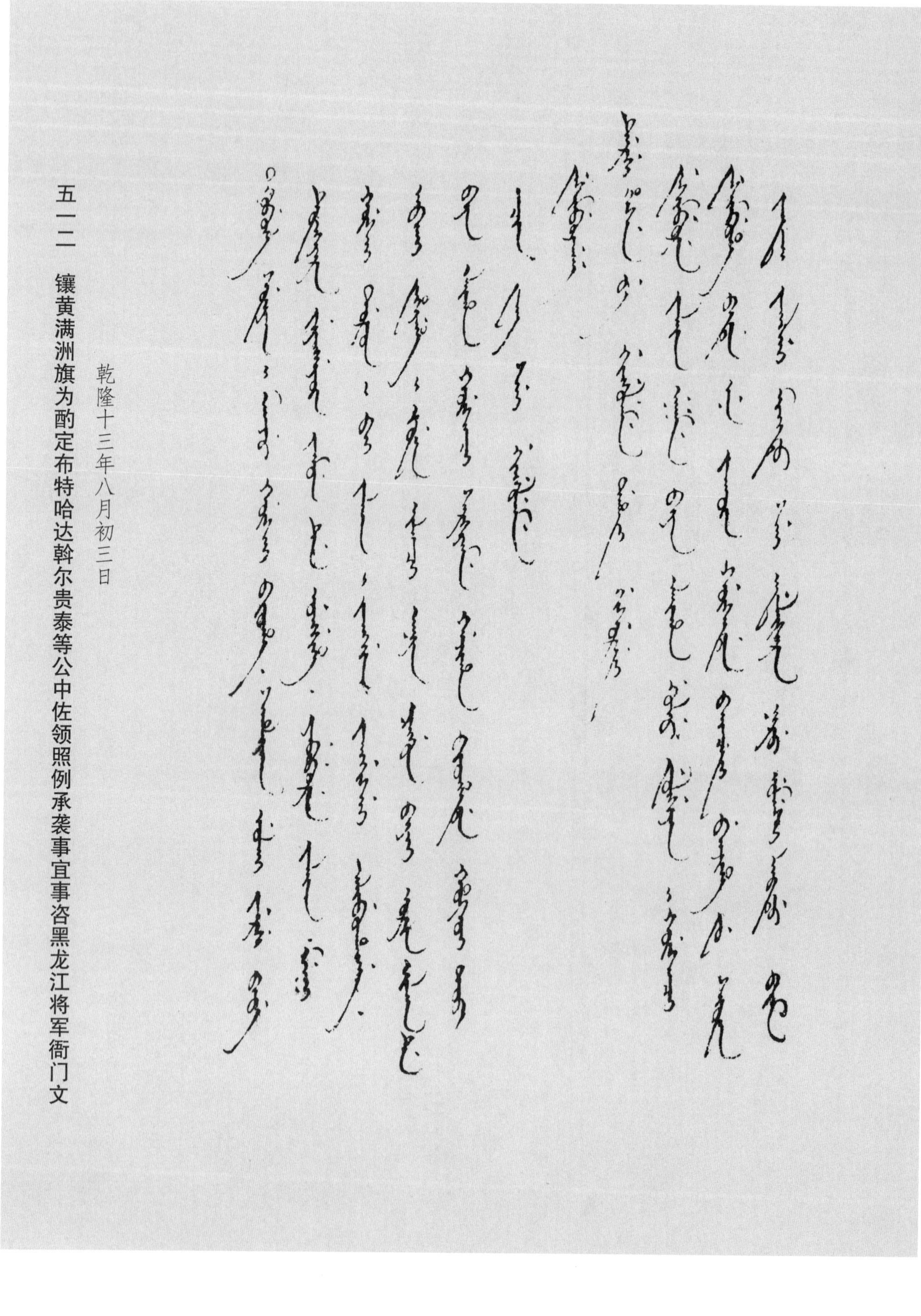

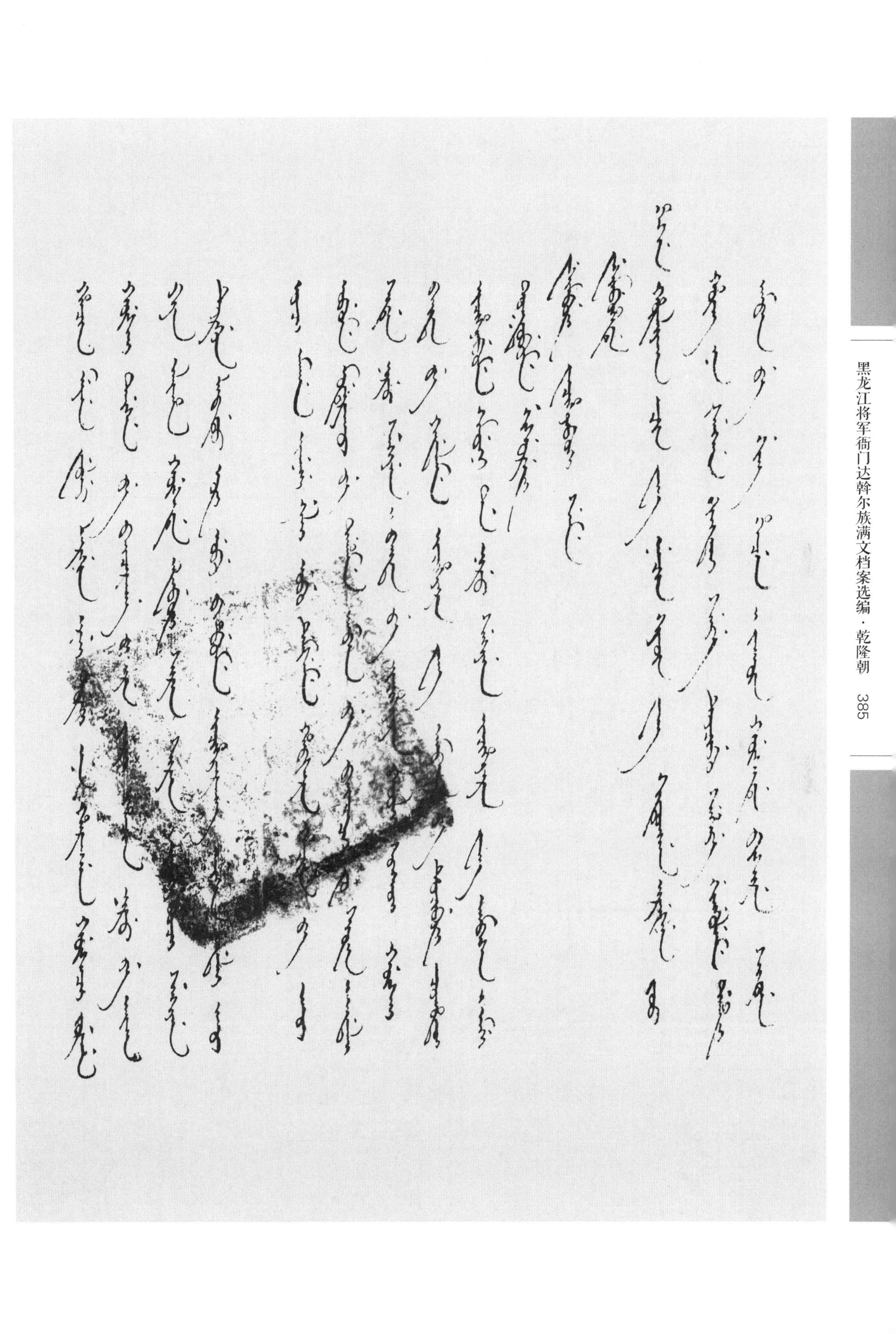

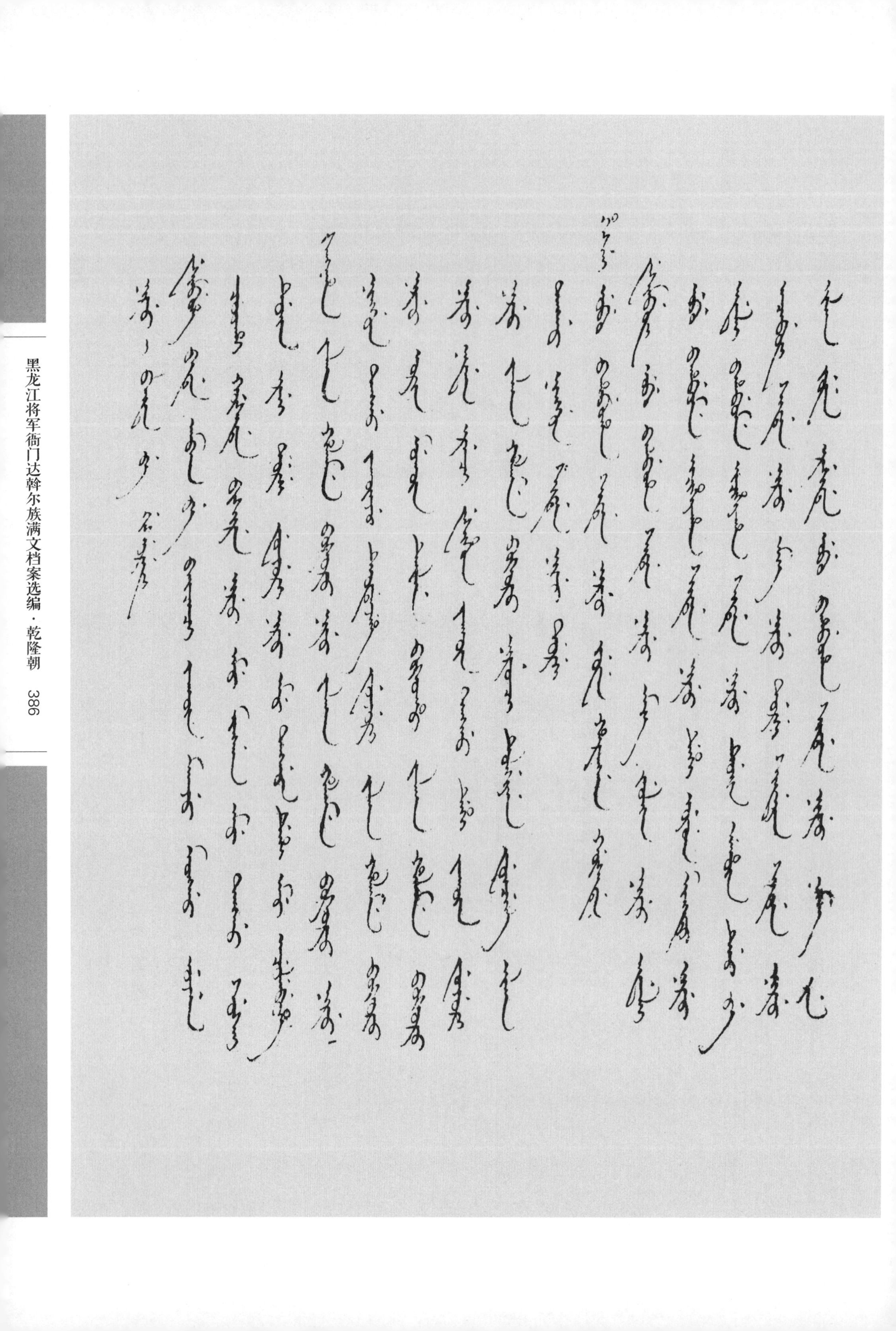

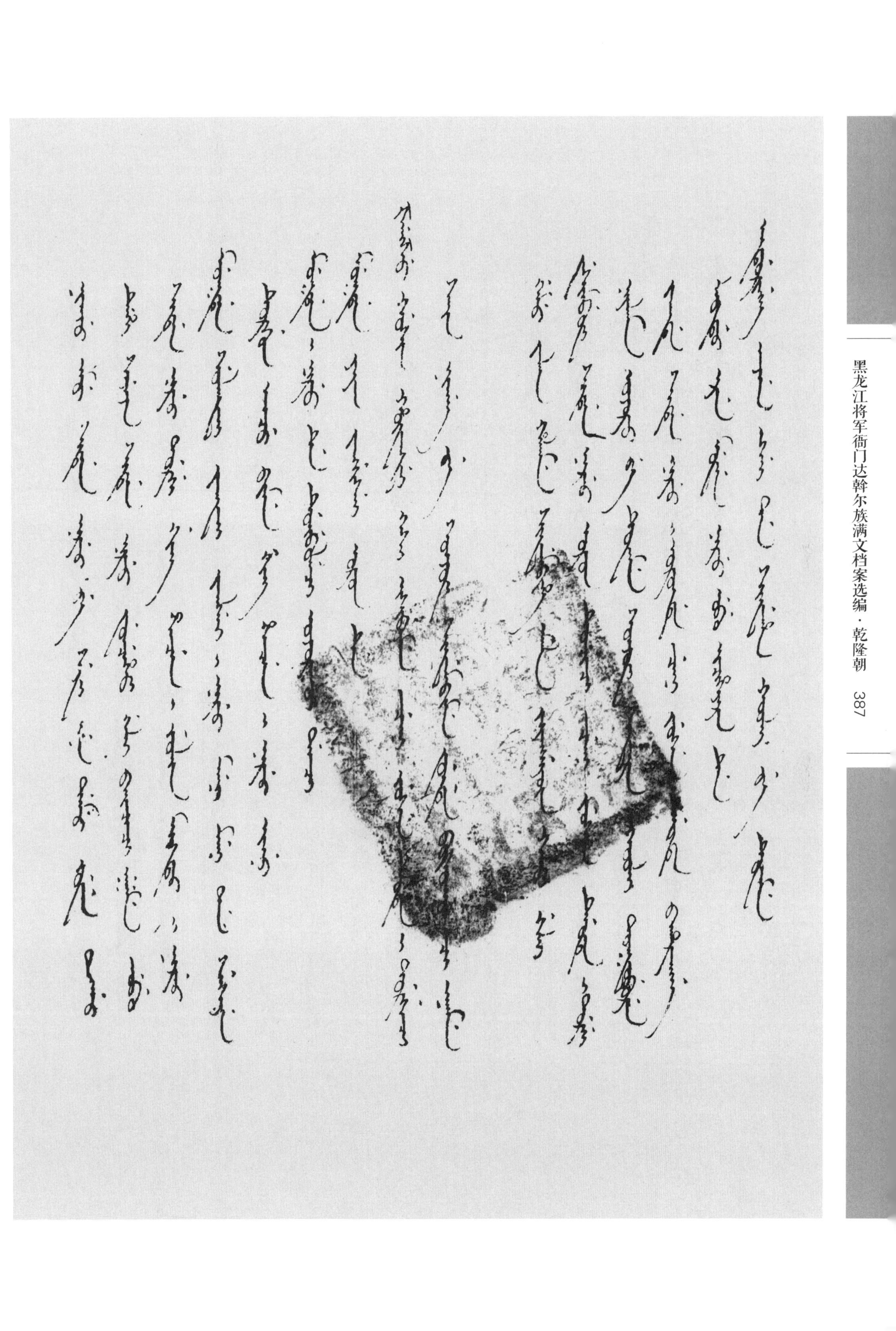

[illegible]

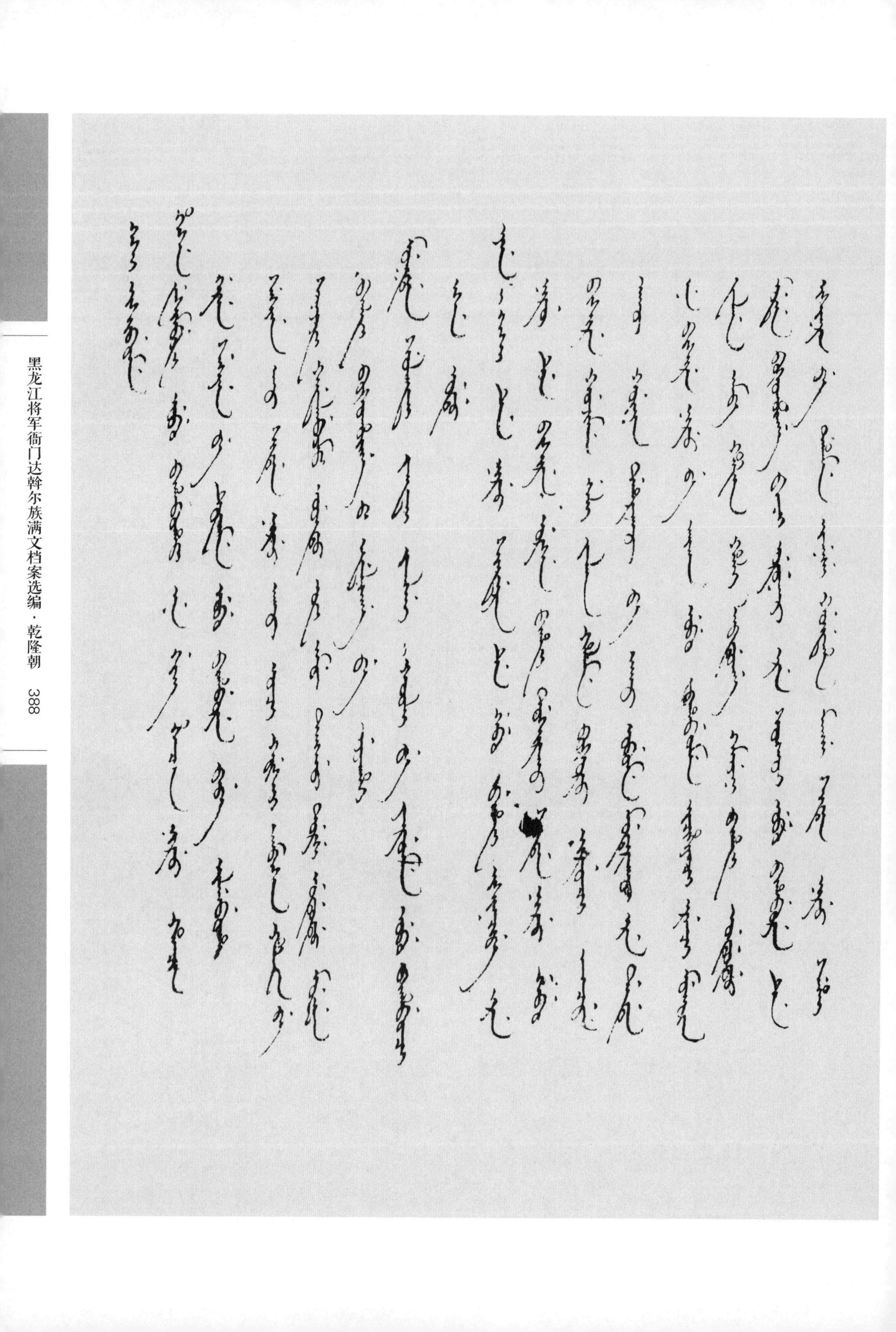

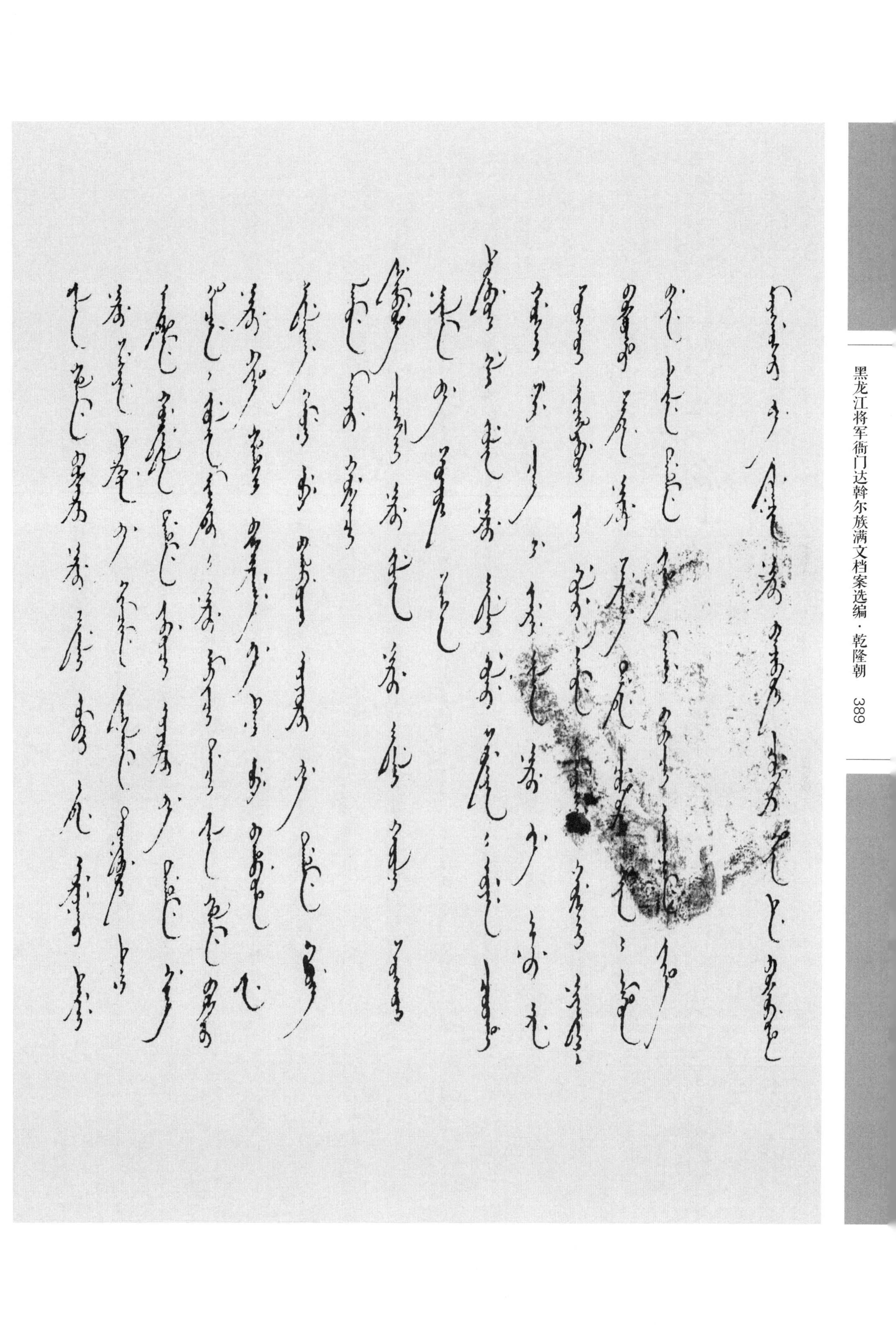

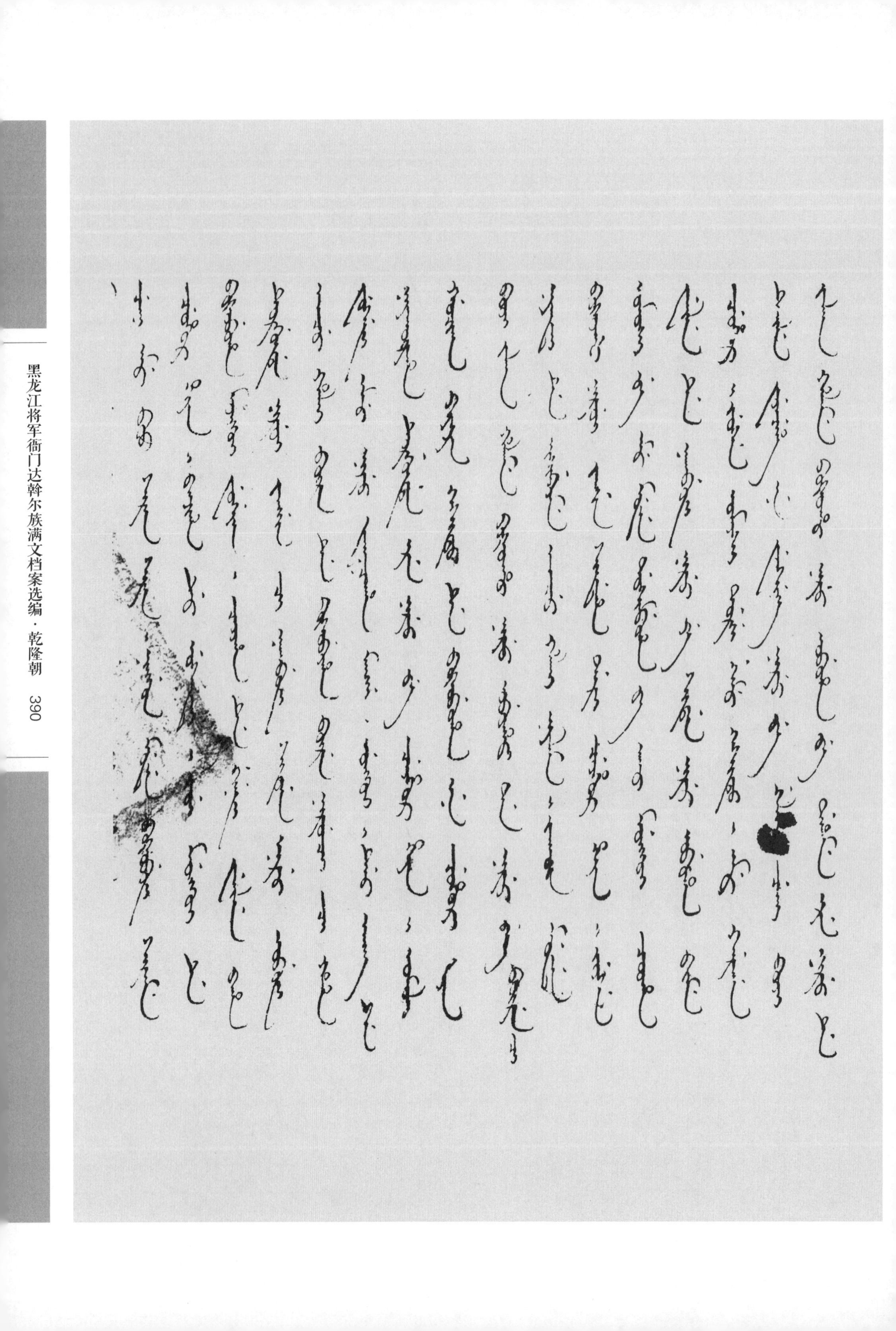

[illegible]

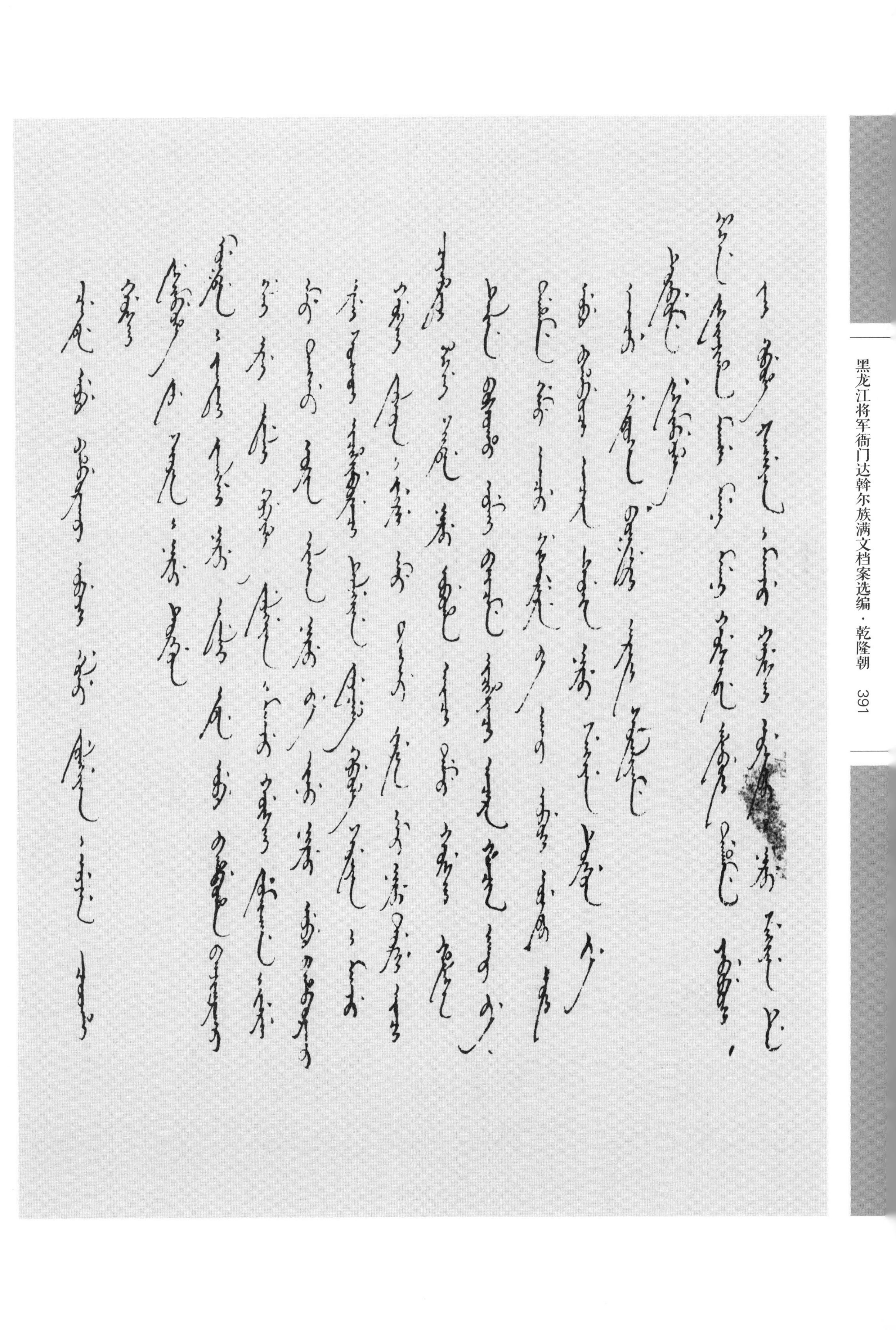

[illegible]

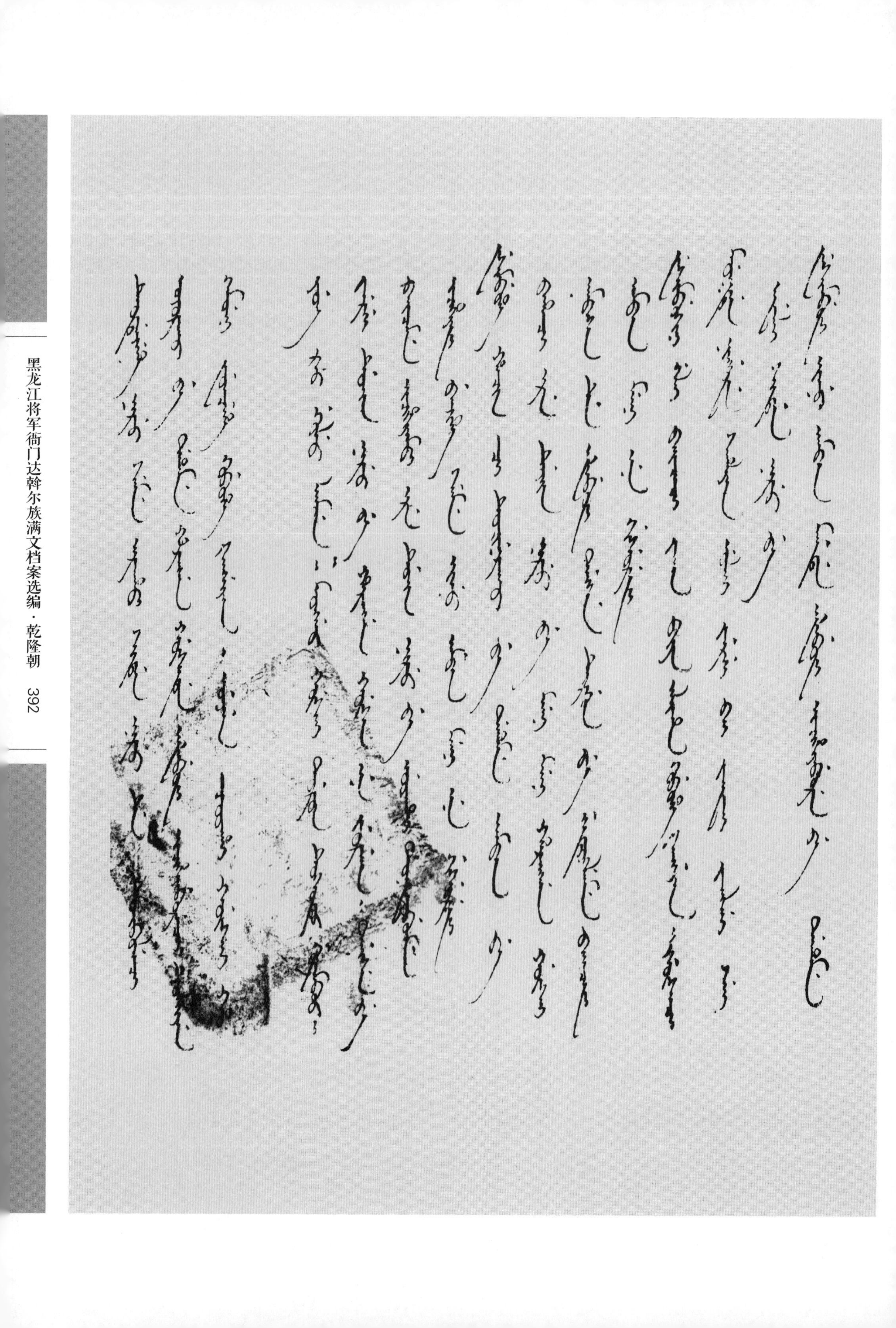

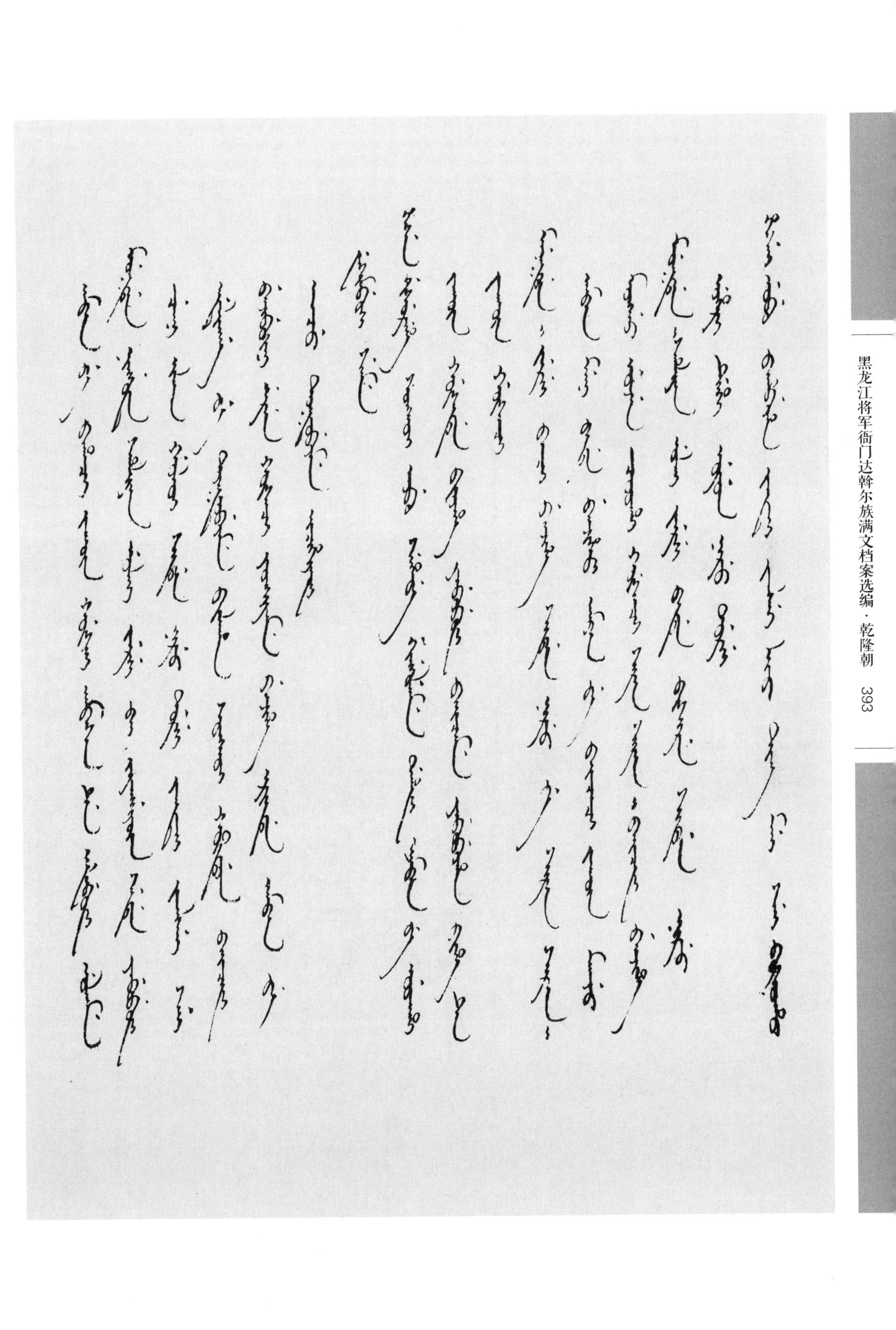

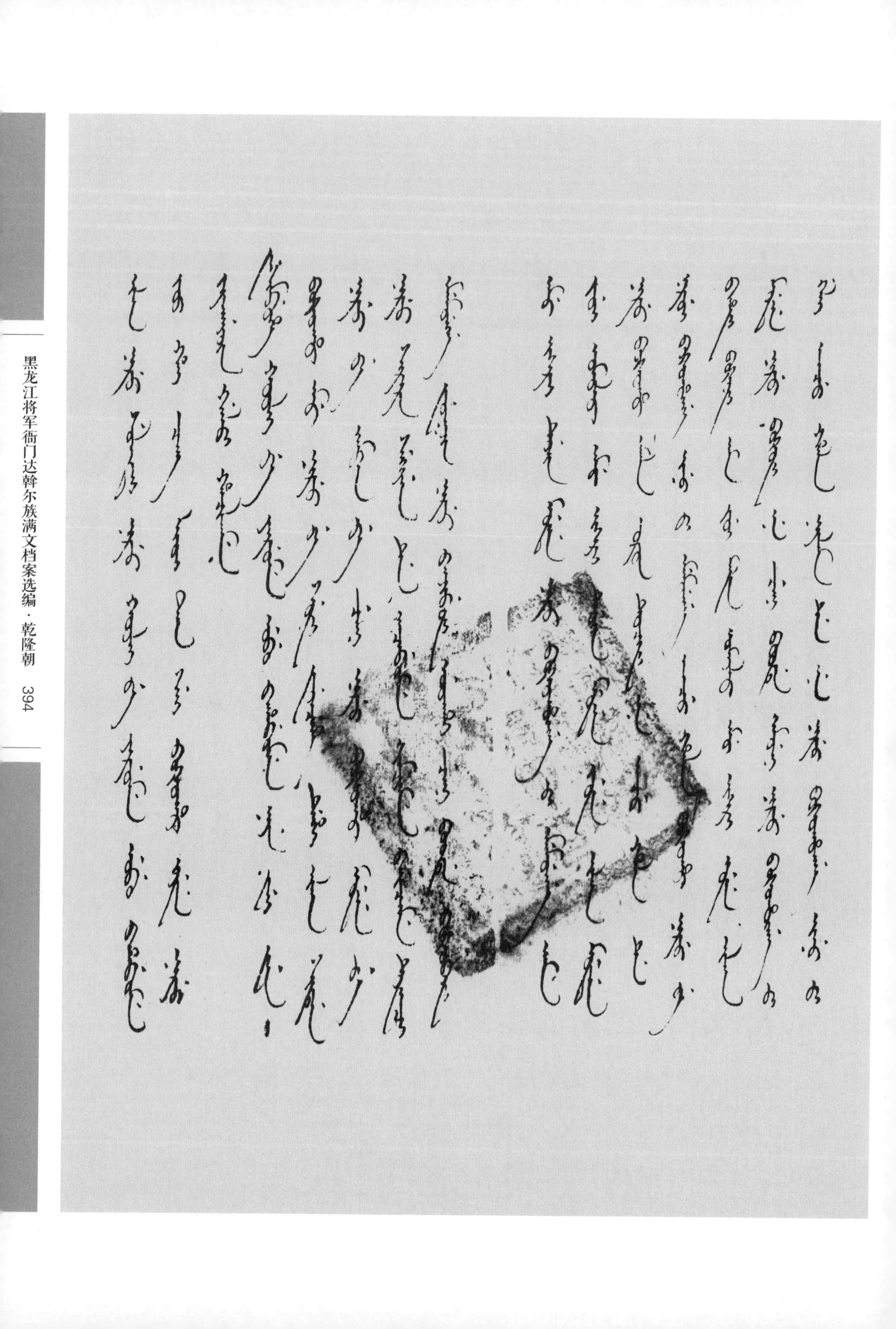

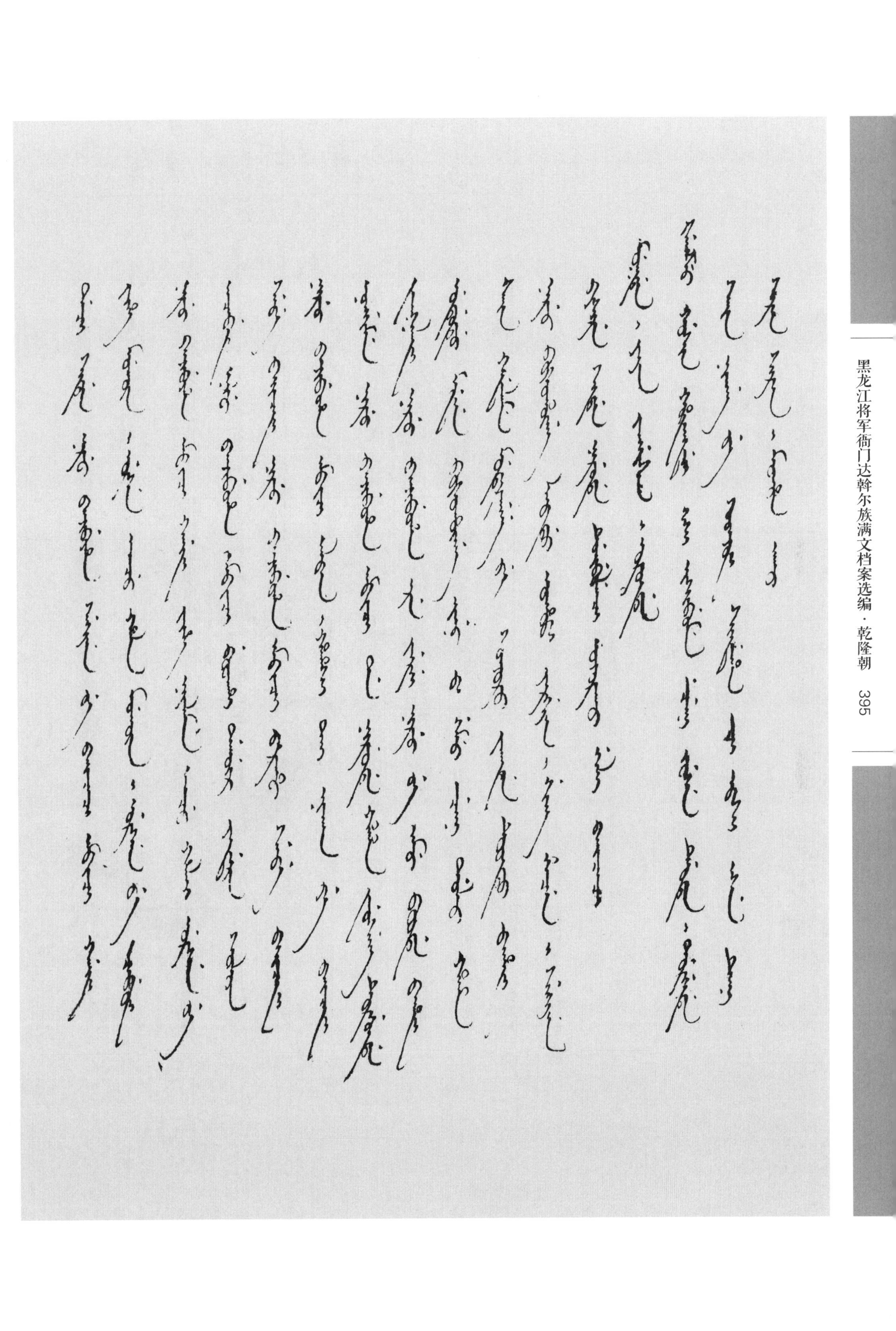

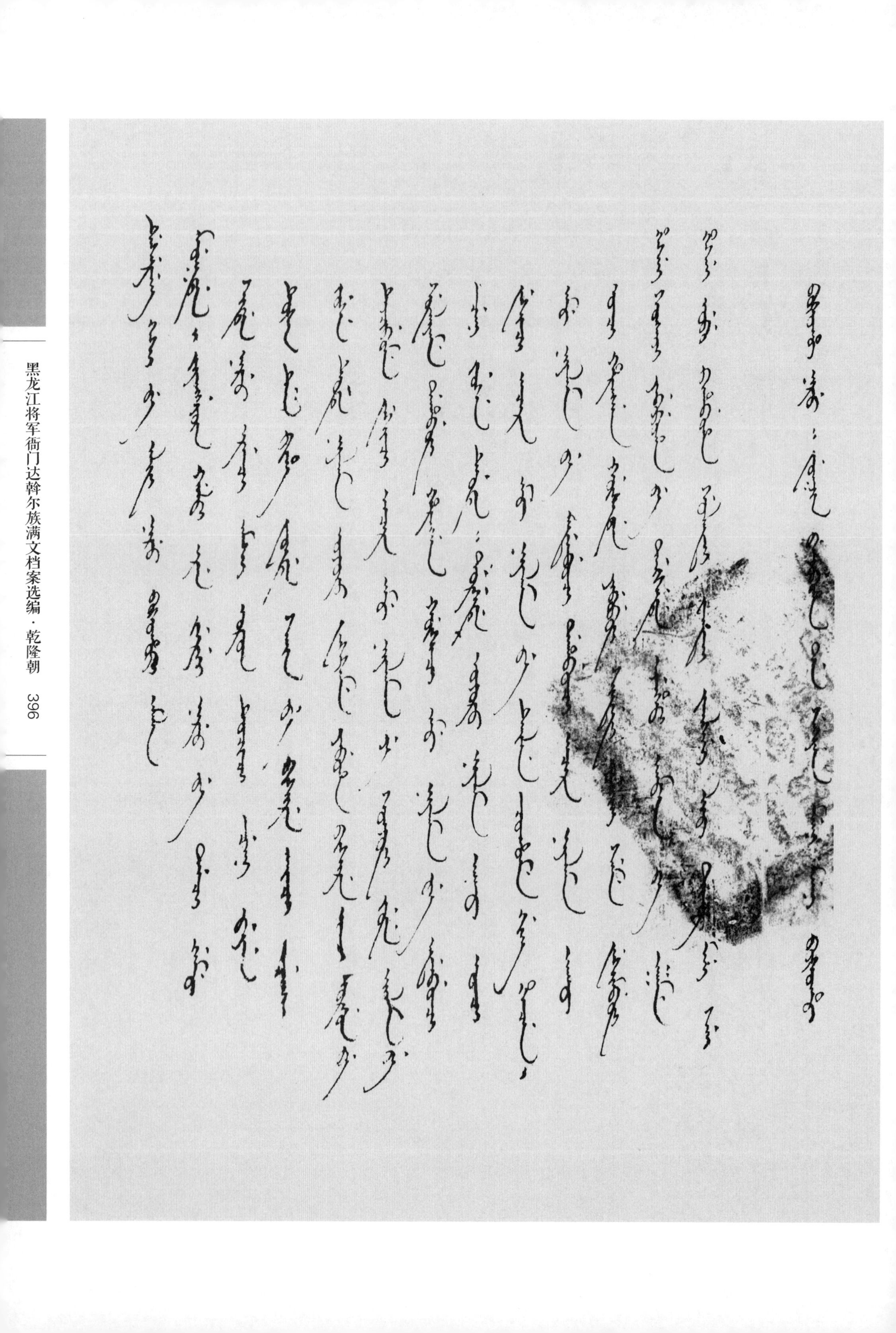

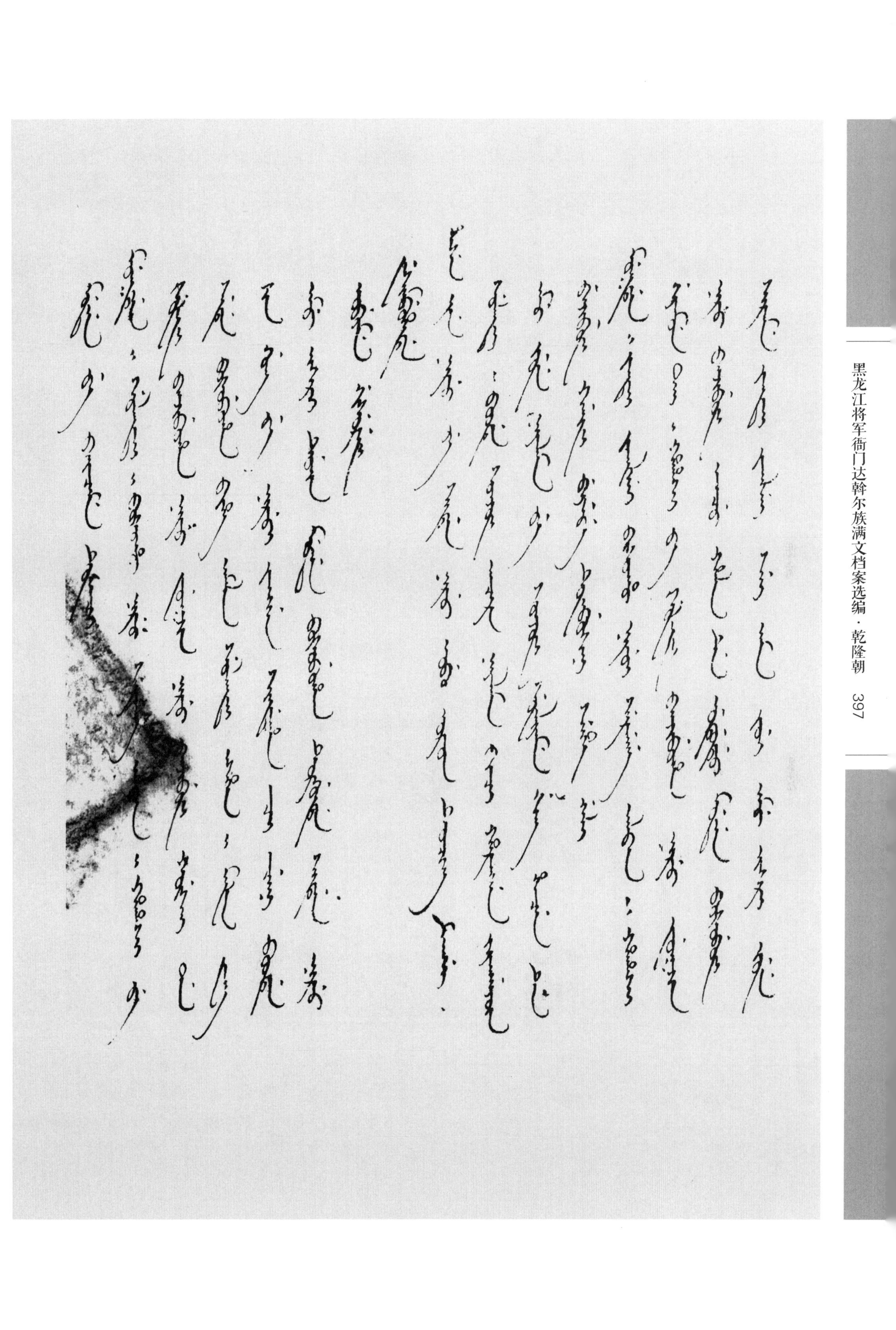

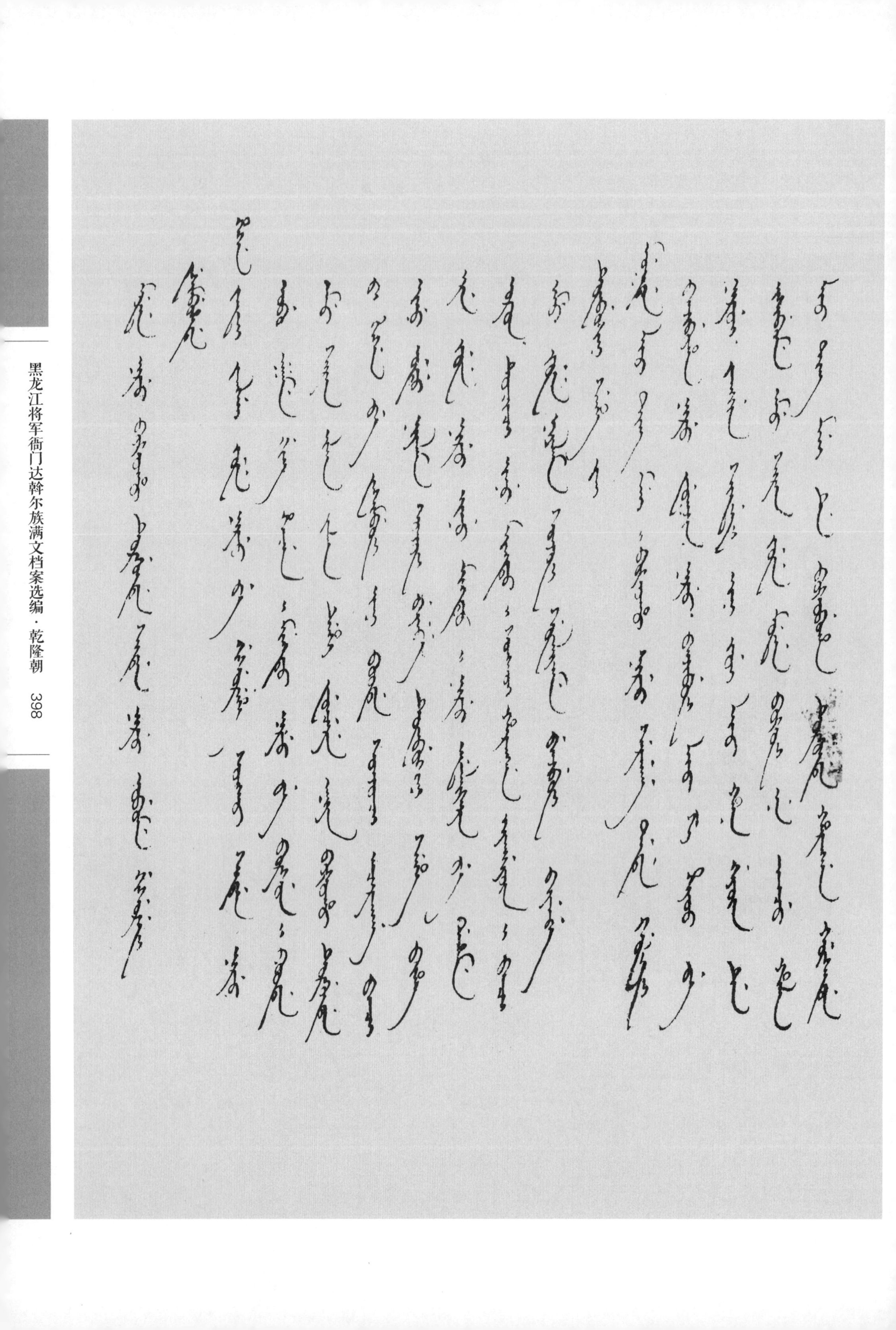

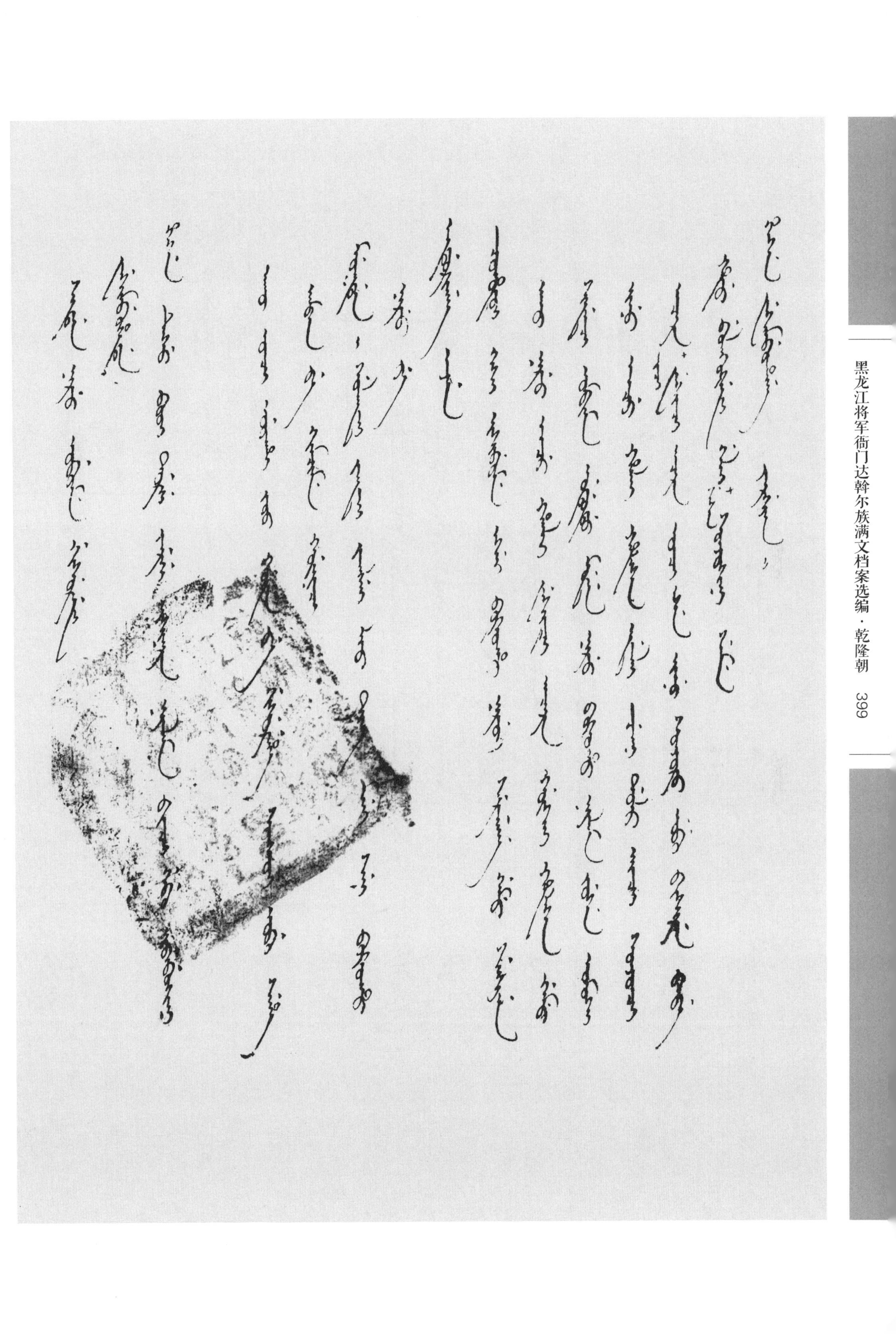

[illegible]

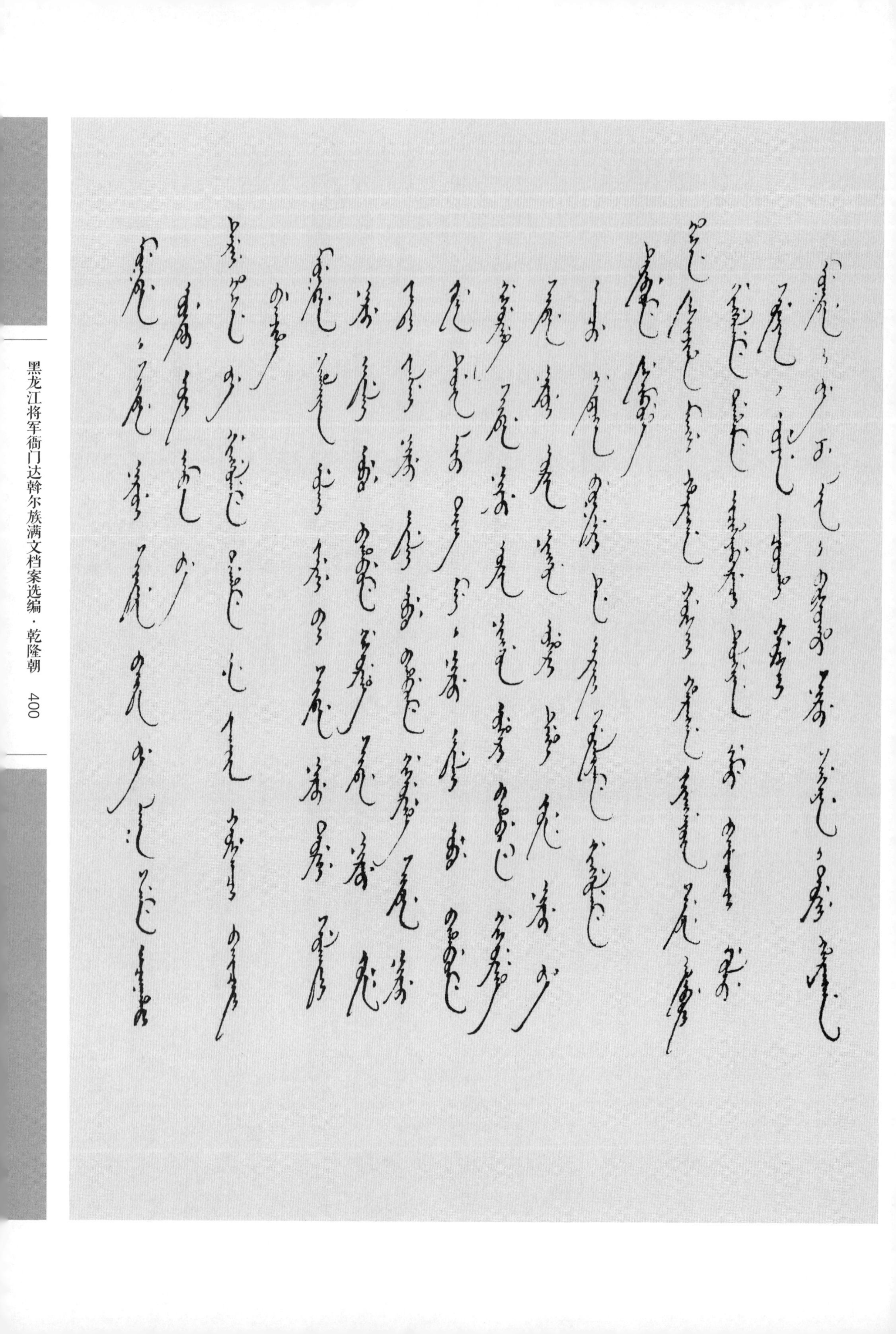

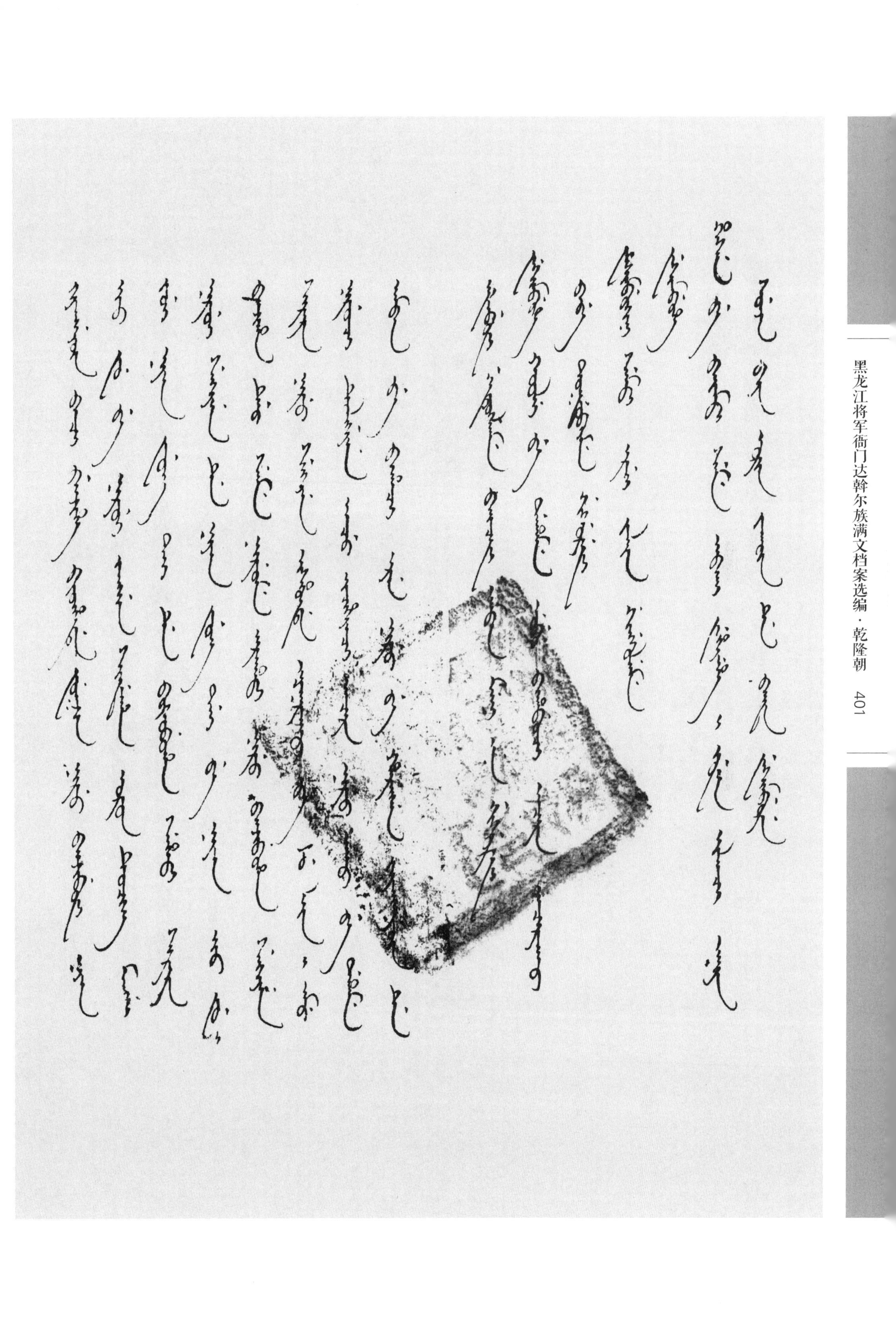

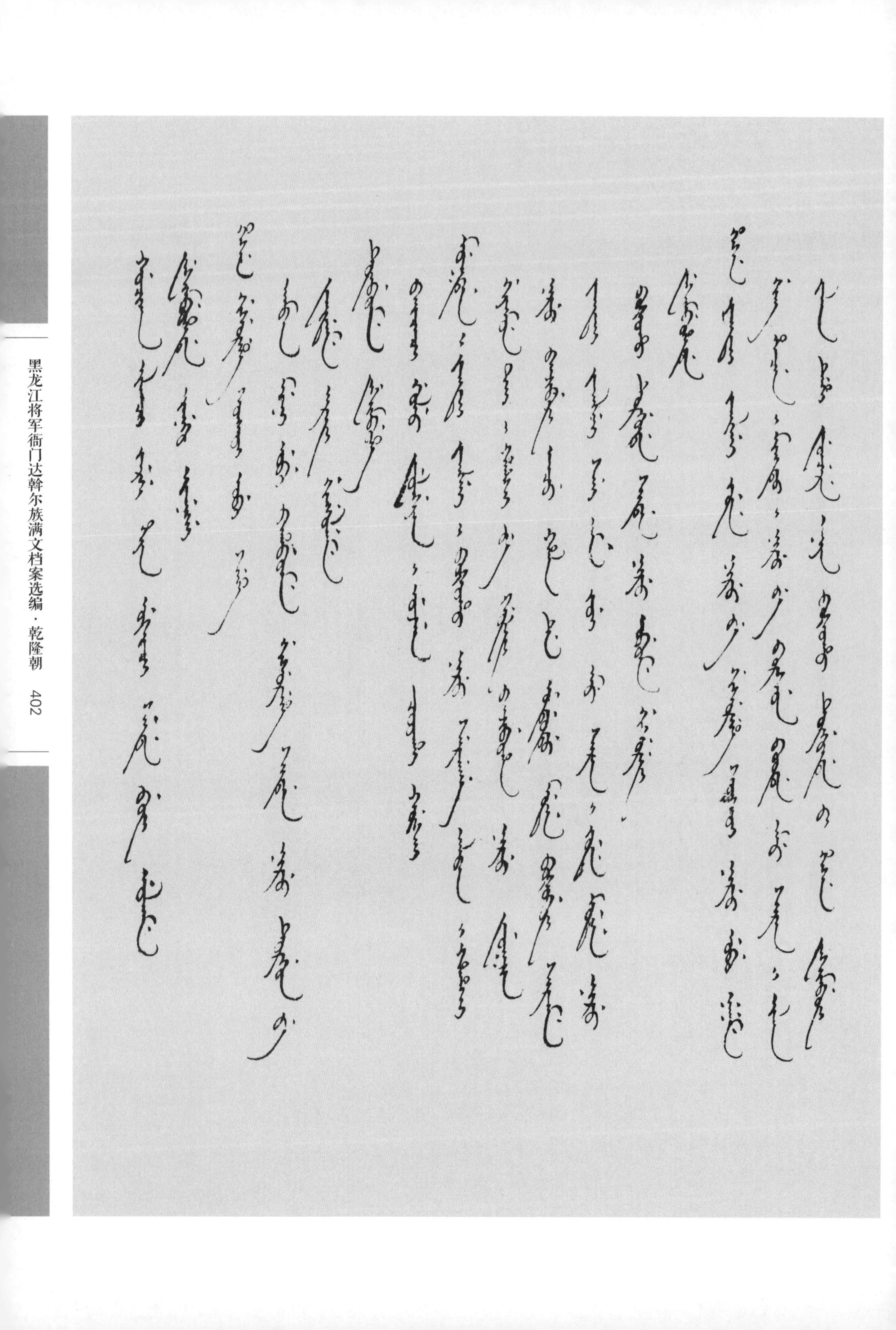

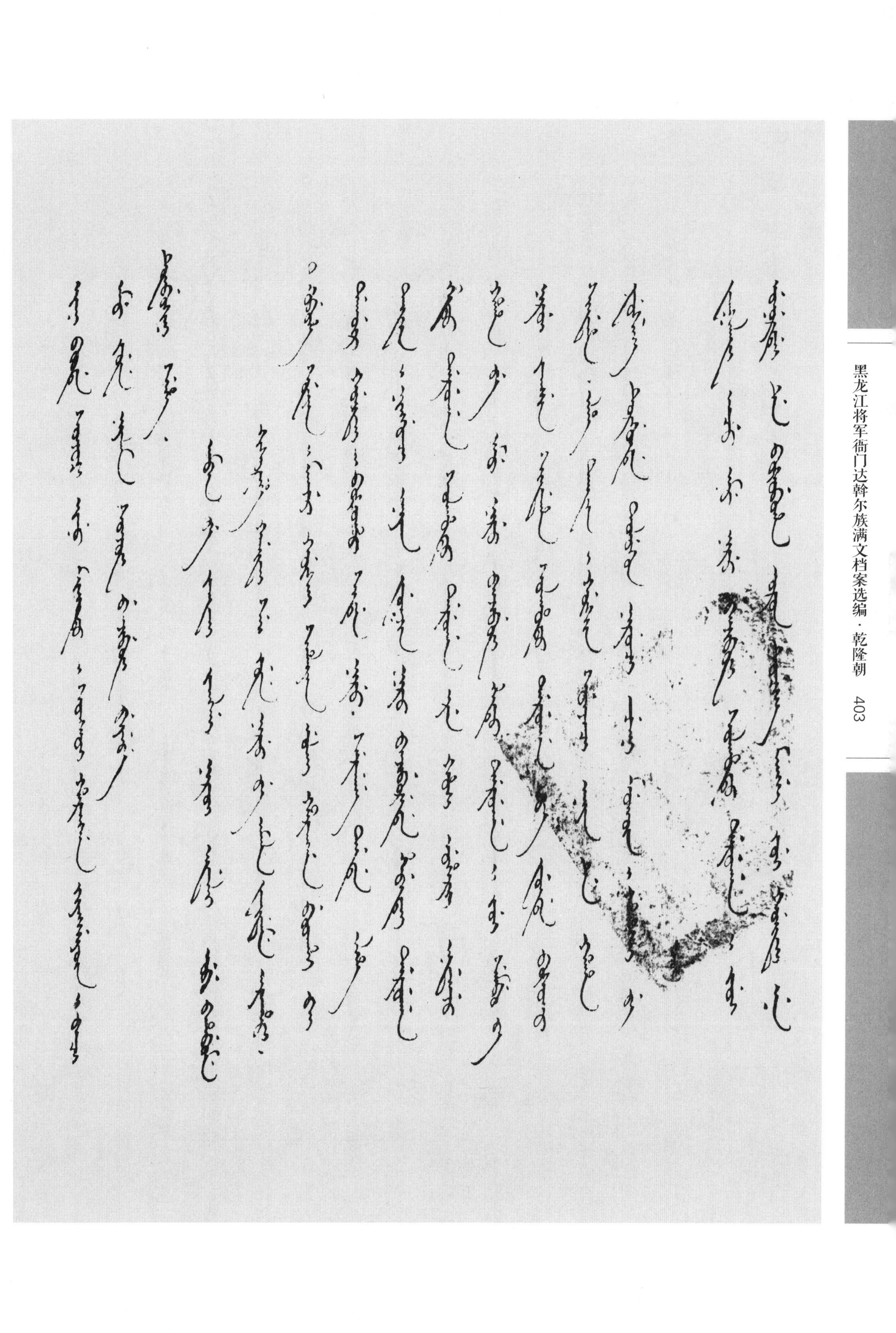

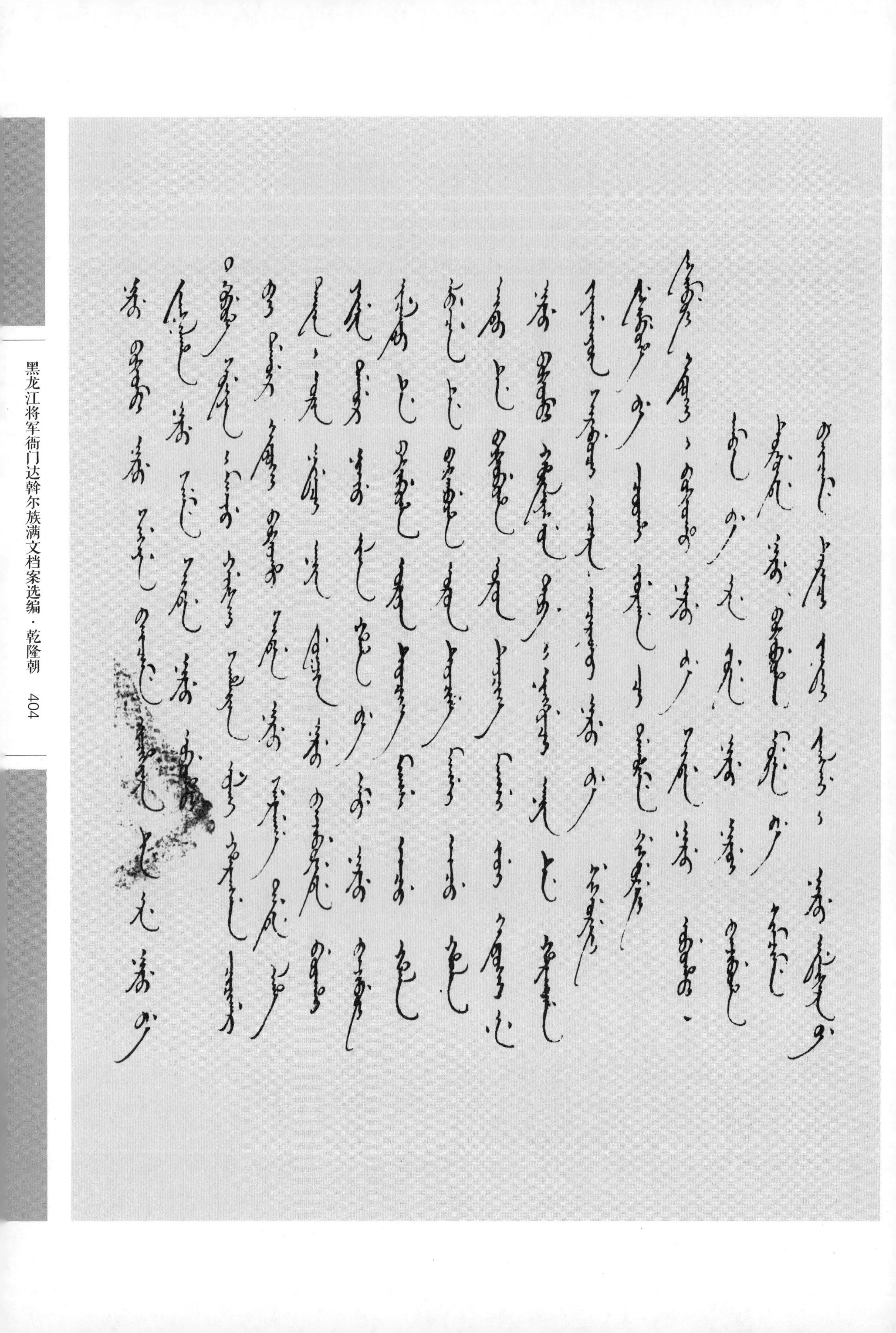

[illegible]

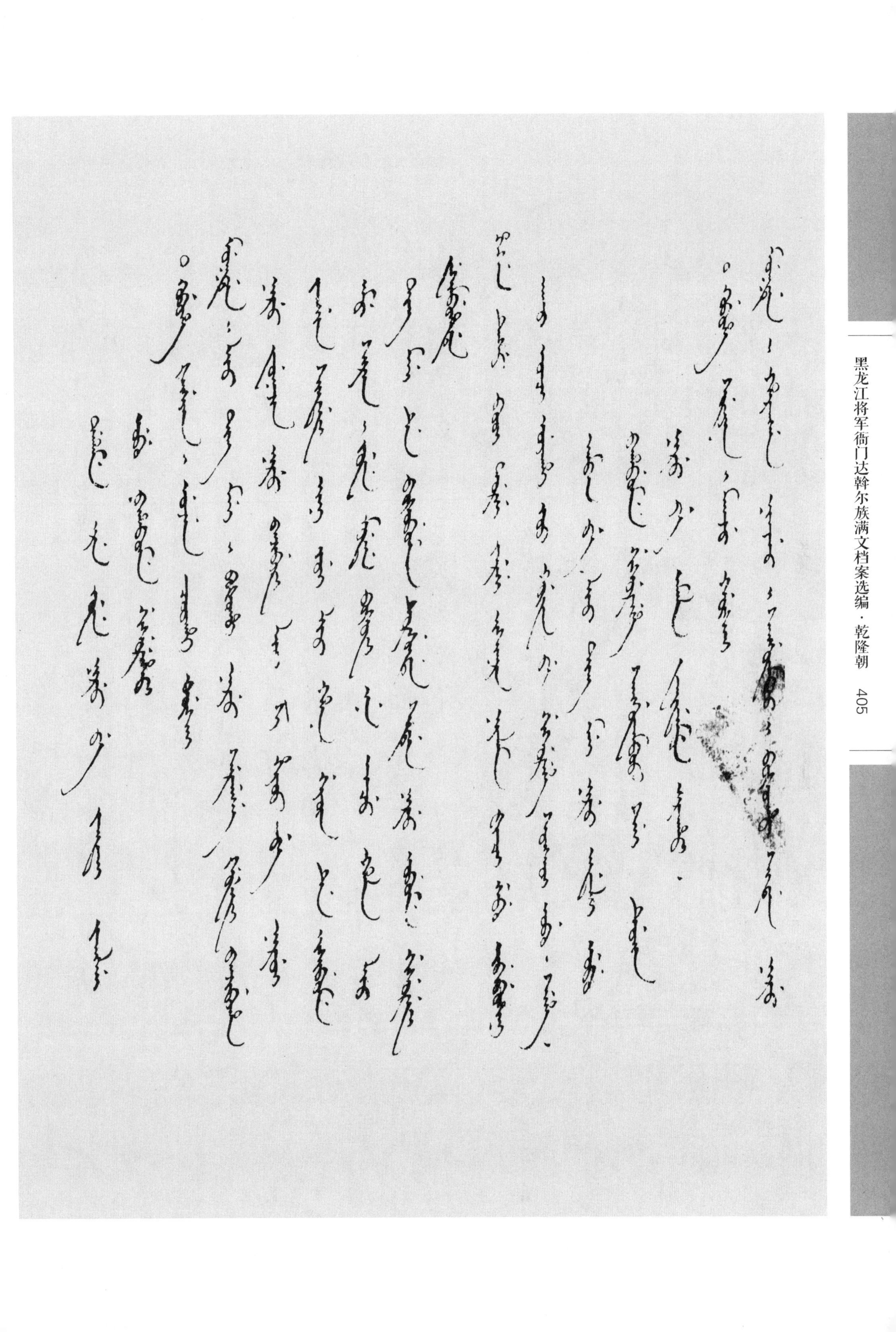

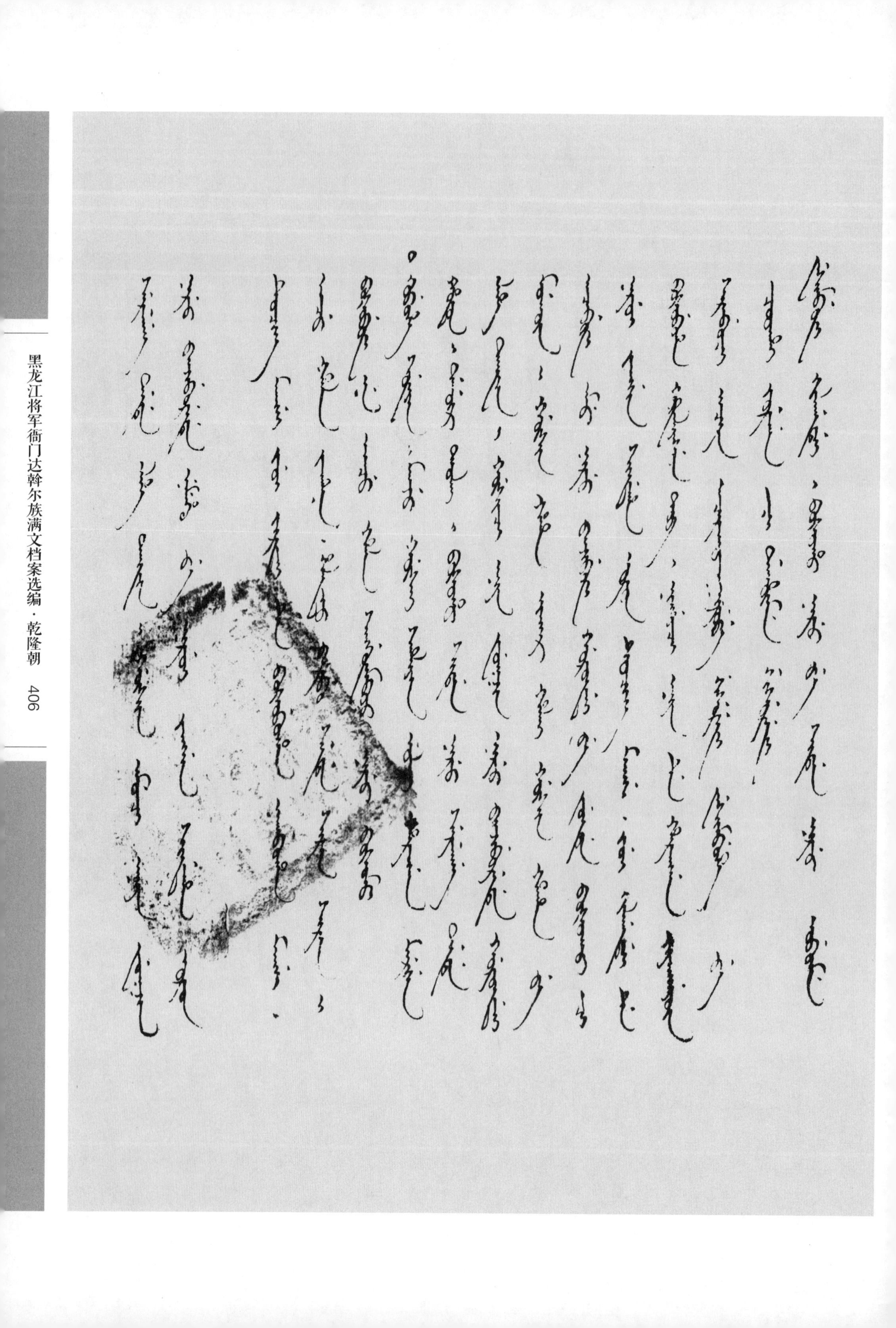

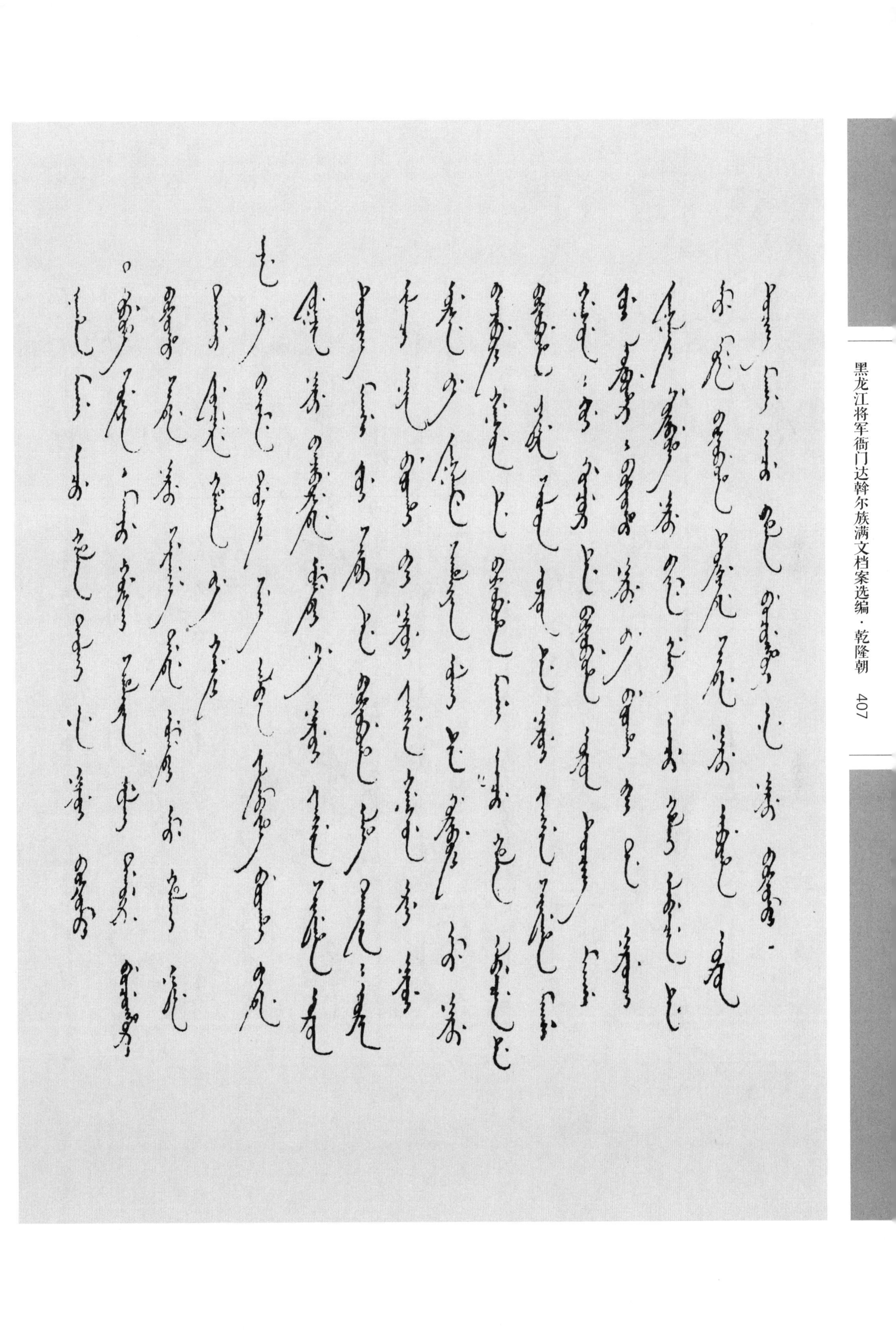

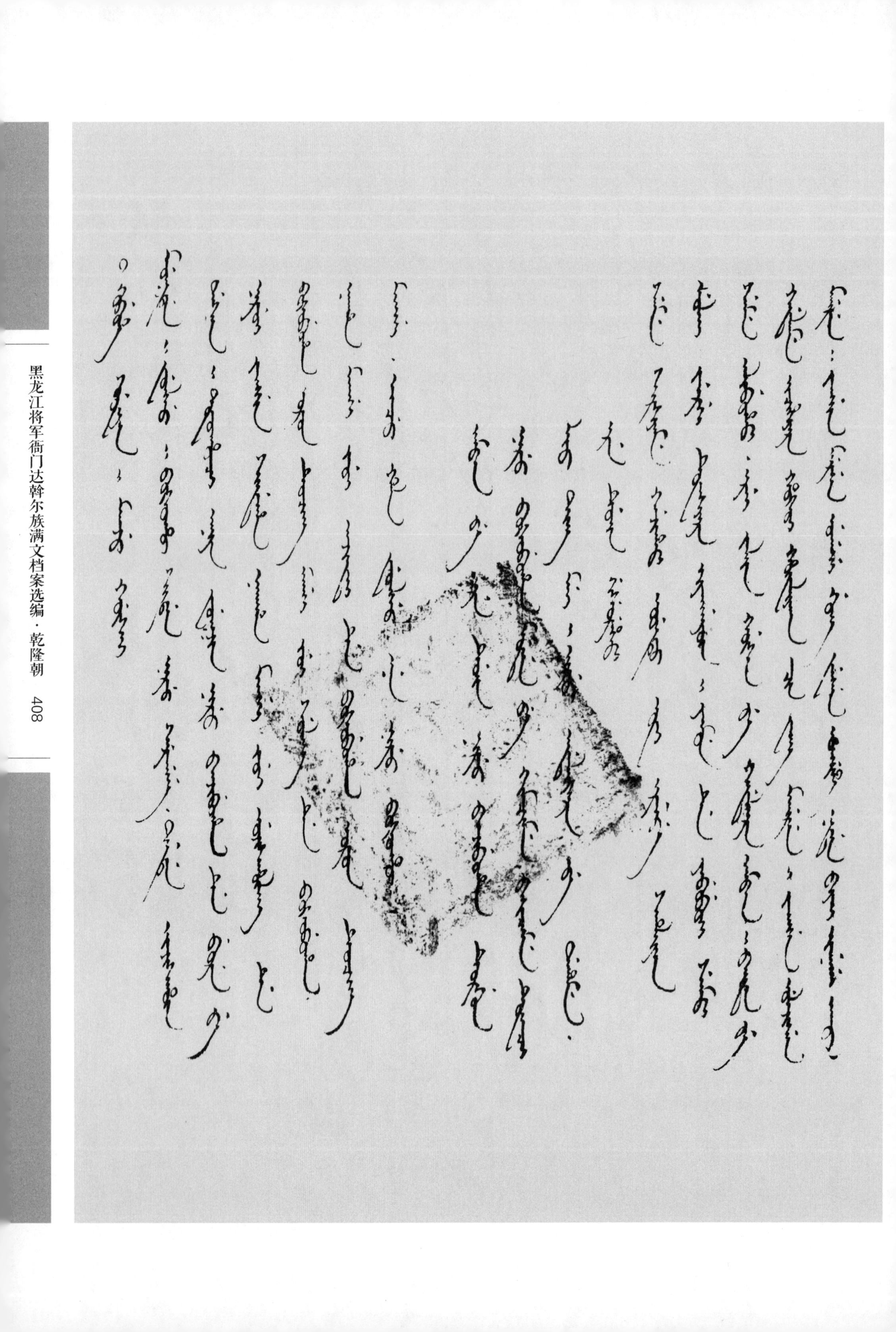

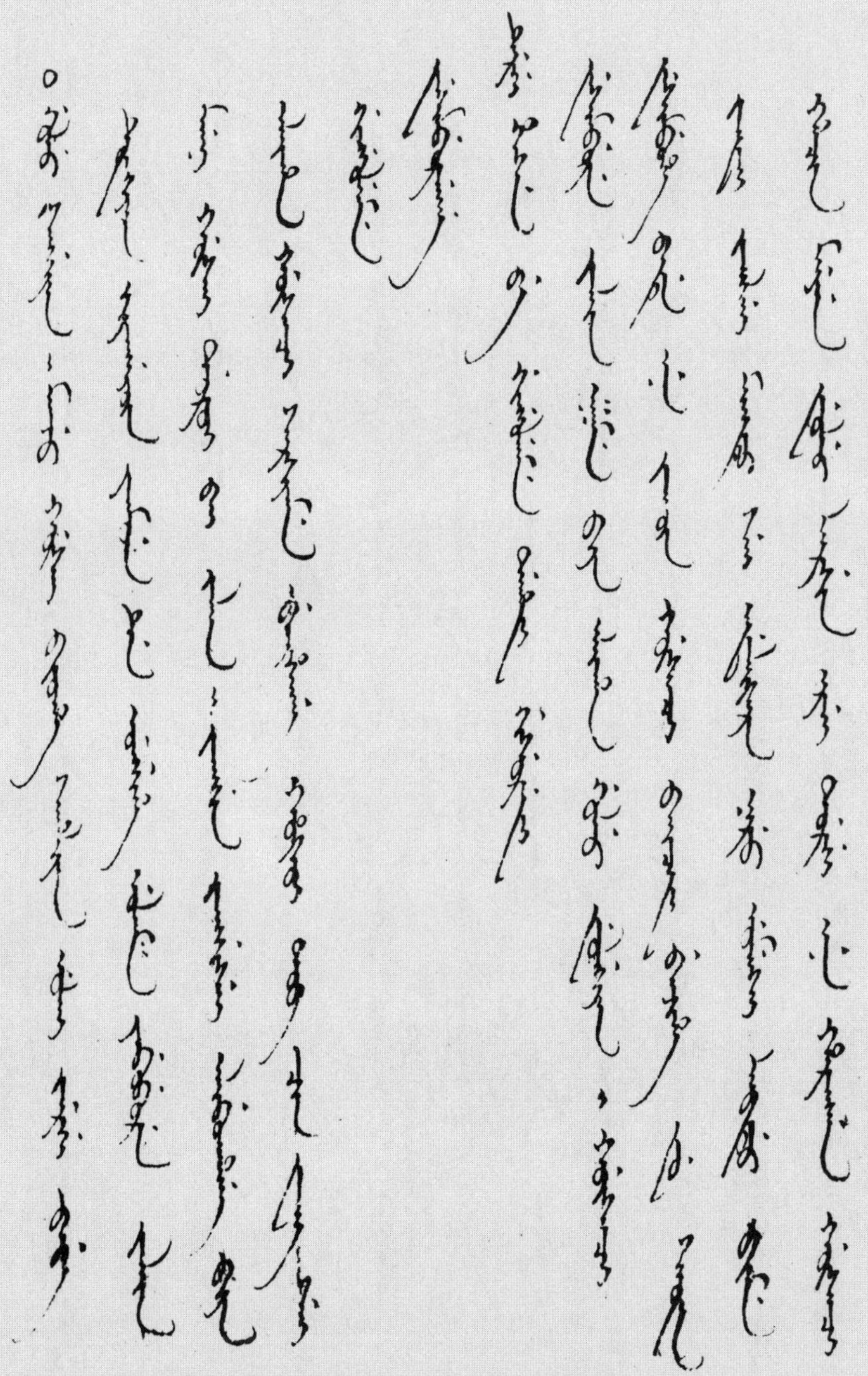

乾隆十三年八月初三日

（附单一件）

五一三 正白满洲旗为酌定齐齐哈尔达斡尔布拉尔等公中佐领照例承袭事宜事咨黑龙江将军衙门文

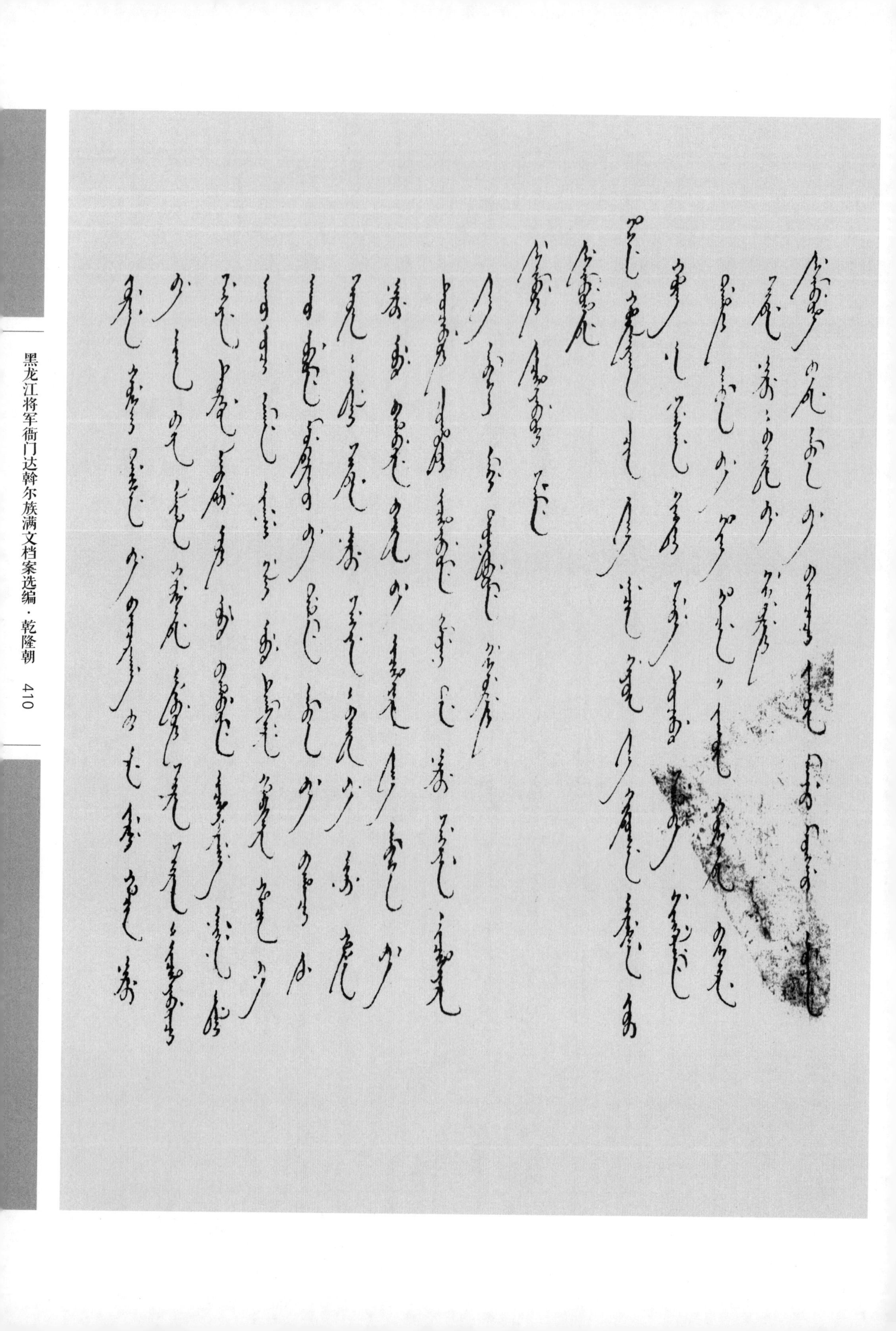

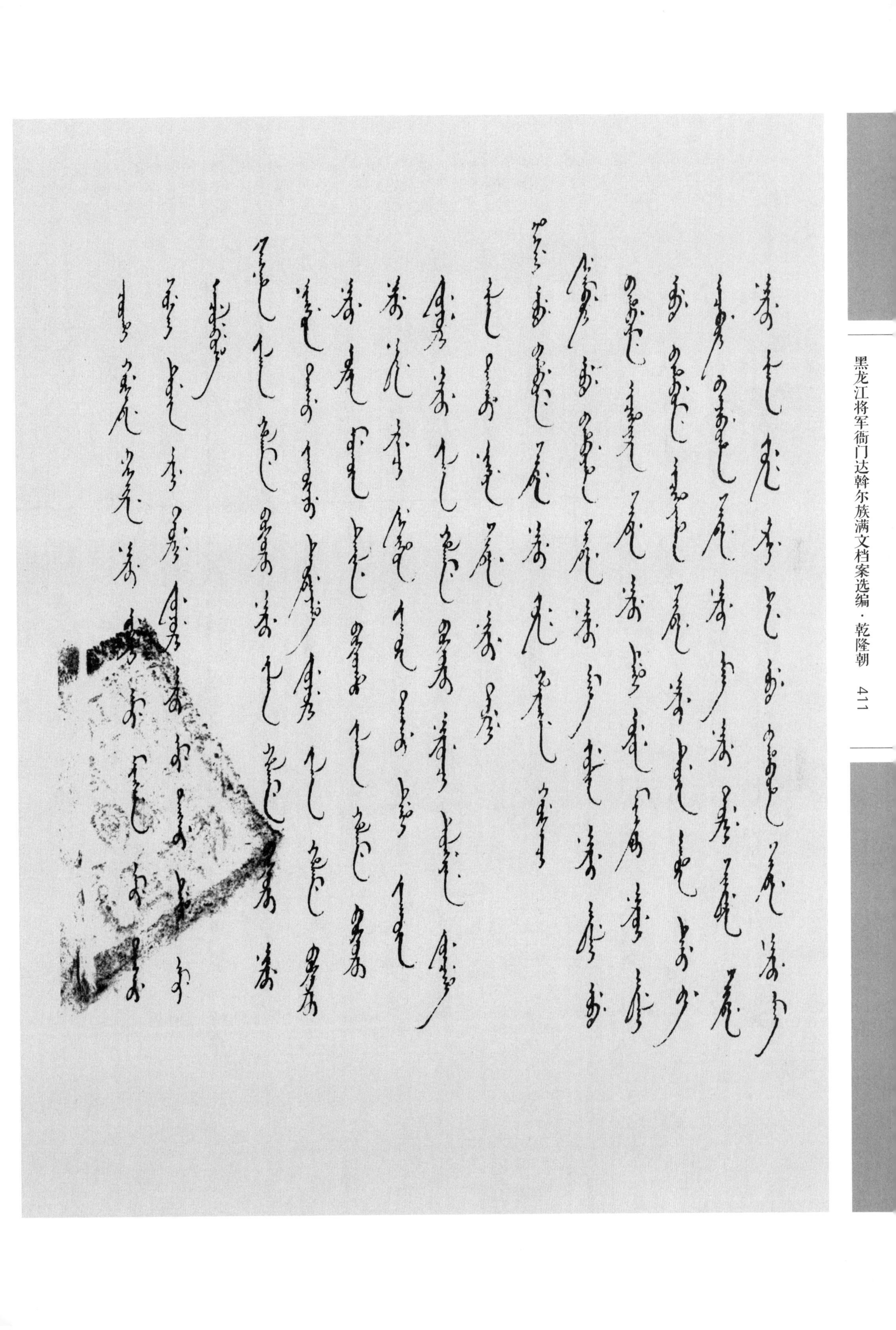

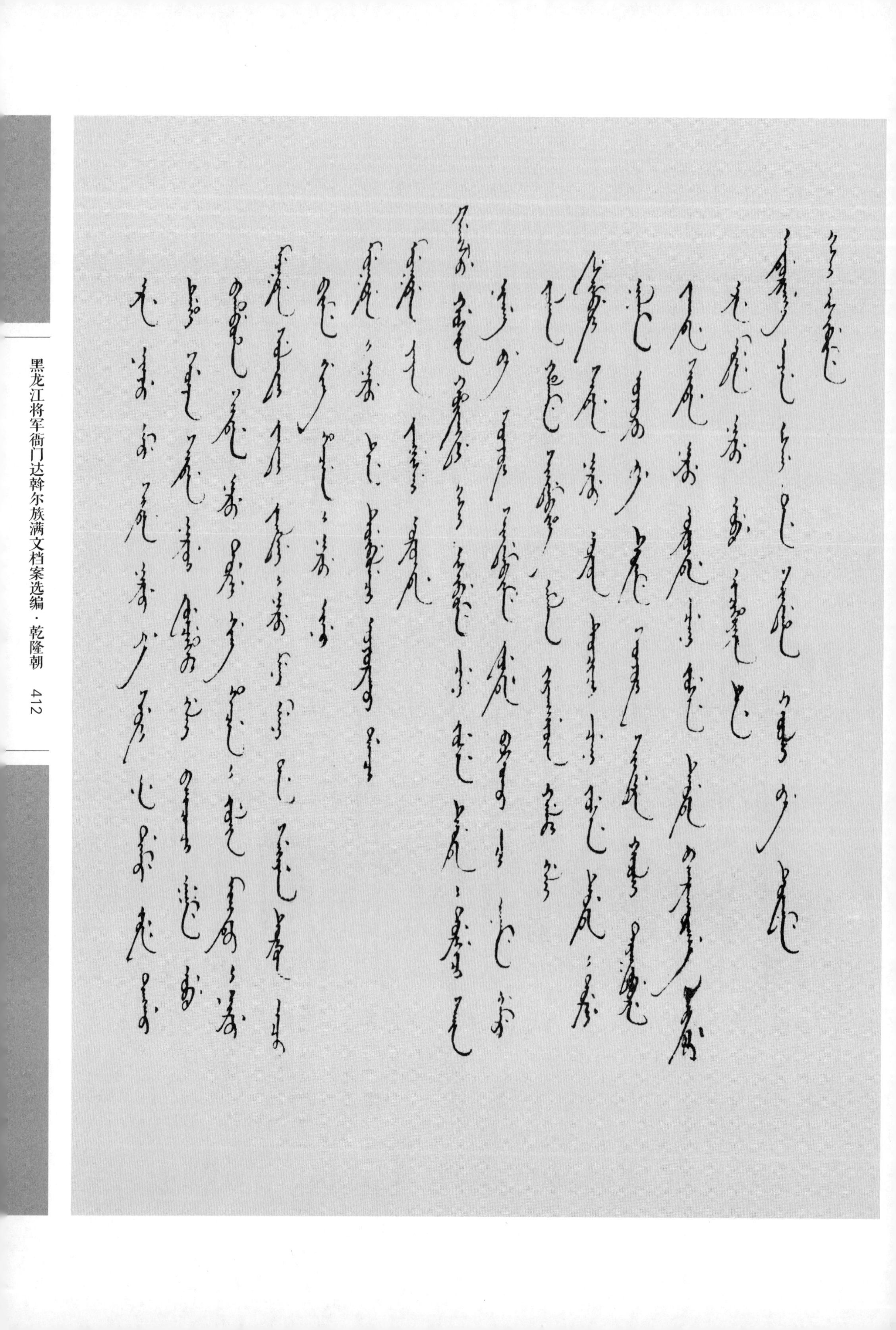

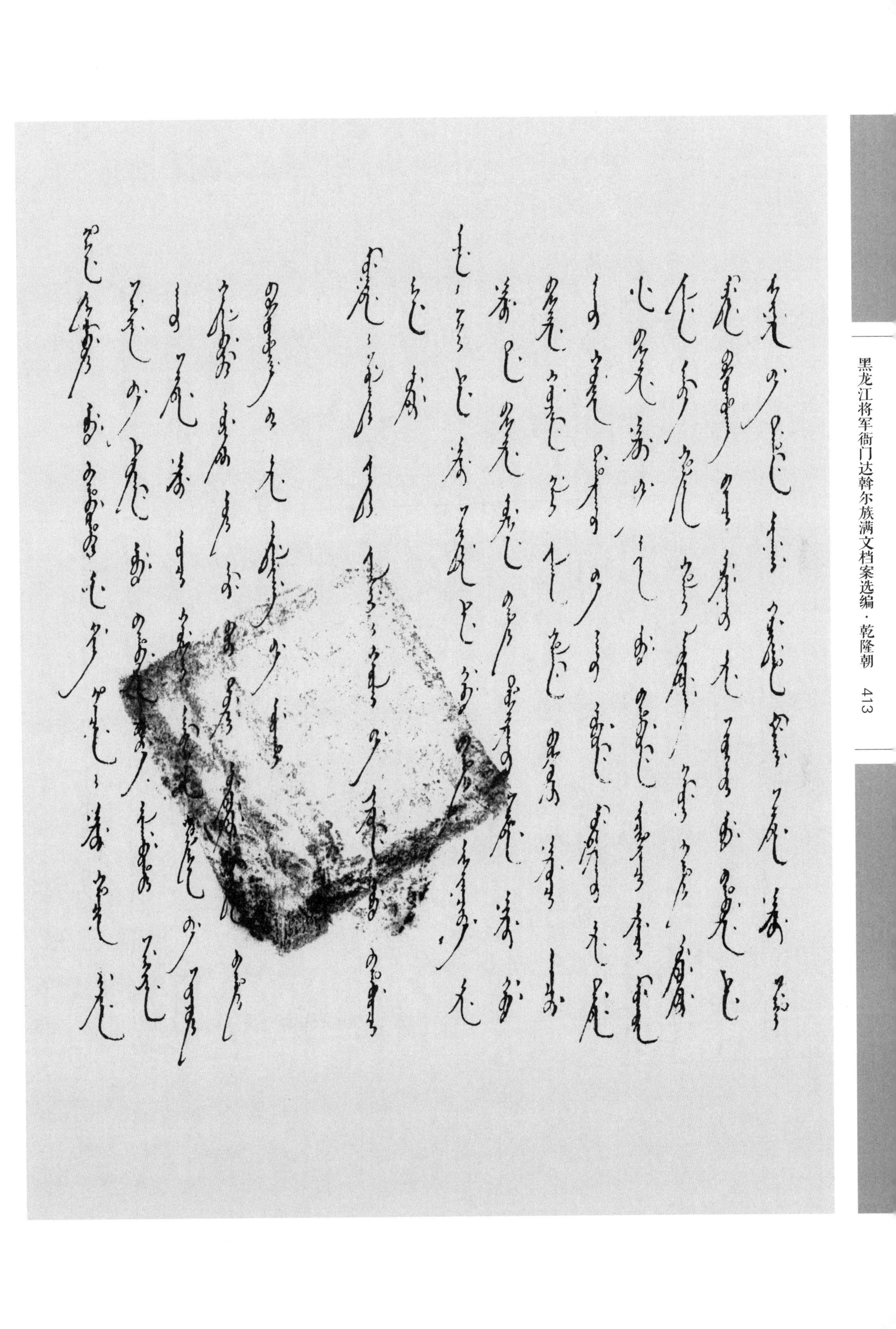

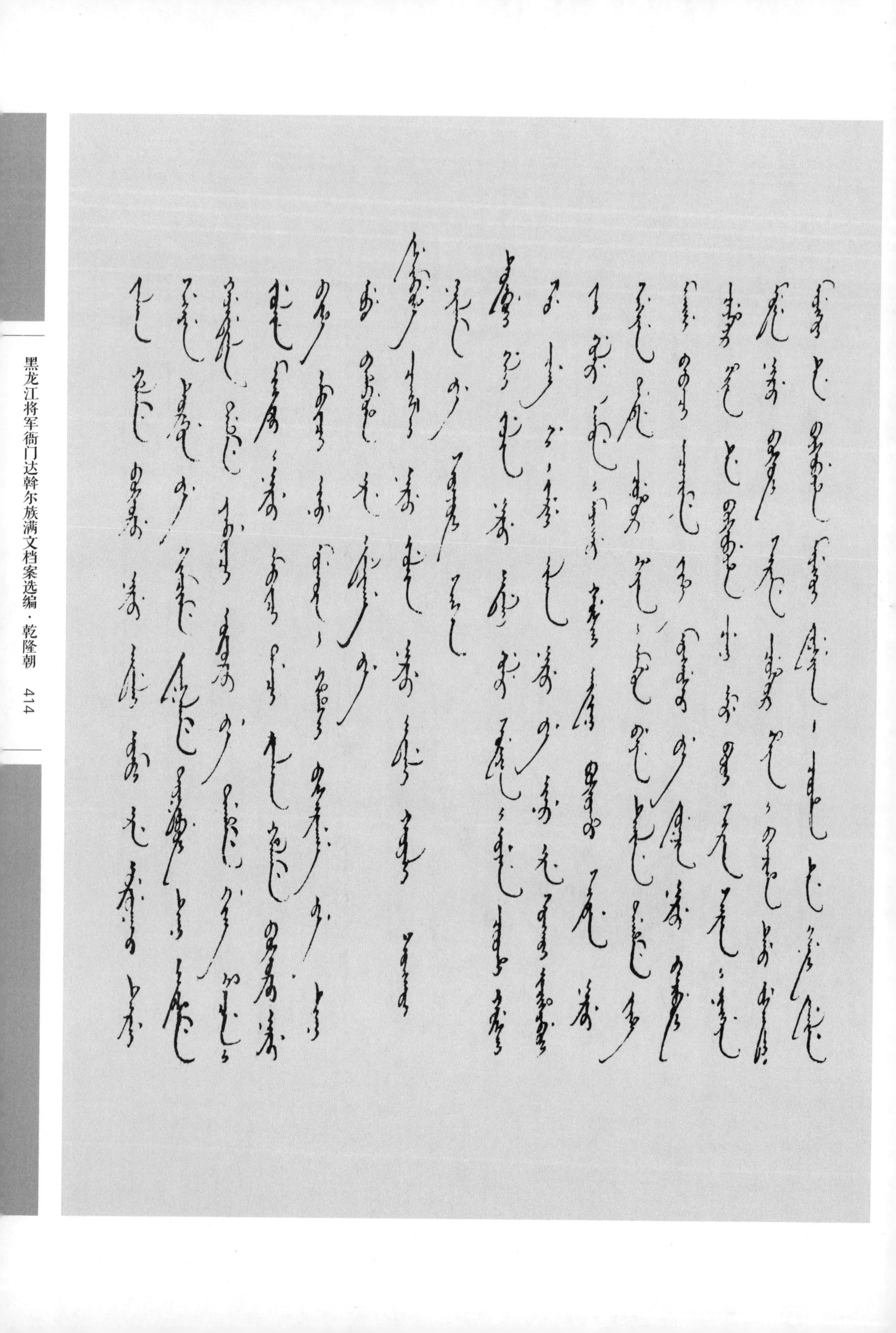

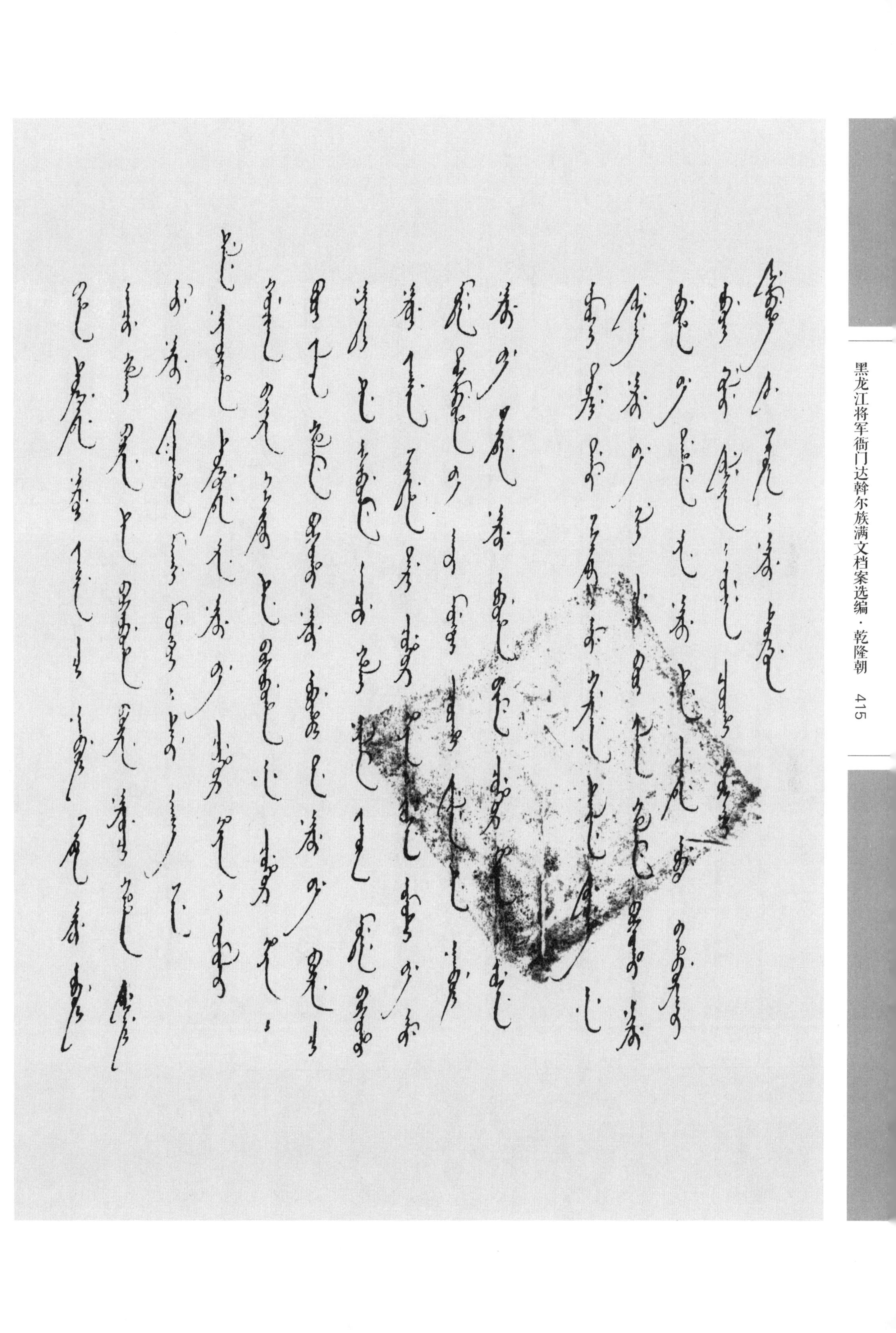

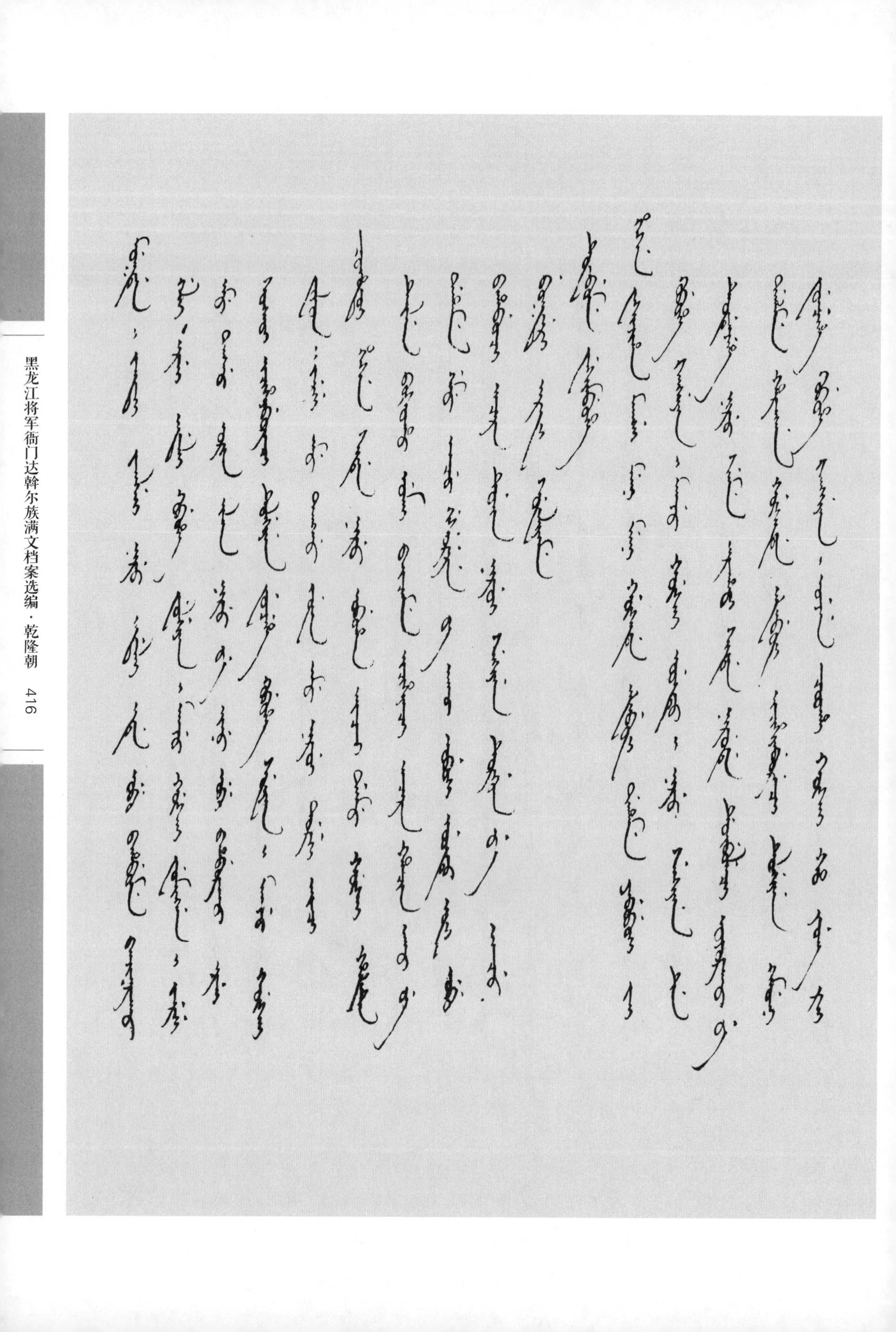

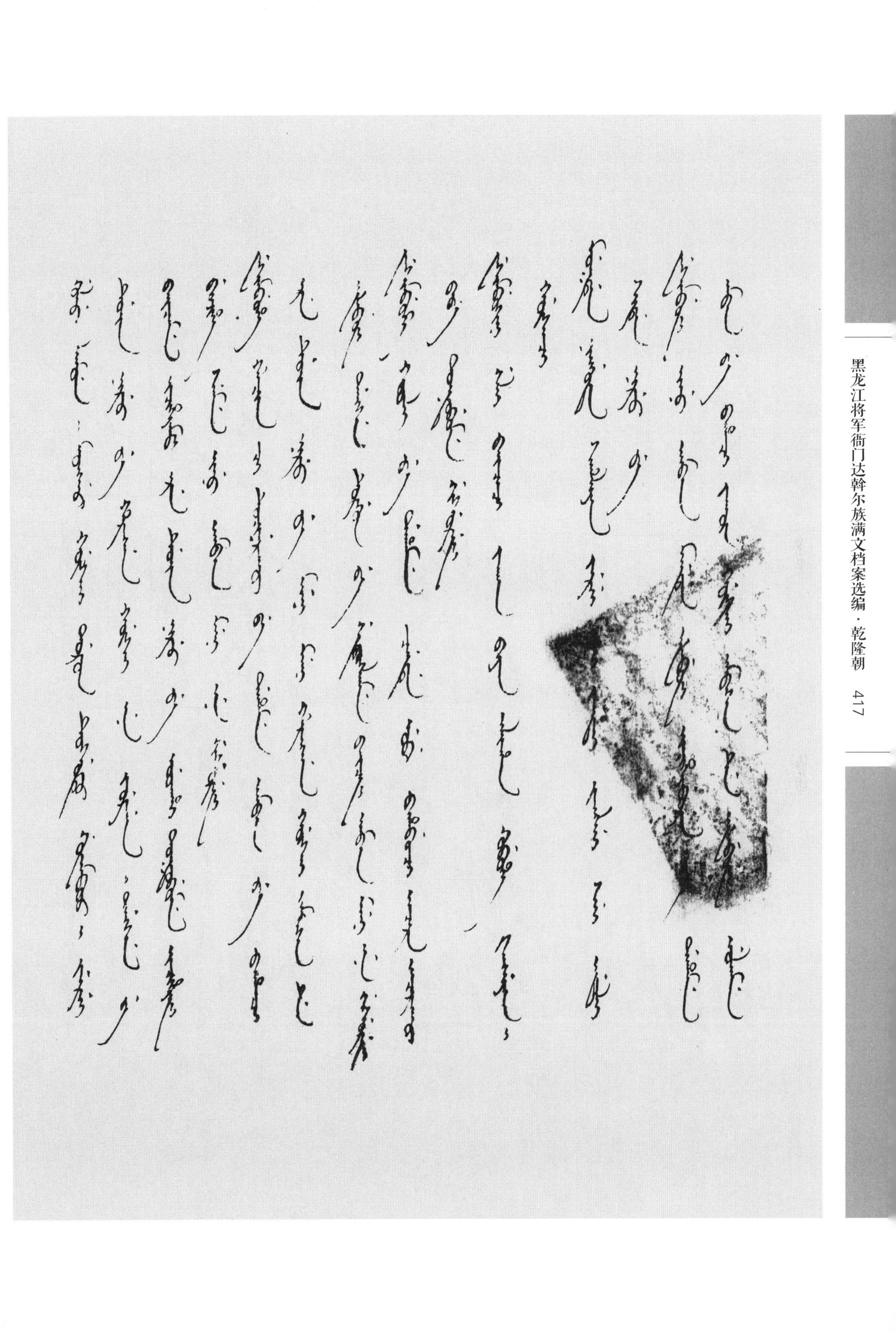

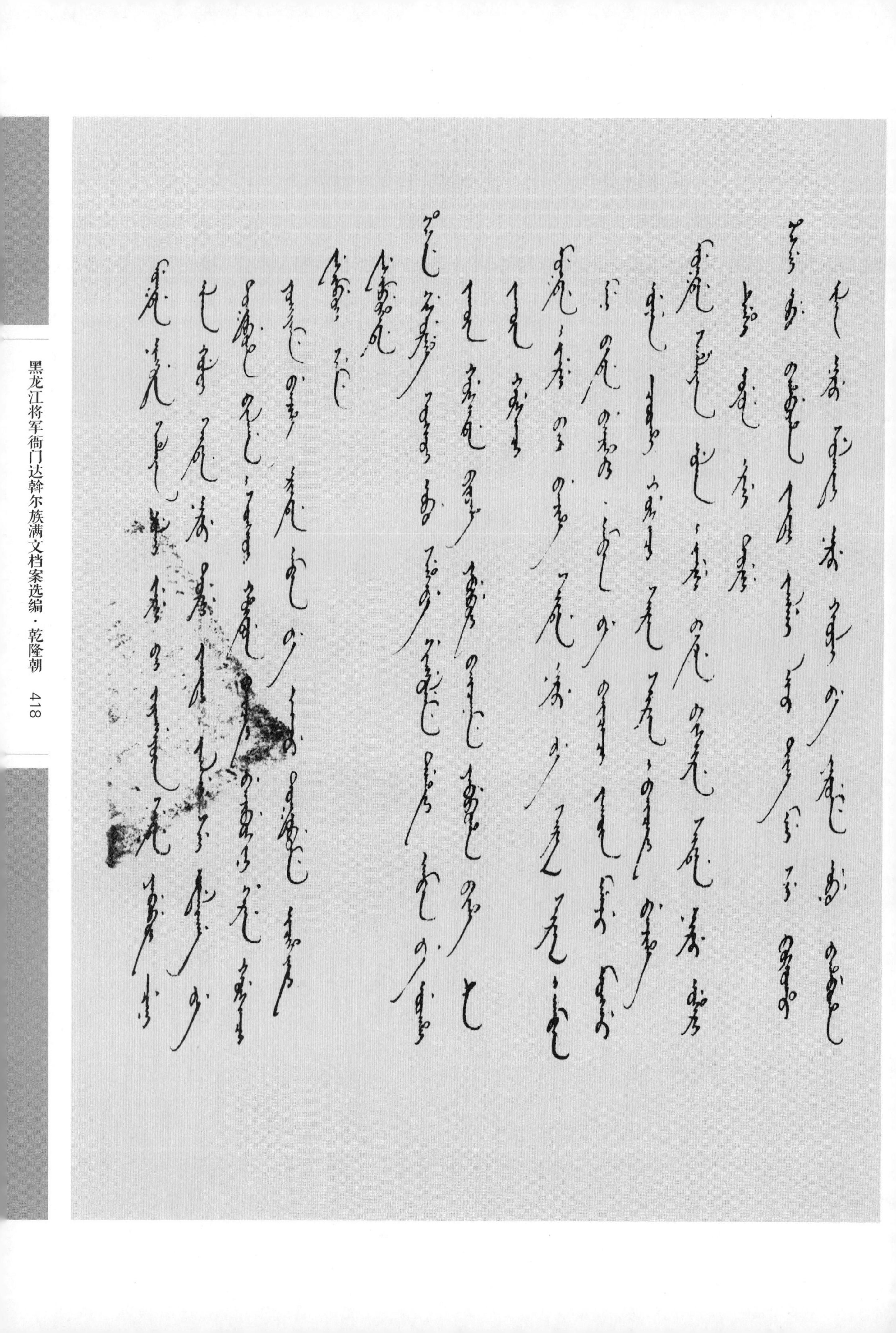

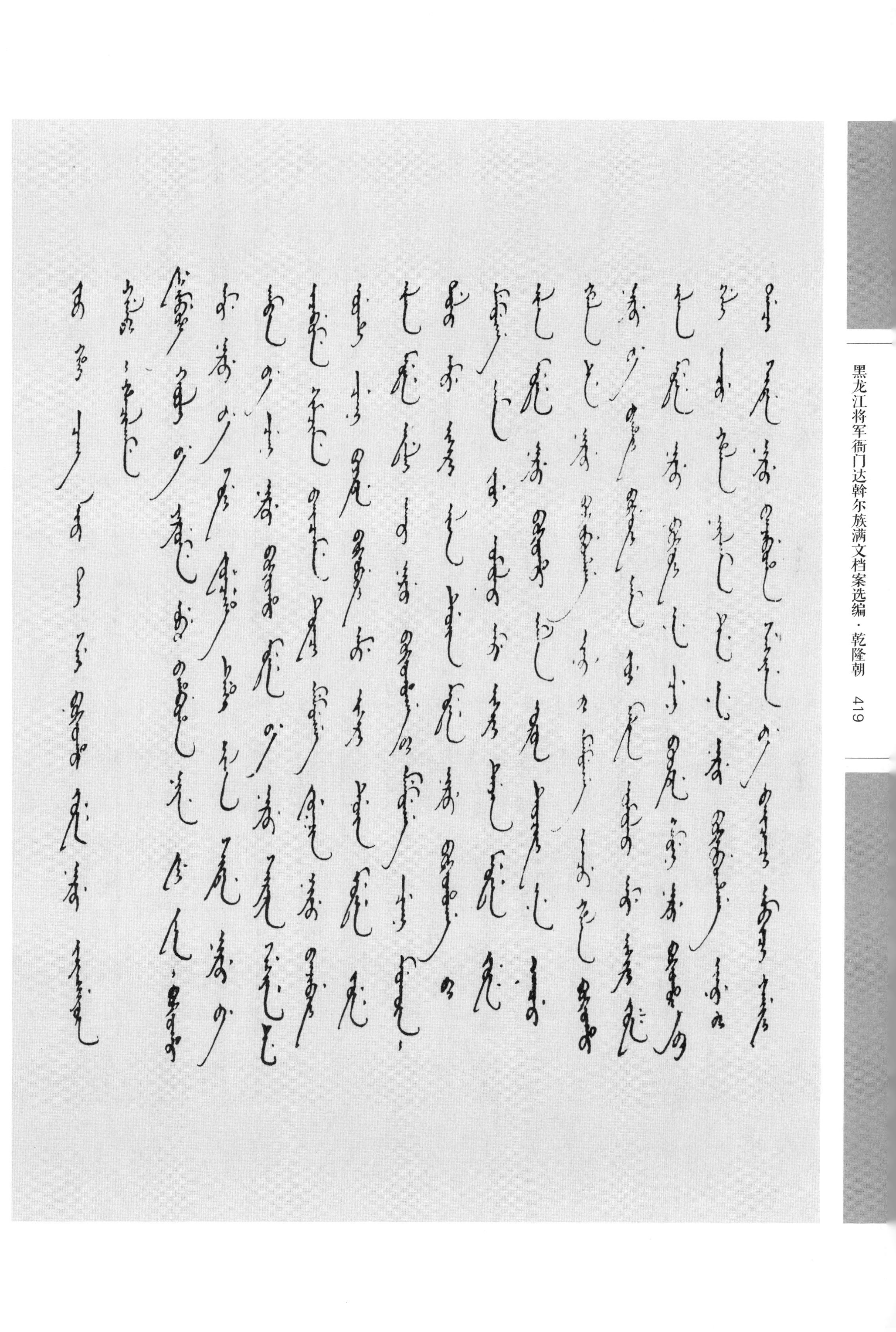

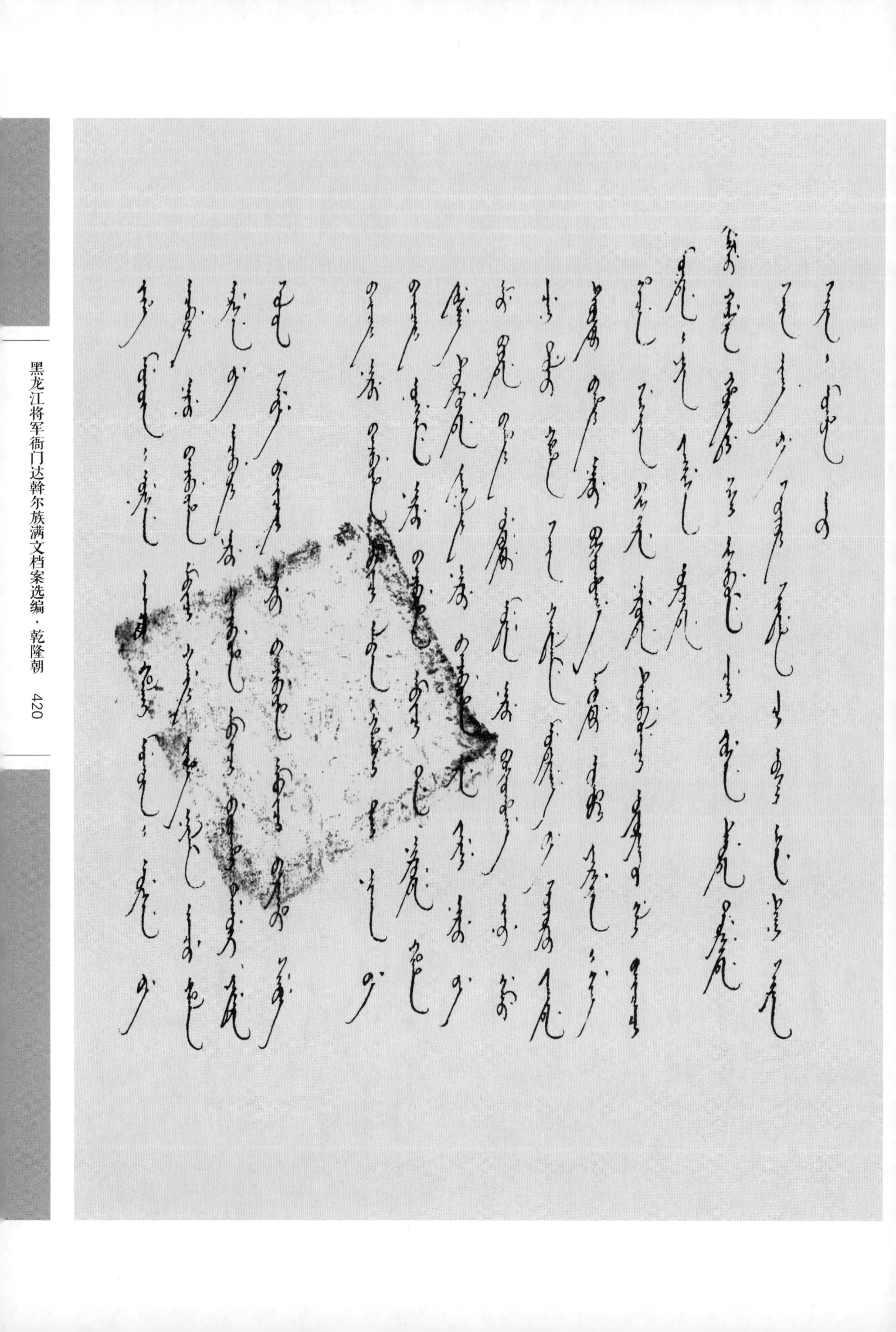

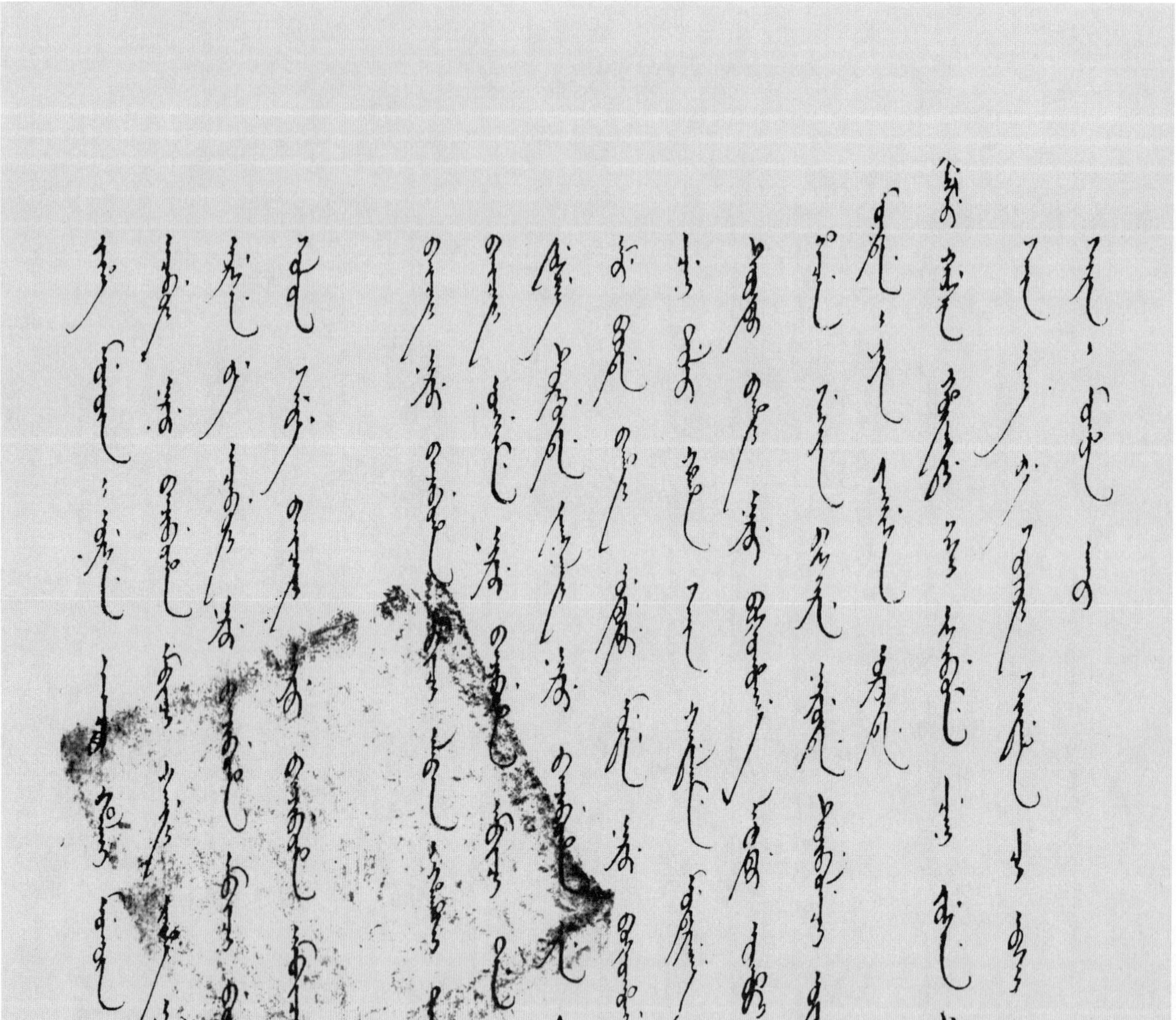

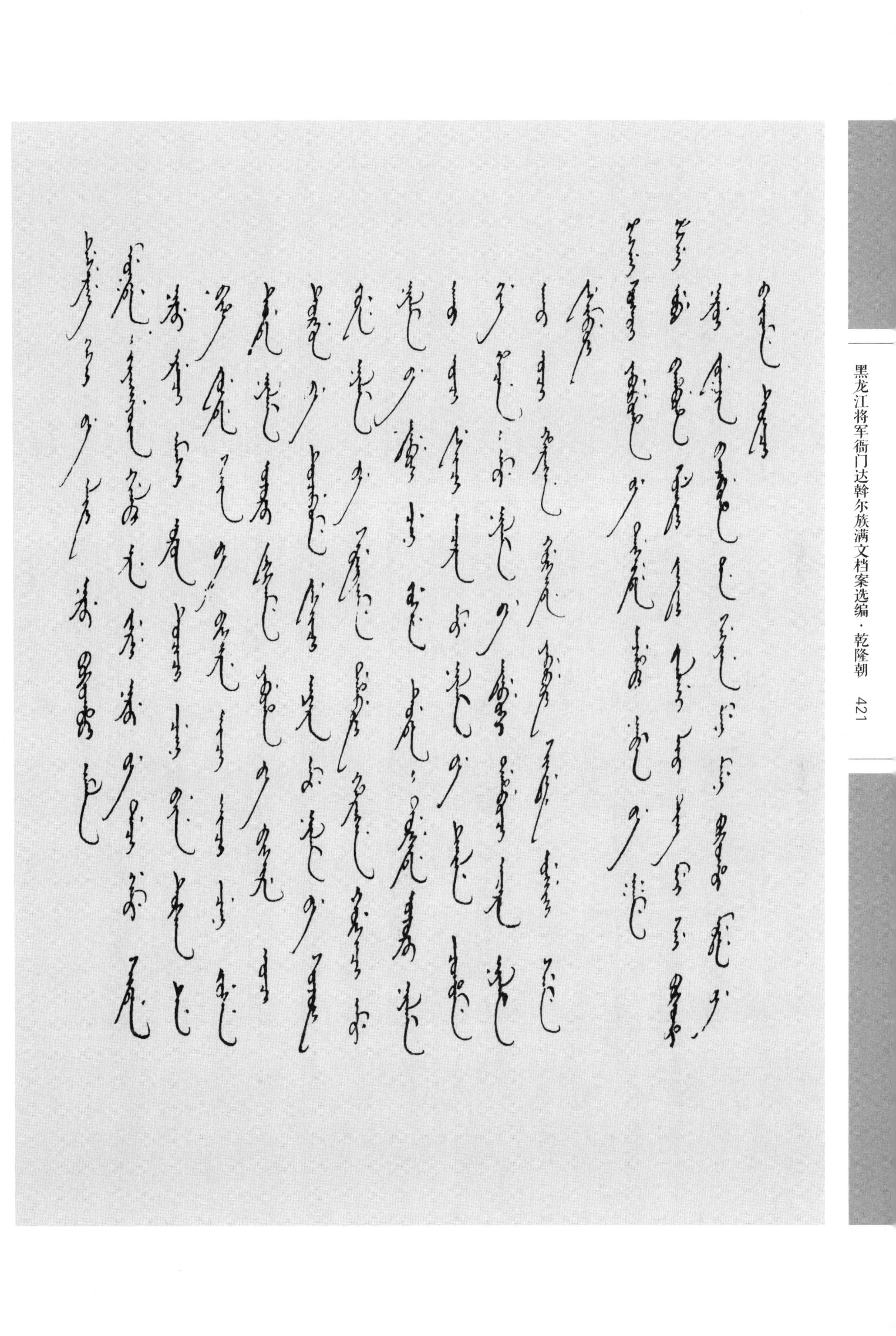

[illegible]

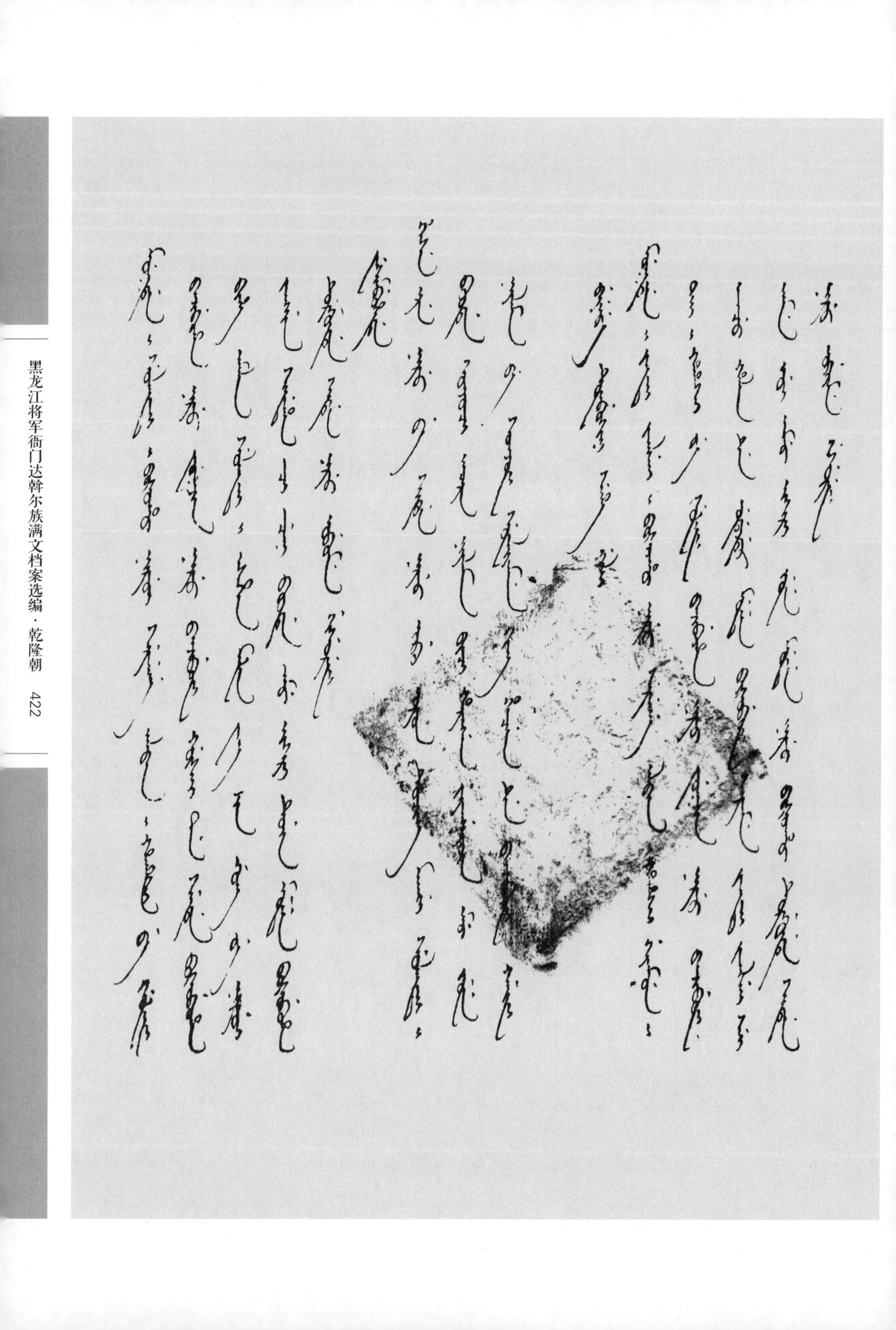

[illegible]

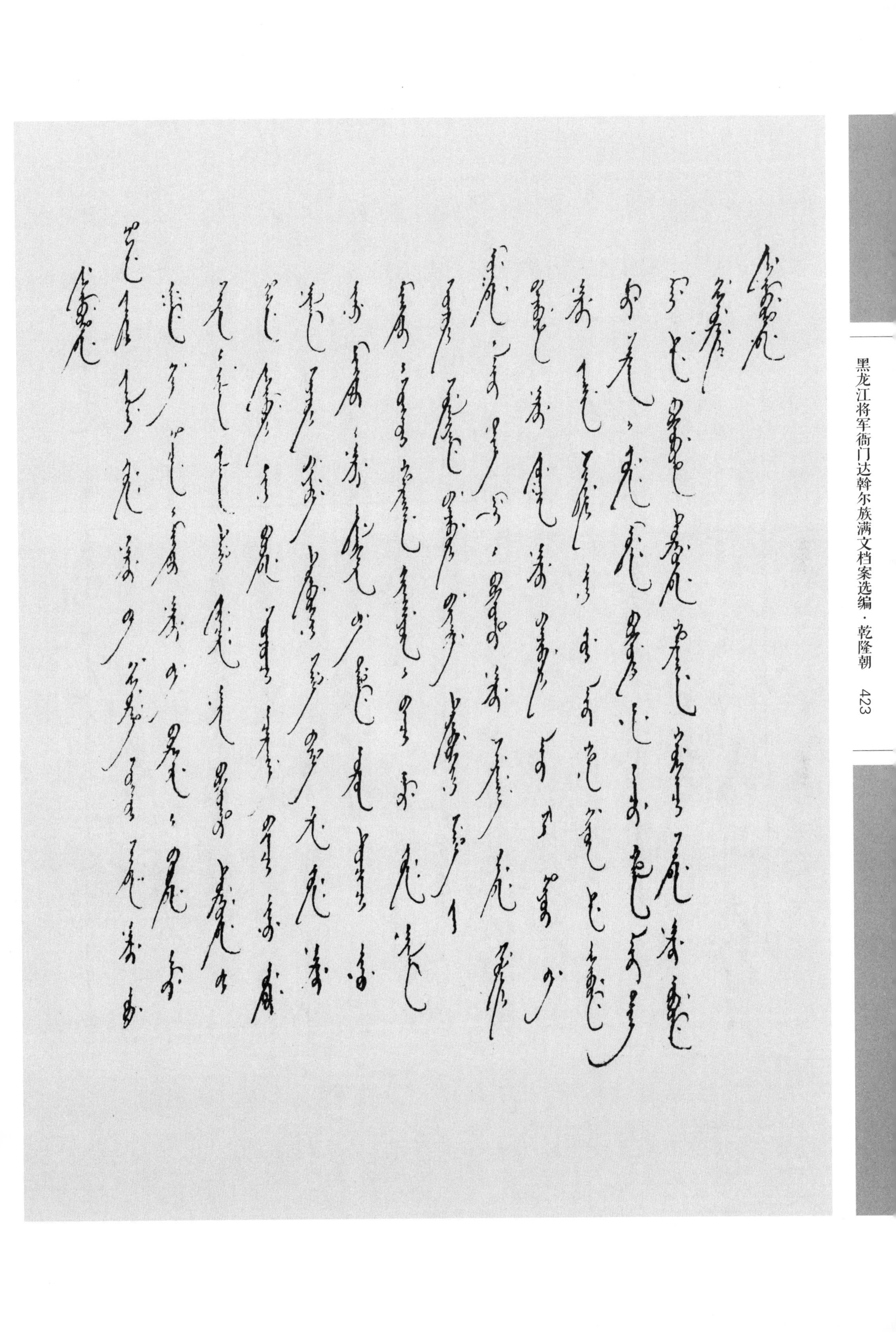

[illegible]

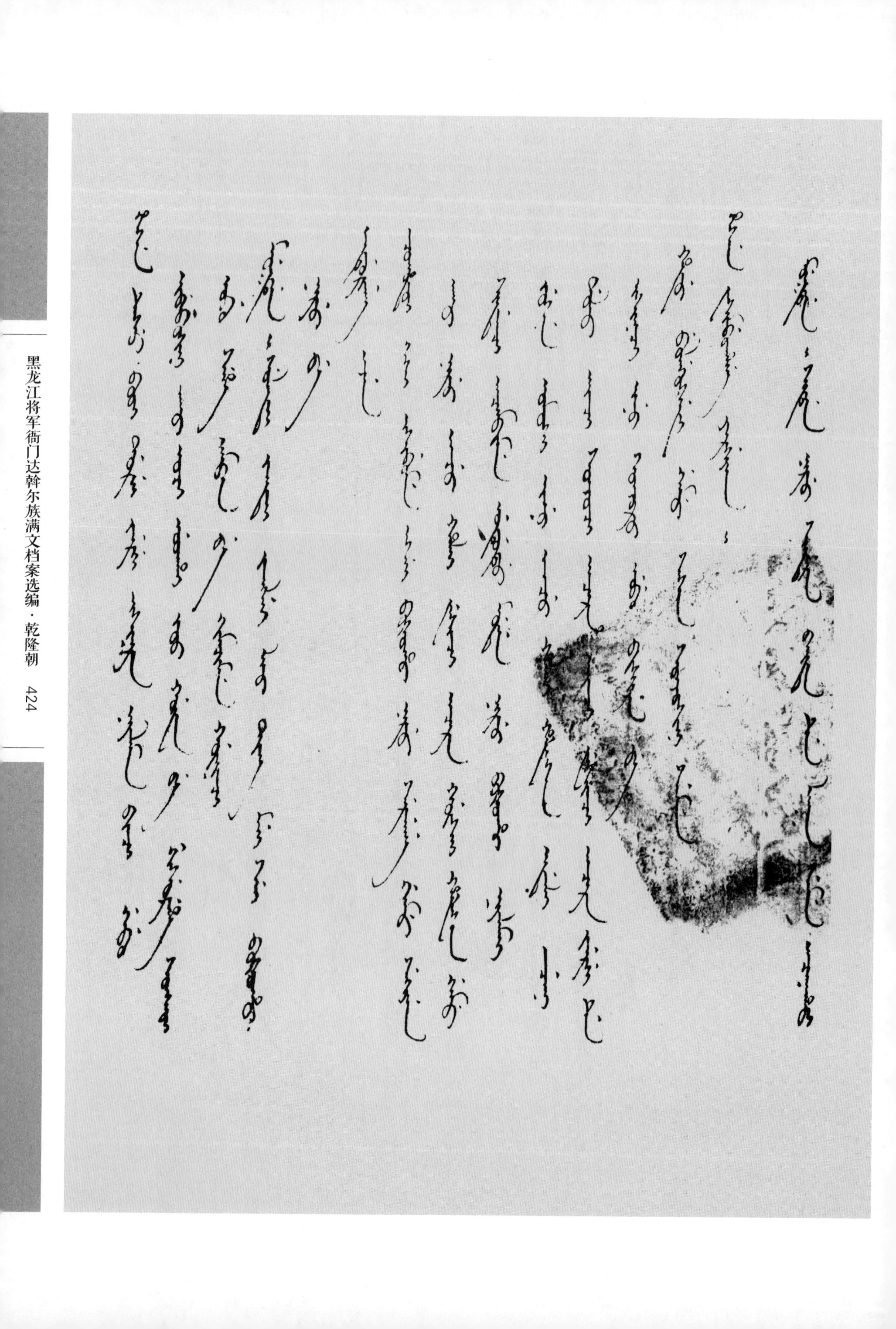

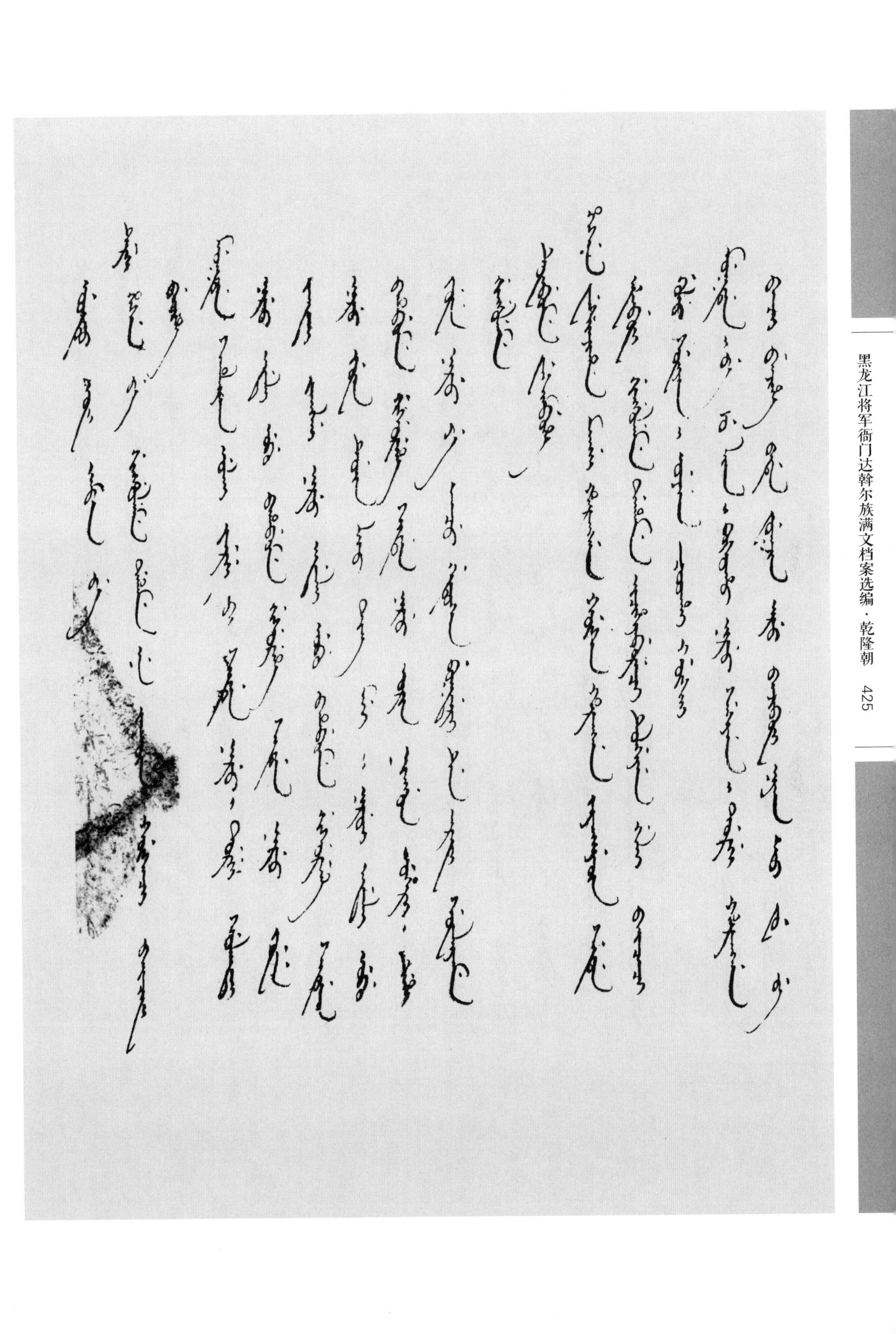

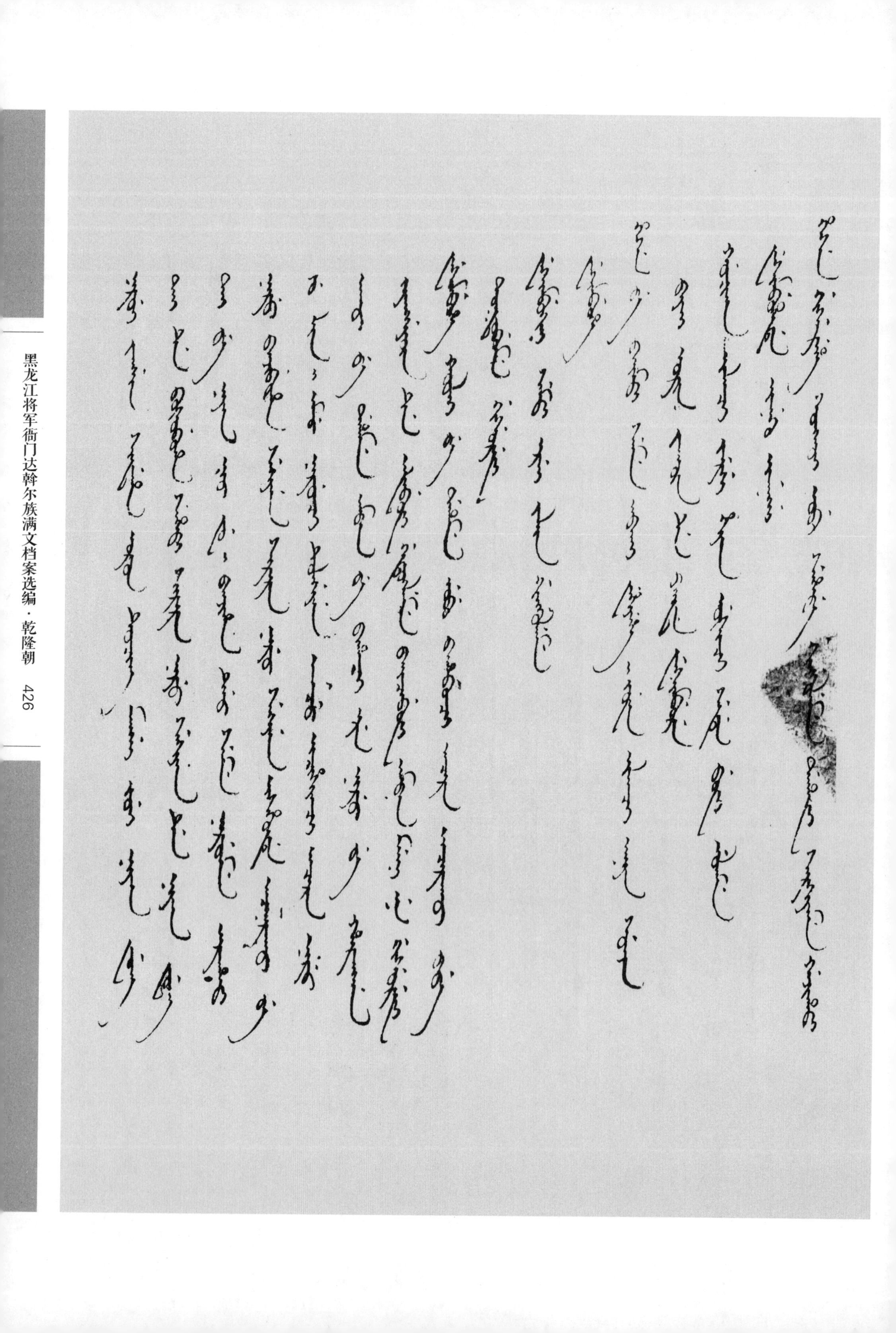

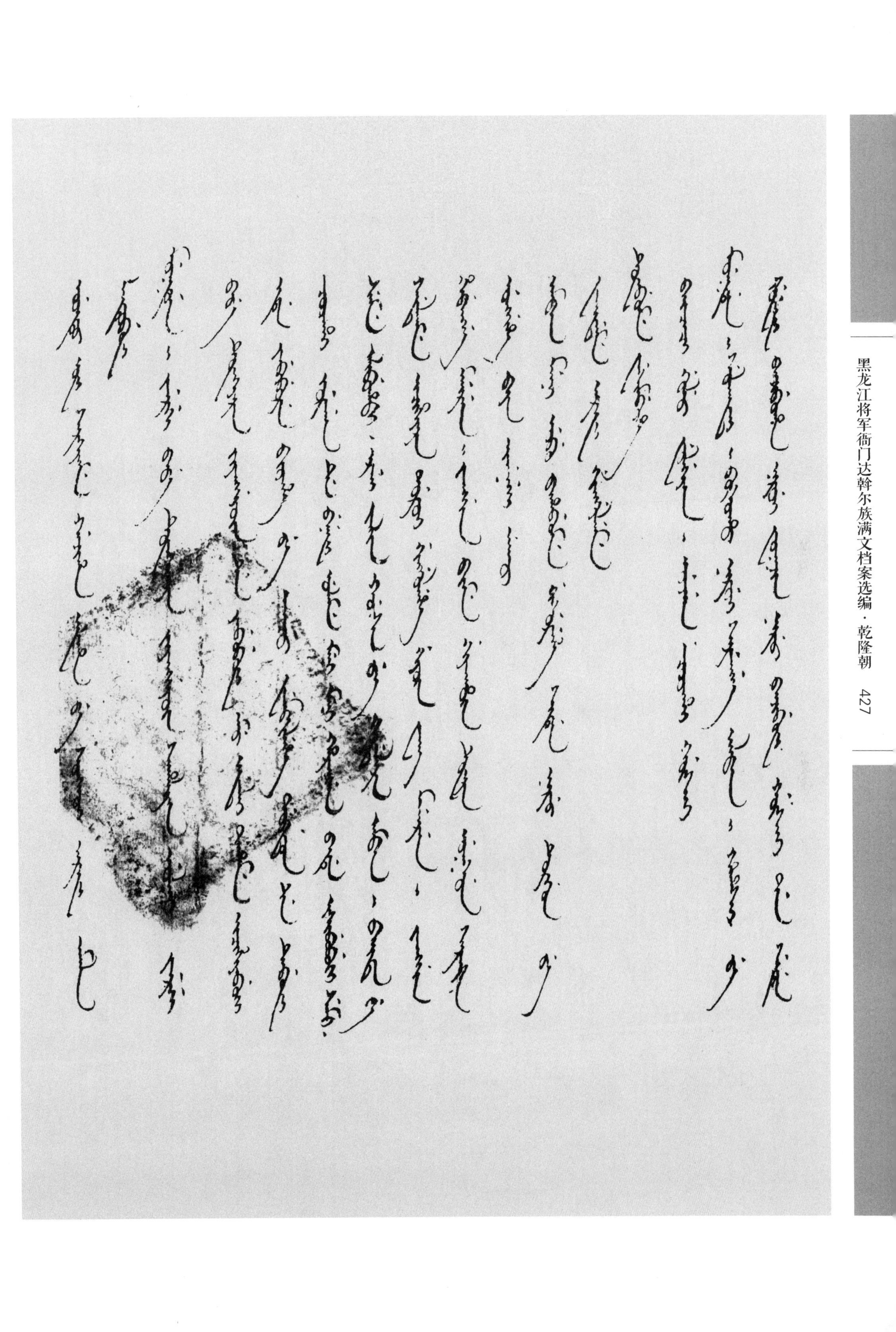

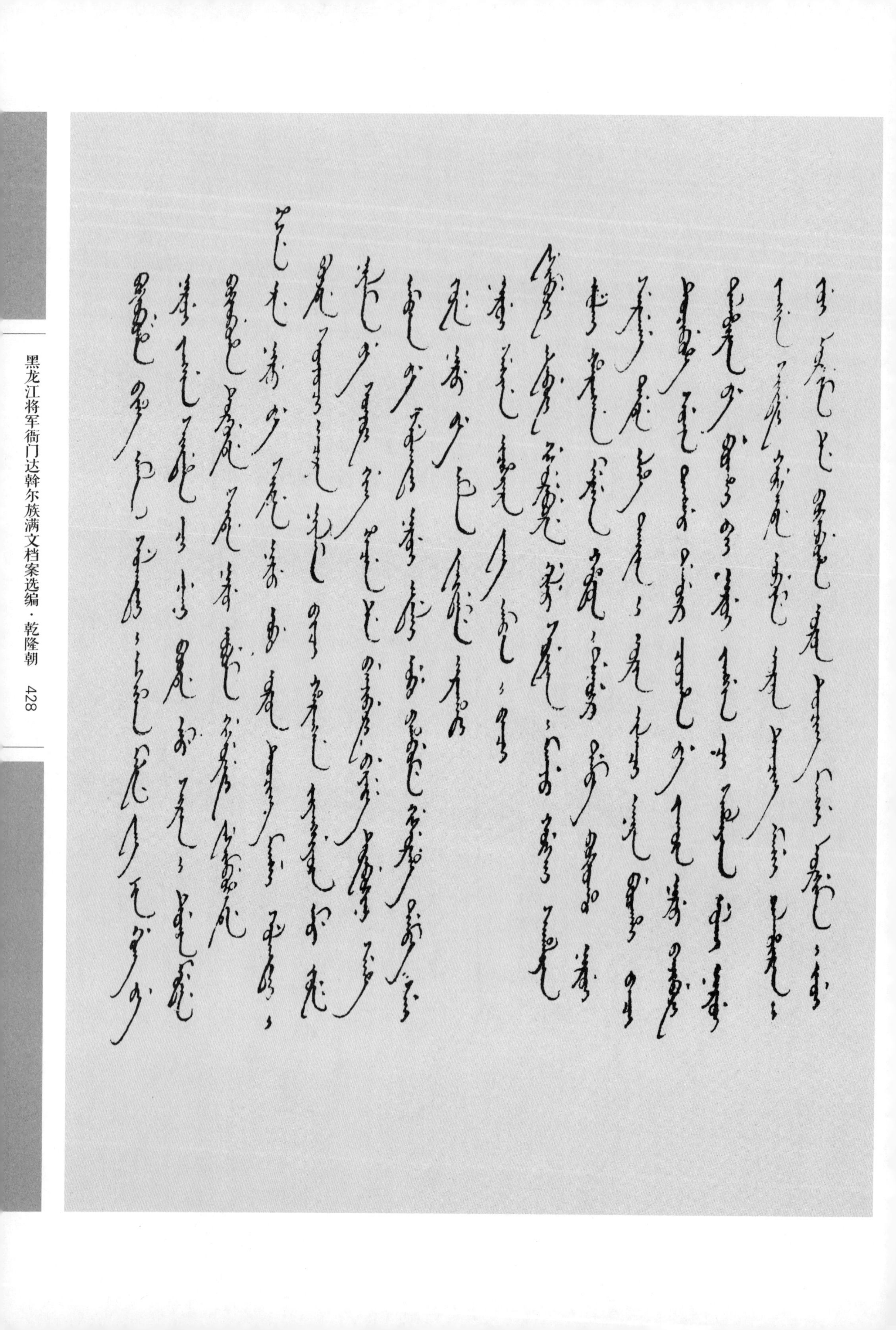

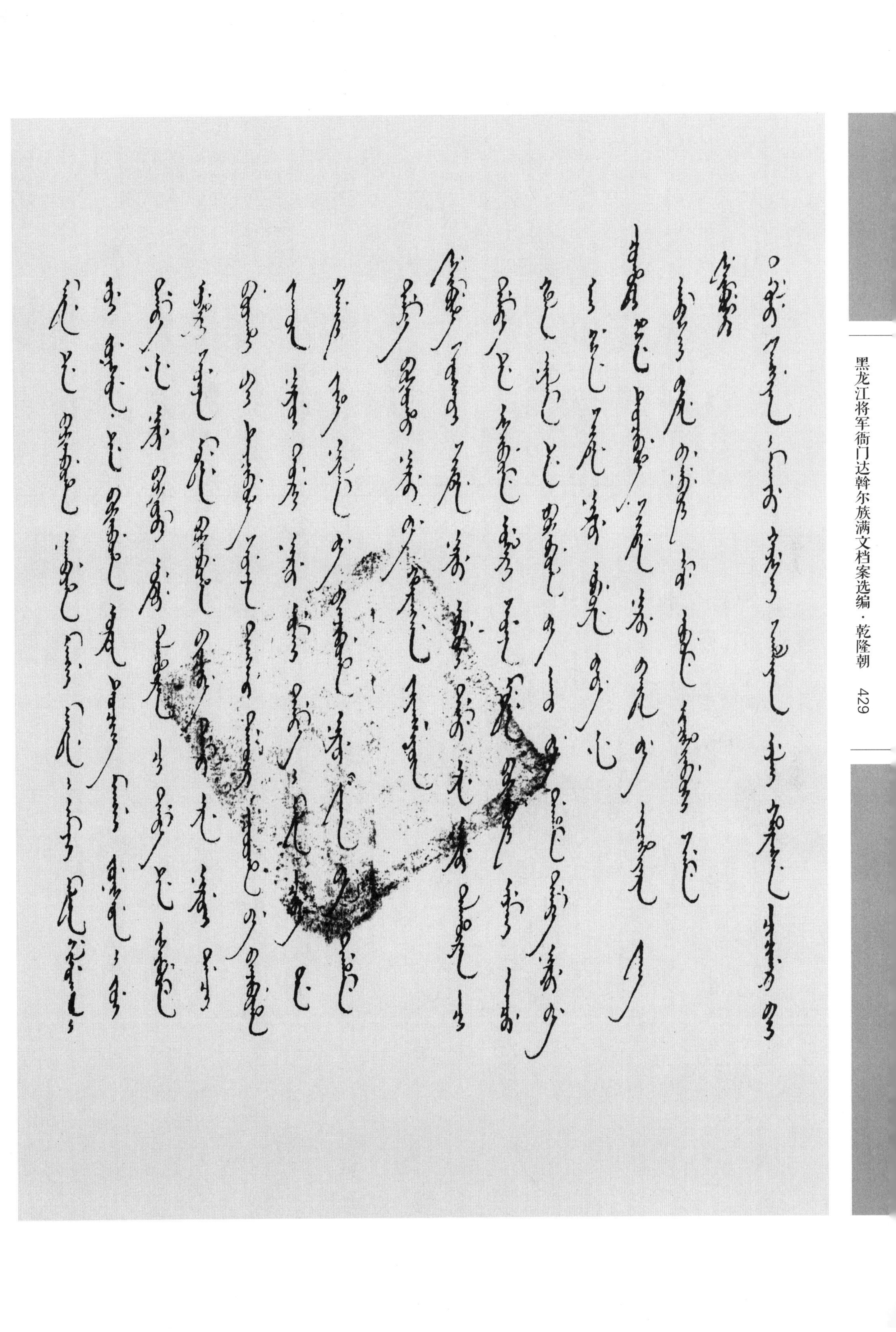

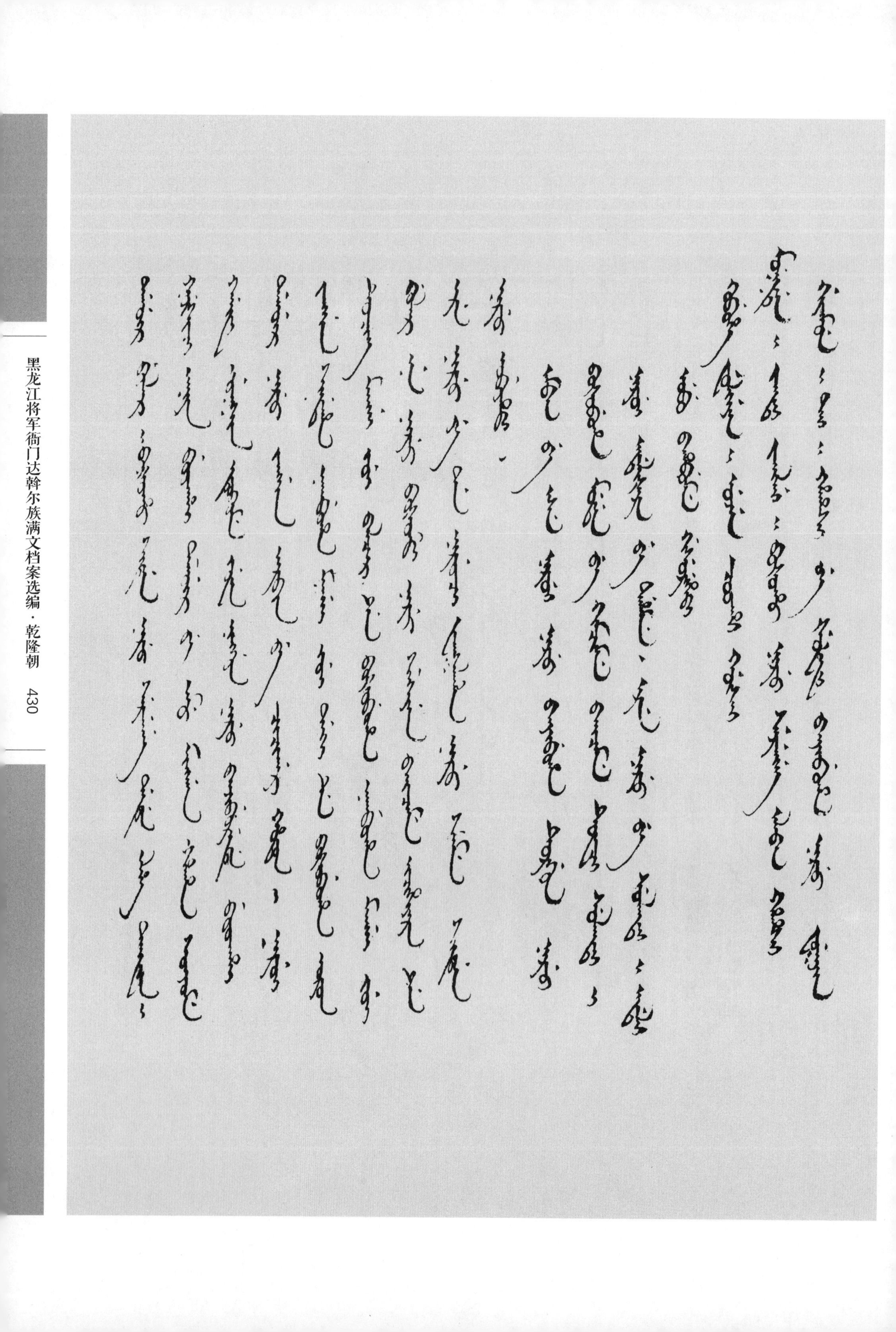

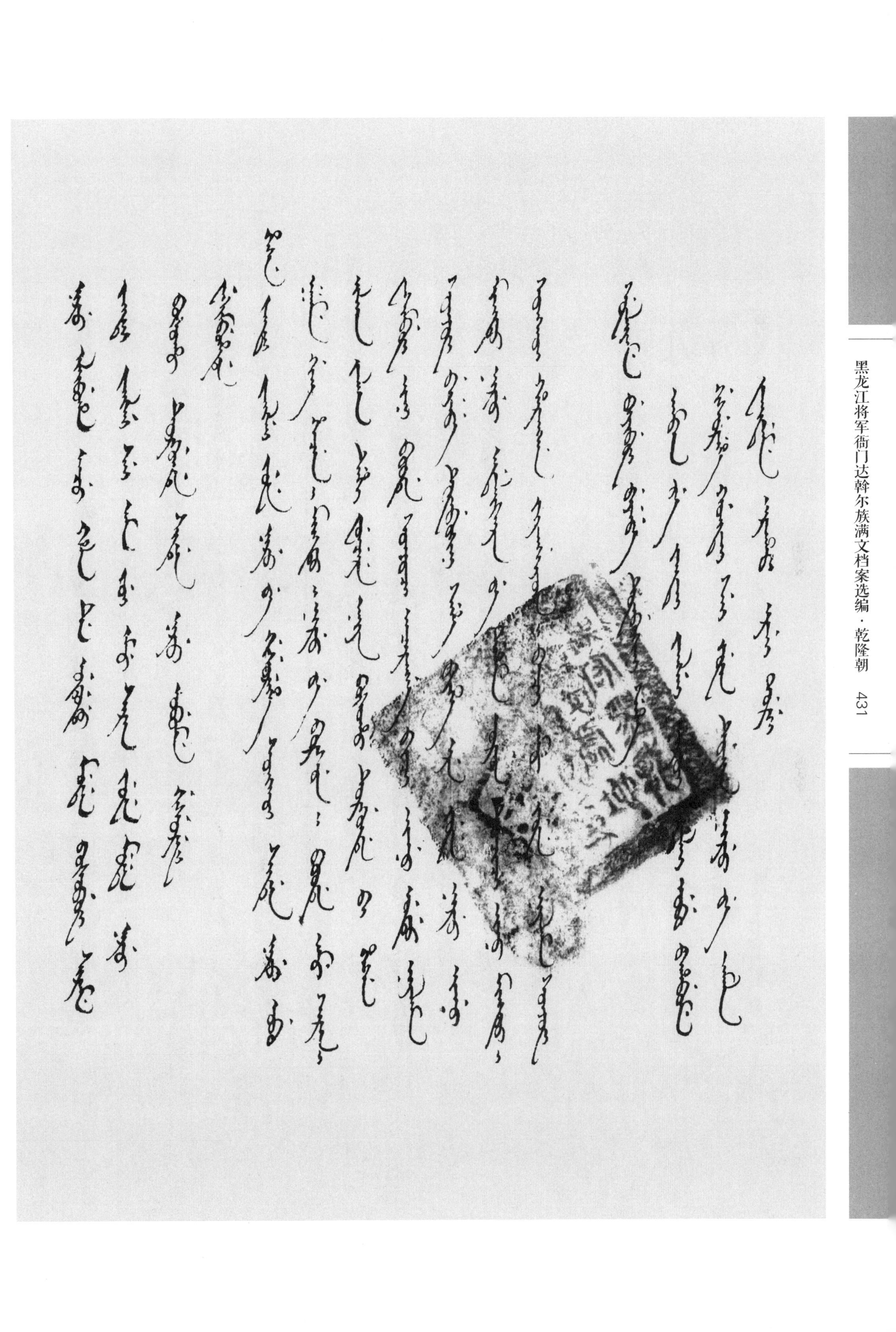

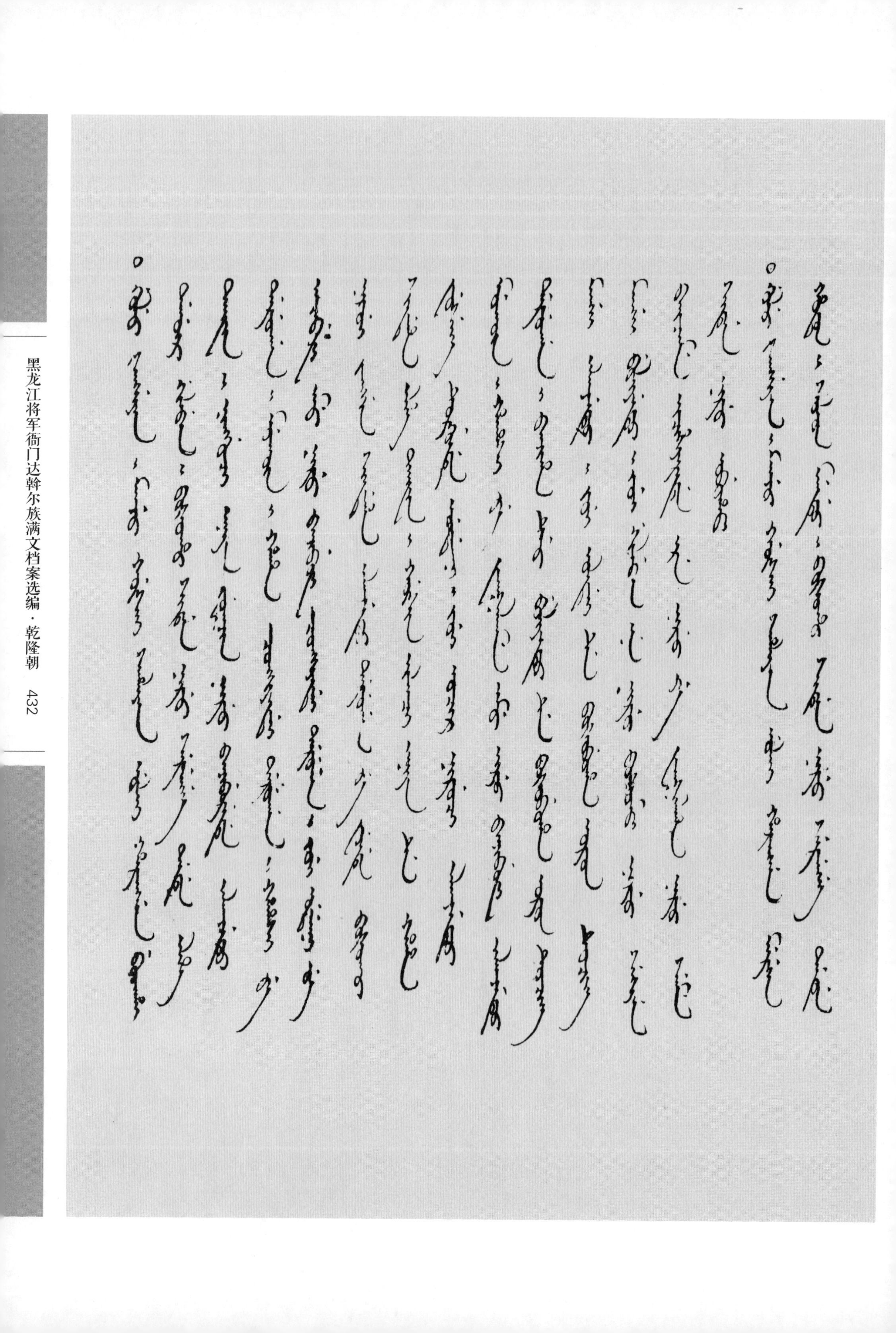

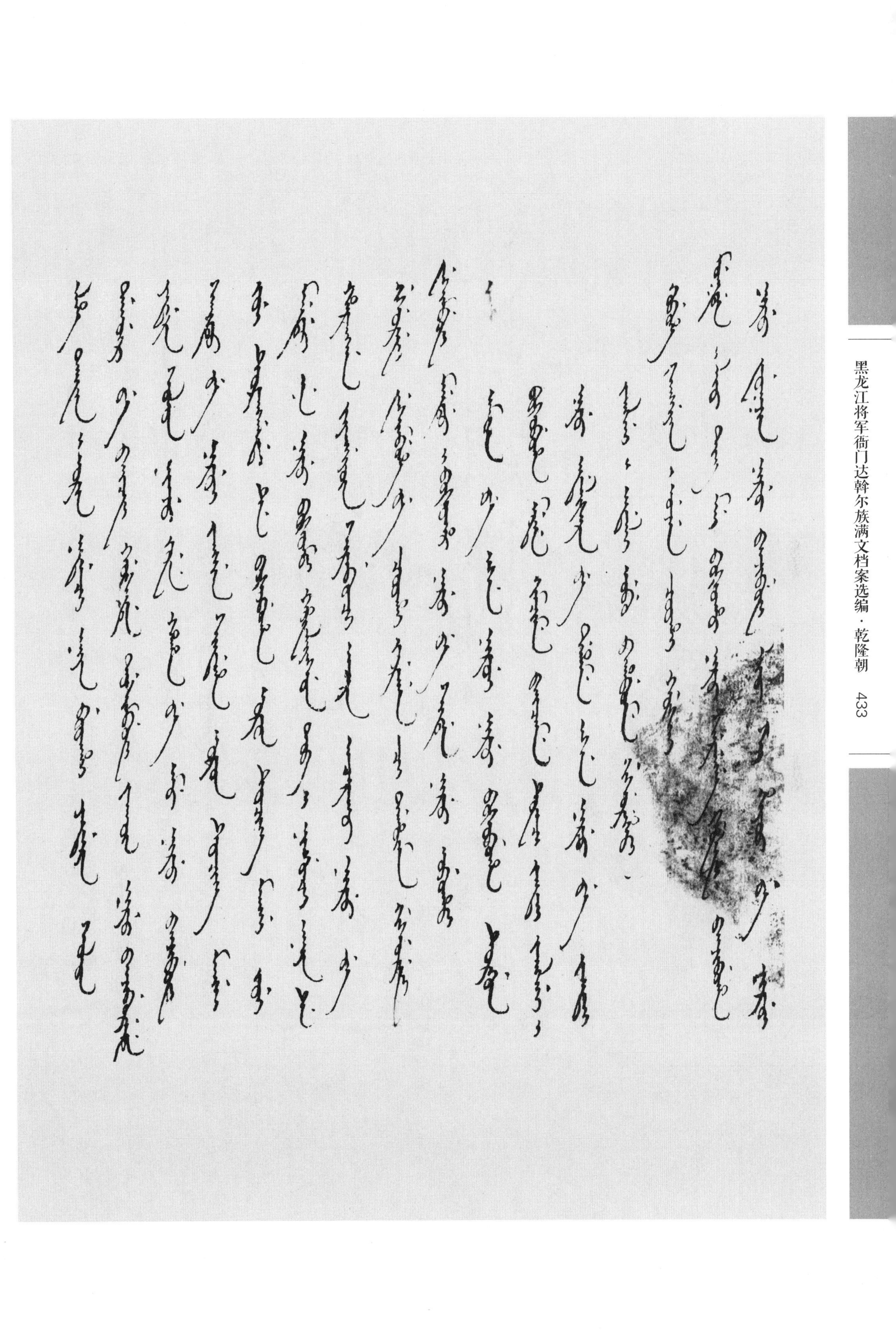

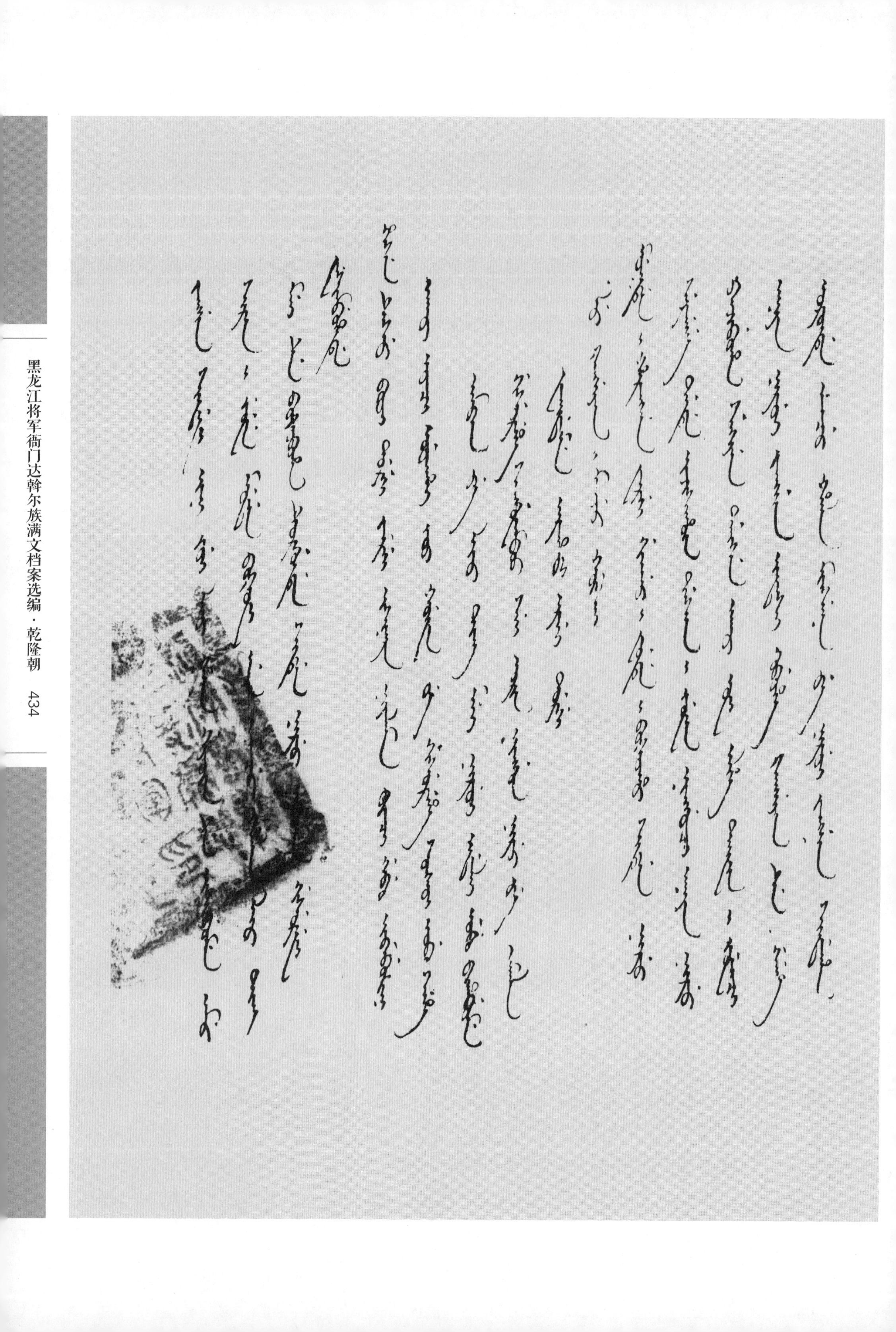

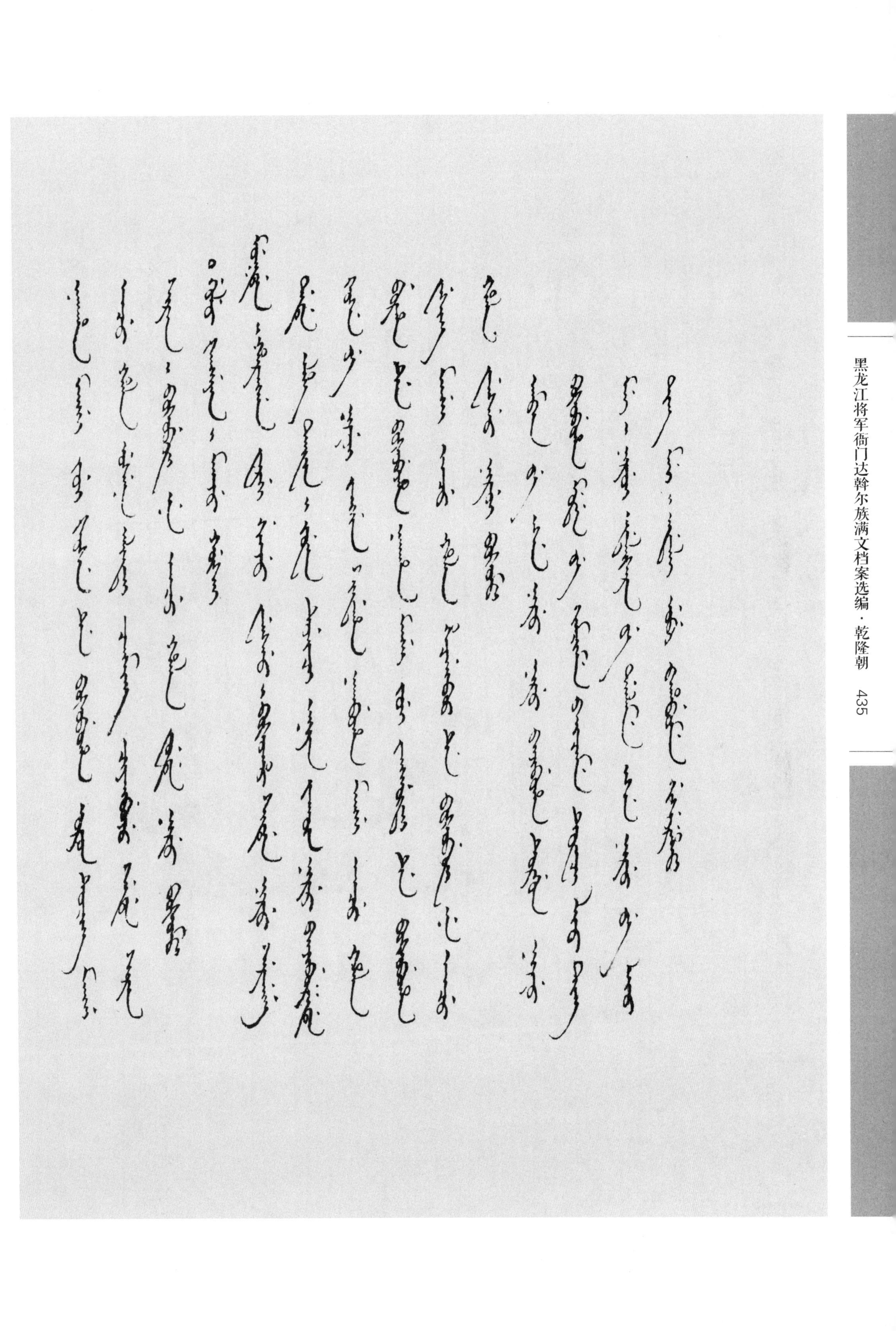

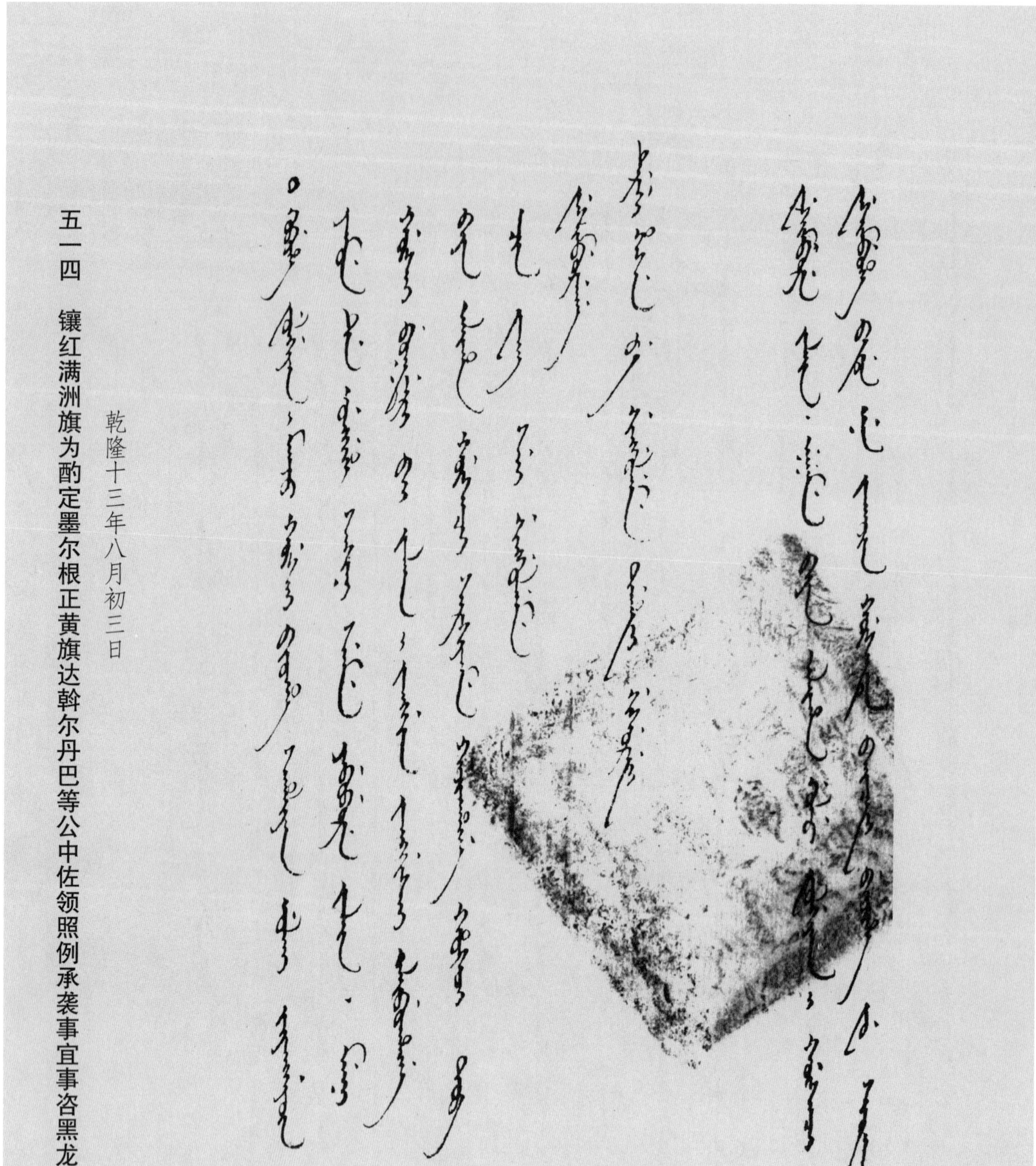

五一四　镶红满洲旗为酌定墨尔根正黄旗达斡尔丹巴等公中佐领照例承袭事宜事咨黑龙江将军衙门文

乾隆十三年八月初三日

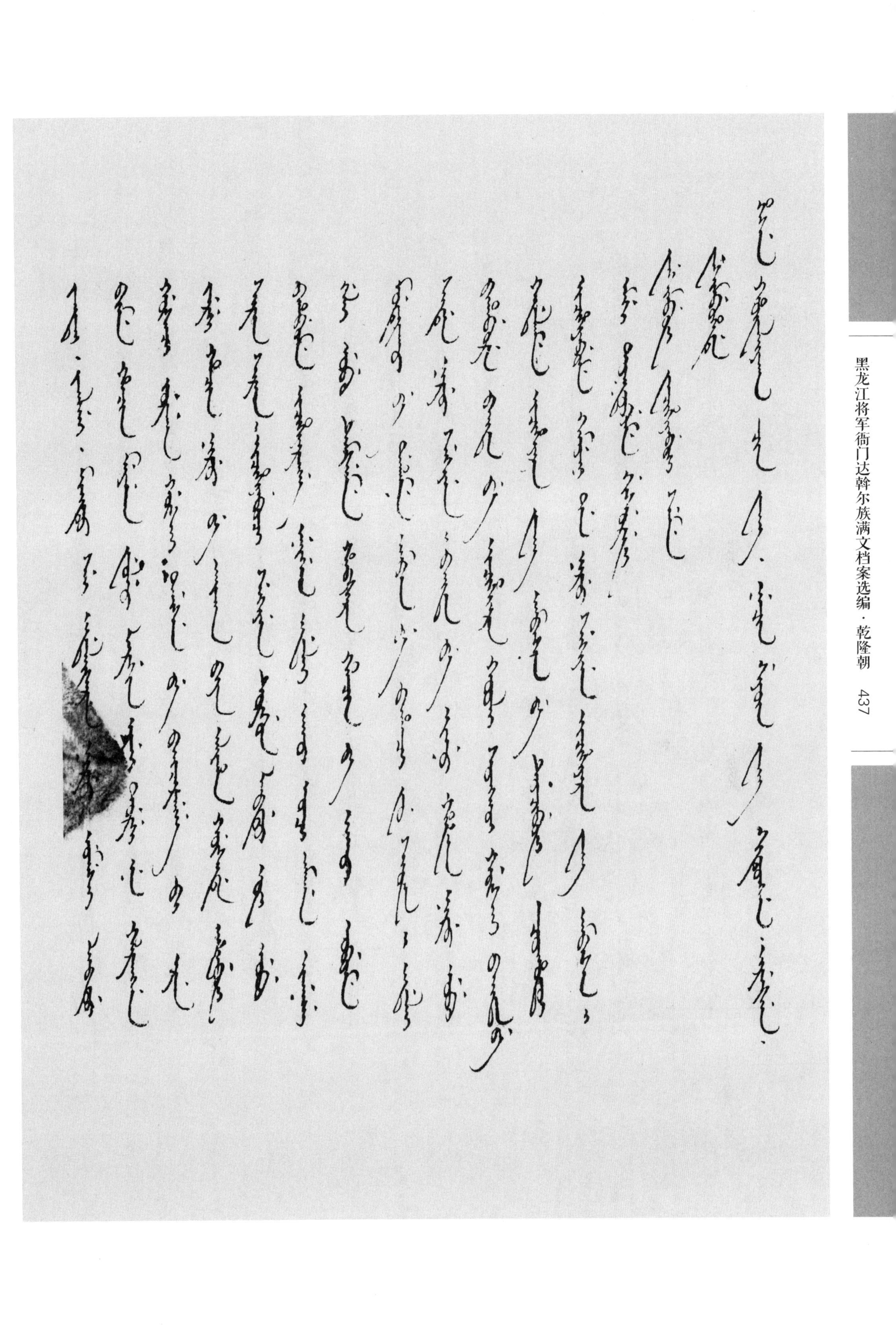

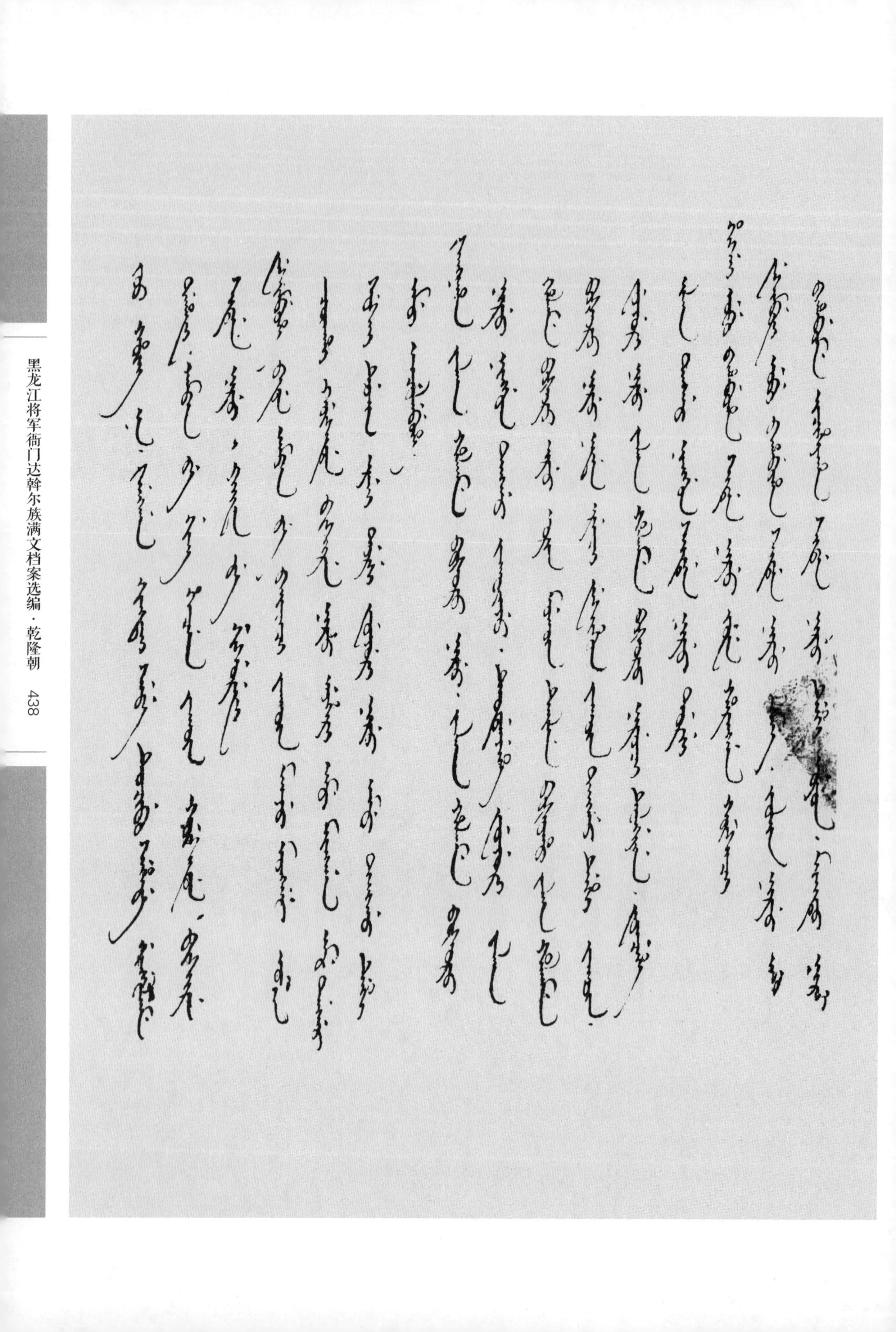

[illegible]

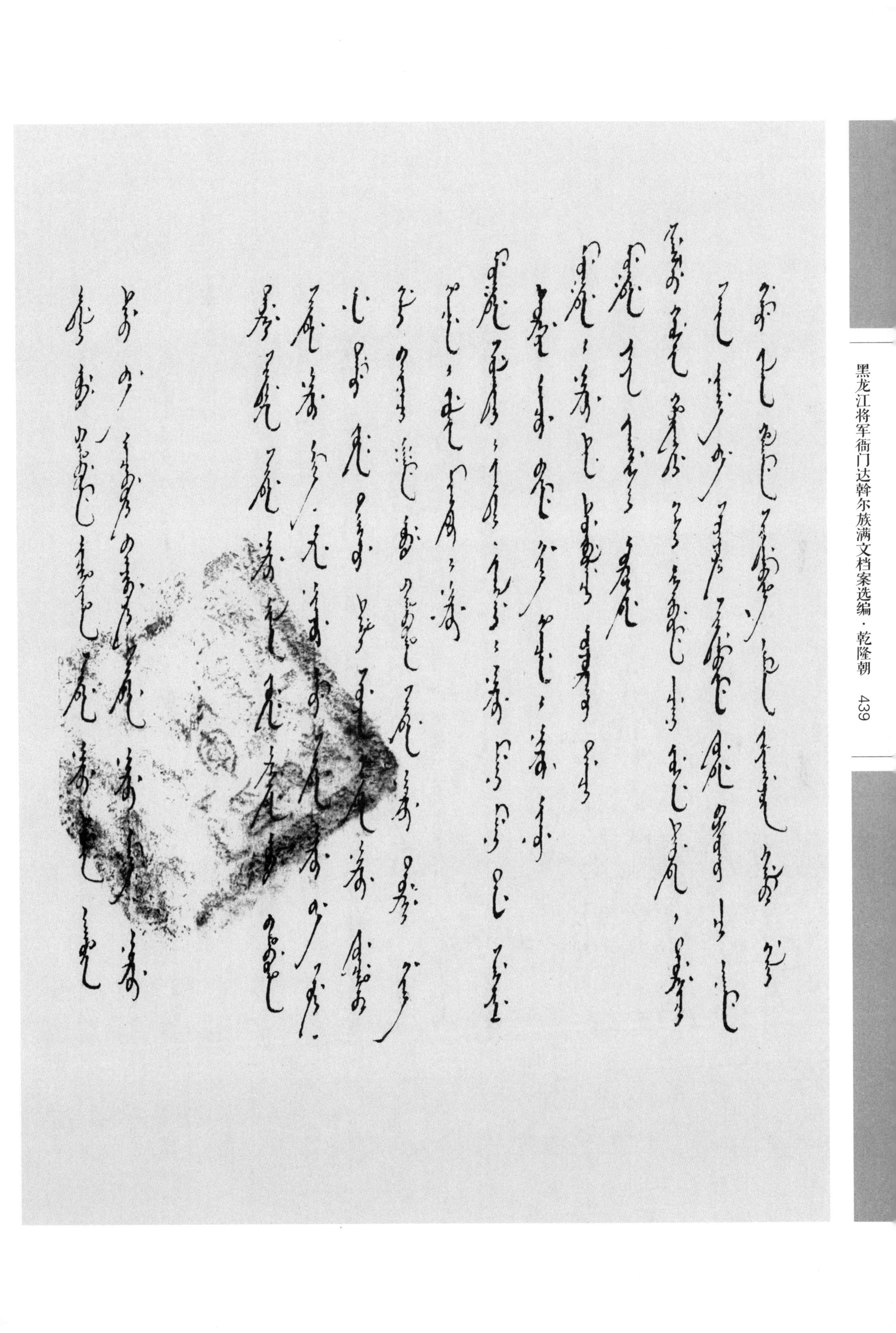

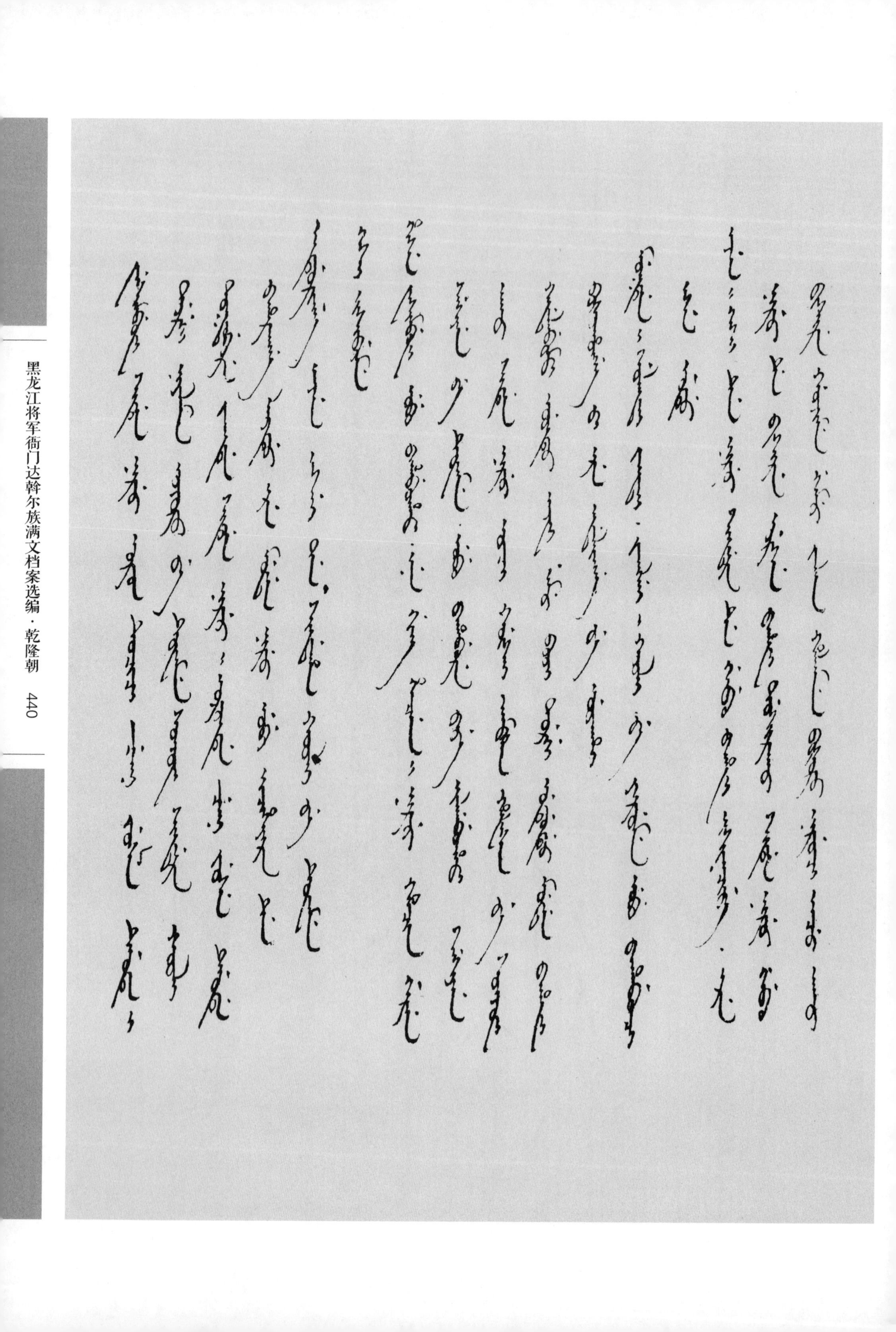

[illegible]

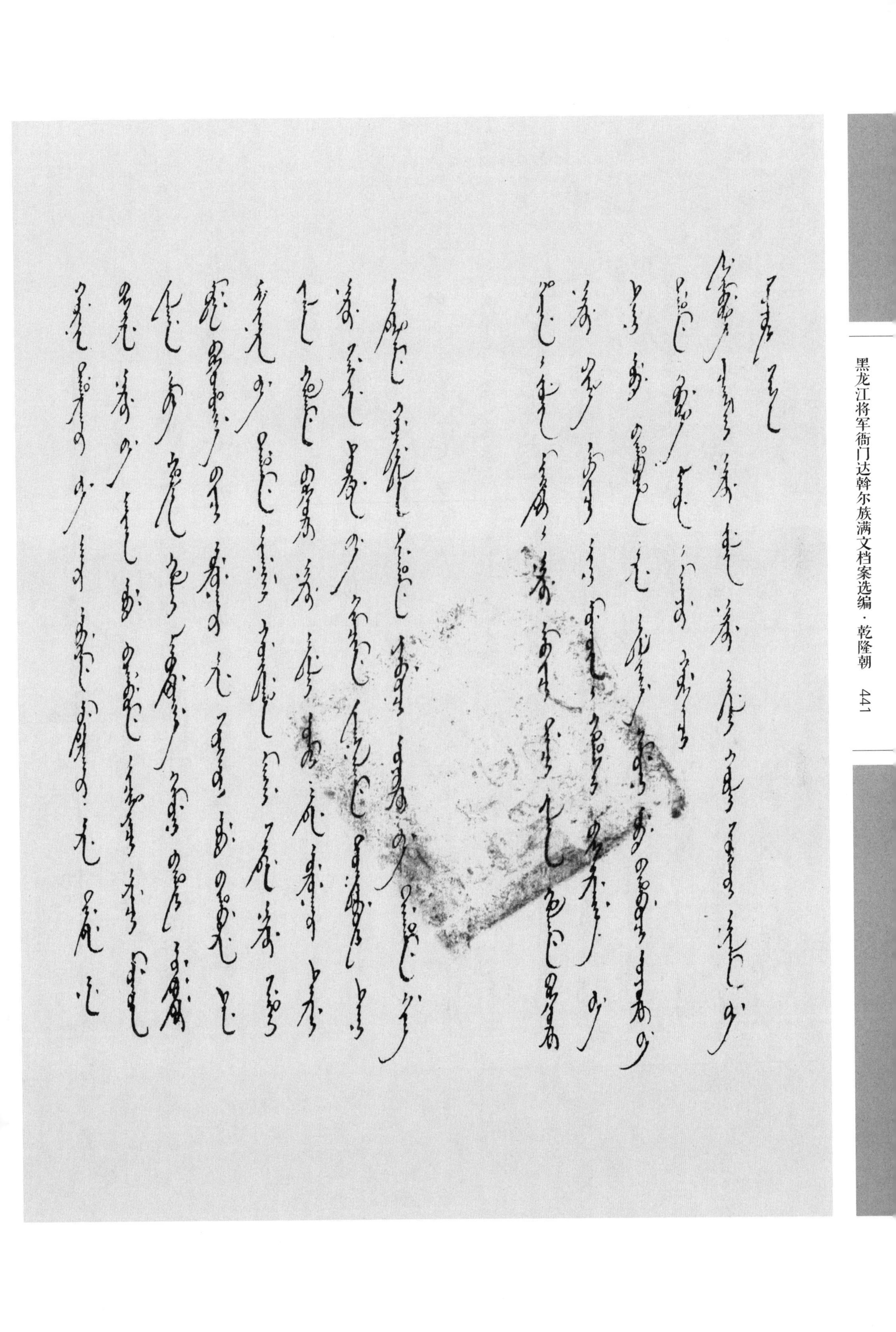

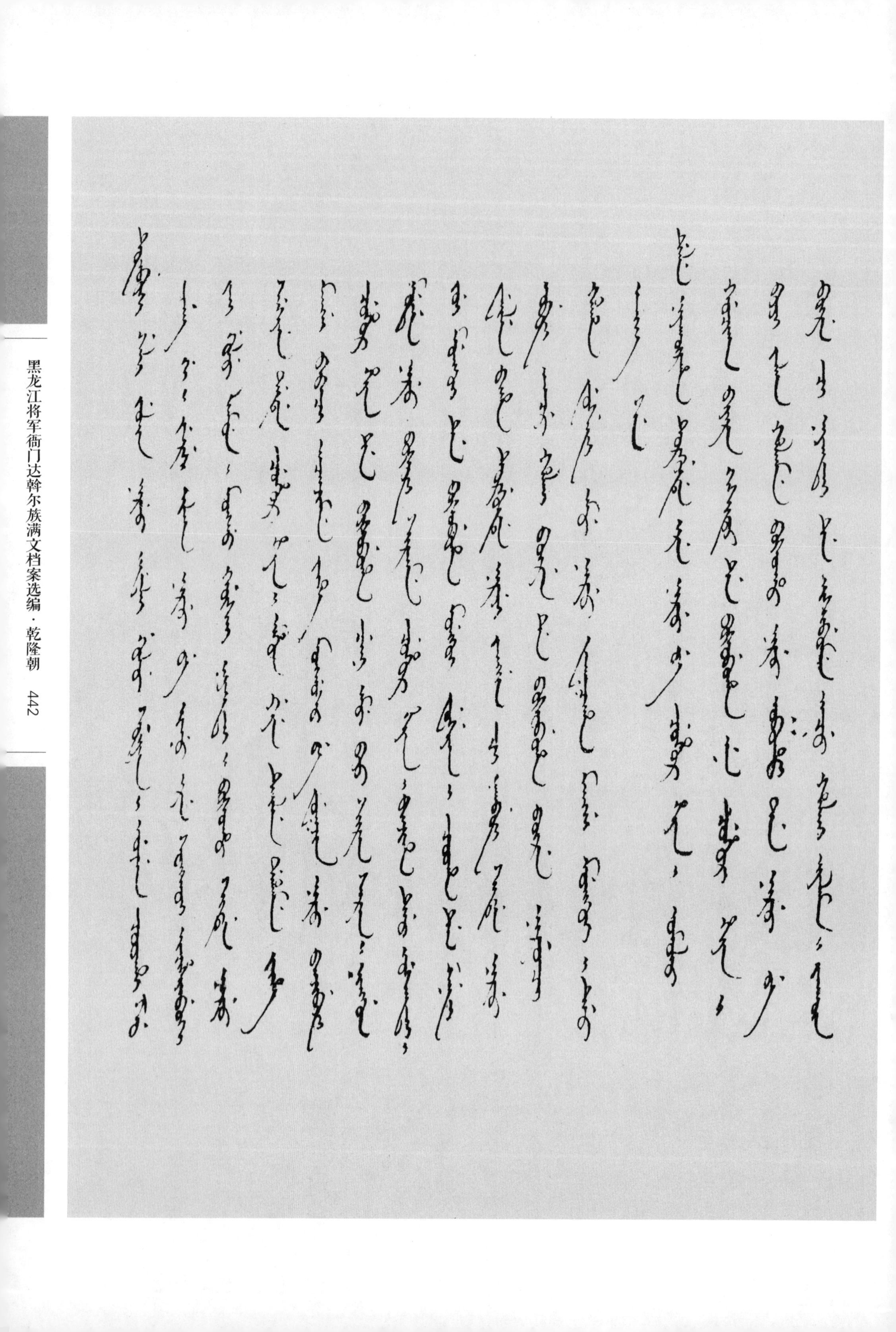

[illegible]

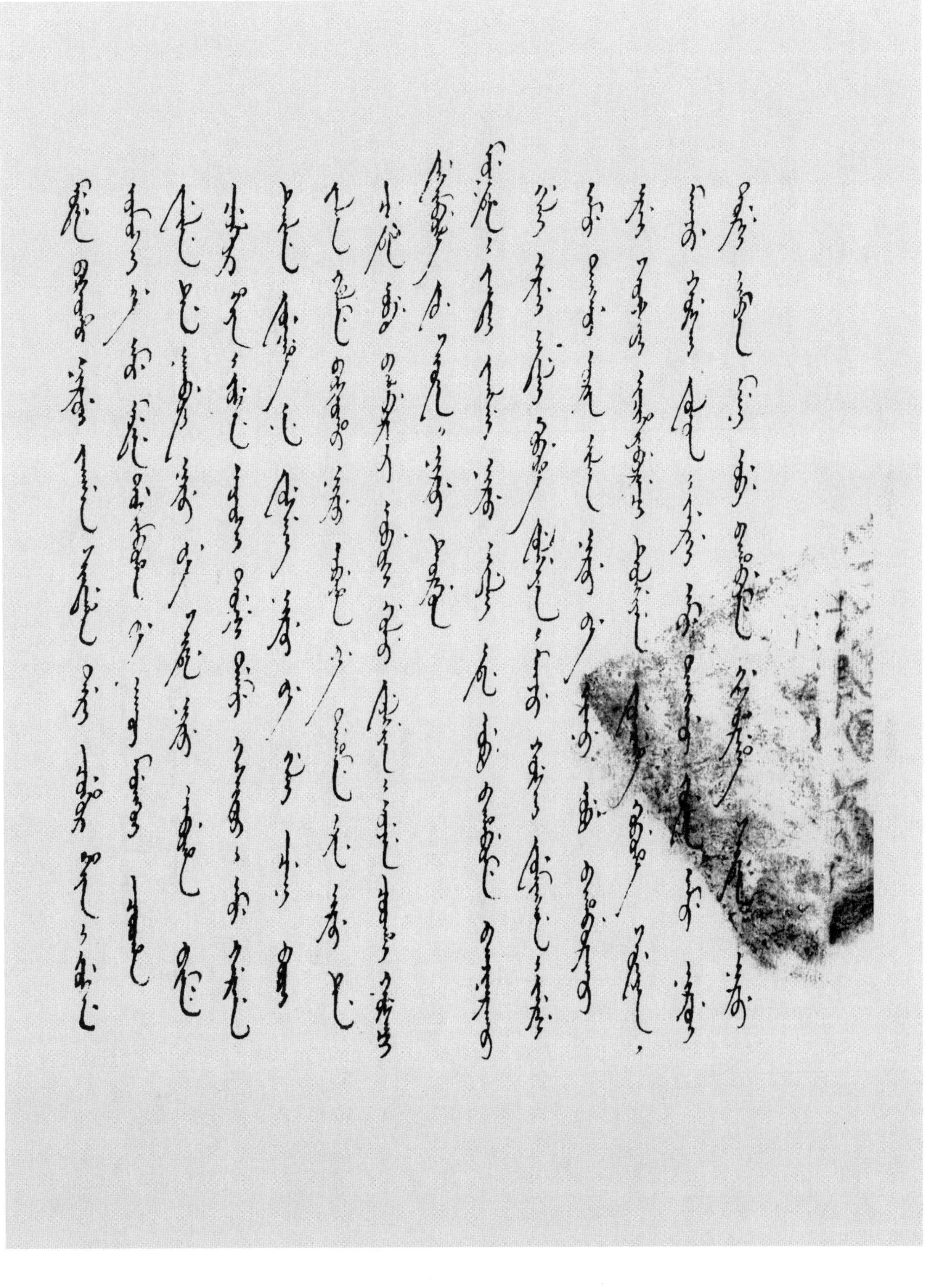

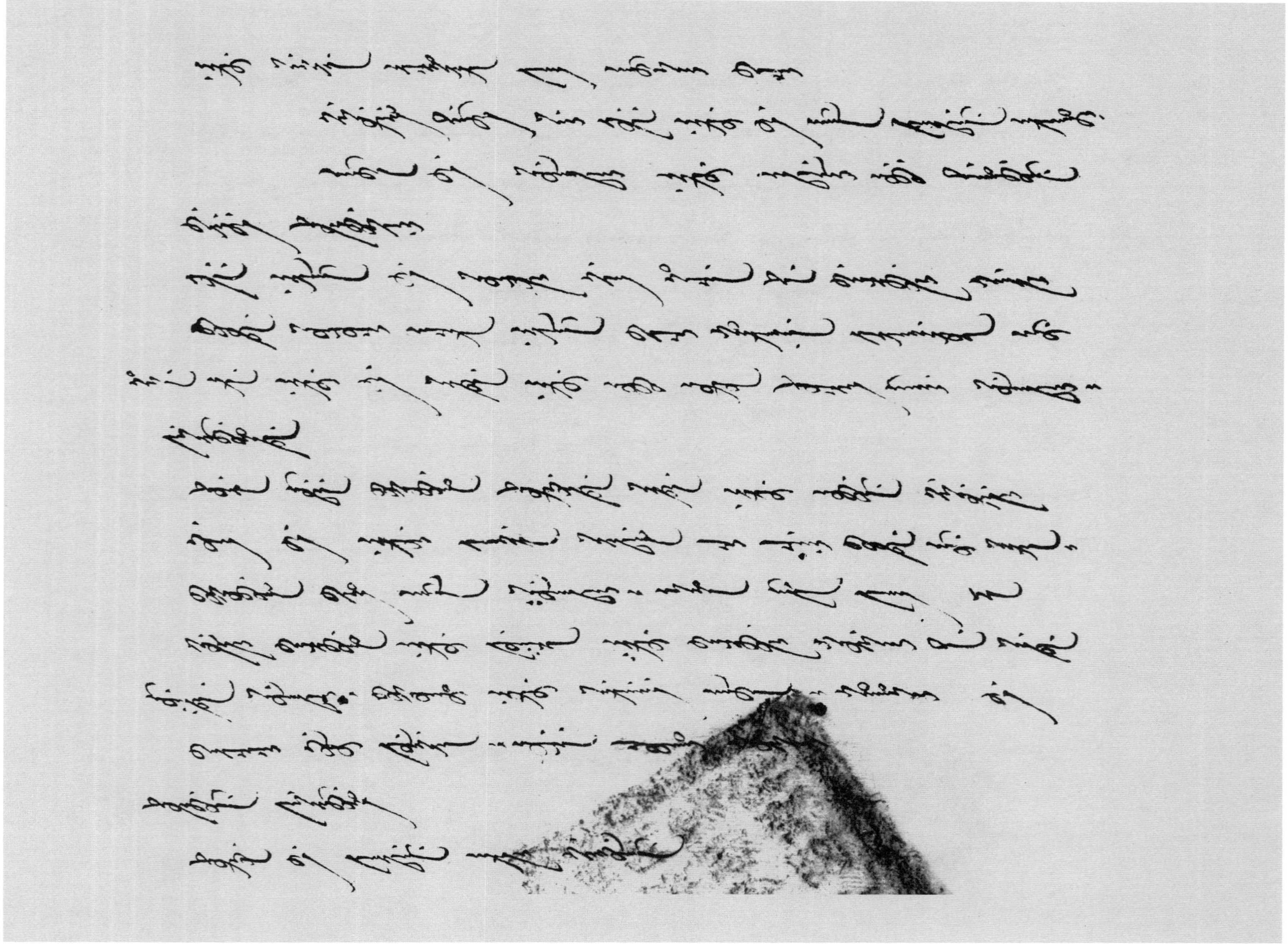

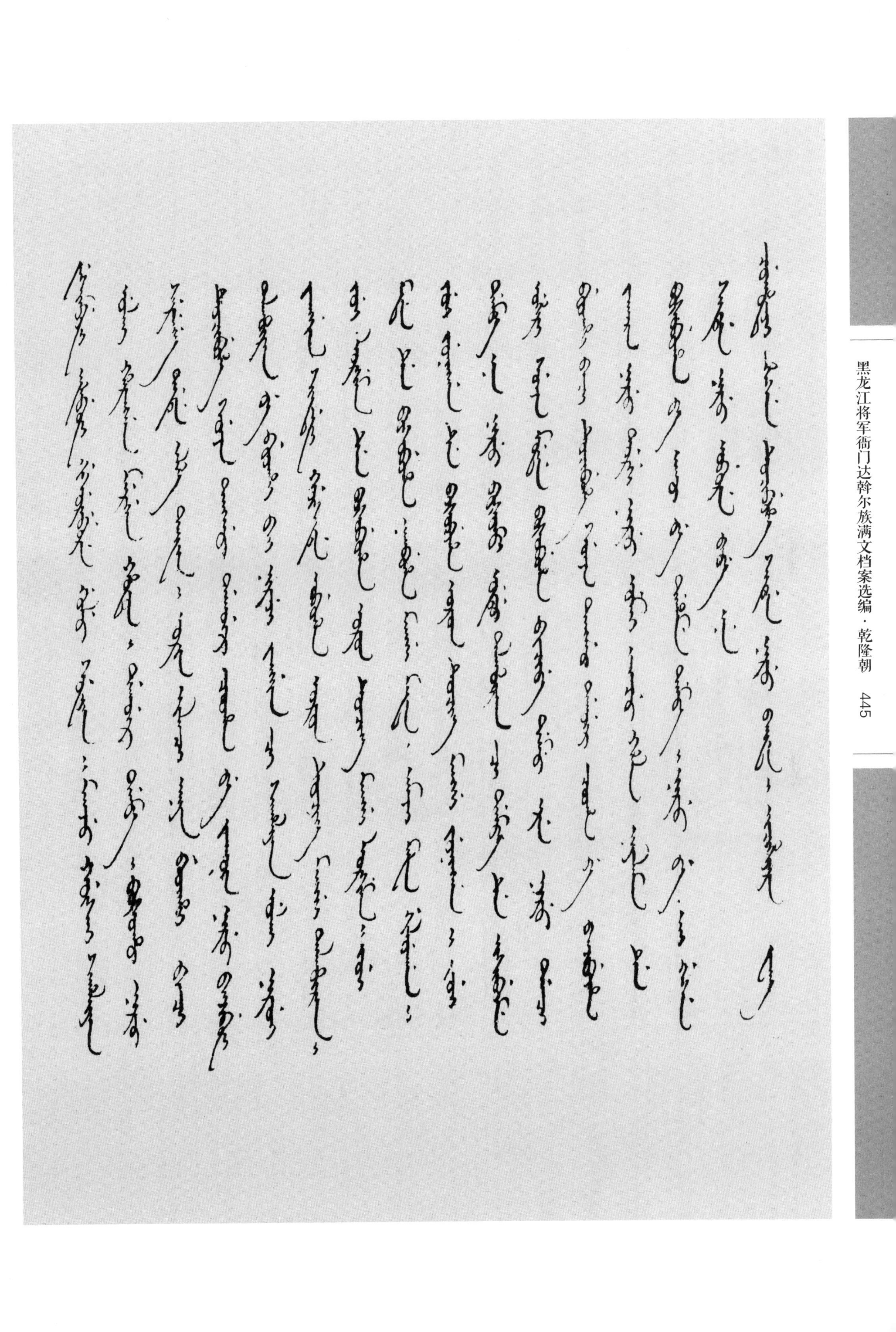

[illegible]

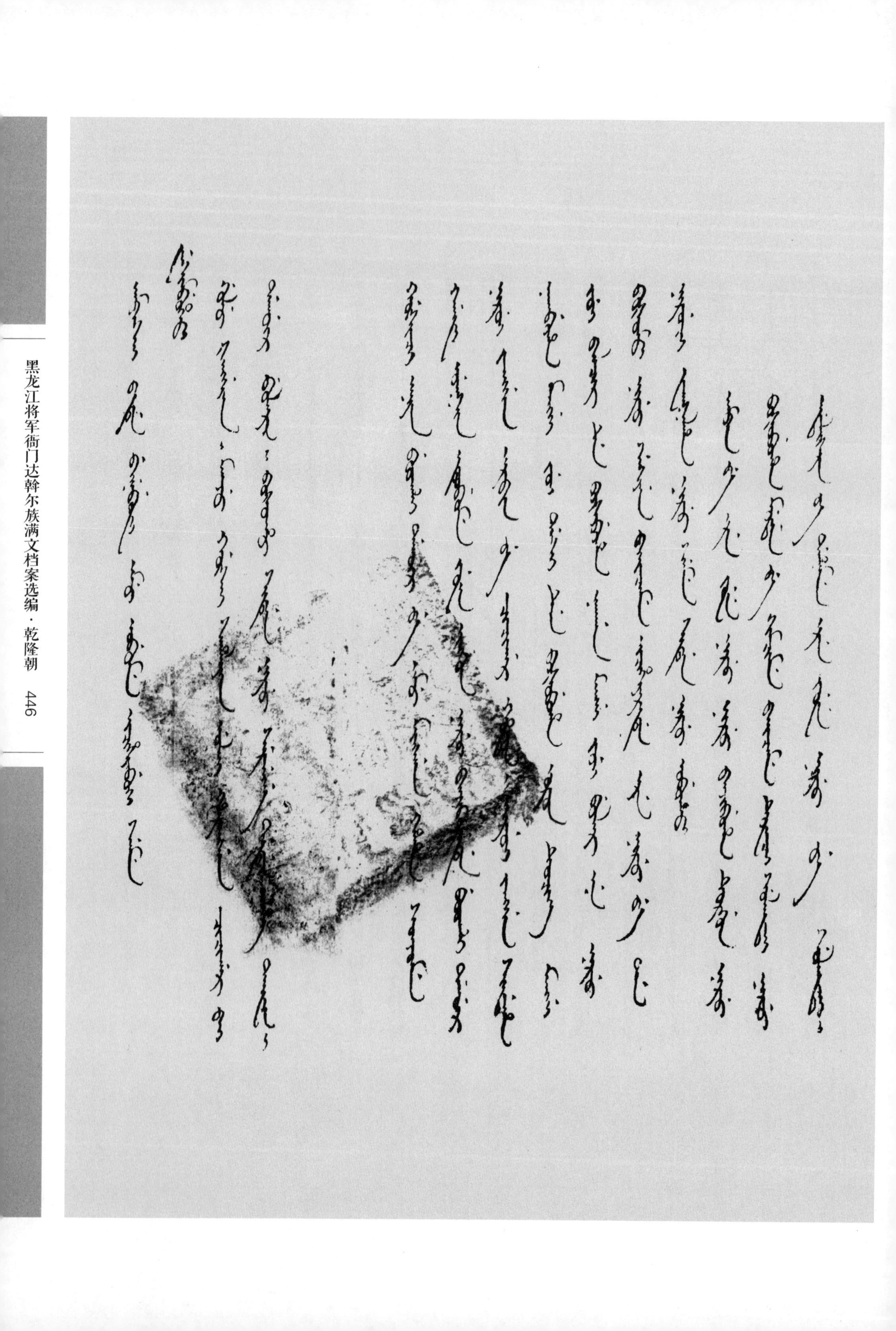

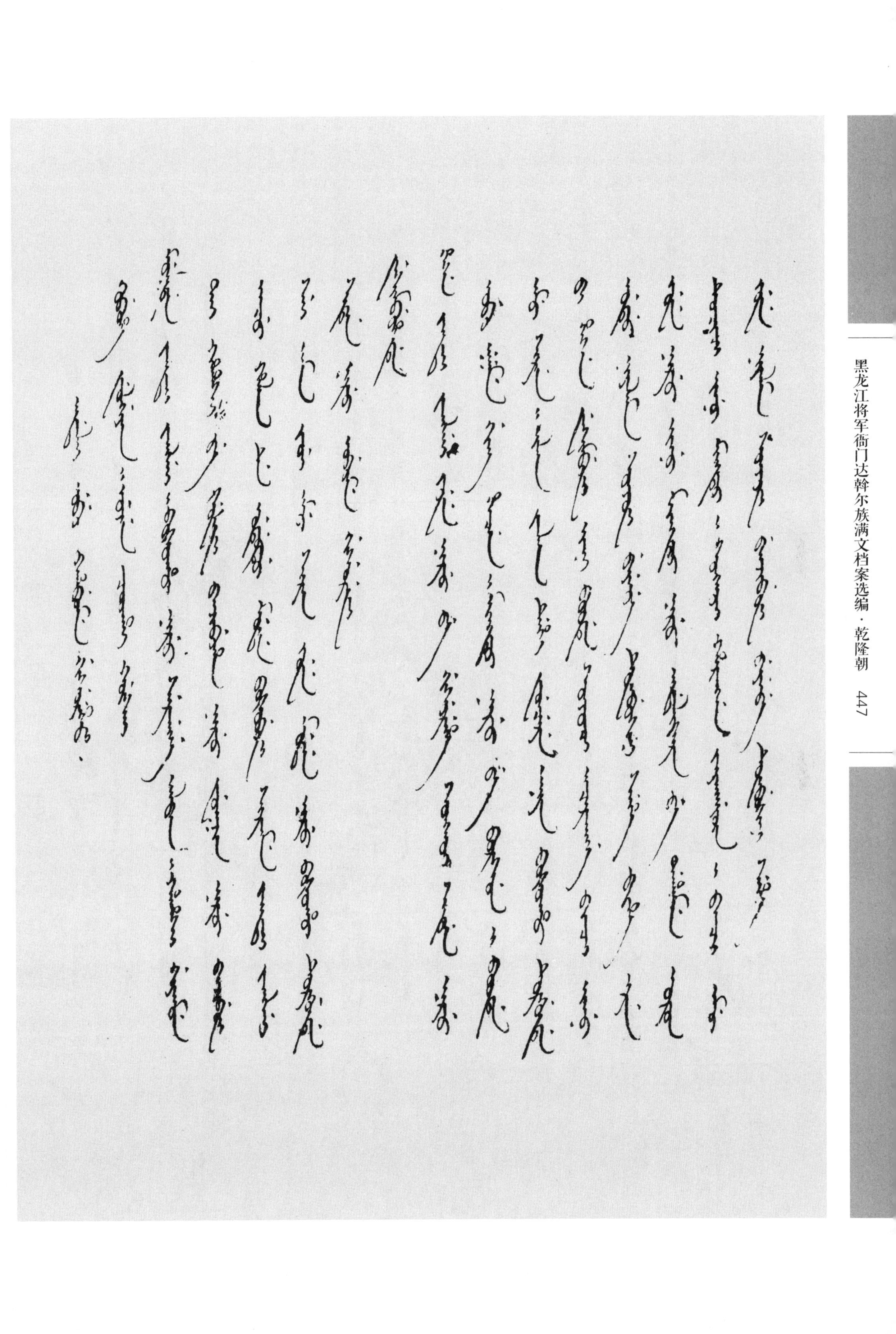

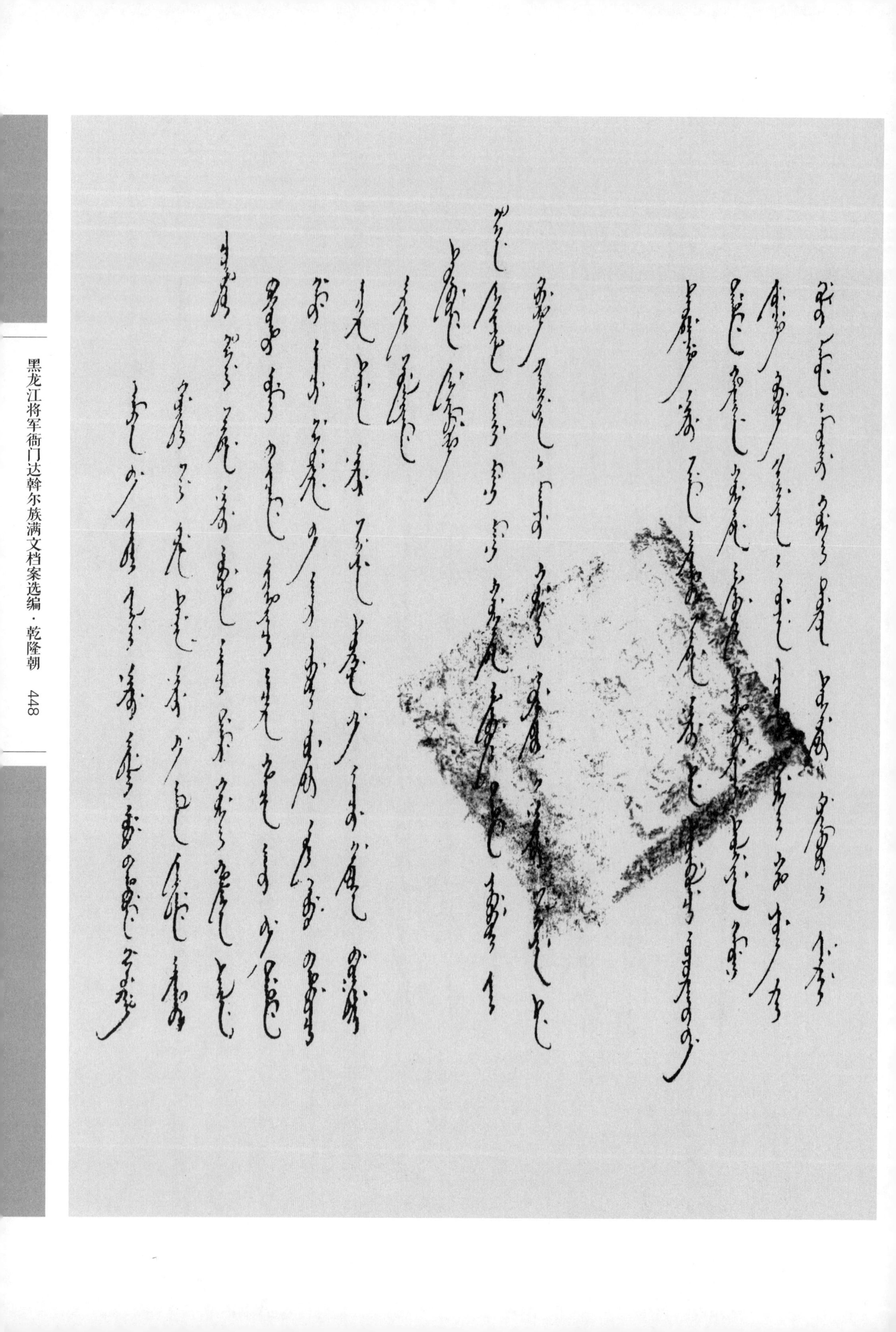

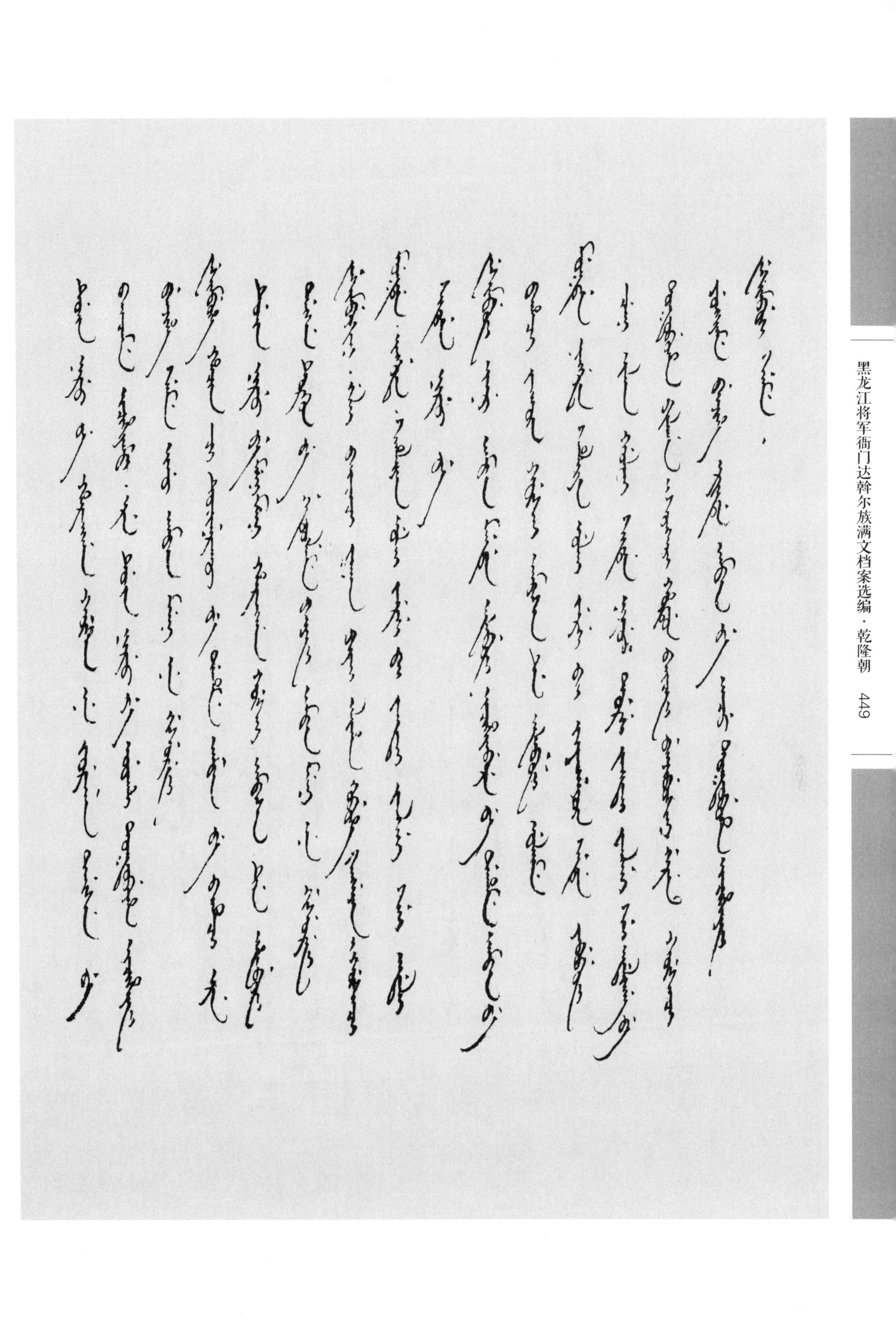

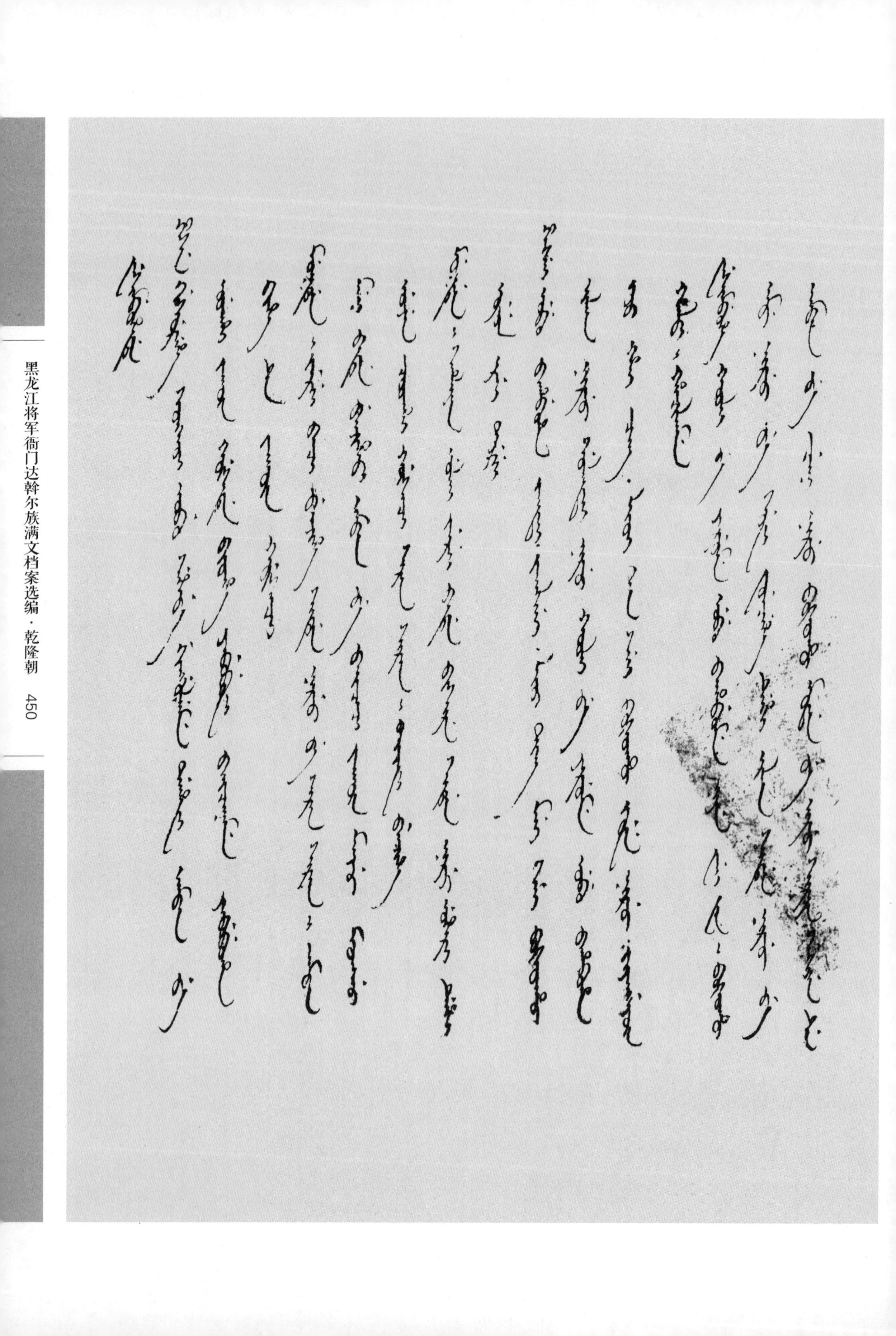

[illegible]

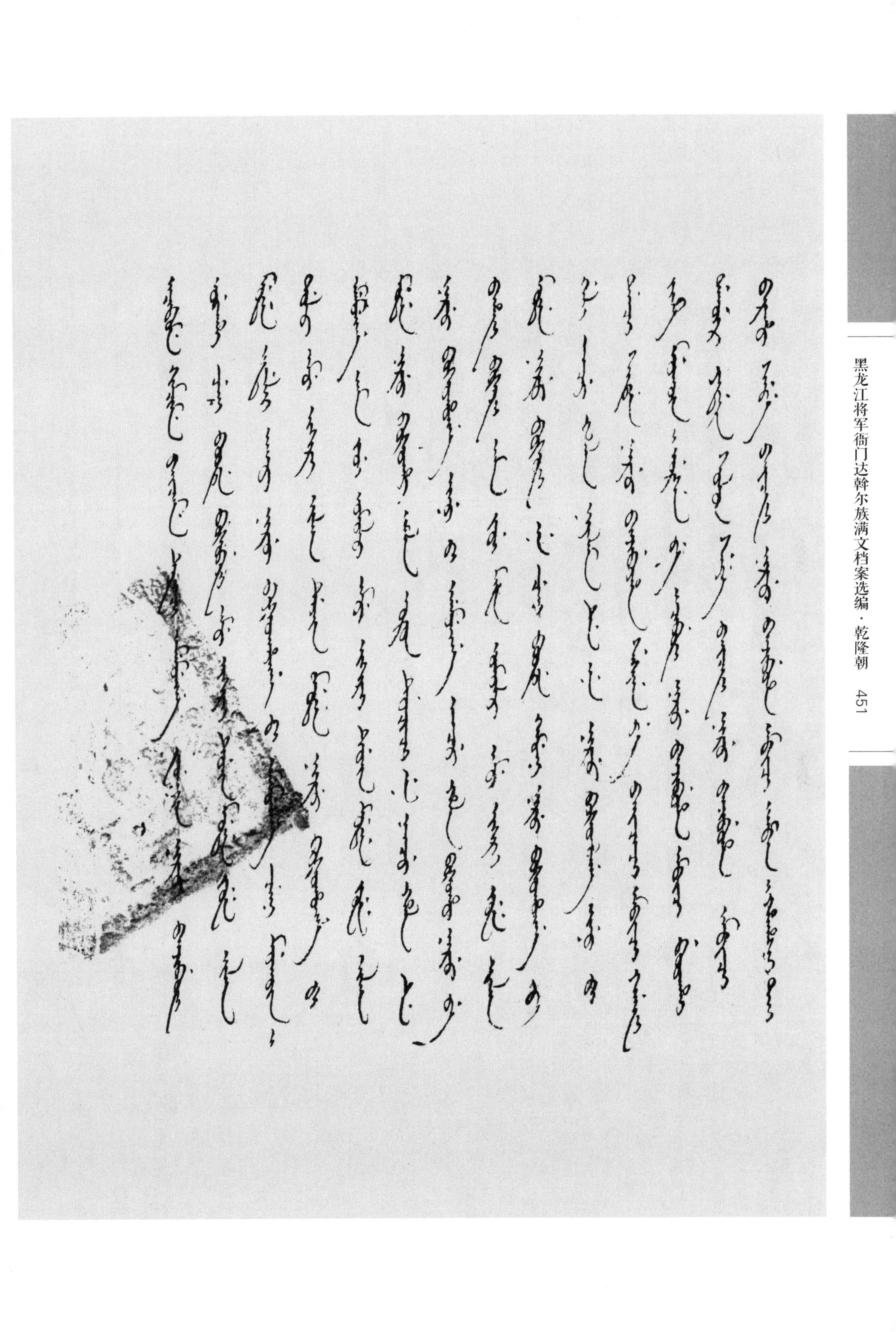

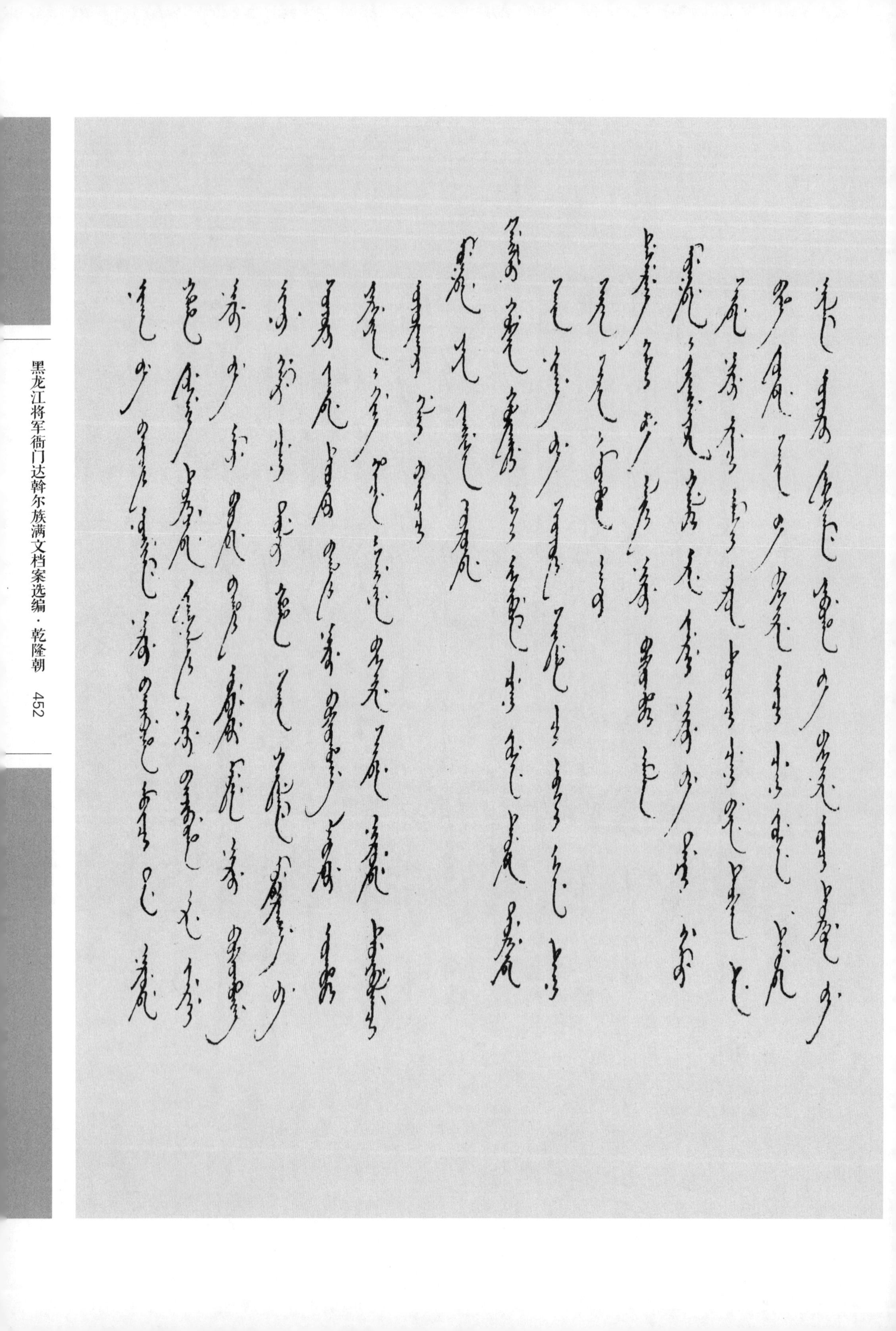

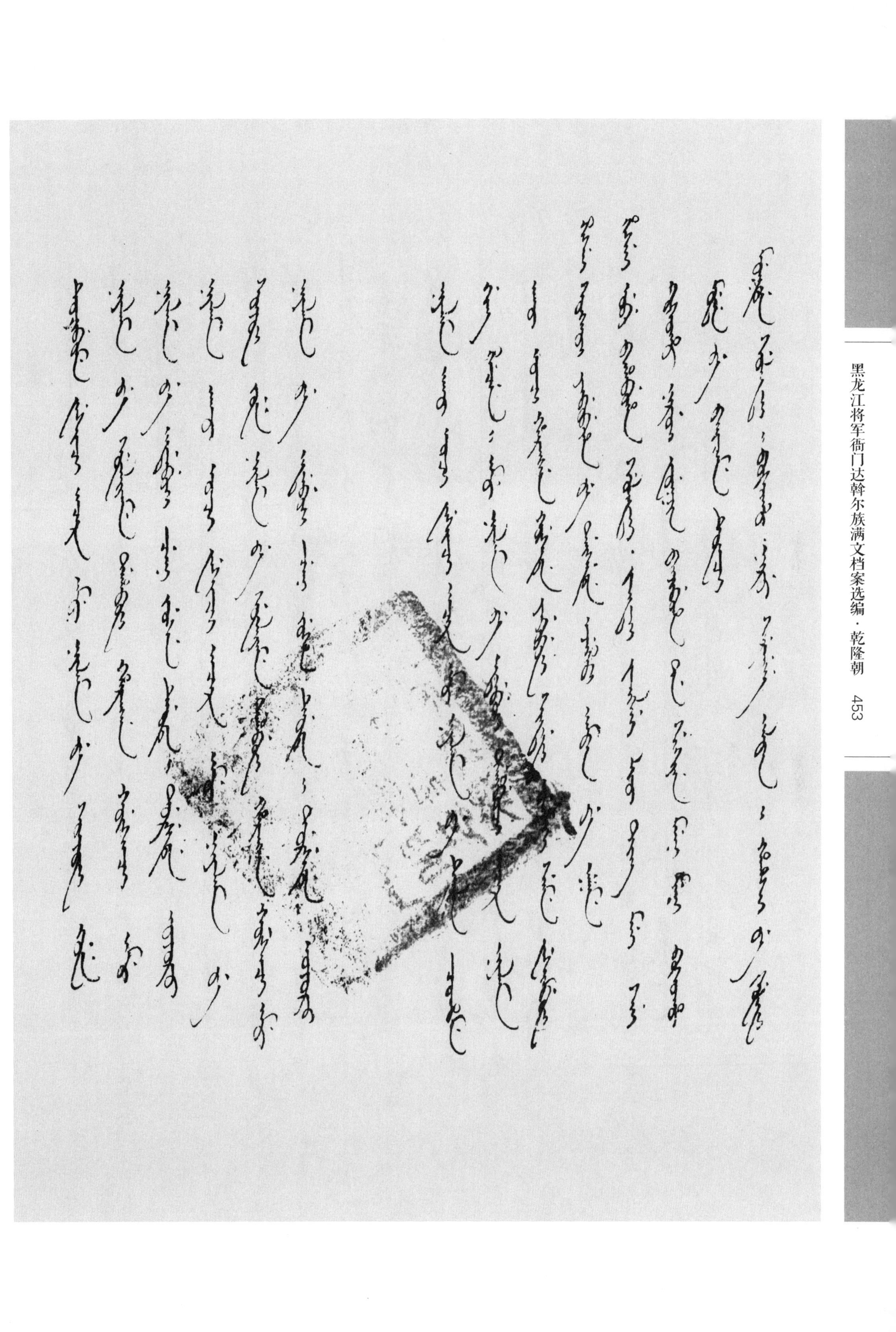

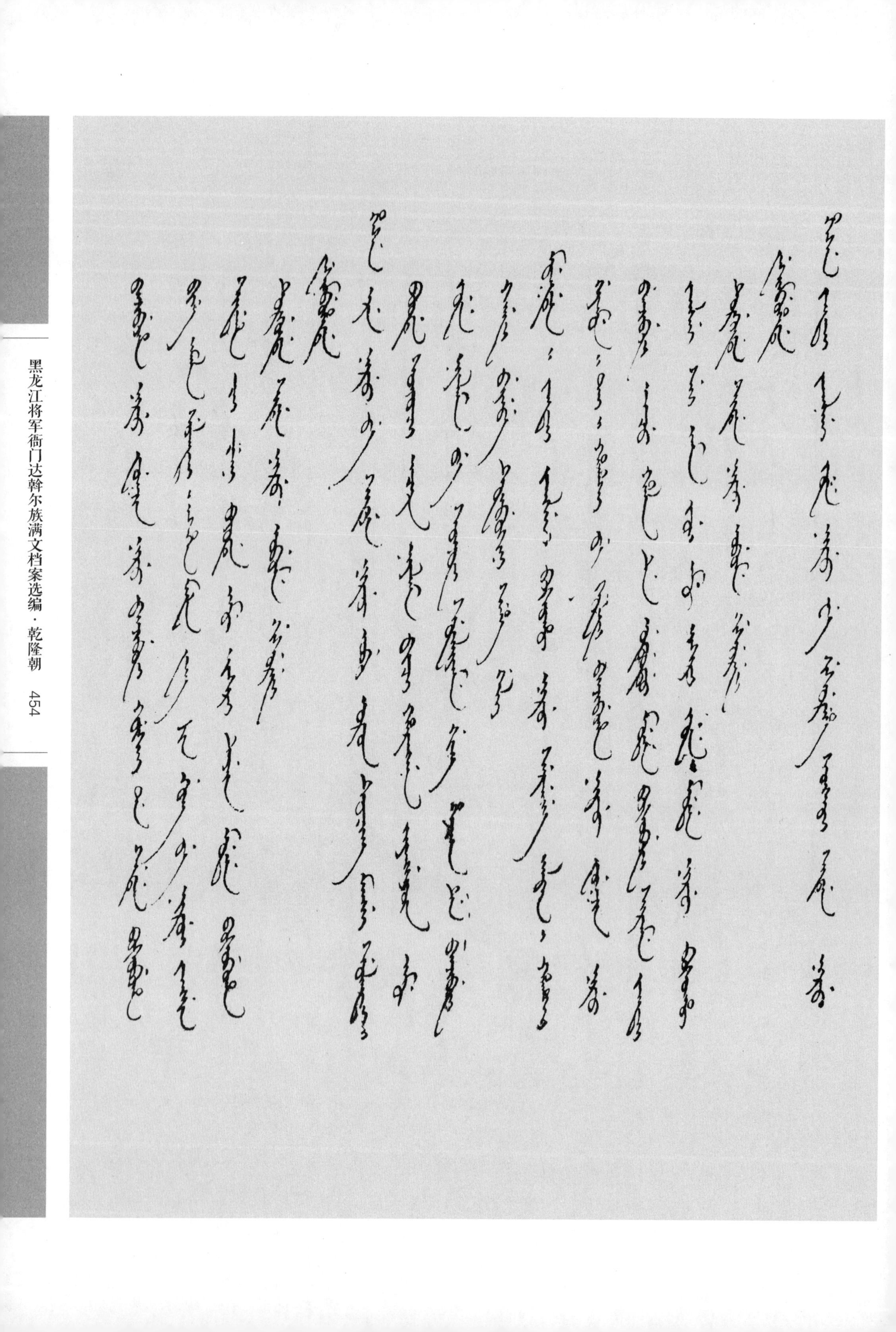

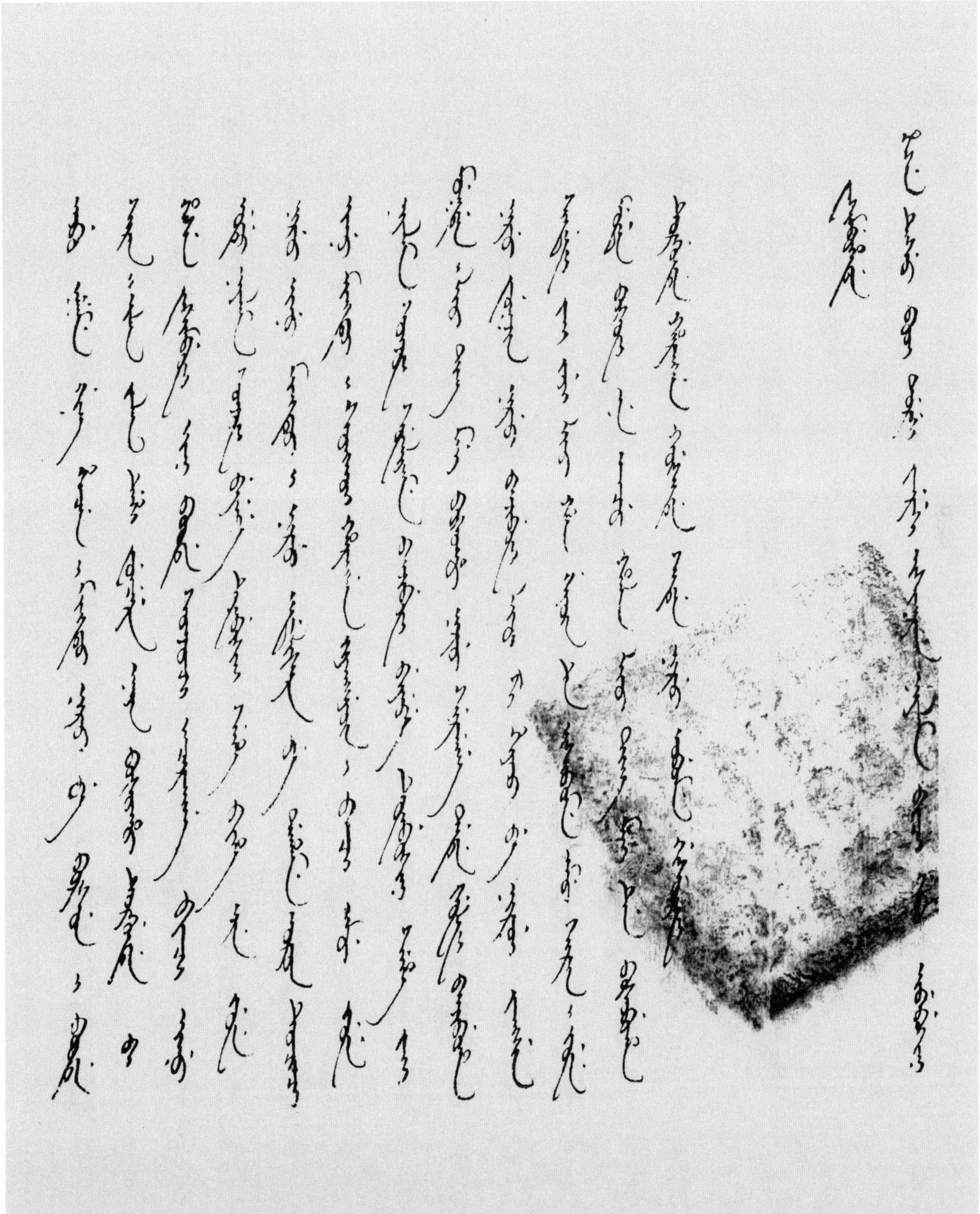

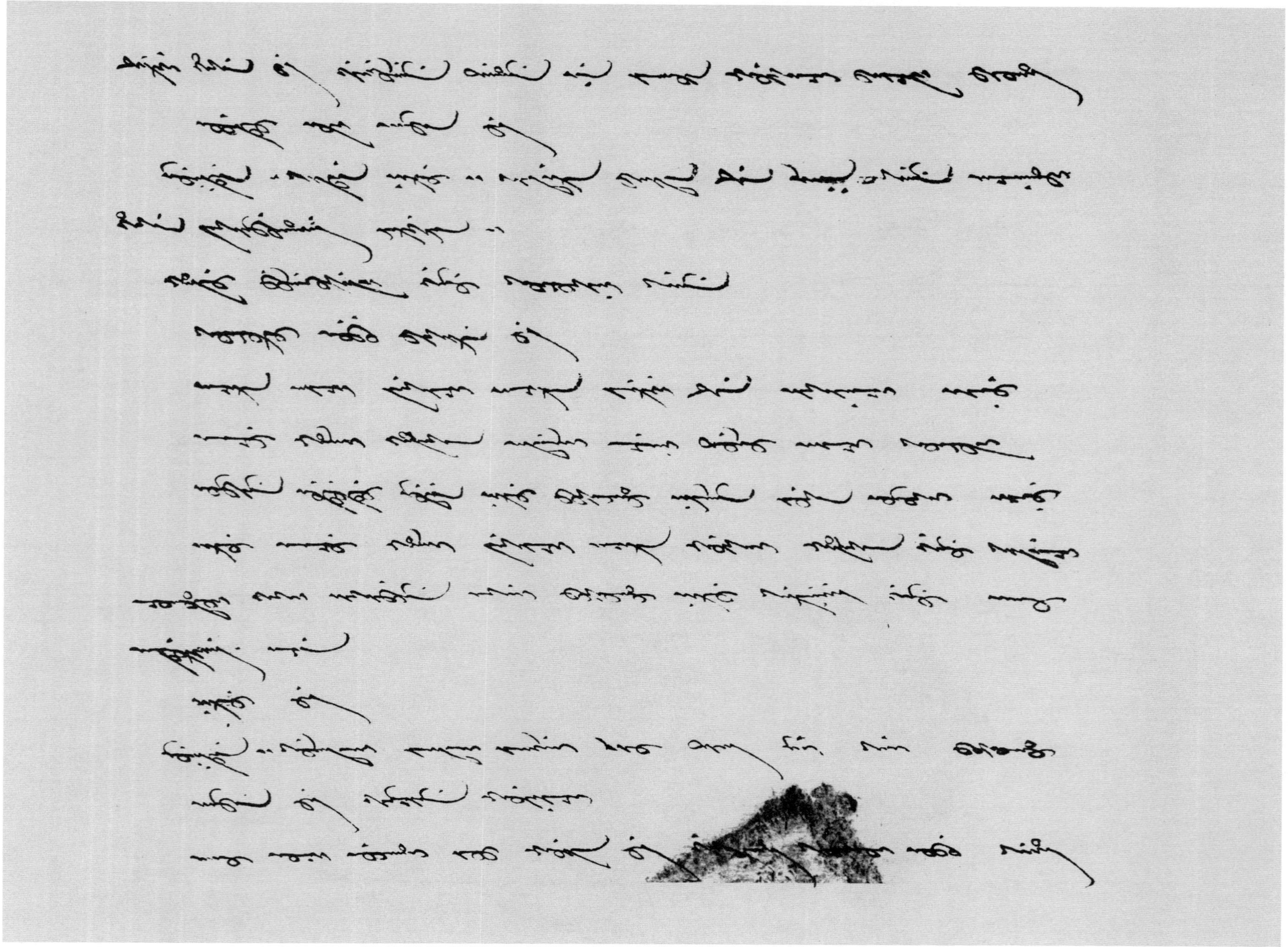

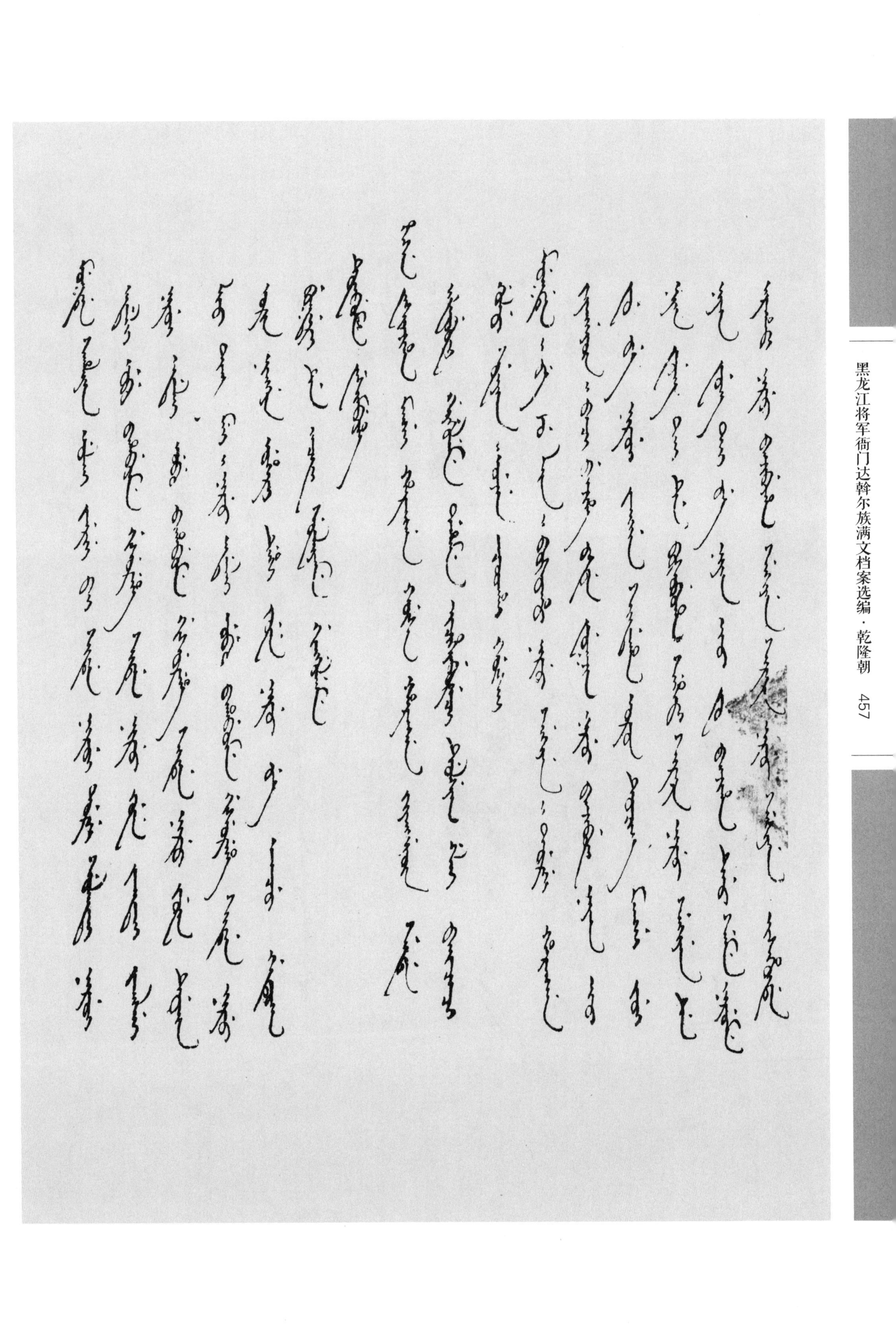

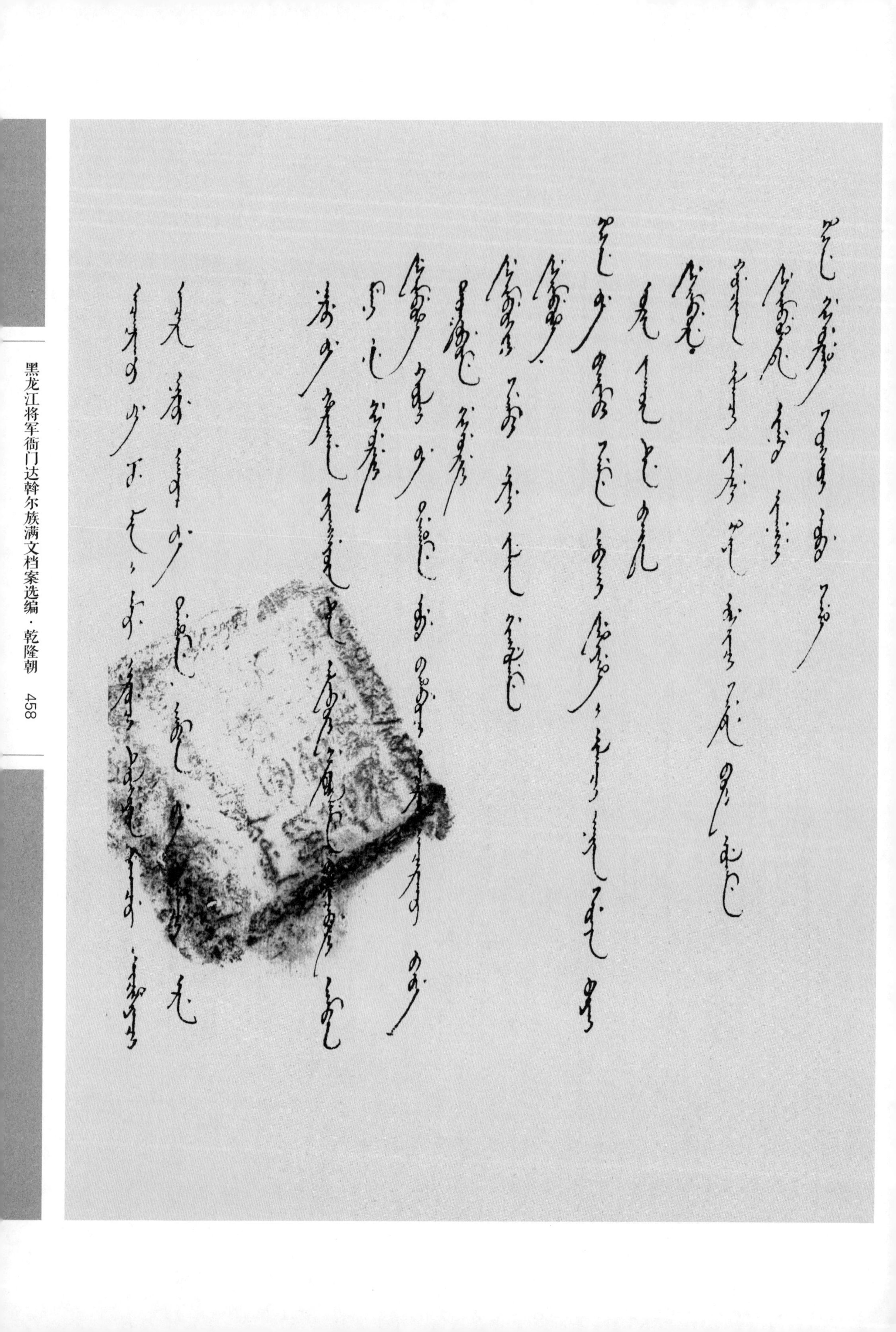

[illegible]

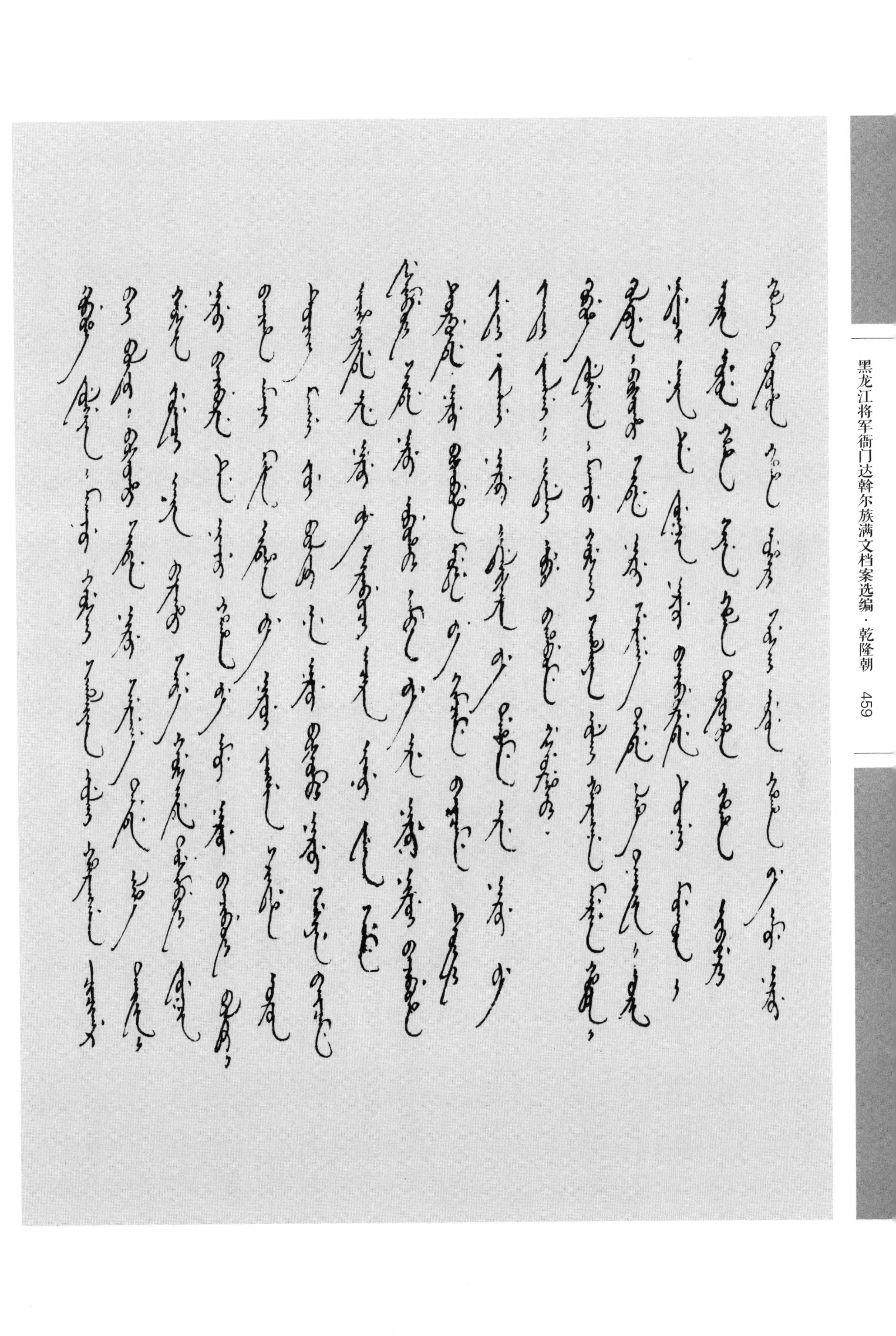

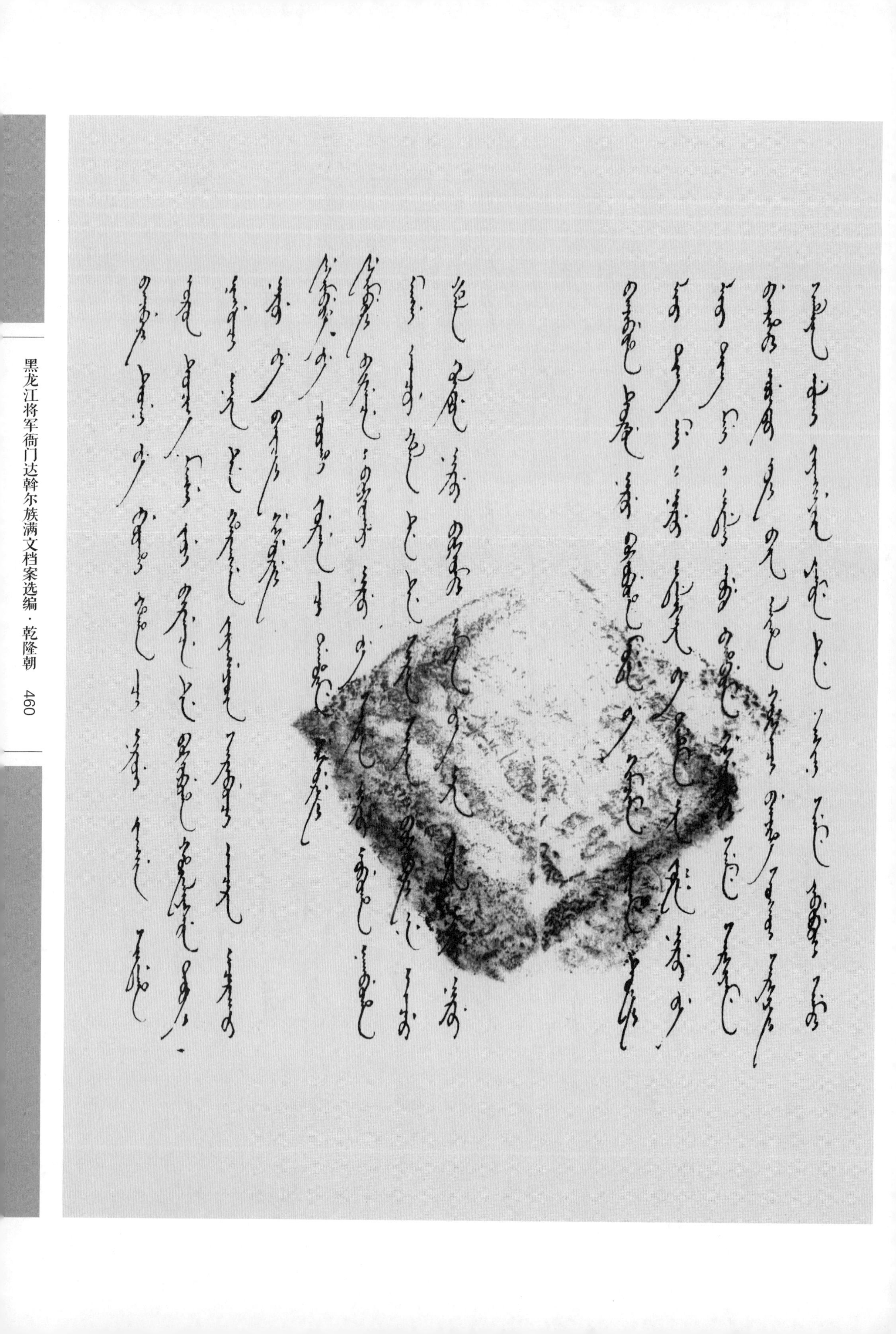

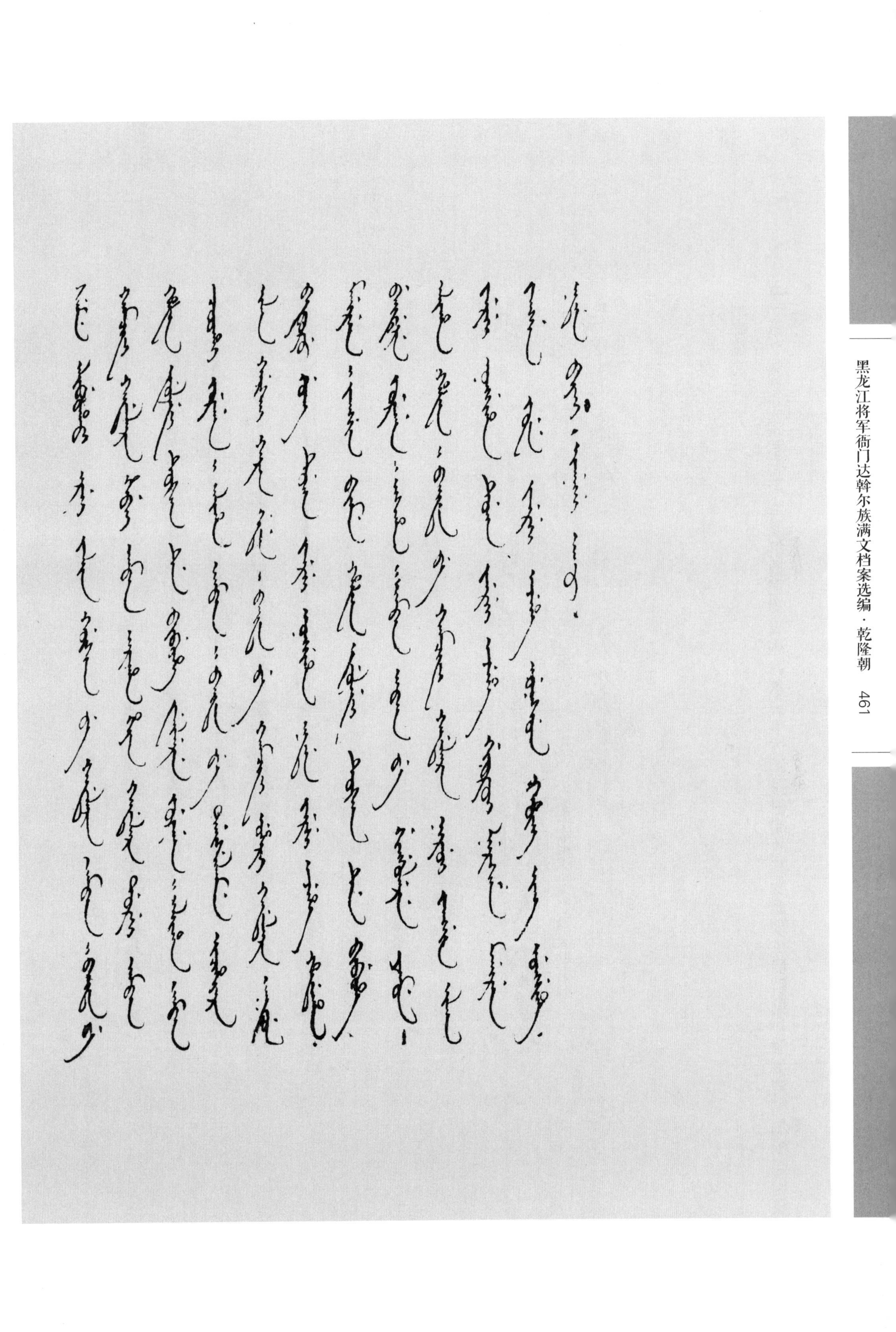

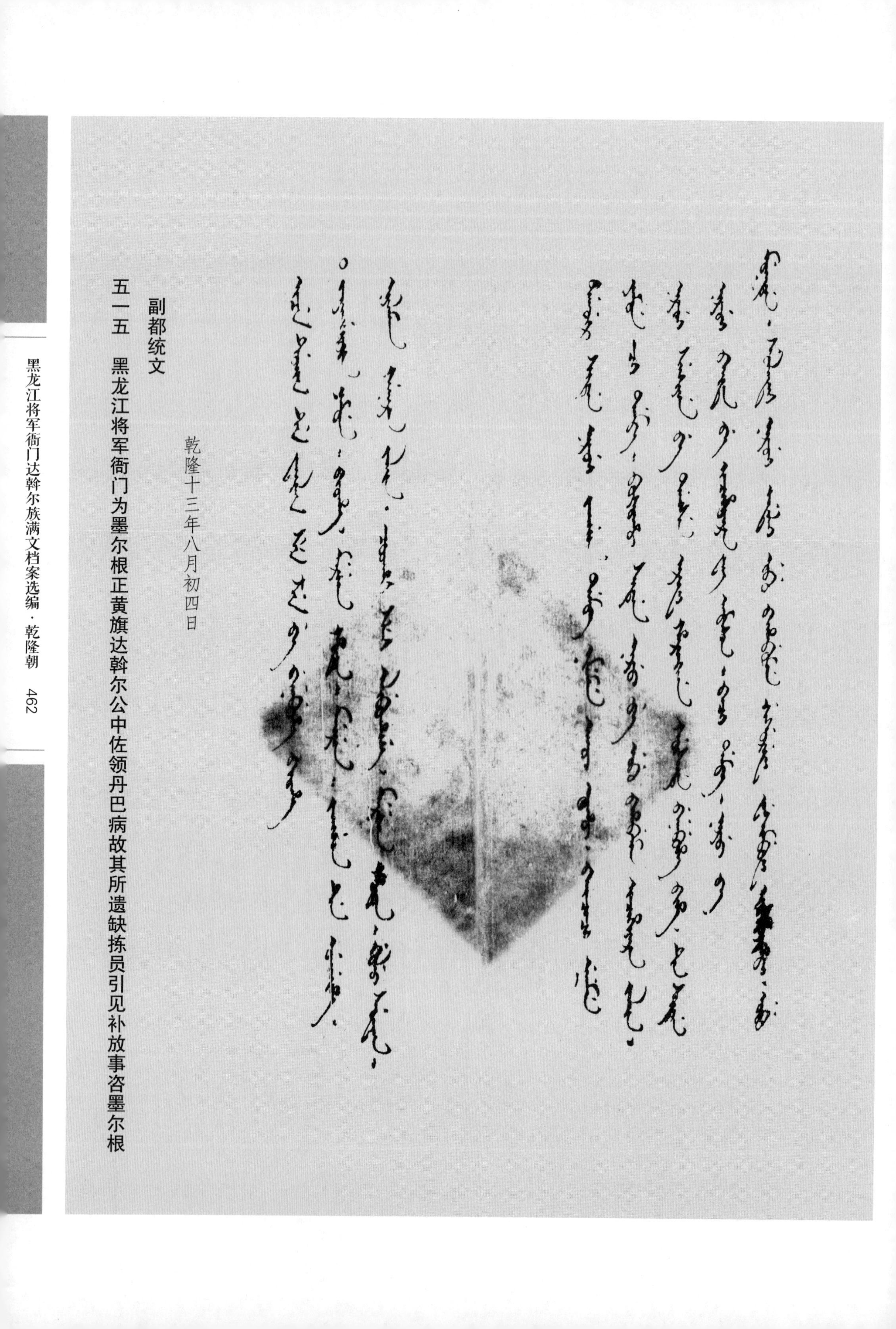

五一五　黑龙江将军衙门为墨尔根正黄旗达斡尔公中佐领丹巴病故其所遗缺拣员引见补放事咨墨尔根副都统文

乾隆十三年八月初四日

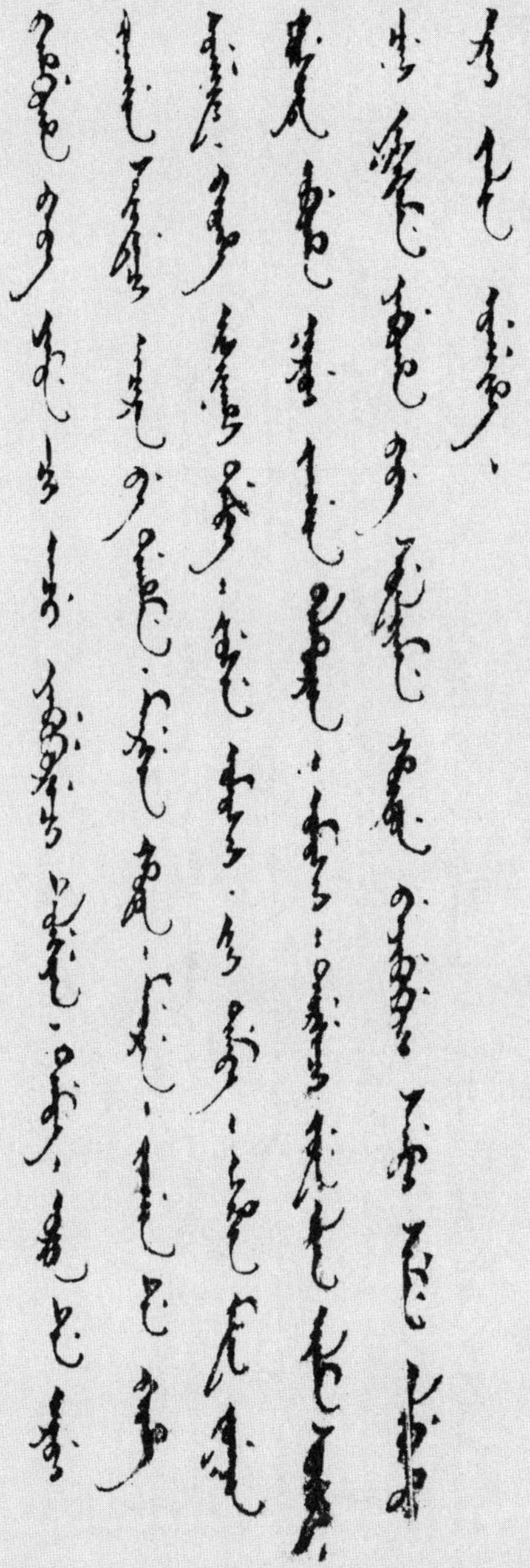

五一六 墨尔根副都统衙门为黑龙江正蓝旗达斡尔公中佐领巴里克萨病故其所遗缺拣员引见补放事咨黑龙江将军衙门文

乾隆十三年八月初十日

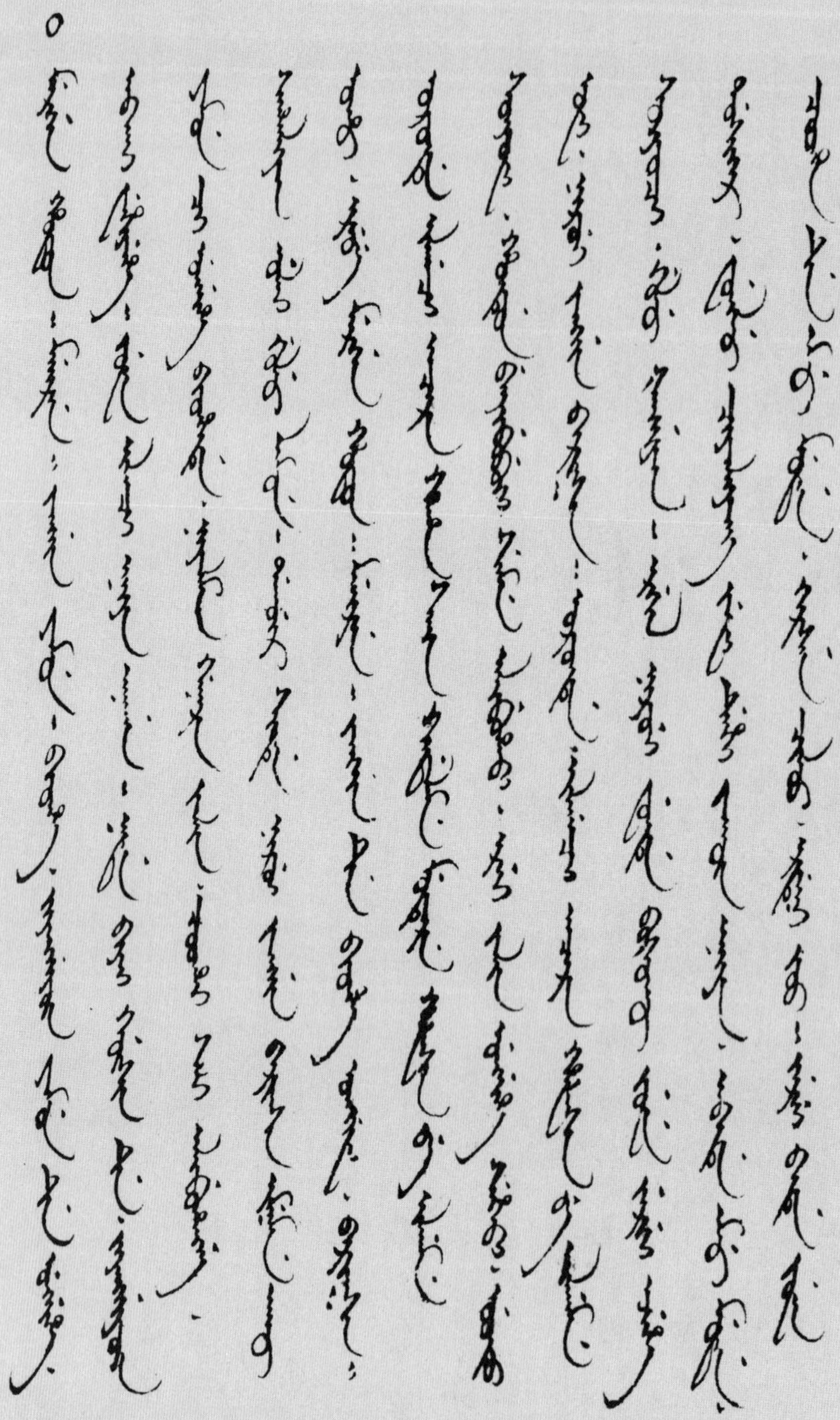

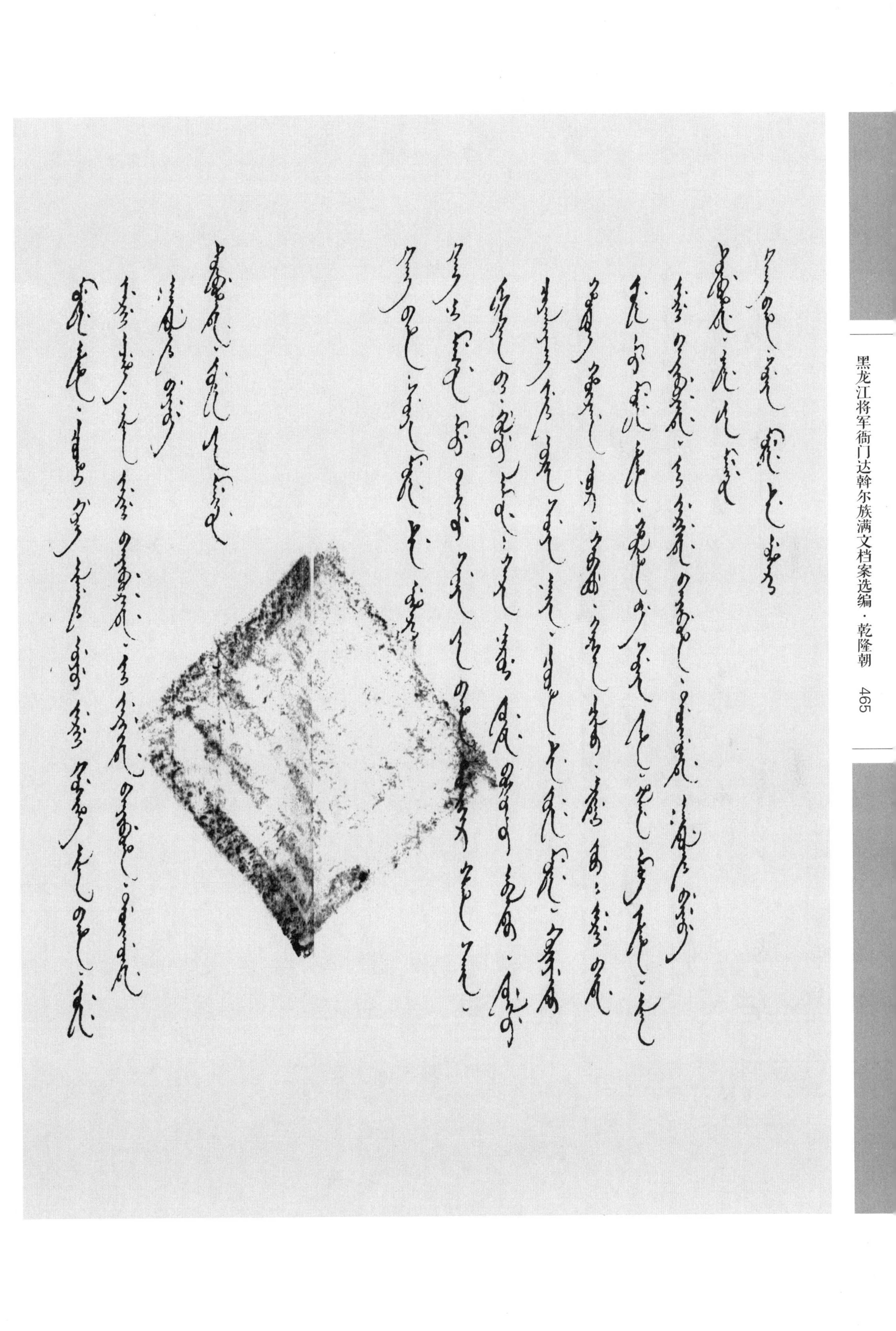

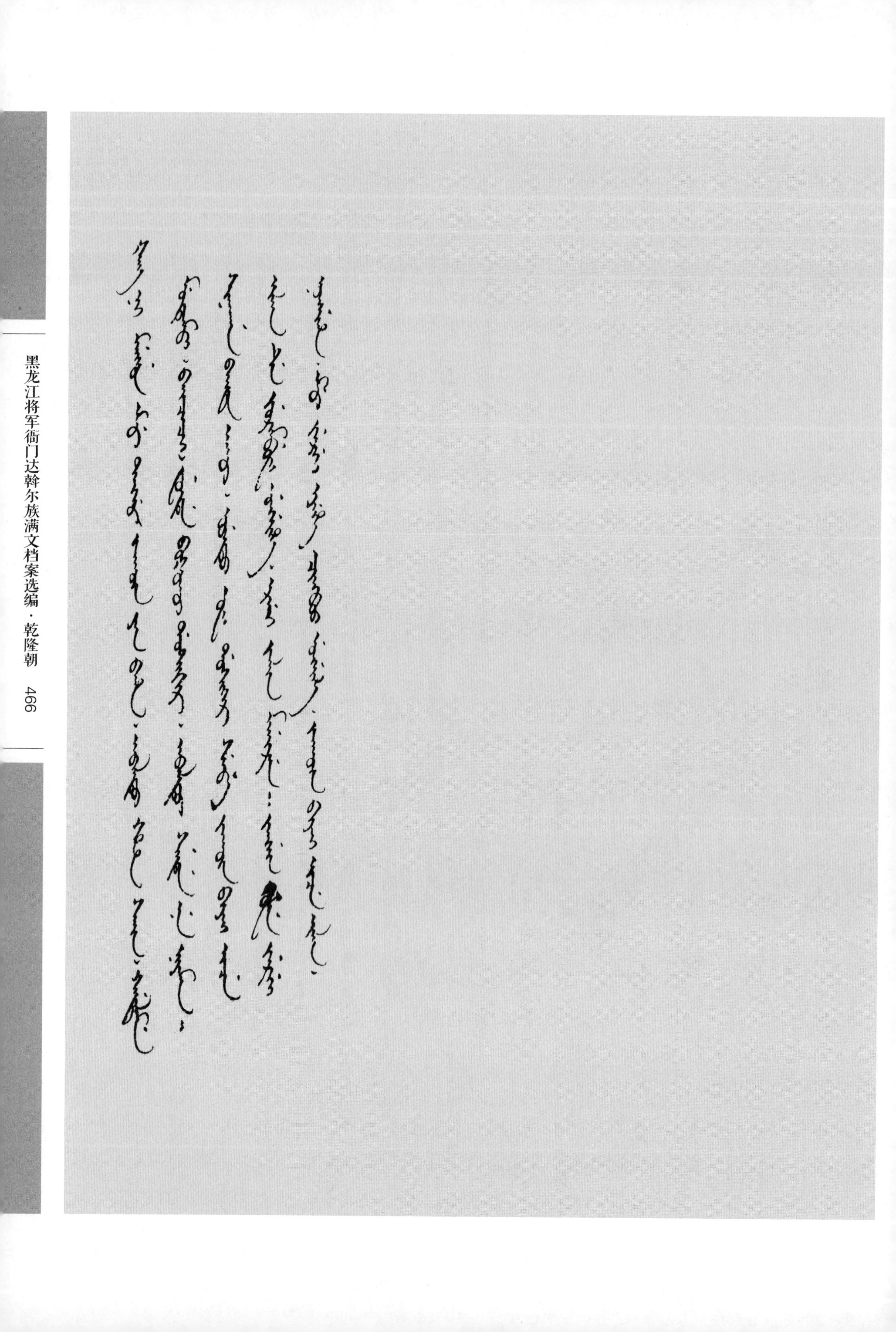

[illegible]

五一七 墨尔根副都统衙门为墨尔根正黄旗达斡尔公中佐领丹巴病故其所遗缺拣员引见补放事咨黑龙江将军衙门文

乾隆十三年八月十五日

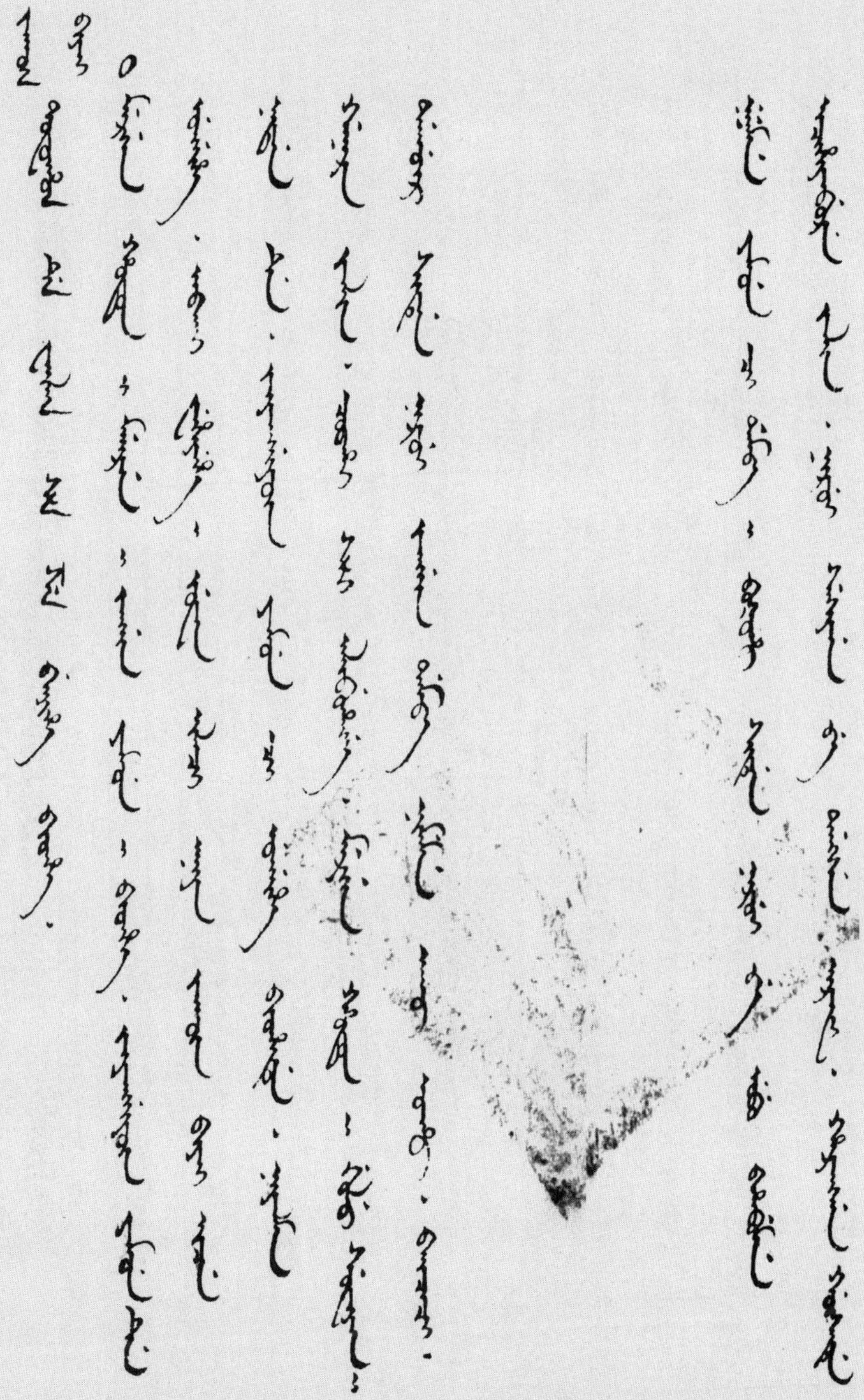

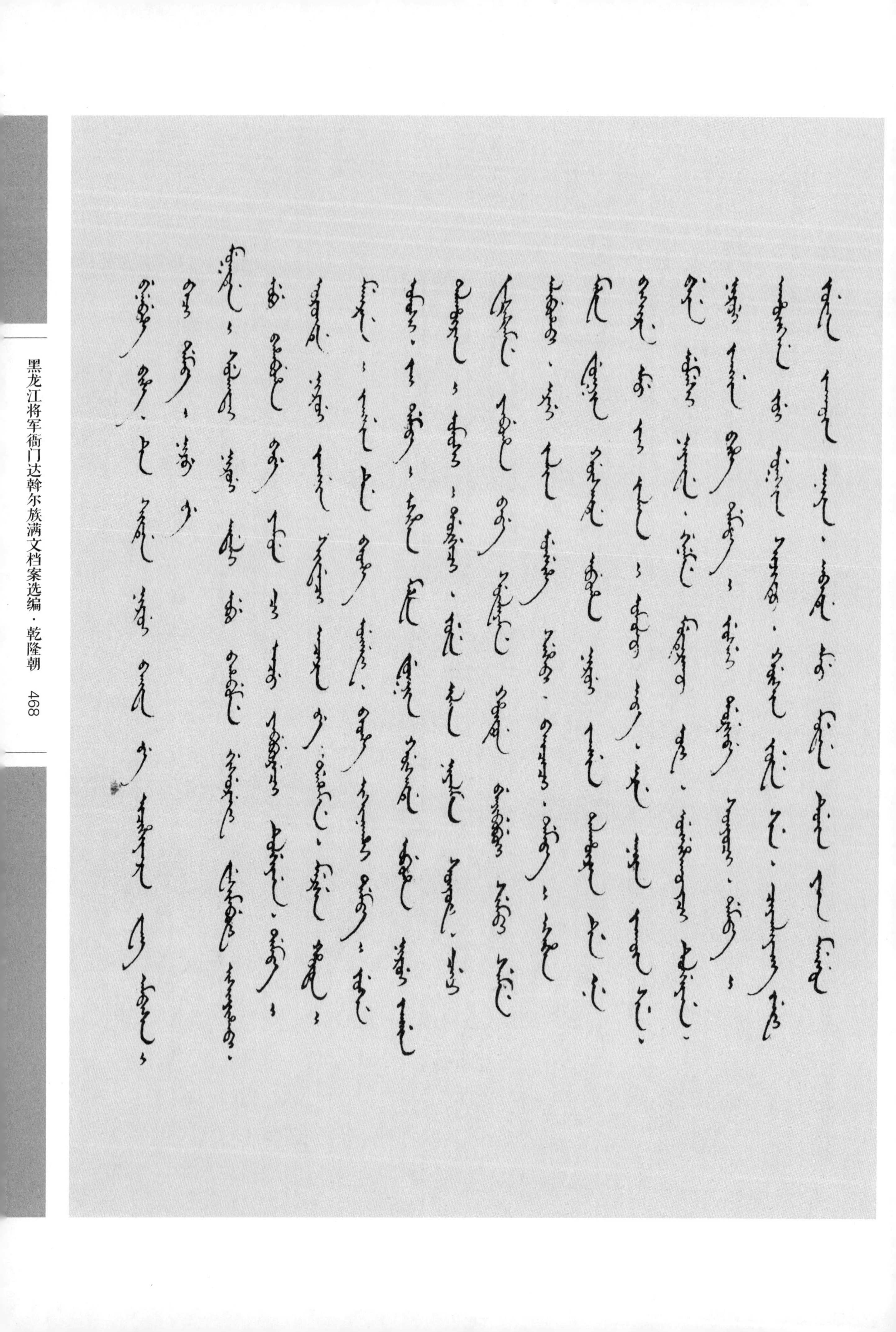

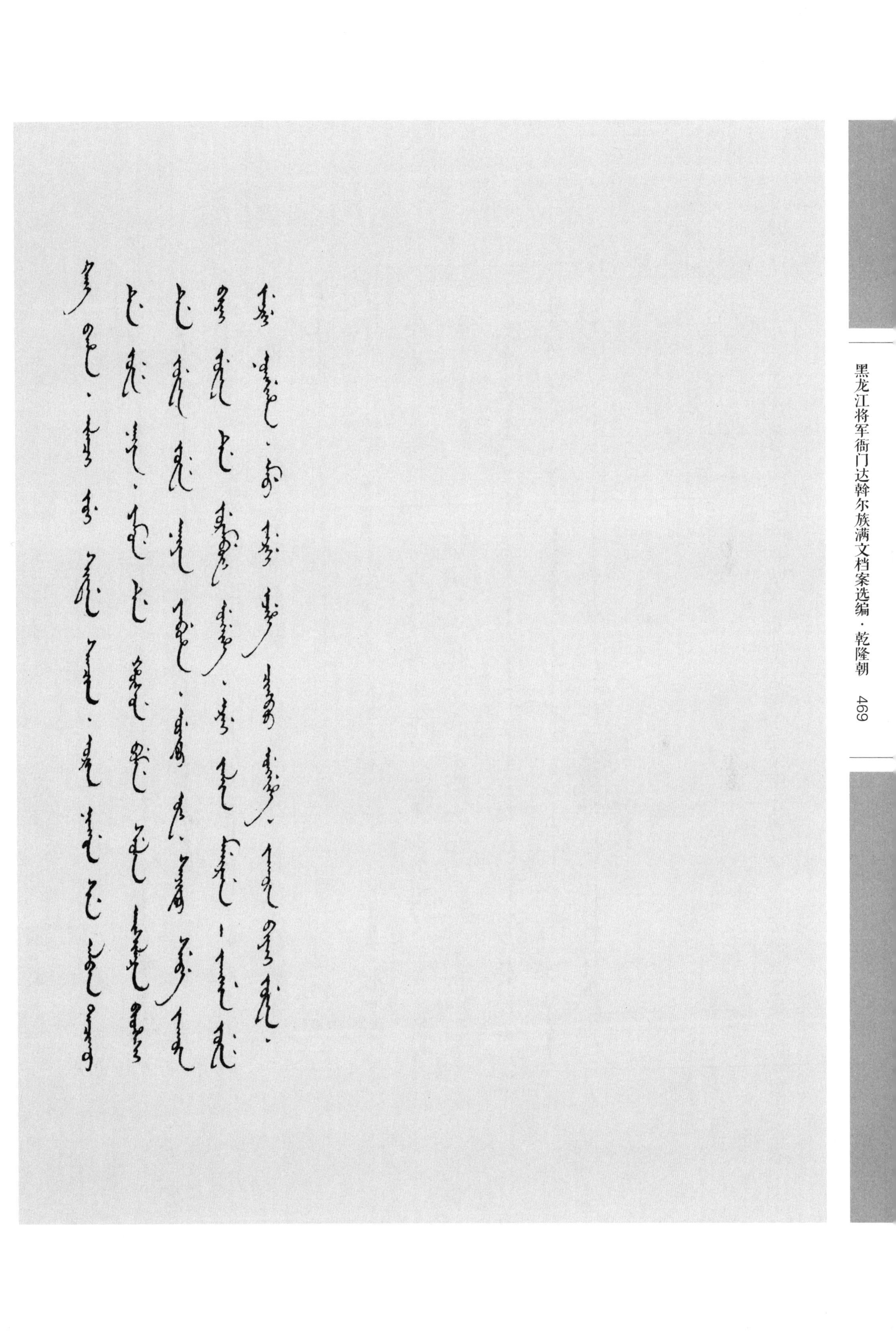

[illegible]

五一八　黑龙江将军衙门为齐齐哈尔正红旗达斡尔佐领图什墨勒病故其所遗缺拣员引见补放事咨兵部文

乾隆十三年八月二十日

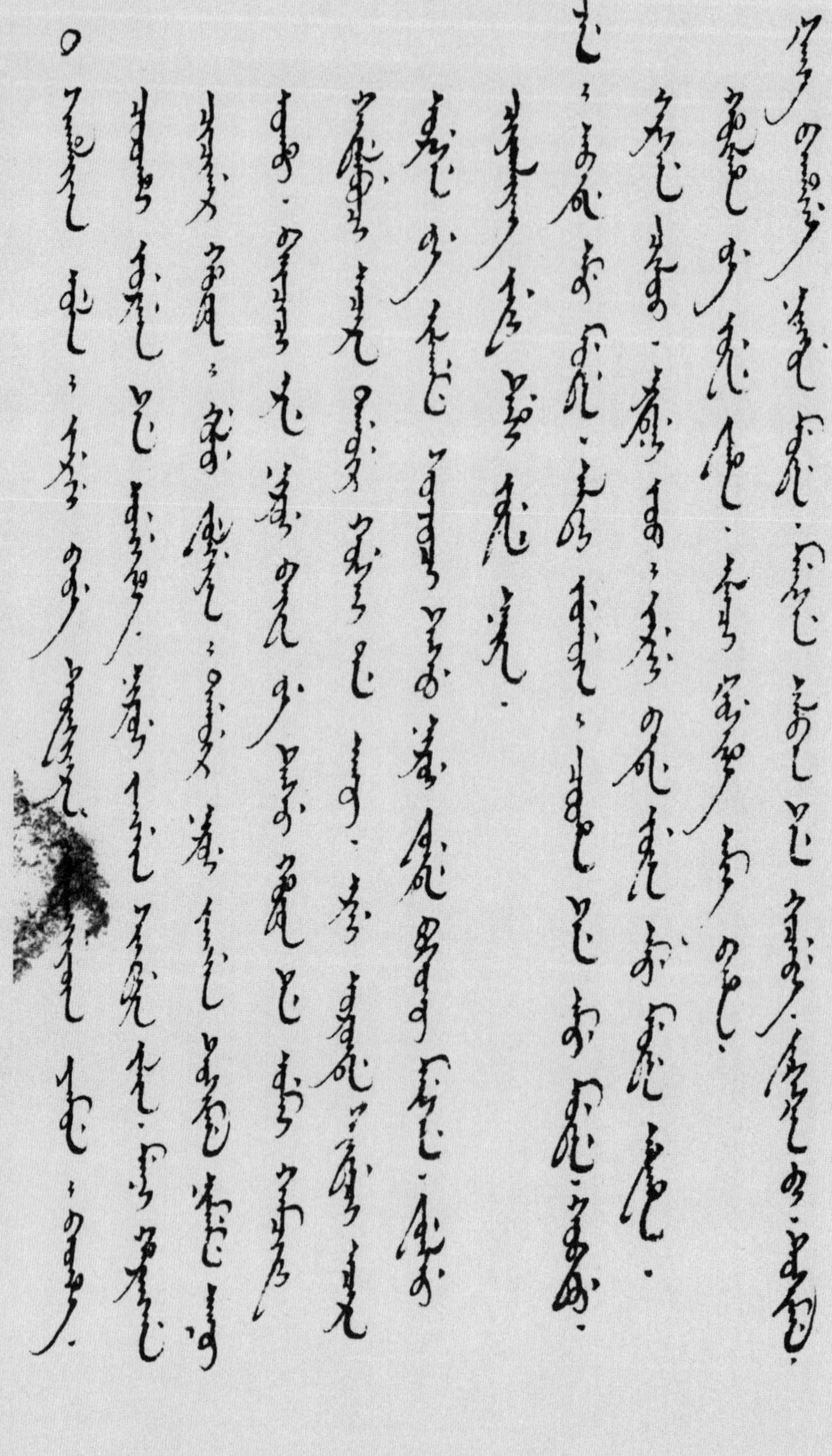

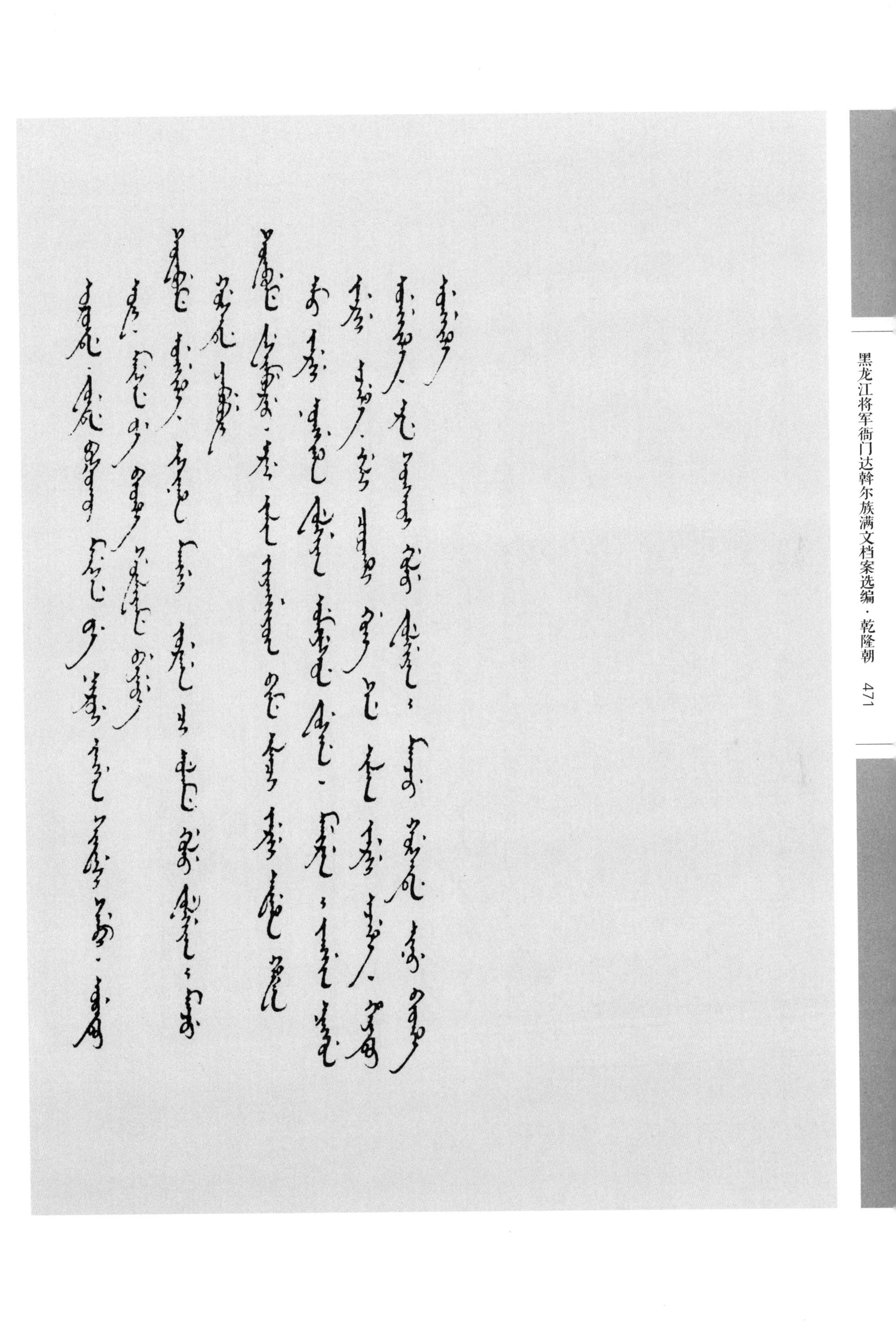

[illegible]

五一九 黑龙江将军衙门为墨尔根镶红旗达斡尔佐领都达尔病故其所遗缺拣员引见补放事咨兵部文

乾隆十三年八月二十日

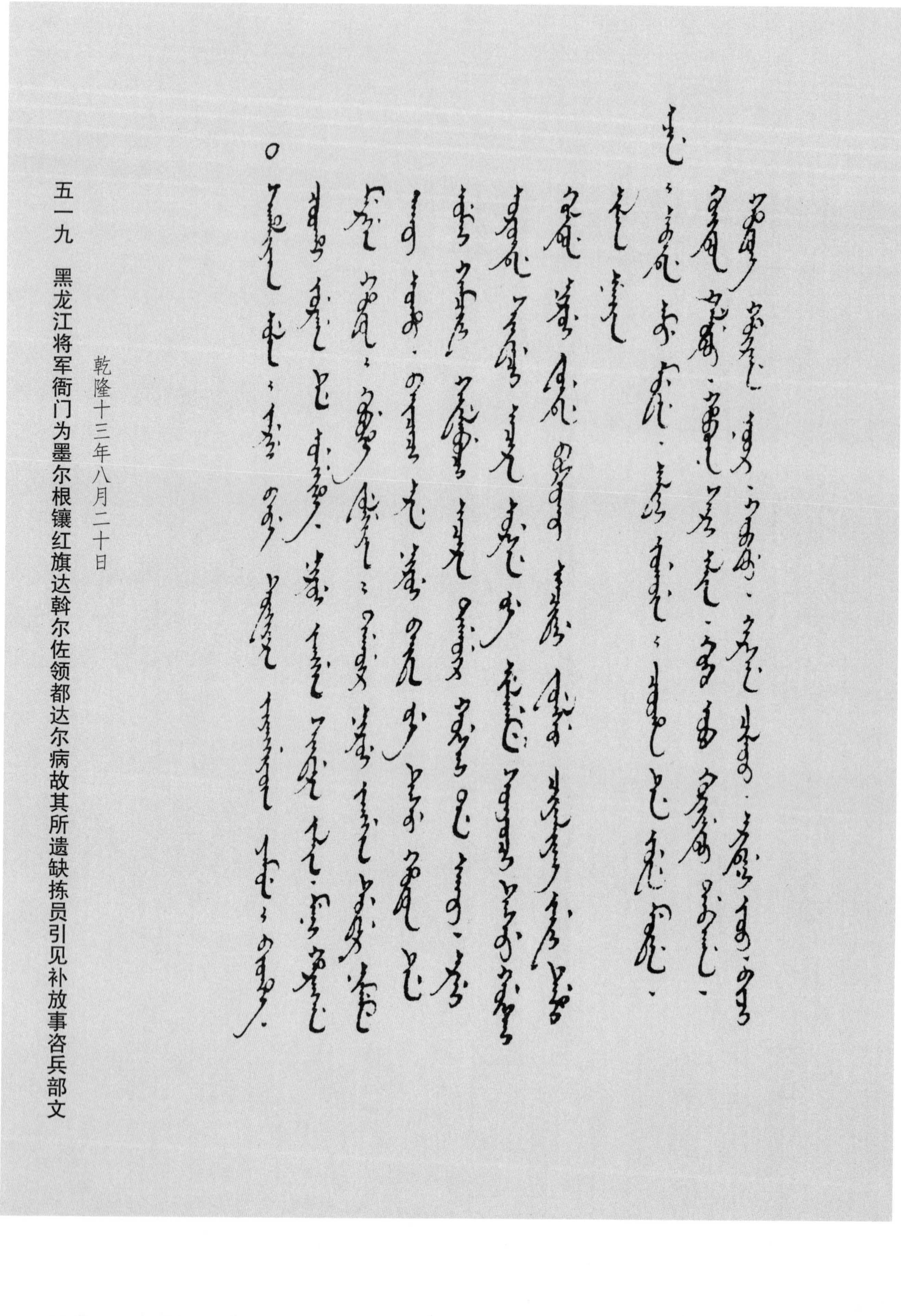

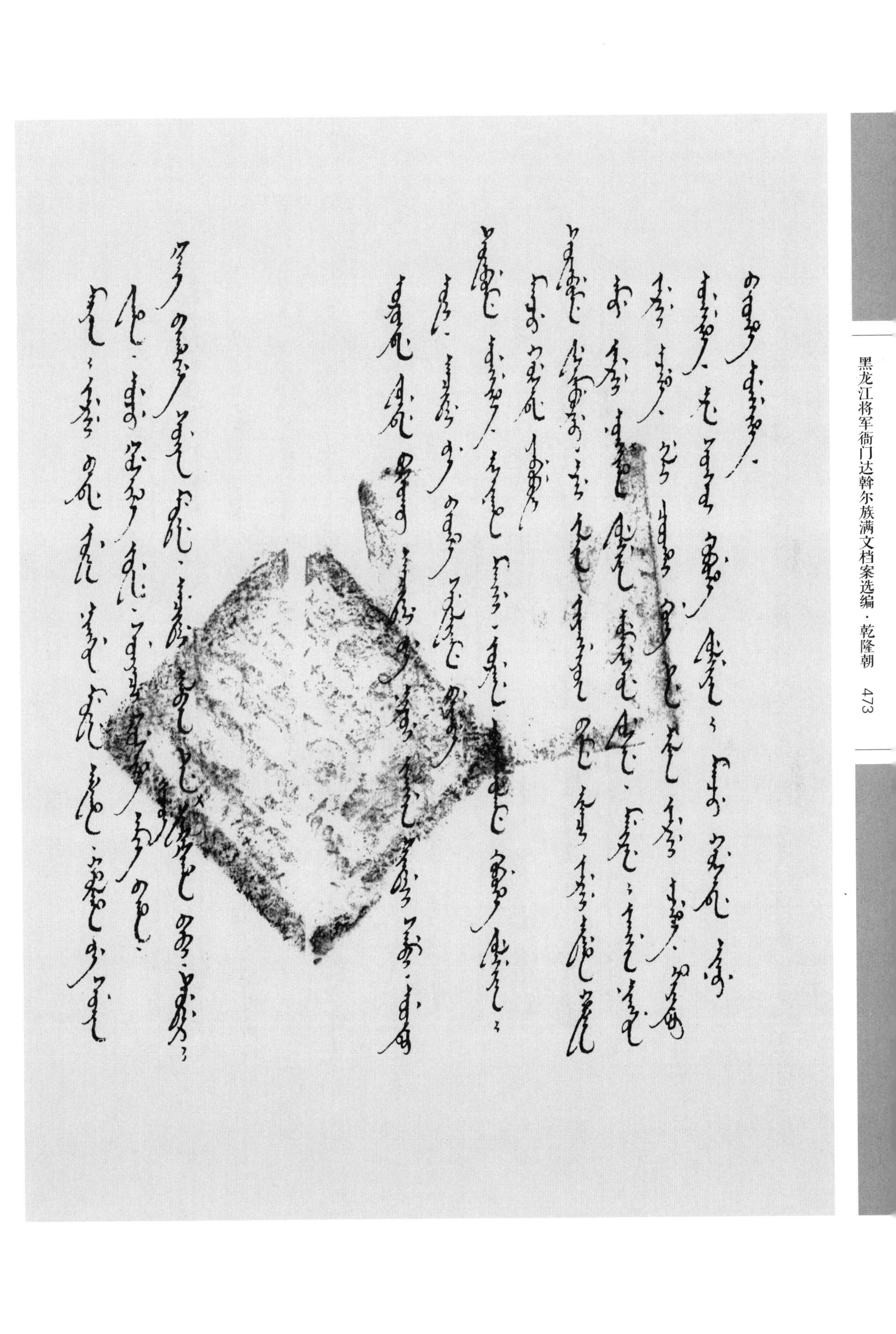

[illegible]

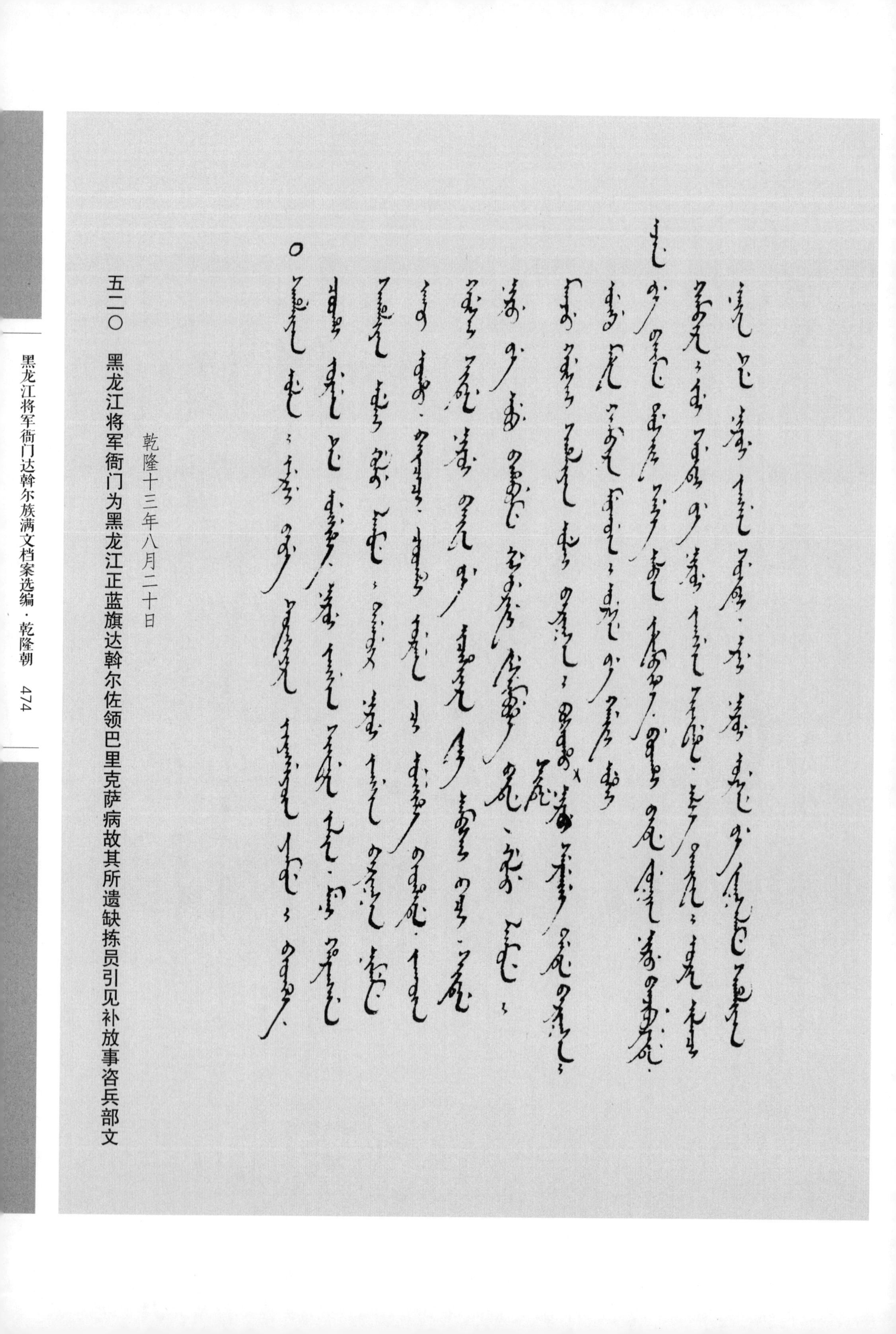

五二〇 黑龙江将军衙门为黑龙江正蓝旗达斡尔佐领巴里克萨病故其所遗缺拣员引见补放事咨兵部文

乾隆十三年八月二十日

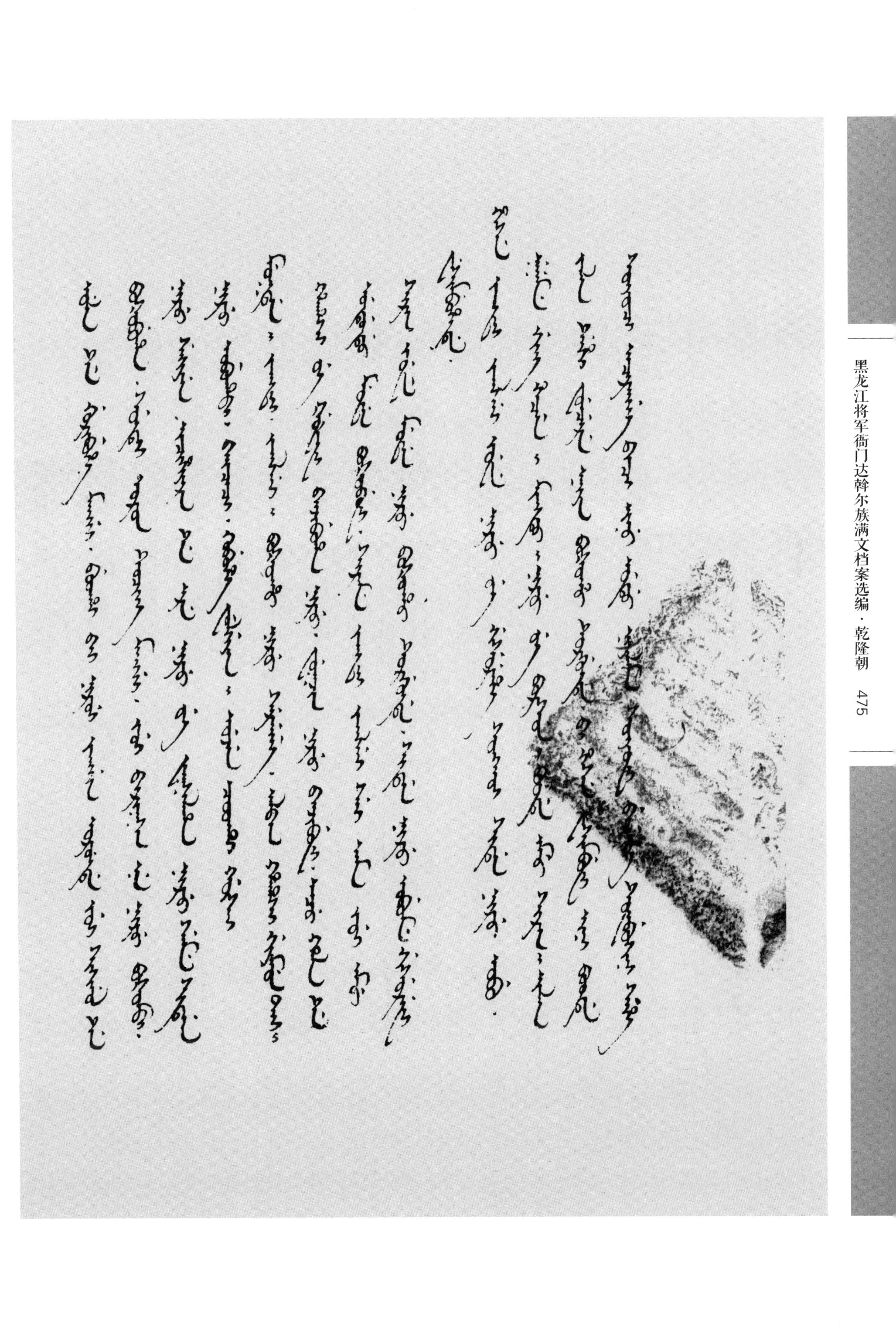

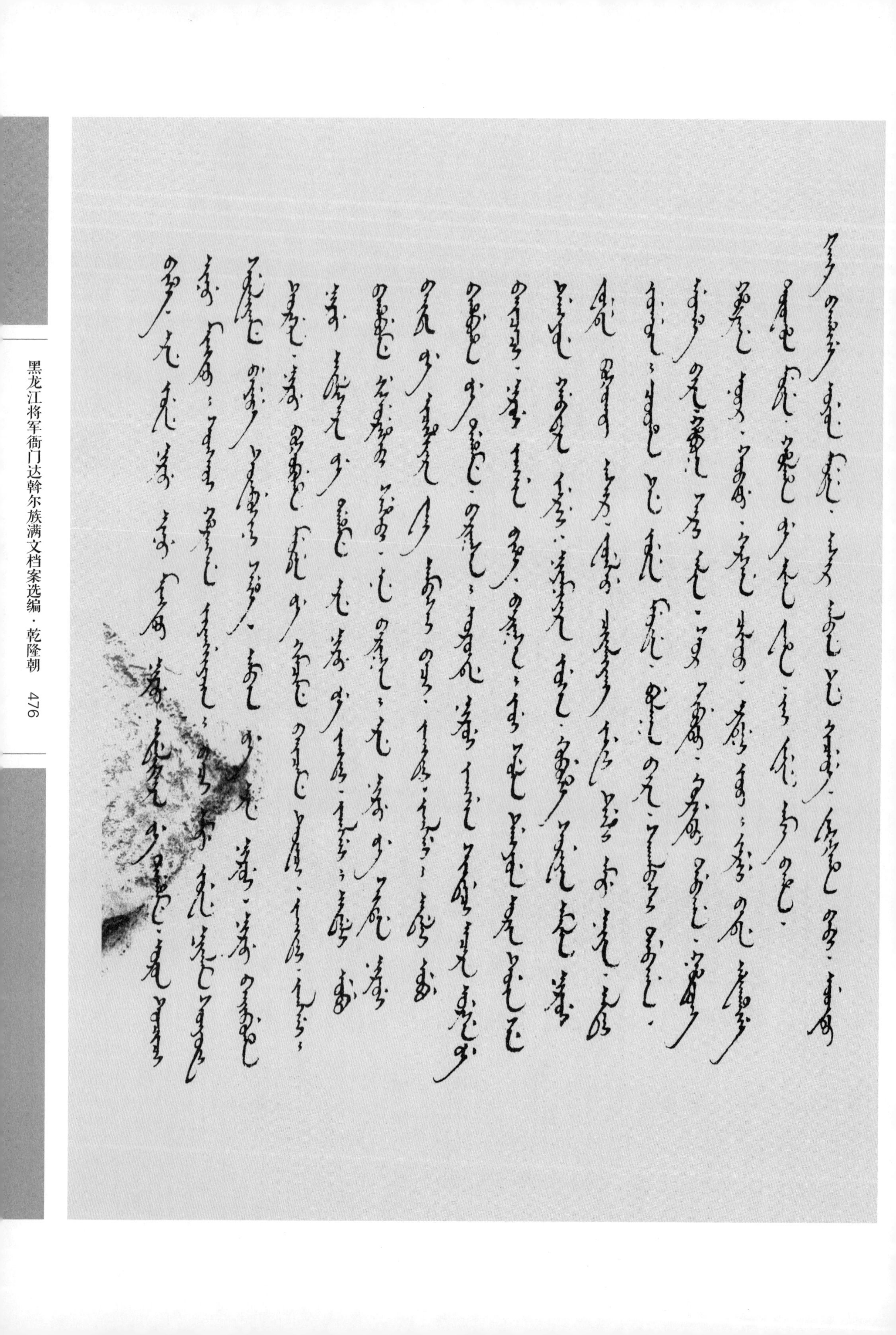

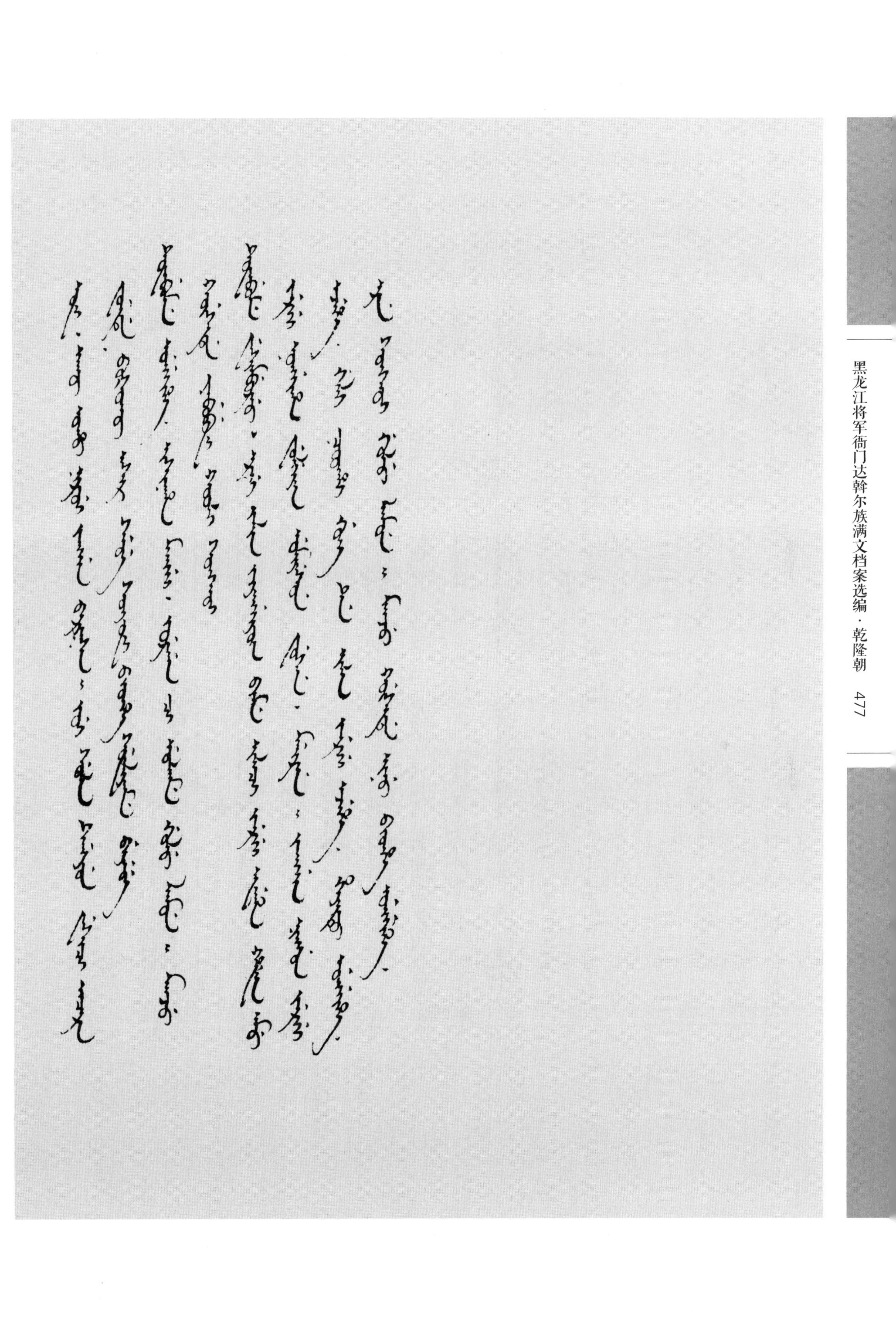

[illegible]

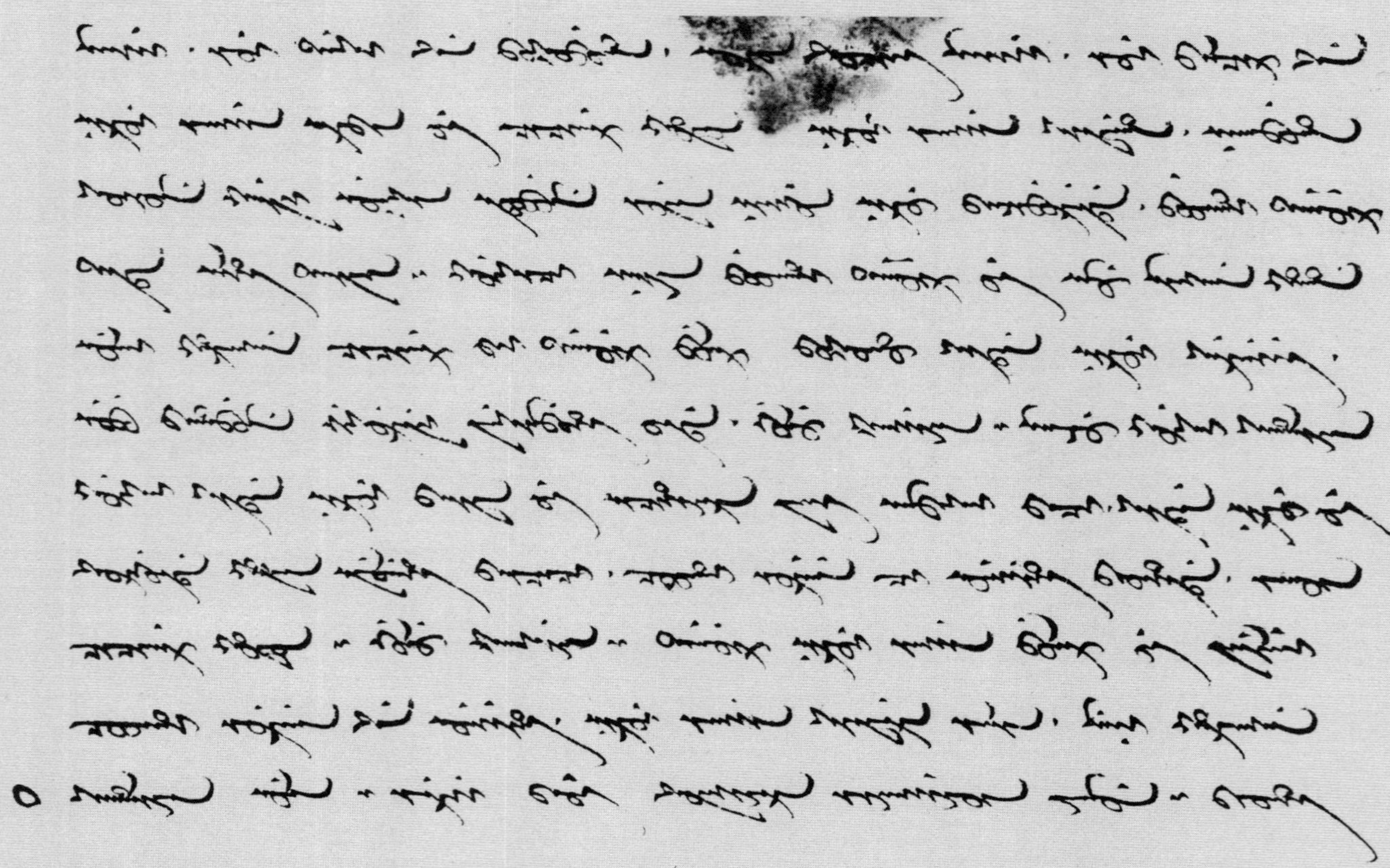

五二一　黑龙江将军衙门为齐齐哈尔正白旗达斡尔佐领布拉尔因罪革职出缺拣员引见补放事咨兵部文

乾隆十三年八月二十日

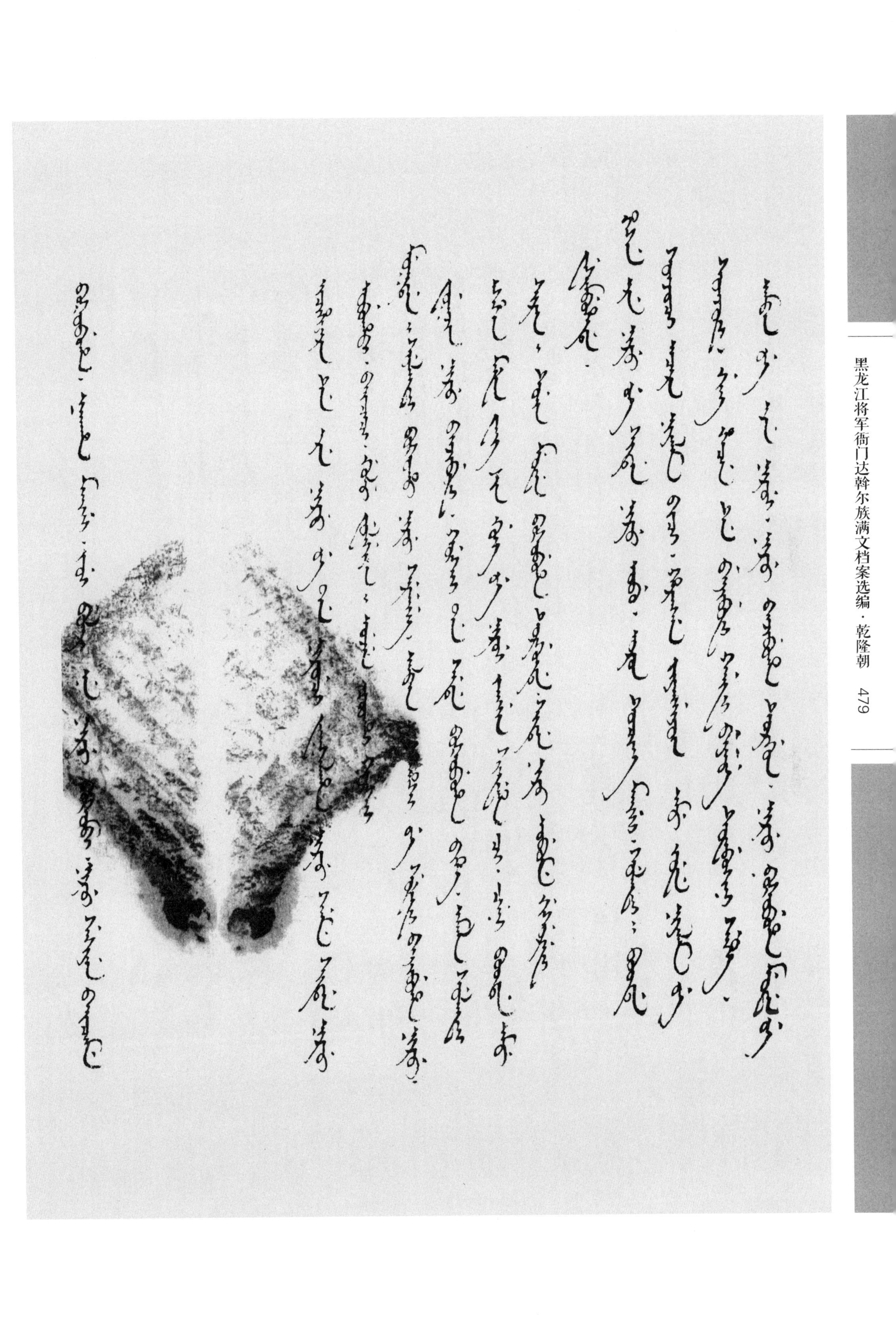

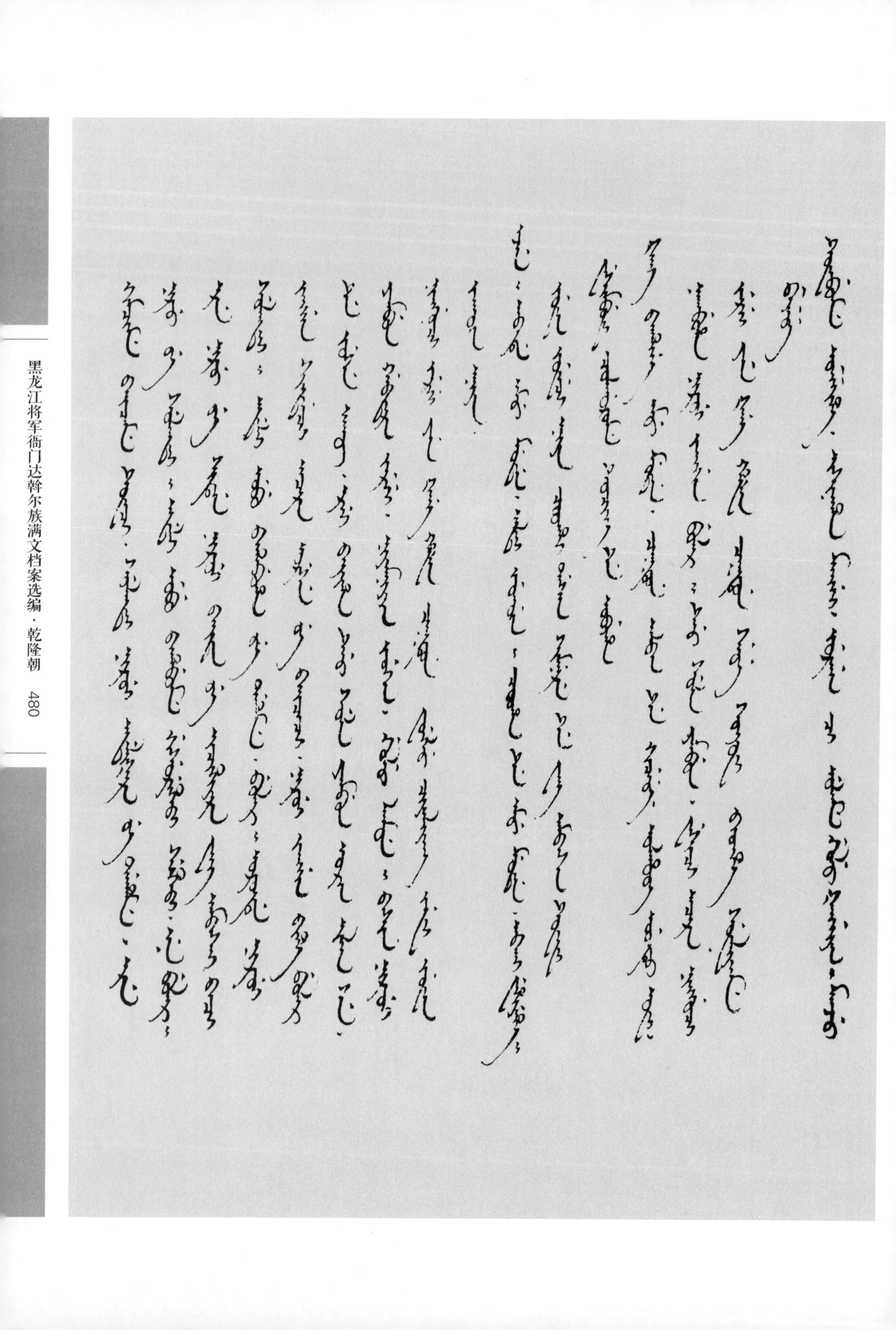

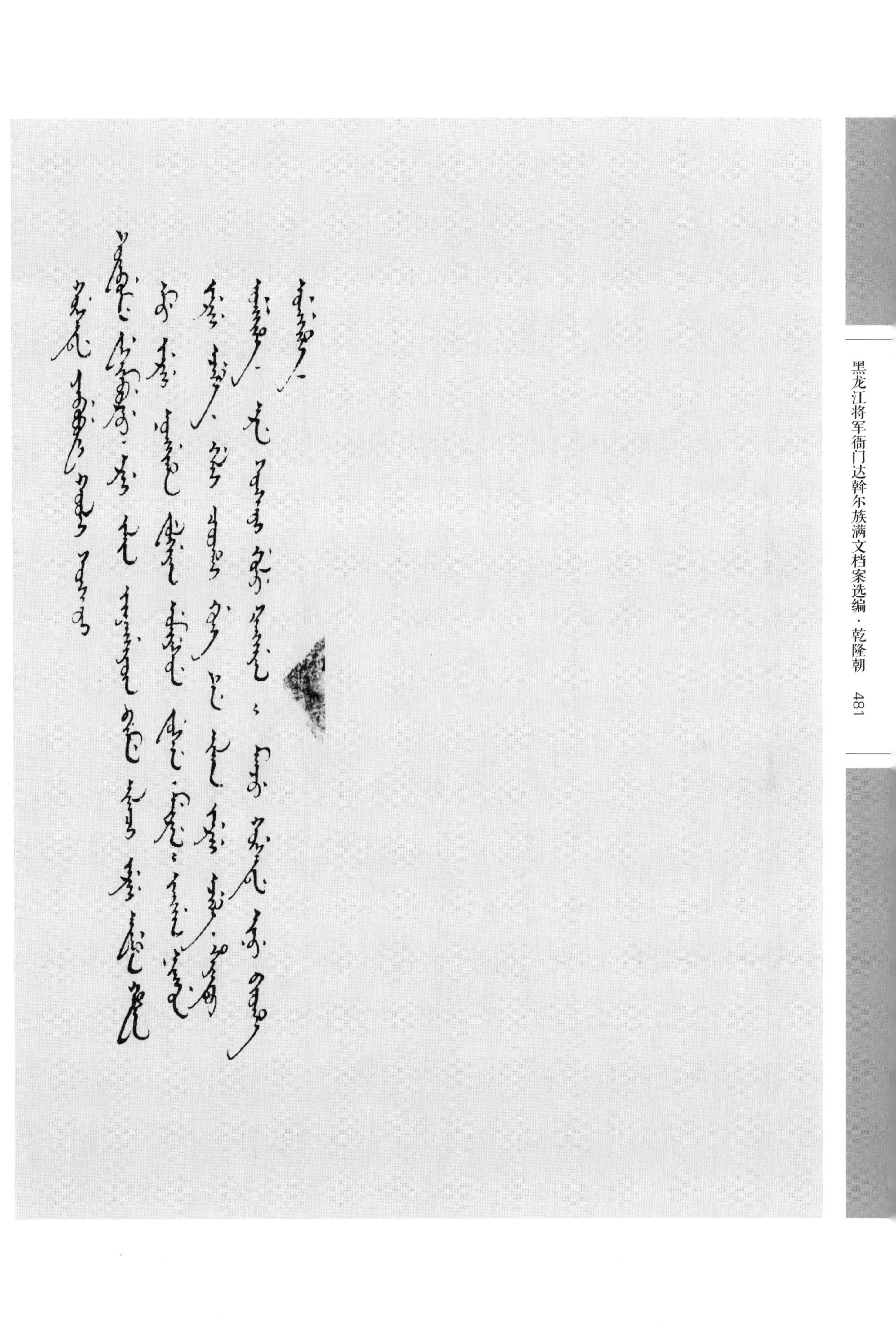

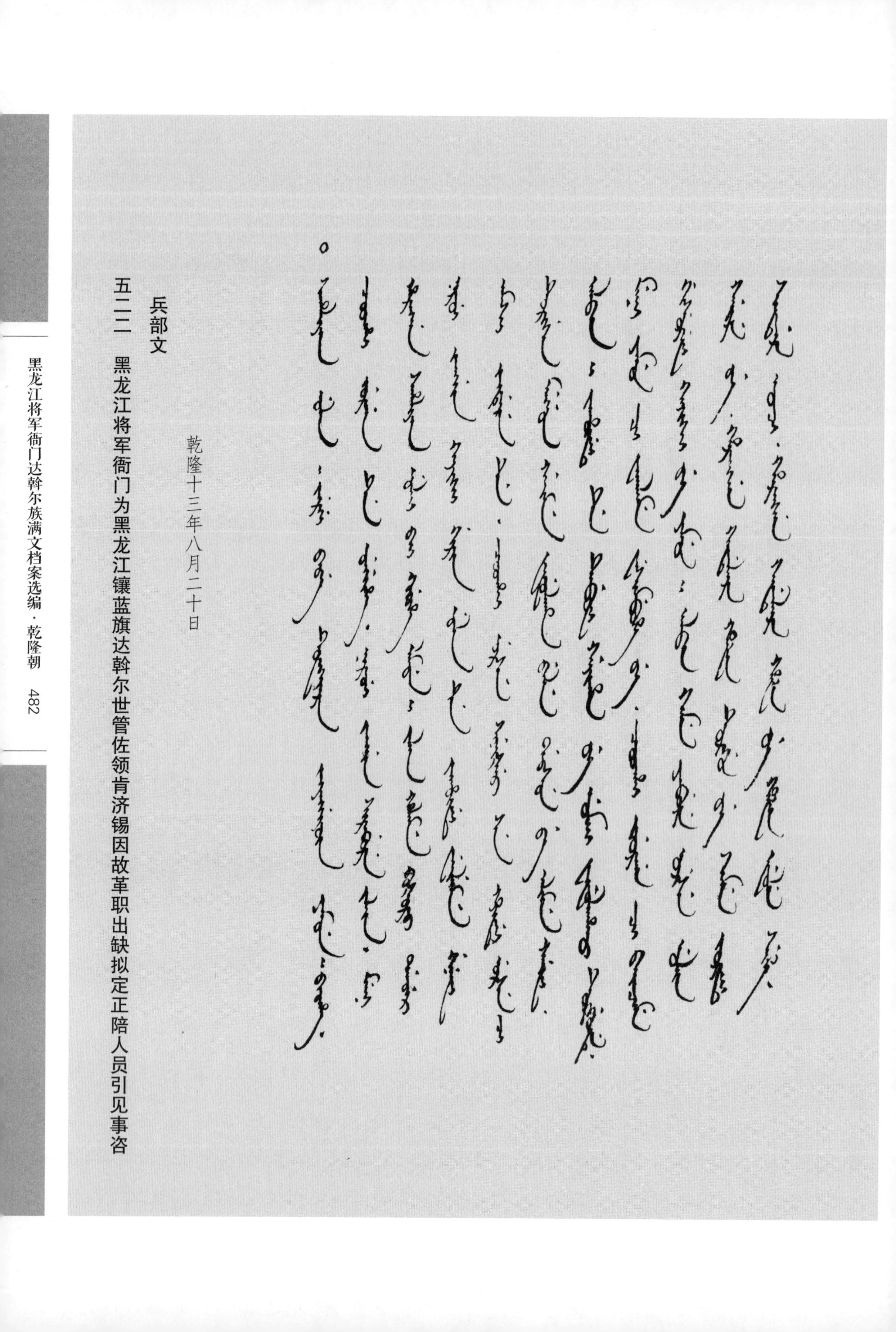

五二二 黑龙江将军衙门为黑龙江镶蓝旗达斡尔世管佐领肯济锡因故革职出缺拟定正陪人员引见事咨

兵部文

乾隆十三年八月二十日

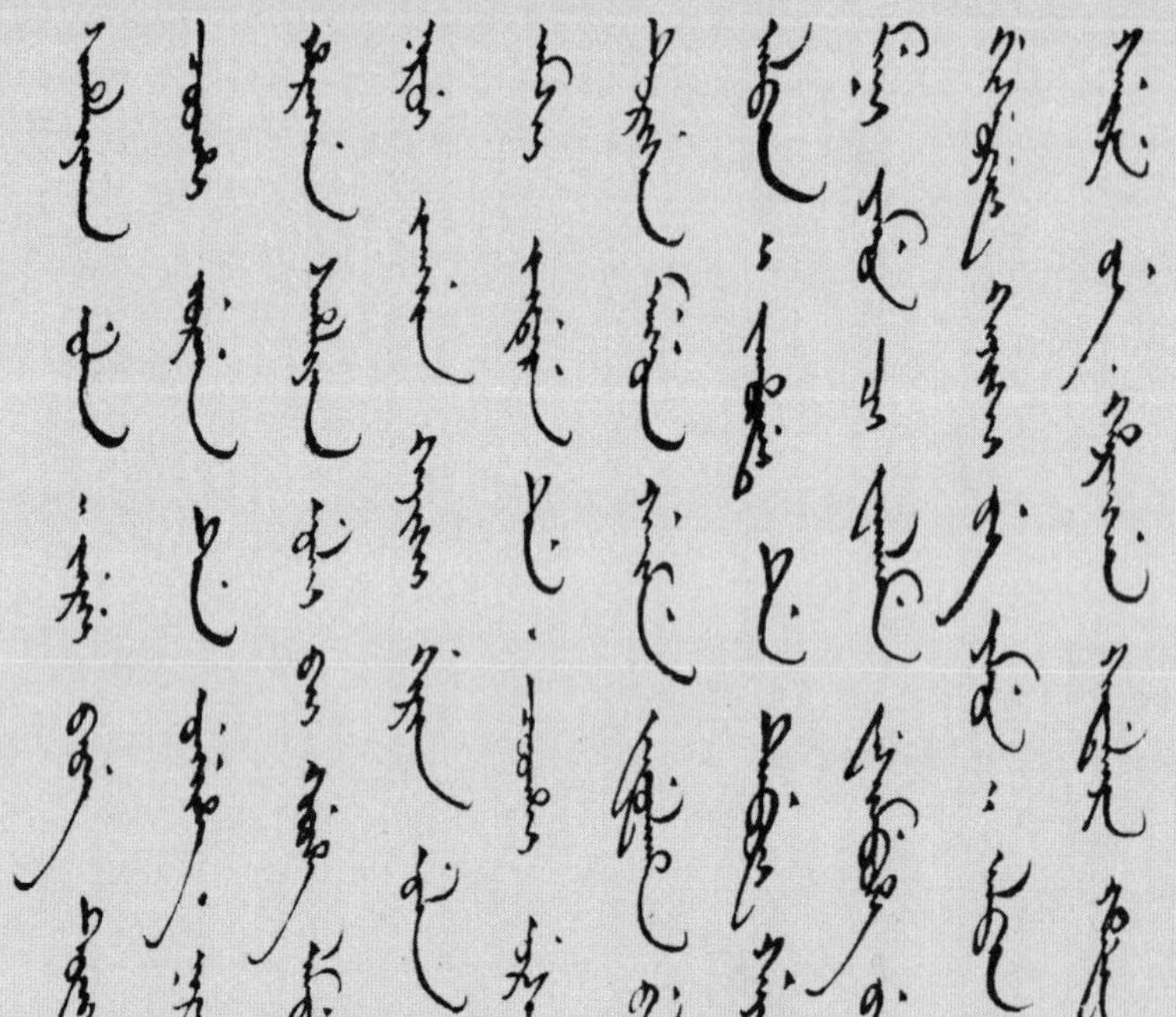

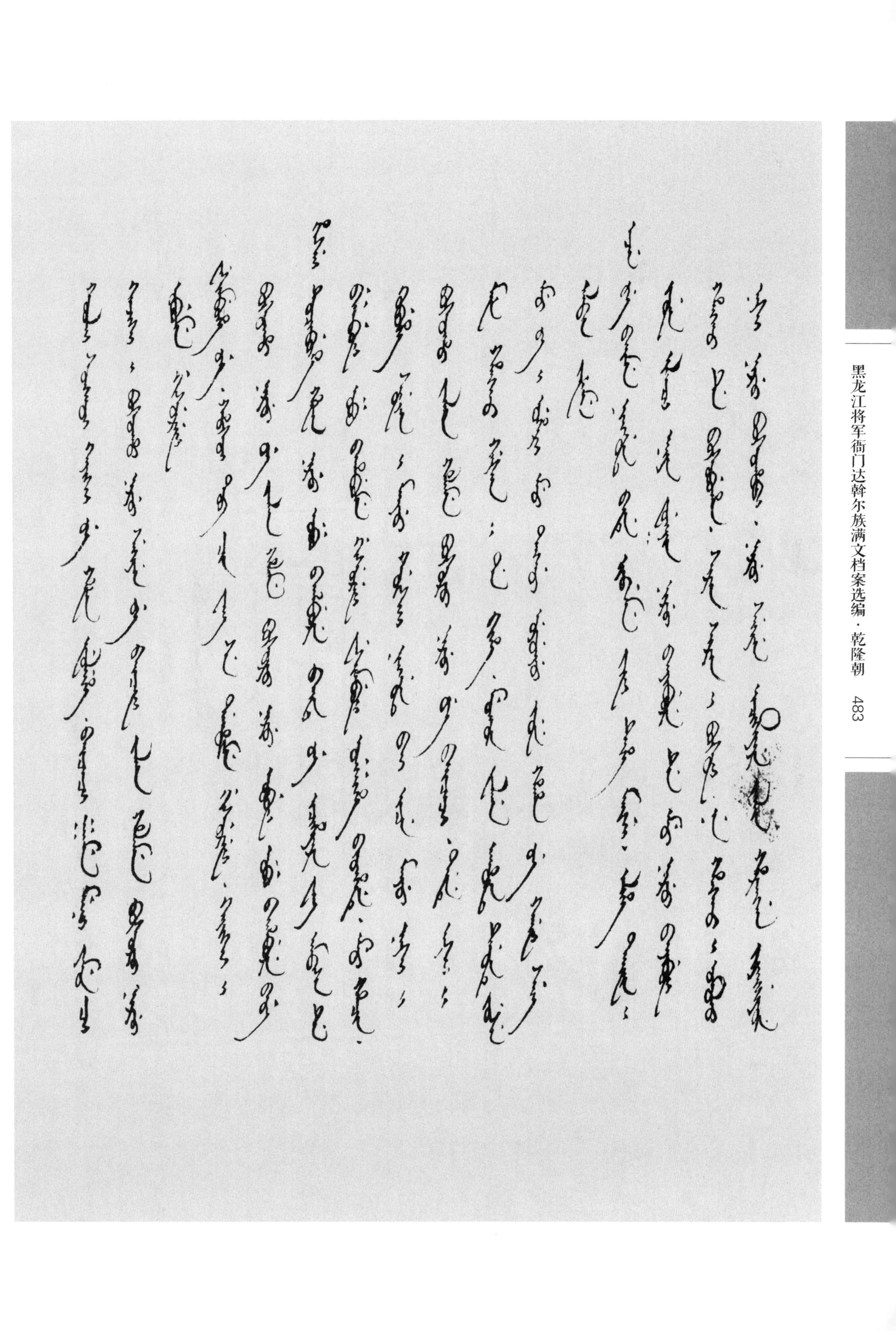

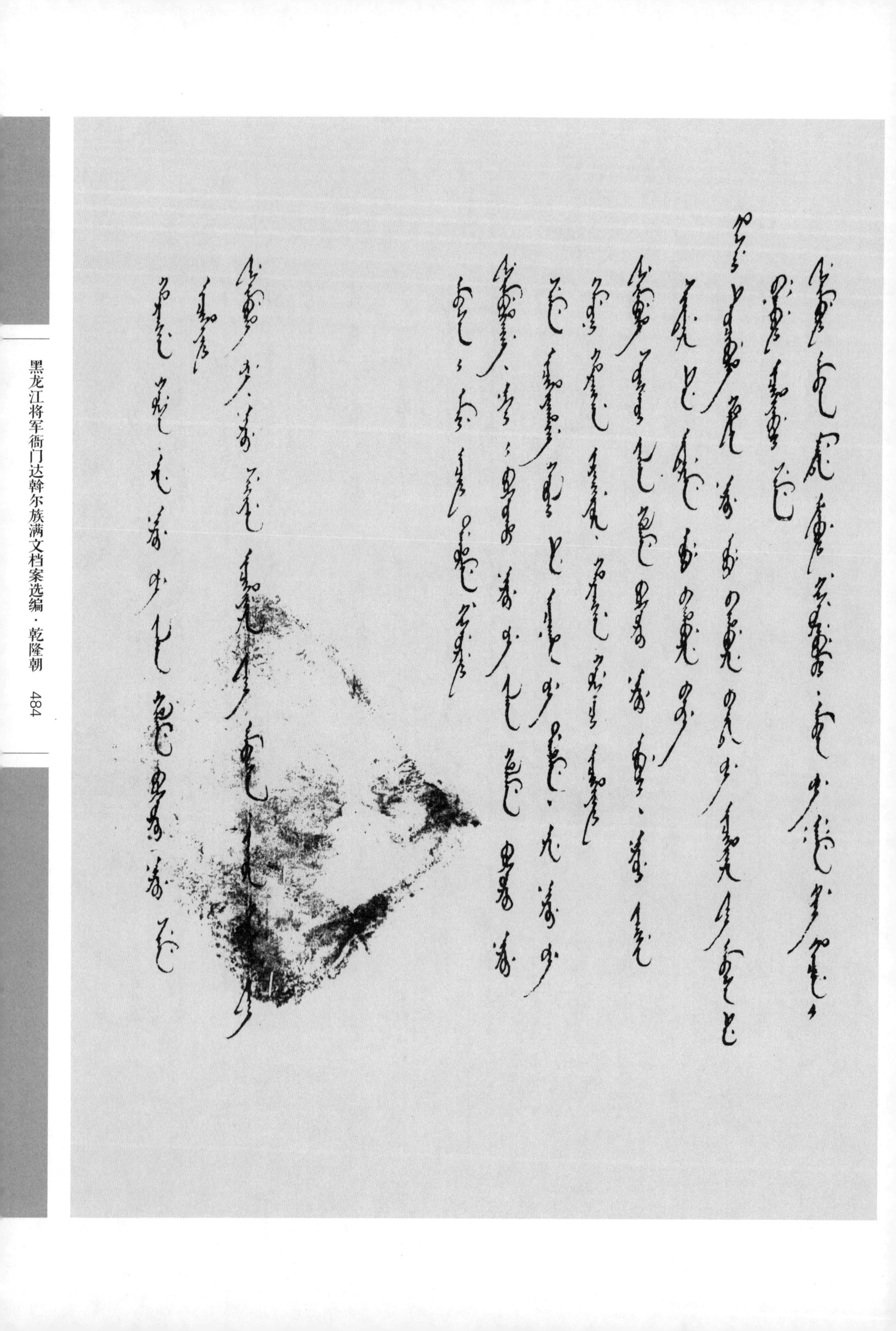

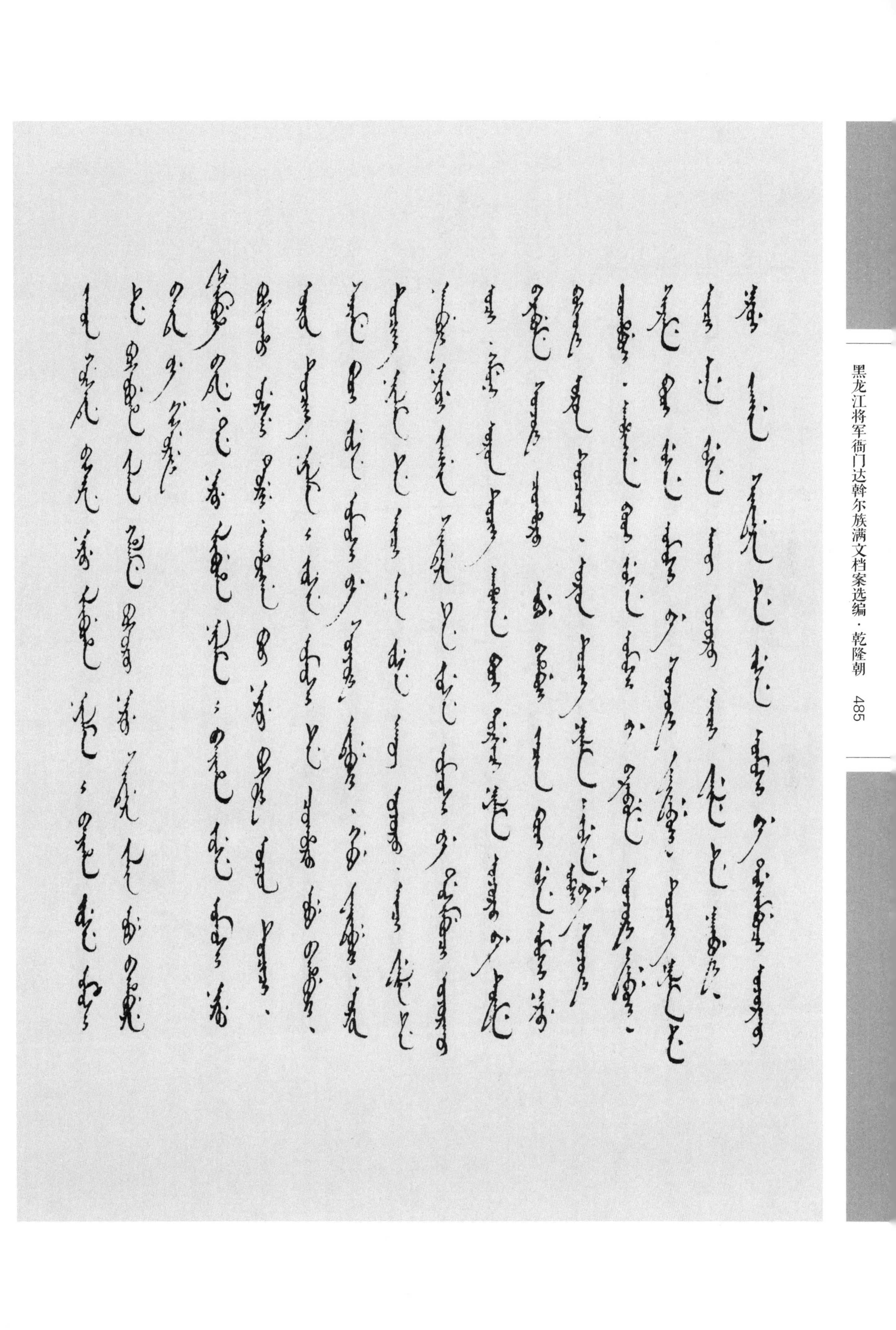

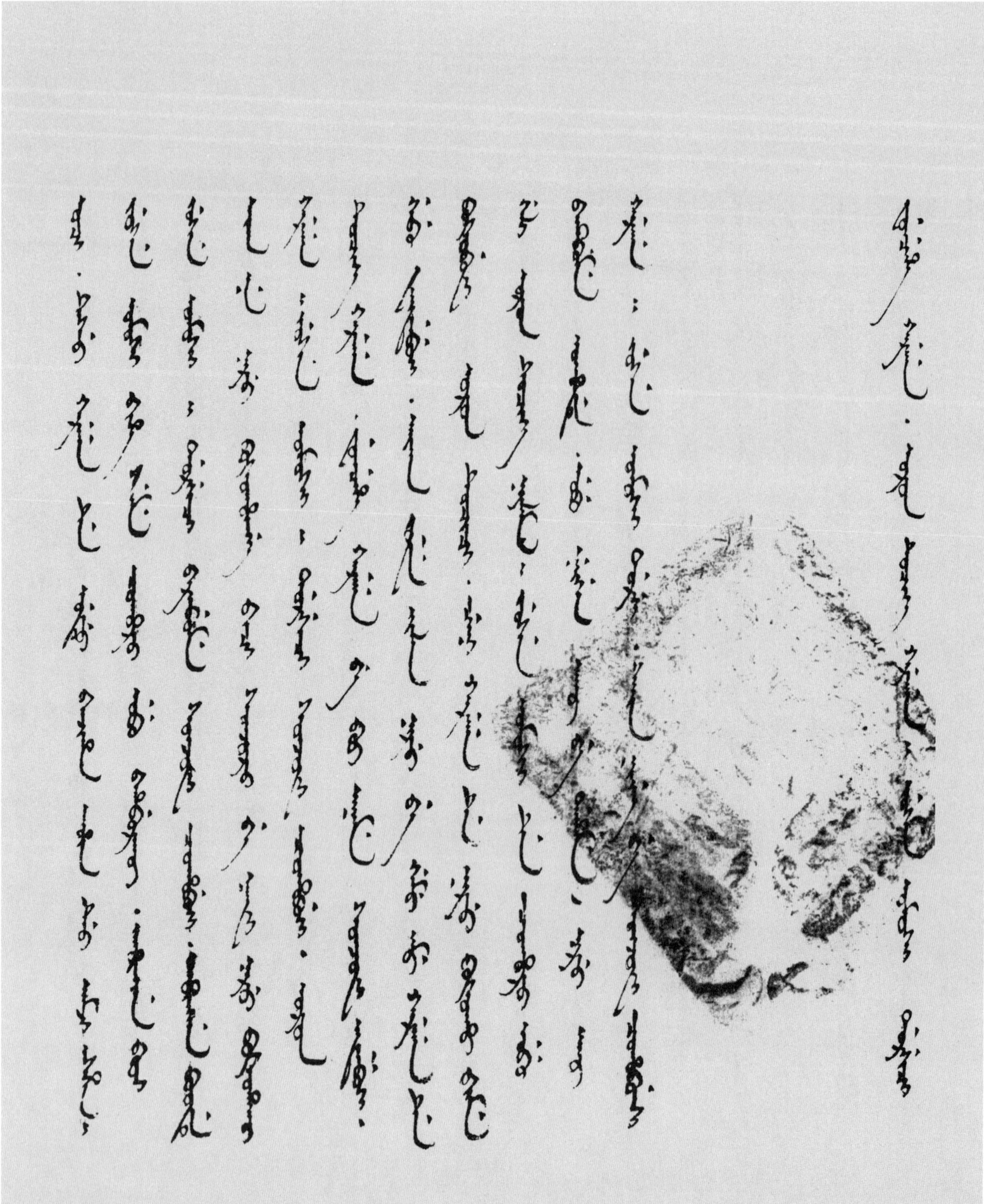

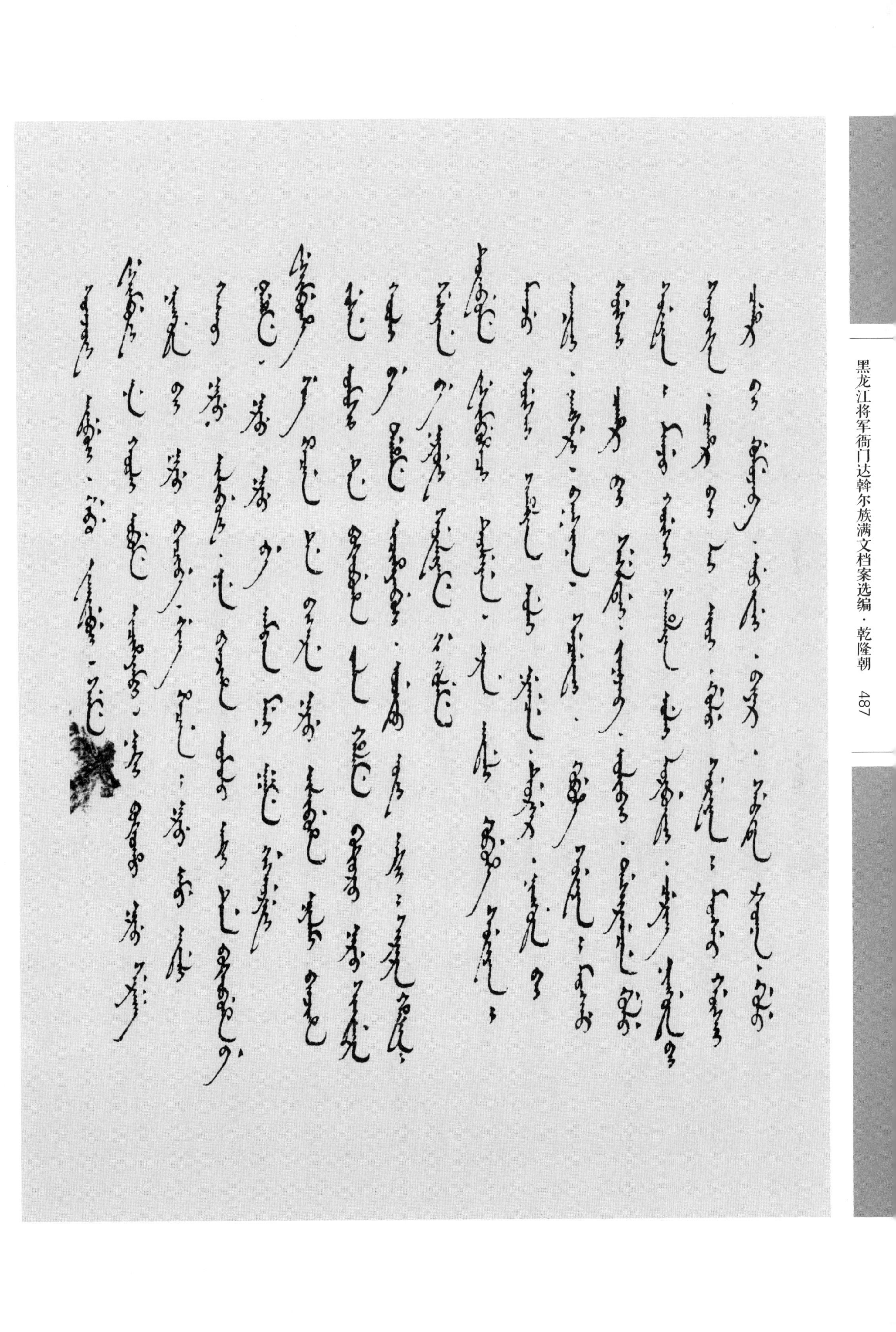

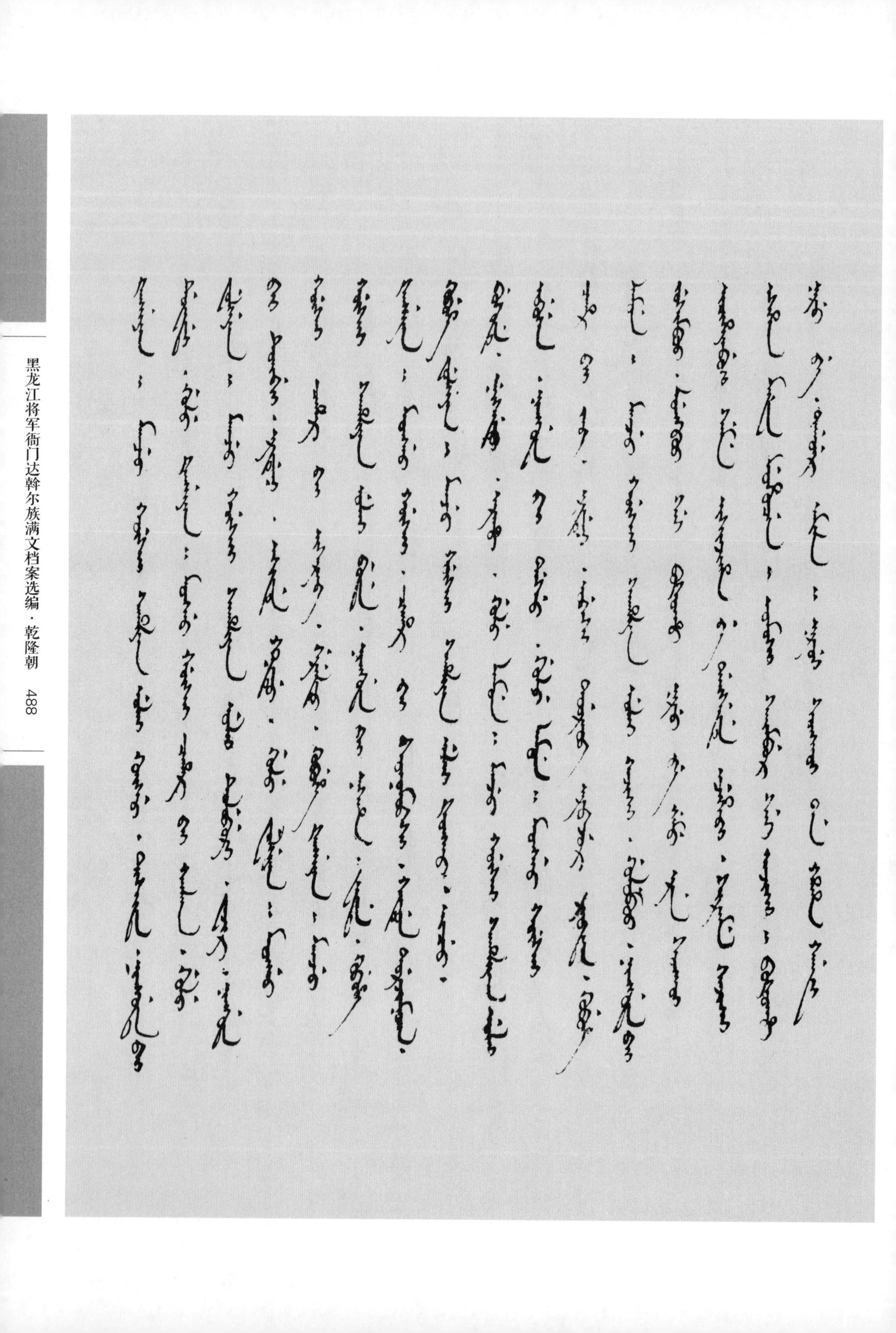

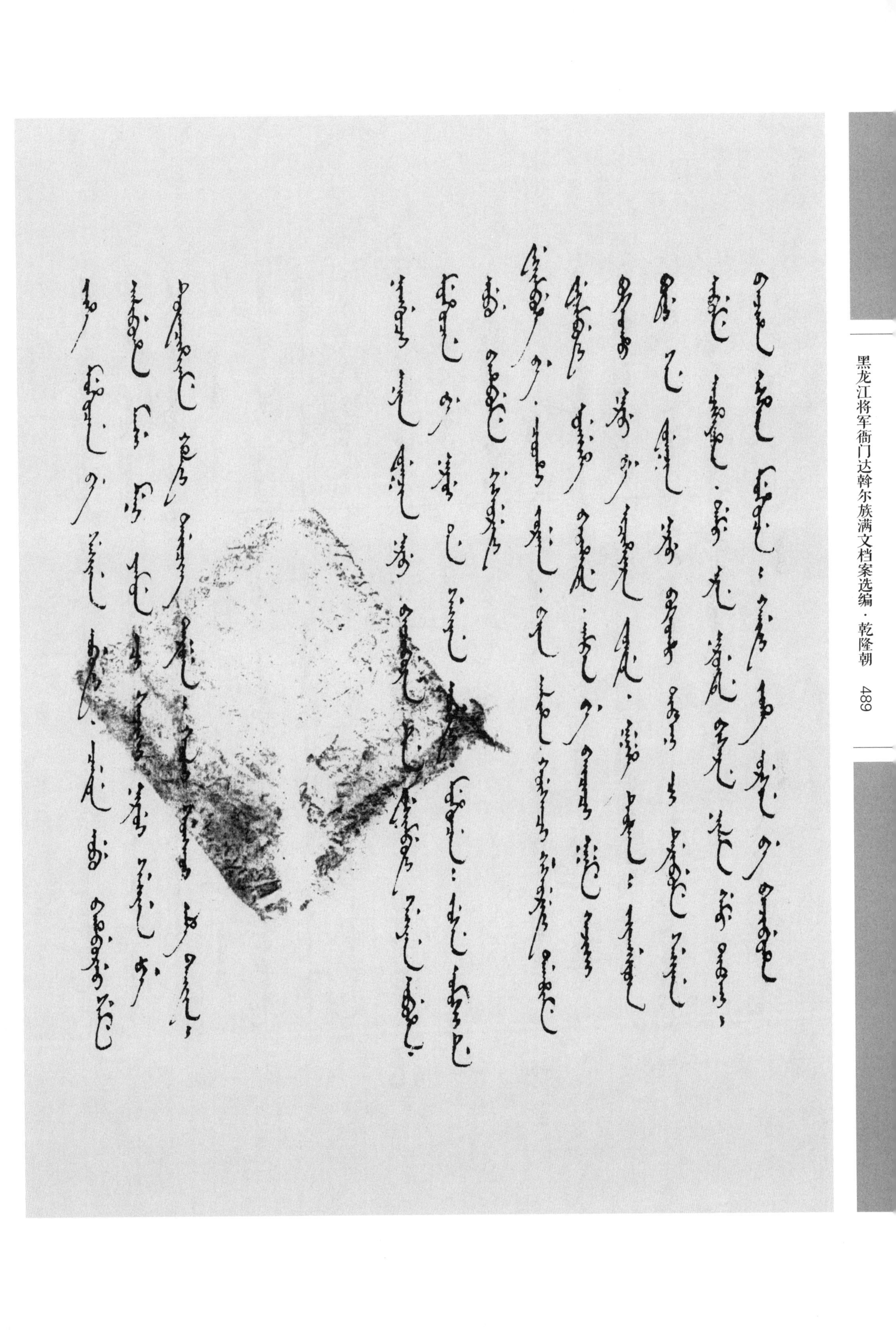

[illegible]

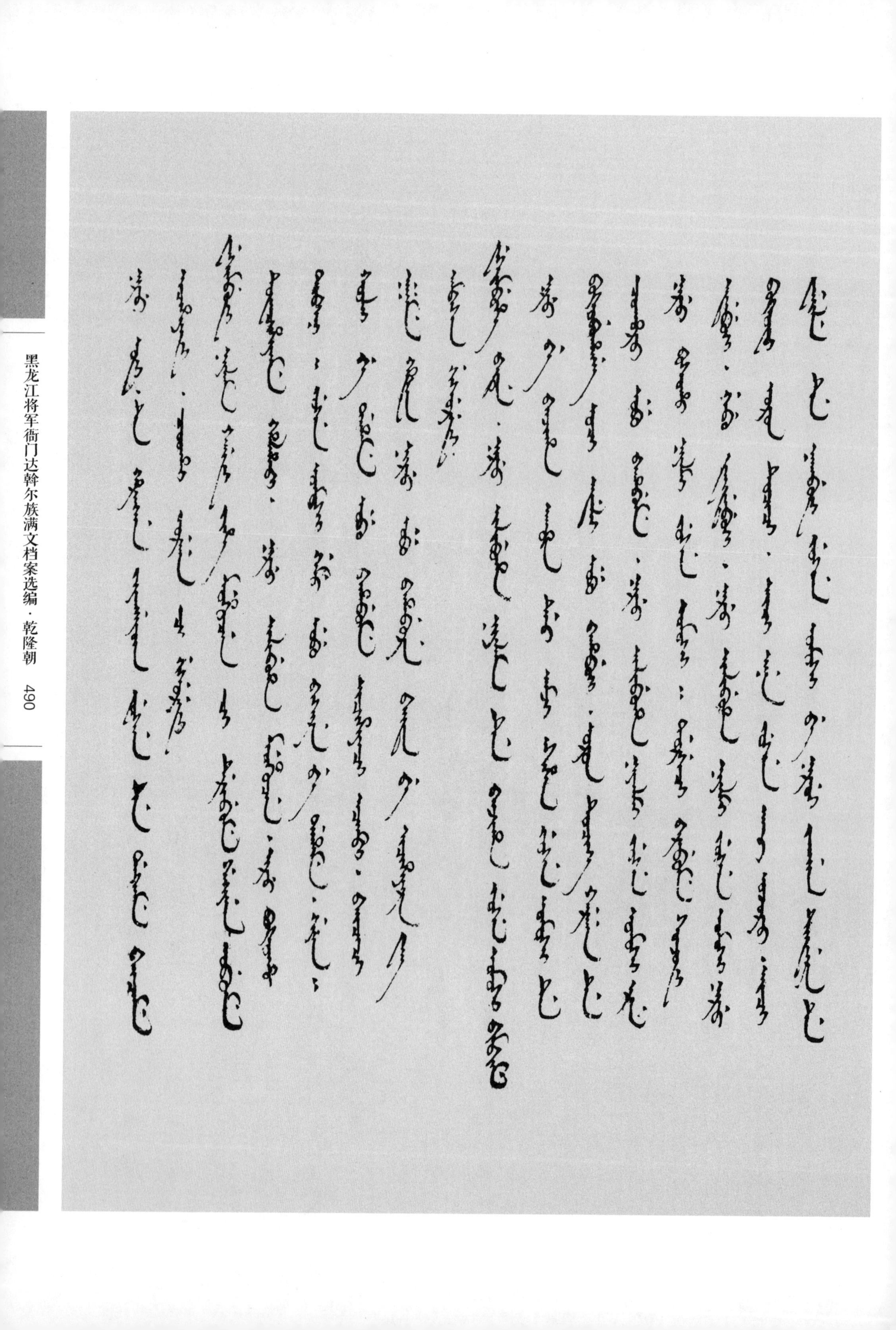

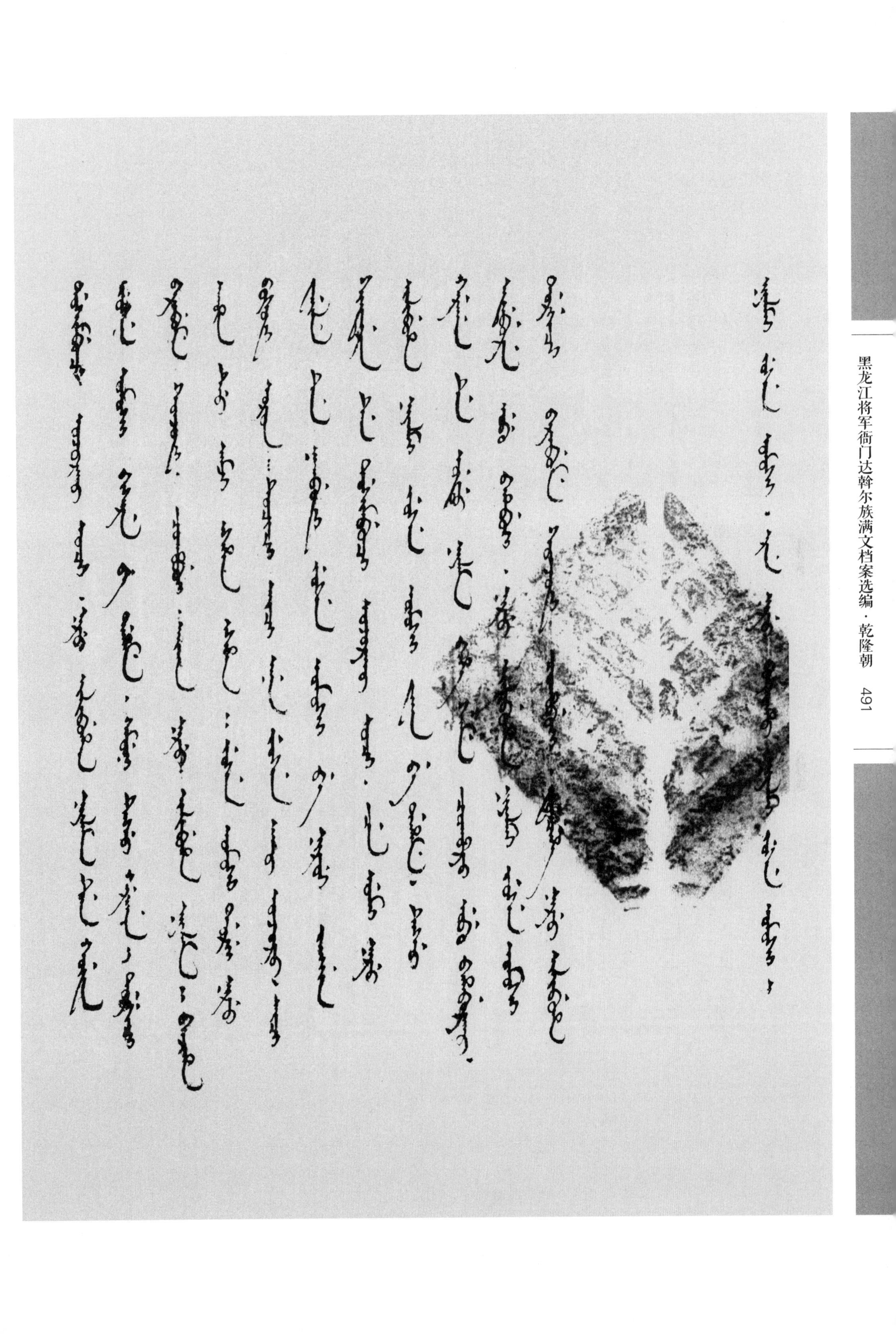

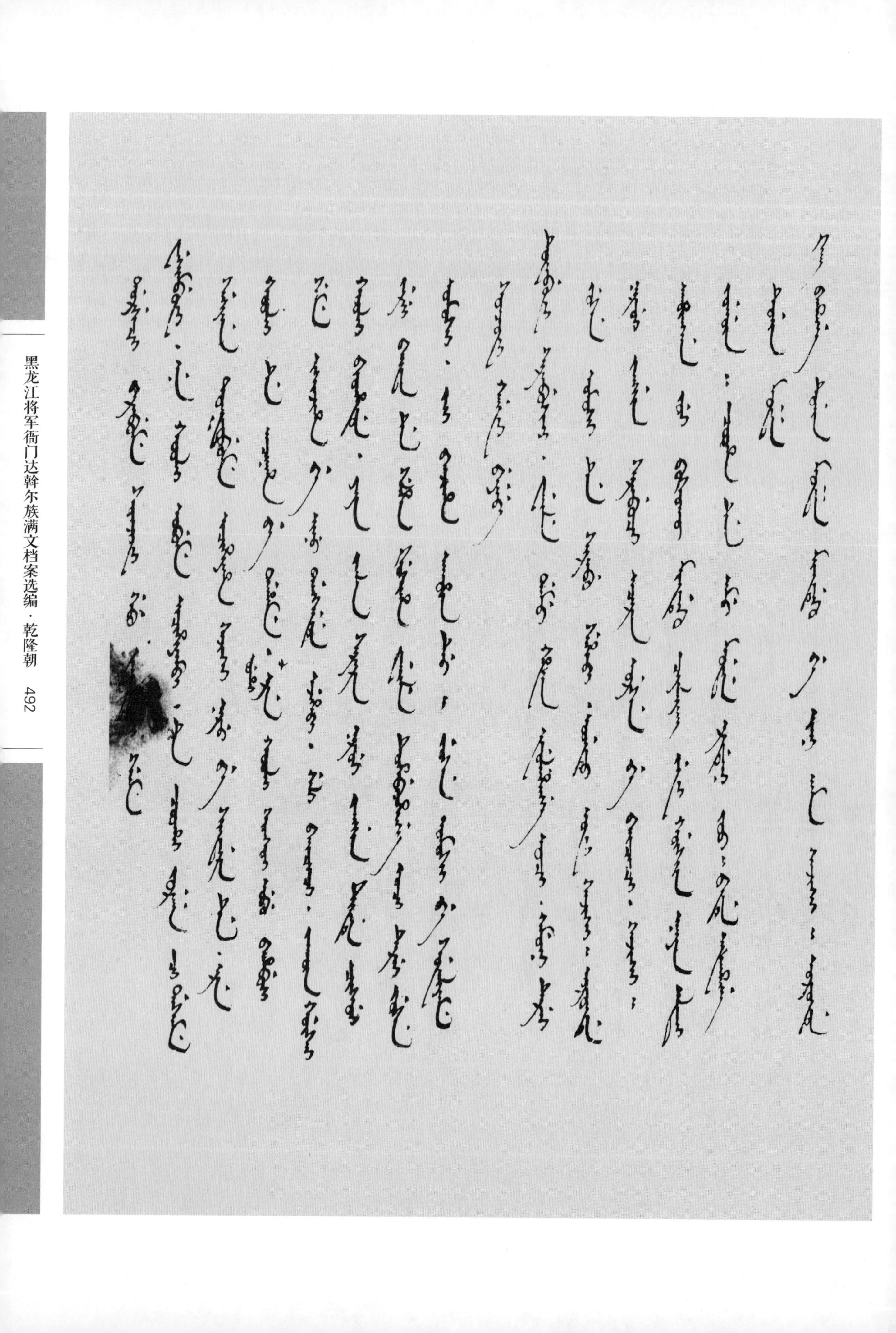

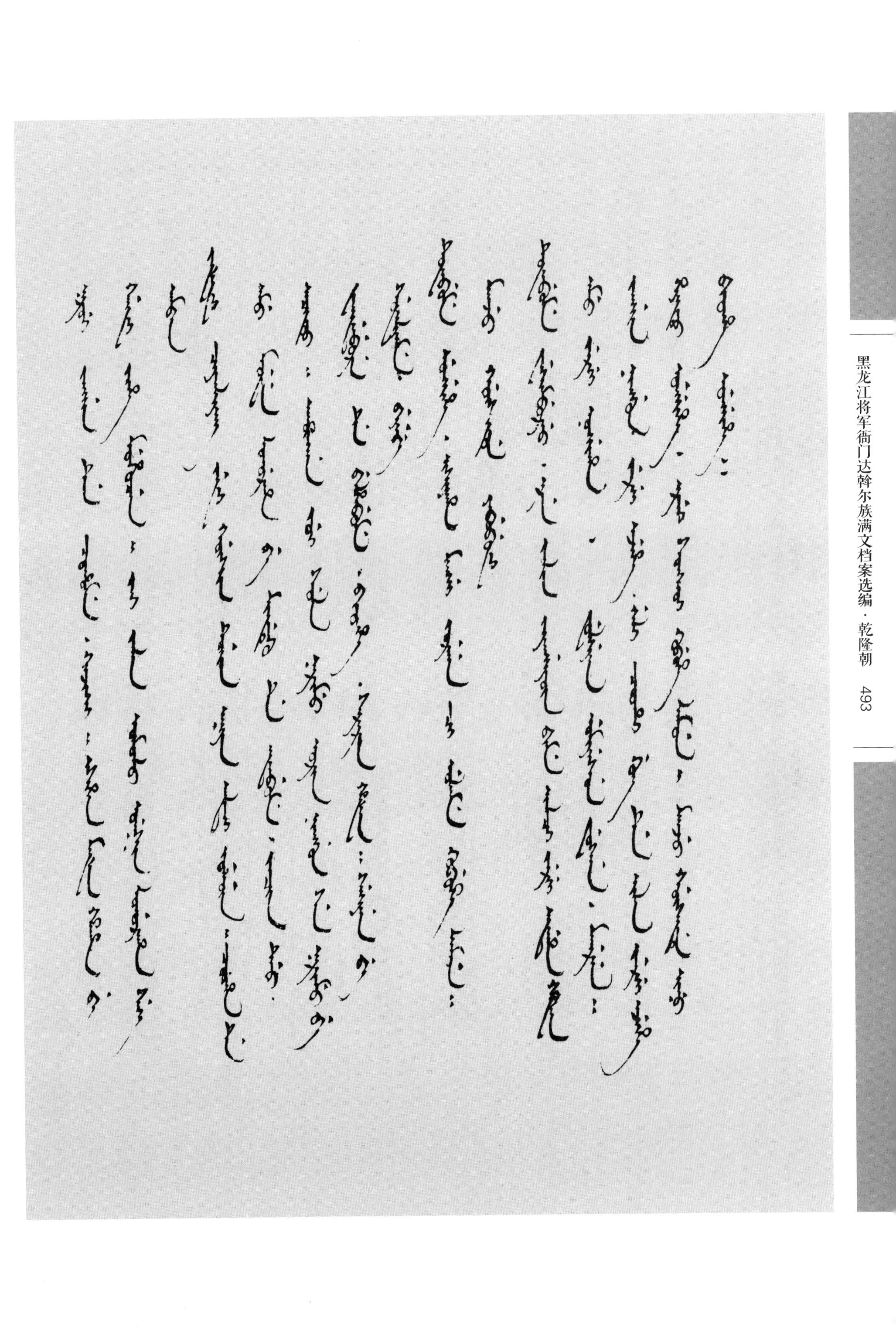

五二三 黑龙江将军衙门为墨尔根正黄旗达斡尔佐领丹巴病故其所遗缺拣员引见补放事咨兵部文

乾隆十三年八月二十日

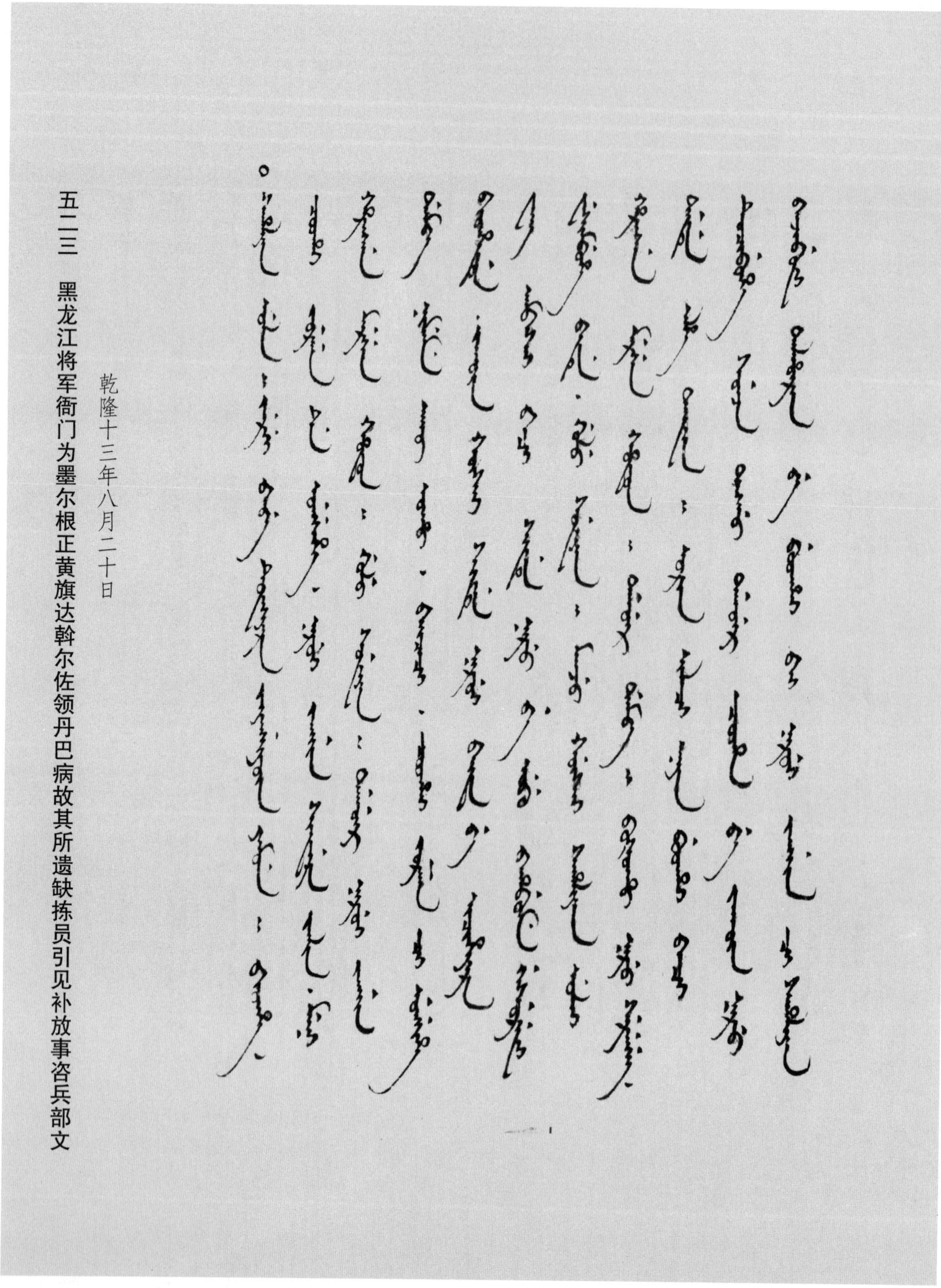

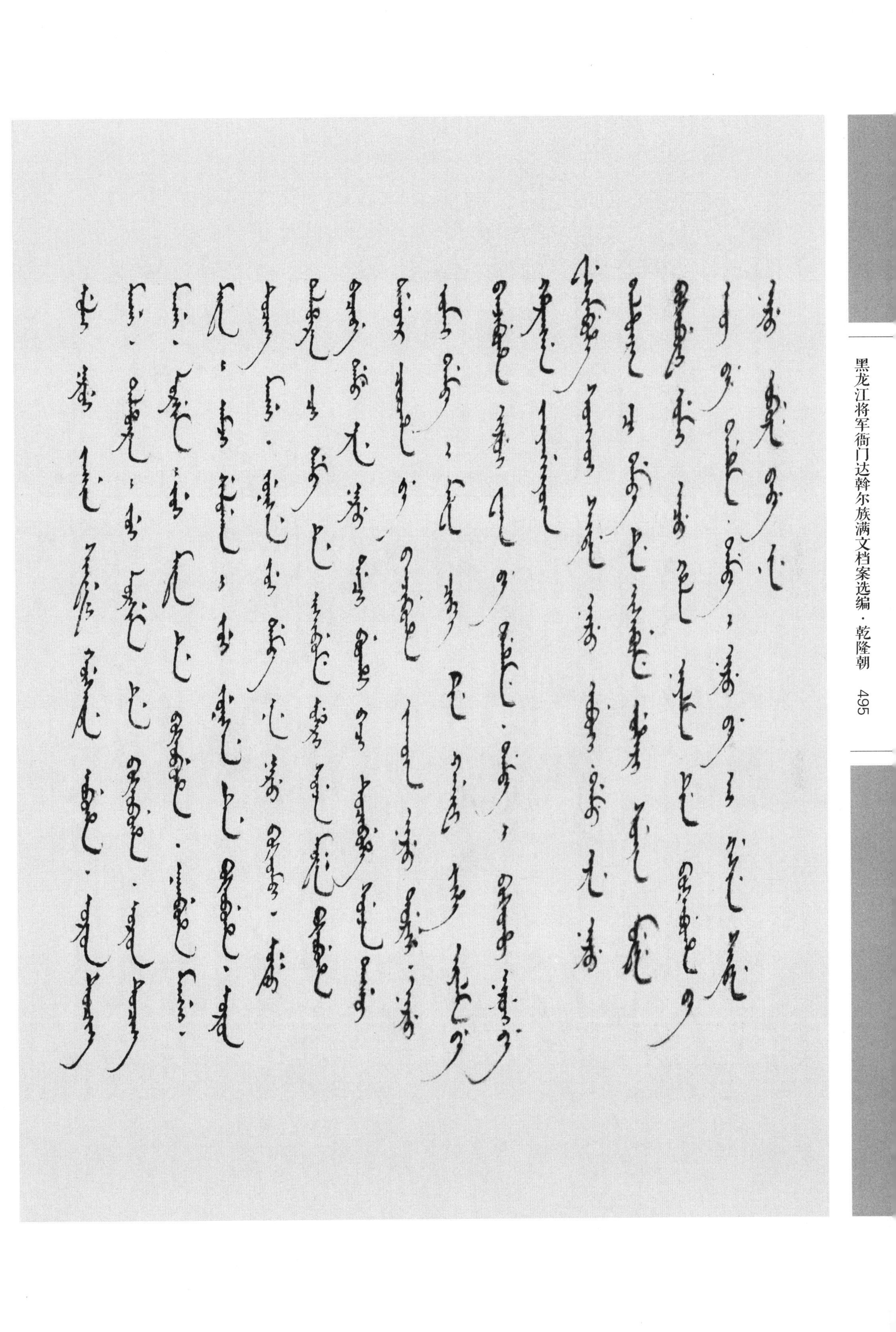

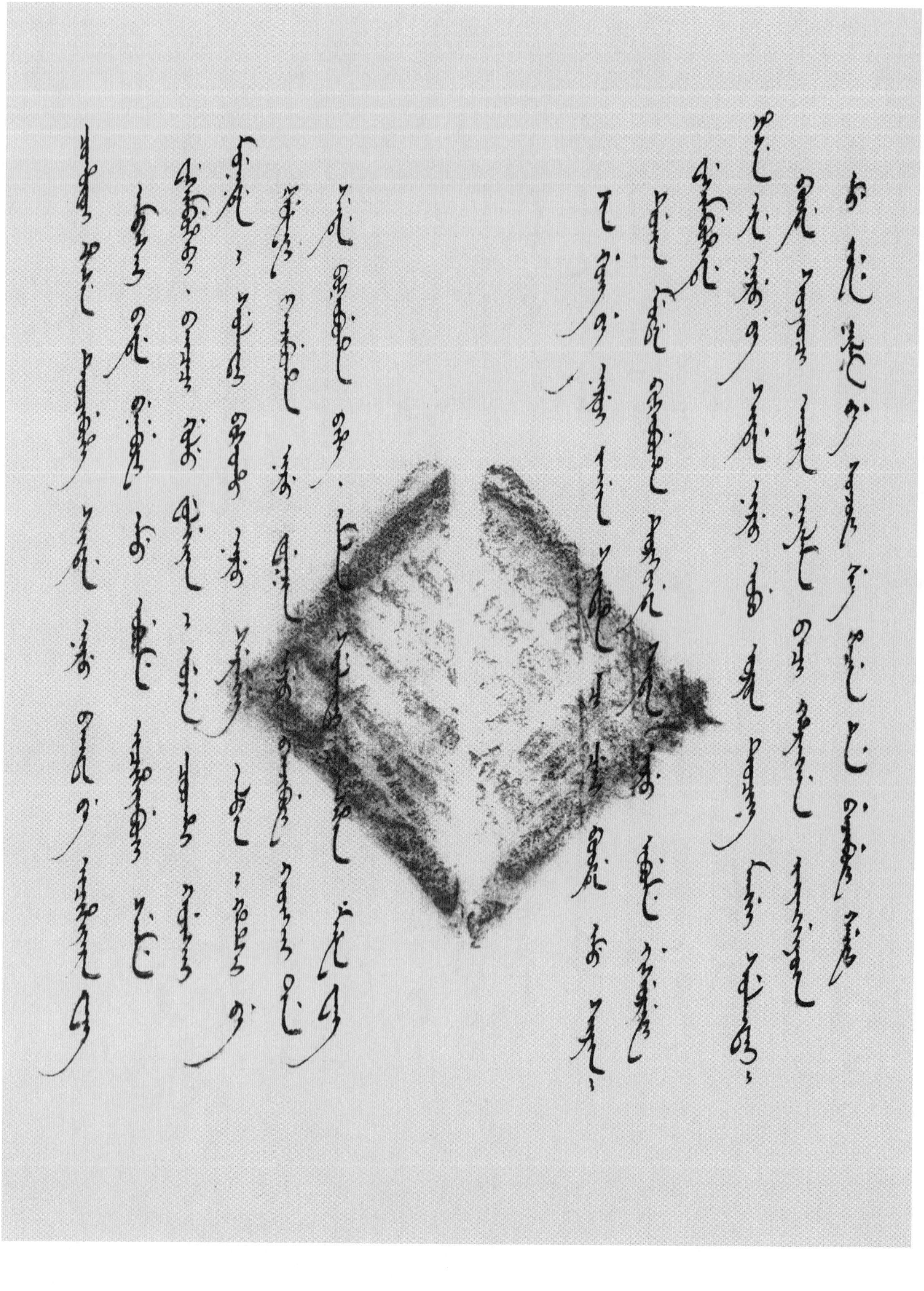

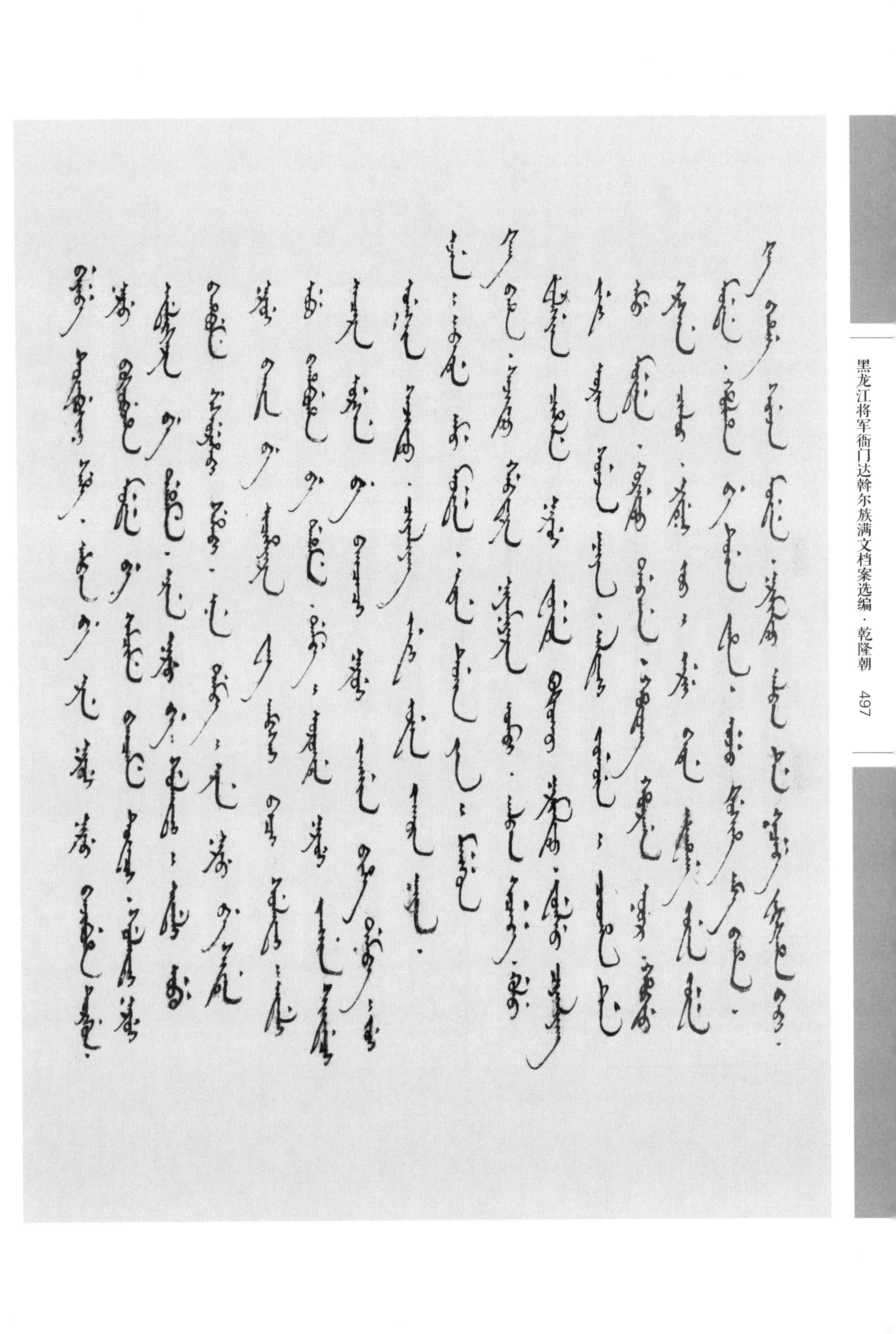

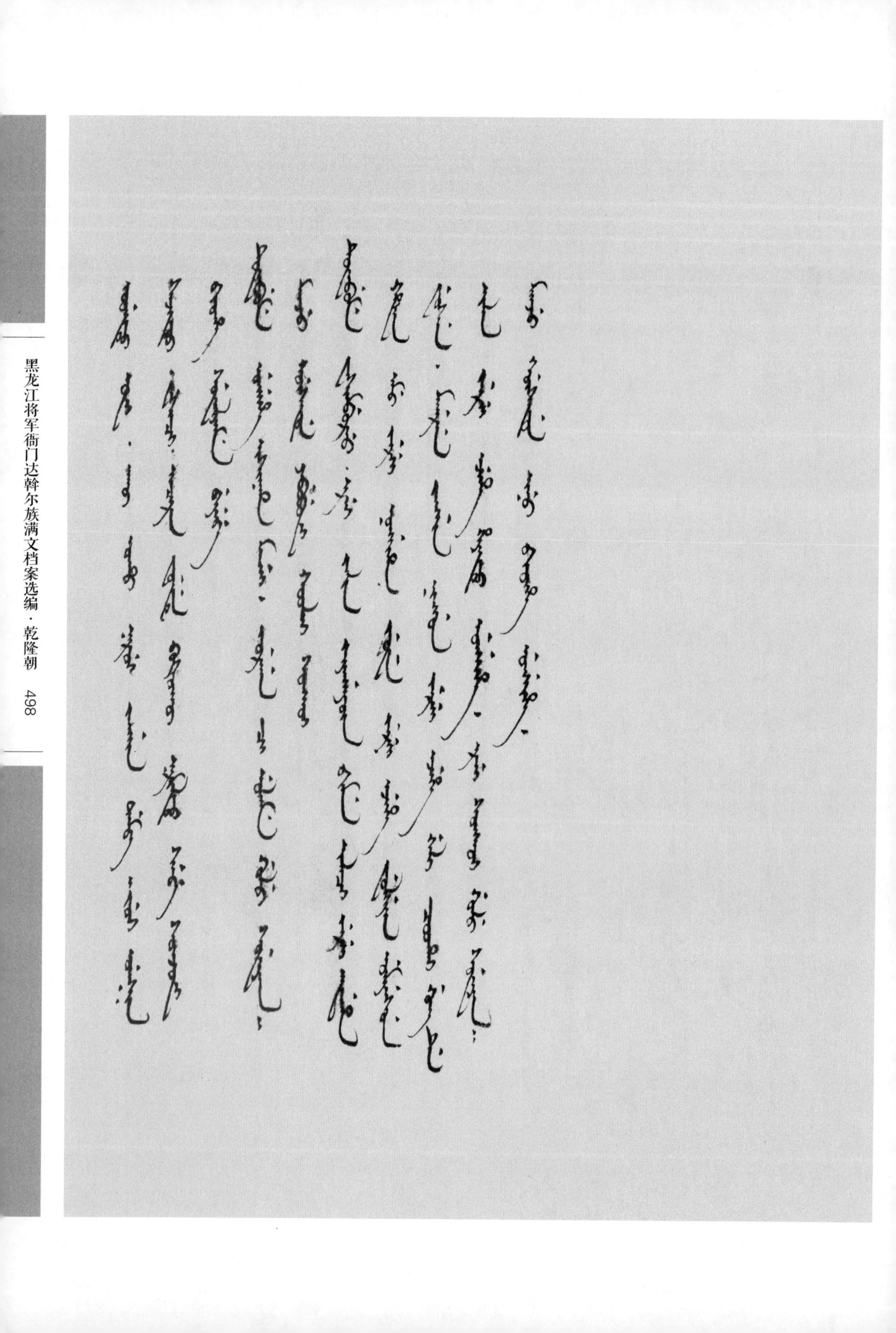

[illegible]

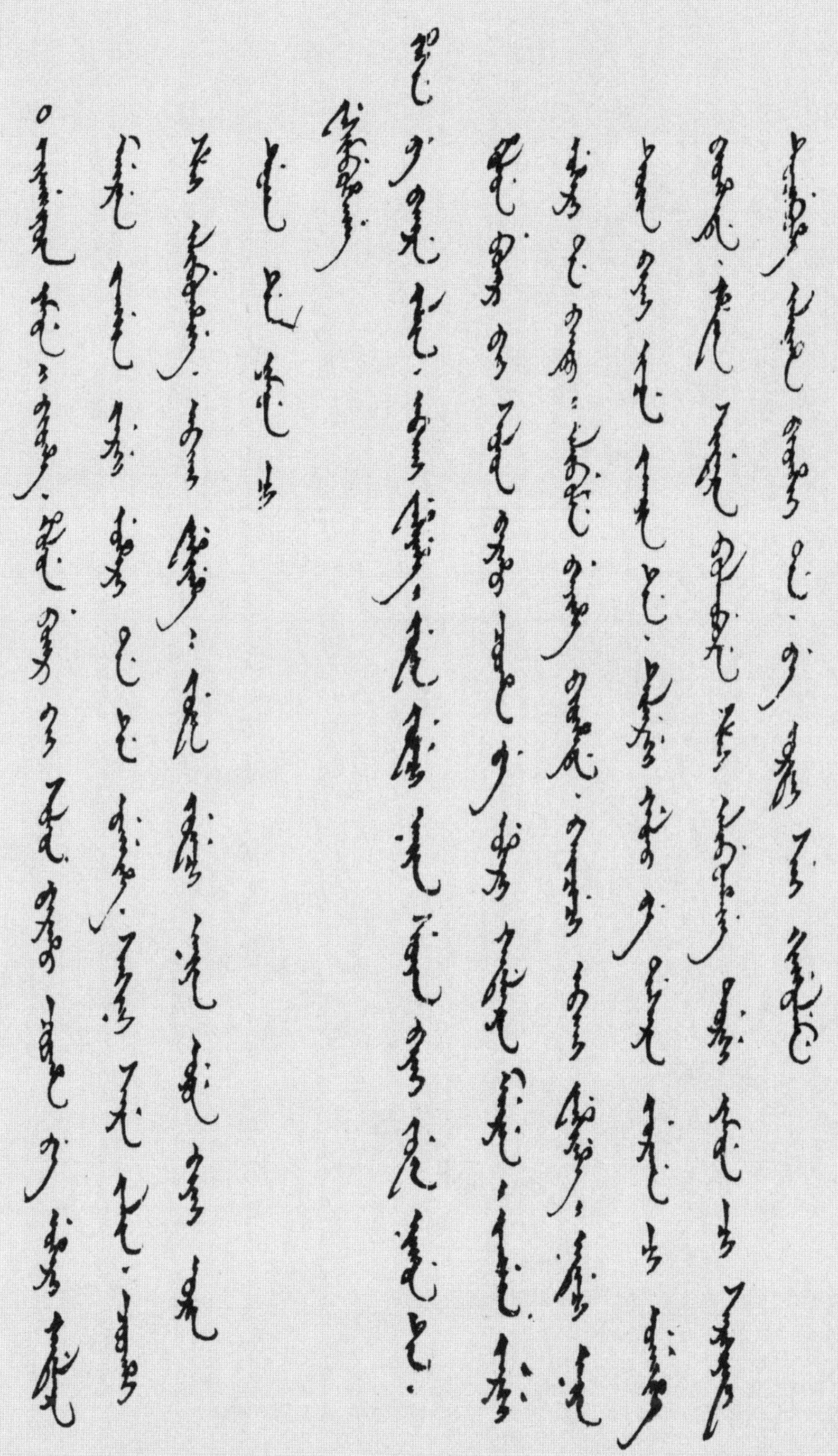

乾隆十三年八月二十九日

五二四 黑龙江将军衙门为呼伦贝尔笔帖式达斡尔奎苏等期满可否留下候补骁骑校缺事咨管带呼伦贝尔索伦巴尔虎官兵副都统衔总管文

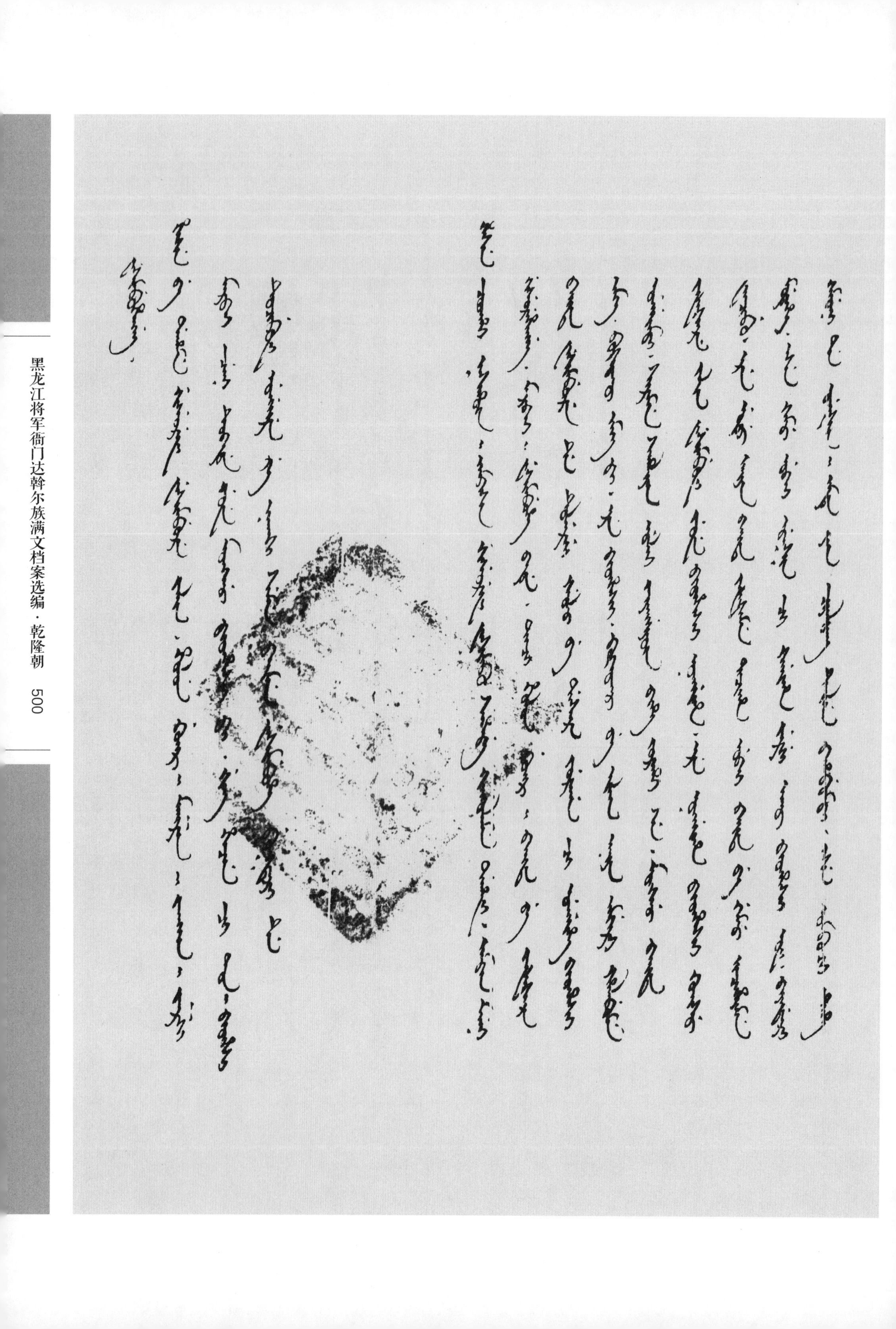

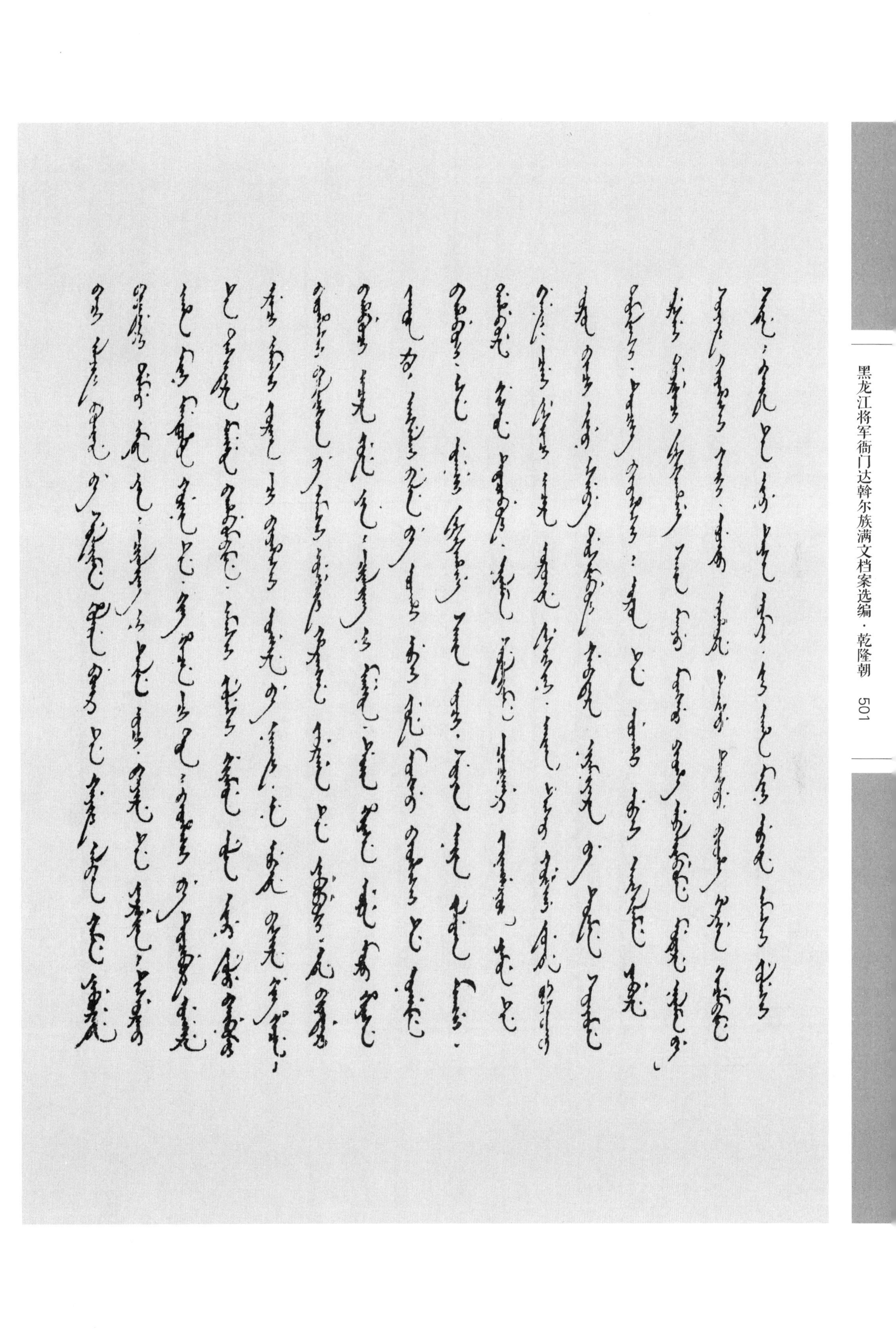

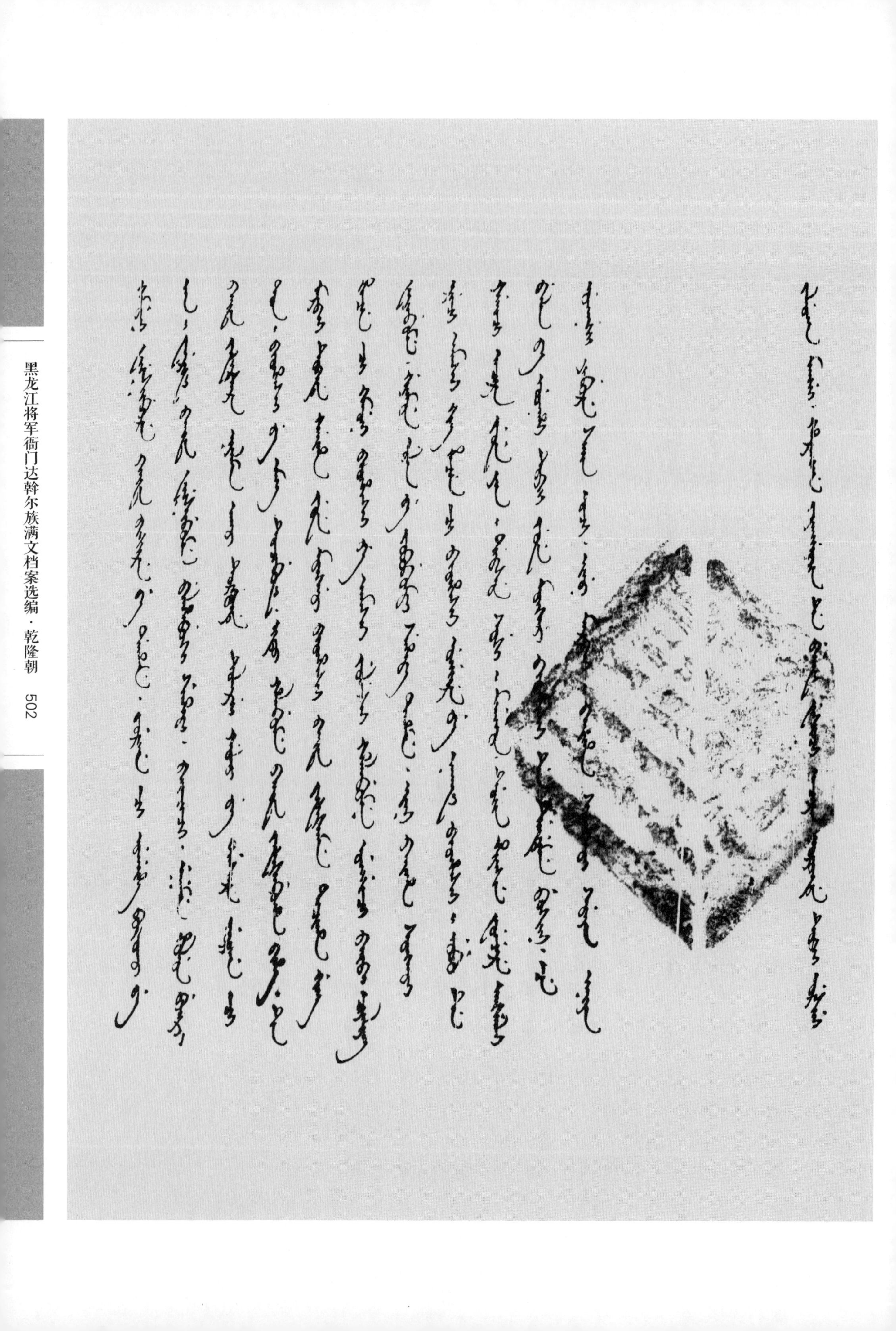

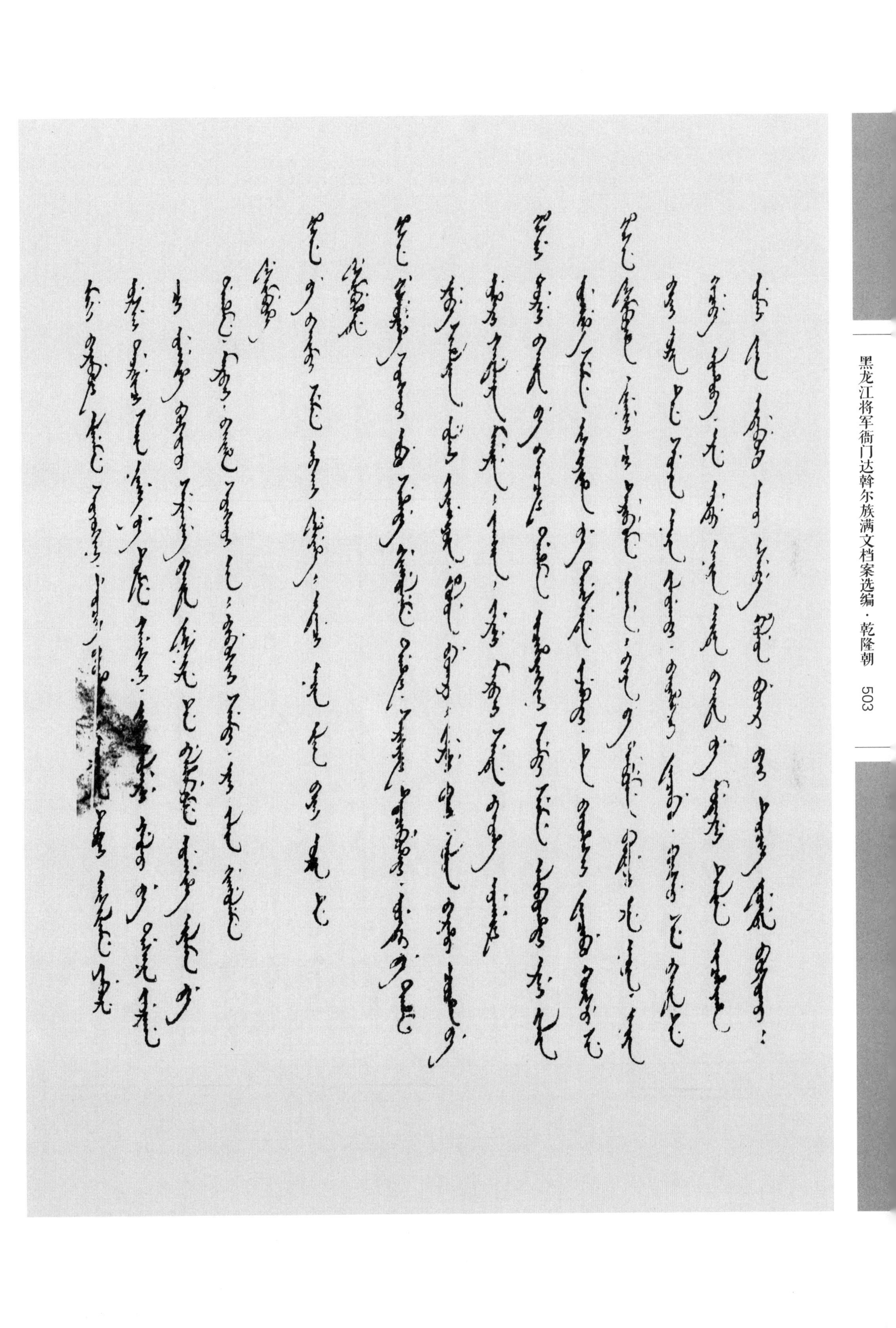

[illegible]

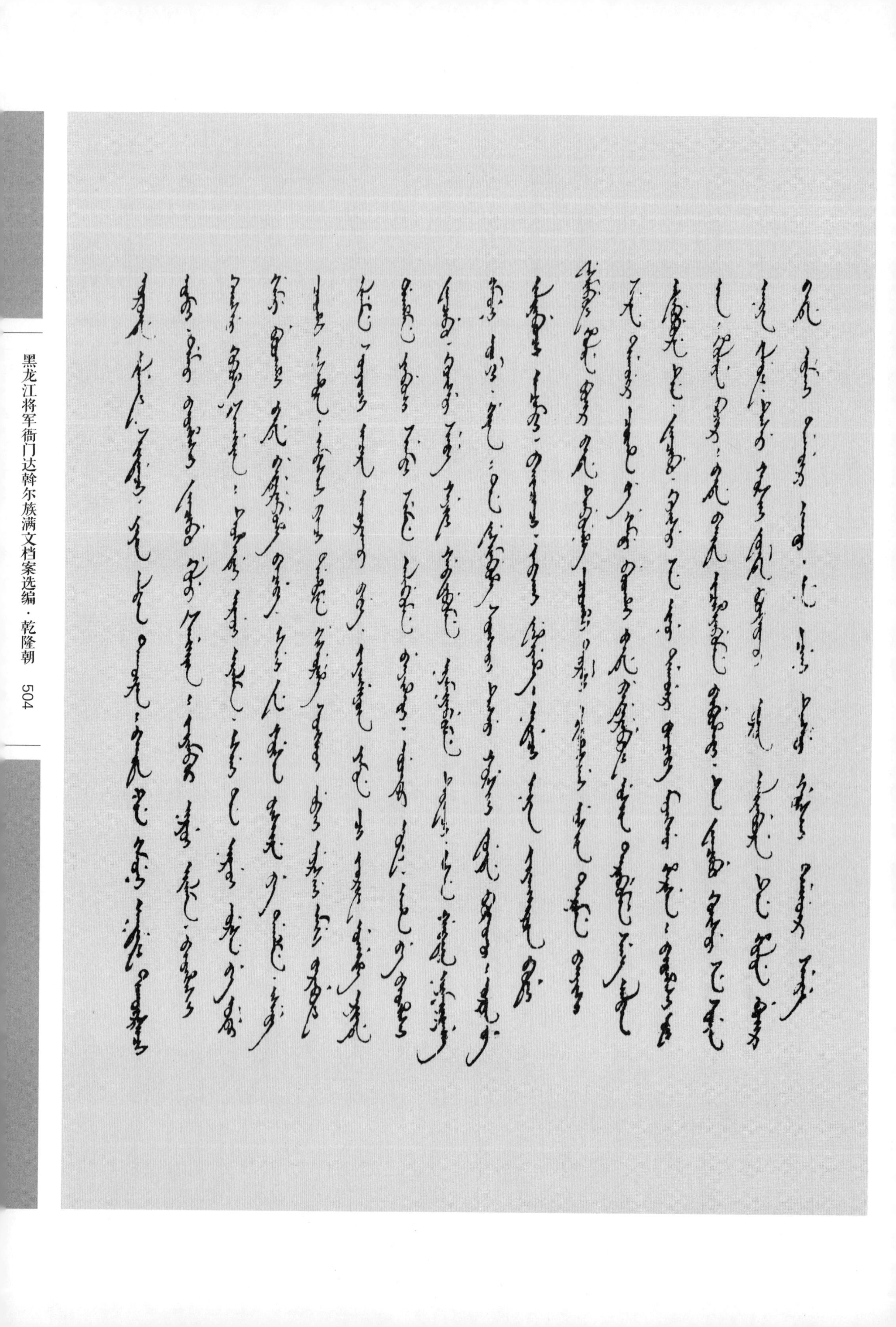

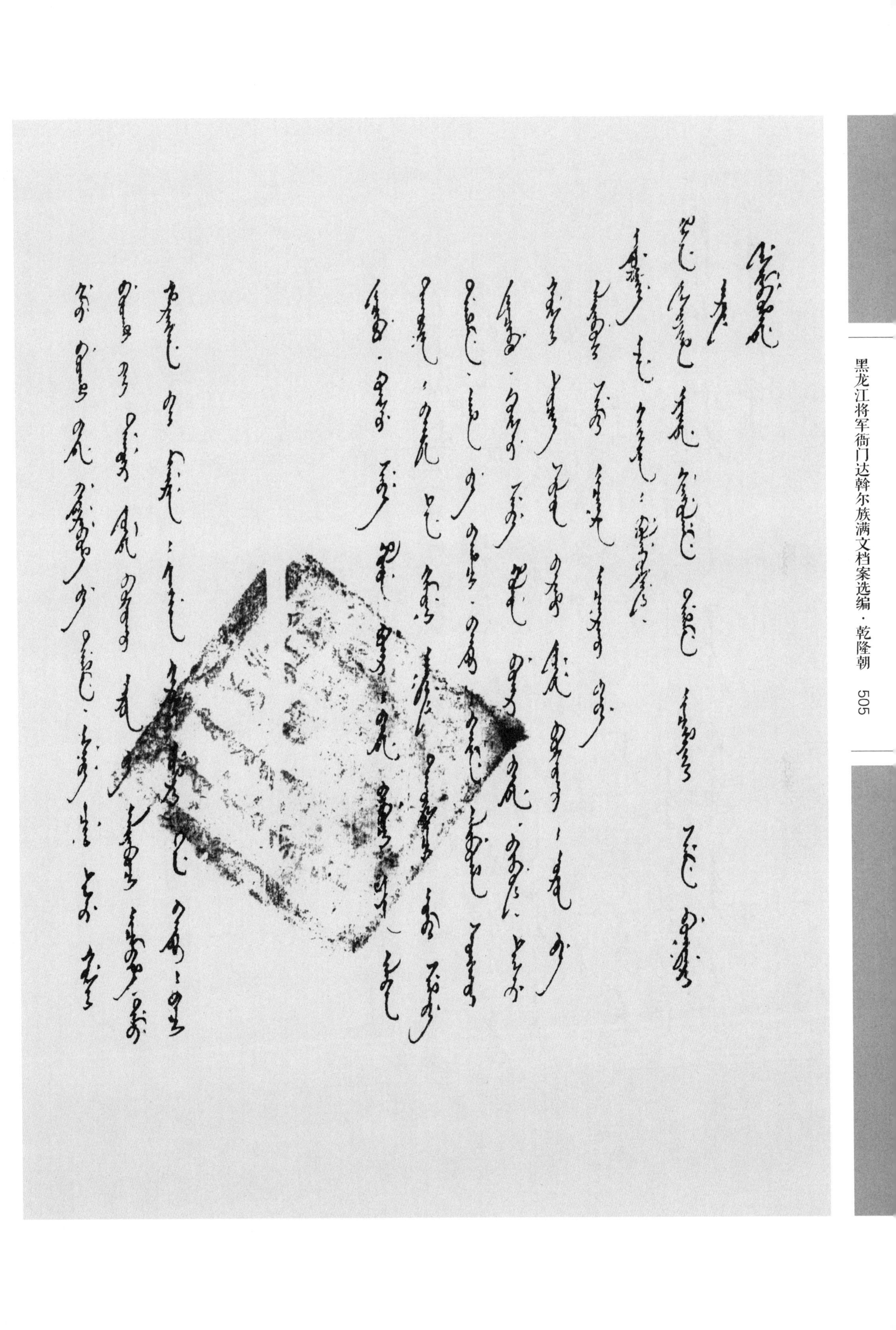

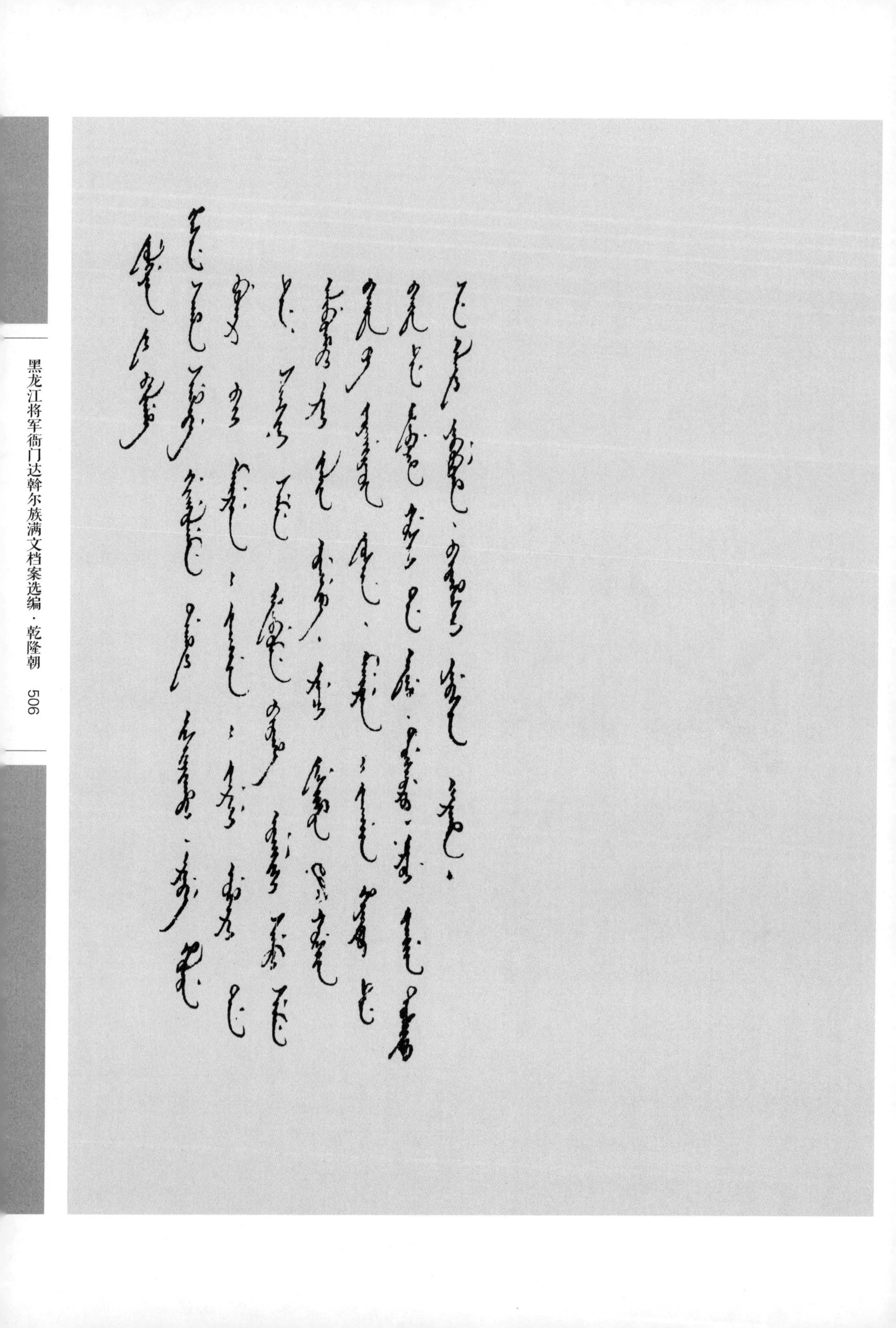

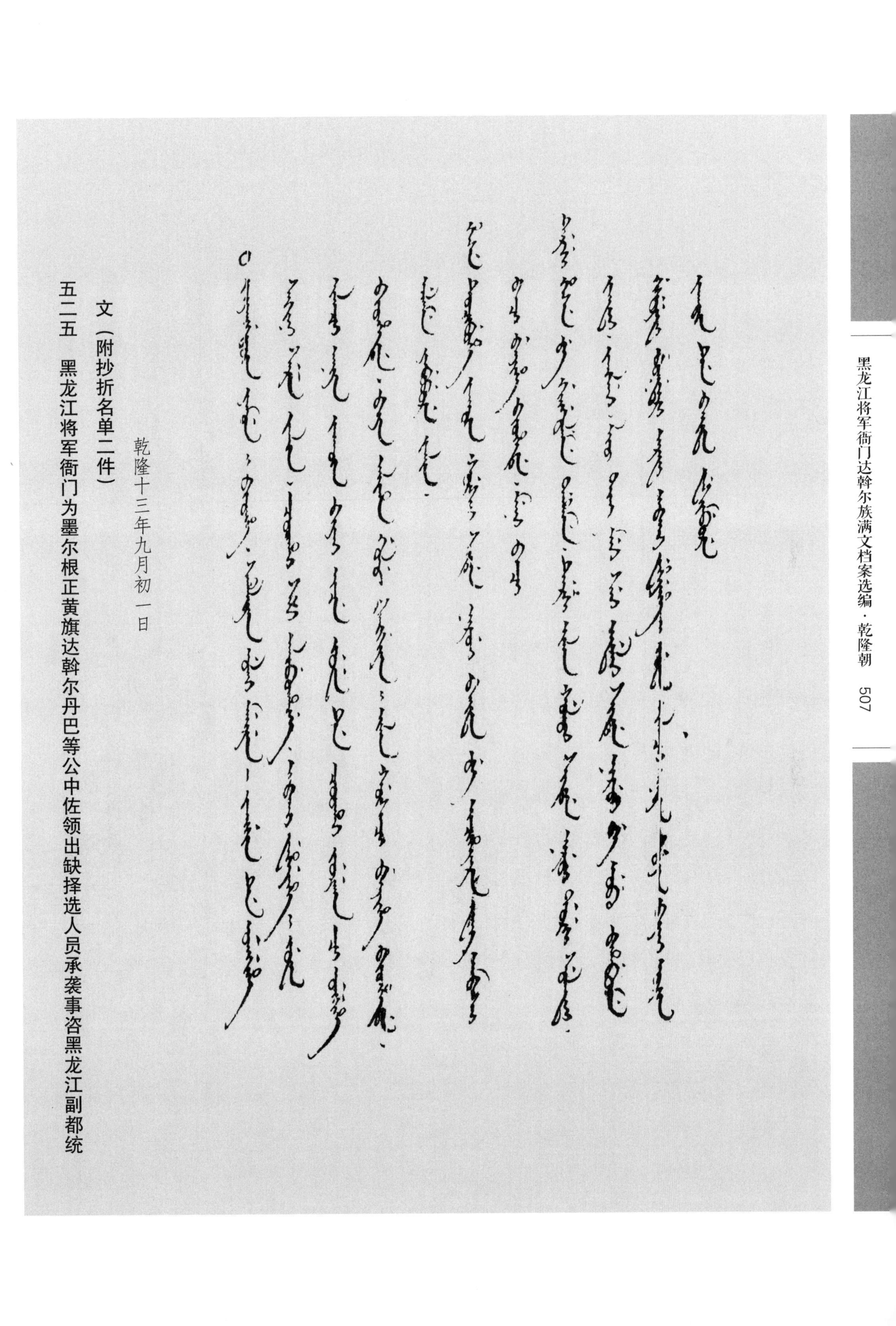

乾隆十三年九月初一日

五二五 黑龙江将军衙门为墨尔根正黄旗达斡尔丹巴等公中佐领出缺择选人员承袭事咨黑龙江副都统文（附抄折名单二件）

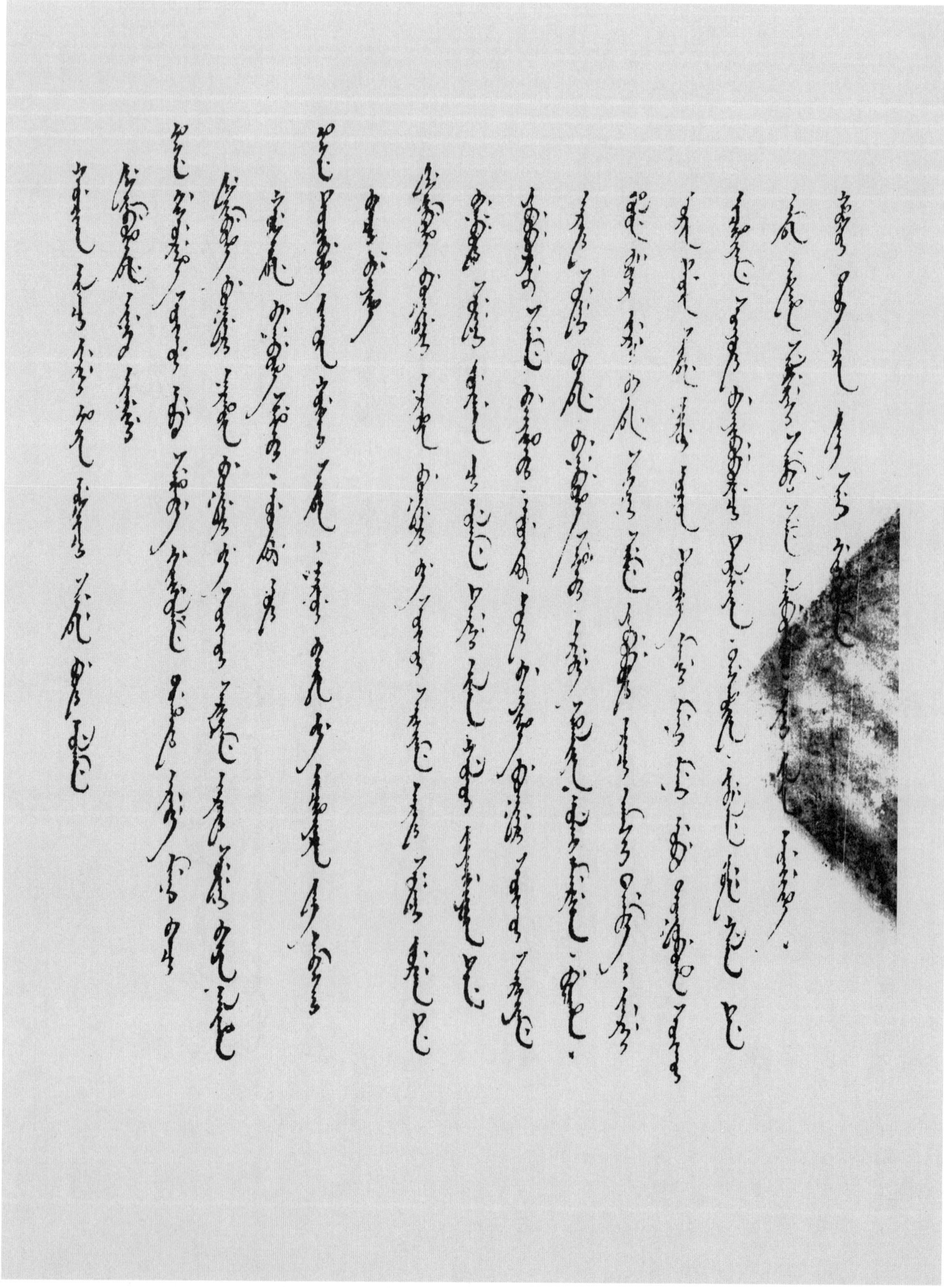

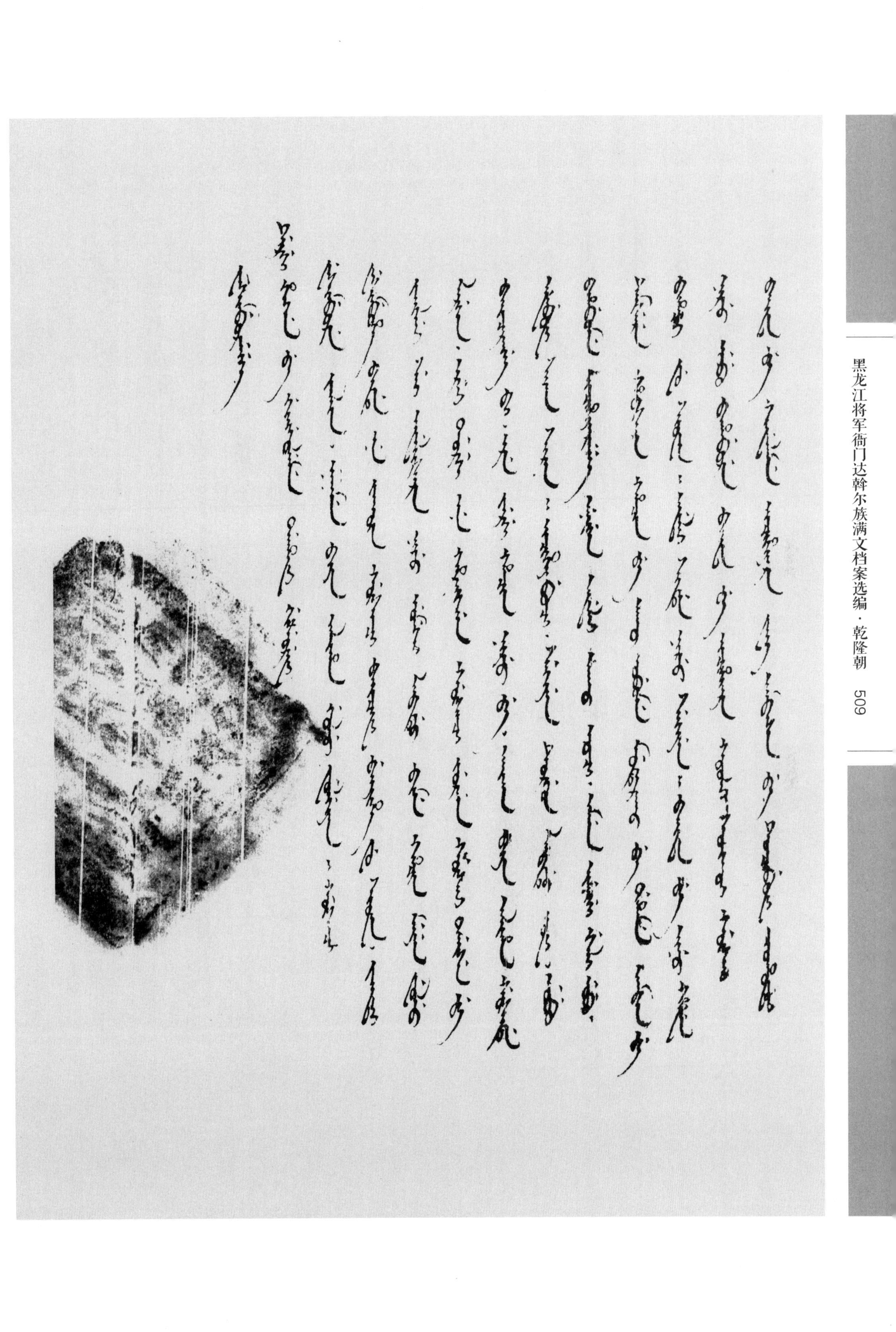

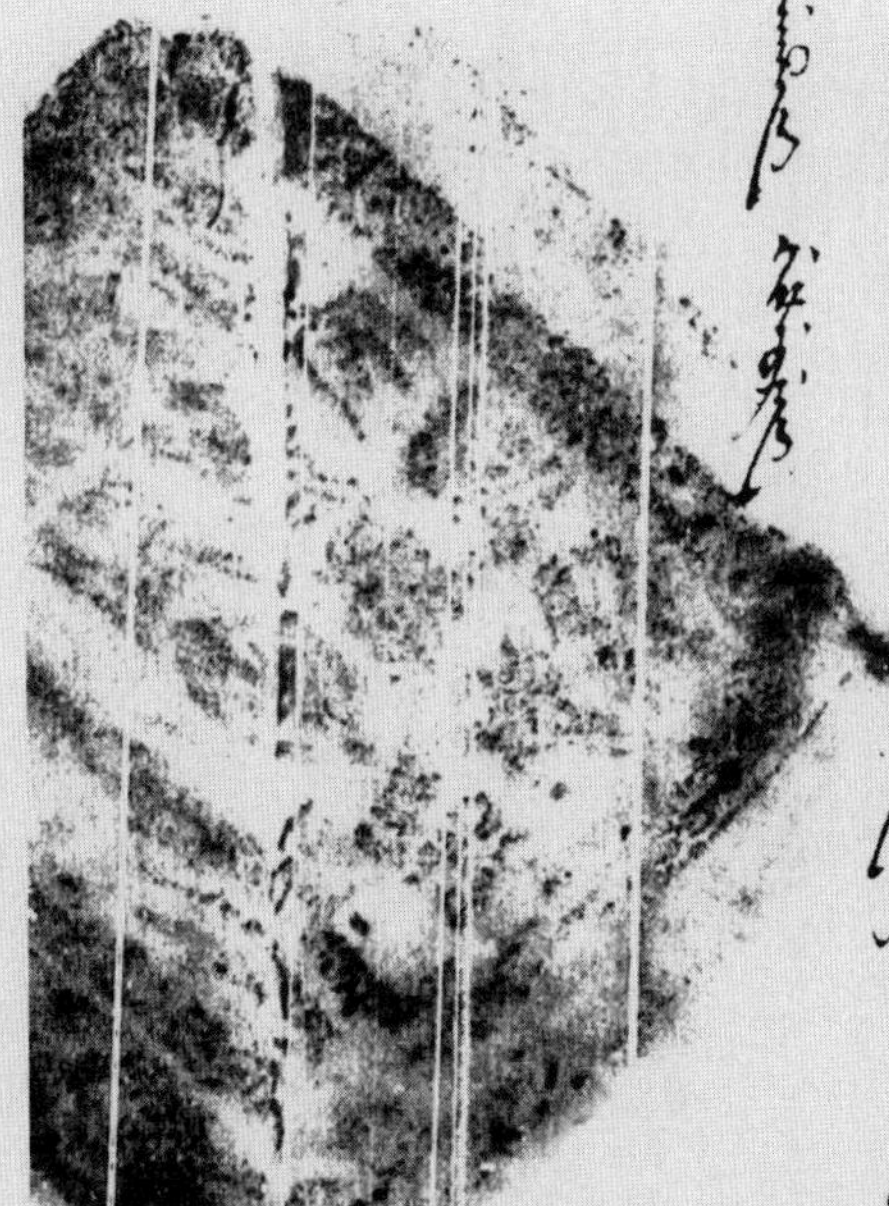

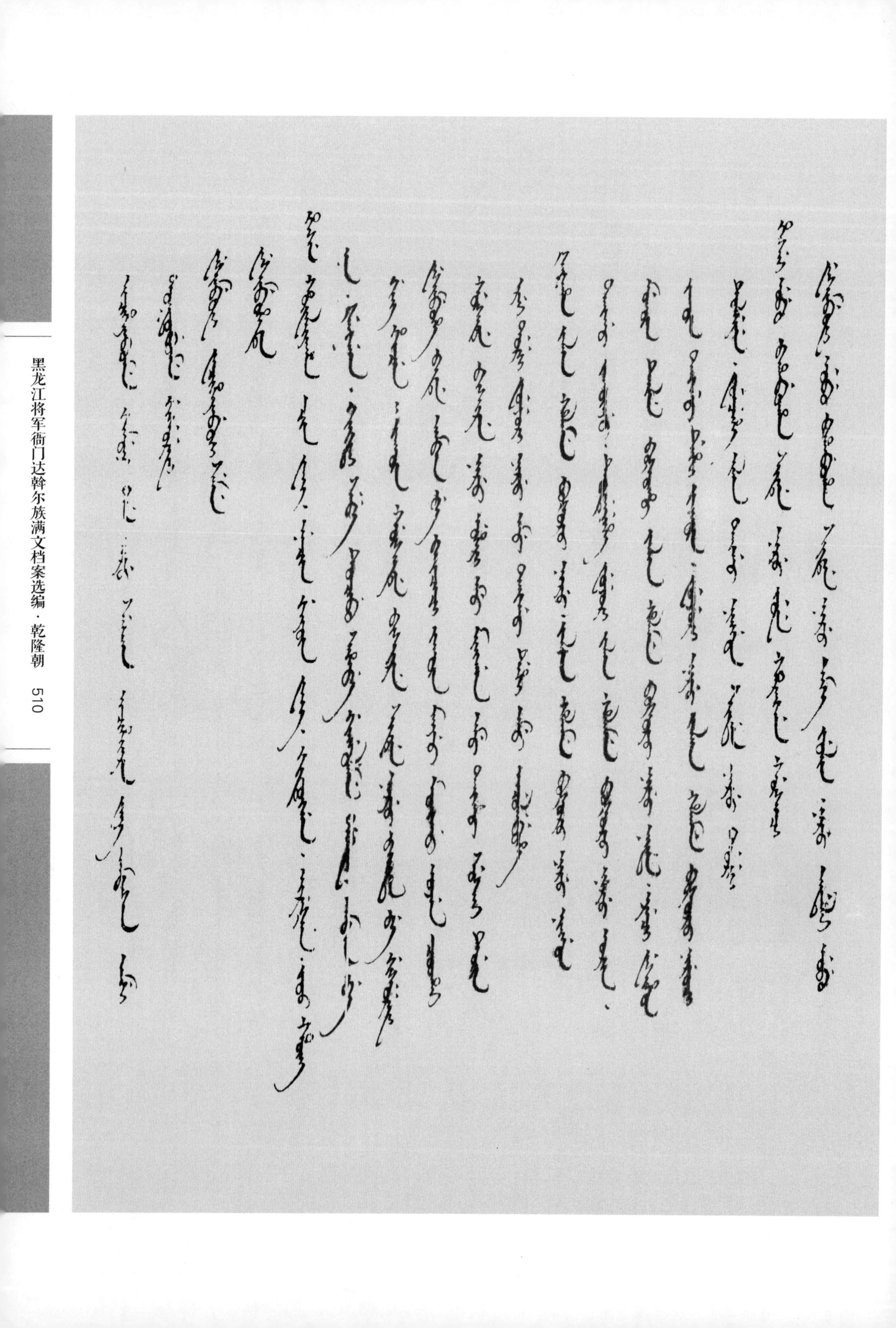

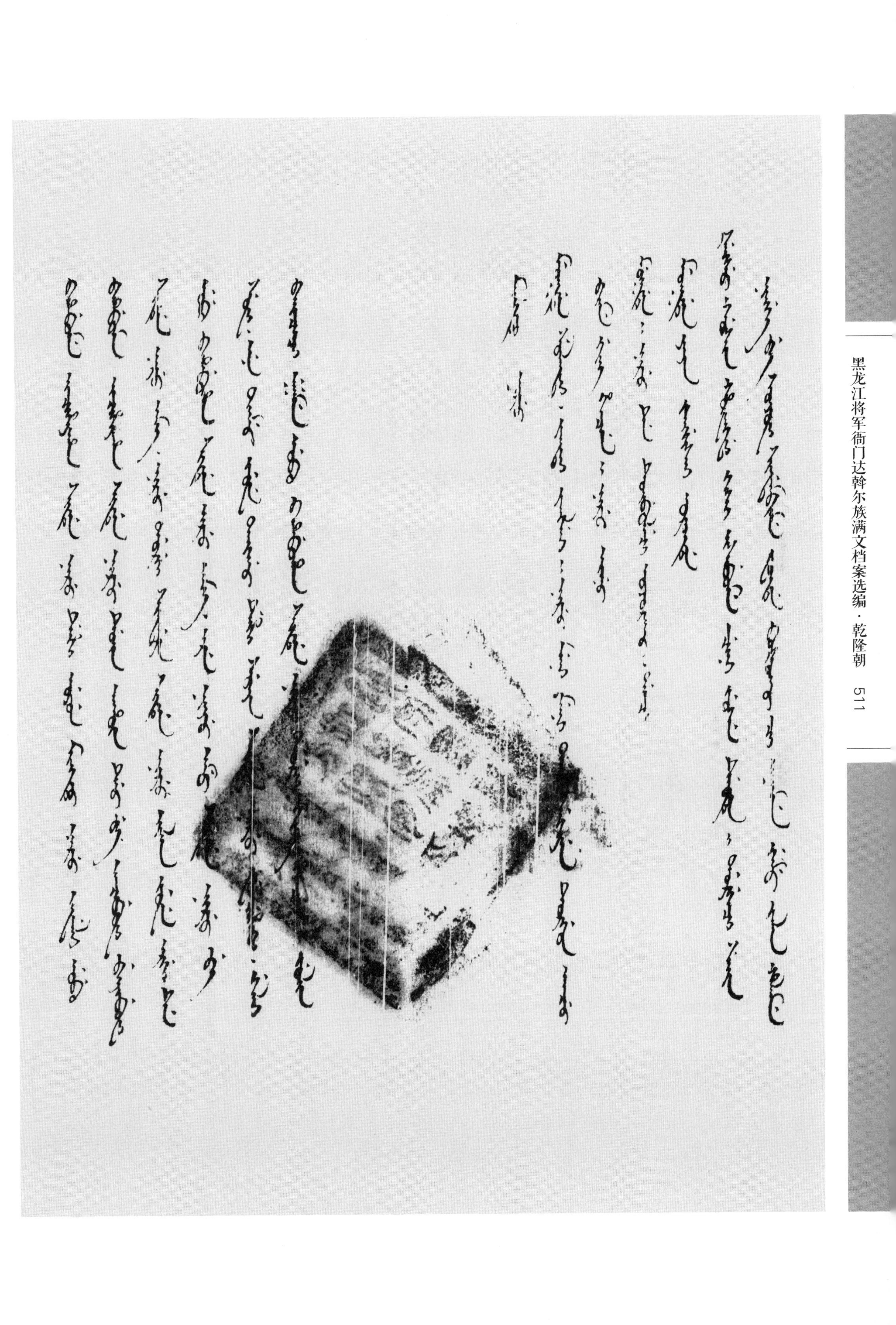

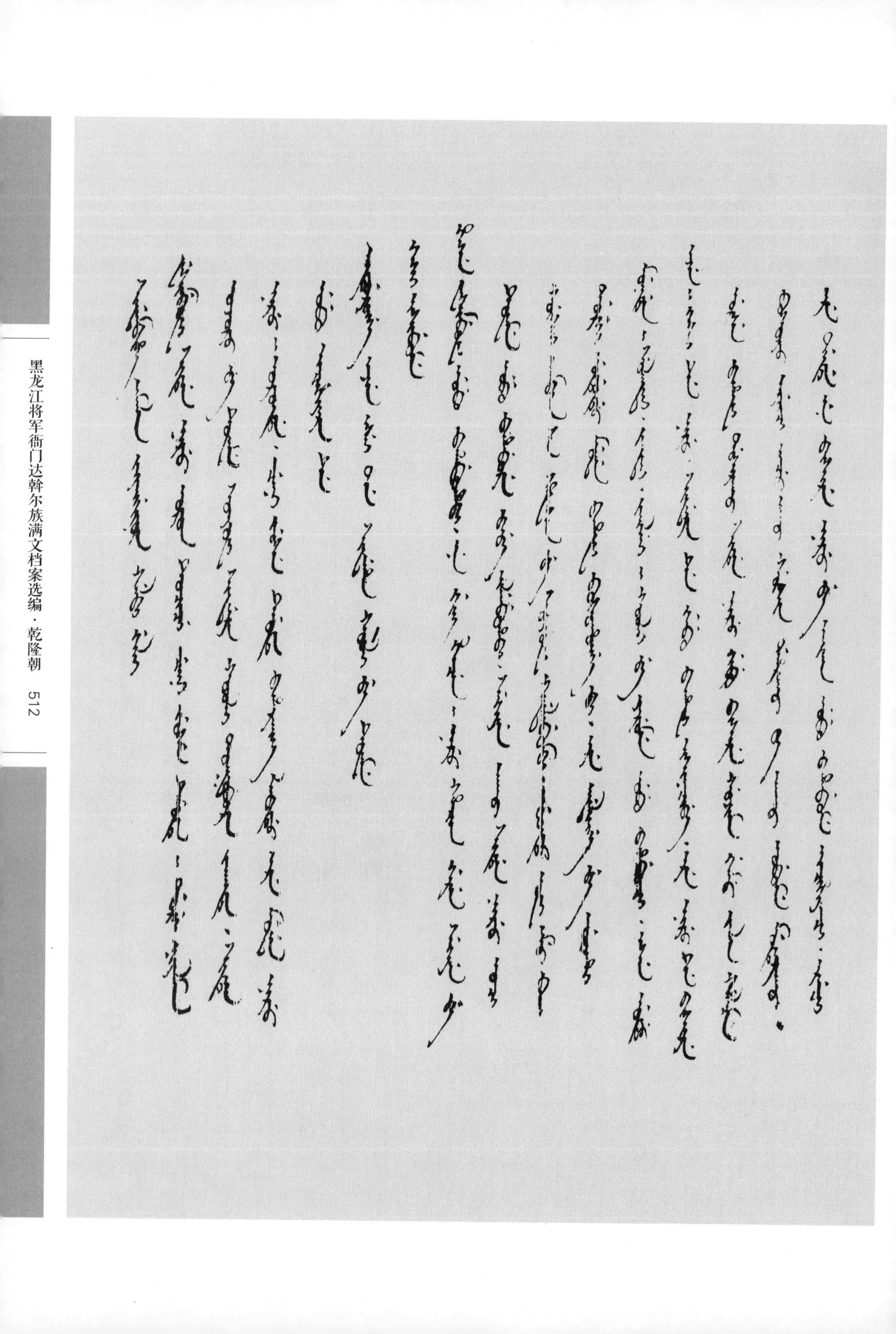

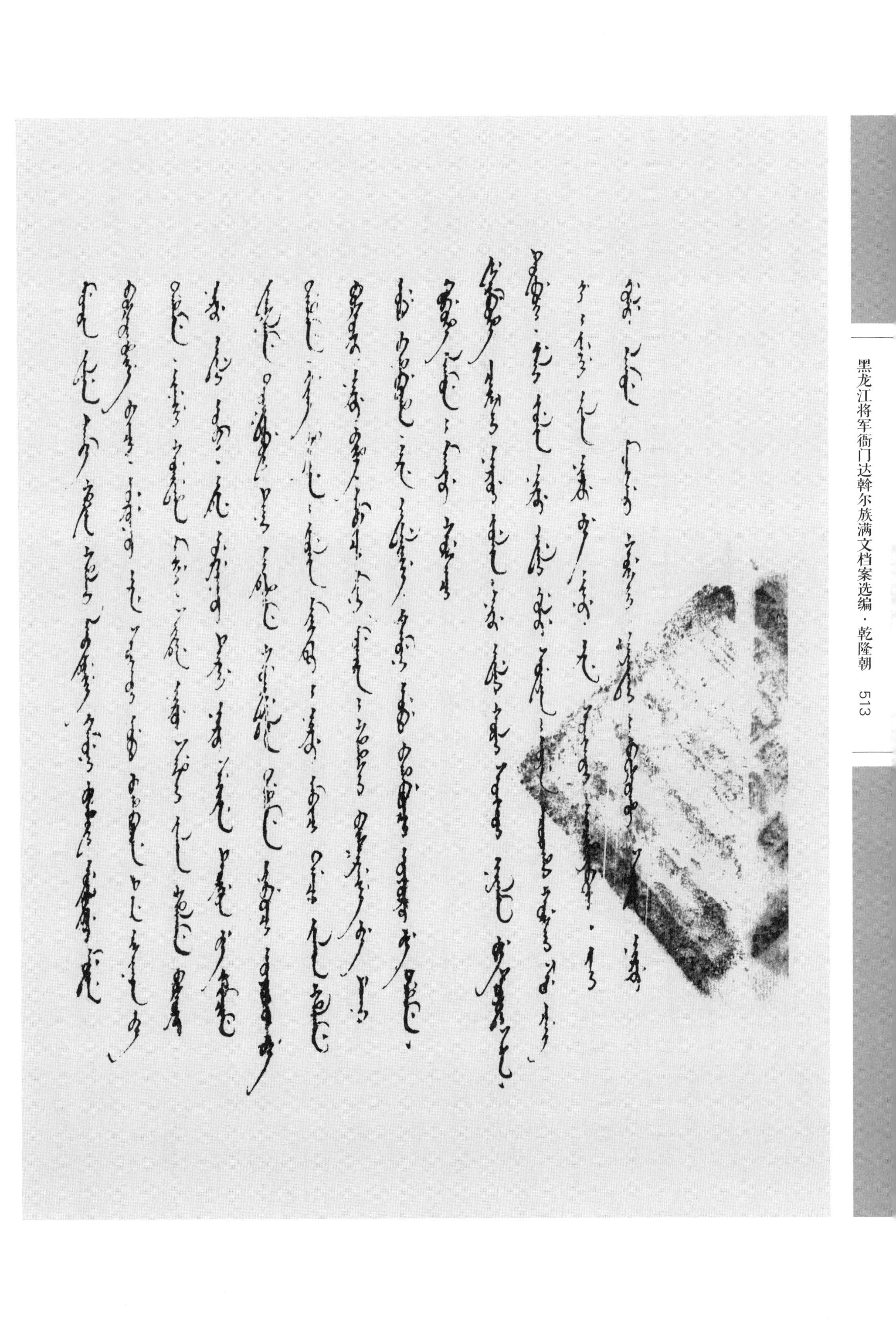

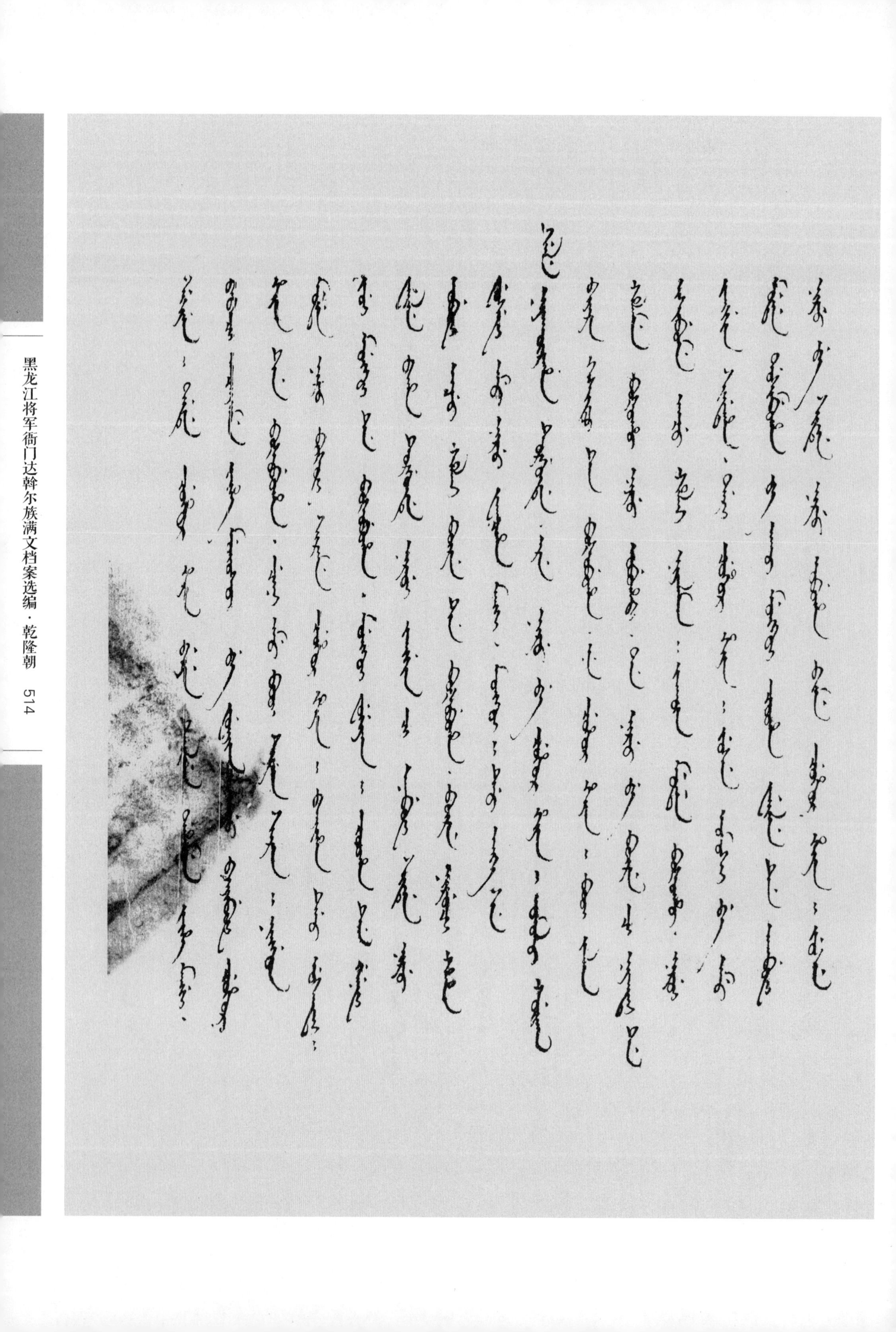

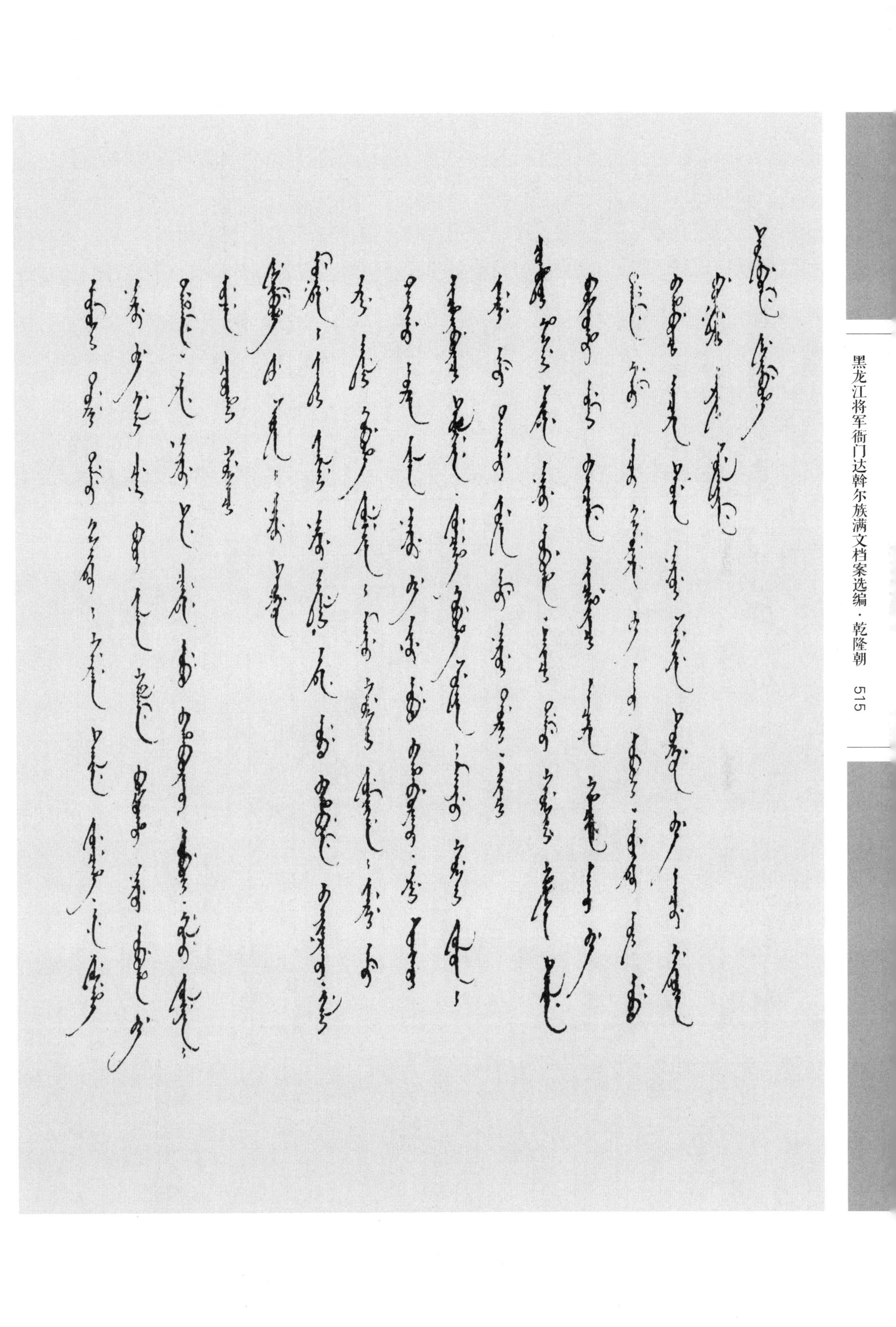

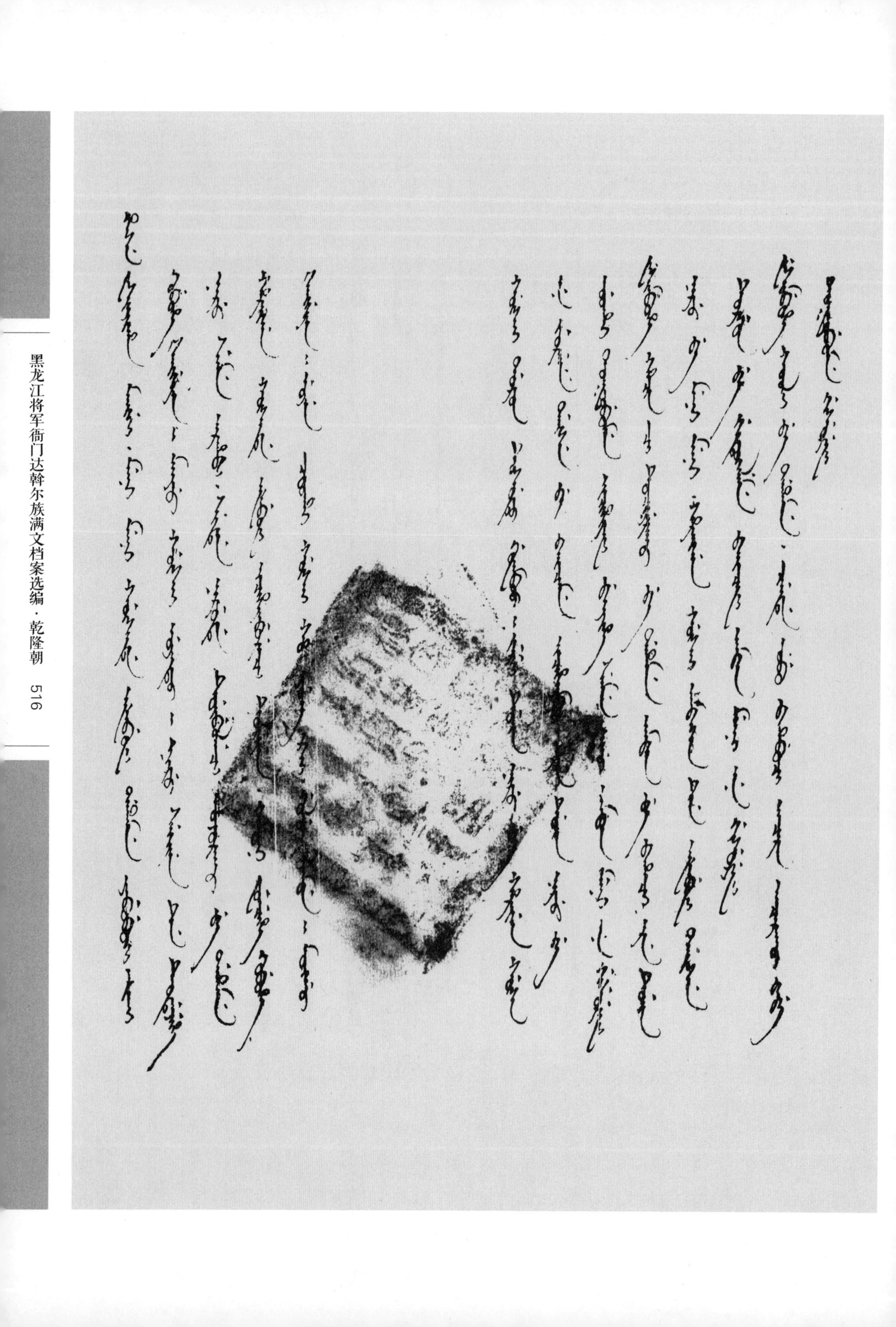

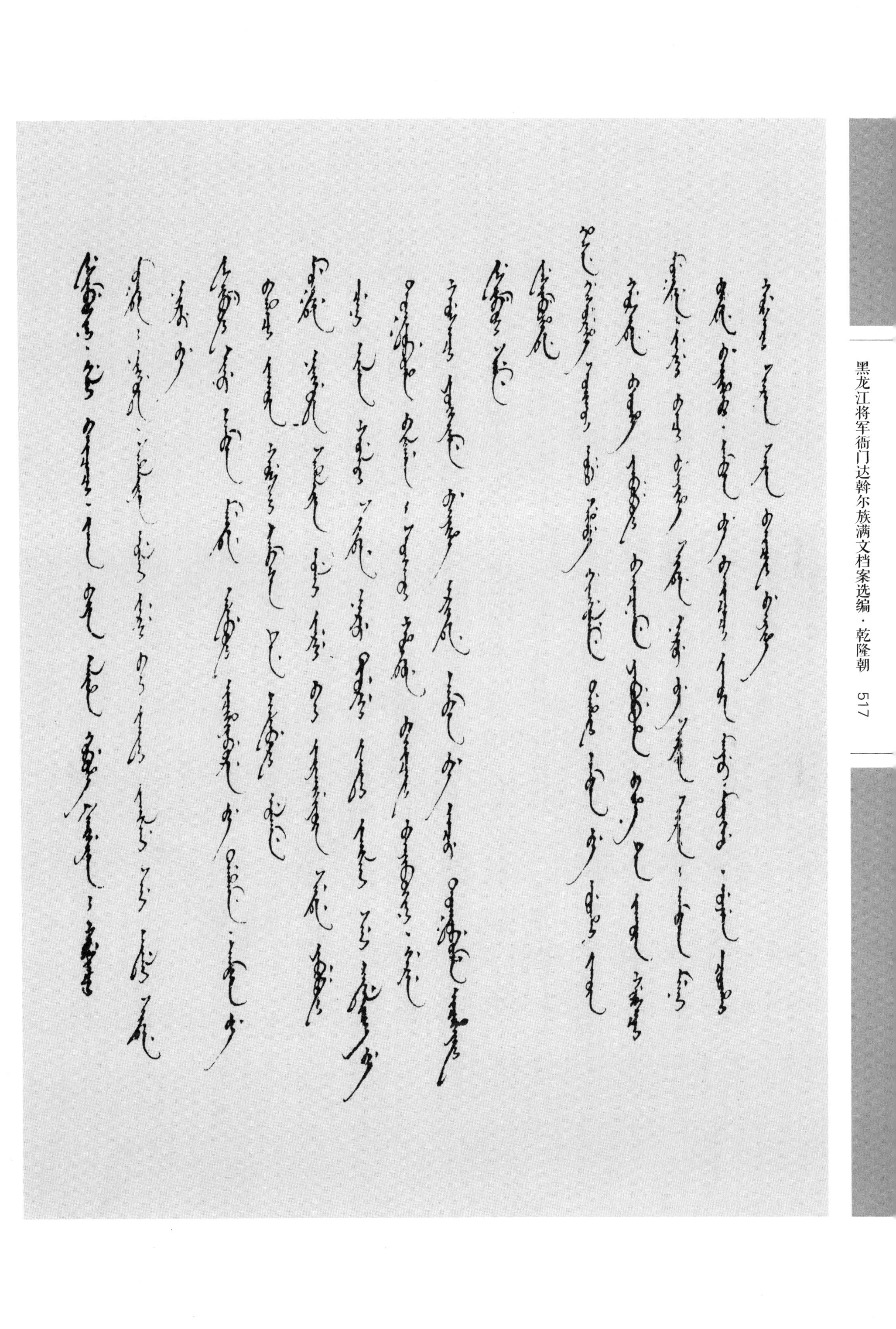

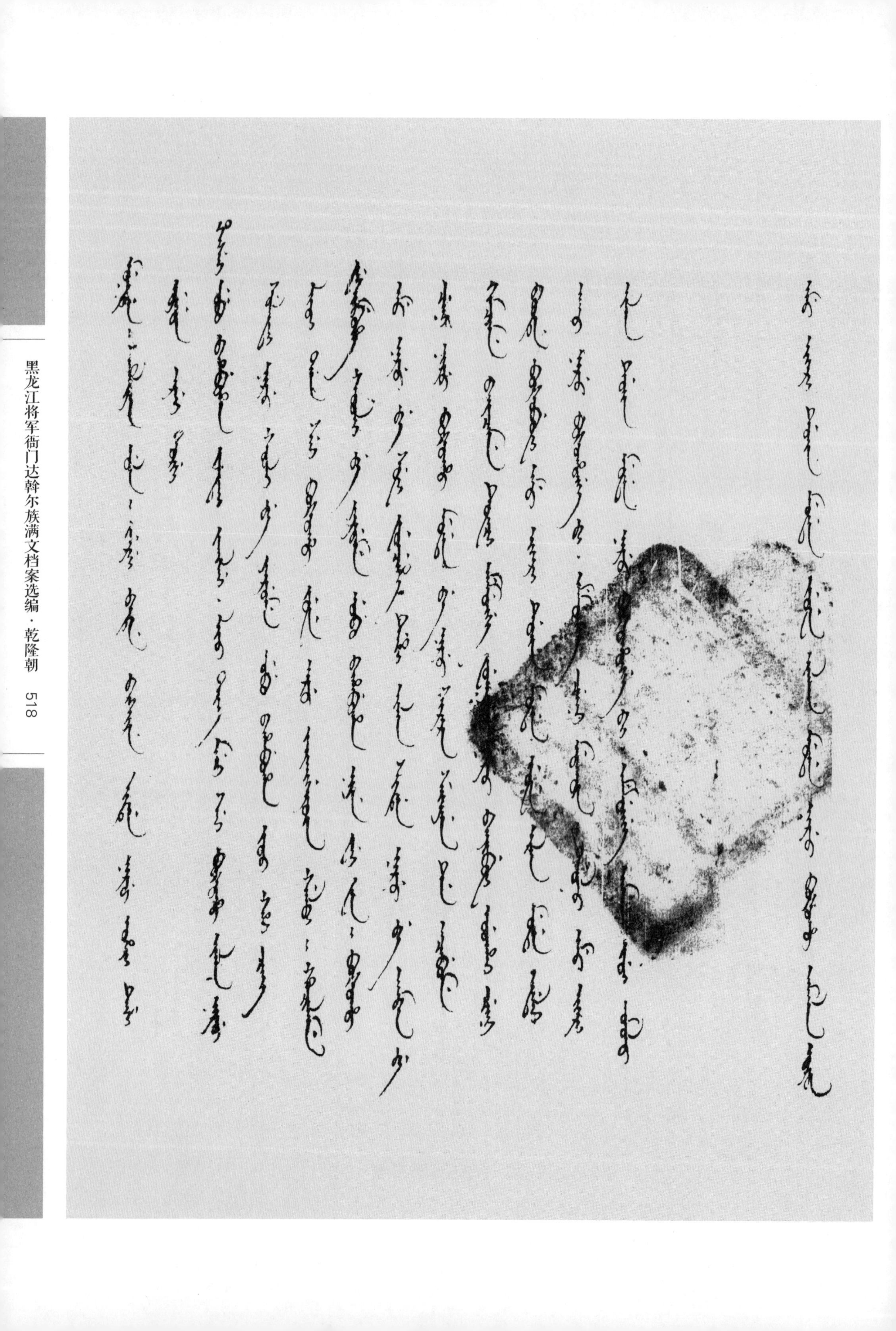

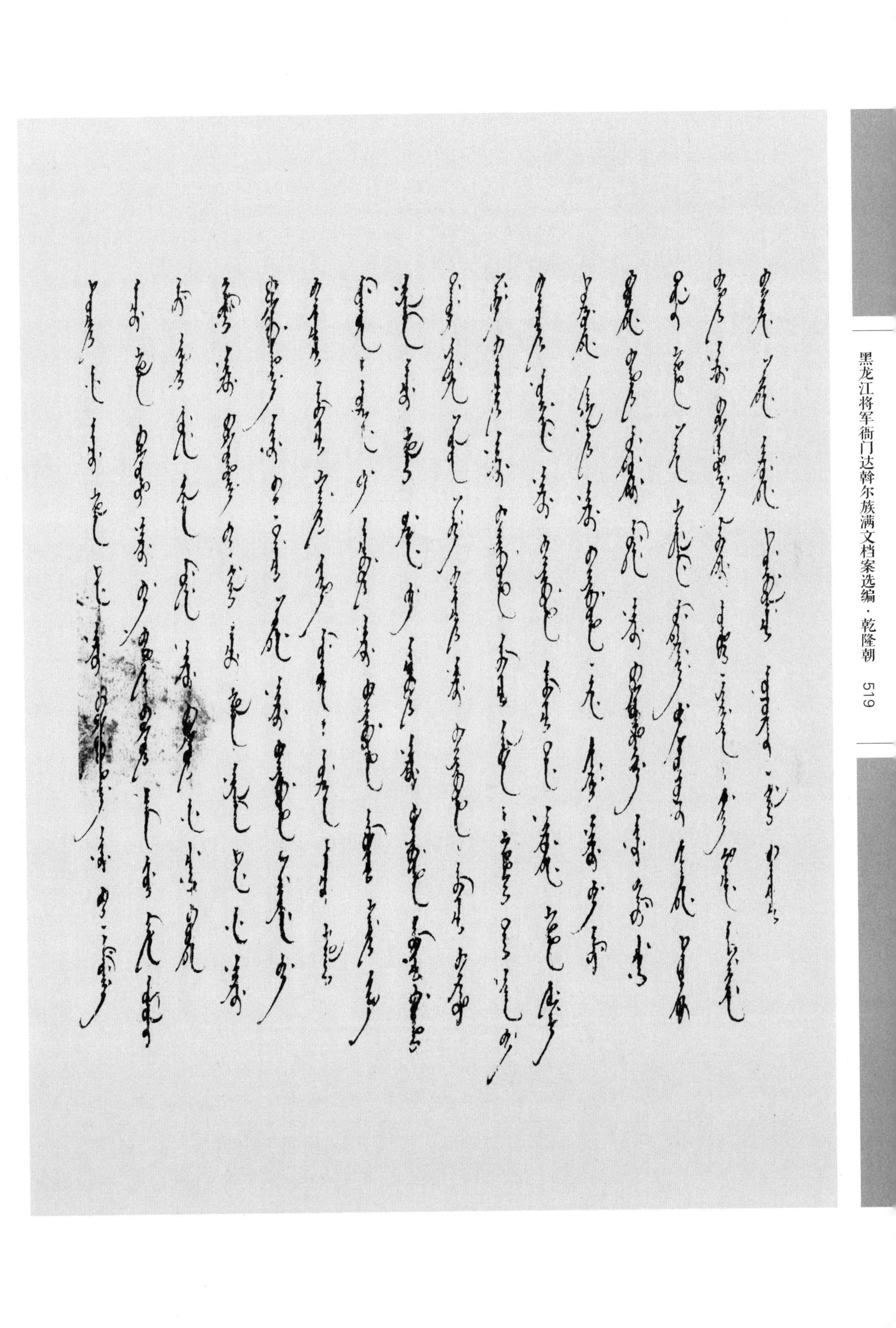

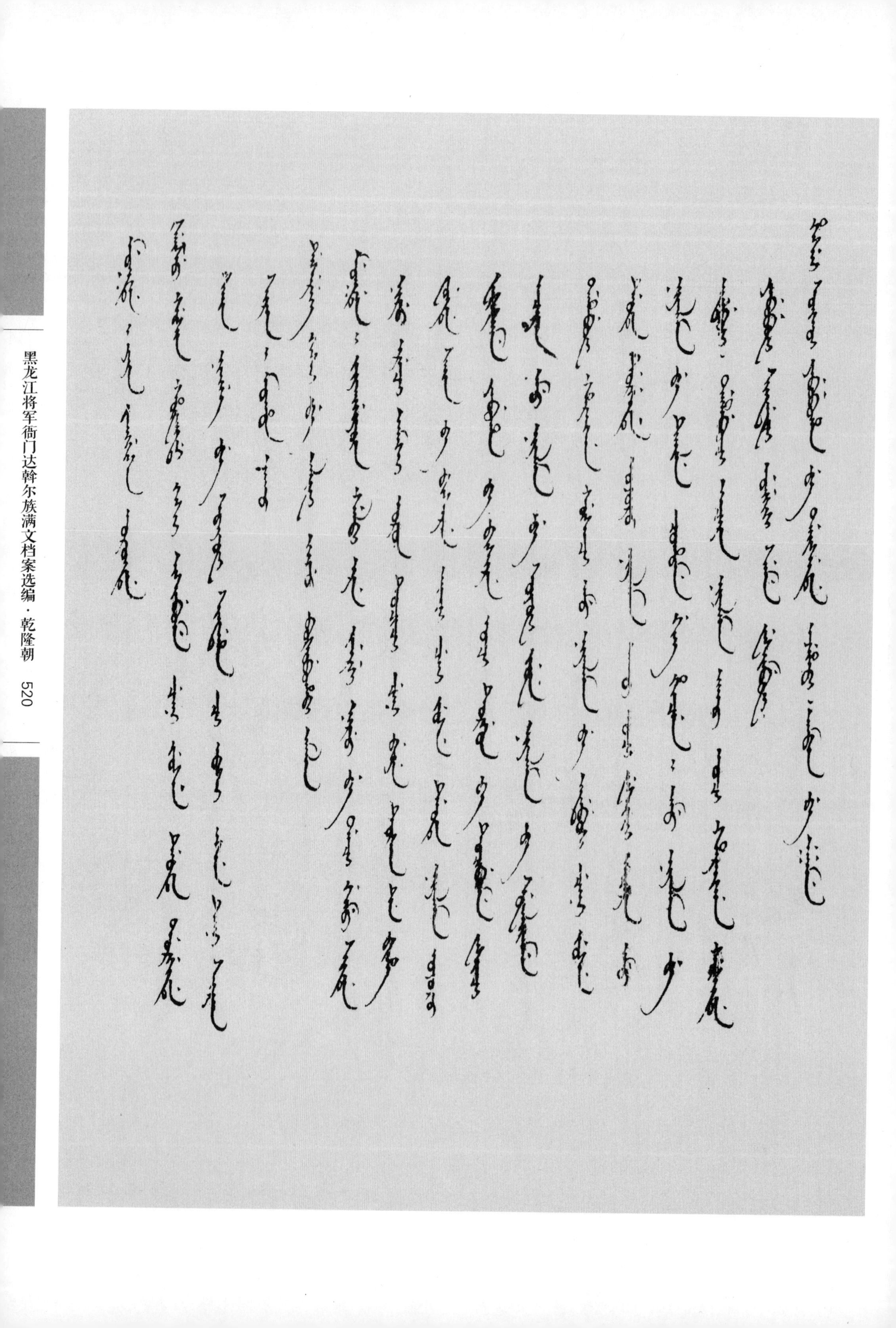

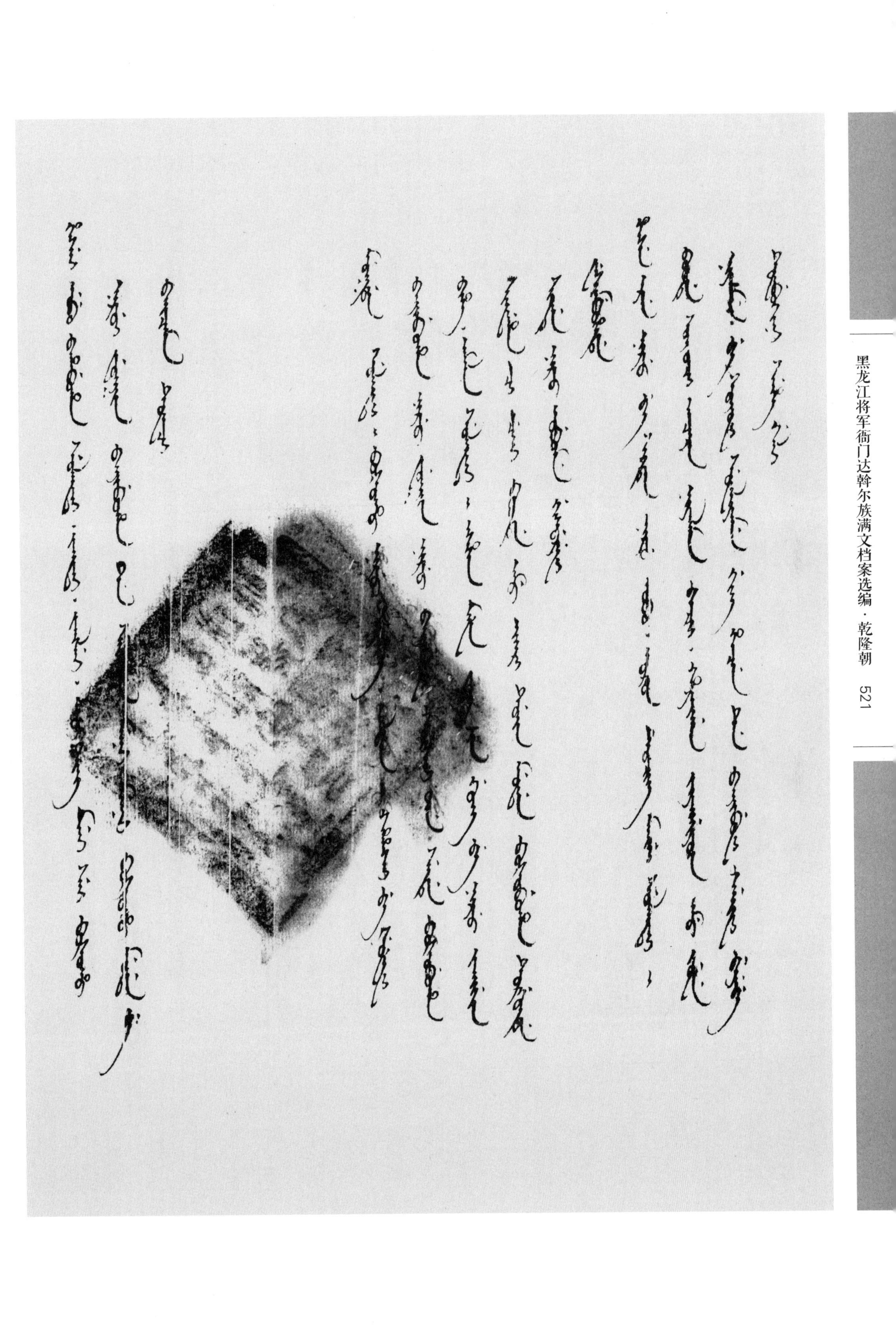

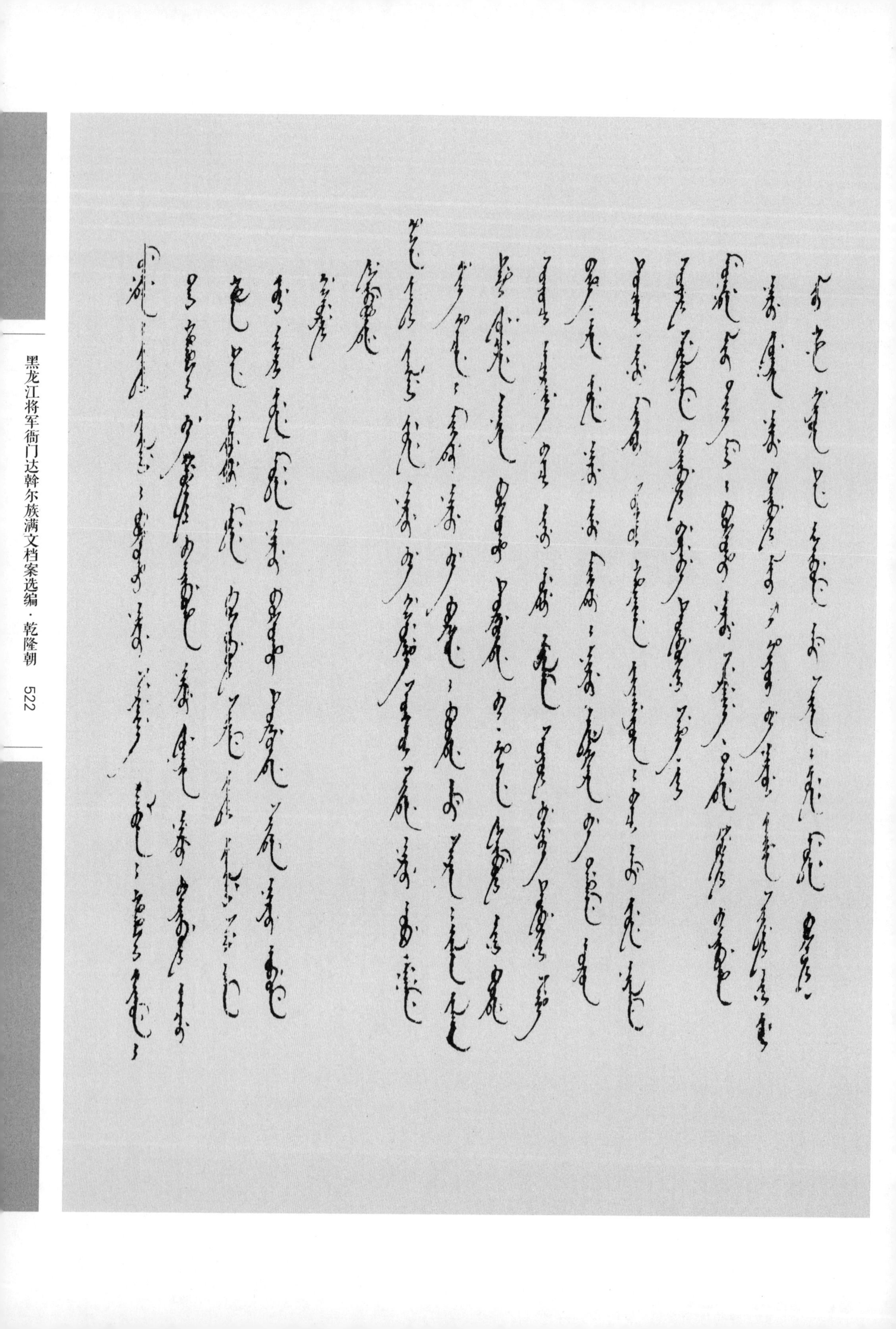

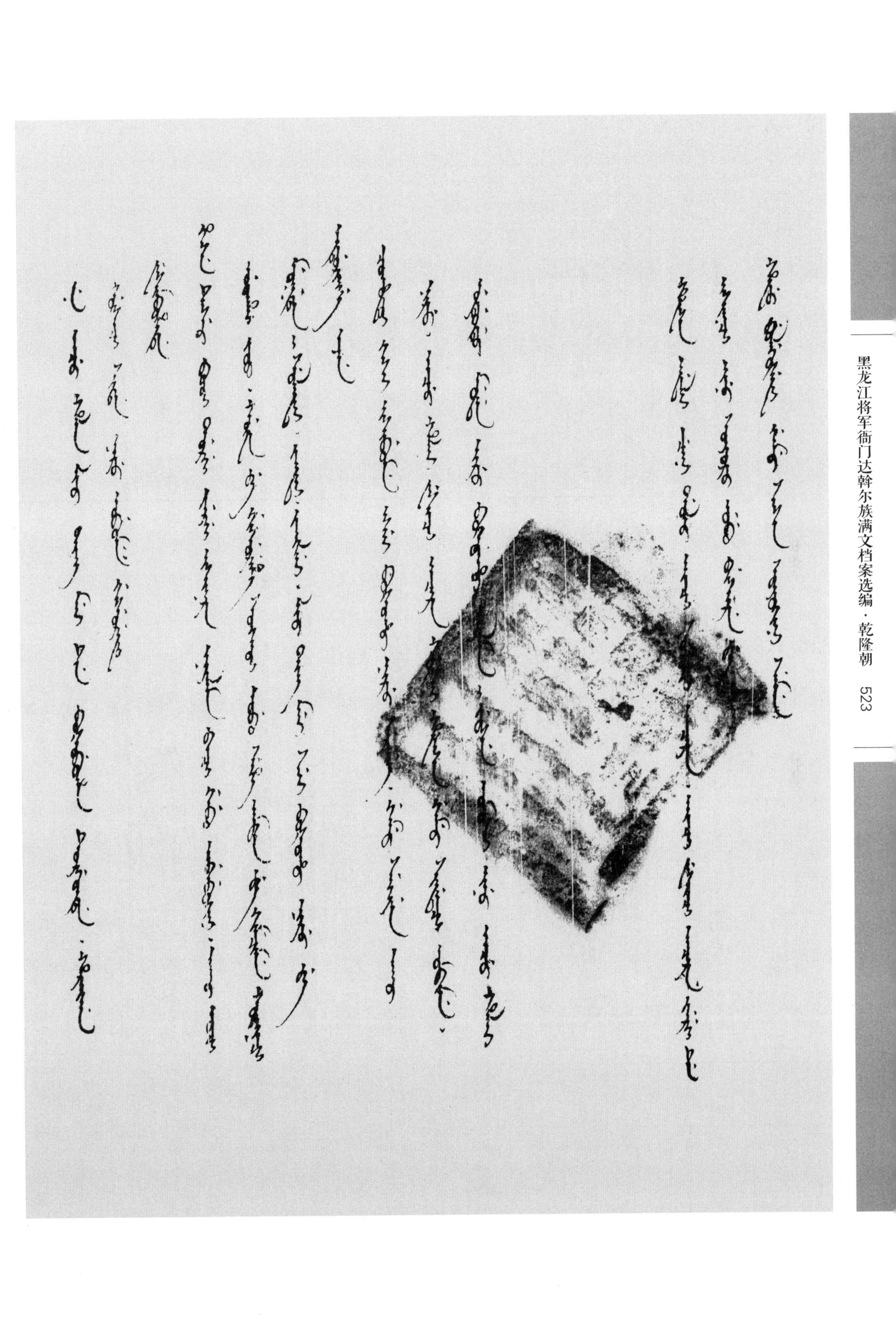

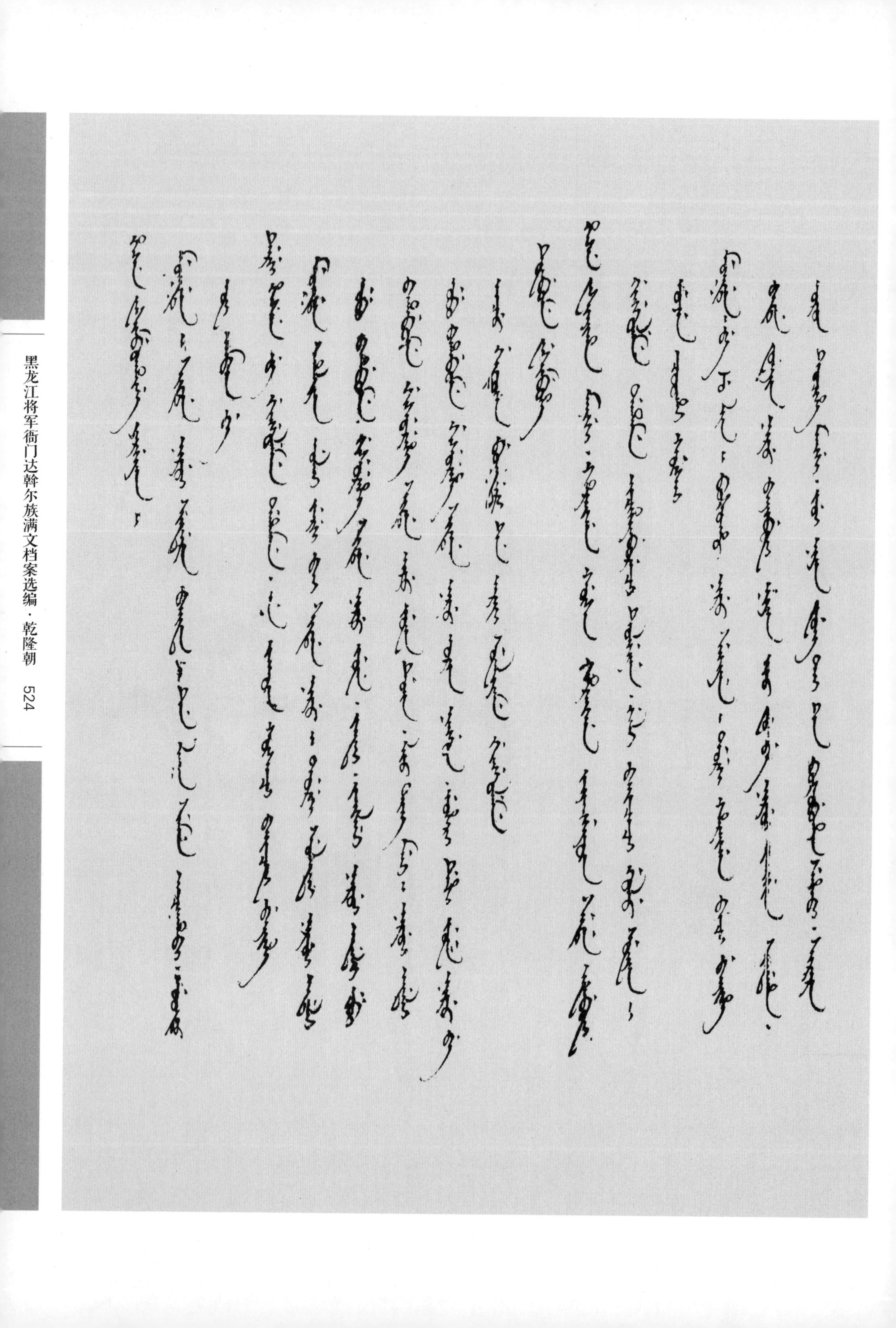

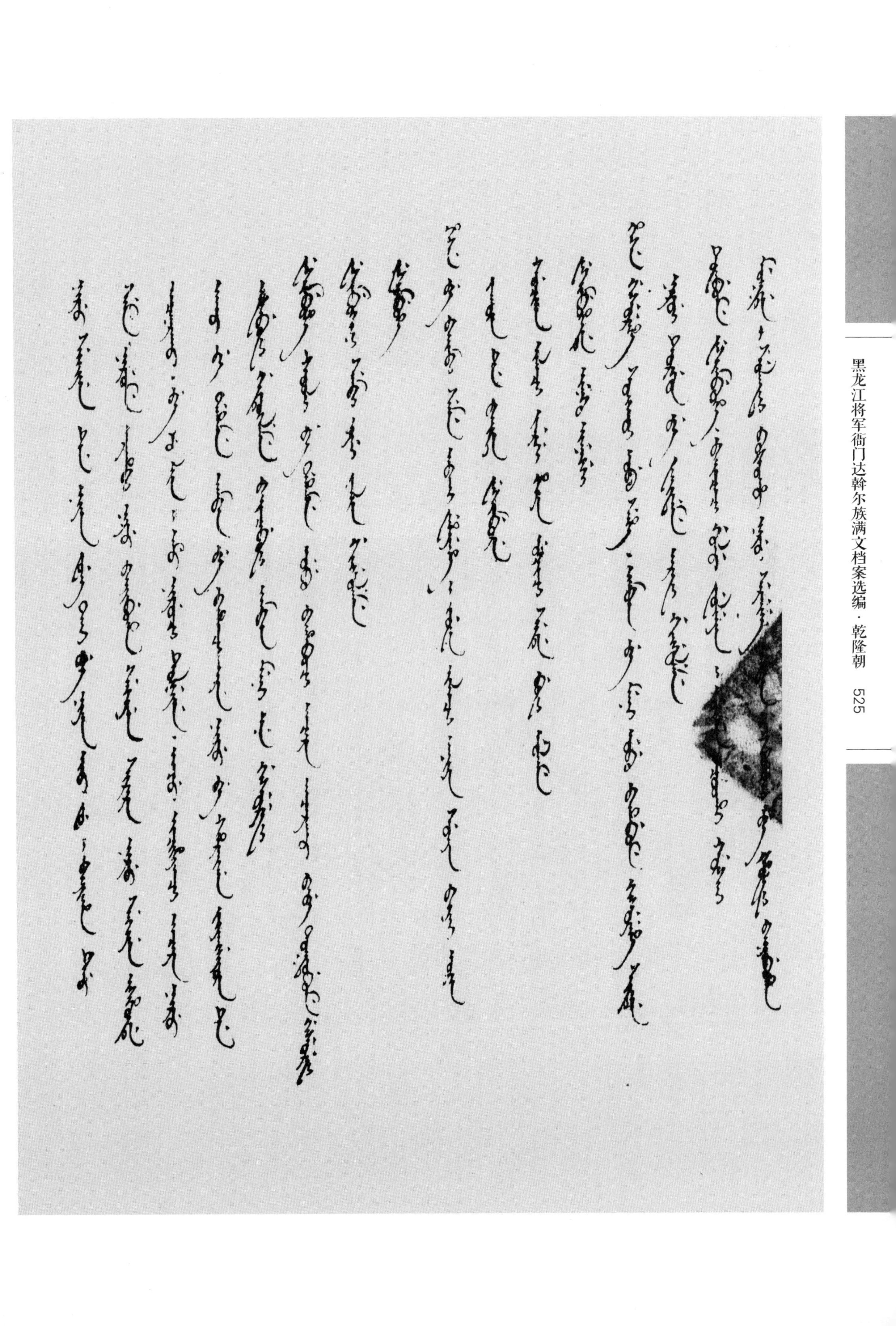

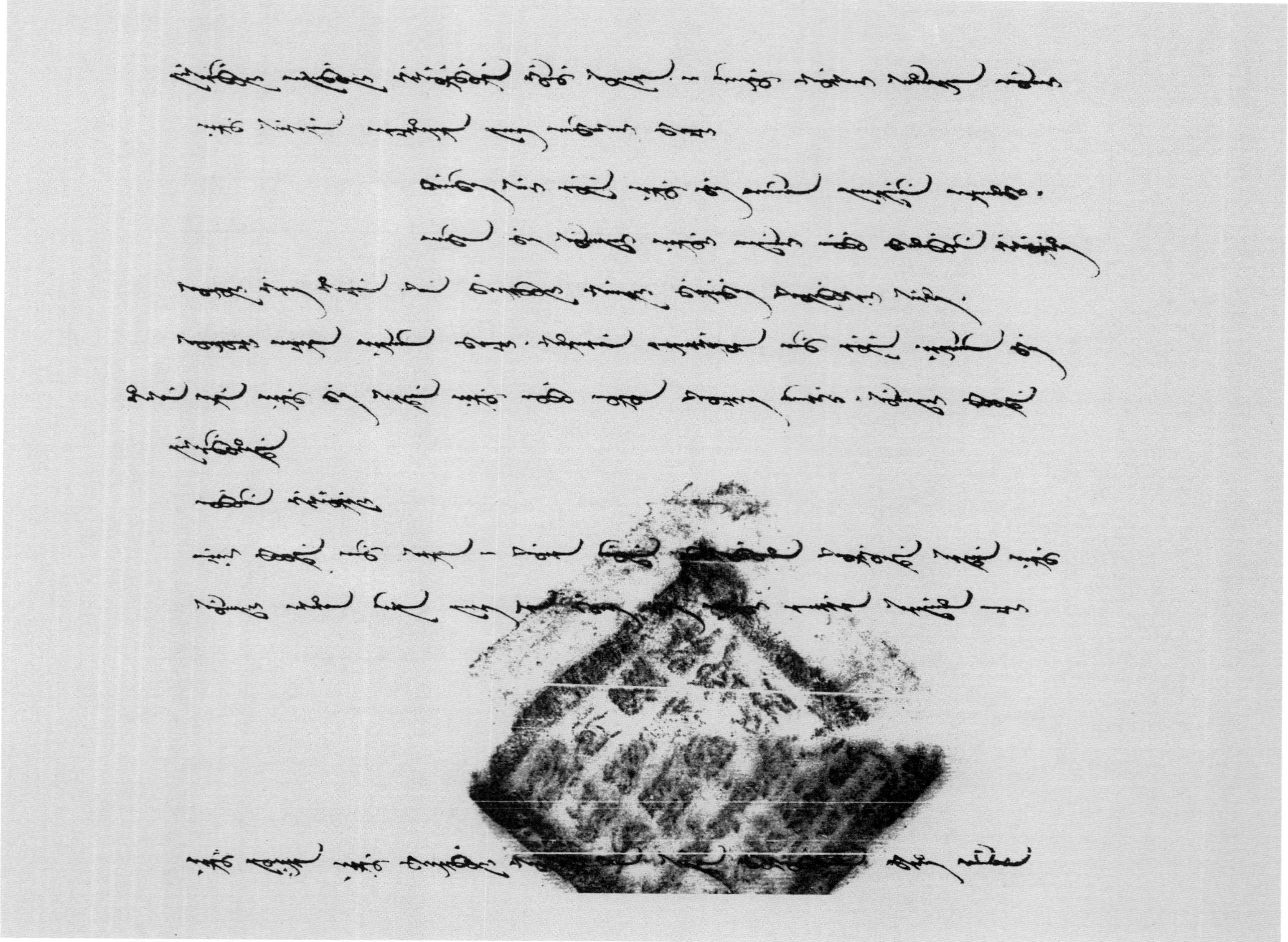

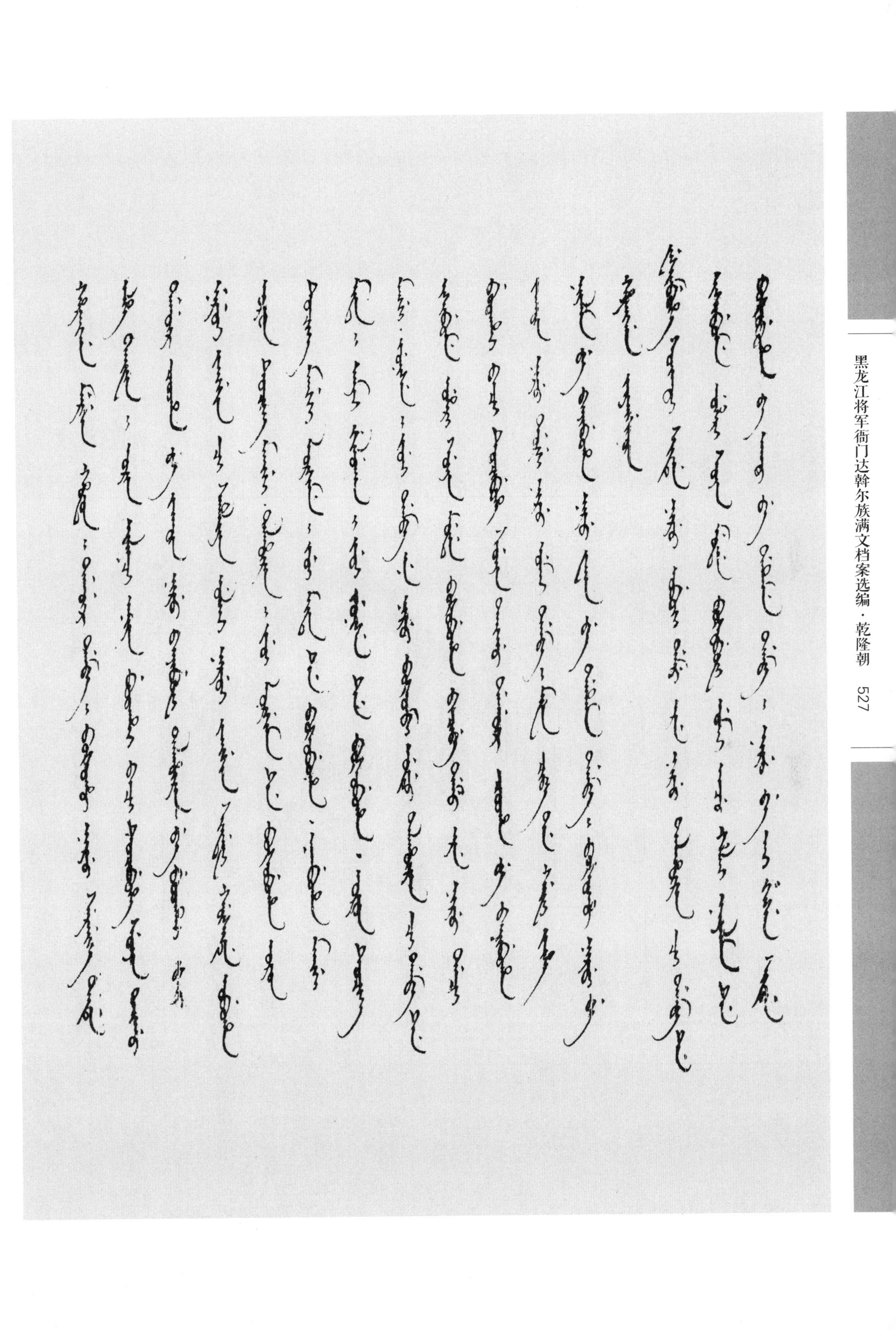

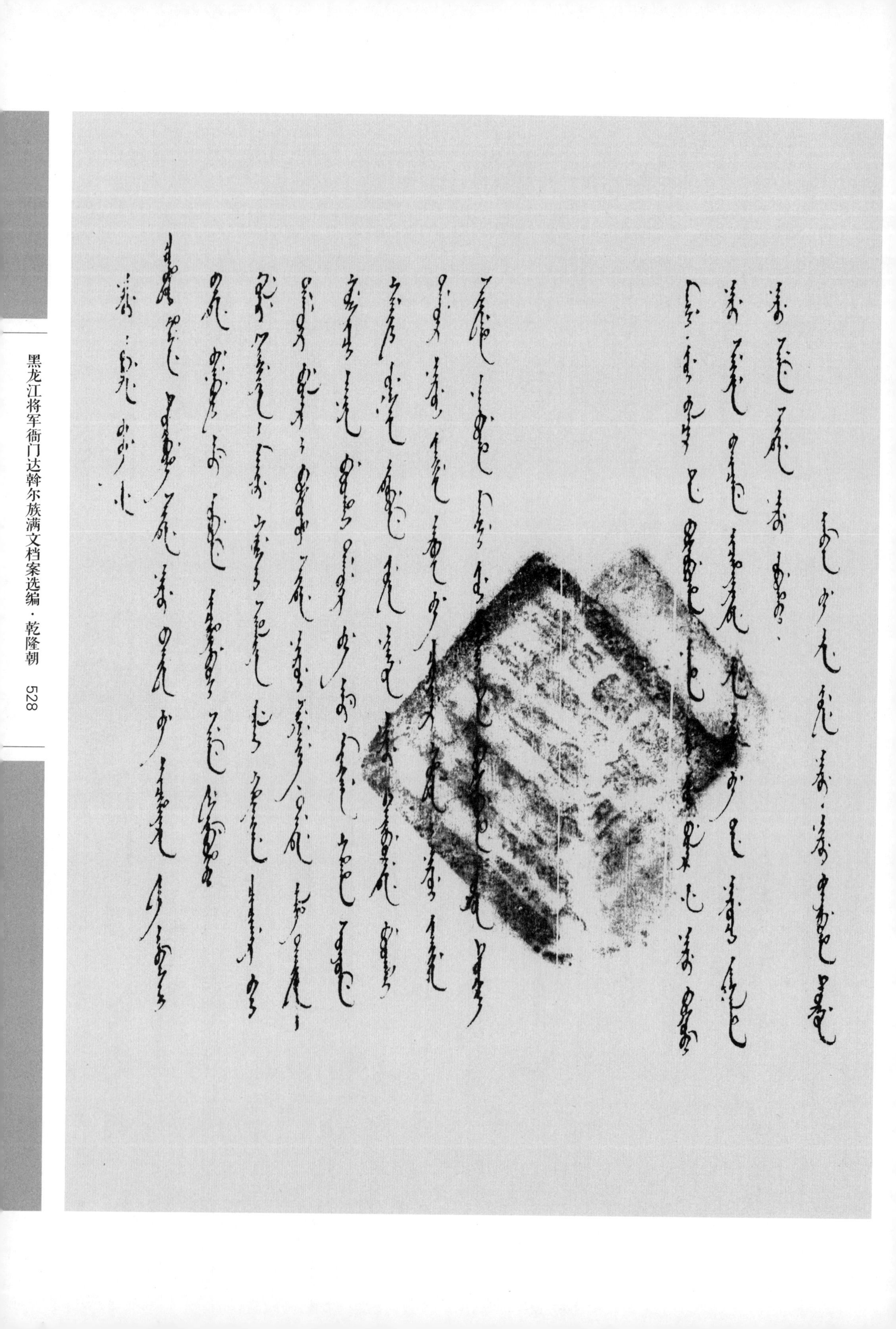

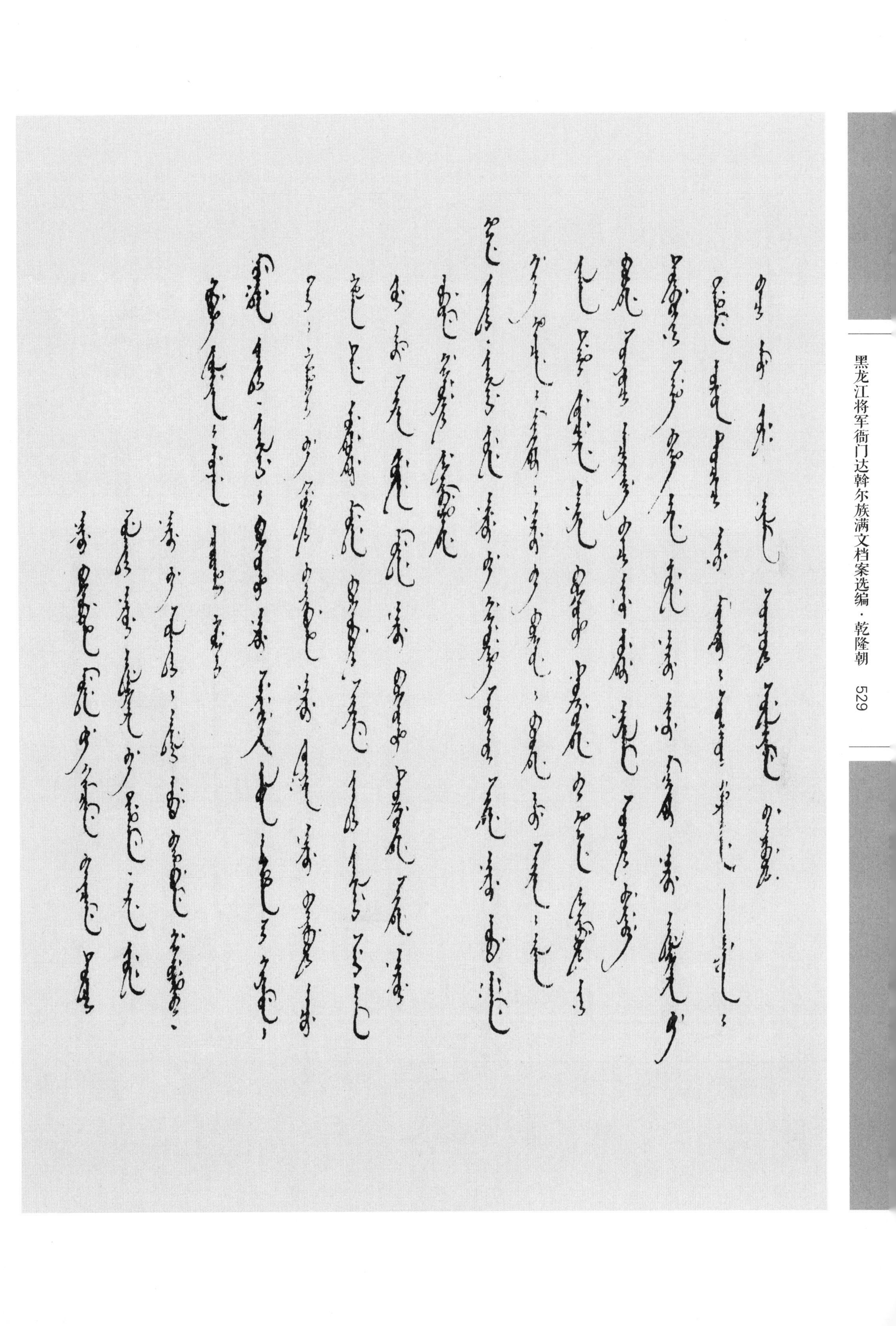

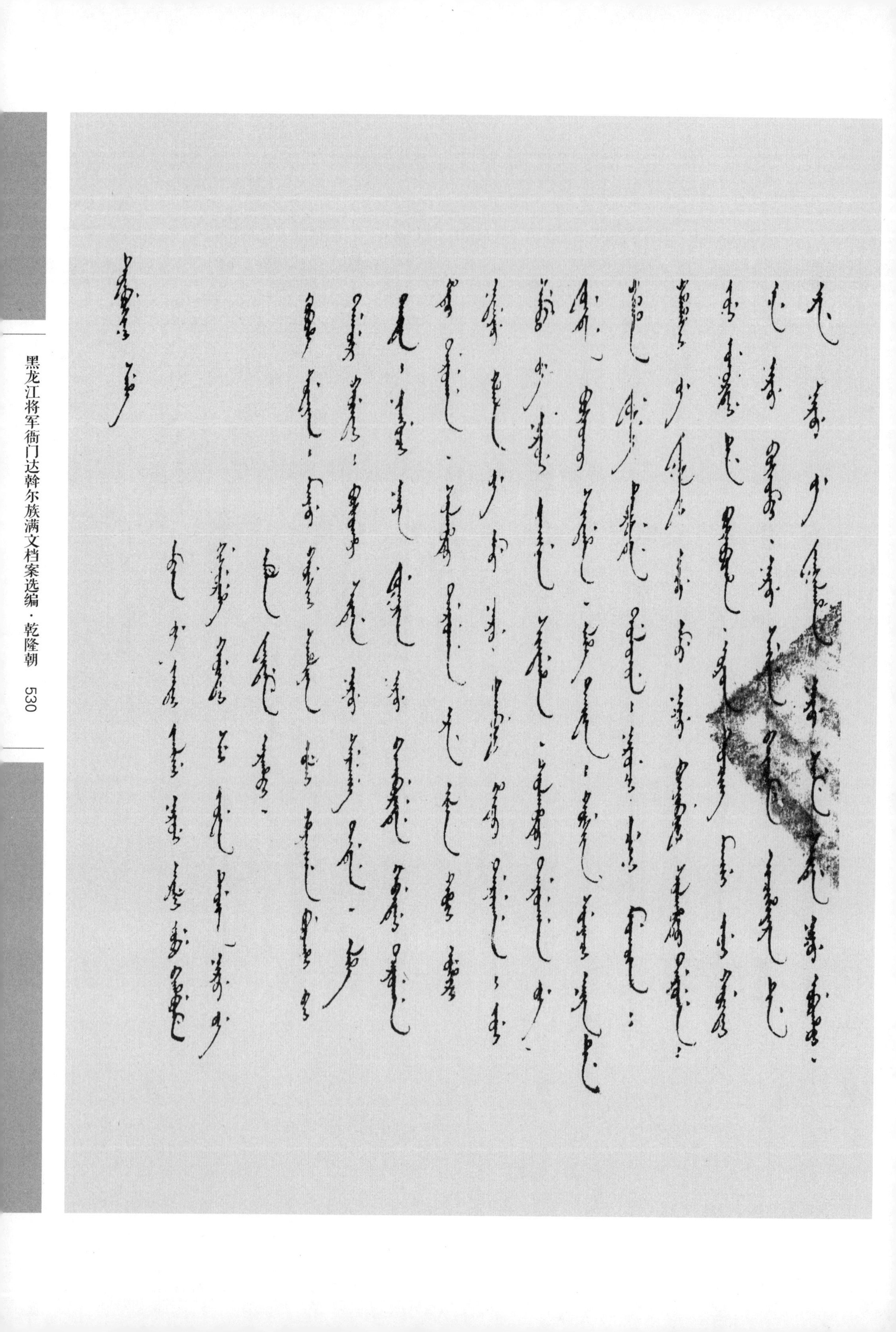

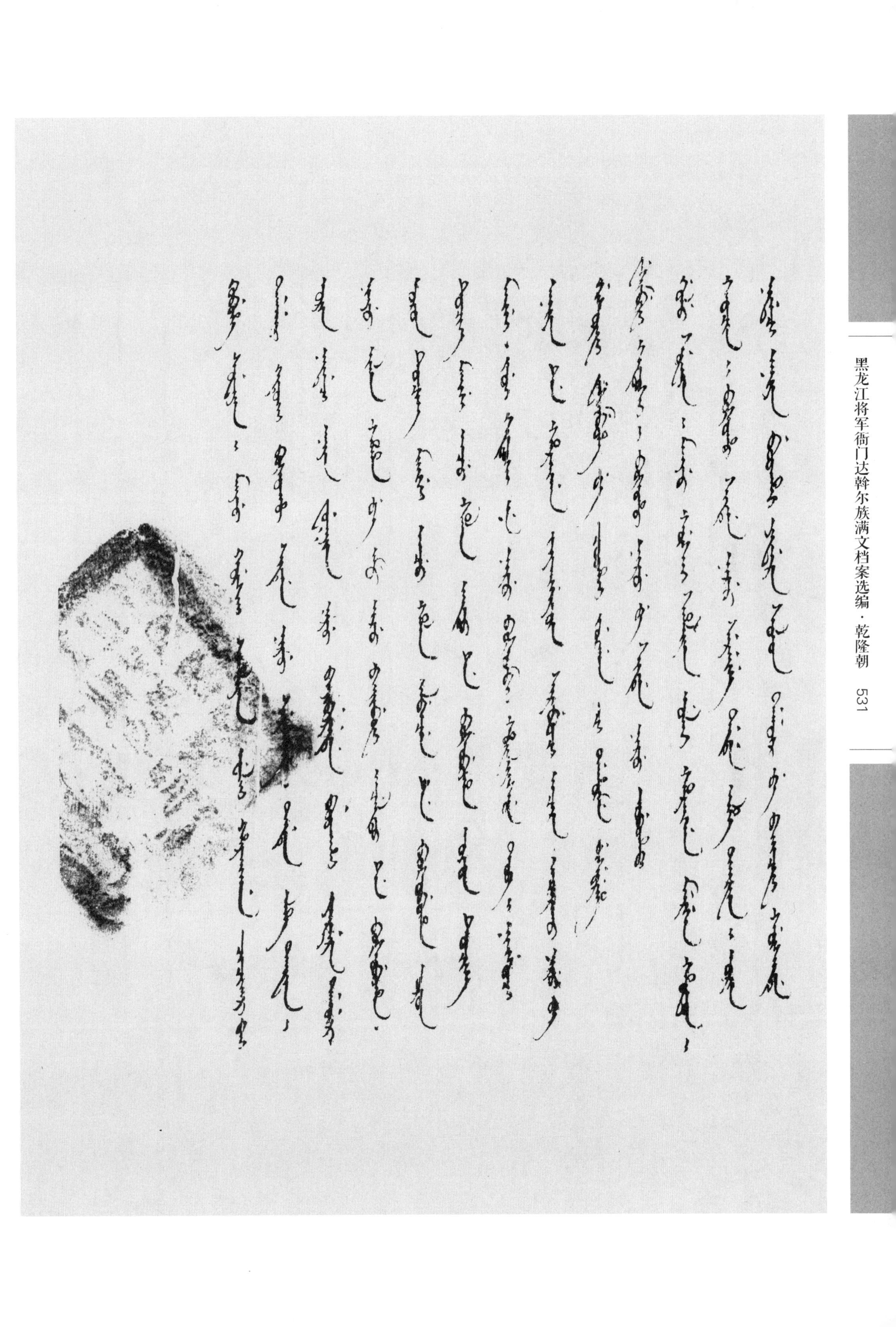

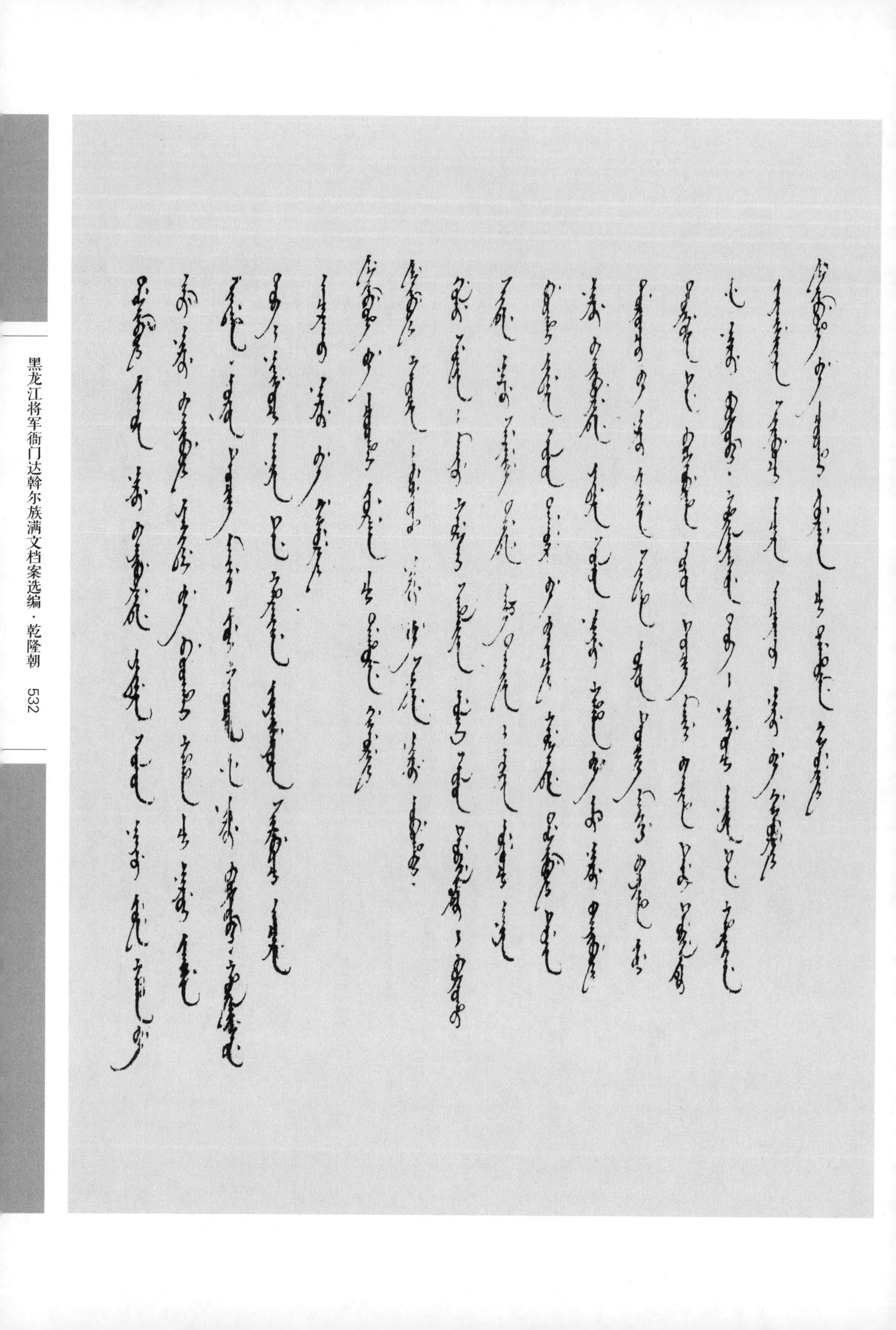

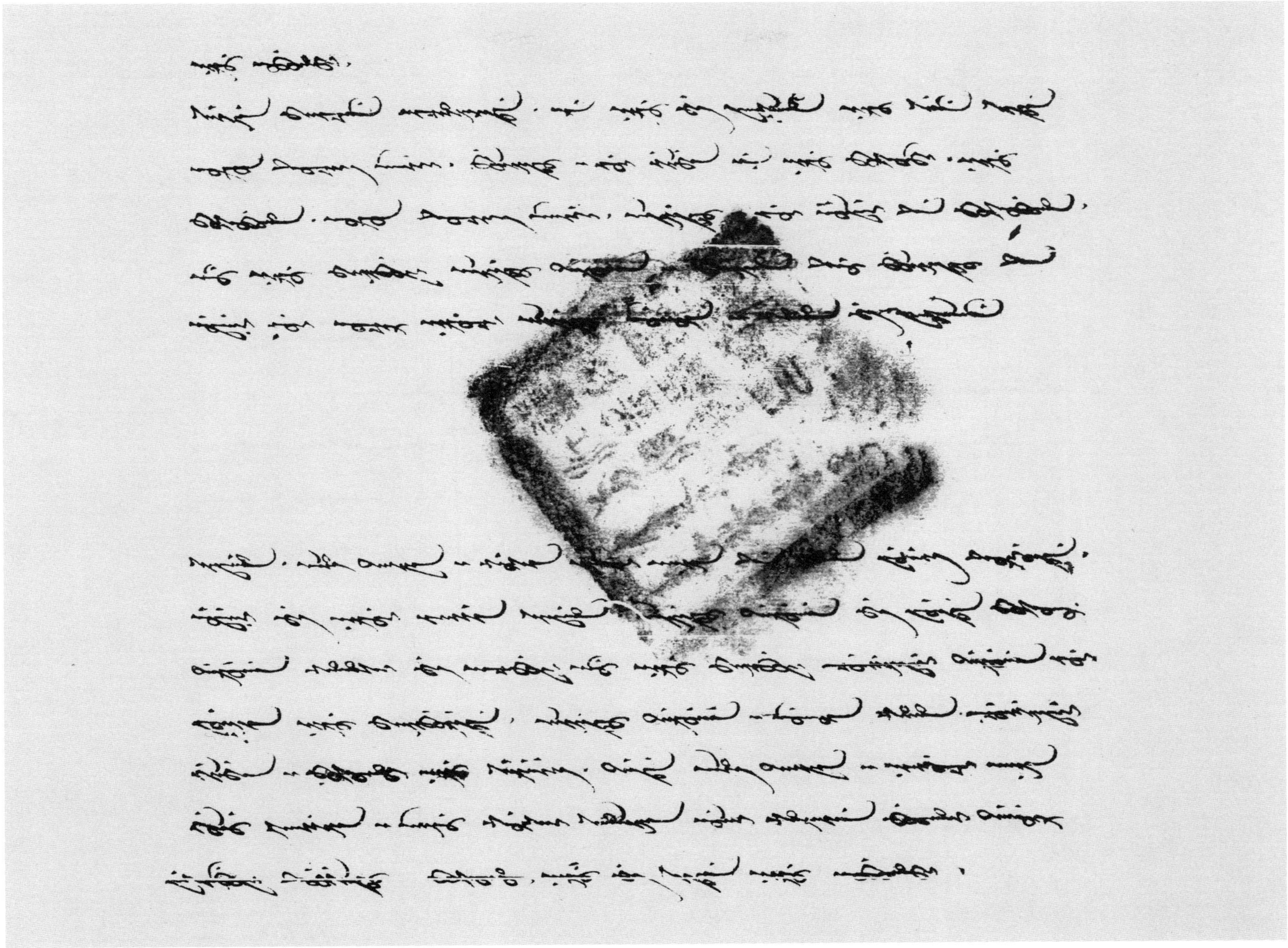

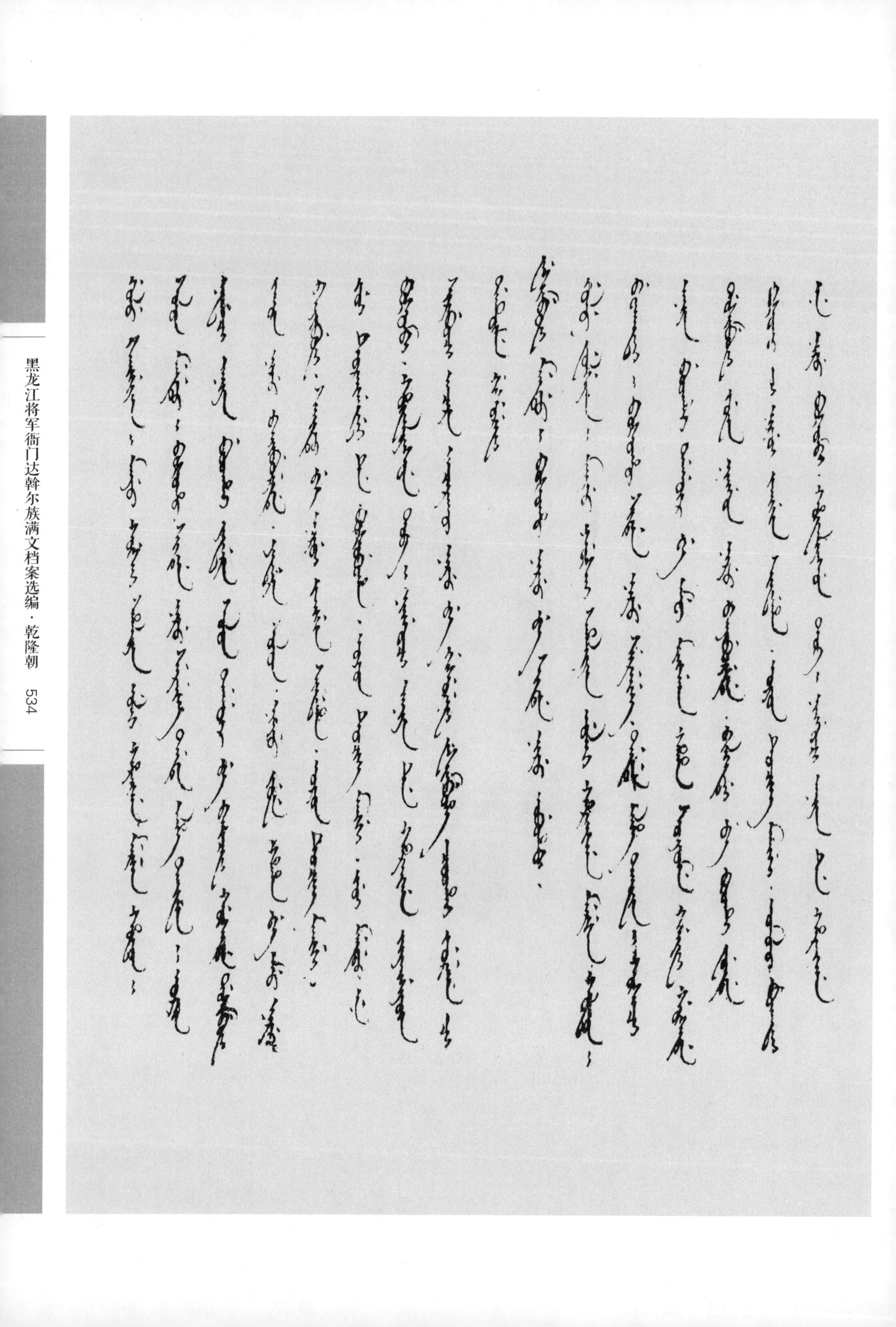

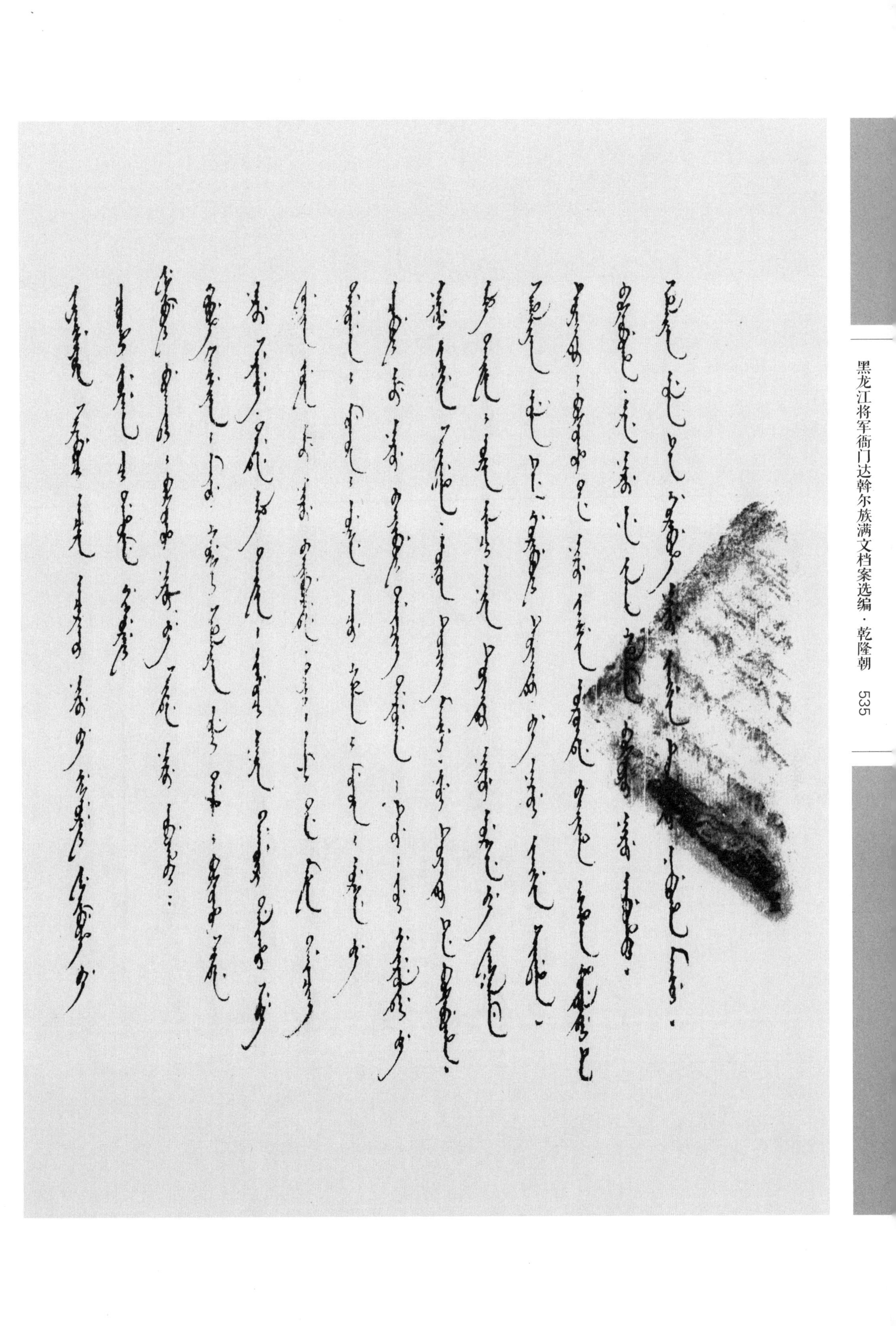

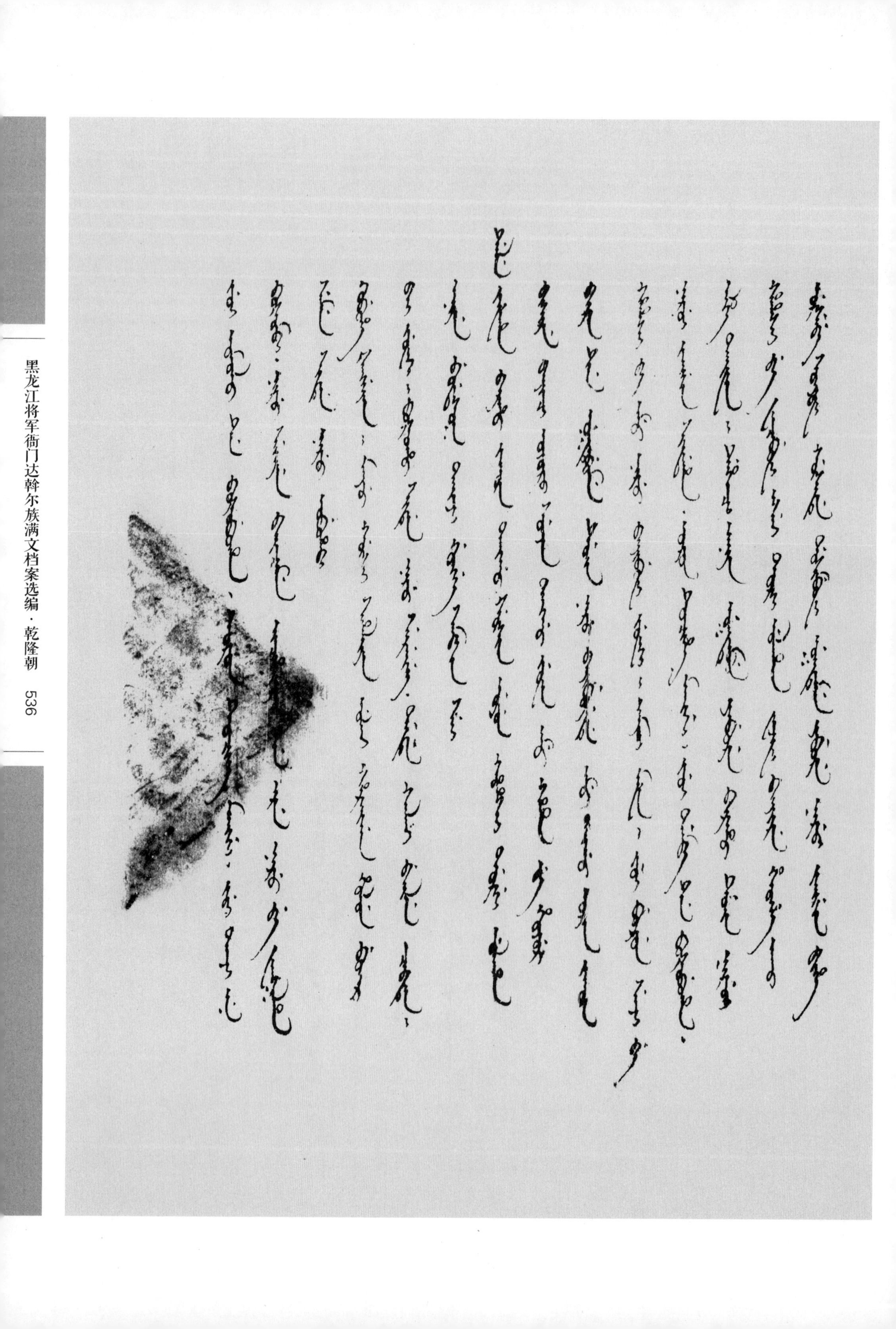

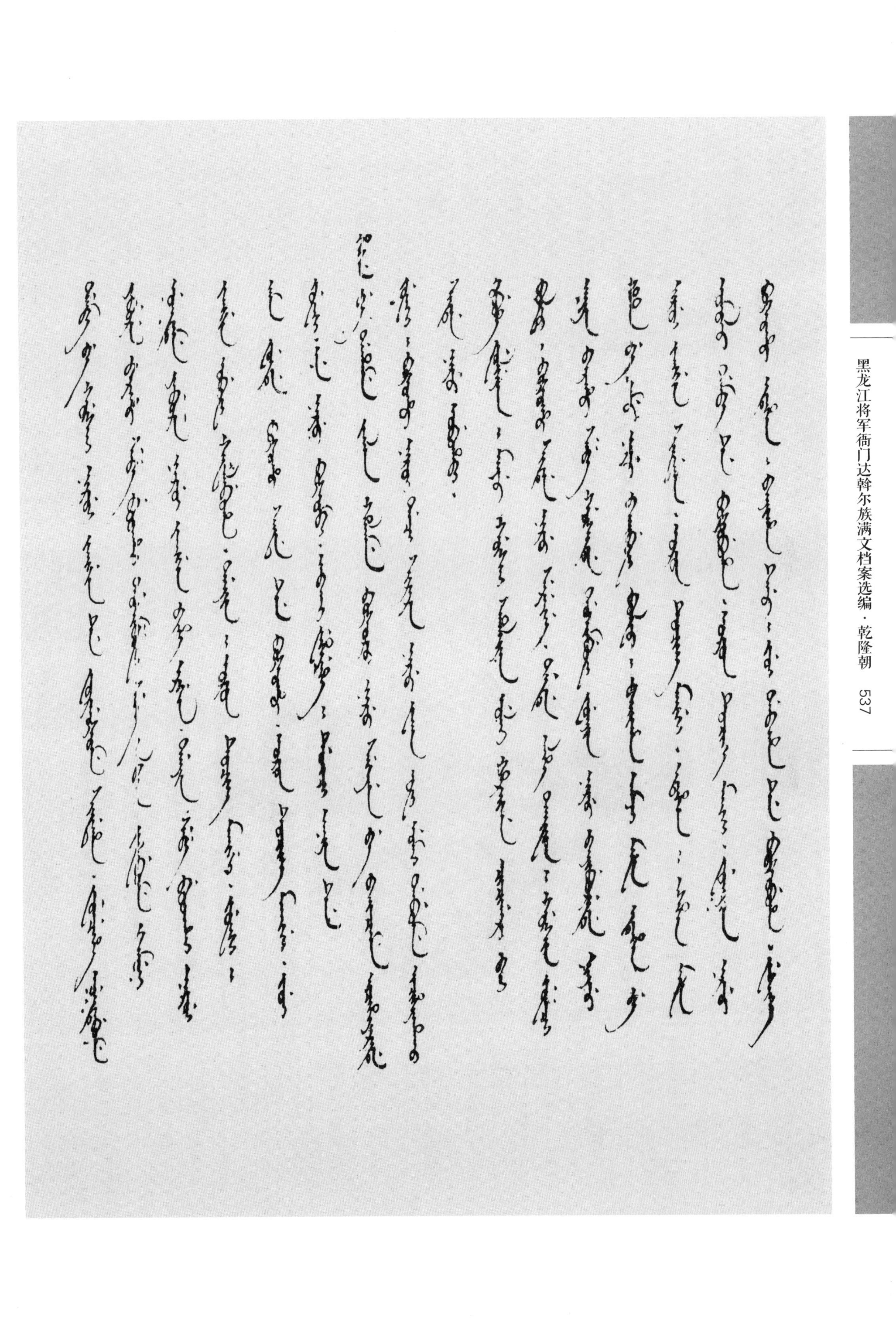

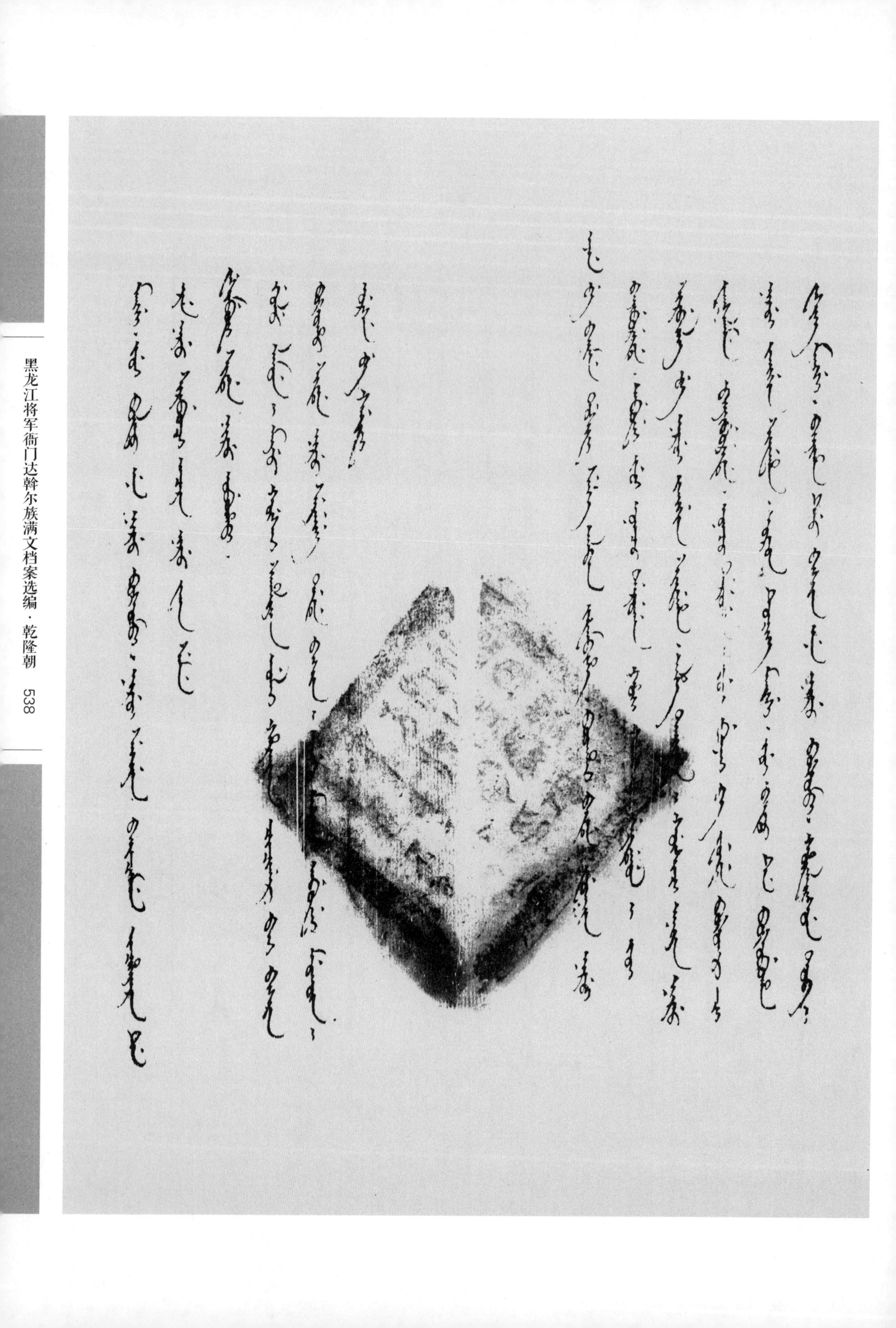

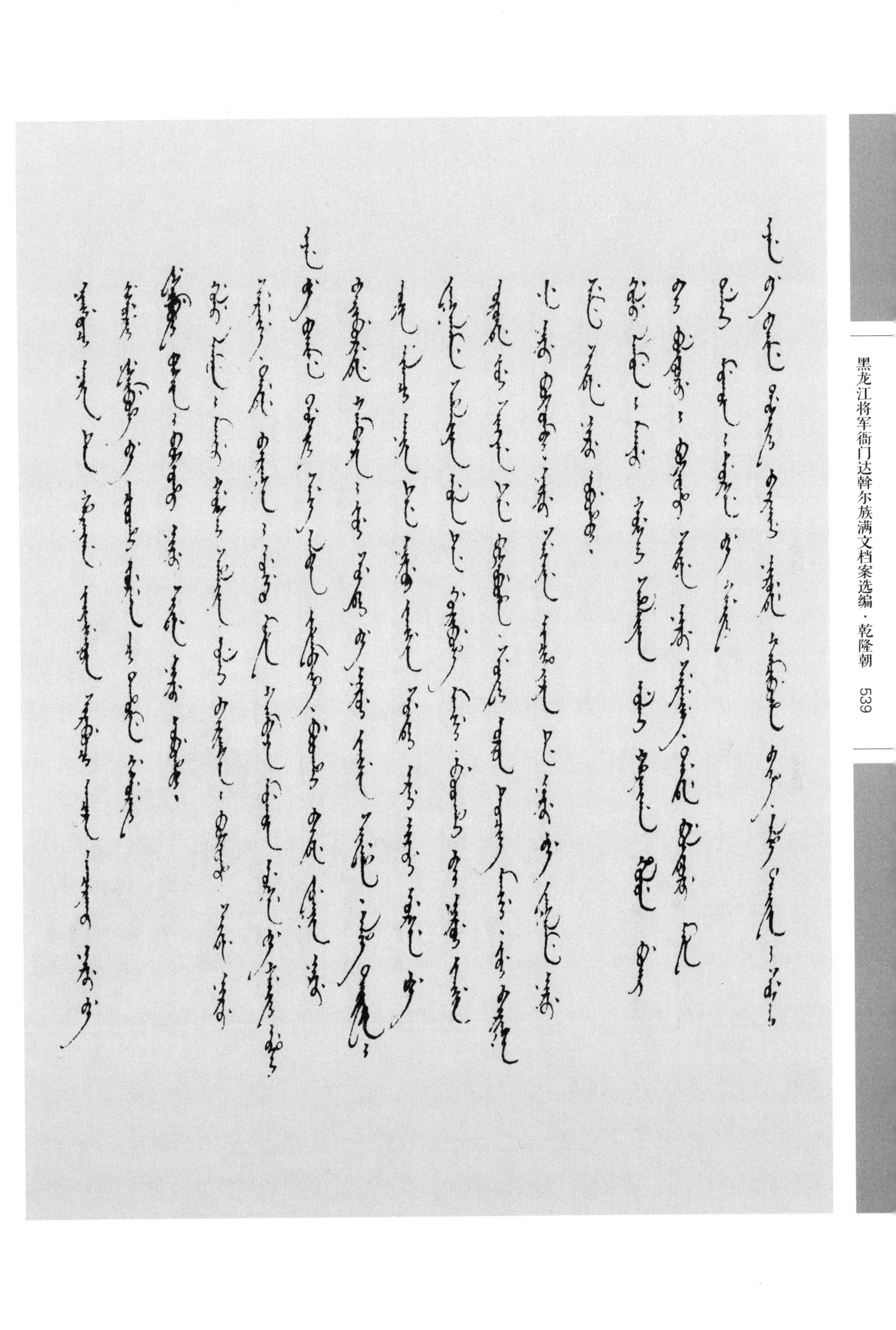

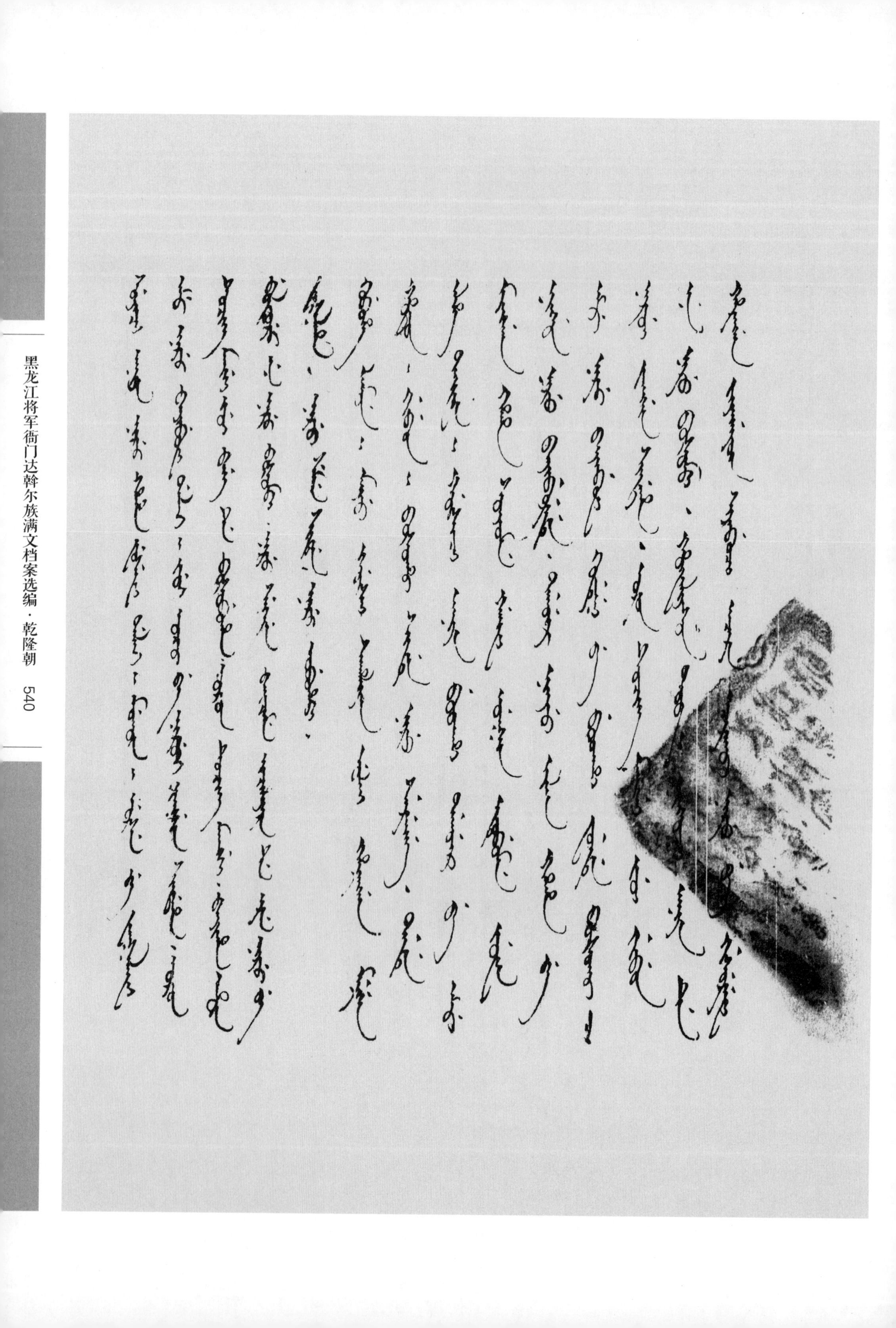

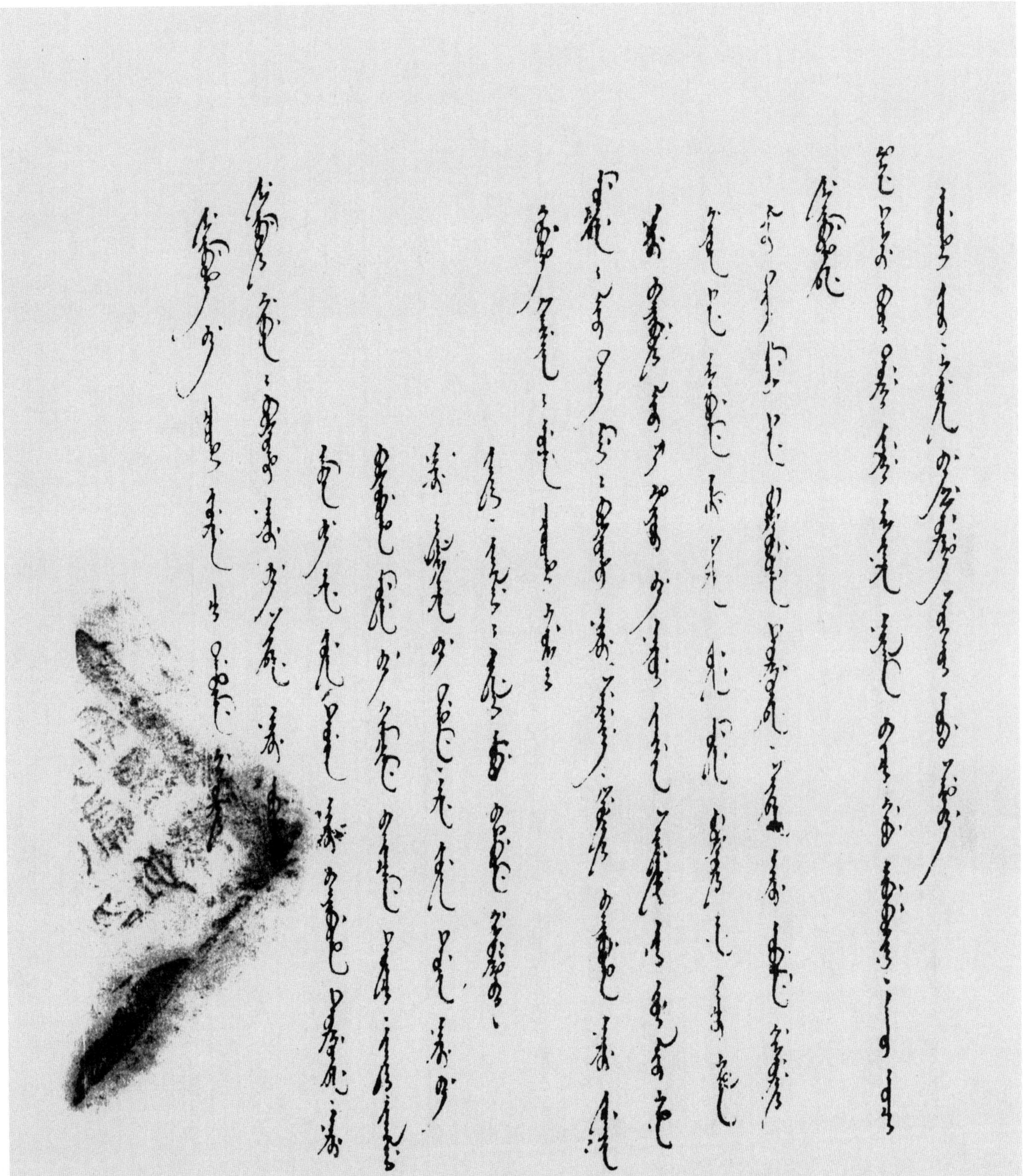

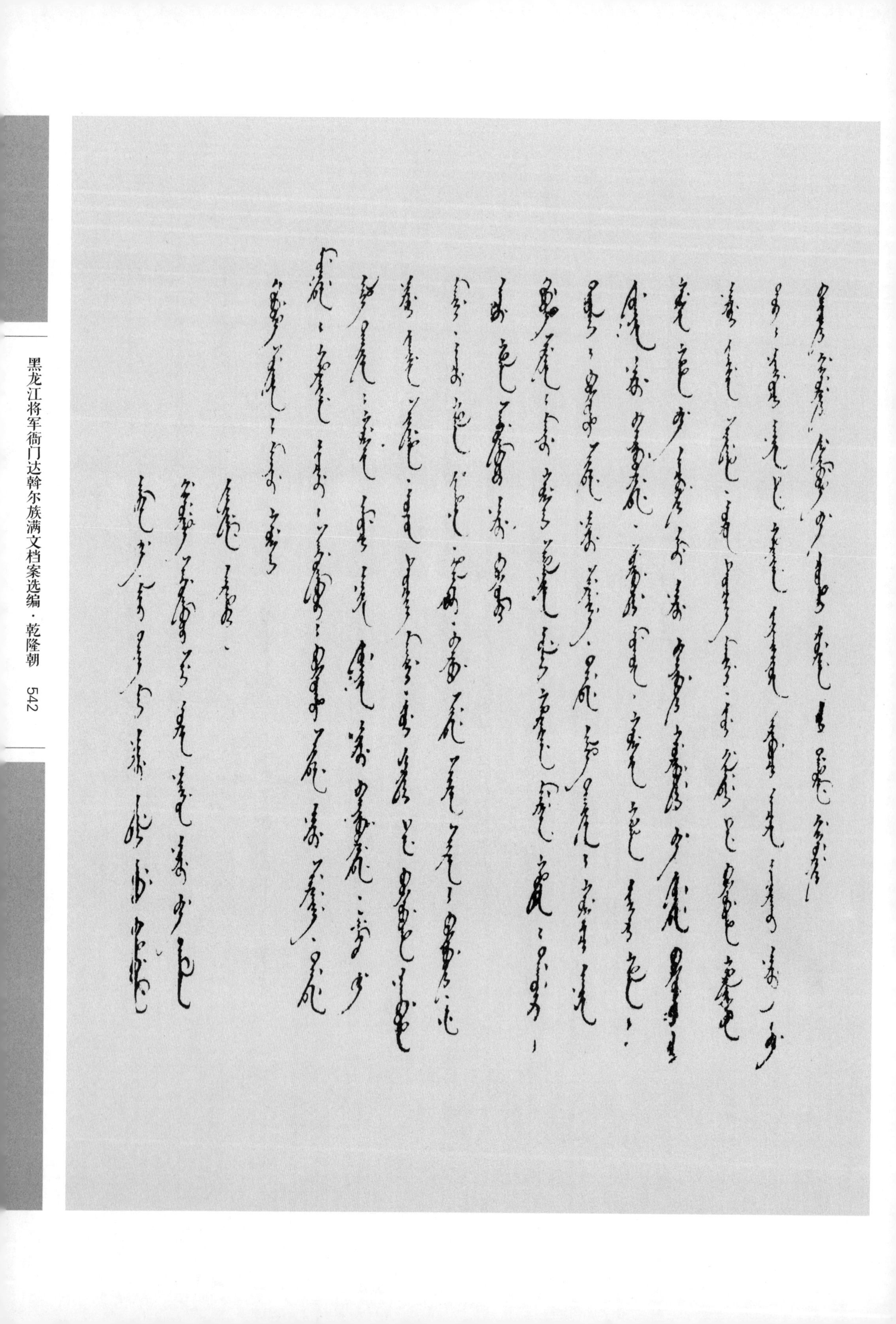

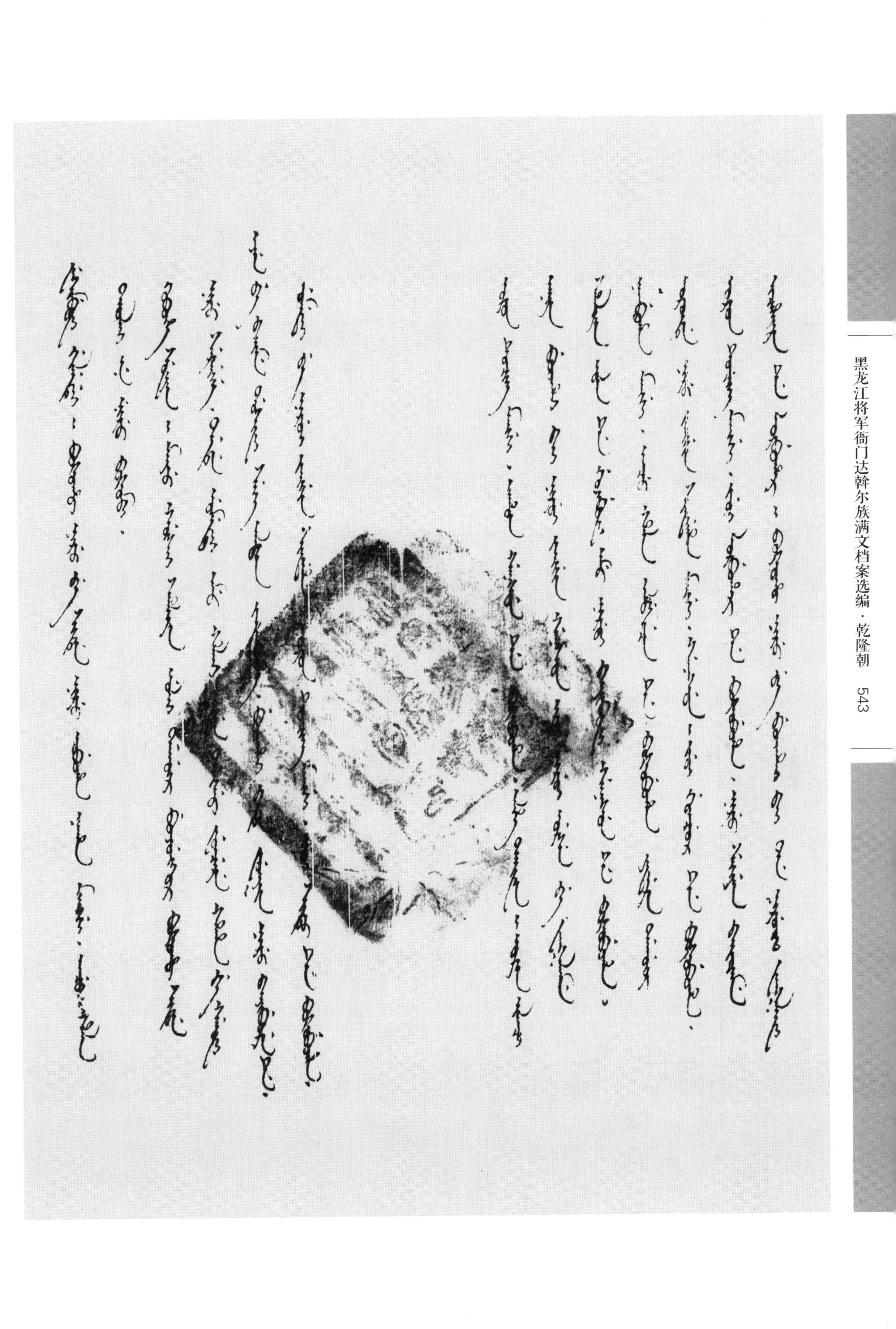

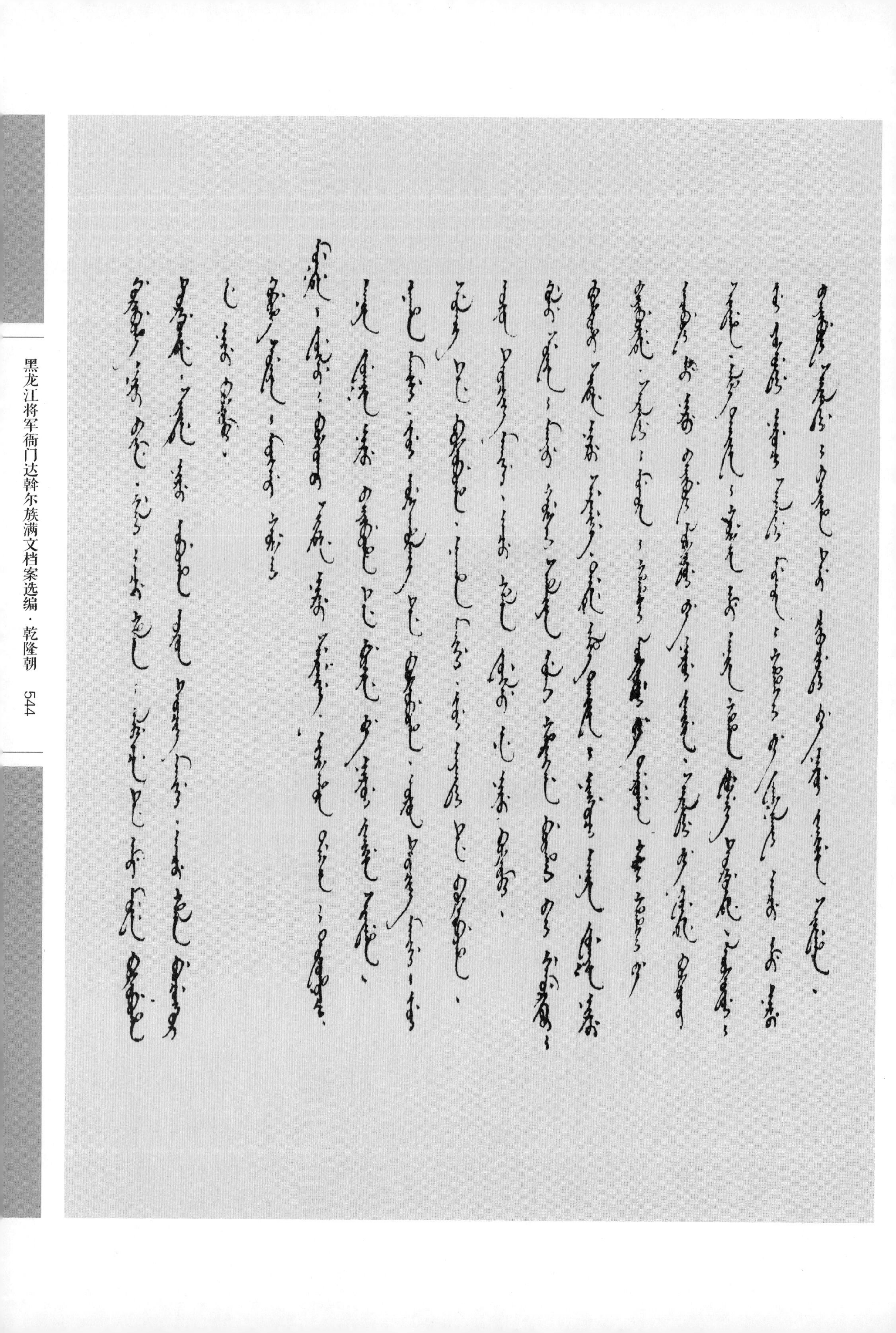

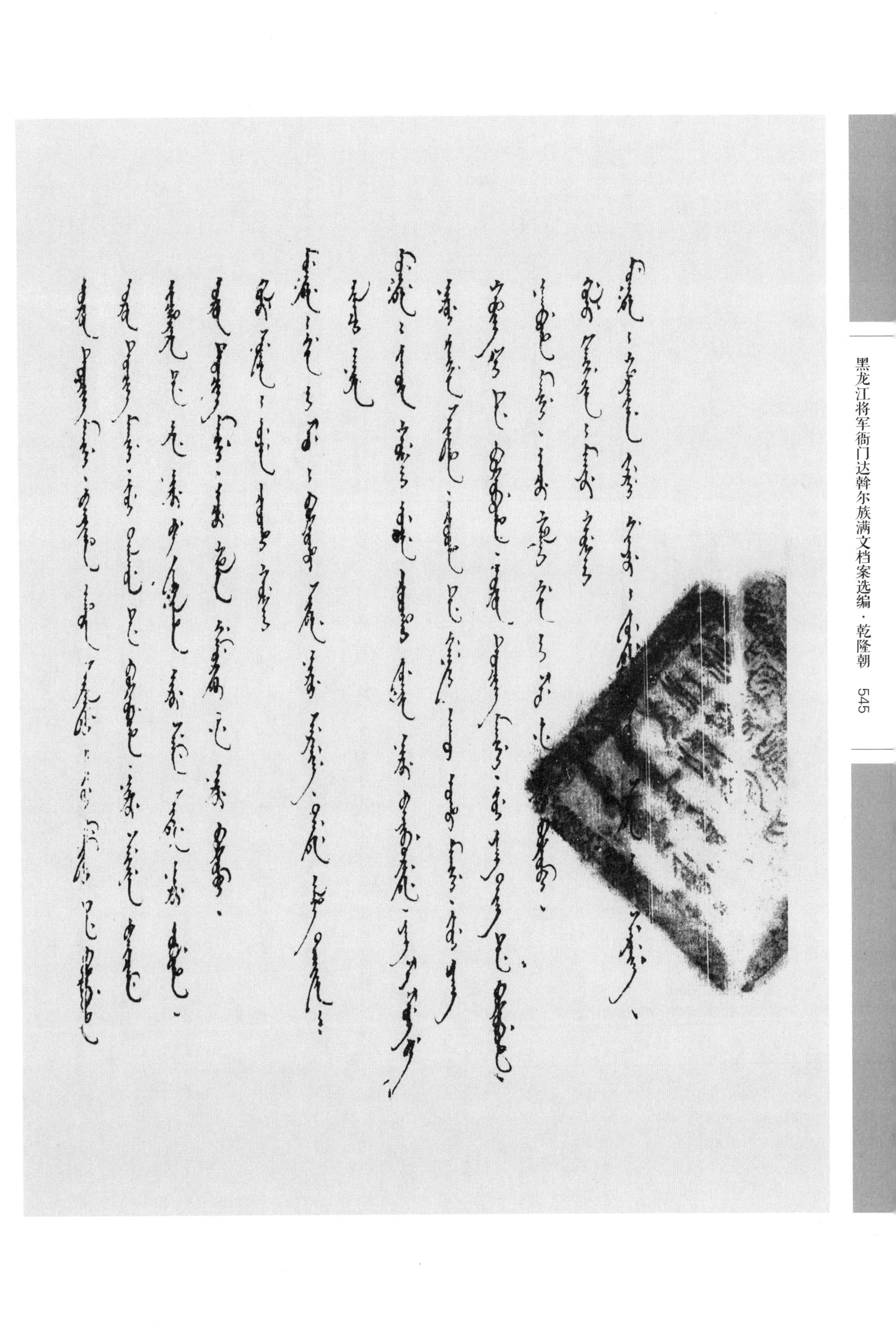

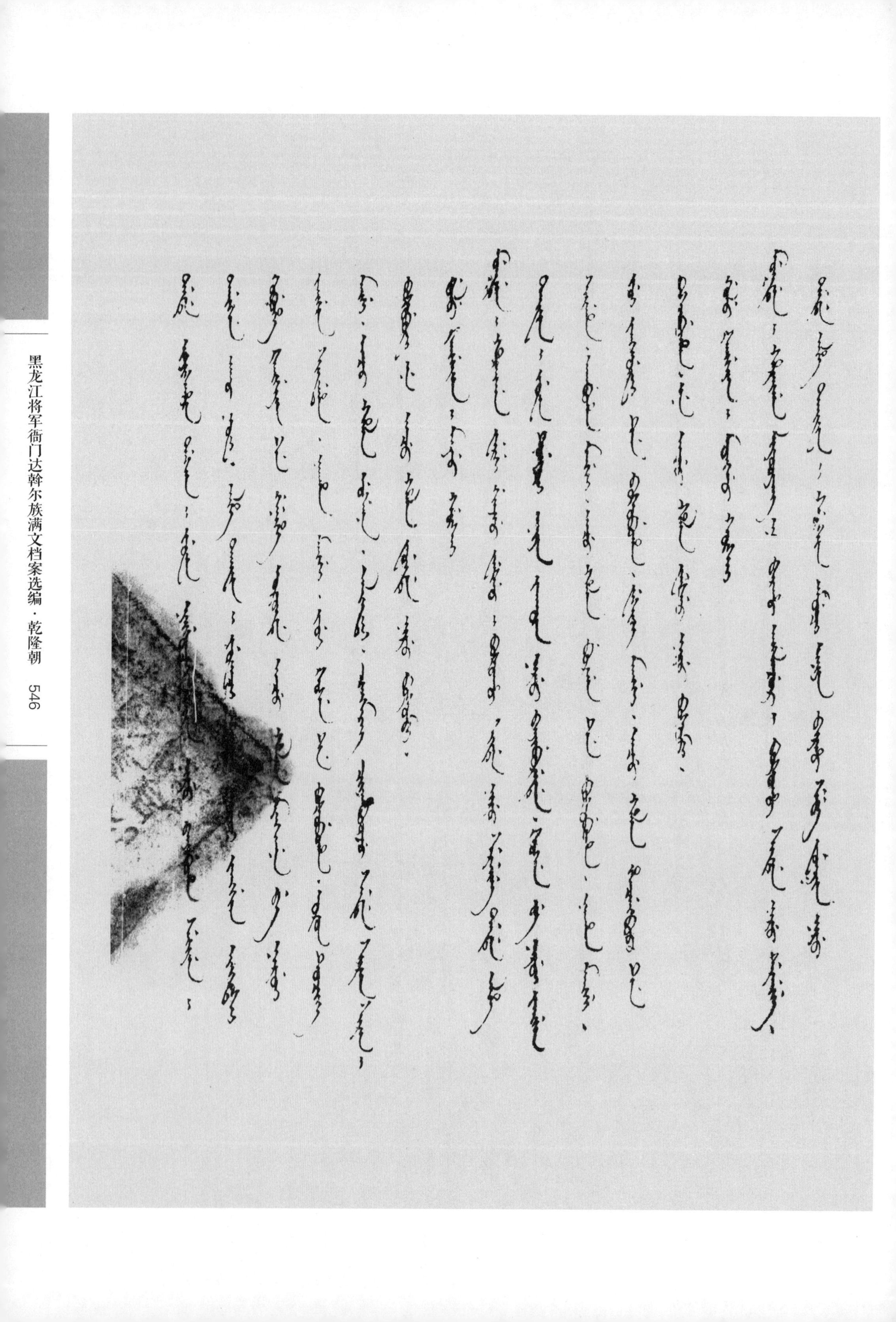

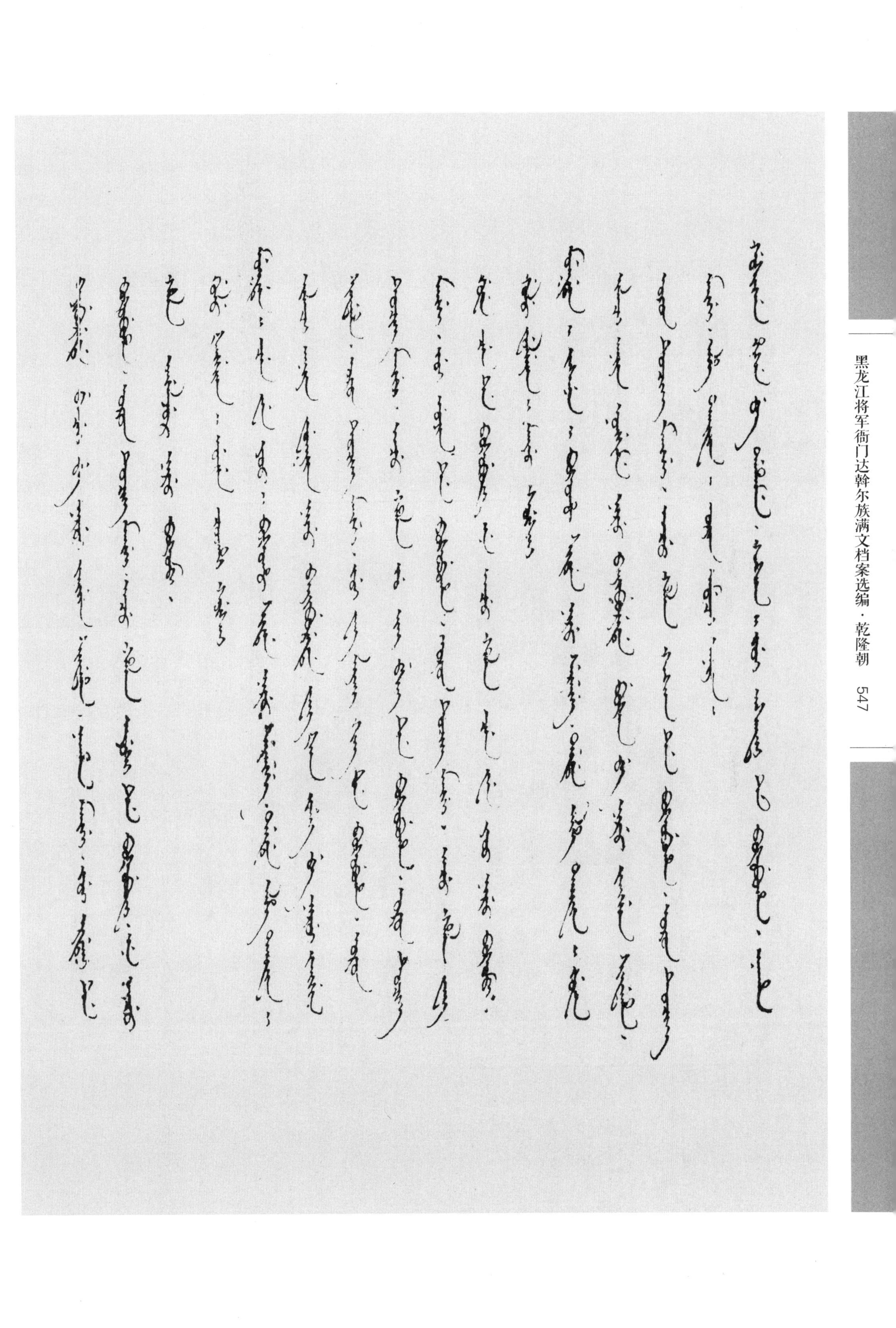

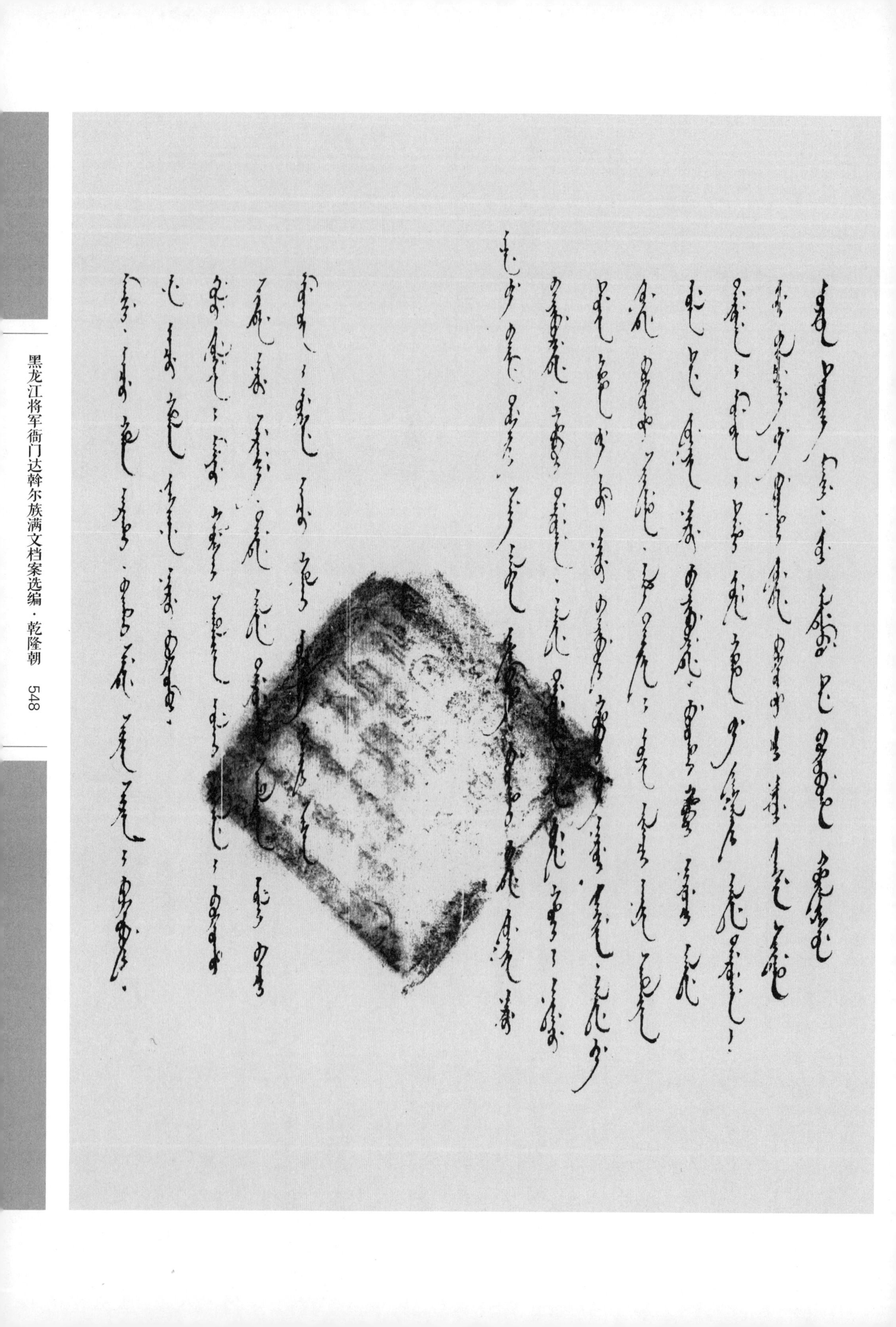

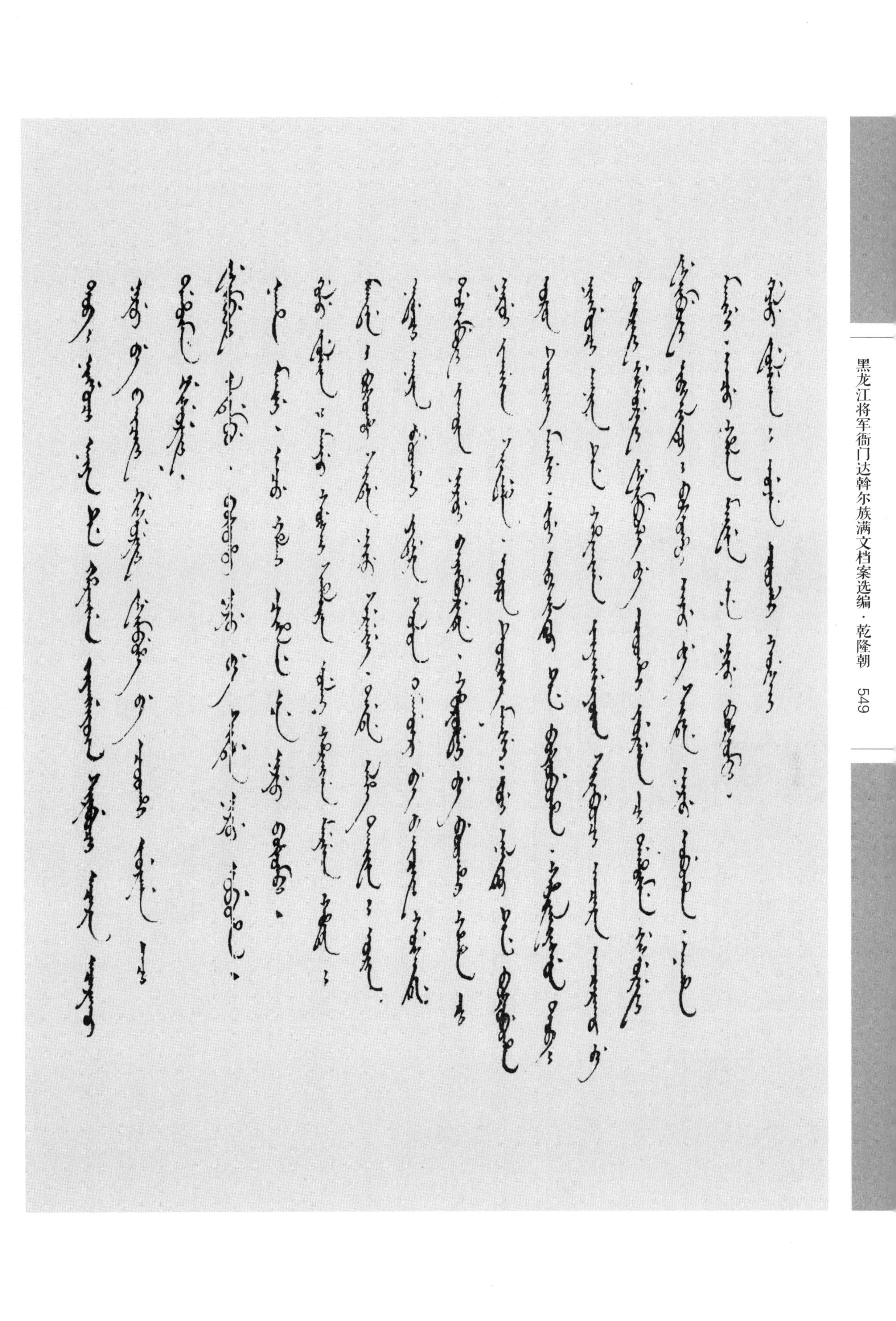

[illegible]

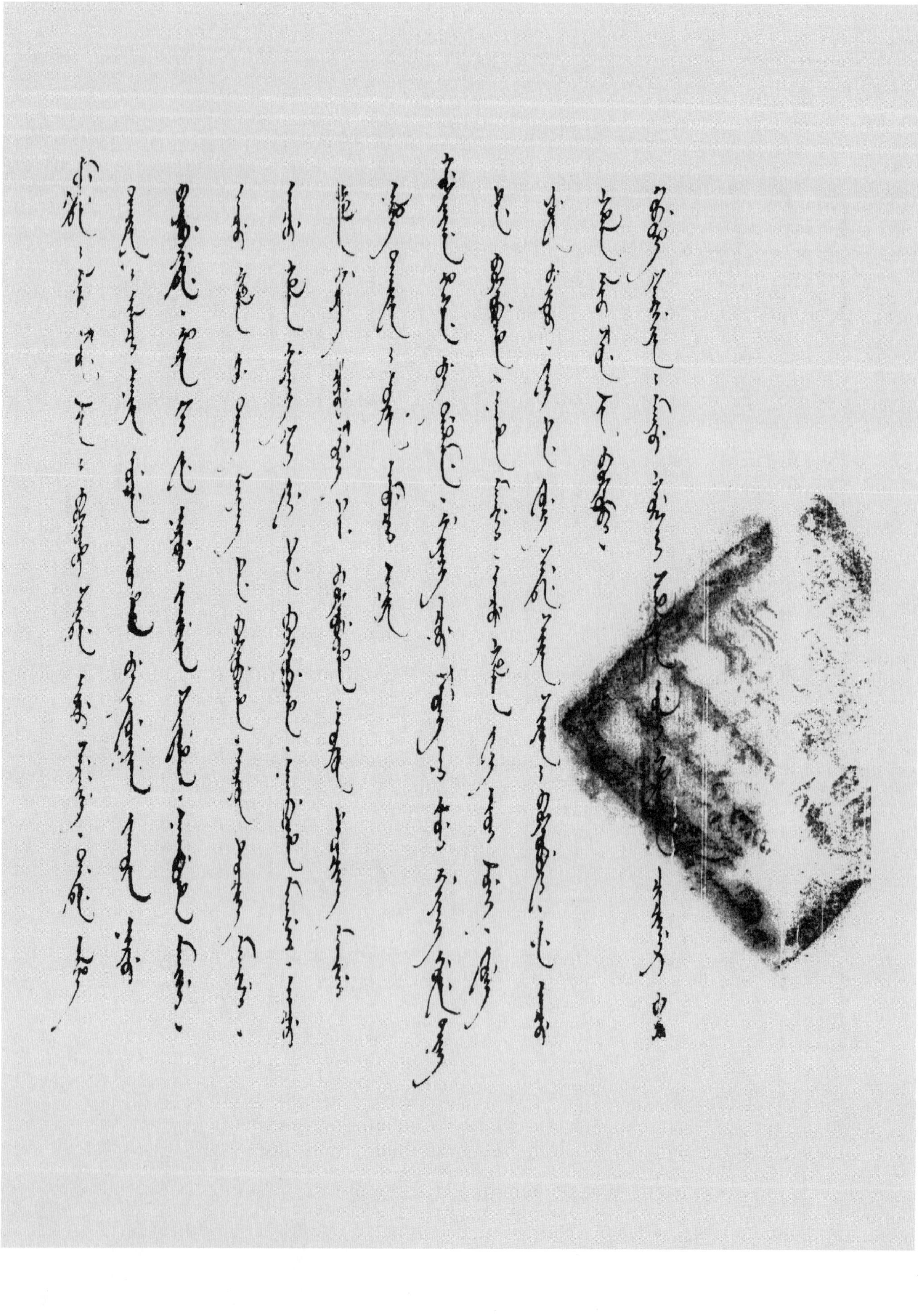

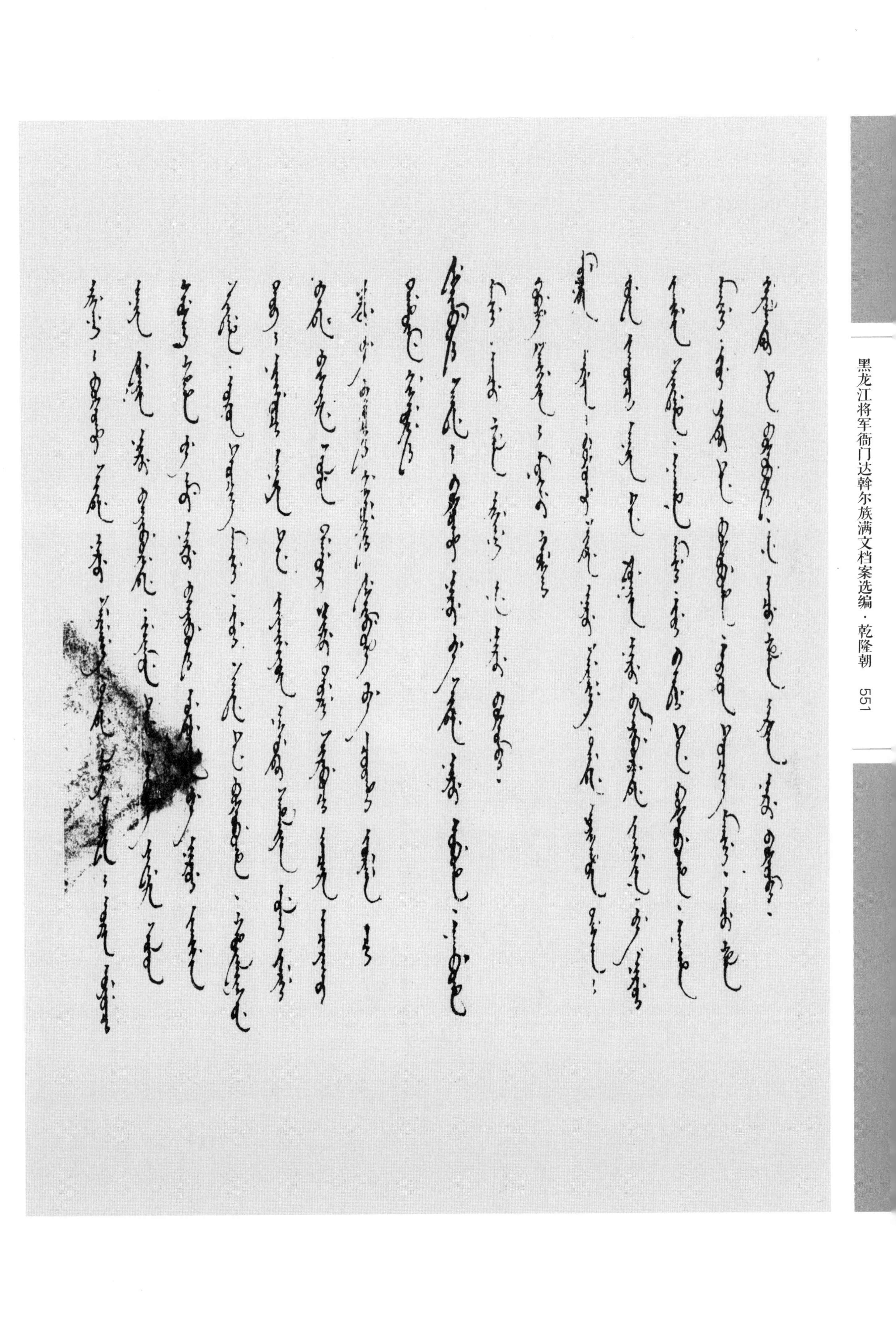

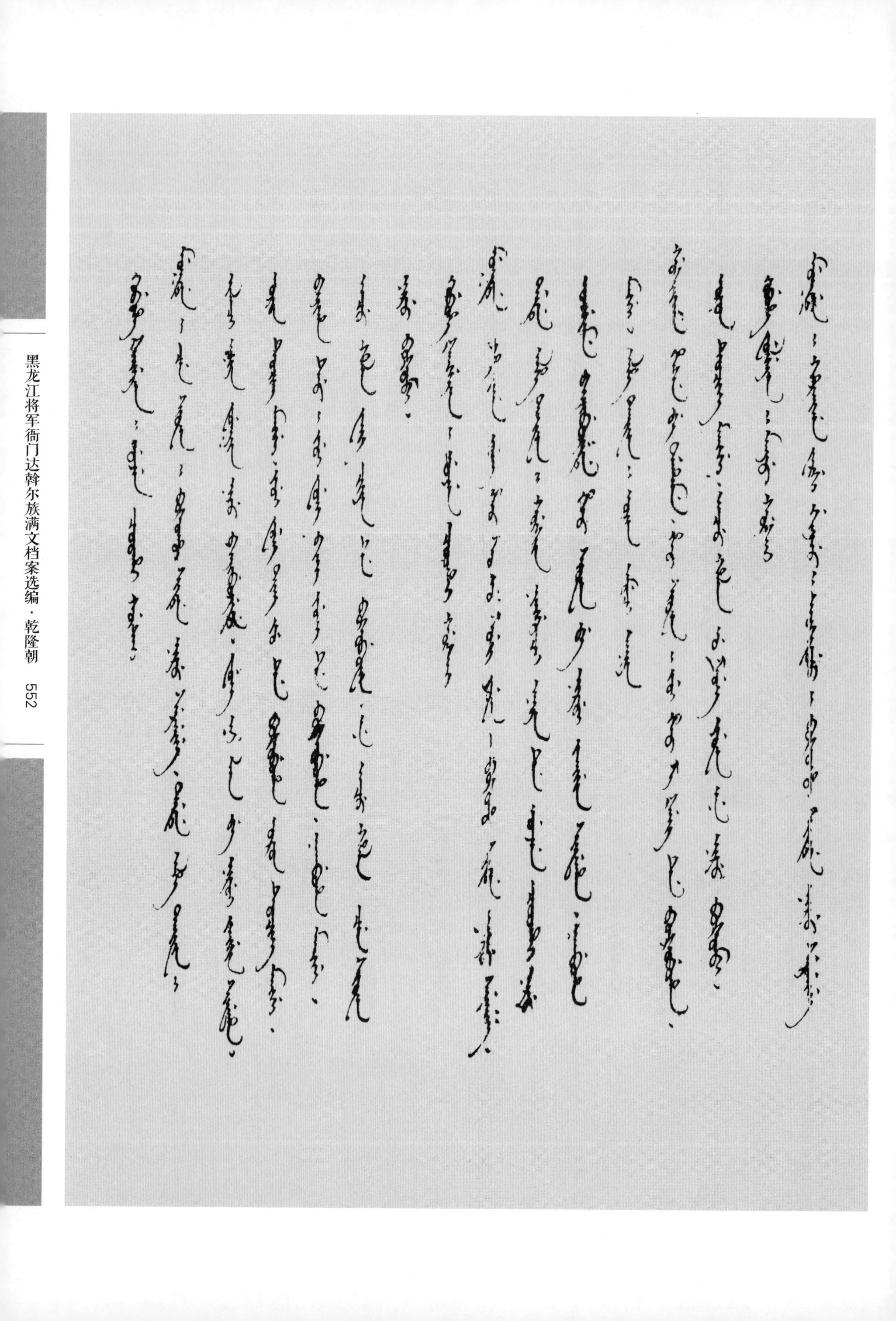

[illegible]

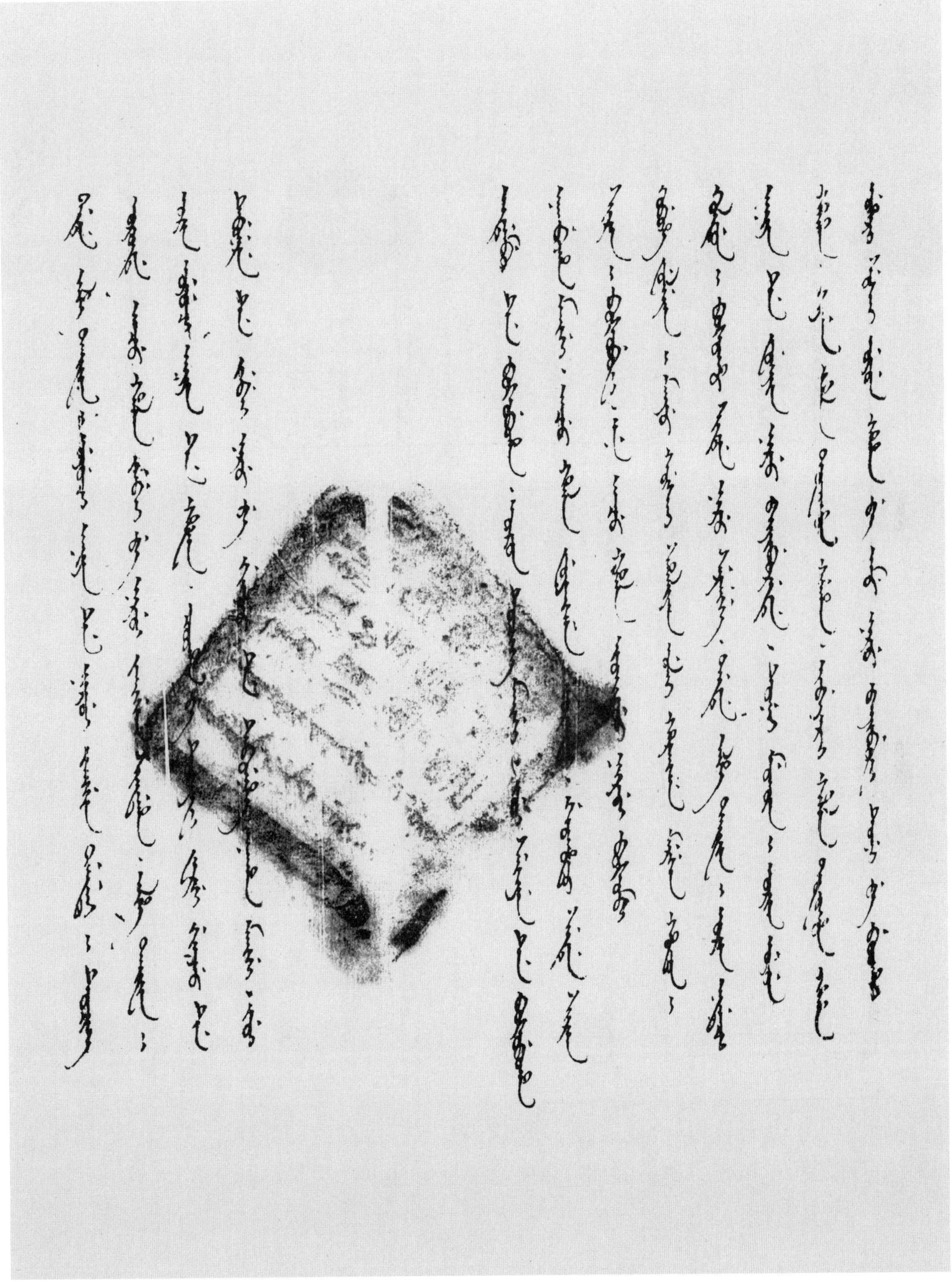

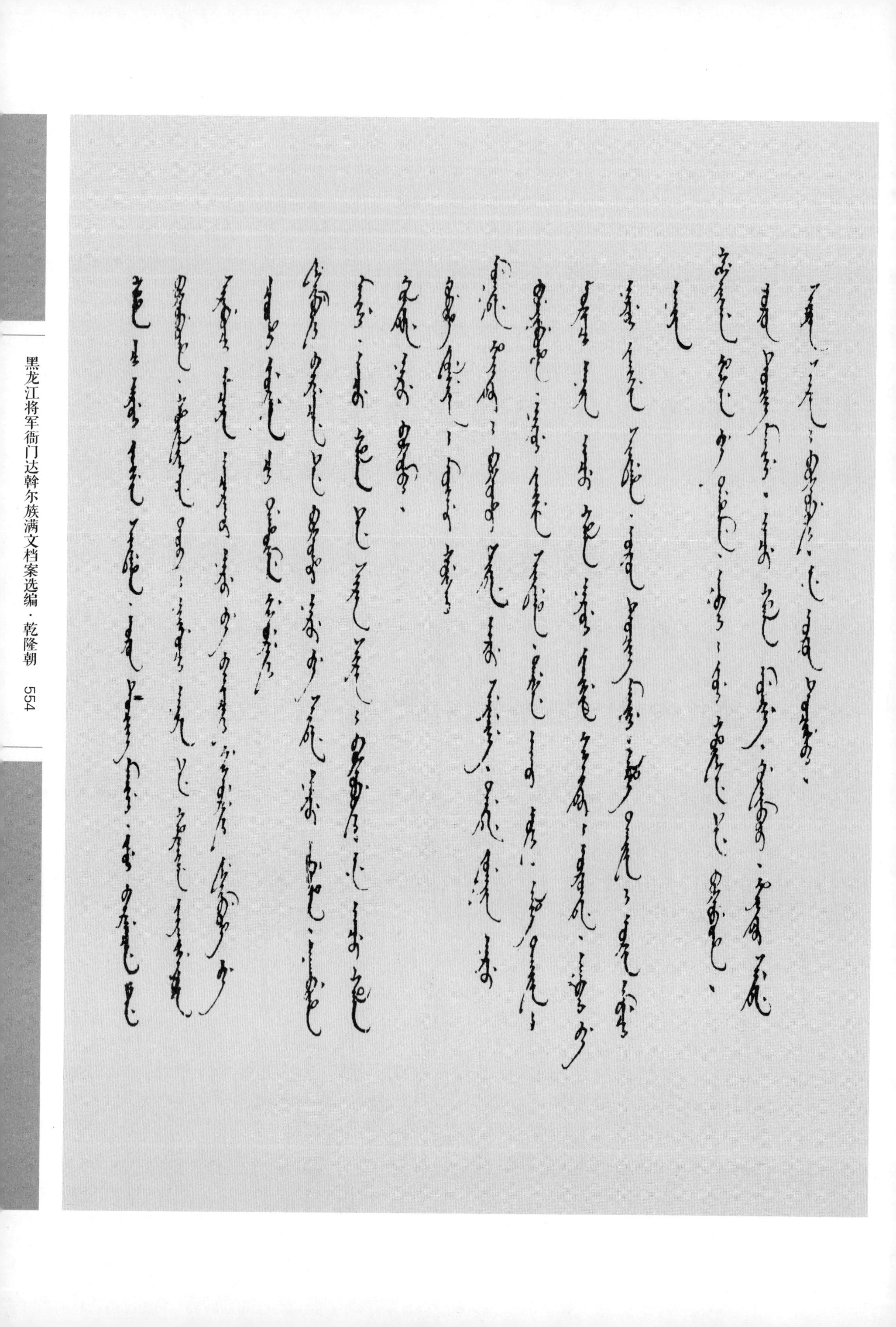

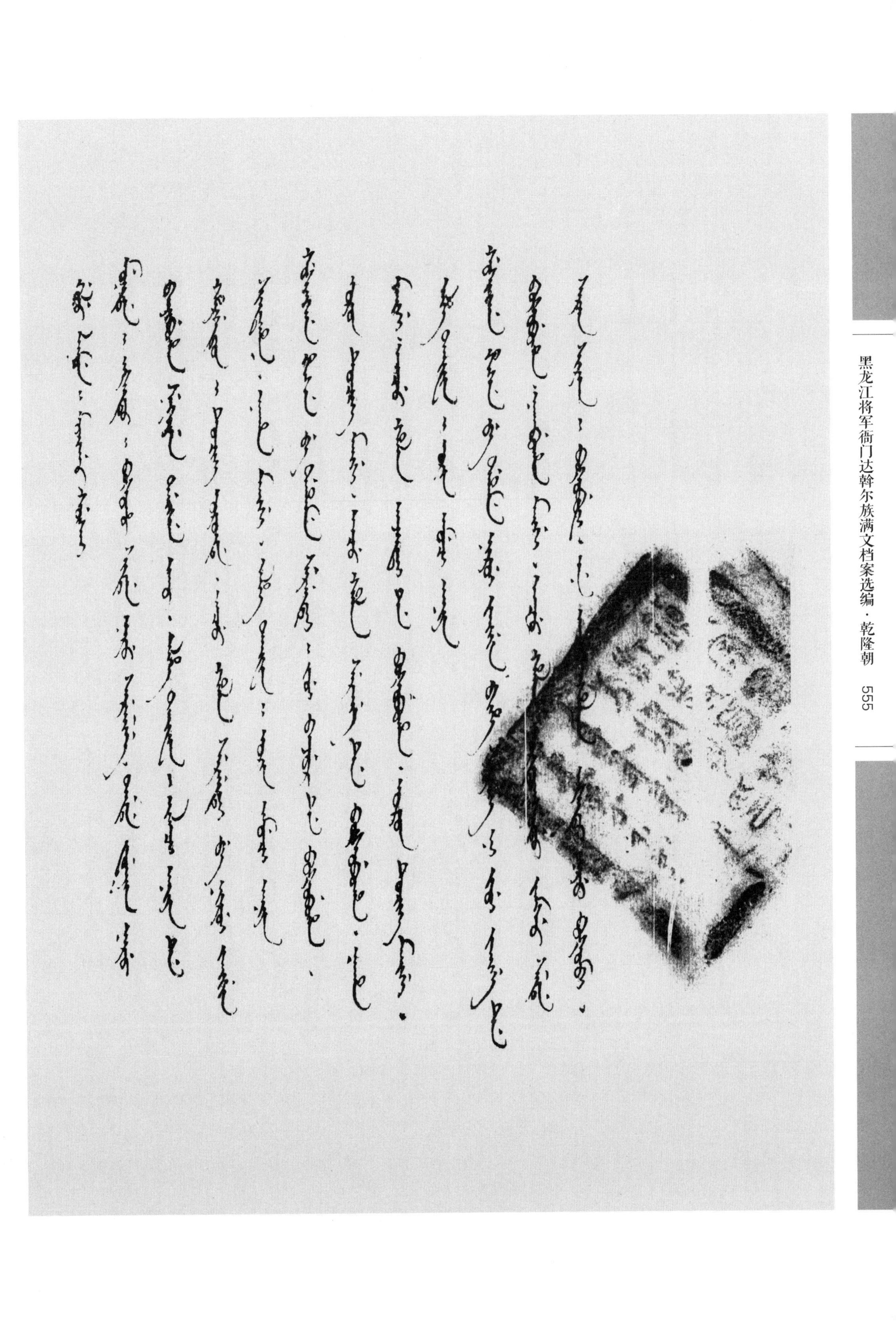

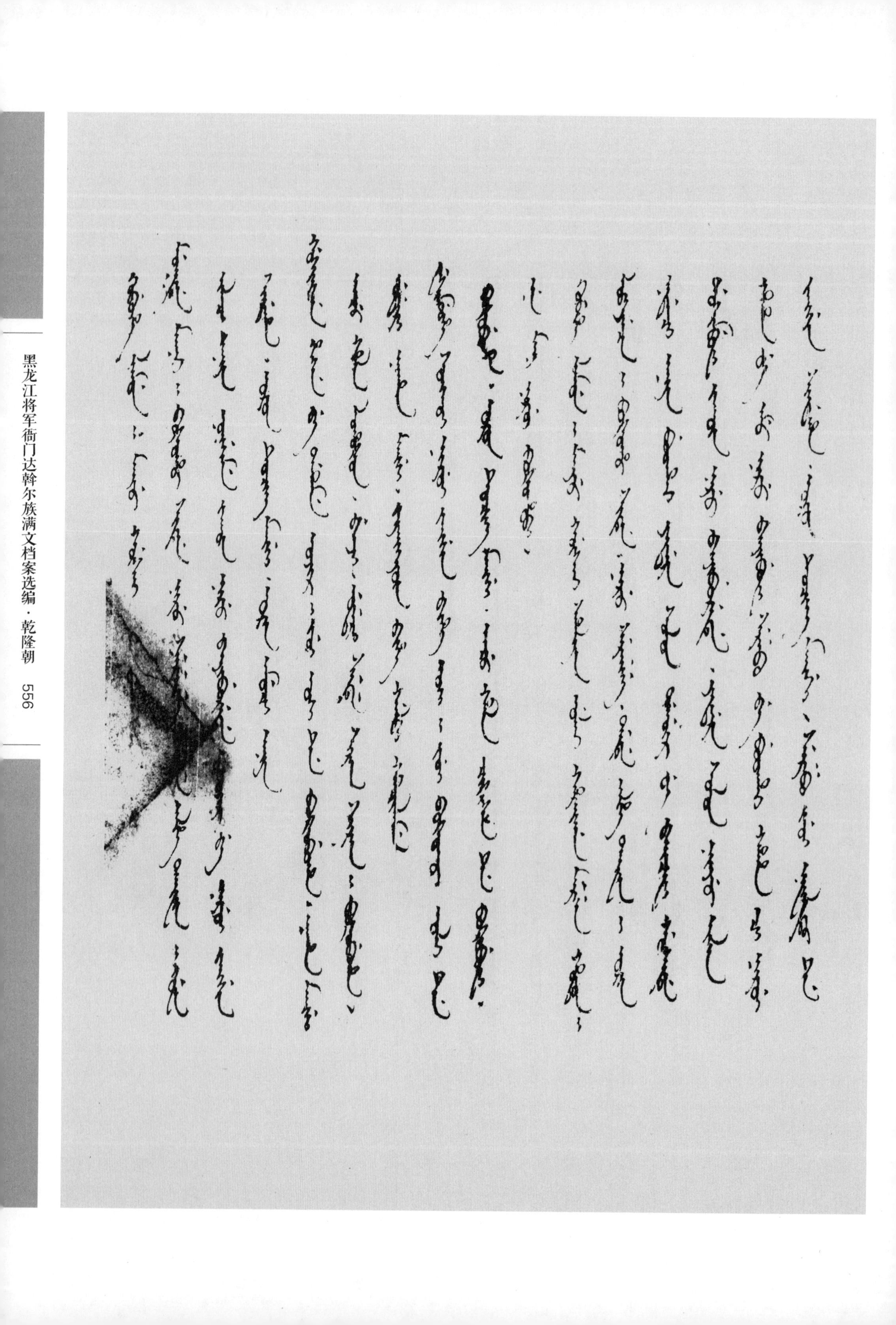

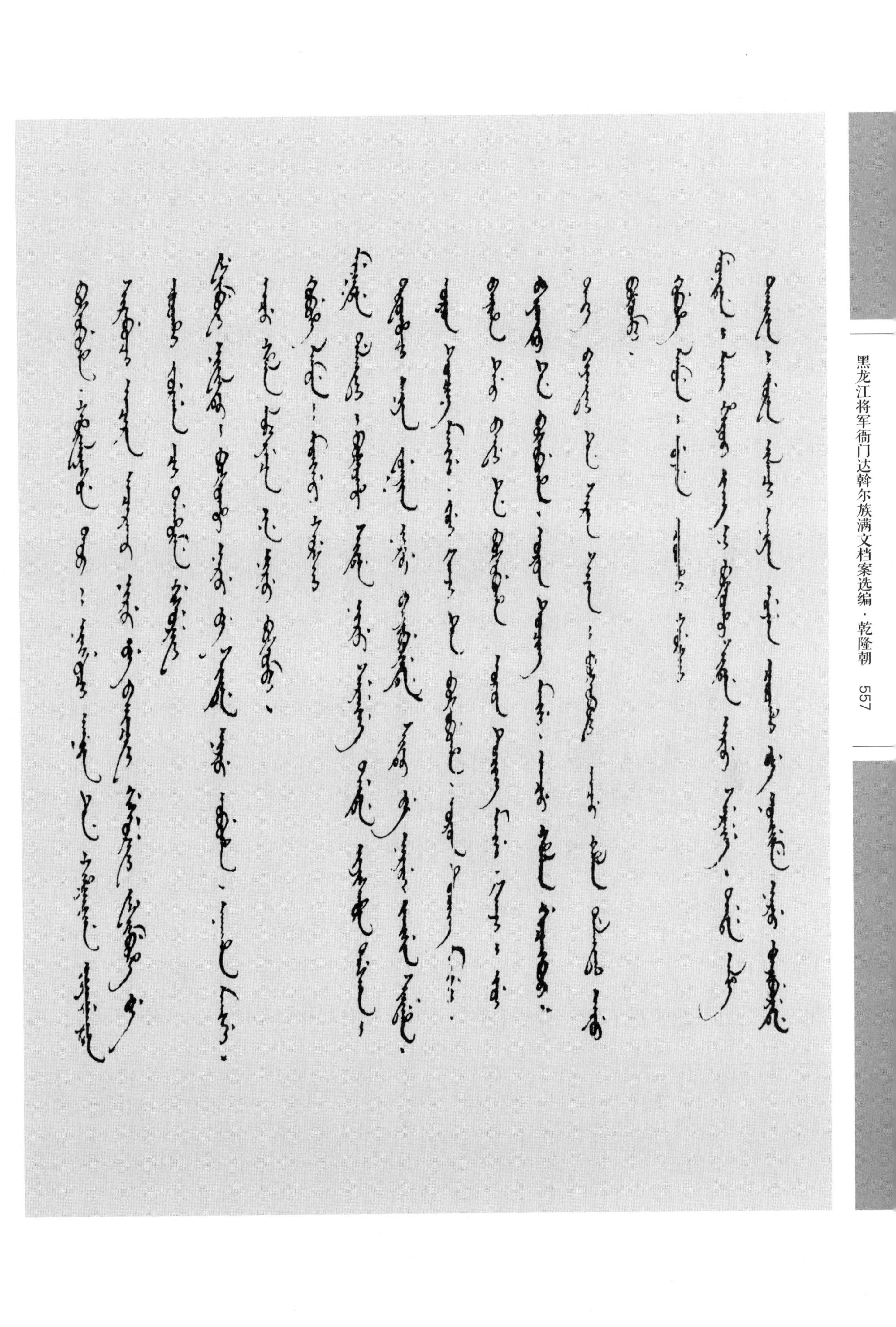

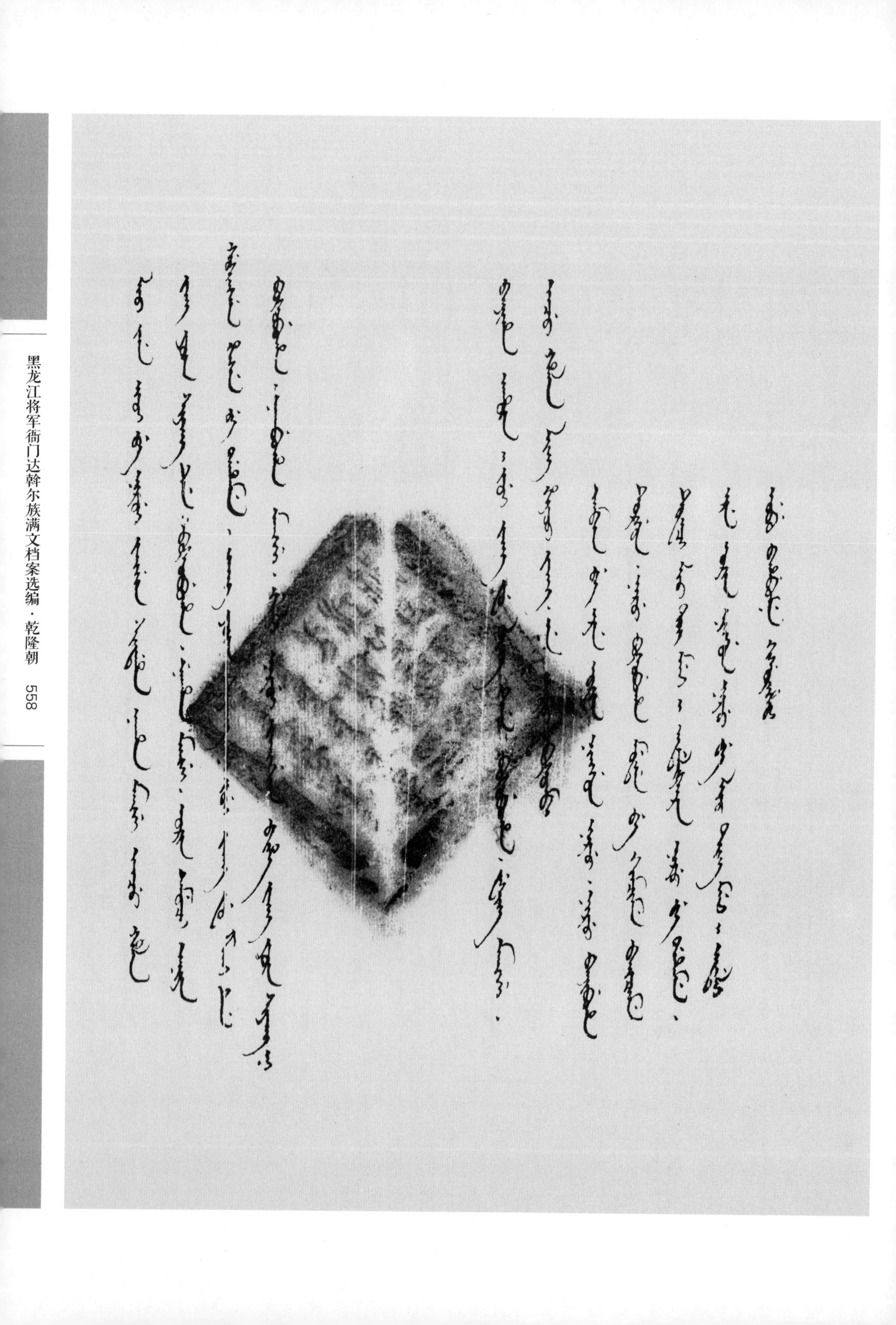

五二六 户部为照例造送黑龙江所属索伦达斡尔等比丁册事咨黑龙江将军文（附来文一件）

乾隆十三年九月初九日

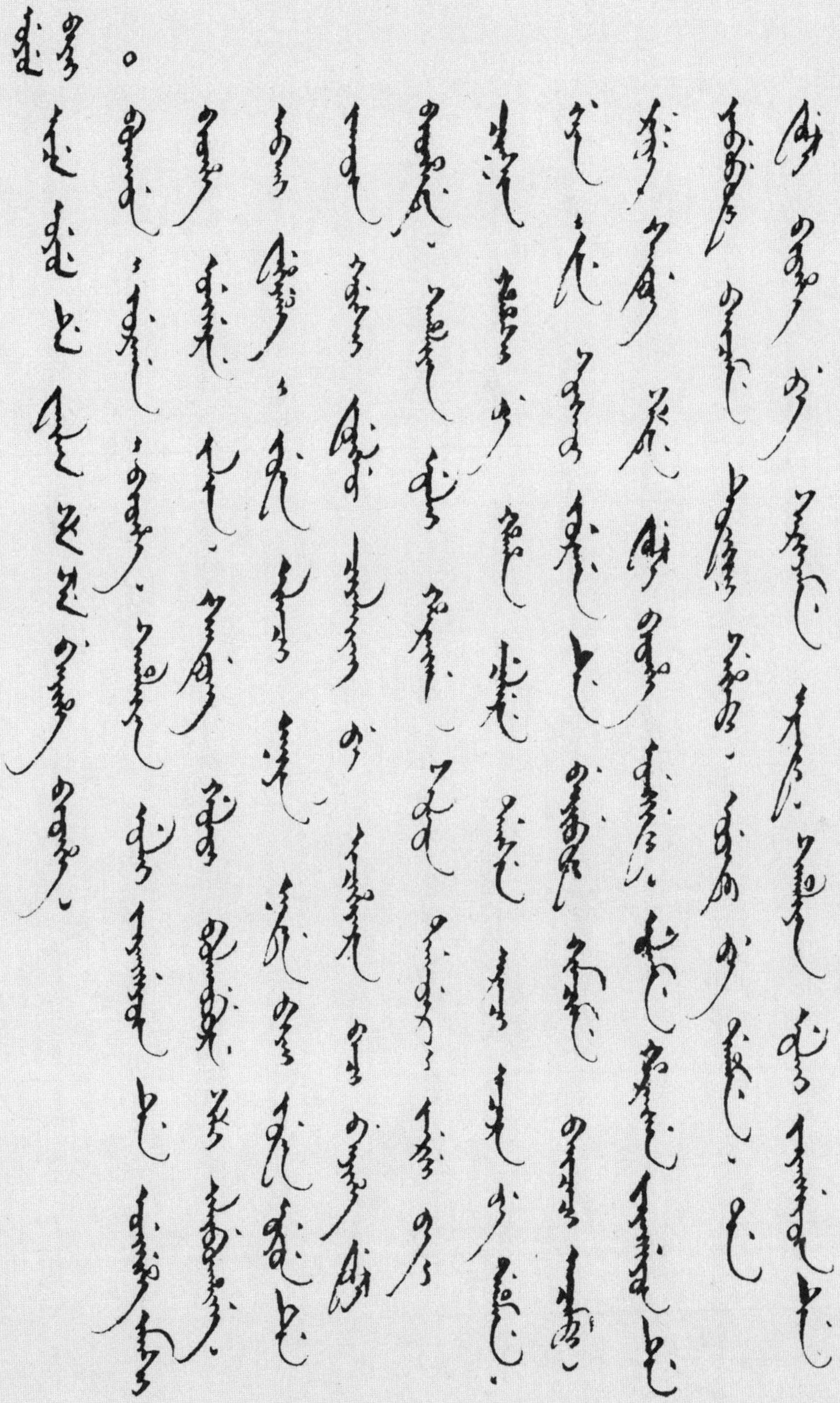

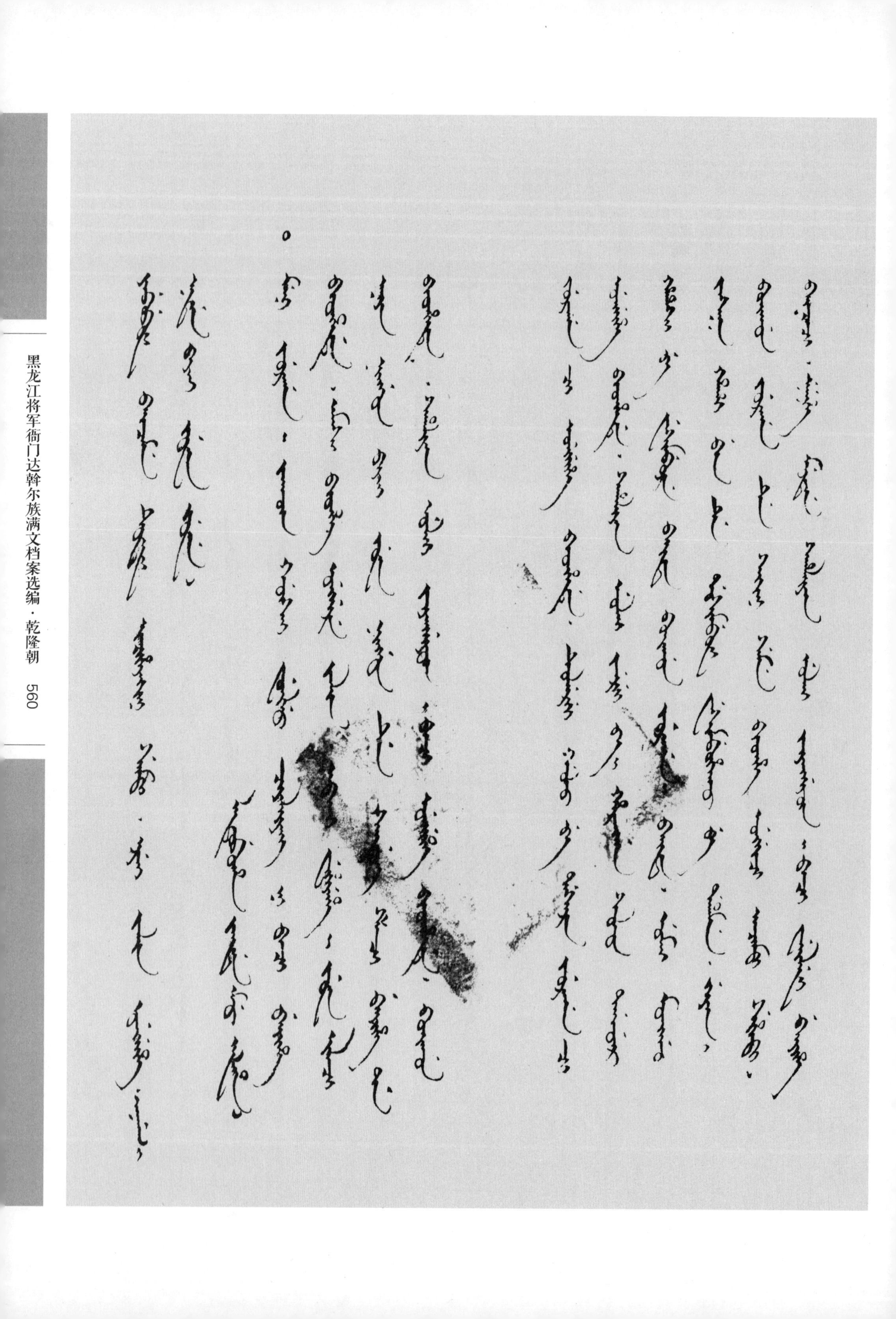

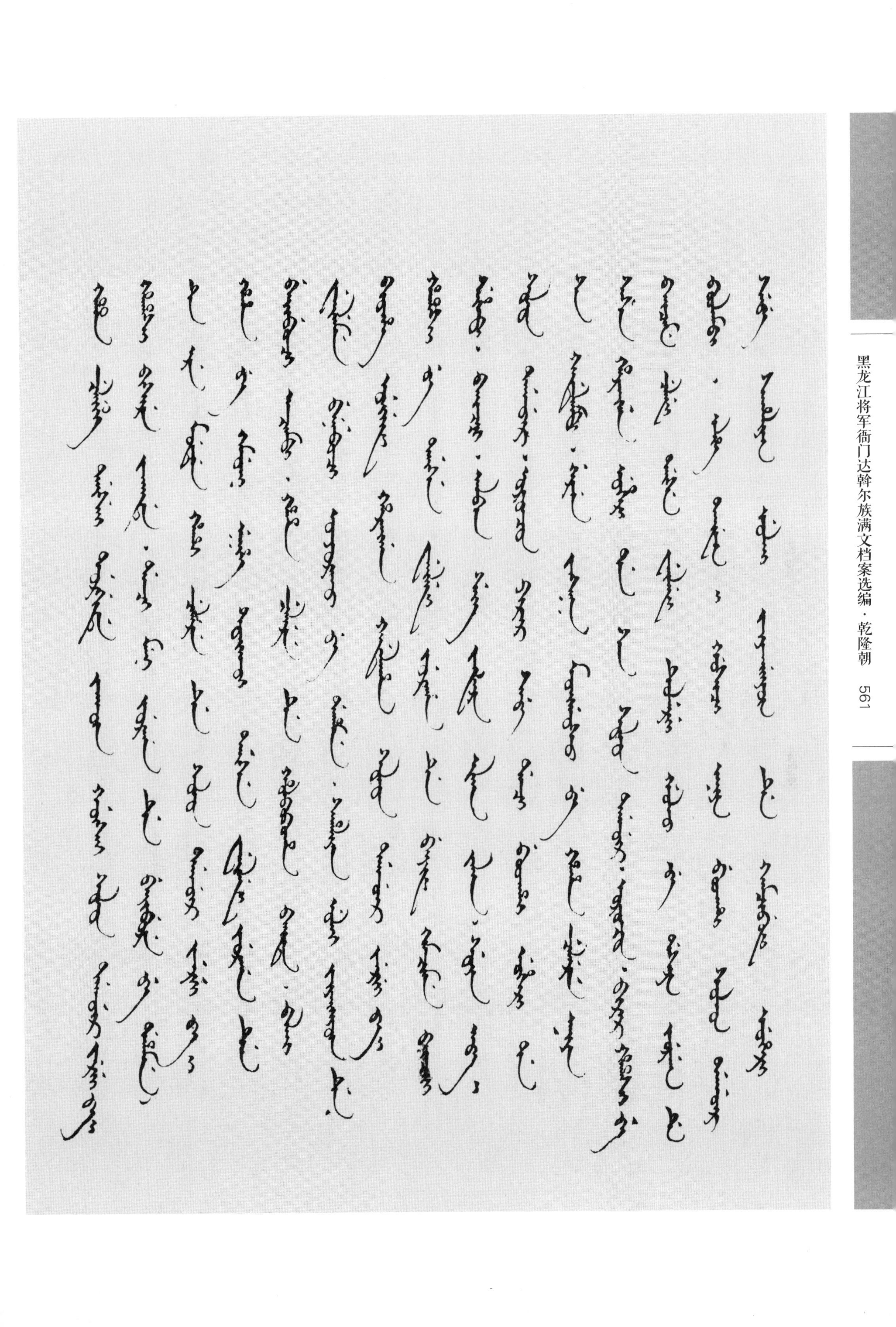

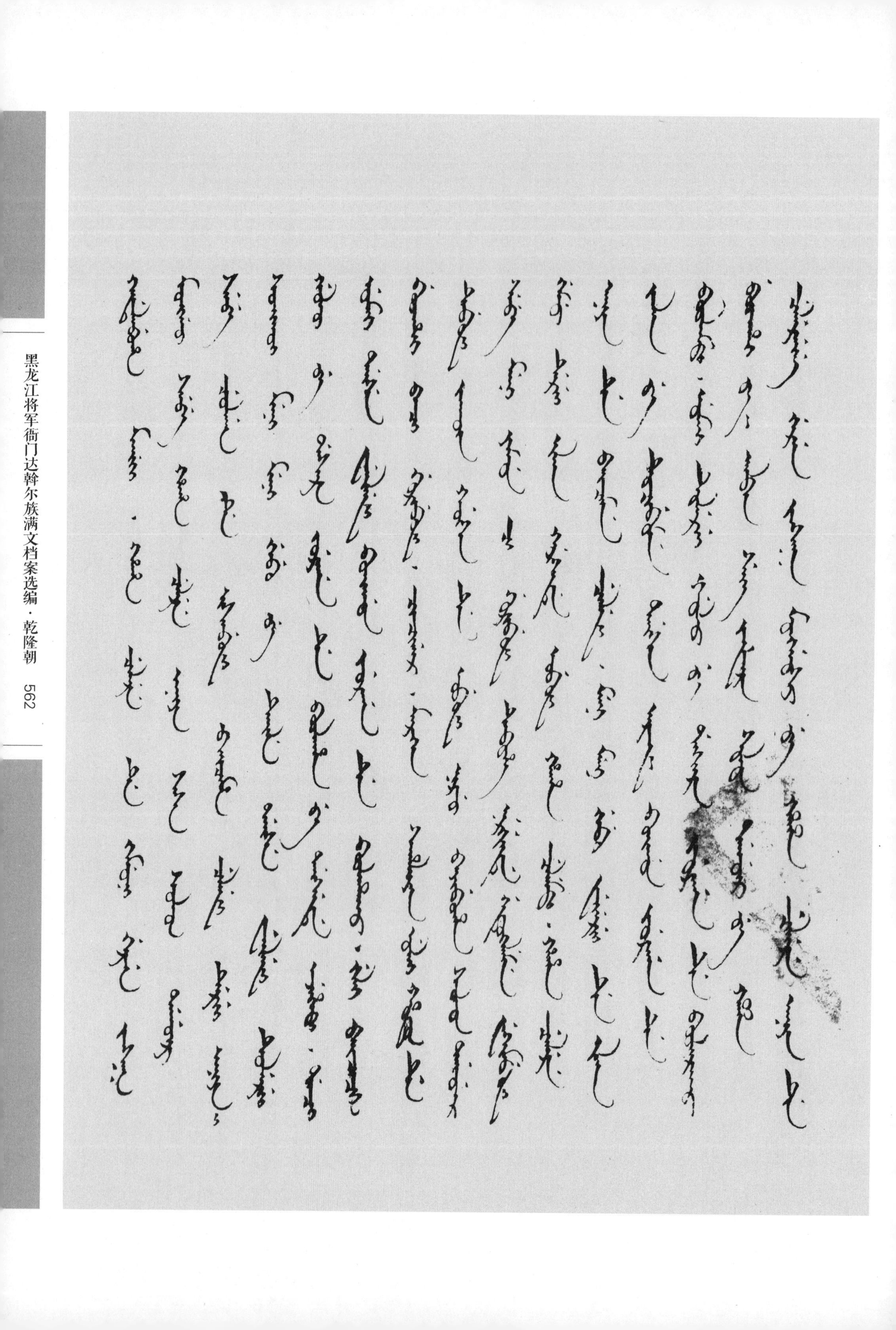

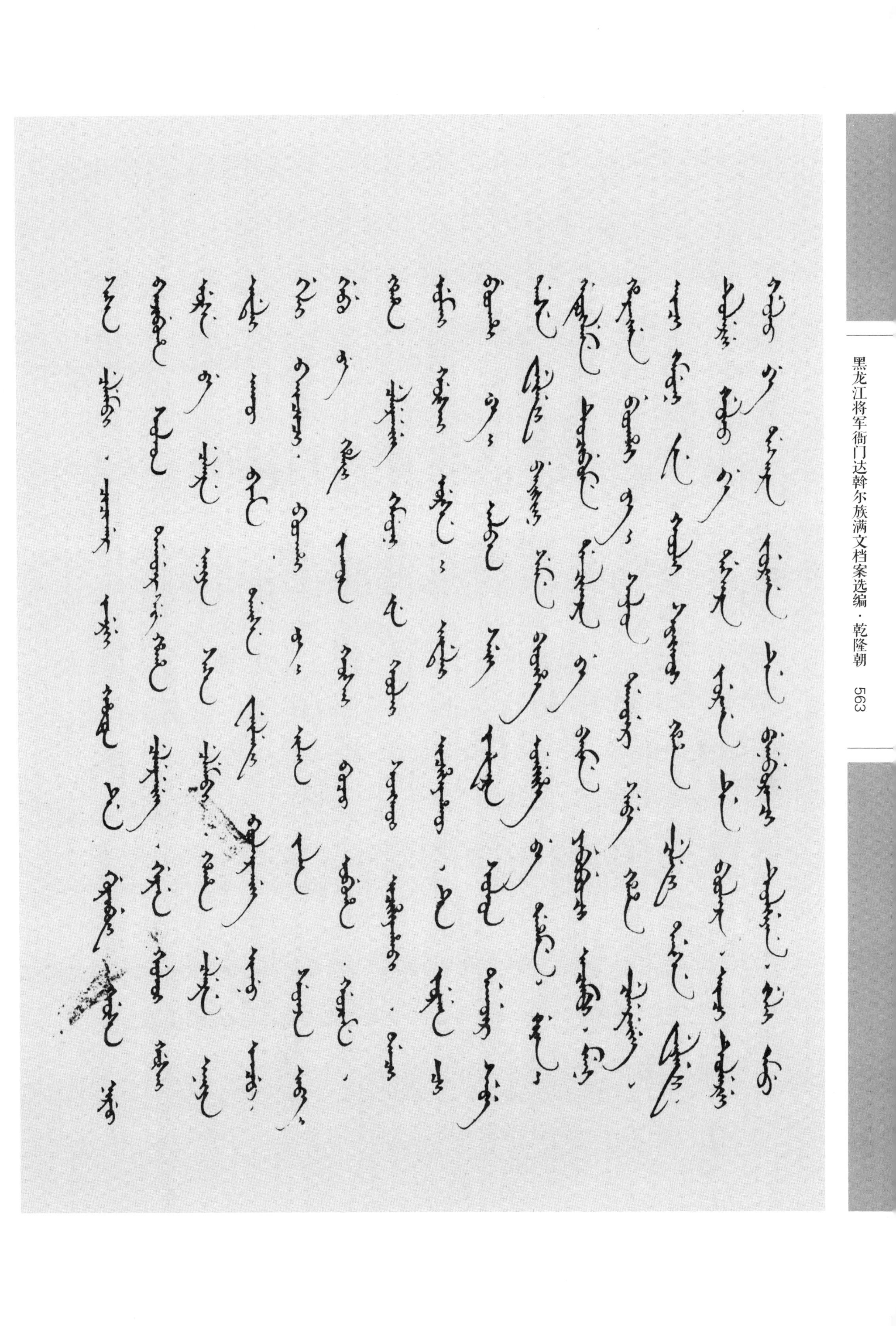

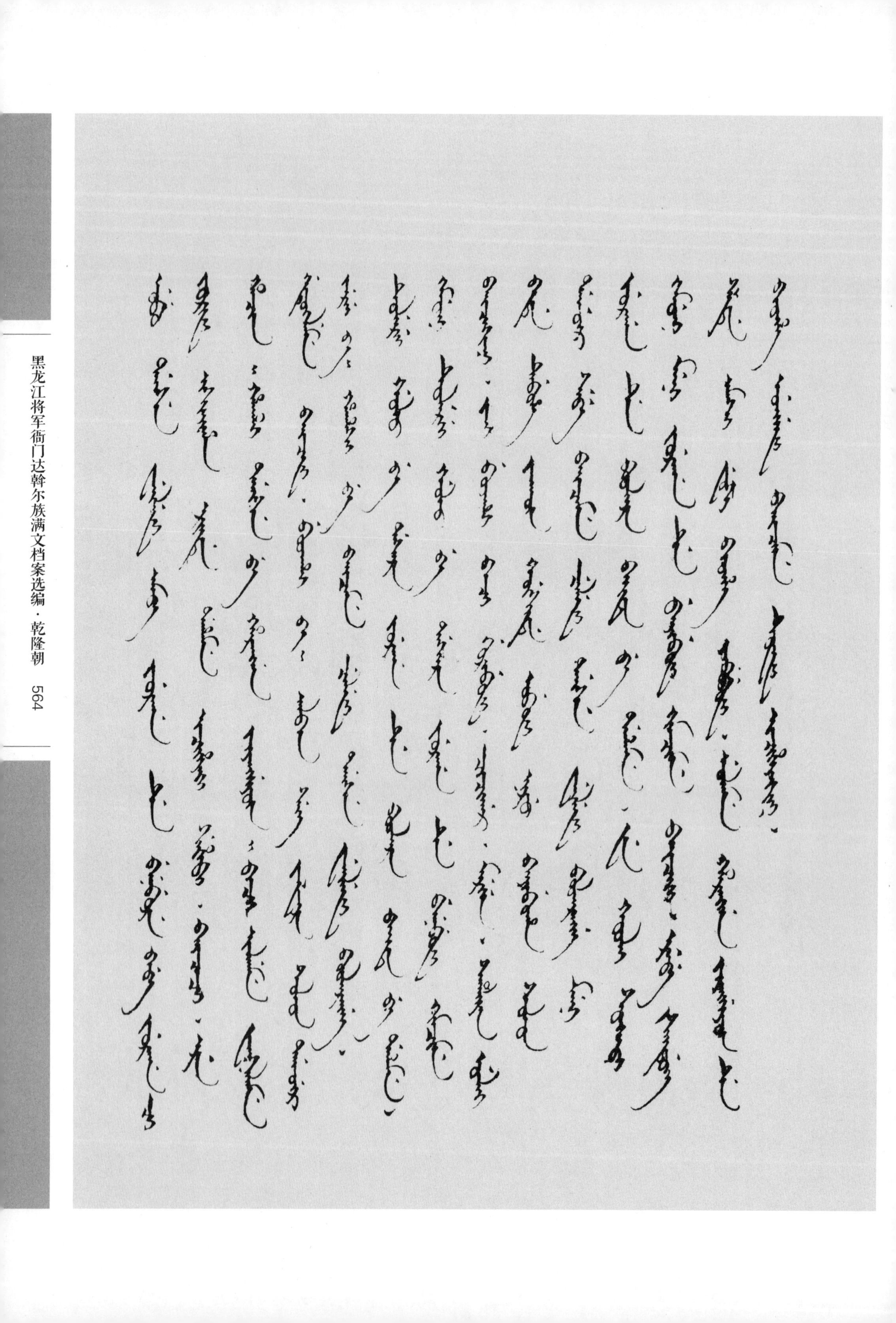

[illegible]

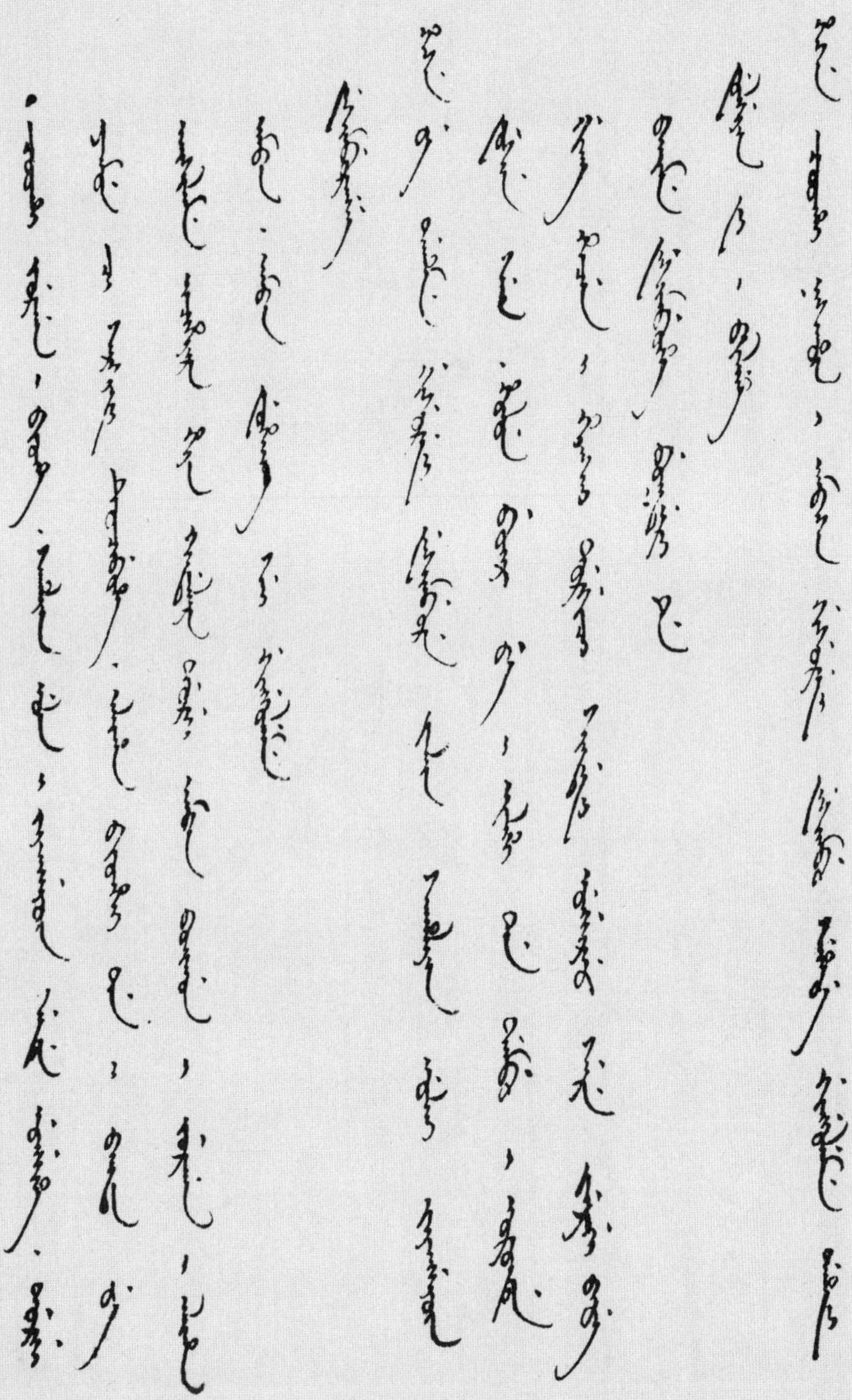

乾隆十三年十月十一日

五二七 兵部为呼伦贝尔副总管丹布出缺自京城索伦达斡尔等侍卫内拣员引见补放事咨黑龙江将军等文

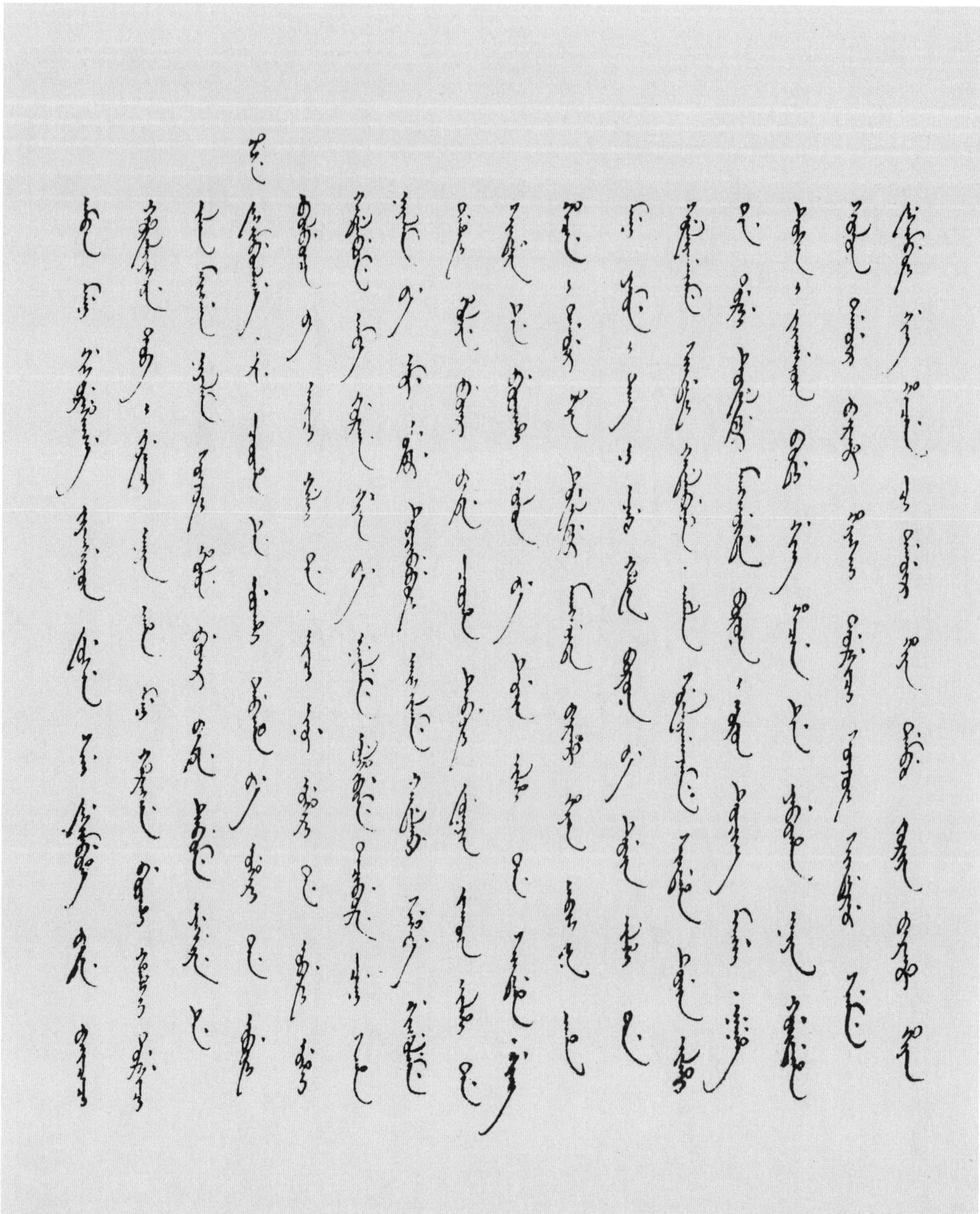

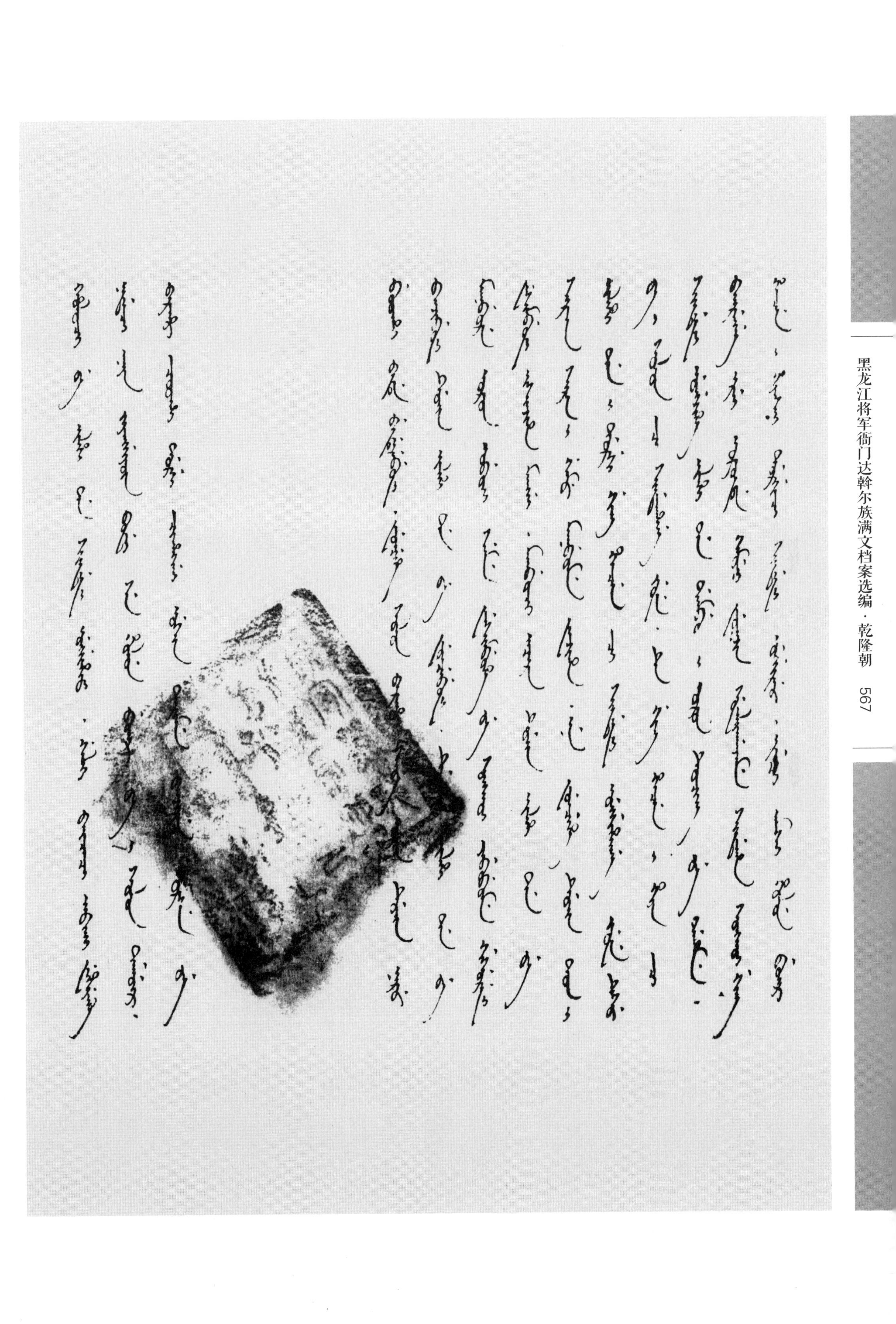

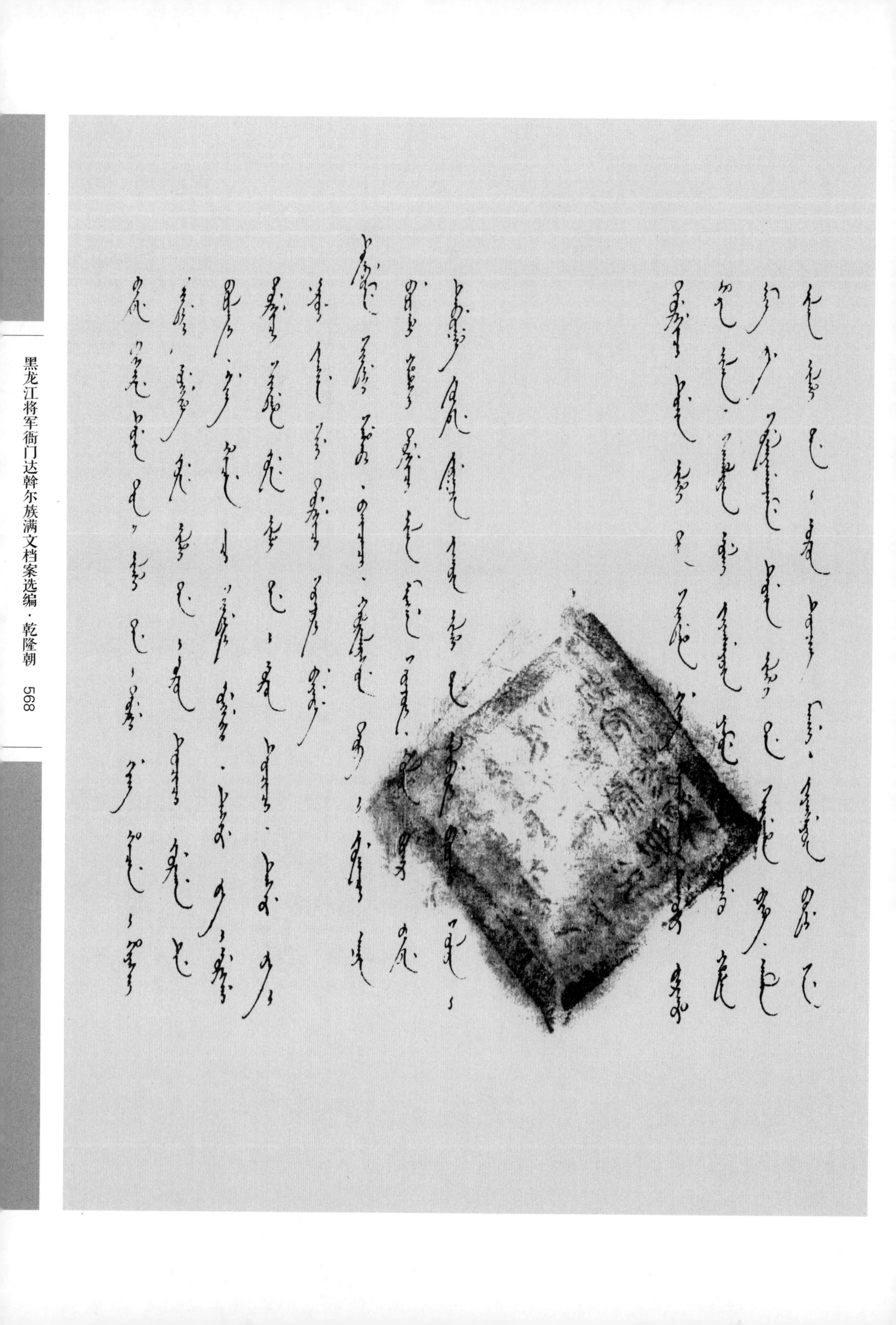

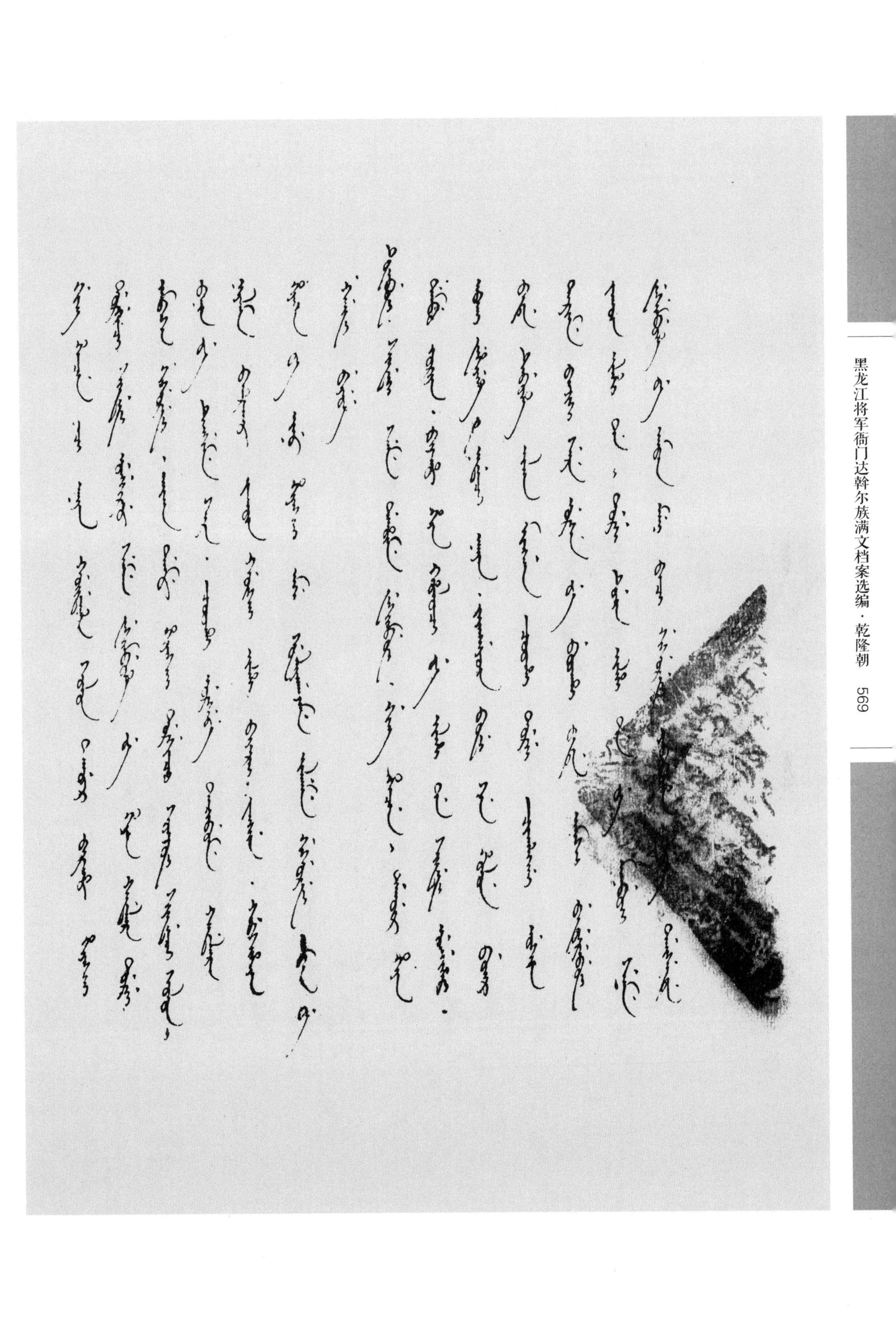

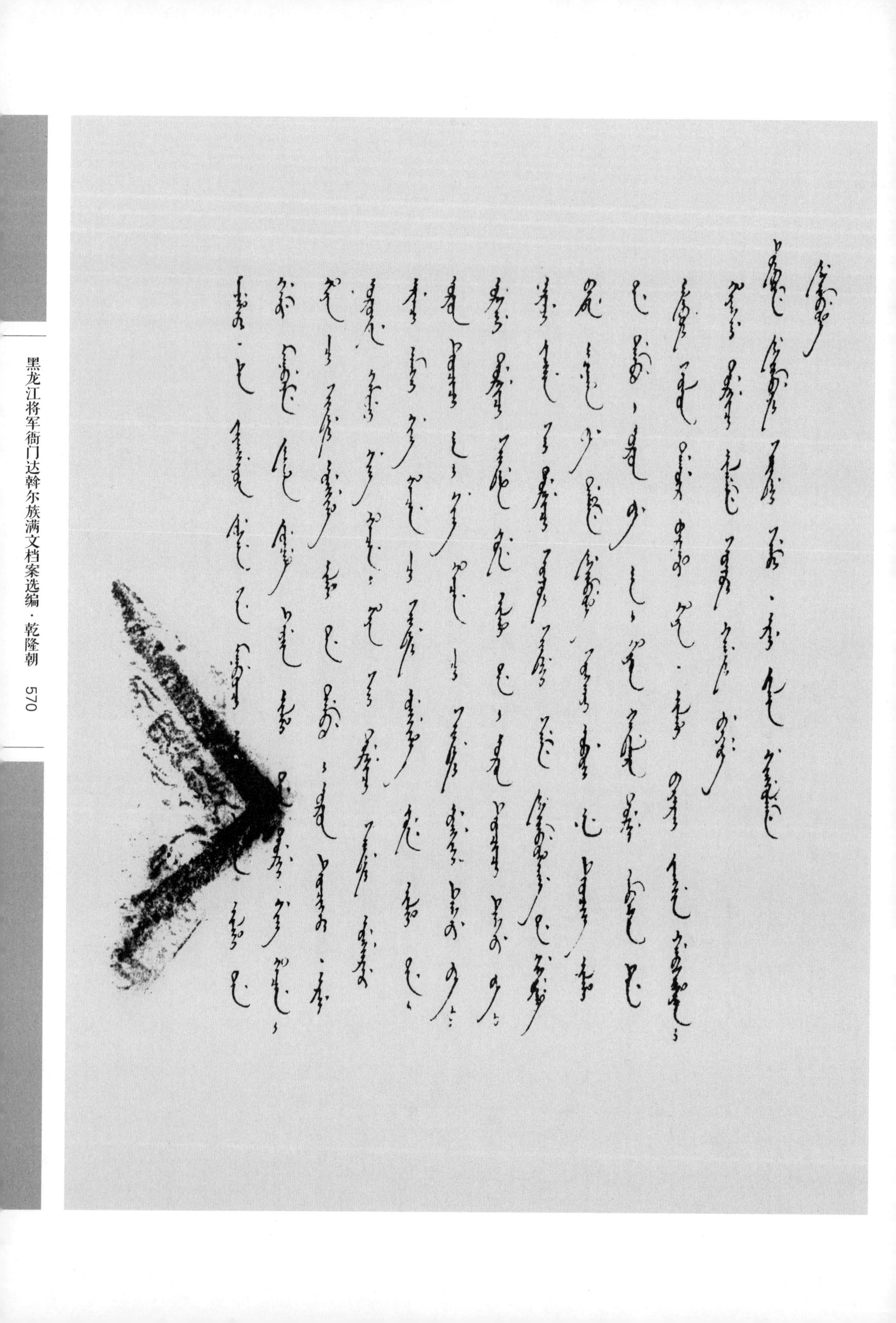

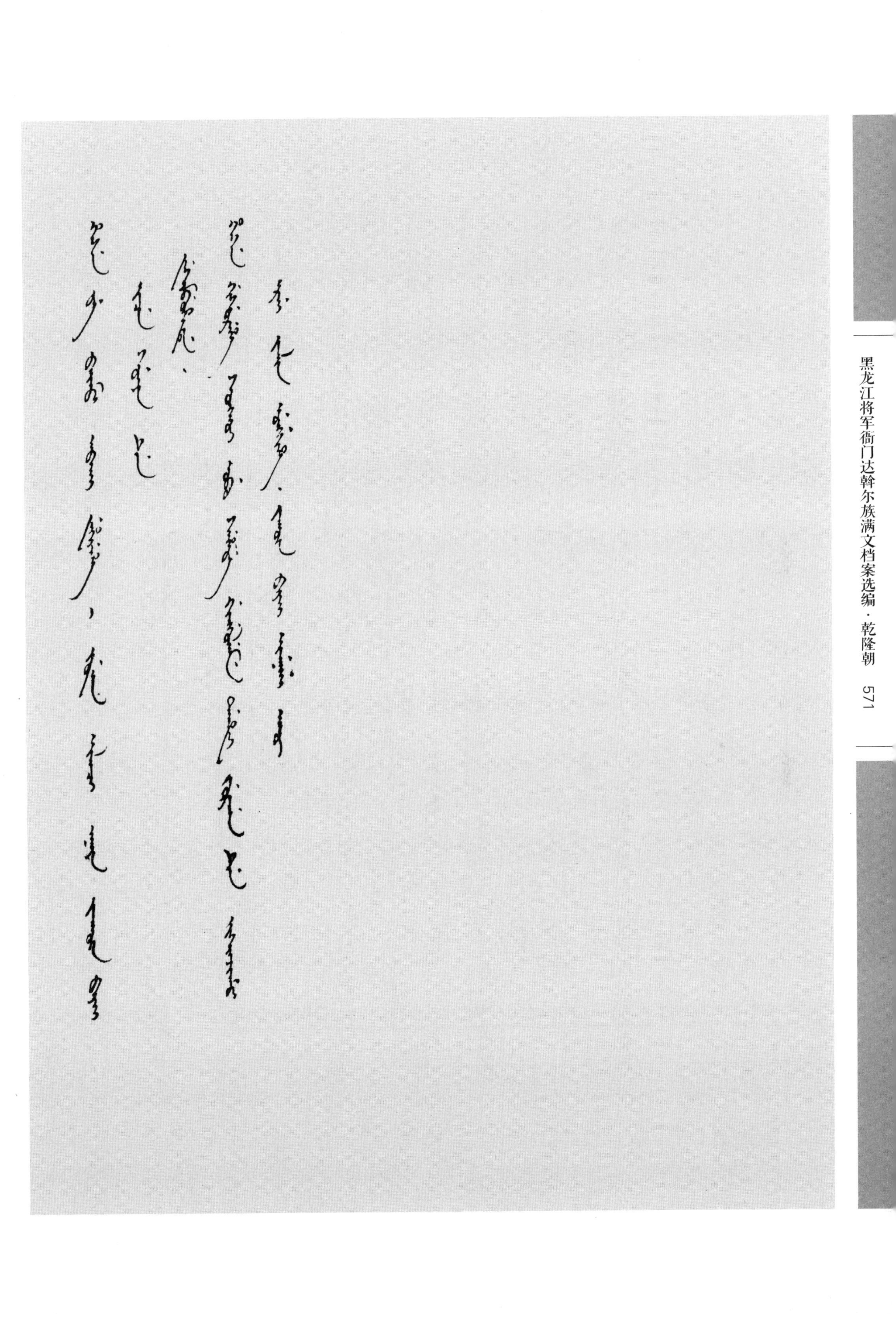

五二八　黑龙江将军傅森题遵旨选派索伦达斡尔等官兵从速启程赴京出征金川本

乾隆十三年十一月初一日

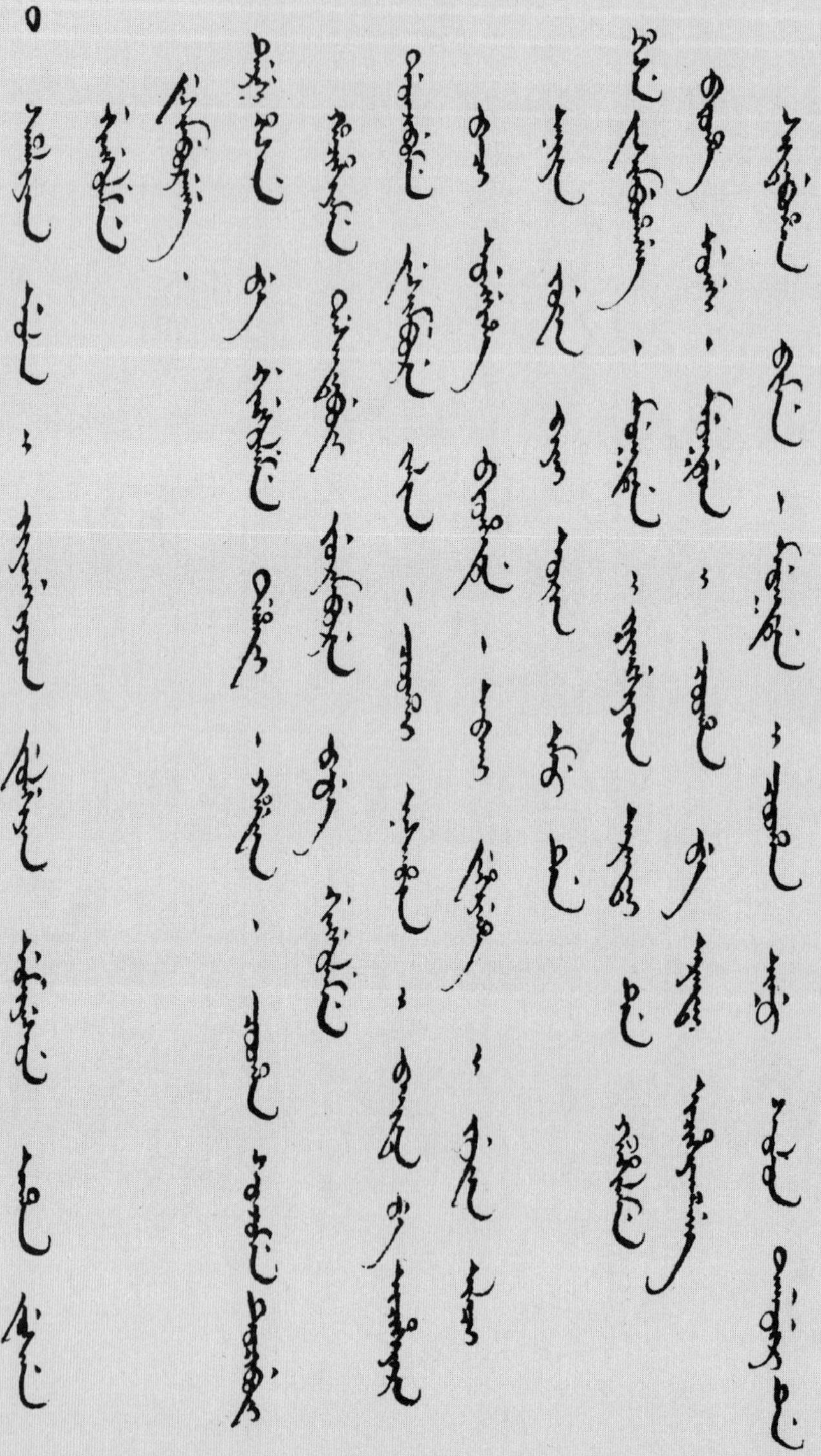

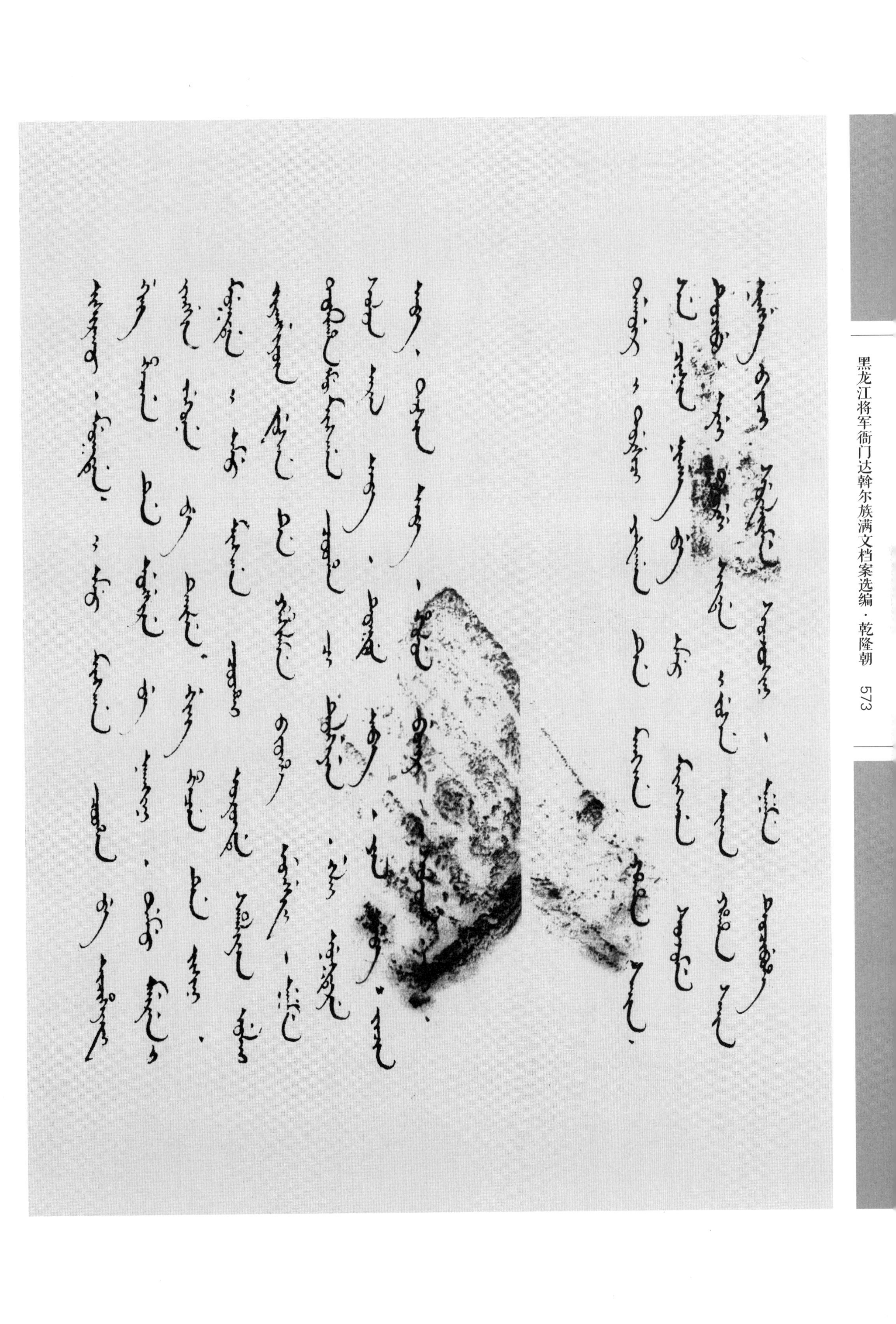

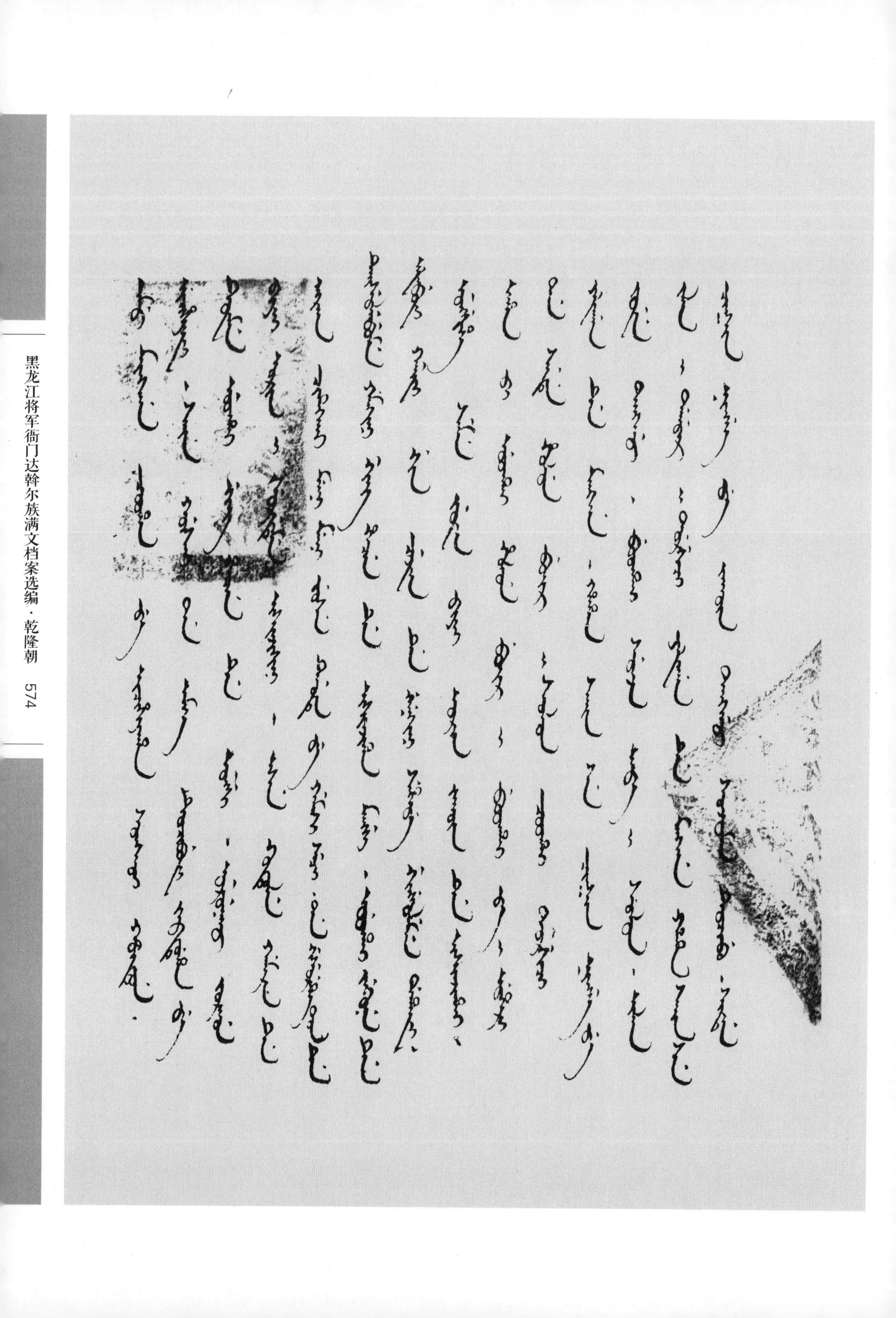

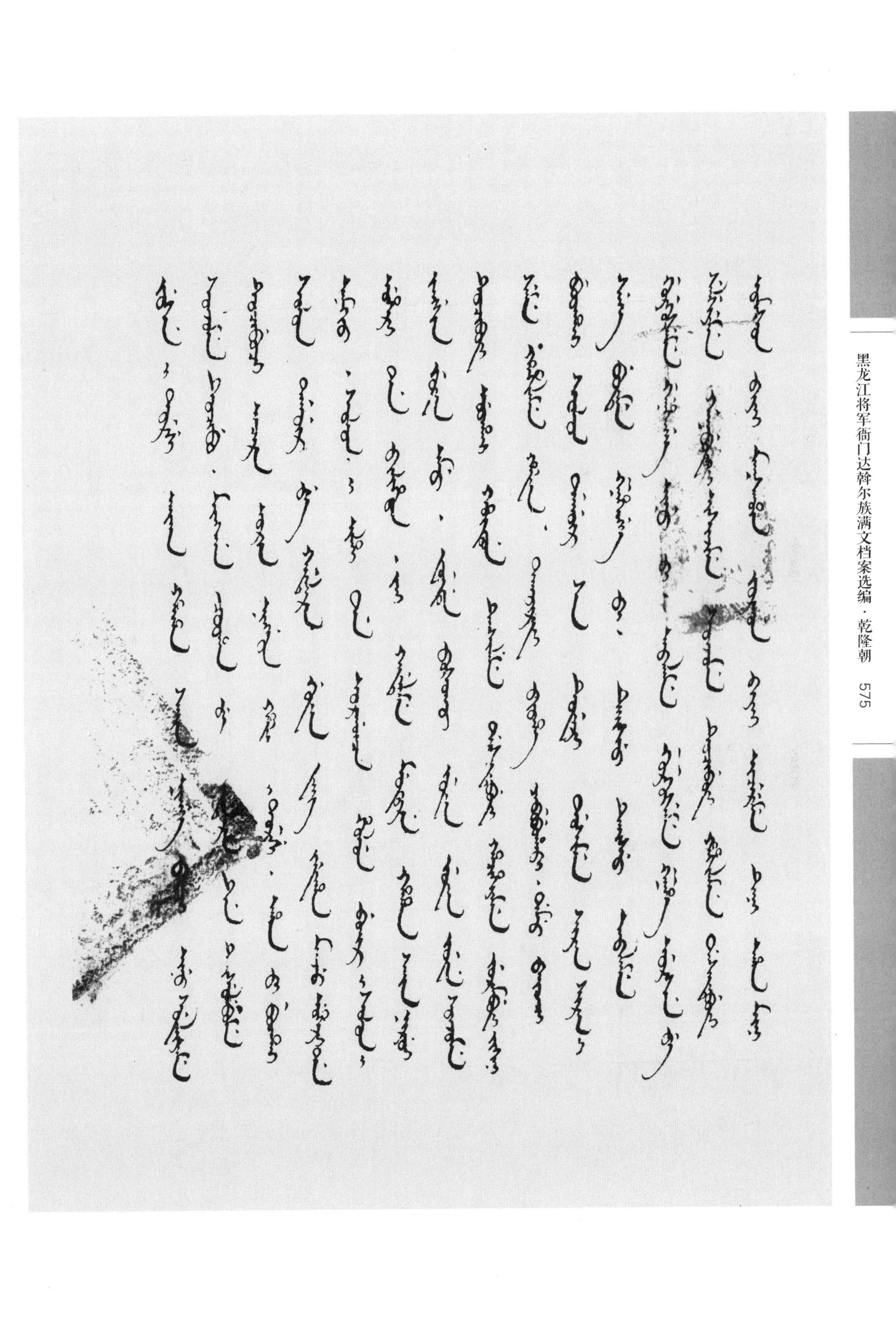

[illegible]

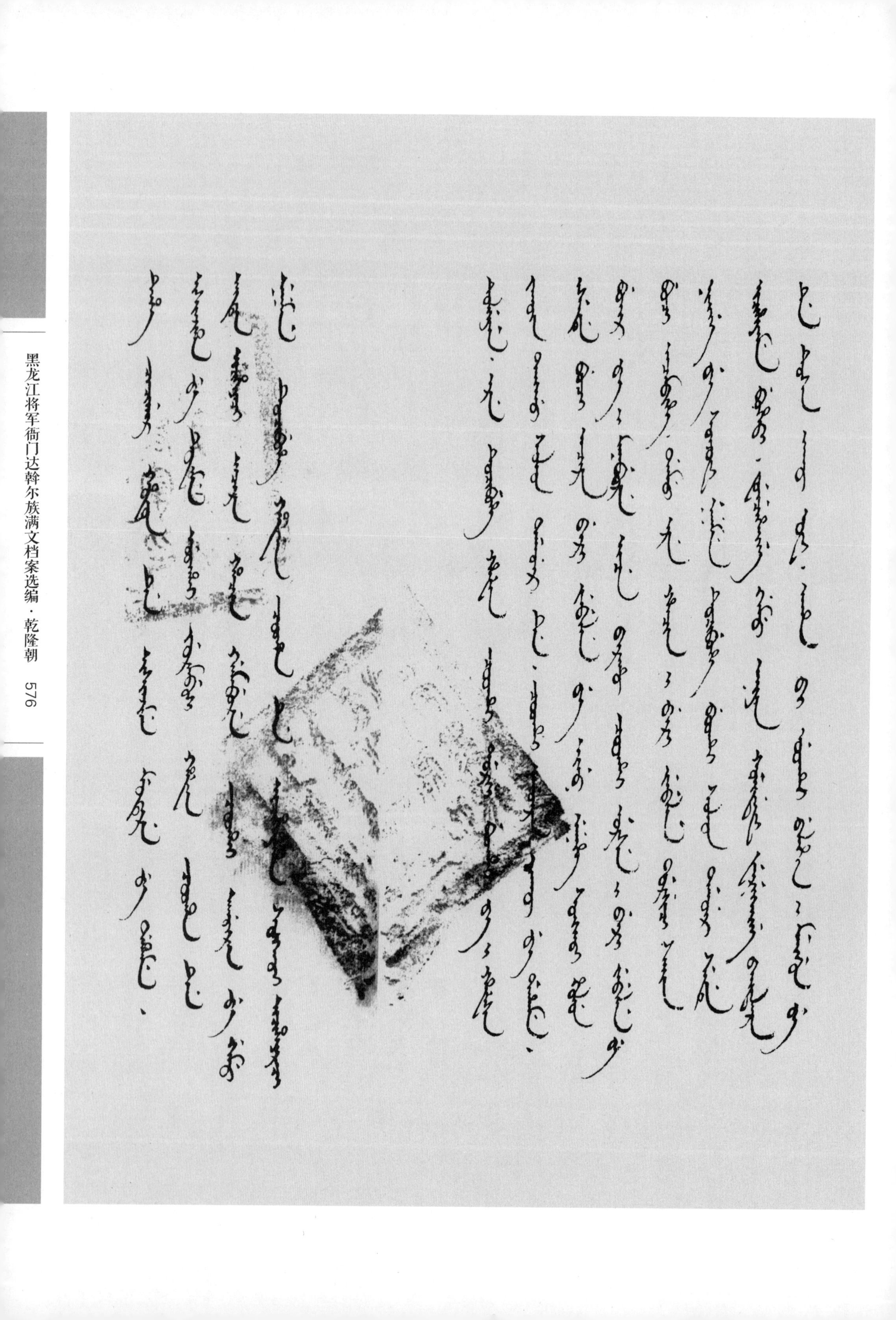

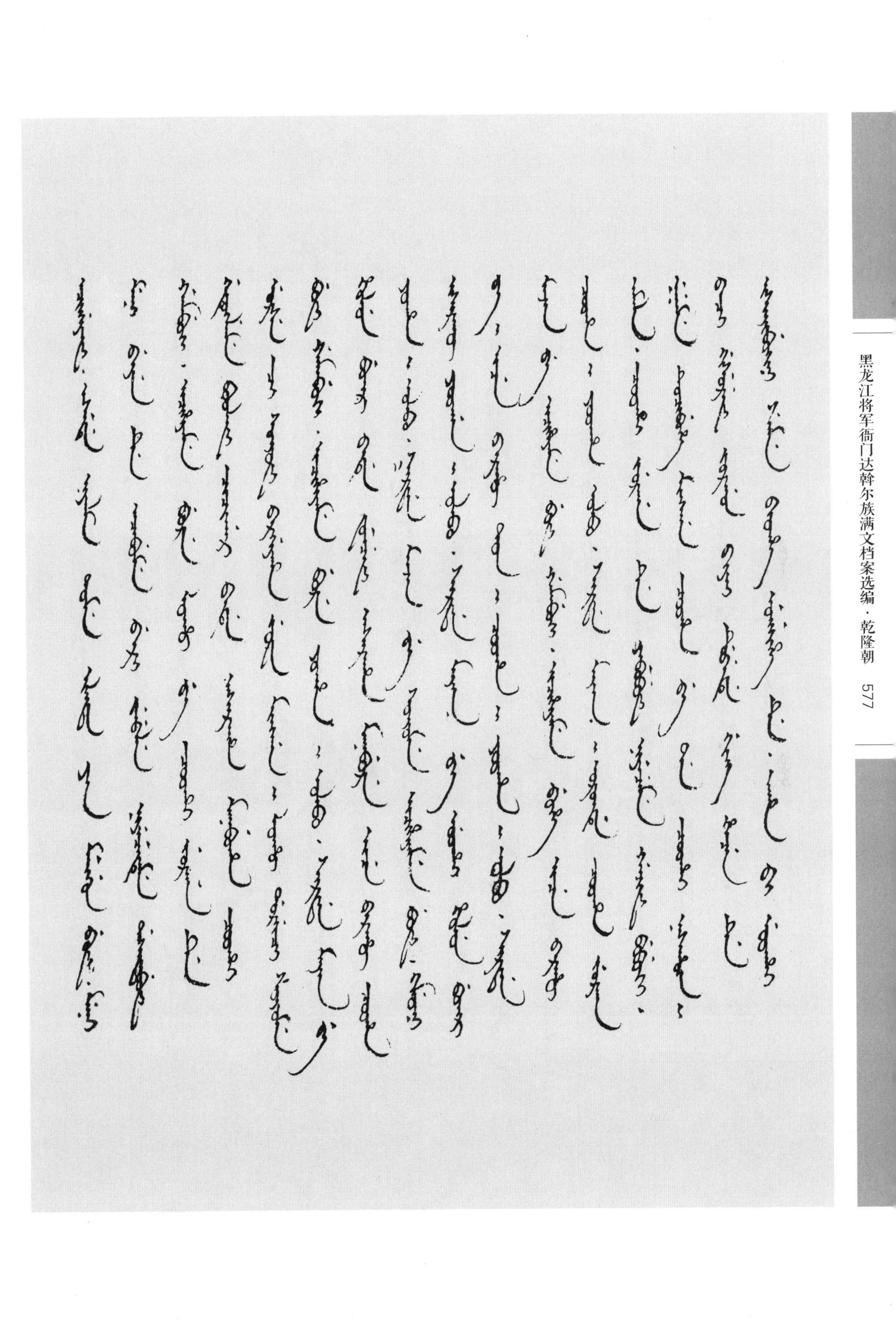

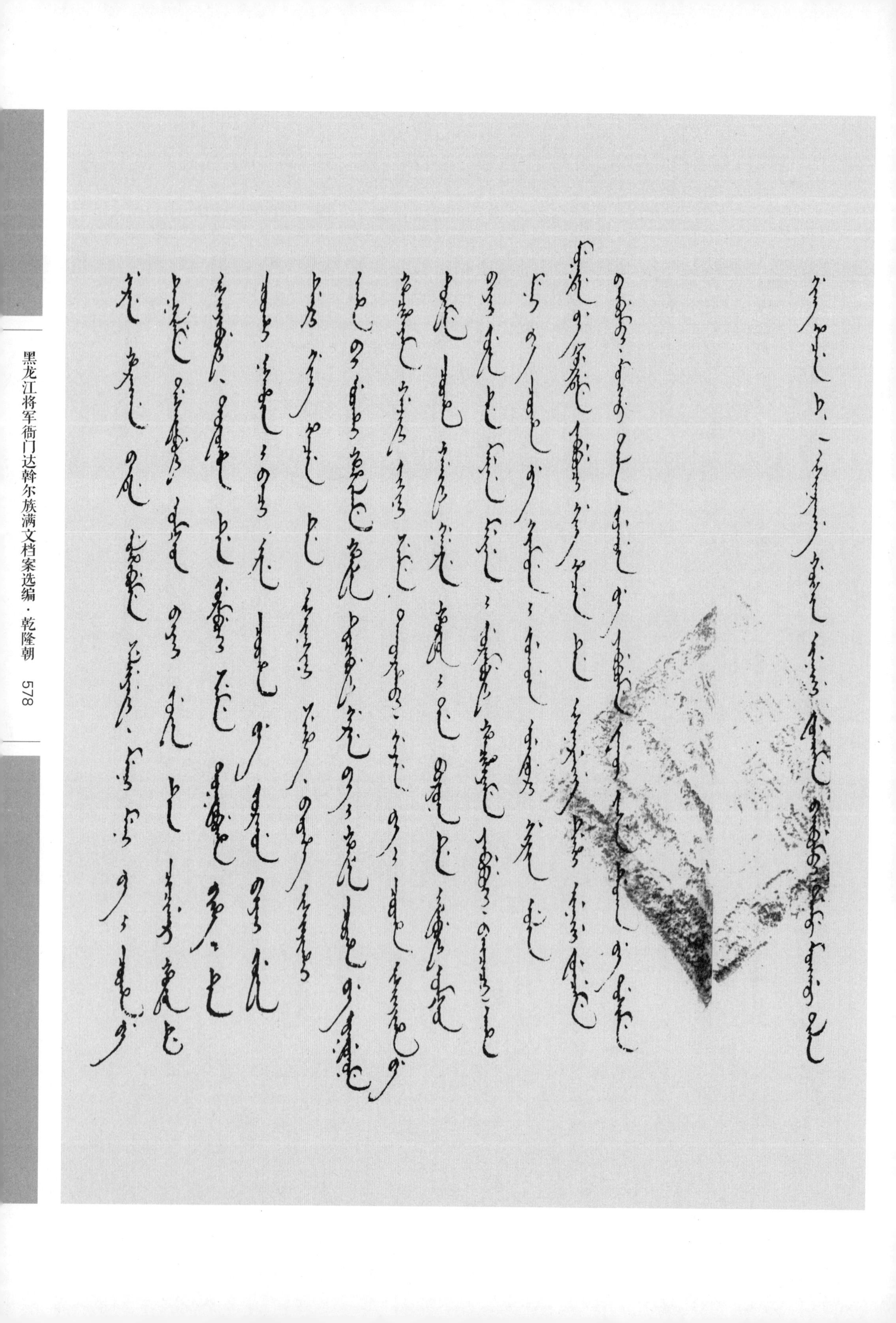

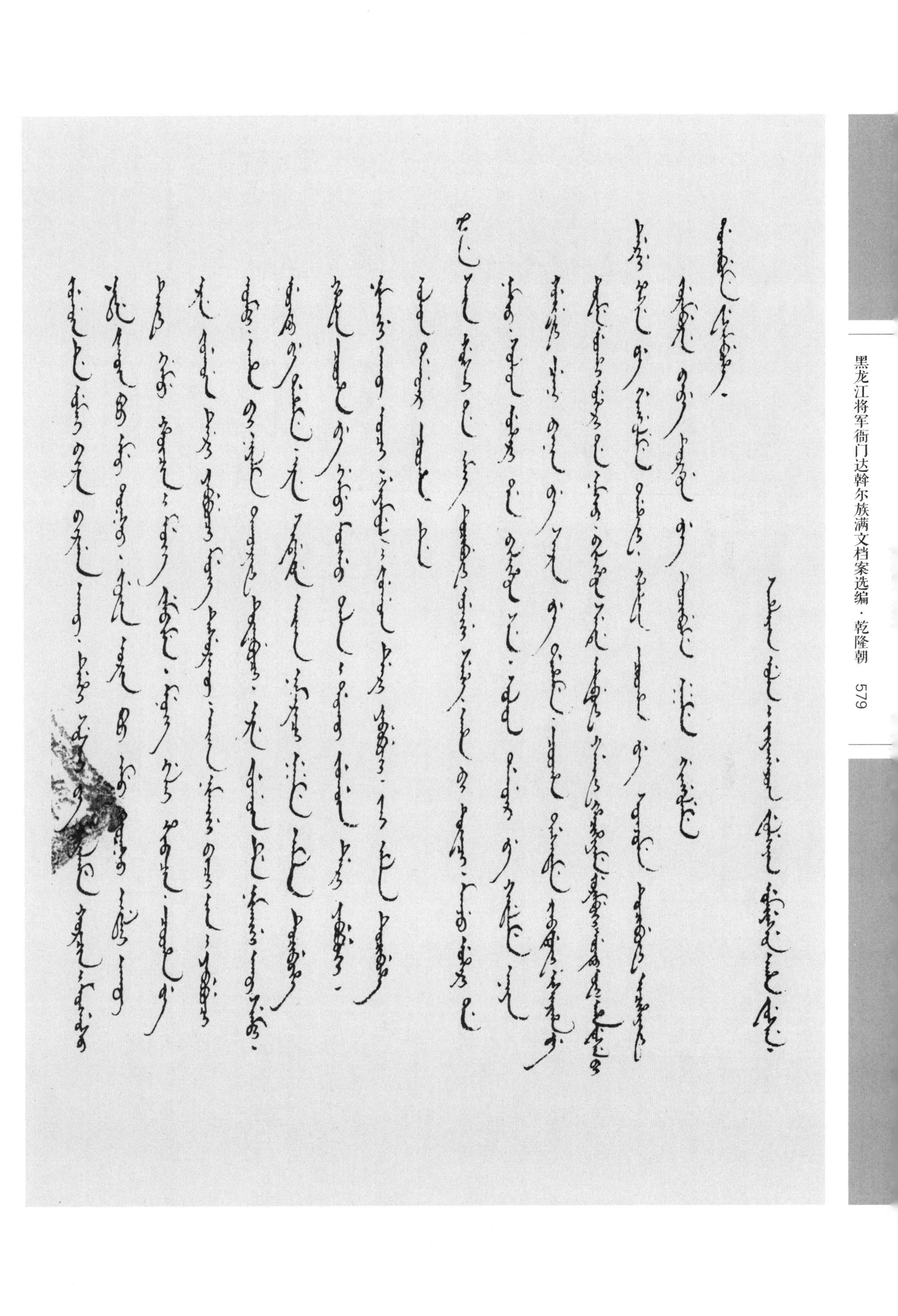

五二九　户部为遵旨令选派黑龙江索伦达斡尔官兵赶赴金川事咨黑龙江将军文（附抄谕一件）

乾隆十三年十一月初三日

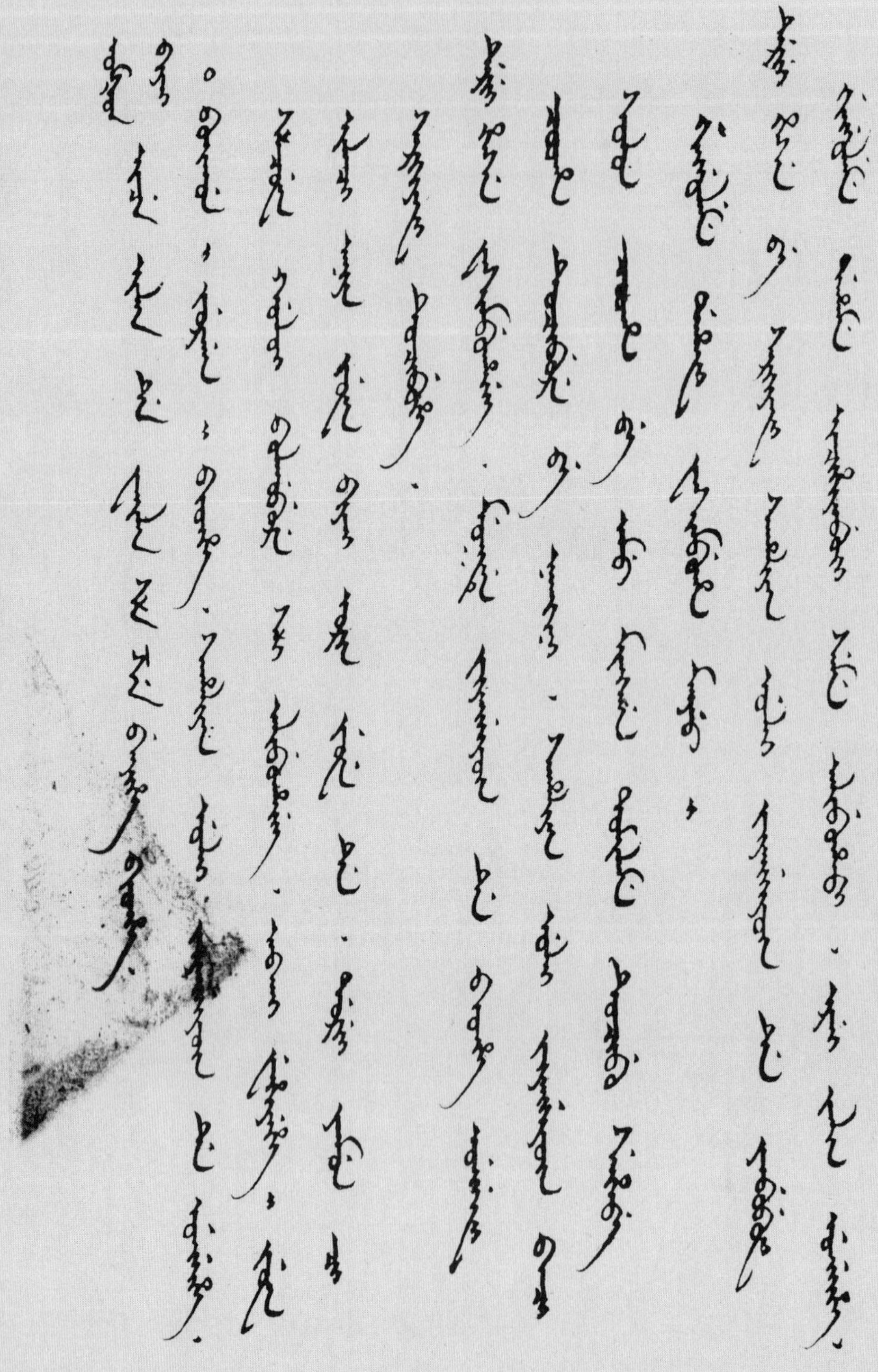

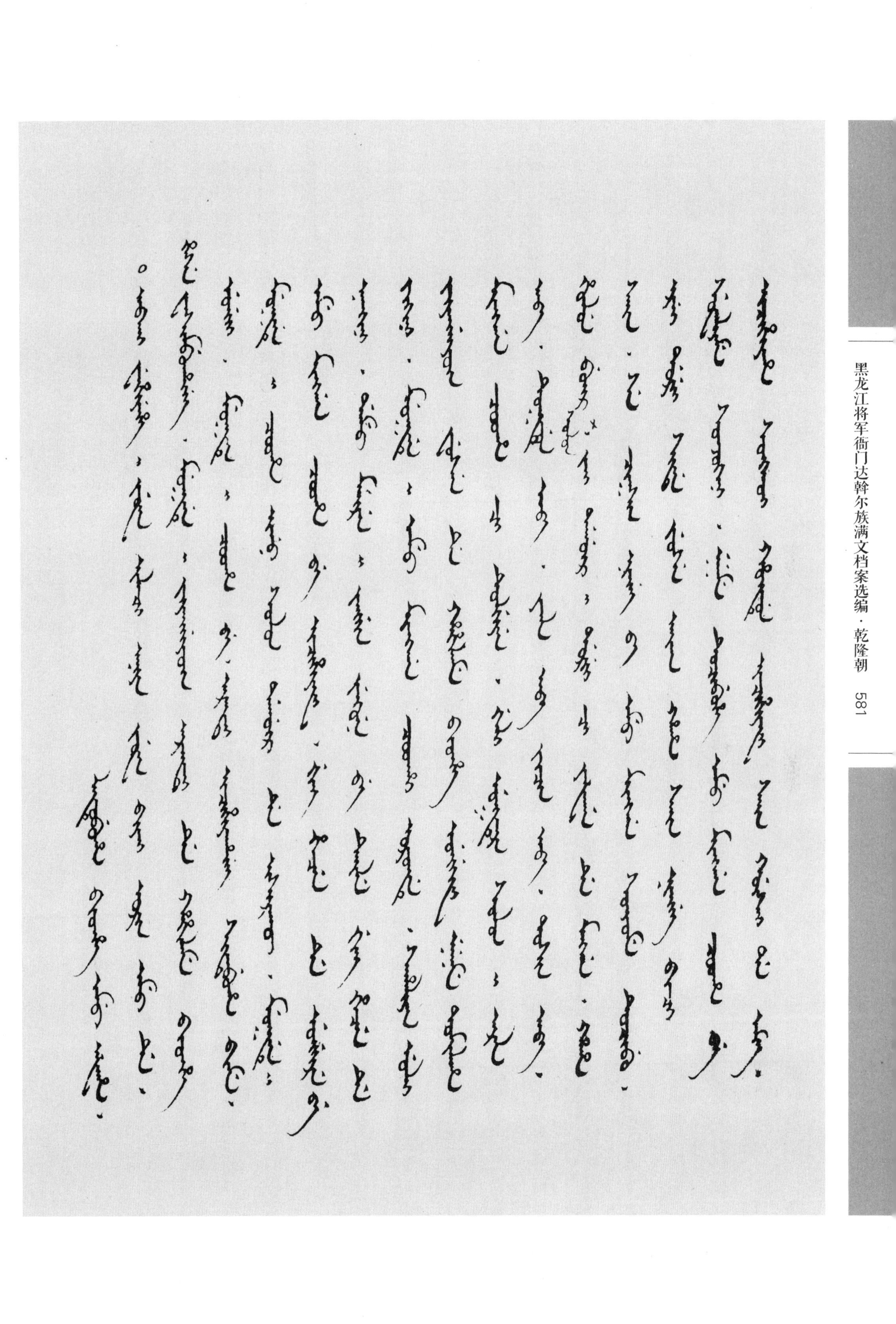

[illegible]

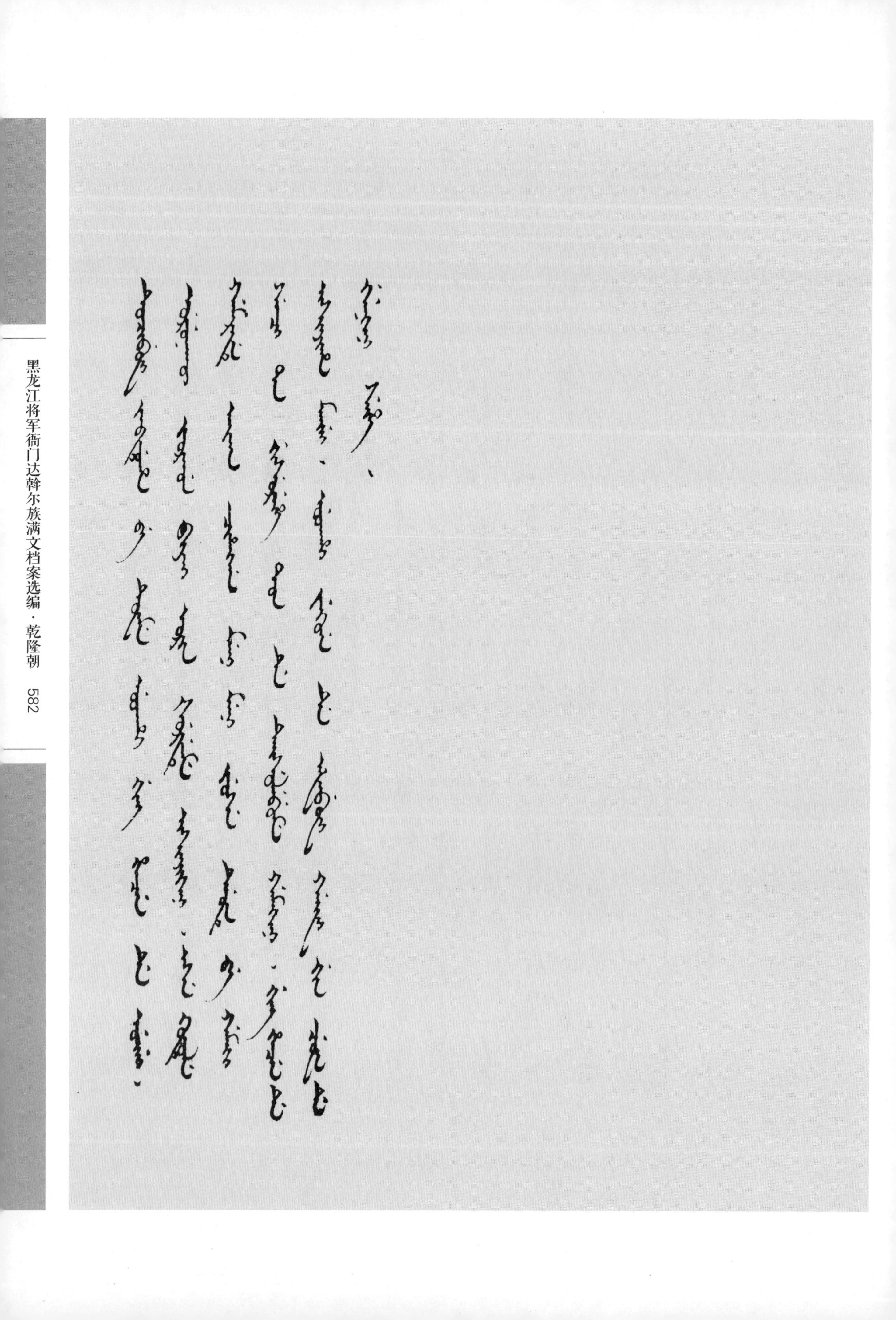

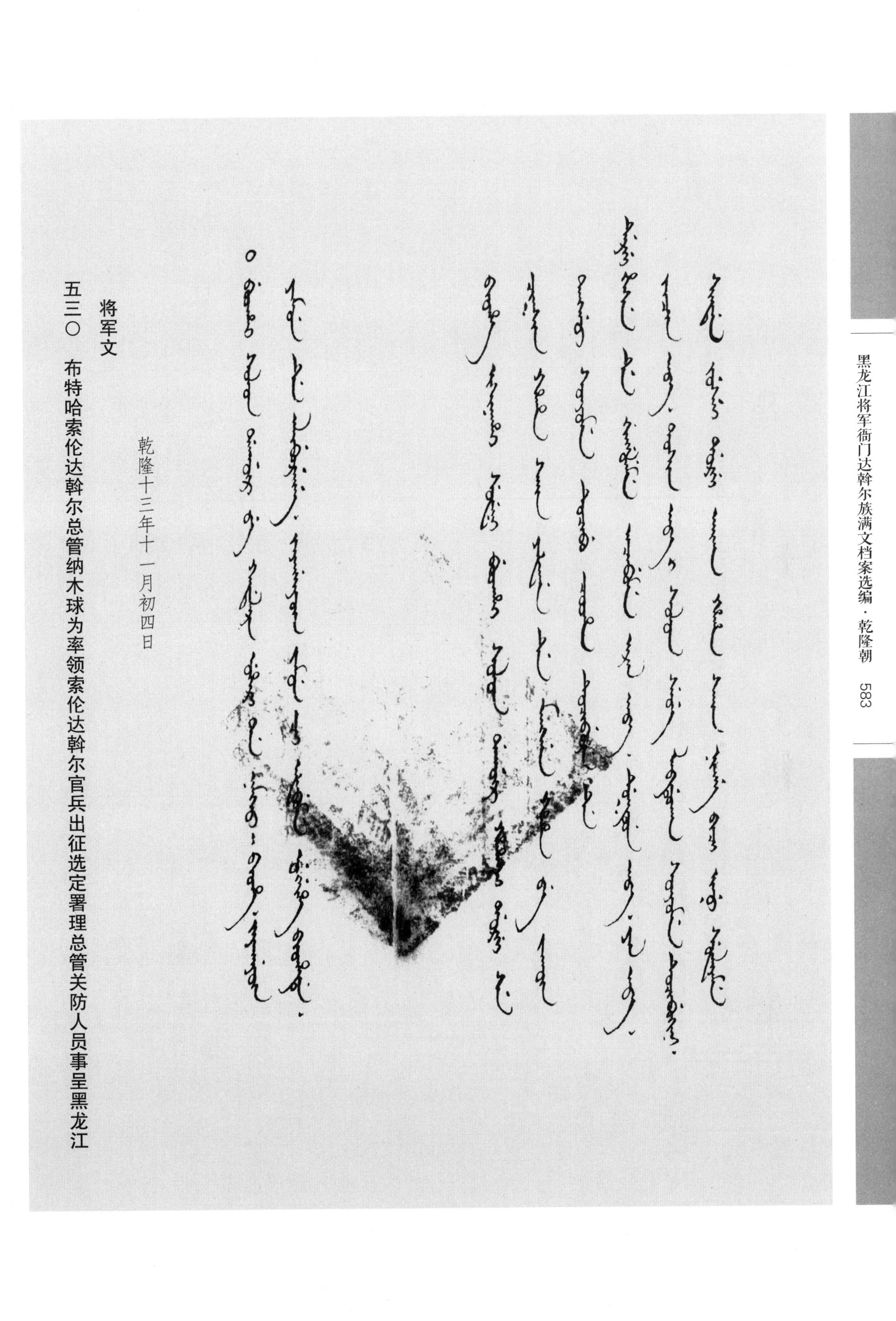

五三〇 布特哈索伦达斡尔总管纳木球为率领索伦达斡尔官兵出征选定署理总管关防人员事呈黑龙江将军文

乾隆十三年十一月初四日

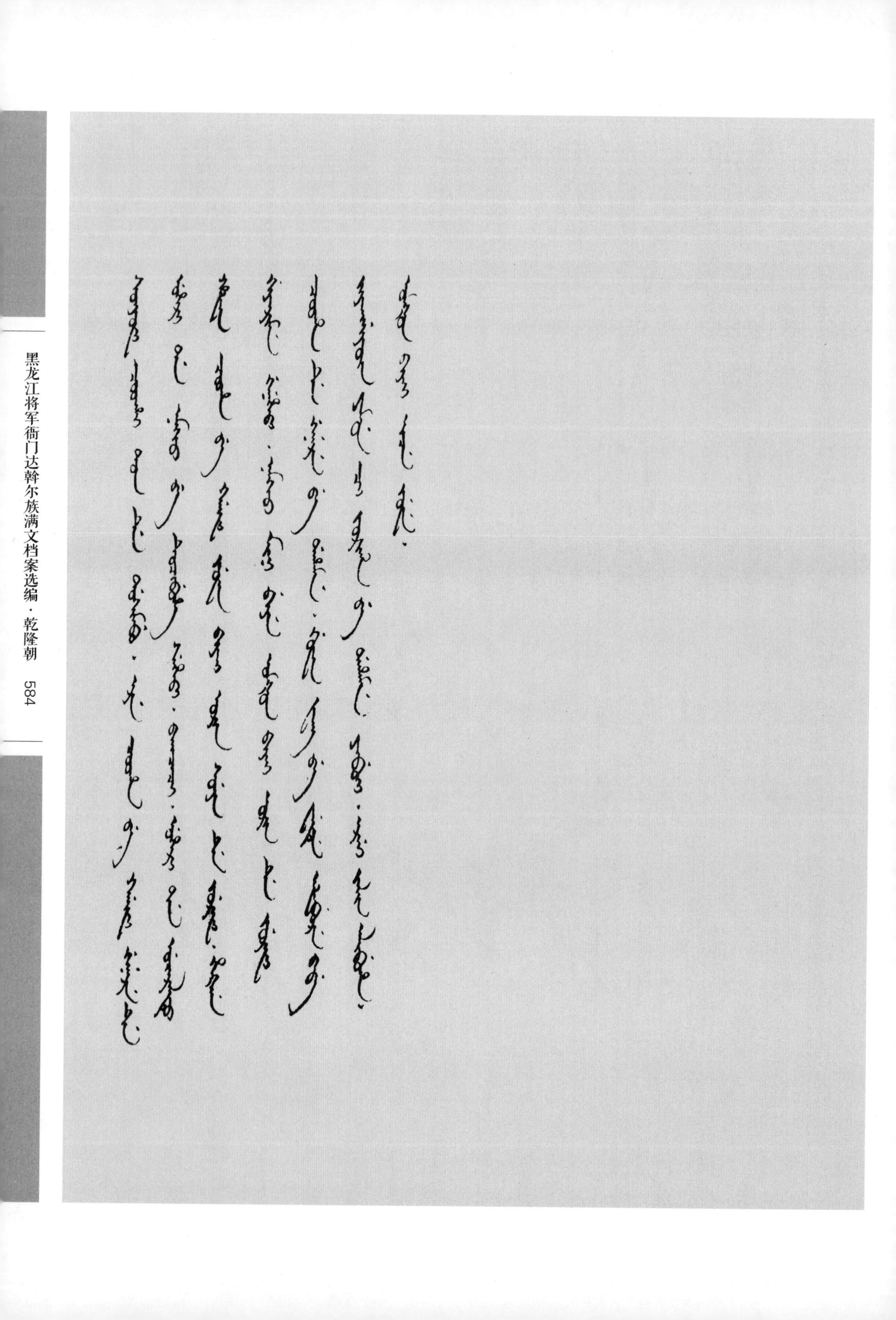

[illegible]

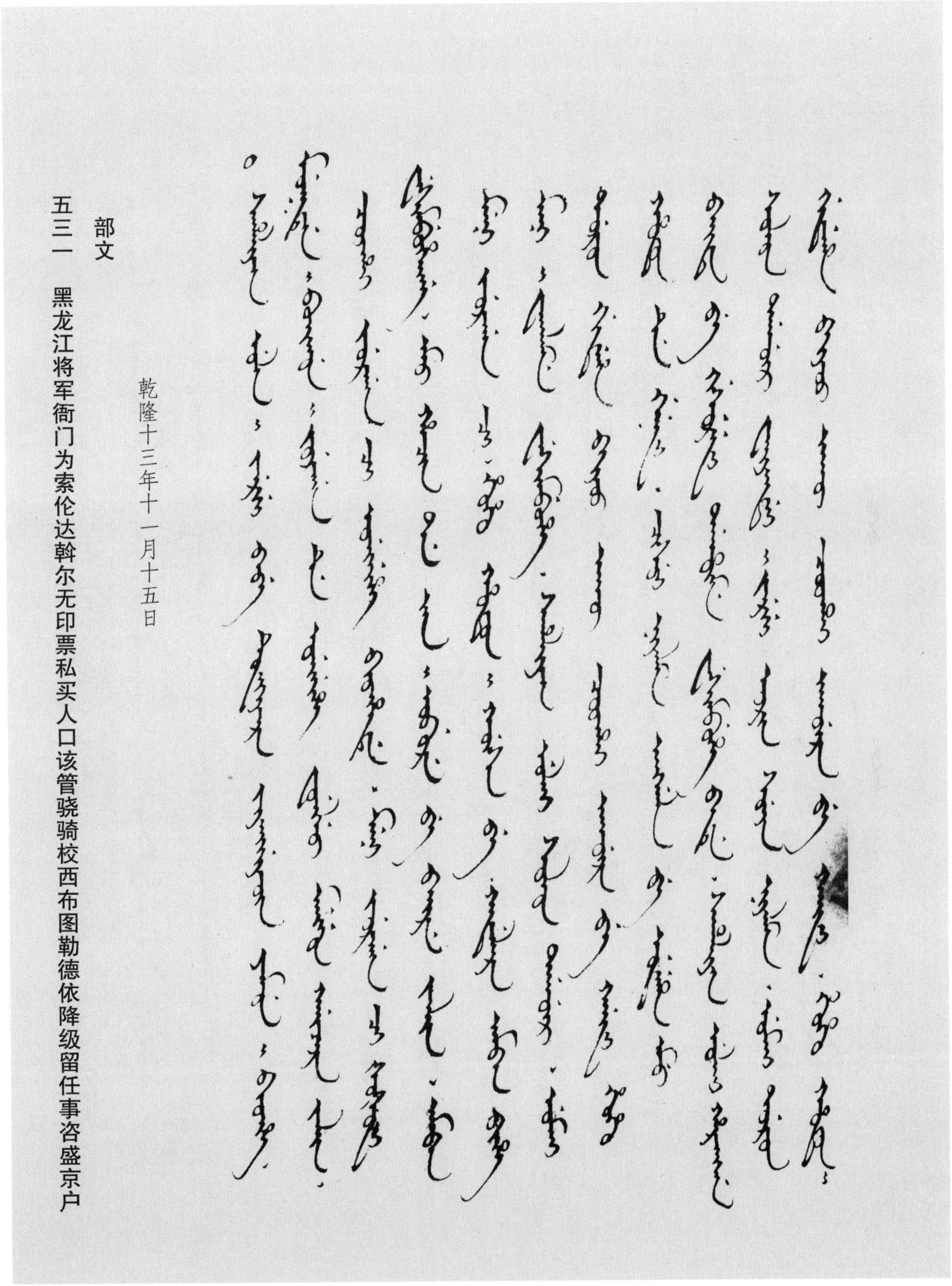

五三一 黑龙江将军衙门为索伦达斡尔无印票私买人口该管骁骑校西布图勒德依降级留任事咨盛京户部文

乾隆十三年十一月十五日

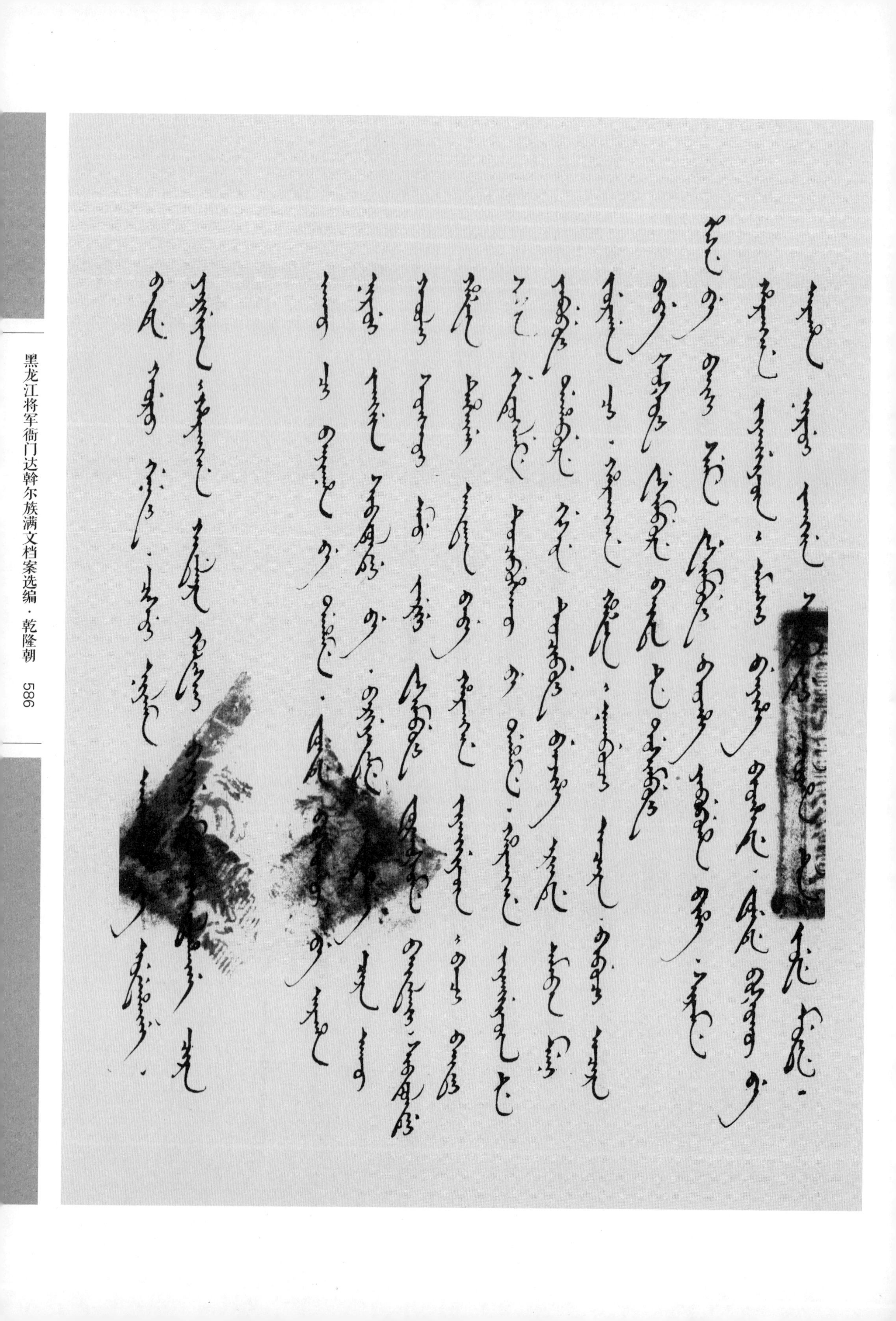

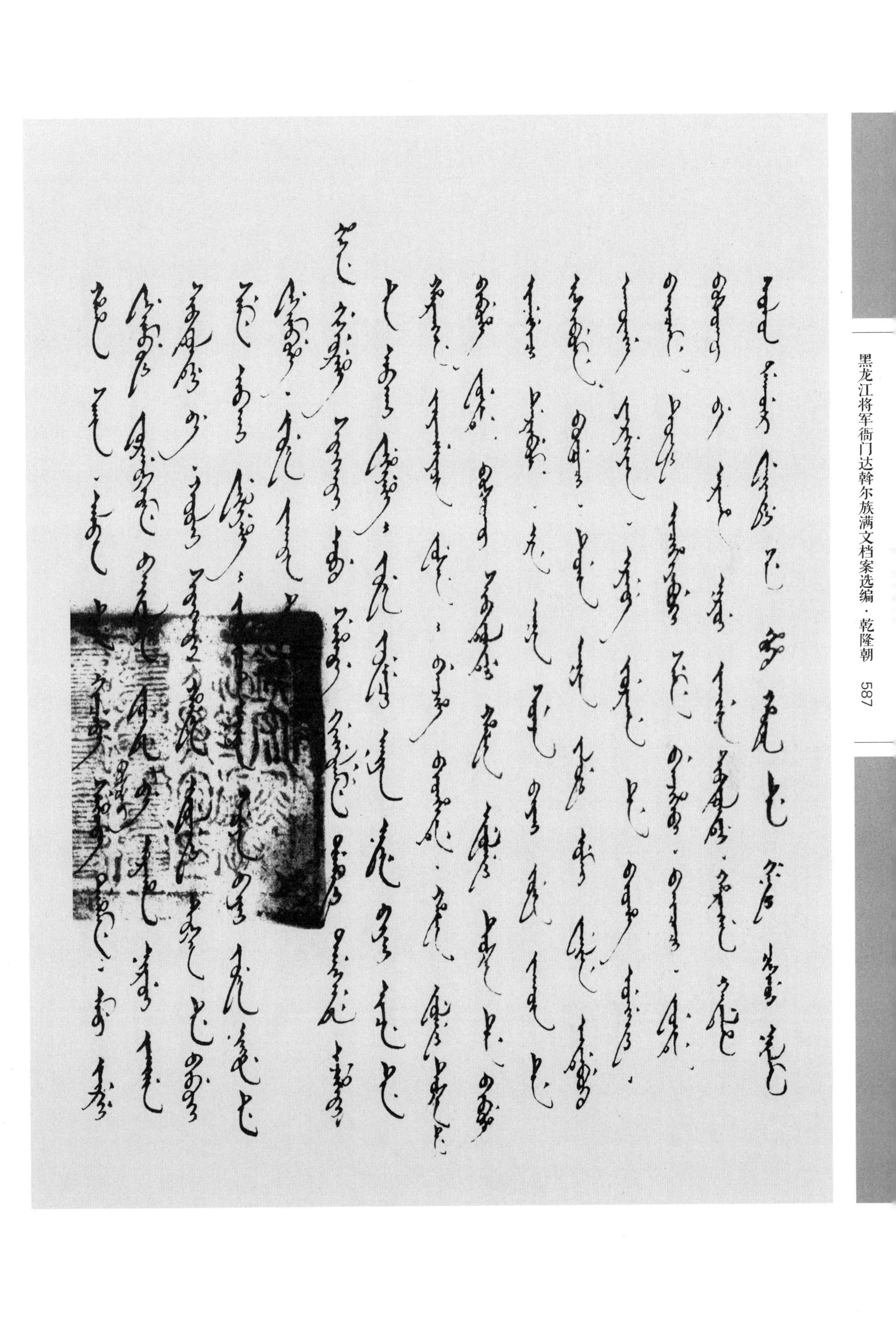

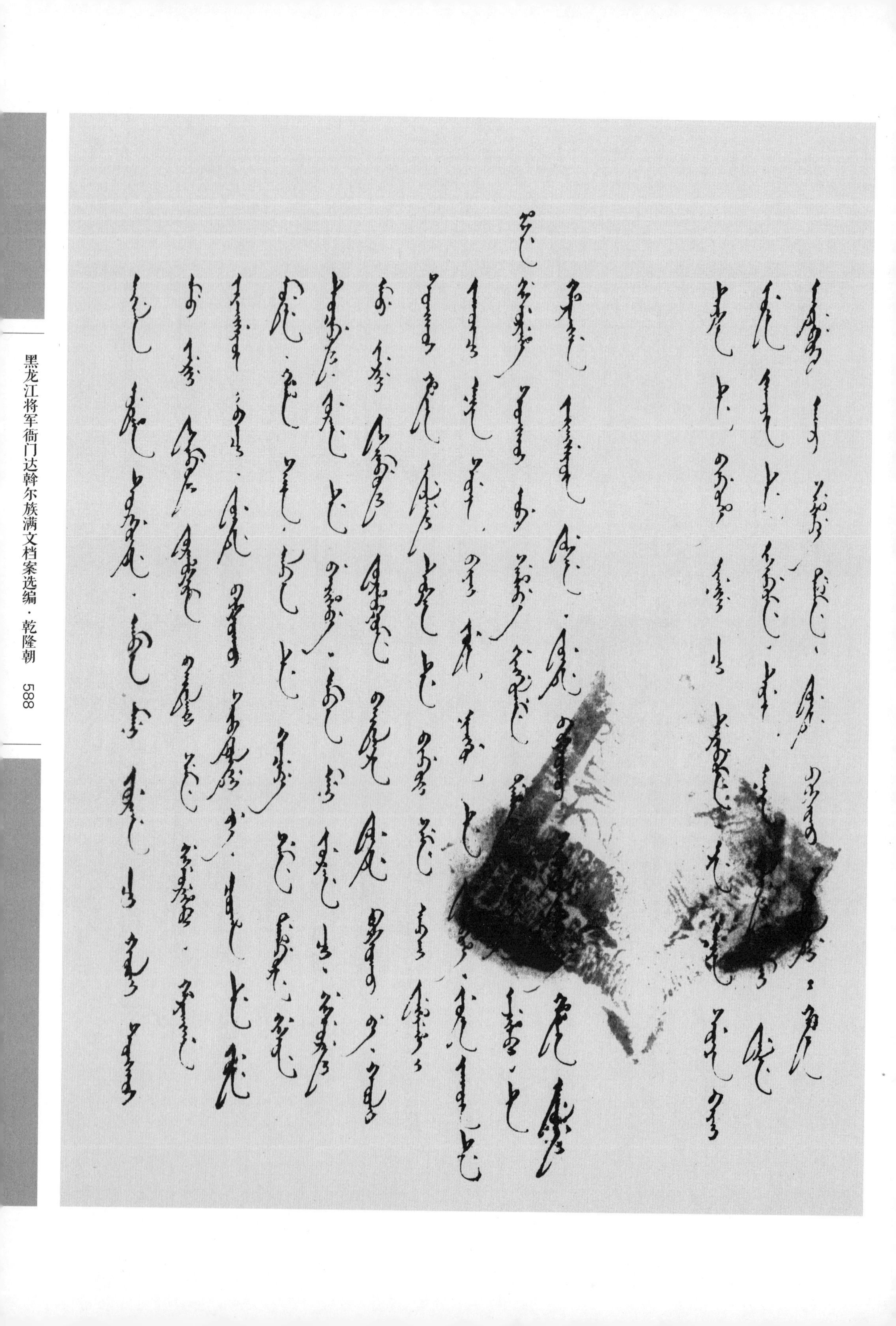

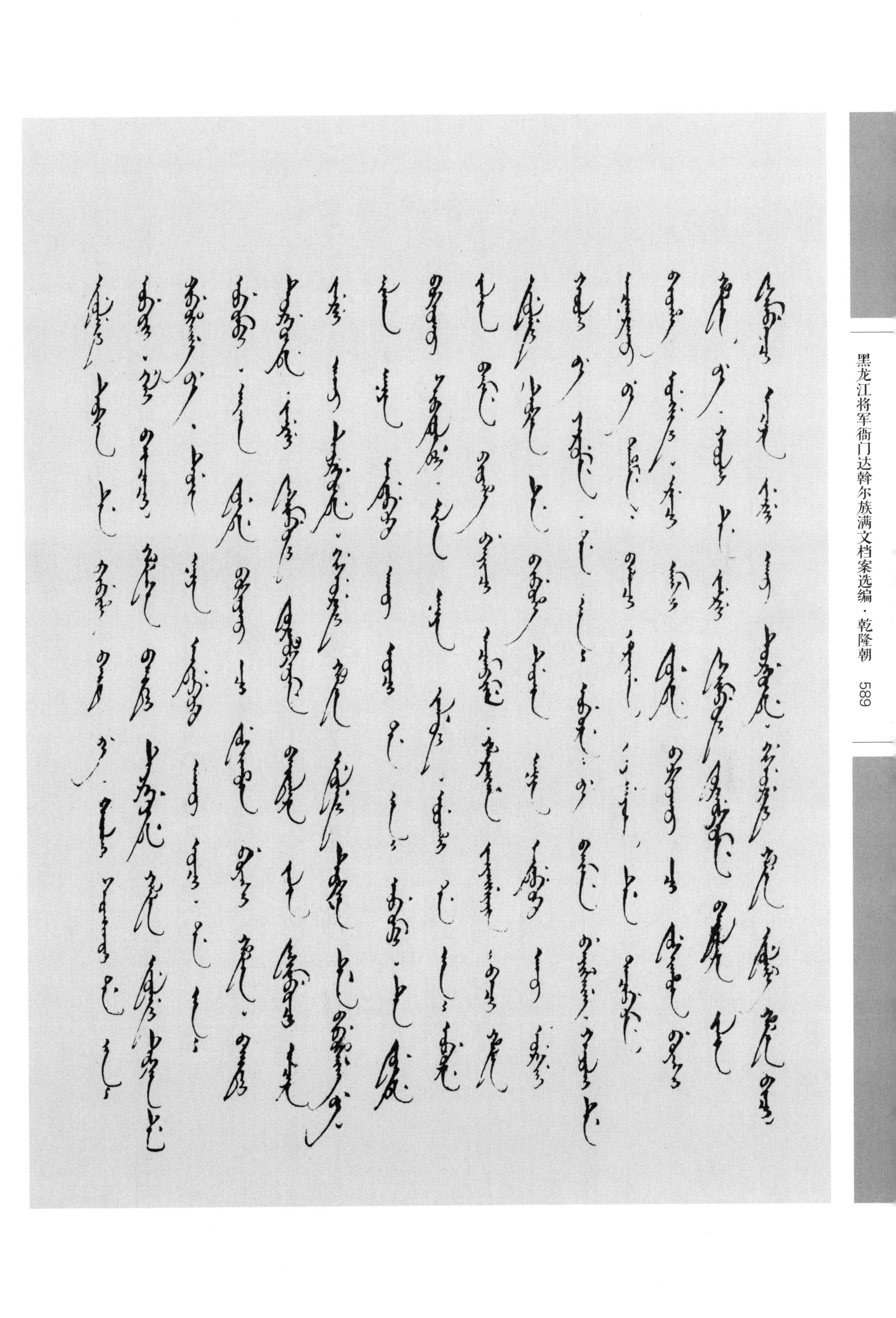

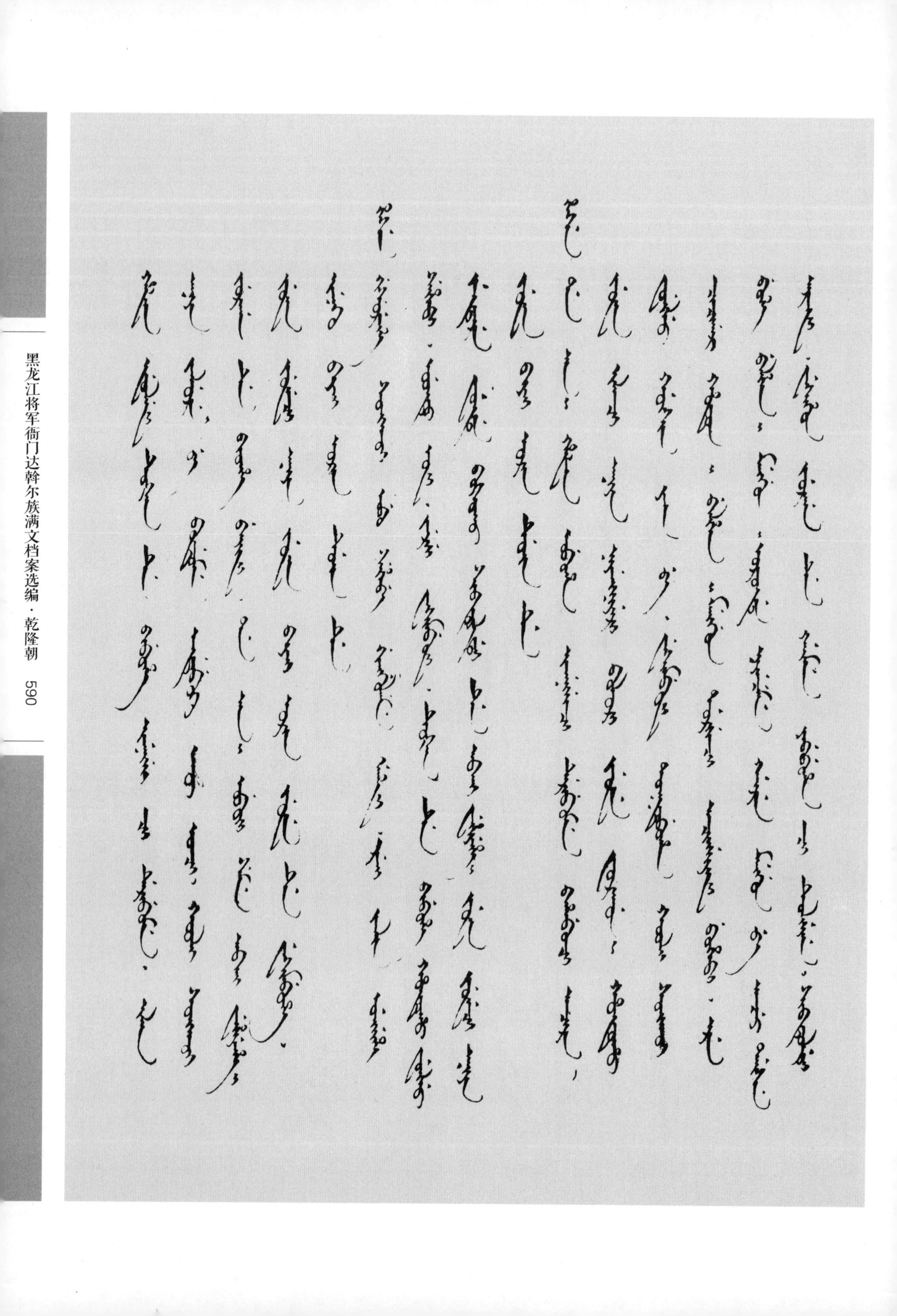

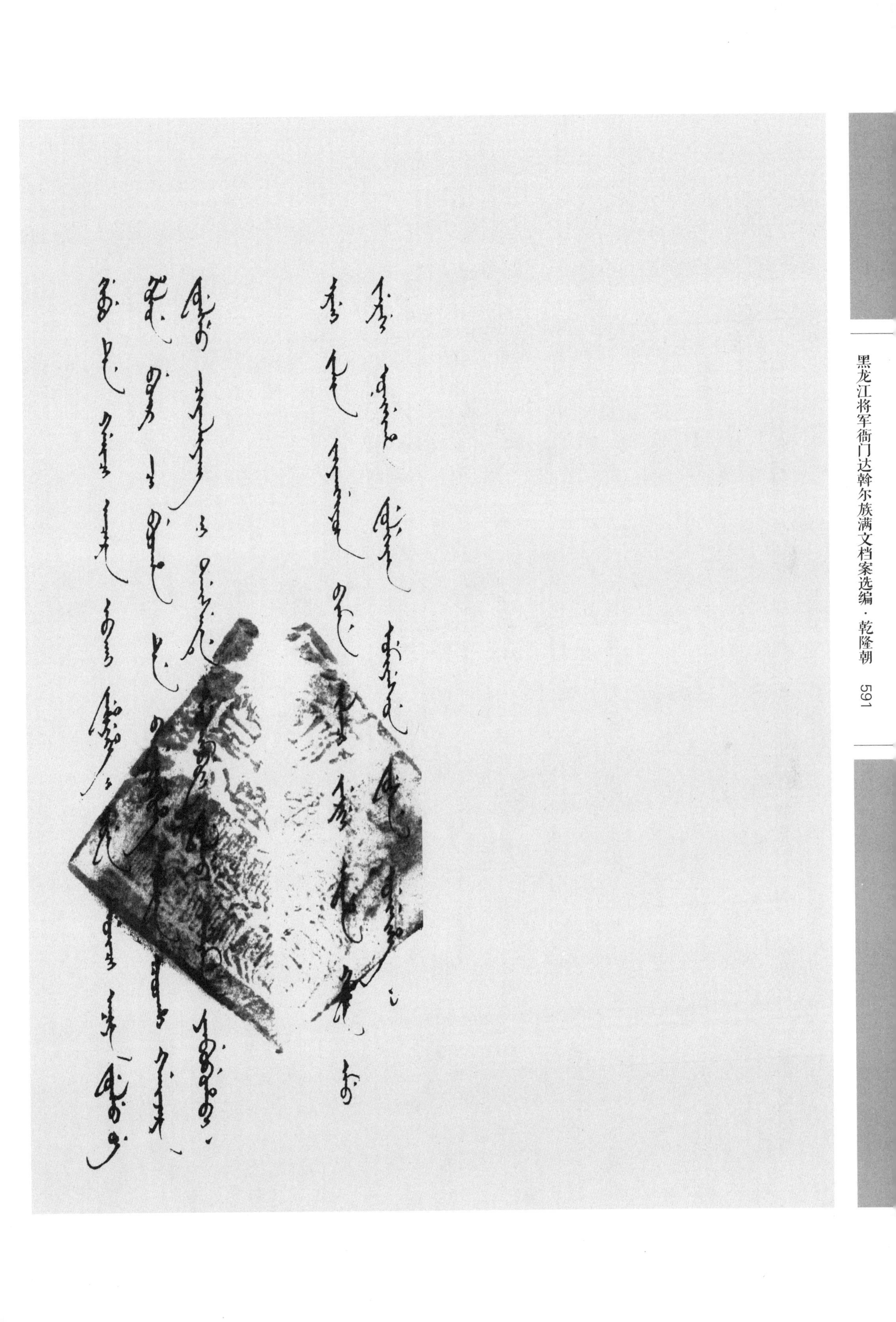

[illegible]

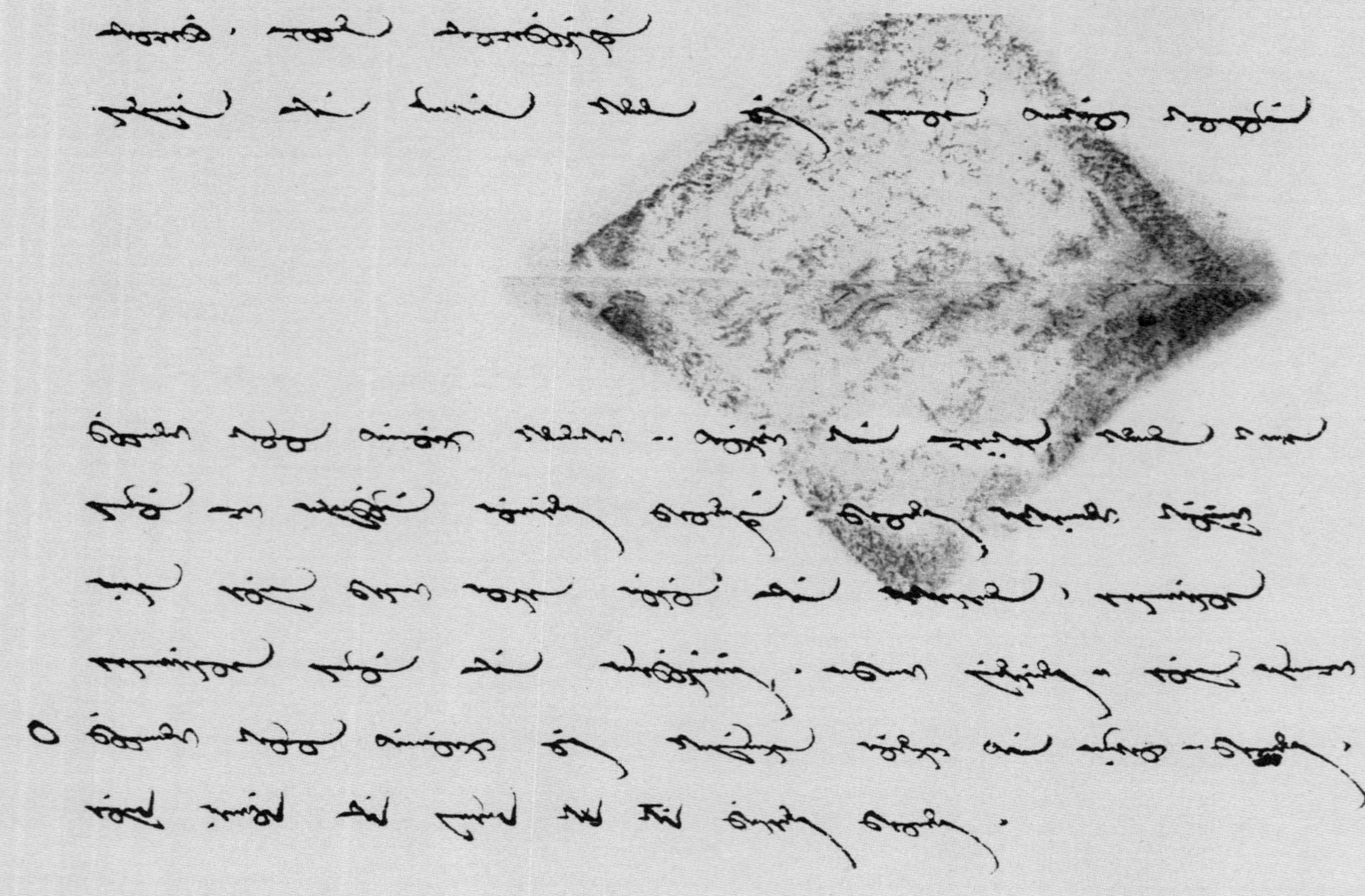

乾隆十三年十一月十六日

五三二　布特哈索伦达斡尔总管纳木球为解送出征金川布特哈索伦达斡尔官兵花名册事呈黑龙江将军衙门文

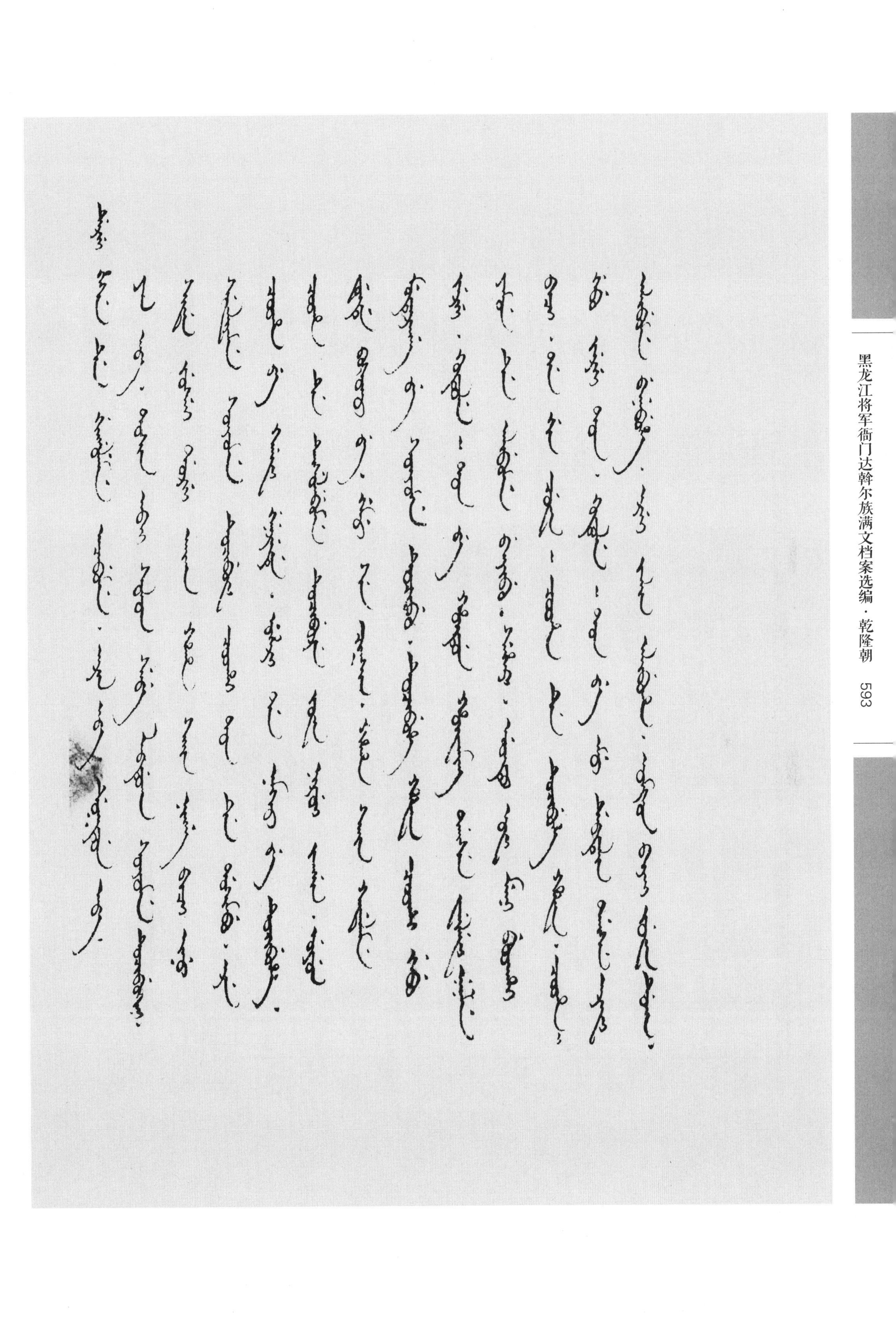

五三三　黑龙江将军衙门为报销出征金川索伦达斡尔官兵所领赏银钱粮等项事咨户部文

乾隆十三年十一月二十日

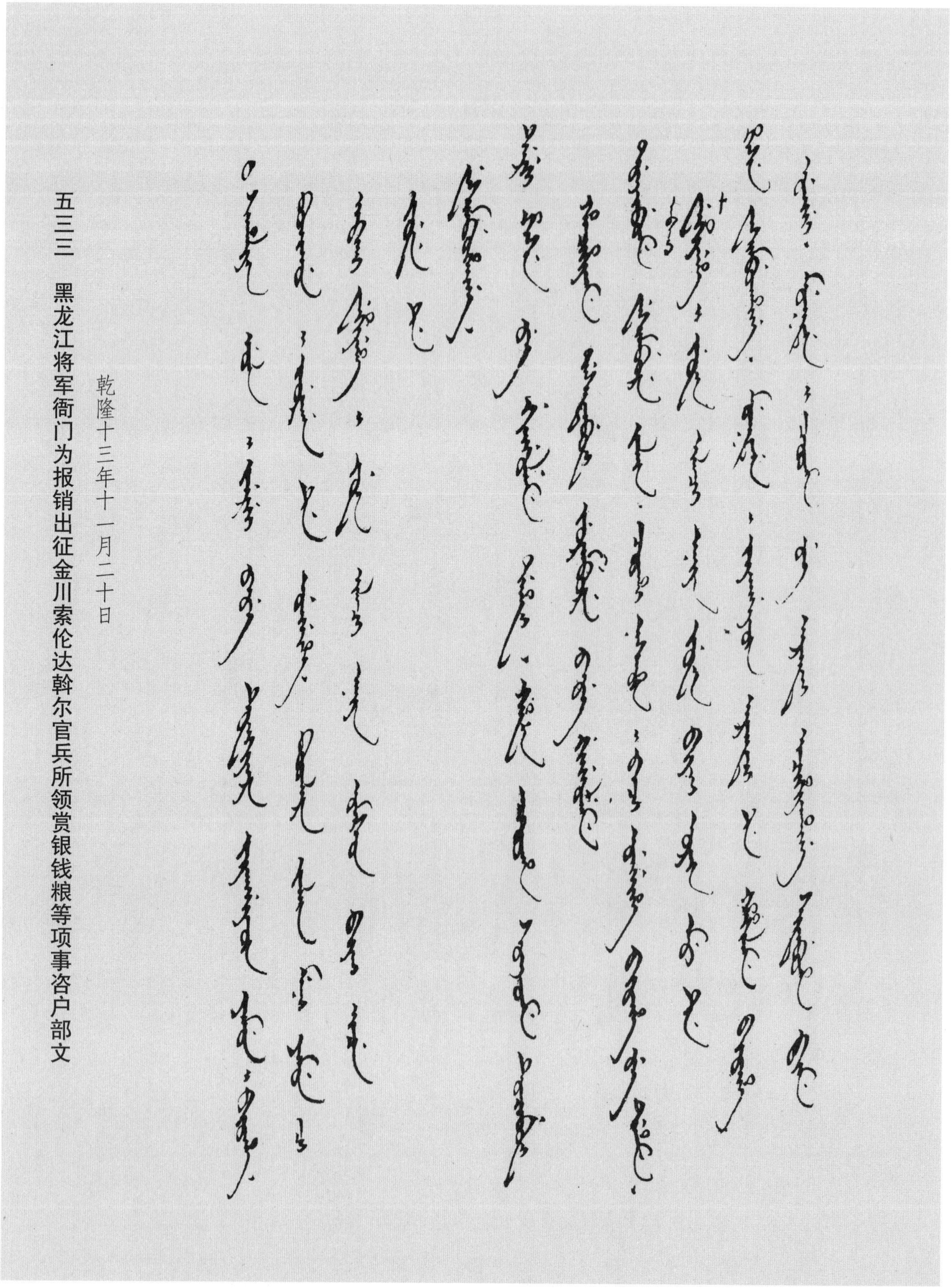

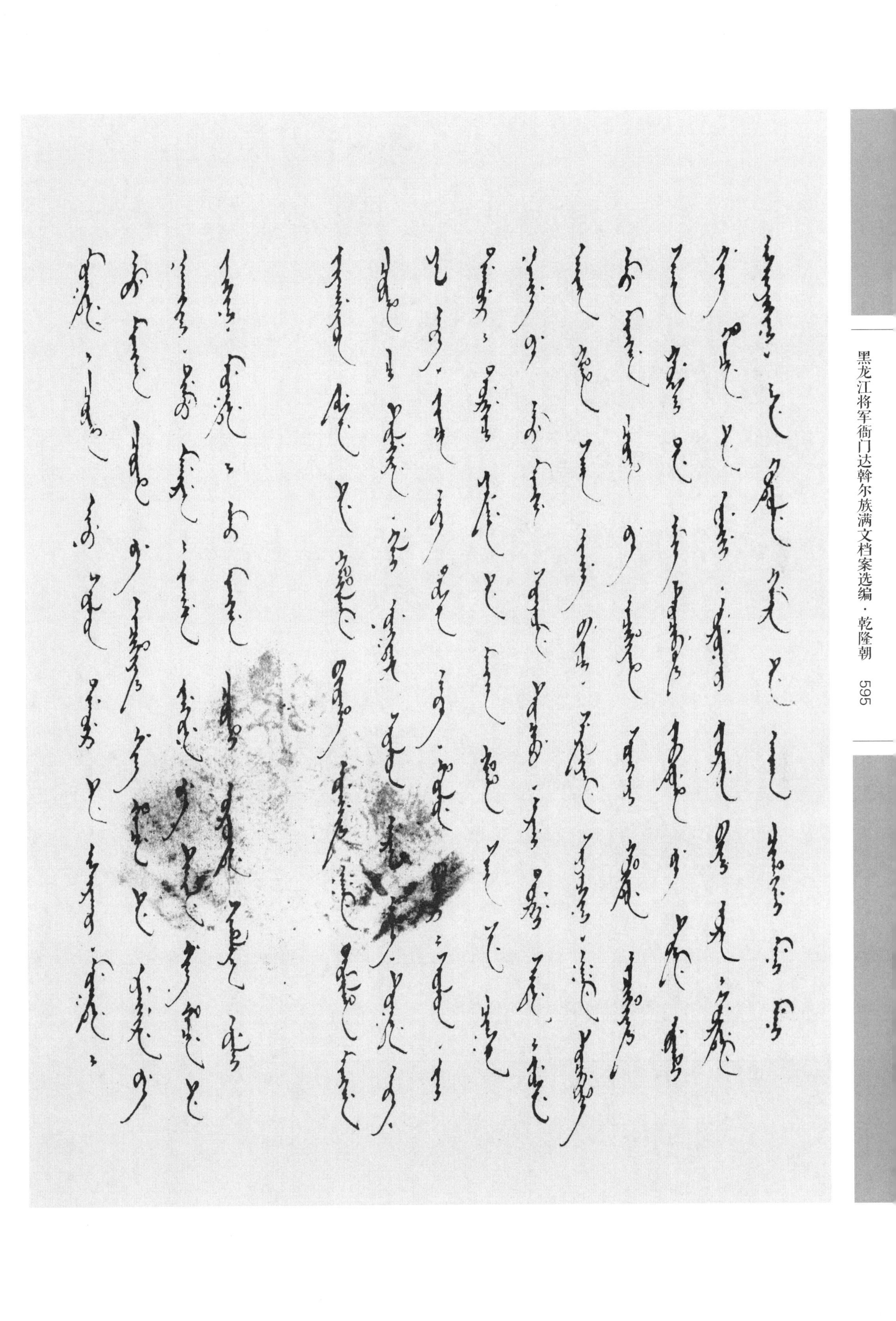

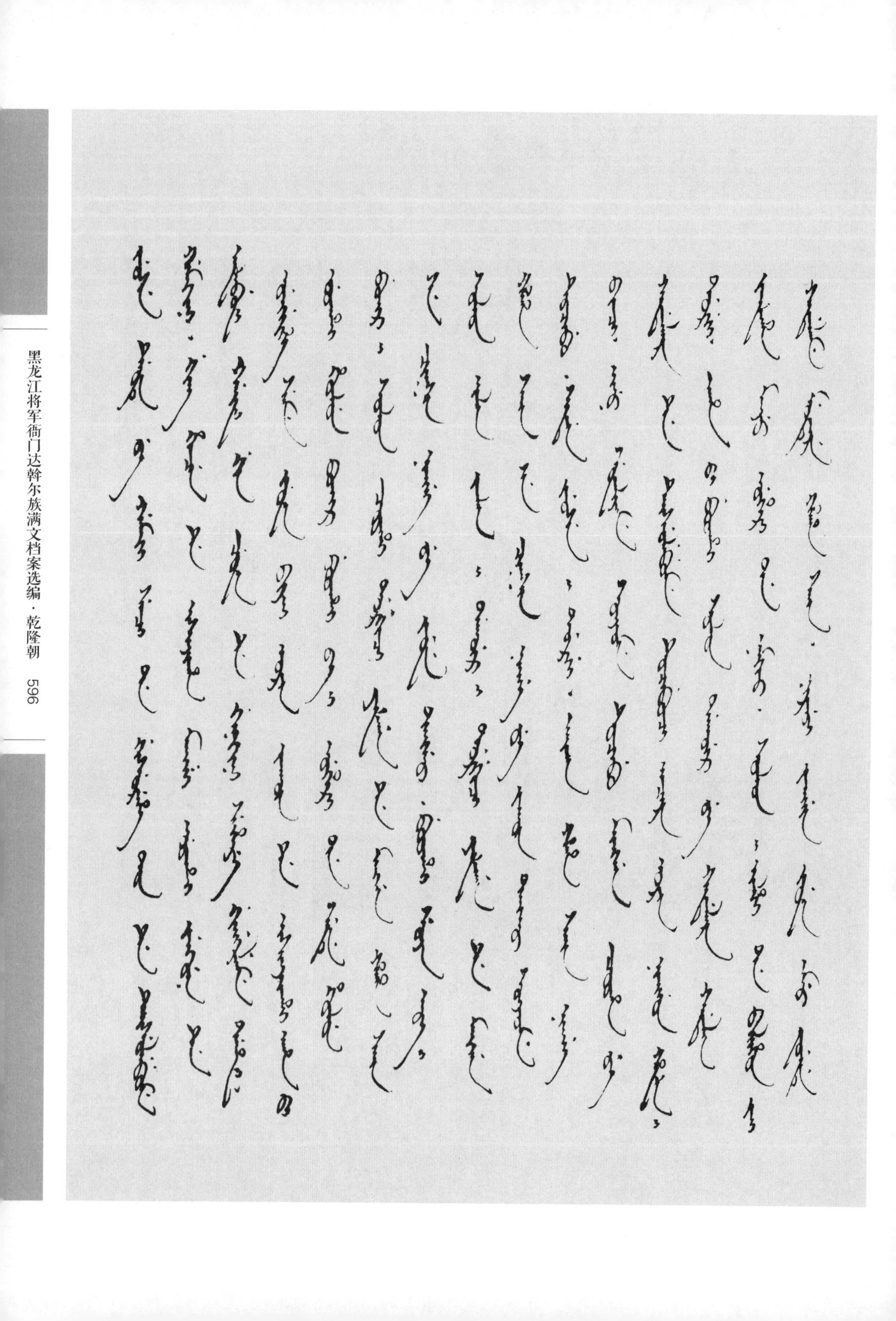

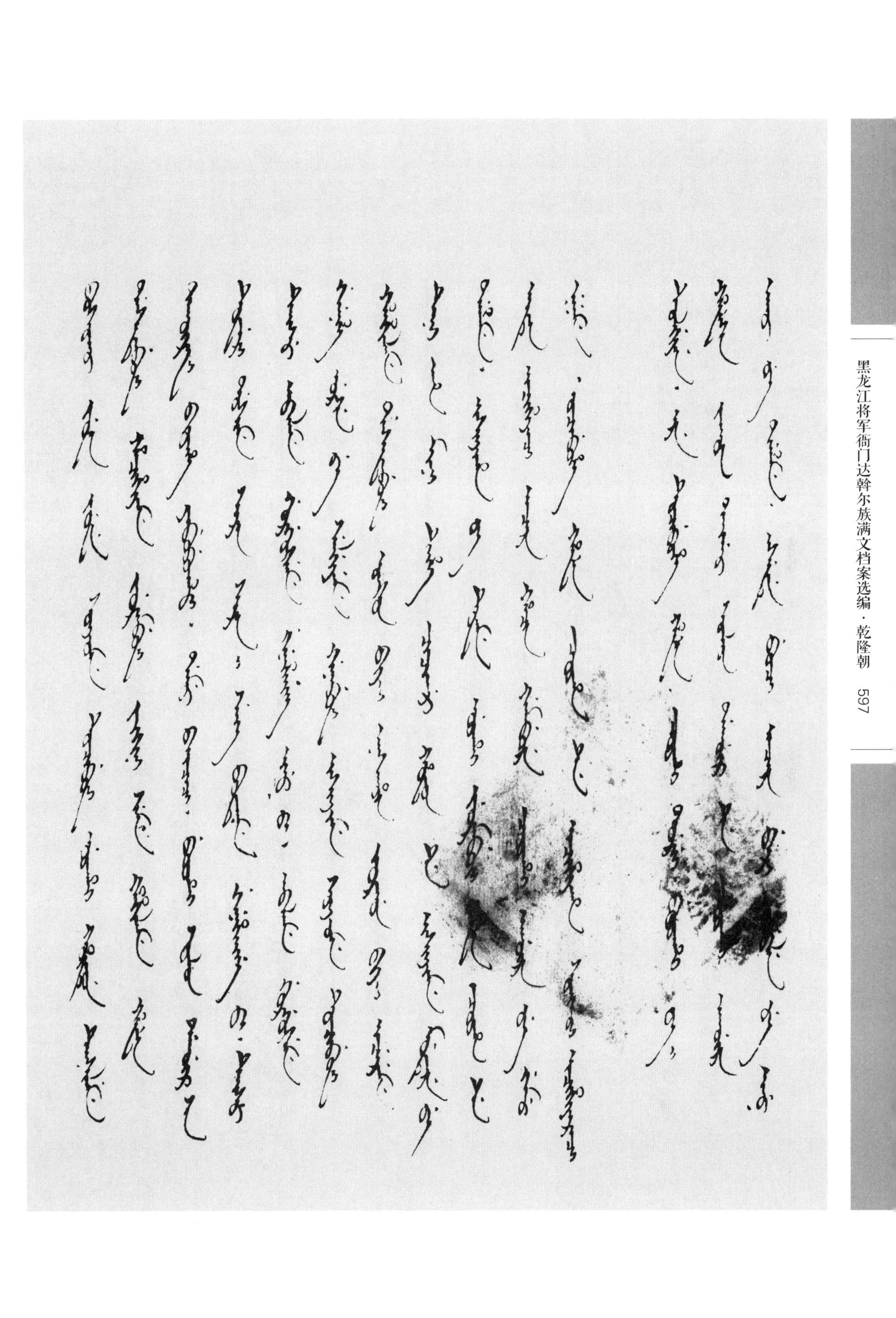

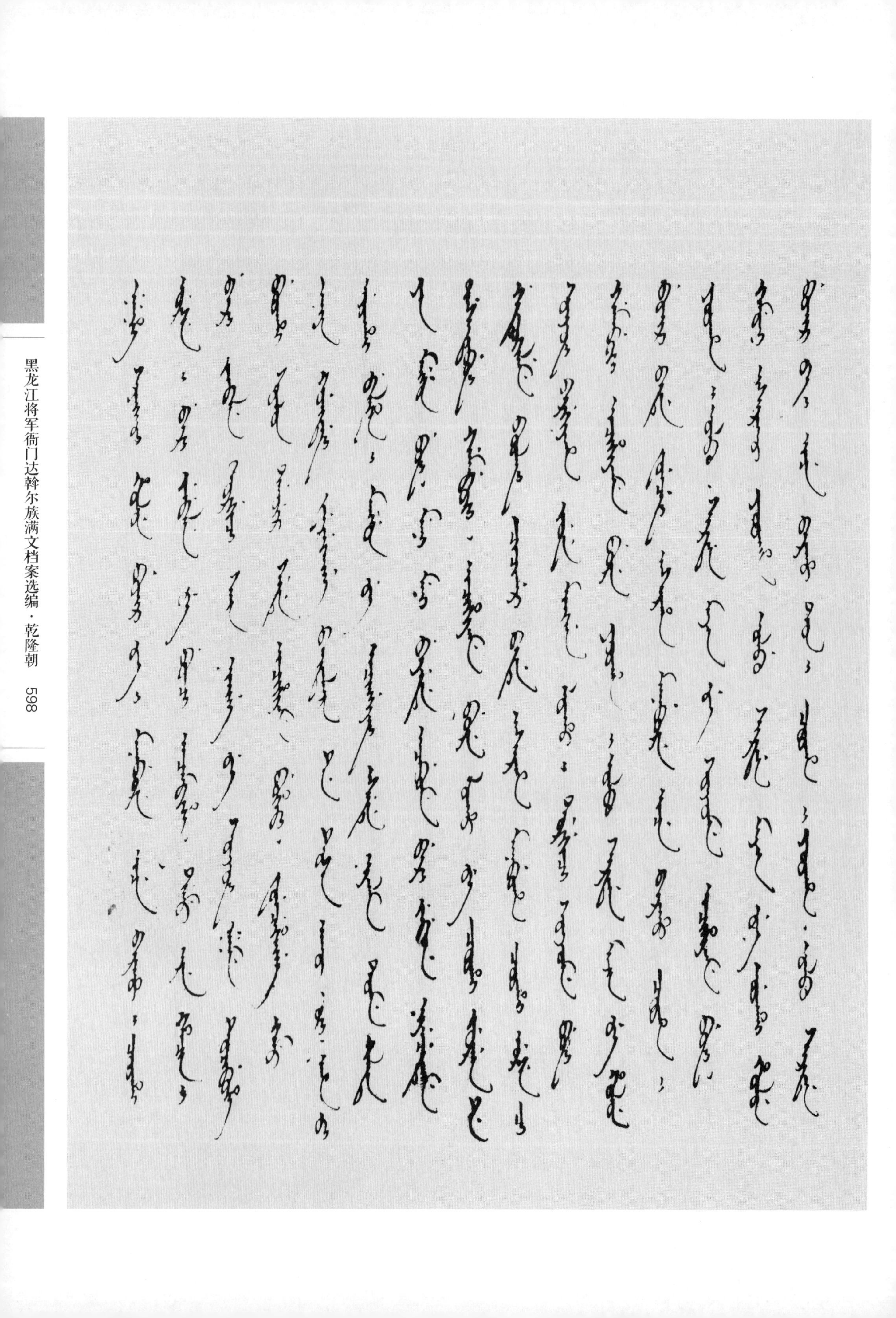

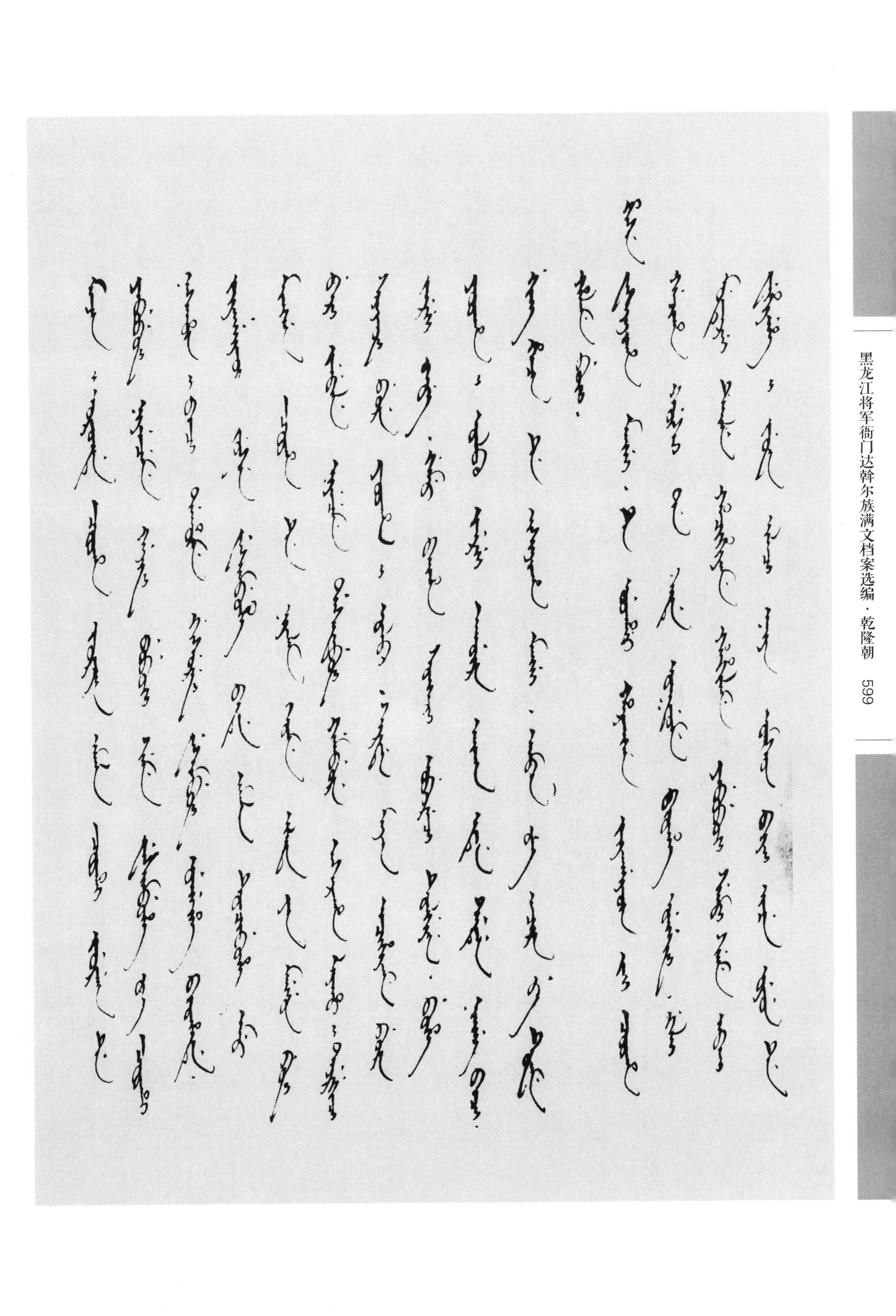

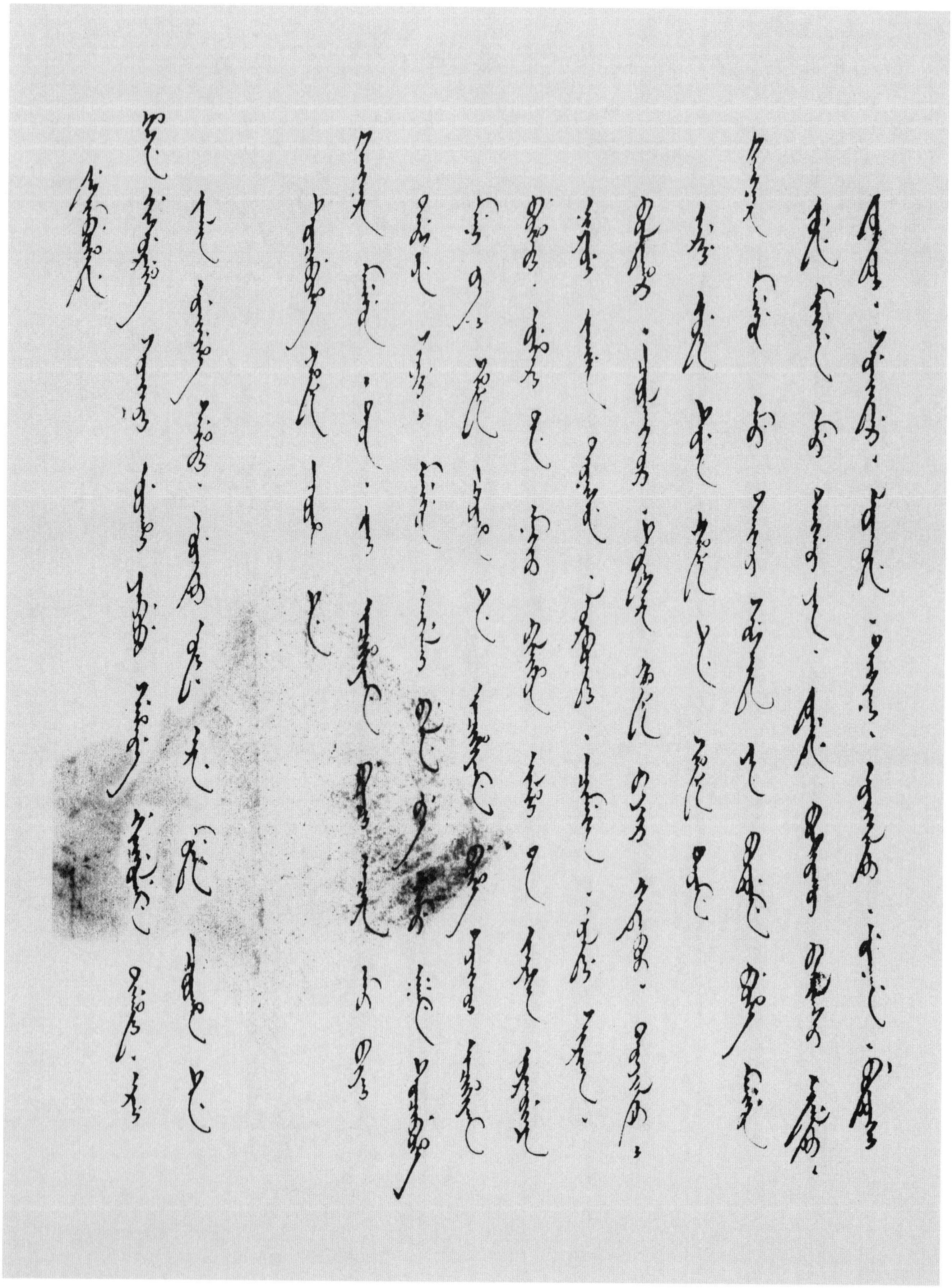

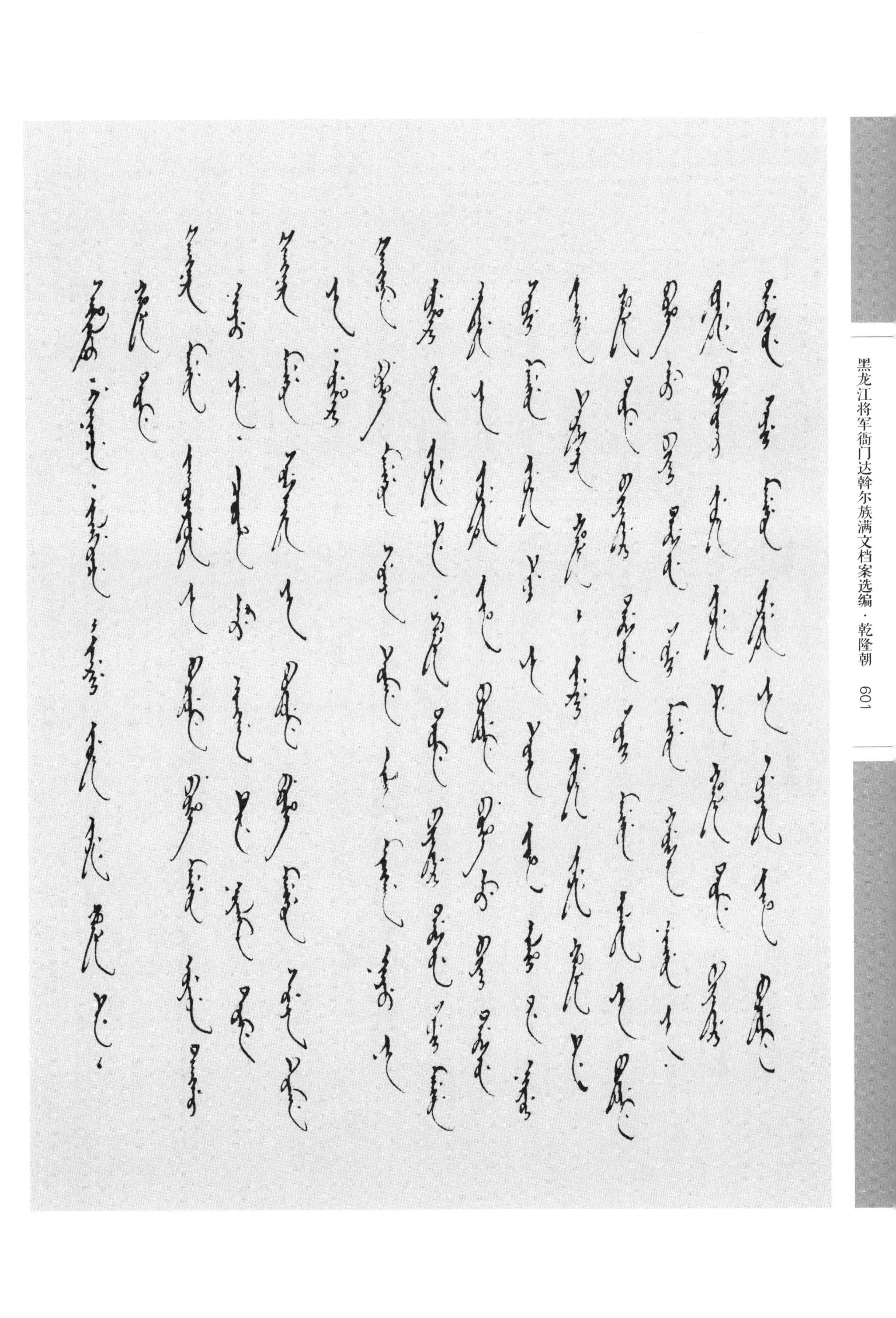

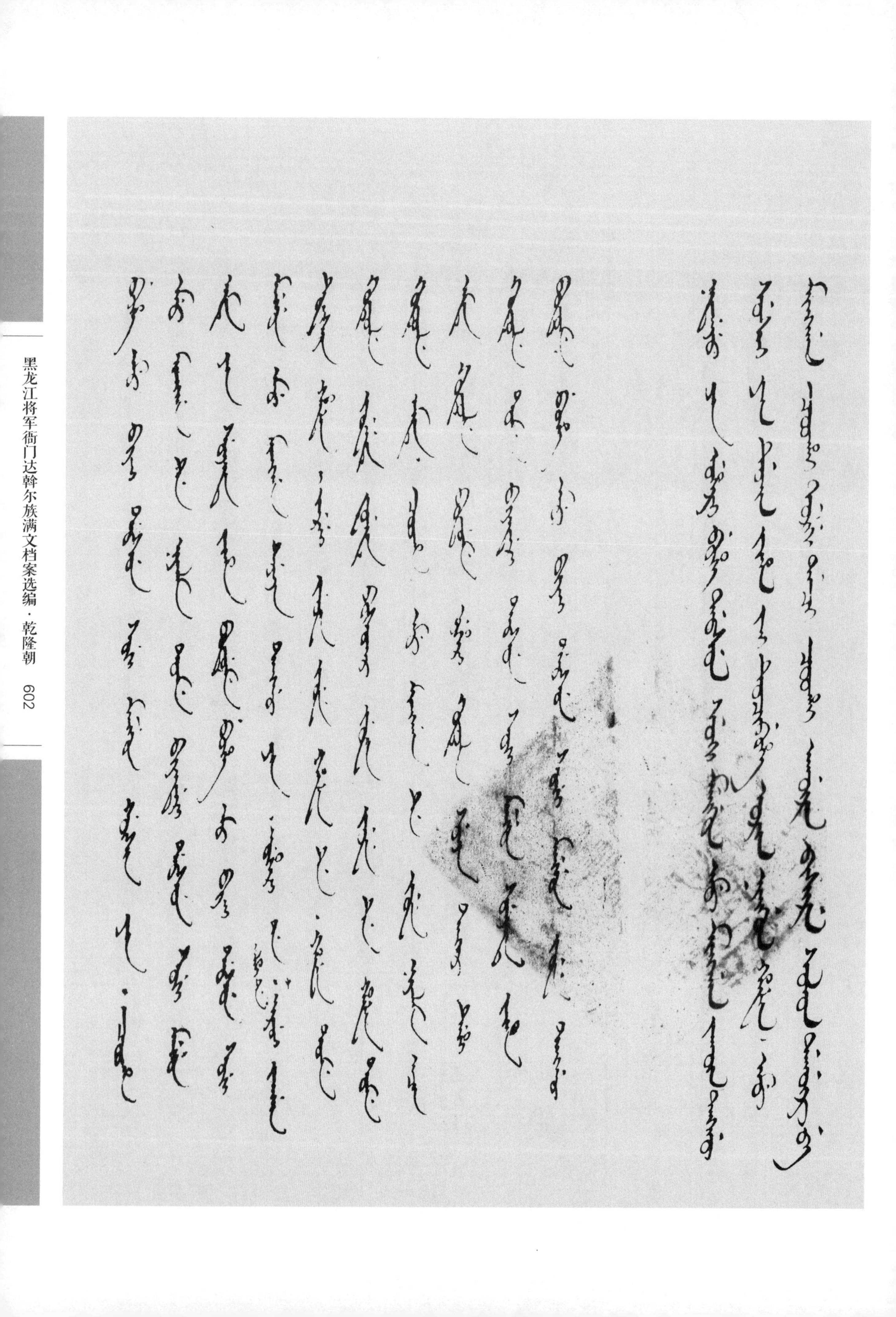

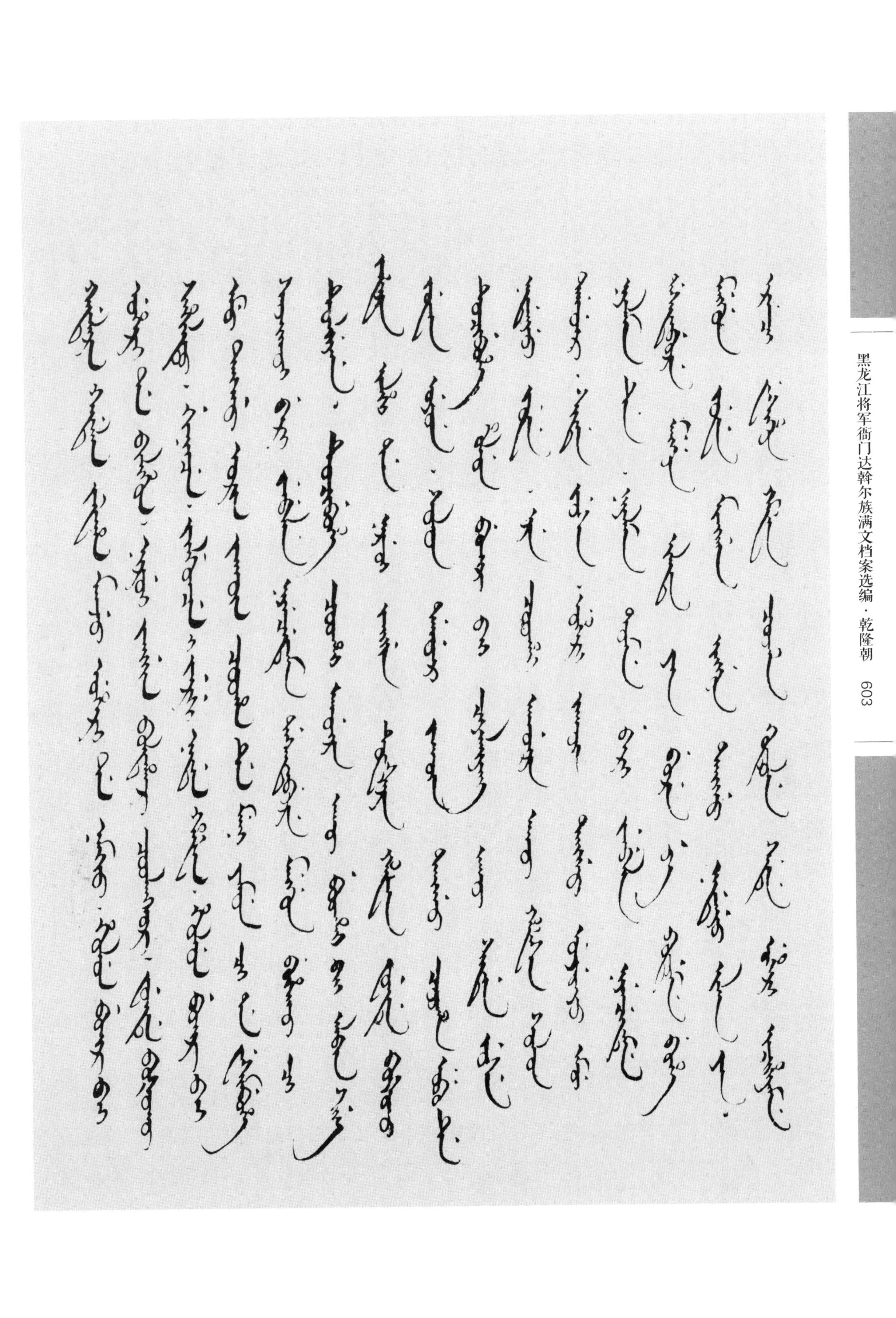

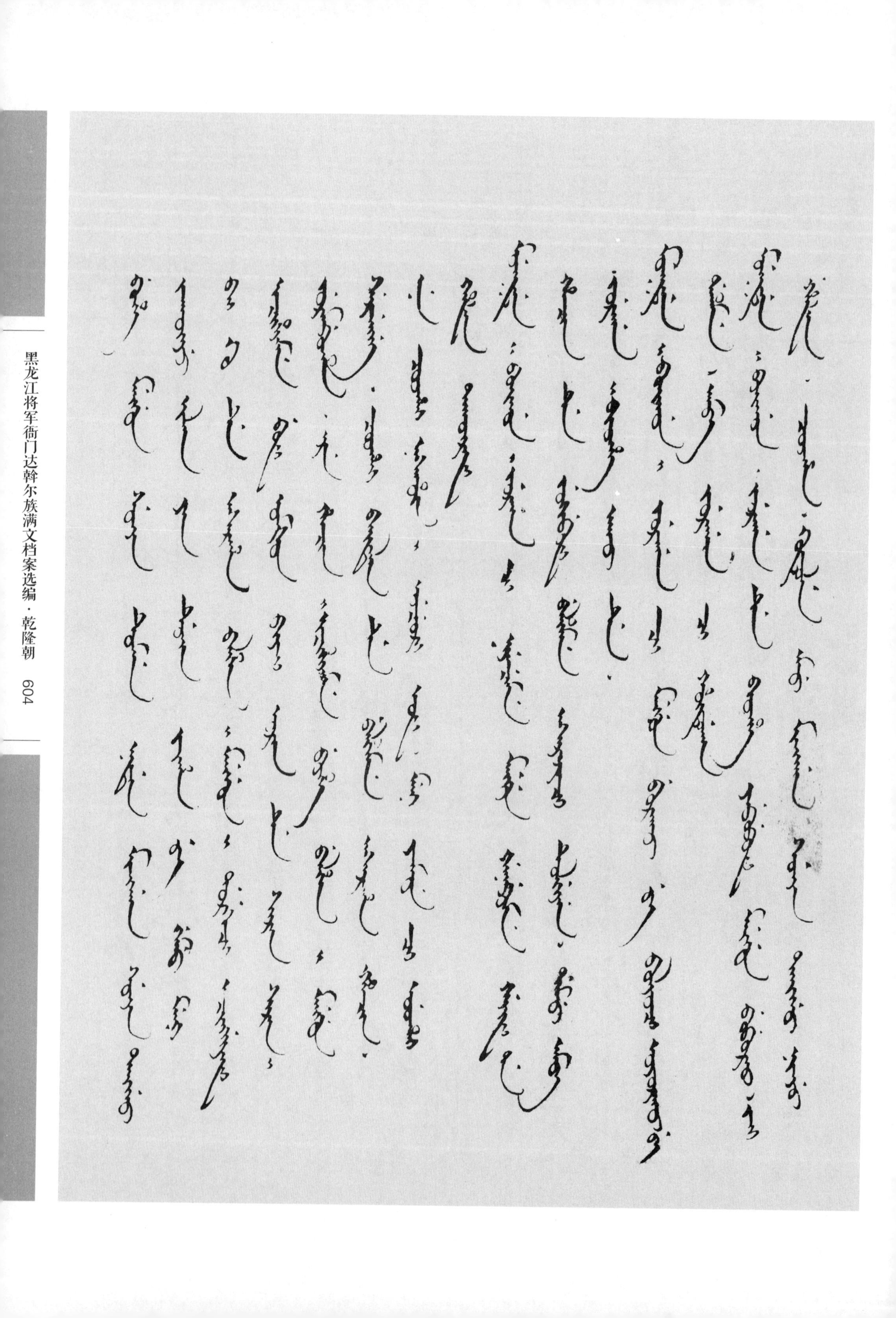

[illegible]

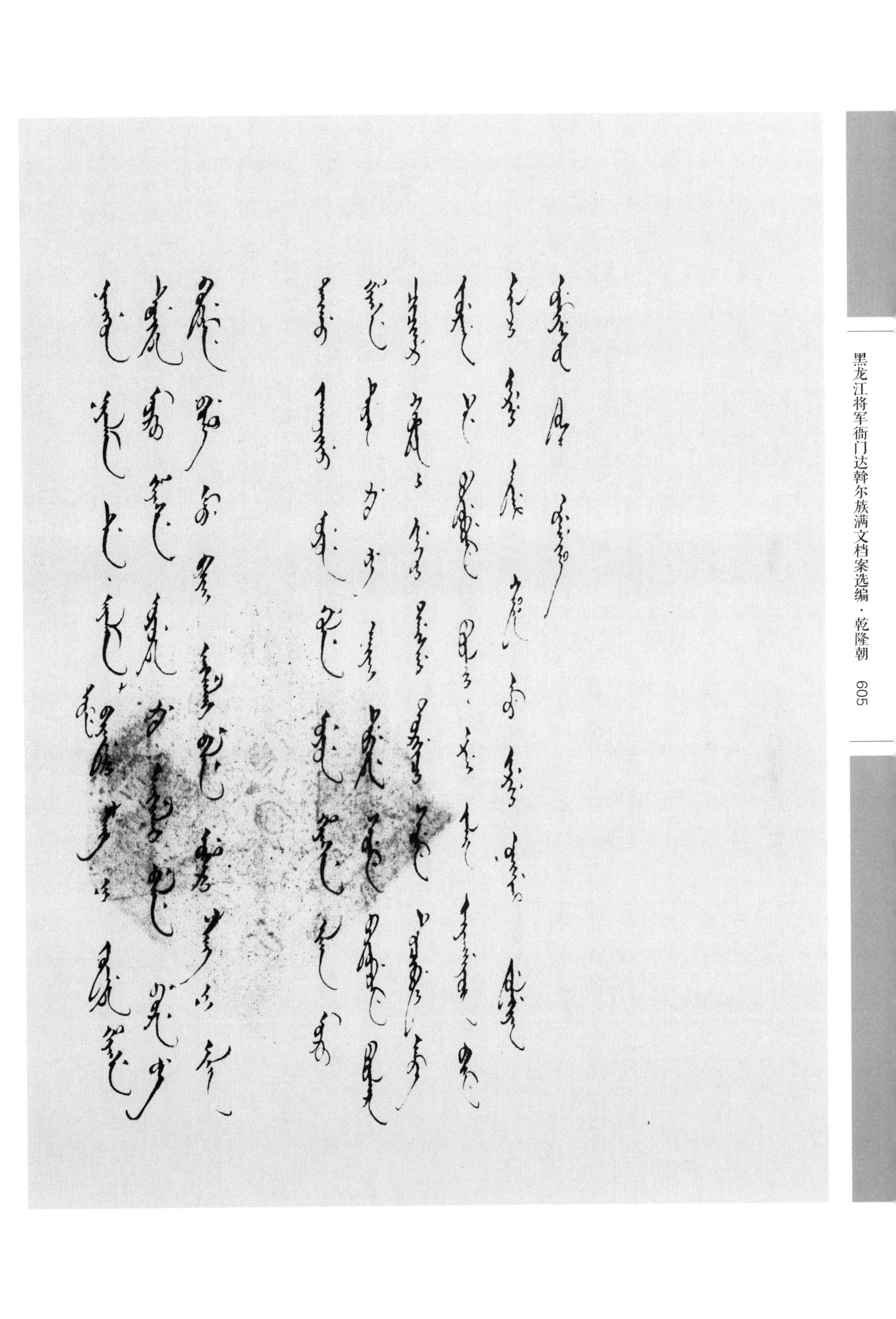

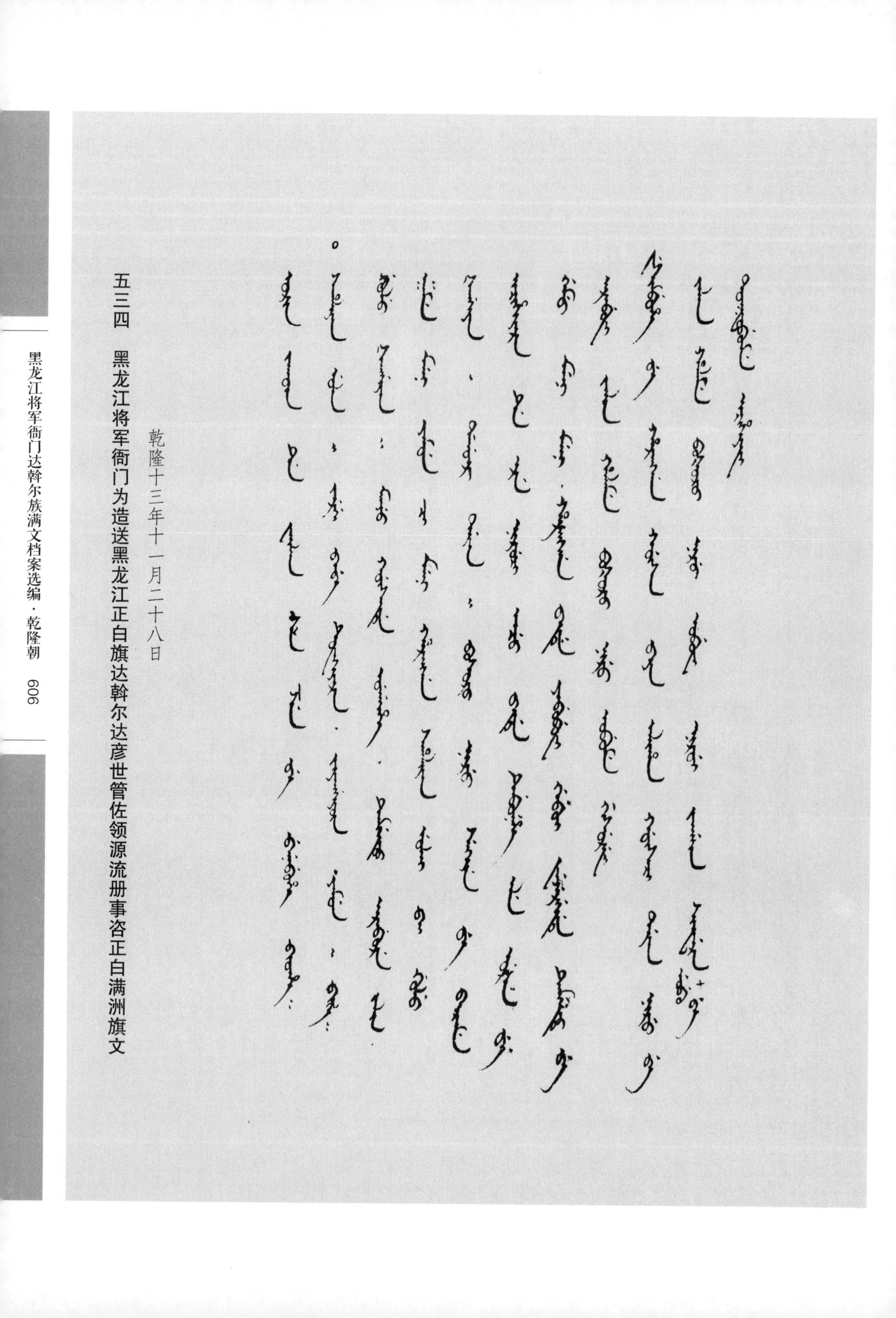

五三四 黑龙江将军衙门为造送黑龙江正白旗达斡尔达彦世管佐领源流册事咨正白满洲旗文

乾隆十三年十一月二十八日

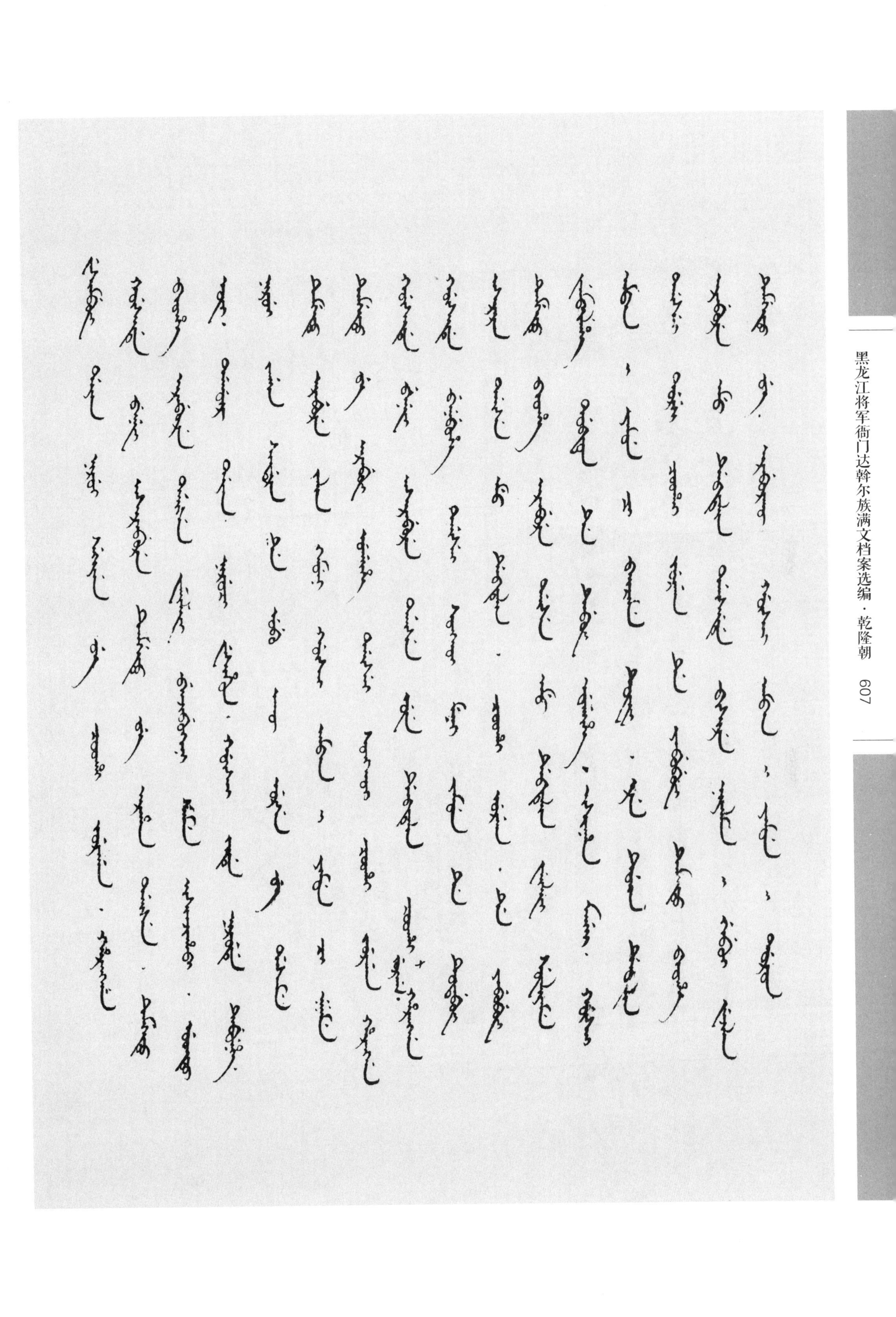

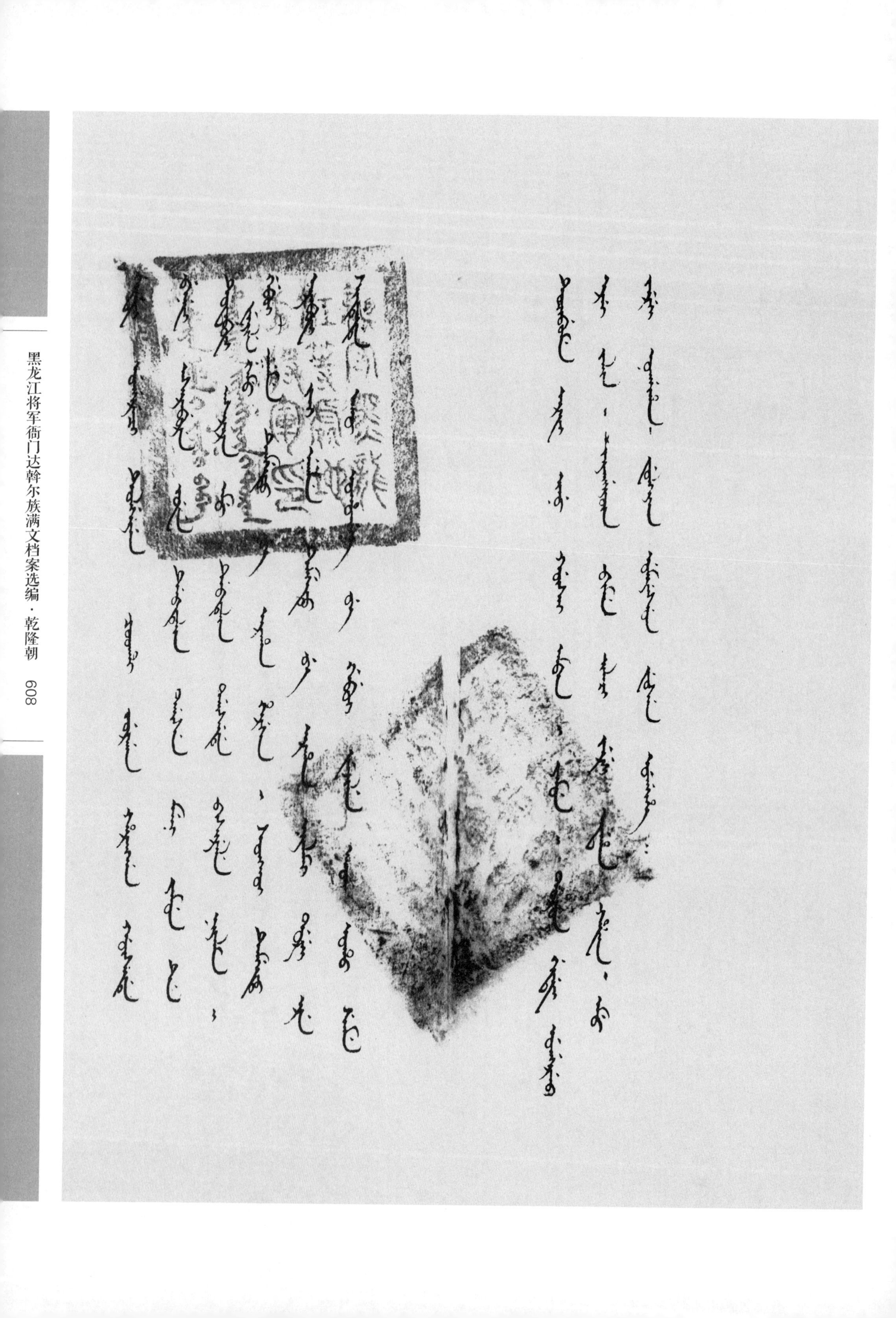

五三五 镶蓝满洲旗为黑龙江镶蓝旗达斡尔世管佐领肯济锡缘事革职出缺奉旨准令罗武尔哈承袭事咨黑龙江将军衙门文

乾隆十三年十一月二十八日

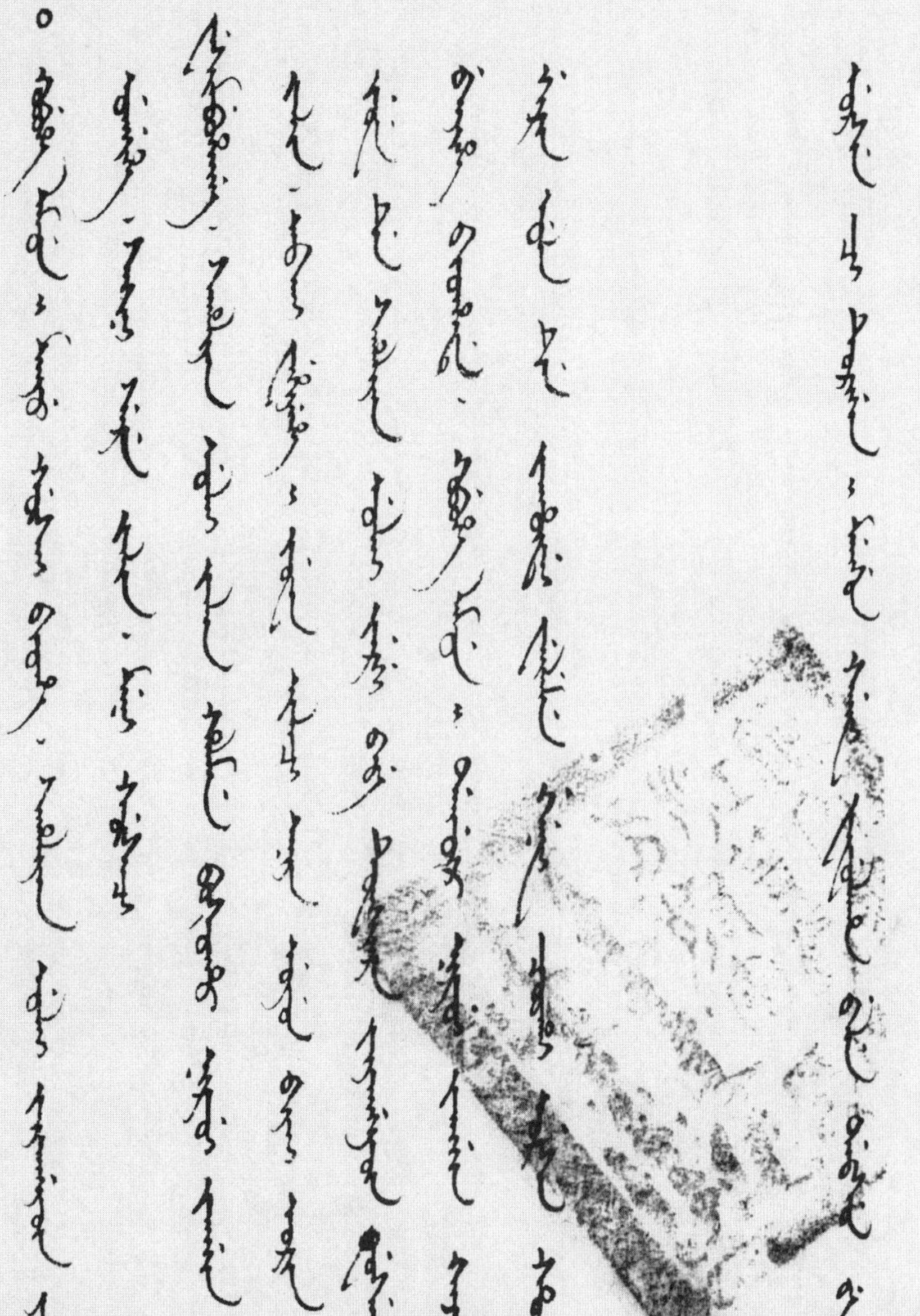

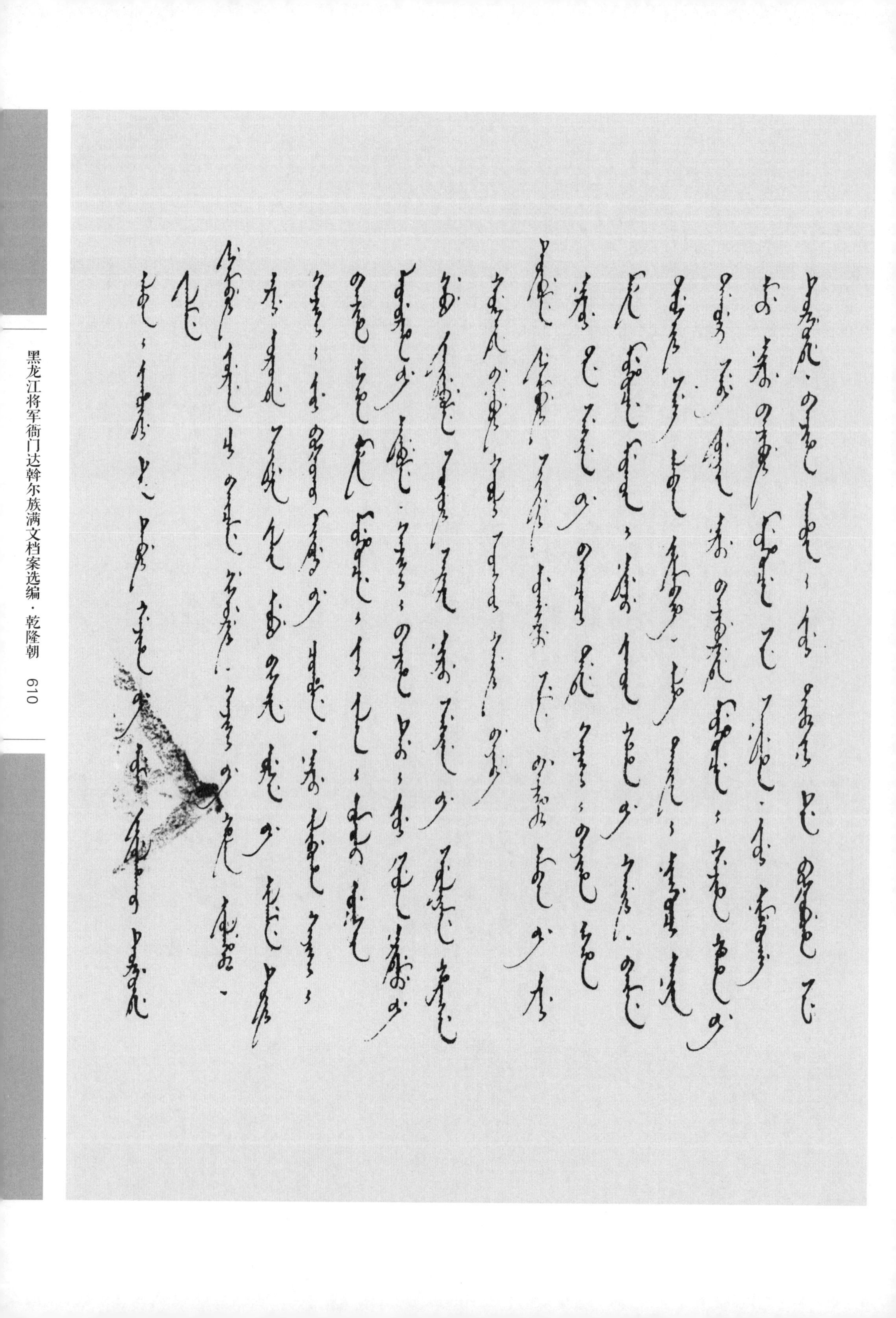

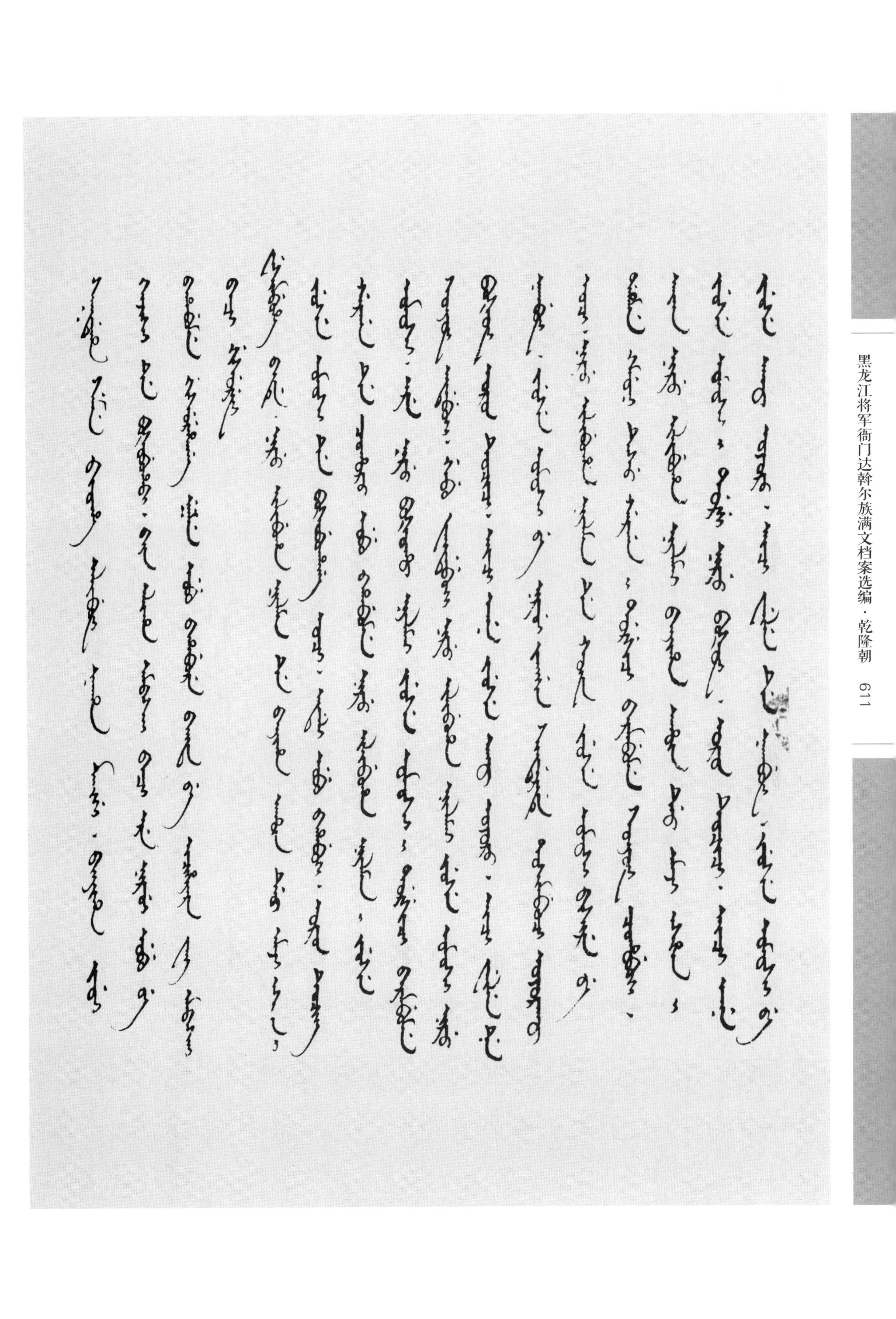

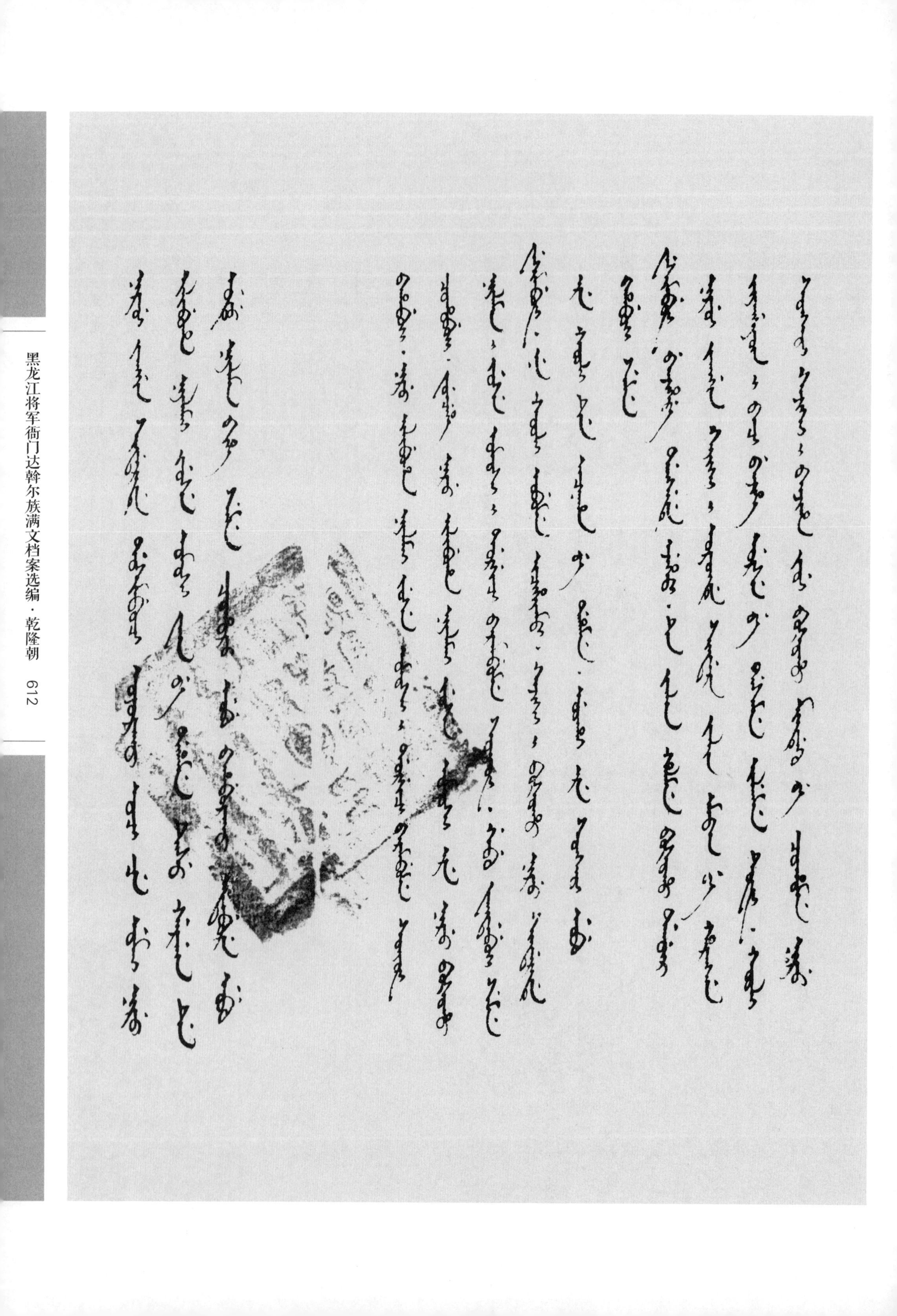

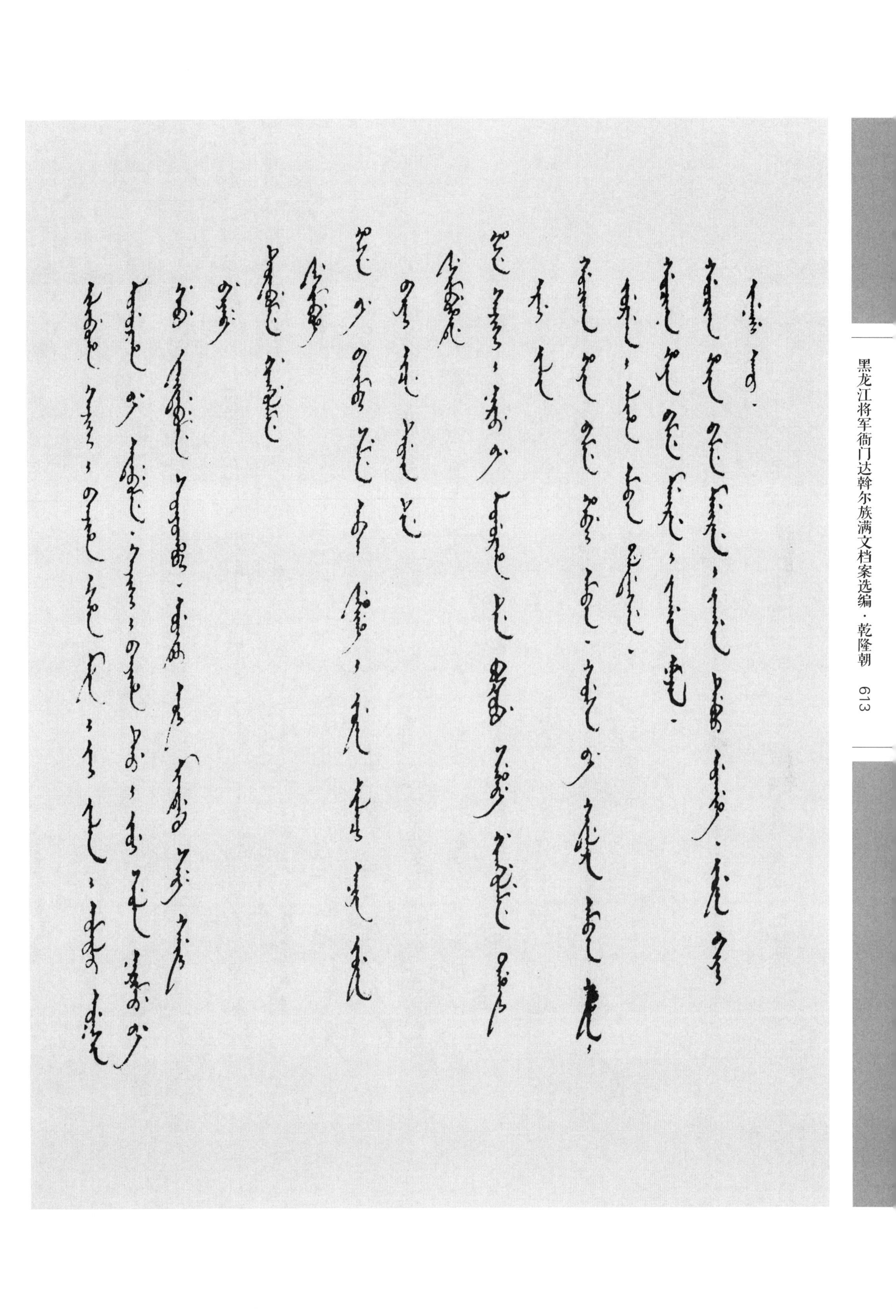

五三六　黑龙江将军衙门为黑龙江镶蓝旗达斡尔世管佐领肯济锡缘事革职出缺奉旨准令罗武尔哈承袭事咨黑龙江副都统文

乾隆十三年十二月初三日

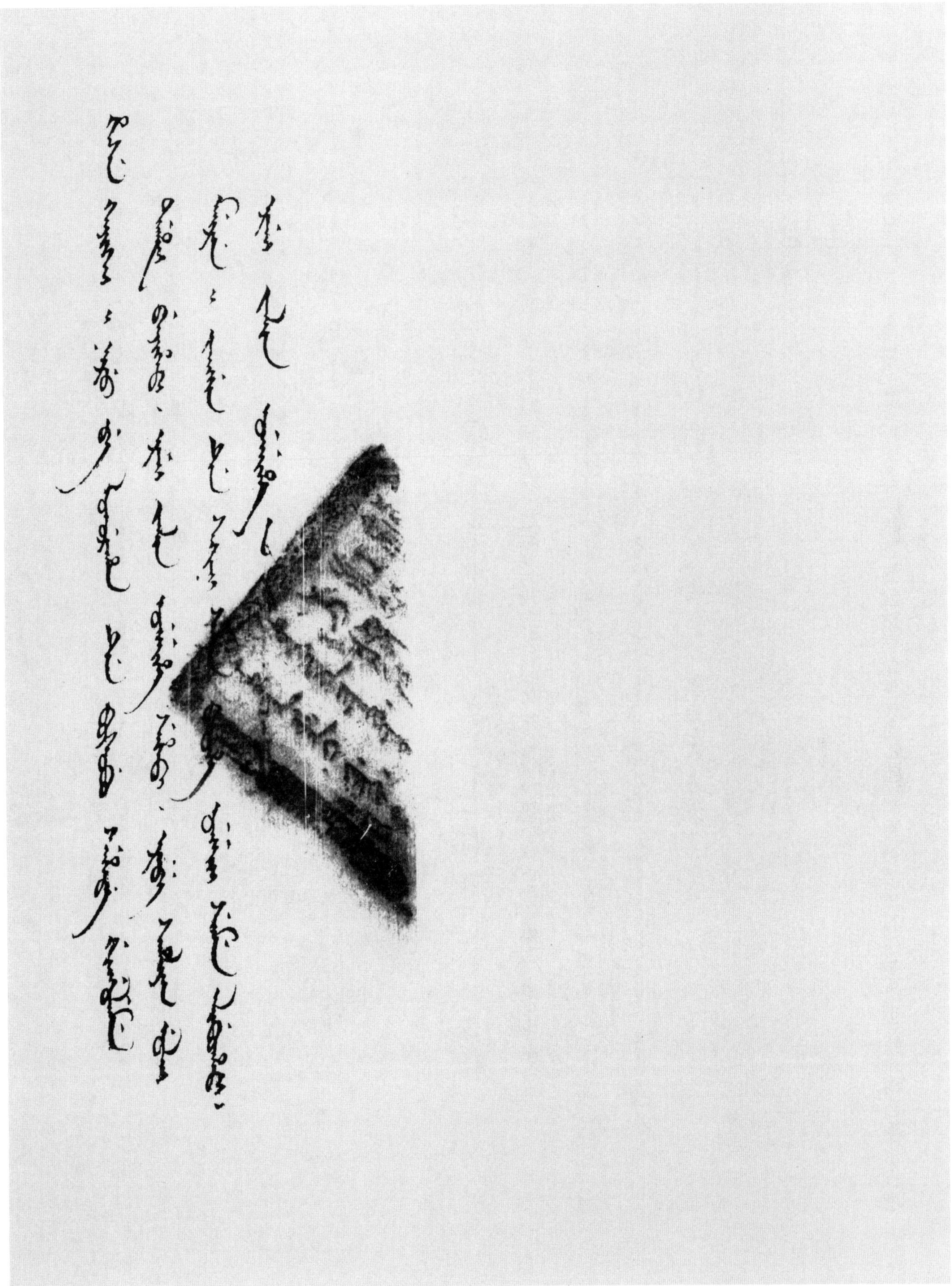

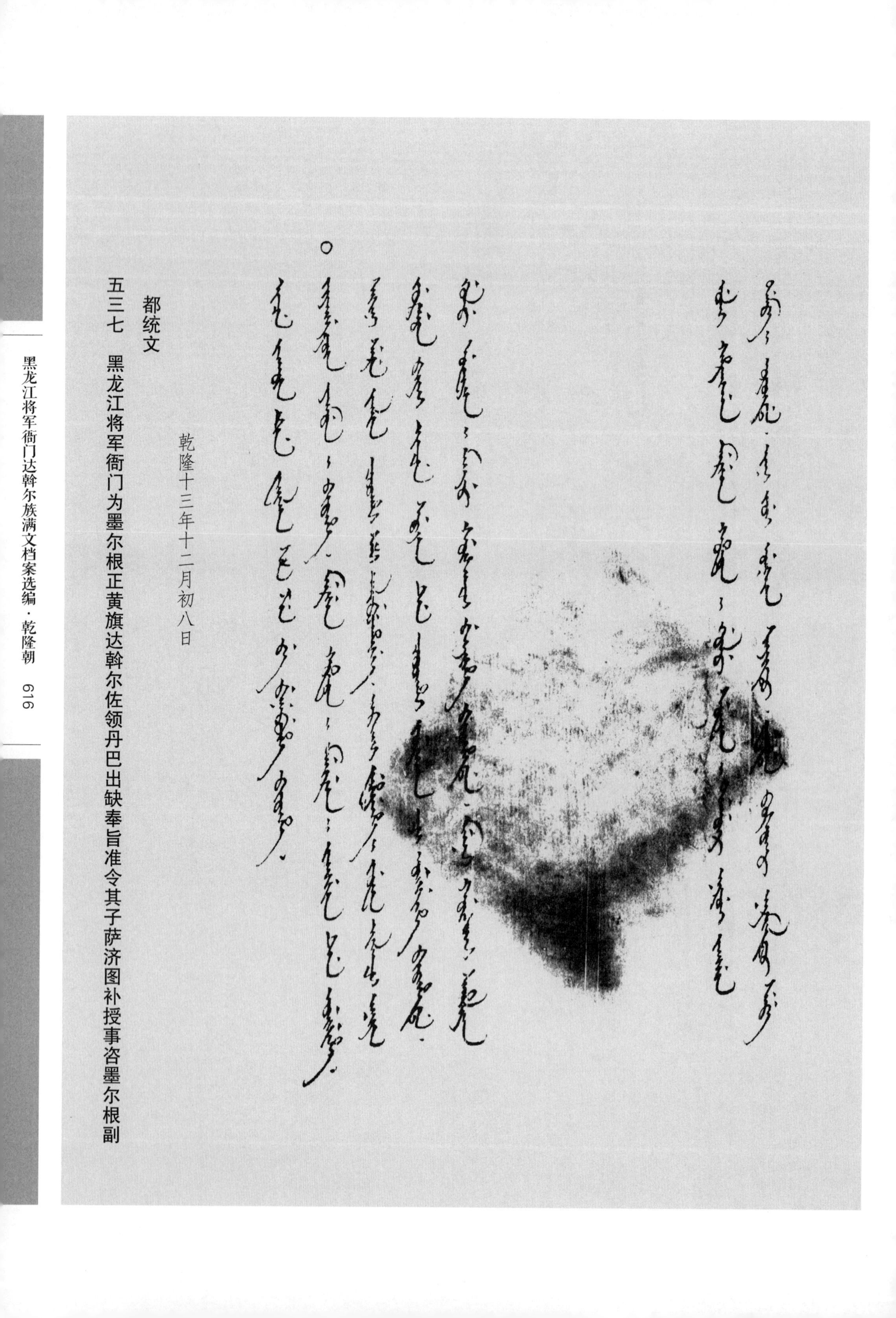

乾隆十三年十二月初八日

五三七　黑龙江将军衙门为墨尔根正黄旗达斡尔佐领丹巴出缺奉旨准令其子萨济图补授事咨墨尔根副都统文

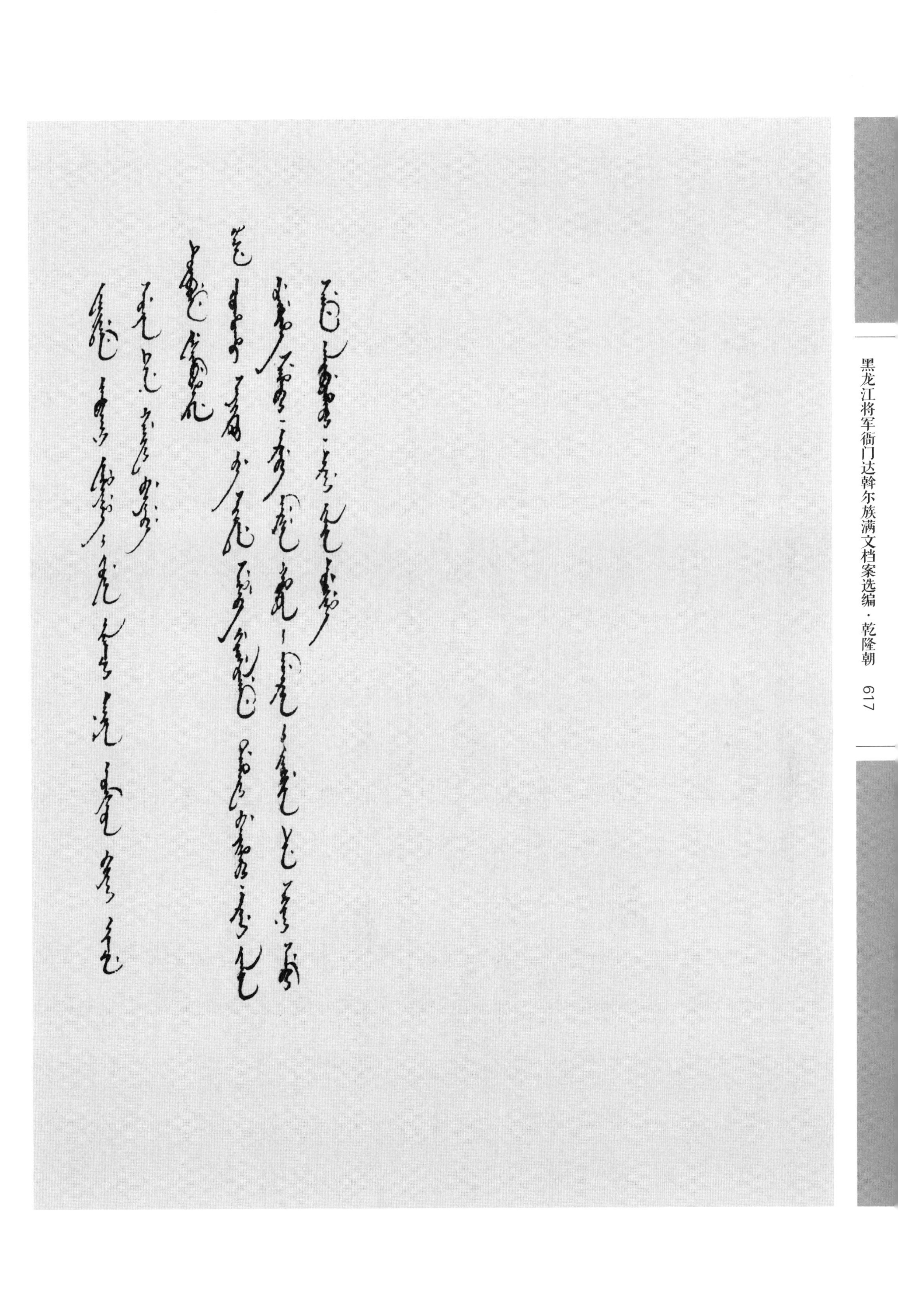

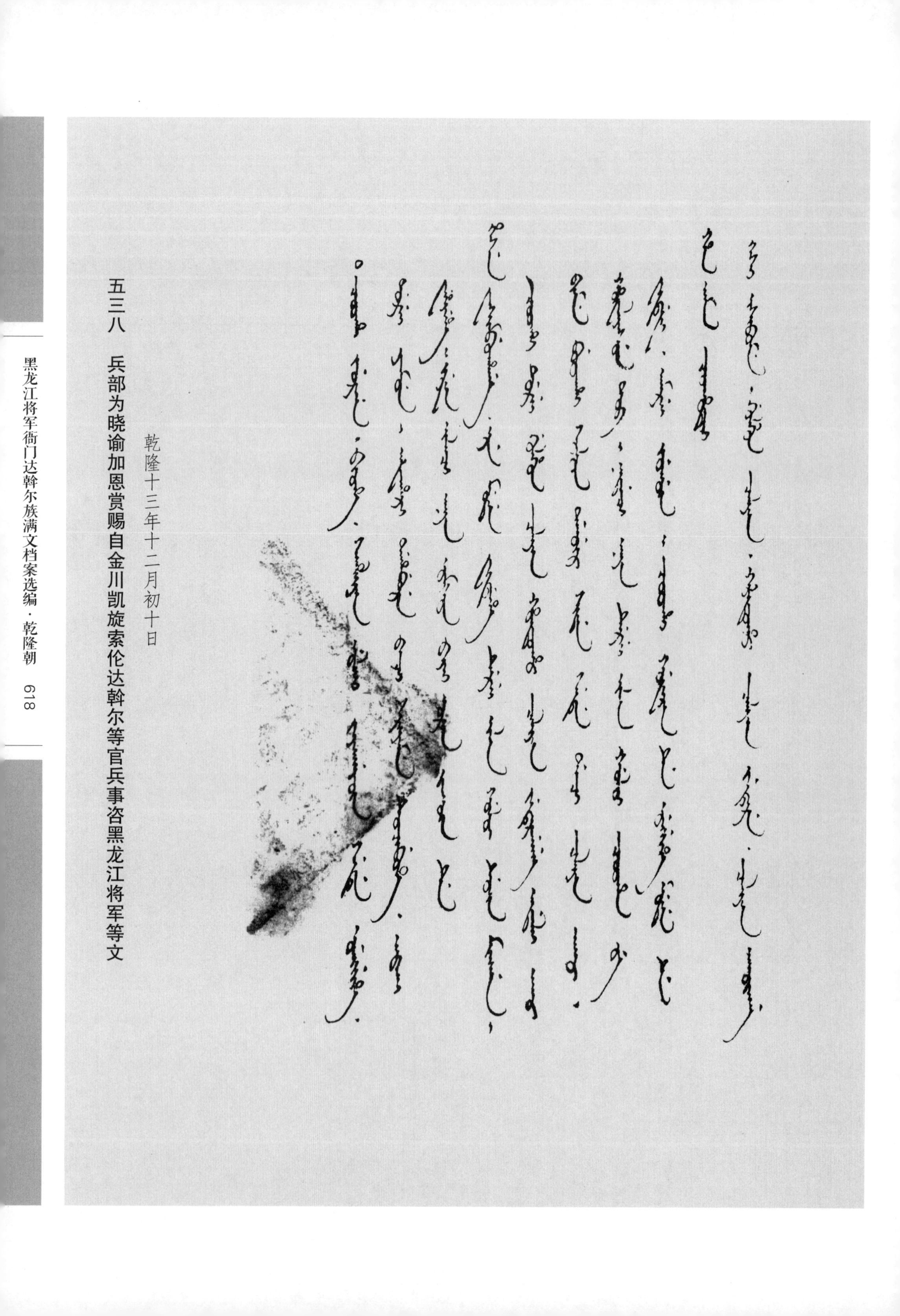

五三八 兵部为晓谕加恩赏赐自金川凯旋索伦达斡尔等官兵事咨黑龙江将军等文

乾隆十三年十二月初十日

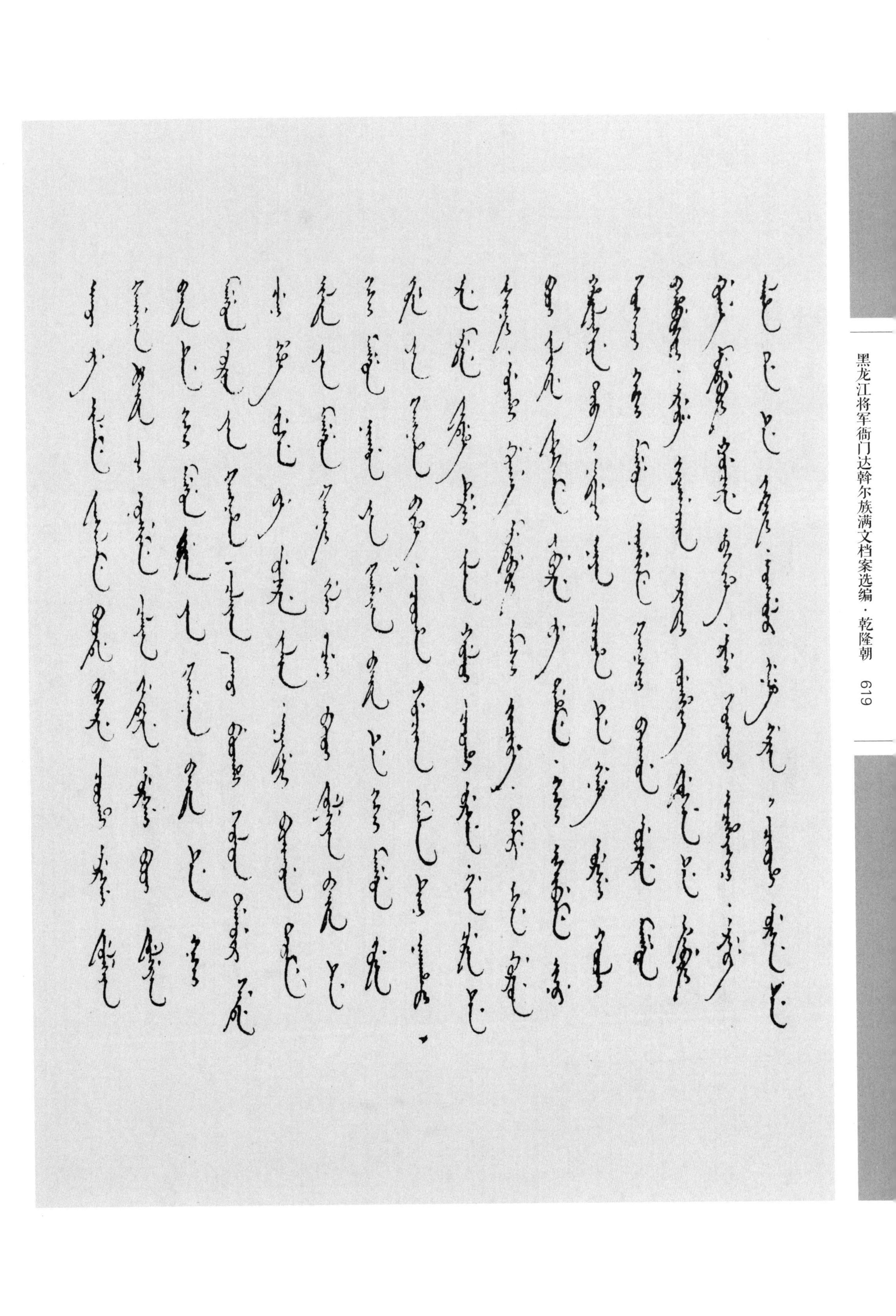

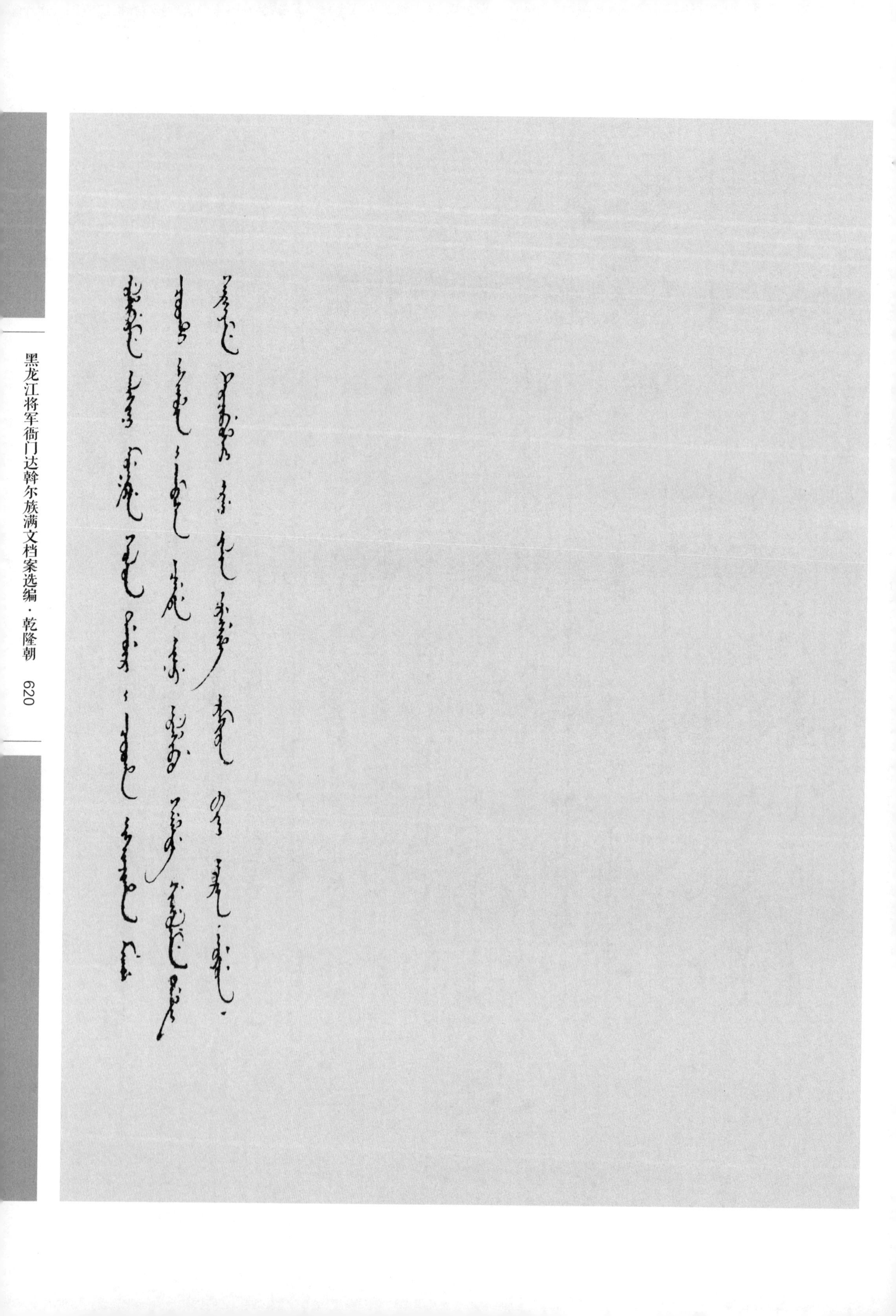

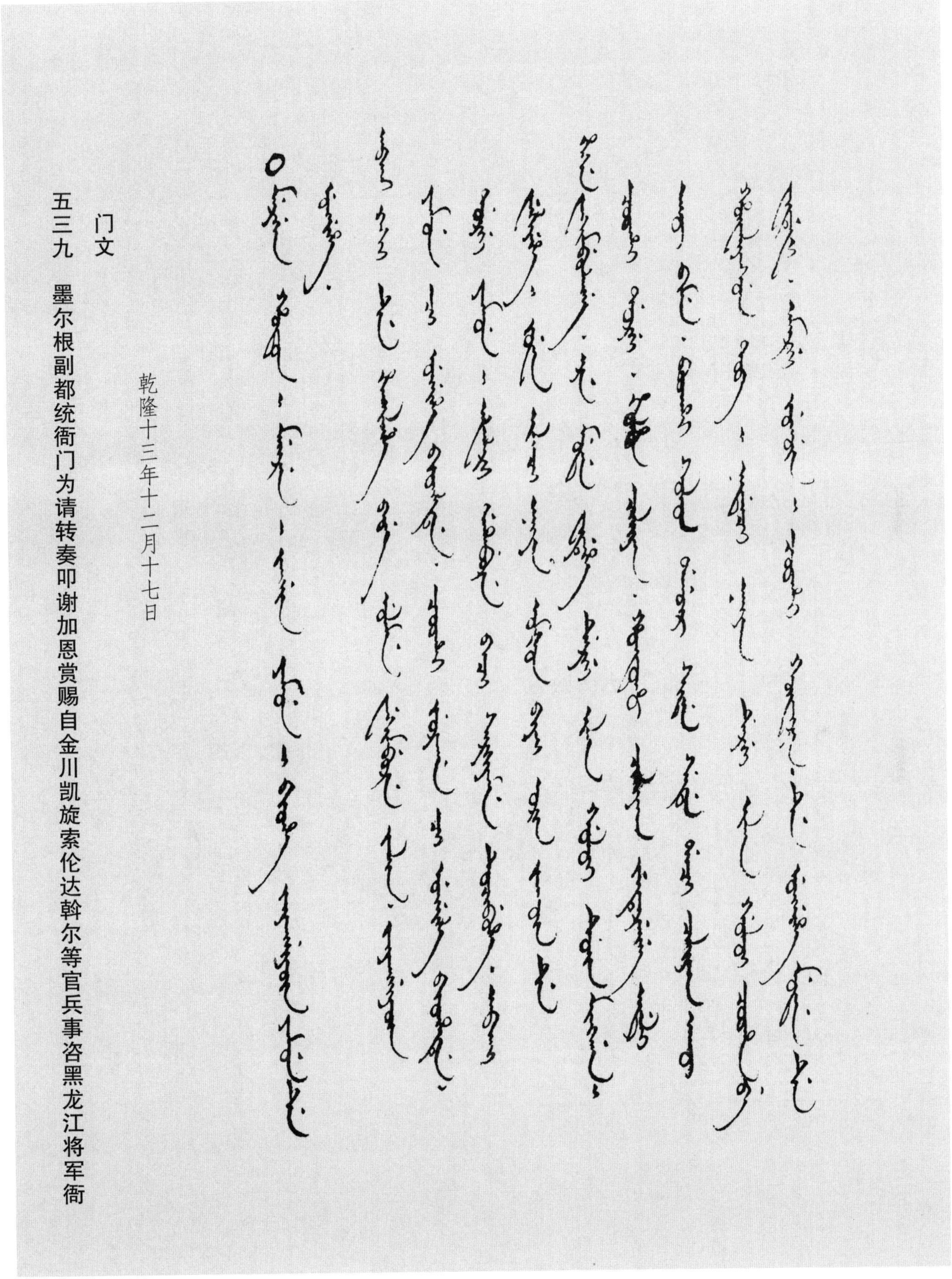

五三九 墨尔根副都统衙门为请转奏叩谢加恩赏赐自金川凯旋索伦达斡尔等官兵事咨黑龙江将军衙门文

乾隆十三年十二月十七日

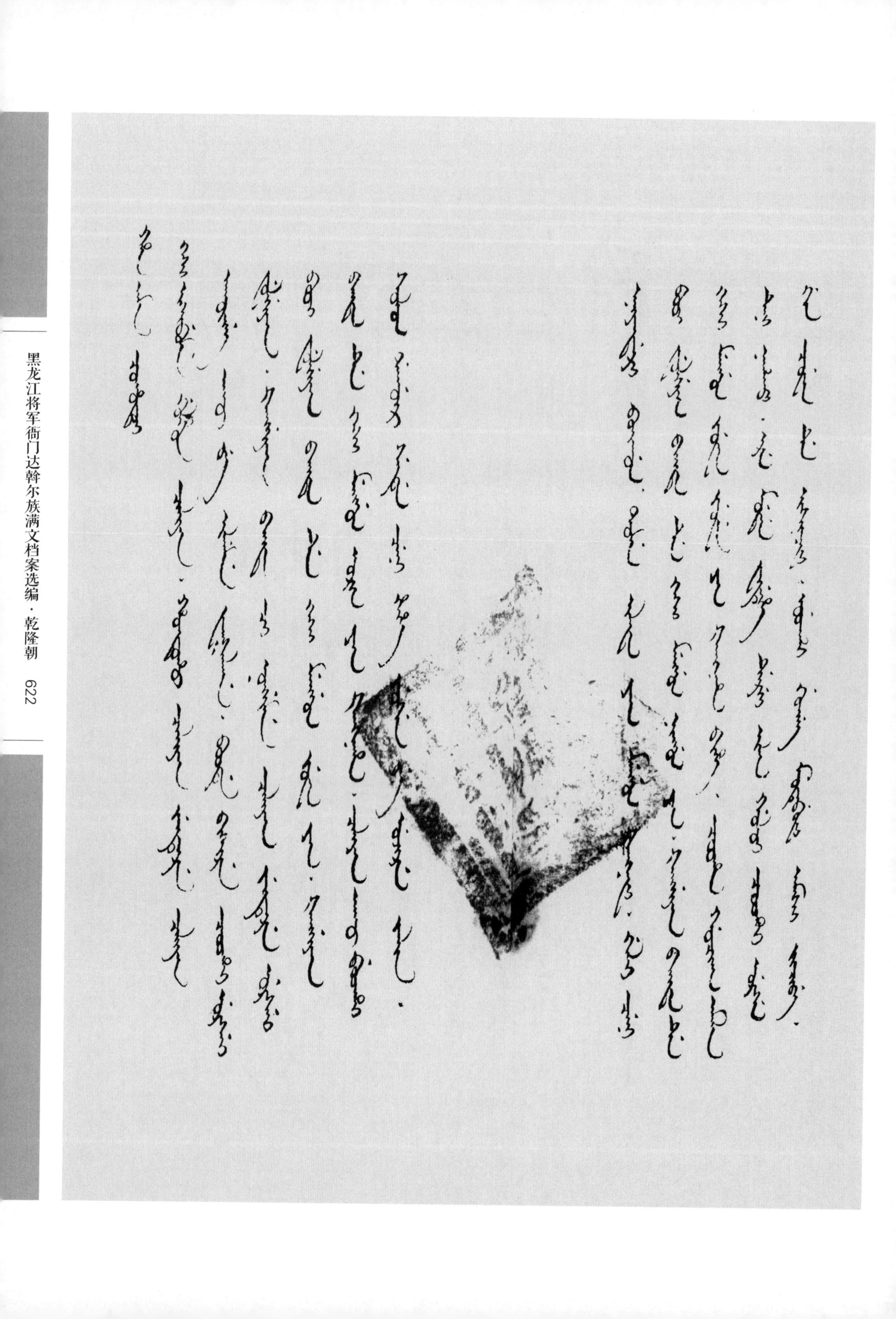

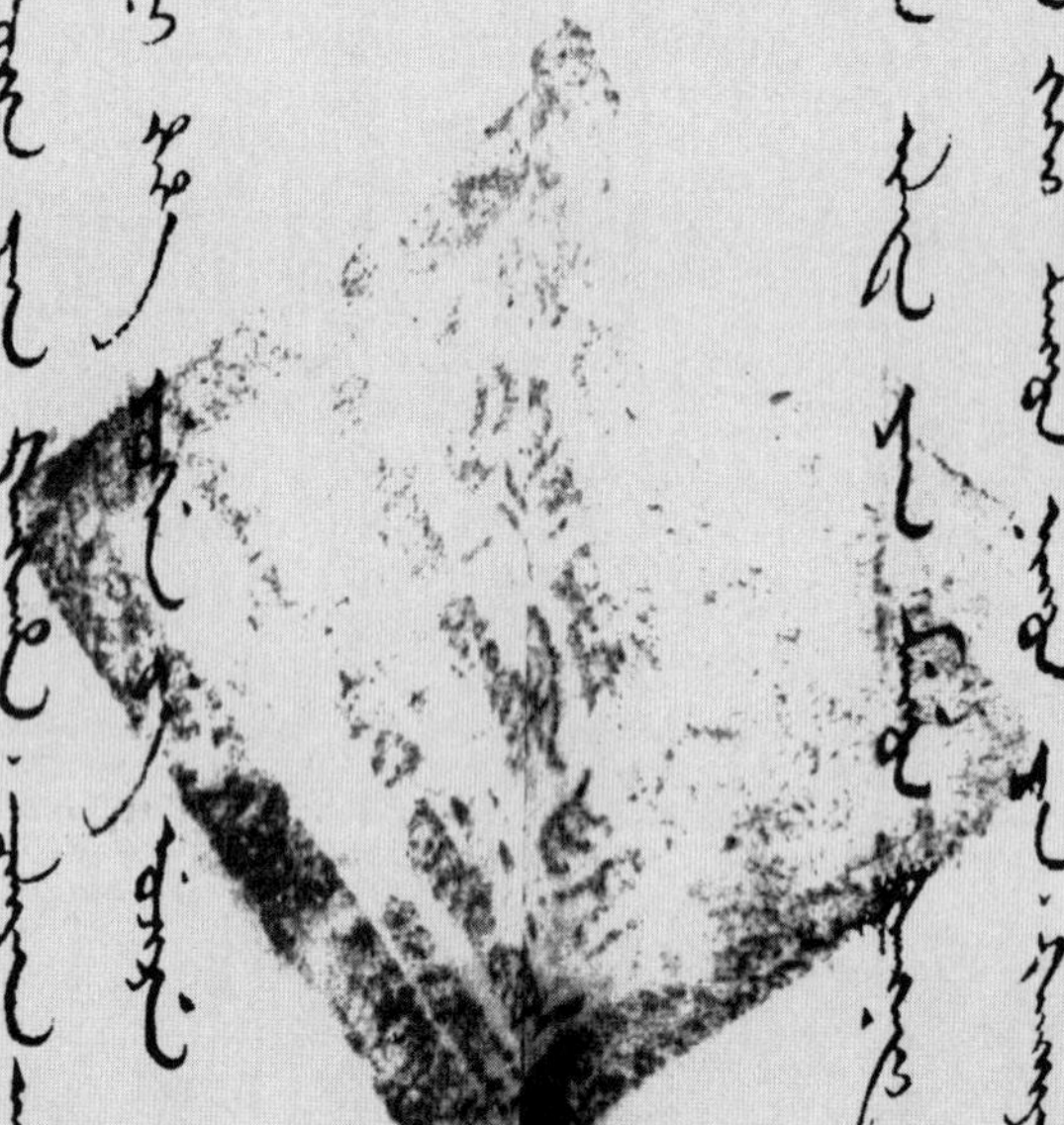

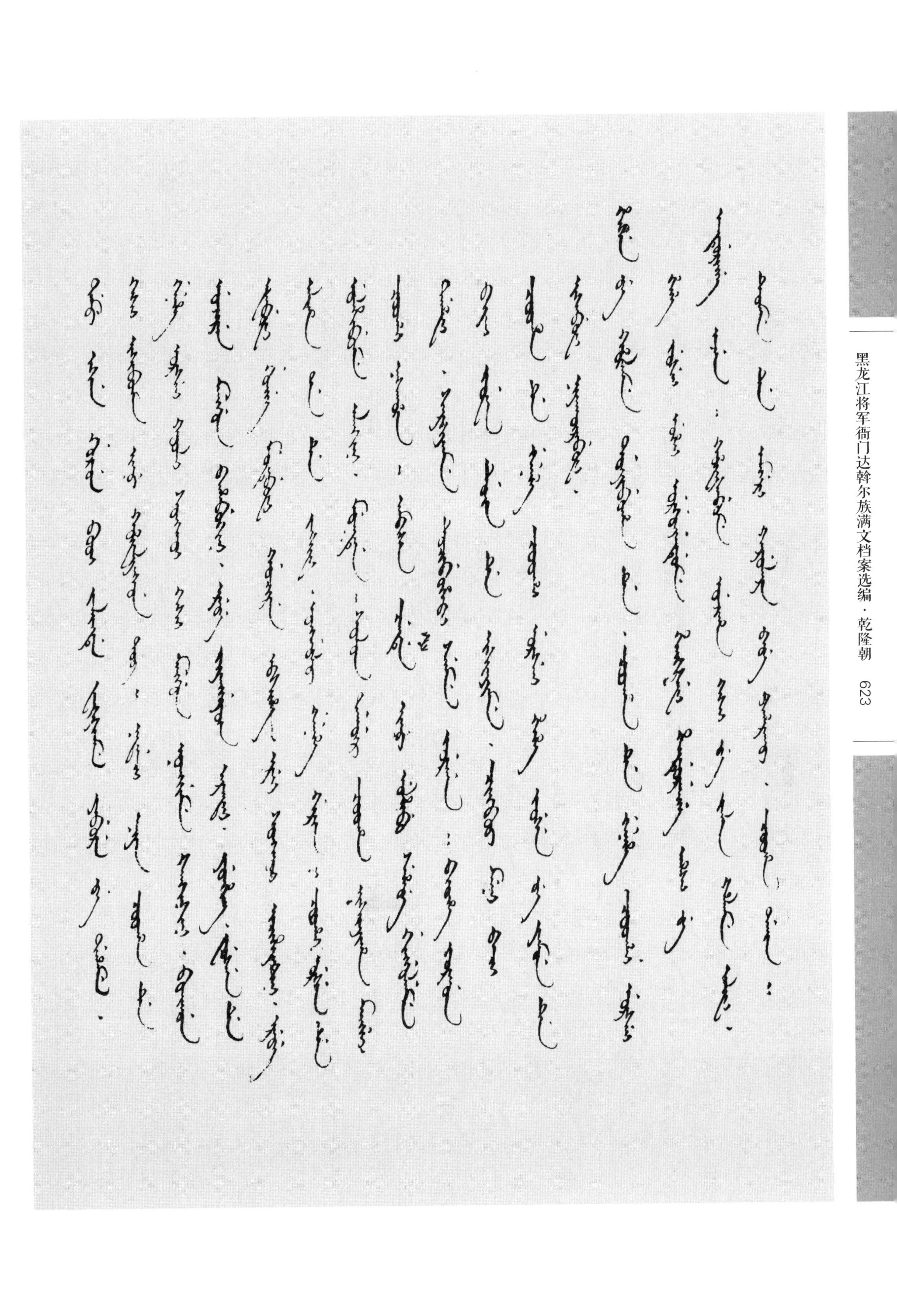

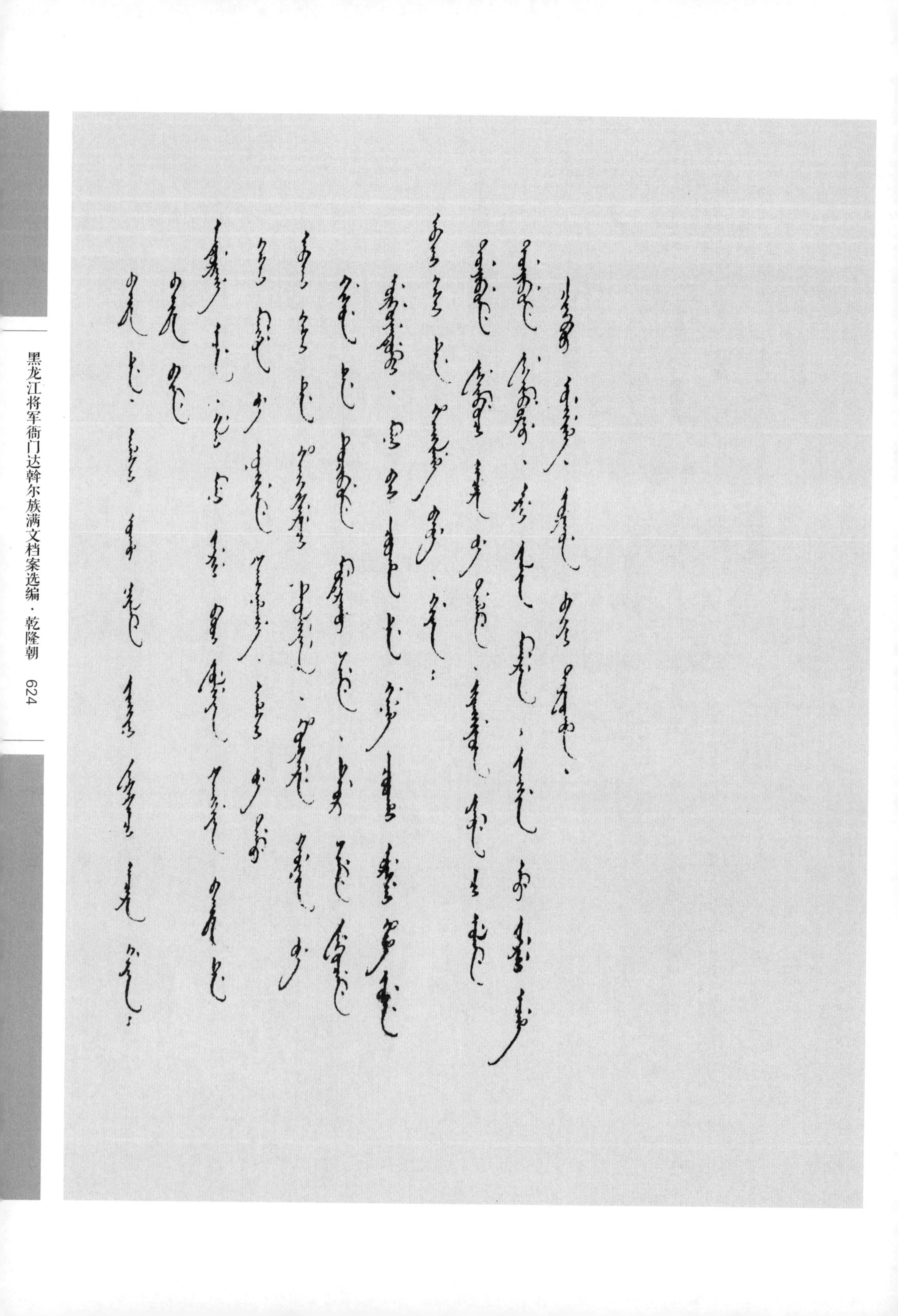

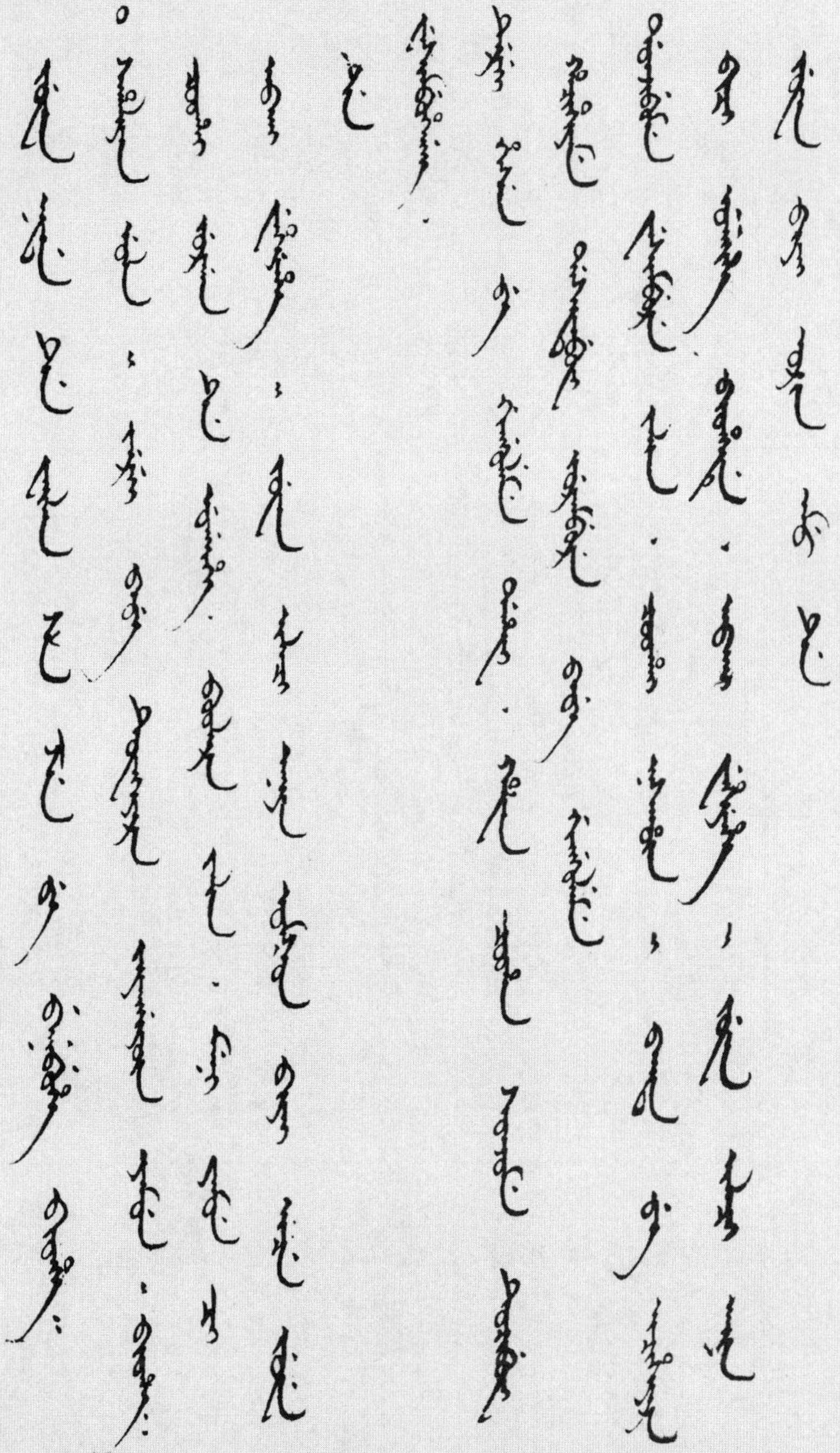

五四〇 黑龙江将军衙门为请给出征金川布特哈索伦达斡尔等官兵军器银两事咨兵部文

乾隆十三年十二月十七日

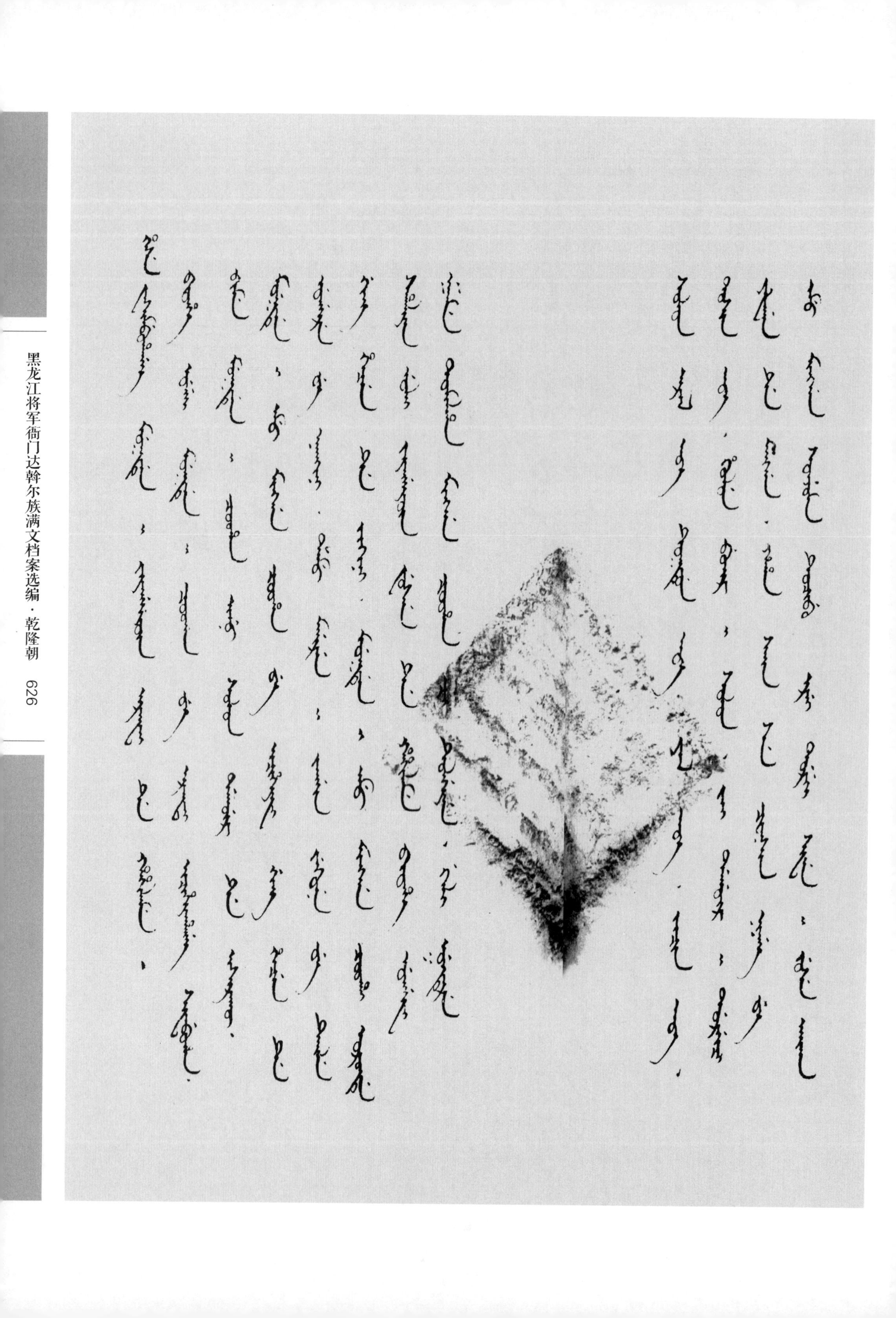

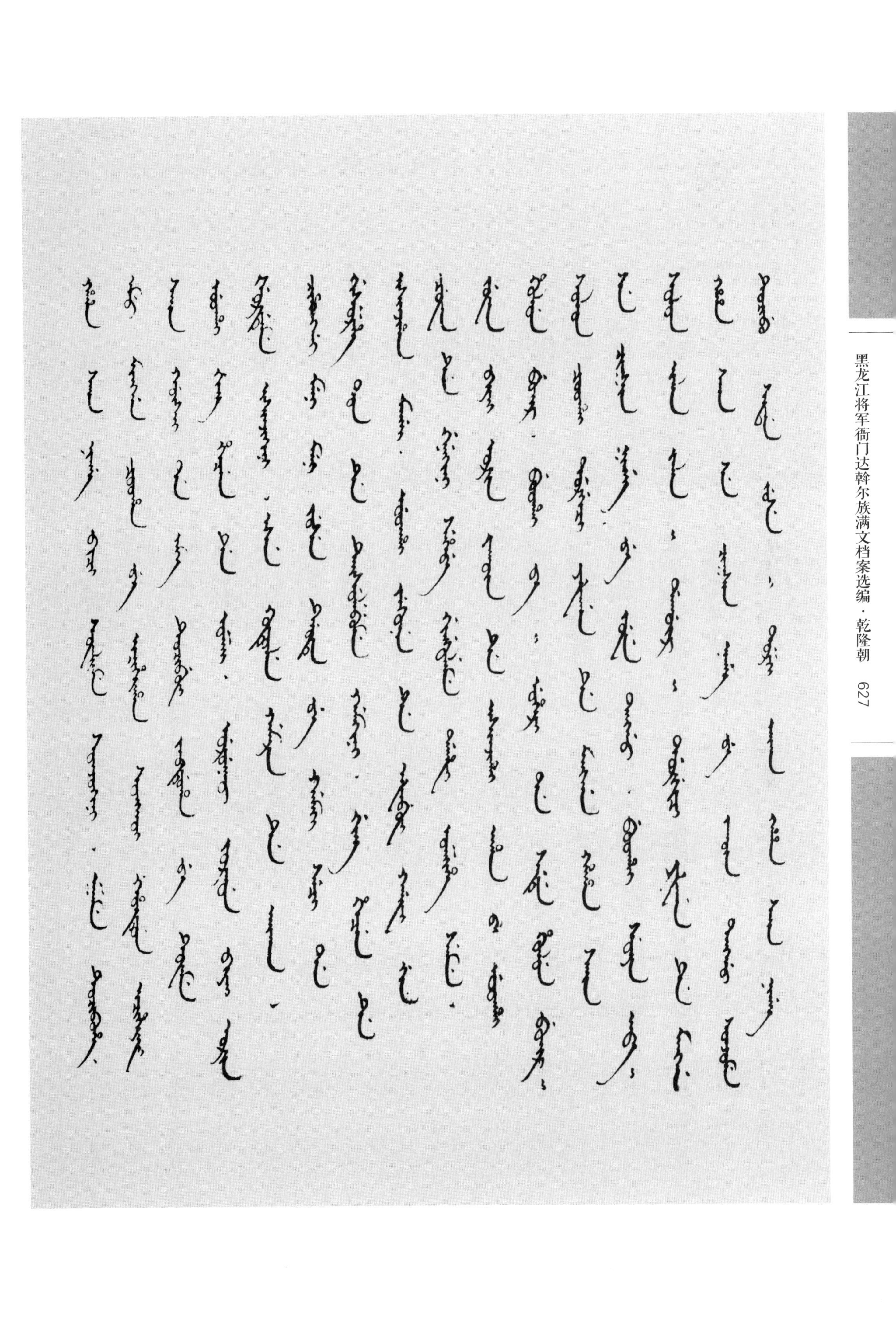

[illegible]

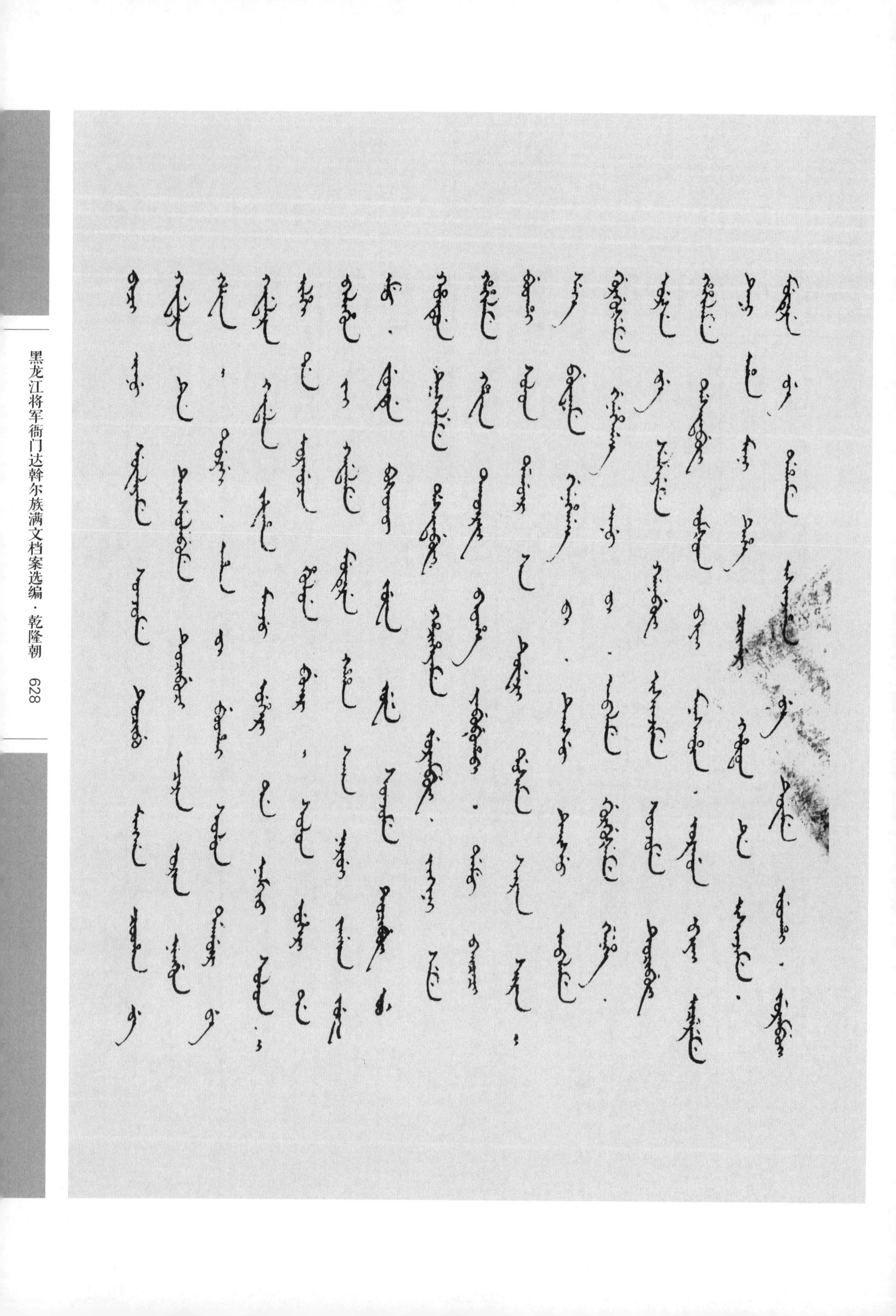

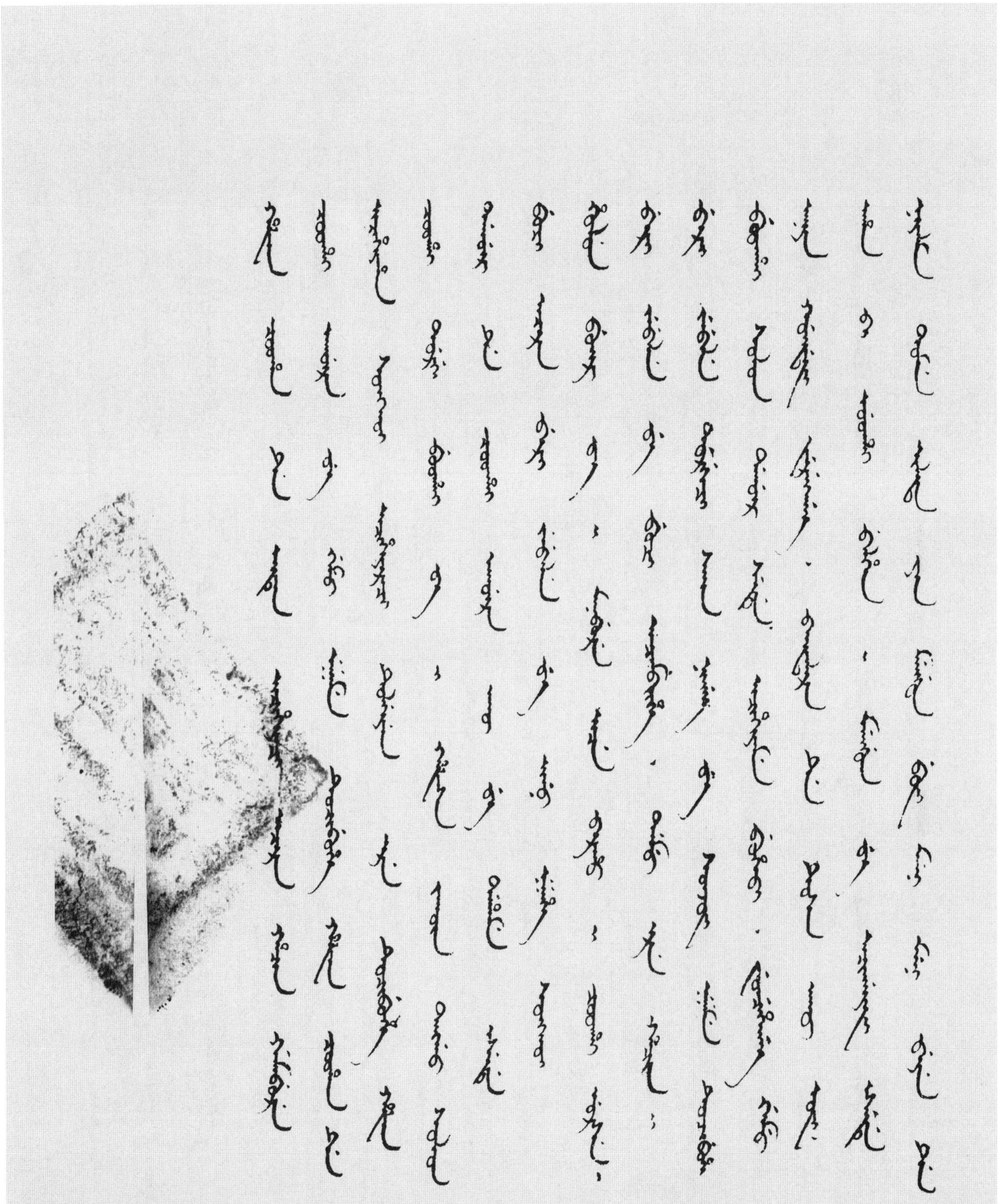

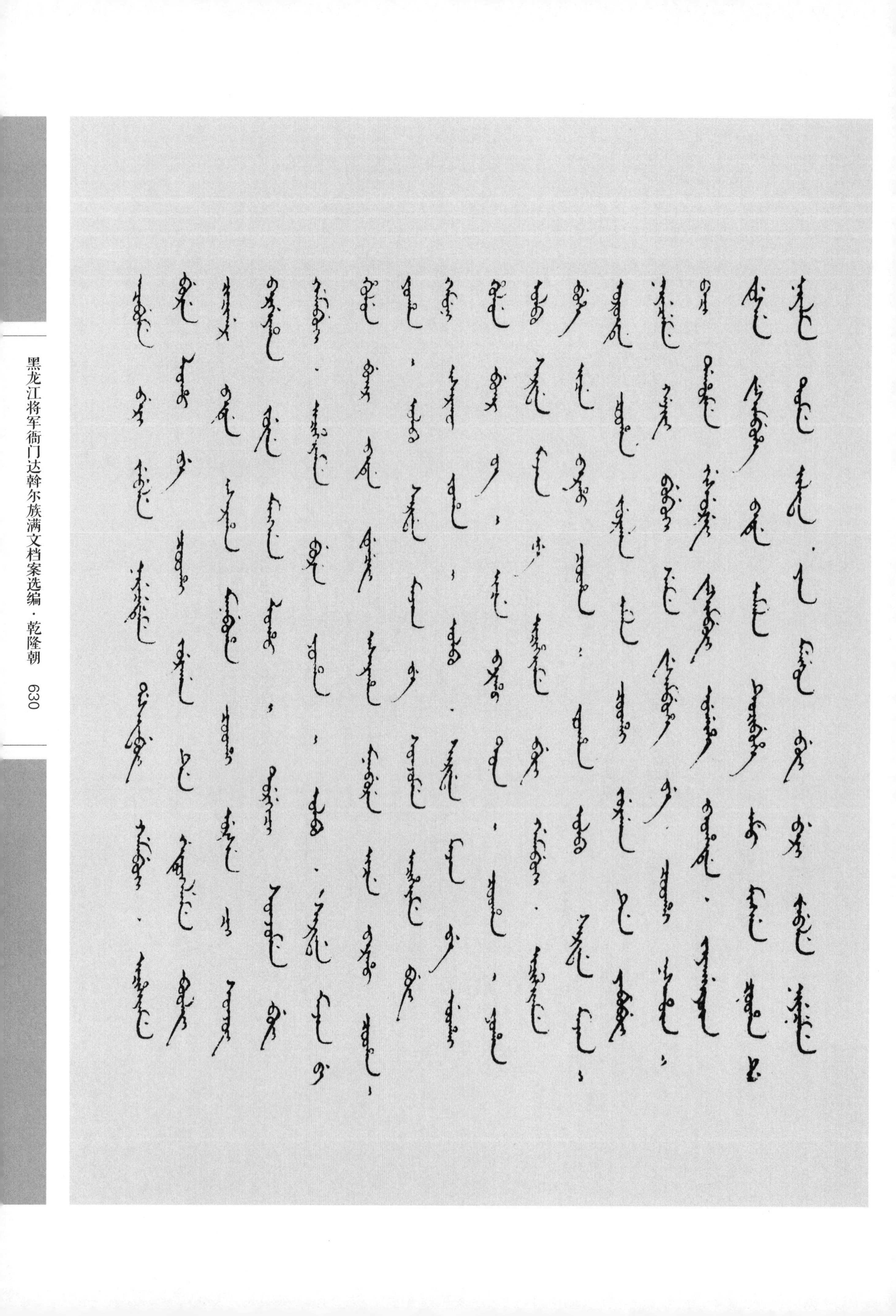

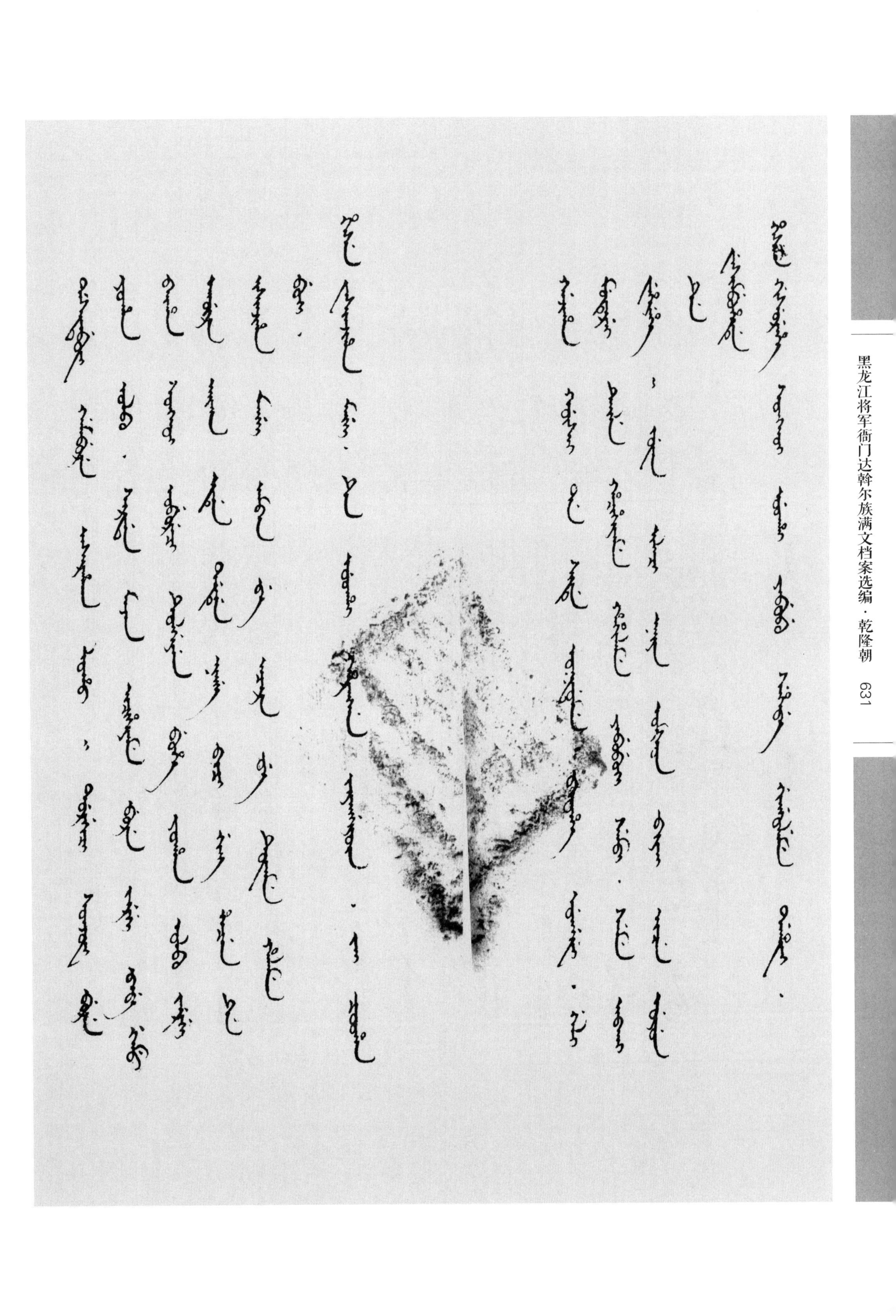

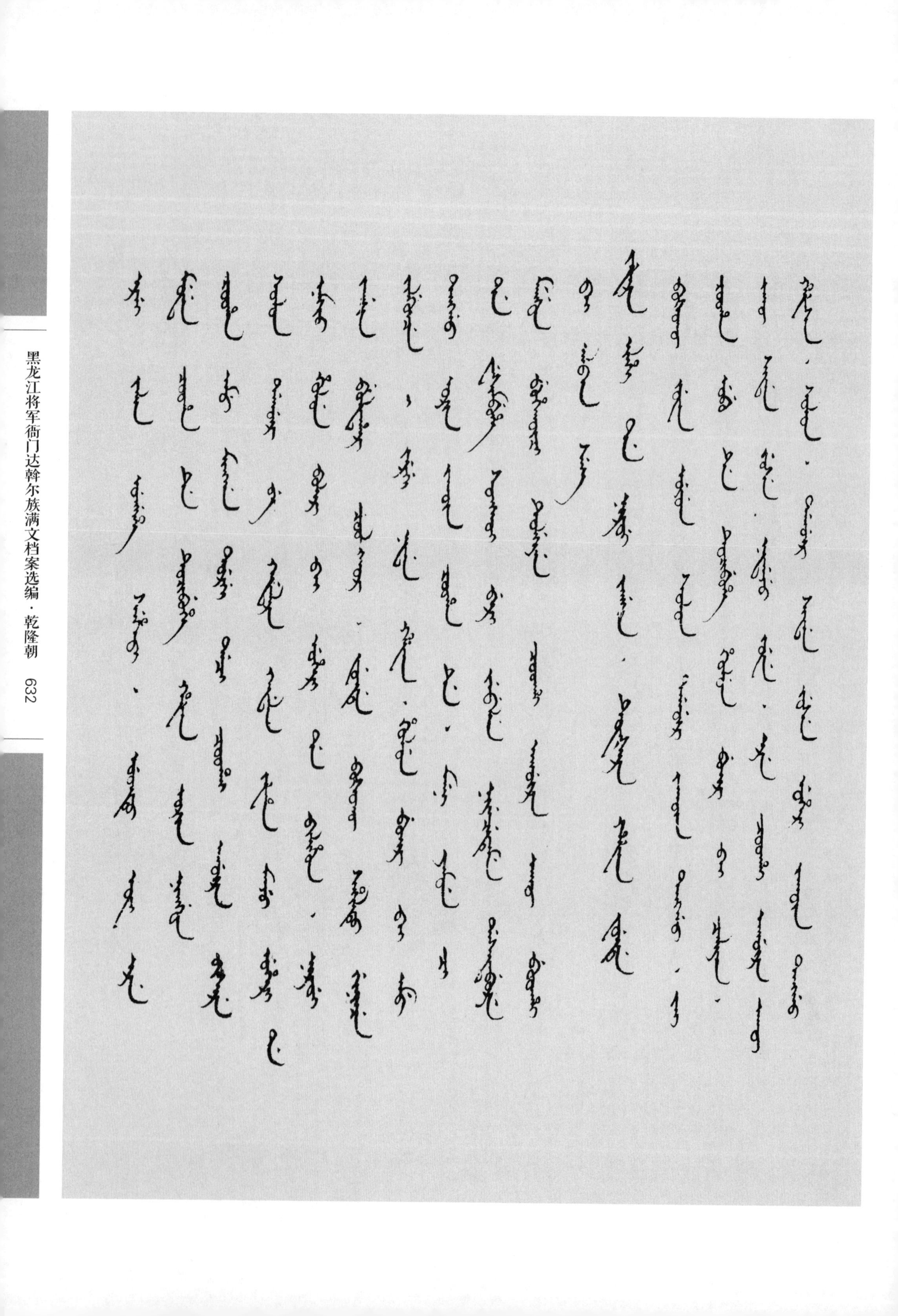

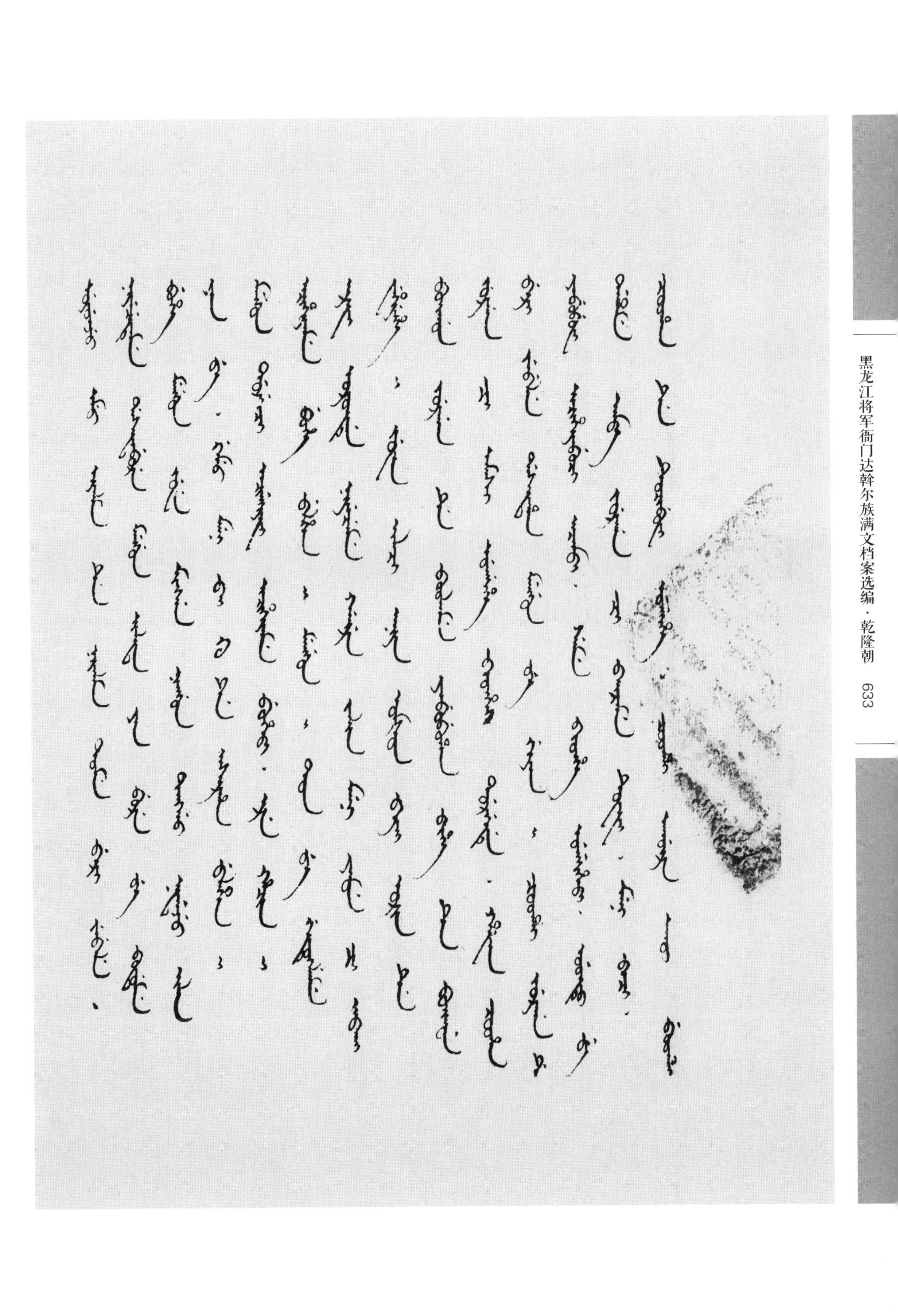

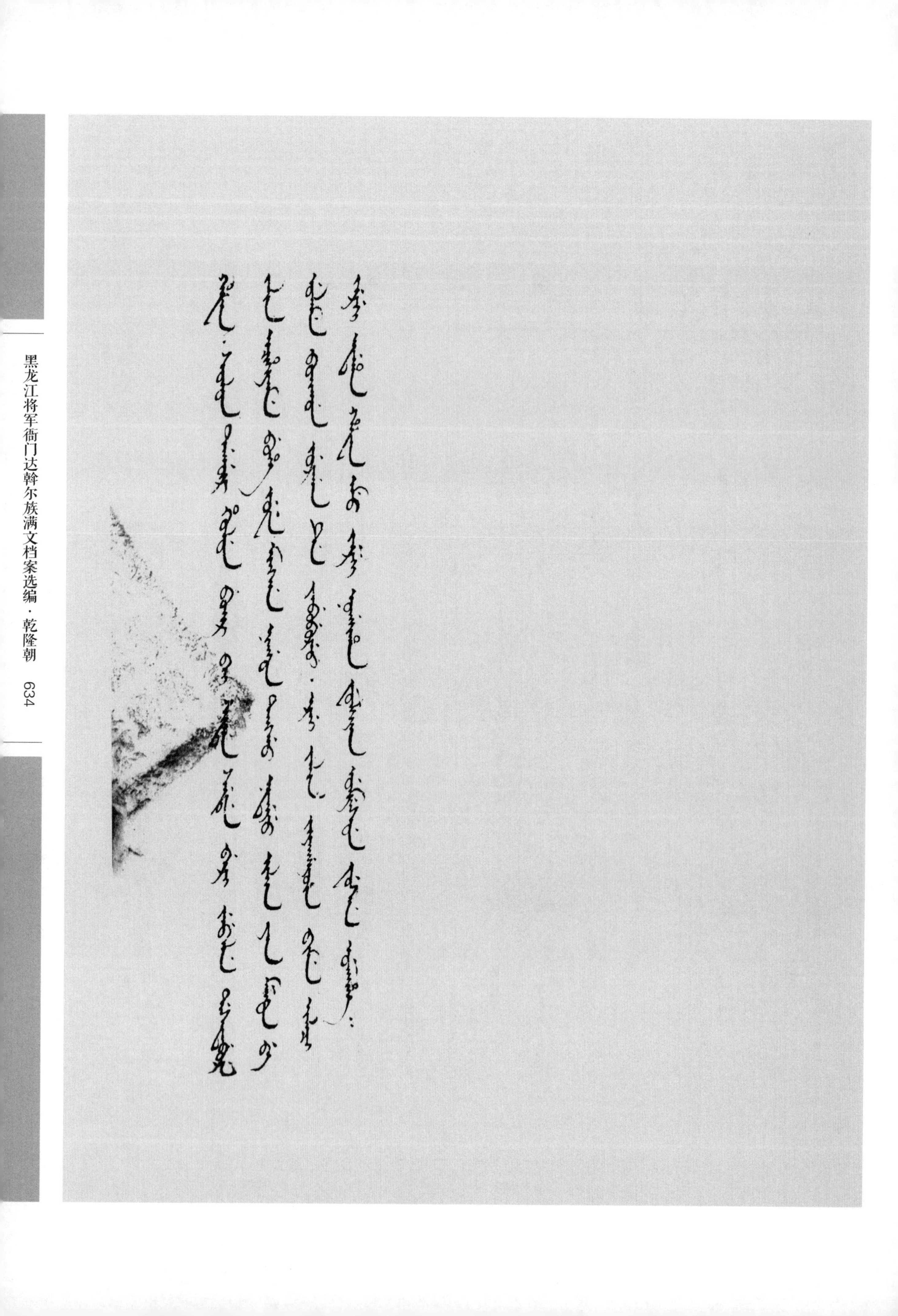

[illegible]

[illegible]

[illegible]

[illegible]

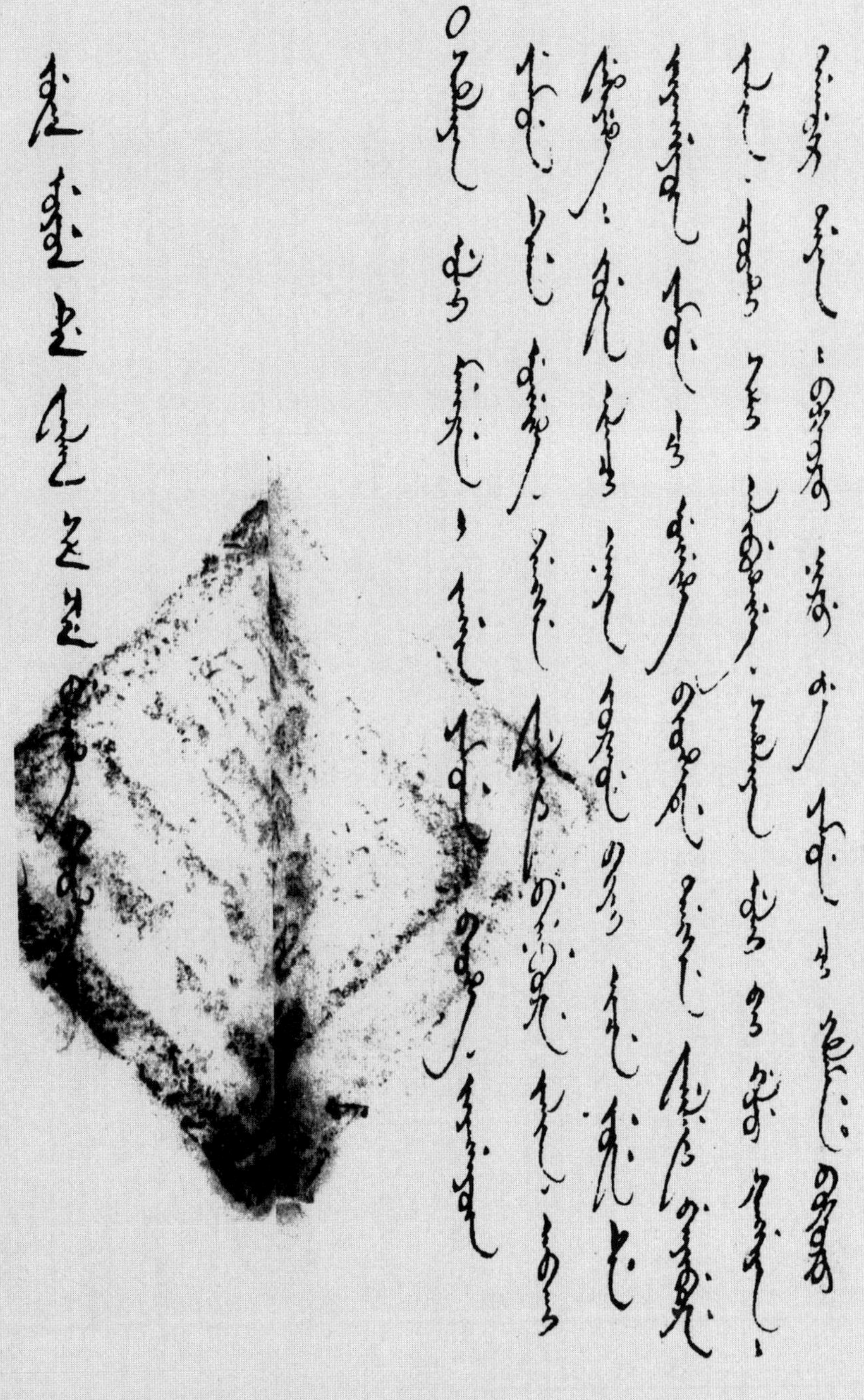

乾隆十三年十二月十九日

五四一 黑龙江副都统衙门为造送黑龙江正白旗达斡尔达彦世管佐领源流册事咨黑龙江将军衙门文

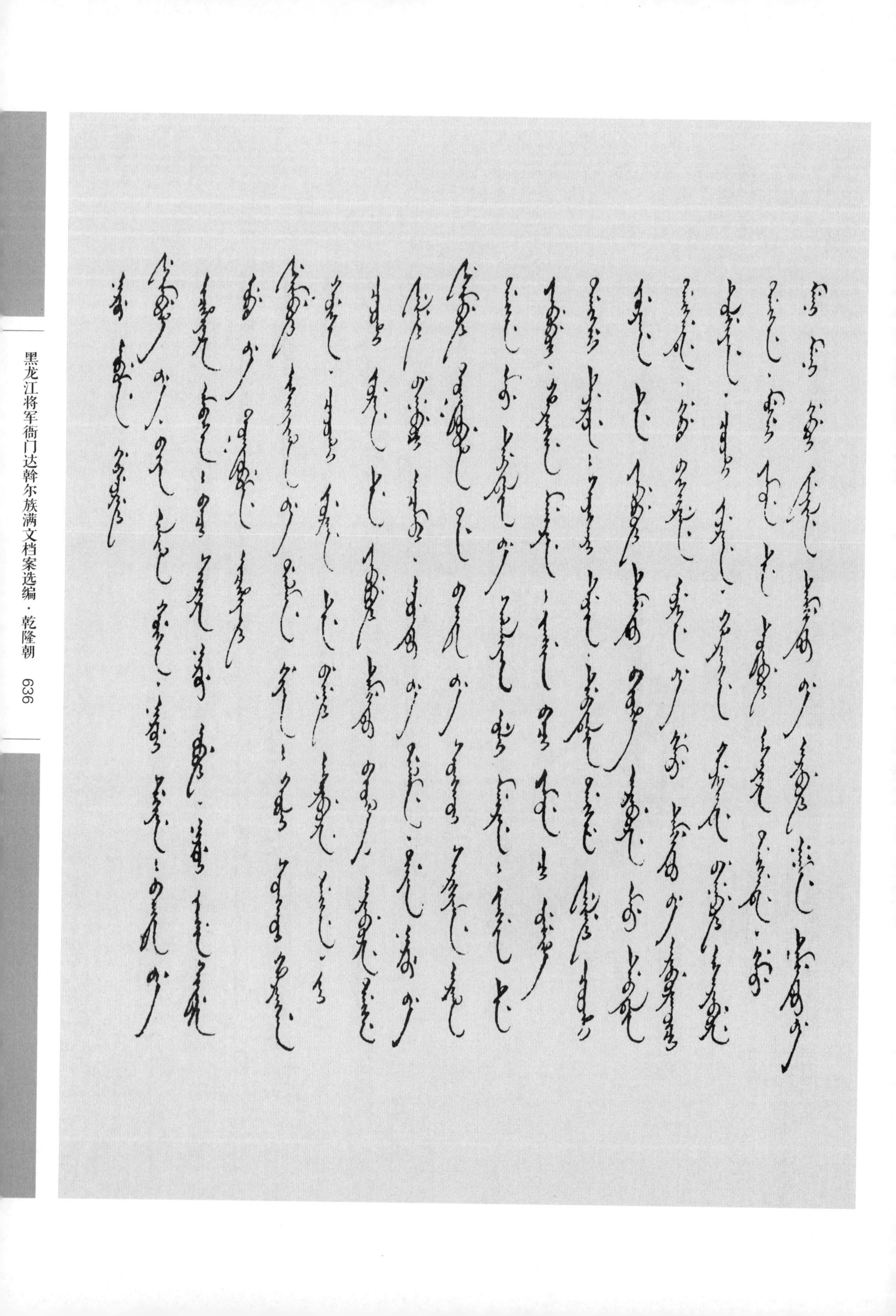

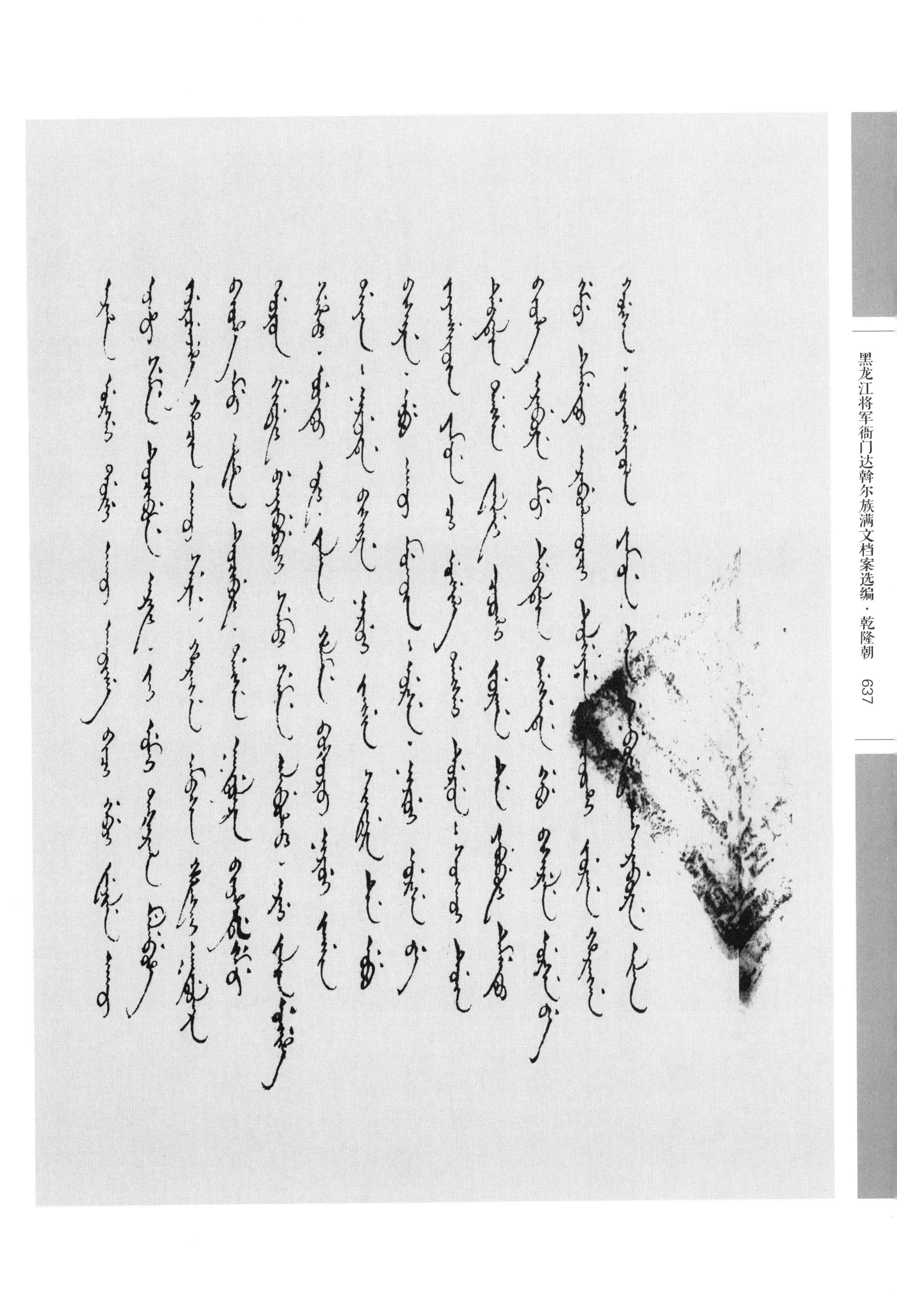

[illegible]

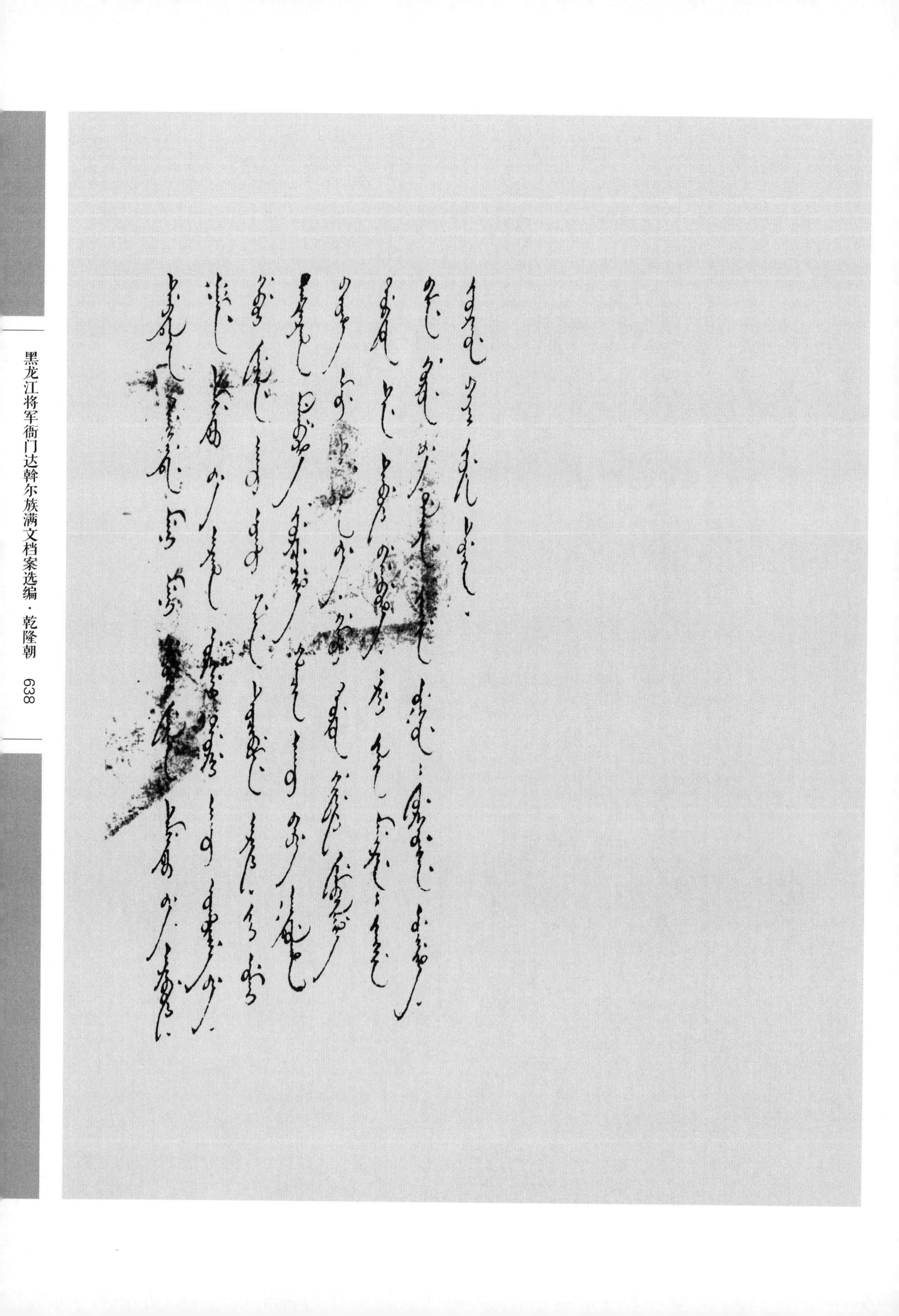

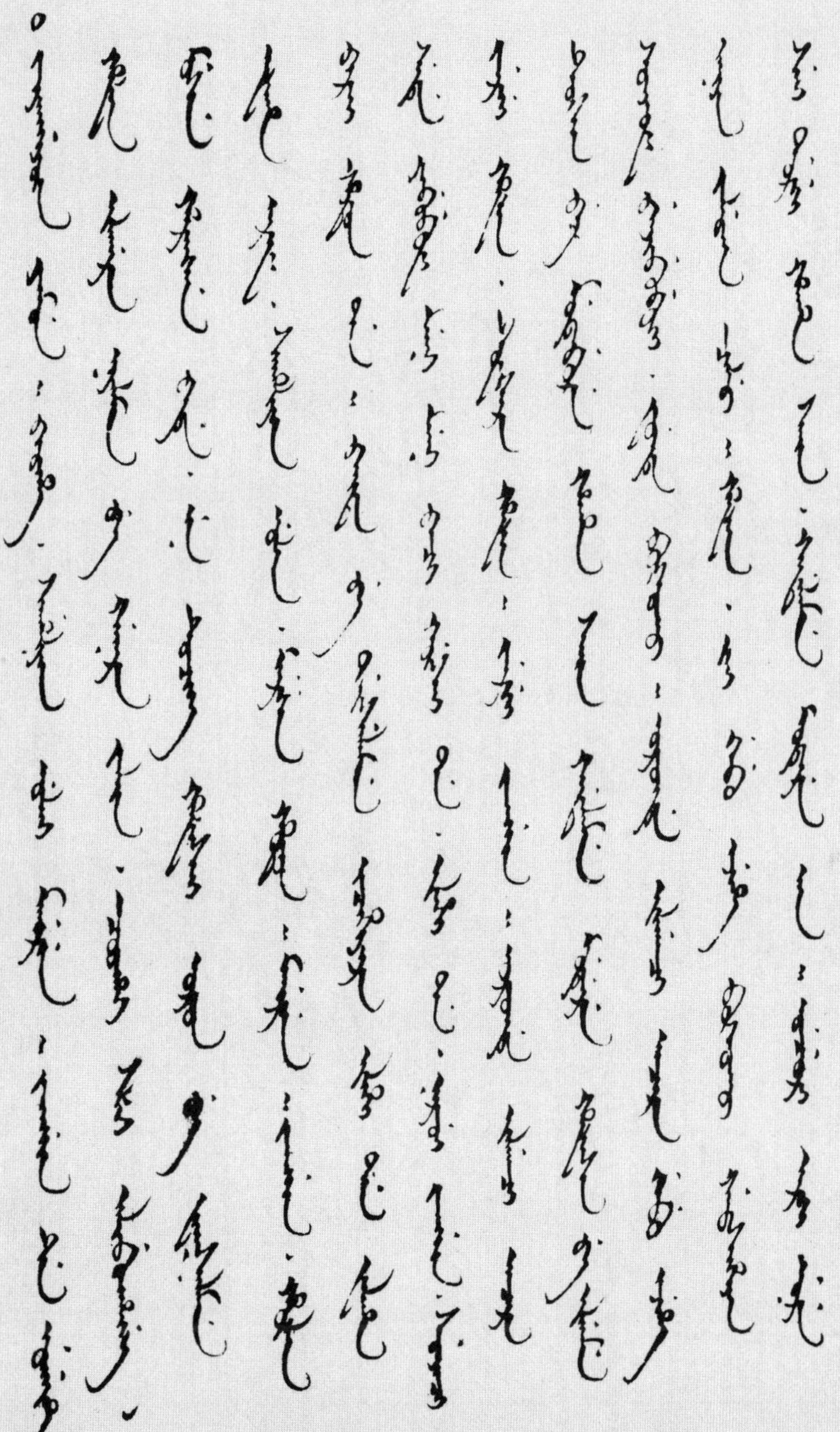

乾隆十四年正月二十一日

（附名单一件）

五四二 黑龙江将军衙门为黑龙江各处满洲达斡尔佐领骁骑校等出缺拣员报送事咨黑龙江副都统文

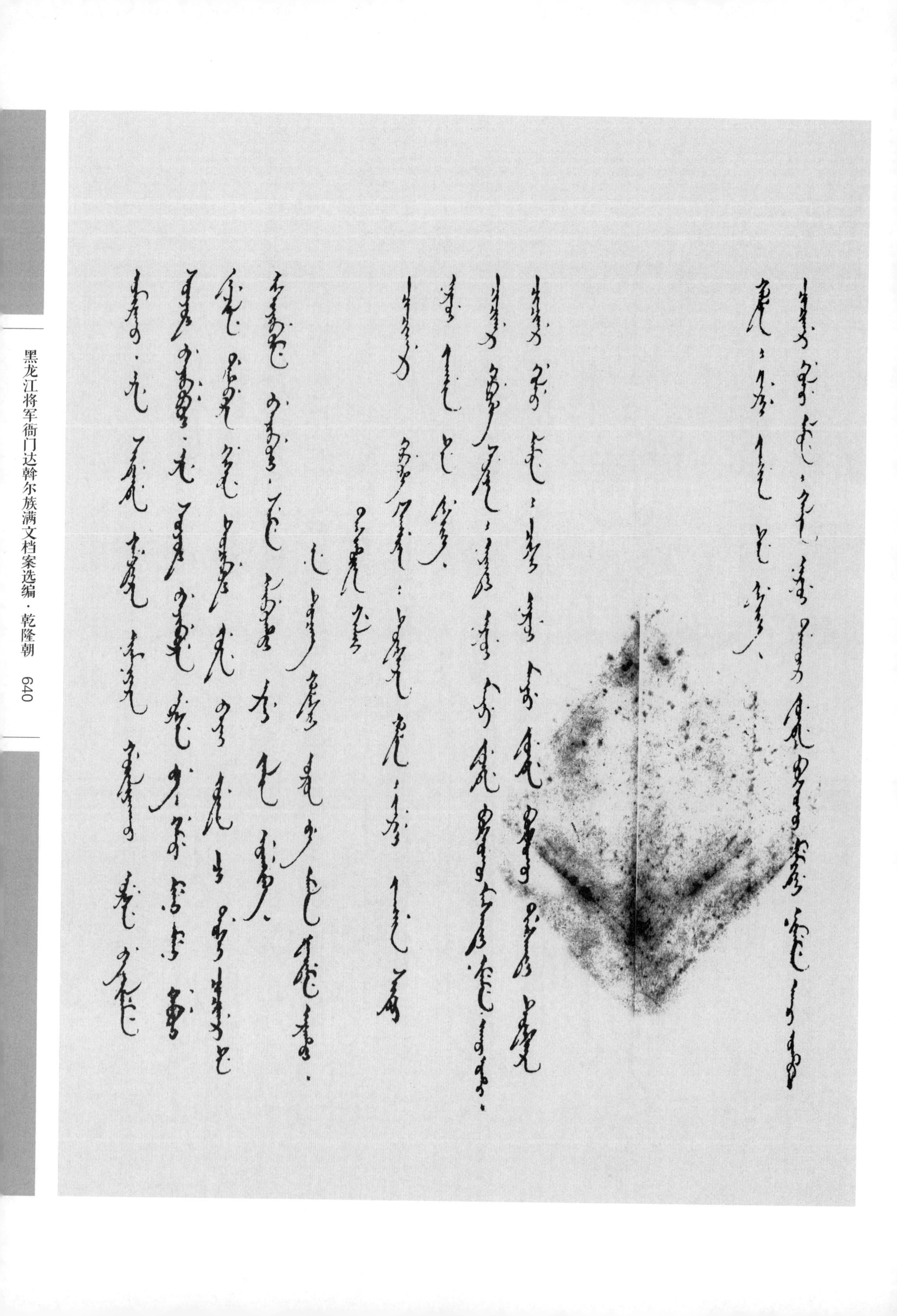

[illegible]

[illegible]

[illegible]

[illegible]

[illegible]

[illegible]

[illegible]

[illegible]

[illegible]

[illegible]

[illegible]

[illegible]

[illegible]

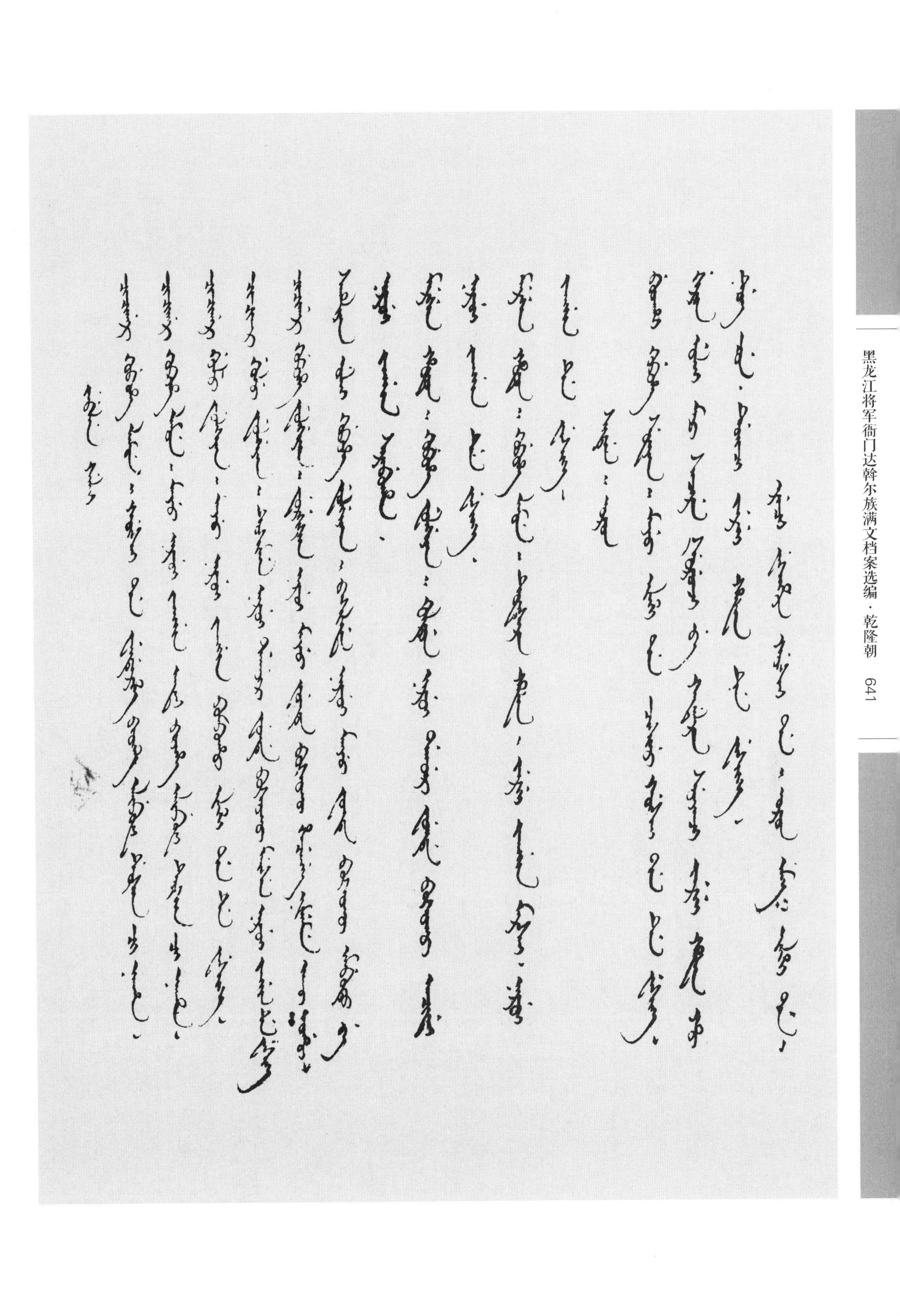

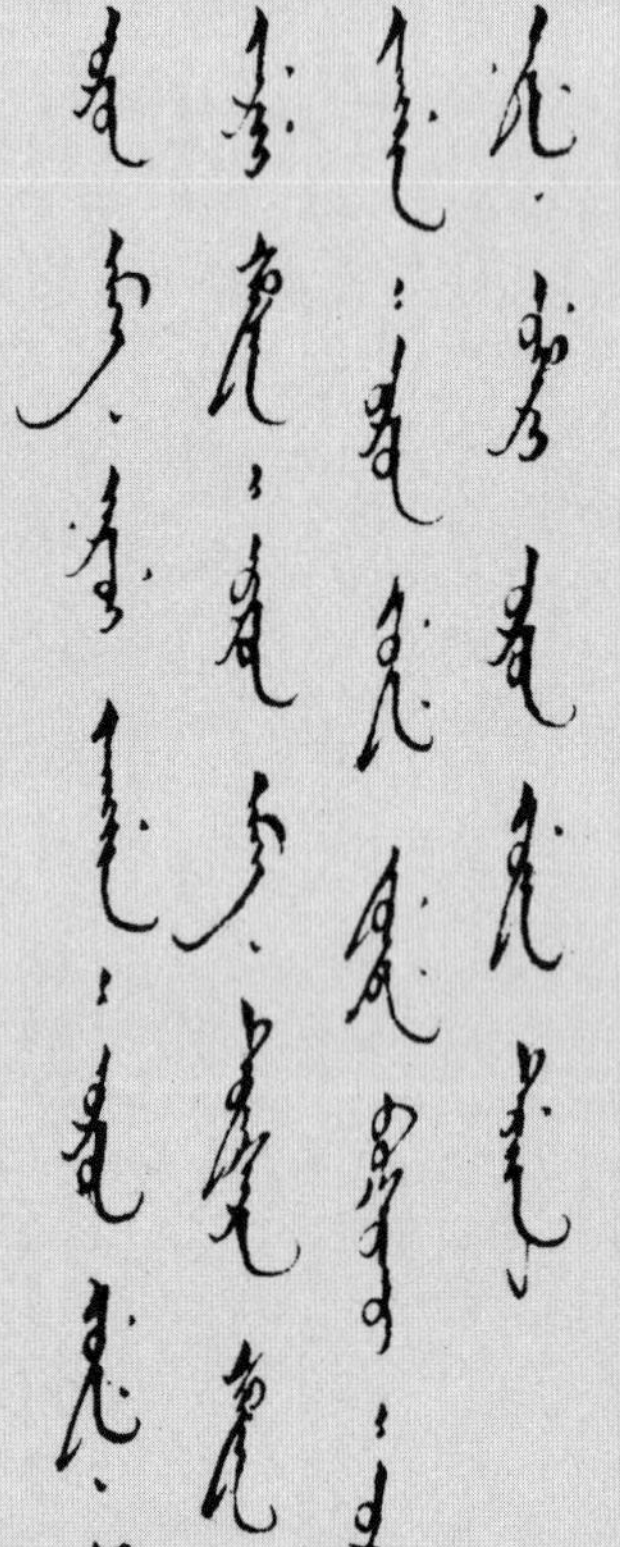

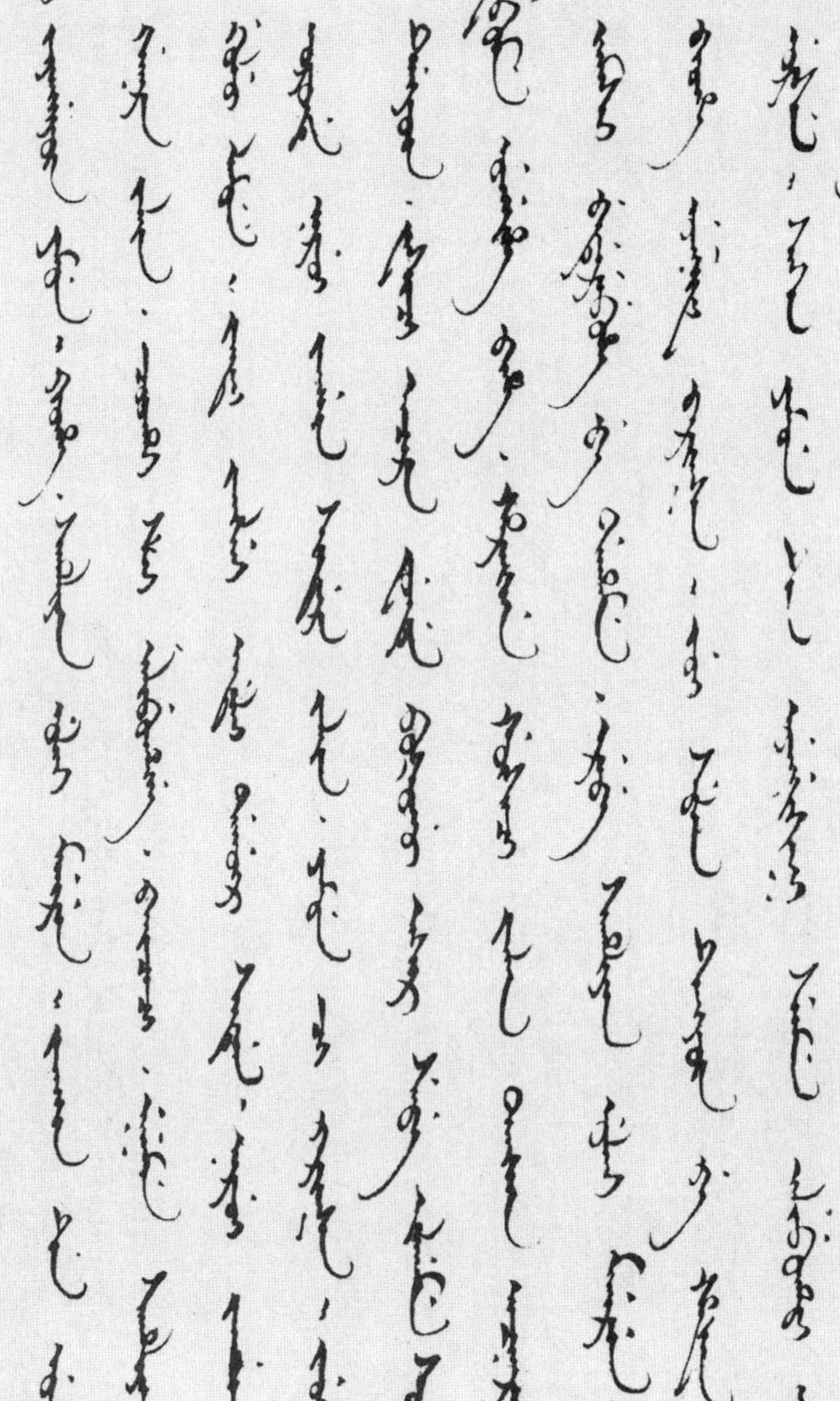

乾隆十四年正月二十一日

五四三 黑龙江将军衙门为黑龙江正蓝旗达斡尔公中佐领巴里克萨出缺选送伊子登蕴事咨黑龙江副都统文

五四四 黑龙江将军衙门为令选送满洲索伦达斡尔等领催前锋记名事咨黑龙江副都统文

乾隆十四年正月二十一日

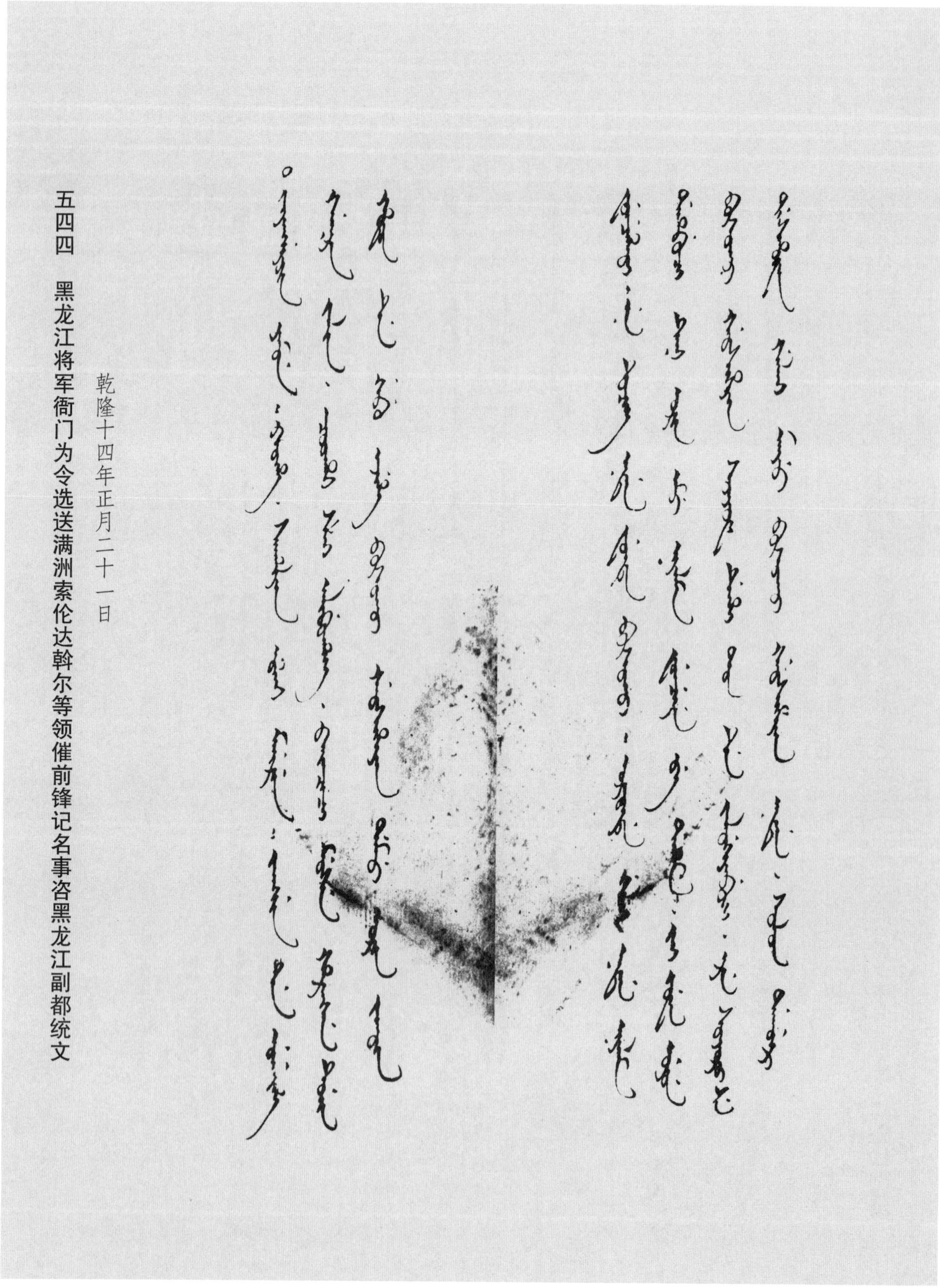

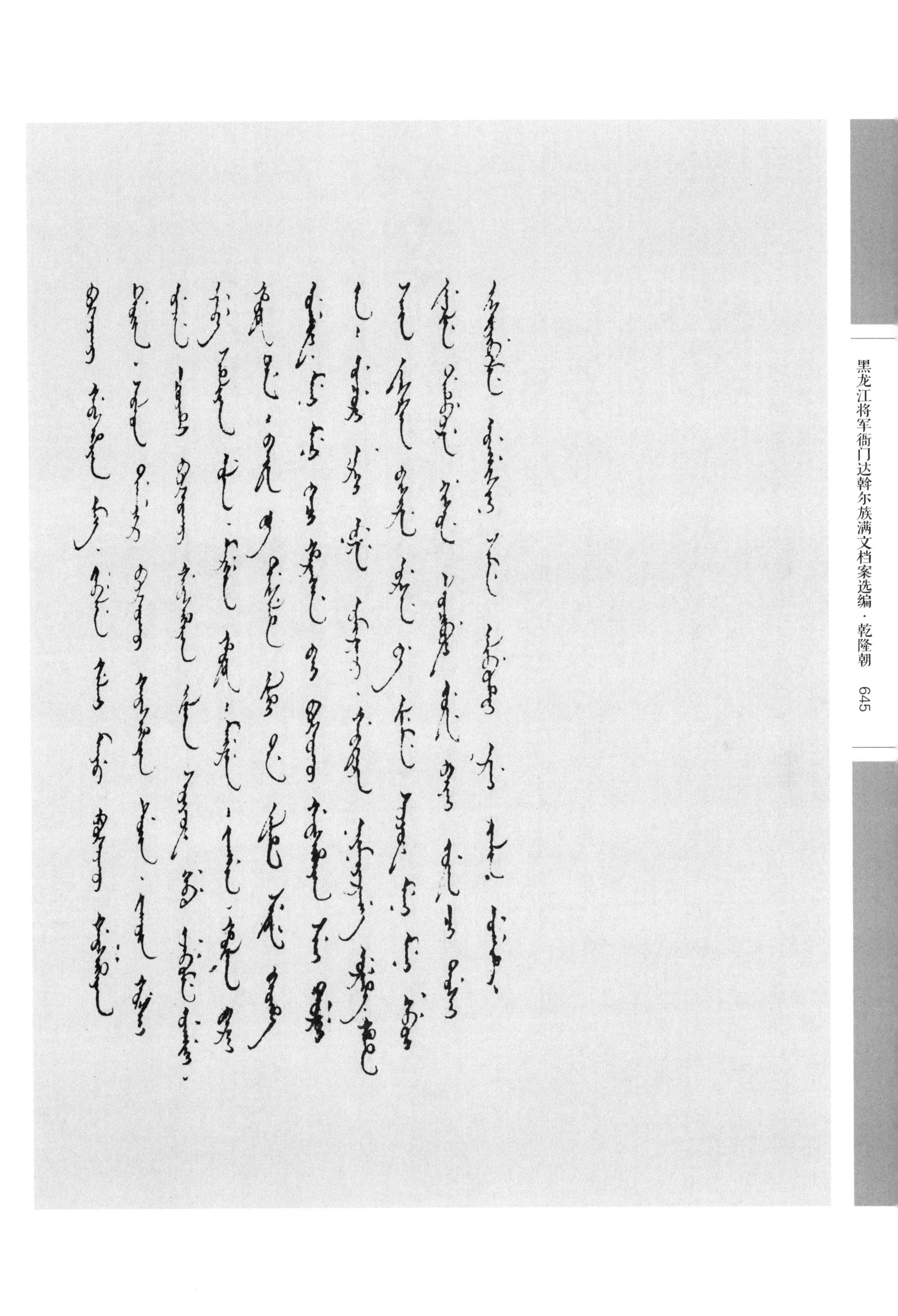

五四五　墨尔根副都统衙门为报齐齐哈尔正蓝旗达斡尔喀勒扎佐领下驻墨尔根人员并造册画押事咨黑龙江将军衙门文

乾隆十四年正月二十四日

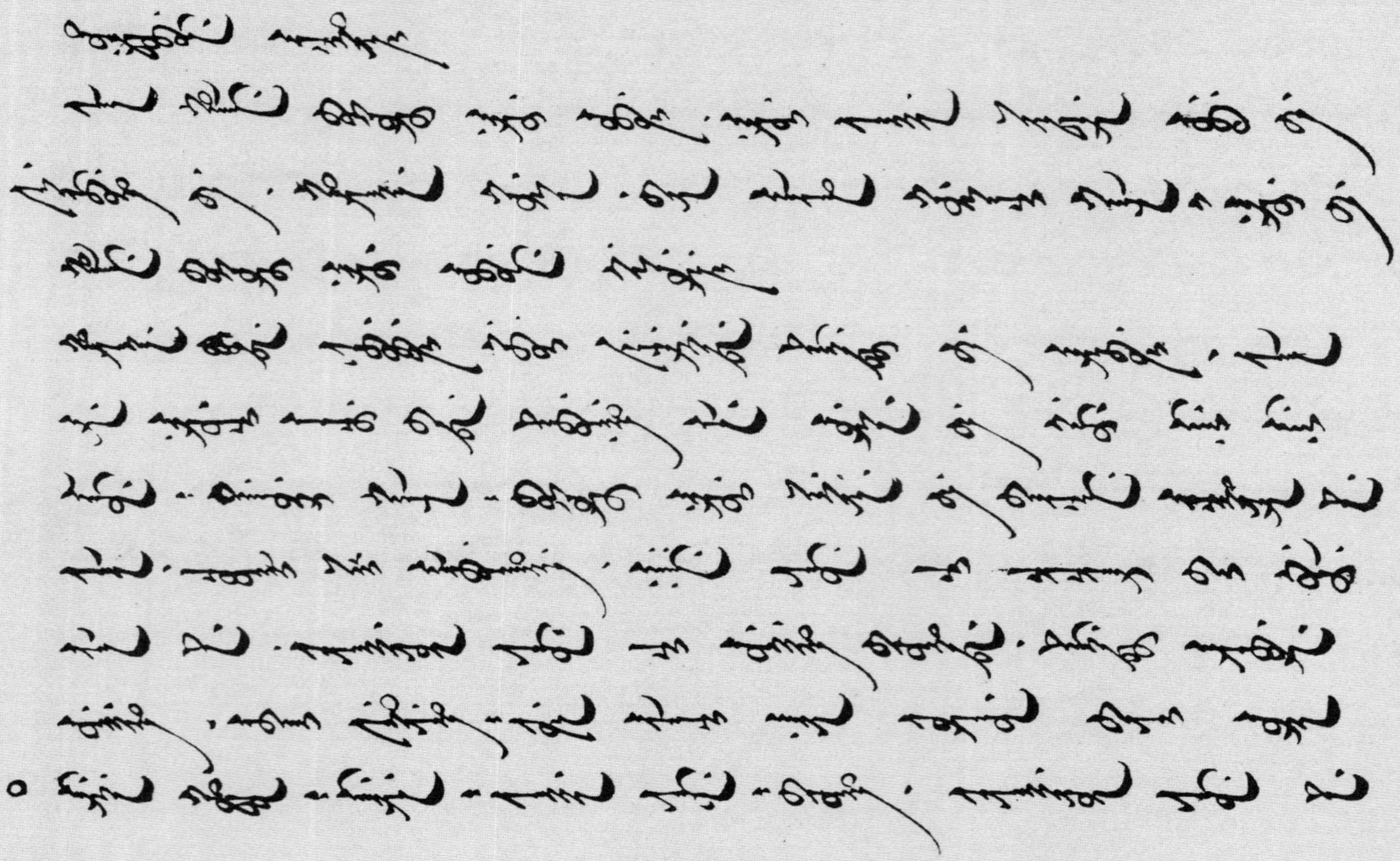

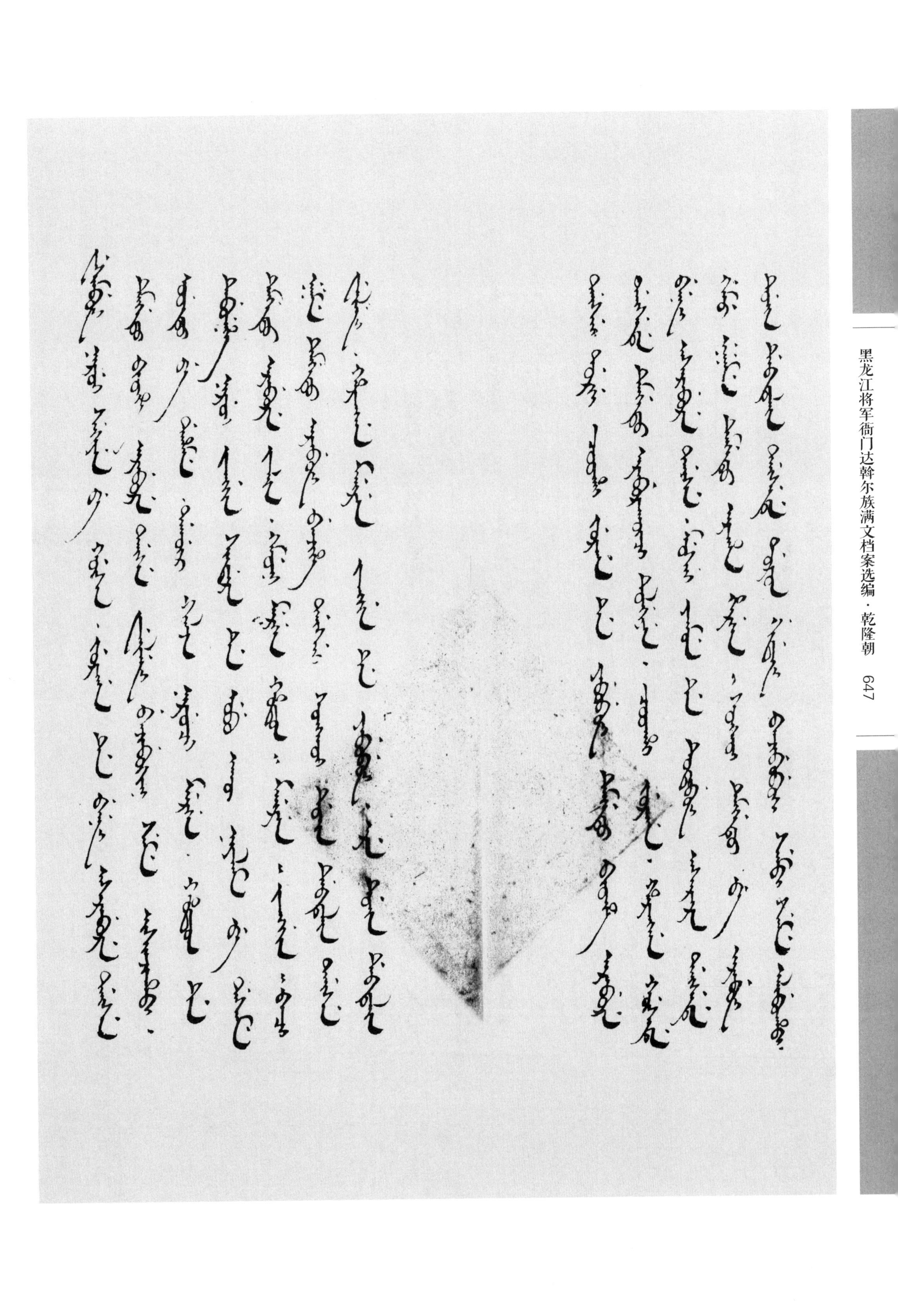

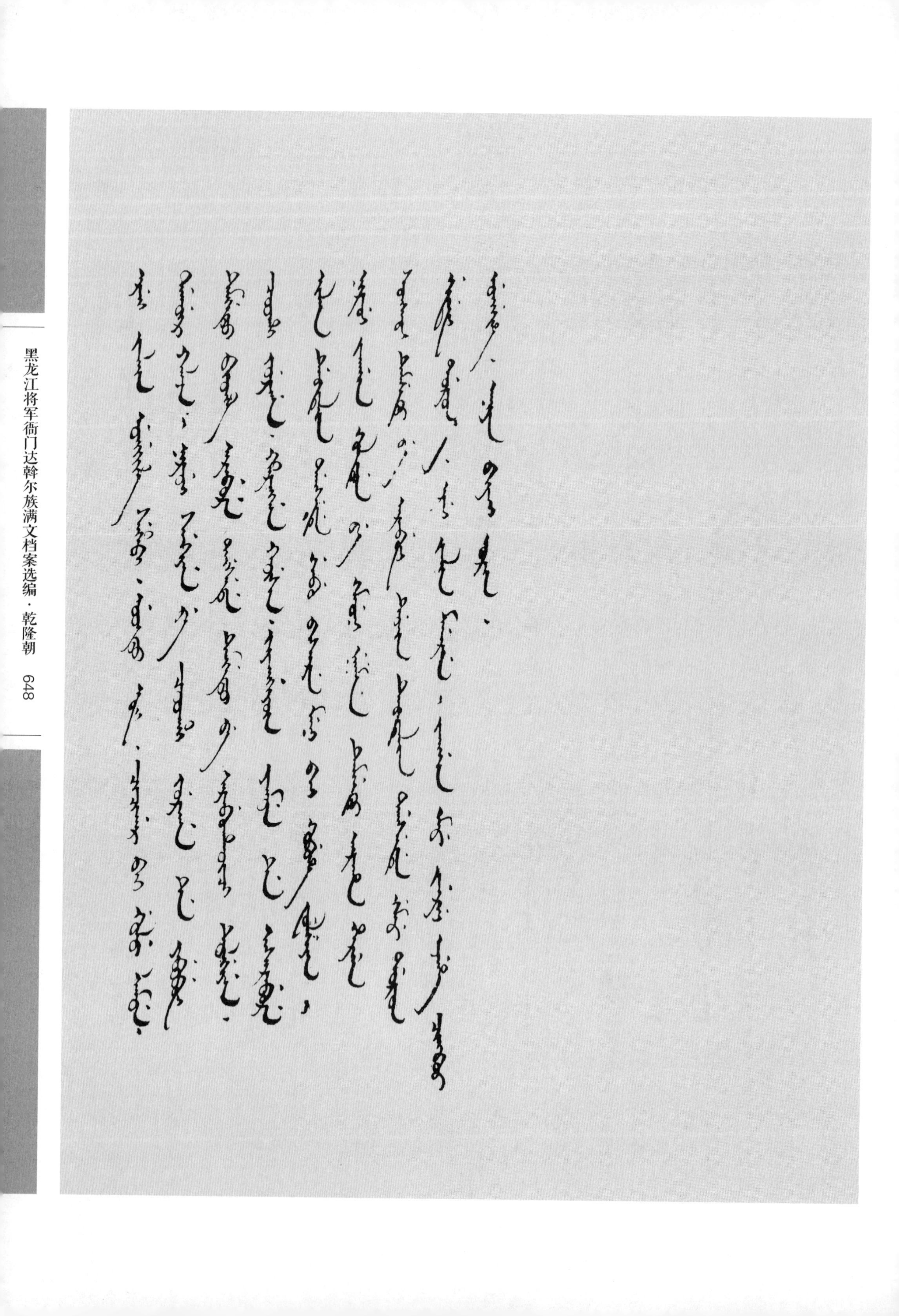

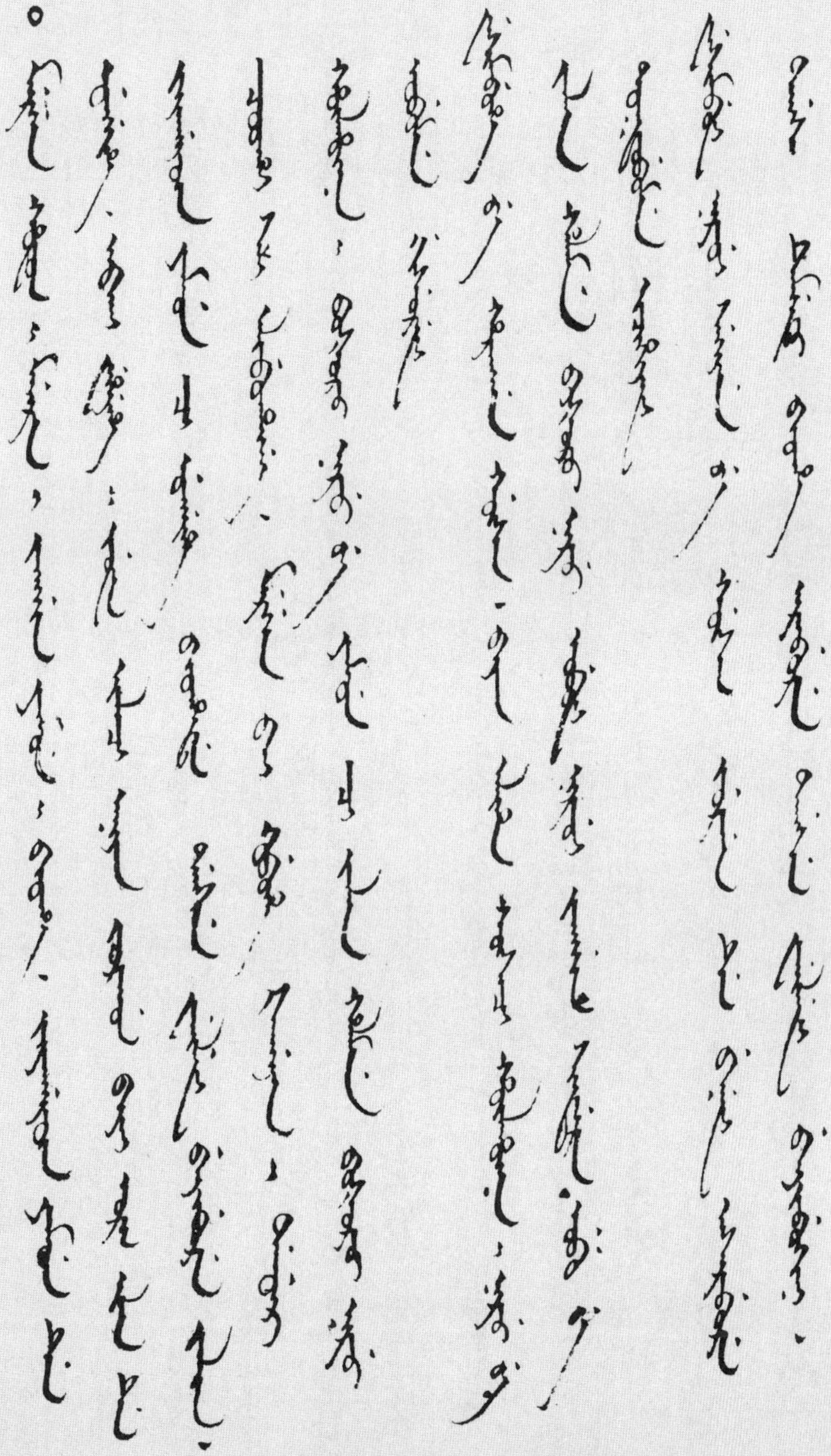

五四六 墨尔根副都统衙门为造送墨尔根镶白旗达斡尔呼勒呼纳佐领源流册事咨黑龙江将军衙门文

乾隆十四年正月二十四日

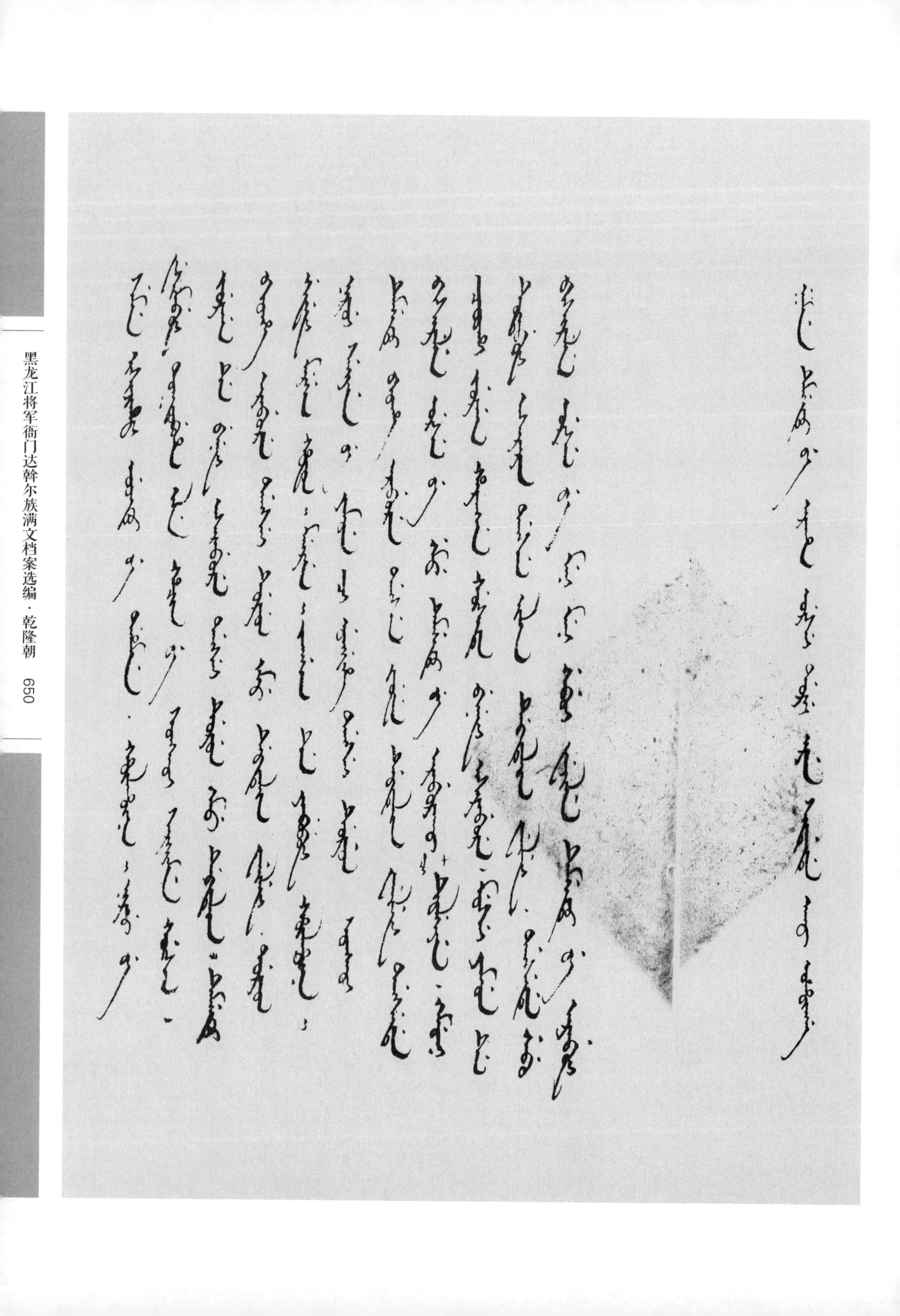

[illegible]

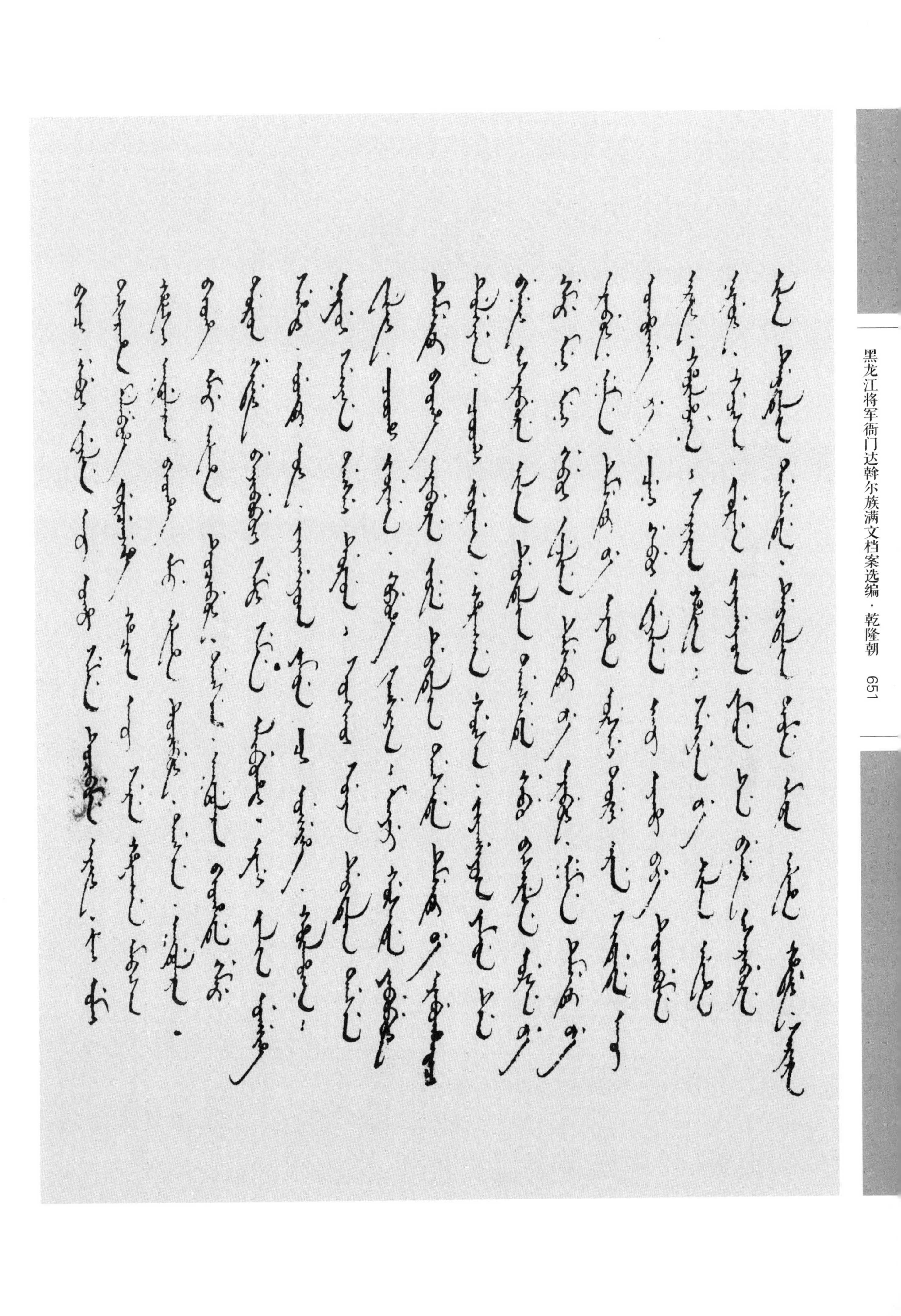

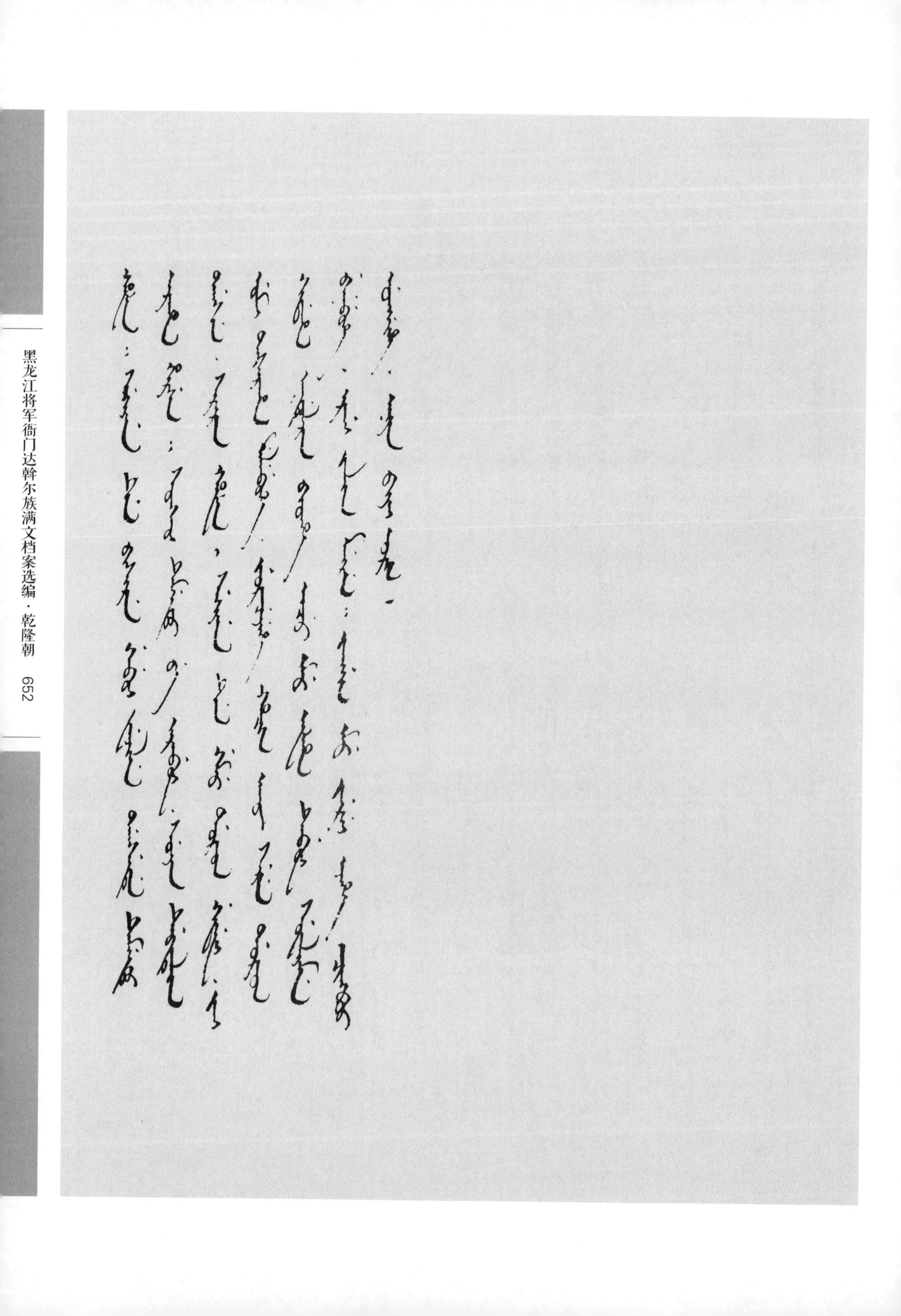

五四七 署布特哈索伦达斡尔总管七十五等为叩谢加恩赏赐出征金川索伦达斡尔等官兵事呈黑龙江将军衙门文

乾隆十四年正月二十四日

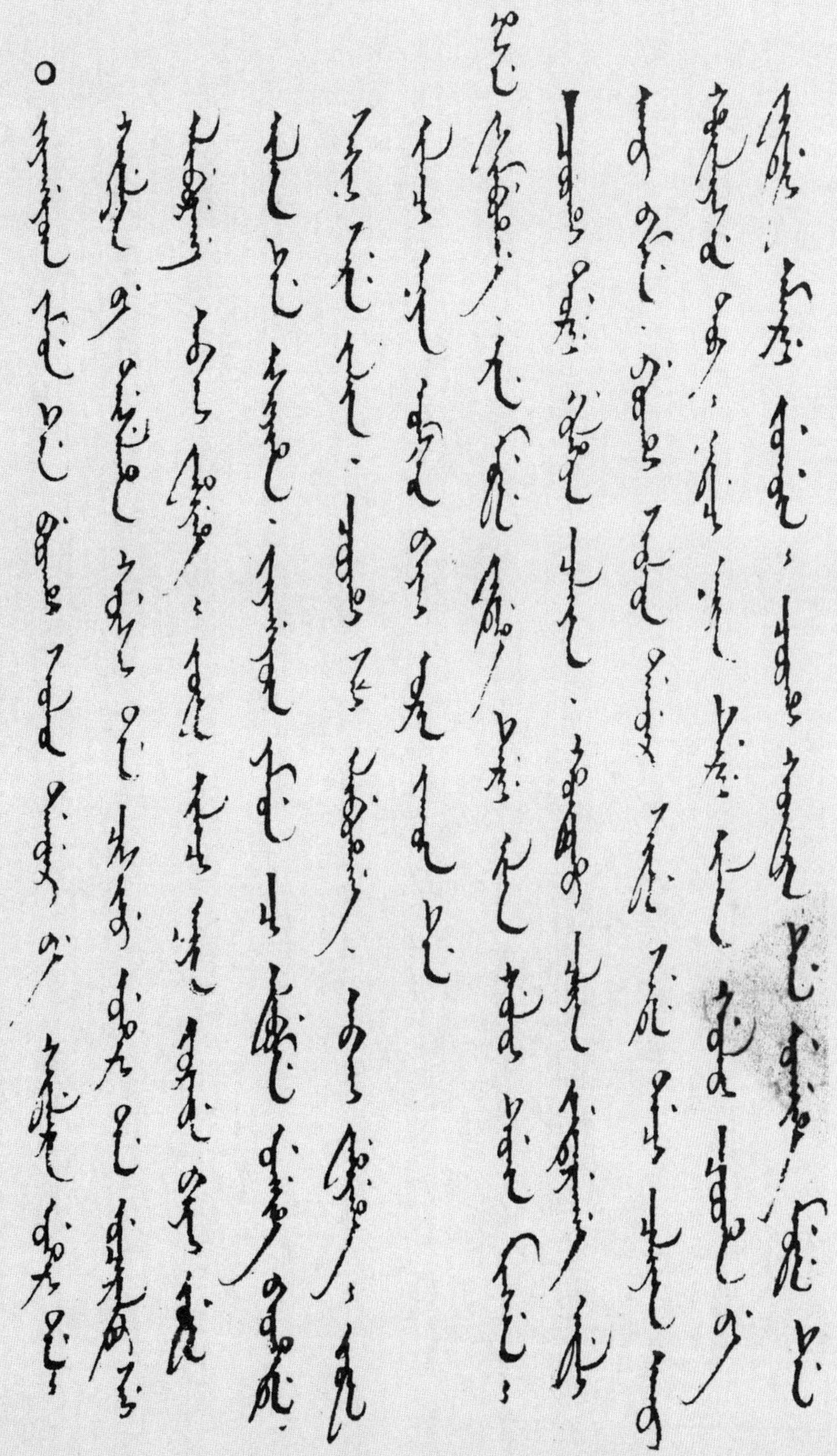

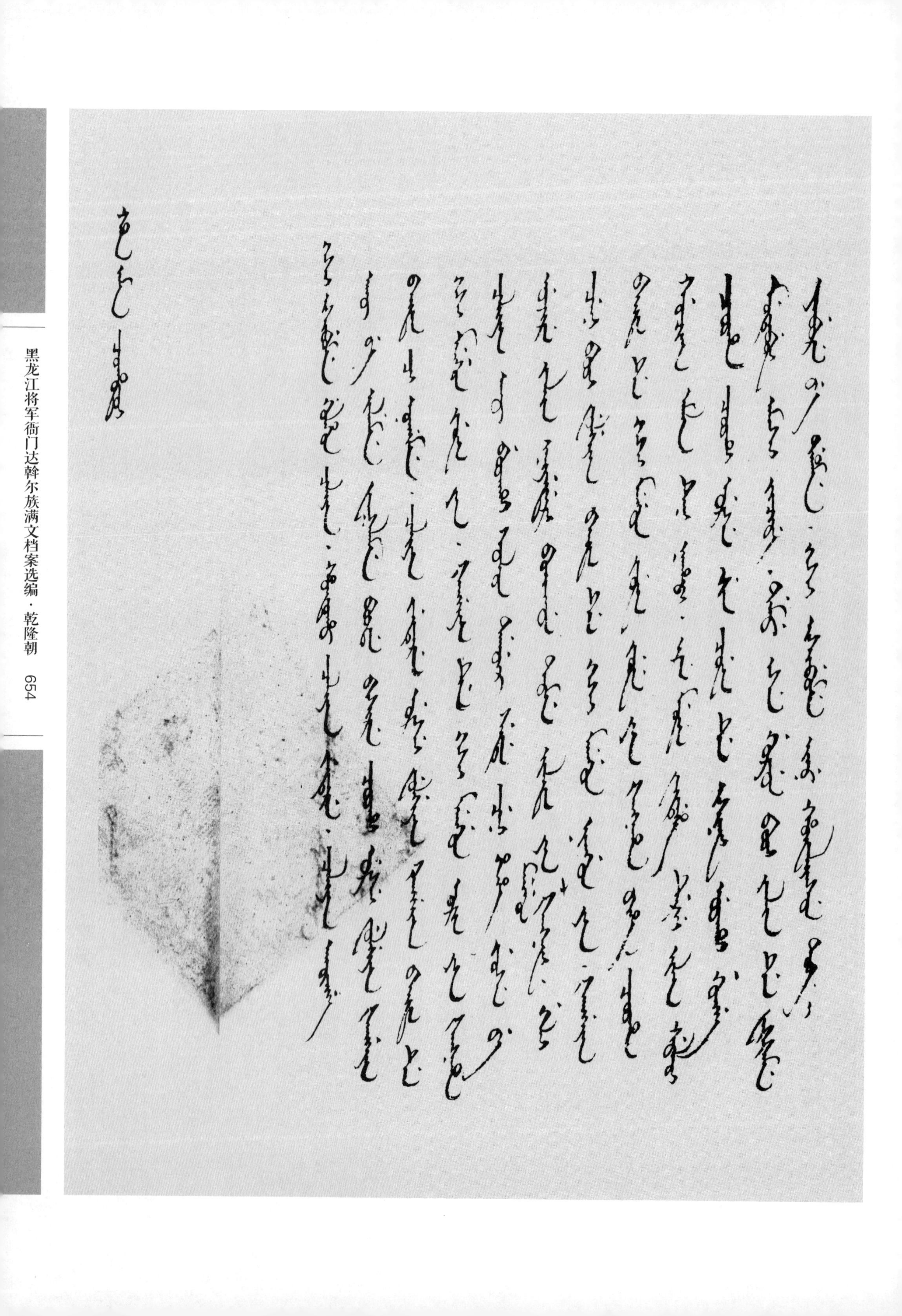

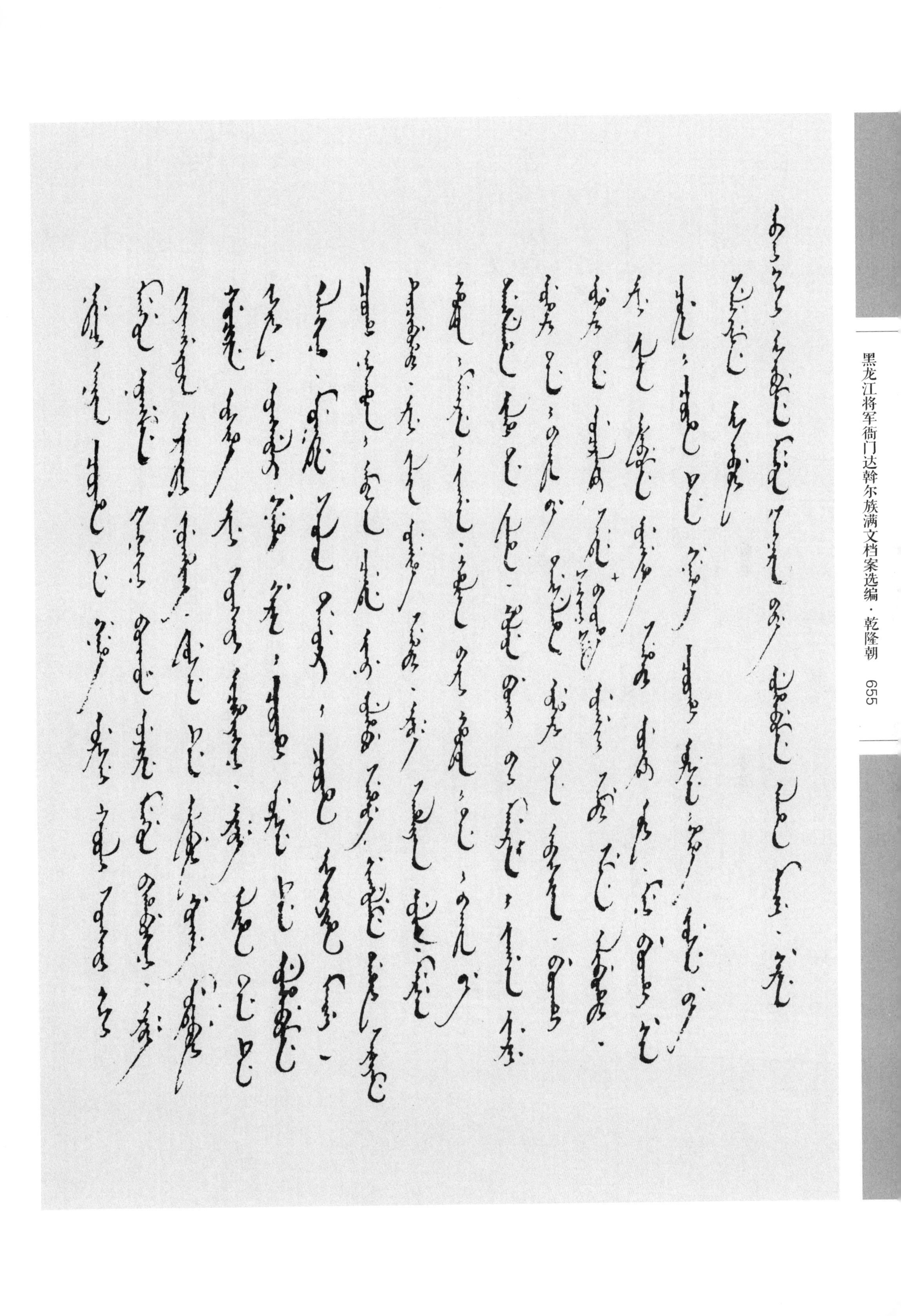

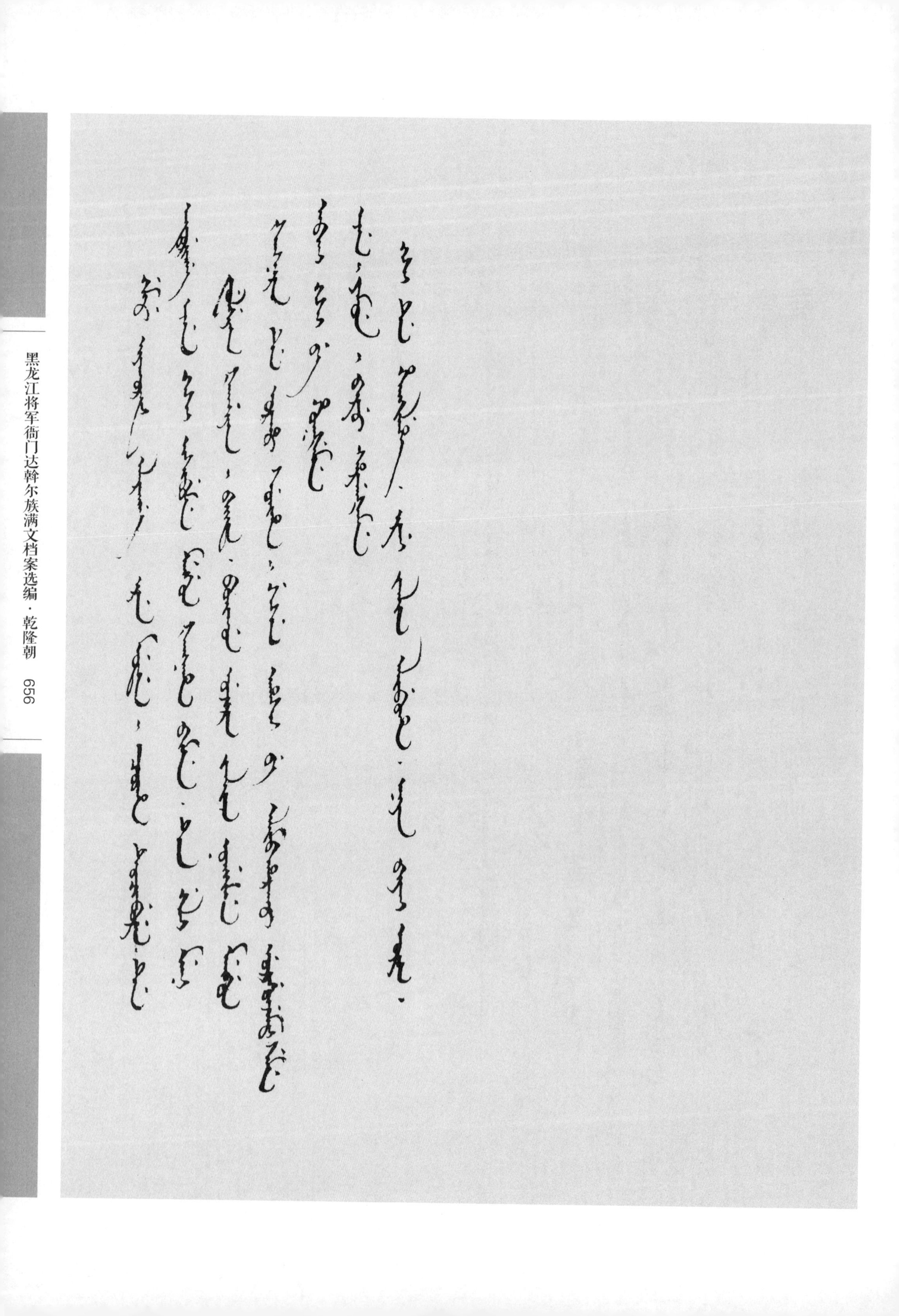

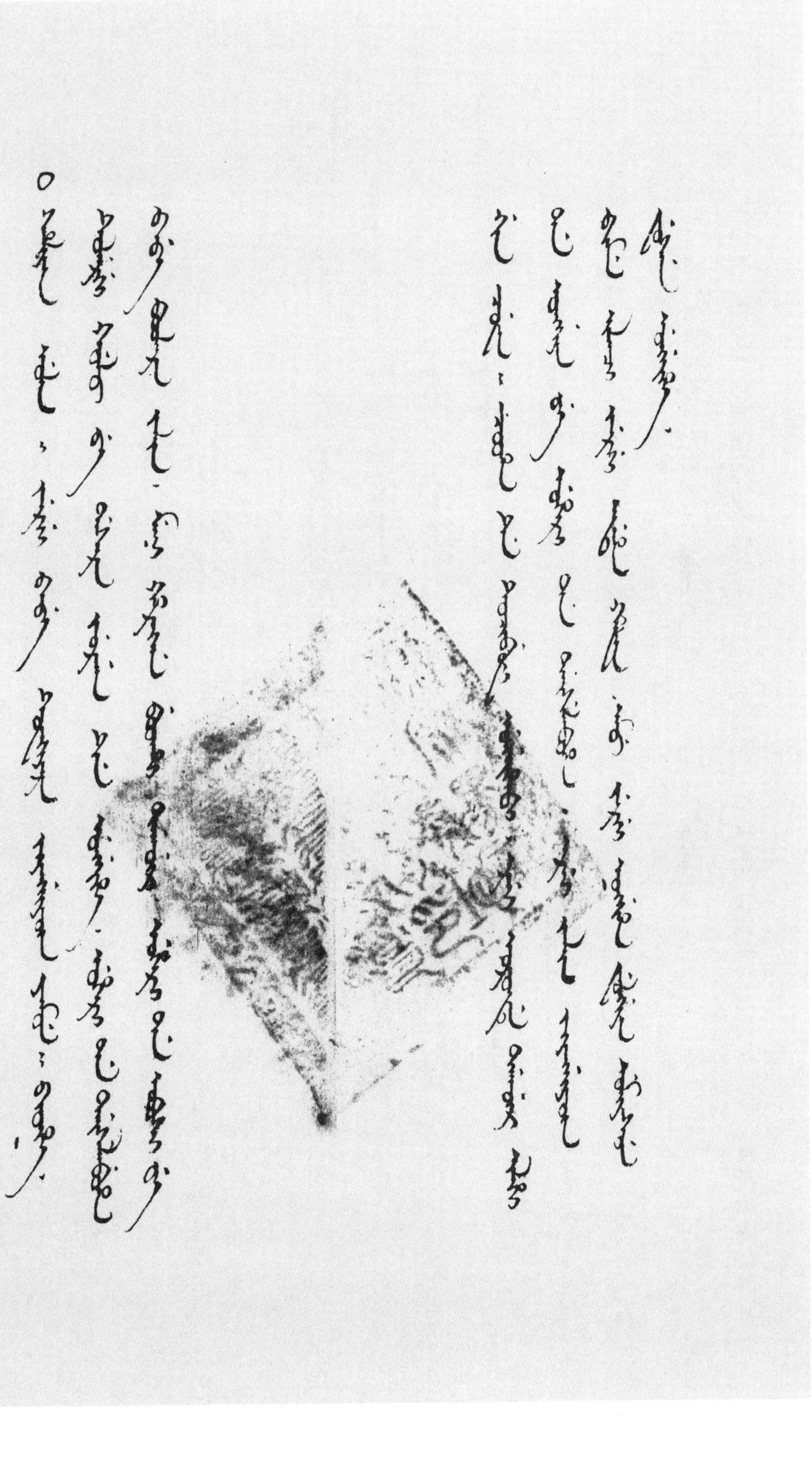

五四八 黑龙江将军衙门为布特哈达斡尔总管鄂布希出征金川由副总管翁嘉护理印务事咨理藩院文

乾隆十四年正月二十四日

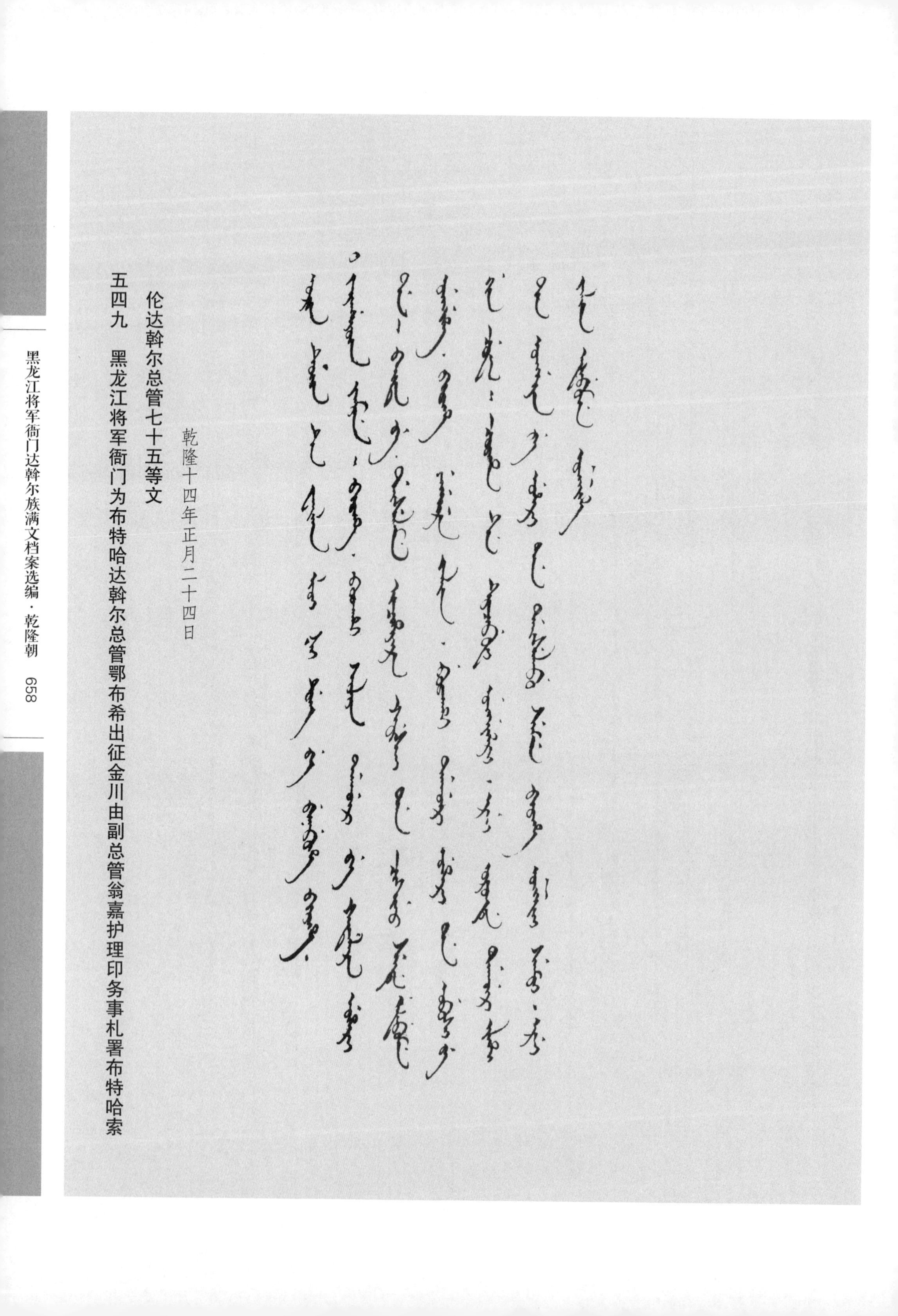

五四九 黑龙江将军衙门为布特哈达斡尔总管鄂布希出征金川由副总管翁嘉护理印务事札署布特哈索伦达斡尔总管七十五等文

乾隆十四年正月二十四日

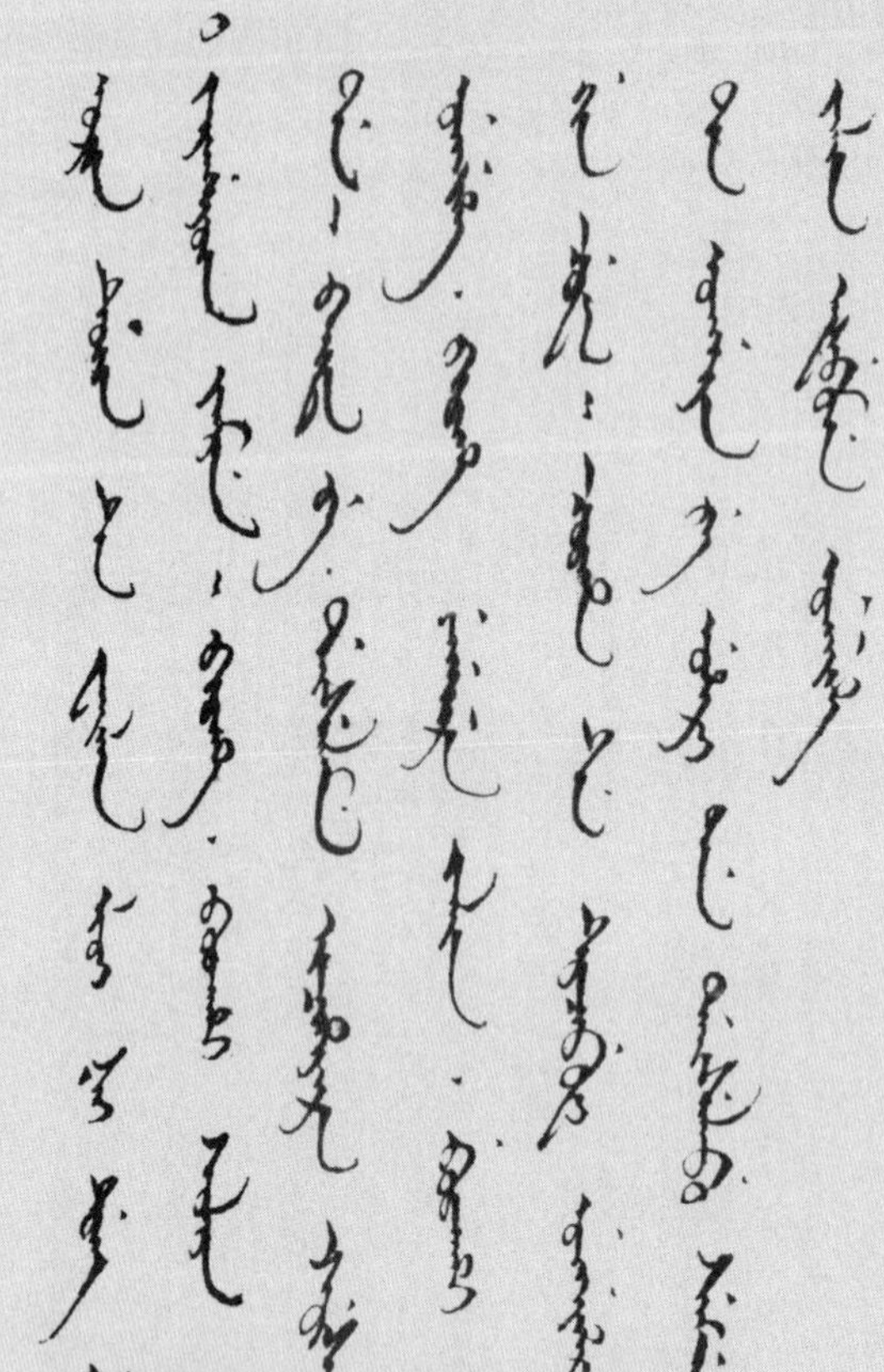

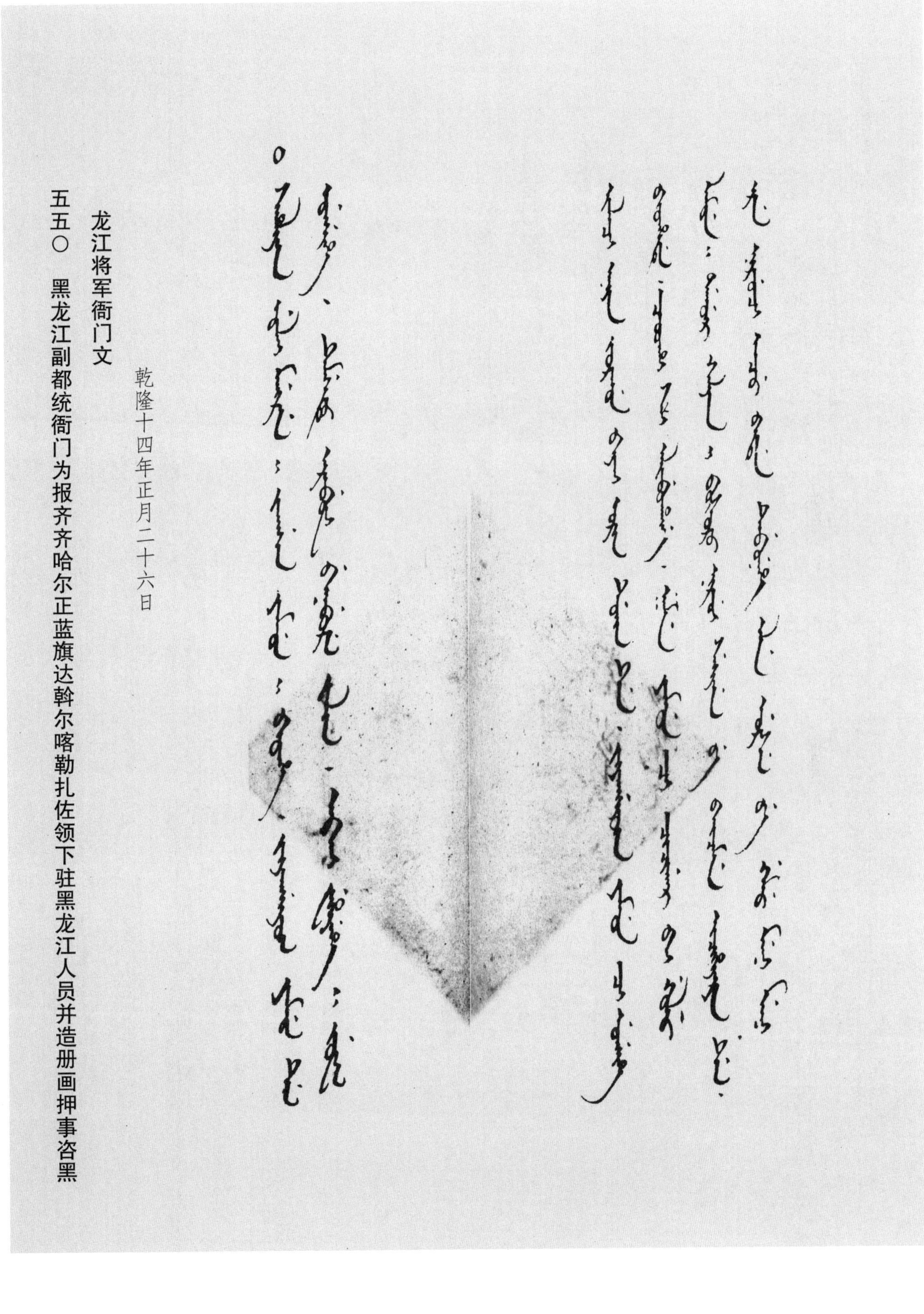

五五〇 黑龙江副都统衙门为报齐齐哈尔正蓝旗达斡尔喀勒扎佐领下驻黑龙江人员并造册画押事咨黑龙江将军衙门文

乾隆十四年正月二十六日

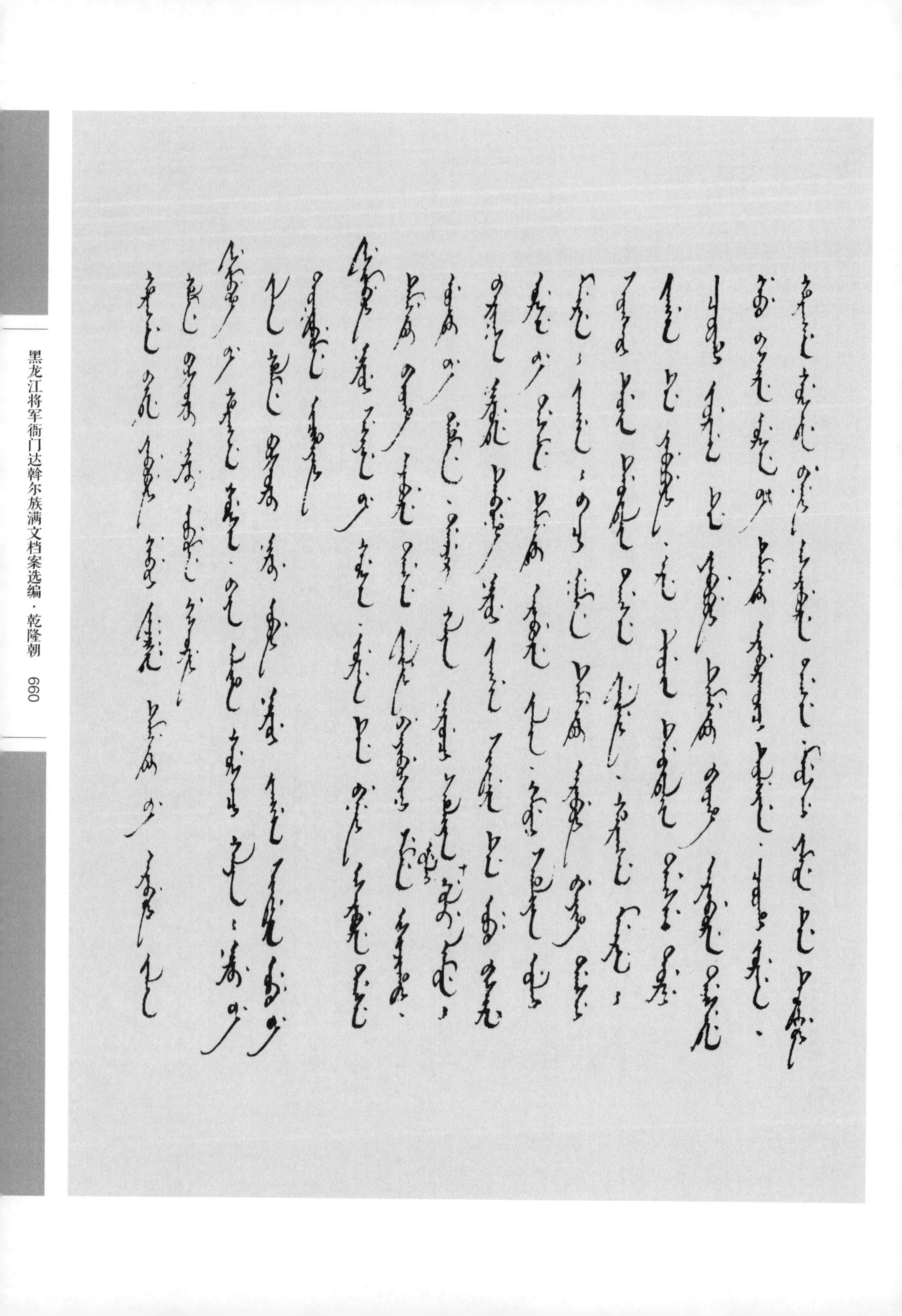

[illegible]

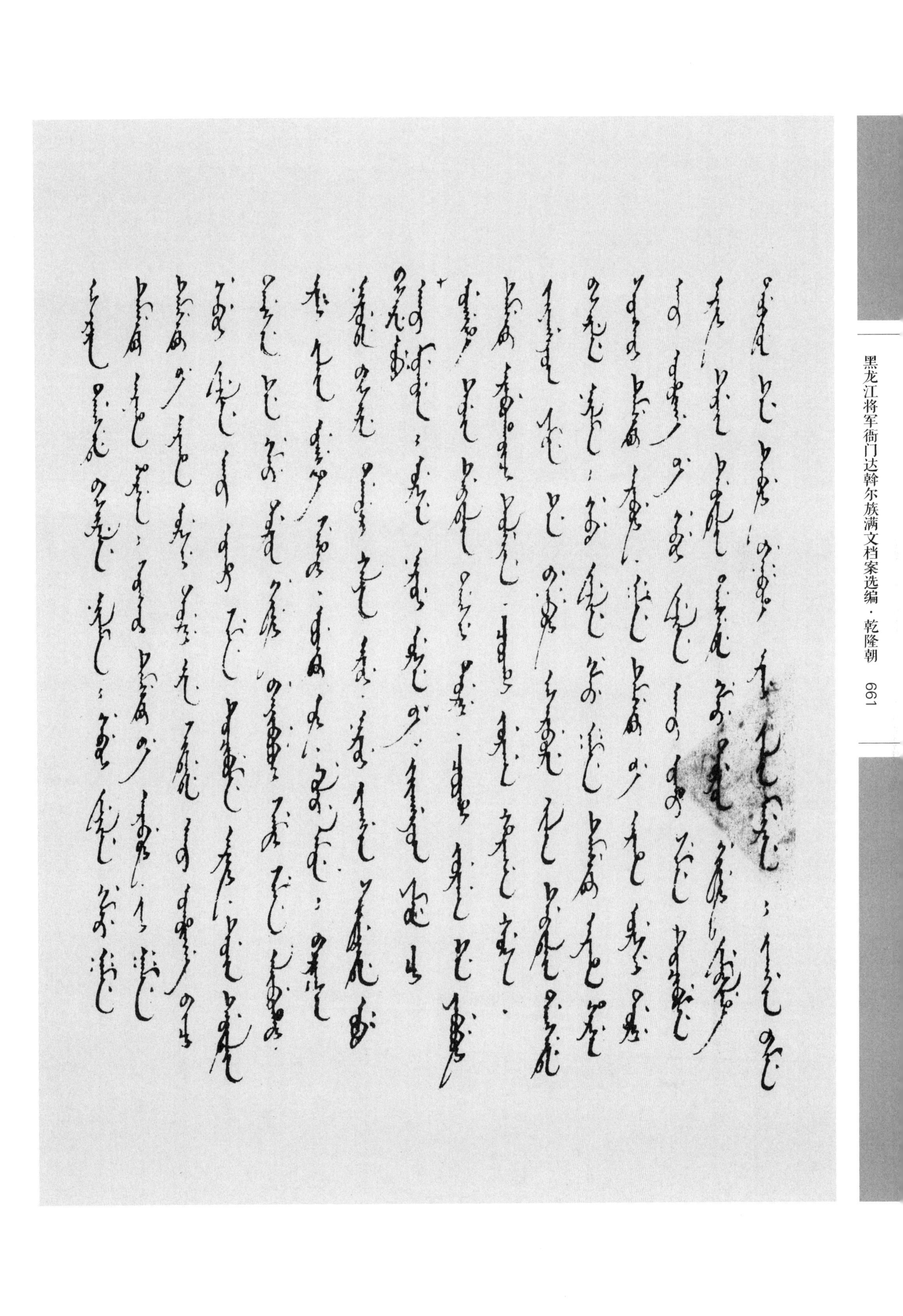

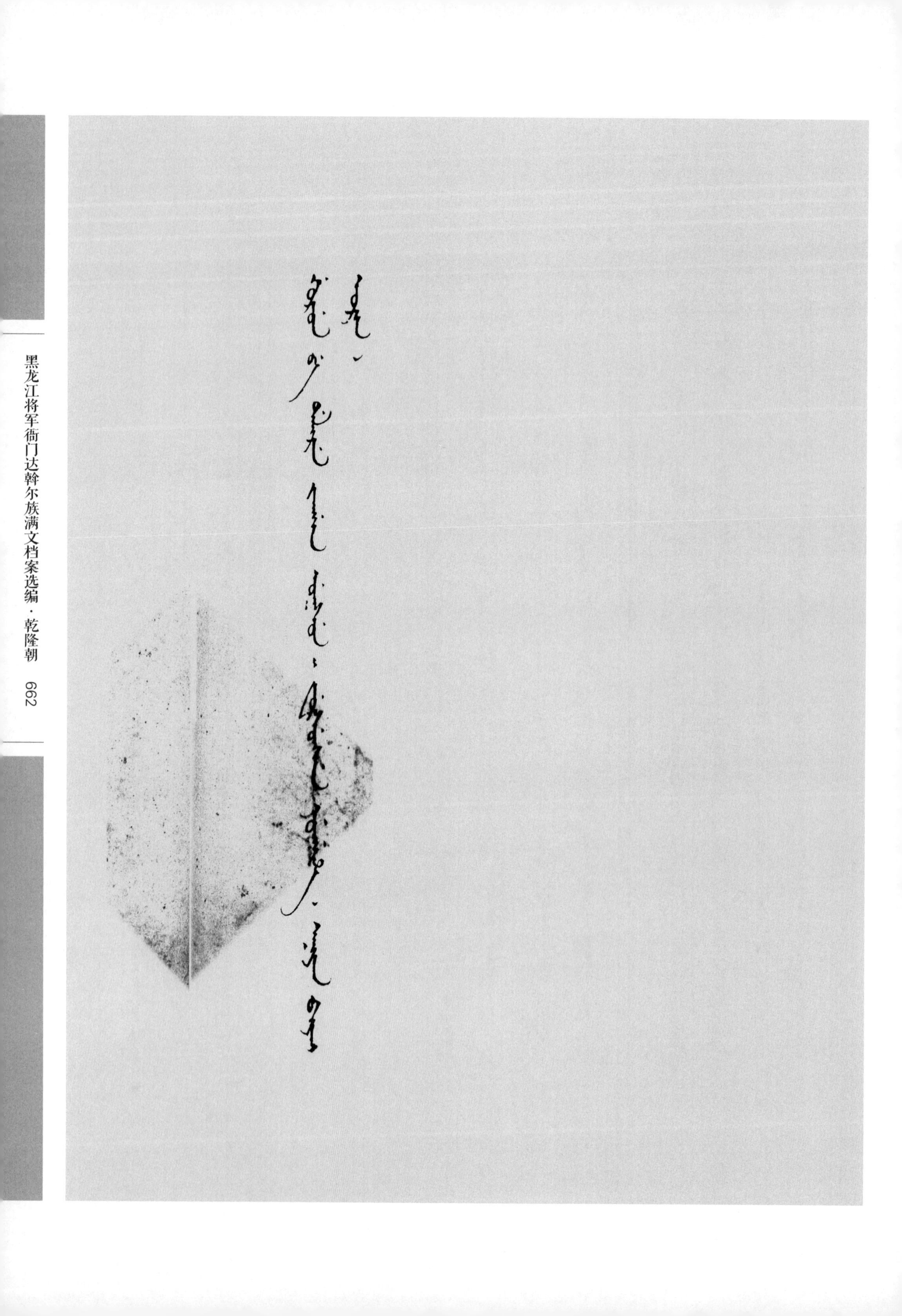

[illegible]

[illegible]

五五一 暂护呼兰城守尉法勒哈为报齐齐哈尔正蓝旗达斡尔喀勒扎佐领下驻呼兰城人员并造册画押事呈黑龙江将军衙门文

乾隆十四年正月二十六日

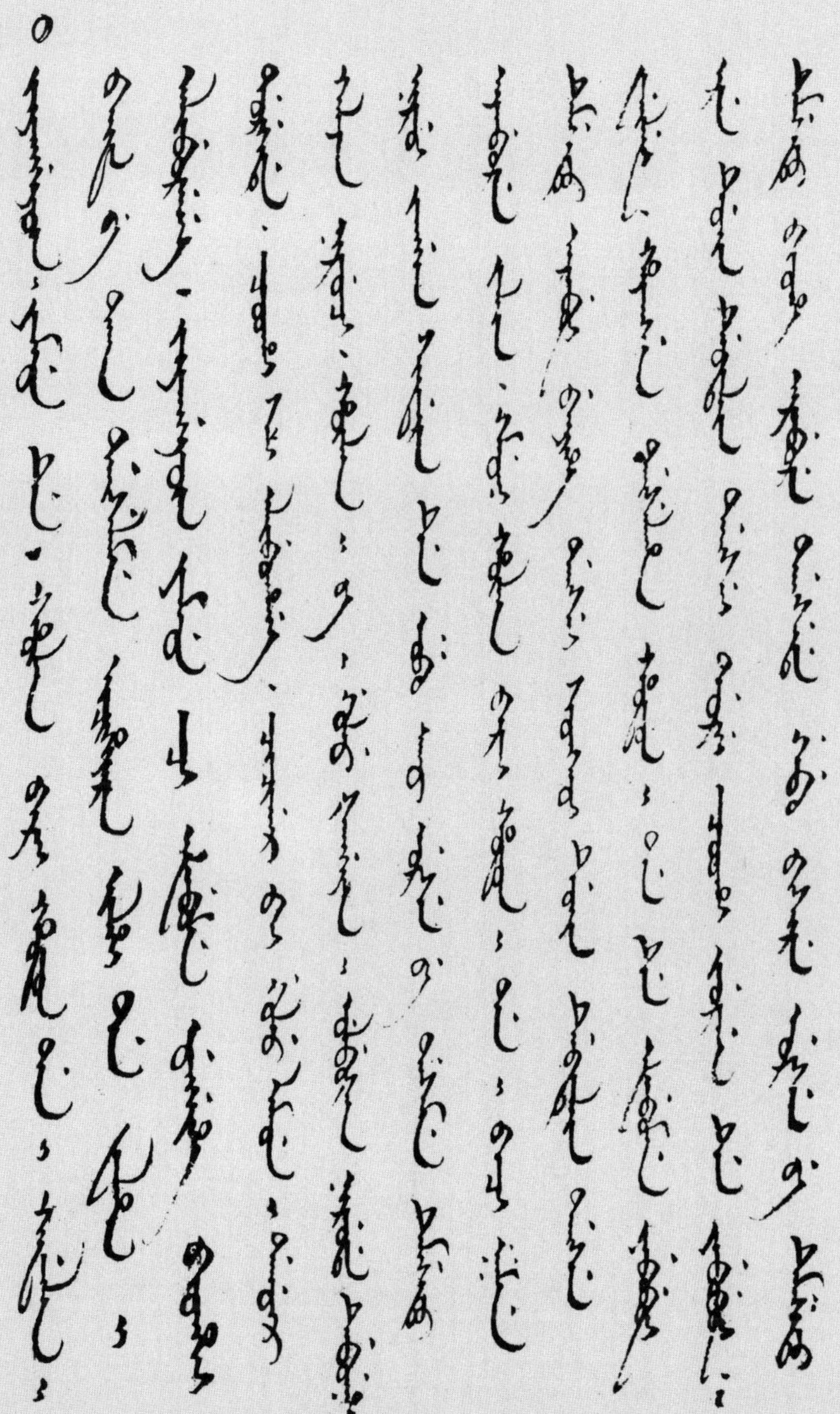

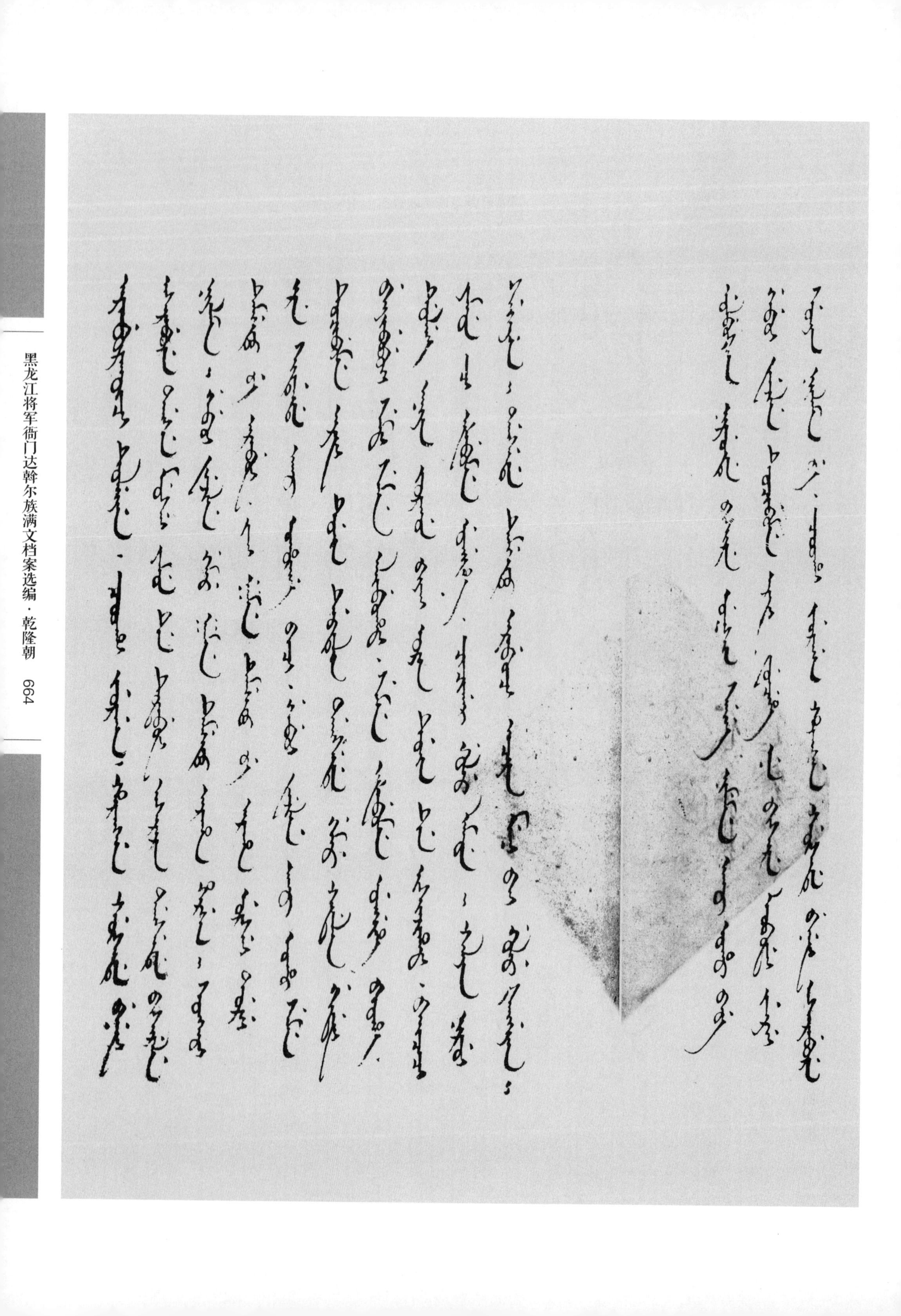

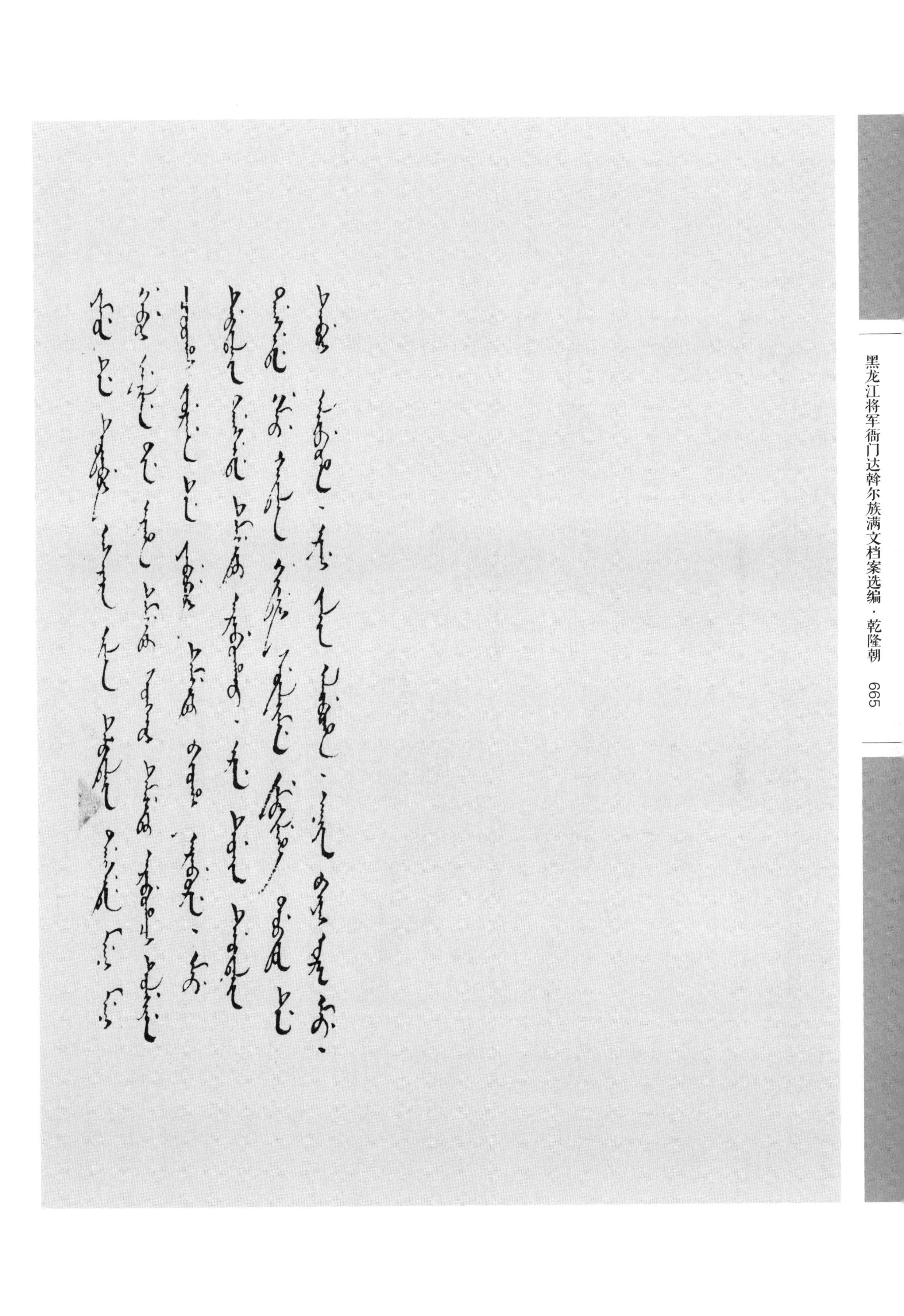

五五二　黑龙江将军衙门为解送墨尔根镶白旗达斡尔呼勒呼纳世管佐领源流册事咨兵部文（附名单一件）

乾隆十四年正月二十七日

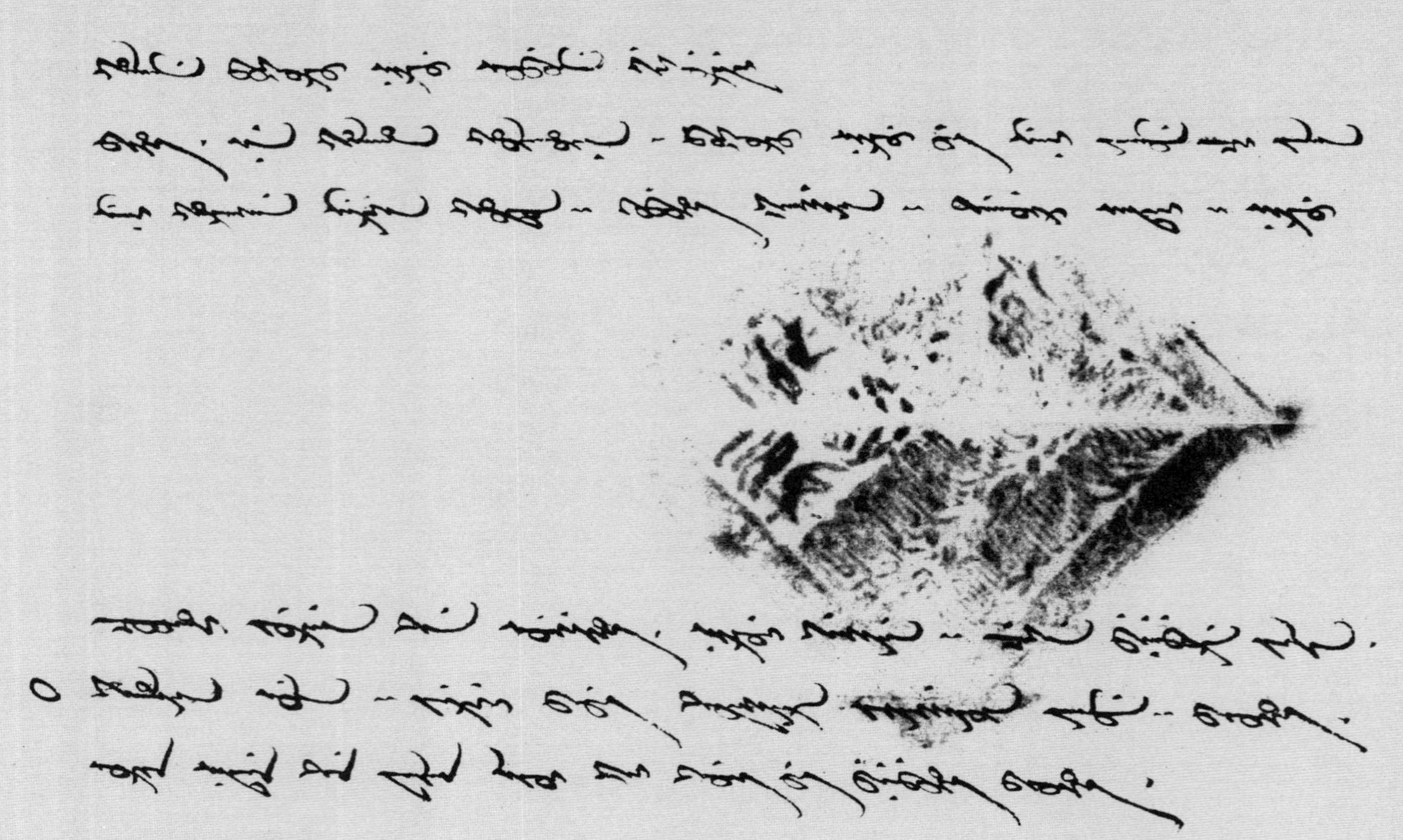

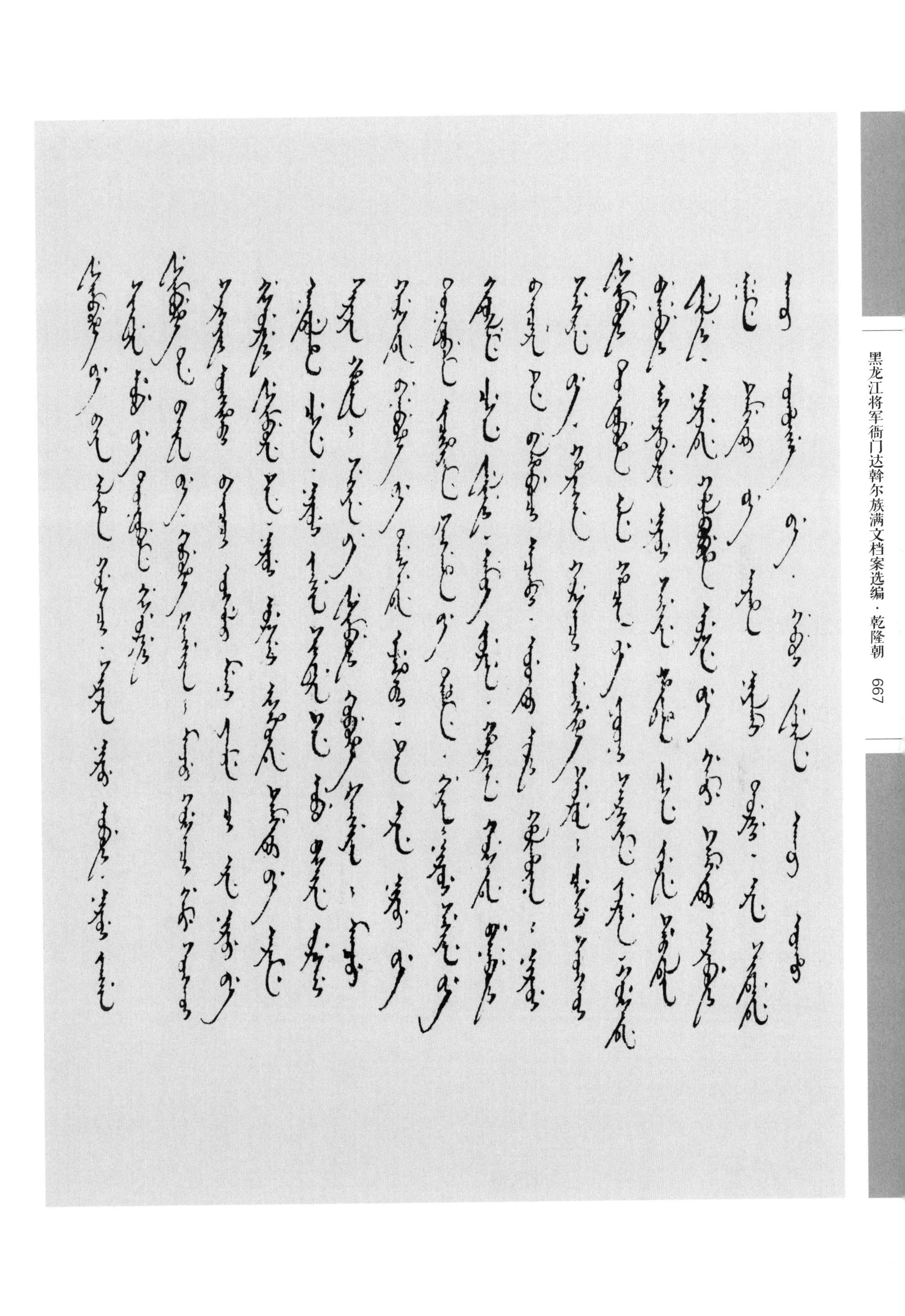

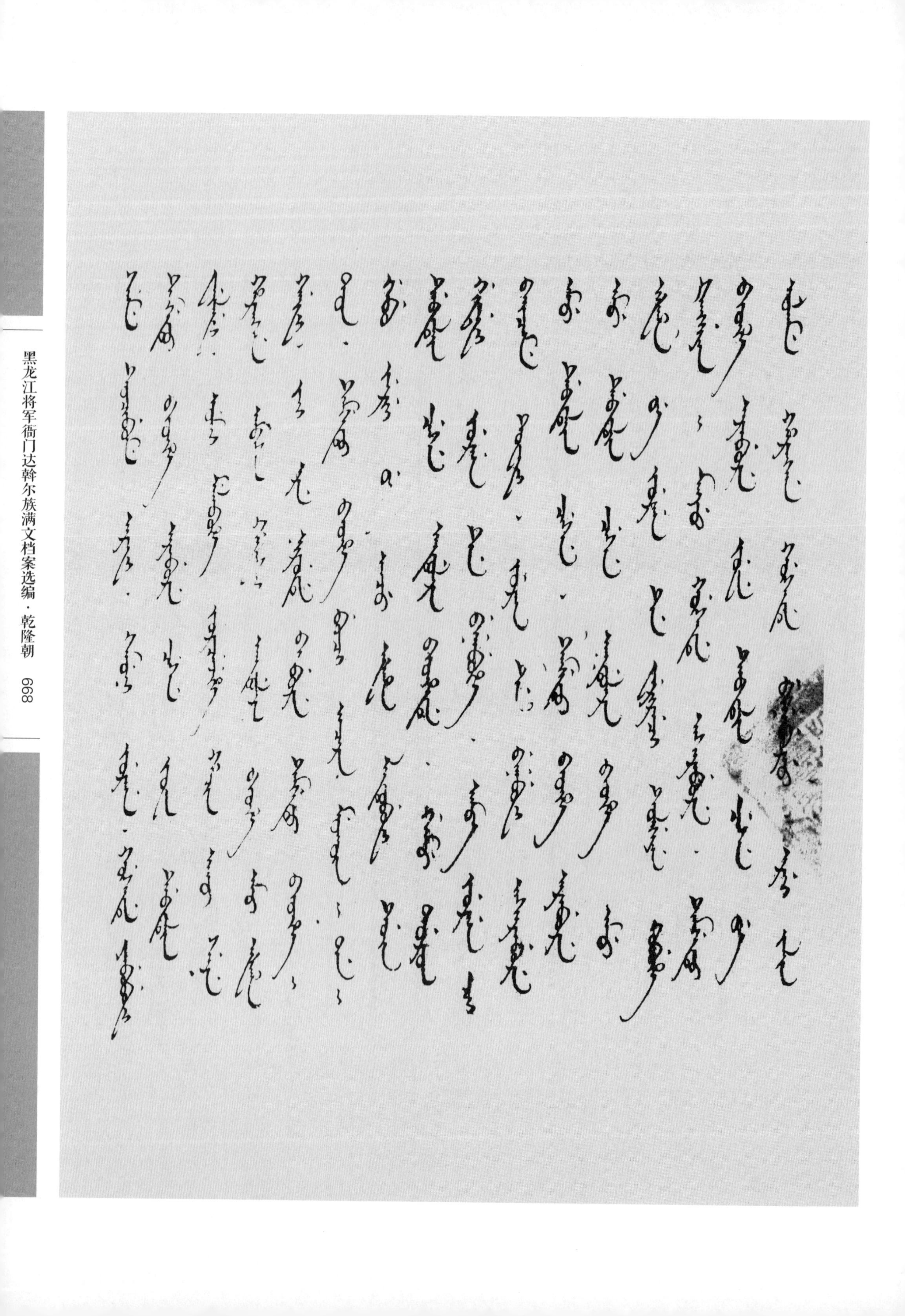

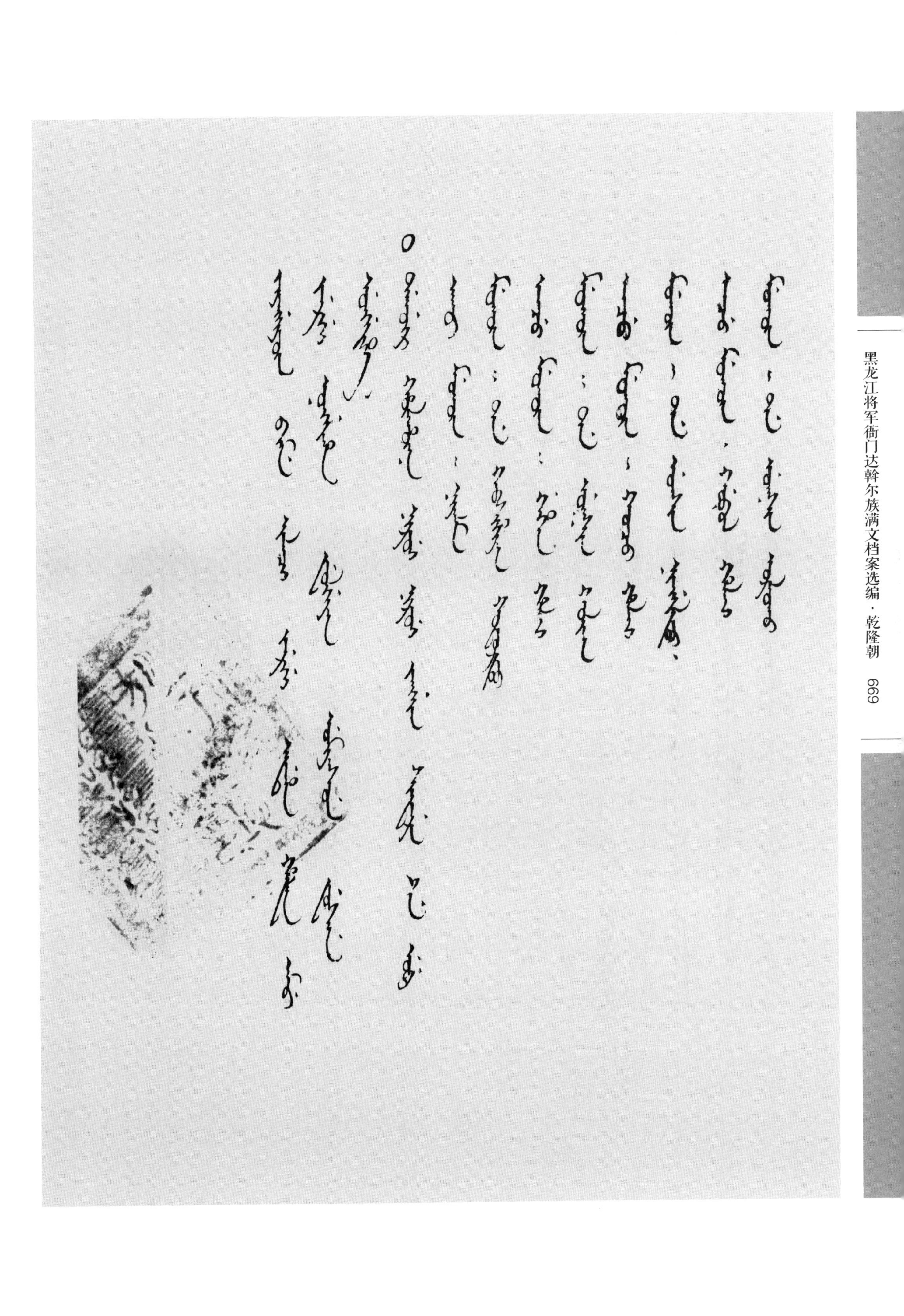

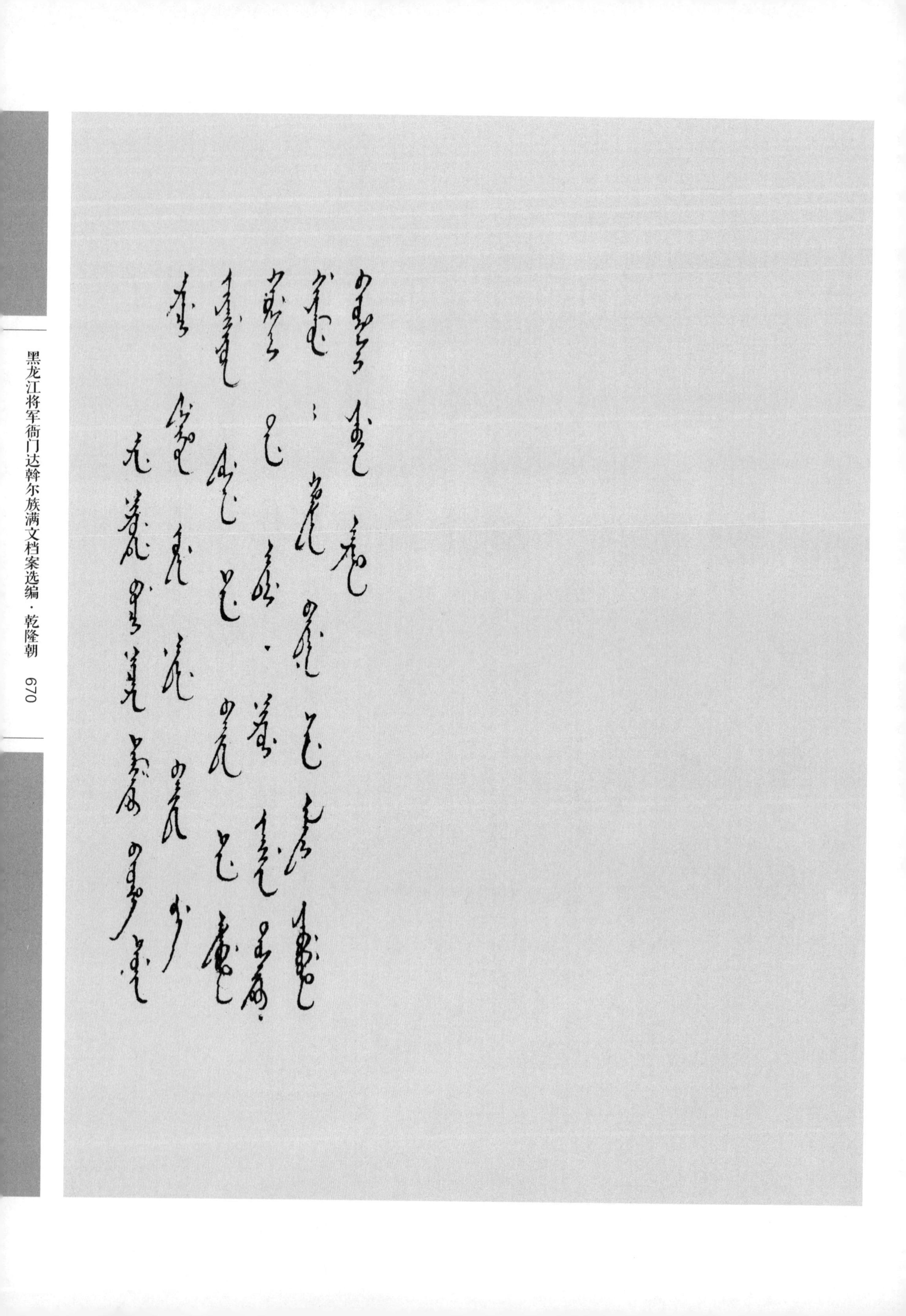

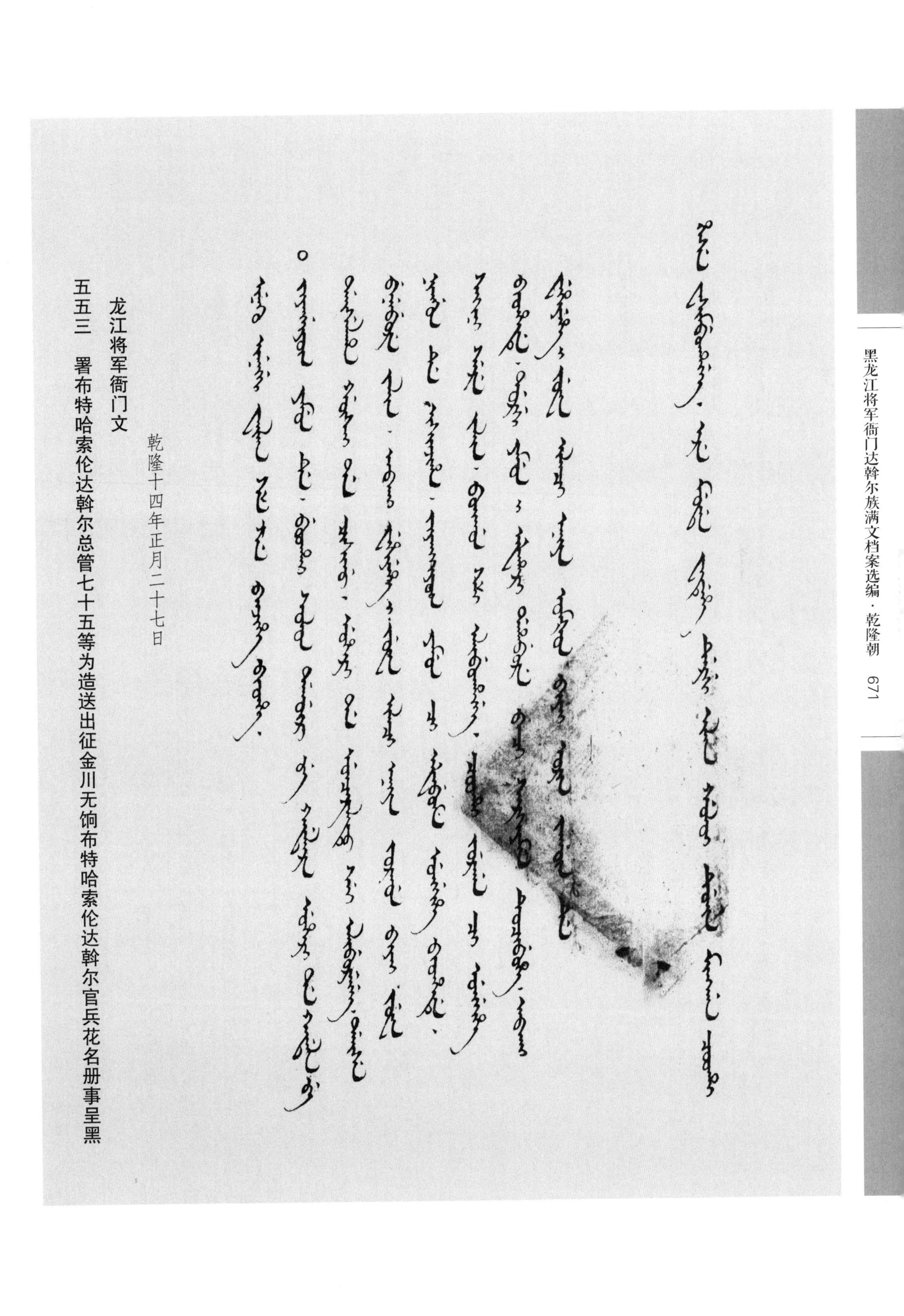

五五三 署布特哈索伦达斡尔总管七十五等为造送出征金川无饷布特哈索伦达斡尔官兵花名册事呈黑龙江将军衙门文

乾隆十四年正月二十七日

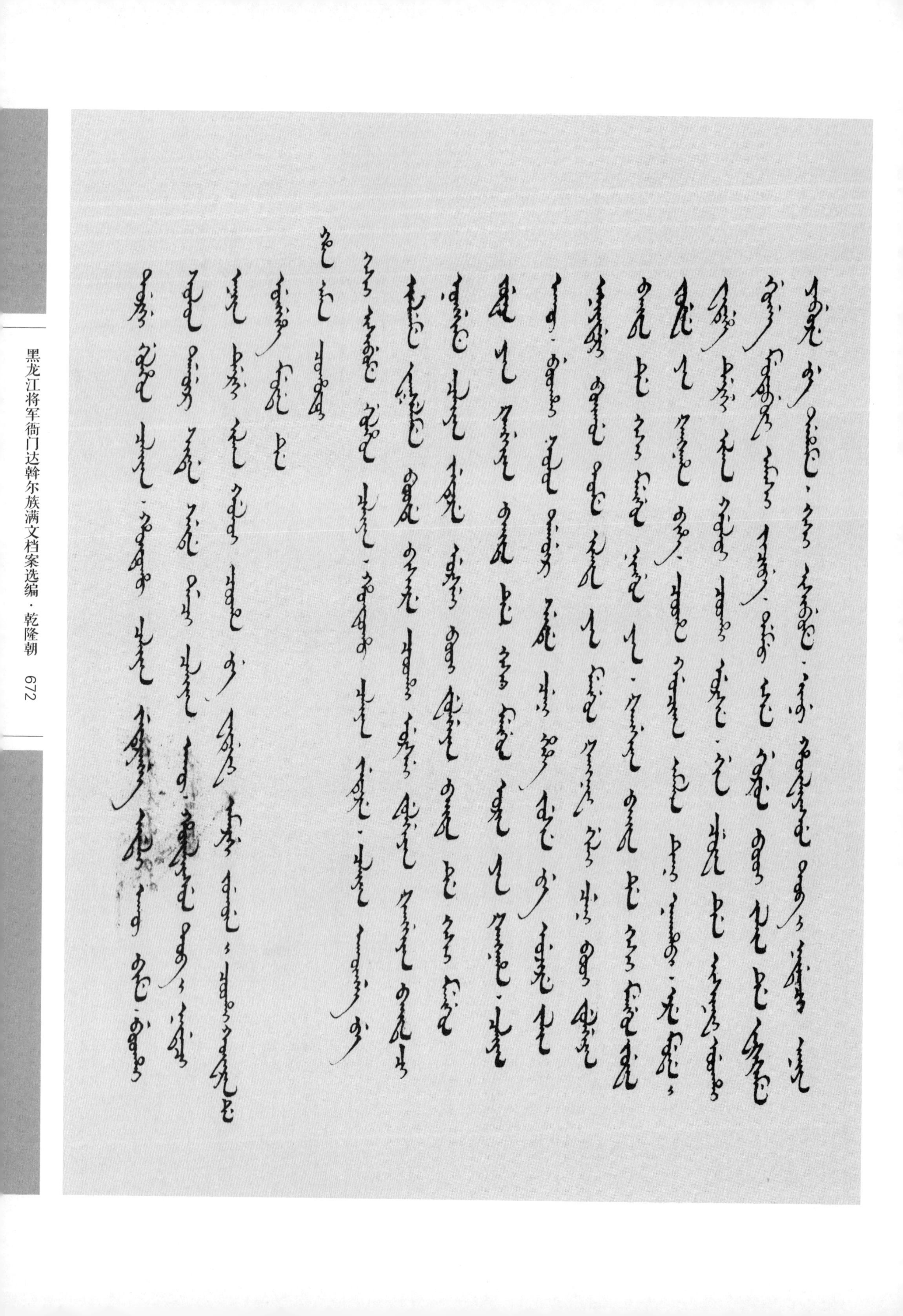

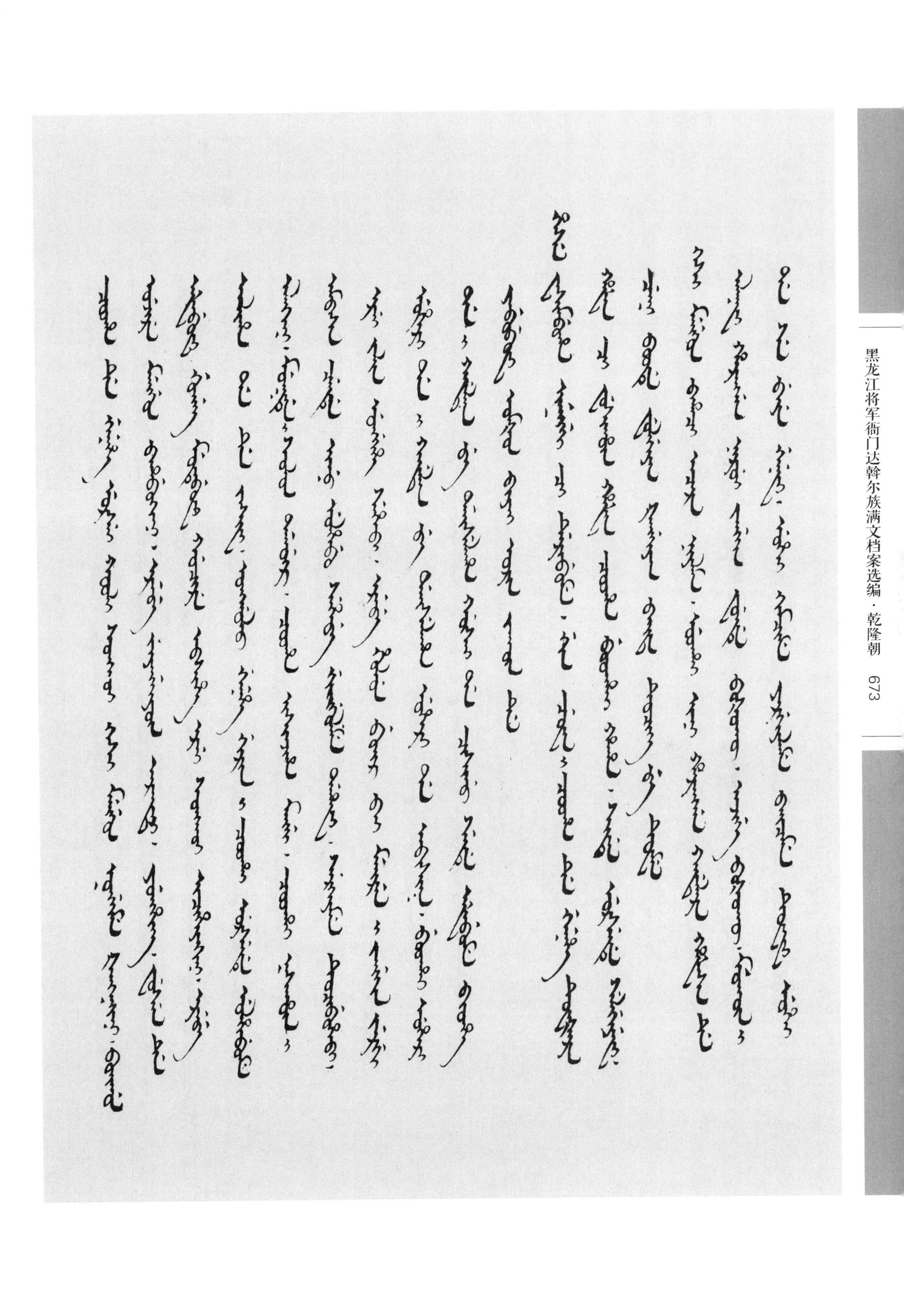

[illegible]

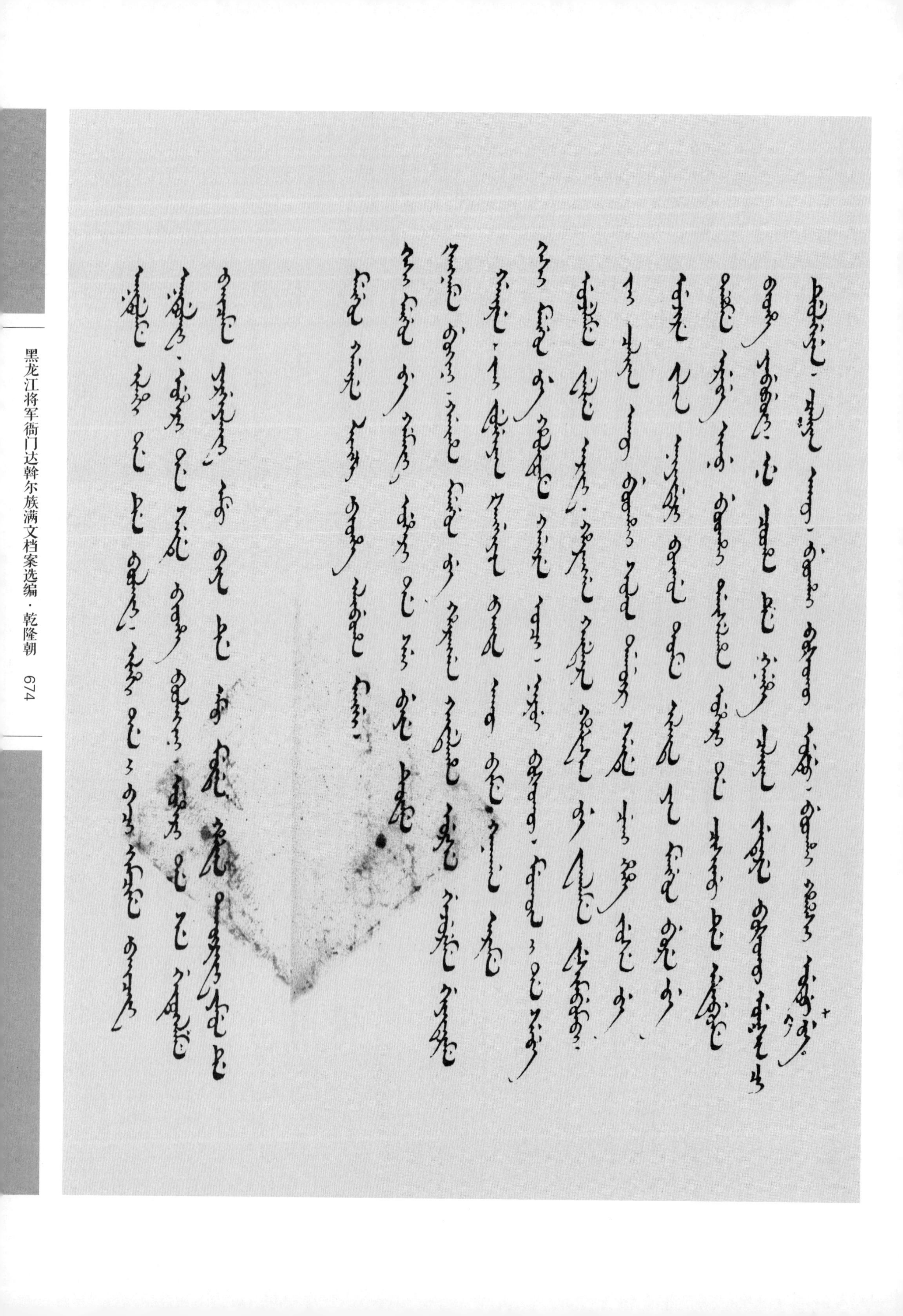

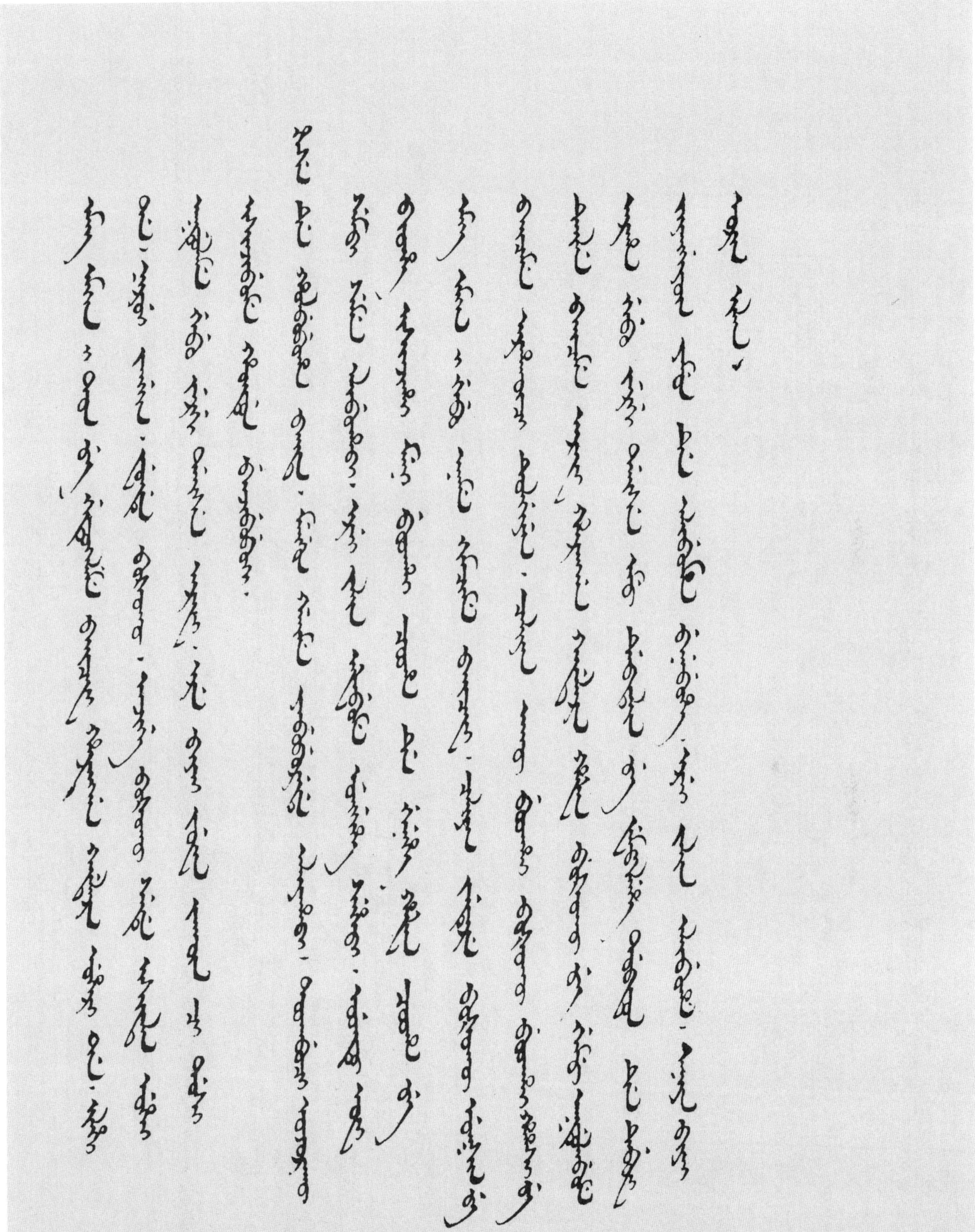

五五四　黑龙江将军衙门为黑龙江所属各城满洲达斡尔等公中佐领出缺由该城协领兼管者赴京引见事

咨黑龙江副都统文

乾隆十四年二月初一日

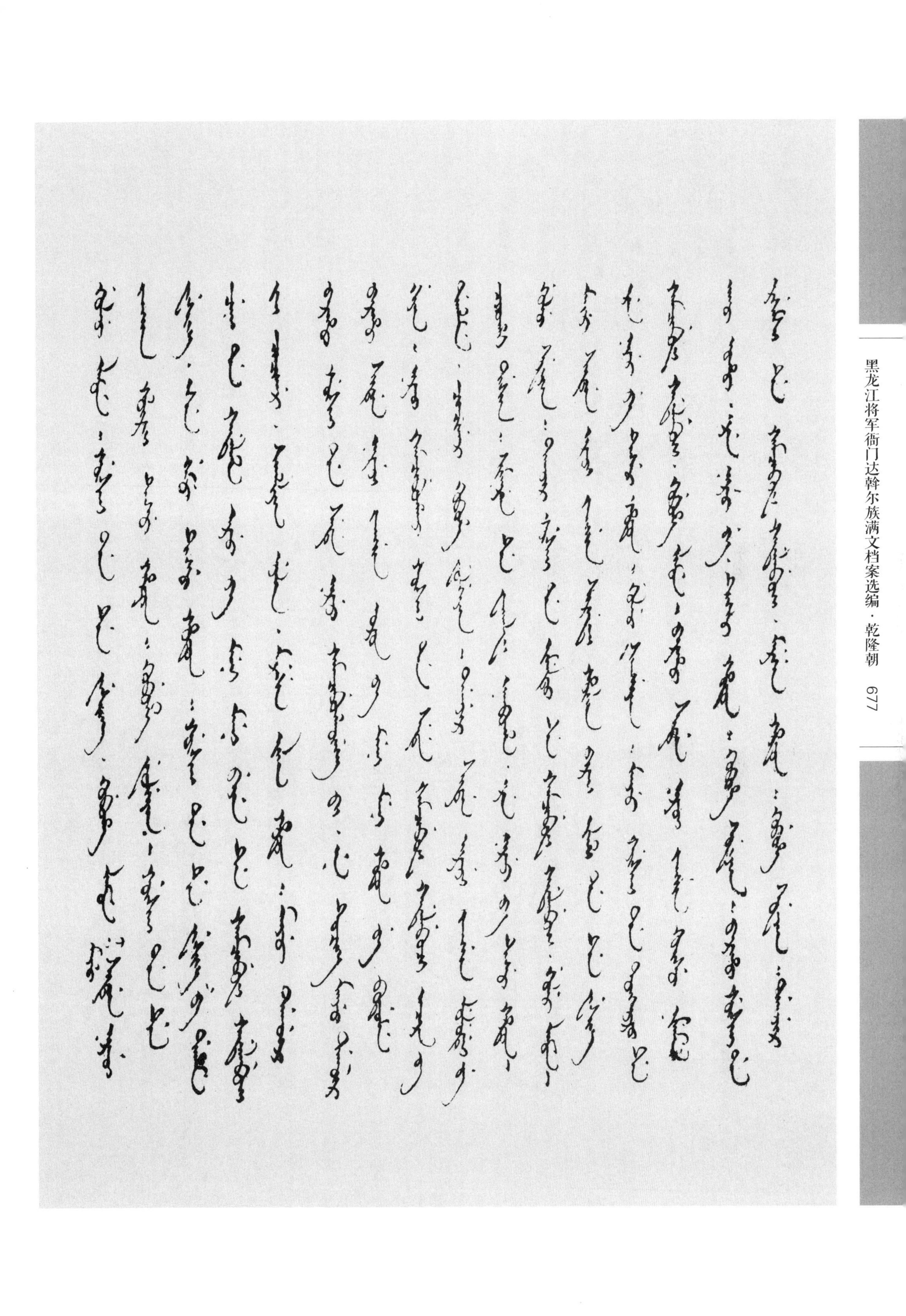

[illegible]

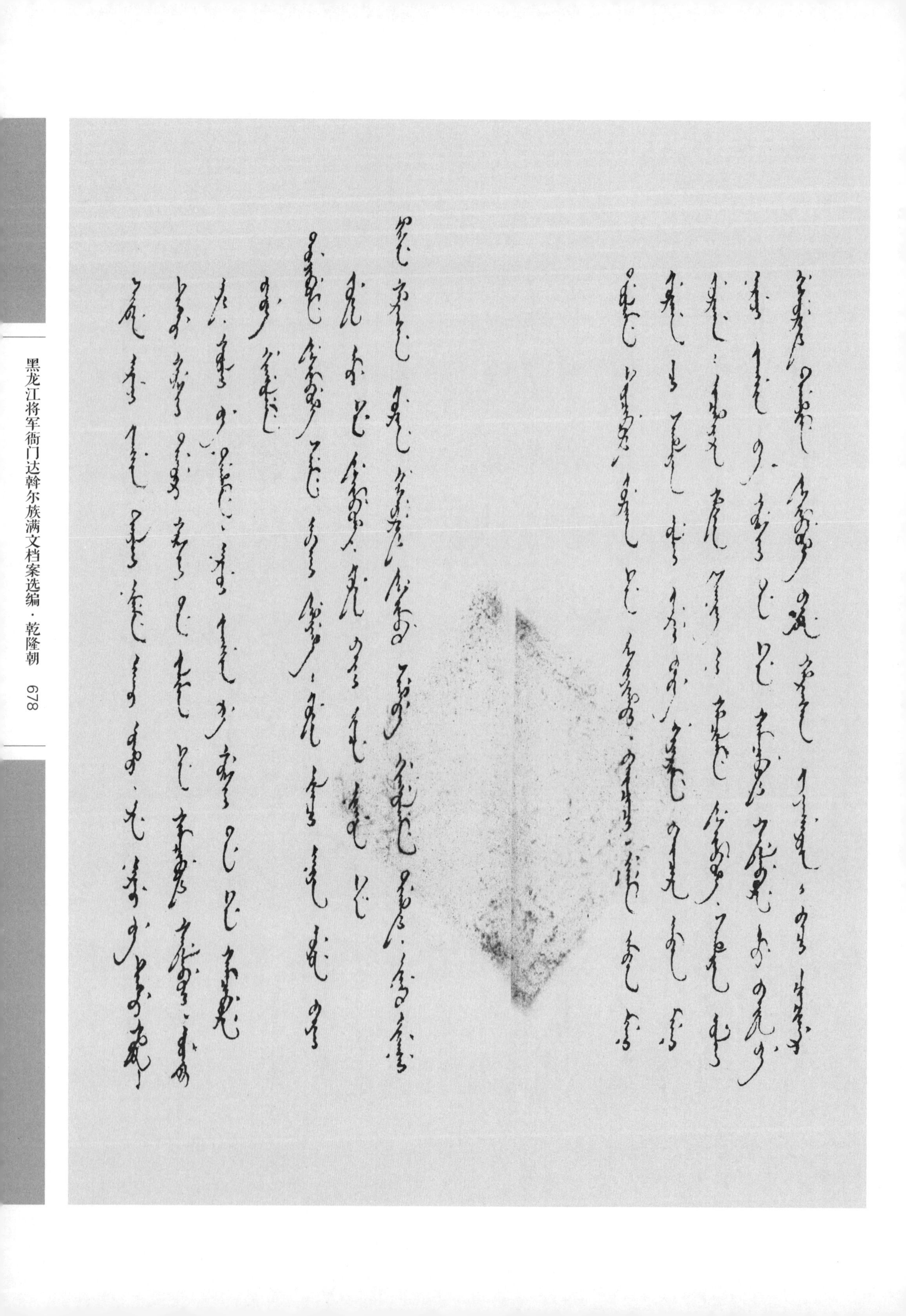

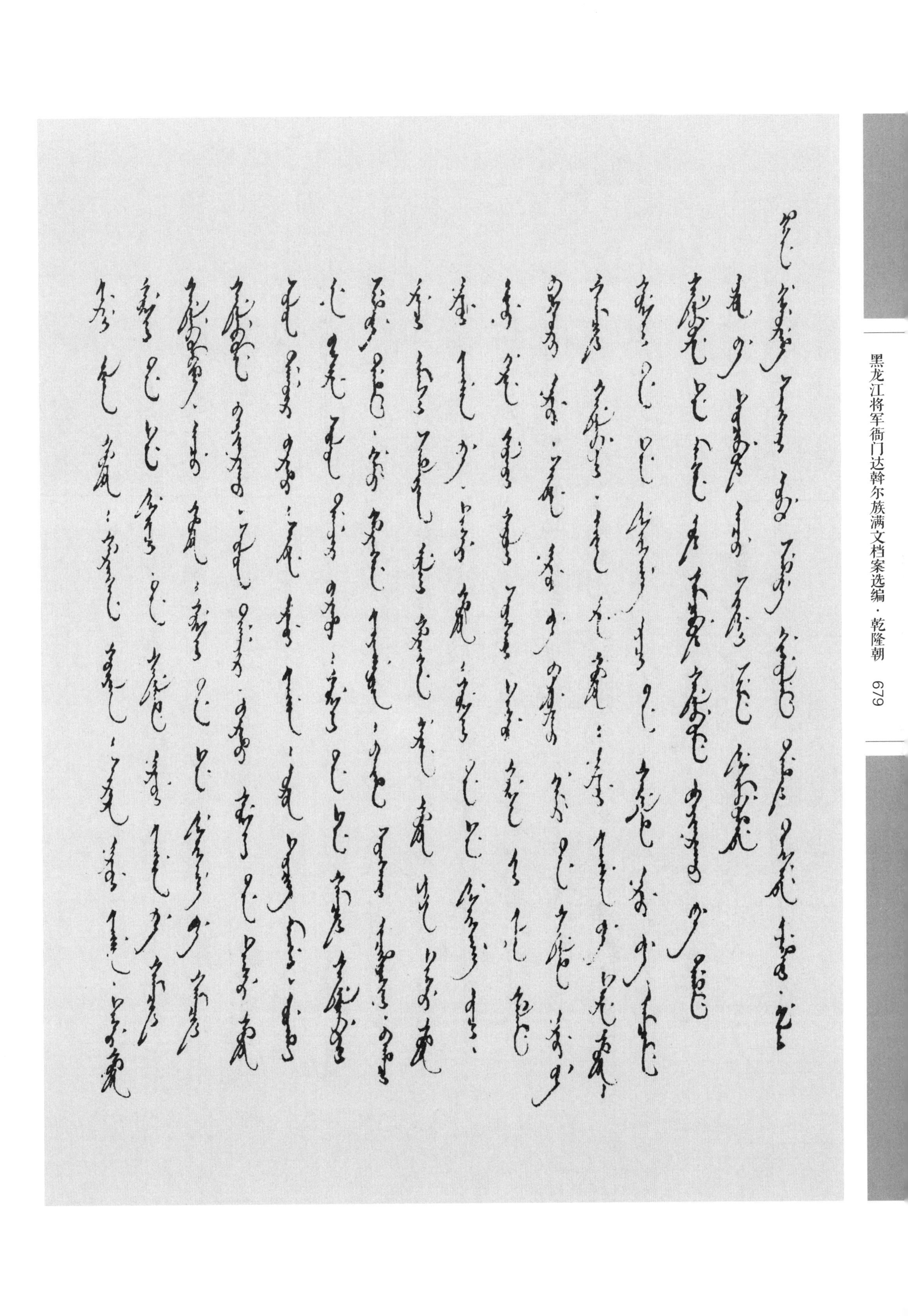

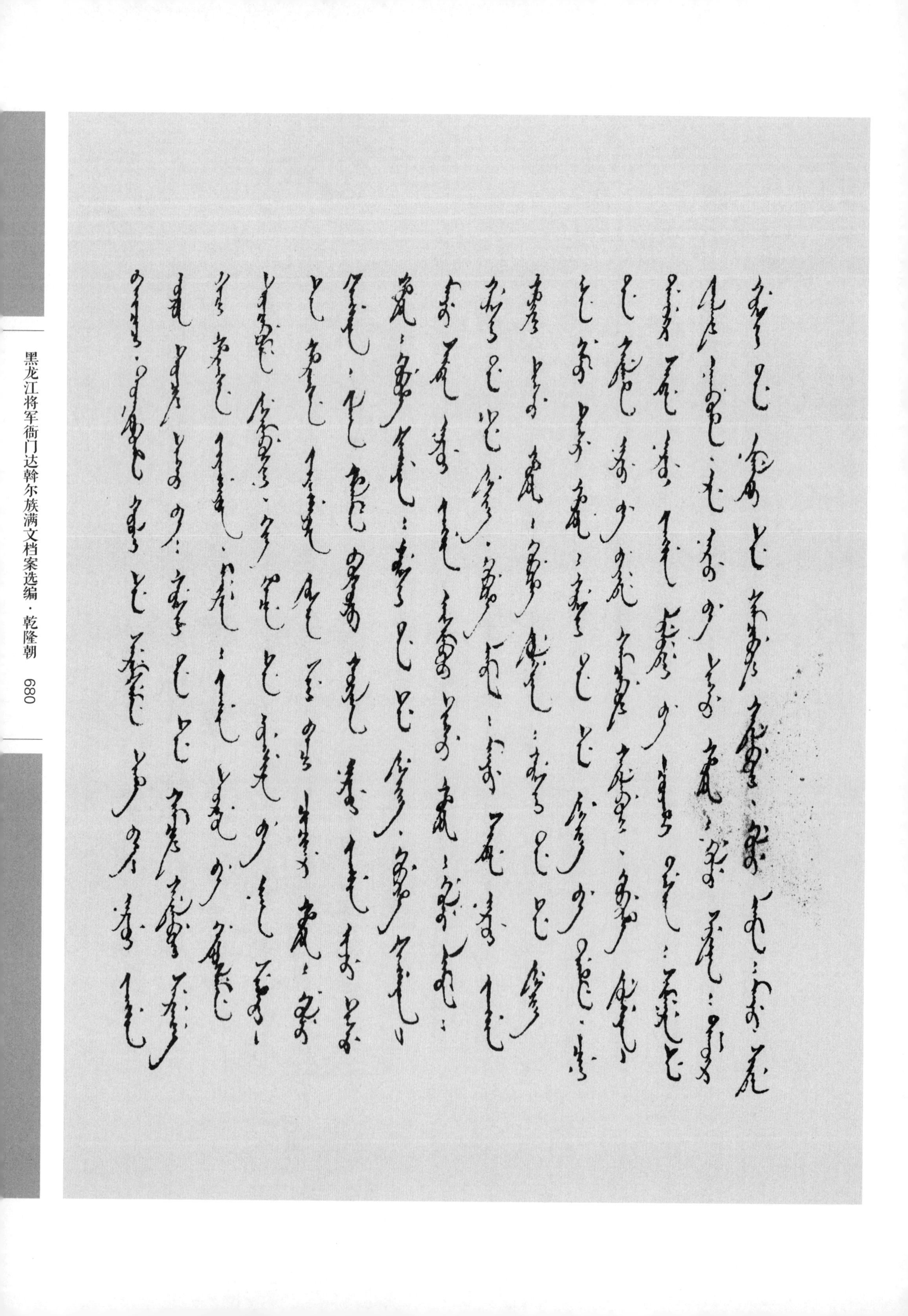

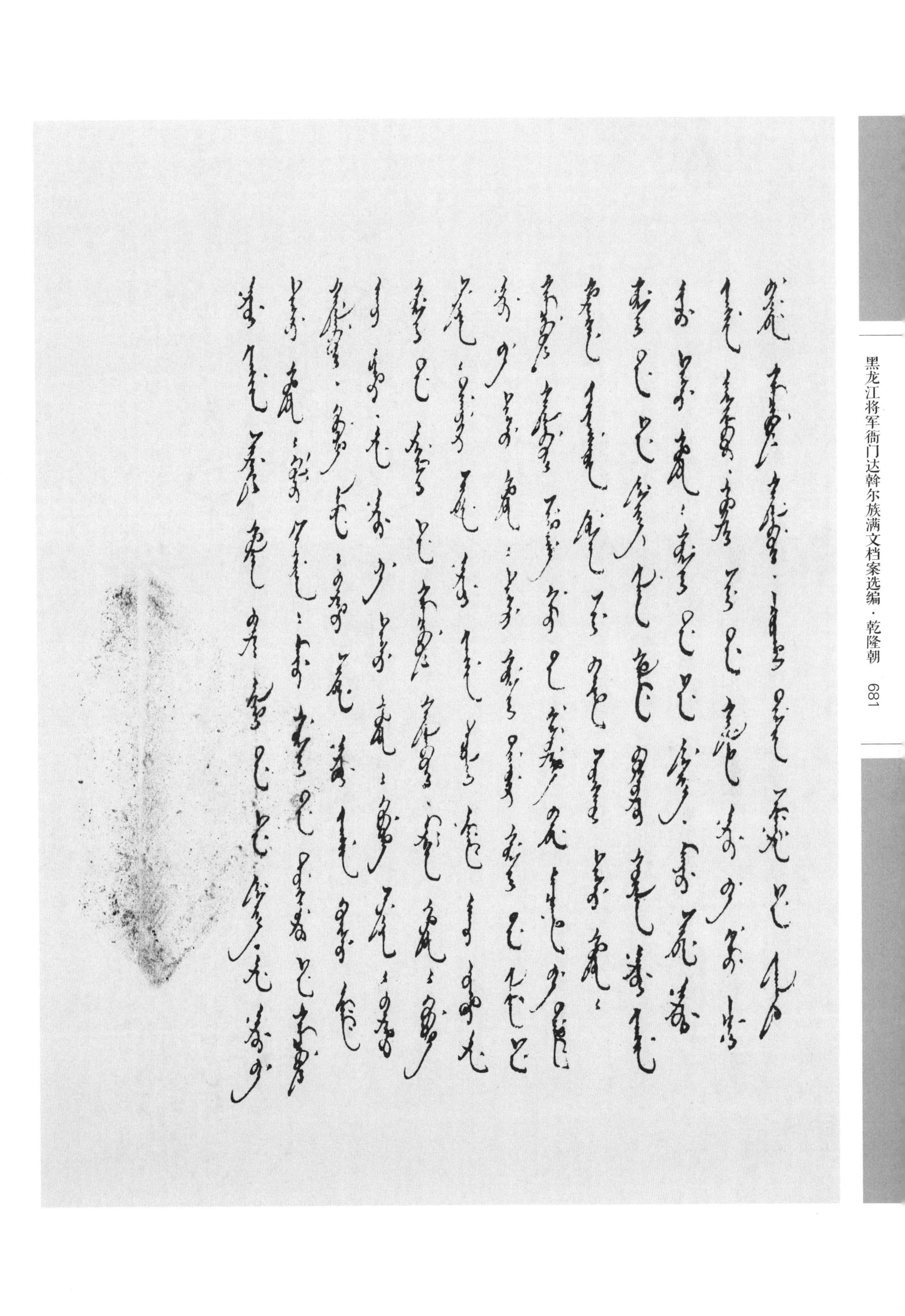

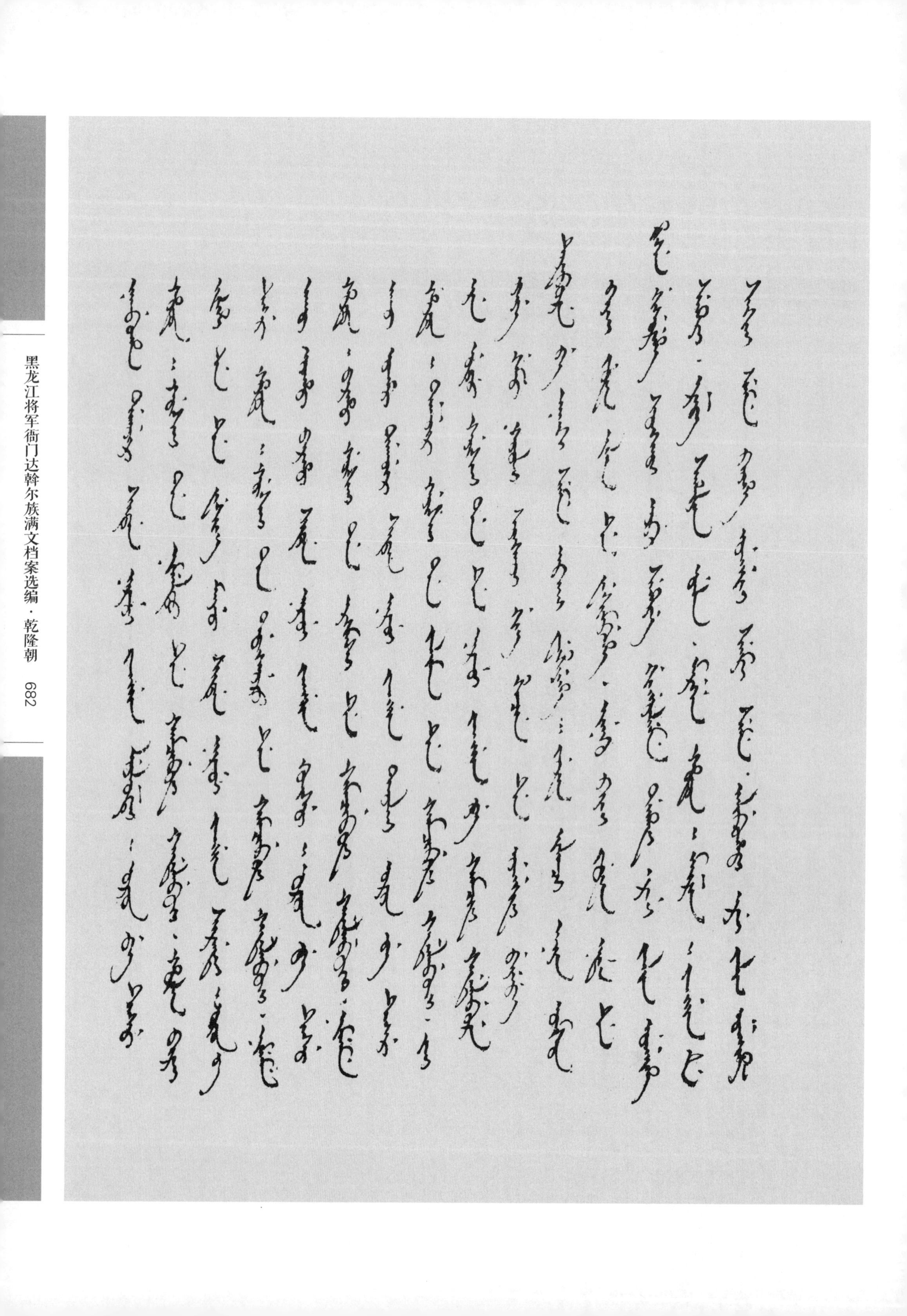

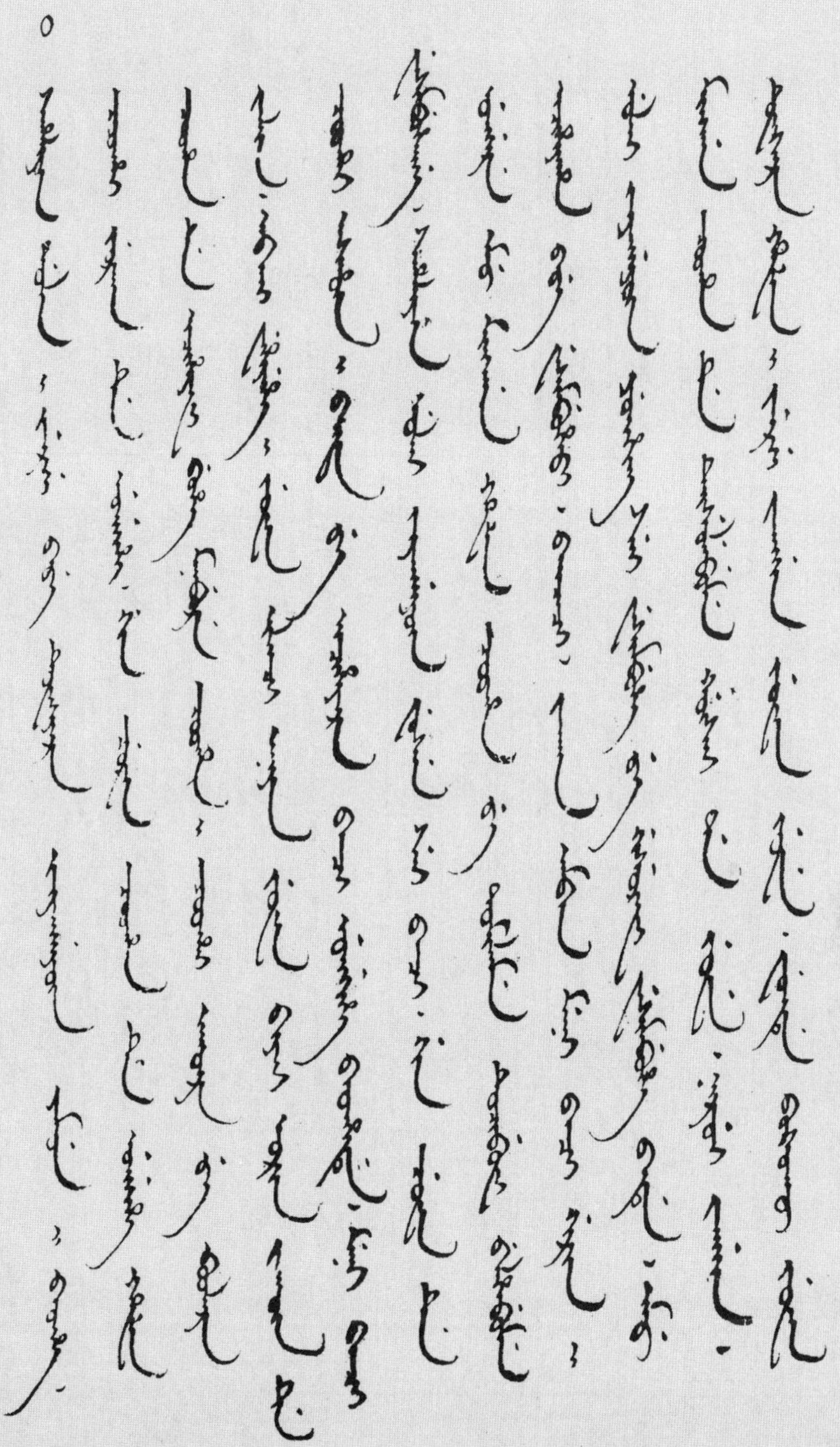

五五五 黑龙江将军衙门为造报办给出征金川索伦达斡尔等官兵军器清册事咨兵部文（附清册一件）

乾隆十四年二月初三日

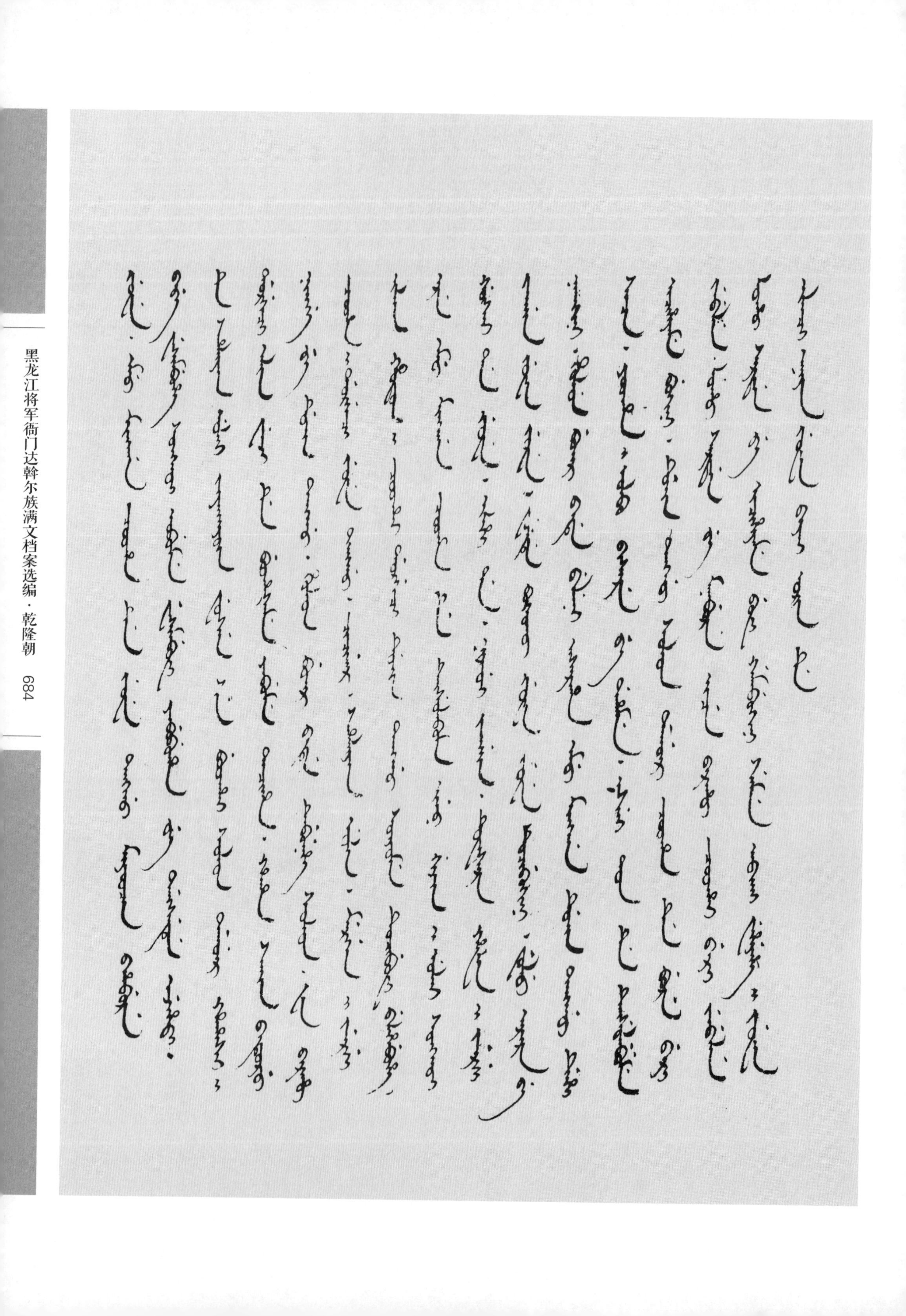

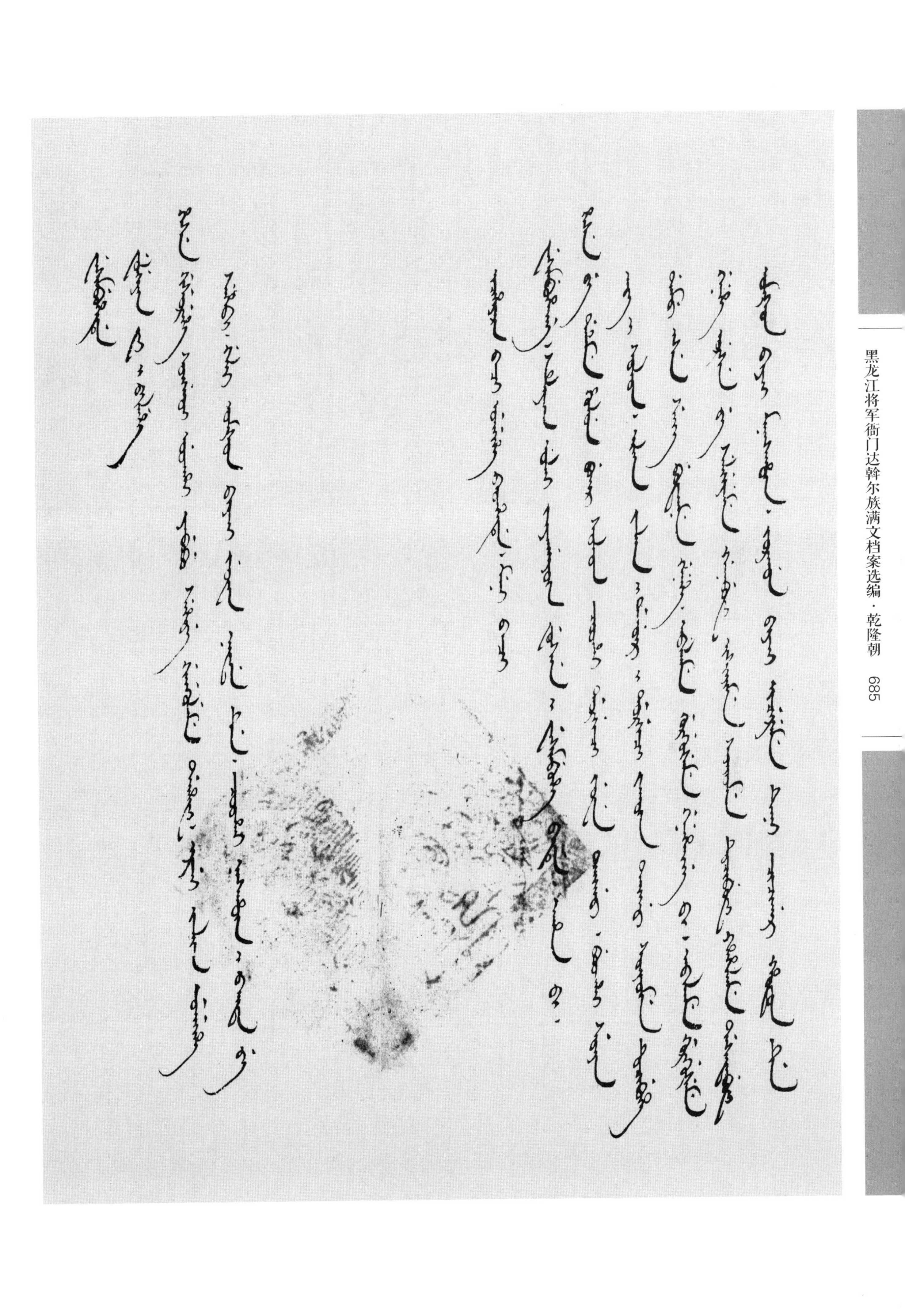

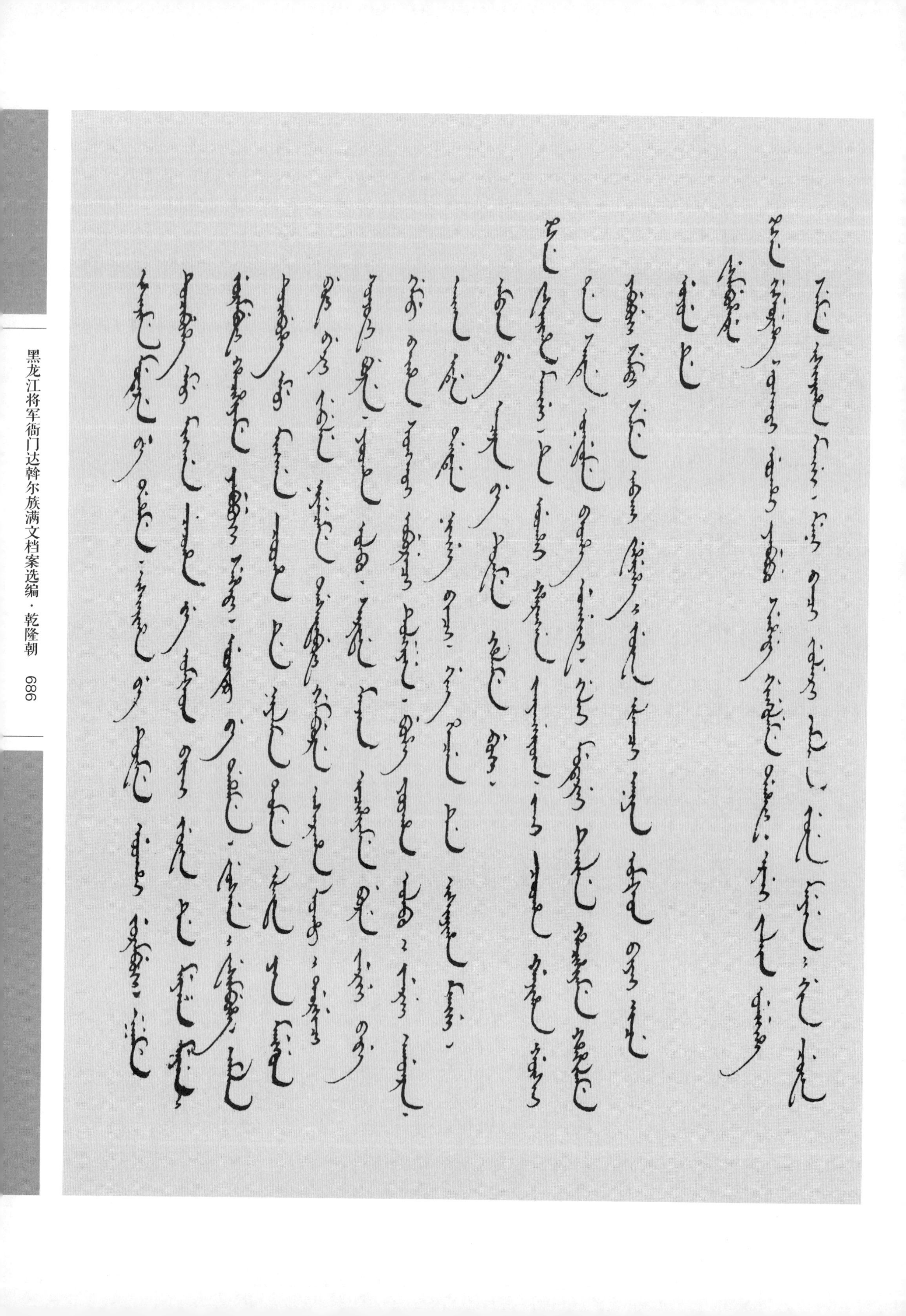

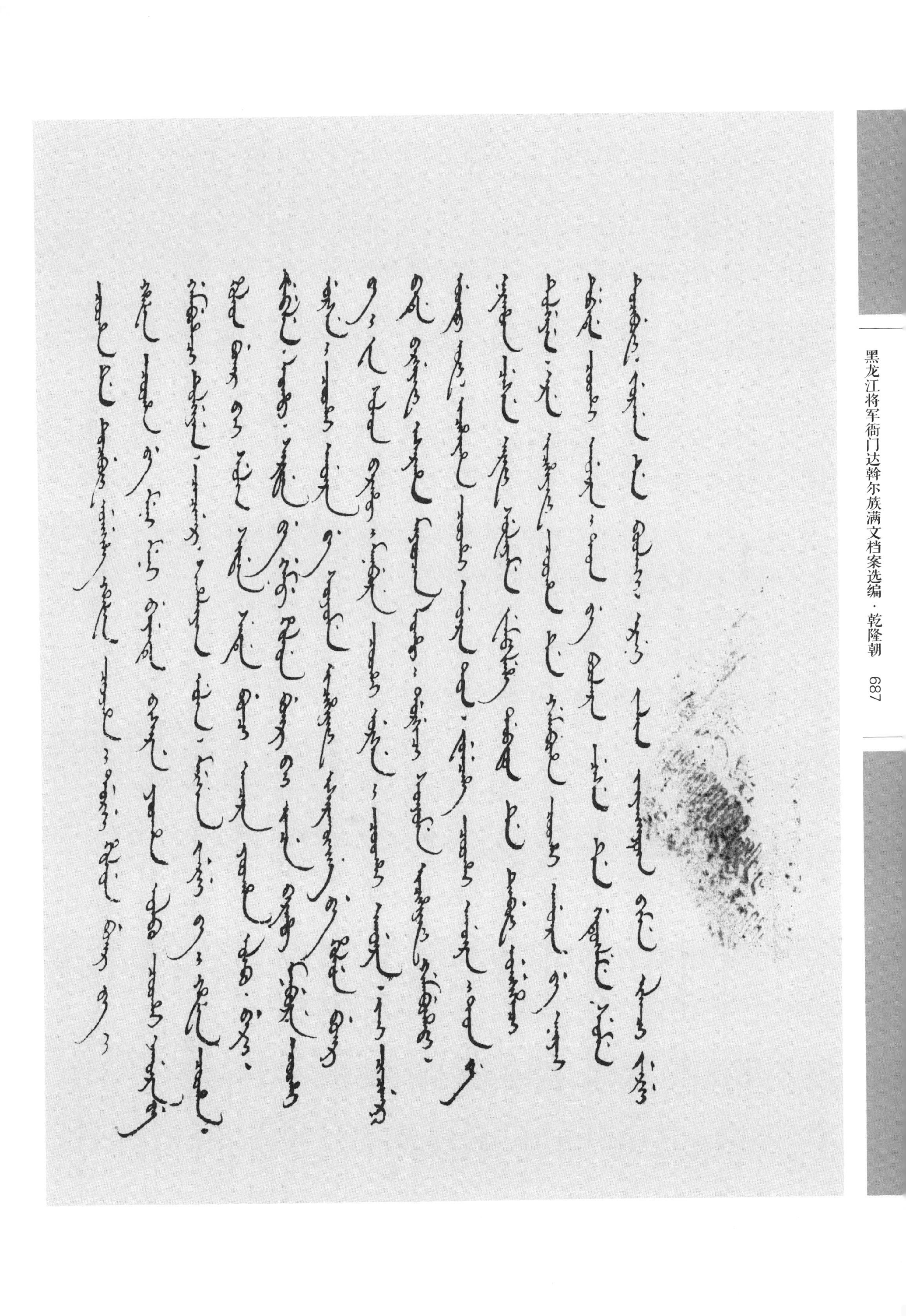

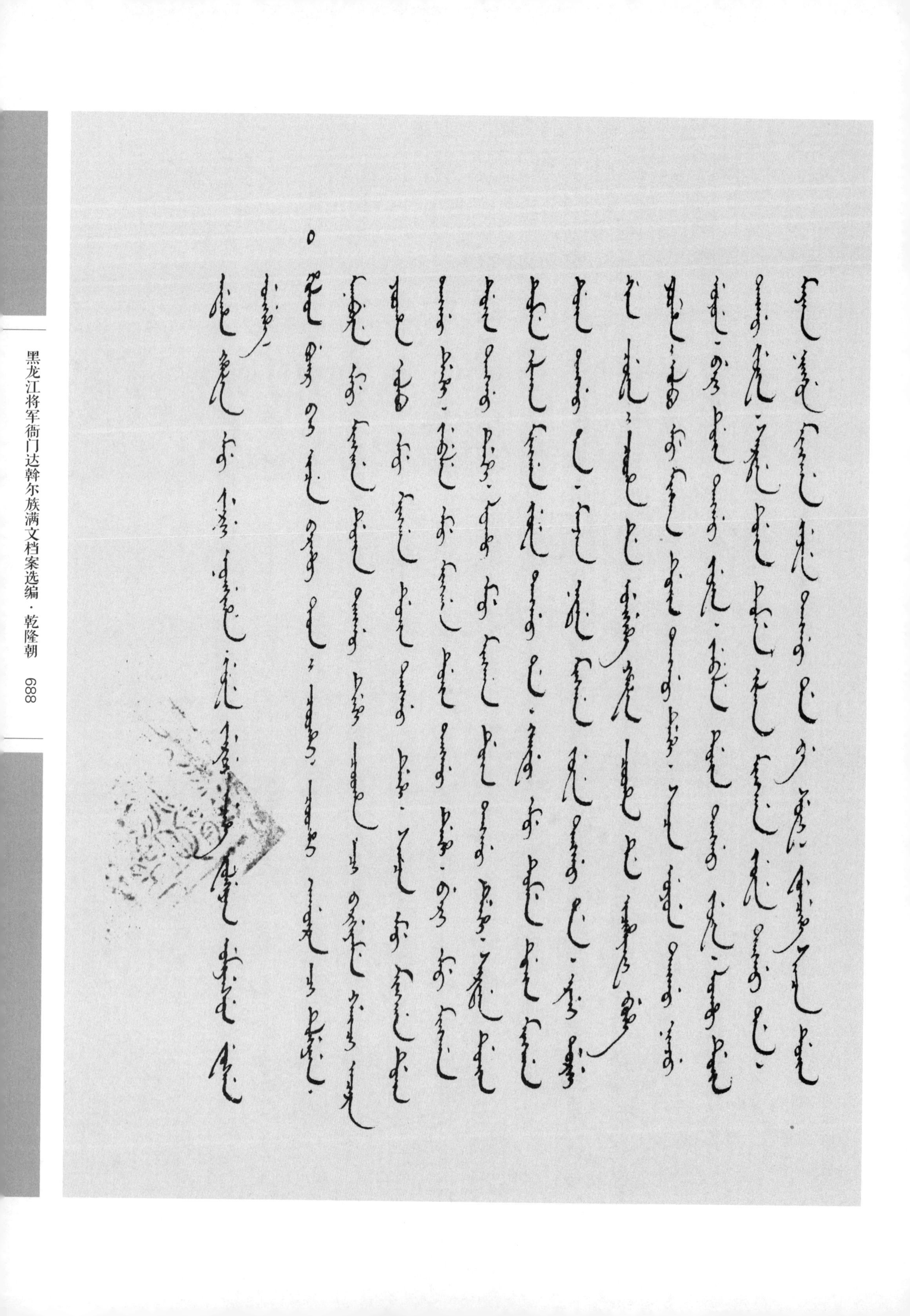

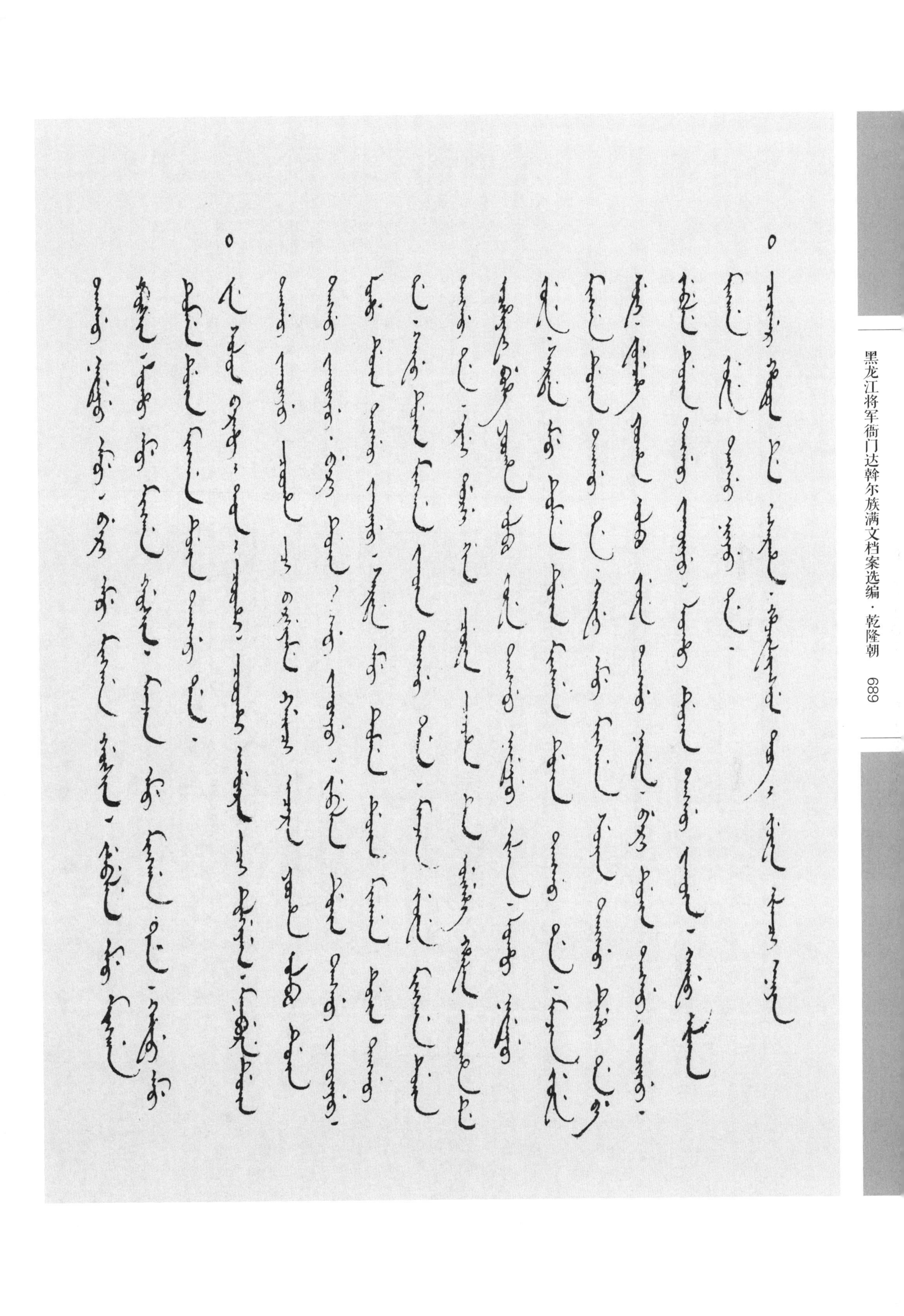

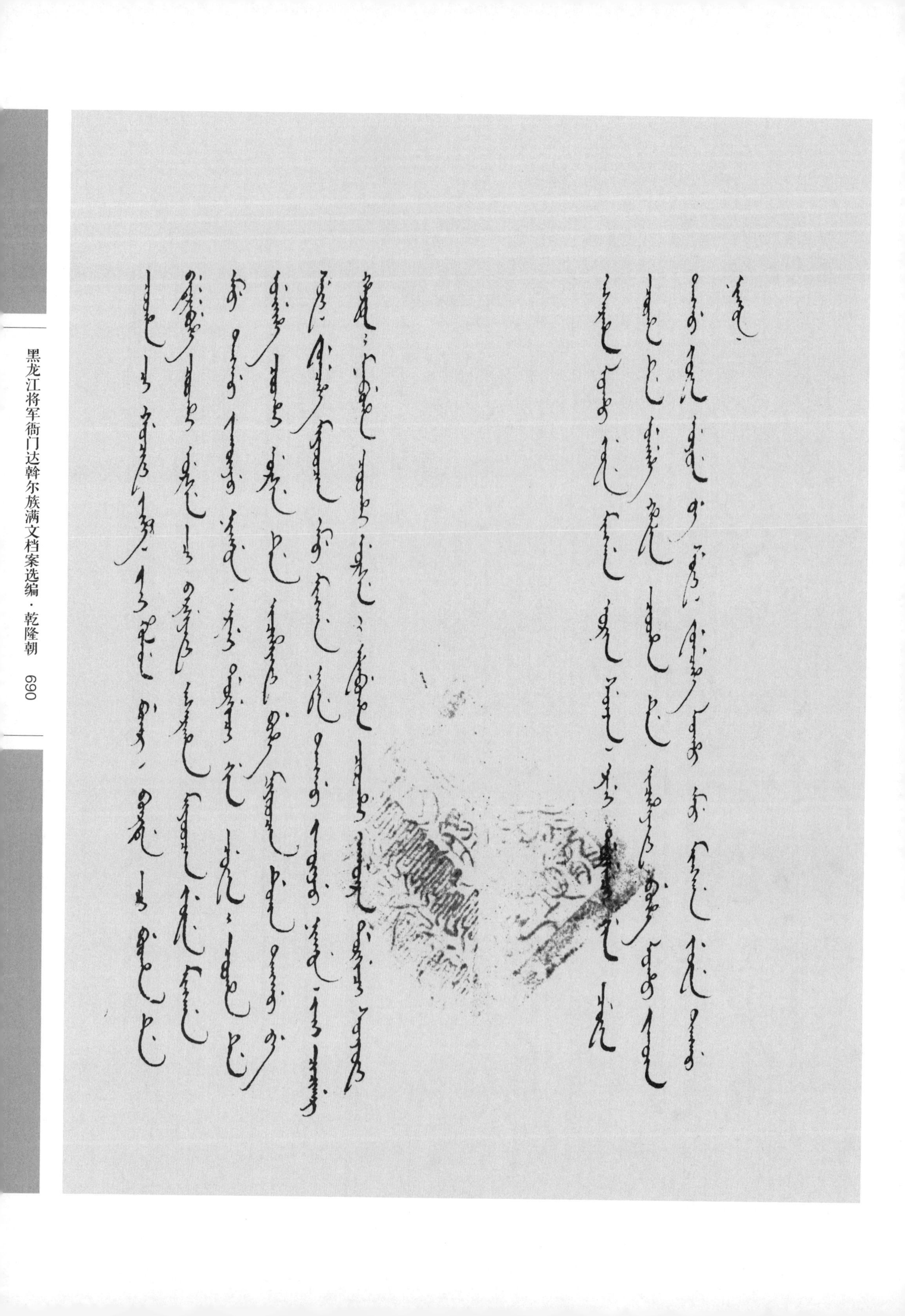

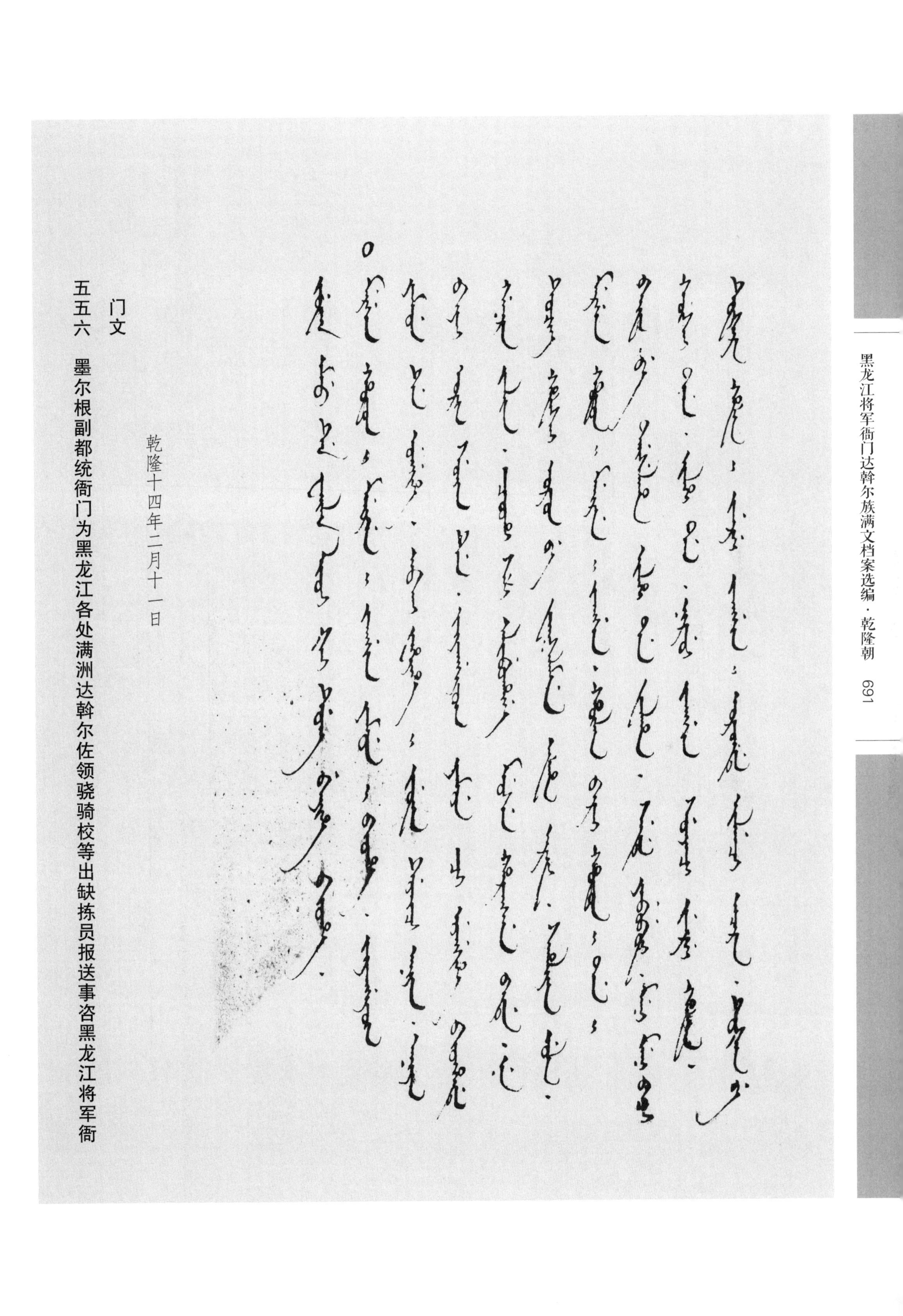

乾隆十四年二月十一日

五五六 墨尔根副都统衙门为黑龙江各处满洲达斡尔佐领骁骑校等出缺拣员报送事咨黑龙江将军衙门文

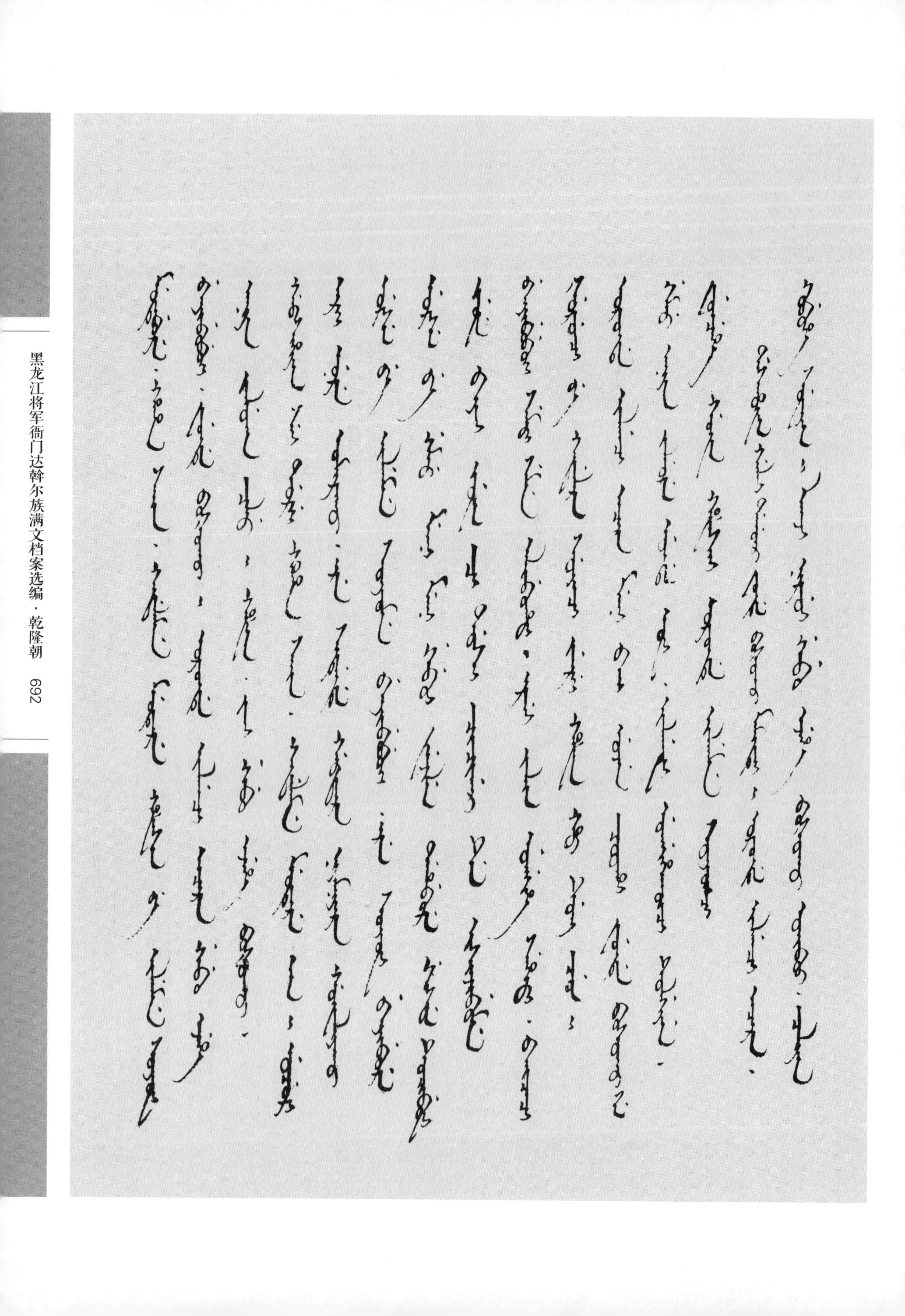

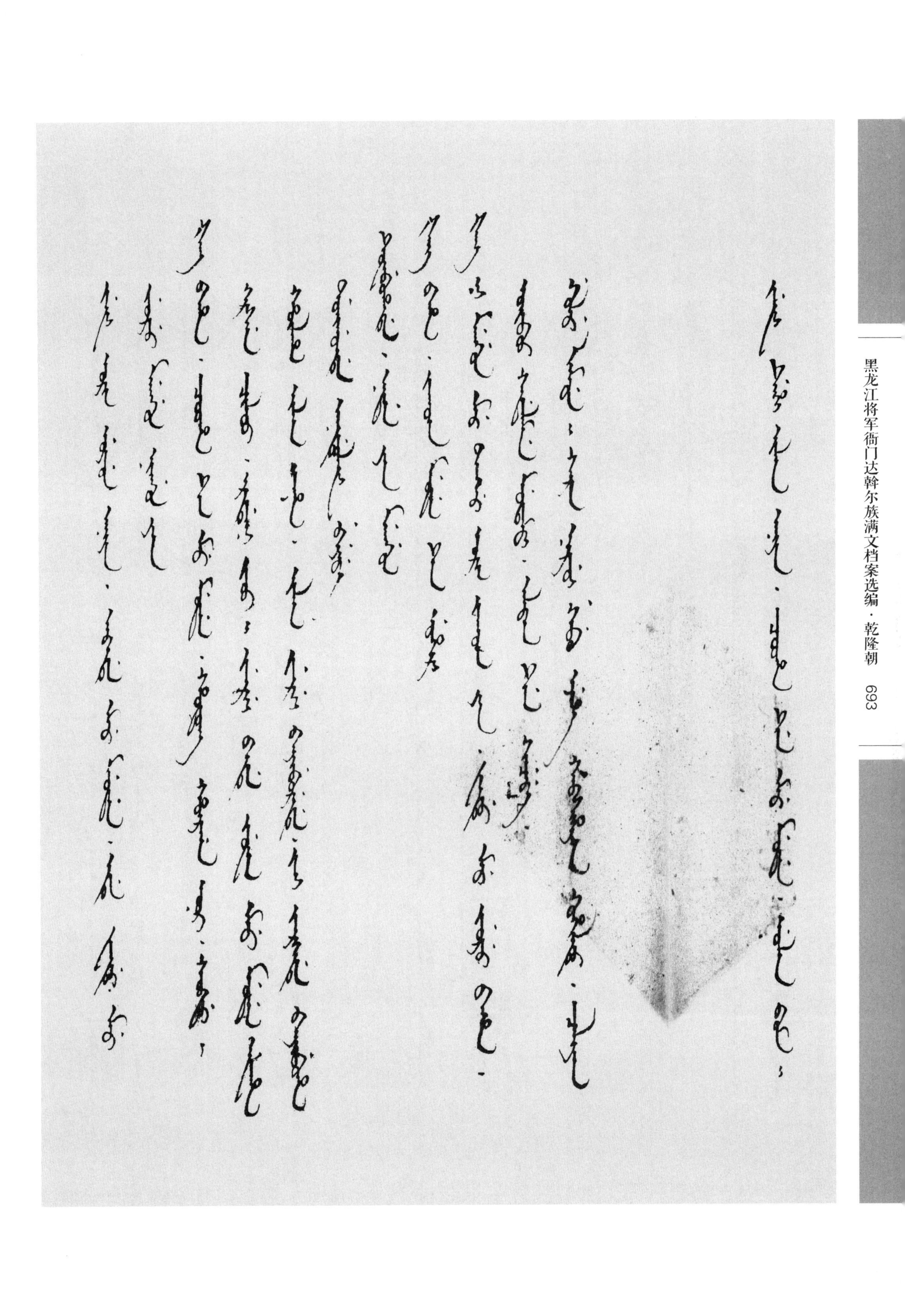

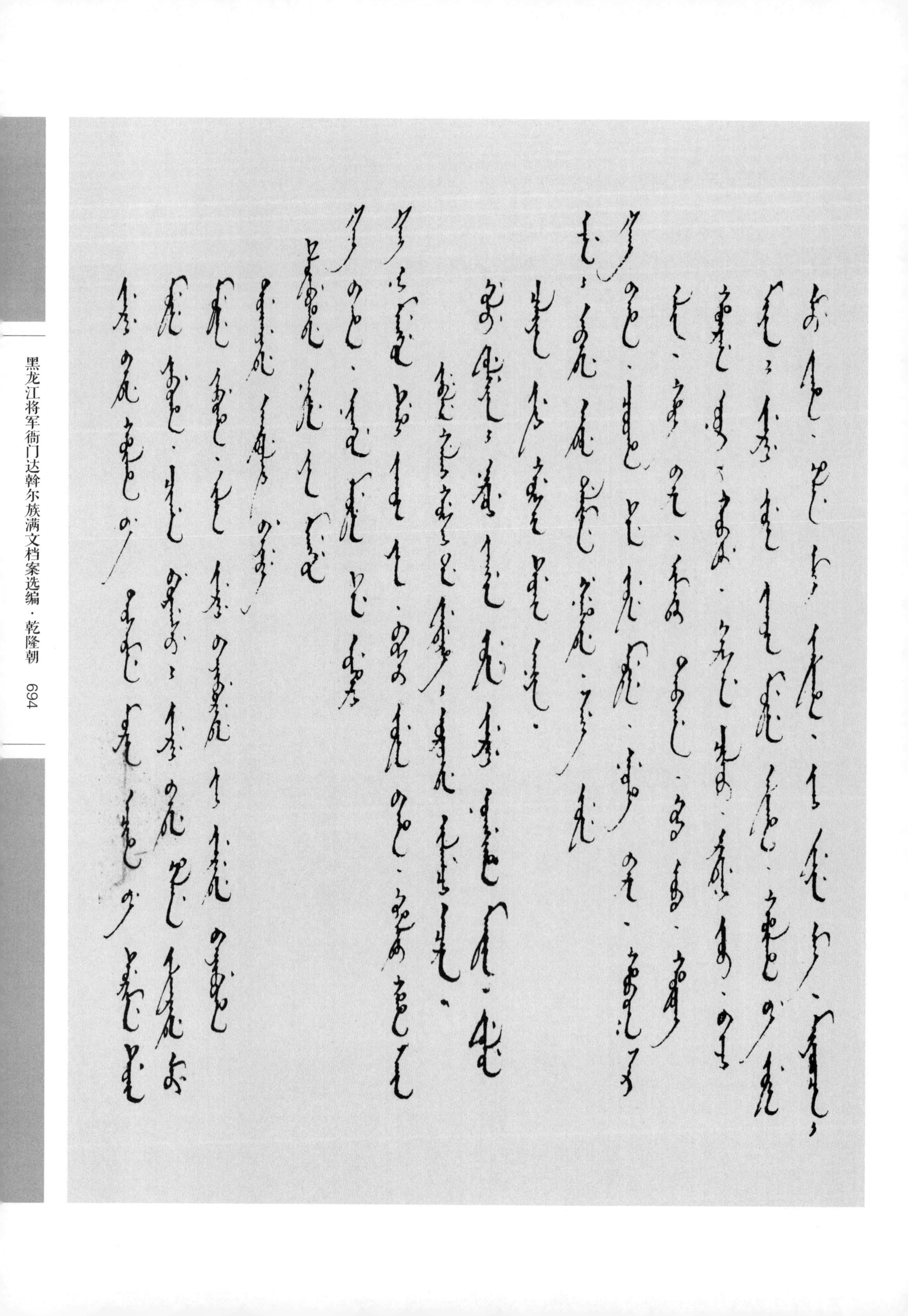

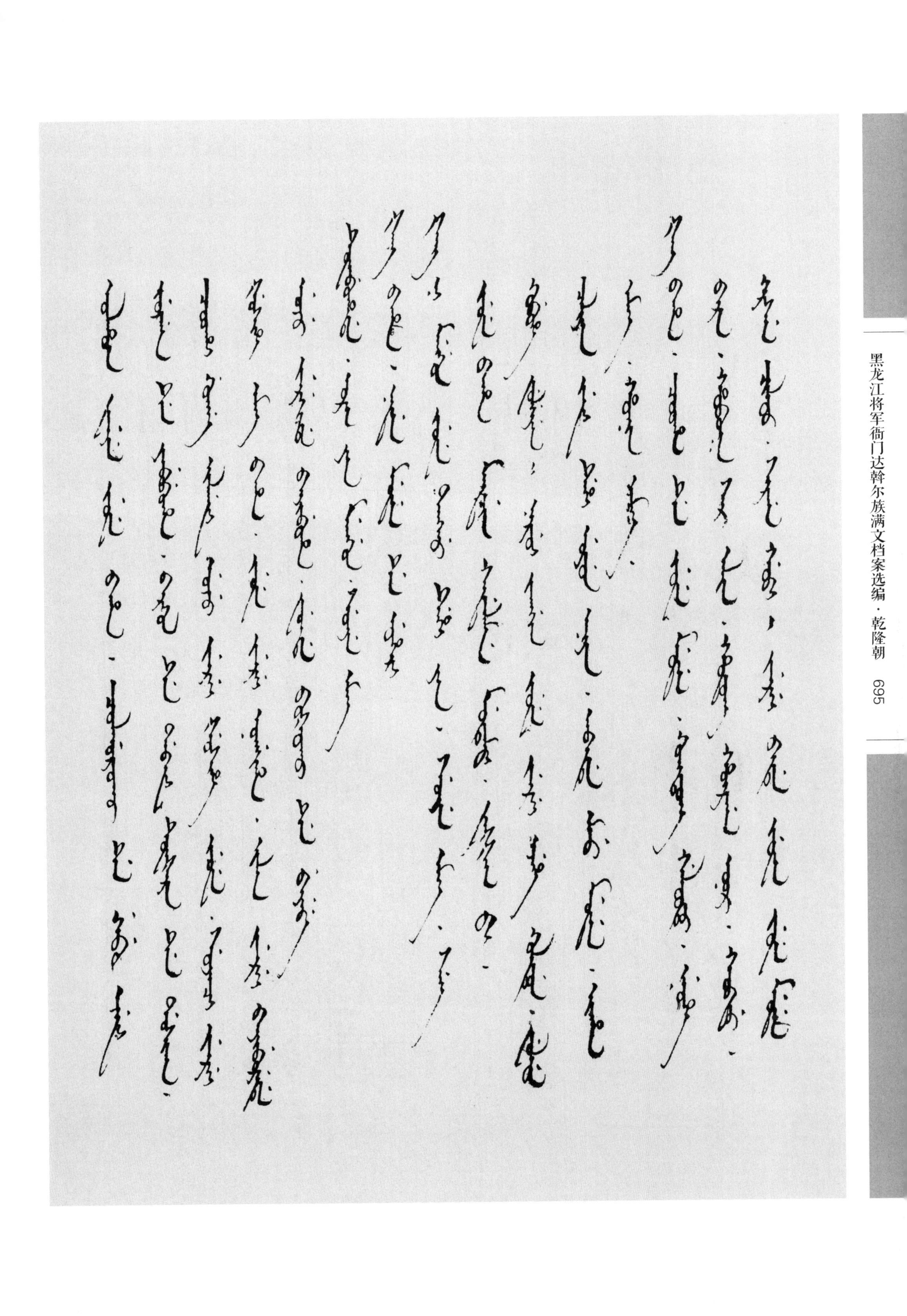

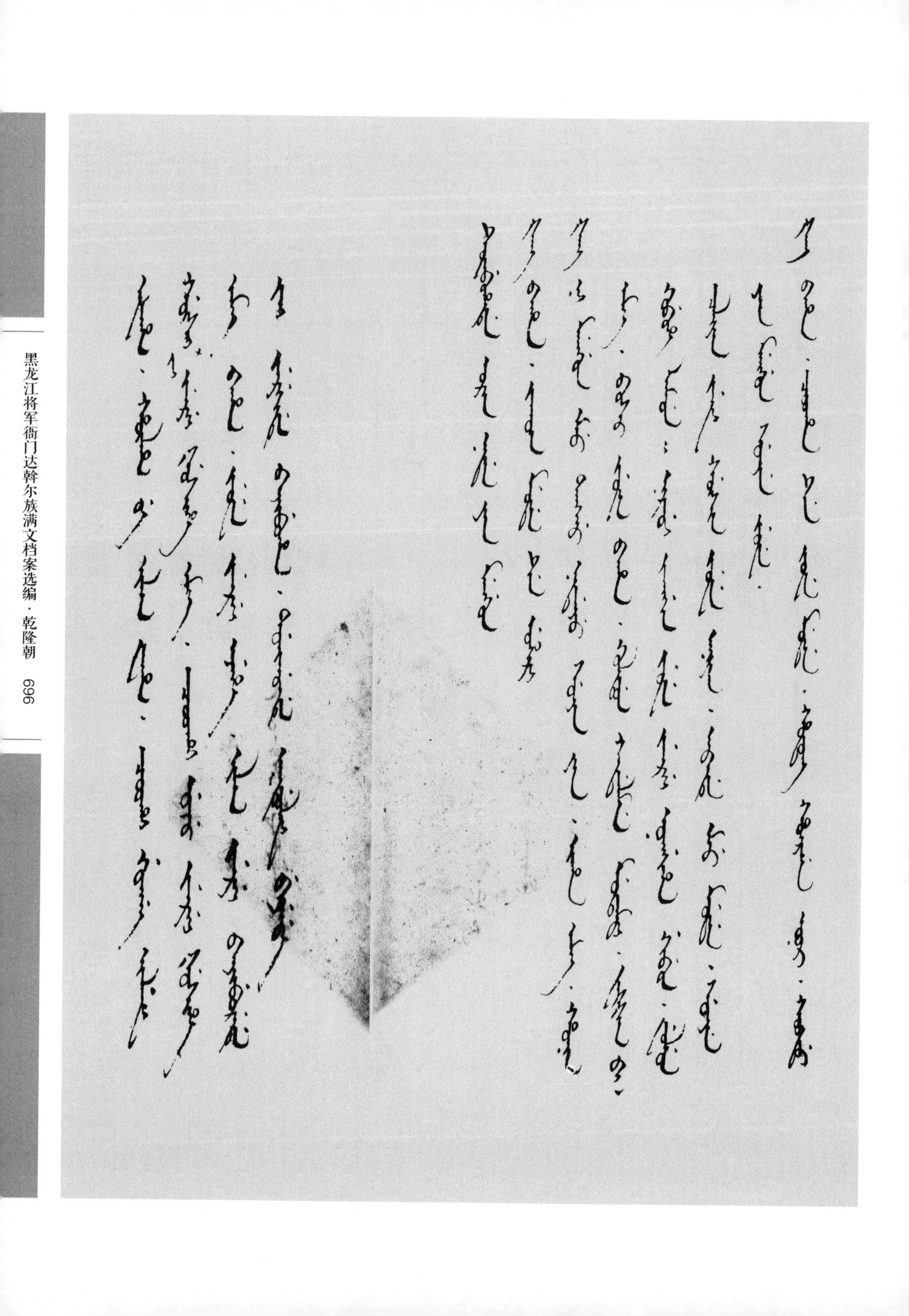

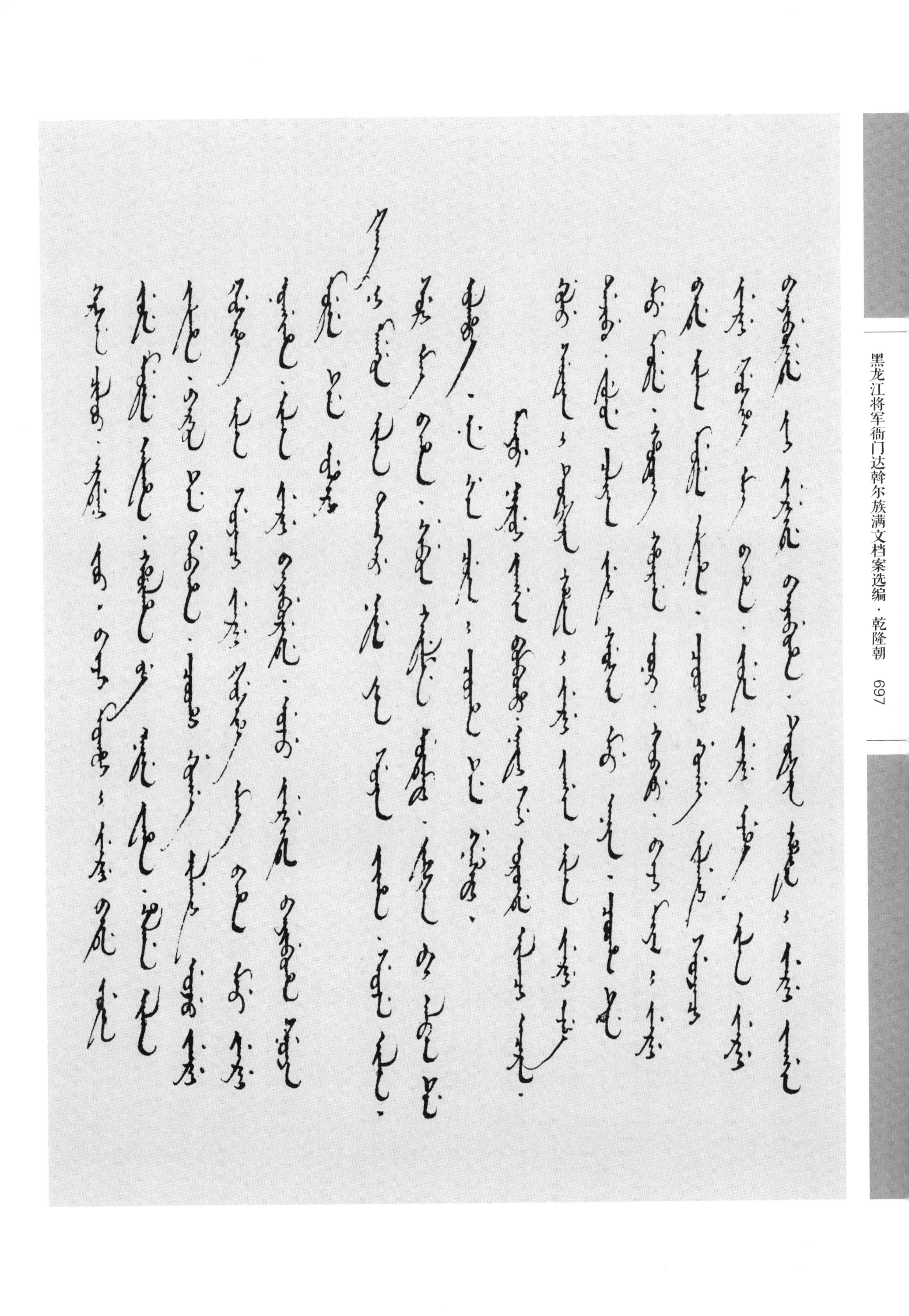

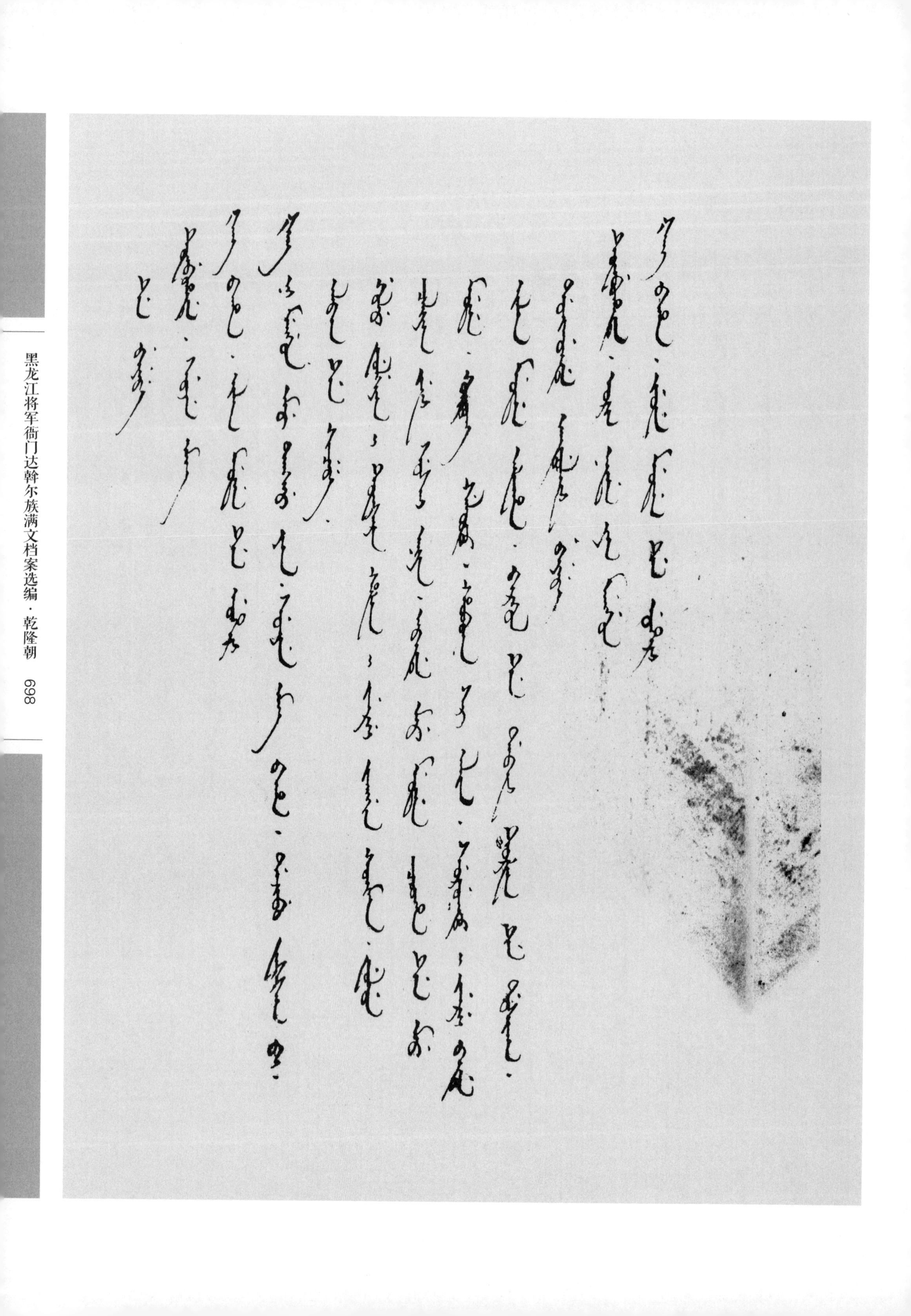

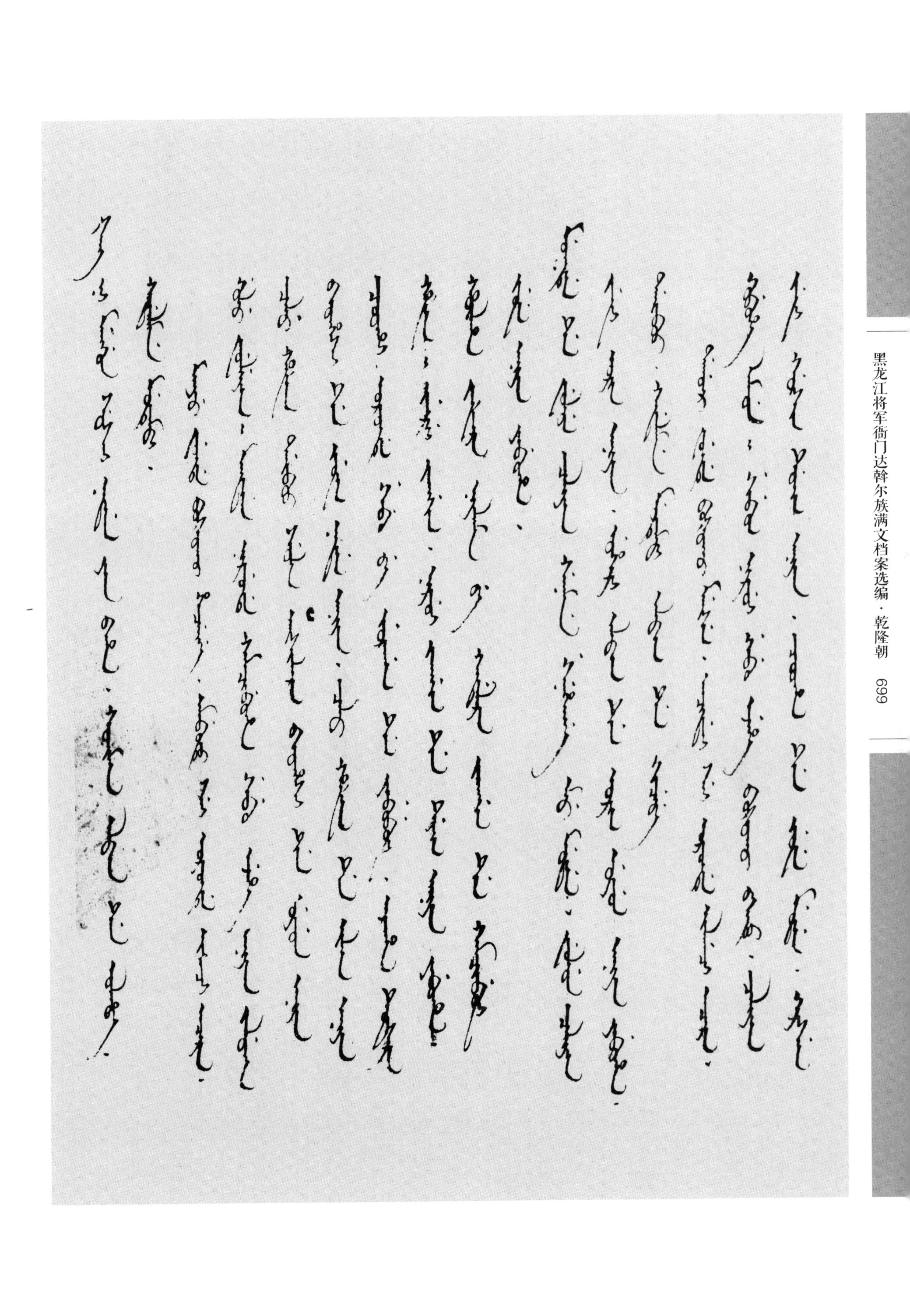

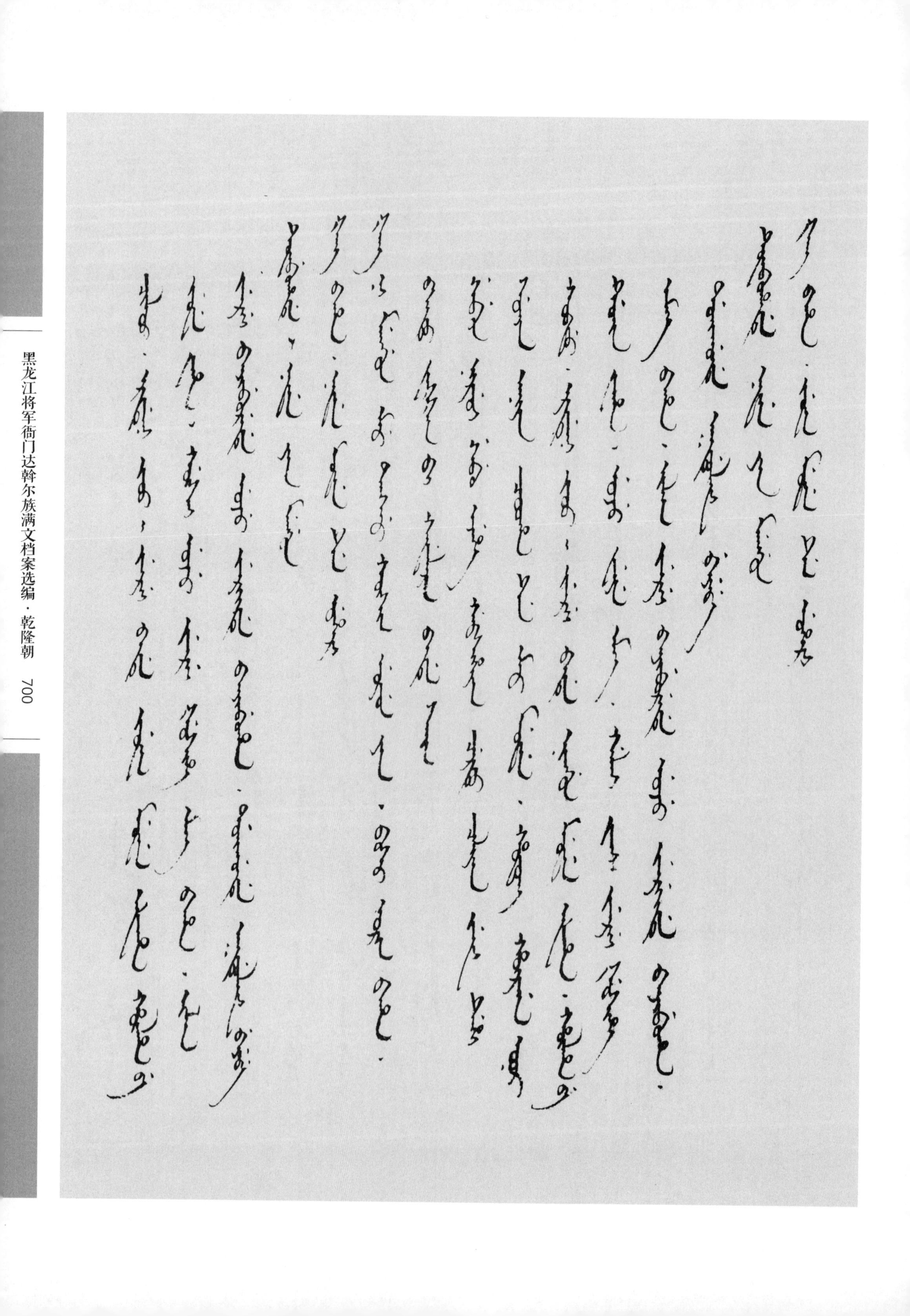

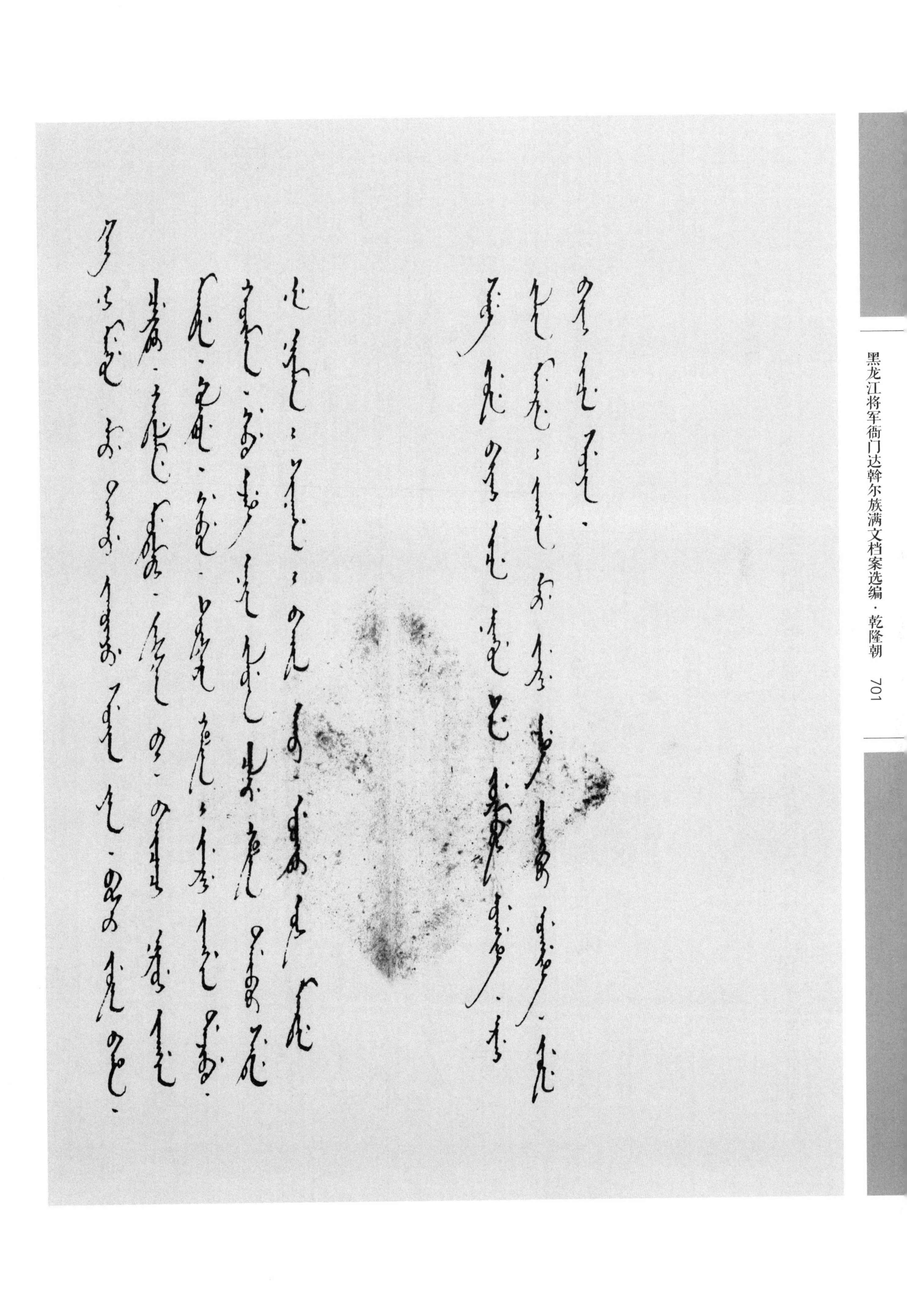

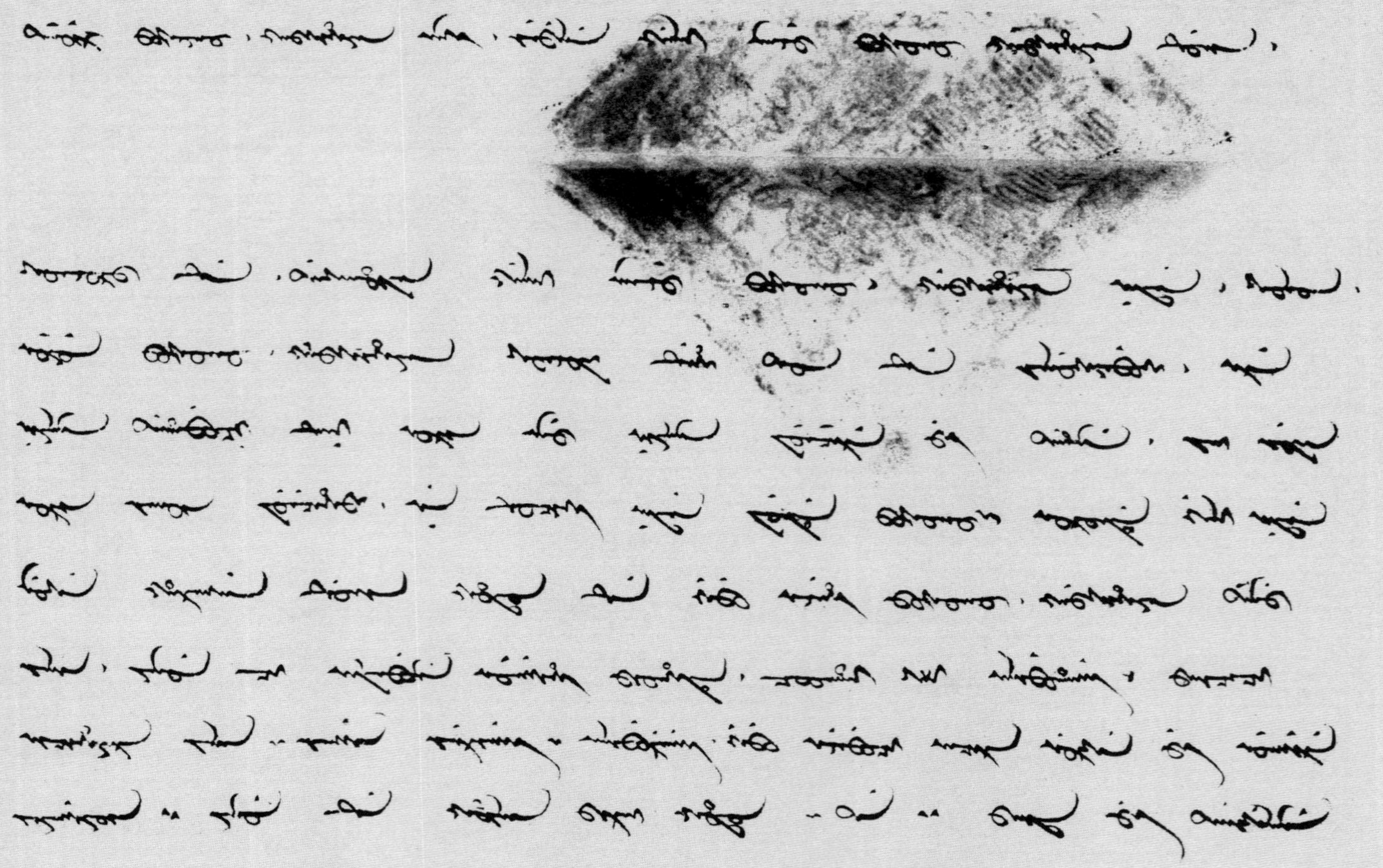

乾隆十四年二月十三日

五五七　护理呼兰城守尉哲灵额为报送镶白旗达斡尔萨珠喇佐领下领催穆尔图呼尔等记名事呈黑龙江将军衙门文

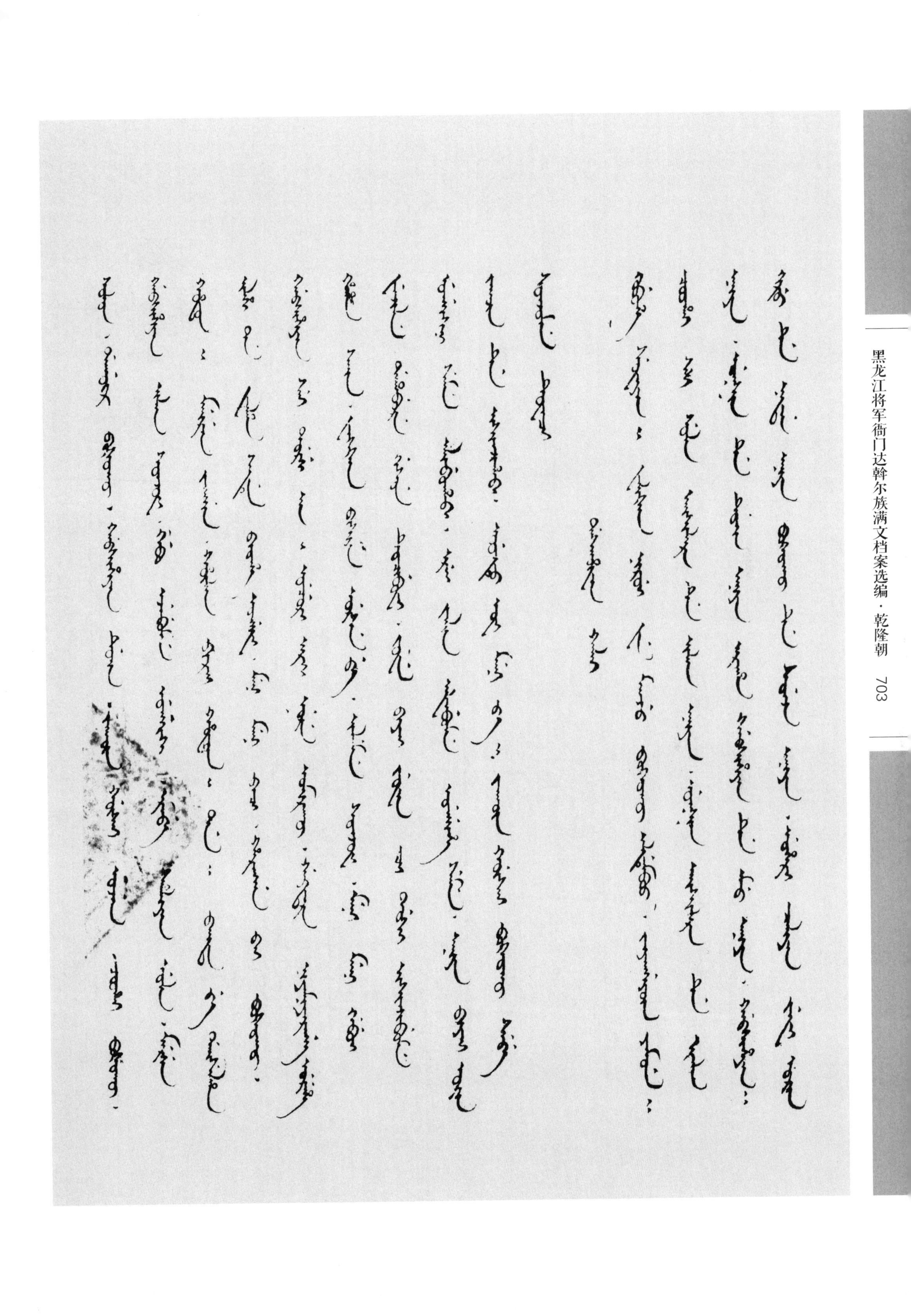

[illegible]

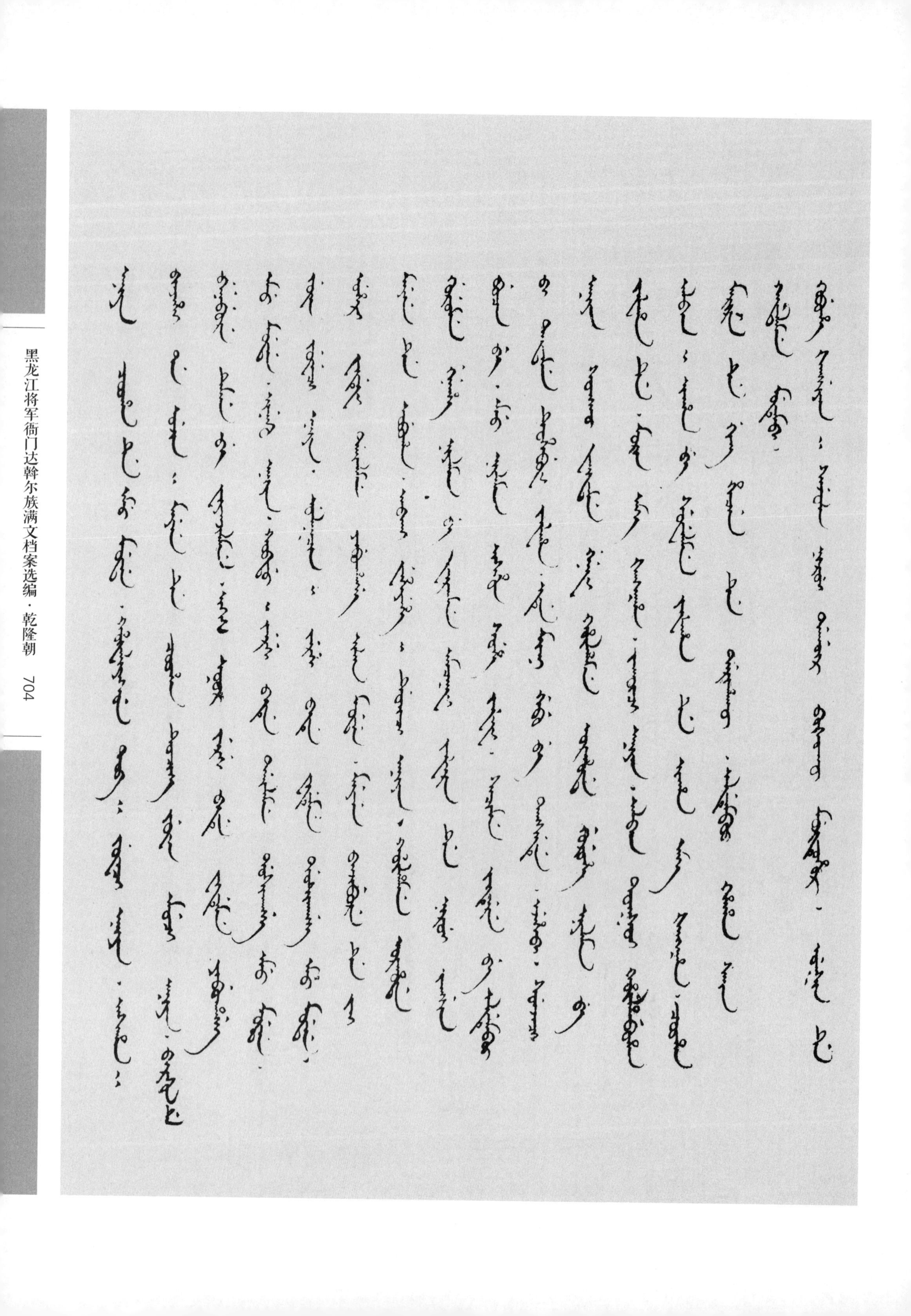

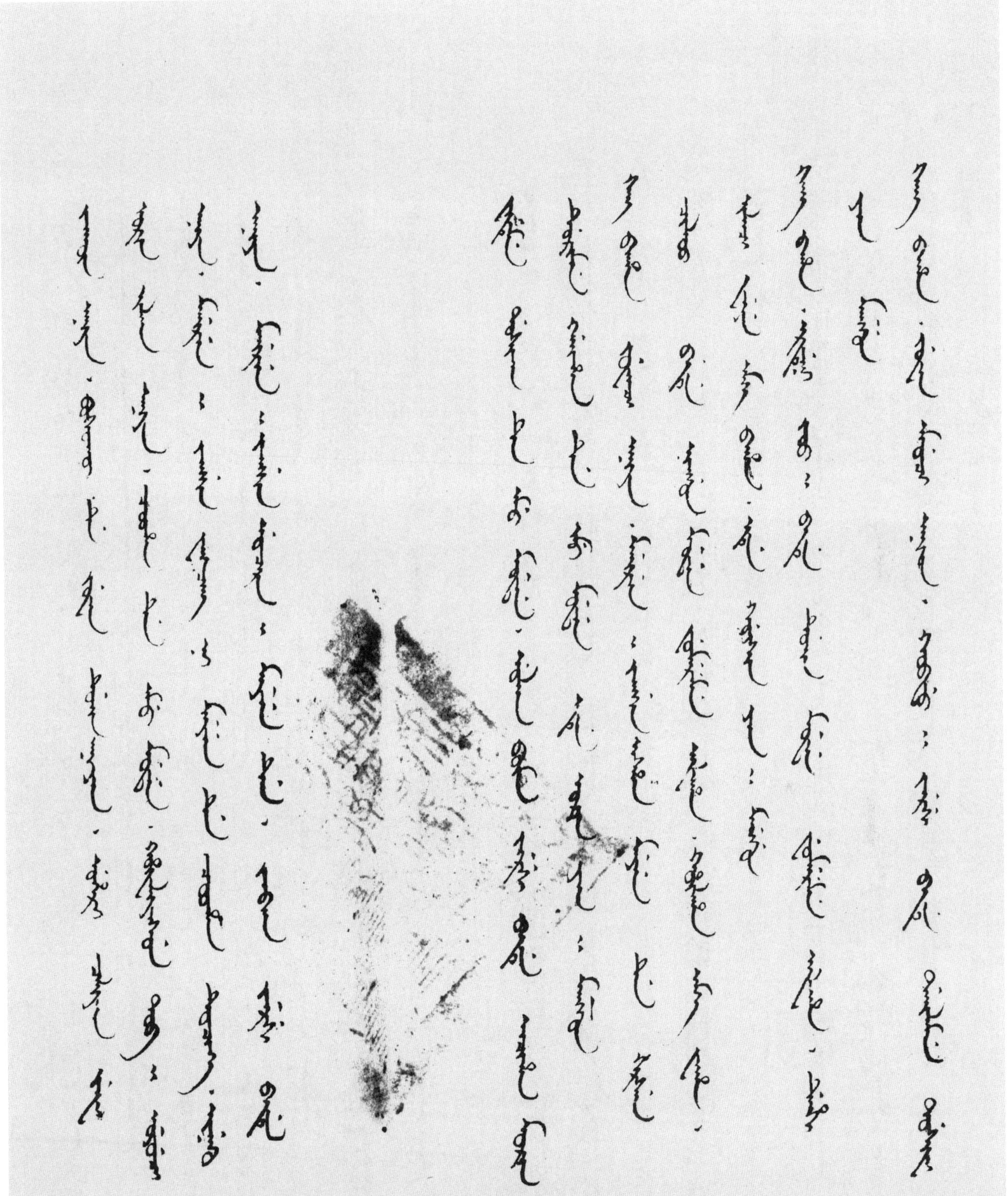

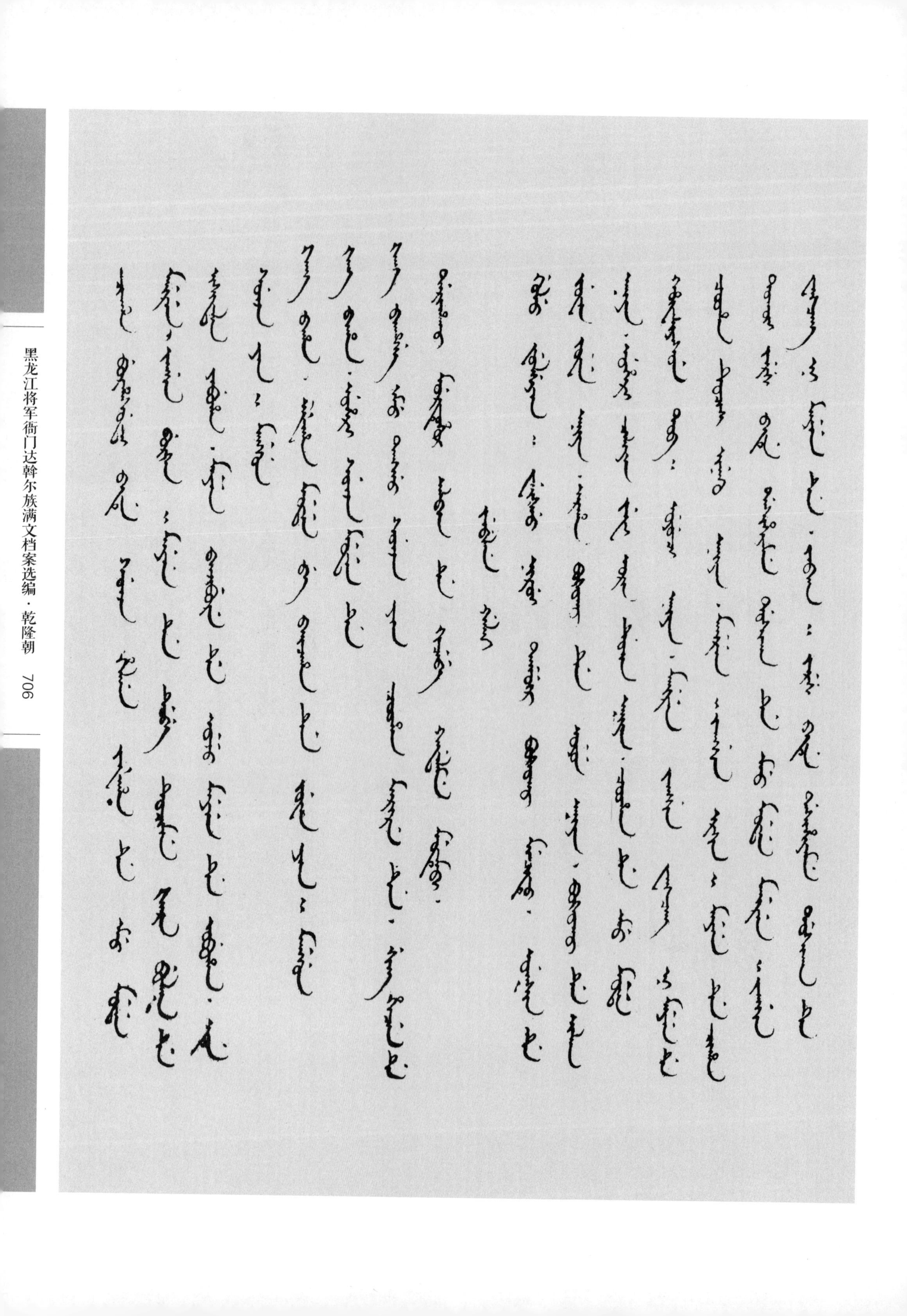

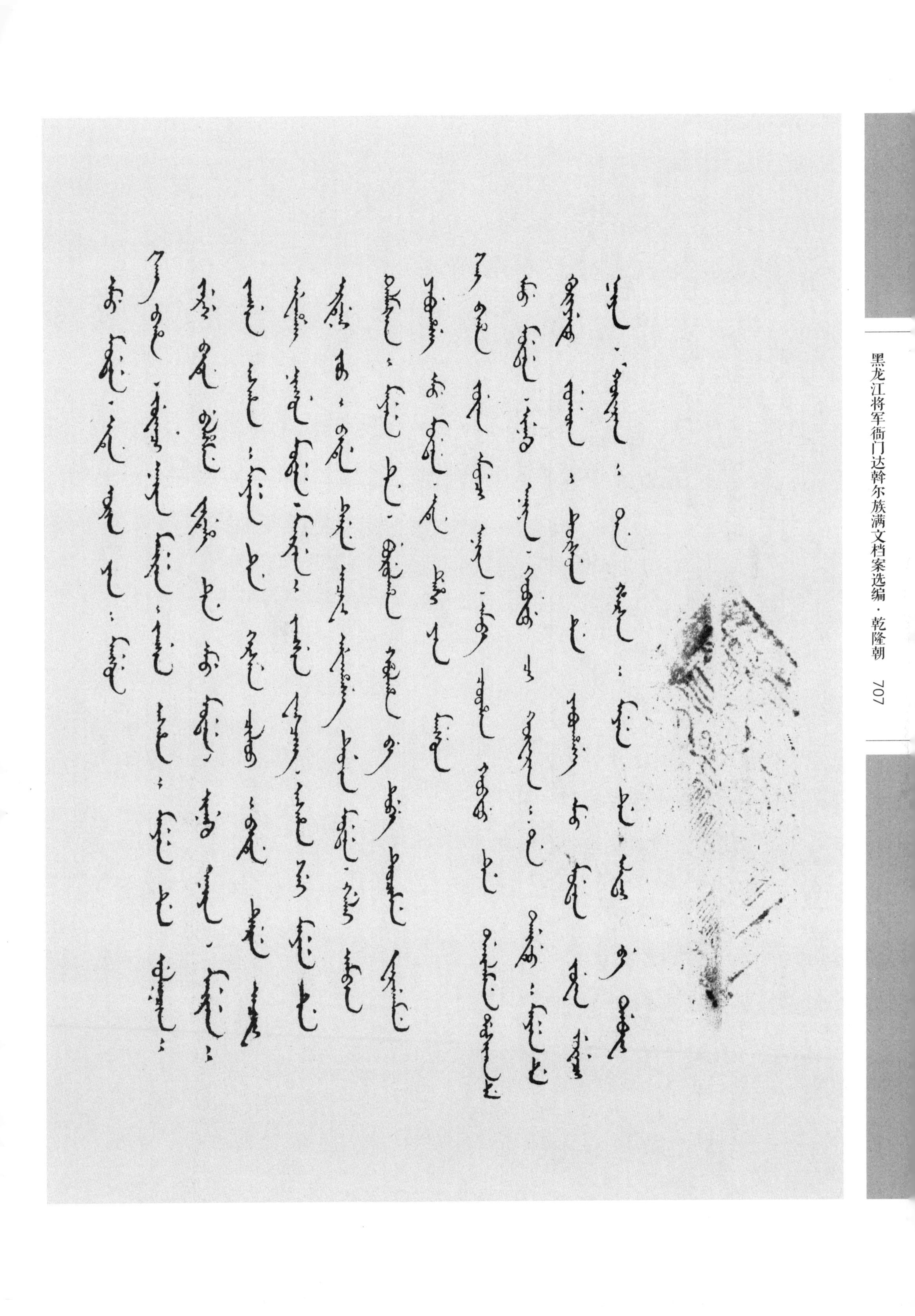

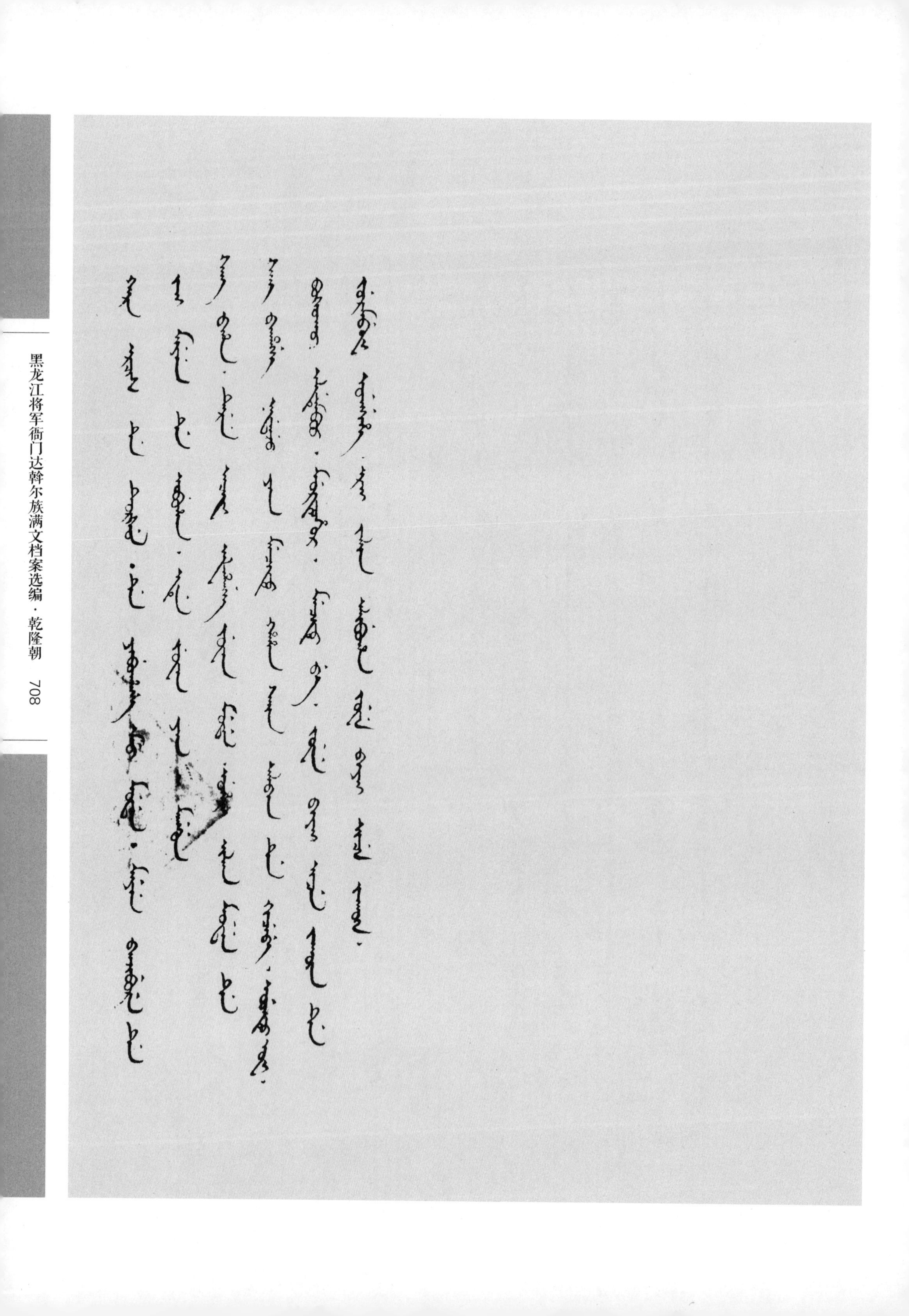

五五八　黑龙江将军衙门为造送齐齐哈尔正蓝旗达斡尔喀勒扎等佐领源流册事咨兵部文

乾隆十四年二月二十日

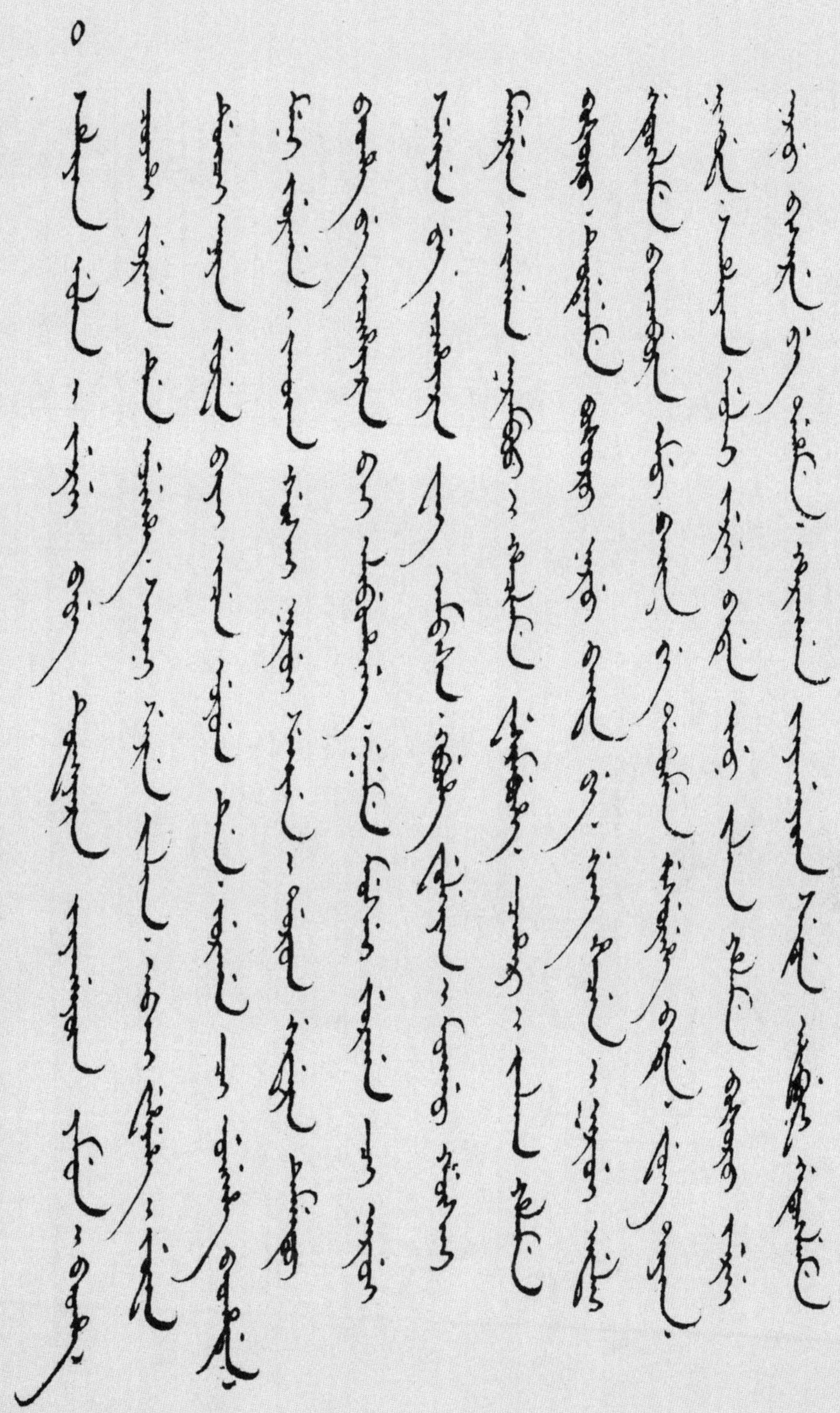

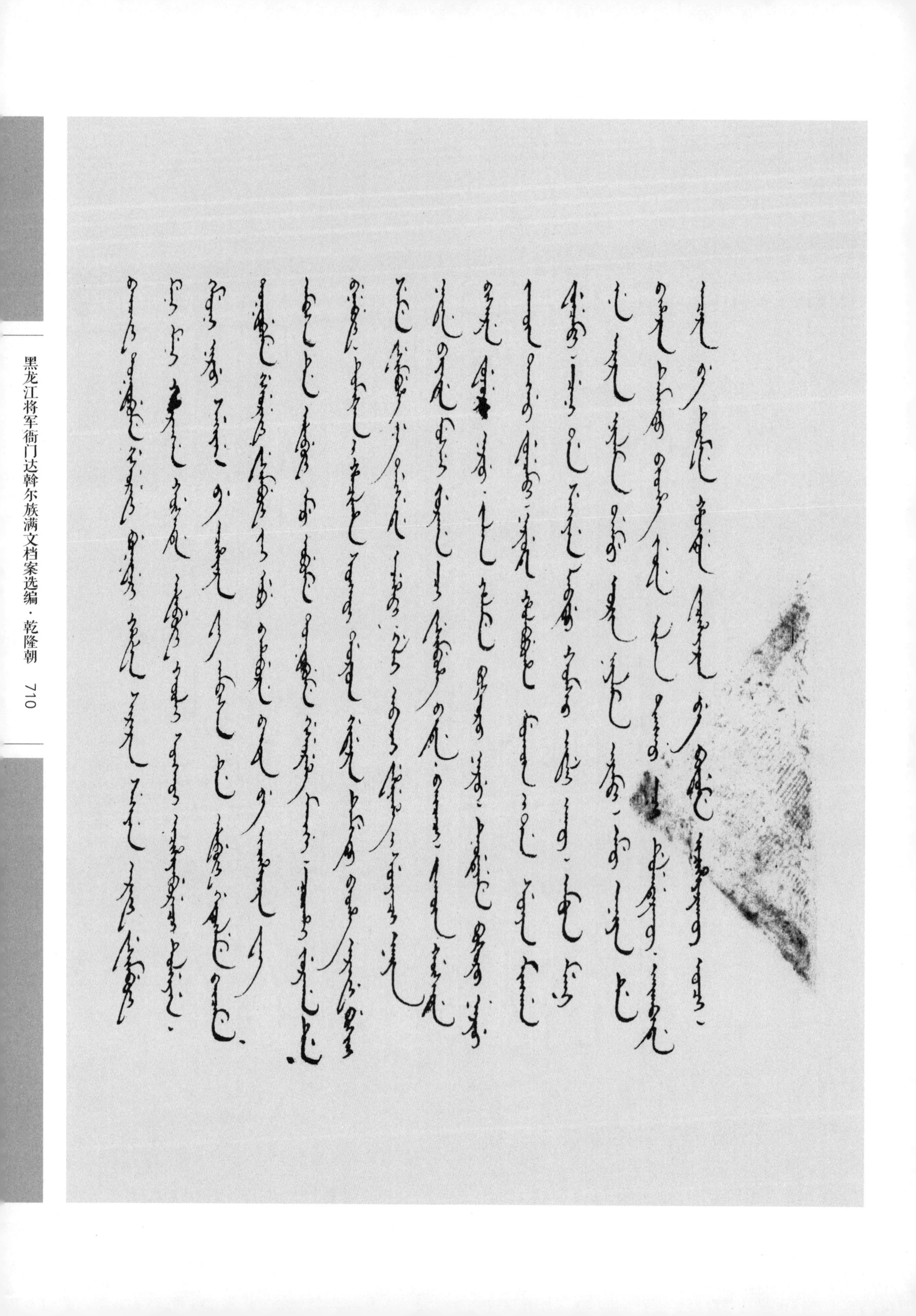

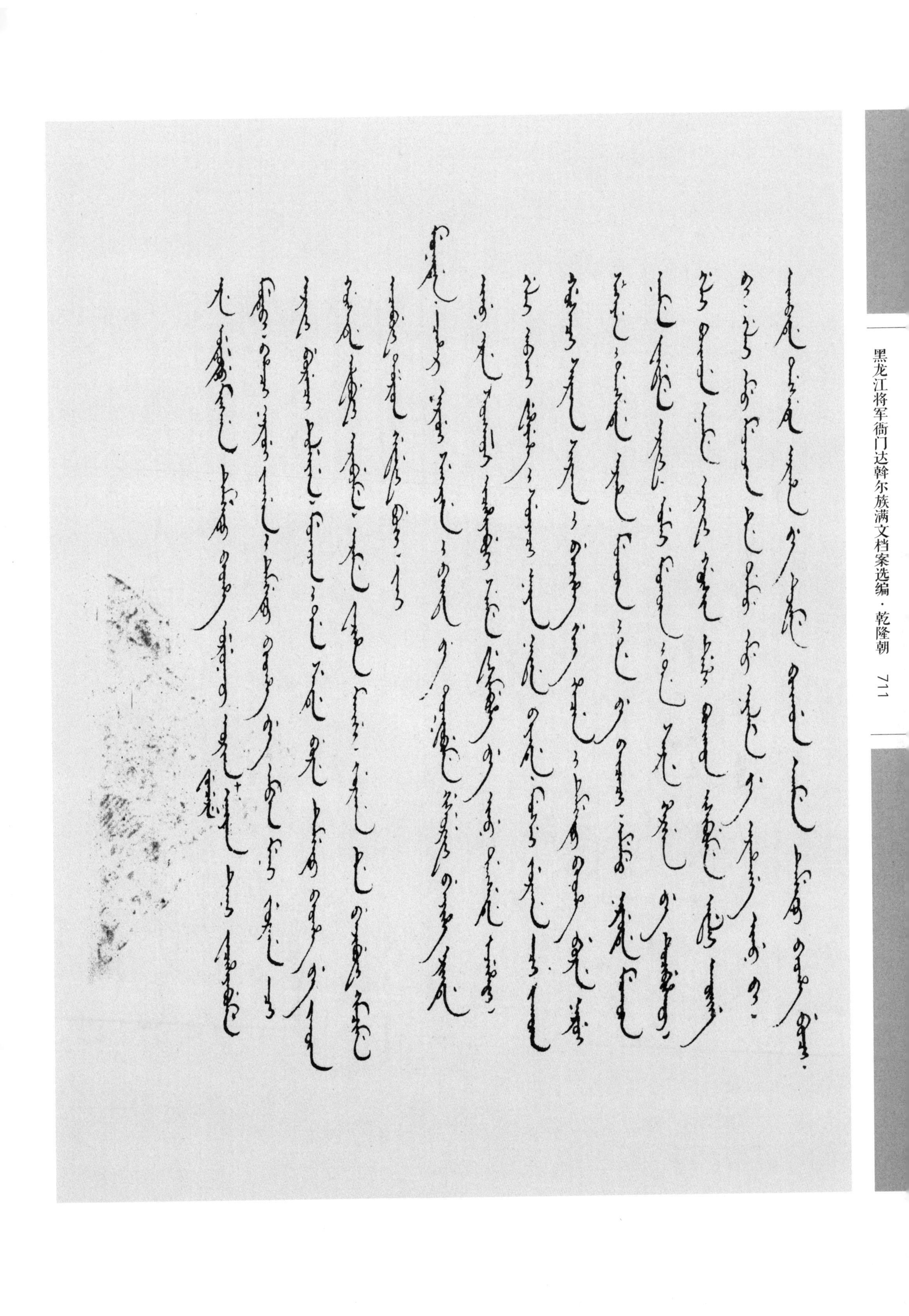

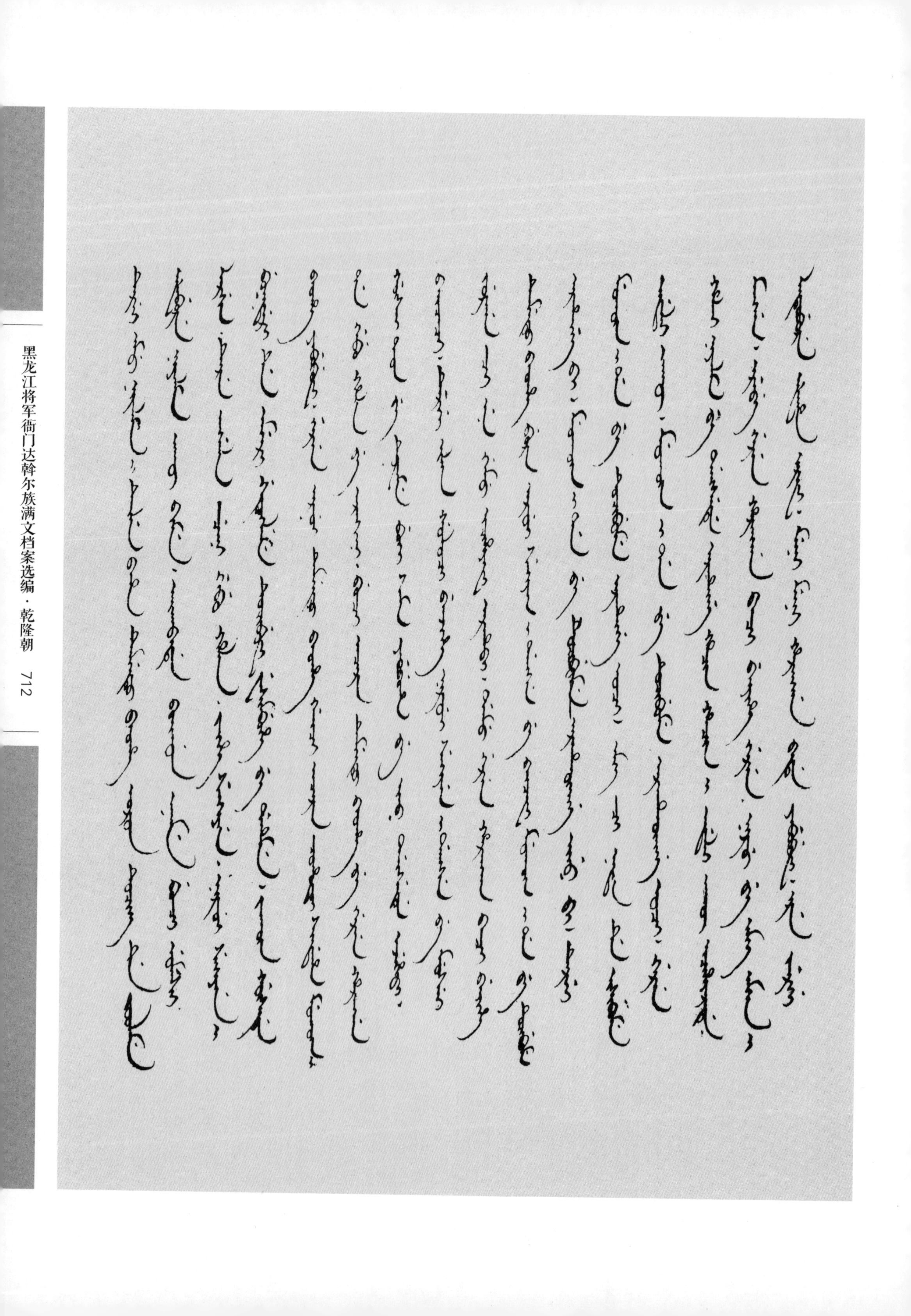

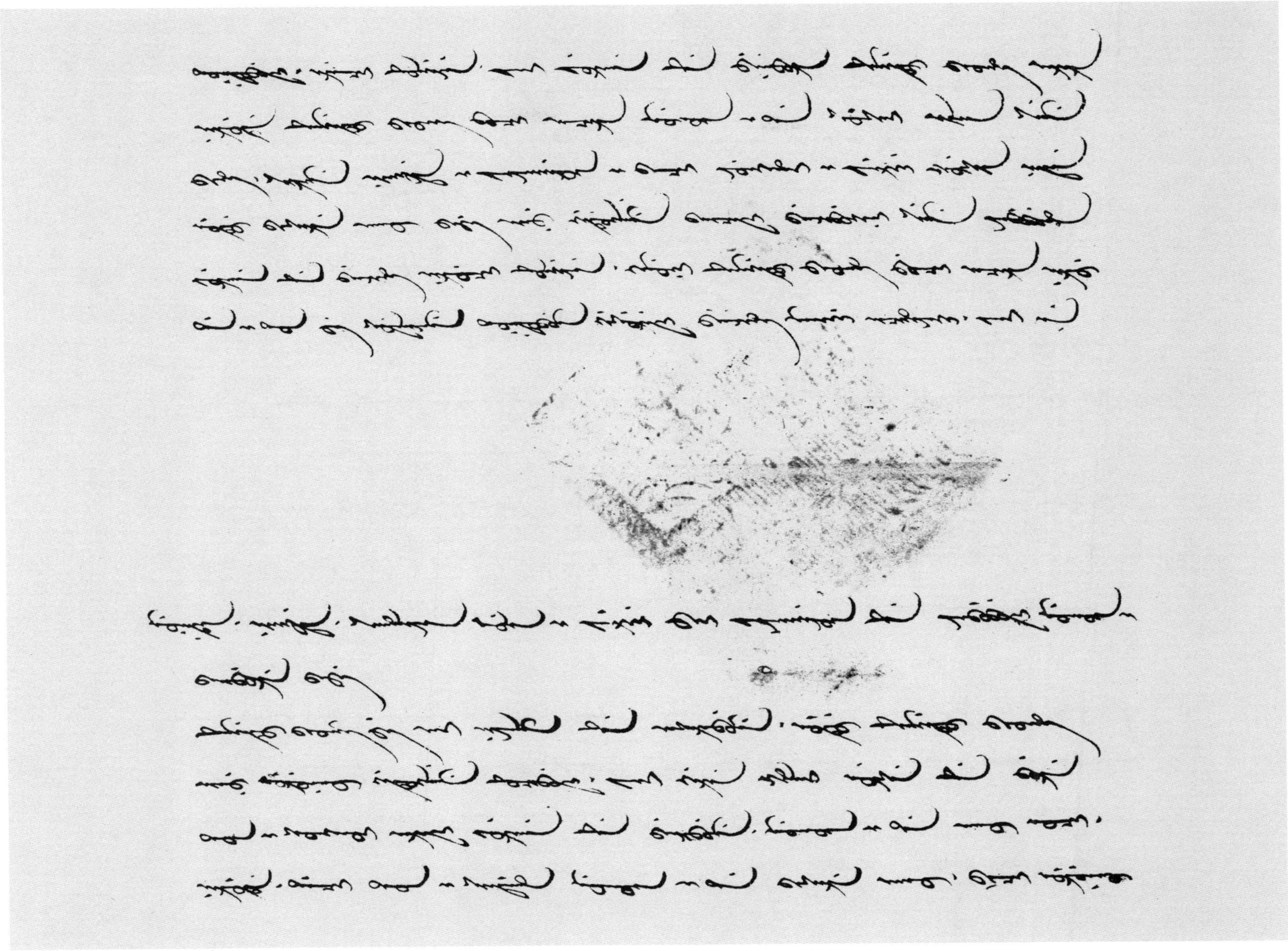

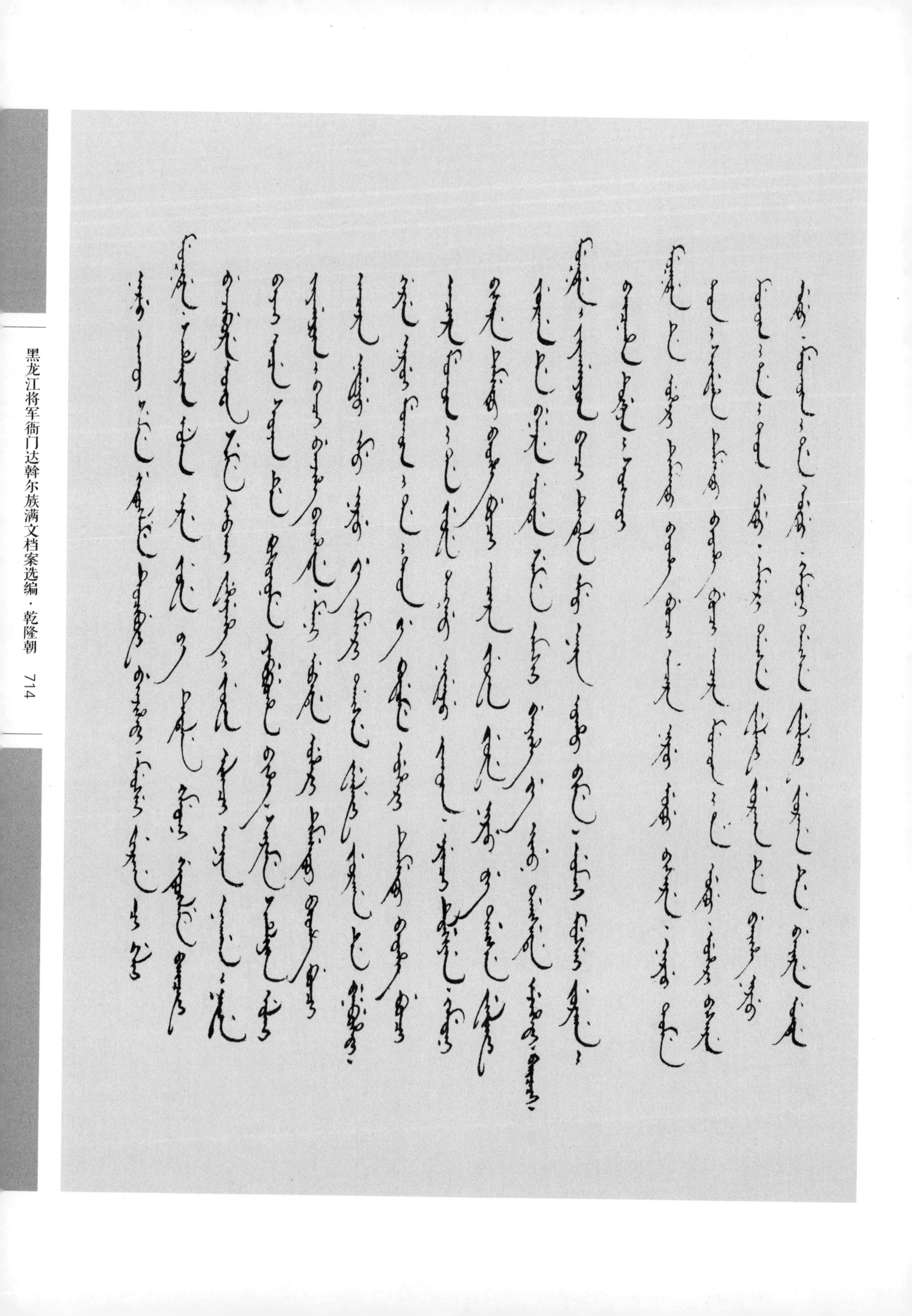

[illegible]

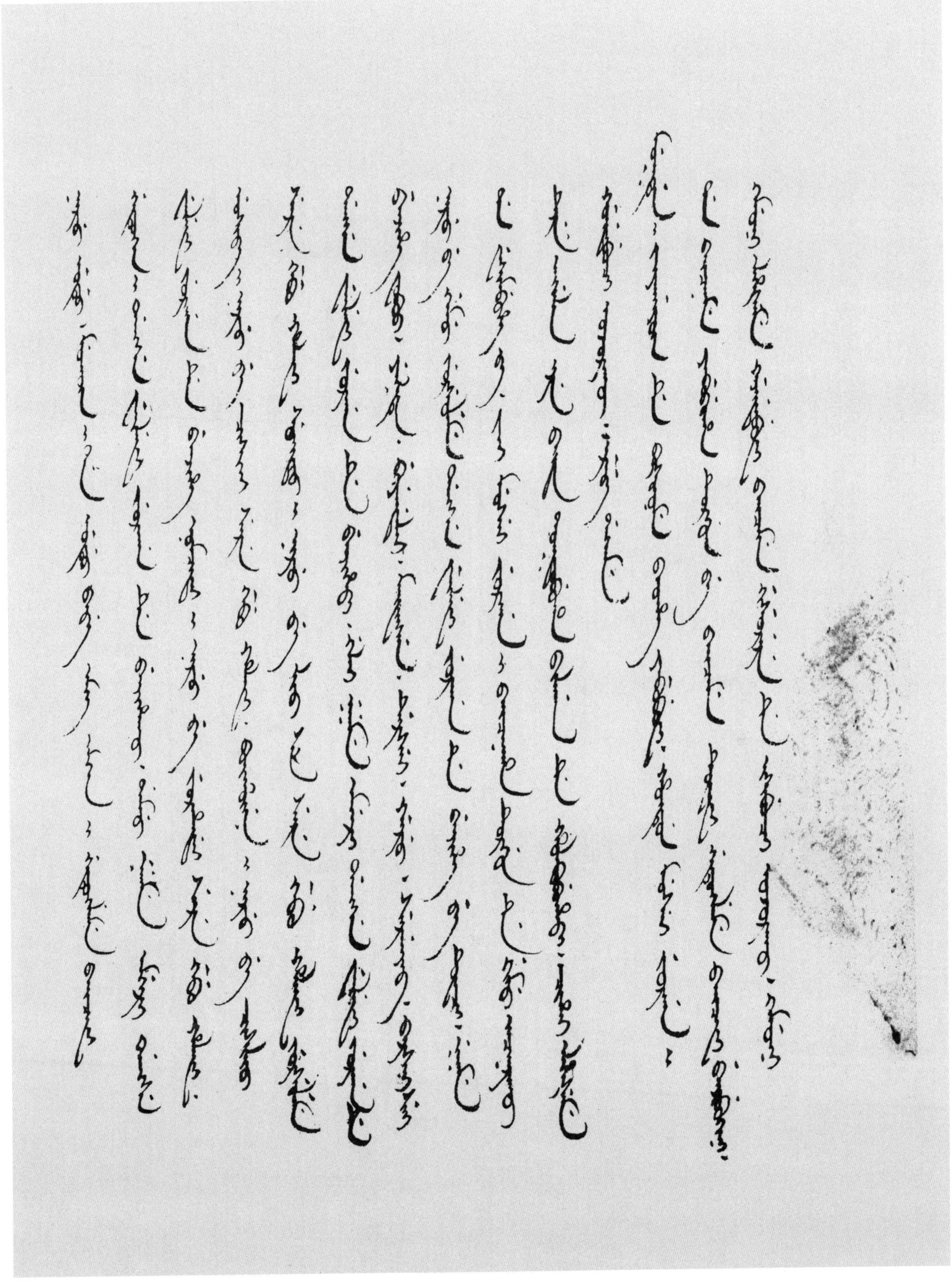

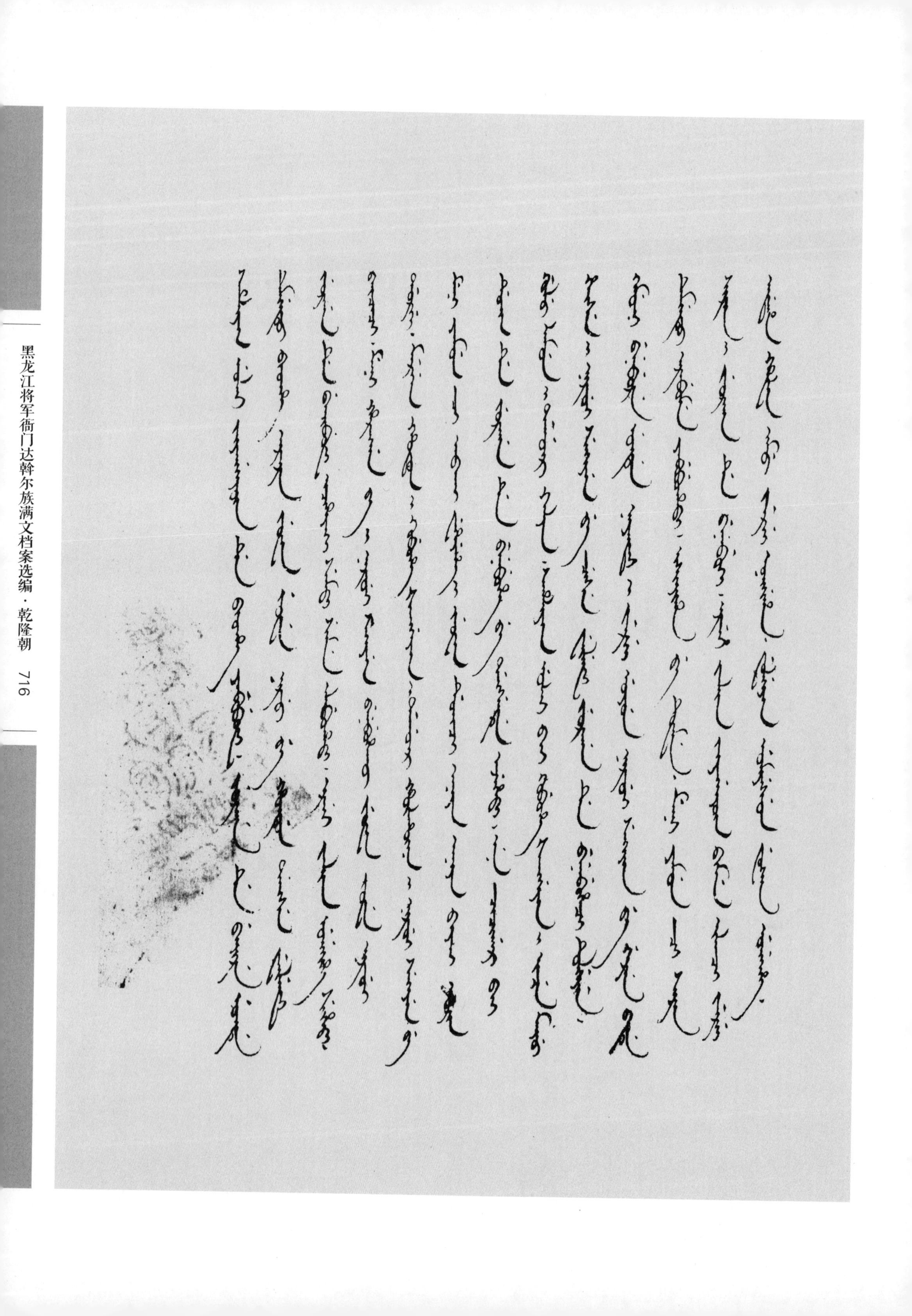

[illegible]

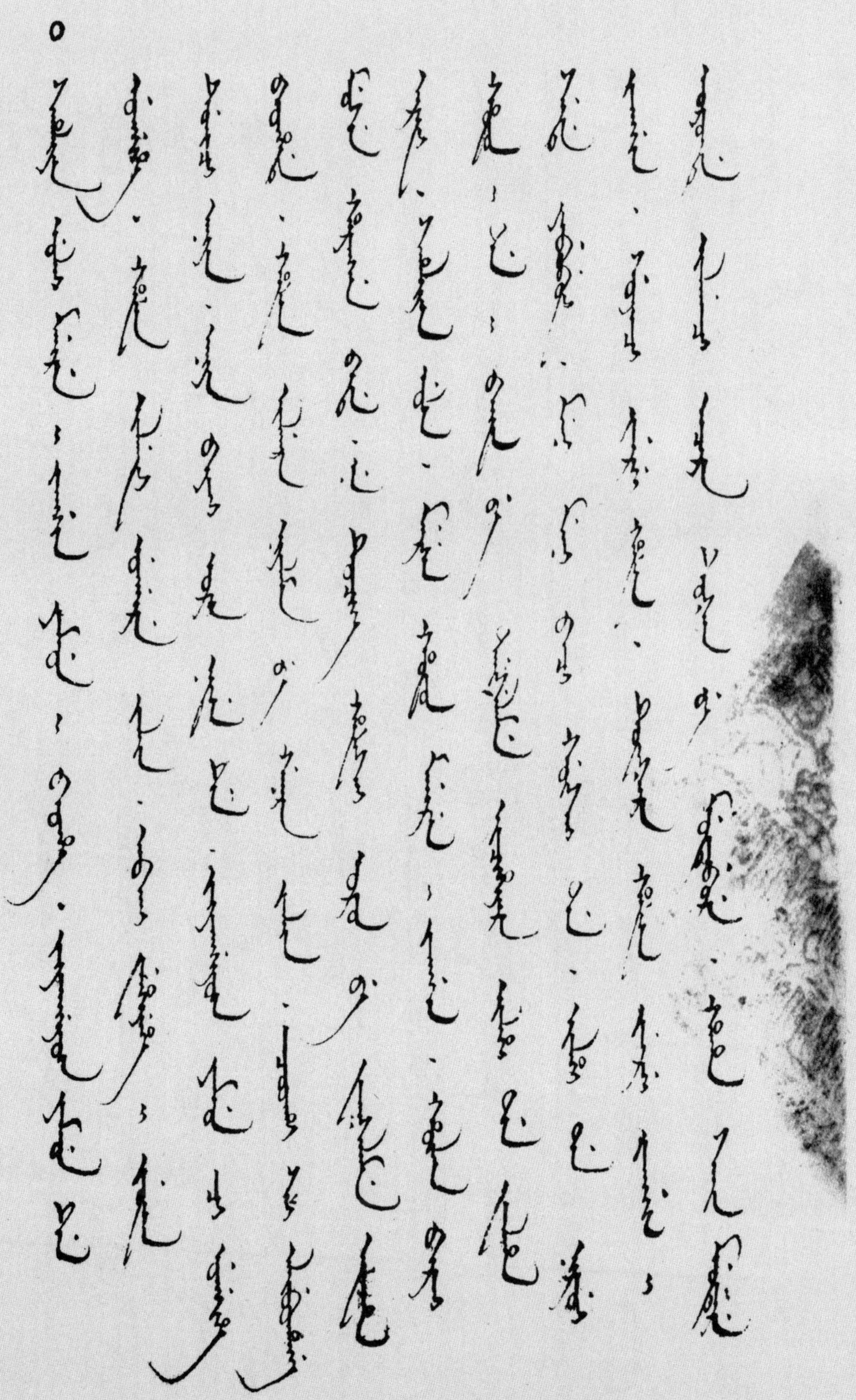

乾隆十四年二月二十二日

五五九 黑龙江副都统衙门为黑龙江各处满洲达斡尔佐领骁骑校等出缺拣员报送事咨黑龙江将军衙门文

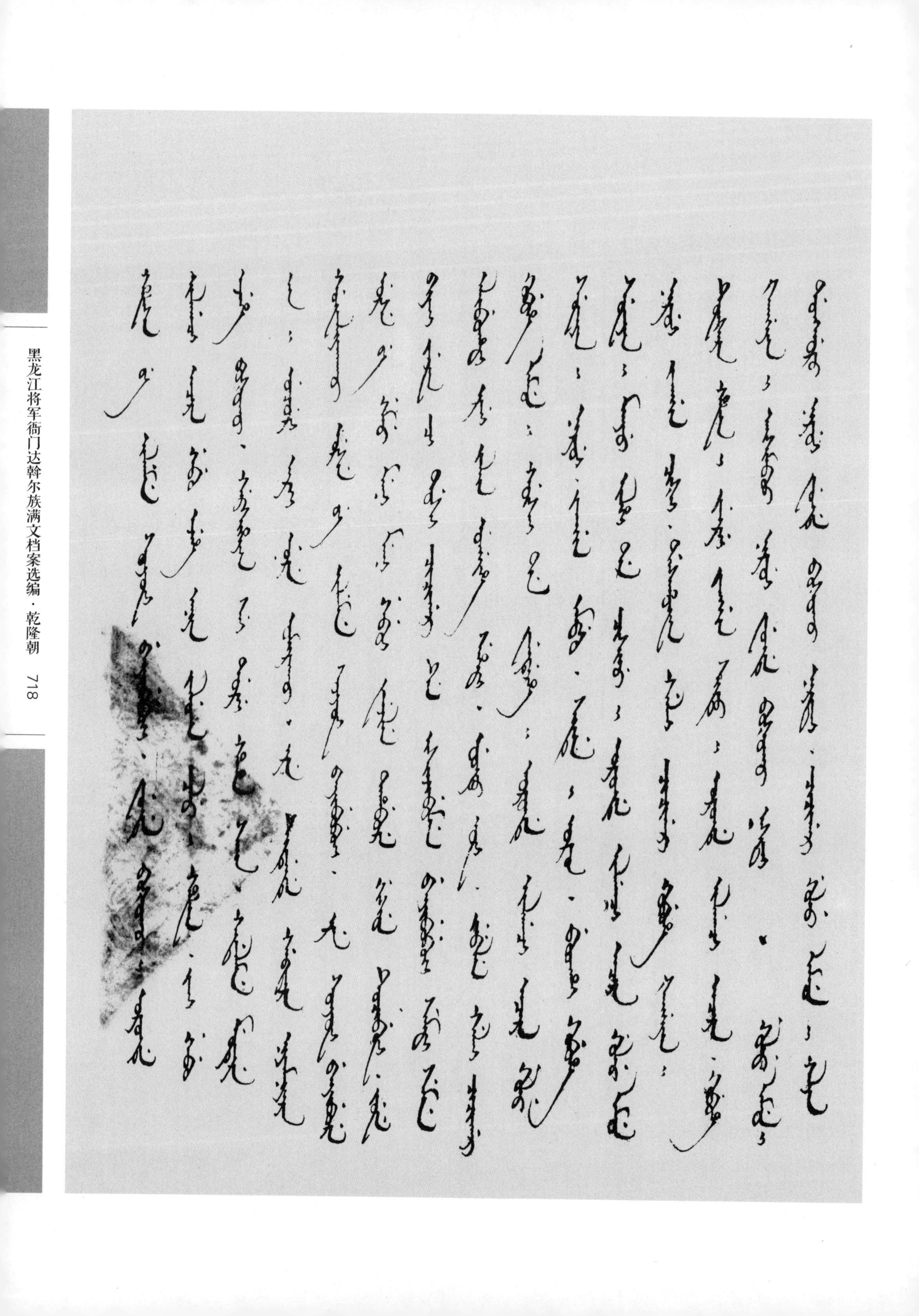

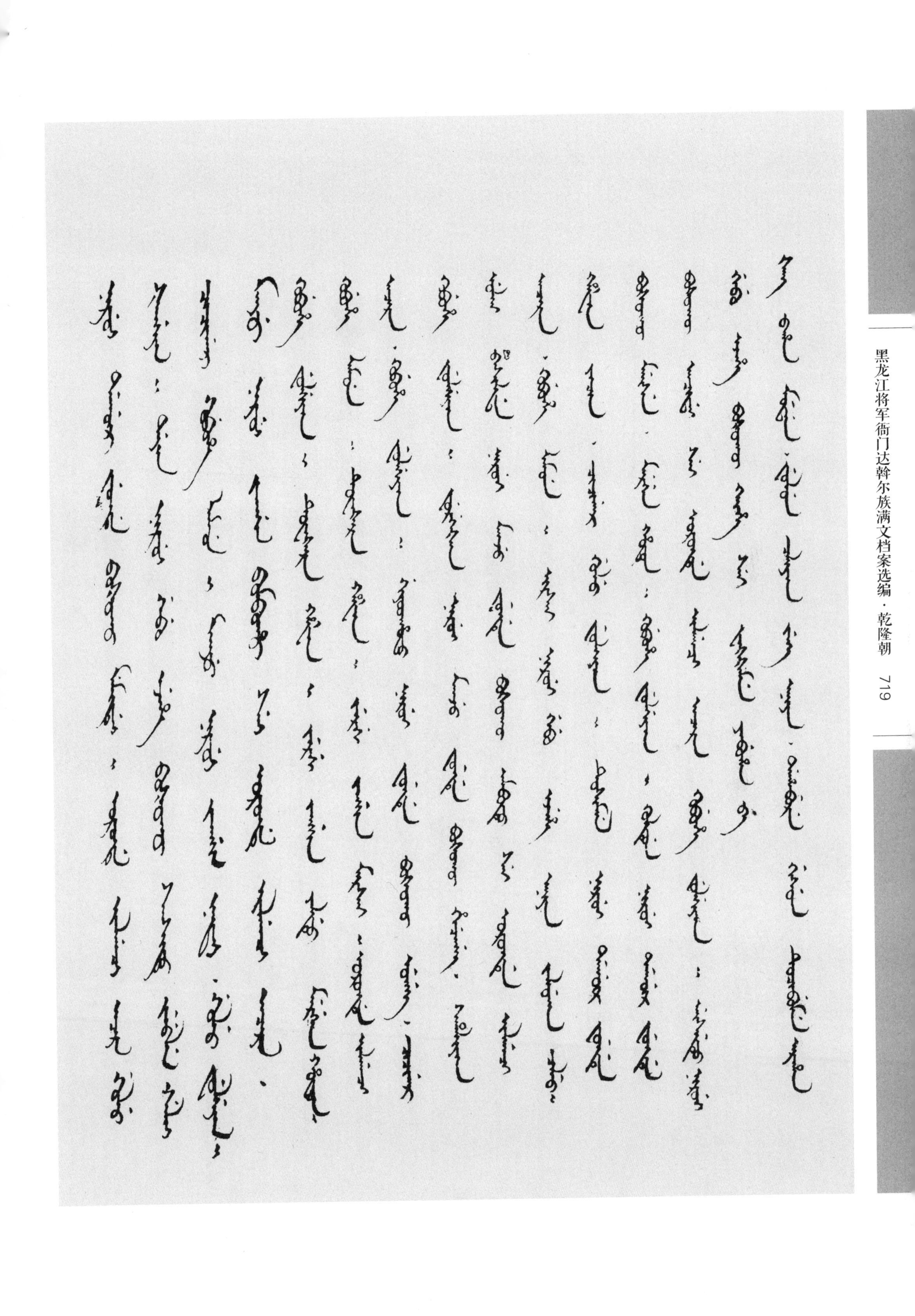

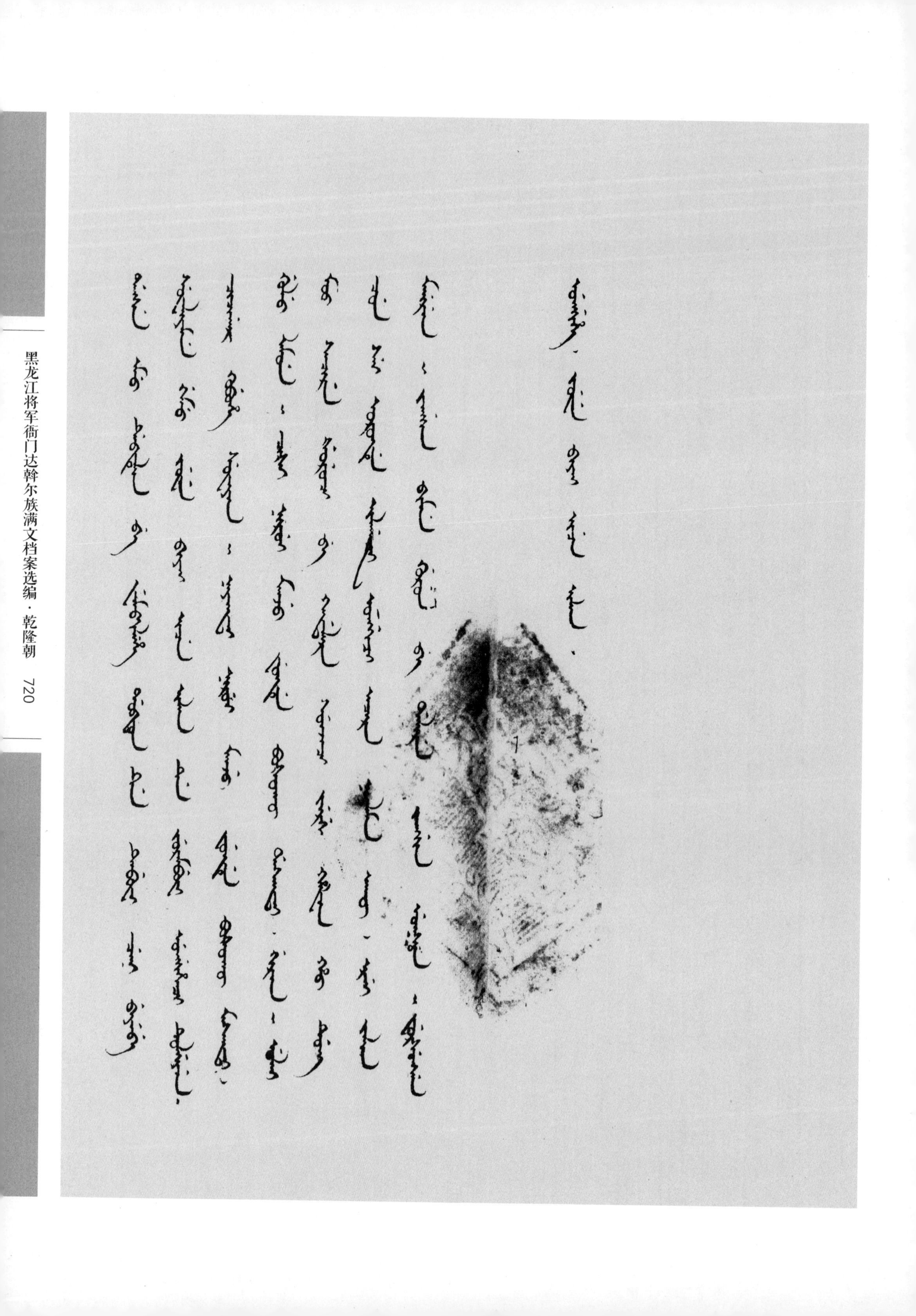